U0856385

中国证券投资基金年鉴

(2003)

ALMANAC OF CHINA'S SECURITIES INVESTMENT FUNDS

中国证券投资基金年鉴编辑委员会 编

中国科学技术出版社

·北 京·

2003

基金日历

1

S	M	T	W	T	F	S
			1	2	3	4
5	6	7	8	9	10	11
12	13	14	■	16	17	18
19	20	21	22	23	24	25
26	27	28	29	30	31	

4

S	M	T	W	T	F	S
		●	2	3	4	5
6	7	8	9	10	11	12
13	■	15	★	17	18	19
20	■	22	23	◈	★3	26
27	●★3◈	29	30			

7

S	M	T	W	T	F	S
		◈	2	3	4	5
6	7	8	★3	10	11	★2
13	14	★3	16	17	18	19
20	21	22	◈	24	25	26
27	28	29	30	31		

10

S	M	T	W	T	F	S
			1	2	3	4
5	6	7	8	9	10	11
12	13	14	●	16	17	18
19	20	21	22	23	★3■	★
26	◈	28	29	30	★	

■ 基金公司筹建

● 基金公司开业

★ 开放式基金成立

◈ 开放式基金分红

（详况请见附录二：基金日历解读P405）

2

S	M	T	W	T	F	S
						1
2	3	4	5	6	7	8
9	10	11			14	15
16	17	18	19	20	21	22
23	24	25	26	27		

3

S	M	T	W	T	F	S
						1
2	3	4	5	6	7	8
9		11	12	13		
16	17	18	19	20	21	22
23	24		26	27	28	29
30	31					

5

S	M	T	W	T	F	S
				1	2	3
4	5	6	7		9	10
11	12	13		15	16	17
18		20		22	23	24
25				29	30	31

6

S	M	T	W	T	F	S
1	2	2	4	5	6	7
8		10	11		13	14
15		17	18	19	20	21
22		24	4	26		28
29						

8

S	M	T	W	T	F	S
					1	2
3	2		6			9
10	11	12	13	14		16
17	18	19	20	21		23
24			27	28	29	30
31						

9

S	M	T	W	T	F	S
	1	2	3	4		6
7	8	9	10	11	12	13
14	15	16	17	18	19	
21	22	23	24	2	26	27
28	29	3				

11

S	M	T	W	T	F	S
						1
2	3	4	5	6	7	8
9	10	11	12	13	14	15
16	17	18	19	20	21	22
23	24	25	26	27	28	29
30						

12

S	M	T	W	T	F	S
				4	2	6
7			10		12	13
14	2	2				20
21	4	3	4			27
28	7		31			

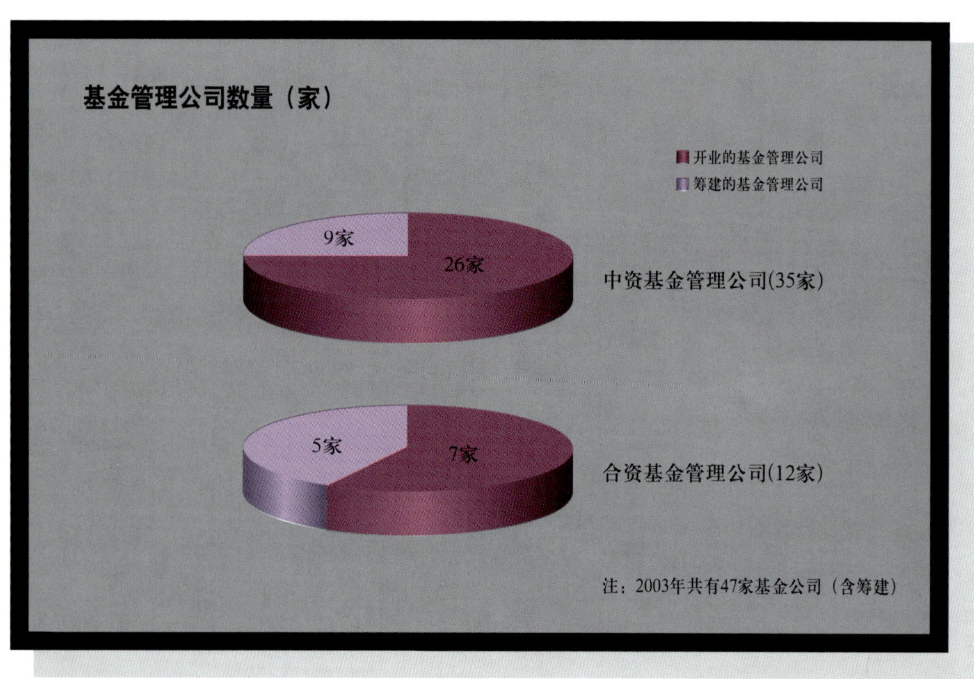
基金管理公司数量（家）
开业的基金管理公司
筹建的基金管理公司
9家
26家
中资基金管理公司(35家)
5家
7家
合资基金管理公司(12家)
注：2003年共有47家基金公司（含筹建）

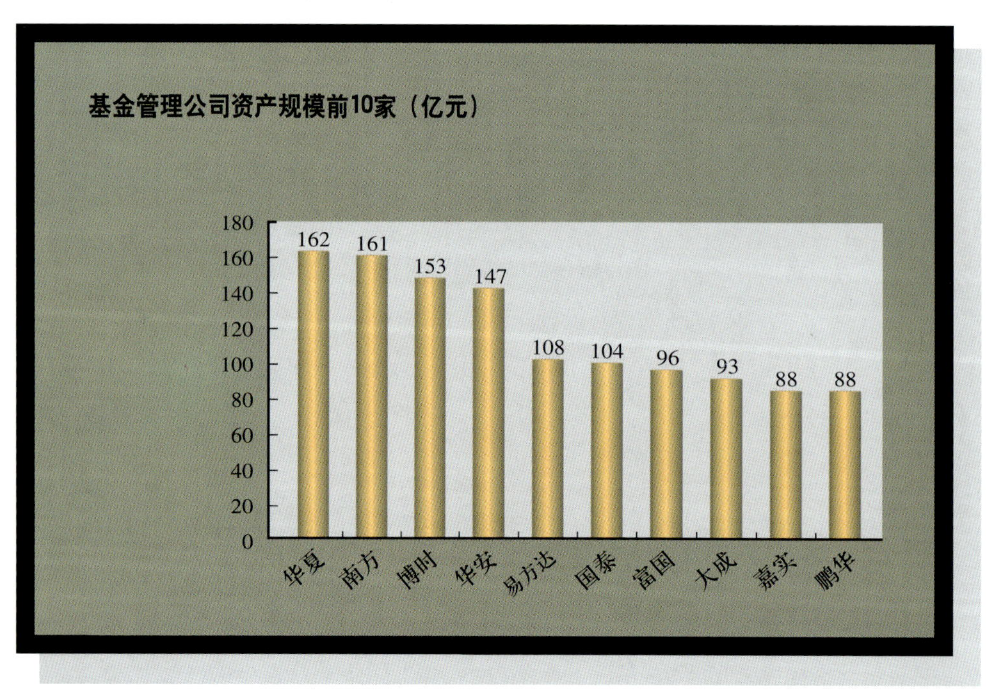
基金管理公司资产规模前10家（亿元）
180
160
140
120
100
80
60
40
20
0
162
161
153
147
108
104
96
93
88
88
华夏
南方
博时
华安
易方达
国泰
富国
大成
嘉实
鹏华

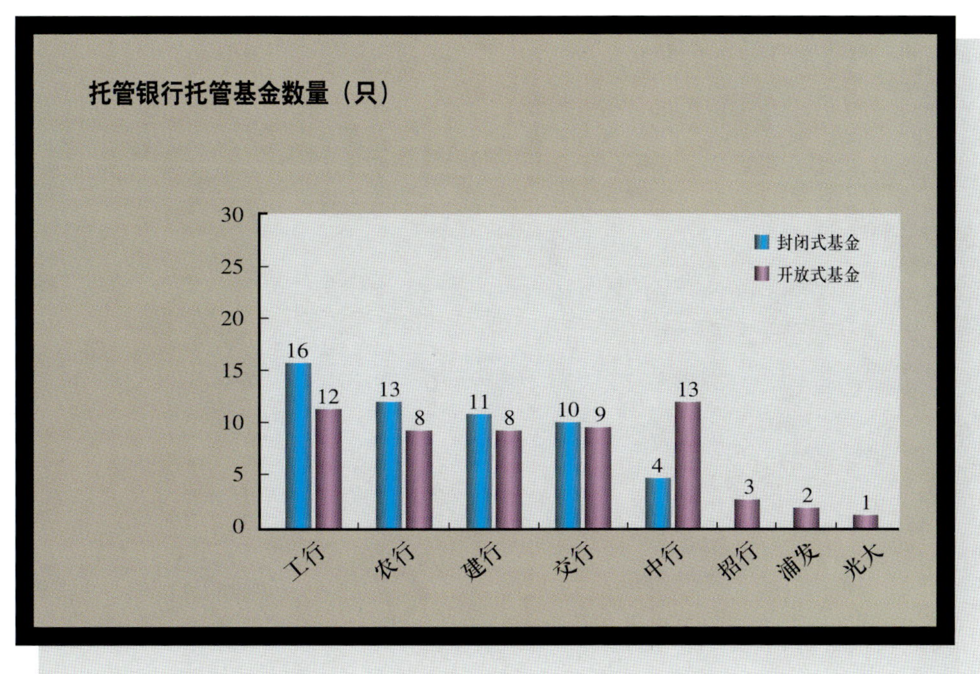
托管银行托管基金数量（只）
30
25
20
15
10
5
0
封闭式基金
开放式基金
16
12
13
8
11
8
10
9
4
13
3
2
1
工行
农行
建行
交行
中行
招行
浦发
光大

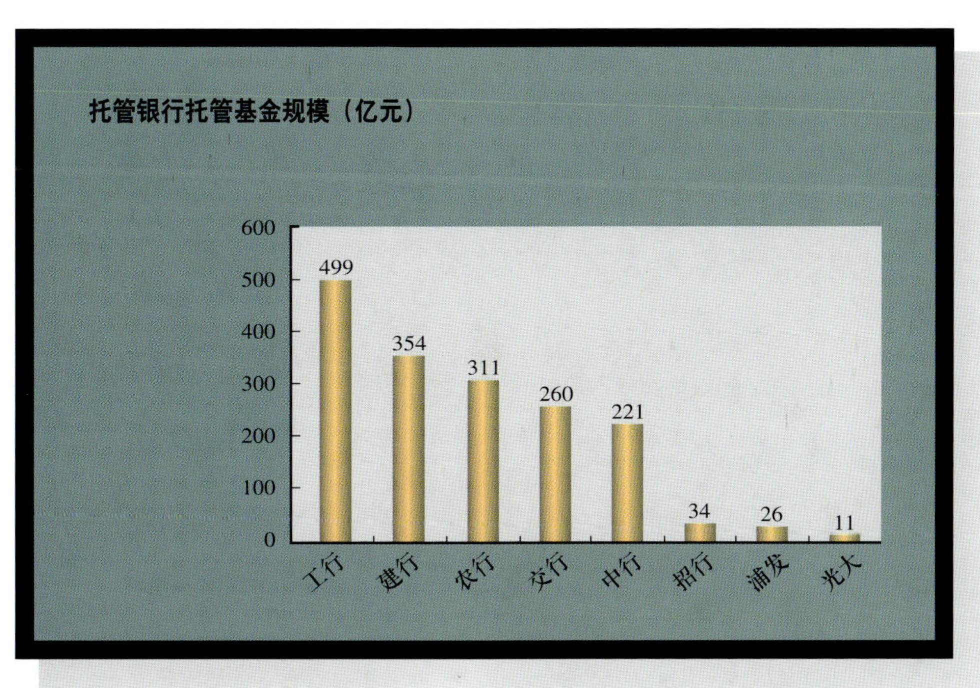
托管银行托管基金规模（亿元）
600
500
400
300
200
100
0
499
354
311
260
221
34
26
11
工行
建行
农行
交行
中行
招行
浦发
光大

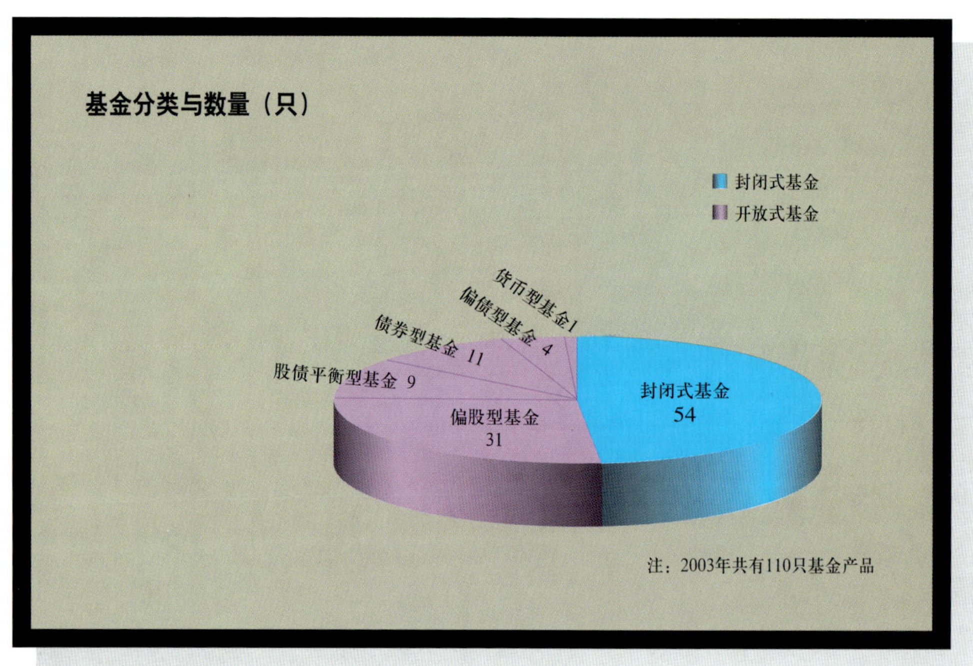
基金分类与数量（只）
封闭式基金
开放式基金
货币型基金1
偏债型基金 4
债券型基金 11
股债平衡型基金 9
偏股型基金
31
封闭式基金
54
注：2003年共有110只基金产品

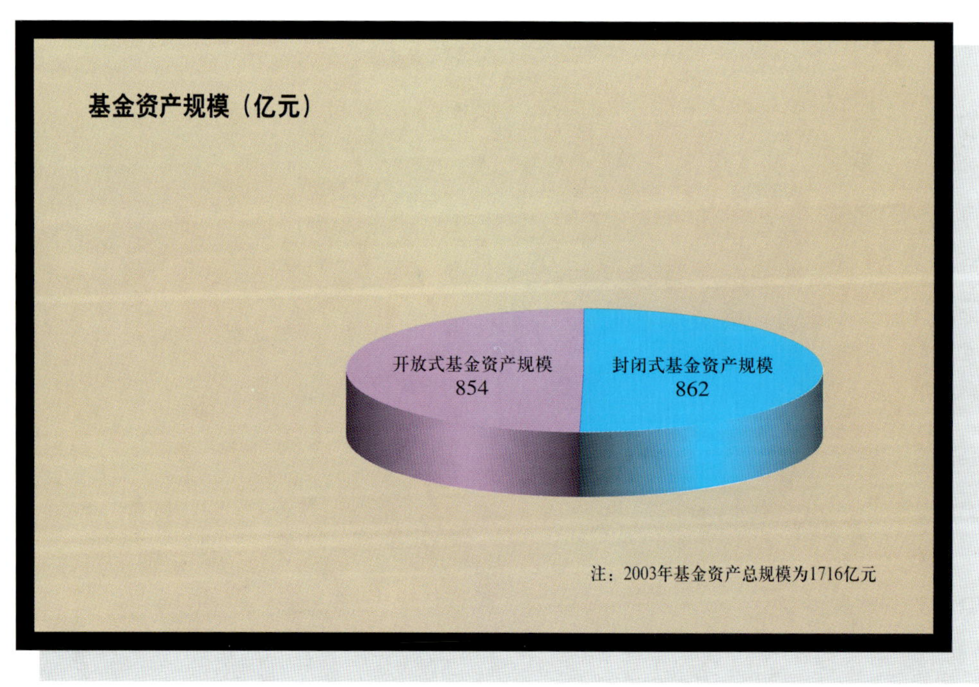
基金资产规模（亿元）
开放式基金资产规模
854
封闭式基金资产规模
862
注：2003年基金资产总规模为1716亿元

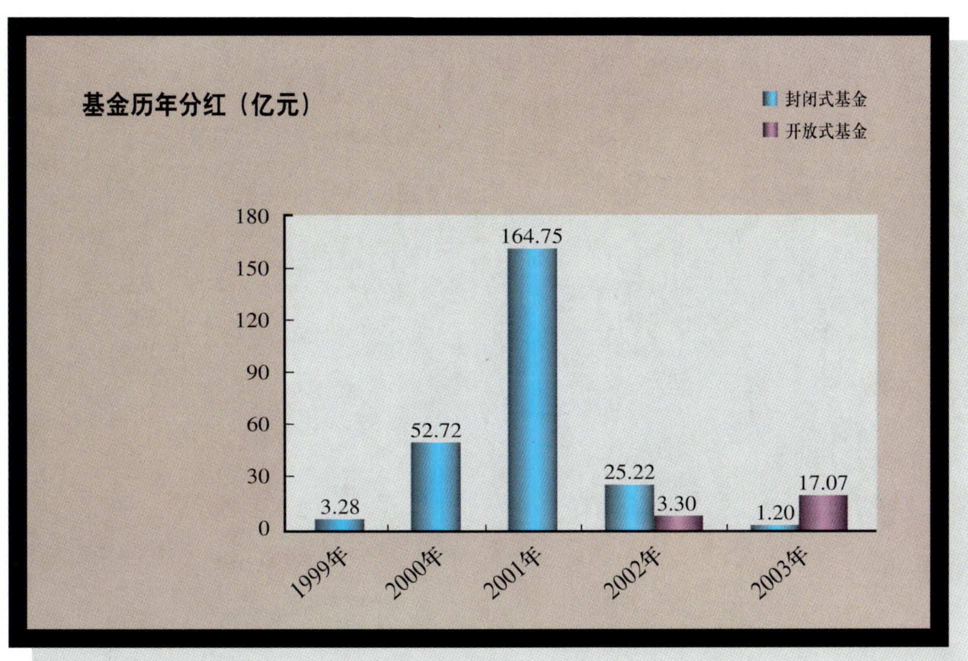
基金历年分红（亿元）
封闭式基金
开放式基金
180
150
120
90
60
30
0
3.28
52.72
164.75
25.22
3.30
1.20
17.07
1999年
2000年
2001年
2002年
2003年

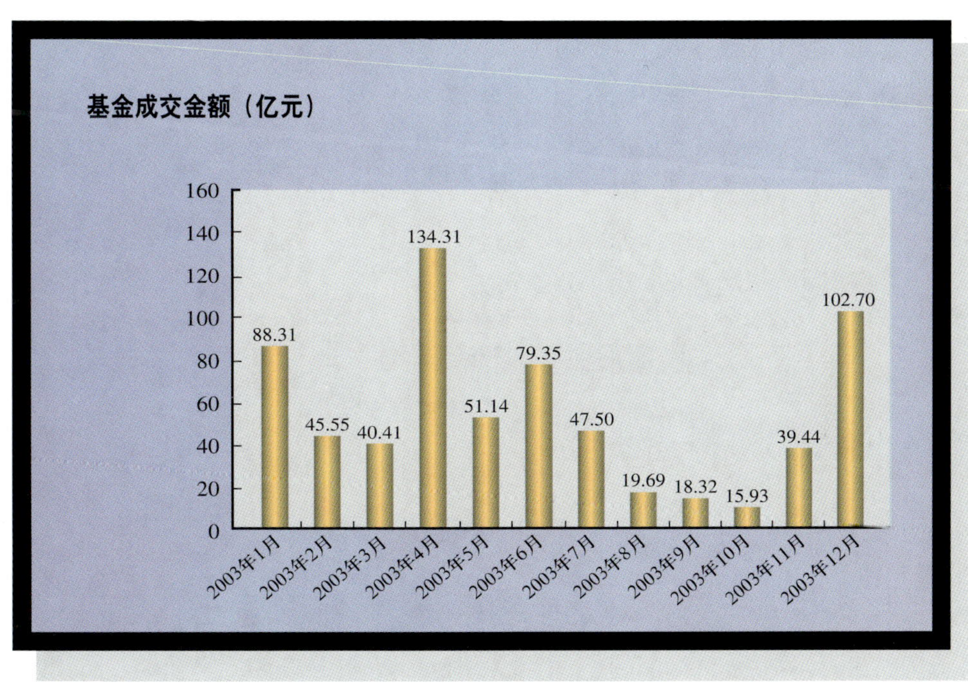
基金成交金额（亿元）
160
140
120
100
80
60
40
20
0
88.31
45.55
40.41
134.31
51.14
79.35
47.50
19.69
18.32
15.93
39.44
102.70
2003年1月
2003年2月
2003年3月
2003年4月
2003年5月
2003年6月
2003年7月
2003年8月
2003年9月
2003年10月
2003年11月
2003年12月

2003年10月23日，第十届全国人大常委会第五次会议听取关于证券投资基金法草案、道路交通安全法草案等审议结果的报告。（中国新闻社）

▲ 2003年9月13日，“证券投资基金业发展座谈会暨第26次联席会”在珠海召开。中国证监会主席尚福林在会上表示，我国基金业面临巨大发展潜力和良好机遇。

▼ 2003年12月7日，“2003中国基金论坛”在深圳举行，本届论坛以“创新、开放、发展”为主题。

2003年10月18日，由中国证券投资基金年鉴编辑委员会和《21世纪经济报道》联合主办的“中国首届基金营销实战研讨会”在北京举行。▶

2003年11月22日，“首届货币市场基金高层论坛”在北京召开。▶

▼ 2003 年 6 月 5 日，国内首只中法合资基金产品——宝康系列基金正式发行。

▲ 2003 年 12 月 14 日，国内首只货币市场基金——华安现金富利基金正式发行。

▲ 2003 年 8 月 9 日，博时基金管理公司市场部的员工到全国闻名的南岭村摆摊，推广销售博时裕富基金。

▼ 2003 年 3 月 17 日，国内首只由合资基金公司发行的证券投资基金——招商安泰系列开放式基金正式发行。

2003年1月12日，国内第一家中外合资基金管理公司——招商基金管理有限公司在深圳举行开业庆典。▶

◀2003年9月9日，由民生银行主办、银华基金管理公司协办的民生银行“精选基金超市”暨“精选基金论坛”揭幕仪式在北京钓鱼台国宾馆举行。

2003年2月20日，长盛基金管理公司与中国国际航空公司在北京举行“国航知音”常旅客合作项目签约仪式。▶

① 2003年3月10日，兴业银行代销湘财合丰基金签字仪式在福建举行。

② 2003年2月13日，由华宝信托与法兴资产发起设立的合资基金管理公司签约仪式在上海举行。

③ 2003年12月，“博时公司2003年业绩回顾及2004年投资策略报告会”在北京举行。

④ 2003年11月1日，大成基金公司召开了上海地区基金持有人见面会。

⑤ 2003年12月14日，“华夏基金迎新年新闻界团拜会暨华夏回报基金首次分红新闻发布会”在北京召开。

⑥ 2003年12月5日，“华安现金富利基金新闻发布会”在上海举行。

⑦ 2003年12月10日，由中信基金管理公司举办的“中信2004’中国宏观经济分析暨投资策略高级研讨会”在上海举行。

诚信　严谨　创新　进取

领先起步

中国大陆第一家基金托管银行

快速发展

托管基金数量和规模年均递增70%

托管资产总额突破1000亿元

行业优势

获《亚洲货币》“中国最佳托管银行”称号

托管业务连续6年保持市场份额第一，托管业务连续6年保持零差错记录

博时基金管理有限公司
BOSHI FUND MANAGEMENT CO.,LTD.

精细打造博时品牌
为中国国民创造财富

做投资价值发现者

- 博时基金管理有限公司成立于1998年7月13日，是中国内地首批成立的五家基金管理公司之一。目前共管理三只开放式基金、五只封闭式基金，同时受社会保障基金理事会委托管理部分社保基金。截止2004年3月31日，博时基金公司管理资产规模超过260亿元人民币，是中国内地基金管理规模最大的基金公司之一。
- 博时基金公司始终以“做投资价值的发现者”为投资理念，强调以内部研究为基础的基本面分析，持续挖掘有稳定业绩增长、有核心竞争力、有成长潜力的公司；并坚持市场价格终将反映企业内在价值的投资理念，相信对企业的深入把握是获取收益、规避风险的根本方法。
- 根据天相证券投资分析系统的统计，“截止2003年12月26日，博时基金公司旗下股票型基金的加权平均净值增长率为26.64%，在中国内地所有管理两只及以上股票型基金的基金公司中位列第一。”(2004年1月5日《证券日报》)
- 博时基金公司旗下博时价值增长基金2003年全国净值增长率达到34.35%，是2003年运作满一年的69只股票型基金的第一名。(2004年1月12日《上海证券报》)
- 亚洲权威性的投资管理类杂志《Asian Investor》评选博时基金公司为2003年度中国内地最佳基金公司。(2004年4月21日《中国证券报》)
- “首届上证报最佳基金公司评奖”活动中，博时基金公司荣获了“最佳基金公司”的奖项。(2004年4月22日《上海证券报》)

中国银行
BANK OF CHINA
中国银行 全球服务
ALWAYS WITH YOU
www.bank-of-china.com

基金托管部

截止2003年上半年，中国银行共代销开放式基金近80亿元，成为近年代销开放式基金业务规模增长最快的银行之一。

1998年7月，经中国证监会和中国人民银行核准，中国银行成为国内首批五家从事基金托管业务的银行之一。同年10月，中国银行基金托管部正式成立。中国 银行基金托管部设总经理室，下设综合管理处、托管业务处、稽查监督处、客户服务处、市场研发处和交易管理中心，并在上海和深圳设有托管业务处。

中国银行基金托管部拥有一支素质高、业务过硬的员工队伍，人员结构合理。其中博士、硕士以及具有高级经济师、高级会计师、高级工程师和律师等职称的专业人员占员工总数的50%以上，大部分员工具有丰富的银行、证券从业经验。基金托管部高级管理人员及主要部门主管均具有海外工作经历，熟悉国际资本市场和国际基金业的运作。

目前，中国银行具有委托管理资产托管、全国社保基金托管、企业年金托管、基本养老保险金托管和投资连接保险产品托管以及QFII托管等托管业务资格。**是国有商业银行中唯一全国社保基金托管行。**

中国银行基金托管部的业务范围包括核心托管服务和相关的增值服务。核心托管服务包括基金资产保管、帐户管理、交易清算、代理基金签订与基金有关的合同或契约、代理基金收取支付有关收益费用款项、基金估值、基金帐务处理、基金管理人监督等；开放式基金代销业务；开放式基金过户登记代理服务等。增值服务包括绩效评估与资产组合的市场风险分析，行业、公司分析与信息咨询顾问等；并为客户量身度造一揽子基金服务体系。

在步入2004年新春之际，中国的基金市场如冉冉升起的朝阳。面对机遇和挑战，中国银行将以其雄厚的资金实力、庞大的海内外机构网络、完善的服务手段、高效的电脑系统、以及高素质的人才，为您提供各项优质的服务，与您共创美好的明天。

中国银行托管部总经理：唐棣华

兴业银行自2002年8月经中国人民银行和中国证券监督委员会批准获得开放式基金代销业务资格以来，依托辐射全国的服务网络、先进的基金代销系统、专业优质的客户服务团队、体贴到位的理财咨询服务等优势，获得了诸多业绩突出、形象良好的基金管理公司的青睐，为广大投资者提供了价值突出、品种丰富的基金精品超市。

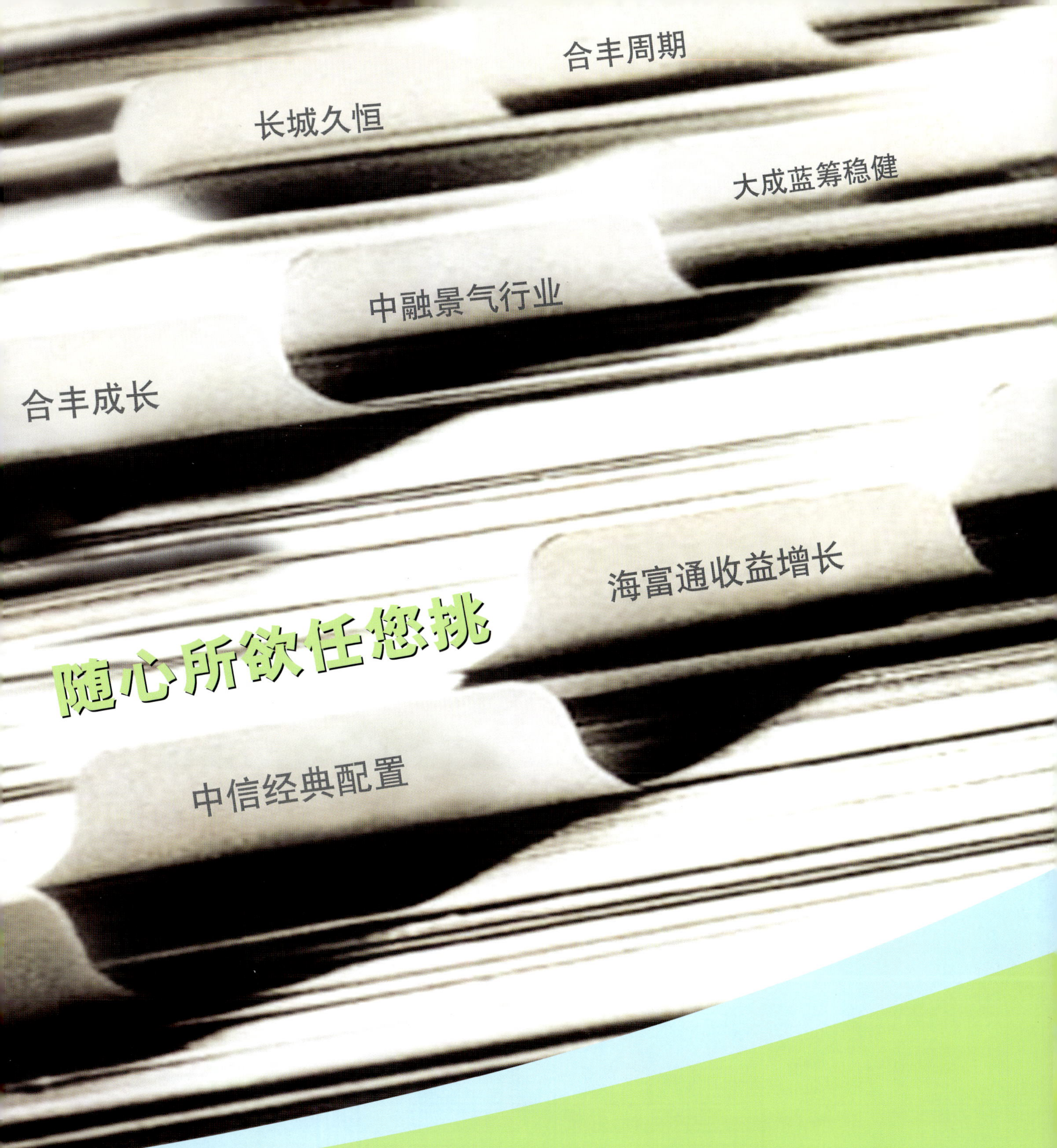

5-118　刊期：逢周一、四出版
208.08元　月订阅价：17.34元
185　全国各地邮局（所）均可订阅（可破月、破季订）
中国国际图书贸易总公司　国外代号：D3016
78411769

n.com/books　www.183.gd.cn　www.185e.com（限广州市区）
广州：020-87383737　88211211-3
成都：028-86741226　深圳：8008304011
西安：029-87444960　沈阳：024-23410378

国移动用户）或9035（中国联通用户），订阅新闻短信，将获赠同步电子版报纸。
信息费）服务热线：020-37651458

99756

大力发展证券投资基金 培育证券市场中坚力量

中国证券监督管理委员会主席 尚福林

1997年《证券投资基金管理暂行办法》颁布后，中国证监会在先行试点、总结经验、大胆探索、不断规范的基础上，积极推动基金业的发展。总体看来，我国证券投资基金起步晚，发展快，起点高，成就大。基金已经具有一定规模，成为证券市场的重要机构投资力量和广大投资者的重要投资工具；基金创新力度不断加大，品种逐渐增多；基金管理公司的管理经验、投资运作水平有了一定程度的提高，内部控制、风险管理得到了普遍加强；基金的专业理财优势得到了体现；基金监管进一步加强，监管经验逐渐丰富，初步建立了一套符合中国实际、行之有效的监管体系；老基金的清理规范任务基本完成，防范和降低了市场风险；基金业在证券服务业的对外开放中走在前列，一批合资基金管理公司已开始运行。这些成就，是在党中央、国务院的正确领导下，在各有关部门的支持下，在监管机关和市场参与各方的共同努力下取得的，为我国基金业的进一步发展奠定了良好的基础。

进一步提高对证券投资基金重要作用的认识

基于证券投资基金在证券市场、金融体系和社会发展中的重要作用，要进一步提高对证券投资基金重要地位的认识，充分发挥证券投资基金在推动证券市场的健康稳定发展、促进金融资源配置的优化和金融体系的完善、支持我国社会保障体系的改革发展和完善等方面的积极作用。

第一，证券投资基金是促进证券市场健康稳定发展、加快市场发育进程的重要推动力量。我国证券市场是一个新兴市场，机构投资者比例不高，散户特征十分明显。证券投资基金的发展壮大，有利于稳定市场、活跃交易、引导投资、防止市场过度投机，有利于促进市场稳定。5年多的实践表明，证券投资基金在促进我国证券市场健康稳定发展方面发挥了积极作用。尤其是在近两年市场的大幅波动过程中，基金的稳定作用更为显著。今年上半年以来，基金倡导的价值投资理念开始显现，有效地引导了市场的投资方向。此外，境内外的经验表明，以基金为代表的机构投资者是推动上市公司完善治理结构的重要力量。

第二，基金是优化金融资源配置，降低金融风险，完善金融体系的重要工具。基金促进储蓄转化为投资，将资金引入证券市场，为企业在证券市场筹集资金创造了良好的融资环境，有利于提高直接融资的比例，优化资源配置，改善当前我国证券市场与货币市场发展不均衡的状况；基金通过吸收社会上的各种资金进入金融市场，能有效分散银行投融资功能过于集中的风险，改善银行的资产负债比例，优化金融资产结构；基金通过为保险资金提供专业化的投资服务和投资于货币市场，促进了保险市场和货币市场的发展壮大，增强了证券市场与保险市场、货币市场之间的沟通，改善了宏观经济政策和金融政策的传导机制，完善了金融体系。

第三，基金为社会保障体系的改革与完善提供技术支持和制度保障。社会保障体系的发展与完善，是基金繁荣壮大的基础。同时，基金的专业化服务，又为全国社保基金、企业年金等各类养老金提供了保值增值的平台，促进社会保障体系的建立与完善。

抓住机遇，迎接挑战

在肯定基金市场作用的同时，我们必须清醒地看到，我国基金业尚处于起步阶段，经验不足，与国民经济和证券市场的发展要求相比还有较大差距：一是基金总体规模仍然偏小，基金占股票市值的比重远远低于发达市场的水平，其作用发挥有限；二是基金管理公司的治理结构、内控机制尚待完善，投资运作水平有待进一步提高；三是基金营销体系不发达，服务理念和水平需要提高；四是基金管理公司管理水平和人员素质参差不齐，难以适应市场竞争的需要。这些问题与我国基金业的发展时间较短、经验不够有关，与证券市场发育程度不高有关，还与传统文化、理财习惯密切相关，具有明显的基金特定发展阶段的特征。

在分析问题的同时，还要看到我国基金业具有巨大的发展潜力。首先，国民经济的持续快速发展为基金业的发展奠定了坚实的基础，基金在促进我国高额储蓄向投资转化方面大有作为；其次，我国证券市场的巨大发展潜力，为基金业的发展壮大提供了广阔的空间；第三，今后一个时期是我国社会保障体系建立和完善的关键时期，社会保障体系的发展完善将极大地推动和支撑基金业的发展；第四，我国保险市场和货币市场的快速发展，也需要基金的参与和推动。

与时俱进，开拓进取，大力发展证券投资基金基金业

要以“三个代表”重要思想为指导，抓住全面建设小康社会的历史机遇，坚持以发展为中心，促进证券投资基金规范发展，努力使证券投资基金成为证券市场的中坚力量。

基金从业机构要以诚信为本，防范风险，不断提高自身素质。基金管理公司、基金托管银行和其他服务机构要清醒地认识到，诚信是基金业生存和发展的基础，要进一步树立“诚信为本”的经营理念，严守诚信；要恪尽职守，忠实履行勤勉业务；要练好内功，努力提高基金管理水平和服务水平，为投资者提供满意的投资回报和投资服务；要通过实际行动倡导理性的投资理念，凭借理财优势和高质量服务传播基金的理财文化，努力成为全社会先进理财文化的代表；要完善基金管理公司治理结构，形成有效的权利义务制衡机制；要根据证监会制定的风险控制要求，不断强化内部风险控制制度，将风险控制制度真正落到实处；要广开门户，广揽人才，提高基金从业人员的思想道德水平和业务修养；要大力倡导勤俭办事、厉行节约的优良作风；要建立信誉、创出品牌、形成特色、增强基金业的吸引力，树立良好的行业形象，确保社会公众和投资者始终保持对基金业运作的信心。

基金销售机构要重视客户服务，提高服务质量，努力提高基金营销水平。要继续发挥银行的基金代销主渠道作用；证券公司要重视基金销售业务，进一步拓展基金代销业务，吸引增量资金投资于基金；基金管理公司要形成公司的营销理念和客户服务机制，用优良的服务、适销的产品和优秀的业绩吸引投资者，加强持续销售。

要加大创新力度，以创新促发展。基金业的生命力在于创新。要充分研究发达基金市场的成功经验和发展趋势，学习成熟的规则和先进的管理技术，推动基金产品的创新、管理制度的创新、投资技术的创新、市场营销的创新和客户服务的创新。要把创新作为促进基金业发展的重要手段抓紧抓实，通过创新，不断满足投资者日益增长的多元化投资需求。

在坚持发展的同时，要加强对基金的监管。要学习和借鉴国际上的基金监管经验，树立与时俱进的监管理念，推动优胜劣汰的市场竞争环境的形成，建立全方位、环环相扣的监督制衡机制，完善机构、人员和产品的准入标准及行为规范，加大市场监管和对违法违规人员的处罚力度，保护投资者利益。

（摘自2003年9月22日《人民日报》）

中国证券投资基金年鉴编辑委员会

值得记述和思考的一年（代序言）

首部《中国证券投资基金年鉴》是从2002年开始编辑的，鉴于当年基金业整体业绩下滑，营销情况不佳，可记录的基金亮点不多，所以作为首次出版的2002《中国证券资基金年鉴》，自然也没有留下多少值得炫耀和回味的基金记录。不过有一点，即使在基金业头顶一片亏损乌云的环境下，"年鉴"序言中也没有忘记对基金业来年的发展前景，做出比较乐观的预期：货币市场的部分资金有可能怀着对较高收益的追求流向资本市场；作为资本市场重要组成部分的投资基金业，仍将保持一个良好的发展势头；监管层面大力发展机构投资者的战略思路将不会改变；内资和中外合资基金管理公司将会进一步增加并进入实质性运作；适应市场不同层次和多种需求的各种创新基金产品将会大量被推出；开放式基金将占据基金发行的主流；基金市场的竞争将日益激化，一批业绩良好、广受投资者认同、品牌出众的基金将脱颖而出，而业绩长期低回的基金将面临优胜劣汰的严峻考验；基金生存和发展的法制环境将进一步得到改善，投资者利益保护机制将进一步加强和健全。现在，回首记述2003年中国基金业发展前进的轨迹，固然不尽是一片春光绚烂，但也足以令人为之欣慰，可圈可点的地方终归为数不少。既有令基金业界闻之振奋具有里程碑意义重大事件的产生，也有基金业不凡表现的业绩创出。与2002年基金年鉴序言中某些"预期"相比，可以说有幸应验的还不少。

首先是基金规模取得了比较大的发展。全年共发行39只开放式基金，首发规模达678.45亿元，远远超过2001年发行3只、首发117亿元，2002年发行14只、首发448亿元的规模。2003年底基金总规模达到1716亿元人民币，成为证券市场的一支重要力量。

其次是基金品种有所增加和创新。在股票基金的基础上，增加了债券型基金、伞型基金、保本基金、货币基金等品种，基金品种贯穿在高、中、低风险各个系列，为社会大众提供了更加广泛的投资选择。

第三是基金收益明显提高。15只偏股型开放式基金平均净值增长率达到18.96%，几乎所有净值在面值以上的开放式基金都进行了分红，不少基金的分红量数倍甚至十倍于同期的存款利息。基金分红总额达到20.19亿元。54只封闭式基金的净值增长率达到20.64%，除一只基金的净值增长率为负增长外，其余68只基金的净值增长率全面实现了正增长。证券投资基金大面积和大幅度超越市场表现，成为基金业发展6年来相对业绩最好的一年，为投资者交出了一份比较满意的答卷。在这一年，基金管理公司的总数已达47家，其中12家为中外合资基金管理公司。

第四是2003年10月28日，十届全国人大常委会第五次会议审议通过了《证券投资基金法》。这是值得中国证券投资基金业大书特书的重大历史事件。对一个具体的金融产品来说，由全国人大常委会通过一部全国性的法律予以规范，这在我国历史上是极为罕见的，似乎还从来没有发生过，而且能获得如此的"礼遇"，即使将来也难以有幸再出现。凡稍有接触和了解《证券投资基金法》出台实际过程的人，都不得不承认：证券投资基金法的出台，不失为中国证券投资基金业在其发展历史上的一个"天赐"机缘，因为基金立法的初衷是制定一部涵盖产业（创业）投资的综合"投资基金法"，而并非单一的"证券"投资基金法。不管起草过程中经历了怎样在此无需赘述的变故，但最后结果出台的就是《证券投资基金法》。这对证券投资基金自身发展所深含的意义是不言而喻的。正是这部"证券"投资基金法的出台，为起步不久急需培育和支持的中国证券投资基金业，确立了十分难得且具有很高效力的法律地位，创造了进一步发展所必需的规制环境，将中国证券投资基金业推进到一个崭新的规范发展阶段。

《证券投资基金法》最突出的要义，就是主要、处处体现对基金投资者合法权益的保护。一是将保护基金投资者的合法权益作为立法的重要原则和基础，并首次将保护投资人合法权益写入法律的头条位置，将基金管理人和基金托管人的受托诚信义务上升到法律高度；二是将基金持有人大会依法行使改变基金运作方式、更换基金管理人和托管人等职权，以加大基金管理人和托管人的职业承载责任成为可能；三是严格禁止有损基金持有人利益的各种关联交易行为，预示利益输送将受到法律应有的制裁；四是基金管理人和基金托管人违反本法规定而给基金投资者造成损失的，基金投资者有权提起诉讼，通过法律手段优先得到损失的可能补偿；五是为保护基金投资者利益而对基金市场各参与主体的职业行为和道德约束做出比较严格而明确的规定。一句话，证券投资基金立法的重要指导思想，就是旨在保护投资者的合法权益，为处于弱势地位的基金投资者特别是公众投资者的利益免受无辜侵害，架起一道法律的保护屏障。

法律贵在严格执行。有法不依，比没法的后果影响还坏。为了贯彻实施基金法，保护投资者合法权益，推动基金业健康持续发展，根据当前基金业暴露出的一些比较多的现象，首先需要树立以基金投资者利益最大化作为基金运作的中心理念，因为基金投资者是整个基金业的重要支柱和基石。没有投资者对基金的足够信任和积极投资，就没有基金业的存在和发展，而基金投资者又是其风险与利益绝对失衡的弱势群体。强调基金运作为基金投资者特别是公众投资者利益最大化，并予以切实的保护，既是贯彻和实施以人为本的正当理念，是"受人之托、代人理财"的应有之意，也是从整个证券投资基金行业的持续发展所考虑。

谁都难以否认一个最基本的事实，就是基金能否赢得投资者的青睐和认可，归根到底决定于基金能否为投资者赢得收益和回报。能为投资者带来收益和回报，就会赢得投资者的信任和投资，基金业就会持续发展和繁荣；反之，不能为投资者带来收益预期，就会迟早失去投资者，基金业就会因此而萎缩。维护基金投资人的利益，就是维护整个基金行业持续发展的利益。这不是理论问题，而是实践问题。

目前，不少基金管理公司都在为争发基金和攀比基金首发规模而绞尽脑汁。其情、其理、其行令人完全可以理解。但是应当有一个清醒的认识，动辄几十亿、甚至过百亿的资金规模，在目前的市场条件下，有效运作并不容易。尤其是受制于同样的投资规则和市场环境，巨型基金规模相比较小基金规模，船大难掉头，战胜市场的能力将受到更多限制。特别是从投资者那里募集到资金，固然得到了对巨额资金管理和处置的权利，并从中可以牟取到丰厚可观的管理费收入和高额利润，但是必须意识到，这也同时承载了使所募资金增值保值，回报投资者"信任委托"的责任、使命和压力。如果有谁募集了巨额资金，不仅没有为基金投资者赢得本来应有的收益和回报，反而使之承担了巨大风险，遭受了巨大损失，面对本来就不富裕的广大基金公众投资者的信任和重托，既使别人不深责，自己又何安面对社会？

其次，为了贯彻实施基金法，保护投资者合法权益，推动基金业持续健康发展，现在应当考虑对基金费率及其收益分配格局加以研究。当前，基金管理人（包括其股东）同基金投资者之间在其权利享受和风险承担上处于严重不对称、不平衡的状态，这会影响基金投资者的投资积极性。凡社会上的事情，不能只有权利而没有风险责任，也不能只有风险责任而没有权利。

为了使基金投资者的合法权益得到切实的维护，提高基金投资者的投资信心，夯实证券投资基金业持续发展的基础，应当研究是否有必要，按照基金持有人、基金管理公司、基金管理公司股东的顺序，做出涉及基金费率及收益分配上的倾斜，以改变当前基金利益与基金风险不对称、不平衡的状况。只有根据中国的具体情况，使基金投资者与基金管理者在基金运作中甘苦与共，才能维护基金业的生命力，促其持续发展。没有区别就没有政策，不管在什么市场情况下，都实行僵死不变的利益分配格局，不一定是个与时俱进的科学办法。若基金投资者一方损失得一塌糊涂，而基金管理人及其股东却照常旱涝保收，这既不符合奖优罚劣，也不符合公平和公正。

第三、为了贯彻实施基金法，维护基金投资者的利益，推动证券投资基金业健康发展，应当重视和妥善处理基金管理公司股权转让问题。基金公司不同于其他一般性的工业商业企业，而是受人之托，代人理财的特许金融机构，经营的是非债务的公众资金，凭借的卖点是信誉、能力、水平和知识等。基金管理公司股东所出的 1 亿元人民币公司注册资金，与其所管理的几亿、几十亿、甚至几百亿其他人的资金相比，其权利和风险存在着极大的不平衡。鉴于这个道理，不管是谁或者抱着怎样的目的，转让或者受让基金管理公司的股权，当事人都应当以保护基金持有人利益，稳定和改善基金管理公司治理结构，提升基金管理水平，促进基金管理公司长远发展为原则。基金公司股权的转让需要十分慎重。不少人认为，基金公司股权的经常转让，不利于基金经营团队的稳定和对投资者利益的保护。与其让其他社会股东受让基金公司股权，不如让内部职工持有部分股权，并限定在一定条件下，更有利于基金业的持续发展。

第四，贯彻实施基金法，维护基金投资人的利益，推动证券投资基金业的发展和壮大，最终还要依靠提升上市公司业绩和整个股票市场大环境的改善。目前因股权分置、宏观政策不确定、监管不到位、惩处不力、违法成本低等原因，而造成股票市场较长时间少有的低沉现象，致使以股票为主要投资对象的基金净值普遍下滑，交易成本提高，风险增加。覆巢之下，难有完卵。要保护基金投资者利益，就应当尽早顺从股票市场的客观规律，彻底改革股票发行制度，积极稳妥解决股权分置问题，推动非流通股的流通。起码无论如何不能再按老办法扩大新股发行，增加历史遗留问题。否则，就是基金法加大了维护基金投资人合法权益的保护力度，强调了基金资产运做的独立性，提高了基金管理人、基金托管人受托履行诚信、勤勉尽责义务的要求，其保护基金投资人合法权益的良好愿望也难以实现。

王连洲

2004.6于北京

图书在版编目(CIP)数据

中国证券投资基金年鉴(2003)/中国证券投资基金年鉴编辑委员会编.—北京：中国科学技术出版社，2004.7

ISBN 7-5046-3841-2

Ⅰ.中... Ⅱ.中... Ⅲ.证券投资—基金—中国—2003—年鉴 Ⅳ.F832.51-54

中国版本图书馆CIP数据核字(2004)第066254号

责任编辑：许 慧 周晓慧
装帧设计：北京金萍广告有限公司
广告代理：北京金萍广告有限公司
出版发行：中国科学技术出版社(北京市海淀区中关村南大街16号 100081)
印 刷：佳信达艺术印刷有限公司
开 本：889×1194 1/16
印 张：33
字 数：600千字
版 次：2004年7月第1版 第1次印刷
定 价：380.00元

附 注：

1. 该年鉴文中的"基金"仅指证券投资基金
2. 该年鉴中的"基金业大事记要"、"基金日历"均以时间为序
3. 期末净值指统计期期末单位净值
4. 累计净值＝期末净值＋累计分红
5. 累计分红指基金建立以来累计派息金额
6. 基金市场统计数据截至日期：
   基金期末净值、累计净值、累计分红截至日期为2003年12月31日
   基金代销机构营销网点统计截至日期为2003年12月
7. 基金专论部分文章中数据截至日期为2004年3月
8. 该年鉴主要参考以下资料：
   中国证券监督管理委员会：http://www.csrc.gov.cn
   中国证券业协会：http://www.s-a-c.org.cn
   上海证券交易所：http://www.sse.com.cn
   深圳证券交易所：http://www.sse.org.cn
   金融时报：http://www.financialnews.com.cn
   证券时报：http://www.p5w.net
   上海证券报：http://www.stocknews.com.cn
   中国证券报：http://www.cs.com.cn
   人民日报：http://www.people.com.cn
   中国经济时报：http://www.cet.com.cn

重要说明：

(2)《中国证券投资基金年鉴》(2003)所提供文字、信息资料数据仅供参考，中国证券投资基金年鉴编辑委员会不对任何错漏或疏忽承担任何法律责任，郑重提请投资者注意基金投资风险。

编辑说明

《中国证券投资基金年鉴》(以下简称《年鉴》)创刊于2003年，每年出版一次，国内外公开发行。《年鉴》主要反映上一年基金市场及基金市场主体单位(包括基金管理公司、托管银行、代销机构及其他相关机构)的发展状况及最新动态；重点反映基金管理公司的制度建设、经营业绩、旗下产品展示等。《年鉴》通过大量的客观数据和权威资料，全面、翔实、客观地反映和概述总结了我国证券投资基金业历年来的发展历程，真实记录了中国证券投资基金业发展的每一步，是基金从业人员及基金投资者必备的一部工具参考书。

一、《年鉴》(2003)分篇、分章编辑，按以下顺序编排：1．基金专论选篇；2．基金发展篇(国内、外基金市场发展综述)；3．基金市场篇(包括基金管理人及旗下产品、基金托管人、基金代销机构及其他机构等章节)；4．政策与法规篇(包括国家法律、行政法规、规章及规范性文件、自律性规范等章节)；5．市场统计篇(包括基金业数据统计、封闭式基金数据统计、开放式基金数据统计等章节)；6．附录(包括基金大事记要、基金日历解读、基金文章索引、基金研究著作及基金营销网点)。

二、《年鉴》(2003)首插彩色、黑白图片。为增加检索途径，目录编排按各章节顺序进行。全书共80万字，精装大16开，彩色护封。

三、为突出记录2003年度基金业的发展，《年鉴》(2003)特设"基金日历"，并附基金日历解读。

四、为使读者对2003年度基金市场的发展有简略了解，《年鉴》(2003)卷首插有2003年基金业发展概况的图示，表述相佐，更为直观。

五、《年鉴》(2003)基金发展篇的相关章节特约邀请基金业专业人士撰写，基金市场篇相关内容参考基金业对外公开的信息，包括2003基金年报、2003基金中报、2003年季度投资组合及基金业各主体单位网站等，并经各编委单位相关领导审核。

《年鉴》(2003)的编纂工作，得到了各编委单位的鼎力支持，编委会各位委员也对年鉴相关内容提出了宝贵意见，对提高年鉴的编辑质量起到了重要的作用。此外，中国工商银行基金托管部总经理周月秋、博时基金管理有限公司总经理肖风、海富通基金管理有限公司总经理田仁灿为基金专论篇特撰专文，对年鉴的编撰工作做出了贡献。在此，我们谨向上述各方面的同志和单位表示最衷心的感谢。

《中国证券投资基金年鉴》编辑部

2004年6月

CONTENTS 目录

走过2003年

特载

大力发展证券投资基金　培育证券市场中坚力量 ———— 尚福林

编辑委员会

序言

值得记述和思考的一年(代序言) ———— 王连洲

编辑说明

第一篇 基金专论选

证券投资基金法诞生记　中国证券报 ———— 2
基金立法"种瓜得豆"的曲折路径　王连洲 ———— 7
托管在中国基金业发展中的作用　周月秋 ———— 11
开放式基金营销在我国基金业发展中的作用　肖风 ———— 13
合资基金管理公司在中国的发展　田仁灿 ———— 16
证券投资基金治理结构亟待完善　高岭 ———— 19
社保基金入市的六大积极影响　徐凌峰 ———— 23
保险业呼唤基金市场创新发展　刘廷安 ———— 24
伞型基金的变革意义　巴曙松 ———— 26
发展货币市场基金　强化利率传导效应　张敬国 ———— 28

第二篇 基金发展

第一章 2003年中国证券投资基金市场发展综述 ———— 34

第二章 2003年国外及我国香港、台湾基金市场回顾 ———— 41

第三篇 基金市场

第一章 基金管理人及旗下产品

国泰基金管理有限公司 ———— 51
南方基金管理有限公司 ———— 58
华夏基金管理有限公司 ———— 66
华安基金管理有限公司 ———— 75
博时基金管理有限公司 ———— 83
鹏华基金管理有限公司 ———— 91
嘉实基金管理有限公司 ———— 99
长盛基金管理有限公司 ———— 106
大成基金管理有限公司 ———— 113

富国基金管理有限公司 —— 121
易方达基金管理有限公司 —— 128
宝盈基金管理有限公司 —— 135
融通基金管理有限公司 —— 139
银华基金管理有限公司 —— 146
长城基金管理有限公司 —— 149
中融基金管理有限公司 —— 153
银河基金管理有限公司 —— 156
湘财荷银基金管理有限公司 —— 160
天同基金管理有限公司 —— 164
金鹰基金管理有限公司 —— 166
招商基金管理有限公司 —— 168
华宝兴业基金管理有限公司 —— 172
巨田基金管理有限公司 —— 176
国联安基金管理有限公司 —— 177
海富通基金管理有限公司 —— 179
长信基金管理有限责任公司 —— 181
泰信基金管理有限公司 —— 182
天治基金管理有限公司 —— 183
景顺长城基金管理有限公司 —— 184
广发基金管理有限公司 —— 188
兴业基金管理有限公司 —— 190
中信基金管理有限责任公司 —— 191
诺安基金管理有限公司 —— 192
申万巴黎基金管理有限公司 —— 193
新世纪基金管理有限公司（筹）—— 194
华富基金管理有限公司（筹）—— 194
华商基金管理有限公司（筹）—— 194
天弘基金管理有限公司（筹）—— 194
东方基金管理有限公司（筹）—— 194
东吴基金管理有限公司（筹）—— 194
光大保德信基金管理有限公司（筹）—— 195
国海富兰克林基金管理有限公司（筹）—— 195
重信基金管理有限公司（筹）—— 195
天合基金管理有限公司（筹）—— 195
国联基金管理有限公司（筹）—— 195
汉唐澳银基金管理有限公司（筹）—— 195
中银国际基金管理有限公司（筹）—— 195

CONTENTS目录

第二章 基金托管人

中国工商银行 197
中国农业银行 198
中国银行 200
中国建设银行 201
交通银行 202
中国光大银行 203
招商银行股份有限公司 204
上海浦东发展银行 205

第三章 基金代销机构

中国工商银行 207
中国农业银行 207
中国银行 209
中国建设银行 210
交通银行 211
招商银行股份有限公司 212
上海浦东发展银行 212
中国光大银行 214
中信实业银行 214
深圳发展银行 215
兴业银行股份有限公司 216
中国民生银行股份有限公司 217
国泰君安证券股份有限公司 219
华夏证券股份有限公司 220
广发证券股份有限公司 221
联合证券有限责任公司 222
中国银河证券有限责任公司 223
国信证券有限责任公司 223
招商证券股份有限公司 224
中信证券股份有限公司 225
海通证券股份有限公司 226
申银万国证券股份有限公司 227
华泰证券有限责任公司 227
兴业证券股份有限公司 228
长江证券有限责任公司 229
湘财证券有限责任公司 230
广州证券有限责任公司 230

第四章 基金其他机构

基金审计机构 231

基金法律顾问 -- 233
基金评级机构 -- 235
基金软件供应商 -------------------------------------- 237

第四篇 政策与法规

第一章 国家法律

中华人民共和国证券投资基金法 ---------------------------- 240
中华人民共和国信托法 ------------------------------------ 248
中华人民共和国证券法 ------------------------------------ 252
中华人民共和国公司法 ------------------------------------ 265

第二章 行政法规、规章及规范性文件

证券投资基金管理暂行办法 ------------------------------ 280
全国社会保障基金投资管理暂行办法 ---------------------- 284
开放式证券投资基金试点办法 ---------------------------- 288
证券投资基金会计核算办法 ------------------------------ 291
外资参股基金管理公司设立规则 -------------------------- 305
证券投资基金专业咨询委员会管理暂行办法 ---------------- 306
关于取消第二批行政审批项目及改变部分行政审批项目管理方式的通告
-- 307
证券投资基金信息披露编报规则第 1 号《主要财务指标的计算与披露》-- 309
证券投资基金信息披露编报规则第 2 号《基金净值表现的编制与披露》-- 311
国家外汇管理局关于外资参股基金管理公司有关外汇管理问题的通知 --- 313
关于转发《国家计委、财政部关于重新核定证券市场监管费收费标准及有关问题的通知》的通知 -- 314
关于证券期货审计业务签字注册会计师定期轮换的规定 ------------ 315

第三章 自律性规范

中国证券业协会证券投资基金业委员会工作规则 ---------------- 316
证券业从业人员资格管理实施细则（试行）-------------------- 318
证券业从业人员资格考试办法（试行）---------------------- 320
证券业从业人员培训纲要 -------------------------------- 322
中国证券业协会会员诚信信息管理暂行办法 ------------------ 323
上海证券交易所证券投资基金上市规则 ---------------------- 326
上海证券交易所会员自律准则 ---------------------------- 328
上海证券交易所会员业务规范指引 ------------------------ 329
关于做好调整基金申报价格最小变动单位相关技术准备工作的通知 ----- 331
关于调整基金申报价格最小变动单位的通知 ------------------ 332
上海证券交易所大宗交易实施细则 ------------------------ 332
深圳证券交易所证券投资基金上市规则 ---------------------- 334

CONTENTS目录

关于调整基金申报价格最小变动单位的通知 ———————————— 337
深圳证券交易所大宗交易实施细则 ———————————— 338

第五篇 基金市场统计

第一章 基金业数据统计

中国证券投资基金数量与净资产一览表 ———————————— 339
中国证券投资基金历年管理费收入 ———————————— 339
中国证券投资基金历年托管费收入 ———————————— 339
基金管理公司管理资产规模一览表 ———————————— 340
托管银行托管资产规模一览表 ———————————— 340
中国证券投资基金历年股票市值 ———————————— 341
中国证券投资基金历年股票交易量 ———————————— 341
中国证券投资基金历年分配金额 ———————————— 341

第二章 封闭式基金数据统计

封闭式证券投资基金基本情况一览表 ———————————— 342
封闭式证券投资基金最近三年净值增长率一览表 ———————————— 344
封闭式证券投资基金历年分红一览表 ———————————— 346
封闭式证券投资基金折价率一览表 ———————————— 348
封闭式证券投资基金历年周可比净值一览表 ———————————— 355

第三章 开放式基金数据统计

中国开放式证券投资基金发展概况 ———————————— 383
不同类型开放式证券投资基金净值规模 ———————————— 383
开放式证券投资基金净值增长率一览表 ———————————— 383
开放式证券投资基金历年发行情况一览表 ———————————— 384
开放式证券投资基金赎回率一览表 ———————————— 385
开放式证券投资基金基本费率一览表 ———————————— 386
开放式证券投资基金分红一览表 ———————————— 387
开放式证券投资基金历年周可比净值一览表 ———————————— 389

附录

附录一　基金大事记要 ———————————— 398
附录二　基金日历解读 ———————————— 405
附录三　基金文章索引 ———————————— 408
附录四　投资者教育 ———————————— 414
附录五　基金研究著作 ———————————— 420
附录六　基金营销网点 ———————————— 425

《中国证券投资基金年鉴》(2003) 编委风采

《中国证券投资基金年鉴》(2003) 会员单位风采

基金代销机构风采

第一篇 基金专论选

ALMANAC OF CHINA'S SECURITIES INVESTMENT FUNDS

证券投资基金法诞生记

基金立法“种瓜得豆”的曲折路径

托管在中国基金业发展中的作用

开放式基金营销在我国基金业发展中的作用

合资基金管理公司在中国的发展

证券投资基金治理结构亟待完善

社保基金入市的六大积极影响

保险业呼唤基金市场创新发展

伞型基金的变革意义

发展货币市场基金 强化利率传导效应

证券投资基金法诞生记

2003年10月28日15时03分，人民大会堂常委会会议厅，华灯璀璨。

“赞成146票，反对1票，弃权1票。”工作人员宣读了表决结果。

伴随着吴邦国委员长一声“通过”，起草历时4年7个月，审议跨越九届、十届两届全国人大常委会任期，为证券市场乃至社会各界瞩目的证券投资基金法终于降生。

再回首，证券投资基金法由怀胎、孕育直至分娩，可谓一波三折，风雨坎坷……

混沌之初

有关发展投资基金的政策，最早可见诸1985年中共中央《关于科学技术体制改革的决定》。《决定》提出，要设立风险投资基金以支持高技术开发工作。遗憾的是，《决定》后的很长一段时间，真正的风险投资机制并未问世。

1991年10月，最初的一批老基金“武汉证券投资基金”和“深圳南山风险投资基金”宣告成立。截至1996年底，全国范围内共有“老基金”78只，另有基金类受益券47只，分散在全国23个省市。

新生的证券投资基金，很快引起了立法者的关注。

在起草证券法过程中，全国人大财经委起草组就考虑对投资基金加以规定。在时任全国人大财经委委员的董辅礽教授的建议下，1993年6月提交一审的证券法（草案）中曾专有“投资基金”一章。但后来，有关方面认为，对投资基金的发展吃不准，把握不住，建议在证券法中先不要加以规定。就这样，“投资基金”部分由一章变成了一个条款。到了1998年12月证券法审议通过的时候，这一条关于“投资基金”的规定也被取消了。

据全国人大财经委法案主任朱少平回忆，当时正逢老基金整顿、新基金试点刚起步。当时的老基金大部分属于综合性基金，既可投资于证券，又可以投资于实业。其中相当一部分基金将其募集的资金投向了房地产业，特别是在1992年、1993年海南高速发展、房地产开发形成泡沫的时期，结果不少资金被套了进去。后来，国务院对老基金着手进行整顿。1998年3月至4月，国务院《证券投资基金管理暂行办法》公布后，第一批证券投资基金才开始发行、交易。

提上日程

伴随着老基金整顿、新基金试点的顺利进行，也为了顺利推动我国证券投资基金、产业投资基金、风险投资基金的发展，投资基金立法逐渐提上议事日程。

1997年11月15日，经国务院批准，国务院证券委发布了《证券投资基金管理暂行办法》。1997年中共中央第19号文件提出，要“研究制定中外合作投资基金管理办法和产业投资基金管理办法，并积极稳妥地进行试点”。1998年1月，朱总理做出了“请计委、人行抓紧制订基金管理办法，经批准后可以试点”的重要批示。之后，国家计委开始起草《产业投资基金试点管理办法》。

在九届全国人大及其常委会上任之后，《投资基金法》作为一部重要的民商法律，很快被列入《九届全国人大常委会立法规划》。

1999年3月30日，全国人大财经委在人民大会堂内蒙古厅召开了投资基金法起草组成立大会，确定了领导小组、顾问小组和工作小组的组成人员。厉以宁教授担任组长，张肖和周道炯任副组长，成员包括王春正、邓楠等人。

根据全国人大财经委当时的起草工作计划，争取2001年底以前由全国人大财经委讨论通过投资基金法（草案），并将其提交全国人大常委会审议；并争取2002年底以前由全国人大常委会通过。

谁曾料到，此后的起草进程却一波三折，立法思路也在一次次调整。

观点交锋

从投资基金法起草开始，立法始终围绕着是统一立法还是分别立法的思路进行争论。

当时的主流意见是，凡称为投资基金的，都有类似属性，具备统一立法的基础。而且，如果分别立法，也就是由各政府有关部门起草单行法或者部门法规，必然产生越权监管，不仅加大立法成本，而且无端生出监管部门的冲突。反对意见认为，上述投资基金虽然有类似属性，但是如何定位以及各自的目的方式、投资对象、动作规则、政府干预程度都存在很大差异，很难在一部法律中作出规范。

当时正值“十五”规划期间，各部门都在大力提倡发展产业投资、风险投资，许多人强调，投资基金法不应当只适用证券投资基金，也应满足对产业基金、风险基金进行规范的要求，就成了各个部门的愿望。

因此，基金法起草组所定的一稿内容，采用了主流思路进行统一立法。但是，在2000年6月宁波会议之前，基金法的几次草拟稿都是按照基金目标方向不同分类，对这三种基金分别作出章节规定，其内容有交叉冲突，所以很多人反对统一立法。起草工作遇到困难。

据曾任基金法起草工作组组长的王连洲介绍，在第一次起草的时候，除开一个总则、监管和附则以外，证券投资基金一章，产业投资基金一章，风险投资基金一章。有几个著名的学者提出，这三种基金是按投资对象划分的，风马牛不相及，你放在一个法律里面，怎么来规范，这种情况下不能放在一起。

经过讨论，大家形成这样一个观点，为了规范所有的基金，我们就要找它的共同点。它的共同点可以从资金募集的角度来切入。在宁波会议上，证监会首席顾问梁定邦先生出了个主意，既然是从资金募集这个角度来规范，资金募集的方法有两种，一种是面向社会大众的公募，一种是面向特定对象的私募，是不是两种方法都规范。这样就变成了公募基金与私募基金的分别。投资证券市场的基金主要是公募基金，应受到严格监管；而产业基金、风险创业基金则是私募基金，监管可以相对宽松。

没有想到，一场突如其来的关于“私募基金”的大讨论，波及了正在进行中的立法。正如有人士所指出的，社会各界包括媒体对私募基金问题的过分渲染，引起了一些误解。

终于，到了2002年1月，投资基金立法再起争端。有关方面认为，向特定对象募集没有提到产业投资基金，也没有提到谁来审批，认为写得不具体不充分，没有体现产业投资基金的发起审批前的主体等内容；而也有人对将创业投资基金等放进法律中持有导议。

基金法领导小组担心，如果不能形成共识的话，即使提交全国人大常委会审议也可能被搁置。在这种情况下，有专家提出，为了避免冲突，干脆一改主流思路，回到分别立法思路。就这样，投资基金法更名为证券投资基金法。

艰难起步

2002年8月23日，证券投资基金法（草案）提交九届全国人大常委会第二十九次会议进行第一次审议。

厉以宁在做提请审议的说明时说，目前在我国经济生活中存在多种形式的基金，各种基金具有不同的性质和功能。根据法律名称和讨论中的一致意见，本法只规范证券投资基金。证券投资基金是指通过发售基金份额募集资金形成独立的基金财产，由基金管理人管理、基金托管人托管，以资产组合方式进行证券投资，基金份额持有人按其所持份额享受收益和承担风险的投资组织。

一审稿草案对公司制基金作了原则规定，同时确定具体管理办法由国务院另行规定，既为其今后发展留下空间，也为资本市场发展和金融产品的创新留下了余地。

为方便全国人大常委会委员们对草案的审议，2002年10月28日，九届全国人大常委会第三十次会议在闭幕后专门举办了投资基金法律制度讲座。在那次讲座上，时任全国人大常委会委员长李鹏指出，建立和完善证券投资基金法律制度，对于发展机构投资，促进资本市场的发展和完善，具有十分重要的意义，全国人大以及有关方面应加强对产业投资基金、风险投资基金等方面的研究。

当时，各方人士认为，证券投资基金法的出台临近了。但没有想到的是，从一审走到二审，整整经过了十个月的时间，也从九届全国人大走到了十届全国人大。

2003年6月18日，证券投资基金法（草案）提交二审。与初审稿相比，草案由十一章109条调整成十二章100条。其中，最为重大的修改便是：不再对证券投资基金作出明确定义，而只是规定草案对在境内通过公开发售基金份额，募集证券投资基金，以资产组合方式进行的证券投资活动适用。

一帆风顺

从二审走向三审，似乎一切走得都很顺利。

2003年10月21日，党的十六届三中全会通过的《中共中央关于完善社会主义市场经济体制若干问题的决定》对外公布。《决定》关于资本市场发展的丰富论述，给关心资本市场发展的人们坚定了信心。

10月23日，证券投资基金法（草案）提交十届全国人大常委会第五次审议并拟付表决。应该说，草案与《决定》中关于大力发展机构投资者、拓宽合规资金入市渠道的精神是一致的。应该说，这时候的证券投资基金法，已是呼之欲出了。

在对二审稿作了十多处修改之后，证券投资基金法（草案）昨天终获通过。

从1998年3月第一批基金管理公司设立起，截至2003年9月30日，我国已开业的基金管理公司32家（含中外合资基金管理公司5家），平均每年新增加5家公司。在已开业的基金管理公司中，目前已有24家已发行并管理了基金，各公司管理的基金规模差别较大，管理基金规模最大的达到165亿份，最少的只有12亿份。已设立的证券投资基金共87只，总规模1632亿份，资产净值1553亿元，占A股股票流通市值近13%。其中封闭式基金54只，规模817亿份，资产净值759亿元，开放式基金33只（系列基金按一只计），规模815亿份，资产净值794亿元。

有理由相信，在党的十六届三中全会精神的指导下，伴随着证券投资基金法的制定出台和证券法的修改，必将会促进我国证券市场的健康发展，为我国证券市场带来一个崭新局面。

（摘自2003年10月29日《中国证券报》）

《证券投资基金法》出台 业内人士发言摘要

奠定坚实的法律根基

华夏基金管理有限公司总经理　范勇宏

作为基金法起草工作小组顾问成员之一，1998年初就开始从事基金试点工作，5年多来，我一直期盼着、关注着、参与着基金法的立法活动。欣闻《证券投资基金法》顺利通过，作为基金管理人的代表我感到由衷的高兴。

《证券投资基金法》是我国证券市场的第二部大法，她既是对我国基金业过去5年多来经验教训的总结，也为中国基金业今后的大发展奠定了坚实的法律根基。证券投资基金法的出台，不仅是中国基金业发展的一件大事，也是中国金融业改革、发展和创新进程中的一座里程碑。

国内外的发展经验表明，国民经济的大发展有赖于资本市场的大发展；资本市场的大发展有赖于基金业的大发展；基金业的大发展又有赖于诚信基金管理人的大发展。因此，证券投资基金法的出台，必将成为我国资本市场发展特别是合规机构投资者发展的一个新契机。

为产品创新预留空间

博时基金管理有限公司总经理　肖　风

《证券投资基金法》的立法过程透明度非常高，立法机关曾多次组织国际、国内研讨会，就具体法律条款的制定精雕细琢，立法人员还多次到基金业发达国家和地区进行考察，总结发达国家成熟的立法经验并加以借鉴，同时结合我国投资基金业发展的客观实际，准确地把握了我国投资基金业的发展规律和未来发展方向。

另外，《证券投资基金法》在立法技术上，体现了充分的弹性，如针对我国基金业尚未发育成熟，发展速度快，新情况、新问题也多，且多数未能及时予以研究和解决等实际情况，《证券投资基金法》在许多具体法律条款上，赋予中国证监会或国务院其他监管机构以制定细则的权利，从而能够保证法律法规实施的及时性、全面性和有效性，为法律未来修订和实施细则等的出台留有余地，也为未来基金产品创新留下了空间，这一点值得赞赏。

迎接基金业的春天

天同基金管理有限公司总经理　马志刚

历时四年、经过前后三次审议并最终获通过的《证券投资基金法》，内容严谨充实，对于规范证券投资基金活动，保护投资人的合法权益，保障基金行业和机构投资者的健康发展，必将产生非常重要的意义。

《证券投资基金法》应当说可以基本适应现行市场的需求并将有力的推动整个产业的发展。但可以预料随着我国资本市场的不断发展，《证券投资基金法》也将会遇到新的问题，但我们注意到本次立法为今后的发展留下了空间，这是非常科学的做法，可以有效避免以前立法中所走过的弯路。

可以预见，《证券投资基金法》公布实施以后，证券投资基金业将会更加健康快速的发展，国内的资本市场将会越来越活跃，直接融资的规模也将越来越大。

有利于行业持续发展

华安基金管理有限公司总经理　韩方河

《证券投资基金法》的颁布和实施，对中国证券市场和证券投资基金业都具有里程碑式的意义。它的重要意义表现在：有利于规范证券投资基金活动，保护投资人的合法权益，从而保障证券市场的健康发展。

《证券投资基金法》的颁布实施是行业立法上与时俱进的具体表现。应该说，《证券投资基金法》吸收了行业发展中积极的经验，同时为行业以后的发展留出了空间，真正体现了与时俱进的精神。

《证券投资基金法》的颁布实施，是行业持续健康发展的重要保证。它强调要保护投资人的合法权益，实际上也是保护行业中各方参与者，包括基金管理公司。中国证券市场的实践证明，严格监管、保护投资人的合法权益，只会促进行业的健康发展。

合资基金公司将快速发展

华宝兴业基金管理有限公司总经理　裴长江

《证券投资基金法》有助于推进基金公司的诚信建设步伐，切实维护持有人的利益。证券投资基金是一种公共投资产品，而我国现行法规的取向又是非公司型基金，如何确保广大持有人的合法权益，不仅需要基金管理人及基金公司股东恪守诚信和行业自律，更需要明确的法律规定，基金法的相关条款对此作出了相当严格又不乏可操作性的制度安排。《证券投资基金法》进一步坚定了中外股东长期投资中国基金市场的信心和决心。

基金业如鱼得水

海富通基金管理有限公司总裁　田仁灿

《证券投资基金法》是系统规范我国证券投资基金业的第一部国家法律。它的出台是我国金融法律和经济法制建设的重要组成部分，也表明国家把基金业发展放到了一个很高的地位，使年轻的中国基金业获得了一个如鱼得水的发展空间。基金管理公司将面临一个政策更加透明、可预见性更高的环境，从而可以更好地专注于投资管理事业，更好地专注于完善公司治理和内部控制，更好地为持有人服务。

《证券投资基金法》的条文充分体现了“规范发展”和“维护持有人权益”这一条主线，即不仅体现了规范的要求，而且更体现了促进发展的要求。

树立基金阳光形象

泰信基金管理有限公司总经理　高清海

《证券投资基金法》将保护基金持有人利益放在突出位置，体现了规范基金业发展、树立基金业诚信形象的立法宗旨。

我们认为，有必要在《基金法》的制度框架下，设计出一套落实基金持有人大会制度的措施。譬如，能否参照国外公司型基金受托人委员会的做法，创立一个基金持有人大会的常设机构，对基金管理人和基金托管人行使日常监督的权利，必要时召集持有人大会。在与《基金法》不冲突的前提下，我们将努力推出一些创新举措以进一步完善基金治理结构，以高于现行法律要求的标准来约束自己，从而树立基金的阳光形象。

从根本上解决发展瓶颈

兴业基金管理有限公司总经理　杨东

《证券投资基金法》的颁布与实施，有望从根本上解决基金业发展面临的严重瓶颈。基金业的监管体系将得以建立与完善。《证券投资基金法》的颁布与实施标志着我国证券投资基金业监管体系的完善，并确立证券投资基金业和基金市场的监管思路。

基金业的行业自律、基金管理公司的治理结构和内部控制将得到进一步的强化。基金业的存在和发展必须依赖“诚信”和“绩效”两个基础。其中，规范运作是核心，是基金业健康发展的基础和内在要求。

我们期待着《证券投资基金法》的颁布与实施将从制度创新的角度来推动基金业的创新，并将在完善基金业与基金市场的监管，推动市场创新、有效提升基金业的整体竞争力等方面发挥重要的作用。

推动完善公司治理结构

富国基金管理有限公司总经理　李建国

《证券投资基金法》的出台，确定了证券投资基金的法律地位，从法律的角度进行规范，有了一个规范的法律文本，对原来暂行办法中不足的地方在法律中都进行了补充完善，比较符合目前的实际。

我们认为《证券投资基金法》的出台，首先有利于规范基金运作，健全基金管理公司内部治理结构。其次，《证券投资基金法》的出台，有利于基金行业的创新和发展。《证券投资基金法》对一些争议问题的暂时搁置，为基金公司的开拓创新预留了法律空间。再次，《证券投资基金法》的出台，有利于保护持有人的利益，促进基金行业的快速健康发展。

基金业发展有了制度保障

国泰基金管理有限公司总经理　李春平

本次通过的《基金法》，体现了中国证券投资基金业发展的成果和趋势，在以下几方面为基金业的规范和发展提供了制度保障：

一、强调投资者利益保护。《基金法》的立法过程充分体现了对投资者利益保护的重视；二、明确了基金的基本法律特征和运作方式，对基金的募集、交易、申购／赎回和运作，以及基金合同的变更和终止等进行了系统的规定，确立了基金运作的基本框架；三、完善了对基金管理人和基金托管人的规范；四、规范与发展并重。《基金法》未对“开放式基金短期融资”等争议较多的问题进行规定，表明了立法部门对金融风险防范的重视。同时，《基金法》对基金运作方式等问题采取了较为灵活的规定，为基金产品的创新留下了较大的空间。

努力创造共赢局面

国联安基金管理有限公司总经理　先 江

《证券投资基金法》的出台，对于充分保护基金持有人利益、促进基金行业的健康发展从而有着极其重要的意义。

首先，《证券投资基金法》的通过，把基金业提高到一个大的行业的高度来看待，将其与证券、银行、保险、信托等相提并论，从法律层面上提高了证券投资基金的地位，为行业的大发展奠定了法律基础。

其次，《证券投资基金法》明确了基金是为基金份额持有人的利益服务，这就起到了“正本清源”的作用，对某些人士认为的设立基金的首要目的是为了稳定市场进行了澄清，无疑会加强基金持有人及潜在投资者对基金行业的信心。

第三，《证券投资基金法》努力创造共赢局面。基金业的特点就是注重长远，中国基金业总体仍然属于新兴市场，正处在大发展的前夜，潜力巨大。目前存在的一些问题至多只能算是“倒春寒”，都是发展中必然会遇到的问题，正是在解决这些问题的过程中，中国基金业必将实现从量变到质变的飞跃。

为基金业发展保驾护航

银河基金管理有限公司总经理　谭庆中

《证券投资基金法》的出台，从立法的高度给予基金这个创新的投资工具一个有利的法律地位，规范了基金的运作，也严格地保护了投资者的利益。

《证券投资基金法》为基金业奠定了规范发展的基础。投资者的利益得到了保护，才会放心地进行投资；而基金业在法律的约束下规范运作，才能赢得投资者的信任。基金业从此将大踏步地进入良性循环的轨道。基金法的出台，使合规经营、依法运作的基金管理公司对未来充满了信心。

保护投资人权益乃立法之本

嘉实基金管理有限公司总经理　赵学军

《证券投资基金法》是党的十六届三中全会后我国立法机构颁布的第一部在法律层次上体现保护产权所有者利益的经济法，作为证券行业的重要法律，该法借鉴和总结了国内外证券投资基金业和证券市场发展经验，第一次将保护投资人合法权益作为立法之本写入该法的第一条，据此确立证券投资基金业的法律地位，这是巨大的历史进步，也是对过去5年以来政府有关部门大力推进证券投资基金业发展政策的肯定，有利于调动投资者投资证券投资基金的积极性，对规范和促进我国基金行业健康发展，推动我国证券市场的完善具有重要意义。

值此《证券投资基金法》颁布之时，我们希望与广大投资者和业内同仁一道，以该法作为企业运营的最高准则，不断提升经营管理水平，在充分保护投资者权益的前提下，为广大新老投资者创造更高投资回报，共同推动我国基金业的健康发展，并迎来公司新的快速发展时期。

促进基金业规范发展

长信基金管理有限公司总经理　陈永青

基金法的出台确认了证券投资基金的法律地位，使基金行为有法可依，将有利于从法律制度上保证基金投资人的利益，促进基金业的健康规范发展。

《证券投资基金法》对设立基金管理人的资格、基金管理人的高管人员的任职条件和禁入标准等都作了严格规定，这将有利于规范基金管理人的治理结构、提高基金管理人的经营管理水平。在对基金管理人和托管人的职责进行充分界定的同时，《证券投资基金法》的法律责任一章，用详尽的条款对基金管理人、托管人和监管者在履行各自职责的过程中的违法行为及由此造成的损害，规定了民事赔偿责任或刑事责任。这将有利于规范基金管理人和托管人的行为，切实保护基金投资人的利益。

此外，《证券投资基金法》还明确规定了基金持有人诸如参加持有人大会等方面的权力，切实从法律上保护了基金持有人的利益不受损害，从而使证券投资基金取得投资者的信任，促进基金业的发展。

基金立法“种瓜得豆”的曲折路程

投资基金法起草工作组首任组长　王连洲

中国《证券投资基金法》于2003年10月28日，由九届全国人大常委会第五次会议审议通过，于2004年6月1日正式实施。“这是中国证券投资基金业发展历史上的里程碑”，业内人士深知基金法出台所蕴涵的意义之所在，予以如此的评价并不为过。因为正是《证券投资基金法》的出台，确定了证券投资基金业独立专属的法律地位，为促进证券投资基金市场乃至整个证券市场的规范健康发展，加大基金投资人合法权益的保护力度，增强投资者的投资信心，提供了更具法律效力的新保障和新环境。可以相信，证券投资基金业将以基金法所提供的环境和条件，迎来一个快速发展和壮大的春天。

业内人士和其他密切关注该法制定过程的有关人士，在热烈祝贺《证券投资基金法》出台的时候，并没有忽略一个背后的事实，就是从“投资基金法”的立案起草，到“证券投资基金法”的出台落幕，这其中经历了一个怎样“种瓜得豆”漫长而曲折的历程，其中又充满着多少坎坷曲折的变故和事情。

聚集业内精英

证券投资基金法相比其他存贷款、信托以及股票、债券等金融产品投资立法，说不上是一个最“显赫”和重要的法律，因为它毕竟仅是众多金融工具当中的一般成员。但是投资基金法的整个立法过程，以及由此所引发的社会关注程度和对广大公众投资者所产生的投资理念影响，可以说是其他同类立法很难相比拟的。

投资基金立法之所以受到社会如此关注并引起反响，与起草班子成员所处的不同位置以及因此所形成的看问题不同的视角碰撞，或许不无关系并可以从中找到一些答案。

投资基金法的正式起草工作，是从1999年3月30日“投资基金法”起草领导小组、顾问小组和工作小组成立开始。这个消息登在隔日的《中国证券报》头版头条上。领导小组成员包括了人大财经委、证监会、原计委、科技部的主要时任领导和部分前任领导，他们是王春正、邓楠、陈耀先、张肖、周道炯、戴杰、刘随年、刘鸿儒、费子文、董辅仁、江平等，组长为时任全国人大常委会委员、财经委副主任委员的北京大学厉以宁教授；顾问专家组成员多是直到现在还依然活跃在中国证券基金业界的知名专业人士，他们是卢克群、张东生、范勇宏、郭辉、周道志、林以相、许占涛等；工作小组成员主要由财经委、证监会、科技部、计委派员以及社会上的专家学者和业内人士组成，前后参与并做了大量工作的主要有朱少平、曹凤岐、金旭、周小明、刘俊海、张建春、刘修文、蔡概还、曹文炼、刘建军、刘建平、桂水发、金晓斌、李康、李诚、李命志、牛文婕、刘传葵等。起草组成立会议讨论了基金立法的指导思想、立法步骤以及时间要求。

从起草《投资基金法》开始到《证券投资基金法》颁布出台，从“种瓜”到“得豆”，前后相隔了4年半的时间，先后召开过大大小小的包括国际国内的专家学者、业内人士以及基金投资者参与的各种讨论会、座谈会，难以计数；还专门以书面的形式征求过各个省市有关单位和

业务部门的意见，直接或间接参与讨论基金立法的人员不下千计，反复易稿不下几十次，由此足见基金立法过程的曲折和艰难。这从不少传媒的有关报道中，相信可以略知一二。令人欣慰的是，在国内外广大投资者的密切关注下，《证券投资基金法》得以顺利表决出台，艰难的协调工作终出成果。证券投资基金业的拓展创新和规范发展，将得到一个特殊优惠的法律环境和保障。

并非心血来潮

有不少人可能都想了解，怎么想起搞个投资基金法？根据笔者分析和猜测，制定“投资基金法”的立案，构建基金综合立法的思路，应当是主要基于以下因素的综合考虑：一是基于基金的重要地位和作用。投资基金作为一种先进的金融财产管理工具，在国外已有100多年的历史，近20年来获得了高速的发展，已成为当代国金融市场变化的一个重要特征。投资基金因其本身所具有的集腋成裘的功能，专业经营的优势，稳定收益的预期，风险分散的机制，在众多的金融工具中脱颖而出，并在实践中充分显示了它在活跃资本市场、优化金融资产结构、解决和开拓高新企业所急需的融资渠道，推动经济快速发展方面所具有的巨大适应力，从而受到我国不少专家学者的高度重视和注意。在1993年8月，八届全国人大常委会第一次审议的《证券法》草案中，按照时任八届全国人大财经委副主任委员董辅仁教授的提议，就专门规定了“投资基金”一章。假设继续保留这一章并充实完善，也许就没有了后来“投资基金法”的立案计划。而最后通过的《证券法》取消了这一章，不再涵盖投资基金有关内容，这就难免给后来的投资基金法立案留下了一个契机。与此同时，国民经济经济结构进行战略调整，包括基础产业和高新技术产业在内的诸多竞争行业“国进民退”，这就需要大力发挥资本市场的资金融通和资源优化配置功能作用，增加金融创新工具，启动社会民间资金投入到急需发展的基础设施产业和风险创业投资当中去。而大力提倡发展产业投资基金和风险创业投资基金，以促进传统产业的提升和高新技术产业的发展，

见诸于中国社会经济发展“十五”规划以及中央的不少有关文件中。可以说这是提出制定投资基金法立案的重要宏观背景。二是基于投资基金规范运作的现实需要。我国投资基金业由于种种原因，特别是在诚信有所缺失的社会环境下，在其发展过程中还存在着诸多问题，诸如基金当事人之间的权利与责任不对等，持有人承担全部风险，而基金管理人却照拿管理费，旱涝保收；基金黑幕、利益输送、高位接盘、对敲等损害投资者利益的行为曾经时有发生。对于基金治理结构如何进一步完善？基金管理人与基金托管人之间如何建立有效的制衡机制？基金投资者的利益如何得到更有效的保护？基金投资者的利益受到无辜损害如何追究民事赔偿责任，这些问题直接关系到中国投资基金业在今后能否健康发展，特别是在加入WTO以后，能否面对外国机构投资者竞争等重大问题。而对这些问题，在过去的行政法规或规章中，或者没有做出足够的规定，或者不可能做出足够的规定。鉴于此，面对全球经济和金融一体化发展的总趋势以及投资基金发展的历史机遇，制定法律层次较高的投资基金法，为投资基金业的进一步发展创造良好的法律环境，提供良好的法律保证，这对于增强人们基金市场的投资信心，促进投资基金业的发展，无疑具有重要意义。为此，投资基金法列入了九届全国人大常委会的立法计划，由全国人大财经委组织起草。

综合立法更辙

稍微关注该法案制订过程的人，都会发现最初立案的是带有综合立法性质的“投资基金法”，而最终出台的却是带有专业性质的“证券投资基金法”，综合立法更辙，种瓜得豆。对此过程难免不令人想了解个中究竟，以便从令人值得回味和难以忘怀的问题撞击中，引发一些新的思考，受到一些新的启示。

需要说明，投资基金法的起草工作，自始至终对某些问题都存在着争议，始终难成共识，只不过在不同的起草阶段，争议的主要问题有所侧重和不同而已。

2002年2月以前，始终争议的主要突出问题，就是制定一部既能够涵盖规范证券投资基金，又能涵盖规范产业投资基金和风险投资基金统一的“投资基金法”，还是分别单项立法或者只制定“证券投资基金法”。这个问题似乎涉及的部门利益最多，最直接，因而产生的理论和实践方面的争议也最激烈，困绕的时间最多，耗费的精力也最大。

应当承认，出台《证券投资基金法》并非立法的初衷。而制订一部综合的“投资基金法”方是当初开始投资基金立法的目标和出发点。在相当长的时间里这也是当时的主流思路，并得到了时任全国人大财经委多数领导的赞同。制定一部涵盖面较宽、而不仅仅只适用规范证券投资基金的法律，当时考虑的主要理由：一是发展产业投资基金和风险投资基金的呼声高，有关主管部门希望对产业投资基金和风险投资基金提高法律保护层次，怀有迫切的要求；二是鉴于当时已经有了国务院证券委颁布实施的《证券投资基金管理暂行办法》，起码有了对证券投资基金规范运作的行政法规和规章，对于再单独提高其立法层次，可以说没有任何人有那个奢望。

回顾起草组多数成员当时的认识，旨在尽快制定一部统一的“投资基金法”，涵盖产业和风险创业投资基金，为促进其发展提供法律支撑和保障的思想，甚至比单纯规范证券投资基金的思想还要明确和急切。三是根据当时征集的不少立法方案和意见，似乎多数都认为，无论是证券投资基金、产业投资基金，还是风险创业投资基金，凡称谓“投资基金”者，都有大体类似的属性，即都是集中他人的资金，交由专业机构分别进行管理和托管，进行组合投资，为投资者分散投资风险和获取比较稳定的收益；一般都是采取基金资产所有权、经营权、保管监督权相互分离的机制和体制；各类基金当事人之间的基本法律关系大体相同，各类投资基金的共性多于个性，拥有统一立法的基础；四是认为如果不统一立法，而让各个主管部门分别提出起草制定单行法或者行政法规，难以避免各部门越权立法、重复立法、加大立法成本甚至产生各项法律之间相互冲突的现象。五是有的建议报告认为，统一立法符合立法的趋势，并以《合同法》和《环境保护法》为例证。基于以上的考虑，这一阶段的数易其稿，基本上都是按照涵盖证券、产业、风险投资基金综合立法的架构进行起草的。

“真理在少数人手中”

应当说明，在起草过程中伴随着主流思路，始终有一种与综合立法截然相反的认识和意见，主张只制定证券投资基金法。其主要理由，认为上述各类投资基金尽管有其相同点，但其设立的目的、功能定位、募集方式、组织形式、投资对象、运作规则以及政府干预的程度等等，都存在着很大的不同，很难在一部法律中对不同类别的基金做出统一的规范，因此反对综合立法。同时认为，产业（创业）等实业投资基金还没有充分发展，立法的条件尚不成熟，不宜先立法。他们主张，如果需要对实业投资基金进行规范的话，可以由国务院或有关主管部门另行制定行政法规或规章做规定。起草领导小组成员董辅仁教授是这一观点的突出代表，他一开始就非常明确的表明过自己的观点：证券投资基金与产业、风险创业投资基金除了维护投资人的利益是共同的，其他没有什么共同点。这句话至今令人记忆犹新。《证券投资基金法》的出台，也许应验了毛泽东主席“真理往往在少数人手里”那句话，只不过令人遗憾的是，尽管当时这方面的意见和理由，在现在看来是那样的具有现实性和预见性，但是现实社会生活的常识告诉我们，在已经占据主导地位的主流思路和意识面前，尤其是一种思路和意识占据了主流地位并一再固执起来，哪怕再正确、再富有真知灼见的相反意见和建议，也往往是“说了也白说”，起不了太大的作用，是很难以胜出的。综合立法工作在未遇到严重的挫折前，会一直前行。1999年11月，在深圳召开第一次基金立法国际研讨会，主要是征求对投资基金法草案初稿的意见。争论的焦点是投资基金法的调整范围，是综合立法还是分别立法。2000年1月24日，起草领导小组召开会议，与会人员有厉以宁、董辅仁、周道炯、刘鸿儒、陈耀先、费子文等领导同志，主要是讨论工作小组提交的将“创业投资基金的特别规定”专列一章的《投资基金法(草案)》首次正式稿。议论的主要问题还是基金法的调整范围以及若综合立法又如何进行结构安排。根据当时会议记录，除个别领导成员对综合立法持有异议外，绝大多数与会人员都赞同综合立法，并为此提出了一些技术安排上的建议。鉴于一些来自主要有关部门的与会人员对草案稿没有突出产业投资基金有意见，领导小组最后决定，对证券投资基金、产业投资基金和风险投资基金分三组调研，分别做出规定。2000年6月21日，在宁波召开起草领导小组会议。工作小组将涵盖证券投资基金、产业投资基金和风险投资基金三章的“草案二稿”提交会议讨论。这个稿子除了分三章将三类基金分别规定外，还在契约型基金中引入了“受托人”的概念，在公司型基金中引入了“保管人”的概念。

“私募基金”带来希望

与会人员对上述稿子的结构安排和内容规定似乎有更多的意见。问题出在按照基金投资方向的不同，分别对证券投资基金、产业投资基金和风险投资基金分章节作规定，的确遇到了内容规定交叉、重复以及顾此失彼的其他立法技术问题。

为了既坚持综合立法的方向，又能解决立法技术上的一些困难，是梁定邦先生建议，是否改变一下立法技术，将基金按照不同投资方向分别进行规定，改变为根据基金募集方式的不同进行规定，即按照“公开”募集资金和向“特定“对象协议募集资金分别进行规定。资金从募集方式上来说，不是公募即是私募，投资基金法将公募基金和私募基金都纳入其调整范围，实质上依然是维护了综合统一立法的主流思路。投资于证券市场的基金主要是公募资金，面对公众投资者，应受到严格监管。而投资于产业、风险创业市场的基金则主要是私募资金，面对特定投资者，监管可以相对宽松一些。在2000年9月25日形成的基金法草稿第三稿中，就将“向特定对象募集资金的基金”专列一章，其目的和本意依然是为发展产业、风险创业投资基金提供法律依据，奠定法律基础。向特定对象募集资金就属于私募性质，正是从这次会议以后，社会上掀起了要不要对私募基金加强疏导和定位、正名的问题讨论。

笔者始终认为，“私募基金”在社会上是一种客观存在，与其不承认，视而不见，或者见而不管，任其在地下活动，不如置其于阳光下，增强活动透明度，予以疏导，似更有利于资本市场健康发展。投资基金法中的“向特定对象募集的基金”这一章，主要是借鉴国外对私募基金的一些做法，作出了一些规定：诸如设立特定基金的机构要具备一定的资质和条件；设立特定基金应当备案，需要核准的要核准；特定基金的个人投资者，净资产不低于100万元人民币，投资额不低于20万元，资金来源要正当，要有明确的投资方向和投资策略，募集资金的总额不得低于2000万元；法人或依法成立的其他组织净资产不少于1000万元，最低出资额不得低于100万元；投资者人数在100人以下；不得保证最低收益率；不得作公开募集资金广告，要对投资者予以风险警示等等。总的考虑是，对私募基金作出一些原则规定，有助于引导资产委托管理活动的健康规范发展。

必然与无奈的选择

2002年2月的一天，全国人大常委会会议中心，人大财经委基金法起草领导小组、顾问组以及工作组等部分成员参加的工作会议。这次会议应当是起草组向全国人大人大财经委提交“投资基金法草案稿”的最后定稿会，也可以说是向全国人大常委会提交该法案的最后准备。未曾料到或者已有所料，不管怎样，由于来自不同单位的成员，以不同的观察和认识视角，又从相反的方向表达了对将要出手的该法案的意见和建议，似乎使问题更加复杂起来。有的是老意见，提出“向特定对象募集的基金”，即私募基金，规定的内容不具体，不充分，没有充分体现出产业投资基金或者风险创业投资基金发起成立的资质条件、投资运作以及审批监管的特殊要求和主体的明确等，希望予以完善和充实，否则干脆就别提产业、创业投资基金，只规定证券投资基金，很清楚是想为产业投资基金的未来单独立法留下空间和余地；而一向相反的意见则认为，私募基金究竟归谁管理还不甚明确，并不希望将这一条内容放在这个法中，主张只规范证券投资基金。在讨论综合立法时似乎本来对立的双方，而在只制定“证券投资基金法”问题上，却在如此紧要关头奇怪的“一致”起来。面对此时此刻依然围绕着老问题争论未止，与会的领导小组成员周道炯同志在与厉以宁教授耳语后，由厉以宁教授宣布，将体现统一综合立法的“投资基金法”改为专业的“证券投资基金法”，征求大家意见。对这一重大的改动，与会者也许感到非常的突然，但沉默一时过后没有一人持有异议。当然，没有异议也并不说明没有无奈。好在由全国人大财经委提交全国人大常委会进行一审的《证券投资基金法(草案)》“总则”中，保留了对“公司型基金”以及“向特定对象募集的基金”的原则规定，也就是赋予了私募基金应有的法律地位。仅此一点，也未免不是对历经几年工作人员的安慰。当然，在最后出台的《证券投资基金法》中，将属于私募性质的资产委托管理和受托管理放在了附则中，授权国务院证券监督管理机构另行制定管理办法。尽管降低了规制层次，但终究是留下了发展的空间。

基金定义见仁见智

在基金法起草的整个过程中，对基金的定义，见仁见智，不管采取哪个概念，都会有相反的意见。

“投资基金”在美国称共同基金，在英国称单位信托，在日本称证券投资信托，在我国台湾也称证券投资信托。

而根据中国的立法习惯，对一个需要规范的事物，总是要在总则中对其概念进行法律界定，确定法律的调整范围。“投资基金”究竟是什么？不同的人从不同的背景和视角，提出了不同的概念界定。有的归结为“投资方式”，有的归结为“资本集合体”，有的归结为“基金公司或者信托”，有的归结为“投资组织”，有的归结为“投资计划”，有的归结为“金融工具或产品”，有的归结为“投融资制度”，见仁见智，不一而足。2000年1月24日的基金法草案稿规定：投资基金是指多个投资人共同出资，根据特定投资目的依法设立，由专门的管理人管理，托管人托管，按照投资组合原理运作，投资人共享收益、共担风险的一种“投资方式”。在2000年9月25日的稿子中，规定投资基金，是指由专业机构根据特定投资目的，向公众或者特定对象募集资金，实行分工和专业化管理的“组合资产”。2002年8月由人大财经委员会向全国人大常委会提交的基金法草案一审稿，将证券投资基金定义为“是指通过发售基金份额募集资金形成独立的基金财产，由基金管理人管理、托管人托管，以资产组合方式进行证券投资，基金份额持有人按其所持份额享受收益和承担风险的投资组织。”尽管这种处理也有不尽人意之处，没有形成共识，但归结为哪一个概念，都会有不同的意见。到了2003年4月，还是全国人大常委会法工委的同志有高招，既然谁也说不清楚，就在由全国人大法律委员会提交的二审稿中，干脆回避了投资基金的定义。经验说明，制定一个让各方都能接受的关于投资基金的精确定义，的确很难。这次通过的《证券投资基金法》，取消基金定义，对证券投资基金的主要法律特征予以描述，而且不是描述所有基金，是旨在避免不必要的争论，推动《证券投资基金法》的及早顺利出台。但是也可能因此产生另外的问题，一是随着我国金融创新产品的增多，由于法律规定不明确，可能会让许多类似于证券投资基金的新产品轻易地规避法律的监管；二是作为规定证券投资基金的基础性法律，对证券投资基金不定义，可能导致证券投资基金的法律主体地位模糊不清，从而有害于证券投资基金业的健康发展。

契约型基金和公司型基金的取舍

对筹集起来的基金是按法人组织进行管理，还是通过订立契约进行管理，投资基金可分为公司型基金和契约型基金两种组织形式。中国国内现在批准设立的基金，都是契约型基金。从世界范围看，有些国家，如英国、日本、韩国以及中国的港台地区，时兴的也都是契约型基金；而美国、法国等国家则主要采用公司型基金。两种组织形式各有其存在的优势与劣势。鉴于我国目前运行的是契约型基金，且有一定的经验，所以基金法主要对信托型基金作了规定。但是以美国共同基金为代表的公司型基金因其法律关系明确，有助于维护基金持有人的利益，容易被人们接受而发展迅速，正在形成为一种发展的趋势。所以在一审稿中对公司型基金也做了一些原则规定。这主要是为公司型基金今后的发展留下一个空间和余地，为广大投资者的投资多提供一个选择的余地。通过的《证券投资基金法》，将公司型基金改称证券投资公司，其设立的办法授权国务院另行制定办法，是立法技术的处理，并不影响以后按照国务院制定的办法进行公司基金的试点。

《证券投资基金法》最后的完善

按照人大常委会传统和习惯的立法程序，从2003年4月28日，草案的具体修改工作便移交给全国人大常委会法制工作委员会。争论主要集中在如何进一步加大基金持有人利益保护力度问题。设立基金公司的资本门槛提高，主体有所扩大，基金持有人大会话语权有所增加，违法违规的惩处力度加大。《证券投资基金法》的立法宗旨得到进一步体现，最后以高票通过。

从涵盖包括产业投资基金、风险创业投资基金和证券投资基金在内的“投资基金法”立案，到只规范金融专项产品的“证券投资基金法”出台落幕，其间参与起草工作的同志时有和风细雨的讨论，也时有激烈的争吵和辩论；时有代表相关部门利益之间的搏击，也时有基于个人对基金认知的积累和坚持。作为投资基金法起草工作的主要组织者和参与者，回顾基金立法的曲折历程，尤其是萦绕脑际并影响该法案前后变化的几个主要问题，是想说明：

一是投资基金是我国发展不久的新的金融产品，对其发展的规律需要有个逐步加深认识和把握的过程。虽然说基金法已经全国人大常委会全体会议高票通过，但对投资基金的诸如法律定义以及基金当事人之间的权利责任关系等，到现在也只是见仁见智，不能说十分清晰，只好在今后的时间中逐步认识和总结。

二是要认真对待和尊重暂居少数人的不同意见，真理往往因各种社会原因在他们那里.基金的综合立法有其必要的背景要求，未必不是一个很好的设想和心愿.但按此办法前行中遇到困难，不得不中途改辙，说明再好的心愿和设想，并且占了起草的主流思路，也不见得具有其实践性和可行性，并产生出预想的结果。

三是一部法律的出台，往往是有关部门认识逐步趋同的结果，也是相互妥协、权益分配的结果。

四是任何一部法律都难以尽善尽美，总会留下一些遗憾。需要不断完善，不宜奢望过高。

五是不要相信一部法律的出台，会很快显现出希望的效果。谁都难以否认，社会上还存在着为数不少的有法不依，执法不严，违法不究的现象。而纠正这一社会弊端，不知付出过多少社会代价，不知经过多么长久的努力，以致还要经过怎样漫长的路程。更何况，基金业能否继续健康发展，归根到底还要看投资者的信心和支持，而投资者的信心和支持，决定于基金业的经营业绩。基金业的经营业绩又往往与股市的好坏直接相关。股市的制度缺陷不尽快解决，基金法的作用也将大打折扣。

托管在中国基金业发展中的作用

中国工商银行资产托管部总经理　周月秋

随着基金倡导的价值投资理念逐步得到投资人认同，从2003年下半年开始，我国基金业开始步入良性发展的快车道，特别是2004年一季度，股票市场持续走高，证券投资基金出现热销，个别基金甚至受到众多投资人的追捧。从2004年初到4月中旬，已有15只基金先后登台亮相，首发规模高达1068亿元，平均规模超过70亿元，比去年的平均值高出3倍多。基金之所以能够迅速发展壮大，成为广大公众最重要的投资品种之一，除基金在专业理财方面具备的明显优势外，还与其良好的治理结构设计有着直接的关系。

一、基金托管作为基金治理结构中一种良好的制度安排，成为基金大发展的助推剂

任何一种经济行为和活动都可以看成委托代理关系，在这种关系中，由于信息的不对称，占有信息优势的代理人可以利用私人信息的优势谋取个人利益而使委托人的利益受到损失。尽管任何一个理性的经济主体或理性的自然人都不希望自身利益因为信息上的劣势而受到任何损害，但是，如果需要花费大量的时间、精力和成本去了解交易对手的情况，从他的整个经济行为来说，显然是不经济的。长此以往，后果必然是这种经济行为因为不经济而逐渐消退。作为经济行为治理结构中的重要当事人之一，监管人可以很好地解决委托人和代理人之间大量存在的逆向选择和道德风险问题，监管人利用其专业化和规模经济，可以让经济主体花很少的成本去了解交易对手的情况，使经济行为得以延续下去。这是现代经济体系下经济行为关系的重要形式。

在证券投资基金的治理结构中，同样存在委托代理关系和由此产生的道德风险，使得投资人经常处于相对不利的位置：一方面，证券投资基金是一种要式契约，证券投资基金的招募说明书通常由代理人即基金管理人制订，投资人要么完全接受，要么完全不接受，没有讨价还价的余地；另一方面，投资人作为委托人在购买基金份额后，对于基金的运作完全缺乏信息，而基金管理人则享有关于基金资产的详细信息。信息上的不对称使投资人处于不利地位，投资人无法观察管理人的行为或虽可以观察但成本奇高，通常情况下，只能观察到基金业绩。但基金的业绩是由多方面因素决定的，所以管理人有足够的理由可以把自身的失误或故意行为归咎于其他影响业绩的因素以规避责任。管理人的费用收入虽然有一部分与基金业绩挂钩，但管理人的利益与投资人利益并不完全一致，因为管理人全力经营基金会增加自身的成本，但收益却大部分归投资人所有；管理人一般性经营，即使基金获取的收益不一定非常高，但对自身的管理费影响却不大。因此，从逻辑上说，管理人没有足够动力去尽心为投资人服务，这是管理人道德风险之所以产生的根源。当然，管理人从树立品牌形象角度考虑，会尽可能地提高运作水平和基金业绩，但这属于另外一个层面的问题。

基金托管人的出现，有效地解决了基金治理结构中原本存在的这一缺陷。作为监管人，基金托管人不仅能以经济合理的方式及时获取确定性的信息，而且能够获取有关非确定性信息，较好识别代理人的努力程度，缓解委托人与代理人的利益冲突，大大增强对代理人行为的监督，改善信息在委托人和代理人之间的分布状态，降低委托成本。简言之，托管人通过完整的服务和低廉的价格，使委托人产生完全信任，使委托人的经济行为和管理人的经济行为取得一致。

从实际情况来看，投资人之所以愿意花1.00元购买一份证券投资基金，一是通过委托专业理财的方式，让1.00元的增值潜力更大；二是托管银行的存在。对投资人来说，他并不清楚管理人是否能够真正按照契约管理投资，也不可能先花0.50元去了解基金管理人的情况，然后再花1.00元购买基金单位，因为这样成本太高。通过委托托管人监督基金管理人的投资运作行为，利用规模效应和专业手段帮助投资人大大降低监督基金管理人行为的监督成本，减少基金管理人产生道德风险和逆向选择行为的可能性，使得委托人放心、管理人守约，从而促进整个基金的运作按照良性轨道不断发展。

二、基金托管在基金业的发展过程中扮演着重要角色

从世界基金业发展历史来看，现代投资基金从19世纪下半叶在英国诞生以来，就与基金托管结下了不解之缘。1868年，英格兰政府发起设立了世界上第一个投资信托“外国和殖民地政府信托”，成立时募集100万英镑。该投资信托的操作方式类似于现代的封闭式契约型基金，通过契约约束各当事人关系，委托代理人运用和管理基金资产，同时委托中央银行——英格兰银行保管基金资产，通过加入国家信用，使投资人放心地把财产交给专家管理，英格兰银行行使的职能即现代托管银行的雏形。

正是因为具备良好信誉的托管人为基金资产的安全尽职尽责地充当着“大管家”的角色，投资基金这种全新的投资理财工具才能够逐渐为投资人认同并迅速发展。自美国《1940年公司法》明确要求共同基金引入保管人以来，

目前绝大多数国家都通过法律的形式，明确规定投资基金必须引入托管人制度。历经多年的发展和实践检验之后，基金形成的委托人、代理人、监管人相互之间互不可缺、协同发展的科学治理结构，无论从意识观念上还是法律制度上，都已经在全世界范围内得到了越来越广泛的认可。

从国内证券投资基金的发展历程来看，1991年10月，武汉证券投资基金和南山风险基金分别经中国人民银行武汉市分行、深圳南山人民政府批准设立。1992年1月，淄博乡镇企业基金得到人民银行总行的批准而设立，标志着中国新兴的投资基金事业开始起步。在此之后的几年里，形成了中国投资基金纷纷出台的热潮。这一阶段成立的基金被称为“老基金”。

但是，由于缺乏法规依据，经验不足，这些所谓的“老基金”存在这样那样的问题。首先是基金规模较小，投资组合参差不齐，投资对象的流动性差、变现困难。很多投资于实业、房地产、法人股等方面。其次是基金经营管理不规范，有的基金管理人与基金托管人不分，有的干脆没有托管人。从1994年开始，我国基金发展陷入僵局：基金失去投资人的信任，主管部门停止批准新基金的设立。道理很简单：一方面，托管人缺位使得基金持有人的利益得不到有效保障的机制，换言之，由于基金治理结构中的委托、代理、监管关系不完整，基金持有人持有基金的成本太高，使得投资人持有基金的经济行为逐渐消退；另一方面，当时缺乏专门的法律法规规范基金业发展。

1997年，国务院证监委下发《证券投资基金管理暂行办法》，明确规定了托管人的主要职责。2003年10月通过的《证券投资基金法》，更是进一步对托管人的监督职能进行了明确。国家以法律、法规的形式认定托管人的形式及职能，直接推动我国证券投资基金和基金托管银行的大发展：证券投资基金从1998年的5只发展到2004年3月末的121只；同期，基金管理公司从6家发展到33家，加上正在筹建的，基金管理公司数量年内可望达到50多家；1998年，工、农、中、建、交五家银行相继开展基金托管业务，到2003年底，新增招商银行、光大银行和上海浦东发展银行加入到基金托管银行的队伍中来，尚有民生银行、兴业银行、华夏银行等股份制银行、城市商业银行正在积极筹备开办基金托管业务。一方面，我国基金业井喷式发展以及基金托管的业务特点吸引越来越多的商业银行开展基金托管业务；另一方面，基金托管行业的繁荣发展和激烈竞争反过来更加规范了我国投资基金业的发展，这也是证券投资基金日益被大众所接受，成为新型理财工具的重要原因之一。

三、基金托管人将在中国基金业的发展中发挥越来越重要的作用

随着我国基金业的健康、稳步发展，基金将真正成为大众化的投资理财工具，并在事实上成为稳定证券市场的机构投资者。基金托管人在基金业大发展的过程中，将大有可为：

1）行使更加严格的监管职能，规范基金发展。

新颁布的《证券投资基金法》规定：“基金管理人、基金托管人依照本法和基金合同的约定，履行受托职责。”与1997年《暂行办法》相比，在基金托管人职责方面，呈现两大区别：第一，明确将基金托管人列为受托人之一；第二，明确规定托管人一旦发现基金管理人存在违法违规运作的情形，除向监管部门报告外，还要及时通知管理人。短短的“通知管理人”虽然字数不多，却充分体现出国家的立法思想，它既蕴含着通过托管人制约基金管理人的立法用意，同时也可以在监管存在时滞的情况下，让基金托管人起到及时“提醒、敦促”、“防微杜渐”的作用。

2）培育我国基金市场。

基金托管人在培育基金市场方面，将起到非常重要的作用，比如基金托管人可以通过自己的努力，更加积极地维护基金资产的安全，树立基金业规范托管的形象；也可以通过银行广泛的渠道，以适当的方式服务投资者，宣传基金知识；还可以利用自身金融服务优势和经验，开展多方位的基金服务和各种增值业务，促进行业的规范发展，培育基金市场。

3）提供增值服务，满足个性化需求。

目前我国各家托管银行能够提供托管服务的范围基本趋同，限于《证券投资基金管理暂行办法》和《开放式证券投资基金试点办法》中对托管人职责的要求，包括安全保管基金资产、监督基金资产的运作情况、复核基金账务、为基金的投资提供资金清算、出具托管人报告等，增值服务的业务领域基本处于空白阶段。国外大型托管银行的基本托管费收入往往只占总收入的20%～30%，60%～70%的收入来源于增值服务。这些增值服务包括：收集并提供上市公司信息、代收利息、代行股东投票权、代支付有关开支、基金的绩效风险分析、基金信息报告、基金税务、报表定制、信息咨询、债券服务、投资异动监控、通讯租赁、电子银行服务等。与国外大型托管银行相比，国内商业银行开展托管业务的舞台很大，在为客户提供个性化需求方面有巨大的潜力可挖。

4）参与基金产品的创新。

基金产品创新是推动基金业发展的重要方面，而基金托管人在基金产品创新方面可以起到较为重要的作用。基金托管人一般由商业银行担任，在基金产品创新中拥有如下优势：一是商业银行在我国货币市场和债券市场有着丰富的业务经验和经营管理人才，对基金产品创新有较大的帮助。二是商业银行与广大储户有着直接的接触，他们对储户的投资心理特点有着直接了解，对储户进行市场细分，有一定的经验。商业银行应该也能够与基金管理机构一道，结合储户特点设计出具有针对性的产品。也只有对广大储户进行长期深入的了解和分析，才有可能设计出适合客户需求的大众化的投资理财基金产品。

开放式基金营销在我国基金业发展中的作用

博时基金管理有限公司总经理　肖　风

我国证券投资基金业自1997年规范发展至今，取得了很大成绩。2001年9月11日华安创新——首只开放式基金的成功发行，改变了我国基金业以封闭式基金为主的局面，开创了以开放式基金为主流产品的新时代。

我国开放式基金与封闭式基金比较（截至2004年2月）

基金类型	基金数量	基金份额	基金资产规模
开放式基金	59只	985.26亿份	1073.14亿元
封闭式基金	54只	817.00亿份	935.65亿元

开放式基金与封闭式基金的最大区别之一，在于两者"募集"社会公众资金的方式不同，即封闭式基金要求投资者在中国证券登记结算公司统一开立证券账户（与股票账户通用），投资者依赖深沪证券交易所的实时行情，进行封闭式基金单位的买卖，并通过统一的证券登记结算系统进行清算，投资者买卖基金单位如同买卖股票一样；而开放式基金则要求投资者通过代销机构（如商业银行和证券公司）或直销机构（基金管理公司）在基金管理公司开立账户，开放式基金不上市交易，以基金净值加认购/申购费、赎回费及管理费进行基金份额的申购或赎回，并在基金管理公司的注册登记结算系统（TA）进行清算。可见，开放式基金在资金"募集"环节上，涉及诸多的参与主体，如投资者、商业银行、证券公司、大众媒体以及基金管理公司等；各参与主体之间需要相互协调与配合；各基金管理公司的TA技术系统需要功能齐全和高效运行，以满足开放式基金发行与交易的要求。客户、产品设计与管理、产品价格或费率、产品交易便利性、基金管理公司品牌、产品营销渠道及促销方式等，这些因素汇集在一起交互作用，共同决定着开放式基金的发行能否成功，决定着开放式基金"募集"资金的规模与效率，也决定着开放式基金下一环节中的"理财"如何进行。业界通常将上述开放式基金"募集"资金的过程称之为"基金营销"。

一、开放式基金营销极大地促进了我国基金业的发展

自2001年9月11日华安创新发行至今，我国开放式基金在基金只数、基金份额和基金资产规模方面均已超过封闭式基金。开放式基金的首发规模呈逐年递增的发展态势。如2001年我国开放式基金首发规模累计达117.26亿份，2002年累计达447.96亿份，2003年累计达678.45亿份。进入2004年，我国开放式基金首发规模更是出现了爆发式增长，两只超"百亿元基金"不期而遇，仅2004年1季度的首发规模就超过了850亿份。截至2004年3月8日，我国共有开放式基金61只，基金规模累计达1126亿份；封闭式基金54只，基金规模累计达817亿份；二者加在一起，我国证券投资基金业基金规模累计约在1943亿份左右，开放式基金规模在基金业总体规模中占据绝对的优势。开放式基金营销在基金首发过程中发挥的作用越来越重要！

在规模迅速发展壮大的同时，开放式基金市场营销的激烈竞争，进一步推动了开放式基金的产品创新和种类的日益丰富，如偏股型基金、偏债型基金、股债平衡型基金、准货币市场基金、保本基金等；产品设计日趋与营销策略相结合，更加贴近投资者，并力求给投资者最直观的感受，如精选类的偏股型基金等。

从开放式基金营销服务看，目前已经形成了三大营销渠道为主的基金营销服务平台，即能够广泛覆盖全国各区域网点储蓄客户的商业银行代销渠道，能够广泛覆盖全国各区域证券交易系统的证券公司代销渠道，以及近30家专业基金管理公司的专业直销渠道。雄厚的渠道资源与规模庞大的专业销售人员队伍，为我国基金投资者提供了前所未有的基金营销服务。更为重要的是，在整个基金营销过程中，我国广大投资者不仅接受了基金理财的知识启蒙，而且有的投资者已经获得了丰厚的投资回报。基金理财文化正在全国兴起，投资者从基金轻松理财中获得了金融增值服务，也尝到了投资的乐趣。

我国开放式基金在总体规模上不断发展壮大，开放式基金营销在整个基金业中日益发挥着举足轻重的作用。尽管如此，几年来开放式基金营销过程并非一帆风顺，还曾几经艰难，诸如：

1）基金卖得好坏，某种程度上取决于证券市场行情。当行情上涨时，买基金的投资者多；当行情下跌时，基金卖不出去，个别基金甚至很少有人问津。这突出体现在2002年，受大盘拖累，基金业全面亏损，基金营销陷入到前所未有的困境之中。

2）业绩越好的基金越被赎回。进入2003年，随着证券市场行情的好转，开放式基金净值逐步回升，基金首发

规模也在逐步扩大。但基金净值上升却导致基金持有人的大规模赎回，基金投资的短期行为普遍。例如，2003年2季度，25只开放式基金净赎回额达91.88亿元；截至2003年6月底，25只开放式基金份额与首发份额相比被净赎回累计达216.64亿元。而且，基金净值越高、业绩越好，被持有人赎回得越多。基金销售陷入一种怪圈之中。

3）持续营销难。开放式基金特有的交易方式——以申购价和赎回价进行基金份额交易，决定了开放式基金营销是一个持续的过程。由于有基金代销资格和托管资格的银行家数较少，每家银行又都将资源用在众多的、应接不暇的首发基金上，顾不上持续营销。同时，新的投资者在其固有的投资习惯和投资心理作用下，不愿意购买净值高、业绩好的基金，更愿意购买单位净值为1元的首发基金。

二、我国开放式基金营销体制和机制需要不断完善

目前大力发展开放式基金已经成为我国证券投资基金业发展的主旋律。因此，基金营销不仅决定着我国开放式基金的发展质量和发展效率，也决定着我国基金业的总体发展水平和发展前景。如果基金营销做得好，则会极大地促进基金业的健康、成熟发展；而若基金营销做得不好，则一定会阻碍整个行业的发展进程与发展速度，并构成瓶颈制约。因此，如何做好基金营销，已经成为当前我国基金业发展的重要课题。

就体制和机制方面，我国开放式基金营销需要在以下方面得到改善：

1）从产品供求角度看，基金管理公司需要“以需定产”，而非“以产定需”。基金产品从设计到管理需要更多地考虑不同投资者的不同风险收益需求特征，避免同质化。这就要求，一方面要大力发展我国金融证券市场，改变股票、债券、货币等基础市场的结构失衡；另一方面，要将个人投资需求和机构投资需求进行细分，针对它们在投资理念、投资文化及投资习惯上的明显差异，进行有针对性的产品设计。同时，基金营销要注重发现投资需求，培育投资需求，并适时满足投资需求。显然这是一项艰巨任务。

应将“投资者教育”理解为一个双向的过程：一方面是投资者教育基金管理公司如何满足其投资需求；另一方面是基金管理公司如何培育自己长期、稳定和忠诚的客户。两方面都做到位了，基金营销的本质难题将迎刃而解。

2）从价格角度看，要尽快形成基金产品的公平、合理、有效的市场定价机制。基金产品的价格并非越低越好。品质和业绩好的基金产品或服务应该享有较高的价格；品质和业绩差的基金产品或服务就应该给予较低的定价。通过市场充分、有序的公平竞争，质优基金和质差基金通过定价机制，得到市场相应的奖励和惩罚。这样，有利于我国质优基金的品牌培育和可持续发展，有利于我国基金业的做大做强，有利于保护基金持有人的切身利益。

3）从营销渠道角度看，要充分利用渠道资源，避免渠道瓶颈的出现，为投资者提供更多的便利。目前在两个代销渠道和一个直销渠道中，银行渠道因网点多、客户多、资源雄厚而处于营销的绝对优势。但有代销资格和托管资格的银行家数还是较少，基金管理公司不得不在银行门口排长队等待基金发行，出现了发行渠道不畅的局面。开放式基金的账户管理（开户、销户、资料变更、账户冻结等）和交易管理（申购、赎回、份额转托管、基金份额转换等）的技术系统每家基金管理公司都拥有一套，相互之间完全隔绝，没有形成资源共享，给投资者带来了许多不便。今后，基金营销应更加注重为投资者提供基金销售前、销售中和销售后的配套服务，并提高服务效率。

4）从促销手段和促销方式角度看，基金管理公司更应注重对基金产品的质量、品牌和服务等产品核心品质的宣传，在广告促销、营业推广和公共关系的把握上，力求客观、公正地描述基金的历史业绩，避免对投资者形成误导，同时注重对投资者进行风险教育和风险提示。

总之，我国开放式基金销售在经历初期的快速发展阶段之后，需要不断地总结经验教训，并在体制上和机制上不断寻求突破与创新；营销模式也需要走出原始的粗放发展阶段，尽快探索出规范、成熟、更为深化和细化的符合市场需求的营销新模式。

三、进一步发挥我国开放式基金营销作用的建议

积极、正确地发挥我国开放式基金营销在整个基金业发展中的推动作用，需要正视我国基金营销中存在的不足之处，并找出解决问题的具体对策。为此，现提出以下几个方面的对策或建议，供参考：

1）围绕市场需求，进行差异化的基金产品设计和投资管理运作，目的是使产品与需求相互匹配，风险收益与资产配置相互匹配。为此，首先需要大力发展我国资本市场，这是基金产品真正实现差异化的基础和前提；其次需要正确理解和使用投资基准。基金的投资基准应与基金的投资管理运作相互匹配，基准应该准确反映投资者既定的风险收益预期目标。这样，不仅有利于对基金业绩做出客观、公正的评价，而且有利于投资者正确理解和认识投资风险与收益。目前我国基金业绩往往泛泛地与某个大盘指数收益相比较，这种局面需要改变。其实，二者可能根本就不具有可比性。满足个性化需求的差异化产品，为基金进行适配性营销取得成功提供了基础和保障。

2）进行渠道完善与创新。首先，实现资源共享，节约

成本，提高效率。其次，借鉴海外成功经验，引入第三方专业基金销售公司，拓宽开放式基金营销渠道，形成有序、良性竞争的基金营销市场，使基金产品形成合理、有效的定价机制。专业基金销售公司可以先搞试点，待试点成功后再正式引入。专业基金销售公司可以从大型基金管理公司中分立出来，也可以由独立的第三方出资组建，由证监会审核批准。再次，鼓励和推动“基金超市”这种基金营销新模式。在专业基金销售公司尚未产生这段时期内，现有的三大营销渠道应该按照“基金超市”的思路，尽量为投资者提供更多的便利性服务，这是现阶段基金营销能否取得成功、能否取信于投资者的重要决定因素之一。

3）发挥品牌营销在基金营销中的重要作用。基金管理公司为投资者提供的产品或服务，本质上是一种金融价值增值服务，其成功的基础在于取得投资者的信任。基金产品或服务能够以最快的速度、最好的质量、最经济的成本和最佳的业绩广泛覆盖不同投资者的投资需求空间，并不断拓展这种投资需求空间，实现服务空间与需求空间结合的最大化。这样，基金营销所提供的价值增值服务才能达到品牌营销或品牌服务的层面，实现基金产品或服务传递着投资者功能性利益和情感性利益，传递着被投资者认可的价值、文化和个性，传递着投资者的信任和忠诚。因此，从基金管理公司的角度，应着重于如何使其所提供的基金产品或服务，从投资者的直观感受变成一种市场驱动力量，从一种产品或服务的名称变成一种竞争力的象征，在实现投资者利益最大化的同时，也实现了基金管理公司附加价值的最大化。让品牌自身成为一种不可抗拒的沟通，成为一种最有影响力的宣传。可见，品牌营销是基金营销中的最高境界。

总之，在成绩面前，看到差距和不足，并不断完善、发展和创新，未来我国开放式基金营销一定会做出更大的贡献。

合资基金管理公司在中国的发展

海富通基金管理有限公司总经理 田仁灿

2003年中国基金发展史上的一个显著现象是，中外合资基金管理公司在中国市场上开始出现，并且数量日益增多，这标志着中国基金业在国际化的方向上迈出了崭新的一页。合资基金在中国市场的出现，对中国基金业的投资理念、风险控制、产品创新、客户服务、企业文化以及国际交流与合作等产生了重要的影响。

合资基金的发展现状

1）正式成立的合资基金管理公司概况

2003年经由筹建并成立运营的首批中外合资基金管理公司共有5家，分别是招商基金管理有限公司（China Merchants Fund Management Co.,Ltd）、华宝兴业基金管理有限公司（Fortune SGAM Fund Management Co.,Ltd）、国联安基金管理有限公司（CTJA Allianz Fund Management Co.,Ltd）、海富通基金管理有限公司（Fortis Haitong Investment Management Co.,Ltd）、景顺长城基金管理有限公司（Invesco Greatwall Fund Management Co.,Ltd）。此外，由原中资基金管理公司转让股权而成为中外合资基金管理公司的有1家，即湘财荷银基金管理有限公司（ABN AMRO XIANGCAI Fund Management Co.,Ltd）。由外资通过认购已成为基金公司股权而成为中外合资基金公司的有1家，即富国基金管理有限公司（Fullgoal Fund Management Co.,Ltd）。

在这些中外合资基金管理公司的股权结构中，因中国有关法律法规的规定，中方股权一般占相对控股优势，外方居第二股东地位。这些合资基金管理公司的中方股东基本是中国证券市场上有着良好业绩的著名大型证券公司，而外方股东均是欧美著名的金融集团或专业投资机构。这一高素质的股东标准保障了中国首批中外合资基金管理公司的良好品质和质量。

七家合资基金管理公司的中外双方股东基本情况是：招商基金管理有限公司由招商证券公司等和荷兰ING金融集团合资组建；国联安基金管理有限公司由国泰君安证券公司和德国安联金融集团合资组建；华宝兴业基金管理有限公司由华宝信托投资公司和法国兴业资产管理公司合资组建；海富通基金管理公司由海通证券股份有限公司和比利时富通基金管理公司合资组建；景顺长城基金管理有限公司由长城证券公司等和美国景顺集团合资组建；原湘财基金管理有限公司变更股权结构，荷兰银行因受让存量股权而成为外方股东，公司更名为湘财荷银基金管理有限公司。BMO蒙特利尔银行参股富国基金管理公司2000万股，成为该公司6个平均持股股东之一。

2）正在筹建的合资基金管理公司概况

2003年，除了上述已经成立运作的中外合资基金管理公司外，还有五家获得中国证监会批准筹建但尚未开业的中外基金管理公司，它们是：由光大证券公司和美国保德信投资管理公司合资筹建的光大保德信基金管理有限公司；由国海证券公司和美国富兰克林坦伯顿基金管理公司合资筹建的国海富兰克林基金管理有限公司；由申银万国证券公司和法国巴黎资产管理公司合资筹建的申万巴黎基金管理有限公司；由汉唐证券公司和澳大利亚首域集团合资筹建的汉唐澳银基金管理有限公司以及由中银国际控股公司和美国美林资产管理公司合资筹建的中银国际基金管理有限公司等。

3）基金发行规模

2003年，中外合资基金管理有限公司共发行了15只开放式基金，基金首次发行募集资金总量为224.95亿元，占同期中国所有开放式基金发行总量（678亿元）的30.14%，这说明合资基金公司发行的基金在当年中国发行的基金总量中已占有重要的一席之地，开始成为中国证券市场上的重要投资力量之一。

4）投资业绩

2003年由于合资基金在中国诞生的时间尚短，所发行募集的资金入市进行投资运作的历史还很短，因此尚难对合资基金相对于中资基金的投资业绩进行科学准确的评价。但是从这一年合资基金的初步投资运作情况看，可以看出，部分合资基金已经初步显示了很强的投资管理能力，基金净值增长率在所有中国基金中名列前茅。例如，湘财合丰周期基金自2003年4月25日入市运作至2003年12月31日基金累计单位净值达1.1191元，海富通精选基金自2003年8月22日开始入市运作至2003年12月31日，基金累计单位净值达1.1199元，在同期中国开放式基金净值增长排行榜中均位居前列。

合资基金对中国证券市场的影响

1）投资理念的示范作用

作为合资基金管理公司，基本吸纳了外方股东在国际市场上运作多年所具有的稳健成熟的投资理念。在投资目标上，着眼于基金资产在长期内的保值和增值，否定短线投机的观念和行为。在投资组合构建上，坚持价值投资和成长投资，规避风险度高的无内在投资价值的投资品种。在个股个券选择上，着重于深度挖掘上市公司的内在价值，关注上市公司的盈利成长前景。在投资职责上，科学界定投资决策委员会和基金经理的各自权限和职责，既保证了资产配置决策的稳健性，又赋予基金经理选择个股个券的灵活性。在投资决策程序上，制定并遵循严格规范的投资决策规程，恪守严格的投资纪律，保证投资决策的可靠性和投资指令的有效性。

例如，海富通在中国市场上率先提出并实行了“去粗取精、去伪存真”的精选证券投资技术，提出了著名的“第四象限法”，用以选择那些最具潜在投资价值的个股和个券，构建精品投资组合；国联安吸收了源于德国的草根研究方法，专设了草根研究员，以特色的方法分析和先机发现那些具有较好投资价值的个股；招商基金从外方股东即荷兰国际集团（ING）引进了PFG定量股票筛选模型、SRS定性股票分析系统、IRS行业调整系统投资决策模型，这些模型体现了追求合理价值成长性的投资理念。

合资基金公司的投资理念和投资技术对中国基金业和证券业的发展起到了很好的示范作用，正逐渐成为中国基金市场和证券市场上机构投资者日益认知和接受的投资理念和投资技术。这对于引导我国资金资源向有效益的行业和上市公司流动，实现资源的有效配置将起到很好的推动作用。

2）风险控制能力的引导作用

合资基金管理公司在外方股东的积极支持下，参照国际上多年运行有效的风险控制经验和技术，建立了健全的风险控制体系。主要体现在两个方面：其一，建立了完善的风险控制制度和程序；其二，应用了先进和科学的风险控制措施和技术。健全的风险控制体系可以有效地保障公司规范稳健运行，保障投资者权益和股东利益。合资基金管理公司的风险控制经验和技术可以为中资基金管理公司和其它专业投资机构加强风险管理体系建设提供借鉴和参考。

例如，招商基金管理公司风险控制的工具主要运用ING的风险控制模型，事前对模拟股票组合的风险度进行预测，事后对跟踪误差进行评估；华宝兴业基金引进了外方股东SGAM的风险控制体系，由富有多年法务和风险管理经验的外方副总经理和技术人员指导和实施全程风险监控。

3）产品创新能力的示范作用

2003年，合资基金在产品开发领域初步显示了较强的创新能力。湘财基金和招商基金在中国率先开发和发行了伞型基金（即湘财价值优化型系列基金和招商安泰系列基金），海富通在中国基金市场上率先推出了精选股票基金，华宝兴业在中国基金业中率先推出了行业基金。这为中国基金产品的多样化，适合广大投资者的不同投资产品需求起到了推动和示范作用。

合资基金之所以具备较强的基金产品开发能力，主要源于中外双方股东在产品研发领域所具有的比较优势相融合的结果。外方股东通常拥有强大的基金产品研发能力和丰富的基金产品研发经验，积累了十分丰富的基金产品库。对于合资基金公司的产品开发工作，外方股东通常从产品研发和相应的人力资源方面提供充足的知识和技术支持；而中方股东则通常从中国本土客户需求调研和客户需求服务网络等方面提供有力的支持。在此基础上，合资基金管理公司根据中国本土市场上投资者投资收益目标要求、风险承受度高低以及财务现金流状况变化等情况，参照国际市场经验，设计和开发适于中国市场上基金投资者需要的基金品种结构，满足了各类投资者的多样化和差异化的投资需求。

4）客户服务的导向作用

与传统的基金服务相比，合资基金服务在客户服务的广度和深度上有了较大的推进。合资基金服务不仅重视基金产品设计之前对客户投资需求的调研上，而且重视基金发行之后客户意见的反馈上；不仅重视基金发行时的营销宣传上，而且重视基金销售之后的持续服务上；不仅重视对客户的共性服务，而且重视对客户的差异化服务；不是简单地停留在满足投资者的主观愿望上，而是重视对投资者理性投资理念的引导上；不是简单地停留在满足客户的热情上，而是重视对客户服务方式的创新和对客户服务的效率上。

例如，国联安建立了“德盛理财俱乐部”，向国联安基金投资者提供有针对性的个性化理财服务和其他增值服务，维持良好的客户伙伴关系；海富通把“客户的需求就是公司的责任”这一客户价值观确立为公司一切经营活切的指南，为投资者提供了从客户投资目标分析、基金产品选择、证券市场行情视点、投资信息通报、基金产品转换以及各项疑难问题解答等全程服务。

5）为中外基金业的合作和接轨提供嫁接桥梁

主要表现在：一，引进了国外先进的基金管理经验和技术；二，与全球性投资机构建立了内在的联系，更为充分地掌握全球投资信息；三，加强了中国基金业与海外基金业的交流与合作。

合资基金公司的外方股东基本是全球性金融集团或专业投资机构，在全球金融市场上拥有丰富的投资运作经验，积有长久的优秀投资管理业绩。合资基金管理公司作为全球性金融集团或专业投资机构的成员伙伴，得到了来自于外方股东总部及其世界各地分支机构在投资理念、投资技术、人才培训、风险管理、客户服务、IT技术、全球信息网络等方面的多方位支持。

从前瞻性的视角看，随着中国加入WTO后有关证券市场开放各项条款的落实，以及QDII制度的推行，合资基金管理公司可望成为先期进入国际证券市场进行投资运作的专业投资机构，并且为基金持有人提供选择空间更大的各类基金之间进行转换的机会，从而使基金持有人不仅可以享受中国本土经济成长带来的丰硕果实，而且也可分享到全球各地经济增长和市场运行所带来的财富增值机会。

6）形成了特有的合资基金文化

合资基金管理公司融合了中外双方的投资管理人才和投资理念，汇合了具有国内外不同文化背景、不同市场经验的各方面人才，围绕着实现基金资产的长期保值增值这一共同目标，而组成了基金管理团队。这些特点决定了中外合资基金管理公司的企业文化必然有别于中资独资的基金管理公司的企业文化。合资基金文化的比较优势体现在，充分吸收和融合来自中外双方的优秀文化和经验，相互包容，相互取长补短，围绕着在中国本土市场上和进而在全球市场上为基金持有人实现资产的长期保值增值这一共同目标，而勤勉于基金管理事业之中。

例如，湘财荷银公司的企业文化是：秉承“人本立正、承诺是金”和“诚信、规范、创新、服务”，注重 “后来居上、追求卓越”，以独特的“儒商文化”确保公司的凝聚力、辐射力、综合实力不断增强；景顺长城公司的企业文化是：“价值（Value）”，即力保客户资产的保值增值；“纪律（Discipline）”，即创建诚信可靠的优质品牌；“合作（Partnership）”，即强化与各合作方的战略合作关系；"服务（Service）"，即开创以客为尊的全方位服务体系；海富通公司确立的企业文化是："海内存知己，富财通五洲"，这是灵魂；"客户的需求就是公司的责任；团队创造价值；信任为朋，本土为方"，这是核心动力；"专业、专心、专注"，这是团队精神。

附表 1　2003 年合资基金公司股权结构

	公司名称	成立时间	中方股东及出资比例	外方股东及出资比例
已开业的合资基金公司	招商基金管理有限公司 China Merchants Fund Management Co.,Ltd	2002-12-27	招商证券股份有限公司—30% 中国电力财务有限公司—10% 中国华能财务有限责任公司—10% 中远财务有限责任公司—10%	荷兰 ING 金融集团—30%
	华宝兴业基金管理有限公司 Fortune SGAM Fund Management Co.,Ltd	2003-02-13	华宝信托投资有限责任公司—67%	法国兴业资产管理有限责任公司 33%
	国联安基金管理有限公司 CTJA Allianz Fund Management Co.,Ltd	2003-03-25	国泰君安证券股份有限公司—67%	德国安联集团(ALLIANZ AG)—33%
	海富通基金管理有限公司 Fortis Haitong Investment Management Co.,Ltd	2003-04-01	海通证券股份有限公司—67%	富通基金管理公司—33%
	景顺长城基金管理有限公司 Invesco Greatwall Fund Management Co.,Ltd	2003-06-12	长城证券有限责任公司—33% 开滦(集团)有限公司—17% 大连实德集团有限公司—17%	景顺资产管理有限公司—33%
	湘财荷银基金管理有限公司 ABN AMRO XIANGCAI Fund Management Co.,Ltd	2002-07-09	湘财证券有限责任公司—37% 山东鑫源控股有限责任公司—30%	荷兰银行有限公司—33%
	富国基金管理有限公司 Fullgoal Fund Management Co., Ltd	1999-04-13	海通证券股份有限公司—16.67% 申银万国证券股份有限公司—16.67% 华泰证券有限责任公司—16.67% 山东省国际信托投资有限公司—16.67% 福建投资企业集团—16.67%	加拿大蒙特利尔银行—16.67%
筹建中的合资基金公司	光大保德信基金管理有限公司	2003-08-04	光大证券有限责任公司—67%	保德信投资管理有限公司—33%
	国海富兰克林基金管理有限公司	2003-08-07	国海证券有限责任公司—67%	坦伯顿国际股份有限公司—33%
	申万巴黎基金管理有限公司	2003-08-25	申银万国证券股份有限公司—67%	法国巴黎资产管理有限公司—33%
	汉唐澳银基金管理有限公司	2003-10-24	汉唐证券有限责任公司—40% 中国南方航空集团公司—16% 南京扬子石化炼化有限责任公司—14%	澳大利亚首域集团—30%
	中银国际基金管理有限公司	2003-12-08	中银国际证券有限责任公司—67% 中银国际控股有限公司—16.5%	美林投资管理—16.5%

注：筹建中的合资基金管理公司成立时间指的是获批筹建时间。

附表 2　2003 年合资基金产品概况

基金管理人	基金简称	首募规模（亿份）	成立日期	累计单位净值（截至 2003.12.31）
湘财荷银基金管理有限公司	湘财合丰价值优化型	26.30	2003-04-25	—
	湘财合丰成长	10.22		0.9859
	湘财合丰周期	6.27		1.1191
	湘财合丰稳定	9.81		1.0512
招商基金管理有限公司	招商安泰系列	45.14	2003-04-28	—
	招商股票基金	10.29		1.1014
	招商平衡型基金	8.99		1.0601
	招商债券基金	25.86		1.0116
华宝兴业基金管理有限公司	宝康系列	38.96	2003-07-15	—
	宝康消费品	15.41		1.0494
	宝康灵活配置	10.67		1.0436
	宝康债券	12.88		1.0334
国联安基金管理有限公司	德盛稳健	36.66	2003-08-08	1.077
海富通基金管理有限公司	海富通精选	36.98	2003-08-22	1.1199
景顺长城基金管理有限公司	景顺长城景系列	18.36	2003-10-24	—
	景顺优选股票	8.21		1.0675
	景顺动力平衡	5.41		1.0389
	景顺恒丰债券	4.74		1.0051
富国基金管理有限公司	富国天利增长债券	22.95	2003-12-02	—

证券投资基金治理结构亟待完善

中国证监会兰州特派办　高 岭

近来，有关基金的话题再次成为资本市场上的热点。其中，《证券投资基金法(草案)》二审稿有关赋予基金持有人自行召集持有人大会权力的规定，被认为是在去年8月提交九届人大常委会审议的一审稿的基础上出现的重大突破。这一规定，使封闭基金转开放的问题再被提起。人们从不同的角度出发，认为封闭基金转开放在实际操作中有很多困难。即使唯一一只在基金契约中明确规定运作满一年后，可由封闭转为开放式的基金银丰，由于其在封闭转开放的相关事宜上规定“由本基金管理人根据本基金其他有关当事人的意见等情况适时召开基金持有人大会”，而表现出其创新的深度不够。从中反映出，我们所遇到的问题并非是简单的利益冲突，它实际上暴露出更深层次的问题，即基金在治理结构上存在缺陷，基金相关各方的权利义务不明确。目前，即使是开放式基金，其治理结构问题仍然未得到很好的解决。为此，作者对现有基金治理结构的组织制度缺陷及解决办法展开了探讨。

我国现有基金组织制度缺陷及存在的主要问题

我国早在1997年由国务院证券委颁布了《证券投资基金管理暂行办法》(以下简称《暂行办法》)，开始对我国基金业的发展进行规范，规定“经批准设立的基金，应当委托商业银行作为基金托管人托管基金资产，委托基金管理公司作为基金管理人管理和运用基金资产”，并在组织形式上将其调整范围限定于“契约型基金”，并一直延续至今。

按照《暂行办法》，基金的主要发起人应是证券公司、信托投资公司、基金管理公司。根据《开放式证券投资基金试点办法》的规定，开放式基金由基金管理人设立。而基金管理公司的主要发起人根据中国证监会的有关规定也是证券公司或信托投资公司，其他市场信誉较好、运作规范的机构也可以作为发起人参与基金管理公司的设立，但尚不能承担主要发起人的职责。法规上的这种规定目前在我国证券投资基金的实际设立过程中，表现为证券公司既是基金的发起人，也是该基金的管理公司的发起人，同时也是该基金发行的协调人，其各种发起设立的事务集中于证券公司或者被由其设立的基金管理公司直接负责，从而形成设立主体的交叉重叠和基金财产的委托过程流于形式。因为广大的基金持有人无法直接参与基金契约的签订，而其代表人和基金管理人又几乎为同一人，致使无法产生竞争性的信托机制。

基金管理公司在开始运作基金资产进行组合投资后，因为是通过证券公司的交易席位代理买卖股票等有价证券、办理交割以及收益分配，所以基金管理人在获取收益的同时，就有可能为了照顾其发起人及其他关联人的利益而损害基金持有人的利益。由于法规赋予了基金管理公司过多的权力，在基金的整个运作过程中基金管理公司占据了中心地位，各项基金运作行为都围绕着基金管理人的要求展开，在这一过程中，基金管理公司的股东——主要发起人由于多重身份的关系很容易成为实际控制人。而基金持有人由于彼此分散，意见难以统一，缺乏一个能够真正代表广大基金持有人履行监督职责的权威机构，使其利益难以受到有效的维护。尽管证券监管部门目前由于基金规模还有限，能够将监管的触角深入到基金管理公司内部密切关注，但就像其他许多行政领域一样，随着基金规模的不断扩大，仅仅依靠“贴身式”的行政监管是远远不够的，而且已有的一些法规已明显不适应基金业发展的现状。

在我国，基金持有人大会本应是信托制基金的最高权力机构，由全体基金份额持有人或委托代表参加，但实际情况不容乐观，比如关于基金持有人大会的具体召集方式在基金契约中一般都规定：基金持有人大会由基金管理人召集，在更换基金管理人、审议与基金管理人有利益冲突的事项或基金管理人无法行使召集权的情况下，由基金托管人负责召集。契约中的规定明显放弃了基金持有人对自己利益的主张，并且在现实情况中，由于作为基金托管人的商业银行由基金管理人选定，商业银行出于市场利益的考虑，不愿轻易得罪基金管理人，而且由于专业素质和银行自身存在的体制问题等原因，在基金的实际运作过程中，基金托管人也难以对基金投资运作进行全面的监督。因此，由基金托管人在特殊情况下负责召集基金持有人大会的情况几乎不可能出现，所以只能由基金管理人来决定基金持有人大会讨论和表决的事项，这实际上不仅剥夺了基金持有人的召集权，而且也剥夺了基金持有人的提案权，使基金持有人的缺位问题成为我国基金治理结构组织制度安排上的重大缺陷。

由于基金管理人存在内在的双重价值目标取向，即为基金的利益和为其股东利益之间的选择在被赋予的权力职责范围越大时，两种价值目标取向背离的可能性就越大。因此应该加强基金持有人对持有人大会的实际控制权，改变目前基金持有人的缺位问题，以防范基金管理人为了实现公司股东的利益损害基金持有人的利益。为此应赋予基金持有人召集持有人大会的召集权和提案权，以及对基金管理人和托管人的选择权等本应由基金持有人享有的权利，并为了使通过的决议能够代表大多数持有人的意见，还应适当提高大会可以召开的持有人所代表的最少份额，使基金持有人在基金治理结构中能够真正到位，发挥基金所有者的决定权。

值得庆贺的是，《证券投资基金法(草案)》二审稿在关于基金持有人大会方面的规定有重大突破。《草案》规定：基金持有人大会由基金管理人召集。基金管理人未按规定召集或者不能召集时，由基金托管人召集。基金管理人、基金托管人都不召集的，代表基金份额百分之十以上的基金持有人有权自行召集，并报国务院证券监督管理机构备案。基金持有人大会就审议事项作出决定，应当至少有代表基金份额百分之三十以上的持有人参加，并经代表百分之五十以上参加表决的基金份额持有人同意；但更换基金管理人或者基金托管人，应当经代表三分之二以上参加表决的基金份额持有人同意。

这表明证券投资基金法已将投资人的利益放到首位，以后基金管理人及托管人可能会受到来自基金持有人的直接压力。但同时我们可能会面临着两个需要引起注意的问题：一是如何保证基金持有人的决定都是理性的、慎重的，以防止基金持有人滥用权力；二是基金持有人大会仍难以成为保护投资者利益的主渠道。从为基金持有人利益考虑的角度出发，要保护好自己所享有的权利，只有通过基金持有人大会投票选举出能够代表自己利益的常设机构——也可称为基金持有人大会常务委员会，赋予其一定的职权，行使基金持有人大会的权力，才能比较有效地解决基金治理结构组织问题。

信托制基金组织制度的改进

笔者认为只有通过设立能够代表或承担基金持有人大会委托责任的组织，并独立于基金管理人和托管人，才能弥补并完善我国现有基金治理结构在组织制度上的缺陷，使基金持有人能够真正到位。

(一)基金持有人大会常务委员会制度。设立基金持有人大会常务委员会是为了充分保护基金投资人特别是中小投资者的合法权益。因为现有基金持有人彼此分散、信息不对称、持有基金份额少等原因使其难以有效维护其权利，所以设立这一组织，作为基金持有人大会的一个常设机构，并赋予其应有的职权，是解决上述问题在组织制度上的一个大胆创新。

基金持有人大会常务委员会是基金持有人大会的组成部分，是基金持有人的授权代表组织，其主要职责是：根据代表基金份额百分之十以上的基金持有人提议，负责召集持有人大会并就基金持有人的提案组织表决；代表基金持有人与所选择的基金管理人和基金托管人签署有关的基金契约；审查基金管理人和基金托管人对基金财产管理运作的报告，并签署发表同意公开披露的信息；对基金管理人和基金托管人提出质询和建议，必要时可聘请会计师事务所对该基金账户进行审计和聘请律师事务所对基金管理人和基金托管人的行为发表法律意见并向证券监管部门报告；此外还可以向基金持有人大会建议更换基金管理人和基金托管人。这些事务都是基金持有人大会将自己的权利委托其代理执行的结果，就是在基金持有人依据契约向基金管理人或基金托管人提起诉讼，以及向侵权责任人提起诉讼时，常务委员会也可以作为共同诉讼代表人行使其权利。因此常务委员会在许多方面表现为基金持有人大会的执行机关，而其最主要的职责就是在基金持有人大会闭会期间行使日常监督权。

为了避免基金持有人大会常务委员会承担超越其作为一个授权代表组织或执行机关所能承担的责任范围，规定其所有的权利和义务均由基金持有人大会授予和约束，范围在持有人大会所及的权利义务之内。为了使常务委员会能够公正行使所赋予的职权，常委会人员可以由基金发起人和占多数的基金持有人组成。由于基金持有人可能随时发生变化，因此也可以由其选举独立代表进入常务委员会，在任职一定期限后进行换届选举或者根据需要由基金持有人大会随时进行调整。在这一过程中，那些持有份额比较高的基金持有人，如社保基金、企业年金等机构投资者因其所具有的素质和比较大的影响力可能更多地进入常务委员会，成为常务委员。他们由于自身利益的原因，为维护基金持有人的利益更能尽职尽责。

这种治理结构若能实施，不但可以解决现有基金治理结构中所有者缺位问题，还可以和公司型基金相对应，在选择基金管理人、托管人以及基金资产投入运作后的一系列工作规程上都可以借鉴基金公司的许多好的做法，同时，这种组织制度设计具有方便性、直接性的特点，不需要对法律作出较大的调整。至于基金持有人大会并不定期而是根据实际需要召开，召开方式可以采用现场方式，也可以采用通讯方式等，具体技术性问题并不会影响常委会对自己职责的履行。目前，我国基金业还处于发展的初期阶段，如果能够设立既适应我国投资市场实际情况又能在组织制度上创新完善，使投资者作为所有权人能够真正到位的组织形式，使其通过自己的选择放心地让专家给自己理财，那么我国基金业就会得到快速的发展。

(二)受托委员会制度。这是针对我国基金治理结构目前存在的问题，借鉴国际上同类基金治理模式的创新而提出的一种组织制度设计。即履行受托职责的既不是基金管理人，也不是基金托管人，而是单独设立的受托委员会。在基金发起设立时，由基金主要发起人提名、发起人全体通过决议任命受托委员会，并向公众披露受托委员会组成人员的详细情况；在基金成立后，基金持有人将基金资产委托给受托委员会，受托委员会成为基金持有人在法律上的利益代表，并负有相应的权利与义务。其主要职责是根据代表基金份额百分之十以上的基金持有人提议，负责召集持有人大会并就基金持有人的提案组织表决，在基金持有人大会闭会期间行使日常监督权等。这种组织制度的设计使受托委员会在信托制基金中占据了中心地位。

作为基金资产的名义所有人和监护人，受托委员会拥有独立的法律地位，成为具有民事行为能力的民事主体。作为全体基金持有人的法律信托代表，受托委员会以自己的名义与基金管理人和基金托管人签订基金契约，若基金管理人或基金托管人在基金存续期间，未能尽职履行职责给基金持有人造成损失，受托委员会则可以按照所签订的契约向其追偿，并可向基金持有人大会提议更换基金管理人或基金托管人。受托委员会有权行使监督权，负责监督基金管理人和基金托管人在投资活动中以取得最大资产增值为目标，并遵守国家有关的法律法规。

作为基金持有人的受托方，受托委员会负有重大的责任，因此基金持有人大会可以根据各位委员的表现，决议是否对其进行更换，若其未能尽职履行职责给基金持有人造成损失，则基金持有人大会可以依据信托法向其提起诉讼，全体委员承担连带责任（在具体决议事项中保留与决议不同意见的委员可免责）。

为了保证受托委员会能够独立地担负其法律责任，基金持有人大会应付给受托委员会委员固定的薪酬，并为各位委员进行相应的责任保险。为了减少可能的关联交易，受托委员会中的独立委员应占多数，比如2/3以上，他们可以由基金发起人提名和任命，但基金持有人大会应有任免权和更换权。

受托委员会制度和基金持有人大会常务委员会制度的共同点就是向基金持有人大会负责，履行对基金管理人和基金托管人的日常监督的职责。其最大的区别则在于受托委员会是独立的民事主体，享有法律赋予的相应的信托权利义务；受托委员会与基金持有人之间的关系是信托法律关系，应受信托法的约束。受托委员会制度存在的最大问题可能是委员会资信能力低，无法足以承担因失职而须承担的法律责任。另外，受托委员会组成人员、特别是独立委员的专业素质及社会威望对于基金业的发展将会具有重大的影响，所以还须制定相应的细则。至于受托委员会其他一些具体职责和基金持有人大会常务委员会类似，不再赘述。

公司型基金组织制度

从组织体系上说，公司型基金应该是目前世界上各类投资基金中组织制度相对比较完善的一种，与现有契约型基金最直接的区别在于，在公司型基金中存在一个代表并维护基金持有人权益的有形机构——基金公司。发起人通过发行投资基金股份成立基金公司，投资者则通过购买基金股份，成为公司股东并以股息形态取得收益。在募集资金成功以后，发起人组织召开基金持有人大会，通过决议、《基金章程》等重要文件，选举基金董事会成员。基金设立后，基金公司代表全体基金持有人通过竞争性遴选机制来分别选择基金管理人和基金托管人，其中，竞投标方式经常被采用。在对各个基金管理人和基金托管人就有关法律法规和《基金章程》的规定所提出的方案认真审查的基础上，结合其所报的基金管理费率和托管费率，经过认真考虑，基金公司最后分别与中标的基金管理人和基金托管人签署基金契约和基金托管契约。在基金管理人通过投资运作获得收益后，首先要将利润付给基金公司，然后再由公司将红利分配给公司型基金的投资者。因此，公司型基金的运作涉及《公司法》和《信托法》两种法律制度。

在基金资产投入运作以后，基金管理人和基金托管人应按照基金契约书等规定，定期向基金公司提交基金资产报告、管理运作报告及其他资料。同时，基金公司的董事会应定期审查这些报告，并将审查通过的基金投资结构和资产状况等报告向基金持有人公开信息披露；另一方面，对基金管理人和基金托管人的运作提出指导性意见。基金公司如若发现基金管理人或基金托管人违反基金契约和托管契约等有关规定，基金公司可随时将其更换。此外基金公司也通过基金托管人监督着基金管理人的运作行为，以强化对其的约束，为基金持有人增加了一层保护。必要的时候，基金公司甚至可以直接委托会计事务所对基金管理人、基金托管人的该基金账户进行审计和委托律师事务所对其行为发表法律意见并向证券监管部门报告。由此可见，在公司型基金中，从基金的设立至投资运作的整个过程中，基金持有人占据主导地位。基金公司处于基金运行的中心，基金管理人、基金托管人的行为围绕基金公司的要求而展开。此外，基金公司还可以将基金资产分别委托不同的基金管理人来管理运作，促使这些基金管理人提高服务质量，形成基金管理人之间的竞争。公司型基金的这些优势使其成为目前世界基金业发展的主流。

但就像任何事物一样，公司型基金也不是十全十美的。即使在美国公司型投资基金中，投资者虽然是股东，享有在基金公司中的选举权、决议权、利益分配请求权、剩余财产分配权等，但由于公司本身不从事实际经营，而是与外部的基金服务机构签订各种协议，由他们来操作基金投资组合以及提供行政管理服务等，因基金管理人及其他基金服务机构的利益与基金股东的利益有可能不一致，从而存在基金公司的组织运作为其关联人谋利或基于基金发起人的利益进行决策的问题。

为了解决公司型基金在实际运作中存在的股东权利无法落实，董事会形同虚设的弊端，确保投资者的利益得到保护，美国对1940年通过的《投资公司法》十分重视，其中要求投资公司董事会至少40%的成员，必须独立于投资公司、投资顾问和承销商。美国SEC多次对基金业可能存在的问题进行调查研究，并推动对《投资公司法》作出修改，以更好地发挥独立董事的作用，作为完善投资公司治理模式，保护投资者权益的重要举措。

独立董事制度在基金治理结构中的作用

探讨基金治理结构的组织问题，不得不谈一下独立董事制度。因为不论在公司型基金中的基金公司内还是在基金管理公司内，以及上市公司内，独立董事作为一个特别的群体，被赋予了重大的职责，即保护公司的股东权益和严格监督经营管理层的运作。

由于公司型基金所具有的独特特征，美国对独立董事制度在基金治理结构中的作用也是非常重视。由于基金公司虽设立董事会，但不进行实体经营，没有总经理和监事会等，基金资产容易被其关联人操纵。在许多情况下，基金的实际决定权在那些与基金顾问等基金外部服务者有着多重身份关系的人手里，非关联董事的作用受到诸多因素的限制。为了解决公司型基金中存在的问题，美国国会曾于1970年对《投资公司法》作出修改，从法律上加强了投资公司独立董事的地位和作用。美国SEC对独立董事的作用有更高的期望，从1990年代开始，美国在共同基金中推行独立董事制度，要求董事会中的独立董事人数应占多数。从美国SEC对独立董事制度的设计中我们可以看出独立董事被赋予了更多的职责，而独立董事的薪酬制定权却不在基金管理人手里，而是掌握在独立董事自己的手里。为了保证独立董事在为股东利益采取一些积极的行动时不必顾忌自己的诉讼责任，基金公司还对独立董事考虑进行责任保险。这些举措无疑可以极大地提高独立董事的责任感和处理问题、发表意见的独立性和有效性。

借鉴美国在共同基金中推行的独立董事制度，我们注意到美国的制度设计，一切都是围绕着如何促使基金公司更有效地代表和维护基金持有人权益，防范基金公司的董事因内部人控制、道德风险等而给基金持有人权益带来损失为组织制度设计的出发点。这就决定了其关注的重点是基金公司实行独立董事制度而不是基金管理人机构。因此，在处理与基金管理人及基金托管人的契约关系时，独立董事能够积极承担起保护投资者权益的监督责任，完全以保护投资者的利益作为一切行动的指南，而不是对基金管理人负责。

目前，由于基金管理公司在我国证券投资基金组织体系中居于非常重要的地位，因此，完善基金管理公司的治理结构是十分必要的。我国证券监管部门为了强化基金管理公司的治理结构，促使基金管理人重视维护基金持有人的权益，克服内部人控制、道德风险、逆向选择等弊端，要求在基金管理公司董事会中增加独立董事，并要求独立董事人数不少于公司全部董事的1/3，并多于第一大股东提名的董事人数。这一规定无疑有助于提升董事会决策的专业水准，对遏制大股东可能的关联交易、提高基金管理公司的职业操守和专业能力，从而最终提高基金管理公司的运作效率具有十分重要的意义。但不可否认的是，从我们对基金治理结构组织制度的研究中可以看出，在基金管理公司董事会中增加独立董事，从组织制度上并不能保证可以有效维护基金持有人的利益。在基金管理公司中推行独立董事制度，其积极的意义只能是完善基金管理公司自身的治理结构。只有将它和基金持有人的有效监督机构结合起来，比如基金持有人大会常务委员会或受托委员会对基金管理公司的独立董事的选聘拥有发言权，才能实现以保护投资者利益为首要任务，获取基金资产增值最大化为目标的较完善的基金治理结构。

正因为如此，对于基金持有人大会常务委员会和受托委员会以及其他类似组织的设计并非是多余的、不值得考虑的事。相反，如果在信托制基金治理结构中能够探索设计出法律调整成本小、组织结构调整范围小而又有效的改革方案，将会为我国信托制基金的快速发展奠定组织上的保证，同时也有利于基金管理公司拓展新的业务，如可以进行基金的专业销售，解决目前基金销售公司的设立问题，以及在从事资产的委托管理中所遇到的制度障碍。所以说，目前尽管我国证券监管部门出台了要求在基金管理公司董事会中增加独立董事等一些政策措施，但由于这些政策措施并未能从根本上调整基金组织体系，其效能比较有限。

目前，《草案》对公司型基金仅作了原则性规定。面对基金业未来的发展趋势，我们应该切实加强对公司型基金组织体系、运作方式及其他内容进行研究，同时要抓紧公司型基金设立的试点工作。这是一项创新性的工作，许多具体问题只有在实践中才能逐步解决完善。

（摘自2003年9月24日《上海证券报》）

社保基金入市的六大积极影响

国泰君安证券研究所　徐凌峰

在众多投资者期盼的目光中，社保基金将通过委托投资的方式间接入市。社保基金的入市将对证券市场的投资者结构、投资理念、上市公司治理结构以及监管体制等方面产生深远的影响。

改善证券市场投资者结构

全国社保基金以其投资的安全性、流动性、长期性特征，而可以当然地进入严格意义上的机构投资者之列。社保基金入市将壮大严格意义上的机构投资者阵营，从而改善证券市场的投资者结构。由此，将中国证券市场中的严格意义上的机构投资者大致归结为以下几类机构：证券投资基金、证券公司、保险公司、社保基金。

为证券市场带来持续增量资金

虽然入市初期的资金量不大，但随着未来社保基金规模的不断扩张，社保基金入市的资金总量也会不断增长。首先，社保基金的资产规模将保持高速增长。2002年底社保基金总资产为1241.86亿元，同比增幅54.2%。由于社保基金规模增长的紧迫性和资金来源渠道的多元化，社保基金的资产规模保持高速增长是可以预期的。其次，虽然在目前社保基金建立的初始阶段，减持国有股所获资金以外的中央预算拨款仅限投资于银行存款和国债，但随着社保基金的投资管理运作趋于成熟后，按照社保基金从事证券投资基金、股票投资的比例不得高于总资产的40%的规定，在入市资金量方面，未来社保基金将有着巨大的增长潜力。另外，个人账户基金以及企业年金基金作为我国社保基金体系的一部分，未来也可按照市场化运作方式，逐步进入资本市场。

促进基金运作水平提高

社保基金首批入市资金采用委托六家基金管理公司投资管理的方式间接入市，将促进基金等机构投资者专业化运作水平的提高。首先，由于安全性始终是社保基金投资过程的第一目标，受托基金公司将受到来自社保基金理事会的更严格的监督。这种一对一的直接监控比一般的公募基金投资所接受的社会间接监控要严格得多。投资过程的严格监督以及投资信息对社保基金理事会的高度透明都使得基金公司投资必须遵循更加专业化的原则，提高对行情把握和个股选择的准确度，完善市场风险防范手段，提高应对市场突变情况的能力。其次，社保基金定期对受托基金公司的考核、相应的盈利目标以及潜在的同业竞争对手都会给受托基金公司带来努力提高收益率的外部压力。受托投资管理业绩的好坏不仅关系到对社保基金业务的后续拓展，而且关系到自身的形象，进而也会对自身的公募基金对投资者的吸引力产生影响。市场化运作的环境将有助于受托基金公司在兼顾安全性、流动性和长期性的前提下，为追求一定的盈利目标，在操作策略上更为积极进取。最后，对于暂时未能成为受托投资管理社保基金的基金公司以及券商等机构投资者也能起到激励的作用。这就使得证券公司等非基金的机构投资者未雨绸缪，苦练内功，建立起科学、专业化的投资体系，留下良好的业绩记录，以便在未来可能参与竞争成为受托管理社保基金的角逐中胜出。

有助于价值投资理念形成和深化

由于机构投资者占据了资金、信息和研究等方面的优势，因此其投资取向有助于引导市场投资理念的形成。如QFII虽然还没有正式将资金投入到中国股市，国际上流行的价值型投资理念却先行被境内基金所接受，并在今年上半年将蓝筹股行情演绎了一番。社保基金作为超级机构投资者，可能会采用类似QFII的投资理念，以境外惯用的会计、核算、风险评估、信贷评级等指标制订投资策略，将会更加重视上市公司及其股票的投资价值。从社保基金的运营方式和理念来讲，一般不会进行短线的投机炒作，其投资对象也会对国内投资者起到示范作用，这将有助于推动中国证券市场价值型投资理念的形成和深化。从社保基金的投资特点来看，可以推测有三类投资品种会受到重视：高现金分红股、证券投资基金、行业选择偏向于业绩没有大的起伏、收益相对稳定的国民经济基础行业。

有助于改进上市公司治理结构

为完善上市公司的治理结构，《上市公司治理准则》中已经指出机构投资者应在公司董事选任、经营者激励与监督、重大事项决策等方面发挥作用。而随着中国证券市场投资理念的逐步转变，机构投资者参与上市公司治理的要求也日益强烈。机构投资者不仅在资金、信息和专业知识方面可以为上市公司的日常经营提供帮助，而且可以起到对上市公司经营管理的监督作用，以维护中小投资者的合法权益。作为超级机构投资者的社保基金有可能成为某些上市公司的重要股东，虽然“单个投资管理人管理的社保基金资产投资于1家企业所发行的证券或单只证券投资基金，不得超过该企业所发行证券或该基金份额的5%；按成本计算，不得超过其管理的社保基金资产总值的10%。”，但所有投资管理人管理的社保基金资产投资于1家企业所发行的证券，则有可能达到该企业所发行证券的相当大的比例。因此，在完善上市公司治理结构方面，社保基金将较普通的机构投资者可能拥有更多的话语权及发挥更为重要的作用。

对市场监管提出了新要求

社保基金委托投资管理是一项新业务，在操作过程中会遇到许多实际的问题，对证券市场监管体制也提出了新的要求。首先，由于基金公司管理社保基金的业务属于私募业务，对于私募资产委托业务目前还没有相关的法律和制度来配套。加上基金公司与社保理事会签订了一系列保密协议，有关投资事项的信息披露只能通过社保理事会来进行，信息披露的内容或者说哪些应该披露、哪些可以不披露、哪些不能披露都需要做出相关的规定。其次，社保基金委托投资管理业务将检验基金公司同时进行公募基金管理和私募资产委托管理业务的能力高低。同时，对于如何监管社保基金投资管理人的社保基金委托资产管理业务与该管理人的其他业务在财务、账户上、操作以及核算方面分开，需要相关的法律和制度来配套。另外，“投资管理人管理的社保基金资产投资于自己管理的基金须经理事会认可。”因此，只要经过社保理事会认可，投资管理人就可以投资于自己管理的基金，对该种交易行为如何监管也是一个新的课题。

（摘自2003年6月9日《中国证券报》）

保险业呼唤基金市场创新发展

中国人寿资金运用中心总经理　刘廷安

保险公司一直是基金市场的主要投资者和中坚力量。目前，保险公司约持有封闭式基金总额的1/3，开放式基金总额的1/10，而且比例还在不断上升。保险业在基金业发展中的作用会越来越重要。从投资者的角度看，当前基金市场存在的一些问题和困难，亟需通过创新来加以解决。

开放式基金的更快发展需要创新

近两年，开放式基金成为基金市场发展的重点，但在快速发展的同时，相对于保险业来说还存在一些问题：

第一，真正适合保险资金投资的个性化品种不多，保险公司选择的空间依然较小。应借鉴国际经验，大力发展货币市场基金、短期债券市场基金；允许发起设立外汇基金，直接投资境外证券市场，一方面分散风险，提高收益，另一方面分流外汇，缓解人民币升值压力。

第二，部分基金的销售方式没有完全市场化。市场化的本质要求是，投资者可以根据自己的意愿进行基金的认购、申购和赎回。但实际情况是，投资者在赎回基金的过程中常常感受到压力和阻力。基金公司应在投资者认购、申购和赎回的过程中表现出同等的热情，充分体现市场化原则。

第三，基金费率设计不甚合理。国外研究资料表明，业绩较好的基金常常通过降低费率、扩大规模来进一步增加收益。国内的基金费率结构可以进一步合理化，大幅降低认购和申购费，适当调低管理费，相应提高赎回费。

第四，基金持有人机构化现象严重，基金规模缺乏稳定性。共同基金具有高度透明、交易效率高、组合投资、专业化管理等特点，实际上是为满足家庭金融投资而产生的。基金增长以居民收入和财产水平为基础，受基金产品与其他产品的替代性、差异性、互补性的影响，更受税收和金融管制政策的制约。我国是一个高储蓄率国家，居民投资机会缺乏，当前最重要的是建立起引导储蓄转化为基金的机制和渠道，提高个人持有人比例和基金规模的稳定性。

摆脱封闭式基金困境的出路在于创新

封闭式基金曾经是我国基金业的领头羊和起步的基础，但目前却成为投资者望而却步的泥潭。封闭式基金的折价率过高，最近的加权折价率已经超过20%；流动性严重不足，交易清淡，今年前8个月，月均换手率仅为3.4%，日均成交额不足1亿元；投资者同构化现象严重，从公开信息看，前十大持有人基本上都是机构投资者。2001年以来，保险公司投资封闭式基金产生了巨额亏损，封闭式基金价格的跌幅大于股指的跌幅，严重挫伤了保险公司投资基金的积极性和热情。

封闭式基金折价交易在国际市场上是普遍存在的现象，但我国目前的折价率大大高于美国5%和英国10%的水平。折价率过高不仅加大了投资者的风险，还会掩盖部分业绩较稳定的基金，不利于价值投资理念的形成，与大力发展机构投资者的初衷相悖。因此，采取多条途径和措施解决封闭式基金当前的困局，应成为促进基金业健康发展的重要任务。

第一，提高市场对封闭式基金的投资信心和价值增长预期。要切实提高基金的盈利和分红能力，完善基金公司的内部治理结构，改善外部市场环境，增强基金的内在价值，从根本上提高市场的投资热情。

第二，管理层应给予封闭式基金公平的政策待遇。应当允许基金公司开展封闭式基金金融创新的试点，如分拆、转开放、投资转型等；赋予封闭式基金持有人新股配售权；完善基金持有人大会制度，切实保护封闭式基金持有人利益。

第三，扩大基金市场参与者范围和投资比例，增强市场流动性。如鼓励信托公司开发投资于封闭式基金的信托产品，提高非保险类机构的最高投资比例，推动社保基金投资封闭式基金等。

第四，基金公司应该从人员、研究和投资机会方面公平对待封闭式基金，切实扭转封闭式基金边缘化的局面。

第五，推动封闭式基金转为开放式基金。从国际市场看，封闭转开放是一种通行的做法，封闭式基金连续三年折价率超过20%，就必须无条件打开，以保护投资者的合法利益。投资者预期提高了，折价率就会降低，交易就会活跃。从国内市场看，这是解决封闭式基金困境的办法之一。封闭转开放在范围上只是很小的一部分封闭式基金，不会带来大量赎回，不会对市场形成压力。部分成功转换的案例可以产生示范效应，带动整个基金市场更好的发展。

第六，积极推进封闭式基金回购的试点。封闭式基金回购的方式对基金市场影响小，市场效果好，符合现阶段市场的现实需要，应选择合适的基金公司尽快开展试点工作。

基金业的持续稳定发展需要创新

第一，促进基金业发展的同时应当鼓励保险资金直接入市保险公司是证券市场重要的长期机构投资者。保险资金直接入市，不仅能够为证券市场增添新的血液，还可以改善投资者结构。通过保险资金长期性、战略化、价值型的投资，可以有效引导资金向高效产业和绩优公司流动，提高资源配置效率，推动证券市场健康发展，为基金业的更快发展奠定市场基础。

融资部门直接操作，也可以委托其他证券基金机构进行投资管理。允许保险公司直接入市，只是给保险资金运用开辟了一条新的渠道，以缓解保险资金快速增长与资金运用渠道狭窄的矛盾，不会导致保险资金退出基金投资。保险公司与基金公司在竞争中相互推动，将促进证券市场和基金市场共同发展。

第二，应当允许保险资产管理公司对基金公司进行股权投资。基金公司股权的稳定性对基金业的健康、稳定发展至关重要。基金公司股权频繁变更，容易导致基金经理队伍不稳定，投资策略摇摆不定，投资行为短期化，影响基金净值的稳定增长。为了保持基金公司经营的稳定性，需要吸收保险公司这样的长期性、战略化的机构投资者，保证股权的相对稳定。基金公司引入保险股权之后，还有利于保证资金来源的长期性和稳定性，保证投资策略的一贯性和连续性。

第三，基金公司必须把提高公信力、透明度放在首位，在法律上切实保护基金持有人利益持有人利益是基金业健康、持续发展的根本保证。在有关基金重大事务的处理中，持有人应当有知情权和发言权。为此，需要在法律上明确界定各方当事人的权利和义务，完善基金持有人大会制度，建立有效的基金公司治理结构。新的基金法草案加强了持有人大会制度的操作性，增强了对持有人的保护力度，为基金业的长期健康发展提供了法律保障。

建立专业化、市场化的基金运作模式

基金公司的核心任务是投资管理。产品的需求分析和结构设计可以发包给专业公司；市场销售可以利用银行、证券、保险等渠道；投资咨询服务如基金评价、投资者培训、信息提供则可以交给专业咨询公司。专业化可以优化资源配置、提高效率、加强合作。

总体看，基金业是股票、债券、货币产品等金融产品的需求方。根据需求创造供给的原理，应当把基金业作为证券市场创新的先导者，使基金业与银行业、保险业、信托业相互竞争、共同合作，推动我国证券市场的健康发展。

（摘自2003年9月24日《中国证券报》）

伞型基金的变革意义

中山大学岭南学院金融学教授 巴曙松

近期伞型基金在强调品种创新的基金界成为一个关注的焦点之一。目前看来，对于伞型基金褒贬不一，褒之者以为是一种新的品种的引入，贬之者担心是一个新的概念炒作。笔者以为，在当前的基金市场环境下引入伞型基金还有更为积极的变革意义值得关注。

所谓伞型基金，实际上就是开放式基金的一种组织结构；在这一组织结构下，基金发起人根据一份总的基金招募书发起设立多只相互之间可以根据规定的程序进行转换的基金，这些基金称为子基金或成分基金。而由这些子基金共同构成的这一基金体系就合称为伞型基金。进一步说，伞型基金不是一只具体的基金，而是同一基金发起人对由其发起、管理的多只基金的一种经营管理方式，因此通常认为“伞型结构”的提法可能更为恰当。

从基金市场发展看，伞型基金的引入至少有以下几个方面的影响值得关注。

推动审批制向注册制转轨

基金的发行应当从发展初期的审批制转向更为市场化的注册制，看来是金融界的共识。但是，应当选择何种平稳而且具有操作性的方式来推进和启动这种转换呢？目前看来，伞型基金的开放性特征至少具备了推进这种创新的可能性。

何为伞型基金的开放性，主要就是指基金发起人可以在同一份法律契约下不断根据市场的需要推出新的子基金品种，在设立新的子基金品种时基金发起人只需将有关新的子基金的具体情况（如投资目标、投资政策、费率标准等等）添加到此前的基金契约当中更新即可。由于有关新的子基金的条款并不影响到原有的其他子基金，更新后的契约文件对该伞型基金下所有的子基金仍然适用。不管一只伞型基金下面可能包含多少子基金，它仍然只有一份相同的总招募书或基金契约。伞型基金的这种开放特性，使得一家基金公司在其发行伞型基金的申请获得监管部门的审批之后，就可以相对自主地根据市场状况，在伞型基金的架构之下选择增添新的基金种类，有关情况只需注册即可。这样，就可能成为推进基金发行从审批制向注册制转换的一个可能的潜在契机。

推动公司型基金的探索

从世界范围内来看，伞型基金可以是公司型或契约型基金，但是，总体上看，当前世界上许多知名伞型基金尤其是美国的基金大都采取了公司型的组织形式。尽管伞型基金同样可以采用契约型的形式，但是，值得关注的是，在契约型的组织形式下，关于伞型基金的许多法律关系难以清晰地描述清楚，这反而可能成为促使基金界探索公司型基金的一个现实的推动力。

简而言之，伞型基金的一个特别优势是契约和品牌的统一性以及子基金之间的独立性。从法律原理上说，除了隶属于一个相同的总契约和总体框架及不同子基金间可以进行方便的转换之外，各个子基金之间在很大程度上是相互独立的。但是，在契约型的结构下，不同子基金之间如何保持利益在伞型结构层面的一致性同时又能够保持相对的独立性？如果子基金之间出现利益冲突应当如何协调？当前管理层对于基金的基本要求是应当适用于整个伞型基金层面还是子基金层面（例如对于债券的投资限制等）？这些问题在公司型基金的框架下可以得到更为清晰的回答。

较好地适应新兴市场组织形式

实际上，伞型基金更多的是一种适应新兴市场特征的基金结构形式。在发达的市场上，投资种类、投资的组合方式和可供选择的方式众多，投资者可以自如地在众多的投资选择中根据自身的风险收益偏好进行选择，因而对于是否是伞型基金实际上并不关注。相反，在新兴市场上，投资者更为关注绝对的收益水平，关注成本水平和转换的方便，伞型结构的基金正好满足了这些投资需求。例如，在香港地区，目前伞型基金已经成为基金业在经营方式上的主要选择，截止2001年一季度，香港有认可基金1870只，其中1100只为140只不同伞型基金旗下的子基金，只有230只为单一基金。伞型基金因覆盖的投资者范围更为宽广，结构更为开放，因而也受到新兴市场上基金管理公司的青睐。

基金公司注重销售和流动性功能

为什么恰恰是在比较低迷的市道中，基金管理公司不约而同地关注伞型基金呢？除了积极尝试基金产品创新的动机之外，伞型基金所具有的统一品牌的销售能力、方便的转换导致的特有的保持流动性的能力、以及规模经济带来的低成本，都是低迷市道下对基金公司有相当大吸引力的地方。

从保持流动性、减轻赎回压力的角度看，伞型基金的鲜明特点之一就是方便投资者在同样一个伞型基金之下转换，这样无疑可以避免投资者的资金外流，同时也可为投资者节省额外的申购和赎回的手续费用。另外，伞型基金在低迷市道的销售中能够比单一基金更好地突出基金的品牌效应，例如，可以以适当的方式强调伞型基金的规模庞大、品种齐全、管理统一规范等特点，从而能够在一定程度上增强基金投资者的信任感和认同感。

这样，伞型基金通过在开放性体系下的统一品牌的运作，能够较好地降低管理成本，在基金的托管、审计、法律服务、管理团队等等方面享有规模经济，从而降低设立及管理一只新基金的成本，提高基金公司的竞争力。

触及监管体系未涉及的领域

伞型基金作为一种新的组织形式的探索，必然会在一些操作性的领域涉及到原有的监管架构没有覆盖到地方，这也为当前监管体系的完善提供了实践的推动力。

例如，在采取伞型结构的框架中，不同子基金均隶属于同一体系，但是同一伞型基金下的不同子基金在很大程度上是相互独立的，那么，如何在法律关系、组织架构等方面处理好这种统一性和独立性的关系？另外，不同子基金之间的转换应当如何进行会计处理才能不对不同子基金的持有人利益形成冲击？转换费率应当如何确定，才能既能够方便投资者的转换，又能够防止有效投资者利用不同子基金申购费率之间的差异少交申购费用？同时，如何才能够以伞型基金的引入为契机，促使伞型基金的子基金在基金品种的设计上可以做到市场细分程度更高、选择范围更广、投资的风格更为明显？这些都是值得关注的重要现实问题。

（摘自2003年1月20日《证券时报》）

发展货币市场基金 强化利率传导效应

中国人民银行货币政策司 张敬国

□ 我国居民储蓄增长迅速，显示一般类货币市场基金的潜在市场空间巨大。由于货币市场基金具有薄利低风险的特点，其规模设计也必然与薄利多销策略衔接才能获得足够的利润，即货币市场基金需要有一定的规模才能取得收益，因此面向广大居民储蓄的一般类基金是最有规模潜力的。

□ 发展货币市场基金对商业银行有诸多有利影响。一是商业银行代理发售货币市场基金可以增加商业银行中间业务收入；二是为商业银行开发金融创新如支票便利等提供机会；三是为商业银行进行混业经营提供可能的空间；四是增加货币市场资金来源，给资金融入方如中小商业银行提供更多的融资渠道。

□ 货币市场基金增加了市场资金供应主体，并充分利用货币市场的套利机会，进一步联通银行间市场和交易所债券市场之间的资金流动和利率走势。货币市场基金有很强的利用市场信息和中央银行政策取向的动机，这有利于提高货币市场的流动性，提高市场效率。而市场效率的提高，也将有利于货币市场形成合理的利率风险结构。

□ 发展货币市场基金对货币政策调控目标、调控方式和货币政策传导都有较大的影响。从货币政策调控目标角度来看，在我国目前以数量调控目标为主的情况下，货币市场基金改变了货币供应量的范围和结构，对货币政策数量目标设计会有影响。从调控效应来看，发展货币市场基金有利于提高货币政策调控的有效性。从调控方式来看，发展货币市场基金有利于促进货币政策调控从数量调控向价格调控转变。

近来，人们对央行频繁调整存款准备金率调节货币供应颇有议论，而股市、债市的反应更是引人关注。其实，央行在利用货币政策工具对资金供给进行微调时，还可以通过推出一些金融创新措施来吐纳社会资金，影响其流向与流量，比如建立货币市场基金就是一种有效的办法。自1997年我国银行间市场开始迅速发展以来，关于建立货币市场基金的呼声就不断出现。而2003年底以来，数只现金增值、增利基金在关于货币市场基金的讨论热潮中发行，尽管它们没有以货币市场基金冠名，但是其投资范围的设定显示其就是货币市场基金的一类，而每只基金40亿元至80亿元的发行金额，也初步显现了货币市场基金吸收大量资金、进行规模运作的特征。本文对发展我国货币市场基金及其货币市场基金的增长前景、种类设计，对货币市场运行和商业银行经营的影响，以及与宏观经济金融环境和货币政策调控的关系、市场监管等问题进行了细致的探讨。

发展货币市场基金的经济环境

在我国，货币市场基金作为一种新的金融产品，目前的经济金融环境存在很多对其发展有利的因素：

1）当前的宏观经济形势有利于增强货币市场基金的吸引力。

2003年以来的宏观经济形势发生了很大的变化，消费物价上涨幅度已经远远超过了储蓄存款利率1.98%（扣掉利息税后为1.58%）。居民储蓄因此面临很大压力需要转移出去获得较高收益，如购买货币市场基金等其他金融产品。

2）金融市场资产种类少的状况为货币市场基金发展提供较大空间。

随着经济增长，我国居民储蓄增长迅速，但是金融市场工具种类非常有限。这种状况既不利于金融机构进行资产负债管理，也不利于居民高效率地安排储蓄和投资，但却是为货币市场基金等产品的发展留下了较大是空间。

3）居民对低风险且有相对较高收益的投资工具的需求很大。

在金融资产种类有限的情况下，股票市场成了居民试图获得较高投资回报的主要场所。由于我国股票市场价格波动过大，居民希望获得比银行存款利息高但比股市风险低的投资机会，货币市场基金在一定程度上满足了这样的需求。

4）货币市场资金供求现状表明需要有新类型的资金供应方进入市场。

1997年以来，我国货币市场交易量增长迅速，但是银行间市场在一定程度上存在单边性，国有独资商业银行成为市场资金供应的绝对主力，不利于市场充分竞争，从而也不利于市场有效率地运行。而货币市场基金的发展将会增加市场资金供应，有利于改变市场单边性的状况，会受到资金需求机构的欢迎。

当然，经济金融环境将来的变化会对货币市场基金的发展、运作产生不同的影响，对此应予以关注。

我国货币市场基金的种类设计

货币市场基金从不同的角度可以有不同的分类。从基金发行的对象来分，货币市场基金有一般类（机构和个人投资者都可以购买）和机构类（只向机构投资者发售）两类。无论是一般类还是机构类货币市场基金，多数都有最低投资要求，在美国是从500美元到5万美元不等，但是一般类的最低投资金额要求小于机构类的。

从基金的发行者来分类，货币市场基金可以主要分为金融投资公司发行和商业银行发行两大类。金融投资公司发行货币市场基金是比较普遍的。商业银行从事货币市场基金业务的种类较多：一是通过设立投资公司来发行和管理货币市场基金，这种模式在德国比较普遍；二是由商业银行信托部门设立货币市场基金。在美国1970年代末，一些大的银行信托部门设立短期投资基金进行货币市场投资；三是商业银行设立货币市场存款账户，于1982年在美国出现，商业银行通过设立该账户吸收公众资金，并向开户者支付相当于货币市场基金收益的利率。

另外，从投资的金融资产特征来看，货币市场基金也可以因投资组合策略不同而分成不同的类别。有的分散投资于国库券、政府机构债券、商业票据、存单，有的将投资局限于一类债券，如国债。货币市场基金的投资组合可能由于投资债券的种类不同，也可能由于投资各种债券的比例不同，也有在其他方面，如投资领域、费率、收益率、赎回方式等有所区别。

设计我国货币市场基金种类，应该考虑以下一些因素：

1）是操作成本。机构类货币市场基金的操作成本相对较低，主要是因为其最低开户金额较高，购买者不像一般类的那样分散，而主要是针对企业和机构客户进行流动性管理和理财运作的金融产品。

2）是规模。我国居民储蓄增长迅速，显示一般类货币市场基金的潜在市场空间巨大。由于货币市场基金的薄利低风险的定位，其规模设计也必然与薄利多销策略衔接才能够获得足够的利润，即货币市场基金需要一定规模才能取得收益，而面向广大居民储蓄的一般类基金是最有规模潜力的。

3）是现有金融法规限定。我国实行金融业分业经营的法律规定（但是新的《商业银行法》对发展混业经营留有余地），由商业银行通过内设部门发行和管理货币市场基金、或者设立货币市场存款账户的作法近期看来不太现实，但是商业银行设立独立法人资格的货币市场基金管理公司是可以探讨的，这有利于发挥商业银行机构网点多、货币市场经营经验丰富的优势。

4）是货币市场发展现状。由于我国货币市场工具种类较少，货币市场基金可选择的投资策略非常有限。而一定时期内，为丰富投资组合，发展“准货币市场基金”，即将基金投资于货币市场和中期债券市场等的策略也是可以考虑的。

我国货币市场基金的增长前景

我国货币市场基金的增长前景，除了受经济金融环境的影响，主要还取决于货币市场发展、货币市场基金收益和风险管理、以及利率市场化进程等因素。

货币市场是金融机构进行流动性管理、短期投资和风险管理功能的场所，货币市场基金增长以货币市场发展为基础。目前我国货币市场工具种类较少，融资性商业票据、银行存单等产品还没有出现，货币市场工具的开发和丰富情况将对我国货币市场基金增长与发展有较大影响。

风险较小是货币市场基金区别与其他证券投资基金的重要特征之一，但是货币市场基金也是有风险的，对利率风险、信用风险以及流动性风险的管理控制成功与否会直接影响到货币市场基金成长和发展状况。

货币市场基金的重要吸引力就是提供比较稳定而又比银行存款利息高的收益。目前对银行储蓄存款征收利息税的制度一定程度上给货币市场基金提供了盈利空间。以1年期存款为例，商业银行利息成本为1.98%，而储蓄存款人收益时为1.58%，货币市场基金的收益空间大约是（1.58%，货币市场利率）。在以商业银行为主导的货币市场上，1年期市场利率是高于同期银行存款利率的（7天回购利率的底线也会大于超额准备金存款利率1.62%），所以货币市场基金存在盈利空间。这只是静态的简单比较。货币市场基金收益取决于市场空间、市场变化、基金管理人运作等多种因素，货币市场基金收益与其他金融产品收益的比较是影响货币市场基金增长的主要因素。

发展货币市场基金对商业银行业务经营的影响

发展货币市场基金对商业银行业务经营有多方面的影响。

第一，货币市场基金会分流一部分银行存款。货币市场基金作为一种金融产品，从安全性、流动性、收益性特征来看，最容易替代的就是银行存款，货币市场基金会从银行分流出存款。理论上，货币市场基金可能从地方银行机构抽出资金，并且这些资金不会再回流到当地，而是流向大银行和大公司，因为货币市场基金会投资于大银行的存单或者大公司的票据。

货币市场基金发展还可能改变商业银行的负债结构。存在银行存单的情况下，当货币市场基金扩张时，银行存款很可能会被存单代替。美国1960年代中期，存款折账户是最常用的个人储蓄工具，而到了1970年底，储蓄信贷协会60%以上的储蓄为存单，这些存单利率不一，但是都高于存款折账户的利率。

从我国实际情况看，货币市场基金分流部分银行存款将是不可避免的，这一定程度上有利于缓解商业银行资金运作的压力，有利于商业银行控制贷款增长速度，满足资本充足要求，减少银行因经营范围狭窄而积累的风险，是改变金融资产结构、促进金融市场发展、提高企业和居民财务管理的好现象。

但是需要关注的是，从吸收资金的角度来看，商业银行和货币市场基金的竞争并不很公平。如前所述，居民储蓄存款利息要上缴20%的利息税，而货币市场基金的投资收益不需要缴税，商业银行在这方面处于不利地位。

第二，发展货币市场基金对商业银行有诸多有利影响。一是商业银行代理发售货币市场基金可以增加商业银行中间业务收入，二是为商业银行开发金融创新如支票便利等提供机会，三是为商业银行进行混业经营提供可能的空间，四是增加货币市场资金来源基金，给资金融入方如中小商业银行提供更多的融资渠道。

近年来，国外货币市场基金与商业银行的合作越来越密切，除了商业银行保管基金的资产、商业银行对基金投资商业汇票等提供咨询服务外，货币市场基金还与商业银行的合作，开发出支票便利等新业务（投资者在商业银行开立账户，可以依据该账户签发支票，也可以委托商业银行通过该账户购买基金；当投资者需要资金或者投资者的账户余额不足以支付划款时，投资者或商业银行可以通知基金出售投资者的基金股份并将款项存入该账户）。在中国，商业银行与货币市场基金管理公司可以探讨合作开办此项创新业务。

在我国，可以考虑将发展货币市场基金作为商业银行试行混业经营的突破口。货币市场基金风险相对较小，商业银行在货币市场上的运作经验丰富，商业银行通过一定的方式，如设立独立法人资格的投资公司经营货币市场基金，有利于改变目前商业银行经营范围狭窄的局面，为其逐步实现综合经营打下基础。

货币市场基金的风险管理

货币市场基金的风险管理主要涉及到利率风险、信用风险和流动性风险管理三种。货币市场基金的风险，与短期债券的风险有很多相似之处。由于货币市场基金多投资于短期债券以及与大机构之间的短期融资，一般其信用风险相对较低，而系统性风险较大。

一般地，货币市场基金投资于短期资产，其利率风险相对较小，即利率波动造成的短期债券价格波动幅度小于长期债券价格波动幅度，但是金融市场上短期利率的波动性更大，加强利率风险管理仍然很重要。并且，由于货币市场资产利率波动的方向和趋势非常相似，一般的投资组合并不能降低利率风险这种系统性风险。

规避利率风险的方式主要有两种：一是预测市场上影响利率因素的变化情况，其中包括货币政策操作的变化。在美国1970年代末，联储货币政策中介由联邦基金利率转移到货币供应量，预测货币供应量成为市场分析师们的一项重要工作，因为联储对货币供应量的调控会影响货币市场利率。二是利用金融衍生产品交易。在衍生产品发达的金融市场，利率风险可以通过远期、互换、期货、期权等产品锁定，一定程度上市场参与者可以锁定利率风险。

由于多种原因，我国货币市场利率在某种情况下会波动较大，货币政策操作对货币市场利率也有一定的影响。在中国货币市场以及其他金融市场上还基本没有衍生产品的状况下，一般不能通过避险交易锁定利率风险，所以预测宏观经济形势和货币政策操作就成为货币市场基金风险管理的重要工作。尽管这种预测在有避险交易产品的金融市场上也是重要的，但是预测却难以成为完全有效的避险手段。

在中国货币市场、债券市场发展到较大规模，宏观经济形势发生变化，利率市场化不断推进的背景下，建立、健全衍生金融产品市场应该提上议事日程，对此银行间市场和交易所市场都可以进行探讨，当然在制度建设上首先要考虑规范市场交易操作和控制市场投机行为。

除了利率风险，信用风险和流动性风险也是货币市场基金风险管理不能忽视的因素。特别是如果将来扩大货币市场基金投资范围后，对于具体短期金融资产的风险，如票据、企业债、拆借的信用风险要高度重视。同时也要加强流动性风险管理，货币市场基金作为开放式基金，随时可能有赎回要求，尽管在利率变化，债券价格下跌时，基金公司可以持有资产至到期，但是要满足赎回要求，必须要安排好流动性才能最大地获得投资收益。

货币市场基金与货币市场运行

发展货币市场基金有利于提高货币市场运行效率，促进市场形成合理的利率结构。目前我国货币市场发育还不成熟，表现在货币市场利率走势上有两方面特征：第一，货币市场利率的波动较大。一是货币市场利率受股票发行申购的影响太大。例如，2003年10月末，长江电力股票发行，银行间市场7天期回购利率上涨了约70个基点。二是货币市场利率对货币政策调控信号的反应存在失当现象。2003年8月中央银行宣布将于9月21日上调法定准备金率1个百分点，货币市场出现一定的恐慌，市场交易出现异常。第二，货币市场不同期限的利率走势比较凌乱，特别是同业拆借市场上不同期限的利率水平月度变化相差很大，说明不同期限的市场关系并不紧密，某个期限的拆借利率由该期限的拆借市场供求决定，市场预期的作用不大。

货币市场利率变化的这些特征，是我国货币市场效率不高的表现，而货币市场参与者、市场构成和市场制度方面存在的问题则是造成市场运行效率不高的深层原因：

1）货币市场竞争不足。目前我国的货币市场还是一个以数量不多的主力交易者占据主导地位的市场，货币市场竞争程度还不够高。

2）金融市场制度不健全，信息分布不对称。一是货币市场缺乏信用评级制度，市场缺乏对货币市场金融工具及其发行人最基本的风险评估信息。二是货币市场交易中介制度发展滞后。目前我国货币市场的经纪人和做市商制度还没有建立，货币市场交易信息难以快速充分地传递，同时也不利于市场流动性的提高。

3）市场参与者的理性程度有限。市场参与者治理结构不够合理，激励约束机制不够完善，市场信息分析能力有待提高。

发展货币市场基金可以促进货币市场竞争程度。货币市场基金增加了市场资金供应主体，并充分利用货币市场的套利机会，进一步联通银行间市场和交易所债券市场之间的资金流动和利率走势。作为货币市场的专业投资者，货币市场基金有很强的利用市场信息、努力把握宏观经济金融运行态势和中央银行政策取向的动机，这些都有利于提高货币市场的流动性，提高市场效率。而货币市场效率的提高，也将有利于货币市场形成合理的利率风险结构和期限结构。充分发挥货币市场基金对于货币市场运行的积极影响，需要推动更多的货币市场基金发行，进一步放宽货币市场基金的投资范围和交易方式，开发更多的货币市场工具，货币市场基金与货币市场二者的发展是相辅相成的。

如何对货币市场基金进行监管

货币市场基金作为一种投资基金，在国外一般由证券监管当局负责日常监管。在美国金融法规中，《联邦证券法》和《联邦投资公司法》对货币市场基金的影响最大。这两个法律主要从市场投资角度对货币市场基金存在约束。《联邦证券法》要求基金必须充分真实地进行信息披露，并且按照证券交易委员会的要求发布招募基金声明，《联邦投资公司法》提出了一整套保护投资者的框架。

历史上各国和地区证券监管当局长期以来非常重视对资本市场特别是股票市场的监管，对货币市场基金的监管相对较少。但是由于一些货币市场基金为追求高回报而投资于高风险的证券，导致巨额亏损并损害了投资者利益，1990年代以来，各证券监管当局加强了对货币市场基金的监管。1991年美国证券交易委员会规定货币市场基金投资在比顶级证券（在全国性证券评级机构，即穆迪、标准普尔、费奇、德莱·费尔普斯信用评级公司四家的评级中，至少有两家对该证券的评级在其最高的等级中）低一档次的证券数量不超过5%，对单个公司发行的证券持有量不能超过其净资产的1%。同年，证券交易委员会允许货币市场基金购买期限由12个月延长到13个月，但是将投资组合的平均期限由最长120天减少到最长90天。1996年证券交易委员会对货币市场基金投资于风险较大的衍生金融工具进行限制，以减少利率波动可能威胁到货币市场基金稳定性与清偿力的风险。证券交易委员会还提醒广大公众，在货币市场基金的储蓄不受联邦保险的保障。

在国外，中央银行对货币市场基金一般不提取存款准备金。美国联储系统曾经在1980年要求资产规模超过一定水平的货币市场基金缴纳15%的存款准备金，后来又降到7.5%，几个月后，联储取消了这项要求。原因之一是货币市场基金不是存款类机构，基金购买者自担投资风险，基金管理者没有固定收益的承诺，联邦存款保险公司也不予以保险。

近年来，针对货币市场基金与商业银行的合作业务创新，证券监管当局与银行监管当局加强了关于货币市场基金的监管合作。

在我国，与其他证券投资基金相比，货币市场投资资产风险较小。在货币市场上，基金管理公司相比于商业银行、保险公司规模较小，所谓“炒作”的机会不大；并且由于基金资金的托管机制，挪用资金的可能性也很小，监管难度相对较小。目前我国关于货币市场基金、货币市场和债券市场监管方面需要加强的工作是促进市场评级体系的建立，这无论是对于推进发展融资性商业票据市场、企业债券市场还是为货币市场基金运作提供投资依据来说，都是重要的制度性建设。

在我国，金融当局合作监管将是货币市场基金监管的要点。目前我国货币市场基金是由证券投资基金管理公司发行和管理，同时货币市场基金主要在银行间市场上经营，而交易的对象可能为银行机构，将来交易的方式可能包括贴现银行票据等行为，将来商业银行可能设立独立法人的投资公司发行和管理货币市场基金，所以作为银行间市场监管者的人民银行、证券业监管者的证监会和银行业监管者的银监会，都需要对货币市场基金有关方面进行必要的监督管理，同时需要分业监管当局加强合作。

货币市场基金与货币政策调控

发展货币市场基金对货币政策调控目标、调控方式和货币政策传导都有较大的影响。

从货币政策调控目标角度来看，在我国目前以数量调控目标为主的情况下，货币市场基金改变了货币供应量的范围和结构，对货币政策数量目标设计会有影响。货币市场基金相当于一种货币资产，非机构持有的货币市场基金在美国被列入M2。考虑到货币市场基金与居民储蓄有高度相似性和替代性，我国货币供应量统计也应将其纳入。同时，货币市场基金数量的变化，会影响到M2中货币结构的变化，也可能造成货币供应量与物价等宏观经济变量的数量关系发生一定的变化。还有，货币市场基金在货币市场上的交易增加了货币的金融交易需求，一定程度上也增加了经济体系对货币需求的数量。当货币市场基金发展到一定规模时，这些影响货币政策调控都要考虑到。

从调控效应来看，发展货币市场基金有利于提高货币政策调控的有效性。目前，我国货币市场利率波动对货币政策的不当反映，干扰了货币政策调控行为及其效果。并且，货币市场利率波动过度，也增加了中央银行调控的成本和难度。货币市场利率期限结构不合理的状况，不利于中央银行货币政策调控在货币市场上的传导。发展货币市场基金有利于促进货币市场的竞争，提高货币市场的流动性和市场效率；而货币市场效率提高无论对于货币政策的数量调控还是价格调控，都有利于及时、灵敏、恰当的反映货币政策调控意图，有利于提高货币政策调控的效应。

从调控方式来看，发展货币市场基金有利于促进货币政策调控从数量调控向价格调控转变。

首先，发展货币市场基金有利于促进利率市场化。我国利率市场化的阶段性目标是贷款利率控制下限，存款利率控制上限。在整个金融市场上，存款利率水平是最具有基准意义的，促进存款利率市场化是下一步推进利率市场化的关键。货币市场基金作为准储蓄，其市场化的利率对于实现更多金融资产利率市场化打下一定的基础。

其次，发展货币市场基金有利于促进货币市场利率的充分市场化。价格调控主要是中央银行对货币市场利率进行调控。从货币市场角度来看，理论上的利率结构大致是银行短期贷款利率－商业票据贴现率－中央银行再贷款利率－中央银行再贴现率－银行同业拆借利率－债券回购利率－银行短期存款利率－短期国债利率－法定准备金存款利率－超额准备金存款利率。目前在短期金融市场上，起决定意义的还是后三种存款利率。当货币市场基金规模对存款规模的比例较高时，货币市场基金的利率会一定程度上替代短期存款利率，在市场上发挥影响。

还有，发展货币市场基金有利于增强利率调控的传导效应。货币市场基金吸收大量企业和居民资金，一方面促使这些资金更多地与货币市场利率联系起来，强化利率对企业和居民的敏感性；另一方面，中央银行对货币市场利率的影响也会通过货币市场基金传导到企业和居民，有利于中央银行对货币市场利率影响的传导，增强货币政策价格传导的效应。

(本文系个人研究成果，不代表作者所在单位观点)

货币市场基金应运而生

货币市场基金是指专门投资于短期金融资产（主要有短期存款、短期债券、商业票据、银行承兑汇票、银行存单）的基金。货币市场基金既可以看成是一种金融机构，也可以看成是一种金融产品。作为一种机构，货币市场基金吸收定额或不定额的资金，将其投资于短期金融产品；作为一种金融产品，货币市场基金是一种证券类资产或账户，由金融机构销售给投资者，有的货币市场基金账户还可以签发支票转账。

货币市场基金的产生、运作、发展与其所处的经济金融环境密切相关。翻阅国外金融史发现，美国货币市场基金出现在社会对经济、金融机构信心下降时期，即经济滞胀的1970年代。美国经济在1960年代增长良好，人均GNP年均增长约为3%，物价年均增长2.3%；1970年代人均GNP增长率下降为2%，物价却年均增长7.1%。由于经济疲软，很多著名的公司面临盈利困难，一些银行遇到严重的问题，公众对股票市场的信心下降。这一时期，美国金融市场利率不断上升，市场利率特别是短期利率波动越来越大，主要原因是通货膨胀压力以及中央银行为抑制通胀而实施紧缩的货币政策（1970年代，联储逐渐将货币政策中介目标由联邦基金利率转移到货币供应量，造成市场利率被动升降）。市场利率风险增大，越来越多的银行倾向办理短期存贷款业务。浮动利率工具替代传统工具，金融期货市场上，很多银行增加负债管理，利用联邦基金、存单、回购、欧洲美元等保护流动性头寸，货币市场交易量迅速增长。同时，金融竞争日趋激烈，存款机构提供可转让支付账户，信用卡公司增长快速，商业票据所努力降低贴现票据率，银行贷款利率被迫压低。商业银行面对竞争，很多重组为金融持股公司（1980年约三分之二的银行资产已属于持股公司附属银行）。1975年，证券公司手续费由固定变为不固定，很多公司渗入银行和其它机构的业务领域开拓收入，竞争使金融机构的业务越来越综合化。

美国的货币市场基金就是在这样经济滞胀、银行存款利率受管制、市场利率走高且波动频繁、金融竞争日趋激烈的背景下产生并发展起来的。在经济、金融不确定的时期，人们倾向选择期限短、安全、流动性好的投资工具。货币市场基金1972年创设，1979年资产规模已与债券－股票基金相当，短短几年时间发展成为市场主要的金融中介。

从国外经验看，货币市场基金发展中最显著的特征之一就是增长非常迅速。在美国金融史上，没有任何一种金融中介的发展像货币市场基金这样快。美国在1972年创设货币市场基金，1973年底为4家基金，总计有1亿美元资产，而1979年货币市场基金的规模就已经与债券－股票基金的规模相当。1979年至1981年货币市场基金资产增长了3倍，1982年资产达到2000多亿美元。1977年至1993年美国货币市场基金资产年均增长率为33%，2003年底资产基金规模约2万亿美元，占美国投资基金资产总额的35%左右。

美国货币市场基金发展迅速，主要有以下几方面原因：一是基金回报率不受存款利率Q条例的限制，二是增加了小的投资者进入货币市场的机会，三是基金持有高质量（违约风险低、价格波动有限）的资产，四是给投资者提供了分散投资于各类短期资产的工具，五是对提前取款的受托人不进行罚款，六是投资者买卖方便，大多数货币市场基金允许客户签发支票灵活地买卖基金，一些新技术如计算机、通讯等的发展也促进了货币市场基金的增长。在诸多因素中，货币市场基金回报率和银行存款利率的差别是货币市场基金快速增长的重要原因。1970年代，特别是1974年至1975和1978年至1982年间，两种收益率差距较大，货币市场基金增长迅速。

(摘自2004年4月22日《上海证券报》)

第二篇 基金发展

ALMANAC OF CHINA'S SECURITIES INVESTMENT FUNDS

第一章

2003年中国证券投资基金市场发展综述

第二章

2003年国外及我国香港、台湾基金市场回顾

第一章 2003 年中国证券投资基金市场发展综述

2003 年可以说是我国证券投资基金业发展6年来行业成长最好的一年，我国基金业无论是在数量、规模，还是品种创新、业绩表现上都迈上了一个新台阶。而基金市场结构的变化、基金在投资理念上脱胎换骨式的改变、证券投资基金法的颁布也注定使 2003 年成为中国基金业发展史上具有重要历史意义的里程碑式的一年。

宏观经济与金融市场发展概况

2003年，尽管受到SARS爆发和严重旱涝灾害的影响，中国经济继续保持了快速增长的发展势头。国内生产总值11.67万亿元，按可比价格计算，比上年增长9.1%，与全球经济2.4%的平均增长率相比，中国经济仍然是全球经济增长最快的国家之一。中国人均国内生产总值首次超过1000美元，跨上了一个重要台阶。

拉动我国国民经济快速增长的主要动力主要来自投资需求、消费需求与对外贸易的快速增长。2003年，全社会固定资产投资5.5万亿元，增长26.7%，社会消费品零售总额4.6万亿元，增长9.1%，我国进出口总值8512亿美元，同比增长37.1%。

2003年，全国财政收入第一次突破两万亿元，达到2.17万亿元（不含债务收入），比2002年增加2787亿元，全国财政支出2.46万亿元，比2002年增加2554亿元，支出大于收入2916亿元。2003年中国国际收支状况良好，外汇储备大幅度增长，年末国家外汇储备达到4033亿美元，比2002年末增加1168亿美元，是我国外汇储备增加最多的一年，人民币汇率保持基本稳定。

2003年中国货币供应量增长加快，年末广义货币供应量（M2）余额为22.1万亿元，同比增长19.6%，增速加快2.8个百分点；狭义货币供应量（M1）余额为8.4万亿元，增长18.7%，加快1.9个百分点；流通中现金（M0）余额为1.97万亿元，增长14.3%，加快4.2个百分点。金融机构贷款大幅度增加，年末全部金融机构本外币贷款余额17万亿元，比2002年末增长21%。价格总水平有所上涨，全国居民消费价格总水平比上年上涨1.2%，通货膨胀压力加大，本外币存款余额增长较快，达到22万亿。

2003年，银行间同业拆借市场交易活跃，全年累计成交2.4万亿元，比2002年增加1.2万亿元，增长近100%。银行间债券市场成交金额再创历史新高，累计成交14.8万亿，增长39.3%。

2003年，证券市场通过发行、配售股票共筹集资金1358亿元，比2002年增加396亿元。其中，发行A股（包括增发及可转债）97只，配股24只，筹集资金820亿元，增加40亿元；发行B股、H股共24只，筹集资金537亿元，增加355亿元。年末境内上市公司（A、B股）数量由上年末的1224家增加到1287家，市价总值42578亿元，比2002年末增长11%。2003年A股成交额达到3.13万亿元，比2002年增加0.41万亿元。

在经历了自2001年下半年以来连续两年的熊市的煎熬后，在大盘篮筹股的带动下，2003年中国股票市场最终以红盘报收，上证180指数全年涨幅为11.94%，振幅27.26%，上证综合指数全年涨幅为11.1%，振幅为26.17%。

中国基金市场发展概况

基金管理公司发展概况

截至2003年底，我国已设立的基金管理公司共有34家，其中27家基金管理公司已发行基金，另7家基金管理公司已获准开业。此外已获筹建批文的基金管理公司有13家。包括已获得筹建批文的基金管理公司在内，中国共有基金管理公司47家，比2002年增加28家，增幅到达133%。

47家基金管理公司中，35家为中资公司，12家为中外合资基金管理公司，中外合资基金管理公司占基金管理公司总数的25%。12家中外合资基金管理中，7家已发行基金，其余5家尚未开业。

共有6家基金管理公司的基金资产超过100亿元，其中华夏基金管理公司基金规模最大，年末基金资产为162亿元。前5家基金管理公司的市场份额为42.6%，前10家基金管理公司的市场份额为70%，基金市场表现出较高的集中程度。中外合资基金管理的市场份额为14.2%。

2003年证券投资基金行业管理费收入合计为7.74亿元，比2002年增加4.35亿元，增长128%。

图一 我国基金管理公司6年来数量的增长情况

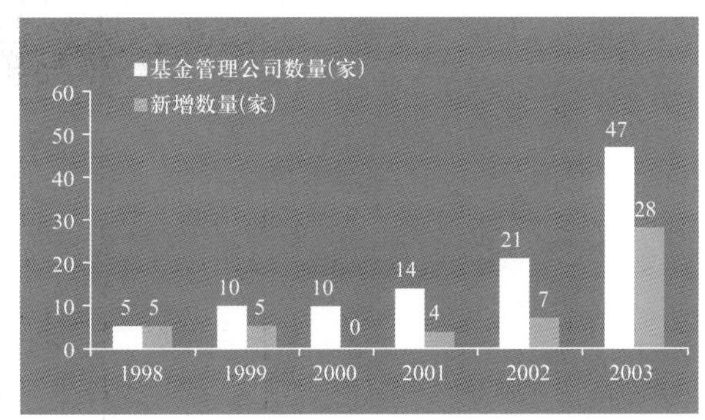

基金数量及品种发展概况

2003年末，我国共有110只证券投资基金，与2002年末相比，全年新增基金数量39只，增加幅度为55%。全部基金中，54只为封闭式基金，56只为开放式基金（系列基金子基金按独立基金计算），与2002年末相比，封闭式基金数量没有变化，开放式基金新增数量39只，增幅为229%。只有9只基金为指数及指数优化型基金，其余基金均为主动型基金。

54只封闭式基金均为独立偏股型基金，除3只为指数优化型基金外，其余均为主动型基金。

56只开放式基金中，有24只基金属系列子基金，分属9个系列基金。除5只为指数及指数优化型基金，其余均为主动型基金。按类型分，56只开放式基金中，偏股型基金有31只，占总数的55%，股债平衡型基金有9只，占总数的16%，偏债型基金4只，占总数的7%；债券型基金11只，占总数的20%，货币型基金1只，占总数的2%。

图二　我国开放式基金与封闭式基金的发展概况

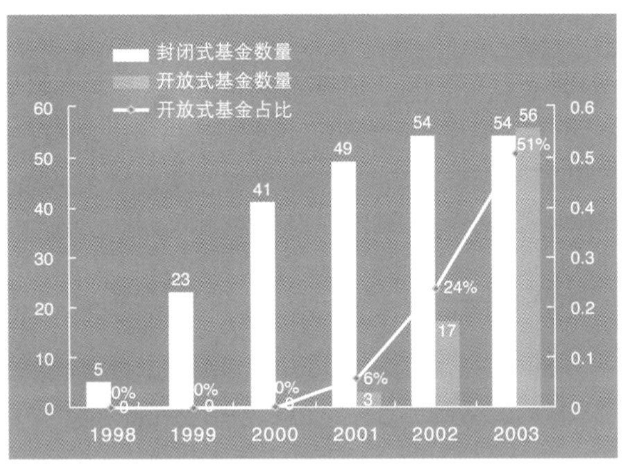

图三　不同类型开放式基金数量分布图

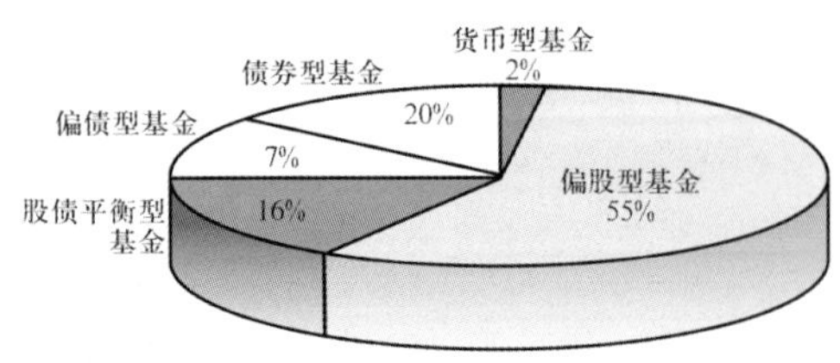

基金资产发展概况

截至2003年末，中国的基金资产规模达到1716亿元人民币，与2002年末相比增加530亿元，增长幅度达到45%。其中封闭式基金的资产规模为862亿元，同比增长20.2%，开放式基金的资产规模为854亿元，同比增长82.2%。2003年基金股票市值占A股流通市场的比例为8.04%，比2002年的8.5%略有下降。2003年基金股票交易额为3379.41亿元，同比增长91%，基金股票交易量占深沪A股交易额的10.8%，与2002年6.5%的比例相比，有较大的上升。2003年我国的GDP达到11.67万亿，年末城乡居民储蓄存款余额达到10.4万亿元，基金净值占2003年末GDP的比例为1.47%，占城乡居民储蓄存款余额的1.62%。

图四　中国基金业历年的规模发展概况

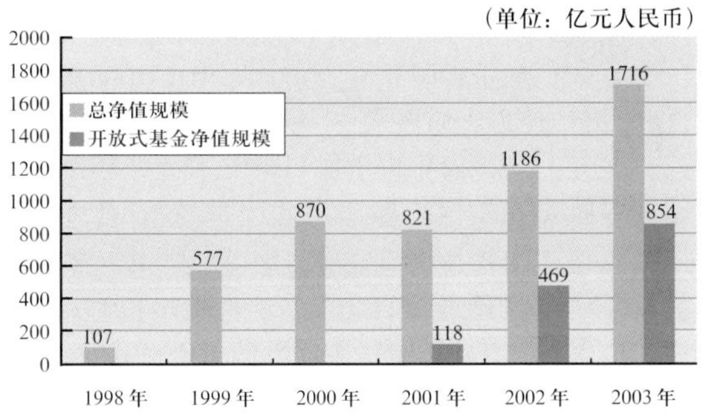

封闭式基金二级市场表现及交易情况

2003年封闭式基金二级市场表现远远落后于封闭式基金的净值表现，上证基金指数全年上涨幅度只有7.9%，封闭式基金的折价率水平屡创新高：2003初加权折价率为−14.34%，2003年末加权折价率则上升至−22.76%。封闭式基金全年成交额682.65亿元，同比下降−41%。

图五　2003年封闭式基金折价率走势图

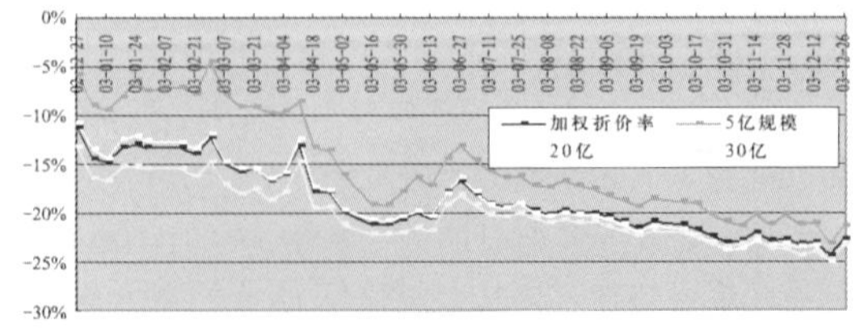

开放式基金资金流入、流出情况

2003年，39只新发开放式基金共计募集678.51亿元资金，与2002年的447.98亿元的募集规模相比增长51%。2002年底之前设立的17只基金在2003年的总现金流入为145.77亿元，总现金流出金额为−346.24亿元，净流出金额为−200.47亿元。17只开放式基金在2003年全部表现为净赎回，平均净赎回率为−38.7%，其中，偏股及股债平衡型基金的净赎回率为−38.01%，偏债及债券型基金的净赎回率为−44.22%。开放式基金分红再投资金额3.25亿元，现金分配13.97亿元，分红再投资率为18.9%。

开放式基金净申购／赎回率一览表

基金类型	基金简称	2002年	2003年
偏股及股债平衡型基金	华夏成长	28.64%	−28.56%
	华安创新	−6.33%	−40.97%
	南方稳健成长	−9.24%	−18.33%
	富国动态平衡	——	−60.53%
	宝盈鸿利	——	−54.24%
	易方达平稳	——	−47.25%
	国泰金鹰增长	——	−44.86%
	长盛成长价值	——	−43.77%
	鹏华行业成长	——	−34.63%
	融通新蓝筹	——	−32.06%
	博时增长	——	−23.38%
	大成价值增长	——	−47.26%
	华安180	——	−46.16%
	嘉实成长收益	——	−31.26%
	银华优势企业	——	−16.83%
	平 均		−38.01%
偏债及债券型基金	南方宝元	——	−44.87%
	华夏债券	——	−43.56%
	平 均		−44.22%

基金托管机构发展概况

2003年，我国的基金托管银行数量从2002年的5家增加到8家，基金托管费收入从2002年的2.45亿元增加到3.37亿元，增长幅度37.55%。

中国工商银行的基金托管业务量最大，其市场份额为29%，中国建设银行以20.6%的市场份额紧随其后，中国农业银行以18.1%的市场份额位列第三。前5大托管银行的市场份额合计高达96%。

图六 2003年托管银行托管基金规模概况

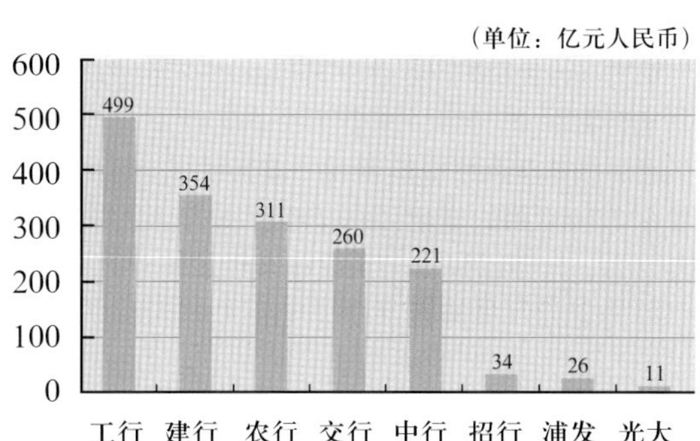

中国基金的基本表现

1999年～2000年中国证券市场“牛气冲天”，在新股配售政策的支持下，基金的平均表现分别达到了38.23%、46.16%。在剔出新股配售因素的影响后，基金的平均表现也高达20%、32%。但2001年下半年至2002年股票市场的持续下跌也使基金损失惨重：基金的平均净值增长率分别下跌了−15%、−11%。2003年在市场并未有根本性好转的情况下，基金的平均收益率高达15%，远远超过了基准指数的表现。总体而言，除2000年外，基金的平均表现均超过了基准指数的表现，相对表现优良。

图七 中国偏股型基金年度表现

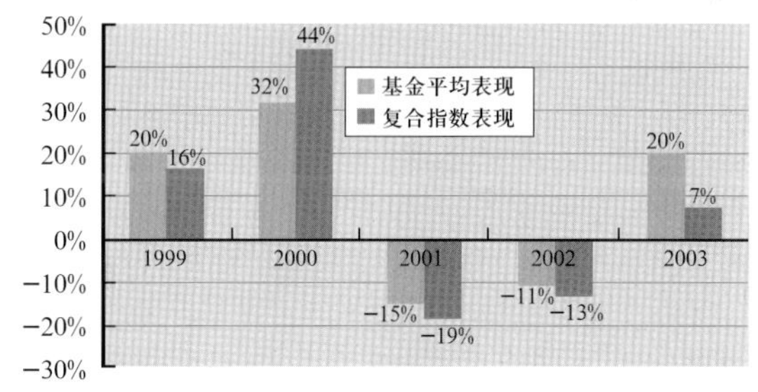

基金销售

2003年共有12家商业银行和12家证券公司获得基金代销资格，其中商业银行在基金零售中占据着主导地位。机构投资者特别是保险公司是基金的最大投资者，基金资产的30%以上为保险公司所持有，以首发基金持有人计算，基金持有人数量在235.58万人，比2002年增加144.87万人，增长幅度为160%。

2003年中国基金市场发展评述

2003年可以说是我国证券投资基金业发展6年来行业成长最好的一年，我国基金业无论是在数量、规模，还是品种创新、业绩表现上都迈上了一个新台阶。而基金市场结构的变化、基金在投资理念上脱胎换骨式的改变、证券投资基金法的颁布也注定使2003年成为中国基金业发展史上具有重要历史意义的里程碑式的一年。

开放式基金取得突破性发展，开始超越封闭式基金而成为基金市场的主流

过去的一年，我国开放式基金承接去年的增长势头，又取得了突破性的发展，开放式基金无论是在基金数量方面还是在净值规模方面都超过封闭式基金而成为中国基金业的主角。

2003年我国共有包括伞子基金在内的39只新的开放式基金募集发行，首发规模达到了678.51亿元。基金发行数量和首发规模都再创历史最高纪录，与开放式基金的快速发展相比，2003年我国封闭式基金受二级市场大幅折价因素的影响而颗粒无收，全年没有一家新封闭式基金发行。开放式基金的高歌猛进与封闭式基金的停滞不前，使我国开放式基金的规模已接近封闭式基金的规模，在数量上已超越封闭式基金而成为市场的主流，由此我国基金市场也一举完成了具有重要历史意义的结构性转变。

在过去的一年里，基金管理公司无论是在营销渠道的建立上、费率的设计上，还是在服务的提供和与投资者的交流上都有许多新的举措。在营销管道上，一些公司开通了网上交易系统；为增强宣传效果，很多基金都将多次分红作为一种营销手段加以使用，全年共有七只开放式基金选择了3次分红，三只开放式基金选择了两次分红。为吸引更多的客户，一些基金的最低认购金额已从过去的1000元下降到500元；为尽可能多地留住客户，基金管理公司纷纷推出了“基金套餐”。可以说，正是基金管理公司不懈的营销努力才使得我国开放式基金能够在市况不好的情况下保持了资产规模的稳步增长。

实践证明，开放式基金可以“随时随地”进行营销的特性使基金管理公司的积极性真正得到了释放，开放式基金独特的赎回机制也使其在保护投资者利益、促使基金经理人努力提高经营业绩、减少基金管理人的道德风险上显示出了比封闭式基金更好的制度优势。开放式基金取代封闭式基金成为市场的主流反映了一种历史的必然。

基金主导市场走势，表现超越大盘扬眉吐气

2003年的中国股票市场仍未能彻底摆脱自2001年下半年以来的下降通道的制约，但与整个市场的弱势格局形成鲜明对照的是基金重仓大盘蓝筹股的表现却十分强劲，从而使基金成为2003年市场的最大赢家。2003年，15只以股票市场为主战场的偏股型及股债平衡型开放式基金的平均净值增长率达到了18.96%，54只封闭式基金的净值增长率达到了20.64%，而上证A股指数的收益率只有10.57%，用作基金业绩比较基准的复合指数的涨幅只有7.35%，15只偏股型及股债平衡型开放式基金的净值增长率全部超过了上证A股指数的表现，93%的封闭式基金也超过了上证A股指数的表现，除一只基金的净值增长率为负增长外，其余68只基金的净值增长率全面实现了正增长。证券投资基金大面积和大幅度超越市场表现，成为基金业发展6年来相对业绩最好的一年，为投资者交出了一份满意的答卷。

图一 偏股型基金2003年表现

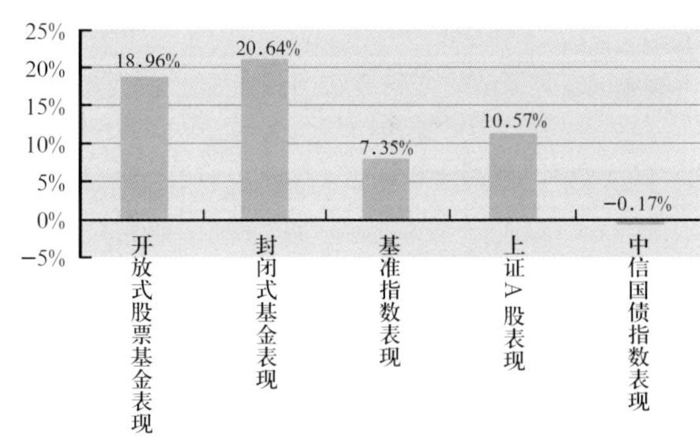

基金重仓大盘蓝筹股始于2002年下半年，在这一阶段基金基本上完成了由过去的“概念炒作”到“价值投资模式”的转变。2003年上半年，以汽车、石化、钢铁、银行、电力为代表的几类基金看好的行业开始显露出良好的增长势头，基金重仓股开始出现大幅涨升，开放式基金的平均净值增长率高达10%，远远高于A股指数的表现，使市场不得不对基金经理的市场判断能力和选股能力刮目相看。随着基金价值投资理念的深入人心，非基金性的资金的不断跟进，基金重仓股反复走强，基金专家理财的优势第一次得到集中的体现。

基金大举投资大盘蓝筹股，可以说与前几年基金重仓股饱受市场非议、市场持续下跌，A股市场向QFII开放的大背景不无关系。投资大盘蓝筹股有利于提高基金资产的流动性，而大盘蓝筹股所具有的市盈率低，投资

价值高的特点，也非常有利于改善基金的社会现象。不过当基金真正以价值投资的眼光审视中国的上市公司时，他们却发现在1200多家上市公司中真正具有投资价值的公司并不多，于是集中持股再次成为基金公司的普遍选择。集中持股便于基金集中优势兵力打歼灭战，但也使基金的特点趋于雷同，使基金出现一荣俱荣，一损俱损的可能性趋于上升。一旦个别企业基本面变坏，基金“多杀多”的局面不是不可能出现。基金集中持股的另一个间接影响就是基金群体普遍将一些明显受到庄家控制的股票以及不具备投资价值的公司排除于被选股票池之外，从而导致了这些股票的加速下跌。2003年20%的股票上涨，80%的股票下跌局面的出现从某种程度上充分反映了发展机构投资者的“双刃剑”效应：一方面机构投资者既可以通过为股市带来新的增量资金而推动市场走强，另一方面，机构投资者的理性也将使虚高的市场不断降温，而后一种效果尽管会给我们带来阵痛，但却是中国证券市场走向成熟的必经之路。

几年来，基金在股票投资上可以说走过了从市场避之唯恐不及到遭受普遍置疑再到其价值投资理念得到市场广泛认同三个截然不同的阶段。基金成立之初，在“庄股”风靡于市的年代，市场由于不愿为基金“抬轿”而使基金所投资的股票倍受市场冷落。其后随着基金实力的壮大，基金也开始奉行“庄股”模式，但其重仓持有的股票很多是一些人造大牛股。这些股票的特点就是多次除权，在市场形成所谓的高价绩优股，典型的如东方电子、银广夏、环保股份、南通机床等。这些股票经反复运作后，股价高企，表面上看业绩很好，事后却证明，业绩子虚乌有。更为严重的是，社会上还广泛流传着基金存在为其他机构锁仓接仓的行为，更使基金一时名誉扫地。2002年下半年至今，基金所奉行的价值投资理念使基金在投资理念上真正实现了一种历史性的跨越，其雄厚的研发能力和丰富的信息资源使专业理财的优势得到集中展现，其从行业入手、精选个股的新的选股思路也表现出了理性机构投资者内在的特质，基金作为机构投资者所具有的专业理财能力第一次得到人们的尊重。

随着基金投资理念发生脱胎换骨式的变化，中国股票市场将可望进入价值投资主导的时代，但与此同时，股价大范围的结构性调整将不可避免，一批绩优公司将会脱颖而出，而相等多的公司将为市场所无情抛弃。不过也只有经过这样的洗礼，中国的证券市场才能真正发挥出其优胜劣汰，资源配置优化的作用。

系列基金、保本基金、货币型基金的推出使基金在品种创新上又向前迈出一大步

2003年系列基金、保本基金、货币型基金的推出，使我国基金业在基金品种的创新又向前迈出了一大步。继2003年3月中外合资基金管理公司招商基金管理公司首次在我国推出系列基金后，至今为止，2003年共有9家基金管理公司陆续推出9个系列基金，子基金数量合计达到24只，占到2003年基金发行数量的63%，合计首发规模到达242.5亿元，占到2003年基金首发规模的38%。系列基金有效地规避了目前基金在批设过程中的报批成本和等待成本，对基金管理公司迅速形成较为完善的产品线作用十分明显，因此受到了很多基金管理公司的青睐。但从实际发行效果看，系列基金并未带来期待中的系列基金所具有的统一品牌的销售能力、方便的转换导致的特有的保持流动性的能力、以及规模经济带来的低成本的优势。主要原因是系列基金中的子基金分散了基金公司有限的资源，同时也使基金管理公司在基金营销中产生了顾此失彼的问题。

2003年5月，我国基金产品中的又一重要创新—南方避险增值基金由南方基金管理公司率先推向市场，并受到投资者的热烈追捧，首发规模一举达到51.9亿，刷新了基金首发规模的最高记录。南方避险增值基金的热销，使很多基金公司希望迅速跟进保本基金，但事与愿违，由于担保问题悬而未决，使很多基金管理公司未能如愿以偿，从而也使这一基金品种的放大效应未能同步放大。

受制于目前有关法律法规的限制，具有保本基金特性的南方避险增值基金最终并未被冠之以保本基金的称谓。我们认为，只要严格按照契约行事，严格遵守设定的投资纪律进行投资，保本基金保证不亏本甚至保证有一定程度的盈利并不是一件困难的事，其从本质上并不需要第三方担保。因此保本基金应该说是一种与传统基金“不能保本及保证收益”不同的一种全新的基金产品。它的推出无疑对基金加强投资技术的引进，树立投资纪律、满足低风险偏好投资者的投资需求都有着重要的意义。不过保本基金同样需要市场向好的支持，并要对机会成本有所考虑。

临近岁末，华安、博时、招商3家基金管理又被获准发行3只“准”货币型基金。“准”货币型基金的推出使基金的“四大家族”悉数到场，无疑将会给我国基金业的未来发展打开新的巨大发展空间。

基金直面大面积赎回风暴袭击

2003年上半年累计共有26只新的开放式基金陆续发行，合计募集规模为347.8亿份，但已设立基金在上半年内的赎回份额合计也达到了令人咋舌的162.7亿份。以股票为主要投资方向的开放式基金在上半年无一例外受到赎回风暴的袭击，平均赎回率高达32%，赎回情况最严重的华安180指数、大成价值增长的赎回率更是分别达到了58.7%、55.5%。经过前两个季度赎回风暴袭击后，第三季度股票型开放式基金的赎回情况趋于

和缓，一些基金甚至出现了资金净流入的可喜现象。但在股票基金赎回被抑止的情况下，受第三季度债券市场下跌的影响，债券型基金又被大幅赎回。

2003年我国开放式基金所遭遇的赎回风暴袭击可以说非常具有中国的特色。自我国开放式基金发展以来，我国开放式基金就非常看重“首发”规模的大小，基金管理公司普遍将其视为一种“形象”工程来抓。在这种情况下，我们看到，尽管一些基金的经营业绩较差，但在各种营销努力的作用下，很多机构资金还是被“生拉硬拽”了进来，充当“门面”。这些帮忙性质的资金本来并没有长期投资的打算，但由于市场的持续低迷而被迫“挨套”而沉淀下来。这样一旦市场稍好，投资解套，这些资金就会选择退场。

2003年第一季度以基金重仓蓝筹股为代表的局部牛市行情，终于使出师不利的开放式基金扬眉吐气，多数基金的单位净值迅速回复到面值以上，这无疑为解套资金提供了难得的出逃机会。在这种情况下，人们看到的就是一幅“股市上涨，赎回加剧”的“奇怪”景象。实际上，与市况低迷下的基金“热销”一样，这种现象也有其内在的逻辑。从性质上，开放式基金在第一季度所表现出来的大额赎回可以被看作是对较高首发规模的一种“修正式赎回”。

开放式基金在经历第一季度大规模赎回后，为什么在第二季度还会再现大规模赎回呢？我们认为，与第一季度“修正式赎回”不同，第二季度的大面积赎回从性质上看可以被称为一种“预期式赎回”。

股票市场在经历第一季度较大幅度的攀升后，无论是基金经理，还是普通投资者都对市场下一步的走势产生了一定的分歧，从而使第二季度股票市场的振荡有所加剧，并出现小幅回调。在这种情况下，投资者实际上对市场未来能否持续走强开始持怀疑态度，因此为了保有来之不易的“胜利果实”，赎回投资也就成为一些投资者的必然之选。

从本质上看，开放式基金并不适合短线投资。因此预期式赎回是否会成为基金投资的主流方式尚有待进一步观察。但不可否认的一点是，中国股票市场的短线炒作方式正有向开放式基金“移植”的趋势。

有人曾形容基金的发行象“搞运动”。“运动”得来的资金可以说又快又多，但不容质疑的是正如一句西方俗语所云：来得快，去得也快（Easy come,easy go）。中国开放式基金要赢得持续发展还要靠稳扎稳打，任何急功近利式的发展都不可能长久。从长期看，开放式基金规模的增长仍要凭业绩与服务说话。

招行可转债事件凸现基金集体力量

2003年8月26日，招商银行发布公告称将发行总额100亿元的可转换债。由于本次转债发行额只有6%左右向流通股股东配售，使流通股股东不能充分享受转债一二级市场的差价，而可转债在转股以后势必造成原有流通股股东权益被严重稀释，因此消息一经披露就遭到重仓持有招商银行股票的基金基金们的一致反对，并公开散发了代表基金观点的《反对股权分裂下的掠夺性融资》的檄文。招行100亿融资规模，突出体现了在“一股独大”的股权结构下，非流通股东和管理层对流通股东利益的挤压。基金经理们在招商银行发行可转债一事上联合反击，在已往是相等少见的。尽管在基金公司的抗争下，招商银行对可转债方案有所调整，但在目前流通股东只占总股本的26%，非流通股东占绝对优势的情况下，决定了以基金为代表的流通股东所推出的方案不可能获得支持。不过，招行可转债事件实际上已经远远超过了该事件本身的影响，它突出显示了基金作为机构投资者正在以自己特有的方式开始对上市公司产生越来越大的影响。

招行转债事件引发的一个重要问题就是基金作为机构投资者今后如何参与上市公司的治理。从发达国家的情况看，传统上基金作为纯粹的组合投资者在对上市公司的治理上表现并不十分积极，而是采取刻意回避的态度，但目前的发展趋势则是基金已越来越倾向于做“积极股东”，甚至作为董事进入上市公司的董事会。但问题是进入董事会有可能使基金受到其它利益的驱使而影响到基金在投资上的超然独立性。有鉴于此，我们并不赞成基金过多、过深地参与到上市公司的治理结构中去。

《证券投资基金法》的出台从根本上奠定了证券投资基金行业发展的基础

证券投资基金业发展六年，基金立法就进行了四年半，由此可见基金立法的困难性与复杂性。基金法是证券法之后被通过的又一部针对证券市场的重要法律，它以法律的形式确认了证券投资基金业作为相对独立的金融行业的法律地位，必将对我国基金业的未来发展起到重要的推动作用。不过，基金法尽管最终以高票通过，但受制于基金业实践的限制，我们认为该法仍存在一些不足和遗憾。例如基金法在很多重要问题上如对基金的定义、组织形式、私募基金的规范等方面由于各方难以达成一致，而采取了回避态度，在基金的法律形式上采用了基金治理结构最弱的合同型基金的形式。在强调基金投资者利益的保护上，尽管强化了基金持有人大会的作用，但由于缺乏代表基金持有人利益的代理机构的存在而大打折扣。在基金分红、投资比例等方面更是缺乏必要的约束性的规定，也使得基金法对基金的约束作用有所弱化。

（撰稿：杜书明）

第二章

2003年国外及我国香港、台湾基金市场回顾

回首2003年海外证券市场，由于受中东危机和SARS疫情等系列不利因素影响，全球股市几度出现波动和反复。随着2003年下半年的经济回暖，企业盈利改善，乐观情绪开始在世界各地证券市场蔓延，全球各主要股指普遍上扬。股市的复苏表现，推动了海外基金市场发生积极变化。

为总体回顾2003年海外基金市场的发展态势，我们特别选择了美国、欧洲，以及我国的香港和台湾地区的基金市场，作为重点考察对象。对比中国内地基金市场同期的演变特征，希望从中为大家带来一定的借鉴意义。

美国基金市场

美国股市在经过三年的绵绵熊市之后，终于在2003年重拾升势，进入震荡盘升的轨道。截至2003年底，道琼斯工业综合指数和标准普尔500指数都有24%的升幅，以科技股为主的纳斯达克综合指数上升了48%。股市的良好表现令投资者惊喜不已，投资气氛随之日渐活络，并带动共同基金市场发生显著变化。

美国共同基金市场2003年主要特征

根据美国投资公司协会（ICI）的数据统计，截至2003年12月底，美国共同基金资产总额达到7.41万亿美元。与2002年同期比较，美国共同基金资产2003年增加了1.02万亿美元，增长幅度近16%；不过，由于股票基金与纳税型货币市场基金数量的小幅缩减，2003年末美国共同基金总数量减少126只，数量为8124只，下降1.53%。

从基金表现看，除个别基金类型基金外，多数基金表现良好。截至2003年12月19日，标准普尔500指数上涨幅度超过25%。证券市场从谷底走向复苏，共同基金受惠于此而整体上扬。按照美国晨星公司的基金分类，除去一种本土股票基金类别外，几乎所有的基金类别在2003年都获得两位数的增长。但值得注意的是，即使2003年基金市场表现非常突出，以三年期或者五年期时间跨度计算，那些投资大型成长、科技以及通讯类基金的投资者仍然普遍处于亏损状态。

具体而言，在股票基金类别里，小型基金年度表现位列前茅。截至12月19日，小型基金整体平均上扬42%，不仅胜出中型基金类别至少5个百分点，较大型基金类别更是领先近15%。其中，小型混合和小型价值基金都获得近40%的涨幅。一只名为

RS网络时代基金更是飙升95.4%，成为年度表现最佳基金。从过去历史记录来看，在一个转折市道中，小型股通常会率先脱颖而出。类似于“船小好掉头”，专门投资小型股的基金品种也顺势而为，成为市场中的领头羊。2003年的市场表现同样印证此种规律，小型基金涨幅几乎超过了所有其他类别的美国本土股票基金。其中，硬件、媒体、消费者服务与生物科技类股票的强力反弹是小型基金整体回升的主要推动力。

从另一角度纵观全年基金市场，科技型基金无疑是年度最大赢家。同样截至12月19日，该类别基金平均飙升51%，那些集中投资网络与半导体类股票的基金更是收益颇丰。尽管科技股整体表现都非常亮丽，包括网络设备、软／硬件等类别股票都涨幅在前。不过，投资者亦担心科技板块自身所显现的“非理性繁荣”。自2002年10月以来，美国股市涨势连绵不绝，人们开始警惕市场的回调整理。此外，科技板块毕竟蕴含较大风险，3年前网络科技股泡沫的破裂依然令人心有余悸。虽然市场资金在2003年不断追捧科技股，但累聚的卖压也持续增加，科技基金的投资风险因而日渐明显。

表一　共同基金净资产状况（10亿美元）

基金类别	2003年12月	2002年12月
股票型基金	3,682.8	2,666.5
混合型基金	436.6	327.4
纳税型债券基金	906.8	796.5
市政债券基金	334.1	328.5
纳税型货币市场基金	1,764.3	1,997.2
免税型货币市场基金	288.4	274.8
总计	7,413.0	6,390.9

表二　共同基金数目变化（只）

基金类别	2003年12月	2002年12月
股票型基金	4,598	4,753
混合型基金	509	474
纳税型债券基金	1,265	1,265
市政债券基金	778	769
纳税型货币市场基金	662	679
免税型货币市场基金	312	310
总　计	8,124	8,250

（数据来自ICI）

表三　2003年美国表现最好的前十只基金

基金名称	晨星评级	2003年投资收益增长	净资产规模（百万美元）
RS网络时代基金	★★★★	95.41%	143
Jacob网络基金	★★	95.00%	73
ProFunds UltraOTC基金	★	93.23%	474
RS信息时代基金	★★★★	92.19%	262
富达LC股票基金	n/a	90.52%	1,026
Royce科技价值基金	n/a	85.87%	31
Alpine美国房地产股票基金	★★★★★	83.22%	141
Dreyfus小公司价值基金	★	83.14%	233
Amerindo科技基金	★★	81.86%	127
Scudder黄金与贵金属基金	★★★★★	80.74%	610

（数据来自Morningstar）

交易丑闻事件引发美基金业振荡

2003年美国共同基金市场令人难忘，一方面是基金市场整体反弹，特别是网络科技基金卷土重来称雄美国基金市场；另一方面是自2003年9月份开始，美国共同基金便开始陷入交易丑闻漩涡之中，盘后交易与择机投资成为2003年基金市场非常活络的名词，也引发了美国基金业一次深入的自我整顿与变革。

引发美国共同基金业振荡的导火索源于纽约州司法部长埃略特•斯皮策对一起涉及共同基金的非法交易行为的调查。此项调查显示，一家对冲基金通过与几大共同基金进行非法交易而牟取高额利润。实际上，斯皮策在2003年早些时候已开始对共同基金的交易操作进行调查，并迅速将焦点集中在“盘后交易”和“市场择时交易”方面。这些做法都利用了共同基金每天只设定一次价格的情况来牟利。

其中，“盘后交易”是最令人吃惊的问题，因为这种交易方式完全非法。美国共同基金买卖在日间进行，但其净值要在当天股市收盘以后才能计算出来，即每天下午4点之后。如果共同基金投资组合中个股在4点后的一段时间内发布某种重大消息，其对基金净值的影响理论上会在次日显现，并常常会导致基金净值发生跃变。通过“盘后交易”方式，交易商在当日4点之后仍可以继续买卖基金份额，而且执行价格依然是当日收盘价，这样在明确掌握基金净值变动趋势之后，就能够于次日获得无风险收益。

耶鲁管理学院的一份对盘后交易的研究表明，与使用长期购买和持有投资策略的人们比较，进行“盘后交易”的投机者平均每年可多获得30%的收益，而且投资风险至少会降低50%。同时，坚持长期投资策略的人们会蒙受利益损失，因为盘后交易者会领先分享到基金净值跃变的好处，否则，这种收益会完全被使用购买和持有投资策略的人们所分享。

与“盘后交易”比较，“市场择时交易”则显得有些相对灰色。因为这是一种套利交易，是经验丰富的交易商利用美国与其他国家和地区收市时间的不同而进行交易，一般在国际型基金中比较常见。共同基金通常在美东时间下午4点确定价格，而海外市场却多在此之前就早已收盘。如果美国市场在4点之前急速上扬，海外市场一般都会在次日随之盘升。相关国际型基金的持有个股就会水涨船高，并推动基金净值上扬。这样，擅长择时交易的投机者就会在事先以较低的价格购买一只国际型基金，并在次日获得基金净值上涨收益。

对于投机者这样短线炒作国际型基金，许多人已经早有耳闻。令人惊讶的是，某些共同基金不仅默许这种交易，而且与投机商如个别对冲基金等在利益共享的基础上特意合作。显然，这首先会使长线投资者遭受损失，因为择时投机者赎回基金份额时就能稳获收益，但共同基金也会因为资金外流而失去再投资机会。同时，共同基金为此要付出更多的交易成本，因为基金经理有时不得不出售股票来应对赎回所需要的现金，最终令其他长线投资者背负更多的交易代价。

美共同基金费用问题再起波澜

在美国共同基金交易丑闻事件向纵深发展的同时，披露基金交易黑幕的始作俑者——纽约州司法部长埃略特•斯皮策又将矛头指向共同基金费用问题。斯皮策指出，共同基金行业内的费用收取存在双重标准，个人投资者和机构投资者购买基金时，向来是按照不同价格购买相同产品，其差距之明显令人吃惊。

一般而言，美国个人投资者购买收费基金时，之所以愿意支付一定比例的销售费用，主要是希望获得客观、公正的专家理财建议，基金公司或经纪商有责任在繁多的基金群体里为投资者挑选最好的投资品种。市场调查表明，许多投资者都乐于倾听专家的投资建议，认为自己的独立判断会承担较多风险。这样，投资者为选择到优质基金品种而情愿支付专家咨询顾问费。

但在实际运作中，个人投资者却受到不平等待遇。首先是他们要比机构投资者交纳更多费用。通常情况下，为扩大基金资产规模，无论是在募集期还是开放期，基金公司都会对机构投资者减佣或者免佣，甚至会赠送一定数量的基金份额以及达成进行违规交易的内部约定等。显然，个人投资者因不能为基金带来显著的利益好处而遭遇歧视。其次，个人投资者在交纳相关费用后，并非都可以获得所谓公正客观的理财建议。全美证券交易商协会（NASD）2003年来的调查表明，基金经纪人经常从基金公司获得大量灰色报酬，用来向客户推介特定的基金品种。投资者只会看到理财顾问论证充分的投资建议，却没有想到这些精美的言辞却是物质奖励的结果，而往往会落入叫卖的陷阱。

有关调查显示，经纪人和经纪公司销售共同基金时主要获得的两类隐性报酬：“货架费”和超额销售奖励的额外补贴。第一类报酬就是一般意义上的销售奖励，类似于超级市场向生产厂商收取的上柜费用，或称之为“通道费”。基金公司若想获得经纪商的特别推荐，让其名称出现在经纪商客户可以购买的产品目录上，就必须支付足够的费用，甚至不管经纪商当时是否在真正销售该基金产品。

第二类报酬是在销售奖励费用之外的一种附加佣金，或叫做额外补助。与经纪商销售的其他基金品种比较，这些支付过额外佣金的基金就有可能获得更多的市场份额。与“货架费”不同，基金公司支付额外佣金时采取更加隐蔽的做法，并非直接将现金塞入经纪人的口袋，而是在特定的经纪商那里通过指定投资交易来完成。例如，基金公司通过经纪商做投资交易时，采用高于市场平均水平的交易佣金费率，产生所谓的soft dollars而悄悄完成额外佣金支付。

基金公司与经纪商之间的这种灰色交易向来心照不宣，外界很难洞察其中的详细内容。由于大量隐形奖励的存在，代理销售机构就可以借助理财顾问角色，促销基金公司的指定产品。2003年夏季，全美证券交易商协会（NASD）就计划对美国共同基金销售制定新的披露规则，旨在提醒投资者提防经纪商在推荐某些基金时可能获得的奖励性报酬。根据新法规，NASD将让基金投资者亲自看到，或者至少让人们开始意识到，基金公司会给予经纪商超出正常水平的佣金。具体要求将包括以下几点：

1）在基金招募说明书中披露基金具体费用和各项运作费率。

2）在基金公司“附加信息”报告中，披露基金公司关于销售激励费用的具体规定。

3）经纪商是否为了促销产品而接受奖励性报酬，并超出招募说明书信息披露范围，以及这些报酬的性质。

4）向经纪公司支付这类报酬的基金公司的名单，并按照数额多少进行排列。

5）经纪商获得的报酬比例是否因基金公司产品的不同而不同，同时还需公开报酬性质以及从这些交易中获益的基金公司的名称。

上述信息将被要求在客户开立账户或购买基金时以书面形式予以公开。此外，经纪公司还需每年两次对此信息进行更新，并在其网站上公布。

尽管拟定中的新法规主要针对收费基金以及销售收费基金代理经纪商，也同样适用于那些在某些特殊条件下的免佣基金。种种迹象显示，NASD并没有完全取消这些灰色费用的意图，而只是希望让投资者了解这些费用的存在。通过比较充分的信息披露，提醒投资者某些经纪商推介基金时，并不能完全维护客户利益，投资者需要多一份警觉，多一份自身的辨别力。

无论是交易丑闻还是灰色费用问题，都动摇了人们对共同基金抱持公平对待投资者理念的信心。现在，共同基金本身早已成为人们重要的投资品种。长期以来，众多业内人士就致力于提高这个行业的透明度，以保护广大投资者的合法利益。事实表明，许多涉嫌违规运作的基金公司最终必然咎由自取。2003年以来，一些基金管理公司不仅遭受监管机构的巨额罚款，部分当事人被迫辞职，来自市场的压力也令他们领略到深刻教训，只能吞下基金资产规模大量缩水的苦果。可以预见，随着监管者与立法者的一致行动，加上投资者自身对基金运作认知度的提高，美共同基金业运作中的种种问题有望逐步得到改善。

2003年美封闭式基金

新发数目下降 募集资金额上涨

根据Lipper的数据统计，2003年美国新发封闭式基金为49只，较前一年的78只下降37%；当然更低于1993年首发121只的历史最高纪录。然而，每只新发基金平均募集资金额却达到5.5亿美元，年度募集资金总规模为270亿美元。有关记录表明，美国封闭式基金过2003年度募集资金的最高记录仅为185亿美元。

在2003年新发封闭式基金中，股票型与债券型基金几乎平分秋色，分别为26只与23只。2001～2002年市场流行收益倾向型投资，这种主题在2003年依然体现出其影响力。其中，可转换证券类别基金募集资金额最多，全年达到60.8亿美元，该类别基金具有潜在上涨收益无限、下跌风险有限的特点。股票收益型基金募集资金额位居第二位，全年共达40.3亿美元。美国封闭式基金历史上募集资金规模最大的单只基金也发生在2003年，即5月末发行的Eaton Vance 有限久期收益型基金，扣除所有费用外的募集资金高达19.4亿美元。此外，2003年也诞生了一些比较有创新特色的基金产品，如首只封闭式平衡型基金Partners平衡型基金应运而生。其他比较有特点的产品就是出现一些组合投资对象的基金，与过去那种单一投资对象不同，这些基金都重点投资几种不同产品组合，例如房地产和优先股混合的基金、股票和可转换证券组合基金、股票和债券组合基金等。

基金净资产总额与基金数目都创下新高

2003年，美国封闭式基金净资产总额创下历史新高，其中IPO是最大的推动力，股票市场的回暖和低等级债券市场小牛市行情亦推波助澜。截至2003年11月份，基金净资产总额达到1773亿美元，较2002底的1375亿美元上涨了28.9%。基金数目也超过1993年563只的最高记录，年底达到604只。

封闭式基金净值整体表现

以净值计算，美国封闭式基金2003年平均上涨18.86%，是自1995年以来的最高记录（1995年为20.04%）。几乎每一只基金，无论是股票型还是债券型都获得正增长。其中，股票型封闭式基金业绩表现创历史最佳，平均达到40.62%；股票型基金约占封闭式基金总资产的三分之一，之前的最好业绩记录是发生在1979年的38.44%。由于许多该类基金投资范围侧重海外市场，全球股市的回温成为基金业绩飙升的主要推动力。债券型封闭式基金平均上扬12.15%，其中世界收益型基金类别为最佳表现者，而美国本土政府债券、市政债券等类别仅获得温和增长。

但2003年的封闭式基金市场并不是一切晴好。第一季度，地缘政治动荡不安，世界经济复苏的前景仍是模糊不清，基金业绩一度徘徊不前。第一季度结束的时候，债券基金平均上扬2.32%，而股票基金却平均下挫2.04%。4月份，美国本土上市公司陆续公布的财报结果显示，公司盈利水平显著改善，经济景气持续好转，市场乐观情绪随之日益高涨。不过，人们仍然担心所谓的盈利是否仅仅来自大规模裁员和其他成本控制措施，“失业型复苏”就成为当时市场中的流行术语。第二季度，封闭式股票基金开始好转，季度平均上涨17.69%，是1999年第四季以来表现最好的季度；封闭式债券基金上涨5.22%，是自1995年第四季度以来表现最好的季度。之后，良好的经济数据不断披露出来，消费者信心日渐升高，推动股票型基金节节走高，并一直延续到年底。

观察不同类别的股票基金，人们可以发现一个有趣的现象，即与开放式基金不同，2003年封闭式价值型基金表现最佳，轻松战胜封闭式成长型基金。价值型基金年度平均上涨38.66%，而成长型基金仅获得24.55%的平均上涨。在股票基金类别里，表现最差的环球基金获得了20.87%的涨幅，几乎接近成长型基金的平均收益水平。

封闭式基金折／溢价趋势

根据Lipper的统计记录，2003年美国封闭式基金的平均折价水平缩减了200个基点，达到3.1%，基本上处于1999年以前的水平。1998年封闭式基金的平均折价水平为2.4%。1999年曾经一度攀升到13.4%。具体而言，股票型基金的折价幅度从10.1%缩减到4.1%，显然2003年股票市场的复苏是导致如此现象的主要原因。债券型基金折价幅度平均为2.9%，2002年底为4.5%，轻微缩减。

欧洲基金市场

欧洲基金资产规模2003年上涨12%

欧洲投资基金联合会（FEFSI）提供的数据显示，2003年欧洲基金资产总规模上涨12%，达到4.75万亿欧元。其中，法国基金资产首次突破1万亿欧元，以1.008万亿欧元的资产规模占据欧洲21.2%的市场份额；卢森堡紧随其后，占20.1%；德国则为17.3%。

虽然欧洲基金规模全年整体趋势是稳步增加，但上半年与下半年的市场表现却迥然不同。2003年前6个月，债券基金、货币市场基金等低风险基金品种受到投资者追捧，大量资金涌入推动基金资产总规模上升；随着全球股票市场回暖，投资者在下半年迅速转向股票基金而最终扩大了基金市场规模。在基金具体类别中，“可转让证券集合投资事业”(UCITS)即向公众发售的开放式证券投资基金达到3.7万亿欧元，在总体市场份额中占78%。2003年，许多国家的UCITS规模平均上涨13%，爱尔兰增幅更是达到20%。非UCITS基金，诸如房地产基金、英国的封闭式投资信托、德国的特种基金、法国的开放式雇员储蓄基金等平均上涨10%，房地产基金涨幅最大，全年达到15.2%。

表一 欧洲基金市场规模前十大国家

国家	截至2003年底	市场份额（百万欧元）	截至2002年底（百万欧元）
法国	1,008,000	21.2%	891,000
卢森堡	953,302	20.1%	844,508
德国	822,099	17.3%	750,964
英国	418,861	8.8%	370,235
意大利	393,429	8.3%	372,316
爱尔兰	361,760	7.6%	303,881
西班牙	204,989	4.3%	172,913
荷兰	93,200	2.0%	93,200
奥地利	92,115	1.9%	85,821
比利时	83,503	1.8%	77,181

（数据来源FEFSI）

UCITS市场趋势

截至2003年底，欧洲UCITS市场规模达到3.71万亿欧元。其中股票基金得到投资者热烈追捧，新增资金源源不断涌入该类别基金；股票基金资产规模达到1.16万亿欧元。特别是第四季，尽管股票市场价格已经走高，但投资者购买股票基金的热情丝毫未减，股票基金资产规模第四季度内规模上涨9.4%。平衡型基金同样表现出色，季度内规模上涨4.8%。与此同时，债券基金和货币市场基金却遭到持续大量赎回。其中，货币市场基金第四季外流资金高达100亿欧元，而第三季度外流仅为16亿欧元。

表二 UCITS资产不同类别情况

基金类型	截至2003年12月31日 (10亿欧元)	占市场份额	截至2002年12月31日 (10亿欧元)
股票基金	1163	34%	971
平衡型基金	470	14%	433
债券基金	1034	30%	955
货币市场基金	668	20%	615
其他	84	2%	77
总计	3419	100%	3050

(数据来源FEFSI)

UCITS净销售情况

表三 2003年UCITS净销售情况

国家	股票基金	债券基金	平衡型基金	货币市场基金	总计
澳大利亚	195	1,110	−221	2,484	3,568
捷克	32	203	−233	72	74
丹麦	378	6,369	−22	1	6,726
芬兰	1,294	414	204	2,626	4,538
法国	22,842	10,800	11,363	21,229	66,234
德国	2,379	4,884	−1,130	−513	5,620
希腊	297	1,286	−2,782	4,755	3,556
意大利	−4,661	3,662	−5,774	13,374	6,601
列支敦士登	1,275	806	140	1,147	3,368
卢森堡	29,080	46,351	7,728	−6,323	76,836
挪威	534	978	280	439	2,231
葡萄牙	−46	1,496	−18	204	1,636
西班牙	17,763	3,551	303	3,442	25,059
瑞典	3,236	201	949	819	5,205
瑞士	−2,963	418	31	2,176	−338
英国	4,484	8,890	995	83	14,452
2003年总计	76,119	91,419	11,813	46,015	225,366
2002年总计	42,240	41,640	−12,693	91,184	162,371

(数据来源FEFSI)

整体观察，2003年欧洲UCITS市场平均增长12.7%，与2002年下降7.3%的景象截然相反。同时，2003年UCITS净销售也大幅增长，全年达到2250亿欧元，而2002年只有1620亿欧元。在全年基金资产增幅中，净销售贡献了64%。与2002年比较，股票和债券基金资金净流入达到1680亿欧元，几乎增加两倍。不过，因为证券市场表现不同，2003年上、下半年基金市场吸纳资金的景象也存在较大差异。上半年，固定收益基金吸引了大约85%的新增资金，而在下半年，95%的新增资金流向股票基金。显然，股票市场的复苏直接影响了资金流动方向。

表四 欧洲不同国家UCITS净资产规模

国家	2003年底（百万欧元）	市场份额	2002年底（百万欧元）
澳大利亚	69,661	1.90%	63,771
比利时	78,166	2.10%	71,501
捷克	3,233	0.10%	3,144
丹麦	39,219	1.10%	30,702
芬兰	23,727	0.60%	15,749
法国	909,300	24.50%	805,900
德国	218,780	5.90%	199,455
希腊	30,399	0.80%	25,385
匈牙利	3,116	0.10%	3,808
爱尔兰	285,372	7.70%	238,501
意大利	379,045	10.20%	360,693
列支敦士登	7,075	0.20%	3,668
卢森堡	874,198	23.60%	766,539
荷兰	80,300	2.20%	80,300
挪威	17,414	0.50%	14,753
波兰	6,790	0.18%	5,214
葡萄牙	21,366	0.60%	19,042
西班牙	202,173	5.50%	170,814
瑞典	69,474	1.90%	55,299
瑞士	71,870	1.90%	78,785
英国	313,953	8.50%	275,471
总计	3,704,631	100%	3,288,494

（数据来源FEFSI）

非UCITS基金

非UCITS基金市场主要包括四种类别，即房地产基金，德国专门针对机构投资者的特种基金，英国的封闭式投资信托以及法国的开放式雇员储蓄基金。非UCITS基金资产规模在2003年第四季度上涨2.0%，最终全年达到1.05万亿欧元。纵观全年，非UCITS基金资产规模几乎平均上涨10%，法国的开放式雇员储蓄基金和房地产基金涨幅最大，分别上涨18.75%和15.25%。

表五 不同类别非UCITS资产状况

基金类型	2003年底资产规模（10亿欧元）	市场份额	2002年底资产规模（10亿欧元）
特种／机构	620	64%	579
德国特种基金	518	53%	480
封闭式	115	12%	107
英国投资信托	82	8%	74
开放式	58	6%	48
法国的开放式雇员储蓄基金	57	6%	48
房地产基金	136	14%	118
其他	42	4%	36
总计	971	100%	888

中国香港与台湾基金市场

2003年中国香港投资基金销售创佳绩

表一 2003年香港投资基金销售状况（百万美元）

基金类型	销售规模	比例％
北美股票	801.70	4.11%
日本股票	476.31	2.44%
欧洲股票	223.42	1.15%
香港股票	151.80	0.78%
中国股票	698.71	3.58%
单一亚洲国家(香港＆中国内地除外)	586.96	3.01%
亚太地区（包括香港，日本除外）	604.71	3.10%
亚太地区(日本＆香港除外)	63.63	0.33%
亚太地区(包括日本)	140.86	0.72%
新兴市场	76.36	0.39%
国际／其他	558.04	2.86%
环球债券基金	905.27	4.64%
美元债券基金	1,699.07	8.71%
其他债券基金	1,541.12	7.90%
现金基金	4,028.43	20.65%
权证基金	124.54	0.64%
股票板块基金	2,024.12	10.38%
保本基金	3,217.56	16.49%
平衡／混合基金	492.76	2.53%
其他基金	1,092.36	5.60%
总计	19,507.73	100.00%

（数据来源香港投资基金公会）

香港投资基金公会近日公布的数据显示，2003年全年香港基金业的总销售额达195.08亿美元，较2002年126.46亿美元总销售额增长54.26%。其中随着市场回升，股票基金销售由6月开始转趋活跃，其中以亚太地区股票基金较受欢迎。数据显示，中国股票基金在香港受到相当程度追捧，全年销售总额近7亿美元。从资金净流入数据观察，截至2003年10月份，香港股票基金净流入超过5亿美元，较2002年同期上升约29.5%。其中，以亚太地区（包括中国香港，日本除外）基金居首，净流入2.21亿美元。中国股票基金居次，吸纳1.75亿美元。

另外，债券基金居于年度总销售榜的第二位，总销售取得41.45亿美元，总流入较2002年同期增加逾95%。以净额计算，债券基金更位列榜首，2003年前十个月内就净流入14.16亿美元。不过债券基金销售主要集中在2003年上半年，进入7月后，债券基金销售量逐步下滑。至于保本及保证基金录得32.17亿美元总销售额，总销售额及净销售额较2002年同期分别下跌近一成和五成。

2003年中国台湾股票基金表现亮丽

无论对于台湾股市还是本土股票型基金，2003年都是丰收的一年。台股从4月份4044点低点，一路飙涨到11月份的高点6182点，涨幅在年中一度达52.86%。在类股表现上，电子股平均上涨33.86%，金融股上涨 26.46%。传统产业类股涨势更为突出，塑化为51.18%，钢铁为44.22%；台湾基金年度绩效也亮丽揭晓，凯基开创成为年度表现最佳基金，年收益率达到54.42%，大幅超越台湾加权指数32.3%的同期涨幅。元大多多以年收益50.94%居第二，元大卓越以49.47%紧随在后，凯基先进达49.05%，宝来绩效也挤进前5名，年收益率为42.49%。

2003年，台湾股市历经上半年的冲洗后，第三季景气开始好转，大盘指数掉头走向盘升之路，全年大盘指数涨幅达32.3%。据统计，台湾股票型基金战胜大盘的仅有28只，仅占同类别基金的10%左右。不过，中小型基金表现相对突出，19只中就有4只胜出大盘，比重达21%，表现明显优于各类型基金。其中，国泰中小成长基金的年度收益率高达40.5%，居同类型基金榜首，在所有上市股票型基金中列第10名。其他如怡富中小、宝来精准中小、新光新兴中小也分别以38.6%、38.3%、32.6%的收益率居同类型基金第二、三、四名。

表二 2003年台湾一般股票型基金排名前十名

排名	基金名称	投资年报酬(%)
1	凯基开创	54.42
2	元大多多	50.94
3	元大卓越	49.47
4	凯基先进	49.05
5	宝来绩效	42.49
6	大众大众	42.41
7	日盛上选	41.78
8	日盛精选五虎	41.45
9	国泰中小成长	40.53
10	景顺台湾科技	38.98
	台湾加权指数	32.30

（数据来源：宝来投信）

创新基金产品推动台湾市场快速成长

据台湾Cnyes.com提供的数据，因受惠于股市回升及基金产品推陈出新，2003年台湾基金市场整体资产规模达到2.18万亿新台币，较上一年度成长了 4856.83亿元新台币，成长幅度达22.27%。台湾倍立投信统计数据表明，台湾证期会2003年陆续核准投信发行组合型基金、指数股票型基金及保本型基金等新产品，这些新类型基金年贡献金额达561.12亿元新台币。

其中，年度成长幅度最大的是具有保守稳健特性的“债券型基金（投资海外）”以及强调股、债资产配置的“平衡型基金”。海外债券型基金新发行13只，规模较2002年增加346.88亿元新台币，增长幅度为1049%；同时，平衡型基金也广受基金管理公司和投资者青睐，年内新发行23只，规模较2002年增加了886亿元新台币，增长幅度为260%。在本土股票型基金方面，2003年规模达到2400.64亿，较2002年增长12.67%，其中有4只基金与投资人终止信托契约或是与其他基金合并，另外亦有7只新基金加入市场，基金总数达到181只。

值得注意的是，尽管基金市场资产规模在增加，基金持有人总数却是不断下降。自2002～2003年，台湾基金总持有人数由197.65万人降到183.60万人，降幅达 7.11%；本土股票型基金的持有人数较2003年同期衰减11.16%，减少最多，其次为国际型股票基金的9.9%负增长。显然，即使2003年景气逐步复苏，美股带动全球股市上扬，但由于过去股市的空头经验，使得投资者不敢贸然进行相关投资，造成股票型基金的持有人流失。

（特邀撰稿：王峰）

第三篇 基金市场

ALMANAC OF CHINA'S SECURITIES INVESTMENT FUNDS

第一章

基金管理人及旗下产品

第二章

基金托管人

第三章

基金代销机构

第四章

基金其他机构

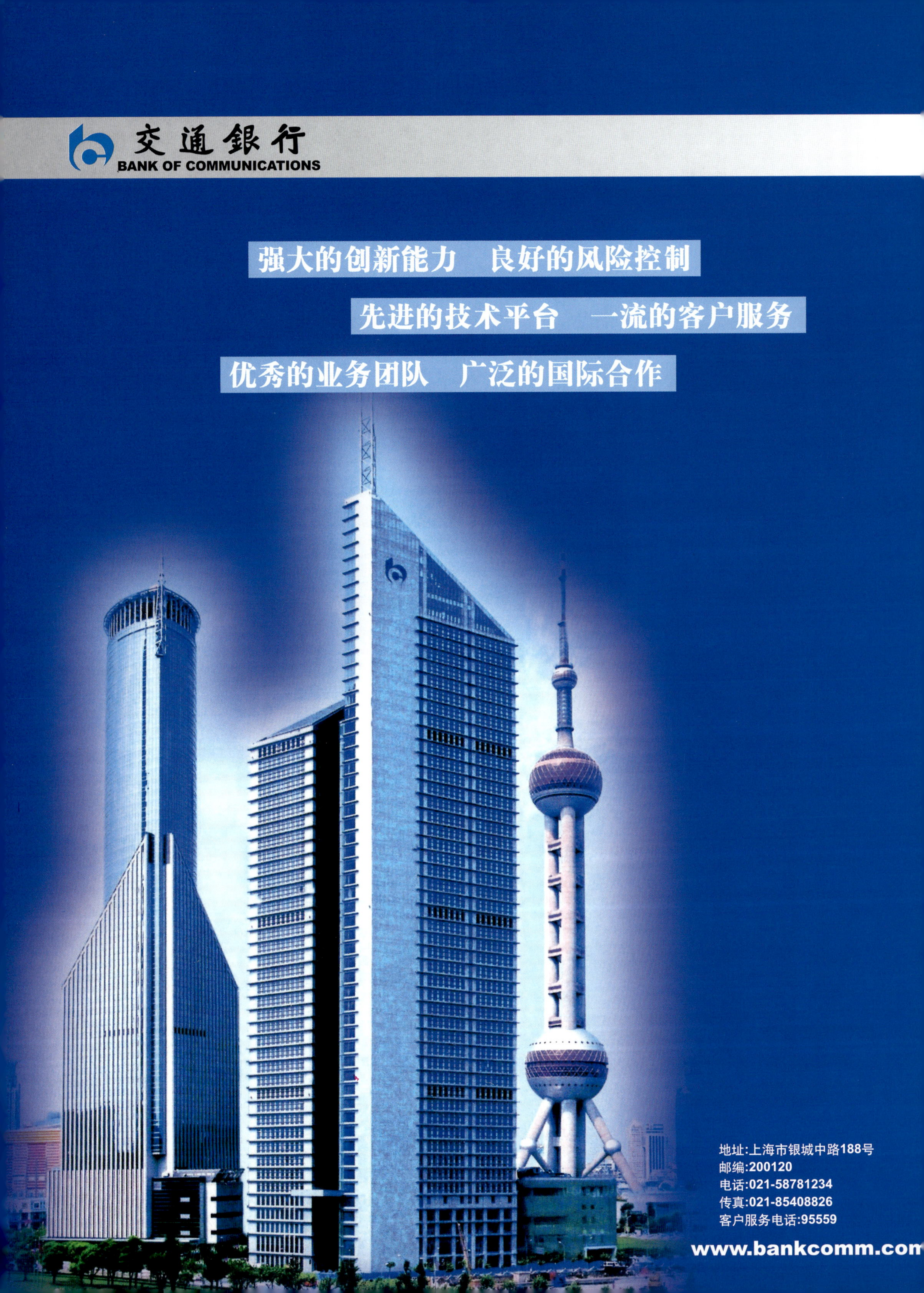
交通银行
BANK OF COMMUNICATIONS
强大的创新能力　良好的风险控制
先进的技术平台　一流的客户服务
优秀的业务团队　广泛的国际合作
地址:上海市银城中路188号
邮编:200120
电话:021-58781234
传真:021-85408826
客户服务电话:95559
www.bankcomm.com

PENGHUA

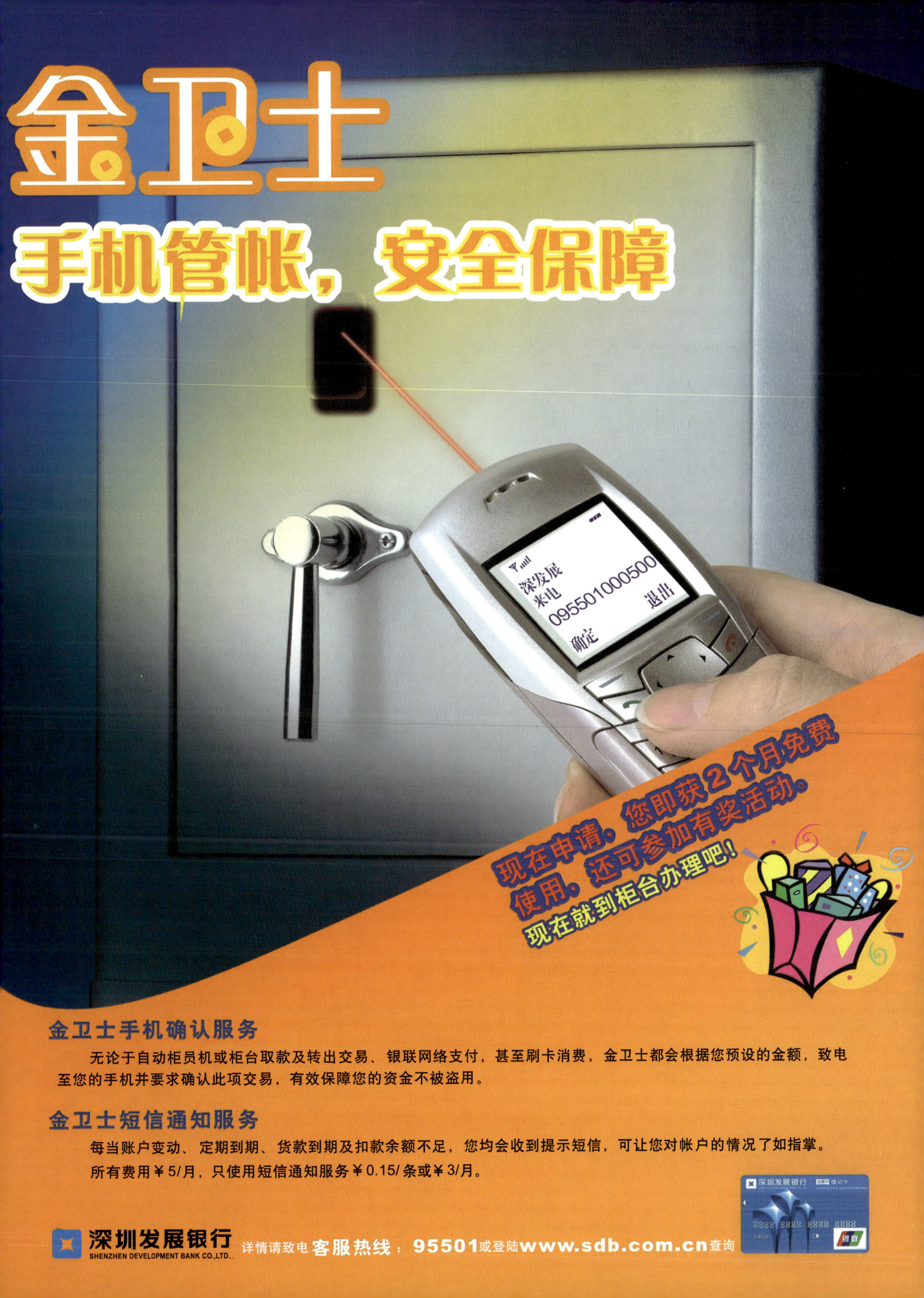
金卫士
手机管帐，安全保障
深发展
来电
095501000500
确定
退出
现在申请，您即获2个月免费使用，还可参加有奖活动。
现在就到柜台办理吧！
金卫士手机确认服务
无论于自动柜员机或柜台取款及转出交易、银联网络支付，甚至刷卡消费，金卫士都会根据您预设的金额，致电至您的手机并要求确认此项交易，有效保障您的资金不被盗用。
金卫士短信通知服务
每当账户变动、定期到期、货款到期及扣款余额不足，您均会收到提示短信，可让您对帐户的情况了如指掌。
所有费用￥5/月，只使用短信通知服务￥0.15/条或￥3/月。
深圳发展银行
SHENZHEN DEVELOPMENT BANK CO.,LTD.
详情请致电客服热线：95501或登陆www.sdb.com.cn查询

总经理致词：

赢时胜公司作为基金行业专用软件开发商，从第一只封闭式基金到开放式基金的出现，直至合资基金的引入，始终伴随着基金业的发展而成长。随着基金行业的发展壮大，基金业对外开放的逐步深入，公司面临着巨大的机遇和挑战。面对历史机遇和严峻挑战，我们努力开拓创新、不断进取。公司凭借雄厚的技术力量，业界最新技术，开发出性能最卓越的“金手指”基金行业软件。建立起一个具有一流企业管理、一流技术水平、一流软件产品、和一流技术服务的高科技企业。为基金行业用户提供优质软件、优质服务，加速基金行业信息化建设的进程。

千里之行，始于足下。面对如林强手，面对信息化浪潮，我们始终稳步前行。

中国基金业发展的历程，就是赢时胜公司成长的历程！

复旦大学子彬院

必肯牺牲乃有为，必肯服务乃有用，

必能团结乃有力，而以不自私为纲。

——李登辉 复旦大学第二任校长

《成功的意义》1930

EMBA 项目

咨询电话：021-65643642　021-65642126　传真：65652842　E-mail: emba@fudan.edu.cn

全球杰出华裔师资全中文教学

复旦大学

高级管理人员工商管理硕士(EMBA)项目

始于2002年，是中国可年度招收300名学员的十所管理学院之一

携手全球顶尖的商学院

复旦大学—华盛顿大学

高级管理人员工商管理硕士（Olin－Fudan EMBA）项目

始于2002年，华盛顿大学是2003年度美国排名前十位的顶尖学府，其奥林商学院是目前在中国授予学位的全球排名最领先的商学院

MBA 项目

咨询电话：021-65643935　021-65654031　传真：65646065　E-mail: mba@fudan.edu.cn

中国唯一的MBA教学成果一等奖

复旦大学

工商管理硕士（MBA）项目

始于1991年，中国首批9所MBA试点院校之一，荣获国家唯一的MBA优秀教学成果一等奖

携手全球极具影响力的商学院

复旦大学—麻省理工学院（MIT）

国际工商管理硕士（IMBA）项目

始于1996年，MIT Sloan管理学院是全球最具影响力的顶尖商学院之一

携手亚太区前三位的世界级高校

复旦大学—香港大学

国际工商管理硕士（IMBA）项目

始于1997年，香港大学是亚太地区名列前三位的世界级高校

携手欧洲规模最大的著名商学院

复旦大学—挪威管理学院（BI）

工商管理硕士（MBA）项目

始于1995年，挪威管理学院是欧洲规模最大的著名商学院

复旦大学管理学院　地址：上海市国顺路670号　邮编：200433　www.fdms.fudan.edu.cn

第一章 基金管理人及旗下产品

国泰基金管理有限公司

【基本情况】

法定名称：国泰基金管理有限公司
注册地址：上海浦东新区世纪大道1600号31楼
办公地址：上海浦东新区世纪大道1600号31-32层
法人代表：陈勇胜
总 经 理：李春平
成立时间：1998年3月5日
组织形式：有限责任公司
注册资本：1.1亿元人民币
联系电话：021-58319999
传真号码：021-58313388
邮政编码：200122
公司网址：www.gtfund.com

【发展概况】

国泰基金管理有限公司是经中国证监会证监基金字[1998]5号文批准，由国泰证券有限公司、中国电力信托投资有限公司、上海爱建信托投资公司、浙江省国际信托投资公司四家金融机构联合发起成立，于1998年3月5日成立。注册资本为6000万人民币。2000年8月22日，公司增资扩股，注册资本增加为1.1亿元人民币。2003年6月27日，发起人股东国泰君安证券将所持19%的股权转让给上海国有资产经营公司。2003年12月30日，证监会正式批复同意宏源证券股份有限公司转让公司全部股权至上海国有资产经营有限公司和国泰君安证券股份有限公司的申请。

国泰基金管理公司下设十一个部门，分别是：基金管理部、固定收益部、研究部、理财部、市场部、新品开发部、信息技术部、运营管理部、战略管理部、人力资源部、稽核监察部和北京分公司。公司现有员工95人，其中57人具有硕士以上学历，近50%人员从业年限超过5年，12人具有海外学习和工作经历。

【经营业绩】

国泰基金管理公司从管理国内第一只在上交所上市的封闭式基金：基金金泰开始至2003年底，旗下已有四只封闭式基金和三只开放式基金，管理资产规模突破100多亿元。

2003年10月，国泰基金公司完成了金龙系列基金的发行评审工作，并与浦东发展银行签署了托管协议。10月24日，经中国证监会证监基金字[2003]114号文批准，国泰金龙系列基金正式发行，2003年12月5日成立，首募规模达25.71亿份。有效认购户数达9934户。其中，金龙债券募集规模为18.87亿份；金龙行业精选募集规模为6.84亿份。

2003年，国泰旗下基金平均净值增长率加权平均为21.4%，超过了同期上证指数10.3%的涨幅；公司旗下各基金六年以来累计分红近23亿元。

国泰基金公司在发展中，努力提高投资与研究的融合度，在资产配置、行业配置、重点个股投资等方面，强化了“价格终将反映价值”的投资理念；在风险管理上，通过构建风险控制体系、确定风险投资指标、对基金资产运作过程中的风险进行评估和揭示，提出调整建议，并采用国际上通行的风险管理方法，引进了国外成熟的Askari Truview 6.3R风险控制系统，对各类风险进行科学客观分析，把握风险度，实现相机抉择。采用定性和定量相结合的风险分析方法，包括VAR风险价值方法、极端测试方法以及深入细致的宏观和微观定性分析，以有效控制风险。

公司坚持“诚信勤勉为投资人服务”的服务宗旨，完善客户服务中心、公司网站的功能，利用先进的互联网和移动通讯技术及其他互动方式为客户提供更多人性化的便捷服务渠道，积极拓展销售渠道、完善销售模式。

附：高管成员介绍

陈勇胜先生：董事长，硕士研究生，12年证券从业经历。1982年起在中国建设银行总行、中国投资银行总行工作。历任综合计划处、资金处副处长、国际结算部副总经理（主持工作）。1992年起任国泰证券公司国际业务部总经理、公司总经理助理兼北京分公司筹备组负责人，1998年3月起任国泰基金管理公司总经理，1999年10月起任董事长。

李春平先生：董事、总经理，硕士研究生、EMBA，11年证券从业经历。1993年起任国泰证券行政管理部经理、延平路证券营业部总经理，1999年任国泰君安证券股份有限公司总裁助理，1999年10月起任国泰基金公司总经理。

股东概况

排序	股东名称	出资额(万元)	出资比例(%)
1	上海国有资产经营有限公司	2640.00	24.00
1	国泰君安证券股份有限公司	2640.00	24.00
2	浙江省国际信托投资有限责任公司	2200.00	20.00
2	上海爱建信托投资有限责任公司	2200.00	20.00
3	中国电力财务有限公司	1100.00	10.00
4	上海仪电控股（集团）公司	220.00	2.00

旗下基金

排序	基金代码	基金简称	基金类型
1	500001	基金金泰	封闭式
2	500011	基金金鑫	封闭式
3	184703	基金金盛	封闭式
4	500021	基金金鼎	封闭式
5	020001	国泰金鹰增长	开放式
6	020002	金龙债券	开放式
7	020003	金龙行业精选	开放式

金泰证券投资基金

基本资料			
基金代码	500001	基金简称	基金金泰
基金类型	契约型封闭式	成立日期	1998-03-27
上市日期	1998-04-07	上市地点	上海证券交易所
基金总份额	20亿份	存 续 期	15年
基金管理人	国泰基金管理有限公司	基金托管人	中国工商银行
审计机构	普华永道中天会计师事务所	律师事务所	上海锦天城律师事务所
投资目标	为投资者分散和减少投资风险，确保基金资产的安全，并谋求基金长期稳定的投资收益。		
业绩比较基准	80%×(上证A股指数和深圳A股指数的总市值加权平均收益率)+20%×(上证国债指数收益率)		

财务指标 单位：人民币(元)

项 目 \ 年 度	2003年	2002年	2001年
加权平均单位基金净收益	-0.1067	-0.0803	0.0731
期末可分配单位基金收益	-0.0873	-0.1449	0.0165
期末单位基金资产净值	1.0423	0.8551	1.0165
基金加权平均净值收益率	-11.50%	-8.31%	5.97%
单位基金累计净值增长率	67.91%	37.76%	61.16%
本期分红	——	累计分红	10派 6.80元

基金历年表现（单位：%）

2003: 21.89
2002: -14.52
2001: -17.37

【本期基金业绩表现】

截至2003年12月31日，基金金泰单位净值为1.0423元，本期基金净值增长率为21.89%，超越业绩比较基准17.25个百分点。

【基金经理简介】

黄刚先生：基金经理，经济学硕士，9年证券期货从业经历。曾就职于上海金属交易所、上海期货交易所。2000年加盟国泰基金管理有限公司，先后任研究开发部经理、市场部经理、金鹰增长基金基金经理。

【基金投资运作分析】

2003年上半年，基金金泰在调整股票组合的过程中，未能及早把握市场主流方向，操作中不够坚决，使得上半年净值增长落后于同行平均水平，净值增长率为7.04%。

下半年，该基金及时进行了结构调整，并充分利用在石化、电力和有色金属等行业上的研究成果，对这些行业进行重点投资，同时在及时跟踪研判TCL移动通讯(000542)基本面变化的基础上，坚持对其投资价值的判断，加大了投资力度。随着组合结构调整逐渐到位，净值增长加速好转，下半年净值增长率达13.88%。

2003年，基金金泰的固定收益投资较准确地把握了债券市场变化趋势，体现出积极管理的溢价。特别是在5月份之后，较准确地预测到市场的下跌趋势，将品种集中到短期和浮动利率债券上，同时在可转换债重点品种上策略灵活，取得了良好的投资回报。

【基金投资组合一览】

项 目 \ 季 度	第一季度		第二季度		第三季度		第四季度	
基金资产净值/元	1,832,961,525.98		1,830,524,262.74		1,776,555,094.64		2,084,531,862.69	
基金单位净值/元	0.9165		0.9153		0.8883		1.0423	
基金投资组合	市值(元)	占净值比	市值(元)	占净值比	市值(元)	占净值比	市值(元)	占净值比
股票投资	1,061,082,134.16	57.89%	1,208,770,826.47	66.03%	1,124,243,851.88	63.28%	1,521,616,249.34	73.00%
国债及货币资金	713,590,300.61	38.93%	452,494,381.09	24.72%	529,706,914.37	29.82%	460,385,492.25	22.09%
其他投资	49,886,873.00	2.72%	119,314,456.60	6.52%	120,845,696.00	6.80%	99,653,421.60	4.78%

投资前十名股票明细

股票名称	市值(元)	占净值比	股票名称	市值(元)	占净值比	股票名称	市值(元)	占净值比	股票名称	市值(元)	占净值比
威孚高科	56,282,704.35	3.07%	TCL通讯	89,253,760.56	4.88%	TCL通讯	109,227,230.84	6.15%	TCL通讯	158,762,250.16	7.62%
TCL通讯	54,768,840.96	2.99%	招商银行	61,700,889.80	3.37%	宝钢股份	80,151,118.60	4.51%	宝钢股份	105,236,252.55	5.05%
宝钢股份	51,485,255.55	2.81%	宝钢股份	60,049,261.50	3.28%	上海汽车	62,239,496.28	3.50%	上海汽车	97,378,400.76	4.67%
中国石化	49,445,251.20	2.70%	威孚高科	52,889,790.76	2.89%	中国联通	50,166,396.14	2.82%	中国联通	75,960,592.48	3.64%
招商银行	41,731,194.00	2.28%	华能国际	52,103,207.12	2.85%	威孚高科	48,121,334.68	2.71%	双汇发展	71,974,994.44	3.45%
上海家化	38,859,907.08	2.12%	中国石化	50,515,393.20	2.76%	招商银行	47,159,481.73	2.65%	上海机场	71,712,930.78	3.44%
宇通客车	37,499,700.84	2.05%	中信国安	49,846,915.62	2.72%	中国石化	46,216,210.80	2.60%	上港集箱	65,541,973.80	3.14%
首创股份	37,174,993.24	2.03%	申能股份	49,231,170.24	2.69%	上海机场	45,464,866.30	2.56%	中海发展	62,205,995.28	2.98%
华北制药	34,722,011.30	1.89%	中国联通	48,569,463.54	2.65%	申能股份	45,284,640.64	2.55%	中国石化	57,807,508.29	2.77%
山东基建	33,532,605.76	1.83%	双汇发展	46,054,683.36	2.52%	双汇发展	45,275,378.40	2.55%	威孚高科	56,783,405.35	2.72%

金鑫证券投资基金

基本资料			
基金代码	500011	基金简称	基金金鑫
基金类型	契约型封闭式	成立日期	1999-10-21
上市日期	1999-11-26	上市地点	上海证券交易所
基金总份额	30亿份	存续期	15年
基金管理人	国泰基金管理有限公司	基金托管人	中国建设银行
审计机构	普华永道中天会计师事务所	律师事务所	上海锦天城律师事务所
投资目标	该基金是以具有良好成长性的国企股为投资重点的成长型基金；所追求的投资目标是在尽可能分散和规避投资风险的前提下，谋求基金资产长期稳定增值。		
业绩比较基准	80%×(上证A股指数和深证A股指数的总市值业绩比较基准加权平均收益率)+20%×(上证国债指数收益率)		

财务指标 单位：人民币(元)

项目＼年度	2003年	2002年	2001年
加权平均单位基金净收益	−0.0450	−0.0300	0.1101
期末可分配单位基金收益	−0.0116	−0.0980	0.0739
期末单位基金资产净值	1.0550	0.9020	1.0739
基金加权平均净值收益率	−4.64%	−3.01%	8.98%
单位基金累计净值增长率	30.11%	11.24%	24.07%
本期分红	——	累计分红	10派 2.72元

基金历年表现（单位：%）

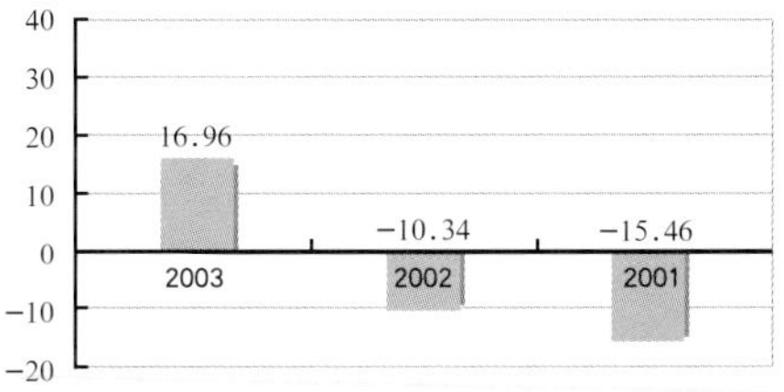

年度	2003	2002	2001
表现(%)	16.96	−10.34	−15.46

【本期基金业绩表现】

截至2003年12月31日，基金金鑫单位净值为1.0550元，本期净值增长率为16.96%，超越业绩比较基准12.32个百分点。

【基金经理小组简介】

何江旭先生：基金经理，经济学硕士，10年证券期货从业经历。曾就职于浙江金达期货经纪有限公司、君安证券公司、国信证券公司。2000年加盟国泰基金管理有限公司，先后任研究开发部总监助理、投资决策委员会秘书、基金管理部副总监、基金金鼎基金经理。

陈列敏先生：基金经理，工学硕士，6年证券从业经历，曾任国泰证券有限公司项目经理，国泰基金管理有限公司研究开发部副经理，大成基金管理有限公司研究发展部副经理，基金景阳基金经理助理，金信证券有限公司资产管理总部副总经理。2004年起担任基金金鑫基金经理。

【基金投资运作分析】

2003年，基金金鑫绝大部分时间保持60%以上的股票仓位，除4、5两月资产配置比例出现过较大的波动外，全年资产配置比例相对稳定；在行业配置层面，行业集中度经历了由分散－集中－高度集中－适度分散的过程，该基金根据对行业变化和市场环境变化的跟踪分析，在行业配置上做了积极调整，较充分地分享了电力、交通运输等行业的成长，但也有一定失误，如没有充分把握住石化、钢铁等行业的良好投资机会。

2003年，基金金鑫债券投资部分业绩优于市场平均水平。

【基金投资组合一览】

项目＼季度	第一季度		第二季度		第三季度		第四季度	
基金资产净值/元	2,865,393,291.86		2,917,450,841.56		2,784,990,286.17		3,165,111,310.59	
基金单位净值/元	0.9551		0.9725		0.9283		1.0550	
基金投资组合	市值(元)	占净值比	市值(元)	占净值比	市值(元)	占净值比	市值(元)	占净值比
股票投资	1,668,438,232.05	58.23%	2,070,047,489.25	70.95%	1,806,945,697.17	64.88%	2,157,734,509.37	68.17%
国债及货币资金	1,072,413,467.23	37.43%	665,442,905.02	22.81%	791,098,959.20	28.41%	792,881,361.03	25.05%
其他投资	114,473,401.50	4.00%	159,181,332.60	5.46%	185,252,293.70	6.65%	213,462,879.02	6.74%

投资前十名股票明细

股票名称	市值(元)	占净值比	股票名称	市值(元)	占净值比	股票名称	市值(元)	占净值比	股票名称	市值(元)	占净值比
双汇发展	122,552,421.24	4.28%	华能国际	163,683,685.40	5.61%	双汇发展	167,328,000.00	6.01%	双汇发展	241,892,458.00	7.64%
申能股份	81,329,849.12	2.84%	双汇发展	158,045,585.88	5.42%	华能国际	124,209,992.00	4.46%	上海机场	168,567,886.74	5.33%
中化国际	73,426,000.50	2.56%	申能股份	139,563,399.36	4.78%	申能股份	112,464,000.00	4.04%	上海汽车	150,363,708.69	4.75%
上港集箱	70,301,418.39	2.45%	中国石化	100,544,855.28	3.45%	宝钢股份	102,520,453.28	3.68%	中国联通	141,780,614.60	4.48%
上海汽车	65,367,728.66	2.28%	中国联通	99,907,776.78	3.42%	中国联通	100,946,504.13	3.62%	宝钢股份	91,520,000.00	2.89%
金陵药业	63,580,817.28	2.22%	宝钢股份	85,042,423.50	2.91%	中国石化	82,368,058.32	2.96%	一汽轿车	79,079,177.52	2.50%
华能国际	59,237,702.07	2.07%	浦发银行	79,904,756.88	2.74%	浦发银行	76,981,705.76	2.76%	浦发银行	78,749,879.32	2.49%
华北制药	54,519,707.70	1.90%	中化国际	68,560,870.25	2.35%	上海机场	58,142,495.35	2.09%	招商银行	76,622,097.37	2.42%
佛塑股份	47,683,674.78	1.66%	上港集箱	66,540,877.92	2.28%	上海汽车	56,140,565.97	2.02%	南方航空	73,242,185.00	2.31%
宝钢股份	47,344,650.40	1.65%	上海汽车	57,945,258.36	1.99%	许继电气	53,619,699.64	1.93%	申能股份	71,526,094.25	2.26%

金盛证券投资基金

基本资料			
基金代码	184703	基金简称	基金金盛
基金类型	契约型封闭式	成立日期	2000-04-26
上市日期	2000-06-30	上市地点	深圳证券交易所
基金总份额	5亿份	存 续 期	10年
基金管理人	国泰基金管理有限公司	基金托管人	中国建设银行
审计机构	普华永道中天会计师事务所	律师事务所	上海锦天城律师事务所
投资目标	该基金是以涉及新兴产业的上市公司为投资重点的成长型基金,所追求的投资目标是在尽可能分散和规避投资风险的前提下,谋求基金资产增值和收益的最大化。		
业绩比较基准	80%×(上证A股指数和深圳A股指数的总市值加权平均收益率)+20%×(上证国债指数收益率)		

财务指标 单位:人民币(元)

项 目 \ 年 度	2003年	2002年	2001年
加权平均单位基金净收益	0.0236	−0.1309	0.0384
期末可分配单位基金收益	−0.0619	−0.1674	−0.0905
期末单位基金资产净值	1.0917	0.8326	0.9095
基金加权平均净值收益率	2.47%	−14.67%	3.74%
单位基金累计净值增长率	8.69%	−17.11%	−9.45%
本期分红	——	累计分红	10派 0.74元

基金历年表现(单位:%)

年度	2003	2002	2001
表现	31.12	−8.46	−16.00

【本期基金业绩表现】

截至2003年12月31日,基金金盛单位净值为1.0917元,本期基金净值增长率为31.12%,超越业绩比较基准26.48个百分点。

【基金经理简介】

崔海峰先生:基金经理,经济学硕士,5年证券从业经历。1999年加盟国泰基金管理有限公司,先后任研究开发部副经理、金鑫基金经理助理。自金龙行业精选基金成立起兼任金龙行业精选基金基金经理,2004年不再兼任基金金盛基金经理。

【基金投资运作分析】

2003年,从年初到5月,基金金盛对与基础原材料和基础服务业相关的行业进行资产配置,并对大宗商品行业和与GDP密切相关的行业进行了投资布局;6月至9月,该基金的工作重点转移到优势企业上,较好地战胜了市场下跌,但由于对钢铁和石化周期性行业所处阶段把握不准,没有及时超额配置,未能为下一阶段做更好的准备;10月到12月,市场开始上涨,基金金盛较好地把握了市场转势机会,在11月初基本达到满仓操作,着重精选个股,积极投资二线绩优企业。但对煤炭、航空、航运、有色金属等行业的投资机会未能充分把握。

2003年,基金金盛的债券投资取得较好的成绩。5月以前,债券投资组合的久期较大,该基金较好地把握部分品种波动机会,预测了下跌走势,及时下调组合久期,品种集中到短期和浮动利率债券上,并将仓位降低到20%的底线;在债市11月反弹中,积极进行品种调整,效果显著。在投资品种上,该基金重点持有机场转债、钢钒转债、铜都转债等品种。

【基金投资组合一览】

项目 \ 季度	第一季度		第二季度		第三季度		第四季度	
基金资产净值/元	452,713,943.74		474,043,200.27		465,411,261.15		545,833,830.87	
基金单位净值/元	0.9054		0.9481		0.9308		1.0917	
基金投资组合	市值(元)	占净值比	市值(元)	占净值比	市值(元)	占净值比	市值(元)	占净值比
股票投资	277,238,409.63	61.24%	309,533,752.35	65.30%	274,504,972.96	58.98%	394,616,274.98	72.30%
国债及货币资金	148,748,740.78	32.86%	121,660,565.15	25.66%	159,023,996.36	34.17%	122,235,515.96	22.39%
其他投资	27,232,820.00	6.02%	33,012,972.20	6.96%	32,073,460.90	6.89%	29,805,267.18	5.46%

投资前十名股票明细

股票名称	市值(元)	占净值比	股票名称	市值(元)	占净值比	股票名称	市值(元)	占净值比	股票名称	市值(元)	占净值比
一汽轿车	18,324,746.28	4.05%	宝钢股份	20,422,542.00	4.31%	宝钢股份	26,170,760.80	5.62%	宝钢股份	31,849,103.00	5.83%
宝钢股份	15,472,763.00	3.42%	上海机场	15,959,031.60	3.37%	上海汽车	24,568,624.46	5.28%	中国联通	29,853,048.68	5.47%
凯迪电力	15,016,740.60	3.32%	上海汽车	14,648,040.00	3.09%	上海机场	17,252,626.00	3.71%	上海汽车	27,239,262.30	4.99%
中化国际	14,883,185.16	3.29%	盐田港A	14,504,779.92	3.06%	华能国际	14,475,652.36	3.11%	长江电力	25,099,350.12	4.60%
上海机场	13,171,444.98	2.91%	中国石化	12,859,200.00	2.71%	中国联通	14,463,882.26	3.11%	上海机场	22,012,972.95	4.03%
TCL通讯	12,993,886.72	2.87%	山东铝业	12,016,810.00	2.53%	盐田港A	12,920,688.96	2.78%	中国石化	17,764,400.00	3.25%
山东铝业	11,910,249.68	2.63%	威孚高科	11,925,755.84	2.52%	中国石化	12,177,600.00	2.62%	华能国际	17,035,369.71	3.12%
焦作万方	11,617,852.18	2.57%	招商银行	11,831,857.50	2.50%	申能股份	10,462,435.04	2.25%	扬子石化	16,405,940.93	3.01%
金杯汽车	10,820,781.60	2.39%	凯迪电力	11,662,799.00	2.46%	威孚高科	9,409,749.12	2.02%	盐田港A	15,321,708.96	2.81%
天山股份	10,472,947.84	2.31%	上港集箱	11,363,505.12	2.40%	上港集箱	9,184,646.08	1.97%	山东铝业	14,352,010.40	2.63%

金鼎证券投资基金

基本资料			
基金代码	500021	基金简称	基金金鼎
基金类型	契约型封闭式	成立日期	2000-05-16
上市日期	2000-08-04	上市地点	上海证券交易所
基金总份额	5亿份	存 续 期	10年
基金管理人	国泰基金管理有限公司	基金托管人	中国建设银行
审计机构	普华永道中天会计师事务所	律师事务所	上海锦天城律师事务所
投资目标	该基金是以属于朝阳产业的上市公司为投资重点的成长型基金，所追求的投资目标是在尽可能分散和规避投资风险的前提下，谋求基金资产增值和收益的最大化。		
业绩比较基准	80%×(上证A股指数和深圳A股指数的总市值加权平均收益率)+20%×上证国债指数收益率		

财务指标　单位：人民币(元)

项目＼年度	2003年	2002年	2001年
加权平均单位基金净收益	-0.0294	-0.1178	0.0341
期末可分配单位基金收益	-0.1106	-0.2247	-0.0808
期末单位基金资产净值	0.9741	0.7753	0.9192
基金加权平均净值收益率	-3.40%	-13.58%	3.28%
单位基金累计净值增长率	1.71%	-19.04%	-4.02%
本期分红	——	累计分红	10派 0.34元

基金历年表现（单位：%）

年度	2003	2002	2001
表现(%)	25.64	-15.65	-13.69

【本期基金业绩表现】

截至2003年12月31日，基金金鼎单位净值为0.9741元，本期基金净值增长率为25.64%，超越业绩比较基准21个百分点。

【基金经理简介】

何江旭先生：基金经理，经济学硕士，10年证券期货从业经历。2000年加盟国泰基金有限公司。2003年任基金金鑫基金经理和基金金鼎基金经理。自2004年起不再兼任基金金鼎基金经理。

徐学标先生：基金经理，管理工程硕士。6年证券从业经历。2000年加盟国泰基金公司。2003年上半年起主持金鼎基金的主要投资管理工作，并于2004年起任基金金鼎基金经理。

【基金投资运作分析】

2003年，基金金鼎贯彻研究先导的宗旨，遵循价值投资理念，运用以行业跟踪为前提、以公司分析为基础、以市场动态相对价值比较为切入点的操作策略，基金净值实现了25.64%的年增长率，超越了同期上证A股指数和深综指的涨幅。

2003年年初，基金金鼎主要以结构调整为主，由于原有组合的行业布局不尽合理，个股价值定价的提升空间不明显，基金净值增长相对落后。4月份以后该基金在遵守契约约定的前提下，以个股价值判断为中心进行投资，强调在行业选择背景下以价值和成长为主体的投资，将时机的选择和行业的配置让位于个股价值的选择；2003年，基金金鼎在固定收益投资上，注重大势判断、操作把握到位，通过积极管理提高收益水平，取得了预期的投资效果。

【基金投资组合一览】

项目＼季度	第一季度		第二季度		第三季度		第四季度	
基金资产净值/元	417,125,633.05		425,867,879.50		419,658,344.17		487,051,011.45	
基金单位净值/元	0.8343		0.8517		0.8393		0.9741	
基金投资组合	市值(元)	占净值比	市值(元)	占净值比	市值(元)	占净值比	市值(元)	占净值比
股票投资	245,824,384.23	58.93%	283,347,768.61	66.53%	260,997,604.84	62.19%	329,221,204.93	67.59%
国债及货币资金	161,118,086.23	38.63%	96,066,307.93	22.56%	117,775,349.27	28.06%	128,255,205.80	26.33%
其他投资	9,705,016.50	2.33%	16,685,826.60	3.92%	40,680,609.20	9.69%	29,148,175.00	5.98%

投资前十名股票明细

股票名称	市值(元)	占净值比	股票名称	市值(元)	占净值比	股票名称	市值(元)	占净值比	股票名称	市值(元)	占净值比
一汽轿车	21,009,251.28	5.04%	宝钢股份	30,721,981.80	7.21%	宝钢股份	31,565,330.32	7.52%	上海机场	33,280,821.99	6.83%
山东铝业	19,631,837.40	4.71%	国电电力	27,251,620.50	6.40%	上海机场	17,234,585.50	4.11%	宝钢股份	28,771,013.70	5.91%
宝钢股份	12,835,144.15	3.08%	上海机场	24,806,274.30	5.82%	三一重工	13,258,090.80	3.16%	上海汽车	21,078,075.00	4.33%
齐鲁石化	11,538,349.74	2.77%	山东铝业	22,790,010.00	5.35%	中国石化	12,040,000.00	2.87%	TCL通讯	19,115,858.48	3.92%
长源电力	10,787,678.44	2.59%	常林股份	17,777,900.00	4.17%	上海汽车	11,711,425.00	2.79%	常林股份	18,370,215.15	3.77%
华能国际	10,715,783.57	2.57%	东北药	13,926,679.92	3.27%	常林股份	11,543,196.00	2.75%	双汇发展	14,805,607.35	3.04%
赣粤高速	10,134,000.00	2.43%	中国石化	13,160,000.00	3.09%	深能源A	10,639,886.00	2.54%	太钢不锈	14,322,150.00	2.94%
上海机场	9,336,800.00	2.24%	深南电A	10,659,781.60	2.50%	山东铝业	10,272,351.00	2.45%	深能源A	14,104,863.50	2.90%
中国联通	9,046,315.32	2.17%	深能源A	9,695,878.80	2.28%	深南电A	10,243,732.80	2.44%	深南电A	11,379,314.80	2.34%
江淮汽车	8,221,808.34	1.97%	双汇发展	9,614,498.60	2.26%	双汇发展	9,205,371.00	2.19%	山东铝业	10,410,657.40	2.14%

国泰金鹰增长证券投资基金

基本资料			
基金代码	020001		
基金简称	国泰金鹰增长	基金类型	契约型开放式
发行日期	2002-04-16至2002-04-29	成立日期	2002-05-08
首募规模	22.26亿份	认购户数	23567户
期末规模	14.42亿份		
认购费率	1.00%	申购费率	1.00%-1.50%
赎回费率	0.20%-0.50%		
管理费率	1.50%	托管费率	0.25%
销售机构	国泰基金管理公司、交通银行、招商银行和国泰君安证券		
基金管理人	国泰基金管理有限公司	基金托管人	交通银行
审计机构	普华永道中天会计师事务所	律师事务所	上海锦天城律师事务所
投资目标	主要通过投资增长型上市公司，分享中国经济增长成果，实现基金资产的中长期增值，确保基金资产必要的流动性，并将投资风险控制在较低的水平。		
业绩比较基准	上证A股指数		

财务指标　　单位：人民币(元)

项目＼年度	2003年	2002年 新指标	2002年 旧指标
加权平均单位基金净收益	−0.0516	0.0070	0.0064
期末可分配单位基金收益	−0.0233	−0.1220	−0.1220
期末单位基金资产净值	1.062	0.878	0.878
基金加权平均净值收益率	−5.46%	0.72%	0.76%
单位基金累计净值增长率	6.20%	−12.20%	−12.20%
本期分红	——	累计分红	——

基金历年表现（单位：%）

年份	表现
2003	20.96
2002	−12.20

【本期基金业绩表现】

截至2003年12月31日，金鹰增长基金单位净值为1.062元，净值增长率为20.96%，超越业绩比较基准10.39个百分点。

【基金经理简介】

吕俊先生：基金经理，工商管理硕士，9年证券从业经历。2000年加盟国泰基金管理有限公司，曾任研究开发部副经理、基金金盛基金经理。

冯天戈先生：基金经理，经济学硕士，8年证券从业经历。曾任长城基金管理公司基金助理，国泰基金管理公司国泰金鹰增长基金基金经理助理。

【基金投资运作分析】

2003年，金鹰增长基金重点投资具有良好增长潜力的增长型上市公司，较好地把握了宏观经济增长所引发的行业周期性变动带来的投资机会。在资产配置方面，进行了积极有效的波段操作，较好地把握了市场的运行节奏；在行业配置方面，重点投资了石化、有色金属、钢铁等大宗原材料行业；在风格特征方面，强调证券的流动性，偏好低价、大盘股；在证券选择方面，重点关注优势行业中的龙头企业，重点投资了扬子石化、山东铝业、宝钢股份等大盘蓝筹股；在债券投资方面，基金经理及时调整了国债品种的久期与仓位，有效控制了债券市场风险，并在可转换债券的投资上获得了理想的投资回报。

上半年，由于该基金在投资方面没有及时彻底地更新组合，没能充分分享绩优蓝筹股的投资机会，基金表现总体不够理想。下半年以来，基金经理针对存在的问题加大了周期性行业的研究力度，着重于重点公司的投资价值挖掘，较好地把握了石化、有色、钢铁等行业的投资机会；同时加大风险管理的力度，取得了较好的投资回报。

【基金投资组合一览】

项目＼季度	第一季度		第二季度		第三季度		第四季度	
基金资产净值/元	2,341,354,801.36		2,211,074,237.58		2,073,076,049.47		1,531,257,749.45	
基金份额/份	2,510,890,982.93		2,389,057,387.37		2,282,083,672.41		1,442,186,629.33	
基金单位净值/元	0.932		0.926		0.908		1.062	
基金投资组合	市值(元)	占净值比	市值(元)	占净值比	市值(元)	占净值比	市值(元)	占净值比
股票投资	1,166,770,169.49	49.83%	1,440,871,323.79	65.17%	1,180,345,234.72	56.94%	1,113,413,783.97	72.71%
国债及货币资金	952,081,102.57	40.66%	567,185,806.12	25.65%	771,283,964.05	37.20%	516,640,542.41	33.74%
其他投资	215,736,708.72	9.21%	102,699,259.50	4.64%	117,964,126.50	5.69%	86,265,850.60	5.63%

投资前十名股票明细

股票名称	市值(元)	占净值比	股票名称	市值(元)	占净值比	股票名称	市值(元)	占净值比	股票名称	市值(元)	占净值比
中国联通	75,073,909.85	3.21%	招商银行	111,189,817.04	5.03%	宝钢股份	96,216,582.00	4.64%	山东铝业	134,900,014.40	8.81%
山东铝业	50,611,956.18	2.16%	中国联通	107,969,752.38	4.88%	上海汽车	93,579,069.57	4.51%	双汇发展	82,252,799.64	5.37%
江西铜业	49,542,766.00	2.12%	上海汽车	81,557,445.59	3.69%	山东铝业	74,787,480.18	3.61%	扬子石化	75,564,722.22	4.93%
山东基建	40,668,715.20	1.74%	山东铝业	79,262,277.12	3.58%	双汇发展	67,289,946.12	3.25%	齐鲁石化	74,302,437.60	4.85%
华能国际	39,931,472.70	1.71%	华能国际	78,757,717.50	3.56%	中兴通讯	59,824,898.79	2.89%	海螺水泥	71,230,034.07	4.65%
江淮汽车	39,878,286.85	1.70%	宝钢股份	74,003,403.25	3.35%	扬子石化	59,266,373.76	2.86%	宝钢股份	63,880,270.93	4.17%
中国石化	35,503,959.60	1.52%	双汇发展	65,053,604.48	2.94%	中国联通	58,965,034.90	2.84%	长江电力	48,249,542.04	3.15%
新兴铸管	33,458,347.00	1.43%	白云机场	61,624,013.99	2.79%	华能国际	53,148,925.98	2.56%	中兴通讯	42,502,444.60	2.78%
赣粤高速	32,795,663.76	1.40%	中国石化	59,539,711.66	2.69%	海螺水泥	48,442,713.12	2.34%	华能国际	41,510,207.70	2.71%
标准股份	30,581,390.40	1.31%	扬子石化	55,245,699.90	2.50%	齐鲁石化	45,810,505.98	2.21%	铜都铜业	41,249,137.86	2.69%

国泰金龙系列证券投资基金

国泰金龙债券证券投资基金

基本资料					
基金代码	020002				
基金简称	金龙债券		基金类型	契约型开放式	
发行日期	2003-10-24至2003-12-02		成立日期	2003-12-05	
首募规模	18.87亿份	认购户数	6623户	期末规模	——
认购费率	0.80%-0.60%	申购费率	0.60%-1.00%	赎回费率	0%-0.20%
管理费率	0.60%		托管费率	0.20%	
转换费率	金龙债券基金转换为金龙行业精选基金时，持有期超过90日(含)的，免收基金转换费；持有期少于90日，基金持有人需支付基金转换金额0.3%的基金转换费。				
销售机构	国泰基金管理公司、上海浦东发展银行、交通银行、国泰君安证券、金通证券、海通证券、申银万国、华夏证券、兴业证券、招商证券、国信证券等。				
基金管理人	国泰基金管理有限公司		基金托管人	上海浦东发展银行	
审计机构	普华永道中天会计师事务所		律师事务所	北京市金杜律师事务所	
投资目标	在保证投资组合低风险和高流动性的前提下，追求较高的当期收入和总回报，力求基金资产的稳定增值。				
投资范围	该基金为开放式债券基金，投资范围限于国内依法公开发行的各种固定收益类金融工具和一级市场股票。债券品种主要指国债、金融债、平均AA级以上的企业债、可转换债，以及中国证监会允许基金投资的其他金融工具。一级市场股票指网上申购的新股。				
业绩比较基准	中信全债指数收益率				

【基金经理简介】

顾伟勇先生：1995年毕业于上海交通大学，获机械工程学士学位；1998年毕业于上海交通大学，获管理科学硕士学位；CFA（特许金融分析师），6年证券从业年限；1998年至2001年在上海国际信托投资有限公司证券部工作，2001年10月加盟国泰基金管理公司任固定收益管理小组经理，具体负责管理公司各封闭式及开放式基金债券资产的投资管理。现任固定收益部总监。

国泰金龙行业精选基金

基本资料					
基金代码	020003				
基金简称	金龙行业精选		基金类型	契约型开放式	
发行日期	2003-10-24至2003-12-02		成立日期	2003-12-05	
首募规模	6.84亿份	认购户数	3311户	期末规模	——
认购费率	不高于1.00%	申购费率	1.00%-1.20%	赎回费率	0%-0.20%
管理费率	1.50%		托管费率	0.25%	
转换费率	金龙行业精选基金转换为金龙债券基金时，免收基金转换费。				
销售机构	国泰基金管理公司、上海浦东发展银行、交通银行、国泰君安证券、金通证券、海通证券、申银万国、华夏证券、兴业证券、招商证券、国信证券等。				
基金管理人	国泰基金管理有限公司		基金托管人	上海浦东发展银行	
审计机构	普华永道中天会计师事务所		律师事务所	北京市金杜律师事务所	
投资目标	有效把握我国行业的发展趋势，精心选择具有良好行业背景的成长性企业，谋求基金资产的长期稳定增值。				
投资范围	该基金投资于国内依法公开发行上市的股票、债券及中国证监会允许本基金投资的其他金融工具。保持组合中股票投资比例不高于75%，债券的投资比例不低于20%，其余为现金。其中投资重点是预期具有良好发展态势的优势行业中的成长性上市公司，这部分投资比例将不低于本基金股票资产的80%。				
业绩比较基准	75%×(上证A股指数和深圳A股指数的总市值加权平均)+25%×上证国债指数				

【基金经理简介】

崔海峰先生：1996年毕业于北京大学，获国际经济学士学位；1999年毕业于中国人民银行研究生部，获货币银行学硕士学位；5年证券从业经历。1999年加盟国泰基金管理有限公司，先后从事过基金新产品开发和行业研究工作，曾担任基金金鑫基金经理助理，现任基金金盛基金经理。

南方基金管理有限公司

【基本情况】

法定名称：南方基金管理有限公司
注册地址：深圳市福田区深南大道4009号投资大厦七楼
办公地址：深圳市福田区深南大道4009号投资大厦七楼
法人代表：吴万善
总 经 理：高良玉
成立时间：1998年3月6日
组织形式：有限责任公司
注册资本：1亿元人民币
联系电话：0755–82912000
客服电话：0755–83160300
传真号码：0755–82912948
邮政编码：518026
公司网址：www.southernfund.com

【发展概况】

1998年，南方基金公司经中国证监会证监基金字[1998]4号文批准，由南方证券有限责任公司、厦门国际信托投资公司、广西信托投资公司共同发起设立的中国首批基金管理公司之一。2000年，经中国证监会证监基金字[2000]78号文批准，公司完成了增资扩股，注册资本达到1亿元人民币。2002年，公司首批入选全国社会保障基金投资管理人，并于2003年6月正式开始管理社保基金。

目前，公司设立了两个专门机构：投资决策委员会和风险控制委员会；下设十个部门，分别是：市场拓展部、专户理财一部、专户理财二部、基金投资部、研究部、运作保障部、信息技术部、固定收益部、稽核部和综合管理部。公司吸收、培养了一支高度专业化的人才队伍，现有员工115人，其中硕士以上学历占65%，近70%的员工有5年以上的证券从业经验，20%的员工有在海外学习和工作的经验。在长期的投资实践中，南方基金公司建立了一套成熟、高效的投资决策、风险控制、研究支持、运作保障和市场拓展体系，为公司投资管理运作提供了强大的支持。

【经营业绩】

1998年3月，南方管理的国内首只规范的封闭式基金：基金开元在深交所发行上市，开创了中国基金业的新纪元。经过五年的发展，截至2003年底，南方公司共管理着七只证券投资基金（四只封闭式基金和三只开放式基金）、社保101组合（股票）、社保201组合（债券）和301组合（货币），管理资产规模近230亿元人民币，拥有开放式基金持有人近30万人，旗下各基金累计向投资人分红近35亿元，是国内管理基金数目最多、管理资产规模最大的基金管理公司之一。

2003年5月，经中国证监会证监基金字[2003]166号文批准，公司发行国内首只保本基金：南方避险增值基金，2003年6月27日成立，首募规模51.93亿份。2003年，旗下基金全部跑赢大市：截至2003年12月31日，基金天元净值增长率为26.41%；基金开元净值增长率为19.59%；基金金元净值增长率为25.87%；基金隆元净值增长率为23.37%；南方稳健净值增长率为25.15%；南方宝元净值增长率为7.10%，南方避险增值成立至年底共运行6个月，年收益率达7.7%，超过其预测收益区间3%～7%的上限。

在产品创新上，为满足投资者需求，南方公司相继推出低风险、无风险基金产品：2002年9月推出南方宝元债券型基金；2003年5月，在借鉴南方宝元债券型基金的投资经验上，推出了国内首只保本基金：南方避险增值基金；在市场推广上，2003年4月，南方公司在业内率先推出开放式基金转换业务；2003年8月，率先在业内全面开通开放式基金网上交易系统“南方e站”。同时，公司在2002年率先建立的股票池制度得到了进一步完善；在客户服务方面，南方公司成立了北方、华东、南方和西部四大区域理财中心，依托四大区域，建立更有效、畅通的沟通渠道。

附：高管成员介绍

吴万善先生：董事长，中共党员，工商管理硕士，高级经济师。历任中国人民银行江苏省分行金融管理处科员、中国人民银行南京市分行江宁支行科员、华泰证券有限责任公司发行部副经理、总经理助理、副总经理、总裁，现任华泰证券有限责任公司董事长兼党委副书记、南方基金管理有限公司董事长。

高良玉先生：董事、总经理，经济学硕士，经济师。历任中国证监会发行部副处长、南方基金管理有限公司副总经理，现任南方基金管理有限公司总经理。

股东概况

排序	股东名称	出资额(万元)	出资比例(%)
1	华泰证券有限责任公司	4500.00	45.00
2	深圳市机场股份有限公司	3000.00	30.00
3	厦门国际信托投资有限公司	1500.00	15.00
4	兴业证券股份有限公司	1000.00	10.00

旗下基金

排序	基金代码	基金简称	基金类型
1	184688	基金开元	封闭式
2	184698	基金天元	封闭式
3	500010	基金金元	封闭式
4	184710	基金隆元	封闭式
5	202001	南方稳健成长	开放式
6	202101	南方宝元债券	开放式
7	202201	南方避险增值	开放式

开元证券投资基金

基本资料			
基金代码	184688	基金简称	基金开元
基金类型	契约型封闭式	成立日期	1998-03-27
上市日期	1998-04-07	上市地点	深圳证券交易所
基金总份额	20亿份	存 续 期	15年
基金管理人	南方基金管理有限公司	基金托管人	中国工商银行
审计机构	深圳天健信德会计师事务所	律师事务所	信达律师事务所
投资目标	为投资者减少和分散投资风险，确保基金资产的安全并谋求基金长期稳定的投资收益。		
业绩比较基准	——		

财务指标　　单位：人民币(元)

年 度 项 目	2003年	2002年		2001年	
		新指标	旧指标	新指标	旧指标
加权平均单位基金净收益	-0.0151	-0.0440	——	0.0202	——
期末可分配单位基金收益	0.0040	-0.0700	-0.0560	0.0144	0.014
期末单位基金资产净值	1.1122	0.9300	0.9300	1.0145	1.014
基金加权平均净值收益率	-1.50%	-4.37%	——	1.58%	——
单位基金累计净值增长率	85.73%	55.31%	61.65%	67.11%	73.94%
本期分红	——		累计分红	10派 8.49元	

基金历年表现（单位：%）

年份	2003	2002	2001
表现	19.59	-7.06	-22.90

【本期基金业绩表现】

截至2003年12月31日，基金开元单位资产净值为1.1122元，全年基金净值增长率为19.59%。

【基金经理小组简介】

朱汉江先生：基金经理，38岁，硕士学历。11年证券从业经历，曾任职平安证券有限公司投资银行部项目经理、国泰证券有限公司投资银行部项目经理。2003年12月离职。

吕一凡先生：基金经理，34岁，硕士学历，6年证券从业经历。曾任职深圳证券交易所综合研究所高级研究员、南方基金管理有限公司研究员、南方稳健成长基金经理助理，2003年12月接任基金开元基金经理。

王黎敏先生：基金经理助理，28岁，硕士学历。5年证券从业经历，曾任南方基金研究部研究员。

【基金投资运作分析】

2003年，基金开元给投资者交代的是一个中等左右的成绩。截至12月31日，全年累计收益率19.59%。基金开元的表现呈前低后高的态势，在前期，由于没有准确把握市场脉搏，对蓝筹股的投资力度不够，在年初的几次集中行情中表现不佳，失去了部分先发优势。后期，基金经理对操作进行了深刻反思，积极调整结构，业绩表现有一定的回升。

【基金投资组合一览】

季 度 项 目	第一季度		第二季度		第三季度		第四季度	
基金资产净值/元	1,977,102,880.87		2,001,976,780.03		1,922,454,215.35		2,224,448,245.33	
基金单位净值/元	0.9886		1.0010		0.9612		1.1122	
基金投资组合	市值(元)	占净值比	市值(元)	占净值比	市值(元)	占净值比	市值(元)	占净值比
股票投资	1,099,833,345.45	55.63%	1,185,472,457.89	59.22%	1,131,731,185.57	58.87%	1,580,440,333.21	71.05%
国债及货币资金	747,659,036.69	37.82%	657,380,818.67	32.84%	448,929,653.96	23.35%	527,556,304.66	23.72%
其他投资	138,848,416.90	7.02%	163,091,022.00	8.15%	161,811,907.20	8.42%	120,767,091.40	5.43%

投资前十名股票明细	股票名称	市值(元)	占净值比	股票名称	市值(元)	占净值比	股票名称	市值(元)	占净值比	股票名称	市值(元)	占净值比
	深圳机场	144,631,059.28	7.32%	深圳机场	107,731,946.28	5.38%	华能国际	101,189,715.12	5.26%	华能国际	119,612,000.00	5.38%
	凯迪电力	114,366,049.20	5.78%	华能国际	103,137,044.22	5.15%	宝钢股份	100,967,815.08	5.25%	凯迪电力	102,032,300.00	4.59%
	宝钢股份	66,125,119.35	3.34%	凯迪电力	101,366,621.00	5.06%	凯迪电力	96,609,075.20	5.03%	宝钢股份	83,450,624.40	3.75%
	华能国际	46,891,637.37	2.37%	福田汽车	85,140,382.88	4.25%	福田汽车	88,441,823.60	4.60%	长江电力	82,887,977.12	3.73%
	浦发银行	45,718,823.60	2.31%	宝钢股份	72,026,188.20	3.60%	中原油气	69,700,300.00	3.63%	中原油气	78,122,000.00	3.51%
	福田汽车	30,271,200.94	1.53%	中原油气	60,424,000.00	3.02%	中国石化	54,983,969.28	2.86%	上海汽车	76,339,440.00	3.43%
	天 士 力	27,586,864.35	1.40%	辽河油田	42,800,000.00	2.14%	上海机场	54,810,995.25	2.85%	中国联通	73,630,000.00	3.31%
	民生银行	27,030,791.00	1.37%	生益科技	37,403,339.48	1.87%	辽河油田	43,896,040.00	2.28%	中国石化	69,860,000.00	3.14%
	赛格三星	25,196,184.16	1.27%	浦发银行	35,161,813.80	1.76%	南方航空	39,969,177.30	2.08%	上海机场	69,510,000.00	3.13%
	贵州茅台	24,053,616.72	1.22%	上海机场	30,680,359.15	1.53%	生益科技	37,011,136.17	1.93%	南方航空	66,500,000.00	2.99%

天元证券投资基金

基本资料			
基金代码	184698	基金简称	基金天元
基金类型	契约型封闭式	成立日期	1999-08-25
上市日期	1999-09-20	上市地点	深圳证券交易所
基金总份额	30亿份	存 续 期	15年
基金管理人	南方基金管理有限公司	基金托管人	中国工商银行
审计机构	深圳天健信德会计师事务所	律师事务所	信达律师事务所
投资目标	该基金将通过投资于深圳、上海证券交易所上市的指标股，即具有行业代表性、流通性较好、资本增值潜力较大、分红稳定等特征的深沪成份指数样本股及其他具有以上指标特征的成长型上市公司，以稳健的投资原则，力求确保基金资产安全并谋求基金长期稳定的投资收益。		
业绩比较基准	——		

财务指标　　单位：人民币(元)

项目 \ 年度	2003年	2002年 新指标	2002年 旧指标	2001年 新指标	2001年 旧指标
加权平均单位基金净收益	−0.0211	−0.0699	——	0.0768	——
期末可分配单位基金收益	−0.0104	−0.0875	−0.0875	0.0258	0.026
期末单位基金资产净值	1.1535	0.9125	0.9125	1.0258	1.026
基金加权平均净值收益率	−2.08%	−7.00%	——	6.24%	——
单位基金累计净值增长率	45.90%	15.42%	16.33%	26.58%	27.61%
本期分红	——		累计分红	10派 3.25元	

基金历年表现（单位：%）

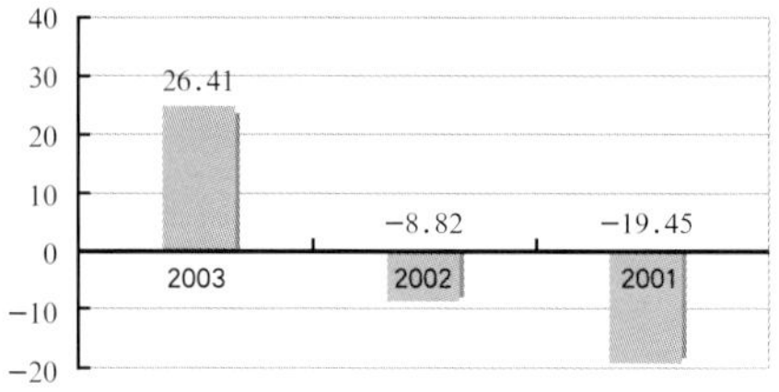

年度	2003	2002	2001
表现	26.41	−8.82	−19.45

【本期基金业绩表现】

截至2003年12月31日，基金天元单位资产净值为1.1535元，全年基金净值增长率为26.41%。

【基金经理小组简介】

李旭利先生：基金经理，30岁，经济学硕士，6年证券从业经历。1998年加盟南方基金管理有限公司工作，先后从事证券分析、证券交易、基金投资等工作及基金天元经理助理。

王黎敏先生：基金经理助理，28岁，经济学硕士。曾任南方基金研究部研究员、基金开元经理助理。现任基金天元、南方稳健成长基金经理助理，公司投资秘书。

【基金投资运作分析】

2003年，中国资本市场表现与经济基本面高度一致。二级市场向成熟市场逐步转轨，部分主流机构投资者的资金和选股方向得到了市场的认同。以绩优、蓝筹为特征的投资方式已通过财富效应得到了认同。绩差股正在加速死亡，分化已经较为明显，该基金经理认为趋势还将继续。同时，QFII的实施给市场带来了影响。随着资本市场国际化的发展，国内外机构投资者的理念将有更多的机会得到实践和交流。

在2003年的投资中，基金天元注重行业和公司研究，坚守基金契约，以各行业的龙头企业为主要投资对象，将大部分资产投向投资品行业和汽车、通信等消费升级行业，使基金持有人较好地分享中国经济高速发展带来的企业利润增长。在国债投资方面，基金天元的投资以浮息和短期债券投资为主；同时，该基金在可转债方面也加大了投资力度。

【基金投资组合一览】

项目 \ 季度	第一季度		第二季度		第三季度		第四季度	
基金资产净值/元	2,940,005,742.85		3,054,437,034.56		2,960,658,498.55		3,460,543,599.47	
基金单位净值/元	0.9800		1.0181		0.9869		1.1535	
基金投资组合	市值(元)	占净值比	市值(元)	占净值比	市值(元)	占净值比	市值(元)	占净值比
股票投资	1,747,219,858.87	59.43%	1,797,582,109.37	58.85%	1,720,509,013.45	58.11%	2,565,692,563.24	74.14%
国债及货币资金	1,057,782,335.25	35.98%	1,063,437,733.90	34.82%	643,605,818.37	21.74%	724,492,397.52	20.94%
其他投资	121,426,356.80	4.13%	195,479,989.30	6.40%	228,404,930.80	7.71%	173,031,358.80	5.00%

投资前十名股票明细

股票名称	市值(元)	占净值比	股票名称	市值(元)	占净值比	股票名称	市值(元)	占净值比	股票名称	市值(元)	占净值比
深圳机场	236,575,944.20	8.05%	深圳机场	174,604,083.22	5.72%	上海汽车	173,011,954.97	5.84%	上海汽车	218,564,247.63	6.32%
上海汽车	94,535,681.01	3.22%	中国联通	160,475,289.42	5.25%	中国联通	155,396,443.22	5.25%	长江电力	194,427,499.24	5.62%
招商银行	91,504,835.25	3.11%	上海汽车	156,363,799.68	5.12%	宝钢股份	155,369,930.00	5.25%	中国联通	190,907,473.96	5.52%
宝钢股份	89,506,742.50	3.04%	宝钢股份	153,768,825.00	5.03%	中兴通讯	116,105,209.80	3.92%	中国石化	180,149,084.79	5.21%
中兴通讯	89,102,586.37	3.03%	中兴通讯	106,800,139.80	3.50%	中国石化	104,557,286.40	3.53%	宝钢股份	160,875,014.30	4.65%
中国联通	85,774,505.88	2.92%	华能国际	86,688,820.61	2.84%	华能国际	99,889,465.32	3.37%	华能国际	121,679,757.27	3.52%
中国石化	81,212,886.00	2.76%	招商银行	84,494,713.95	2.77%	招商银行	81,862,419.87	2.77%	中兴通讯	120,258,670.80	3.48%
凯迪电力	68,418,063.14	2.33%	中国石化	81,290,222.40	2.66%	盐田港A	74,403,276.58	2.51%	上海机场	113,064,221.25	3.27%
浦发银行	54,011,407.92	1.84%	盐田港A	64,255,532.33	2.10%	上海机场	66,221,875.25	2.24%	招商银行	108,772,296.37	3.14%
申能股份	49,356,155.94	1.68%	凯迪电力	57,900,519.70	1.90%	上港集箱	65,618,896.72	2.22%	申能股份	102,242,249.19	2.95%

金元证券投资基金

基本资料			
基金代码	500010	基金简称	基金金元
基金类型	契约型封闭式	成立日期	2000–03–28
上市日期	2000–07–11	上市地点	上海证券交易所
基金总份额	5亿份	存续期	15年
基金管理人	南方基金管理有限公司	基金托管人	中国工商银行
审计机构	深圳天健信德会计师事务所	律师事务所	信达律师事务所
投资目标	主要投资于高新技术产业的上市公司。		
业绩比较基准	——		

财务指标　　单位：人民币(元)

项目 \ 年度	2003年	2002年 新指标	2002年 旧指标	2001年 新指标	2001年 旧指标
加权平均单位基金净收益	0.0174	−0.1267	——	−0.0157	——
期末可分配单位基金收益	−0.1210	−0.2458	−0.2458	−0.1320	−0.1320
期末单位基金资产净值	0.9493	0.7542	0.7542	0.8680	0.8680
基金加权平均净值收益率	2.05%	−15.01%	——	−1.58%	——
单位基金累计净值增长率	−0.71%	−21.12%	−20.83%	−9.22%	−8.88%
本期分红	——	累计分红	10派 0.31元		

基金历年表现（单位：%）

2003: 25.87　2002: −13.11　2001: −17.41

【本期基金业绩表现】

截至2003年12月31日，基金金元单位资产净值为0.9493元，全年基金净值增长率为25.87%，处于良好水平。

【基金经理简介】

杨江先生：基金经理，30岁，本科学历，9年证券从业经历。曾任长城证券公司深圳第二业务部副总经理、基金天元经理助理、基金金元经理助理，2002年5月起任基金金元基金经理，2003年12月起杨江先生不再担任金元基金经理职务。

孙志洪先生：基金经理，39岁，9年证券从业经历。曾任北京飞机维修工程有限公司计划科长、海南航空股份公司计划处长、海南富岛资产管理公司(富岛基金)研究部负责人、南方避险增值基金经理，2003年12月接任基金金元基金经理。

【基金投资运作分析】

2003年宏观经济利好，中国经济重新进入重化工业发展阶段，钢铁有色金属石化产品等基础原材料、能源电力、交通运输等产业发展迅速，汽车等消费升级主导产品供需两旺。以基金为代表的机构投资者采取了以行业为导向的投资策略，行业指数明显分化。

2003年，基金金元年度累计收益率为25.87%，在21只5亿规模基金中排名第5，在54只封闭式基金中排名第12。在上半年的局部牛市中，基金金元坚决果断介入汽车股和金融股，取得优异成绩。在4月中旬股市进入相对高位后，适时减仓，并在2003年10月至11月在大盘指数处在底部时将股票仓位提升到很高水平，买入能源、交通运输、石化、金属等绩优低市盈率高成长股票，保证全年业绩比较靠前。

【基金投资组合一览】

项目 \ 季度	第一季度		第二季度		第三季度		第四季度	
基金资产净值/元	412,634,798.14		426,354,227.09		410,269,305.47		474,671,116.34	
基金单位净值/元	0.8253		0.8527		0.8205		0.9493	
基金投资组合	市值(元)	占净值比	市值(元)	占净值比	市值(元)	占净值比	市值(元)	占净值比
股票投资	307,470,101.64	74.51%	243,504,864.15	57.11%	265,279,343.45	64.66%	374,829,458.51	78.97%
国债及货币资金	105,777,723.58	25.63%	183,162,076.16	42.96%	95,820,715.29	23.36%	108,002,463.18	22.75%
其他投资	11,224.80	0.0027%	——		49,417,786.20	12.05%	44,629,632.64	9.40%

投资前十名股票明细	股票名称	市值(元)	占净值比	股票名称	市值(元)	占净值比	股票名称	市值(元)	占净值比	股票名称	市值(元)	占净值比
	江铃汽车	19,803,000.00	4.80%	浦发银行	17,913,324.42	4.20%	中兴通讯	30,641,161.20	7.47%	长江电力	27,548,030.12	5.80%
	万科A	18,450,049.75	4.47%	佛山照明	15,175,999.00	3.56%	宝钢股份	18,340,000.00	4.47%	宝钢股份	25,795,448.25	5.43%
	一汽夏利	16,507,430.90	4.00%	凯迪电力	14,913,040.00	3.50%	三一重工	18,156,600.00	4.43%	中兴通讯	23,067,674.00	4.86%
	一汽轿车	16,009,956.16	3.88%	上海石化	13,992,594.00	3.28%	中原高速	15,880,800.00	3.87%	上海汽车	20,105,886.12	4.24%
	佛山照明	15,976,706.20	3.87%	辽河油田	13,696,000.00	3.21%	福耀玻璃	15,538,500.00	3.79%	深南电A	19,244,113.20	4.05%
	上海石化	15,713,947.09	3.81%	民生银行	12,491,829.35	2.93%	中国联通	15,301,200.00	3.73%	一汽轿车	17,881,360.80	3.77%
	宝钢股份	15,378,930.00	3.73%	北大荒	12,380,000.00	2.90%	上海汽车	15,128,732.49	3.69%	南方航空	16,000,000.00	3.37%
	金杯汽车	15,287,002.26	3.70%	一汽轿车	11,928,000.00	2.80%	南方航空	15,093,000.00	3.68%	辽河油田	15,608,304.00	3.29%
	中信证券	15,226,674.21	3.69%	鞍山信托	11,686,981.50	2.74%	申能股份	14,799,240.00	3.61%	中国联通	15,004,600.00	3.16%
	申华控股	15,078,846.06	3.65%	上海汽车	10,692,000.00	2.51%	浙江龙盛	14,208,100.00	3.46%	兖州煤业	14,955,313.92	3.15%

隆元证券投资基金

基本资料			
基金代码	184710	基金简称	基金隆元
基金类型	契约型封闭式	成立日期	2000-07-24
上市日期	2000-10-18	上市地点	深圳证券交易所
基金总份额	5亿份	存 续 期	15年
基金管理人	南方基金管理有限公司	基金托管人	中国工商银行
审计机构	深圳天健信德会计师事务所	律师事务所	信达律师事务所
投资目标	该基金重点投资于价值被市场低估、通过管理创新和制度创新具有较大增值潜力和所处行业发展前景广阔，技术创新能力强，具有快速成长能力的上市公司。该基金通过对上市公司基本面的研究，结合证券市场的情况，在分散投资风险的前提下，追求基金收益的最大化。		
业绩比较基准	——		

财务指标　单位：人民币(元)

项目 \ 年度	2003年	2002年 新指标	2002年 旧指标	2001年 新指标	2001年 旧指标
加权平均单位基金净收益	0.0632	-0.1685	——	-0.0208	——
期末可分配单位基金收益	-0.1360	-0.2618	-0.2618	-0.1512	-0.151
期末单位基金资产净值	0.9107	0.7382	0.7382	0.8488	0.849
基金加权平均净值收益率	7.50%	-20.45%	——	-2.16%	——
单位基金累计净值增长率	-8.39%	-25.74%	-25.72%	-14.62%	-14.59%
本期分红	——		累计分红	——	

基金历年表现（单位：%）

【本期基金业绩表现】

截至2003年12月31日，基金隆元单位资产净值为0.9107元，本期基金净值增长率为23.37%。

【基金经理小组简介】

汪澂女士：CFA，基金隆元基金经理，30岁，硕士学历，5年证券从业经历。1998年加盟南方基金管理有限公司工作，先后从事基金新品种开发、市场分析研究、基金投资等工作。

此外，基金隆元管理小组还配备了若干名证券投资分析人员，协助基金经理从事基金隆元的投资管理工作。

【基金投资运作分析】

2003年，证券市场在两年多的单边下跌走势后，在上半年形成了一波局部的牛市行情。与国民经济密切相关的行业如汽车、钢化、石化、银行、交通运输、电力等有了大幅的上涨。但股市经过了过去两年以来的深幅调整后，投资者的信心在短期内还难以恢复，入市的增量资金不多。伴随着央行提高准备金率、扩容速度的加快、国有股减持以及流通事项的不明确，其后市场继续了调整的势态。在长江电力发行上市后，市场在以钢铁、石化、电力等恢复增长的周期性行业和瓶颈行业的带动下，形成了新的一波涨幅。

2003年，基金隆元一直坚持价值投资的投资理念，强化公司基本面的研究，集中配置了一些业绩随国民经济增长而受益的绝对价格较低的大型国有企业，其所处行业正进入上升周期，如汽车、钢铁、通信、电力等。价值投资和注重流通性是2003年该基金的主要投资策略。

【基金投资组合一览】

项目 \ 季度	第一季度		第二季度		第三季度		第四季度	
基金资产净值/元	407,114,504.91		426,089,846.20		415,551,382.96		455,357,184.64	
基金单位净值/元	0.8142		0.8522		0.8311		0.9107	
基金投资组合	市值(元)	占净值比	市值(元)	占净值比	市值(元)	占净值比	市值(元)	占净值比
股票投资	207,871,573.92	51.06%	259,458,267.19	60.89%	299,748,946.96	72.13%	346,199,734.05	76.03%
国债及货币资金	166,242,230.32	40.83%	113,732,977.08	26.69%	94,862,144.27	22.83%	97,641,755.96	21.44%
其他投资	32,394,772.80	7.96%	52,337,327.60	12.28%	20,750,376.80	4.99%	11,726,000.00	2.58%

投资前十名股票明细

股票名称	市值(元)	占净值比	股票名称	市值(元)	占净值比	股票名称	市值(元)	占净值比	股票名称	市值(元)	占净值比
中国联通	24,163,392.54	5.94%	上海汽车	42,149,752.92	9.89%	上海汽车	39,686,008.09	9.55%	上海汽车	42,283,229.61	9.29%
韶钢松山	22,618,799.63	5.56%	马钢股份	39,139,093.60	9.19%	航天信息	36,369,405.93	8.75%	航天信息	36,056,151.53	7.92%
宝钢股份	19,400,050.00	4.77%	中国联通	36,915,000.00	8.66%	马钢股份	35,870,849.20	8.63%	中集集团	30,910,789.35	6.79%
皖通高速	17,917,562.25	4.40%	华能国际	29,631,100.00	6.95%	中国联通	35,143,000.00	8.46%	华能国际	26,812,331.46	5.89%
上海汽车	14,380,539.11	3.53%	皖能电力	16,638,886.30	3.91%	华能国际	29,004,097.36	6.98%	一汽轿车	17,704,486.32	3.89%
深康佳A	12,803,337.36	3.14%	深康佳A	14,715,470.44	3.45%	皖能电力	15,338,960.30	3.69%	中信证券	17,503,889.00	3.84%
盐湖钾肥	11,586,564.88	2.85%	皖通高速	14,352,027.90	3.37%	一汽轿车	15,251,248.39	3.67%	江淮汽车	16,020,258.80	3.52%
小鸭电器	10,269,396.18	2.52%	安凯客车	12,652,523.10	2.97%	中信证券	14,809,575.00	3.56%	中国联通	15,721,000.00	3.45%
内蒙华电	8,454,864.60	2.08%	江淮汽车	10,173,824.00	2.39%	安凯客车	14,023,993.74	3.37%	宏源证券	15,064,862.00	3.31%
轻纺城	7,353,612.00	1.81%	京能热电	9,713,690.00	2.28%	金杯汽车	13,371,145.80	3.22%	皖能电力	13,531,518.00	2.97%

南方稳健成长证券投资基金

基本资料

基金代码	202001				
基金简称	南方稳健成长	基金类型	契约型开放式		
发行日期	2001-09-19至2001-09-26	成立日期	2001-09-28		
首募规模	34.89亿份	认购户数	35588户	期末规模	25.85亿份
认购费率	1.00%	申购费率	1.00%-1.60%	赎回费率	0.50%
管理费率	1.50%	托管费率	0.25%		
销售机构	南方基金管理有限公司、中国工商银行、招商银行、国泰君安证券、华夏证券、广发证券、深圳发展银行、中信证券、国信证券、兴业证券、联合证券				
基金管理人	南方基金管理有限公司	基金托管人	中国工商银行		
审计机构	普华永道中天会计师事务所	律师事务所	信达律师事务所		
投资目标	秉承价值投资和稳健投资的理念，通过科学的组合投资，降低投资风险，以长期投资为主，追求基金资产的长期稳定增值。				
业绩比较基准	——				

财务指标 单位：人民币(元)

项目＼年度	2003年	2002年	2001年
加权平均单位基金净收益	0.0634	0.0137	0.0041
期末可分配单位基金收益	0.0246	−0.0997	0.0037
期末单位基金资产净值	1.1015	0.9003	1.0037
基金加权平均净值收益率	6.30%	1.38%	0.41%
单位基金累计净值增长率	17.18%	−6.37%	0.37%
本期分红	10派 0.25元	累计分红	10派 0.65元

基金历年表现（单位：%）

【本期基金业绩表现】

截至2003年12月31日，南方稳健成长基金单位资产净值为1.1015元，期末净值增长率达到25.15%，超越了同期市场回报基准。

【基金经理小组简介】

李华先生：基金经理，1971年出生。1992年毕业于复旦大学遗传工程系，1998年毕业于中国人民银行研究生部，硕士学历。1993年起任职于中信实业银行南京分行证券部，1998年起任职于国泰基金管理有限公司，2000年起任职于南方基金管理有限公司。曾担任基金开元经理助理。

王黎敏先生：基金经理助理，1975年出生，经济学硕士。曾任南方基金研究部研究员、基金开元经理助理。现任基金天元、南方稳健成长基金经理助理、公司投资秘书。

【基金投资运作分析】

2003年，证券市场出现了明显的结构性变化，股票价格出现两极分化走势：大盘股由于流动性好且利润随宏观经济增长而大幅上升，整体走强；大部分中小企业由于股票流动性较差，股价缺乏业绩支撑，出现了较大下跌。

在2003年的投资中，南方稳健成长基金较好地发挥了研究的力量与优势，坚持以各行业的龙头企业为主要投资对象，将主要资产投向上游投资品和汽车、通信等消费升级行业，使基金持有人能够充分分享中国经济的高速成长。由于本轮降息周期结束，该基金在国债方面的投资以浮息和短期债券投资为主，回避利率风险。

【基金投资组合一览】

项目＼季度	第一季度		第二季度		第三季度		第四季度	
基金资产净值/元	3,025,477,193.00		2,643,160,878.70		2,773,739,892.58		2,847,022,495.96	
基金份额/份	3,127,046,272.95		2,609,806,438.26		2,780,252,835.47		2,584,756,554.20	
基金单位净值/元	0.9675		1.0128		0.9977		1.1015	
基金投资组合	市值(元)	占净值比	市值(元)	占净值比	市值(元)	占净值比	市值(元)	占净值比
股票投资	1,411,408,993.25	46.65%	1,387,304,996.03	52.49%	1,597,695,605.79	57.60%	1,935,652,553.92	67.99%
国债及货币资金	1,373,111,448.40	45.38%	1,004,999,831.78	38.02%	771,345,398.45	27.81%	766,854,359.20	26.94%
其他投资	236,011,970.20	7.80%	201,819,286.10	7.64%	200,037,680.70	7.21%	151,032,186.20	5.30%

投资前十名股票明细	股票名称	市值(元)	占净值比	股票名称	市值(元)	占净值比	股票名称	市值(元))	占净值比	股票名称	市值(元)	占净值比
	中兴通讯	168,843,914.05	5.58%	中兴通讯	126,772,354.40	4.80%	上海汽车	170,991,173.08	6.16%	上海汽车	181,797,227.01	6.39%
	深圳机场	129,194,715.42	4.27%	上海汽车	125,399,716.06	4.74%	中兴通讯	143,430,085.15	5.17%	长江电力	130,200,000.00	4.57%
	上海汽车	118,895,072.40	3.93%	宝钢股份	83,080,291.14	3.14%	南方航空	83,701,519.00	3.02%	中国联通	117,900,000.00	4.14%
	招商银行	102,800,000.00	3.40%	华能国际	81,784,325.70	3.09%	华能国际	80,457,717.96	2.90%	中兴通讯	108,572,723.60	3.81%
	凯迪电力	58,880,761.86	1.95%	深圳机场	71,162,805.84	2.69%	宝钢股份	74,856,463.50	2.70%	中集集团	102,191,895.84	3.59%
	宝钢股份	53,719,784.76	1.78%	盐田港A	61,773,915.08	2.34%	中原油气	73,492,952.50	2.65%	贵州茅台	84,907,983.60	2.98%
	泸 天 化	36,427,265.16	1.20%	中国联通	61,211,298.40	2.32%	凯迪电力	62,420,952.10	2.25%	盐田港A	77,616,889.28	2.73%
	伊利股份	34,106,140.20	1.13%	招商银行	57,265,627.32	2.17%	盐田港A	62,170,292.62	2.24%	中原高速	76,650,000.00	2.69%
	原水股份	33,224,384.18	1.10%	凯迪电力	55,947,497.35	2.12%	招商银行	51,066,605.38	1.84%	华能国际	75,787,253.10	2.66%
	中国联通	32,479,635.70	1.07%	中原油气	44,532,174.90	1.68%	上海机场	49,496,345.92	1.78%	凯迪电力	71,801,045.50	2.52%

南方宝元债券型基金

基本资料					
基金代码	202101				
基金简称	南方宝元债券		基金类型	契约型开放式	
发行日期	2002-08-18至2002-09-19		成立日期	2002-09-20	
首募规模	49.03亿份	认购户数	98114户	期末规模	21.85亿份
认购费率	不高于0.80%	申购费率	0.30%-0.80%	赎回费率	0.30%
管理费率	0.75%		托管费率	1.75‰	
销售机构	南方基金管理公司、中国工商银行、招商银行、深圳发展银行、国泰君安、华夏证券、广发证券、中信证券、国信证券、兴业证券、联合证券、中国银河证券、招商证券、申银万国、海通证券等				
基金管理人	南方基金管理有限公司		基金托管人	中国工商银行	
审计机构	普华永道中天会计师事务所		律师事务所	信达律师事务所	
投资目标	该基金以债券投资为主,股票投资为辅,在保持投资组合低风险和充分流动性的前提下,确保基金安全及追求资产长期稳定增值。				
业绩比较基准	债券指数×65%+中信综合指数×35%				

财务指标　　单位：人民币(元)

项目＼年度	2003年		2002年	
加权平均单位基金净收益	0.0371		0.0037	
期末可分配单位基金收益	0.0071		0.0038	
期末单位基金资产净值	1.0434		1.0051	
基金加权平均净值收益率	3.66%		0.37%	
单位基金累计净值增长率	7.64%		0.50%	
本期分红	10派 0.32元	累计分红	10派 0.32元	

基金历年表现（单位：%）

30
20
10
0
−10
7.10
0.50
2003
2002

【本期基金业绩表现】

截至2003年12月31日，南方宝元债券基金单位净值为1.0434元，全年净值增长率达7.10%。

【基金经理简介】

陈键先生：27岁。本科毕业于中国人民大学国际金融专业，硕士毕业于中国人民银行研究生部，经济学硕士学历。2000年加盟南方基金管理有限公司，先后从事证券研究分析、基金投资等工作，历任研究部行业研究员、基金天元经理助理、南方基金管理有限公司北京分公司总经理助理等职务。

【基金投资运作分析】

在2003年债市整体下跌的状况下，南方宝元基金及时、合理地进行了资产组合的调整，2003年10月份以后该基金净值开始回升，较好的分享了大盘蓝筹股上涨的收益，远远超越业绩基准。一方面，南方宝元基金管理组进行积极的债券投资策略调整，果断降低长期债券的持仓比例，加大对浮动利率债券的投资力度。另一方面，南方宝元基金有效地发挥CPPI投资机制，适当增加了股票投资在基金资产中所占的权重。抓住时机，在本轮股市行情中获取收益，弥补了债券市场低迷所导致债券基金净值增长缓慢的缺憾。但未能同时加大对可转债市场的投资力度。

在股票投资方面，2003年，南方宝元基金主要选择蓝筹价值型股票进行投资，较好地契合了市场的主流理念。这与南方宝元基金作为债券型基金，有限的股票投资仓位更加应当注重稳定增长、避免大起大落的要求相符。

【基金投资组合一览】

项目＼季度	第一季度		第二季度		第三季度		第四季度	
基金资产净值/元	3,348,507,177.38		2,854,110,215.74		2,524,599,426.03		2,280,146,901.07	
基金份额/份	3,279,626,572.17		2,862,857,373.85		2,568,736,588.41		2,185,284,097.06	
基金单位净值/元	1.0210		0.9969		0.9828		1.0434	
基金投资组合	市值(元)	占净值比	市值(元)	占净值比	市值(元)	占净值比	市值(元)	占净值比
债券投资	1,986,932,815.00	59.33%	2,018,558,476.10	70.72%	1,583,522,266.80	62.72%	1,346,502,408.05	59.05%
股票投资	300,713,994.67	8.98%	387,104,497.46	13.56%	583,418,584.92	23.11%	790,570,334.42	34.67%
货币资金	315,170,119.08	9.41%	134,026,540.17	4.70%	109,898,468.14	4.35%	322,051,389.94	14.12%

	债券名称	市值(元)	占净值比	债券名称	市值(元)	占净值比	债券名称	市值(元)	占净值比	债券名称	市值(元)	占净值比
投资前五名债券明细	21国债(15)	399,402,824.60	11.93%	03国债03	254,637,964.80	8.92%	20国债10	231,515,399.80	9.17%	21国债03	178,058,394.00	7.81%
	02国债(14)	305,388,803.60	9.12%	21国债15	225,170,528.40	7.89%	20国债04	196,580,356.80	7.79%	02国债16	149,420,000.00	6.55%
	99国债(8)	236,112,539.20	7.05%	20国债10	224,085,495.60	7.85%	21国债03	176,465,147.80	6.99%	03国开18	130,000,000.00	5.70%
	20国债(10)	198,810,647.50	5.94%	99国债08	216,991,130.00	7.60%	03国开18	130,000,000.00	5.15%	03国开19	130,000,000.00	5.70%
	21国债(3)	154,253,035.20	4.61%	21国债03	179,424,033.60	6.29%	03国开19	130,000,000.00	5.15%	01国债02	120,120,000.00	5.27%
投资前五名股票明细	股票名称	市值(元)	占净值比	股票名称	市值(元)	占净值比	股票名称	市值(元)	占净值比	股票名称	市值(元)	占净值比
	中国联通	87,359,783.70	2.61%	万 科 A	47,319,574.02	1.66%	上海汽车	56,968,748.41	2.26%	上海汽车	73,990,189.53	3.25%
	中兴通讯	34,688,139.55	1.04%	宝钢股份	43,805,715.17	1.53%	宝钢股份	52,251,963.75	2.07%	长江电力	59,501,330.56	2.61%
	深圳机场	33,406,472.82	1.00%	上海汽车	32,653,007.62	1.14%	中兴通讯	50,124,879.86	1.99%	中集集团	44,510,563.44	1.95%
	宝钢股份	29,709,216.00	0.89%	中兴通讯	26,834,984.48	0.94%	中集集团	33,937,669.78	1.34%	中兴通讯	43,589,924.40	1.91%
	上海汽车	29,300,497.20	0.88%	中集集团	23,912,544.72	0.84%	万 科 A	33,724,727.78	1.34%	上海机场	38,959,694.46	1.71%

南方避险增值证券投资基金

基本资料			
基金代码	202201		
基金简称	南方避险增值	基金类型	契约型开放式
发行日期	2003-05-23至2003-06-24	成立日期	2003-06-27
首募规模	51.93亿份	认购户数	148023户
期末规模	42.09亿份		
认购费率	0.50%-1.00%	申购费率	——
赎回费率	不高于2.00%		
管理费率	1.20%	托管费率	0.20%
避险周期	三年	担保机构	中投信用担保有限公司
销售机构	南方基金管理有限公司、中国工商银行		
基金管理人	南方基金管理有限公司	基金托管人	中国工商银行
审计机构	普华永道中天会计师事务所	律师事务所	北京德恒律师事务所
投资目标	该基金控制本金损失的风险，并在三年避险周期到期时力争基金资产的稳定增值。		
业绩比较基准	中信全债指数×80%+中信综指×20%		

财务指标 单位：人民币(元)

项目＼年度	2003年
加权平均单位基金净收益	0.0034
期末可分配单位基金收益	0.0043
期末单位基金资产净值	1.0386
基金加权平均净值收益率	0.34%
单位基金累计净值增长率	3.86%
本期分红	——
累计分红	——

基金历年表现（单位：%）

【本期基金业绩表现】

南方避险增值基金自2003年6月27日正式成立以来，至年底共运行6个月。截至12月31日，单位净值为1.0386元，年收益率达到7.7%，超过同期业绩基准。

【基金经理简介】

苏彦祝先生：基金经理，28岁，1998年获得清华大学工学学士学位，2000年获清华大学工学硕士学位；2000年9月加盟南方基金管理有限公司，任研究部研究员；2001年8月任金融工程部研究员；2003年6月任南方避险增值基金经理助理，12月任南方避险增值基金经理。

【基金投资运作分析】

2003年，南方避险增值基金在正确判断债券市场将由牛转熊的情况下，回避了长期债券的大幅下跌风险；但由于没有足够重视对农村信用社资金短期内撤出交易所市场、利率上升两个因素对中短期债券引起的影响，因此在中短期债券方面该基金遭受了一定的损失。

南方避险基金作为一只保本基金，在2003年较多的参与了股票的投资，其净值增长也更多的受益于股票方面的收益。该基金管理组根据价值型牛市的判断，在2003年下半年积极审慎地建仓，适度扩大股票投资比例，重仓持有了宝钢股份、长江电力、中国石化等绩优蓝筹股，使南方避险增值基金在风险很低的情况下分享了国民经济的增长成果，为基金持有人增加了投资回报。

【基金投资组合一览】

项目＼季度		第三季度			第四季度			
基金资产净值/元		5,093,765,014.05			4,371,191,433.09			
基金份额/份		5,123,487,311.69			4,208,687,431.30			
基金单位净值/元		0.9942			1.0386			
基金投资组合		市值(元)		占净值比	市值(元)			占净值比
债券投资		3,012,182,583.89		59.13%	3,210,193,075.11			73.44%
股票投资		115,064,952.80		2.26%	922,725,679.88			21.11%
货币资金		79,754,180.04		1.57%	269,423,014.67			6.16%
投资前五名债券明细	序号	债券名称	市值(元)	占净值比	序号	债券名称	市值(元)	占净值比
	1	03国开18	500,000,000.00	9.82%	1	03国开18	500,000,000.00	11.44%
	2	03国开19	500,000,000.00	9.82%	2	03国开19	500,000,000.00	11.44%
	3	21国债15	333,930,522.00	6.56%	3	03国开09	379,084,701.37	8.67%
	4	02国债14	317,596,274.60	6.24%	4	03国债05	299,160,200.00	6.84%
	5	03国债05	299,160,200.00	5.87%	5	02国债14	297,985,585.20	6.82%
投资前五名股票明细	序号	股票名称	市值(元)	占净值比	序号	股票名称	市值(元)	占净值比
	1	宝钢股份	69,551,753.25	1.37%	1	长江电力	351,536,745.00	8.04%
	2	国电电力	18,193,230.00	0.36%	2	上港集箱	88,071,240.00	2.01%
	3	华泰股份	11,954,847.09	0.23%	3	齐鲁石化	84,928,579.20	1.94%
	4	铜都铜业	3,528,246.00	0.07%	4	武钢股份	58,381,374.61	1.34%
	5	中国石化	3,405,600.00	0.07%	5	中国石化	56,883,494.25	1.30%

华夏基金管理有限公司

【基本情况】

法定名称：华夏基金管理有限公司
注册地址：北京市顺义区天竺空港工业区A区
办公地址：北京市西城区金融大街33号通泰大厦A座15层
法人代表：凌新源
总 经 理：范勇宏
成立时间：1998年4月9日
组织形式：有限责任公司
注册资本：1.38亿元人民币
联系电话：010-66069966
传真号码：010-66102133
邮政编码：100032
公司网址：www.ChinaAMC.com

【发展概况】

华夏基金管理有限公司是经中国证监会证监基金字[1998]16号文批准，由华夏证券有限公司、北京证券有限责任公司、中国科技国际信托投资有限责任公司共同发起，于1998年4月9日正式成立，注册资本为7000万人民币。2000年1月19日，公司完成增资扩股，注册资本增加为1.38亿元人民币。2000年4月，经国家人事部批准，华夏基金公司设立了我国基金业第一家博士后工作站；2002年12月20日，公司成为首批全国社保基金投资管理人。2003年6月，全国社保基金正式开始将资金委托给华夏基金管理公司进行投资管理。

目前，公司设立了投资决策委员会和风险控制委员会等专业委员会，下设十二个部门，分别是：基金管理部、固定收益部、监察稽核部、人力资源部、国际业务部、基金运作部、市场部、机构理财部、研究发展部、信息技术部、综合管理部、财务部。截至2003年12月底，公司有员工127人，其中73人具有硕士以上学历。56人证券从业年限超过5年，14人具有海外学习和工作经历。

【经营业绩】

截至2003年12月底，华夏基金公司共管理着五只封闭式基金、三只开放式基金和三只全国社保基金投资组合，管理资产规模突破200亿元人民币。是国内管理基金数目最多、管理资产规模最大的基金管理公司之一。

2003年7月22日，经中国证监会证监基金字[2003]86号文批准，华夏基金公司旗下第三只开放式基金：华夏回报基金开始发行，截至2003年9月2日发行结束，该基金于2003年9月5日正式成立，首募规模37.97亿份，有效认购户数达49829户。截至2003年底，华夏回报基金运作不到半年的时间，基金净值增长率达8.24%，并于12月12日实施成立以来的首次分红：每10份基金单位派现0.198元。

五年来，华夏基金公司坚持“诚信、人本、创新、共享”的企业经营理念，取得了良好的业绩：2003年，公司旗下运作满一年的股票基金平均净值增长率加权平均为21.76%，超过了同期上证指数10.27%的涨幅；2003年年度分红，基金兴华每10份基金单位派现1.30元，列分红的封闭式基金第一名；基金兴和每10份基金单位派现0.96元，列分红的封闭式基金第二位；基金兴科每10份基金单位派现0.20元，分红总金额近6亿元；截至年底，华夏基金旗下各基金累计分红已近40亿元，为基金持有人带来了实实在在的回报。

华夏基金管理公司始终把维护投资者利益作为企业发展的根本原则，建立了严格的内控体系，有效地控制了基金投资风险和企业经营风险。目前，公司已形成一套行之有效的投资研究制度和产品创新机制，在实现较好投资业绩的基础上，不断推出新产品满足投资人的需求，把“研究创造价值”的抽象理念落到了实处。公司大力推进客户服务体系的建立，通过直销团队、代销网络、投资者交流活动以及客户服务中心，为投资人提供便捷的销售网络和有价值的投资资讯，全力打造高质量的华夏客户服务品牌。

附：高管成员介绍

凌新源先生：董事长，硕士。曾任华夏证券有限公司副总裁、中国钢铁工贸集团公司总裁助理、中国冶金进出口总公司总裁助理、北京国际信托投资公司业务部副经理。

范勇宏先生：副董事长、总经理，博士。曾任中国建设银行总行干部、华夏证券有限公司北京东四营业部总经理、华夏证券有限公司总裁助理、华北业务总监。

股东概况

排序	股东名称	出资额(万元)	出资比例(%)
1	西南证券有限责任公司	4930.05	35.725
1	北京市国有资产经营有限责任公司	4930.05	35.725
2	北京证券有限责任公司	3450.00	25.00
3	中国科技证券有限责任公司	489.90	3.55

旗下基金

排序	基金代码	基金简称	基金类型
1	500008	基金兴华	封闭式
2	500018	基金兴和	封闭式
3	184708	基金兴科	封闭式
4	184718	基金兴安	封闭式
5	500028	基金兴业	封闭式
6	000001/000002	华夏成长	开放式
7	001001/001002	华夏债券	开放式
8	002001/002002	华夏回报	开放式

兴华证券投资基金

基本资料			
基金代码	500008	基金简称	基金兴华
基金类型	契约型封闭式	成立日期	1998-04-28
上市日期	1998-05-08	上市地点	上海证券交易所
基金总份额	20亿份	存 续 期	15年
基金管理人	华夏基金管理有限公司	基金托管人	中国建设银行
审计机构	普华永道中天会计师事务所	律师事务所	北京市金诚律师事务所
投资目标	该基金的投资目标是为投资者减少和分散投资风险，确保基金资产的安全并谋求基金长期稳定的投资收益。		
业绩比较基准	——		

财务指标　　单位：人民币(元)

项 目 ＼ 年 度	2003年	2002年		2001年	
		新指标	旧指标	新指标	旧指标
加权平均单位基金净收益	0.1340	−0.0262	−0.0262	0.0800	0.0800
期末可分配单位基金收益	0.1434	−0.0169		0.1011	
期末单位基金资产净值	1.2912	0.9831		1.1011	
基金加权平均净值收益率	11.73%	−2.51%	−2.60%	6.44%	7.01%
单位基金累计净值增长率	141.38%	83.78%		88.75%	
本期分红	10派 1.30元	累计分红		10派 10.34元	

基金历年表现（单位：%）

年份	2003	2002	2001
表现	31.34	−2.63	−3.84

【本期基金业绩表现】

截至2003年12月31日，基金兴华单位资产净值为1.2912元，净值增长率为31.34%。

【基金经理简介】

石波先生：基金经理，法学硕士，证券从业经历10年。历任君安证券有限公司投资银行部上海总部副总经理、上海申华实业股份有限公司常务副总经理、华夏基金管理有限公司投资管理部副总经理、兴科证券投资基金基金经理。

【基金投资运作分析】

2003年初，基金兴华洞察到我国的宏观经济面正发生重要变化，预计我国经济将步入高速增长期，该基金即迅速增加了在高成长的银行、电力、钢铁等行业的投资，通过坚持价值投资理念，投资于绩优高成长蓝筹公司，取得了较好的业绩。

2003年，基金兴华操作特点如下：①低成本介入高成长性股票：经过市场分析，基金兴华在年初以较低的价格介入了电信、银行、交通运输等高成长行业，该基金的重仓股都是在市场价格最低或较低时介入的，从而使投资具有较高的安全边际和收益率；②相对集中投资于优质企业：基金经理在市场下跌的过程中，尽量把有限的资金集中于那些下跌空间较小的低价低市盈率蓝筹股，通过集中投资于宝钢、联通等绩优蓝筹股，该基金以较小的股票仓位获得超过大部分基金的净值涨幅；③坚持价值投资理念，减少市场操作：基金兴华由于较早采用价值投资法，根据基本面买入的股票后来都得到了市场的认同，从而获得了较好的收益。

【基金投资组合一览】

项 目 ＼ 季 度	第一季度		第二季度		第三季度		第四季度	
基金资产净值/元	2,208,405,046.03		2,333,563,197.84		2,203,853,365.56		2,582,490,943.75	
基金单位净值/元	1.1042		1.1668		1.1019		1.2912	
基金投资组合	市值(元)	占净值比	市值(元)	占净值比	市值(元)	占净值比	市值(元)	占净值比
股票投资	1,364,725,781.22	61.79%	1,130,606,409.04	48.45%	1,487,593,800.23	67.50%	1,848,754,230.47	71.59%
国债及货币资金	623,680,809.66	28.24%	964,845,260.67	41.35%	638,364,552.97	28.97%	736,410,701.11	28.52%
其他投资	217,885,231.20	9.87%	236,924,935.50	10.15%	74,777,763.20	3.39%	——	

投资前十名股票明细

股票名称	市值(元)	占净值比	股票名称	市值(元)	占净值比	股票名称	市值(元)	占净值比	股票名称	市值(元)	占净值比
宝钢股份	213,725,000.00	9.68%	中国联通	215,070,000.00	9.22%	中国联通	208,370,000.00	9.45%	中国联通	250,740,000.00	9.71%
招商银行	213,254,038.00	9.66%	招商银行	211,825,000.00	9.08%	招商银行	173,345,000.00	7.87%	招商银行	234,192,552.11	9.07%
浦发银行	144,834,808.56	6.56%	华能国际	128,666,574.60	5.51%	华能国际	134,026,477.28	6.08%	华能国际	183,097,616.92	7.09%
华能国际	112,008,080.20	5.07%	山东基建	127,841,022.54	5.48%	山东基建	122,500,158.00	5.56%	南方航空	150,800,050.00	5.84%
中国联通	101,477,874.96	4.60%	宝钢股份	102,996,254.40	4.41%	宝钢股份	122,422,350.56	5.55%	中海发展	129,864,142.98	5.03%
光明乳业	66,685,606.34	3.02%	浦发银行	92,880,000.00	3.98%	上海机场	43,349,707.35	1.97%	兖州煤业	87,207,775.20	3.38%
中国石化	63,000,165.60	2.85%	光明乳业	48,481,416.00	2.08%	光明乳业	42,480,095.30	1.93%	中国石化	74,850,000.00	2.90%
波导股份	58,069,980.50	2.63%	波导股份	36,037,378.65	1.54%	深能源A	37,314,244.40	1.69%	国阳新能	68,143,684.00	2.64%
深发展A	42,144,541.05	1.91%	深能源A	24,279,785.92	1.04%	中海发展	36,204,246.63	1.64%	西山煤电	57,179,718.48	2.21%
唐钢股份	41,314,624.16	1.87%	皖通高速	20,803,368.62	0.89%	万 科 A	34,354,588.40	1.56%	深能源A	44,678,897.90	1.73%

兴和证券投资基金

基本资料			
基金代码	500018	基金简称	基金兴和
基金类型	契约型封闭式	成立日期	1999–07–14
上市日期	1999–07–30	上市地点	上海证券交易所
基金总份额	30 亿份	存 续 期	15 年
基金管理人	华夏基金管理有限公司	基金托管人	中国建设银行
审计机构	普华永道中天会计师事务所	律师事务所	北京市金诚律师事务所
投资目标	通过指数化投资和积极投资的有机结合，力求基金收益率超越我国证券市场的指数增长率（以沪市综合指数为参考），谋求基金资产长期增值。		
业绩比较基准	——		

财务指标　　单位：人民币（元）

项 目 \ 年 度	2003 年	2002 年 新指标	2002 年 旧指标	2001 年 新指标	2001 年 旧指标
加权平均单位基金净收益	0.0696	0.0033	0.0033	0.0778	0.0778
期末可分配单位基金收益	0.1065	–0.0744		0.0835	
期末单位基金资产净值	1.1336	0.9256		1.0835	
基金加权平均净值收益率	6.70%	0.33%	0.33%	6.39%	6.66%
单位基金累计净值增长率	46.47%	19.60%		30.24%	
本期分红	10 派 0.96 元	累计分红	10 派 4.23 元		

基金历年表现（单位：%）

年份	2003	2002	2001
净值增长率	22.47	–8.17	–7.44

【本期基金业绩表现】

截至2003年12月31日，基金兴和单位资产净值为1.1336元，全年净值增长率为22.47%。

【基金经理简介】

郭树强先生：基金经理，经济学硕士。1998年加盟华夏基金管理有限公司，从事基金投资工作，历任交易员、兴和证券投资基金基金经理助理、交易主管和基金评估小组组长。2002年起担任兴和证券投资基金基金经理。2003年起担任基金管理部副总经理，负责研究工作。

【基金投资运作分析】

2003年，基金兴和以被动投资为主，积极投资注重合理匹配风险收益关系，在市场上升过程中总体取得了较好的收益。

2003年全年，基金兴和都保持较高的股票投资仓位，基本没有进行波段操作。上半年，该基金对管理规范、业绩优良、具有较好成长性的公司进行了重点投资，主要包括宝钢股份、中国联通、招商银行、中国石化等，取得了良好的投资收益，本期该基金积极投资的收益率接近50%。其重点持有的股票基本是着眼于中长期投资的选择，4月中旬市场下调以来，在企业发展仍然健康、良好，股价也没有明显高估的情况下，没有波段操作，继续保持长期投资。而对一些涨幅过高，脱离基本面的股票没有及时减持是该基金在上半年的主要失误。第四季度，基金兴和全部减持了一汽轿车和宝钢股份，加大了在煤炭行业、交通运输行业以及中国石化和华能国际的投资。

在国债投资上，基金兴和基本以浮动债、短期债为主，仓位维持在最下限20%左右。上半年，该基金大量投资了民生转债和钢钒转债，实现了良好收益。

【基金投资组合一览】

项 目 \ 季 度	第一季度		第二季度		第三季度		第四季度	
基金资产净值/元	3,068,570,616.54		3,162,195,611.81		2,966,190,939.87		3,400,656,821.57	
基金单位净值/元	1.0229		1.0541		0.9887		1.1336	
基金投资组合	市值(元)	占净值比	市值(元)	占净值比	市值(元)	占净值比	市值(元)	占净值比
股票投资	2,156,726,074.48	70.28%	2,310,800,238.73	73.07%	2,283,884,124.94	77.00%	2,602,825,241.19	76.54%
国债及货币资金	716,606,840.96	23.35%	696,337,323.22	22.02%	632,327,405.69	21.32%	932,279,515.86	27.41%
其他投资	178,952,470.40	5.83%	151,481,801.80	4.79%	48,206,404.00	1.63%	9,032,541.70	0.27%

积极投资中前五名股票明细	股票名称	市值(元)	占净值比	股票名称	市值(元)	占净值比	股票名称	市值(元)	占净值比	股票名称	市值(元)	占净值比
	招商银行	169,065,837.00	5.51%	招商银行	188,858,910.60	5.97%	宝钢股份	200,062,833.20	6.74%	中国联通	244,521,532.58	7.19%
	宝钢股份	149,350,000.00	4.87%	中国联通	169,773,359.37	5.37%	中国联通	191,070,845.81	6.44%	招商银行	206,760,433.13	6.08%
	中国石化	130,710,780.00	4.26%	一汽轿车	160,896,682.66	5.09%	一汽轿车	151,426,934.89	5.11%	中国石化	167,942,162.56	4.94%
	一汽轿车	104,109,707.00	3.39%	宝钢股份	160,548,000.00	5.08%	招商银行	151,221,493.00	5.10%	南方航空	112,647,940.00	3.31%
	深圳机场	36,201,004.96	1.18%	深圳机场	34,741,813.12	1.10%	上海汽车	59,445,777.57	2.00%	华能国际	105,253,335.77	3.10%

兴科证券投资基金

基本资料			
基金代码	184708	基金简称	基金兴科
基金类型	契约型封闭式	成立日期	2000-04-08
上市日期	2000-07-18	上市地点	深圳证券交易所
基金总份额	5亿份	存 续 期	15年
基金管理人	华夏基金管理有限公司	基金托管人	交通银行
审计机构	普华永道中天会计师事务所	律师事务所	北京市金诚律师事务所
投资目标	以新的理念去发掘投资机会，通过积极的投资策略，获取长期的资本增值。		
业绩比较基准	——		

财务指标　　单位：人民币(元)

项目 ＼ 年度	2003年	2002年		2001年	
		新指标	旧指标	新指标	旧指标
加权平均单位基金净收益	0.0984	−0.0709	−0.0709	−0.0166	−0.0166
期末可分配单位基金收益	0.0213	−0.1294		−0.0263	
期末单位基金资产净值	1.1448	0.8706		0.9737	
基金加权平均净值收益率	9.80%	−7.39%	−7.28%	−1.57%	−1.56%
单位基金累计净值增长率	24.69%	−5.18%		6.05%	
本期分红	10派0.20元	累计分红		10派0.68元	

基金历年表现（单位：%）

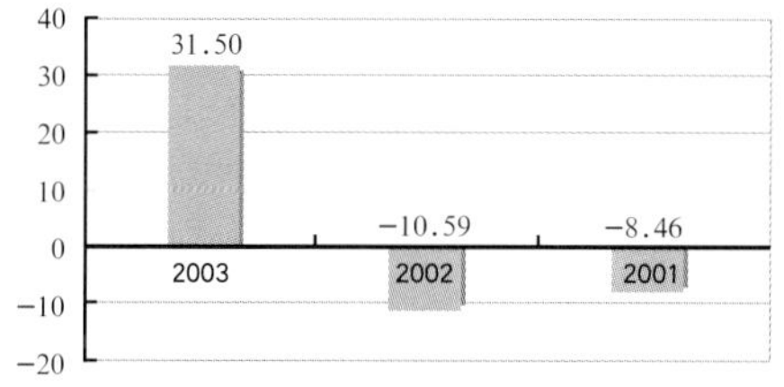

年份	2003	2002	2001
表现	31.50	−10.59	−8.46

【本期基金业绩表现】

截至2003年12月31日，基金兴科单位资产净值为1.1448元，全年净值增长率为31.50%。

【基金经理简介】

石波先生：基金经理，法学硕士，证券从业经历10年。历任君安证券有限公司投资银行部上海总部副总经理、上海申华实业股份有限公司常务副总经理、华夏基金管理有限公司投资管理部副总经理。

【基金投资运作分析】

2003年股市行情分为三个阶段：第一个阶段：局部牛市阶段（止于4月中），股价结构出现大调整，以汽车、金融、电力、钢铁和石化板块为代表的核心资产的股价不断走强，而同时大多数没有业绩支撑的公司股价出现较大幅度的调整。第二个阶段：全面调整阶段（止于9月底），股市全面进入调整，市场不断受制于资金面的不利影响，人气不断受到影响，调整持续近半年。第三个阶段：周期性股票恢复性上涨阶段，以宝钢为代表的上游基础原材料的周期性股票出现了提前于大盘的止跌上涨行情，并最终带动大盘在11月下旬见底回升。

2003年年初，基金兴科以较低的价格全面介入了电信、银行、交通运输、电力和钢铁等高成长行业的代表性优质上市公司，即使在大盘调整期间也一直坚持持有策略，本期内的股票仓位和持股结构一直变动不大，基金兴科较好地把握了市场上以核心资产为代表的局部牛市行情，取得了较好的投资收益，净值增长率位居同业前列。在债市投资方面，该基金基本上保持21%的仓位，以持有中短期债为主。

【基金投资组合一览】

项目 ＼ 季度	第一季度		第二季度		第三季度		第四季度	
基金资产净值/元	482,509,784.96		500,259,155.34		483,580,819.73		572,390,265.81	
基金单位净值/元	0.9650		1.0005		0.9672		1.1448	
基金投资组合	市值(元)	占净值比	市值(元)	占净值比	市值(元)	占净值比	市值(元)	占净值比
股票投资	321,636,168.43	66.66%	339,703,873.48	67.91%	333,307,757.38	68.92%	434,012,204.97	75.82%
国债及货币资金	127,321,164.98	26.39%	137,392,619.07	27.46%	121,246,511.16	25.07%	200,544,891.34	35.04%
其他投资	32,449,283.70	6.73%	23,992,172.30	4.80%	29,656,402.90	6.13%	2,833,352.50	0.50%

投资前十名股票明细	股票名称	市值(元)	占净值比	股票名称	市值(元)	占净值比	股票名称	市值(元)	占净值比	股票名称	市值(元)	占净值比
	宝钢股份	41,202,575.00	8.54%	招商银行	46,274,030.00	9.25%	宝钢股份	45,084,436.00	9.32%	中国联通	53,837,460.00	9.41%
	中国石化	22,609,234.80	4.69%	中国联通	44,284,742.70	8.85%	招商银行	37,867,918.00	7.83%	招商银行	43,480,000.00	7.60%
	招商银行	13,632,500.00	2.83%	宝钢股份	43,879,890.00	8.77%	中国联通	35,130,155.70	7.26%	南方航空	33,697,875.00	5.89%
	上海汽车	9,661,600.00	2.00%	上海汽车	16,750,800.00	3.35%	上港集箱	15,590,895.12	3.22%	上海汽车	18,890,400.00	3.30%
	齐鲁石化	9,338,506.26	1.94%	华能国际	15,700,909.40	3.14%	华能国际	15,226,402.40	3.15%	华能国际	18,547,951.40	3.24%
	盐田港A	9,177,739.60	1.90%	上港集箱	15,538,576.68	3.11%	伊利股份	15,128,600.00	3.13%	上港集箱	18,211,800.00	3.18%
	中国联通	8,742,904.38	1.81%	伊利股份	15,135,300.00	3.03%	外运发展	13,377,130.83	2.77%	国阳新能	17,908,012.50	3.13%
	鞍钢新轧	7,580,800.00	1.57%	盐田港A	11,462,700.00	2.29%	上海汽车	11,970,400.00	2.48%	酒钢宏兴	17,333,103.00	3.03%
	浦发银行	7,005,600.00	1.45%	酒钢宏兴	11,450,339.12	2.29%	酒钢宏兴	8,335,030.50	1.72%	外运发展	16,501,494.72	2.88%
	仪征化纤	6,102,883.80	1.26%	江铃汽车	10,830,000.00	2.16%	杭钢股份	8,296,368.72	1.72%	伊利股份	15,879,000.00	2.77%

兴安证券投资基金

基本资料

基金代码	184718	基金简称	基金兴安
基金类型	契约型封闭式	成立日期	2000-07-20
上市日期	2000-09-20	上市地点	深圳证券交易所
基金总份额	5亿份	存 续 期	15年
基金管理人	华夏基金管理有限公司	基金托管人	中国银行
审计机构	普华永道中天会计师事务所	律师事务所	北京市金诚律师事务所
投资目标	重点投资于具有核心竞争，主营业务具有持续成长性，符合国民经济产业升级和结构调整方向的上市公司。将通过积极进取的投资策略，在尽可能分散和规避投资风险的前提下，谋求基金资产长期稳定的增值。		
业绩比较基准	——		

财务指标 单位：人民币(元)

项目 \ 年度	2003年	2002年 新指标	2002年 旧指标	2001年 新指标	2001年 旧指标
加权平均单位基金净收益	-0.0471	-0.0113	-0.0113	-0.0513	-0.0513
期末可分配单位基金收益	-0.1084	-0.1798		-0.0723	
期末单位基金资产净值	1.0353	0.8202		0.9277	
基金加权平均净值收益率	-5.21%	-1.24%	-1.22%	-4.96%	-4.84%
单位基金累计净值增长率	6.63%	-15.52%		-4.45%	
本期分红	——	累计分红		10派 0.06元	

基金历年表现（单位：%）

【本期基金业绩表现】

截至2003年12月31日，基金兴安单位资产净值为1.0353元，全年净值增长率为26.23%。

【基金经理简介】

王志华先生：基金经理，1991年毕业于北京大学经济管理系，证券从业经历10年。曾任中国宝安集团中南证券深圳证券业务部调研部经理，君安证券公司证券投资部总经理助理。1999年3月加盟华夏基金管理有限公司，任基金管理部研究员。2001年11月起任兴安基金经理。

【基金投资运作分析】

2003年，股市行情分为三个阶段：第一个阶段：局部牛市阶段（止于4月中），股价结构出现前所未有的大调整，以汽车、金融、电力、钢铁和石化板块为代表的核心资产的股价不断走强，而同时大多数没有业绩支撑的公司股价出现较大幅度的调整。第二个阶段：全面调整阶段(止于9月底)，股市不断受制于资金面的不利影响，人气受到影响，调整持续了近半年。第三个阶段：周期性股票恢复性上涨阶段，以宝钢为代表的上游基础原材料的周期性股票出现提前于大盘的止跌上涨行情，并最终带动大盘在11月下旬见底回升。

2003年，股票市场方面，基金兴安在第一波局部牛市的行情中，基本保持了重仓，但由于持仓过于分散，并且持仓结构严重偏离市场核心资产，净值表现被动。6月起，该基金开始减仓和结构调整，清理了原来分散持有的绝大多数股票，从第三季度末起逐步建立了一个以上游基础原材料为主的集中型持股结构，及时把握了2003年第二波周期型股票上涨行情。在债市方面，该基金基本保持21%的仓位，以持有中短期债为主。

【基金投资组合一览】

项目 \ 季度	第一季度		第二季度		第三季度		第四季度	
基金资产净值/元	439,318,559.77		447,938,529.84		432,000,135.48		517,649,614.91	
基金单位净值/元	0.8786		0.8959		0.8640		1.0353	
基金投资组合	市值(元)	占净值比	市值(元)	占净值比	市值(元)	占净值比	市值(元)	占净值比
股票投资	325,452,848.58	74.08%	223,656,084.27	49.93%	268,660,886.98	62.19%	406,066,894.96	78.44%
国债及货币资金	99,029,237.68	22.54%	202,434,867.96	45.19%	141,462,539.35	32.75%	162,422,398.58	31.38%
其他投资	14,146,710.00	3.22%	21,637,855.20	4.83%	21,506,211.20	4.98%	——	

投资前十名股票明细

股票名称	市值(元)	占净值比	股票名称	市值(元)	占净值比	股票名称	市值(元)	占净值比	股票名称	市值(元)	占净值比
深圳机场	17,540,062.92	3.99%	中国联通	12,840,000.00	2.87%	酒钢宏兴	15,570,900.00	3.60%	中国联通	47,760,000.00	9.23%
安泰集团	11,322,114.70	2.58%	宝钢股份	12,750,000.00	2.85%	深圳机场	13,215,150.40	3.06%	宝钢股份	26,455,000.00	5.11%
东方钽业	10,833,886.98	2.47%	马钢股份	12,321,061.88	2.75%	宝钢股份	12,576,000.00	2.91%	武钢股份	19,334,616.84	3.74%
法拉电子	10,408,875.72	2.37%	桂柳工A	11,927,503.00	2.66%	中国联通	12,440,000.00	2.88%	福田汽车	18,846,423.63	3.64%
中信证券	10,065,000.00	2.29%	万 科 A	11,558,693.72	2.58%	江铃汽车	11,339,255.52	2.62%	山东铝业	17,637,510.15	3.41%
士 兰 微	10,009,651.08	2.28%	山东铝业	11,388,622.50	2.54%	福田汽车	10,814,377.60	2.50%	江西铜业	17,111,910.90	3.31%
上海贝岭	8,535,273.32	1.94%	福田汽车	11,142,328.40	2.49%	马钢股份	10,736,070.91	2.49%	齐鲁石化	17,026,666.08	3.29%
光明乳业	8,474,020.00	1.93%	酒钢宏兴	10,782,200.00	2.41%	山东铝业	10,546,854.75	2.44%	国阳新能	16,658,072.20	3.22%
中国石化	7,199,748.00	1.64%	中兴通讯	10,240,987.23	2.29%	威孚高科	9,241,290.56	2.14%	西山煤电	16,467,240.00	3.18%
风华高科	7,179,981.06	1.63%	威孚高科	9,722,249.92	2.17%	一汽轿车	8,890,000.00	2.06%	酒钢宏兴	16,193,400.00	3.13%

兴业证券投资基金

基本资料			
基金代码	500028	基金简称	基金兴业
基金类型	契约型封闭式	成立日期	2000-08-18
上市日期	2001-07-27	上市地点	上海证券交易所
基金总份额	5亿份	存 续 期	15年
基金管理人	华夏基金管理有限公司	基金托管人	中国农业银行
审计机构	普华永道中天会计师事务所	律师事务所	北京市金诚律师事务所
投资目标	将投资于企业基本面良好、业务具有成长性、符合国民经济产业升级和结构调整方向的上市公司。将通过积极的投资策略，为持有人谋取长期稳定的投资收益。		
业绩比较基准	——		

财务指标　　单位：人民币(元)

年度 项目	2003年	2002年 新指标	2002年 旧指标	2001年 新指标	2001年 旧指标
加权平均单位基金净收益	-0.0509	-0.0484	-0.0484	-0.1275	-0.0764
期末可分配单位基金收益	-0.1954	-0.2235		-0.1555	
期末单位基金资产净值	0.9055	0.7765		0.8445	
基金加权平均净值收益率	-6.08%	-5.71%	-5.73%	-10.81%	-14.05%
单位基金累计净值增长率	-15.08%	-27.17%		-20.80%	
本期分红	——		累计分红	——	

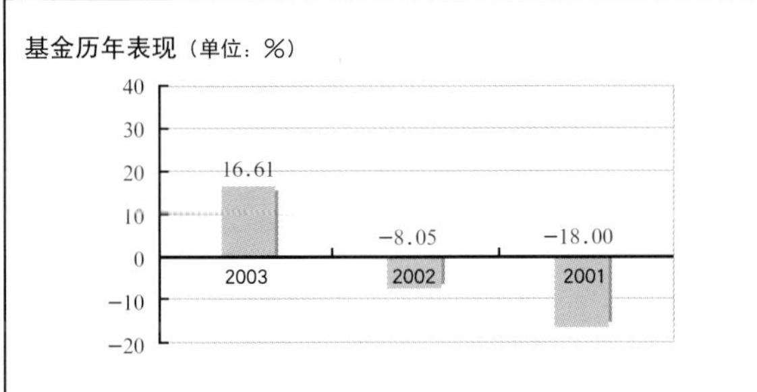

【本期基金业绩表现】

截至2003年12月31日，基金兴业单位净值年增长16.61%，同期上海深圳A股指数平均增长5.1%。

【基金经理简介】

王宁先生：基金经理，北京大学光华管理学院EMBA，证券从业经历9年。曾就职于中国证券市场研究设计中心，1998年加盟华夏基金管理有限公司，曾任兴华证券投资基金基金经理助理。

【基金投资运作分析】

2003年，中国宏观经济继续保持高速增长，全年GDP增长9.1%。证券投资基金取得市场话语权，所倡导的价值投资理念引导股市中定价体系发生根本改变，股价结构出现分化，业绩、成长和利润变化成为股票估值的核心。

2003年，基金兴业的股票仓位保持较高水平，债券比例控制最低仓位。重点投资石化、轿车等主流行业核心资产，虽然基金单位净值增长率取得战胜市场的水平，但是与基金同业相比存在不小的差距，分析其原因，主要是：①没有彻底贯彻以利润变化为核心的价值投资理念研究分析市场，对企业重组改变公司股票市场价值的炒作模式有所留恋；②缺乏从宏观、行业到公司更加深入细致的分析研究，造成自己看好的行业只能做到行业集中、股票分散的相对投资，没有集中投资行业领袖公司，实现最终收益最大化；③过分忧虑国有股减持、全流通的股权分置问题产生的系统性风险以及A股和H股之间市场割裂的比价关系问题。

【基金投资组合一览】

季度 项目	第一季度		第二季度		第三季度		第四季度	
基金资产净值/元	411,021,234.36		422,113,614.89		396,658,960.95		452,746,736.30	
基金单位净值/元	0.8220		0.8442		0.7933		0.9055	
基金投资组合	市值(元)	占净值比	市值(元)	占净值比	市值(元)	占净值比	市值(元)	占净值比
股票投资	269,003,111.57	65.45%	319,178,955.30	75.61%	294,538,600.85	74.25%	340,183,969.08	75.14%
国债及货币资金	140,553,594.65	34.20%	101,392,583.51	24.02%	102,364,793.94	25.81%	112,616,332.32	24.87%
其他投资	——		——		——		——	

投资前十名股票明细	股票名称	市值(元)	占净值比	股票名称	市值(元)	占净值比	股票名称	市值(元)	占净值比	股票名称	市值(元)	占净值比
	赛格三星	11,813,155.20	2.87%	上海汽车	16,768,620.00	3.97%	上海汽车	15,095,365.00	3.81%	中国石化	44,910,000.00	9.92%
	一汽轿车	11,460,000.00	2.79%	一汽轿车	16,731,008.00	3.96%	一汽轿车	13,896,848.00	3.50%	长江电力	17,580,673.76	3.88%
	上海汽车	11,140,930.31	2.71%	金杯汽车	14,161,671.00	3.35%	天 津 港	13,382,388.88	3.37%	中国联通	16,431,728.50	3.63%
	华北制药	9,782,326.00	2.38%	中国联通	13,252,725.75	3.14%	中国联通	12,839,868.25	3.24%	一汽轿车	16,132,224.00	3.56%
	金杯汽车	8,075,718.00	1.96%	华北制药	12,348,233.80	2.93%	金杯汽车	12,289,342.00	3.10%	中海发展	15,269,826.00	3.37%
	中国凤凰	7,687,759.00	1.87%	国电电力	11,702,047.50	2.77%	扬子石化	11,266,398.00	2.84%	上海石化	15,262,000.00	3.37%
	一汽夏利	7,613,100.00	1.85%	石 炼 化	11,594,474.68	2.75%	白云机场	11,005,318.56	2.77%	宝钢股份	15,015,000.00	3.32%
	东安动力	7,439,100.00	1.81%	天 津 港	11,592,840.00	2.75%	宝钢股份	11,004,000.00	2.77%	齐鲁石化	14,508,012.40	3.20%
	深宝安A	6,823,172.30	1.66%	中原油气	11,544,566.28	2.73%	深能源A	10,994,167.60	2.77%	浦发银行	13,423,410.00	2.96%
	鞍山信托	6,305,760.00	1.53%	中信证券	11,491,222.54	2.72%	中信证券	10,918,920.50	2.75%	天 津 港	13,382,388.88	2.96%

华夏成长证券投资基金

基本资料

基金代码	000001（前端收费） 000002（后端收费）				
基金简称	华夏成长		基金类型	契约型开放式	
发行日期	2001-11-28至2001-12-12		成立日期	2001-12-18	
首募规模	32.37亿份	认购户数	55212户	期末规模	29.74亿份
认购费率	1.00%	申购费率	0%-1.80%	赎回费率	0.50%
管理费率	1.50%		托管费率	0.25%	
销售机构	华夏基金管理公司、中国建设银行、交通银行、华夏证券、国泰君安证券、海通证券、中信证券、广发证券、兴业证券等				
基金管理人	华夏基金管理有限公司		基金托管人	中国建设银行	
审计机构	普华永道中天会计师事务所		律师事务所	北京市金诚律师事务所	
投资目标	主要通过投资于具有良好成长性的上市公司的股票，在保持基金资产安全性和流动性的前提下，实现基金的长期资本增值。				
业绩比较基准	——				

财务指标 单位：人民币(元)

项目 \ 年度	2003年	2002年		2001年	
		新指标	旧指标	新指标	旧指标
加权平均单位基金净收益	-0.0051	0.0367	0.0318	0.0002	0.0002
期末可分配单位基金收益	-0.0246	-0.0552		0.0002	
期末单位基金资产净值	1.034	0.945		1.000	
基金加权平均净值收益率	-0.51%	3.60%	4.09%	0.02%	0.02%
单位基金累计净值增长率	9.60%	-3.09%		0.00%	
本期分红	10派 0.33元		累计分红	10派 0.60元	

基金历年表现（单位：%）

40
30
20
10
0
-10
13.09
-3.09
2003
2002

【本期基金业绩表现】

截至2003年12月31日，华夏成长基金单位净值为1.034元，全年净值增长率为13.09%。

【基金经理小组简介】

王亚伟先生：基金经理，经济学硕士，证券从业经历9年。历任中信国际合作公司业务经理，华夏证券北京东四营业部研究部经理。1998年加盟华夏基金管理有限公司，从事基金投资工作，先后任基金兴华基金经理助理、基金经理，现任华夏成长基金经理、公司投资总监。

田擎先生：基金经理助理，经济学硕士。2001年加盟华夏基金管理有限公司，先后担任交易员、研究员工作。

乔巍先生：基金经理助理，工学学士。曾就职于泰康人寿保险股份有限公司等。2001年加盟华夏基金管理有限公司，任研究员工作。

【基金投资运作分析】

在2003年初，华夏成长基金制订了加大股票仓位，加大股票集中度，重视行业配置的投资策略。但实施中没有跟上市场节奏。尤其是二季度，在减仓中卖出了后期涨幅较大的优质大盘股，而保留了一部分流动性较差的非主流板块，并买入了一些医药股，使净值在大盘再度上涨过程中涨幅较小，落后于同业水平，也增加了后期组合调整的难度，延长了时间。第三季度开始，基金经理对投资组合进行较大的调整，11月份基本完成，从年末两个月的基金净值表现来看，效果较为理想。

在债市方面，华夏成长基金将浮动利率债券和短期国债作为投资重点品种，同时对企业债券和可转换债券给予了充分重视，取得较好的收益。

【基金投资组合一览】

项目 \ 季度	第一季度		第二季度		第三季度		第四季度	
基金资产净值/元	4,130,110,947.10		3,460,316,386.66		3,201,708,575.17		3,076,159,754.95	
基金份额/份	4,036,758,096.33		3,556,425,199.77		3,479,475,628.97		2,974,403,136.49	
基金单位净值/元	1.023		0.973		0.920		1.034	
基金投资组合	市值(元)	占净值比	市值(元)	占净值比	市值(元)	占净值比	市值(元)	占净值比
股票投资	2,103,609,743.03	50.93%	2,220,516,003.71	64.17%	2,248,545,470.78	70.23%	2,298,717,394.17	74.73%
国债及货币资金	1,409,995,444.54	34.14%	1,092,476,420.74	31.57%	713,233,403.09	22.28%	1,166,235,989.28	37.91%
其他投资	615,745,536.53	14.91%	141,874,518.70	4.10%	131,391,364.70	4.10%	89,883,503.80	2.92%

投资前十名股票明细

股票名称	市值(元)	占净值比	股票名称	市值(元)	占净值比	股票名称	市值(元))	占净值比	股票名称	市值(元)	占净值比
招商银行	235,687,380.64	5.71%	中国联通	271,671,400.00	7.85%	中国联通	315,146,576.60	9.84%	中国联通	298,680,000.00	9.71%
宝钢股份	230,595,776.64	5.58%	招商银行	172,709,398.48	4.99%	招商银行	269,783,864.28	8.43%	南方航空	292,050,000.00	9.49%
天士力	68,957,750.76	1.67%	中集集团	172,542,646.75	4.99%	中集集团	142,699,595.50	4.46%	招商银行	291,870,000.00	9.49%
中国联通	58,828,773.15	1.42%	北新建材	98,545,294.25	2.85%	酒钢宏兴	126,410,972.06	3.95%	福田汽车	185,198,999.82	6.02%
贵州茅台	46,890,000.00	1.14%	华北制药	90,476,100.00	2.61%	福田汽车	111,123,685.50	3.47%	西山煤电	163,611,303.91	5.32%
新太科技	40,934,476.80	0.99%	东北药	82,534,200.00	2.39%	上海汽车	105,895,291.18	3.31%	酒钢宏兴	115,080,000.00	3.74%
东方明珠	40,420,148.60	0.98%	宇通客车	73,644,556.08	2.13%	万科A	97,680,586.12	3.05%	上海汽车	90,552,897.00	2.94%
同仁堂	37,360,000.00	0.90%	宝钢股份	68,243,482.79	1.97%	一汽轿车	92,125,811.82	2.88%	万科A	78,480,000.00	2.55%
新农开发	36,238,118.84	0.88%	雅戈尔	65,025,968.71	1.88%	北新建材	88,080,307.25	2.75%	宇通客车	77,554,700.00	2.52%
北新建材	34,940,358.36	0.85%	酒钢宏兴	61,985,742.96	1.79%	宇通客车	76,549,592.88	2.39%	中集集团	70,140,000.00	2.28%

华夏债券投资基金

基本资料

基金代码	001001（前端收费） 001002（后端收费）				
基金简称	华夏债券		基金类型	契约型开放式	
发行日期	2002-09-16至2002-10-18		成立日期	2002-10-23	
首募规模	51.33亿份	认购户数	71229户	期末规模	20.88亿份
认购费率	0%-0.80%（前端） 0%-1.00%（后端）	申购费率	0.80%-1.00%（前端） 0%-1.20%（后端）	赎回费率	0.00%
管理费率	0.60%		托管费率	0.20%	
销售机构	华夏基金管理公司、交通银行、中国建设银行、华夏证券、国泰君安证券、中信证券、海通证券和广发证券、兴业证券等。				
基金管理人	华夏基金管理有限公司		基金托管人	交通银行	
审计机构	普华永道中天会计师事务所		律师事务所	北京市金诚律师事务所	
投资目标	在强调本金安全的前提下，追求较高的当期收入和总回报。				
业绩比较基准	53%中信银行间债券指数+46%中信交易所国债指数+1%中信交易所企业债指数				

财务指标 单位：人民币（元）

年度 / 项目	2003年	2002年10月23日至12月31日	
		新指标	旧指标
加权平均单位基金净收益	0.0302	0.0041	0.0050
期末可分配单位基金收益	0.0199	0.0041	
期末单位基金资产净值	1.021	1.006	
基金加权平均净值收益率	2.96%	0.41%	0.36%
单位基金累计净值增长率	3.33%	0.60%	
本期分红	10派 0.12元	累计分红	10派 0.12元

基金历年表现（单位：%）

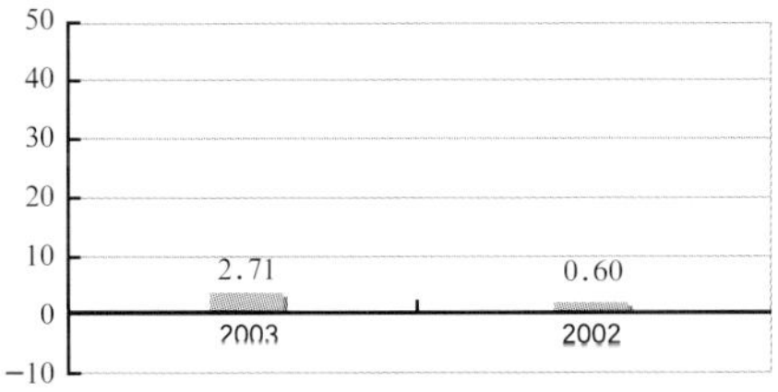

50
40
30
20
10
0
−10

2.71 2003
0.60 2002

【本期基金业绩表现】

截至2003年12月31日，华夏债券基金单位资产净值为1.021元，本期净值增长率为2.71%。

【基金经理简介】

朱爱林：基金经理，经济学博士，美国密苏里大学MBA。证券从业经历9年。历任中国平安保险公司投资委员会委员、投资经营管理部总经理助理、投资管理中心高级投资组合经理。2001年起任华夏基金管理有限公司债券基金经理。

【基金投资运作分析】

2003年，我国经济进入新一轮增长周期。债券市场结束了牛市，国债指数年收益率首次出现负值。全年债券市场总体走势表现为"温和上涨—大幅下跌—中度反弹"的走势。全年中信国债指数下跌0.17%，中信企债指数上涨0.20%，中信银行间债券指数下跌0.63%，该基金投资基准下跌0.41%。全年上证指数上涨10%，可转换债券表现较好。

在市场结构方面，随着跨市场投资者和交易债券品种、规模的增加，银行间和交易所市场联动趋势得到加强；投资者数量和机构投资者的增加使收益率曲线结构逐步趋于合理，明显偏离收益率曲线的债券只数减少。

2003年上半年，华夏债券基金减持了国债，提高了金融债、企业债和可转债的投资比例，重点持有在整体扁平的收益率曲线上处于向上凸起部位的5年期左右、中度偏短久期债券，并在二季度末提高了中短期债券投资比例，回避了债券市场调整风险。

2003年下半年，该基金继续提高了金融债和可转债的投资比例，并进一步调低组合久期，减持5年期以上债券，增持了3年左右及以下的债券，使组合风险进一步降低。

【基金投资组合一览】

项目 / 季度	第一季度		第二季度		第三季度		第四季度	
基金资产净值/元	3,431,631,199.43		3,327,074,217.84		2,591,803,696.73		2,131,849,324.76	
基金份额/份	3,367,656,140.26		3,237,615,132.57		2,538,284,950.31		2,088,372,988.87	
基金单位净值/元	1.019		1.028		1.021		1.021	
基金投资组合	市值(元)	占净值比	市值(元)	占净值比	市值(元)	占净值比	市值(元)	占净值比
债券投资	3,035,064,449.81	88.44%	2,478,849,753.90	74.51%	2,278,903,606.20	87.93%	1,865,182,406.28	87.49%
货币资金	83,308,886.05	2.43%	26,730,841.52	0.80%	224,520,164.89	8.66%	167,798,328.37	7.87%

投资前五名债券明细

债券名称	市值(元)	占净值比	债券名称	市值(元)	占净值比	债券名称	市值(元))	占净值比	债券名称	市值(元)	占净值比
21国债3	402,012,000.00	11.71%	21国债3	334,731,448.80	10.06%	21国债3	296,382,066.10	11.44%	03国开07	156,144,000.00	7.32%
99国债8	337,209,200.00	9.83%	02国开18	243,816,000.00	7.33%	21国债15	228,641,725.50	8.82%	03国债05	148,410,000.00	6.96%
21国债15	325,312,000.00	9.48%	99国债8	238,320,370.00	7.16%	02国债10	122,877,066.60	4.74%	02国债10	116,812,615.50	5.48%
02国开18	275,940,000.00	8.04%	21国债15	199,165,737.20	5.99%	02武钢7	105,403,263.00	4.07%	02国开16	110,352,000.00	5.18%
02国债15	206,809,463.50	6.03%	02国开15	174,580,000.00	5.25%	99国债8	101,317,123.60	3.91%	21国债15	108,243,542.70	5.08%

华夏回报证券投资基金

基本资料					
基金代码	002001（前端收费） 002002（后端收费）				
基金简称	华夏回报		基金类型	契约型开放式	
发行日期	2003-07-22至2003-09-02		成立日期	2003-09-05	
首募规模	37.97亿份	认购户数	49829户	期末规模	32.66亿份
认购费率	0%-1.00%（前端） 0%-1.20%（后端）	申购费率	1.00%-1.50%（前端） 0%-1.80%（后端）	赎回费率	不超过0.50%
管理费率	1.50%		托管费率	0.25%	
销售机构	华夏基金管理公司、中国银行、中国建设银行、交通银行、中国民生银行、华夏证券、国泰君安证券、中信证券、海通证券、广发证券、兴业证券、国信证券等。				
基金管理人	华夏基金管理有限公司		基金托管人	中国银行	
审计机构	普华永道中天会计师事务所		律师事务所	北京天元律师事务所	
投资目标	尽量避免基金资产损失，追求每年较高的绝对回报				
业绩比较基准	同期一年期定期存款利率				

财务指标			单位：人民币(元)
项目 \ 年度	2003年9月5日至2003年12月31日		
加权平均单位基金净收益	0.0190		
期末可分配单位基金收益	0.0002		
期末单位基金资产净值	1.062		
基金加权平均净值收益率	1.88%		
单位基金累计净值增长率	8.24%		
本期分红	10派 0.198元	累计分红	10派 0.198元

基金历年表现（单位：%）

50 40 30 20 10 0 −10

8.24

2003 2002

【本期基金业绩表现】

华夏回报基金2003年9月5日开始运作，截至2003年12月31日，基金单位净值为1.062元，净值增长率为8.24%。

【基金经理简介】

江晖先生：基金经理，经济学硕士，证券期货从业经历10年。曾任泰康人寿保险公司投资部债券处副经理，深圳市安信财务顾问公司北京期货部经理，中国国际期货经纪公司国际期货经纪人，国家统计局公务员。1998年加盟华夏基金管理有限公司，曾任基金兴华基金经理、基金兴和基金经理，现任华夏回报基金基金经理、固定收益部总经理。

【基金投资运作分析】

2003年，华夏回报基金以企业的价值为投资依据，通过分析行业盛衰规律，买入具有核心竞争力的企业，实现了较低风险下的较高的绝对投资回报。

华夏回报基金成立初期，股市正处于下跌。该基金经理即采取了在下跌中买入安全边际高，有较高收益预期股票的投资策略，取得良好效果。一方面，该基金采取买入股票的策略，尽量降低投资成本；另一方面把投资对象锁定为：蓝筹股和低市盈率股两类品种。

2003年，华夏回报基金即是通过相对集中投资于低价低市盈率的蓝筹股，有效控制了风险，避免了基金资产损失。该基金经理在买入低价低市盈率的股票时，更看重企业的成长性和动态市盈率。行业选择上，偏重买入成长类消费端企业，并在这些行业出现拐点的时候进行投资，看重的是行业成长的长期趋势和可预见的业绩增长。华夏回报基金通过在低位相对集中投资于南方航空、中国联通等高成长性股票，最终以较小的风险获得了较高的回报。

【基金投资组合一览】

项目 \ 季度	第四季度	
基金资产净值/元	3,469,305,144.91	
基金份额/份	3,266,473,983.86	
基金单位净值/元	1.062	
基金投资组合	市值(元)	占净值比
股票投资	1,687,635,816.74	48.64%
国债及货币资金	1,772,341,743.24	51.09%
其他投资	220,844,675.31	6.37%

投资前十名股票明细

序号	股票名称	市值(元)	占净值比	序号	股票名称	市值(元)	占净值比
1	中国联通	294,768,046.56	8.50%	6	国阳新能	105,042,261.69	3.03%
2	南方航空	281,485,417.95	8.11%	7	华能国际	93,788,867.25	2.70%
3	招商银行	247,451,418.13	7.13%	8	五 粮 液	73,533,182.70	2.12%
4	中国石化	138,602,242.35	4.00%	9	山东基建	66,215,260.00	1.91%
5	中海发展	109,247,700.60	3.15%	10	长江电力	47,484,617.04	1.37%

华安基金管理有限公司

【基本情况】

法定名称：华安基金管理有限公司
注册地址：上海市浦东南路360号新上海国际大厦38楼
办公地址：上海市浦东南路360号新上海国际大厦38楼
北京市西城区金融街23号平安大厦106室
法人代表：杜建国
总 经 理：韩方河
成立时间：1998年6月4日
组织形式：有限责任公司
注册资本：1.5亿元人民币
联系电话：021-58881111
传真号码：021-58406138
邮政编码：200120
公司网址：www.huaan.com.cn

【发展概况】

华安基金管理有限公司由上海国际信托投资公司(现更名为上海国际信托投资有限公司)、申银万国证券股份有限公司和山东证券有限责任公司(现更名为天同证券有限责任公司)共同发起，经中国证监会证监基字[1998]20号文批准成立的首批基金管理公司之一。2000年7月，公司完成增资扩股，注册资本增加到1.5亿元人民币，东方证券有限责任公司和浙江证券有限责任公司(现更名为方正证券有限责任公司)增添为公司新股东。

公司内设十六个部门和一个分公司：研究发展部、基金投资部、固定收益部、集中交易部、专户理财部、市场业务管理部、上海营销总部、北京营销总部、基金注册部、战略策划部、综合管理部、监察稽核部、信息技术部、电子商务部、财务核算部、客户服务部和北京分公司。公司设有两个专门委员会：投资决策委员会及风险控制委员会。华安共有员工107人，70%员工获得基金从业资格认证，54%的员工拥有硕士或博士学位。公司共有基金经理及行业研究员20多人左右，平均拥有七年以上的金融证券业从业经历。

【经营业绩】

截至2003年底，华安基金管理公司共管理了七只证券投资基金：四只封闭式基金和三只开放式基金，基金管理资产规模达147亿元人民币。

2003年12月，经中国证监会证监基金字[2003]135号文批准，华安基金管理公司发行设立国内首只准货币市场基金：华安现金富利投资基金，该基金自2003年12月14日开始发行至2003年12月28日发行结束，15天的时间，发行规模42.53亿元，单笔认购平均额33821元。其中，个人投资者共计认购39.69亿元。

华安基金管理有限公司注重对全体基金持有人的投资回报：2003年5月和12月，华安180基金实施两次分红，累计向基金持有人每10份基金单位派发现金红利0.70元；2003年6月华安创新实施分红，向基金持有人每10份基金单位派发现金红利0.18元。封闭式基金中，基金安信每10份基金单位派发现金红利0.10元，基金安顺每10份基金单位派发现金红利0.22元。截至2003年底，华安基金公司旗下各基金累计分红达44亿元人民币。

2003年4月，华安基金公司率先在业内中推出开放式基金电子交易业务：“华安特快”，由此，华安成为业内第一家参照“实时企业”的要求推出7×24小时“全天候”理财服务的基金管理公司。同时公司通过“银基通”、“银联通”两个资金结算渠道，解决了电子交易的资金结算问题，此外，还率先实现了网上开户，解决了投资者的远程开户问题。

为防范基金投资风险，华安公司进一步完善了三级投资决策体系；实行基金经理公开竞聘上岗。此外，华安公司完成了集成模型和市场模型的理论建模和模型系统设计和测试，该系统在公司的基金投资和风险控制方面发挥重要作用。

附：高管成员介绍

杜建国先生：董事长，大学学历，高级经济师。历任上海康健联合开发公司总经理，上投实业公司副总经理，上海国际信托投资公司证券投资信托部经理、证券总部总经理，现任华安基金管理有限公司董事长。

韩方河先生：董事、总经理，研究生学历，高级经济师。历任上海市物价局政策研究处处长，上海市物价研究所所长，上海国际信托投资公司证券投资信托部总经理，现任华安基金管理有限公司董事、总经理。

股东概况

排序	股东名称	出资额(万元)	出资比例(%)
1	上海国际信托投资有限公司	4500.00	30.00
2	申银万国证券股份有限公司	3000.00	20.00
2	天同证券有限责任公司	3000.00	20.00
2	东方证券有限责任公司	3000.00	20.00
3	方正证券有限责任公司	1500.00	10.00

旗下基金

排序	基金代码	基金简称	基金类型
1	500003	基金安信	封闭式
2	500009	基金安顺	封闭式
3	184709	基金安久	封闭式
4	500013	基金安瑞	封闭式
5	040001	华安创新	开放式
6	040002	华安180	开放式
7	040003	华安现金富利	开放式

安信证券投资基金

基本资料			
基金代码	500003	基金简称	基金安信
基金类型	契约型封闭式	成立日期	1998-06-22
上市日期	1998-06-26	上市地点	上海证券交易所
基金总份额	20亿份	存续期	15年
基金管理人	华安基金管理有限公司	基金托管人	中国工商银行
审计机构	安永大华会计师事务所	律师事务所	——
投资目标	为投资者减少和分散投资风险，确保基金资产的安全并谋求基金长期稳定的投资收益。该基金主要投资于成长型上市公司，并兼顾对收益型上市公司及债券的投资，使投资者在承受一定风险的情况下，有可能享受到较高的资本利得和稳定的收益。		
业绩比较基准	——		

财务指标　　单位：人民币(元)

项目 \ 年度	2003年	2002年 新指标	2002年 旧指标	2001年 新指标	2001年 旧指标
加权平均单位基金净收益	-0.0137	0.0121	0.0121	0.2371	0.2371
期末可分配单位基金收益	0.0105	-0.0808	-0.0808	0.2416	0.2416
期末单位基金资产净值	1.0707	0.9192	0.9192	1.2511	1.2511
基金加权平均净值收益率	-1.37%	1.14%	1.18%	16.38%	17.05%
单位基金累计净值增长率	126.96%	94.85%	94.85%	117.17%	117.17%
本期分红	10派 0.10元	累计分红	10派 11.77元		

基金历年表现（单位：%）

2003: 16.48　2002: -10.28　2001: -10.00

【本期基金业绩表现】

截至2003年12月31日，基金安信单位资产净值为1.0707元，基金净值增长率为16.48%，表现优于两市指数(上证综指上涨10.27%，深综指下跌2.61%)。

【基金经理简介】

林彤彤先生：工商管理硕士，12年银行、证券从业经历。曾就职于中国银行漳州分行信贷管理处，进入华安基金管理有限公司后先后担任研究发展部高级研究员，基金安信、基金安顺、基金安瑞、基金安久的基金经理，现任基金安信的基金经理。

【基金投资运作分析】

2003年是坚持“价值投资”理念的证券投资基金取得成功的一年。得益于对大盘绩优蓝筹股的集中投资，大多数的基金取得了超过沪深两市综合指数涨幅的收益水平。

2003年，基金安信净值的年度涨幅尽管也超过指数平均涨幅，但在所有基金中排名相对靠后，在此，基金经理总结出操作不理想的几点原因：第一，以“熊市”心态来分析预测大盘走势，全年的股票仓位水平一直不高，尤其是对蓝筹股的爆发力度和持续时间缺乏信心，屡屡在大盘调整时将它们作为减仓的对象；第二，由于对宏观经济的高速增长、部分行业景气度空前高涨、少数上市公司业绩的快速上升等因素缺乏深入的研究和充分的认识，从而错过了最佳的投资时机；第三，资产配置不太合理，在钢铁、石化、电力、汽车等2003年主流行业的配置比例上低于基金同行平均水平。

【基金投资组合一览】

项目 \ 季度	第一季度		第二季度		第三季度		第四季度	
基金资产净值/元	1,964,121,907.84		1,979,227,233.54		1,936,239,986.83		2,141,445,770.54	
基金单位净值/元	0.9821		0.9896		0.9681		1.0707	
基金投资组合	市值(元)	占净值比	市值(元)	占净值比	市值(元)	占净值比	市值(元)	占净值比
股票投资	1,497,275,686.21	76.23%	1,408,568,799.35	71.17%	1,219,628,854.43	62.99%	1,565,436,709.36	73.10%
国债及货币资金	457,262,617.04	23.28%	425,229,207.21	21.48%	524,053,648.11	27.07%	483,624,659.89	22.58%
其他投资	333,605,802.00	16.98%	194,729,613.50	9.84%	192,133,258.00	9.92%	113,043,433.00	5.28%

投资前十名股票明细

股票名称	市值(元)	占净值比	股票名称	市值(元)	占净值比	股票名称	市值(元)	占净值比	股票名称	市值(元)	占净值比
海欣股份	172,476,600.00	8.78%	海欣股份	155,587,200.00	7.86%	海欣股份	156,409,470.00	8.08%	中国联通	200,990,000.00	9.39%
烟台万华	77,438,592.41	3.94%	烟台万华	89,716,240.17	4.53%	烟台万华	106,546,394.02	5.50%	海欣股份	163,699,200.00	7.64%
招商银行	73,428,950.00	3.74%	同仁堂	59,508,930.78	3.01%	中国联通	83,655,945.98	4.32%	烟台万华	108,400,000.00	5.06%
同仁堂	70,141,834.40	3.57%	宝钢股份	56,121,838.20	2.84%	同仁堂	70,058,108.12	3.62%	南方航空	105,009,260.00	4.90%
中化国际	54,577,697.94	2.78%	恒瑞医药	51,338,232.00	2.59%	华能国际	62,445,765.56	3.23%	招商银行	91,357,925.91	4.27%
恒瑞医药	52,265,181.44	2.66%	上海汽车	49,295,798.64	2.49%	白云机场	55,446,174.72	2.86%	上港集箱	83,172,000.00	3.88%
上海机场	47,808,023.40	2.43%	海螺水泥	48,870,015.54	2.47%	珠海中富	45,870,298.85	2.37%	华能国际	78,275,500.00	3.66%
浦发银行	45,445,393.92	2.31%	中化国际	48,681,333.90	2.46%	招商局A	43,864,480.44	2.27%	民生银行	76,400,000.00	3.57%
盐田港A	44,503,191.76	2.27%	国电电力	46,003,259.25	2.32%	中原油气	41,193,875.46	2.13%	中海发展	64,350,000.00	3.00%
海螺水泥	40,129,728.00	2.04%	安彩高科	44,165,162.72	2.23%	南方航空	40,809,736.50	2.11%	上海汽车	55,558,736.01	2.59%

安顺证券投资基金

基本资料			
基金代码	500009	基金简称	基金安顺
基金类型	契约型封闭式	成立日期	1999-06-15
上市日期	1999-06-22	上市地点	上海证券交易所
基金总份额	30亿份	存 续 期	15年
基金管理人	华安基金管理有限公司	基金托管人	交通银行
审计机构	安永大华会计师事务所	律师事务所	——
投资目标	为投资者减少和分散投资风险，确保基金资产的安全并谋求基金长期稳定的投资收益。该基金投资于成长型和收益型上市公司，兼顾资本利得、红利和利息收入。		
业绩比较基准	——		

财务指标　　单位：人民币(元)

项 目＼年 度	2003年	2002年 新指标	2002年 旧指标	2001年 新指标	2001年 旧指标
加权平均单位基金净收益	-0.0026	0.0140	0.0140	0.1093	0.1093
期末可分配单位基金收益	0.0228	-0.0362	-0.0362	0.1203	0.1203
期末单位基金资产净值	1.0802	0.9638	0.9638	1.1692	1.1692
基金加权平均净值收益率	-0.25%	1.31%	1.32%	8.44%	8.58%
单位基金累计净值增长率	52.54%	36.10%	36.10%	49.76%	49.76%
本期分红	10派 0.22元		累计分红	10派 4.87元	

基金历年表现（单位：%）

年度	2003	2002	2001
表现	12.08	-9.12	-8.33

【本期基金业绩表现】

截至2003年12月31日，基金安顺单位资产净值为1.0802元，基金净值增长率为12.08%。

【基金经理简介】

尚志民先生：工商管理硕士，9年证券从业经验。曾在上海证券报研究所、上海证大投资管理有限公司工作，进入华安基金管理有限公司后曾先后担任公司研究发展部高级研究员，基金安顺、基金安瑞、华安创新基金经理，现任基金投资部总监助理、基金安顺基金经理。

【基金投资运作分析】

2003年，基金安顺单位净值上扬12.08%，同期上证指数上涨10.27%，深圳综指下跌2.6%。基金安顺将向全体基金持有人按每10份基金单位派发现金红利 0.22元。尽管基金安顺净值增长跑赢两市大盘，但与部分基金同行的优异表现相比很不理想。

2003年既是我国证券市场历史上罕见的结构大调整年，也是价值投资理念大放异彩的一年。尽管基金经理较早地预见到这一点，但市场反映仍大大超出意料。在下半年调整仓位过程中，基金经理虽然持续减轻仓位有效回避了指数下跌风险，但对股价两极分化的估计不足使基金经理操作保守。而组合有效仓位偏低，期望能够多实现收益以备分红的考虑，使得处理低效资产时患得患失并存侥幸心理，未能大刀阔斧。第四季度，基金经理重新调整部署后，才扭转了被动局面。

【基金投资组合一览】

项 目＼季 度	第一季度		第二季度		第三季度		第四季度	
基金资产净值/元	3,082,159,763.67		3,057,025,729.77		2,992,749,468.95		3,240,554,278.00	
基金单位净值/元	1.0274		1.0190		0.9976		1.0802	
基金投资组合	市值(元)	占净值比	市值(元)	占净值比	市值(元)	占净值比	市值(元)	占净值比
股票投资	2,397,867,971.19	77.80%	2,422,780,658.45	79.25%	1,721,362,312.20	57.52%	2,232,246,604.55	68.88%
国债及货币资金	662,002,115.72	21.48%	680,945,857.66	22.27%	931,191,584.82	31.11%	785,973,012.07	24.25%
其他投资	258,858,426.10	8.40%	130,454,550.00	4.27%	182,926,335.90	6.11%	221,426,981.50	6.83%

投资前十名股票明细

第一季度 股票名称	市值(元)	占净值比	第二季度 股票名称	市值(元)	占净值比	第三季度 股票名称	市值(元)	占净值比	第四季度 股票名称	市值(元)	占净值比
海欣股份	270,835,010.64	8.79%	海欣股份	244,314,074.88	7.99%	海欣股份	245,720,488.14	8.21%	海欣股份	257,172,710.40	7.94%
同 仁 堂	154,760,220.31	5.02%	同 仁 堂	138,834,129.33	4.54%	同 仁 堂	132,132,000.00	4.42%	中国联通	222,482,000.00	6.87%
上菱电器	117,392,643.55	3.81%	招商银行	128,410,971.40	4.20%	上海汽车	103,603,478.21	3.46%	上海机场	186,774,472.23	5.76%
上海机场	109,004,349.57	3.54%	华能国际	125,522,700.00	4.11%	上海机场	100,225,105.50	3.35%	招商银行	173,920,000.00	5.37%
中化国际	101,730,207.96	3.30%	上菱电器	110,500,811.92	3.61%	上海电气	98,298,648.00	3.28%	齐鲁石化	93,860,000.00	2.90%
盐湖钾肥	89,675,334.99	2.91%	盐湖钾肥	101,275,286.40	3.31%	宝钢股份	92,155,822.36	3.08%	盐湖钾肥	81,270,000.00	2.51%
招商银行	85,926,262.50	2.79%	韶能股份	93,322,895.04	3.05%	盐湖钾肥	80,315,823.10	2.68%	华能国际	79,325,077.71	2.45%
烟台万华	72,293,375.00	2.35%	上海汽车	91,146,234.96	2.98%	韶能股份	76,400,000.00	2.55%	红星发展	72,968,000.00	2.25%
华泰股份	70,581,369.60	2.29%	烟台万华	83,149,891.20	2.72%	烟台万华	64,450,000.00	2.15%	烟台万华	67,750,000.00	2.09%
五 粮 液	65,829,710.74	2.14%	中化国际	76,868,723.11	2.51%	红星发展	59,464,851.52	1.99%	民生银行	66,850,000.00	2.06%

安久证券投资基金

基本资料			
基金代码	184709	基金简称	基金安久
基金类型	契约型封闭式	成立日期	2000-07-04
上市日期	2001-08-31	上市地点	深圳证券交易所
基金总份额	5 亿份	存 续 期	15 年
基金管理人	华安基金管理有限公司	基金托管人	交通银行
审计机构	安永大华会计师事务所	律师事务所	——
投资目标	该基金为积极成长型基金，投资于积极应用新技术的上市公司，将通过努力提高自身综合决策能力来减少风险。同时也通过分散投资来减少风险。		
业绩比较基准	——		

财务指标　　单位：人民币(元)

项 目 \ 年 度	2003 年	2002 年		2001 年	
		新指标	旧指标	新指标	旧指标
加权平均单位基金净收益	−0.0281	0.0027	0.0023	−0.1952	−0.1952
期末可分配单位基金收益	−0.1441	−0.2237	−0.2237	−0.3250	−0.2957
期末单位基金资产净值	0.9278	0.7763	0.7763	0.6750	0.6750
基金加权平均净值收益率	−3.37%	0.33%	0.33%	−30.00%	−28.64%
单位基金累计净值增长率	−13.73%	−27.82%	−27.82%	−19.93%	−19.93%
本期分红	——	累计分红	——		

基金历年表现（单位：%）

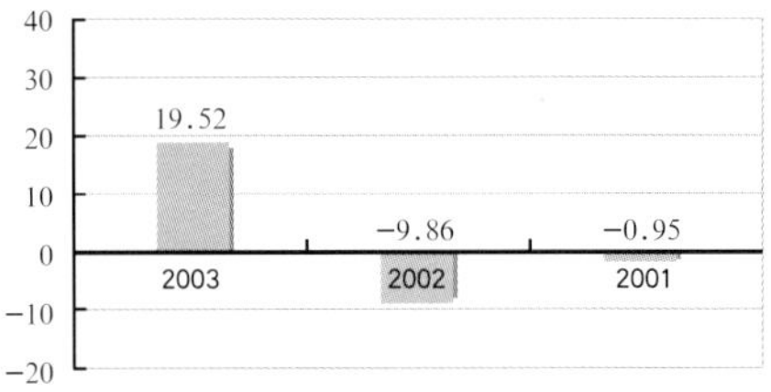

年度	2003	2002	2001
表现	19.52	−9.86	−0.95

【本期基金业绩表现】

截至2003年12月31日，基金安久单位资产净值为0.9278元，基金净值累计增长19.52%，超越大盘9个百分点以上。

【基金经理小组简介】

王国卫先生：基金经理。经济学硕士，10年证券从业经历。曾在上海国际信托投资公司证券投资信托部、投资银行部工作。1998年加盟华安基金管理有限公司投资部任基金安信的基金经理，现任华安基金管理有限公司总经理助理、基金投资部总监、华安180和基金安久的基金经理。

吴娜女士：基金经理助理。工商管理硕士，1994年4月起在上海交通大学管理学院从事金融教学工作，期间曾先后参与上海证交所等研究课题。1997年赴美国南加州大学学习并于2001年毕业，曾在美国美林证券实习、工作。2002年2月加盟华安基金管理有限公司后，在研究发展部从事行业/个股研究和行业配置分析工作。现任基金安久的基金经理助理。

【基金投资运作分析】

2003年成为中国资本市场转折性的一年。以基金为代表的机构投资者在中国股市上的市场影响力日趋显现。价值投资理念首次在中国股市上得到淋漓尽致的贯彻，长期被市场忽略的大盘蓝筹股在业绩支撑下，走出了一波波强劲行情。

2003年上半年，在以钢铁、汽车、银行、电力、石化五大板块主导的行情中，基金安久在前四大行业板块上配置较少，导致在上半年的上涨行情中十分被动，基金净值增长略落后于大盘增幅。下半年，基金安久积极寻找市场变化的规律，以金属冶炼行业作为投资切入点，对组合品种进行调整，获得了较为理想的效果，基金排名也有显著提高。

【基金投资组合一览】

项 目 \ 季 度	第一季度		第二季度		第三季度		第四季度	
基金资产净值/元	410,505,046.98		414,390,030.57		397,418,089.59		463,876,169.43	
基金单位净值/元	0.8210		0.8288		0.7948		0.9278	
基金投资组合	市值(元)	占净值比	市值(元)	占净值比	市值(元)	占净值比	市值(元)	占净值比
股票投资	314,067,436.29	76.51%	272,415,507.10	65.74%	291,404,476.25	73.32%	325,194,914.81	70.10%
国债及货币资金	116,946,428.82	28.49%	117,738,577.27	28.41%	94,303,435.34	23.73%	94,848,219.17	20.45%
其他投资	48,893,680.10	11.91%	23,708,511.90	5.72%	44,101,406.30	11.10%	53,605,213.60	11.56%

投资前十名股票明细

股票名称	市值(元)	占净值比	股票名称	市值(元)	占净值比	股票名称	市值(元)	占净值比	股票名称	市值(元)	占净值比
上海机场	17,504,590.20	4.26%	国电电力	17,348,067.75	4.19%	招商银行	22,488,000.00	5.66%	招商银行	26,752,493.97	5.77%
宝钢股份	16,920,283.80	4.12%	宝钢股份	15,432,457.20	3.72%	新兴铸管	18,786,558.34	4.73%	新兴铸管	22,740,000.00	4.90%
海螺水泥	12,296,170.08	3.00%	上海汽车	14,854,823.28	3.58%	国电电力	16,403,656.68	4.13%	鞍钢新轧	19,637,032.80	4.23%
威孚高科	11,823,810.00	2.88%	海螺水泥	14,666,303.62	3.54%	海螺水泥	15,179,096.13	3.82%	国电电力	18,768,874.56	4.05%
振华港机	11,716,000.00	2.85%	威孚高科	14,180,847.00	3.42%	威孚高科	13,479,321.00	3.39%	上海汽车	18,062,639.34	3.89%
华联超市	11,230,457.60	2.74%	曙光股份	13,374,959.26	3.23%	鞍钢新轧	13,456,121.35	3.39%	山东铝业	17,811,068.60	3.84%
浦发银行	11,120,000.00	2.71%	常林股份	10,668,266.00	2.57%	上海汽车	13,241,173.06	3.33%	铜都铜业	14,385,987.84	3.10%
巴士股份	10,435,623.87	2.54%	海油工程	10,448,397.23	2.52%	宝钢股份	13,006,581.28	3.27%	宝钢股份	14,301,229.80	3.08%
珠海中富	10,355,239.86	2.52%	生益科技	10,166,000.00	2.45%	曙光股份	11,535,278.04	2.90%	常林股份	11,462,500.00	2.47%
海油工程	9,819,967.40	2.39%	民生银行	10,010,000.00	2.42%	铜都铜业	11,388,416.34	2.87%	格力电器	11,461,491.00	2.47%

安瑞证券投资基金

基本资料

基金代码	500013	基金简称	基金安瑞
基金类型	契约型封闭式	成立日期	2000−07−18
上市日期	2001−08−30	上市地点	上海证券交易所
基金总份额	5 亿份	存 续 期	15 年
基金管理人	华安基金管理有限公司	基金托管人	中国工商银行
审计机构	安永大华会计师事务所	律师事务所	——
投资目标	该基金是以小型上市公司为主要投资对象的基金，投资目标是发掘小型上市公司中的投资机会，通过积极的投资策略，获取长期的资本增值。		
业绩比较基准	——		

财务指标 单位：人民币(元)

项目＼年度	2003 年	2002 年 新指标	2002 年 旧指标	2001 年 新指标	2001 年 旧指标
加权平均单位基金净收益	−0.1033	0.0221	0.0221	0.1254	0.0676
期末可分配单位基金收益	−0.0753	−0.0672	−0.0672	0.0748	0.0748
期末单位基金资产净值	0.9268	0.9328	0.9328	1.0940	1.0940
基金加权平均净值收益率	−10.98%	2.11%	2.15%	10.84%	12.65%
单位基金累计净值增长率	8.00%	8.70%	9.83%	19.58%	20.83%
本期分红	——		累计分红	10 派 0.70 元	

基金历年表现（单位：%）

40
30
20
10
0
−10
−20
−0.64 2003
−9.10 2002
13.21 2001

【本期基金业绩表现】

截至2003年12月31日，基金安瑞单位资产净值为0.9268元，年净值增长率为−0.64%，落后于同期上证指数10.27%的涨幅，但超过同期深证综指−2.61%的涨幅。同期中信小盘股指数下跌17.49%。

【基金经理简介】

陈苏桥先生：经济学硕士，4年基金从业经历。1998年7月毕业于清华大学经济管理学院，1999年5月加盟华安基金管理有限公司后，曾任研究发展部高级研究员，从事交通运输行业及相关上市公司研究。现任基金安瑞的基金经理。

【基金投资运作分析】

2003年国际国内经济形势持续向好，我国经济开始新一轮快速增长。石化、有色金属、钢铁、电力、煤炭等基础原材料类公司利润大幅增长；汽车、房地产、航空等消费升级类公司也在经济增长中受益。这些行业的上市公司大都市值规模较大，一起构成大盘蓝筹股的核心，受到了市场热烈的追捧。然而，小市值的公司在上述行业中数量较少，未能充分享受投资拉动带来的增长。基金安瑞虽然有部分资产投资于大蓝筹，但契约规定以小盘股为主的策略在2003年未能取得满意的结果。

2003年，基金安瑞全年净值增长率为−0.64%，落后于同期上证指数10.27%的涨幅，但超过同期深证综指−2.61%的涨幅，同期中信小盘股指数下跌了17.49%。基金安瑞以小盘股为主要投资目标，这是源于对成长的执著。基金经理认为就长期而言，成长性最好的公司在股市能够获得最好的表现。经验表明，与大公司相比，小公司具有更大的成长空间，所以选择成长性良好的小公司能够获得良好回报。但是，2003年这一投资策略未能取得满意效果。

【基金投资组合一览】

项目＼季度	第一季度		第二季度		第三季度		第四季度	
基金资产净值/元	491,399,460.69		472,453,321.89		441,540,202.31		463,398,989.73	
基金单位净值/元	0.9828		0.9449		0.8831		0.9268	
基金投资组合	市值(元)	占净值比	市值(元)	占净值比	市值(元)	占净值比	市值(元)	占净值比
股票投资	376,011,890.46	76.52%	370,834,900.03	78.49%	328,550,829.70	74.41%	296,683,996.26	64.02%
国债及货币资金	117,515,259.58	23.91%	117,486,892.93	24.87%	92,741,213.14	21.00%	128,219,972.11	27.67%
其他投资	37,207,487.70	7.57%	18,253,484.70	3.86%	37,367,043.60	8.46%	38,065,706.00	8.21%

投资前十名股票明细	股票名称	市值(元)	占净值比	股票名称	市值(元)	占净值比	股票名称	市值(元)	占净值比	股票名称	市值(元)	占净值比
	盐湖钾肥	29,115,610.07	5.93%	盐湖钾肥	30,480,000.00	6.45%	安彩高科	35,618,400.00	8.07%	三一重工	38,204,100.00	8.24%
	红星发展	21,104,830.88	4.29%	红星发展	26,921,435.52	5.70%	招商局A	31,027,590.00	7.03%	招商局A	37,570,000.00	8.11%
	张 裕 A	18,906,131.08	3.85%	韶能股份	26,424,290.88	5.59%	三一重工	28,715,724.00	6.50%	宝钢股份	20,735,000.00	4.47%
	华泰股份	18,458,664.48	3.76%	长电科技	24,699,510.00	5.23%	招商银行	27,173,000.00	6.15%	红星发展	19,545,000.00	4.22%
	华联超市	16,496,729.64	3.36%	招商局A	18,706,401.57	3.96%	长电科技	23,717,007.00	5.37%	铜都铜业	18,816,000.00	4.06%
	海欣股份	14,385,235.92	2.93%	天地科技	17,095,842.80	3.62%	红星发展	21,998,258.32	4.98%	紫江企业	18,371,489.86	3.96%
	天地科技	13,890,858.30	2.83%	华泰股份	16,655,374.96	3.53%	韶能股份	20,628,000.00	4.67%	长电科技	18,020,000.00	3.89%
	交运股份	13,620,497.54	2.77%	华联超市	15,534,785.61	3.29%	华泰股份	18,248,700.00	4.13%	海欣股份	12,705,971.20	2.74%
	中化国际	13,531,678.02	2.75%	彩虹股份	15,409,217.40	3.26%	生益科技	15,789,000.00	3.58%	彩虹股份	12,165,600.00	2.63%
	三佳模具	12,430,636.04	2.53%	交运股份	14,569,520.60	3.08%	彩虹股份	14,516,817.00	3.29%	华泰股份	11,710,000.00	2.53%

华安创新证券投资基金

基本资料					
基金代码	040001				
基金简称	华安创新	基金类型	契约型开放式		
发行日期	2001-09-11至2001-09-20	成立日期	2001-09-21		
首募规模	50亿份	认购户数	45618户	期末规模	27.66亿份
认购费率	1.20%-1.50%	申购费率	1.00%-1.50%	赎回费率	0.50%
管理费率	1.50%	托管费率	0.25%		
销售机构	华安基金管理公司、交通银行、中国工商银行、中国银行、国泰君安证券、华夏证券、渤海证券等。				
基金管理人	华安基金管理有限公司	基金托管人	交通银行		
审计机构	普华永道中天会计师事务所	律师事务所	通力律师事务所		
投资目标	通过投资创新类上市公司，分享中国经济持续增长的成果，为基金持有人谋求长期、稳定的投资回报。				
业绩比较基准	——				

财务指标　　单位：人民币(元)

项目 \ 年度	2003年	2002年		2001年	
		新指标	旧指标	新指标	旧指标
加权平均单位基金净收益	0.0026	0.0173	0.0178	0.0069	0.0069
期末可分配单位基金收益	−0.0133	−0.0838	−0.0838	0.0069	0.0069
期末单位基金资产净值	1.060	0.916	0.916	1.012	1.012
基金加权平均净值收益率	0.27%	1.73%	1.69%	0.69%	0.69%
单位基金累计净值增长率	10.29%	−6.40%	−6.40%	1.20%	1.20%
本期分红	10派 0.18元	累计分红		10派 0.40元	

基金历年表现（单位：%）

年份	2003	2002	2001
表现	17.84	−7.51	1.20

【本期基金业绩表现】

截至2003年12月31日，华安创新基金单位净值增幅17.84%，全年每份基金单位派发红利0.018元。同期上证指数上升了10.27%，深圳综指下跌了2.61%，两个市场平均上涨3.83%。华安创新尽管跑赢了同期指数，但在开放式基金业绩排名处于中游水平。

【基金经理简介】

刘新勇先生：硕士，6年证券从业经历。曾在淄博基金管理有限公司从事研究投资工作，1999年5月加盟华安基金管理有限公司，曾任研究发展部高级研究员，华安180基金经理，现任华安创新基金经理。

【基金投资运作分析】

2003年年初，基金经理较早觉察到市场的变化，即将投资逐步集中在石化、钢铁、汽车、银行、电力等行业的蓝筹股上，这是华安创新基金业绩大幅领先市场的原因。但由于：①对自上而下的研究方法掌握不够熟练；②不能吐故纳新：华安创新基金的投资组合在第三季度与第四季度没有太大变化，耽误了许多投资机会；③对影响行业或公司基本面的事件不够敏感：2003年下半年央行实施相对紧缩的货币政策，没有及时减持银行股对该基金来说是一个失误。上述原因致使华安创新基金的业绩在2003年仍处于同类开放式基金的中游水平。

【基金投资组合一览】

项目 \ 季度	第一季度		第二季度		第三季度		第四季度	
基金资产净值/元	4,486,252,034.68		3,473,083,722.94		3,125,184,187.27		2,931,260,337.81	
基金份额/份	4,573,749,418.00		3,554,971,742.00		3,328,174,816.00		2,766,022,171.38	
基金单位净值/元	0.981		0.977		0.939		1.060	
基金投资组合	市值(元)	占净值比	市值(元)	占净值比	市值(元)	占净值比	市值(元)	占净值比
股票投资	2,989,002,777.74	66.63%	2,292,985,388.05	66.02%	2,215,789,083.07	70.90%	2,112,681,284.42	72.07%
国债及货币资金	1,338,936,455.67	29.85%	1,050,723,779.34	30.25%	676,777,724.61	21.66%	690,051,293.72	23.54%
其他投资	164,393,947.10	3.66%	136,688,369.40	3.94%	229,793,916.90	7.35%	199,911,621.10	6.82%

投资前十名股票明细

股票名称	市值(元)	占净值比	股票名称	市值(元)	占净值比	股票名称	市值(元))	占净值比	股票名称	市值(元)	占净值比
上菱电器	189,821,596.98	4.23%	宝钢股份	285,177,214.14	8.21%	宝钢股份	296,777,318.25	9.50%	宝钢股份	277,468,477.65	9.47%
威孚高科	186,258,127.11	4.15%	上菱电器	188,991,586.29	5.44%	上海汽车	169,072,470.00	5.41%	上海汽车	186,269,943.33	6.35%
宝钢股份	182,288,811.24	4.06%	上海汽车	173,550,470.71	5.00%	招商银行	153,193,775.42	4.90%	上港集箱	176,546,754.00	6.02%
扬子石化	179,723,870.15	4.01%	上海机场	157,244,718.96	4.53%	上海电气	152,899,675.08	4.89%	上海机场	149,490,050.74	5.10%
上海机场	156,500,024.98	3.49%	华北制药	126,335,352.33	3.64%	上港集箱	121,492,440.00	3.89%	招商银行	133,637,446.71	4.56%
上海汽车	134,305,432.56	2.99%	威孚高科	123,229,969.10	3.55%	威孚高科	108,818,067.60	3.48%	威孚高科	103,565,527.00	3.53%
通化东宝	114,798,134.00	2.56%	招商银行	113,209,463.52	3.26%	上海机场	105,400,000.00	3.37%	上海电气	101,882,951.28	3.48%
招商银行	113,073,153.52	2.52%	华能国际	100,994,686.65	2.91%	华能国际	96,228,000.00	3.08%	烟台万华	86,147,638.09	2.94%
盐田港A	88,826,052.00	1.98%	烟台万华	67,165,377.86	1.93%	烟台万华	71,534,767.68	2.29%	华能国际	82,504,041.75	2.81%
大显股份	73,926,469.96	1.65%	通化东宝	54,936,000.00	1.58%	国电电力	58,897,865.95	1.88%	国电电力	64,723,182.72	2.21%

华安上证180指数增强型证券投资基金

基本资料			
基金代码	040002		
基金简称	华安180	基金类型	契约型开放式
发行日期	2002-10-15至2002-11-06	成立日期	2002-11-08
首募规模	30.94亿份	认购户数	79843户
期末规模	12.05亿份		
认购费率	0.60%-1.20%	申购费率	0.90%-1.50%
赎回费率	0.00%		
管理费率	1.00%	托管费率	0.20%
销售机构	华安基金管理公司、中国工商银行、交通银行、国泰君安证券、华夏证券、渤海证券等。		
基金管理人	华安基金管理有限公司	基金托管人	中国工商银行
审计机构	普华永道中天会计师事务所	律师事务所	通力律师事务所
投资目标	运用增强性指数化投资方法，通过控制股票投资组合相对上证180指数有限度的偏离，力求基金收益率适度超越该基金比较基准，并在谋求基金资产长期增值的基础上，择机实现一定的收益和分配。		
业绩比较基准	75%×上证180指数收益率+25%×中信国债指数收益率		

财务指标　　单位：人民币(元)

项目＼年度	2003年	2002年11月8日至2002年12月31日
加权平均单位基金净收益	0.0725	0.0013
期末可分配单位基金收益	0.0087	-0.0167
期末单位基金资产净值	1.025	0.983
基金加权平均净值收益率	7.16%	0.13%
单位基金累计净值增长率	9.56%	-1.70%
本期分红	10派0.70元	累计分红 10派0.70元

基金历年表现（单位：%）

年度	2003	2002
表现	11.46	-1.70

【本期基金业绩表现】

截至2003年12月31日，华安180单位资产净值为1.025元，累计净值增长11.46%，超越比较基准3.29个百分点。

【基金经理小组简介】

王国卫先生：基金经理，经济学硕士，10年证券从业经历。曾在上海国际信托投资公司证券投资信托部、投资银行部工作。1998年加盟华安基金公司投资部任基金安信的基金经理，现任华安基金公司总经理助理、基金投资部总监、华安180和基金安久的基金经理。

刘光华先生：基金经理助理，中欧国际工商学院工商管理硕士，6年银行证券从业经历。曾在中国农业银行上海市分行国际业务部、路透集团上海代表处、中银国际上海代表处工作。2001年6月加盟华安基金管理有限公司后曾任研究发展部高级研究员，从事汽车和机械行业及相关上市公司研究，现任华安180的基金经理助理。

【基金投资运作分析】

2003年是华安180基金成立来首次完整运作的一年。从2002年底至2003年4月15日，华安180的净值增长了14.14%，但落后于比较基准1.62个百分点，在当时17只开放式基金中，该基金净值增长列第4位；从4月15日到11月18日，市场经历了长久调整，华安180虽比比较基准高出1.92个百分点，但净值仍然下跌了12.03%，且创下了0.942元的单位净值低点；大盘下跌，基金经理坚持了越跌越买的策略；从11月18日开始，市场出现了年末行情，华安180的净值增长了11%，超越比较基准1.82个百分点，在当时45只开放式基金中，其净值增长排第11名，在4只指数型开放式基金中排第一位。

【基金投资组合一览】

项目＼季度	第一季度		第二季度		第三季度		第四季度	
基金资产净值/元	1,887,871,803.20		1,288,419,906.69		1,506,726,937.19		1,234,976,597.52	
基金份额/份	1,817,253,717		1,278,421,724		1,576,872,513		1,205,252,621.50	
基金单位净值/元	1.039		1.008		0.956		1.025	
基金投资组合	市值(元)	占净值比	市值(元)	占净值比	市值(元)	占净值比	市值(元)	占净值比
股票投资	1,468,549,761.72	77.78%	971,757,531.83	75.42%	1,140,739,449.62	75.71%	940,806,338.29	76.18%
国债及货币资金	402,089,286.26	21.30%	291,031,522.30	22.59%	361,762,412.88	24.01%	269,812,477.29	21.85%
其他投资	113,088,237.60	5.99%	38,246,517.30	2.97%	48,248,249.50	3.20%	29,597,663.70	2.40%

指数投资中前五名股票明细

股票名称	市值(元)	占净值比	股票名称	市值(元)	占净值比	股票名称	市值(元))	占净值比	股票名称	市值(元)	占净值比
华东科技	7,743,600.00	0.41%	招商银行	49,373,549.72	3.83%	中国联通	55,470,544.40	3.68%	中国联通	55,475,821.05	4.49%
威孚高科	6,820,092.88	0.36%	宝钢股份	35,740,392.66	2.77%	宝钢股份	44,243,414.25	2.94%	宝钢股份	45,749,298.35	3.70%
格力电器	4,810,038.22	0.25%	浦发银行	33,883,704.96	2.63%	招商银行	43,503,764.64	2.89%	招商银行	40,609,051.39	3.29%
华泰股份	2,904,644.23	0.15%	上海汽车	33,880,388.54	2.63%	上海汽车	33,979,989.33	2.26%	中国石化	33,578,245.80	2.72%
海虹控股	436,105.95	0.02%	中国石化	26,088,033.40	2.02%	中国石化	33,663,299.92	2.23%	上海汽车	27,822,092.22	2.25%

华安现金富利投资基金

基本资料					
基金代码	040003				
基金简称	华安现金富利			基金类型	契约型开放式
发行日期	2003-12-14 至 2003-12-28			成立日期	2003-12-30
首募规模	42.53 亿份	认购户数	118183 户	期末规模	——
认购费率	0.00%	申购费率	0.00%	赎回费率	0.00%
管理费率	0.33%	托管费率	0.10%	营销费率	0.25%
销售机构	华安上海投资理财中心、华安北京投资理财中心、华安电子交易平台、中国工商银行。				
基金管理人	华安基金管理有限公司			基金托管人	中国工商银行
审计机构	普华永道中天会计师事务所			律师事务所	通力律师事务所
投资目标	在资本保全的情况下，确保基金资产的高流动性，追求稳健的当期收益，并为投资者提供暂时的流动性储备。				
投资范围	该基金主要投资于价格波动幅度和信用风险低并具有高度流动性的短期金融工具，如银行定期存款、协议存款或大额存单、剩余期限不超过 397 天的短期债券、中央银行票据、期限在一年以内的债券回购、银行承兑汇票、经银行背书的商业承兑汇票或中国证监会认可的其他具有良好流动性的金融工具。				
业绩比较基准	当期银行个人活期储蓄利率（税前）				

【基金经理简介】

项廷锋先生：34 岁，管理学博士，6 年证券从业经历，1997 年 9 月至 1998 年 12 月，在金汇信息咨询公司从事行业及上市公司研究；1999 年 1 月至 1999 年 5 月，在申银万国证券公司从事行业研究；1999 年6月进入华安基金管理公司工作，先在研究发展部从事行业研究，后调入基金投资部从事债券投资。现任华安现金富利投资基金基金经理。

博时基金管理有限公司

【基本情况】

法定名称：博时基金管理有限公司
注册地址：深圳福田深南大道7088号招商银行大厦29层
办公地址：深圳福田深南大道7088号招商银行大厦29层
法人代表：吴雄伟
总 经 理：肖 风
成立时间：1998年7月13日
组织形式：有限责任公司
注册资本：1亿元人民币
联系电话：0755-83169999
传真号码：0755-83195140
邮政编码：518040
公司网址：www.boshi.com.cn

【发展概况】

博时基金管理有限公司1998年经中国证监会证监基金字[1998]26号文批准设立，是中国首批成立的五家基金公司之一。2003年，经中国证监会证监基金字[2003]150号文件批准博时公司股权转让申请，金信信托占48%股权成为博时第一大股东。

公司下设十一个部门：市场发展部、基金管理部、数量化投资部、固定收益部、养老金业务部、研究部、交易部、财务核算部、电脑部、监察部、人力资源部。另设北京分公司、上海分公司，分别负责北方和华东、华中地区的基金销售和服务支持工作。公司设立了投资决策委员会，建立健全投资管理制度、风险控制制度、内部监察制度、财务管理制度、人事管理制度、信息披露制度和员工行为准则等公司管理制度体系。

截至2003年底，公司有员工112名，其中23名毕业于海外高等学府或有海外工作经历，57%的员工拥有博士、硕士学位；投资部门有员工34名，76%以上均拥有硕士以上学位。

【经营业绩】

截至2003年底，博时基金管理有限公司共管理两只开放式基金和五只封闭式基金，同时受全国社会保障基金理事会委托管理部分社保基金，管理资产规模突破200亿元。

2003年7月3日，博时公司与新华富时指数有限公司及巴克莱国际投资北亚公司在北京正式签订了合作协议。2003年7月10日，博时旗下第二只开放式基金——博时裕富基金经中国证监会证监基金字[2003]83号文批准开始发售，于2003年8月26日正式成立。该基金是首只覆盖沪深两市股票的指数基金，公司聘请了巴克莱国际投资管理北亚有限公司作为专业投资顾问，该基金成为国内第一只聘请境外资深专家作为投资顾问的基金产品，也使得博时裕富基金成为中国境内第一只被合格境外机构投资者(QFII)投资的开放式基金产品。

博时价值增长基金是博时公司管理的第一只开放式基金，该基金成立于2002年10月9日，并首先提出了“做投资价值发现者”的投资理念，并在中国内地首家独创设计了“价值增长线”，提出并承诺在单位基金净值跌破价值增长线时公司暂不计提管理费，开创基金管理人与投资人共担风险的先例。截至2003年底，博时价值增长基金的单位累计净值达到1.313元，累计分红三次，每10份基金单位累计分红金额达到1.18元，创该年度所有基金累计分红金额第一的记录；该基金2003年全年净值增长率达到34.35%，在2003年运作满一年的69只股票型基金中排名第一。

博时基金公司始终以“做投资价值发现者”为投资理念，采用风险预算管理下的多层次复合投资策略，严格筛选高质量的价值型公司和高质量的成长型公司作为投资对象，以实现“分享中国经济和资本市场的高速成长”的投资目标。

附：高管成员介绍

吴雄伟先生：董事长，理学博士。历任金信信托投资股份有限公司(原金华信托)总经理办公室主任、研究发展中心主任、总经理助理、基金管理总部总经理、公司副总经理，现任博时基金管理有限公司董事长。

肖风先生：总经理，经济学博士。历任深圳康佳电子集团股份有限公司董事会秘书兼股证委员会主任，中国人民银行深圳经济特区分行证券管理处科长、副处长，深圳市证券管理办公室副处长、处长，证管办副主任，现任博时基金管理有限公司副董事长、总经理。

股东概况

排序	股东名称	出资额(万元)	出资比例(%)
1	金信信托投资股份有限公司	4800.00	48.00
2	中国长城资产管理公司	2500.00	25.00
2	招商证券股份有限公司	2500.00	25.00
3	广厦建设集团有限责任公司	200.00	2.00

旗下基金

排序	基金代码	基金简称	基金类型
1	500006	基金裕阳	封闭式
2	184692	基金裕隆	封闭式
3	500016	基金裕元	封闭式
4	184696	基金裕华	封闭式
5	184705	基金裕泽	封闭式
6	050001	博时增长	开放式
7	050002	博时裕富	开放式

裕阳证券投资基金

基本资料			
基金代码	500006	基金简称	基金裕阳
基金类型	契约型封闭式	成立日期	1998–07–25
上市日期	1998–07–30	上市地点	上海证券交易所
基金总份额	20亿份	存 续 期	15年
基金管理人	博时基金管理有限公司	基金托管人	中国农业银行
审计机构	普华永道中天会计师事务所	律师事务所	国浩律师集团(北京)事务所
投资目标	为投资者减少和分散投资风险，确保基金资产的安全并谋求基金长期稳定的投资收益。		
业绩比较基准	——		

财务指标				单位：人民币(元)	
年 度 项 目	2003年	2002年		2001年	
		新指标	旧指标	新指标	旧指标
加权平均单位基金净收益	0.0306	−0.0765	−0.0765	0.0443	0.0443
期末可分配单位基金收益	0.0410	−0.1165	−0.1165	0.0075	0.0075
期末单位基金资产净值	1.0900	0.8835	0.8835	1.0075	1.0075
基金加权平均净值收益率	3.07%	−7.76%	−7.65%	3.62%	3.43%
单位基金累计净值增长率	92.90%	56.37%	56.37%	77.08%	77.08%
本期分红	10派 0.40元		累计分红	10派 9.43元	

基金历年表现（单位：%）

2003: 23.37　2002: −11.70　2001: −20.40

【本期基金业绩表现】

截至2003年12月31日，基金裕阳单位净值1.0900元，本期净值增长率为23.37%，基金累计净值增长率为92.92%。

【基金经理小组简介】

周枫先生：1970年出生，硕士。毕业于南京大学国际商学院，获经济学硕士学位；曾就职于国信证券研究中心、基金债券部、投资管理部；1999年加盟博时基金管理有限公司，曾任研究部研究员、基金裕阳基金经理助理、基金裕华基金经理。2002年1月起任基金裕阳基金经理。

何肖颉先生：1973年出生，硕士。毕业于财政部财政科研所研究生部，获经济学硕士学位。曾在华夏证券研究所从事行业与上市公司研究工作。2000年加盟博时基金管理有限公司，任研究部研究员，2002年11月起任基金裕阳基金经理助理。

【基金投资运作分析】

2003年证券市场表现为大盘价值蓝筹股为主体的局部牛市行情，基金成为中坚力量，价值投资理念深入人心。

2003年，基金裕阳在组合投资运作中，坚持价值投资理念，适当加大了汽车、港口物流、电力等对经济增长贡献较大的行业配置，如对上海汽车、福耀玻璃、上港集箱、深赤湾、中海发展、长江电力等进行重点投资，取得了较好的收益；但是，社会服务业的配置资产如青旅控股等在非典疫情期间、工程机械行业的配置资产如星马汽车、山推股份等在货币政策适度收紧的背景下遭受了损失。在下半年的投资组合配置中，未能正确认识产业周期和大宗商品价格的波动本质，在钢铁、有色金属、煤炭等产业中的配置比例较小，影响了净值增长。

【基金投资组合一览】

季 度 项 目	第一季度		第二季度		第三季度		第四季度	
基金资产净值/元	1,964,361,649.33		2,011,391,933.93		1,930,491,038.37		2,180,078,099.87	
基金单位净值/元	0.9822		1.0057		0.9652		1.0900	
基金投资组合	市值(元)	占净值比	市值(元)	占净值比	市值(元)	占净值比	市值(元)	占净值比
股票投资	1,318,026,893.61	67.10%	1,175,954,758.82	58.46%	1,352,363,797.25	70.05%	1,506,476,577.01	69.10%
国债及货币资金	553,855,872.90	28.20%	593,943,608.97	29.53%	475,255,814.81	24.62%	587,364,301.16	26.94%
其他投资	86,912,968.40	4.43%	167,481,200.00	8.32%	102,400,343.80	5.30%	86,478,499.60	3.97%

投资前十名股票明细	股票名称	市值(元)	占净值比	股票名称	市值(元)	占净值比	股票名称	市值(元)	占净值比	股票名称	市值(元)	占净值比
	招商银行	151,112,306.00	7.69%	上海汽车	80,924,409.72	4.02%	上海汽车	80,706,036.69	4.18%	上海汽车	102,950,165.91	4.72%
	上海汽车	90,100,328.44	4.59%	外运发展	69,040,770.60	3.43%	外运发展	70,990,367.49	3.68%	外运发展	87,570,884.16	4.02%
	首创股份	72,488,461.54	3.69%	一汽轿车	48,326,272.12	2.40%	福耀玻璃	60,516,150.02	3.13%	福耀玻璃	83,176,845.64	3.82%
	一汽轿车	60,620,252.32	3.09%	星马汽车	46,196,241.54	2.30%	威孚高科	47,900,582.52	2.48%	首创股份	76,502,218.10	3.51%
	外运发展	53,520,436.32	2.72%	首创股份	45,818,417.52	2.28%	首创股份	43,352,308.08	2.25%	威孚高科	60,061,395.66	2.76%
	中 青 旅	47,047,558.17	2.40%	盐田港A	38,114,462.89	1.89%	一汽轿车	43,221,384.22	2.24%	长江电力	56,804,186.92	2.61%
	盐田港A	45,669,927.24	2.32%	华能国际	32,904,428.26	1.64%	星马汽车	42,621,222.88	2.21%	中国联通	54,923,804.98	2.52%
	上海机场	44,014,417.90	2.24%	歌华有线	31,575,166.70	1.57%	海螺水泥	34,833,379.14	1.80%	深赤湾A	49,890,228.60	2.29%
	上港集箱	38,863,079.01	1.98%	上海机场	30,920,618.41	1.54%	南方航空	33,228,764.40	1.72%	振华港机	48,715,164.19	2.23%
	华能国际	30,334,072.40	1.54%	海螺水泥	30,424,172.36	1.51%	申能股份	32,856,868.80	1.70%	中海发展	43,254,113.76	1.98%

裕隆证券投资基金

基本资料			
基金代码	184692	基金简称	基金裕隆
基金类型	契约型封闭式	成立日期	1999—06—15
上市日期	1999—06—24	上市地点	深圳证券交易所
基金总份额	30亿份	存 续 期	15年
基金管理人	博时基金管理有限公司	基金托管人	中国农业银行
审计机构	普华永道中天会计师事务所	律师事务所	国浩律师集团(北京)事务所
投资目标	主要投资于业绩能够持续增长的上市公司和市场价值被低估的平稳型上市公司；股票投资不超过资产净值的80%，国债投资不低于资产净值的20%		
业绩比较基准	——		

财务指标　　单位：人民币(元)

项 目 \ 年 度	2003年	2002年 新指标	2002年 旧指标	2001年 新指标	2001年 旧指标
加权平均单位基金净收益	−0.0054	−0.0974	−0.0974	0.0290	0.0290
期末可分配单位基金收益	−0.0348	−0.1288	−0.1288	−0.013	−0.013
期末单位基金资产净值	1.0792	0.8712	0.8712	0.9870	0.9870
基金加权平均净值收益率	−0.54%	−10.00%	−9.87%	2.51%	2.40%
单位基金累计净值增长率	44.33%	16.51%	16.51%	31.99%	31.99%
本期分红	——	累计分红	10派 3.89元		

基金历年表现（单位：%）

2003　23.88
2002　−11.73
2001　−17.24

【本期基金业绩表现】

截至2003年12月31日，基金裕隆单位净值为1.0792元，全年净值增长率为23.88%，超越同期市场基准。

【基金经理简介】

包周荣先生：1967年出生，双学士学历。曾先后在陕西省证券公司上海业务部、上海证大投资管理有限公司工作。1999年至2000年在嘉实基金管理公司任基金经理；2000年至2001年在华夏基金管理公司任基金经理助理。2001年3月起任上海证大投资管理有限公司投资管理部经理。2002年12月加盟博时基金管理有限公司，自2003年1月起任基金裕隆基金经理。

【基金投资运作分析】

2003年，在资本市场，基金的大力发展，壮大了机构投资者，QFII的引进，使得价值投资理念成为市场的主流。

2003年，中国证券市场出现较大的结构调整，上半年市场是先扬后抑，下半年是先抑后扬，以钢铁、石化、汽车、港口等大型、专业、符合重化工业和轿车家庭化的上市公司业绩有较好增长，股价也大幅上升，而大部分个股出现了不同程度的下跌。上证指数全年上升了10.27%，而深圳综指下跌了2.61%。

基金裕隆在2003年的投资中，主要是进行投资组合的调整和再建。基金经理在调整过程中遵循先难后易的原则不断地进行投资品种的取舍，取得了较好的效果。经过一年的基金投资工作，基金经理将博时的价值投资理念、工作平台和操作方式有机地结合起来，在实践中建立起了信心，坚持为持有人带来了更多的投资回报。

【基金投资组合一览】

项 目 \ 季 度	第一季度		第二季度		第三季度		第四季度	
基金资产净值/元	2,870,499,545.70		2,998,918,769.31		2,853,717,414.13		3,237,581,075.35	
基金单位净值/元	0.9568		0.9996		0.9512		1.0792	
基金投资组合	市值(元)	占净值比	市值(元)	占净值比	市值(元)	占净值比	市值(元)	占净值比
股票投资	1,771,724,905.79	61.72%	1,783,190,873.98	59.46%	1,968,427,116.40	68.98%	2,383,757,956.31	73.63%
国债及货币资金	1,023,805,969.98	35.67%	823,149,782.78	27.45%	743,996,775.59	26.07%	824,639,403.77	25.47%
其他投资	68,248,387.90	2.38%	345,366,891.20	11.52%	140,464,091.20	4.92%	30,595,479.20	0.95%

投资前十名股票明细

股票名称	市值(元)	占净值比	股票名称	市值(元)	占净值比	股票名称	市值(元)	占净值比	股票名称	市值(元)	占净值比
吉电股份	141,120,000.00	4.92%	一汽轿车	134,691,035.64	4.49%	上海汽车	161,270,580.95	5.65%	上海汽车	217,023,541.05	6.70%
招商银行	120,939,206.75	4.21%	上海汽车	130,659,257.52	4.36%	一汽轿车	120,463,109.34	4.22%	一汽轿车	134,680,189.92	4.16%
一汽轿车	101,233,101.84	3.53%	外运发展	84,442,112.70	2.82%	外运发展	86,826,611.34	3.04%	中国联通	107,547,560.00	3.32%
上海汽车	98,457,742.50	3.43%	TCL通讯	71,716,800.00	2.39%	同 仁 堂	66,732,005.34	2.34%	外运发展	104,448,000.00	3.23%
外运发展	83,654,569.68	2.91%	同 仁 堂	65,264,679.09	2.18%	北 大 荒	51,163,186.68	1.79%	北 大 荒	68,509,041.20	2.12%
TCL通讯	74,655,256.96	2.60%	北 大 荒	56,152,504.53	1.87%	上海机场	50,655,825.00	1.78%	上海机场	66,551,654.40	2.06%
同 仁 堂	57,342,639.41	2.00%	新 希 望	53,770,195.65	1.79%	新 希 望	49,252,552.60	1.73%	山西焦化	57,400,000.00	1.77%
上港集箱	56,637,000.00	1.97%	中国石化	50,789,801.76	1.69%	TCL通讯	48,044,500.00	1.68%	盐田港A	56,476,475.10	1.74%
友谊股份	56,334,000.00	1.96%	上海机场	50,402,145.00	1.68%	中国联通	46,718,420.00	1.64%	新 希 望	50,406,393.72	1.56%
宝钢股份	53,429,911.00	1.86%	金杯汽车	47,613,138.78	1.59%	中国石化	46,467,265.44	1.63%	中国石化	49,900,000.00	1.54%

裕元证券投资基金

基本资料			
基金代码	500016	基金简称	基金裕元
基金类型	契约型封闭式	成立日期	1999-09-17
上市日期	1999-10-28	上市地点	上海证券交易所
基金总份额	15亿份	存 续 期	15年
基金管理人	博时基金管理有限公司	基金托管人	中国工商银行
审计机构	普华永道中天会计师事务所	律师事务所	国浩律师集团(北京)事务所
投资目标	通过投资于重组类上市公司实现资本增值，拟投资的重组类上市公司包括已经实现重组、正在实施重组和有可能实施重组的上市公司。		
业绩比较基准	——		

财务指标　　单位：人民币(元)

年 度 项 目	2003年	2002年		2001年	
		新指标	旧指标	新指标	旧指标
加权平均单位基金净收益	0.0287	−0.0090	−0.0090	0.0197	0.0197
期末可分配单位基金收益	0.0482	−0.0788	−0.0788	0.0394	0.0394
期末单位基金资产净值	1.1757	0.9212	0.9212	1.0394	1.0394
基金加权平均净值收益率	2.74%	−0.89%	−0.90%	1.67%	1.63%
单位基金累计净值增长率	44.07%	12.87%	12.87%	23.56%	23.56%
本期分红	10派 0.48元		累计分红	10派 4.48元	

基金历年表现（单位：%）

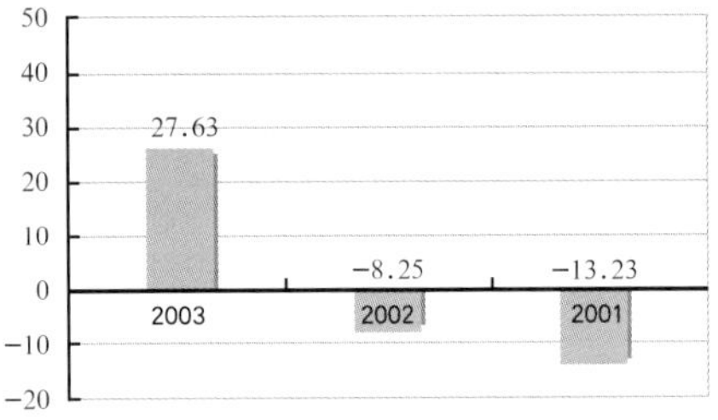

50
40
30
20
10
0
−10
−20
27.63
−8.25
−13.23
2003
2002
2001

【本期基金业绩表现】

截至2003年12月31日，基金裕元单位净值为1.1757元，全年基金净值增长率为27.63%。

【基金经理简介】

邹志新先生：1970年出生，博士生，中国注册会计师协会非执业注册会计师。曾在君安证券研究所从事研究工作，任核心研究员。1999年加盟博时基金管理有限公司，曾任研究员、交易员、基金裕隆基金经理助理。2002年1月起任基金裕泽基金经理，2003年7月起任基金裕元基金经理。

【基金投资运作分析】

2003年全年GDP增长9.1%，进出口贸易、固定资产投资的高速增长；消费全面启动，特别是以汽车、房地产等行业为代表的消费升级出现快速增长局面。

2003年，基金裕元坚持价值投资，以国民经济产业发展为导向，按照各行业成长性和效益状况按行业配比资产，每个行业内进行投资的公司选择则自下而上，从公司内部股票池选择，并依据公司研究部和外部的证券分析师的研究报告进行动态调整。在投资操作中，基金裕元经理不断学习并逐步形成价值投资的投资理念和投资方法，坚持贯彻"研究先行，先人一步"的投资原则，以国民经济增长的结构分析为出发点进行投资，取得了相对良好的业绩。

2003年，基金裕元重点投资处于快速增长期的周期性行业、依存GDP稳定增长的行业和消费增长启动的行业，如：汽车、港口和航空等，并有良好的表现。但也存在不足的地方：对未来行业景气的预期把握还不够，突出表现在电子和信息技术、房地产等行业配置比例偏低、时机也比较晚等。

【基金投资组合一览】

季 度 项 目	第一季度		第二季度		第三季度		第四季度	
基金资产净值/元	1,502,002,842.69		1,573,885,653.83		1,538,845,625.96		1,763,552,529.34	
基金单位净值/元	1.0013		1.0493		1.0259		1.1757	
基金投资组合	市值(元)	占净值比	市值(元)	占净值比	市值(元)	占净值比	市值(元)	占净值比
股票投资	941,571,305.48	62.69%	973,369,089.20	61.85%	1,099,490,739.95	71.45%	1,362,707,889.25	77.27%
国债及货币资金	511,004,712.74	34.02%	516,767,763.53	32.83%	414,817,344.09	26.96%	399,951,934.37	22.68%
其他投资	44,796,265.80	2.98%	80,941,637.60	5.14%	24,262,241.20	1.58%	——	

投资前十名股票明细	股票名称	市值(元)	占净值比	股票名称	市值(元)	占净值比	股票名称	市值(元)	占净值比	股票名称	市值(元)	占净值比
	中集集团	72,475,571.04	4.83%	盐田港A	110,745,367.80	7.04%	盐田港A	111,130,856.40	7.22%	盐田港A	122,043,000.00	6.92%
	上海机场	61,912,437.51	4.12%	上海汽车	88,709,884.56	5.64%	上海汽车	87,372,663.22	5.68%	上海汽车	118,759,500.00	6.73%
	盐田港A	59,420,193.04	3.96%	上海机场	77,753,039.33	4.94%	上海机场	77,167,880.05	5.01%	上海机场	89,370,000.00	5.07%
	招商银行	47,439,562.50	3.16%	中集集团	75,741,866.75	4.81%	中集集团	53,074,000.00	3.45%	南方航空	75,035,735.00	4.25%
	佛山照明	43,235,615.28	2.88%	伊利股份	49,046,549.58	3.12%	伊利股份	49,024,837.96	3.19%	宇通客车	68,298,763.68	3.87%
	上港集箱	42,132,772.08	2.81%	上港集箱	45,318,303.36	2.88%	上港集箱	45,470,890.24	2.95%	长江电力	66,597,987.56	3.78%
	上海汽车	38,711,411.42	2.58%	深能源A	43,709,212.48	2.78%	宇通客车	43,647,696.18	2.84%	铜都铜业	61,374,369.28	3.48%
	福耀玻璃	35,415,405.00	2.36%	宇通客车	43,038,864.00	2.73%	福耀玻璃	42,829,124.36	2.78%	万 科 A	59,400,369.60	3.37%
	威孚高科	35,141,145.15	2.34%	福耀玻璃	39,989,671.28	2.54%	深能源A	41,872,625.60	2.72%	深能源A	57,330,000.00	3.25%
	伊利股份	34,784,203.20	2.32%	威孚高科	39,724,562.84	2.52%	威孚高科	37,813,190.12	2.46%	福耀玻璃	56,952,000.00	3.23%

裕华证券投资基金

基本资料			
基金代码	184696	基金简称	基金裕华
基金类型	契约型封闭式	成立日期	1999-11-10
上市日期	2000-04-24	上市地点	深圳证券交易所
基金总份额	5亿份	存 续 期	15年
基金管理人	博时基金管理有限公司	基金托管人	交通银行
审计机构	普华永道中天会计师事务所	律师事务所	国浩律师集团(北京)事务所
投资目标	通过对技术创新类上市公司的投资而实现长期资本增值。同时通过投资组合等措施减少和分散投资风险而确保基金资产的安全。		
业绩比较基准	——		

财务指标　　单位：人民币(元)

项目 \ 年度	2003年	2002年		2001年	
		新指标	旧指标	新指标	旧指标
加权平均单位基金净收益	0.0135	−0.0182	−0.0182	0.0070	0.0070
期末可分配单位基金收益	0.0105	−0.0887	−0.0887	0.0046	0.0046
期末单位基金资产净值	1.1265	0.9113	0.9113	1.0046	1.0046
基金加权平均净值收益率	1.33%	−1.82%	−1.82%	0.64%	0.63%
单位基金累计净值增长率	48.21%	19.90%	19.90%	31.60%	31.62%
本期分红	10派 0.10元		累计分红	10派 0.993元	

基金历年表现（单位：%）

40
30
20
10
0
−10
−20

2003　23.61
2002　−8.90
2001　−9.66

【本期基金业绩表现】

截至2003年12月31日，基金裕华单位净值为1.1265元，全年基金净值增长率为23.61%，该基金表现好于市场同期的表现。

【基金经理简介】

施斌先生：1966年出生，硕士学历。1997年获得特许金融分析师(CFA)资格。1994年1月至1999年7月于美国U.S. Global Investors Inc.任基金经理，负责共同基金管理。1999年7月至2002年4月于USAA Investment Management Inc.任股票分析师，负责共同基金管理。2002年8月加盟博时基金管理有限公司，任研究部高级分析师，2003年6月起任基金裕华基金经理。

【基金投资运作分析】

2003年，基金裕华最大的成功之处在于及早转变并坚持了价值投资的理念，挖掘出一些高速增长并且价值被低估的行业(例如：汽车和交通运输行业)，坚持集中投资并长期持有一些优势企业，取得了比较好的投资效果。不足之处是该基金在投资运作中忽视了其他一些受益于经济上升周期的一些周期性行业，失去了为投资者进一步提高回报的机会；对某些行业和企业的增长拐点做出了过于乐观和过早的预测，基金资产没有得到充分有效的利用，过于注重风险的控制而牺牲了一些获取收益的机会，究其原因，还是对公司和行业的研究不够深入，对基本面的把握出现了偏差。

【基金投资组合一览】

项目 \ 季度	第一季度		第二季度		第三季度		第四季度	
基金资产净值/元	488,491,928.00		508,683,118.83		498,600,925.91		563,265,385.19	
基金单位净值/元	0.9770		1.0174		0.9972		1.1265	
基金投资组合	市值(元)	占净值比	市值(元)	占净值比	市值(元)	占净值比	市值(元)	占净值比
股票投资	207,319,307.35	42.44%	274,643,601.96	53.99%	322,533,557.08	64.69%	415,281,455.47	73.73%
国债及货币资金	257,952,491.89	52.81%	136,724,786.31	26.88%	134,784,230.88	27.03%	126,499,449.85	22.46%
其他投资	21,955,461.30	4.49%	47,874,605.00	9.41%	40,984,185.30	8.22%	21,847,526.30	3.88%

投资前十名股票明细

股票名称	市值(元)	占净值比	股票名称	市值(元)	占净值比	股票名称	市值(元)	占净值比	股票名称	市值(元)	占净值比
宝钢股份	30,900,236.90	6.33%	上海汽车	30,295,378.08	5.96%	上海汽车	29,351,835.16	5.89%	上海汽车	44,240,191.71	7.85%
TCL 通讯	18,193,442.08	3.72%	宝钢股份	24,480,234.60	4.81%	伊利股份	29,208,471.90	5.86%	福耀玻璃	35,820,435.00	6.36%
福田汽车	11,574,243.61	2.37%	伊利股份	23,573,546.01	4.63%	福耀玻璃	26,061,517.50	5.23%	伊利股份	30,657,253.50	5.44%
金杯汽车	10,272,064.20	2.10%	上海机场	15,740,457.54	3.09%	宝钢股份	25,152,241.04	5.04%	宝钢股份	27,170,328.90	4.82%
上海汽车	10,219,603.85	2.09%	外运发展	15,123,248.40	2.97%	外运发展	15,847,978.86	3.18%	长江电力	21,596,111.16	3.83%
上港集箱	9,340,300.62	1.91%	TCL 通讯	14,931,357.36	2.94%	上海机场	15,621,996.90	3.13%	上海机场	19,860,000.00	3.53%
大商股份	7,939,139.90	1.63%	一汽轿车	14,015,400.00	2.76%	一汽轿车	12,534,900.00	2.51%	外运发展	19,549,434.24	3.47%
江铃汽车	7,072,500.00	1.45%	福田汽车	11,704,417.83	2.30%	福田汽车	11,359,923.12	2.28%	福田汽车	15,431,601.92	2.74%
华泰股份	7,067,312.64	1.45%	江铃汽车	10,830,000.00	2.13%	江铃汽车	10,520,000.00	2.11%	威孚高科	13,059,258.45	2.32%
一汽轿车	6,952,400.00	1.42%	盐田港A	9,452,082.09	1.86%	大商股份	10,069,304.00	2.02%	盐田港A	11,247,554.67	2.00%

裕泽证券投资基金

基本资料			
基金代码	184705	基金简称	基金裕泽
基金类型	契约型封闭式	成立日期	2000-03-27
上市日期	2000-05-17	上市地点	深圳证券交易所
基金总份额	5亿份	存续期	15年
基金管理人	博时基金管理有限公司	基金托管人	中国工商银行
审计机构	普华永道中天会计师事务所	律师事务所	国浩律师集团(北京)事务所
投资目标	该基金属于科技基金，主要投资于具有较高科技含量的上市公司。所追求的投资目标是在尽可能分散和规避投资风险的前提下，谋求基金资本增值和投资收益的最大化。		
业绩比较基准	——		

财务指标 单位：人民币(元)

项目 \ 年度	2003年	2002年 新指标	2002年 旧指标	2001年 新指标	2001年 旧指标
加权平均单位基金净收益	0.0520	-0.0509	-0.0509	-0.0337	-0.0337
期末可分配单位基金收益	-0.0197	-0.1607	-0.1607	-0.0712	-0.0712
期末单位基金资产净值	1.0969	0.8393	0.8393	0.9288	0.9288
基金加权平均净值收益率	5.42%	-5.51%	-5.48%	-3.27%	-3.10%
单位基金累计净值增长率	7.67%	-17.62%	-17.62%	-8.84%	-8.84%
本期分红	——		累计分红	10派 0.11元	

基金历年表现（单位：%）

2003：30.69
2002：-9.63
2001：-14.16

【本期基金业绩表现】

截至2003年12月31日，基金裕泽单位净值1.0969元，本期净值增长率为30.69%，基金累计净值增长率为7.67%。

【基金经理简介】

邹志新先生：1970年出生，博士生，中国注册会计师协会非执业注册会计师。曾在君安证券研究所从事研究工作，任核心研究员。1999年加盟博时基金管理有限公司，曾任研究员、交易员、基金裕隆基金经理助理。2002年1月起任基金裕泽基金经理，2003年7月起任基金裕元基金经理。

陈丰先生：1973年出生，硕士学位。1996年至1998年就读于上海财经大学证券期货学院，获经济学硕士学位。曾在申银万国证券公司研究所工作。2000年加盟博时基金管理有限公司，任研究员。2002年1月起任基金裕元基金经理助理。2003年7月起任基金裕泽基金经理。

【基金投资运作分析】

2003年，基金裕泽淡化时机选择，不断优化组合品种，持仓个股的市盈率与市净率均不断下降，坚持对价值投资理念。在选择个股方面，坚持两个原则：①该基金经理把对行业背景的研究融合在对公司的研究中，坚持“自上而下”研究公司，“自下而上”进行具体的投资决策；②规避不确定性的原则。在面临成长和价值的两难选择时，基金经理更倾向于选择低风险的个股，尽量避免未来的不确定性。在行业配置上，基金裕泽2003年重点投资的行业是：与消费升级相关的汽车及其零配件行业、金属非金属行业、电力行业、食品饮料行业等。总体而言，以上行业配置的集中度较高，而且制造业占的比例较大，所投资的公司均是相应行业中具有明显优势的龙头企业。以上投资原则和行业配置策略降低了基金裕泽持股的风险，在每次指数下跌时表现得较为抗跌。

【基金投资组合一览】

项目 \ 季度	第一季度		第二季度		第三季度		第四季度	
基金资产净值/元	457,613,636.64		476,569,308.13		468,855,958.32		548,431,924.87	
基金单位净值/元	0.9152		0.9531		0.9377		1.0969	
基金投资组合	市值(元)	占净值比	市值(元)	占净值比	市值(元)	占净值比	市值(元)	占净值比
股票投资	278,027,066.47	60.76%	349,959,446.56	73.43%	321,124,815.69	68.49%	373,128,637.88	68.04%
国债及货币资金	179,168,919.19	39.15%	119,580,568.91	25.09%	114,495,151.98	24.42%	153,606,285.41	28.01%
其他投资	——		7,593,523.20	1.59%	18,169,433.00	3.88%	21,663,358.50	3.95%

投资前十名股票明细	股票名称	市值(元)	占净值比	股票名称	市值(元)	占净值比	股票名称	市值(元)	占净值比	股票名称	市值(元)	占净值比
	中国联通	27,304,368.00	5.97%	上海汽车	39,205,033.56	8.23%	上海汽车	37,984,001.37	8.10%	上海汽车	47,227,208.43	8.61%
	招商银行	18,450,000.00	4.03%	上海机场	29,646,410.94	6.22%	中兴通讯	29,074,889.03	6.20%	中集集团	40,107,200.70	7.31%
	万科A	17,625,000.00	3.85%	中兴通讯	27,794,761.83	5.83%	扬子石化	22,951,890.00	4.90%	威孚高科	29,134,088.62	5.31%
	菲达环保	17,175,000.00	3.75%	盐田港A	20,144,066.34	4.23%	盐田港A	18,162,000.00	3.87%	福耀玻璃	23,340,290.12	4.26%
	上港集箱	12,285,678.51	2.68%	一汽轿车	19,880,000.00	4.17%	福耀玻璃	16,981,462.66	3.62%	五粮液	22,173,766.26	4.04%
	上海机场	12,222,698.78	2.67%	中国联通	19,260,000.00	4.04%	威孚高科	16,253,969.92	3.47%	一汽轿车	19,032,144.00	3.47%
	上海汽车	11,148,000.00	2.44%	宝钢股份	15,300,000.00	3.21%	上海机场	15,484,108.40	3.30%	盐田港A	16,751,000.00	3.05%
	大商股份	11,085,893.16	2.42%	招商银行	14,312,500.00	3.00%	中集集团	15,166,223.31	3.23%	江淮汽车	16,714,386.60	3.05%
	一汽轿车	10,696,000.00	2.34%	厦门汽车	14,018,788.81	2.94%	一汽轿车	14,616,938.00	3.12%	万科A	15,722,520.00	2.87%
	中兴通讯	10,086,200.00	2.20%	华能国际	13,229,199.18	2.78%	华能国际	12,829,391.28	2.74%	华能国际	15,628,046.58	2.85%

博时价值增长证券投资基金

基本资料

基金代码	050001（前端收费） 051001（后端收费）				
基金简称	博时增长		基金类型	契约型开放式	
发行日期	2002-09-02至2002-09-29		成立日期	2002-10-09	
首募规模	30.47亿份	认购户数	60318户	期末规模	21.52亿份
认购费率	1.00%-1.20%	申购费率	1.50%-1.80%（前收费） 0.00%-1.80%（后收费）	赎回费率	0%-0.80%
管理费率	1.50%		托管费率	0.25%	
销售机构	博时基金管理公司、中国建设银行、交通银行、中信实业银行、招商银行、华夏证券、招商证券、国泰君安证券、广发证券、海通证券、兴业证券、长江证券、大鹏证券。				
基金管理人	博时基金管理有限公司		基金托管人	中国建设银行	
审计机构	普华永道中天会计师事务所		律师事务所	国浩律师集团(北京)事务所	
投资目标	在力争使基金单位资产净值高于价值增长线水平的前提下，该基金在多层次复合投资策略的投资结构基础上，采取低风险适度收益配比原则，以长期投资为主，保持基金资产良好的流动性，谋求基金资产的长期稳定增长。				
业绩比较基准	基金管理人定期事前公布的价值增长线				

财务指标 单位：人民币(元)

项目 \ 年度	2003年	2002年	2002年（旧）
加权平均单位基金净收益	0.1206	0.0004	0.0004
期末可分配单位基金收益	0.0097	-0.0175	-0.0175
期末单位基金资产净值	1.195	0.983	0.983
基金加权平均净值收益率	10.76%	0.04%	0.04%
单位基金累计净值增长率	32.06%	-1.70%	-1.70%
本期分红	10派 1.18元	累计分红	10派 1.18元

基金历年表现（单位：%）

【本期基金业绩表现】

截至2003年12月31日，博时增长单位净值为1.195元，本期净值增长率为34.35%，累计净值增长率为32.06%。在同期中国A股市场所有证券投资基金中，该基金累计净值增长率排名第一。

【基金经理小组简介】

肖华先生：1965年出生，硕士学历。曾先后在宝安集团从事项目管理、君安资产管理有限公司历任项目经理、投资部经理、基金部经理、上海申华实业股份有限公司任总经理助理、副总经理。2000年5月至2002年5月任基金同盛基金经理。2002年5月加盟博时基金管理有限公司，任基金管理部部门经理。2002年10月起担任博时价值增长基金基金经理。

高阳先生：1973年出生，硕士学历。曾在中国国际金融有限公司销售交易部从事国债投资工作。2000年3月加盟博时基金管理有限公司，任基金管理部债券组合投资经理；2001年6月至2002年4月在英国BAILLIE GIFFORD公司接受投资工作培训，并取得英国投资协会颁发的投资管理资格证书(IMC)。2002年10月起担任博时价值增长基金基金经理。

杨锐先生：1972年出生，博士学历。1999年8月加盟博时基金管理有限公司，担任宏观研究员、投资策略分析师。2002年10月起担任博时价值增长基金基金经理助理。

【基金投资运作分析】

在2003年，首先，博时增长基金对汽车、钢铁和物流等行业进行了重点配置，并获得了良好的回报；其次，该基金经理在操作过程中坚持买入并持有(buy and hold)的投资策略。

2003年下半年，博时增长基金没有加大对原材料、能源和石化行业的配置。在整个2003年，针对分红、“非典”、“净值”等问题，基金经理与投资者进行不断沟通与及时反馈，使更多投资者认同了博时价值的投资理念和操作过程，基金规模在经过短暂缩小后持续扩大，让更多持有人分享到了收益回报。

【基金投资组合一览】

项目 \ 季度	第一季度		第二季度		第三季度		第四季度	
基金资产净值/元	2,533,131,300.50		2,031,352,467.25		2,185,926,225.72		2,570,811,364.56	
基金单位净值/元	1.100		1.154		1.072		1.195	
基金投资组合	市值(元)	占净值比	市值(元)	占净值比	市值(元)	占净值比	市值(元)	占净值比
股票投资	1,549,774,587.75	61.18%	1,322,429,586.89	65.10%	1,518,287,618.75	69.46%	1,893,093,540.58	73.64%
国债及货币资金	940,724,594.70	37.14%	656,946,643.41	32.34%	608,805,393.22	27.85%	625,924,874.39	24.35%
其他投资	50,735,573.20	2.00%	27,895,011.30	1.37%	53,808,943.70	2.46%	33,230,538.40	1.29%

投资前十名股票明细

股票名称	市值(元)	占净值比	股票名称	市值(元)	占净值比	股票名称	市值(元)	占净值比	股票名称	市值(元)	占净值比
上海汽车	182,226,957.12	7.19%	上海汽车	170,260,531.49	8.38%	上海汽车	167,396,603.29	7.66%	上海汽车	222,265,356.75	8.65%
上港集箱	165,686,312.94	6.54%	外运发展	154,144,651.48	7.59%	外运发展	160,202,913.42	7.33%	外运发展	193,663,777.38	7.53%
外运发展	153,342,232.68	6.05%	上港集箱	149,397,789.45	7.35%	上港集箱	150,520,740.00	6.89%	伊利股份	152,576,573.24	5.94%
伊利股份	144,723,327.82	5.71%	伊利股份	146,256,833.52	7.20%	伊利股份	145,096,065.00	6.64%	上港集箱	127,800,000.00	4.97%
长安汽车	121,939,534.99	4.81%	长安汽车	130,057,445.88	6.40%	长安汽车	110,012,749.92	5.03%	长安汽车	115,555,326.28	4.49%
韶钢松山	94,198,280.46	3.72%	歌华有线	85,207,034.48	4.19%	宝钢股份	98,893,147.50	4.52%	宝钢股份	113,120,000.00	4.40%
宝钢股份	78,444,574.92	3.10%	韶钢松山	72,899,684.10	3.59%	歌华有线	74,780,169.84	3.42%	歌华有线	105,549,034.24	4.11%
歌华有线	74,495,060.26	2.94%	江淮汽车	69,488,796.00	3.42%	江淮汽车	65,434,445.60	2.99%	江淮汽车	86,741,810.28	3.37%
江淮汽车	72,428,706.60	2.86%	宝钢股份	51,100,000.00	2.52%	韶钢松山	55,918,793.77	2.56%	万 科 A	78,845,952.24	3.07%
一汽轿车	45,285,234.36	1.79%	双汇发展	43,290,056.64	2.13%	福耀玻璃	47,014,829.00	2.15%	招商局A	71,706,934.88	2.79%

博时裕富证券投资基金

基本资料					
基金代码	050002				
基金简称	博时裕富		基金类型	契约型开放式	
发行日期	2003-07-10至2003-08-22		成立日期	2003-08-26	
首募规模	51.23亿份	认购户数	110760户	期末规模	41.64亿份
认购费率	1.00%	申购费率	1.50%	赎回费率	0.50%
管理费率	0.98%		托管费率	0.20%	
销售机构	博时基金管理公司、中国建设银行、交通银行、中信实业银行、招商银行、华夏证券、招商证券、国泰君安证券、广发证券、海通证券、兴业证券、长江证券、大鹏证券。				
基金管理人	博时基金管理有限公司		基金托管人	中国建设银行	
审计机构	普华永道中天会计师事务所		律师事务所	国浩律师集团(北京)事务所	
投资目标	分享中国资本市场的长期增长。该基金将以对标的指数的长期投资为基本原则，通过严格的投资纪律约束和数量化风险管理手段，力争保持基金净值增长率与标的指数增长率间的正相关度在95%以上，并保持年跟踪误差在4%以下。				
业绩比较基准	新华富时中国A200复合指数				

财务指标			单位：人民币(元)
项目 \ 年度	2003年8月26日至2003年12月31日		
加权平均单位基金净收益	0.0059		
期末可分配单位基金收益	0.0067		
期末单位基金资产净值	1.066		
基金加权平均净值收益率	0.59%		
单位基金累计净值增长率	6.60%		
本期分红	——	累计分红	——

基金历年表现（单位：%）

年份	2003	2002
表现(%)	6.60	

【本期基金业绩表现】

截至2003年12月31日，博时裕富基金单位净值为1.066元，本期净值增长率为6.6%。同期上证指数上涨10.27%，深证综合指数下跌2.61%。

【基金经理简介】

陈亮先生：1975年出生，经济学硕士。1999年毕业于中国人民大学国民经济学系，获得经济学硕士学位；1999年至2000年，中信证券金融产品开发小组，任项目经理；2000年至2001年，北京玖方量子金融技术有限公司，任高级经理；2001年至2002年，博时基金管理有限公司金融工程小组，任金融工程师；2002年9月任博时价值增长基金基金助理；2003年8月起任博时裕富基金基金经理。

【基金投资运作分析】

博时裕富设立于2003年8月26日，截至年末，单位净值为1.066元，净值增长率为6.6%，同期投资基准的涨幅为2.55%；该基金不但捕获了指数上涨的收益，同时也获得了4.05%的超额收益，跟踪误差也一直控制在4%以内。

博时裕富是遵循指数投资理念的指数型基金。指数投资注重承担市场风险，获取市场收益，跟踪误差和相关度是重要的衡量指标。在2003年整个管理过程中，该基金经理借助系统软件的支持严密控制跟踪误差，在最小化成本的前提下做出适当的调整，减少或者避免过多交易。

指数投资是舶来品，实践中也遇到了中国市场一些特殊问题，例如问题股的处理。该基金对此类指数样本股做了适当调整，使得基金资产规避掉了此类资产的风险，同时单位净值增长率基本同指数一致，具体来说就是跟踪误差控制在4%以内。

【基金投资组合一览】

项目 \ 季度	第四季度	
基金资产净值/元	4,439,875,064.25	
基金单位净值/元	1.066	
基金投资组合	市值(元)	占净值比
股票投资	3,381,047,723.00	76.15%
国债及货币资金	1,090,834,375.04	24.57%

投资前十名股票明细

序号	股票名称	市值(元)	占净值比	序号	股票名称	市值(元)	占净值比
1	中国联通	176,471,482.05	3.97%	6	深发展A	66,547,400.06	1.50%
2	中国石化	131,501,640.60	2.96%	7	申能股份	59,161,984.12	1.33%
3	宝钢股份	100,830,996.70	2.27%	8	万科A	57,232,985.34	1.29%
4	招商银行	99,172,118.29	2.23%	9	上海汽车	55,783,013.58	1.26%
5	长江电力	89,740,870.80	2.02%	10	四川长虹	55,555,626.88	1.25%

鹏华基金管理有限公司

【基本情况】

法定名称：鹏华基金管理有限公司
注册地址：深圳深南东路5047号发展银行大厦27层
办公地址：深圳深南东路5047号发展银行大厦18、27层
法人代表：孙 枫
总 经 理：孙煜扬
成立时间：1998年12月25日
组织形式：有限责任公司
注册资本：1.5亿元人民币
联系电话：0755–82080663
传真号码：0755–82080742
邮政编码：518001
公司网址：www.phfund.com.cn

【发展概况】

鹏华基金管理有限公司是经中国证监会证监基金字[1998]31号文批准，由国信证券有限责任公司、方正证券有限责任公司(原浙江证券有限责任公司)、鞍山市信托投资股份有限公司、安徽国元信托投资有限责任公司(原安徽省国际信托投资公司)共同发起设立，成立于1998年12月25日。2001年8月，经中国证监会函复同意，公司将注册资本金从8000万增至15000万元人民币。

公司下设九个部门和两个分公司，分别是：基金管理部、投资营销部、研究部、监察稽核部、机构理财部、集中交易室、信息技术部、登记结算部、总裁办公室以及北京分公司、上海分公司、西南销售中心、华中销售中心。公司现有员工100人，其中62人具有硕士以上学历，近60%员工有5年以上的证券从业经验，10%员工有在海外学习和工作的经验。

【经营业绩】

截至2003年12月31日，鹏华基金公司共管理四只封闭式基金和三只开放式基金，公司管理资产规模140亿元人民币，并且取得了社保基金牌照。

2003年，鹏华基金公司坚持价值投资理念，增进与投资者多方位交流，积极为投资者提供更专业化、个性化的理财服务。2003年12月24日，鹏华行业成长净值1.0120元，达到了年初制定面值以上的目标；截至12月31日，成立不足半年的普天收益基金和普天债券基金，净值增长率分别超过10.53%、4.39%。普天收益基金分别于12月1日和15日两次向基金持有人派发红利，累计每10份基金单位派发红利0.25元；普天债券基金于12月24日向基金持有人每10份基金单位派发红利0.20元。

产品开发创新是鹏华在竞争中保持核心竞争能力、实现公司长期战略目标的重要环节之一，目前鹏华公司基本形成了从常规产品、个性化产品到前瞻性产品的产品线。

在风险管理方面，鹏华基金公司引进国外先进的BARRA APM风险管理系统作为公司风险控制的支持系统。从2003下半年开始，公司开始开展债券绩效评估工作，债券投资风险绩效评估制度已经完成，并建立起债券投资风险绩效评估分析体系；在组织结构方面，按照商业模式进行组织结构扁平化改革，借鉴国信证券和合资基金公司的经验，初步形成了投资、营销、营运等事业部制的组织结构；在市场宣传策划方面，与《证券时报》合作举办策划“鹏华基金杯”《证券投资基金法》法律知识大奖赛。在投资者关系管理方面，推出专家坐席制度、手机短信息服务等方式，建立公司和投资者沟通的信息渠道。

附：高管成员介绍

孙枫先生：董事长，国际金融专业硕士，高级会计师，中国注册会计师。历任武汉市经济研究所室负责人、副所长，武汉市一轻工业局副局长，武汉友谊复印机制造公司副经理，武汉市一轻工业局副局长，深圳市财政局企财处处长、办公室主任，平安保险公司第二、三届董事会董事，深圳市财政局副局长、党组成员，深圳商业银行董事长、党委书记，深圳发展银行董事长、党委书记。

孙煜扬先生：董事、总裁，博士。历任深圳证券结算公司常务副总裁、深圳证券交易所首任行政总监、香港深业(集团)有限公司助理总经理、香港深业控股有限公司副总经理、中国高新技术产业投资管理有限公司董事长兼行政总裁，现任鹏华基金管理有限公司总裁。

股东概况

排序	股东名称	出资额(万元)	出资比例(%)
1	国信证券有限责任公司	7500.00	50.00
2	鞍山市信托投资股份有限公司	2502.00	16.68
3	方正证券有限责任公司	2499.00	16.66
3	安徽国元信托投资有限责任公司	2499.00	16.66

旗下基金

排序	基金代码	基金简称	基金类型
1	184689	基金普惠	封闭式
2	184693	基金普丰	封闭式
3	500019	基金普润	封闭式
4	184711	基金普华	封闭式
5	206001	鹏华行业成长	开放式
6	206101	普天债券	开放式
7	206102	普天收益	开放式

普惠证券投资基金

基本资料			
基金代码	184689	基金简称	基金普惠
基金类型	契约型封闭式	成立日期	1999-01-06
上市日期	1999-01-27	上市地点	深圳证券交易所
基金总份额	20亿份	存 续 期	15年
基金管理人	鹏华基金管理有限公司	基金托管人	交通银行
审计机构	安永华明会计师事务所	律师事务所	信达律师事务所
投资目标	为投资者减少和分散投资风险，确保基金资产的安全并谋求基金长期稳定的投资收益。		
业绩比较基准	——		

财务指标　　单位：人民币(元)

项目＼年度	2003年	2002年	2001年
加权平均单位基金净收益	-0.0035	-0.0605	0.0428
期末可分配单位基金收益	-0.0245	-0.1150	0.0106
期末单位基金资产净值	1.0471	0.8850	1.0106
基金加权平均净值收益率	-0.36%	-6.16%	3.46%
单位基金累计净值增长率	62.41%	37.27%	55.21%
本期分红	——	累计分红	10派 6.62元

基金历年表现（单位：%）

年度	2003	2002	2001
表现	18.32	-11.56	-17.97

【本期基金业绩表现】

截至2003年12月31日，基金普惠单位净值为1.0471元，净值增长率为18.32%，每基金单位实现收益-0.0035元。

【基金经理简介】

黄中先生：基金经理，36岁，研究生学历。11年证券从业经验，曾在华夏证券有限责任公司和国信证券有限责任公司从事投资银行及投资管理工作。1996年加盟鹏华基金管理有限公司，曾从事研究工作和基金普惠基金经理助理工作，2001年9月接任基金普惠基金经理。

【基金投资运作分析】

2003年年初，基金普惠加强对重点行业和个人股的研究，加快了结构调整的力度，大幅提高了持股的集中度，上半年在石化、钢铁、交通运输、电力、金融及电子通讯等行业均做了重点的投资并取得了较好的回报。个股方面，重点挖掘了扬子石化、上海石化、上海机场、中兴通讯等一批绩优高成长的股票并做了重点投资，此外，该基金还较好地把握了转债市场的投资机会，在钢钒转债、机场转债、龙电转债等品种上均做了大规模的投资并取得了较高的回报。在第三季度，基金普惠将股票仓位减至55%，将转债仓位加至14%，抵抗了风险，获取了超额收益。第四季度一开始，冷静判断国有股全流通问题，在股指相对低位加仓，重点投资电信运营、汽车、电力、有色金属等行业。但在钢铁、石化板块的景气周期上判断短视，基本上没有配置仓位，导致该基金在第四季度的石化、钢铁股行情中掉队，这是第四季度业绩不理想的主要原因。

【基金投资组合一览】

项目＼季度	第一季度		第二季度		第三季度		第四季度	
基金资产净值/元	1,899,394,505.26		1,945,411,679.30		1,903,727,134.30		2,094,236,261.86	
基金单位净值/元	0.9497		0.9727		0.9519		1.0471	
基金投资组合	市值(元)	占净值比	市值(元)	占净值比	市值(元)	占净值比	市值(元)	占净值比
股票投资	1,197,504,788.26	63.05%	1,273,070,217.98	65.44%	1,164,815,116.54	61.19%	1,452,609,128.86	68.07%
国债及货币资金	482,861,440.57	25.42%	430,835,586.76	22.15%	459,102,097.30	24.12%	456,398,109.91	21.79%
其他投资	214,218,185.60	11.28%	242,344,378.40	12.46%	275,219,350.20	14.46%	212,358,610.50	10.14%

投资前十名股票明细

股票名称	市值(元)	占净值比	股票名称	市值(元)	占净值比	股票名称	市值(元)	占净值比	股票名称	市值(元)	占净值比
火箭股份	117,567,141.12	6.19%	中兴通讯	182,514,528.09	9.38%	中兴通讯	156,094,636.13	8.20%	中国联通	203,814,255.76	9.73%
扬子石化	81,120,885.36	4.27%	中国联通	163,394,745.90	8.40%	中国联通	128,161,893.32	6.73%	华能国际	172,296,987.53	8.23%
上海机场	79,422,725.28	4.18%	火箭股份	135,129,706.25	6.95%	火箭股份	124,723,996.25	6.55%	上海汽车	135,640,044.78	6.48%
中国石化	77,565,510.00	4.08%	招商银行	128,011,950.35	6.58%	上海汽车	97,713,546.48	5.13%	中兴通讯	130,252,598.94	6.22%
山东基建	75,151,718.26	3.96%	深能源A	112,598,040.08	5.79%	上海机场	83,027,181.25	4.36%	招商银行	99,247,230.60	4.74%
上海石化	56,585,174.39	2.98%	上海机场	106,551,240.05	5.48%	深圳机场	82,318,876.80	4.32%	火箭股份	81,269,721.36	3.88%
宝钢股份	53,880,623.55	2.84%	上海石化	87,865,439.62	4.52%	*ST 夏利	67,725,900.90	3.56%	*ST夏利	79,522,548.96	3.80%
华侨城A	47,040,821.85	2.48%	生益科技	55,725,353.32	2.86%	生益科技	53,299,284.63	2.80%	武钢股份	65,972,505.06	3.15%
中国联通	44,577,282.54	2.35%	深圳机场	54,765,474.26	2.82%	天津港	53,243,673.28	2.80%	天津港	64,303,729.98	3.07%
齐鲁石化	43,254,396.00	2.28%	宝钢股份	38,885,658.90	2.00%	上海石化	47,951,763.48	2.52%	深圳机场	62,744,082.80	3.00%

普丰证券投资基金

基本资料			
基金代码	184693	基金简称	基金普丰
基金类型	契约型封闭式	成立日期	1999-07-14
上市日期	1999-07-30	上市地点	深圳证券交易所
基金总份额	30亿份	存 续 期	15年
基金管理人	鹏华基金管理有限公司	基金托管人	中国工商银行
审计机构	普华永道中天会计师事务所	律师事务所	信达律师事务所
投资目标	坚持在立足理性投资的基础之上追求积极进取的投资风格，从而实现基金资产收益最大化。		
业绩比较基准	——		

财务指标　单位：人民币(元)

项目 \ 年度	2003年	2002年	2001年
加权平均单位基金净收益	-0.0086	-0.0848	-0.0723
期末可分配单位基金收益	-0.0199	-0.1327	-0.0047
期末单位基金资产净值	0.9895	0.8673	0.9953
基金加权平均净值收益率	-0.93%	-8.71%	6.14%
单位基金累计净值增长率	22.69%	7.54%	23.41%
本期分红	——	累计分红	10派 2.81元

基金历年表现（单位：%）

年份	2003	2002	2001
表现	14.09	-12.86	-16.03

【本期基金业绩表现】

截至2003年12月31日，基金普丰单位资产净值为0.9895元，全年净值增长率为14.09%，每基金单位实现收益-0.0086元。

【基金经理简介】

张弓先生：基金经理，36岁，经济学硕士，从事金融证券工作10年，曾在北京财贸学院任教，海南省证券公司从事投行业务，建设银行海南省信托投资公司深圳营业部任总经理，2001年2月加盟鹏华基金管理有限公司任研究员。

【基金投资运作分析】

2003年是中国证券市场发生结构性革命的一年，基金倡导的价值投资理念主导市场、并得到市场的认同，市场逐步走向成熟；与此同时，通过挖掘价值、分享成长，市场信心得以逐步恢复。纵观全年，以宝钢、扬子石化、中国联通、上海汽车等为首的一大批高成长绩优蓝筹受到市场的追捧，而成长性差、经营管理不善的公司股票则受到市场的集体抛售，从而出现了市场全年只有20%的股票涨，而80%的股票下跌的2-8现象。

截至2003年年末，基金普丰净值增长率为14.09%，同期上证综合指数上涨9.31%，而深圳综合指数下跌了2.6%。由于深圳综合指数为基金普丰的跟踪标的，因跟综深圳综指一定程度上影响了普丰基金的相对业绩。

【基金投资组合一览】

项目 \ 季度	第一季度		第二季度		第三季度		第四季度	
基金资产净值/元	2,763,536,627.01		2,827,554,257.43		2,685,138,128.54		2,968,523,319.21	
基金单位净值/元	0.9212		0.9425		0.8950		0.9895	
基金投资组合	市值(元)	占净值比	市值(元)	占净值比	市值(元)	占净值比	市值(元)	占净值比
按投资类型分类的基金投资	指数化投资972,810,625.84	35.20%	指数化投资859,226,255.71	30.39%	指数化投资813,522,372.88	30.30%	指数化投资928,912,102.98	31.29%
	积极投资680,479,715.90	24.62%	积极投资1,053,440,158.92	37.26%	积极投资924,971,863.30	34.45%	积极投资1,106,394,929.46	37.27%
积极投资部分按行业分类的股票投资	680,479,715.90	24.62%	1,053,440,158.92	37.26%	924,971,863.30	34.45%	1,106,394,929.46	37.27%
国债及货币资金	864,491,457.86	31.28%	772,487,390.25	27.32%	762,707,504.70	28.40%	802,061,178.79	27.02%
其他投资	238,862,805.80	8.64%	140,502,021.10	4.97%	175,741,923.30	6.55%	132,152,935.90	4.45%

投资前五名股票明细	股票名称	市值(元)	占净值比	股票名称	市值(元)	占净值比	股票名称	市值(元)	占净值比	股票名称	市值(元)	占净值比
	宝钢股份	127,462,191.00	4.61%	金杯汽车	203,931,322.89	7.21%	金杯汽车	211,295,082.92	7.87%	长江电力	166,463,308.44	5.61%
	招商银行	116,397,944.25	4.21%	中国联通	197,751,976.17	6.99%	中国联通	174,166,235.55	6.49%	深能源A	164,250,040.50	5.53%
	中国石化	79,844,212.80	2.89%	深能源A	176,843,566.40	6.25%	深能源A	152,379,772.00	5.67%	招商银行	155,742,957.73	5.25%
	深能源A	41,468,409.65	1.50%	招商银行	148,854,454.05	5.26%	招商银行	103,073,644.93	3.84%	桂柳工A	89,965,639.65	3.03%
	齐鲁石化	27,265,271.58	0.99%	宝钢股份	80,454,234.00	2.85%	宝钢股份	61,637,706.04	2.30%	*ST夏利	89,417,790.48	3.01%

普润证券投资基金

基本资料			
基金代码	500019	基金简称	基金普润
基金类型	契约型封闭式	成立日期	2000-08-08
上市日期	2001-09-04	上市地点	上海证券交易所
基金总份额	5亿份	存续期	15年
基金管理人	鹏华基金管理有限公司	基金托管人	中国工商银行
审计机构	安永华明会计师事务所	律师事务所	信达律师事务所
投资目标	在规避风险的前提下采取积极进取的投资策略，谋求基金资产增值和收益的最大化。		
业绩比较基准	——		

财务指标　　单位：人民币(元)

项目＼年度	2003年	2002年	2001年
加权平均单位基金净收益	-0.0495	-0.1202	0.0541
期末可分配单位基金收益	-0.1177	-0.1536	-0.0042
期末单位基金资产净值	0.9461	0.8464	0.9958
基金加权平均净值收益率	-5.55%	-12.61%	5.18%
单位基金累计净值增长率	-5.21%	-15.20%	-0.23%
本期分红	——	累计分红	——

基金历年表现（单位：%）

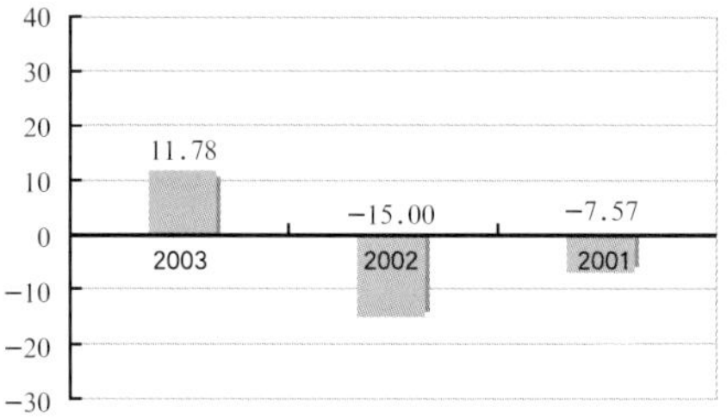

【本期基金业绩表现】

截至2003年12月31日，基金普润单位净值为0.9461元，净值增长率为11.78%，每基金单位实现收益-0.0495元。

【基金经理简介】

徐海焱女士：31岁，经济学硕士，8年证券从业经历，曾先后就职于中国国际期货经纪有限公司、广州珠江投资基金管理有限公司、大鹏证券，2000年7月加盟鹏华基金管理有限公司从事研究工作，历任基金管理部经理助理、研究部经理助理。

【基金投资运作分析】

2003年，价值投资贯穿2003年全年的市场，市场的主要特征是以典型的结构性分化取代历年来的齐涨齐跌局面，非系统性风险成为市场投资的主要风险。

针对2003年市场出现的新情况，基金普润对组合进行了较大幅度的调整。一是在年初重点以调整持仓结构为主，将组合中缺乏业绩支撑、流动性较差的部分中小型企业剔除出投资组合；二是随着股市价值投资理念的确立，重点增持了金融、港口机场、电力和有色金属等核心资产；三是在年底对组合进行了再次的调整，提高了行业和股票集中度，把基金资产集中到原材料、一次性能源和服务行业上来。

在全年的操作中，受组合结构调整速度较慢、持仓较为分散以及在对央行收缩银根政策引致银行股调整幅度的判断方面存在偏差等因素的影响。

【基金投资组合一览】

项目＼季度	第一季度		第二季度		第三季度		第四季度	
基金资产净值/元	449,360,828.21		443,132,951.48		425,967,673.90		473,071,497.36	
基金单位净值/元	0.8987		0.8863		0.8519		0.9461	
基金投资组合	市值(元)	占净值比	市值(元)	占净值比	市值(元)	占净值比	市值(元)	占净值比
股票投资	218,721,820.89	48.67%	240,295,752.55	54.23%	233,672,009.58	54.86%	345,094,795.61	72.95%
国债及货币资金	201,049,605.90	44.74%	164,975,132.00	37.23%	169,478,954.18	39.79%	99,701,624.01	21.08%
其他投资	28,235,873.00	6.28%	38,154,820.00	8.61%	22,199,653.00	5.21%	27,986,888.50	5.92%

投资前十名股票明细

股票名称	市值(元)	占净值比	股票名称	市值(元)	占净值比	股票名称	市值(元)	占净值比	股票名称	市值(元)	占净值比
深赤湾A	12,893,339.90	2.87%	中信证券	36,430,205.63	8.22%	上海机场	26,230,148.50	6.16%	招商银行	42,599,932.19	9.01%
上海能源	12,326,193.60	2.74%	招商银行	35,323,479.00	7.97%	中国联通	21,764,402.00	5.11%	上海机场	36,643,100.13	7.75%
湘电股份	12,138,128.80	2.70%	中国联通	25,674,222.00	5.79%	招商银行	18,756,837.89	4.40%	华能国际	31,844,355.53	6.73%
威孚高科	11,530,711.35	2.57%	浦发银行	24,380,918.73	5.50%	上海汽车	17,968,065.33	4.22%	中国联通	27,975,607.06	5.91%
兖州煤业	10,799,460.00	2.40%	深赤湾A	11,521,077.54	2.60%	申能股份	16,755,466.08	3.93%	铜都铜业	24,771,066.88	5.24%
陆家嘴	9,364,350.46	2.08%	华北制药	11,360,324.01	2.56%	威孚高科	15,491,774.56	3.64%	浦发银行	24,484,925.64	5.18%
深圳机场	8,181,617.92	1.82%	上海机场	10,875,553.00	2.45%	深赤湾A	11,956,969.58	2.81%	天津港	15,116,609.06	3.20%
浦发银行	7,783,922.16	1.73%	深能源A	10,438,236.88	2.36%	华北制药	11,122,004.06	2.61%	武钢股份	12,771,019.80	2.70%
招商银行	7,652,650.00	1.70%	威孚高科	9,622,373.56	2.17%	浦发银行	9,004,483.21	2.11%	龙电股份	12,439,691.55	2.63%
天士力	7,182,428.85	1.60%	国电电力	9,573,525.00	2.16%	深圳机场	7,987,882.56	1.88%	海油工程	12,228,847.15	2.59%

普华证券投资基金

基本资料			
基金代码	184711	基金简称	基金普华
基金类型	契约型封闭式	成立日期	2000-11-06
上市日期	2001-08-28	上市地点	深圳证券交易所
基金总份额	5亿份	存 续 期	15年
基金管理人	鹏华基金管理有限公司	基金托管人	中国工商银行
审计机构	深圳大华天诚会计师事务所	律师事务所	信达律师事务所
投资目标	该基金为成长型基金，通过投资于符合新经济发展方向的科技主导型上市公司；同时采取积极进取的投资策略以实现基金资产的长期增值和收益的最大化。		
业绩比较基准	——		

财务指标　　单位：人民币(元)

项目 \ 年度	2003年	2002年	2001年
加权平均单位基金净收益	-0.1151	-0.0196	-0.0466
期末可分配单位基金收益	-0.1628	-0.1921	-0.0459
期末单位基金资产净值	0.8599	0.8079	0.9541
基金加权平均净值收益率	-13.56%	-2.13%	-3.40%
单位基金累计净值增长率	-16.90%	-21.93%	-7.80%
本期分红	——	累计分红	——

基金历年表现（单位：%）

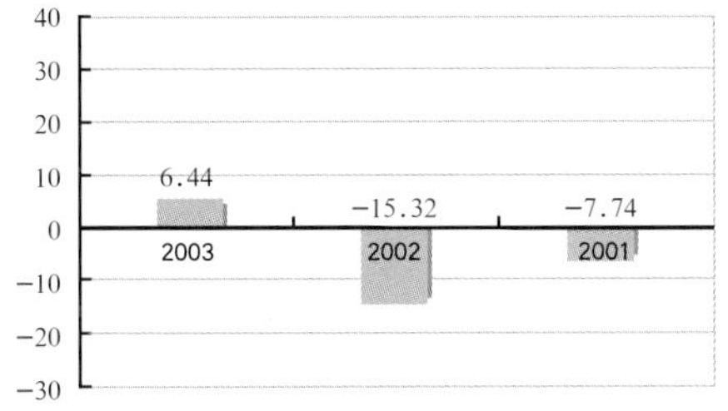

年份	2003	2002	2001
表现	6.44	-15.32	-7.74

【本期基金业绩表现】

截至2003年12月31日，基金普华单位净值为0.8599元，本期净值增长率为6.44%，加权平均单位基金本期净收益-0.1151元。

【基金经理简介】

赵航先生：33岁，经济学硕士，6年证券从业经验。1997年起先后就职于大鹏证券资产管理中心和长城证券投资银行部。2000年7月加盟鹏华基金管理有限公司，先后任行业研究员和鹏华行业成长基金基金经理助理。

【基金投资运作分析】

2003年是中国股市牛熊交替的一年，也是投资理念深刻变革的一年。2001年6月份以来，中国股市经历一轮大幅的调整，泡沫在相当程度上得以消除。进入2003年以后，宏观经济状况持续好转，大部分上市公司的业绩也开始回升，股市的价值中枢得以提升。市场走势出现了大幅的震荡行情。同时由于机构投资者队伍的不断扩大，市场出现了急剧分化的走势，“二八分化”、“九死一生”的情况贯穿全年。机构投资者主导的投资理念由以前的资金博弈向依靠基本面分析转变。

2003年由于市场处于熊市末期，投资者的防御性心里很强，因此防守性好的大盘蓝筹股得到众多机构的青睐，这些股票也成为全年表现最好的品种。而基金普华的契约规定以投资于符合新经济发展方向的上市公司为主，因此该基金经理在2003年上半年接手基金普华以后，买入了大量的科技股，年中表现一度较好，但9月底以后，科技股出现了较大幅度的下跌，造成基金普华全年业绩不尽如人意。

【基金投资组合一览】

项目 \ 季度	第一季度		第二季度		第三季度		第四季度	
基金资产净值/元	425,307,526.18		433,190,762.85		409,722,563.66		429,971,866.50	
基金单位净值/元	0.8506		0.8664		0.8194		0.8599	
基金投资组合	市值(元)	占净值比	市值(元)	占净值比	市值(元)	占净值比	市值(元)	占净值比
股票投资	276,957,094.17	65.12%	195,042,127.14	45.02%	298,083,098.59	72.75%	323,401,386.90	75.21%
国债及货币资金	116,576,642.42	27.41%	210,280,706.04	48.54%	94,044,651.40	22.95%	94,528,314.52	21.98%
其他投资	31,338,389.80	7.37%	26,676,913.80	6.16%	17,448,871.50	4.26%	12,204,822.20	2.84%

投资前十名股票明细

股票名称	市值(元)	占净值比	股票名称	市值(元)	占净值比	股票名称	市值(元)	占净值比	股票名称	市值(元)	占净值比
中兴通讯	24,883,333.61	5.85%	申能股份	32,928,000.00	7.60%	歌华有线	38,368,138.05	9.36%	歌华有线	36,719,259.39	8.54%
一汽四环	20,558,274.36	4.83%	歌华有线	28,795,331.73	6.65%	申能股份	31,808,000.00	7.76%	*ST夏利	28,977,526.80	6.74%
上海石化	17,388,571.42	4.09%	中兴通讯	27,929,223.00	6.45%	东方明珠	28,310,577.88	6.91%	申能股份	25,293,300.00	5.88%
新 钢 钒	15,885,864.54	3.74%	广电信息	14,399,416.00	3.32%	清华同方	25,392,519.86	6.20%	中兴通讯	24,396,140.16	5.67%
上海贝岭	14,826,224.56	3.49%	海虹控股	13,430,643.64	3.10%	中兴通讯	23,553,552.96	5.75%	上海汽车	22,222,791.57	5.17%
厦门钨业	13,770,015.22	3.24%	宝钛股份	11,406,831.07	2.63%	中信国安	17,940,494.82	4.38%	浦发银行	21,185,927.07	4.93%
桂冠电力	13,447,524.64	3.16%	中国联通	8,025,000.00	1.85%	厦门建发	13,936,936.09	3.40%	许继电气	20,891,065.25	4.86%
申通地铁	12,657,871.80	2.98%	厦门钨业	7,933,289.52	1.83%	广电信息	12,569,982.00	3.07%	一汽轿车	16,385,425.20	3.81%
宝钛股份	11,530,371.86	2.71%	一汽四环	6,950,054.40	1.60%	海虹控股	10,432,293.34	2.55%	菲达环保	12,271,128.87	2.85%
隧道股份	10,695,000.00	2.51%	招商银行	5,838,549.65	1.35%	宝钛股份	10,420,706.99	2.54%	中国联通	11,940,000.00	2.78%

鹏华行业成长证券投资基金

基本资料			
基金代码	206001		
基金简称	鹏华行业成长	基金类型	契约型开放式
发行日期	2002-04-22至2002-05-18	成立日期	2002-05-24
首募规模	39.77亿份 认购户数 105045户	期末规模	24.34亿份
认购费率	1.00%-1.20% 申购费率 1.00%-1.60%	赎回费率	0.50%
管理费率	1.50%	托管费率	0.25%
销售机构	鹏华基金管理有限公司、中国工商银行、华夏证券、国泰君安证券、国信证券、联合证券。		
基金管理人	鹏华基金管理有限公司	基金托管人	中国工商银行
审计机构	普华永道中天会计师事务所	律师事务所	北京华联律师事务所
投资目标	在控制风险的前提下谋求基金资产的长期稳定增值。		
业绩比较基准	该基金股票投资的比较基准是中信综合指数		

财务指标　单位：人民币(元)

项目 \ 年度	2003年	2002年 新指标	2002年 旧指标
加权平均单位基金净收益	0.0026	-0.0486	-0.0506
期末可分配单位基金收益	-0.0405	-0.1503	-0.1503
期末单位基金资产净值	0.9971	0.8533	0.8533
基金加权平均净值收益率	0.28%	-5.14%	-4.74%
单位基金累计净值增长率	-0.32%	-14.69%	-14.67%
本期分红	——	累计分红	——

基金历年表现（单位：%）

2003：16.85
2002：-14.69

【本期基金业绩表现】

截至2003年12月31日，鹏华行业成长基金单位净值为0.9971元，年净值增长率为16.85%，超越基准收益率19.15%。

【基金经理小组简介】

杨毅平先生：行业成长基金经理兼基金管理部总监。1964年出生，经济学硕士，10年证券从业经历。曾就职于中国太平洋保险公司深圳分公司证券营业部，曾任君安资产管理公司投资部和期货部经理助理、中国太平洋保险公司深圳分公司资金运用部一级专务。2000年10月起历任嘉实基金管理有限公司投资部副总监、基金泰和基金经理。2003年1月起加盟鹏华基金有限公司基金管理部，现任基金管理部总监。

吴岫女士：行业成长基金经理助理，英国伦敦大学经济学硕士，6年证券从业经历。曾先后就职于英国零售银行(伦敦)公司市场部、深圳证券交易所综合研究所、南方证券有限公司投资银行业务总部，2002年6月加盟鹏华基金有限公司基金管理部。

【基金投资运作分析】

2003年初，基金经理根据“价值回归、个股分化、国际化将是2003年的主旋律，大盘波动区间为1300-1650”这一思路即积极调整结构，采取集中性投资，重仓介入业绩高成长的大盘蓝筹股，银行、电力、钢铁、交通运输等板块，皆是涨幅较大的主流品种，分享了2003年的蓝筹股行情。下半年，基金经理对行情判断偏于乐观，对收紧银根的市场心理影响估计不足。再加上该基金主要投资于高成长性行业，皆面临再融资需求，在弱市中对股价影响较大。除了市场风险，基金作为流通股东亦首次遇到因股权割裂而投资受损的风险。

【基金投资组合一览】

项目 \ 季度	第一季度		第二季度		第三季度		第四季度	
基金资产净值/元	3,317,508,372.72		3,096,195,585.29		2,951,193,306.41		2,427,497,648.83	
基金份额/份	3,642,362,003.43		3,286,248,746.41		3,339,650,625.88		2,434,472,647.52	
基金单位净值/元	0.9108		0.9422		0.8837		0.9971	
基金投资组合	市值(元)	占净值比	市值(元)	占净值比	市值(元)	占净值比	市值(元)	占净值比
股票投资	1,692,033,842.54	51.00%	1,646,481,873.91	53.18%	1,779,965,356.22	60.31%	1,520,529,928.85	62.64%
国债及货币资金	1,475,545,335.97	44.48%	1,082,193,480.14	34.95%	802,979,109.36	27.21%	590,477,933.05	24.32%
其他投资	145,097,485.80	4.37%	364,530,108.50	11.77%	361,860,121.80	12.26%	335,581,044.80	13.82%

投资前十名股票明细

股票名称	市值(元)	占净值比	股票名称	市值(元)	占净值比	股票名称	市值(元)	占净值比	股票名称	市值(元)	占净值比
招商银行	137,703,077.48	4.15%	招商银行	301,236,984.12	9.73%	中国联通	271,560,641.70	9.20%	浦发银行	234,903,166.29	9.68%
上海机场	93,389,168.60	2.82%	中国联通	282,072,666.54	9.11%	招商银行	249,611,564.58	8.46%	招商银行	231,553,670.01	9.54%
宝钢股份	92,665,973.52	2.79%	浦发银行	199,458,738.60	6.44%	浦发银行	180,989,347.61	6.13%	中国联通	190,801,963.74	7.86%
申能股份	91,993,515.51	2.77%	山推股份	111,358,529.17	3.60%	盐田港A	112,467,529.02	3.81%	盐田港A	131,256,317.12	5.41%
北大荒	67,214,118.75	2.03%	天津港	87,753,431.35	2.83%	天津港	100,238,820.35	3.40%	民生银行	118,124,196.75	4.87%
山推股份	60,503,053.80	1.82%	北大荒	73,651,522.49	2.38%	山推股份	92,817,389.91	3.15%	天津港	99,330,215.34	4.09%
海虹控股	57,103,148.20	1.72%	海螺水泥	70,534,358.37	2.28%	海螺水泥	83,495,339.52	2.83%	山推股份	90,735,839.50	3.74%
盐田港A	49,841,832.36	1.50%	盐田港A	58,237,430.78	1.88%	北大荒	68,106,563.35	2.31%	海油工程	64,497,648.25	2.66%
天津港	48,424,958.86	1.46%	海油工程	56,624,821.55	1.83%	鞍钢新轧	65,149,698.58	2.21%	桂柳工A	62,981,217.06	2.59%
海油工程	45,563,049.75	1.37%	鞍钢新轧	48,360,068.56	1.56%	三一重工	60,062,851.47	2.04%	三一重工	61,048,943.54	2.51%

鹏华普天系列开放式证券投资基金

鹏华普天债券投资基金

基本资料					
基金代码	206101				
基金简称	普天债券	基金类型	契约型开放式		
发行日期	2003-05-24至2003-07-08	成立日期	2003-07-12		
首募规模	7.98亿份	认购户数	5495户	期末规模	1.84亿份
认购费率	最高不超过0.80%	申购费率	最高不超过0.80%	赎回费率	0%–0.50%
管理费率	0.75%	托管费率	0.20%	转换费率	0%–0.50%
销售机构	鹏华基金管理有限公司、交通银行、国泰君安证券、华夏证券、国信证券、海通证券、金通证券、兴业证券、招商证券、长江证券。				
基金管理人	鹏华基金管理有限公司	基金托管人	交通银行		
审计机构	普华永道中天会计师事务所	律师事务所	北京德恒律师事务所		
投资目标	以分享中国经济成长和资本长期稳健增值为宗旨，主要投资于债券及新股配售和增发，在充分控制风险的前提下实现基金资产的长期稳定增值。				
业绩比较基准	中信国债指数涨跌幅×90%＋金融同业存款利率×10%				

财务指标			单位：人民币(元)
项目 \ 年度	2003年7月12日至2003年12月31日		
加权平均单位基金净收益	0.0105		
期末可分配单位基金收益	0.0025		
期末单位基金资产净值	1.024		
基金加权平均净值收益率	1.05%		
单位基金累计净值增长率	4.39%		
本期分红	10派 0.20元	累计分红	10派 0.20元

基金历年表现（单位：%）

【本期基金业绩表现】

截至2003年12月31日，普天债券基金单位净值为1.024元，净值增长率为4.39%，每基金单位可供分配收益0.0025元。

【基金经理简介】

江明波先生：1974年10月出生，硕士，金融证券从业经历6年，1998年7月至2001年12月，在长城证券有限公司研究发展中心任研究员，2001年12月加盟鹏华基金管理有限公司，历任债券研究员、债券基金基金经理助理，从事普天债券投资基金以及公司旗下其他封闭式基金和开放式基金债券资产的投资管理工作。

【基金投资运作分析】

2003年的债券市场先扬后抑，结束了1996年降息周期以来的牛市格局。国债收益率曲线整体向上移动超过50BP并发生一定程度的扭转，长期债券收益率上升更加显著，收益率曲线显得更加陡峭。金融债、企业债与国债的收益率利差有所扩大。转债市场持续转暖，投资转债充分分享了低风险下的高回报。

普天债券基金成立于2003年7月12日，成立时上证国债指数正处于年内最高位置，基于对当时市场的判断，该基金经理采取了比较谨慎的投资策略。一方面将组合久期严格控制在远远低于基准久期的水平，这主要通过降低债券总仓位及买入短期债券实现；另一方面逐步买入一些防守性的转债品种，在债券市场大幅下跌的情况下保持了基金净值的相对稳定。而在股票市场逐步见底的过程中，该基金经理开始大量增持转债品种特别是进攻性的转债品种如民生转债、钢钒转债等，在股票市场持续上涨的过程中，由于持有较高仓位的转债，致使基金净值迅速上升，在基金成立五个月后实现每基金单位分红0.02元，截至12月31日累计基金净值为1.044元，净值增长率相对于投资基准的超额收益率6.73%。

【基金投资组合一览】

项目 \ 季度	第三季度				第四季度			
基金资产净值/元	470,757,459.62				188,062,357.66			
基金份额/份	469,353,039.16				183,571,009.13			
基金单位净值/元	1.003				1.024			
基金投资组合	市值(元)		占净值比		市值(元)		占净值比	
债券投资	428,594,632.21		91.04%		180,349,383.85		95.90%	
股票投资	4,406,230.00		0.94%		5,013,967.28		2.67%	
货币资金	10,691,130.75		2.27%		36,689,149.14		19.51%	
投资前五名债券明细	序号	债券名称	市值(元)	占净值比	序号	债券名称	市值(元)	占净值比
	1	02国开16	138,793,627.01	29.48%	1	03国开24	40,800,000.00	21.69%
	2	03国开15	99,850,000.00	21.21%	2	02国开16	27,588,000.00	14.67%
	3	02国债(14)	39,688,000.00	8.43%	3	21国债(15)	19,914,000.00	10.59%
	4	20国债(10)	30,738,030.90	6.53%	4	21国债(3)	19,124,685.00	10.17%
	5	21国债(3)	30,258,165.90	6.43%	5	邯钢转债	18,798,638.00	10.00%

鹏华普天收益证券投资基金

基本资料					
基金代码	206102				
基金简称	普天收益	基金类型	契约型开放式		
发行日期	2003-05-24至2003-07-08	成立日期	2003-07-12		
首募规模	3.43亿份	认购户数	2132户	期末规模	1.98亿份
认购费率	最高不超过1.00%	申购费率	最高不超过1.40%	赎回费率	0%-0.50%
管理费率	1.50%	托管费率	0.20%	转换费率	0%-0.50%
销售机构	鹏华基金管理有限公司、交通银行、国泰君安证券、华夏证券、国信证券、海通证券、金通证券、兴业证券、招商证券、长江证券。				
基金管理人	鹏华基金管理有限公司	基金托管人	交通银行		
审计机构	普华永道中天会计师事务所	律师事务所	北京德恒律师事务所		
投资目标	以分享中国经济成长和资本长期稳健增值为宗旨，主要投资于连续现金分红股票及债券，通过组合投资，在充分控制风险的前提下实现基金资产的长期稳定增值。				
业绩比较基准	中信指数涨跌幅×70%+中信国债指数涨跌幅×25%+金融同业存款利率×5%				

财务指标　单位：人民币(元)

项目＼年度	2003年7月12日至2003年12月31日
加权平均单位基金净收益	0.0360
期末可分配单位基金收益	0.0208
期末单位基金资产净值	1.079
基金加权平均净值收益率	3.56%
单位基金累计净值增长率	10.53%

本期分红	10派 0.25元	累计分红	10派 0.25元

基金历年表现（单位：%）

【本期基金业绩表现】

截至2003年12月31日，普天收益基金单位净值为1.079元，净值增长率为10.53%，每基金单位可供分配收益0.0208元。

【基金经理简介】

黄钦来先生：1972年2月出生，经济学硕士，证券从业经历6年。曾在国泰君安证券研究所工作，2000年6月份加盟鹏华基金管理有限公司，历任研究员、基金普惠基金经理助理。现任普天收益基金基金经理。

【基金投资运作分析】

普天收益基金成立于2003年7月12日，到12月31日，基金累计净值达到1.104元，相对上证指数的超额收益达到13%，相对深圳综合指数的超额收益达到20%。在股市和债市双双下跌的情况下，该基金净值保持了稳定的增长。

在投资过程中，该基金始终把风险管理放在首要地位来考虑，从一开始就确立了防守反击、攻守兼备的投资策略和风格。该基金在7月初成立时，市场点位较高，大盘蓝筹股大部分也处于高位，市场总体风险较高。针对这一情况，基金经理采取了高度防守的策略，在股票投资上保持了高度的谨慎，在债券投资方面也主要选择期限较短的品种，同时对转债品种进行了积极的投资。这一策略使普天收益基金净值保持了高度的稳定。9月份以后，随着市场点位的走低和系统风险的释放，基金经理逐步将投资组合的重心由防守转向进攻，大幅增加股票持仓，同时降低债券特别是防守性债券的持仓，在市场接近1300点并出现抛售的情况下基金经理加大了建仓力度。在市场接近底部时的大胆建仓为该基金四季度净值的良好表现奠定了基础。

【基金投资组合一览】

项目＼季度	第三季度		第四季度	
基金资产净值/元	318,618,845.69		213,700,916.91	
基金份额/份	322,172,251.58		198,022,521.87	
基金单位净值/元	0.989		1.079	
基金投资组合	市值/元	占净值比%	市值/元	占净值比%
股票投资	97,423,477.10	30.58%	135,875,059.24	63.58%
国债及货币资金	102,399,632.85	32.14%	83,015,075.60	38.85%
其他投资	117,819,950.59	36.98%	27,318,616.80	12.78%

投资前十名股票明细

序号	股票名称	市值(元)	占净值比	序号	股票名称	市值(元)	占净值比
1	铜都铜业	16,748,183.70	5.26%	1	铜都铜业	20,075,007.96	9.39%
2	新 钢 钒	13,954,258.17	4.38%	2	华能国际	18,701,946.90	8.75%
3	鞍钢新轧	11,628,764.00	3.65%	3	中国联通	17,871,164.10	8.36%
4	招商银行	9,699,858.00	3.04%	4	海油工程	12,951,134.48	6.06%
5	中国石化	7,067,480.00	2.22%	5	国电电力	11,024,682.48	5.16%
6	中国联通	6,656,847.00	2.09%	6	龙电股份	10,267,182.20	4.80%
7	海油工程	6,473,483.86	2.03%	7	宝钛股份	9,696,801.86	4.54%
8	华能国际	5,503,775.04	1.73%	8	上海机场	9,615,680.10	4.50%
9	桂冠电力	5,319,799.48	1.67%	9	新 钢 钒	8,644,831.80	4.05%
10	龙电股份	4,472,497.40	1.40%	10	天 士 力	6,235,117.20	2.92%

嘉实基金管理有限公司

【基本情况】

法定名称：嘉实基金管理有限公司
注册地址：上海浦东新区银城中路200号中银大厦4104室
办公地址：北京市建国门北大街8号华润大厦8层
法人代表：余利平
总 经 理：赵学军
成立时间：1999年3月25日
组织形式：有限责任公司
注册资本：6600万元人民币
联系电话：010-65188866
传真号码：010-65185678
邮政编码：100005
公司网址：www.harvestasset.com

【发展概况】

嘉实基金管理有限公司经中国证监会证监基金字[1999]5号文批准，由广发证券股份有限公司、北京证券有限责任公司、吉林省信托投资有限责任公司、中煤信托投资有限公司共同发起，于1999年3月25日成立，注册资金6000万元，是首批成立的十家基金管理公司之一。2002年12月，嘉实基金公司获得中国首批社保基金委托投资管理人资格。2003年10月，经中国证监会证监基金字[2003]55号文批准，公司股东广发证券股份有限公司将其所持股份转让给中煤信托投资有限责任公司，公司增加注册资本600万元，公司新增股东：立信投资有限责任公司，公司注册资本变更为：6600万元人民币。

目前，嘉实基金管理公司设有：投资部、机构理财部、业务拓展部、研究部、市场发展部、监察稽核部、运营部和综合管理部八个一级部门，并设立了投资决策委员会、风险控制委员会、薪酬委员会和独立的督察员。公司现有员工122人，其中72人具有硕士以上学历。投研专业人员40多人，大部分具有5年以上投资研究经验。

【经营业绩】

截至2003年12月底，嘉实基金管理公司共管理六只证券投资基金(两只封闭式基金和四只开放式基金)以及社保基金投资组合，管理资产总规模近150亿元。

2003年6月，经中国证监会证监基金字[2003]67号文件批准，嘉实公司发行旗下第二只开放式基金：嘉实理财通系列基金。该基金为系列基金，包括嘉实增长、嘉实稳健、嘉实债券三只子基金，于2003年7月9日正式成立，首募规模25.62亿份。嘉实理财通系列基金成立至2003年底，运作仅5个月的时间，旗下嘉实增长净值增长率达6.49%。2003年12月29日，该基金实施了首次分红，每10份基金单位派现0.11元；旗下嘉实稳健累计单位净值1.053元，总收益超越基准指数9.68%，2003年12月29日，该基金首次分红：每10份基金单位派现0.10元；旗下嘉实债券单位净值1.007元，净值增长率0.70%；嘉实成长收益基金是公司首只开放式基金，于2002年11月5日成立，至2003年底，净值增长率达21.43%，名列2003年所有开放式基金净值增长第三名，累计分红达每10份1.05元；公司旗下封闭式基金：基金泰和累计净值增长率为60.43%，最近3年来的净值增长率在可比的30只封闭式基金中名列第五名，累计分红达每10份5.25元；基金丰和累计净值增长率为6.31%，累计分红达每10份0.15元。

在基金投资方面，嘉实基金公司率先在业内提出分散投资、注重流动性理念；率先实行股票黑名单制度，有效控制了投资操作中的道德风险；在基金研发方面，嘉实全方位把握证券市场的投资机会，推出明晰而完善的产品线，满足不同的投资需求。

附：高管成员介绍

余利平女士：董事长，经济学博士。曾任西南财经大学副教授，广发证券有限责任公司成都营业部经理、基金部副总经理，嘉实基金管理有限公司副总经理。

赵学军先生：董事、总经理，中共党员，经济学博士。先后在天津通信广播公司电视设计所任助理工程师、外经贸部中国仪器进出口总公司任经济师、北京商品交易所任信息处长、天津纺织原材料交易所任总裁及法定代表人、商鼎期货经纪有限公司任副总经理兼上海营业部总经理、北京证券有限公司任基金部经理助理、阜成路营业部总经理助理。1998年9月至2000年10月任大成基金管理有限公司助理总经理、副总经理。2000年10月至今任嘉实基金管理有限公司总经理。

股东概况

排序	股东名称	出资额(万元)	出资比例(%)
1	中煤信托投资有限公司	3150.00	47.73
2	吉林省信托投资有限责任公司	1650.00	25.00
2	北京证券有限责任公司	1650.00	25.00
3	立信投资有限责任公司	150.00	2.27

旗下基金

排序	基金代码	基金简称	基金类型
1	500002	基金泰和	封闭式
2	184721	基金丰和	封闭式
3	070001	嘉实成长收益	开放式
4	070002	嘉实理财增长	开放式
5	070003	嘉实理财稳健	开放式
6	070005	嘉实理财债券	开放式

泰和证券投资基金

基本资料

基金代码	500002	基金简称	基金泰和
基金类型	契约型封闭式	成立日期	1999-04-08
上市日期	1999-04-20	上市地点	上海证券交易所
基金总份额	20亿份	存续期	15年
基金管理人	嘉实基金管理有限公司	基金托管人	中国建设银行
审计机构	普华永道中天会计师事务所	律师事务所	北京德恒律师事务所
投资目标	该基金的投资目标是为投资者减少和分散投资风险，确保基金资产的安全并谋求基金长期稳定的投资收益。		
业绩比较基准	——		

财务指标 单位：人民币(元)

项目＼年度	2003年	2002年	2001年
加权平均单位基金净收益	0.005	−0.0352	0.2046
期末可分配单位基金收益	−0.0201	−0.1223	0.1734
期末单位基金资产净值	1.0723	0.8777	0.9474
基金加权平均净值收益率	0.52%	−3.73%	16.64%
单位基金累计净值增长率	60.43%	31.31%	41.75%
本期分红	——	累计分红	10派 5.25元

基金历年表现（单位：%）

年度	2003	2002	2001
表现	22.17	−7.36	−9.49

【本期基金业绩表现】

截至2003年12月31日，基金泰和单位净值为1.0723元，比年初增长22.17%。

【基金经理简介】

蒋征先生：基金经理，1997年毕业于清华大学经济管理学院国际金融与财务专业，获学士学位。2002年毕业于香港中文大学，获金融与财务方向MBA学位。曾就职于中国保险信托投资公司。自1999年2月至2003年1月就职于嘉实基金管理有限公司投资部，先后担任基金泰和、基金丰和基金经理助理。

【基金投资运作分析】

2003年，证券市场获得了良性的发展。一方面以一批上游原材料和第二产业龙头企业为代表的上市公司经营业绩得到显著提升，另一方面机构投资力量不断壮大，市场资金向少数效益明显的企业不断倾斜，而其他大部分股票持续地被资金所回避。全年市场表现为大批个股绵延走熊，少数优质企业独立走牛的极端分化的行情。

2003年，基金泰和针对宏观经济中表现出来的上游原材料涨价、第二产业规模及需求增长迅速、能源、交通瓶颈制约明显等特点，重点加强了对有色金属、钢铁、港口等行业的投资，下半年在市场回调过程中，又及时加大了金融、石化等行业的资产配置，取得了良好的收益效果。此外，通过对可转债品种的认真研究，基金泰和在万科、机场、民生、钢钒等转债上也获得了丰厚的回报。回顾2003年，在市场整体处于底部，部分行业和个股投资价值凸现的时候，该基金对这些资产的加重投资力度略显不足，使基金业绩表现不够完美。

【基金投资组合一览】

项目＼季度	第一季度		第二季度		第三季度		第四季度	
基金资产净值/元	1,864,126,316.77		1,917,827,452.18		1,808,611,684.67		2,144,598,405.00	
基金单位净值/元	0.9321		0.9589		0.9043		1.0723	
基金投资组合	市值(元)	占净值比	市值(元)	占净值比	市值(元)	占净值比	市值(元)	占净值比
股票投资	1,305,750,895.97	70.05%	1,086,463,496.80	56.65%	1,368,116,124.75	75.64%	1,627,538,722.17	75.89%
国债及货币资金	433,592,582.93	23.26%	468,094,707.93	24.41%	393,574000.48	21.76%	512,738,850.60	23.91%
其他投资	132,646,706.90	7.12%	377,501,133,38	19.69%	51,982,788.00	2.87%	19,422.50	0.0009%

投资前十名股票明细

股票名称	市值(元)	占净值比	股票名称	市值(元)	占净值比	股票名称	市值(元)	占净值比	股票名称	市值(元)	占净值比
中国联通	82,033,314.72	4.40%	中国石化	160,400,483.28	8.36%	中国石化	155,959,978.32	8.62%	中国联通	151,240,000.00	7.05%
浦发银行	59,586,375.44	3.20%	中国联通	101,900,509.47	5.31%	中国联通	136,046,038.77	7.52%	中国石化	129,740,000.00	6.05%
北大荒	55,654,636.64	2.99%	西山煤电	97,346,337.12	5.08%	鞍钢新轧	111,308,448.30	6.15%	太钢不锈	100,699,747.35	4.70%
原水股份	47,070,314.35	2.53%	盐田港A	52,558,410.06	2.74%	西山煤电	78,591,688.22	4.35%	盐田港A	99,560,142.82	4.64%
上海机场	44,552,981.50	2.39%	晨鸣纸业	51,443,471.58	2.68%	太钢不锈	74,953,012.80	4.14%	鞍钢新轧	82,201,240.80	3.83%
盐田港A	43,437,086.16	2.33%	申能股份	37,127,613.60	1.94%	酒钢宏兴	68,767,303.05	3.80%	招商银行	69,666,188.71	3.25%
北京巴士	42,484,698.72	2.28%	北大荒	35,760,199.48	1.86%	上海机场	55,469,146.45	3.07%	西山煤电	67,927,488.00	3.17%
青岛啤酒	40,538,713.28	2.17%	中色建设	29,592,755.19	1.54%	盐田港A	52,741,358.28	2.92%	长江电力	66,422,460.52	3.10%
海螺水泥	38,324,048.16	2.06%	上海能源	26,842,256.28	1.40%	晨鸣纸业	39,994,981.30	2.21%	光明乳业	59,031,327.36	2.75%
海油工程	37,398,511.60	2.01%	浦发银行	24,479,534.07	1.28%	中色建设	39,765,714.54	2.20%	申能股份	57,260,901.69	2.67%

丰和证券投资基金

基本资料			
基金代码	184721	基金简称	基金丰和
基金类型	契约型封闭式	成立日期	2002-03-22
上市日期	2002-04-04	上市地点	深圳证券交易所
基金总份额	30亿份	存 续 期	15年
基金管理人	嘉实基金管理有限公司	基金托管人	中国农业银行
审计机构	普华永道中天会计师事务所	律师事务所	北京德恒律师事务所
投资目标	该基金属价值型基金，主要投资于那些内在价值被低估，或与同类型上市公司相比具有更高相对价值的上市公司的股票，通过对投资组合的动态调整来分散和控制风险，在注重基金资产安全的前提下，追求基金资产的长期稳定增值。		
业绩比较基准	——		

财务指标		单位：人民币(元)	
项目 \ 年度	2003年		2002年
加权平均单位基金净收益	-0.0007		0.0163
期末可分配单位基金收益	0.0006		-0.1077
期末单位基金资产净值	1.0486		0.8923
基金加权平均净值收益率	-0.07%		1.65%
单位基金累计净值增长率	6.31%		-9.54%
本期分红	——	累计分红	10派 0.15元

基金历年表现（单位：%）

50 40 30 20 10 0 -10

17.52 2003

-9.54 2002

【本期基金业绩表现】

截至2003年12月31日，基金丰和单位净值为1.0486元，比年初增长17.52%。

【基金经理简介】

王军辉先生：基金经理，经济学硕士，7年证券从业经验。先后任职于北京证券有限责任公司投资部、投资银行部，大成基金管理有限公司研究发展部，2000年10月加盟嘉实基金管理有限公司投资部，从事基金投资工作。

【基金投资运作分析】

2003年是中国证券市场发展的重要转折点，市场股价结构性分化明显，同时呈现出牛熊"冰火"两重天的特征，制度变迁以及结构调整预示着证券市场今后长期发展趋势的形成。

2003年，基金丰和在投资运作中，始终坚持价值投资理念，即以价值发现、价值提升和价值实现为核心的投资思想。该基金经理认为对行业和上市公司基本面研究的深度、广度以及科学、理性的估值方法是决胜的关键。在深入分析经济周期与行业受惠相关度以及行业自身的发展规律的基础上，丰和基金对那些景气度提升，具有持续增长能力、而证券市场尚未体现的行业，如：信息技术、钢铁、金融、电力等加重投资；个股的选择上，具备持续增长能力及拥有核心竞争力的行业内龙头，纳入全球视野估值合理的上市公司是该基金的首选，同时，基金丰和重视保持组合流动性，严格控制投资风险，积极进行板块轮换，并取得了较好的投资业绩。

【基金投资组合一览】

项目 \ 季度	第一季度		第二季度		第三季度		第四季度	
基金资产净值/元	2,862,147,246.56		2,894,563,688.13		2,821,341,458.38		3,145,897,570.03	
基金单位净值/元	0.9540		0.9649		0.9404		1.0486	
基金投资组合	市值(元)	占净值比	市值(元)	占净值比	市值(元)	占净值比	市值(元)	占净值比
股票投资	1,961,929,255.92	68.55%	2,238,946,383.98	77.35%	1,980,972,533.70	70.21%	2,444,451,760.20	77.70%
国债及货币资金	825,934,247.38	28.86%	639,901,832.04	22.11%	800,219,000.61	28.36%	709,403,490.89	22.55%
其他投资	62,236,295.00	2.18%	60,180,443.50	2.08%	40,407,052.80	2.16%	12,345,616.00	0.39%

投资前十名股票明细	股票名称	市值(元)	占净值比	股票名称	市值(元)	占净值比	股票名称	市值(元)	占净值比	股票名称	市值(元)	占净值比
	晨鸣纸业	175,415,907.45	6.13%	晨鸣纸业	245,354,339.22	8.48%	晨鸣纸业	230,430,152.50	8.17%	中国联通	247,465,745.54	7.87%
	中国联通	157,277,825.46	5.50%	中国联通	243,510,513.33	8.41%	中国联通	227,805,606.01	8.07%	晨鸣纸业	209,981,020.00	6.67%
	原水股份	92,382,590.27	3.23%	招商银行	165,335,137.50	5.71%	宝钢股份	103,505,908.64	3.67%	招商银行	127,695,825.02	4.06%
	浦发银行	76,563,401.76	2.68%	宝钢股份	111,500,973.60	3.85%	北京巴士	97,882,772.31	3.47%	北京巴士	107,230,288.00	3.41%
	上海机场	68,897,615.89	2.41%	华能国际	88,426,498.50	3.05%	太钢不锈	85,605,601.85	3.03%	南方航空	104,700,430.00	3.33%
	招商银行	63,487,413.50	2.22%	上海机场	82,592,431.87	2.85%	上港集箱	76,626,349.20	2.72%	太钢不锈	103,982,681.80	3.31%
	海油工程	58,233,802.40	2.03%	北京巴士	78,472,687.20	2.71%	中兴通讯	73,996,543.69	2.62%	光明乳业	103,414,836.80	3.29%
	北京巴士	52,027,781.76	1.82%	海螺水泥	65,468,458.82	2.26%	光明乳业	60,270,411.12	2.14%	宝钢股份	100,479,207.40	3.19%
	华能国际	51,034,000.00	1.78%	光明乳业	65,200,000.00	2.25%	上海机场	59,595,040.45	2.11%	上港集箱	99,353,040.90	3.16%
	海螺水泥	50,758,872.00	1.77%	西山煤电	62,726,728.72	2.17%	华能国际	54,696,452.92	1.94%	中兴通讯	95,539,974.66	3.04%

嘉实成长收益证券投资基金

基本资料

基金代码	070001				
基金简称	嘉实成长收益		基金类型	契约型开放式	
发行日期	2002-09-30至2002-10-31		成立日期	2002-11-05	
首募规模	20.02亿份	认购户数	14780户	期末规模	12.85亿份
认购费率	1.00%	申购费率	1.00%-1.50%	赎回费率	0%-0.50%
管理费率	1.50%	托管费率	0.25%	转换费率	0%-0.50%
销售机构	嘉实基金管理公司、中国银行、上海浦发银行、兴业银行、国泰君安、华夏证券、招商证券、东吴证券 申银万国等。				
基金管理人	嘉实基金管理有限公司		基金托管人	中国银行	
审计机构	普华永道中天会计师事务所		律师事务所	北京德恒律师事务所	
投资目标	该基金定位于成长收益复合型基金，在获取稳定的现金收益的基础上，积极谋求资本增值机会。				
业绩比较基准	上证A股指数				

财务指标 单位：人民币(元)

项目 \ 年度	2003年	2002年11月5日至2002年12月31日	
加权平均单位基金净收益	0.1109	0.001	
期末可分配单位基金收益	0.0074	-0.0337	
期末单位基金资产净值	1.0632	0.9663	
基金加权平均净值收益率	10.90%	0.10%	
单位基金累计净值增长率	17.34%	-3.37%	
本期分红	10派 1.05元	累计分红	10派 1.05元

基金历年表现（单位：%）

年份	2003	2002
净值增长率	21.43	-3.37

【本期基金业绩表现】

截至2003年12月31日，嘉实成长收益基金单位净值为1.0632元，净值增长率达到21.43%。

【基金经理小组简介】

窦玉明先生：嘉实成长收益基金基金经理，1969年出生，1994年毕业于清华大学经济管理学院，获硕士学位，1994年起先后在北京中信国际合作公司、君安证券、大成基金管理公司和嘉实基金管理公司从事投资工作，现任嘉实基金管理公司副总经理，证券从业经历11年。

孙林先生：基金经理，1975年出生，1998年毕业于南京大学国际商学院，获硕士学位，1998年起先后在君安证券证券投资部和嘉实基金管理公司投资部从事投资工作，证券从业经历7年。

【基金投资运作分析】

2003年是中国证券市场发展的重要里程碑，以基金和QFII为代表的机构投资者迅速发展壮大，坚持以投资价值为主线的投资理念逐步成为市场主流。市场热点沿着行业复苏和蓝筹价值发现两条主线展开，指数波动不大，而市场整体出现剧烈的结构分化，表现出牛市和熊市的双重特征，标志着中国证券市场转型正式拉开帷幕。

2003年，嘉实成长收益基金在运作过程中，始终坚持科学理性投资，坚持以绝对投资价值为主线，稳健而不保守，在做好基本面研究和规范、精准估值的基础上，对价值严重低估的交通运输、金融、钢铁、能源、信息技术等行业资产类进行了偏重投资，在基金整体始终承担较低风险的前提下，为持有人获取了良好的回报。

【基金投资组合一览】

项目 \ 季度	第一季度		第二季度		第三季度		第四季度	
基金资产净值/元	1,589,771,571.50		1,102,094,618.26		1,108,696,372.10		1,366,685,872.44	
基金份额/份	1,536,788,830.87		1,107,494,637.01		1,159,569,551.97		1,285,409,979.05	
基金单位净值/元	1.0345		0.9951		0.9561		1.0632	
基金投资组合	市值(元)	占净值比	市值(元)	占净值比	市值(元)	占净值比	市值(元)	占净值比
股票投资	1,030,991,504.69	64.85%	508,009,741.59	46.09%	843,104,925.88	76.04%	1,006,553,637.35	73.65%
国债及货币资金	476,380,792.38	29.96%	420,331,787.51	38.14%	258,159,764.38	23.29%	543,898,717.39	39.80%
其他投资	91,848,879.70	5.78%	171,258,629.97	15.54%	5,377,520.50	0.48%	——	

投资前十名股票明细

股票名称	市值(元)	占净值比	股票名称	市值(元)	占净值比	股票名称	市值(元)	占净值比	股票名称	市值(元)	占净值比
浦发银行	66,716,448.70	4.20%	西山煤电	59,296,350.57	5.38%	太钢不锈	89,175,296.59	8.04%	太钢不锈	128,464,897.70	9.40%
中国联通	62,788,189.40	3.95%	太钢不锈	43,713,461.47	3.97%	鞍钢新轧	84,610,254.84	7.63%	中国联通	110,026,983.84	8.05%
原水股份	55,432,813.28	3.49%	盐田港A	40,268,776.00	3.65%	宝钢股份	77,703,486.00	7.01%	盐田港A	99,058,489.92	7.25%
首创股份	47,473,780.61	2.99%	同 仁 堂	33,573,212.80	3.05%	中国联通	77,518,004.80	6.99%	宝钢股份	96,680,984.47	7.07%
盐田港A	39,655,928.04	2.49%	宝钢股份	30,660,000.00	2.78%	上海机场	66,894,249.62	6.03%	上海机场	53,664,785.34	3.93%
北 大 荒	37,612,493.75	2.37%	金牛能源	25,835,714.52	2.34%	酒钢宏兴	65,770,501.02	5.93%	深能源A	46,364,105.32	3.39%
西山煤电	36,862,371.39	2.32%	中储股份	25,023,208.50	2.27%	盐田港A	62,895,789.21	5.67%	华能国际	45,101,113.20	3.30%
北京巴士	27,081,718.20	1.70%	浦发银行	23,294,113.56	2.11%	上港集箱	44,455,572.00	4.01%	上港集箱	44,765,627.80	3.28%
丽珠集团	26,045,030.75	1.64%	招商银行	22,377,387.32	2.03%	同 仁 堂	41,072,259.60	3.70%	五 粮 液	41,957,307.84	3.07%
康缘药业	25,970,893.20	1.63%	格力电器	18,552,509.25	1.68%	西山煤电	40,933,633.50	3.69%	招商银行	34,646,795.89	2.54%

嘉实理财通系列证券投资基金

嘉实理财增长证券投资基金

基本资料					
基金代码	070002				
基金简称	嘉实理财增长	基金类型	契约型开放式		
发行日期	2003-06-02至2003-07-04	成立日期	2003-07-09		
首募规模	9.45亿份	认购户数	22504户	期末规模	7.44亿份
认购费率	0.60%-1.00%	申购费率	1.00%-1.50%	赎回费率	0%-0.50%
管理费率	1.50%	托管费率	0.25%	转换费率	0%-0.50%
销售机构	嘉实基金管理有限公司、中国银行、上海浦东发展银行、兴业银行、国泰君安证券、华夏证券、招商证券、东吴证券 申银万国等。				
基金管理人	嘉实基金管理有限公司	基金托管人	中国银行		
审计机构	安永华明会计师事务所	律师事务所	国浩律师集团(北京)事务所		
投资目标	投资于具有高速成长潜力的中小企业上市公司以获取未来资本增值的机会，并谋求基金资产的中长期稳定增值，同时通过分散投资提高基金资产的流动性。				
业绩比较基准	巨潮500(小盘)指数				

财务指标　　单位：人民币(元)

项目 \ 年度	2003年7月9日至2003年12月31日		
加权平均单位基金净收益	0.0146		
期末可分配单位基金收益	0.005		
期末单位基金资产净值	1.054		
基金加权平均净值收益率	1.45%		
单位基金累计净值增长率	6.49%		
本期分红	10派 0.11元	累计分红	10派 0.11元

基金历年表现（单位．%）

30
20
10
0
-10
6.49
2003
2002

【本期基金业绩表现】

截至2003年12月31日，嘉实理财增长基金单位净值为1.054元，净值增长率达到6.49%。

【基金经理小组简介】

刘欣先生：基金经理，1962年出生，经济学硕士，10年证券从业经历。曾任南方证券投资银行部北京总部副总经理。1999年3月加盟嘉实基金公司，曾在研究部和投资部从事行业与上市公司研究、投资策略研究和基金管理工作，2003年1月始，任嘉实成长收益基金基金经理助理。

田晶女士：基金经理助理，1965年出生，工商管理学硕士。8年证券从业经历。曾任美国花旗集团资产管理公司，美国信安资产管理公司基金经理，从事日本及亚太地区的股票市场投资。2002年12月加盟嘉实基金公司，担任研究部副总监。

郭林军先生：基金经理助理，1973年出生，数量经济学硕士，4年证券从业经历。曾就职于中信证券金融产品开发小组从事债券研究。2002年9月加盟嘉实基金管理有限公司，在固定收益部从事债券研究与投资工作，任债券投资组合经理。

【基金投资运作分析】

嘉实增长基金于2003年7月10日开始投资运作，运作初始，遭遇到中小盘股的持续下跌及债市下挫。在这种情况下，基金经理积极投资了一批主业清晰、竞争优势较强、成长性与成长的持续性较好、动态定价极低的细分行业龙头企业与大行业中的潜力公司，在小盘股板块下跌过程中，这批企业得到了市场的认同，带来良好的回报，在债券方面，通过缩短国债久期的方式较好地回避了国债收益率曲线上移的风险，同时通过投资一些风险收益极不对称的转债获得了较高的收益。

【基金投资组合一览】

项目 \ 季度		第三季度			第四季度			
基金资产净值/元		940,425,925.92			784,925,834.79			
基金份额/份		946,485,174.46			744,429,976.05			
基金单位净值/元		0.994			1.054			
基金投资组合		市值(元)		占净值比	市值(元)			占净值比
股票投资		326,732,003.53		34.74%	490,788,620.40			62.53%
国债及货币资金		88,454,232.56		9.40%	178,955,706.22			22.80%
其他投资		79,392,440.00		8.44%	121,634,796.95			15.50%
投资前十名股票明细	序号	股票名称	市值(元)	占净值比	序号	股票名称	市值(元)	占净值比
	1	海正药业	24,211,544.37	2.57%	1	海正药业	45,535,780.80	5.80%
	2	鞍钢新轧	23,783,035.26	2.53%	2	中色建设	32,237,909.90	4.11%
	3	山东黄金	21,026,397.50	2.24%	3	深赤湾A	27,817,204.74	3.54%
	4	华夏银行	20,858,550.00	2.22%	4	中国联通	26,749,324.92	3.41%
	5	深赤湾A	18,944,392.32	2.01%	5	风神股份	23,423,456.00	2.98%
	6	北京巴士	18,679,335.35	1.99%	6	山东药玻	23,181,269.50	2.95%
	7	宝钢股份	17,792,250.00	1.89%	7	宝钢股份	22,569,758.96	2.88%
	8	菲达环保	12,889,812.00	1.37%	8	浙江龙盛	19,149,767.16	2.44%
	9	山东药玻	11,870,635.75	1.26%	9	南钢股份	18,929,010.10	2.41%
	10	大商股份	11,793,121.00	1.25%	10	北京巴士	17,838,758.14	2.27%

嘉实理财稳健证券投资基金

基本资料					
基金代码	070003				
基金简称	嘉实理财稳健	基金类型	契约型开放式		
发行日期	2003-06-02至2003-07-04	成立日期	2003-07-09		
首募规模	10.30亿份	认购户数	16345户	期末规模	9.14亿份
认购费率	0.60%-1.00%	申购费率	1.00%-1.50%	赎回费率	0%-0.50%
管理费率	1.50%	托管费率	0.25%	转换费率	0%-0.50%
销售机构	嘉实基金管理有限公司、中国银行、上海浦东发展银行、兴业银行、国泰君安证券、华夏证券、招商证券、东吴证券 申银万国等。				
基金管理人	嘉实基金管理有限公司	基金托管人	中国银行		
审计机构	安永华明会计师事务所	律师事务所	国浩律师集团(北京)事务所		
投资目标	在控制风险、确保基金资产良好流动性的前提下，以获取资本增值收益和现金红利分配的方式来谋求基金资产的中长期稳定增值。				
业绩比较基准	巨潮200(大盘)指数				

财务指标 单位：人民币(元)

项目 \ 年度	2003年7月9日至2003年12月31日		
加权平均单位基金净收益	0.0131		
期末可分配单位基金收益	0.0041		
期末单位基金资产净值	1.053		
基金加权平均净值收益率	1.32%		
单位基金累计净值增长率	6.29%		
本期分红	10派 0.10元	累计分红	10派 0.10元

基金历年表现（单位：%）

年份	2003	2002
表现	6.29	

【本期基金业绩表现】

截至2003年12月31日，嘉实理财稳健基金单位净值为1.053元，净值增长率达到6.29%。

【基金经理小组简介】

刘欣先生：基金经理，1962年出生，经济学硕士，10年证券从业经历。曾任南方证券投资银行部北京总部副总经理。1999年3月加盟嘉实基金公司，曾在研究部和投资部从事行业与上市公司研究、投资策略研究和基金管理工作，2003年1月始，任嘉实成长收益基金基金经理助理。

田晶女士：基金经理助理，1965年出生，工商管理学硕士。8年证券从业经历。曾任美国花旗集团资产管理公司，美国信安资产管理公司基金经理，从事日本及亚太地区的股票市场投资。2002年12月加盟嘉实基金公司，担任研究部副总监。

郭林军先生：基金经理助理，1973年出生，数量经济学硕士，4年证券从业经历。曾就职于中信证券金融产品开发小组从事债券研究。2002年9月加盟嘉实基金管理有限公司，在固定收益部从事债券研究与投资工作，任债券投资组合经理。

【基金投资运作分析】

从2003年7月14日开始，上证综指延续了为期12周的单边下跌，于11月13日下探1307点后强劲反弹，年末收报于1497点。嘉实稳健基金从2003年7月9日开始运作，在市场的下跌中没有消极等待，而是稳步按照“价值成长”的选股标准开始建立股票仓位，并于9月底判断市场接近中期底部，加快了建仓步伐，较好地把握住了A股市场，尤其是“大盘蓝筹股”在第四季度的上涨，为基金持有人带来了回报。

【基金投资组合一览】

项目 \ 季度		第三季度				第四季度			
基金资产净值/元		991,546,353.57				962,623,744.99			
基金份额/份		1,031,801,370.08				913,840,648.79			
基金单位净值/元		0.961				1.053			
基金投资组合		市值(元)			占净值比	市值(元)			占净值比
股票投资		479,573,465.22			48.37%	671,866,977.39			69.80%
国债及货币资金		148,852,763.61			15.01%	414,462,806.12			43.06%
其他投资		13,542,864.10			1.37%	29,880,698.50			3.10%
投资前十名股票明细	序号	股票名称	市值(元)		占净值比	序号	股票名称	市值(元)	占净值比
	1	宝钢股份	51,586,342.50		5.20%	1	上港集箱	67,644,412.20	7.03%
	2	上港集箱	36,853,884.00		3.72%	2	中国联通	55,999,552.50	5.82%
	3	招商银行	28,890,400.00		2.91%	3	宝钢股份	49,461,507.90	5.14%
	4	中兴通讯	28,784,477.26		2.90%	4	中兴通讯	44,693,804.10	4.64%
	5	酒钢宏兴	24,692,394.78		2.49%	5	上海机场	33,449,387.16	3.47%
	6	华能国际	21,639,636.00		2.18%	6	紫江企业	31,795,564.64	3.30%
	7	上海机场	21,123,066.44		2.13%	7	光明乳业	31,728,381.84	3.30%
	8	光明乳业	20,456,519.16		2.06%	8	国电电力	26,399,800.56	2.74%
	9	鞍钢新轧	18,704,085.62		1.89%	9	盐田港A	23,078,693.44	2.40%
	10	中原高速	18,375,622.20		1.85%	10	铜都铜业	23,070,447.54	2.40%

嘉实理财债券投资基金

基本资料					
基金代码	070005				
基金简称	嘉实理财债券		基金类型	契约型开放式	
发行日期	2003-06-02至2003-07-04		成立日期	2003-07-09	
首募规模	5.87亿份	认购户数	11477户	期末规模	4.32亿份
认购费率	0.40%-0.60%	申购费率	1.00%-1.50%	赎回费率	0%-0.50%
管理费率	0.60%	托管费率	0.20%	转换费率	0%-0.50%
销售机构	嘉实基金管理有限公司、中国银行、上海浦东发展银行、兴业银行、国泰君安证券、华夏证券、招商证券、东吴证券、申银万国等。				
基金管理人	嘉实基金管理有限公司		基金托管人	中国银行	
审计机构	安永华明会计师事务所		律师事务所	国浩律师集团(北京)事务所	
投资目标	以本金安全为前提，追求较高的组合回报。				
业绩比较基准	中央国债登记结算公司的中国债券指数				

财务指标	单位：人民币(元)		
项目 \ 年度	2003年7月9日至2003年12月31日		
加权平均单位基金净收益	-0.0051		
期末可分配单位基金收益	-0.0053		
期末单位基金资产净值	1.007		
基金加权平均净值收益率	-0.52%		
单位基金累计净值增长率	0.70%		
本期分红	——	累计分红	——

基金历年表现（单位：%）

年度	2003	2002
表现	0.70	

【本期基金业绩表现】

截至2003年12月31日，嘉实理财债券基金单位净值为1.007元，净值增长率达到0.70%。

【基金经理小组简介】

刘欣先生：基金经理，1962年出生，经济学硕士，10年证券从业经历。曾任南方证券投资银行部北京总部副总经理。1999年3月加盟嘉实基金公司，曾在研究部和投资部从事行业与上市公司研究、投资策略研究和基金管理工作，2003年1月始，任嘉实成长收益基金基金经理助理。

田晶女士：基金经理助理，1965年出生，工商管理学硕士。8年证券从业经历。曾任美国花旗集团资产管理公司，美国信安资产管理公司基金经理，从事日本及亚太地区的股票市场投资。2002年12月加盟嘉实基金公司，担任研究部副总监。

郭林军先生：基金经理助理，1973年出生，数量经济学硕士，4年证券从业经历。曾就职于中信证券金融产品开发小组从事债券研究。2002年9月加盟嘉实基金管理有限公司，在固定收益部从事债券研究与投资工作，任债券投资组合经理。

【基金投资运作分析】

嘉实债券基金在2003年7月中旬成立并开始运作。根据当时的市场状况，基金经理构建投资组合主要从三个方面进行，一是国债的投资选择交易所剩余期限较短的、流动性较好的债券作为投资对象；二是投标国开行发行的含选择权的金融债，希望获取合理的期权收益；三是进行中长期的逆回购投资，获取稳定的利息收益。另外还认购了一些企业债。这个组合在随后的市场大幅下跌时，出现了一定程度的下跌，导致基金净值最低下跌到0.979元；11月份开始，市场逐渐上涨，嘉实债券基金净值也逐渐上涨，年底基金净值为1.007元。

【基金投资组合一览】

项目 \ 季度	第三季度				第四季度			
基金资产净值/元	591,322,438.61				435,048,283.36			
基金份额/份	599,376,628.64				431,868,167.87			
基金单位净值/元	0.987				1.007			
基金投资组合	市值(元)		占净值比		市值(元)		占净值比	
债券投资	441,564,862.94		74.67%		348,022,648.50		79.99%	
股票投资	——				5,105,871.12		1.17%	
货币资金	742,892.77		0.13%		40,830,645.27		9.39%	
投资前五名债券明细	序号	债券名称	市值(元)	占净值比	序号	债券名称	市值(元)	占净值比
	1	21国债(15)	63,140,479.20	10.68%	1	21国债(03)	50,850,000.00	11.69%
	2	03国开18	49,950,000.00	8.45%	2	03国开18	49,950,000.00	11.48%
	3	21国债(03)	45,365,579.00	7.67%	3	02国债(10)	41,945,200.00	9.64%
	4	02国债(10)	41,525,100.00	7.02%	4	21国债(15)	40,823,700.00	9.38%
	5	03进出02	39,960,000.00	6.76%	5	99国债 (5)	40,712,000.00	9.36%

长盛基金管理有限公司

【基本情况】

法定名称：长盛基金管理有限公司
注册地址：深圳市福田区华富路航都大厦13C
办公地址：北京朝阳区北三环东路8号静安中心22层
法人代表：王其华
总 经 理：蒋月勤
成立时间：1999年3月26日
组织形式：有限责任公司
注册资本：1亿元人民币
联系电话：010-64689198
传真号码：010-64689475
邮政编码：100028
公司网址：www.csfunds.com.cn

【发展概况】

长盛基金管理有限公司经中国证监会证监基金字[1999]6号文件批准，由中信证券股份有限公司、天津北方国际信托投资股份有限公司、国元证券有限责任公司、长江证券有限责任公司共同发起，于1999年3月成立，是首批成立的十家基金管理公司之一，注册资本为8000万元。2002年7月，公司完成增资扩股，注册资本达到1亿元人民币。2002年12月，公司首批取得了社保基金管理资格。

公司设立了两个专门机构：投资决策委员会和风险控制委员会。下设九个一级部门，分别是：投资管理部、研究发展部、策划发展部、市场发展部、监察稽核部、业务运营部、信息技术部、综合管理部和财务会计部。

四年来，长盛从公司治理到业务管理方面都取得了长足的发展。公司实现了规范健全的治理结构，形成了科学有效的管理模式，建立了严密完善的内控制度，凝聚了一批诚信、敬业、务实的专业人才。公司现有员工79名，其中拥有硕士以上学历的员工共44人，占员工总数的56%，拥有本科学历的员工共35人，占员工总数的44%。

【经营业绩】

长盛基金公司四年来，坚持秉承“诚信尽责，稳健务实”的经营理念，凭借规范、科学的经营管理和专业、稳健的投资能力，旗下基金业绩稳健。截至2003年12月底，长盛基金管理公司共管理六只证券投资基金(四只封闭式基金、两只开放式基金)和社保基金委托资产，管理资产规模逾140亿元人民币。

2003年8月26日，经中国证监会证监基金字[2003]90号文件批准，长盛基金公司旗下第二只开放式基金——长盛中信全债指数增强型基金开始公开发行，2003年12月9日正式成立。该基金为长盛公司首只开放式债券型基金，将运用增强的指数化投资策略，在力求本金安全的基础上，追求当期收益和基金资产超过比较基准的长期稳定增值。2003年12月16日，长盛债券基金成立53天，即进行了首次分红：每10份基金单位派现0.16元，创开放式基金的最快分红纪录；公司旗下首只开放式基金——长盛价值成长成立于2002年9月，截至2003年底运作一年多的时间基金净值增长率17.47%，2003年实施了三次分红，分别于2月28日、6月24日、12月22日每10份基金单位派现0.20元、0.55元、0.41元，累计分红每10份基金单位1.16元，在国内开放式基金中排名前列。

公司加强与外界合作，资源共享，优势互补，合作双赢：2003年2月，公司与中国国际航空公司在京举行了“国航知音”常旅客合作项目签约仪式。开创了基金公司与国航的首次合作；公司重视客户服务，以市场为导向，以客户为中心，贯穿于客户服务的每一个细节，为投资者提供个性化服务，包括：信息查询、多元资料索取、服务定制推送；此外还推出“智者长盛”投资者俱乐部，加强与投资者的沟通与联系，完善产品线，满足不同的投资需求。

附：高管成员介绍

王其华先生：董事长，经济学硕士，高级统计师。历任天津北方国际信托投资股份有限公司投资银行部经理、开信基金管理部经理、副总经济师、副总经理。

蒋月勤先生：董事、总经理，硕士。历任中信证券股份有限公司深圳管理总部副总经理、交易部副总经理、总经理、中信证券股份有限公司证券交易室首席交易员。

股东概况

排序	股东名称	出资额(万元)	出资比例(%)
1	中信证券股份有限公司	2500.00	25.00
1	天津北方国际信托投资公司	2500.00	25.00
1	国元证券有限责任公司	2500.00	25.00
1	长江证券有限责任公司	2500.00	25.00

旗下基金

排序	基金代码	基金简称	基金类型
1	184690	基金同益	封闭式
2	184699	基金同盛	封闭式
3	184702	基金同智	封闭式
4	500039	基金同德	封闭式
5	080001	长盛成长价值	开放式
6	510080	长盛债券	开放式

同益证券投资基金

基本资料			
基金代码	184690	基金简称	基金同益
基金类型	契约型封闭式	成立日期	1999—04—08
上市日期	1999—04—21	上市地点	深圳证券交易所
基金总份额	20亿份	存续期	15年
基金管理人	长盛基金管理有限公司	基金托管人	中国工商银行
审计机构	安永华明会计师事务所	律师事务所	信利律师事务所
投资目标	主要投资于具有良好的成长型上市公司。		
业绩比较基准	——		

财务指标　单位：人民币(元)

项目＼年度	2003年	2002年	2001年
加权平均单位基金净收益	0.0470	−0.0679	0.1871
期末可分配单位基金收益	0.0211	−0.1071	0.2171
期末单位基金资产净值	1.1128	0.8929	1.2171
基金加权平均净值收益率	4.75%	−6.52%	13.33%
单位基金累计净值增长率	93.93%	55.61%	78.36%
本期分红	10派 0.20元	累计分红	10派 8.34元

基金历年表现（单位：%）

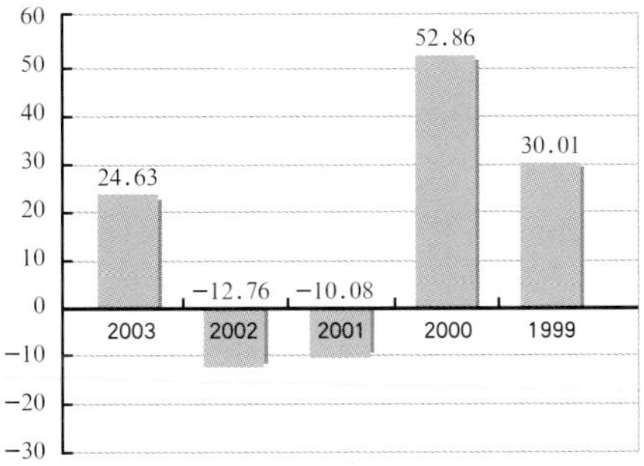

年份	2003	2002	2001	2000	1999
表现(%)	24.63	−12.76	−10.08	52.86	30.01

【本期基金业绩表现】

截至2003年12月31日，基金同益单位净值为1.1128元，全年净值增长率为24.63%。

【基金经理简介】

肖强先生：1967年出生，学士学位。曾就职于国泰君安证券公司证券投资部担任投资经理。2000年7月加盟长盛基金管理有限公司，历任基金同益基金经理助理、研究策划部策略分析师、基金同益基金经理。2003年12月起不再担任基金同益基金经理。

闵昱先生：1976年出生，经济学学士。1999年取得全国银行间市场交易从业资格，2000年取得证券、基金和期货从业资格。1999年至今，就职于长盛基金管理有限公司投资管理部历任基金同智、基金同德基金经理助理、基金同智基金经理。2003年12月起任基金同益基金经理。

【基金投资运作分析】

2003年，基金同益管理团队按照契约要求，秉承“诚信、尽责、稳健”的投资管理风格，注重基本面研究，在上半年，对金融股进行了阶段性集中投资，下半年，对钢铁、电力、汽车、石化行业进行了集中投资，取得了较好的收益。

基金同益在动态资产配置方面，基金管理团队坚持了突出股票的投资原则，从时机选择上，年初股指快速上涨阶段，在增仓时机上滞后于市场，在年中的回调和四季度的股指上涨阶段，仓位调整跟上了市场的节奏；该基金股票投资行业集中度较高，重点投资了金融、电力、钢铁、汽车等行业，取得了较好的收益。在时机选择方面，坚持了长期关注与阶段性持有并重的策略，对金融、钢铁等行业的阶段性操作，取得了较好的效果。

【基金投资组合一览】

项目＼季度	第一季度		第二季度		第三季度		第四季度	
基金资产净值/元	1,916,980,049.35		1,972,714,254.45		1,903,505,921.59		2,225,661,671.44	
基金单位净值/元	0.9585		0.9864		0.9518		1.1128	
基金投资组合	市值(元)	占净值比	市值(元)	占净值比	市值(元)	占净值比	市值(元)	占净值比
股票投资	1,118,014,562.70	58.32%	1,385,095,667.75	70.21%	1,256,172,559.15	65.99%	1,757,494,476.55	78.97%
国债及货币资金	622,518,177.76	32.47%	498,680,873.71	25.28%	603,920,739.59	31.73%	513,511,567.78	23.07%
其他投资	138,262,863.00	7.21%	93,074,206.30	4.72%	41,837,400.00	2.20%	7,345,200.00	0.33%

投资前十名股票明细

股票名称	市值(元)	占净值比	股票名称	市值(元)	占净值比	股票名称	市值(元)	占净值比	股票名称	市值(元)	占净值比
浦发银行	109,775,238.88	5.73%	招商银行	163,636,289.55	8.29%	宝钢股份	166,880,522.72	8.77%	宝钢股份	212,818,806.20	9.56%
招商银行	105,313,163.75	5.49%	宝钢股份	162,421,882.80	8.23%	华能国际	108,252,362.44	5.69%	上海汽车	207,078,551.07	9.30%
中信国安	68,690,737.85	3.58%	浦发银行	147,932,495.37	7.50%	申能股份	106,310,072.16	5.59%	申能股份	176,598,678.00	7.93%
上港集箱	64,319,633.28	3.36%	上港集箱	116,266,613.76	5.89%	上海汽车	103,821,857.44	5.45%	新兴铸管	165,698,716.62	7.44%
一汽轿车	56,130,690.36	2.93%	上海汽车	87,365,472.48	4.43%	招商银行	96,136,200.00	5.05%	中国石化	140,952,180.70	6.33%
首创股份	55,764,356.34	2.91%	深能源A	76,184,671.68	3.86%	中国联通	95,763,060.91	5.03%	华能国际	138,581,056.00	6.23%
华能国际	53,720,000.00	2.80%	新兴铸管	66,009,155.52	3.35%	深能源A	93,324,504.00	4.90%	一汽轿车	131,404,013.04	5.90%
中国联通	44,682,064.14	2.33%	鞍钢新轧	65,263,506.30	3.31%	新兴铸管	69,074,862.34	3.63%	国电电力	123,170,833.28	5.53%
上海机场	42,440,000.00	2.21%	申能股份	58,378,180.56	2.96%	上港集箱	64,679,052.40	3.40%	马钢股份	96,335,550.52	4.33%
生益科技	39,229,519.16	2.05%	华能国际	50,500,030.60	2.56%	中原高速	46,881,642.60	2.46%	钢联股份	93,004,095.48	4.18%

同盛证券投资基金

基本资料			
基金代码	184699	基金简称	基金同盛
基金类型	契约型封闭式	成立日期	1999-11-05
上市日期	1999-11-26	上市地点	深圳证券交易所
基金总份额	30亿份	存 续 期	15年
基金管理人	长盛基金管理有限公司	基金托管人	中国银行
审计机构	安永华明会计师事务所	律师事务所	信利律师事务所
投资目标	该基金属于成长价值复合型基金，主要投资于业绩能够持续高速增长的成长型上市公司和市场价值被低估的价值型上市公司，利用成长型和价值型两种投资方法的复合效果更好地分散和控制风险，实现基金资产的稳定增长。		
业绩比较基准	——		

财务指标			单位：人民币(元)
项 目 \ 年 度	2003年	2002年	2001年
加权平均单位基金净收益	−0.0505	−0.0152	0.0804
期末可分配单位基金收益	−0.0363	−0.1215	0.0845
期末单位基金资产净值	1.0200	0.8785	1.0845
基金加权平均净值收益率	−5.23%	−1.40%	6.67%
单位基金累计净值增长率	28.12%	10.35%	26.83%
本期分红	——	累计分红	10派 2.93元

基金历年表现（单位：%）

年份	2003	2002	2001	2000	1999
表现	16.11	−13.00	−9.65	41.79	−0.86

【本期基金业绩表现】

截至2003年12月31日，基金同盛单位净值为1.0200元，全年净值增长率为16.11%。

【基金经理小组简介】

邓瑞祥先生：38岁，国际金融硕士，高级经济师。1993年毕业于武汉大学管理学院国际金融专业；曾就职于深圳蓝天基金管理公司，历任证券投资部经理助理、信托资产管理一部经理、行政部经理及董事会秘书等职；就职于大通证券有限责任公司担任投资部投资总监；2001年12月至今，任长盛基金管理有限公司总经理助理，主管投资部和研究部。

易贵海先生：1964年出生，毕业于武汉大学管理学院企业管理专业，获经济学硕士学位。1994年6月至1996年8月在大鹏证券公司工作，历任证券分析评论员、资产管理中心部门经理助理、总裁办股票投资负责人、资产管理中心部门经理。1996年8月至2002年7月，在深圳兆富投资股份公司任投资部经理。2002年8月加盟长盛基金管理有限公司，担任基金同盛基金经理助理。

【基金投资运作分析】

2003年上半年，基金同盛尤以银行股的集中投资较为成功，其净值增长不但优于上证指数的涨幅，也略优于其他封闭式基金。而在下半年，银行股的再融资问题一直困绕着投资者，在这方面基金同盛没有及时做好波段操作；加上石化行业的配置相对较少，使基金同盛的全年净值增长率好于同期上证指数的涨幅。

【基金投资组合一览】

项 目 \ 季 度	第一季度			第二季度			第三季度			第四季度		
基金资产净值/元	2,866,432,440.32			2,938,449,702.35			2,813,346,498.54			3,059,854,013.05		
基金单位净值/元	0.9555			0.9795			0.9378			1.0200		
基金投资组合	市值(元)		占净值比	市值(元)		占净值比	市值(元)		占净值比	市值(元)		占净值比
股票投资	1,681,104,715.00		58.65%	1,774,459,572.29		60.38%	1,692,166,315.12		60.15%	2,367,467,601.19		77.38%
国债及货币资金	1,115,786,639.97		38.93%	1,054,426,131.83		35.88%	939,331,838.15		33.39%	706,625,888.62		23.09%
其他投资	76,891,602.50		2.68%	133,927,330.20		4.56%	199,222,312.89		7.08%	5,000,000.00		0.16%
投资前十名股票明细	股票名称	市值(元)	占净值比	股票名称	市值(元)	占净值比	股票名称	市值(元)	占净值比	股票名称	市值(元)	占净值比
	招商银行	121,291,519.75	4.23%	招商银行	266,304,569.45	9.06%	招商银行	247,531,422.17	8.80%	招商银行	282,620,000.00	9.24%
	外运发展	105,007,040.00	3.66%	浦发银行	179,380,200.51	6.10%	上海汽车	157,528,633.91	5.60%	上海汽车	251,750,527.32	8.23%
	上港集箱	99,851,031.00	3.48%	上海汽车	111,753,271.08	3.80%	浦发银行	111,746,000.00	3.97%	浦发银行	244,283,439.33	7.98%
	江淮汽车	91,527,435.12	3.19%	外运发展	109,835,875.40	3.74%	光明乳业	108,649,564.12	3.86%	宝钢股份	228,467,053.10	7.47%
	宇通客车	72,784,571.76	2.54%	光明乳业	105,572,166.00	3.59%	深能源A	95,254,987.60	3.39%	中国联通	161,044,877.26	5.26%
	中国联通	60,745,777.26	2.12%	上海机场	100,536,743.53	3.42%	外运发展	94,237,409.07	3.35%	外运发展	116,247,506.88	3.80%
	海螺型材	60,699,006.70	2.12%	上港集箱	92,664,000.00	3.15%	爱建股份	77,793,531.20	2.77%	马钢股份	115,206,547.72	3.77%
	上海机场	56,231,748.02	1.96%	江淮汽车	82,799,082.88	2.82%	江淮汽车	75,946,360.49	2.70%	江淮汽车	94,207,040.20	3.08%
	深发展A	55,123,410.69	1.92%	深能源A	70,675,679.20	2.41%	同 仁 堂	69,148,038.96	2.46%	三一重工	85,364,988.94	2.79%
	民生银行	47,454,124.80	1.66%	同 仁 堂	68,452,389.72	2.33%	上港集箱	58,455,167.44	2.08%	中集集团	78,234,423.75	2.56%

同智证券投资基金

基本资料			
基金代码	184702	基金简称	基金同智
基金类型	契约型封闭式	成立日期	2000-03-08
上市日期	2000-05-15	上市地点	深圳证券交易所
基金总份额	5亿份	存续期	15年
基金管理人	长盛基金管理有限公司	基金托管人	中国银行
审计机构	安永华明会计师事务所	律师事务所	信利律师事务所
投资目标	主要投资于业绩能够持续高速增长的成长型上市公司。		
业绩比较基准	——		

财务指标　单位：人民币（元）

项目 \ 年度	2003年	2002年	2001年
加权平均单位基金净收益	-0.0413	-0.0621	0.1247
期末可分配单位基金收益	-0.0304	-0.1112	0.0630
期末单位基金资产净值	1.0107	0.8888	1.0630
基金加权平均净值收益率	-4.27%	-6.23%	11.13%
单位基金累计净值增长率	13.84%	0.11%	13.42%
本期分红	——	累计分红	10派1.03元

基金历年表现（单位：%）

年度	2003	2002	2001
净值增长率	13.72	-11.74	-5.38

【本期基金业绩表现】

截至2003年12月31日，基金同智单位净值为1.0107元，全年净值增长率为13.72%。

【基金经理简介】

闵昱先生：1976年出生，经济学硕士。1999年取得全国银行间市场交易从业资格，2000年取得证券、基金和期货从业资格。1999年至今，就职于长盛基金管理有限公司投资管理部历任基金同智、基金同德基金经理助理、基金同智基金经理。2003年12月起不再担任基金同智基金经理。

罗文军先生：1972年出生，毕业于北京大学光华管理学院，获经济学硕士学位。曾就职于国泰君安证券公司证券投资部担任投资经理。2000年7月加盟长盛基金管理有限公司，历任基金同益基金经理助理、研究策划部策略分析师、基金同益基金经理。2003年12月起担任基金同智基金经理。

【基金投资运作分析】

2003年，以基金为代表的机构投资者所倡导的价值投资理念对于股票二级市场的影响力在逐步加大。行业景气程度和上市公司业绩再度成为机构投资者证券选择；宏观经济加速上升，使得以钢铁、石化、能源、交通运输等为代表的周期性行业业绩明显回升，呈现出典型的“二八”现象。

基金同智管理小组在2003年的运作过程中对经济趋势与市场理念变迁的整体判断与实际走势基本一致，但对于行业及个股的把握仍存在一定不足。从全年来看，基金同智的年度净值增长率达到13.72%，取得了优于大市的良好收益。

【基金投资组合一览】

项目 \ 季度	第一季度		第二季度		第三季度		第四季度	
基金资产净值/元	473,879,578.51		490,870,107.59		471,777,234.96		505,329,215.99	
基金单位净值/元	0.9478		0.9817		0.9436		1.0107	
基金投资组合	市值（元）	占净值比	市值（元）	占净值比	市值（元）	占净值比	市值（元）	占净值比
股票投资	266,719,661.45	56.28%	246,672,356.18	50.25%	297,317,406.18	63.02%	400,223,212.76	79.19%
国债及货币资金	183,431,483.52	38.71%	227,484,937.65	46.34%	158,970,583.68	33.70%	112,207,388.74	22.21%
其他投资	29,701,863.90	6.27%	12,154,000.00	2.48%	8,369,600.00	1.77%	——	

投资前十名股票明细

股票名称	市值（元）	占净值比	股票名称	市值（元）	占净值比	股票名称	市值（元）	占净值比	股票名称	市值（元）	占净值比
浦发银行	16,680,000.00	3.52%	上海汽车	23,760,000.00	4.84%	中原高速	31,061,503.20	6.58%	招商银行	47,373,981.84	9.37%
乐凯胶片	13,691,416.35	2.89%	同仁堂	18,696,600.00	3.81%	招商银行	26,899,695.84	5.70%	上海汽车	42,675,205.41	8.45%
双汇发展	11,322,616.86	2.39%	上港集箱	13,121,768.88	2.67%	同仁堂	24,485,200.74	5.19%	上港集箱	41,620,846.20	8.24%
首创股份	11,119,021.32	2.35%	双汇发展	12,417,473.32	2.53%	宝钢股份	18,340,000.00	3.89%	浦发银行	40,472,853.61	8.01%
宝钢股份	10,300,000.00	2.17%	民生转债	12,154,000.00	2.48%	生益科技	17,700,300.00	3.75%	马钢股份	33,371,299.39	6.60%
安泰集团	10,001,827.42	2.11%	山西焦化	11,790,240.00	2.40%	上海汽车	15,515,894.36	3.29%	中国联通	29,376,515.32	5.81%
中远航运	9,522,876.54	2.01%	江淮汽车	11,727,000.00	2.39%	上港集箱	15,496,000.00	3.28%	华能国际	24,455,377.00	4.84%
盐湖钾肥	7,855,000.00	1.66%	威孚高科	10,187,207.60	2.08%	深能源A	14,821,444.00	3.14%	宝钢股份	22,678,441.50	4.49%
创智科技	7,566,256.80	1.60%	招商银行	9,160,000.00	1.87%	格力电器	11,864,163.09	2.51%	新兴铸管	21,661,100.70	4.29%
九芝堂	7,551,629.04	1.59%	国电电力	8,909,940.00	1.82%	中国石化	9,667,053.60	2.05%	新钢钒	11,496,615.00	2.28%

同德证券投资基金

基本资料			
基金代码	500039	基金简称	基金同德
基金类型	契约型封闭式	成立日期	2000-10-20
上市日期	2001-08-01	上市地点	上海证券交易所
基金总份额	5亿份	存续期	15年
基金管理人	长盛基金管理有限公司	基金托管人	中国农业银行
审计机构	普华永道中天会计师事务所	律师事务所	信利律师事务所
投资目标	主要投资于业绩能够持续高速增长的成长型上市公司。		
业绩比较基准	——		

财务指标 单位：人民币(元)

项目＼年度	2003年	2002年	2001年
加权平均单位基金净收益	0.0075	−0.0012	0.0387
期末可分配单位基金收益	−0.0081	−0.1231	−0.0145
期末单位基金资产净值	1.0185	0.8769	0.9888
基金加权平均净值收益率	0.79%	−0.12%	3.86%
单位基金累计净值增长率	10.63%	−4.75%	7.41%
本期分红	——	累计分红	——

基金历年表现（单位：%）

年度	2003	2002	2001
净值增长率	16.15	−11.32	−3.22

【本期基金业绩表现】

截至2003年12月31日，基金同德单位净值为1.0185元，全年净值增长率为16.15%。

【基金经理简介】

陈剑平先生：27岁，经济学学士。曾就职于深圳蓝天基金管理公司；1999年9月至今，就职于长盛基金管理有限公司投资管理部，担任基金同益、基金同盛基金经理助理。2003年12月起不再担任基金同德基金经理。

林继东先生：1966年出生。毕业于比利时LIMBURG大学，获工商管理硕士学位。曾先后在福建国际经济技术合作公司担任项目经理、美国WKI国际商务咨询有限公司担任高级经理、南方证券股份有限公司研究所担任研究员、中信证券股份有限公司担任投资经理；2003年5月加盟长盛基金管理有限公司，2003年12月起担任基金同德基金经理。

【基金投资运作分析】

2003年，基金所倡导的价值投资理念深入人心，基金的投资组合和品种获得了市场的广泛认同。

基金同德在2003年的年净值增长率为16.15%，超过了上证指数，但属于基金的平均中下水平。主要原因是：基本把握了2003年证券市场的整体趋势，在上半年对大盘股投资力度不够的情况下，果断调整结构，组合的核心调整为以港口、钢铁、汽车等蓝筹股，一度取得了较好的效果，遗憾的是对石化和能源的配置较少，虽然提前做出跨年度市场行情的判断，但未能充分把握12月份的以石化和能源为主的上涨行情。值得一提的是2003年全年基金同德的净值表现出非常良好稳定性，组合的抗风险能力比较强。

【基金投资组合一览】

项目＼季度	第一季度		第二季度		第三季度		第四季度	
基金资产净值/元	464,789,629.72		475,361,391.83		456,566,381.86		509,257,671.70	
基金单位净值/元	0.9296		0.9507		0.9131		1.0185	
基金投资组合	市值(元)	占净值比	市值(元)	占净值比	市值(元)	占净值比	市值(元)	占净值比
股票投资	250,617,643.06	53.92%	250,842,289.04	52.77%	308,913,332.18	67.66%	389,782,574.20	76.54%
国债及货币资金	209,122,540.45	44.99%	182,938,338.18	38.48%	151,747,208.30	33.24%	115,733,451.49	22.73%
其他投资	21,066,000.00	4.53%	36,462,000.00	7.67%	——		——	

投资前十名股票明细

股票名称	市值(元)	占净值比	股票名称	市值(元)	占净值比	股票名称	市值(元)	占净值比	股票名称	市值(元)	占净值比
浦发银行	16,680,000.00	3.59%	招商银行	22,900,000.00	4.82%	上港集箱	40,761,918.08	8.93%	上海汽车	48,612,222.00	9.55%
宝钢股份	10,299,031.80	2.22%	上海汽车	17,820,000.00	3.75%	上海汽车	40,284,079.20	8.82%	上港集箱	37,156,388.34	7.30%
盐湖钾肥	10,047,911.77	2.16%	同仁堂	17,767,597.77	3.74%	鞍钢新轧	18,565,000.00	4.07%	招商银行	35,653,600.00	7.00%
中国石化	9,893,520.00	2.13%	上港集箱	16,567,384.68	3.49%	宝钢股份	18,182,165.96	3.98%	浙江龙盛	29,762,900.01	5.84%
江淮汽车	9,687,088.80	2.08%	鞍钢新轧	14,175,000.00	2.98%	浙江龙盛	17,424,357.00	3.82%	民生银行	27,714,606.15	5.44%
中信国安	8,030,260.00	1.73%	宇通客车	13,845,600.00	2.91%	中国联通	15,363,577.27	3.37%	深赤湾A	20,351,759.40	4.00%
中技贸易	7,236,721.93	1.56%	国电电力	13,832,949.00	2.91%	盐田港A	13,085,821.90	2.87%	中国石化	13,473,000.00	2.65%
首创股份	7,115,666.14	1.53%	江淮汽车	13,176,457.20	2.77%	天津港	12,086,374.44	2.65%	华北制药	10,677,744.00	2.10%
安泰科技	7,096,001.85	1.53%	山西焦化	11,649,202.40	2.45%	同仁堂	11,991,819.84	2.63%	宝钢股份	10,396,500.40	2.04%
武汉控股	6,970,783.32	1.50%	双汇发展	11,290,924.68	2.38%	双汇发展	10,810,459.80	2.37%	太钢不锈	9,778,305.00	1.92%

长盛成长价值证券投资基金

基本资料					
基金代码	080001				
基金简称	长盛成长价值		基金类型	契约型开放式	
发行日期	2002-08-26 至 2002-09-13		成立日期	2002-09-18	
首募规模	31.67 亿份	认购户数	6325 户	期末规模	11.31 亿份
认购费率	1.00%	申购费率	1.50%	赎回费率	0%-0.50%
管理费率	1.50%		托管费率	0.25%	
销售机构	长盛基金管理有限公司、中国农业银行、中信实业银行、华夏证券、中信证券、联合证券、国泰君安证券、广发证券、国信证券等。				
基金管理人	长盛基金管理有限公司		基金托管人	中国农业银行	
审计机构	普华永道中天会计师事务所		律师事务所	信利律师事务所	
投资目标	通过管理人的积极管理，在控制风险的前提下挖掘价值、分享成长，谋求基金资产的长期稳定增值。				
业绩比较基准	——				

财务指标　单位：人民币(元)

项目 \ 年度	2003 年		2002 年	
加权平均单位基金净收益	0.1019		0.0002	
期末可分配单位基金收益	-0.0056		-0.0203	
期末单位基金资产净值	1.029		0.980	
基金加权平均净值收益率	9.94%		0.02%	
单位基金累计净值增长率	15.12%		-2.00%	
本期分红	10 派 1.16 元	累计分红	10 派 1.16 元	

基金历年表现（单位：%）

【本期基金业绩表现】

截至2003年12月31日，长盛成长基金单位净值为1.029元，全年净值增长率为17.47%。

【基金经理小组简介】

吴刚先生：1969年出生，理学硕士学位。曾先后在君安资产管理公司、太平洋保险公司深圳分公司、国信证券有限公司担任投资经理、中融基金管理公司担任基金经理；2003年2月加盟长盛基金管理有限公司。

王新艳女士：1973年出生，经济学硕士学位。1998年8月在中信证券基金部工作，1999年3月加盟长盛基金管理有限公司，曾任研究策划部分析师、基金同德、基金同益基金经理助理，担任长盛成长价值证券投资基金基金经理助理兼长盛基金管理有限公司董事会秘书。

常昊先生：1972年出生，经济学硕士学位。曾先后在上海申华实业股份有限公司任综合投资部经理、在申银万国证券研究所从事行业公司研究；2000年7月加盟长盛基金管理有限公司，在研究策划部工作，后担任长盛成长价值证券投资基金基金经理助理。

【基金投资运作分析】

2003年，长盛基金秉承一贯的投资理念，取得良好表现：截至年底累计单位净值达到1.145元，年度净值增长率和单位基金份额分红分别达到17.47%和0.116元。在投资操作中，该基金重点选择金融、交通运输、电力、汽车、电信等行业内的优质上市公司进行投资，较为充分地分享了中国经济增长。

【基金投资组合一览】

项目 \ 季度	第一季度		第二季度		第三季度		第四季度	
基金资产净值/元	1,464,578,848.24		1,131,622,533.82		1,165,242,895.54		1,163,592,014.50	
基金份额/份	1,425,670,931.55		1,132,152,577.80		1,193,939,059.86		1,131,019,510.70	
基金单位净值/元	1.027		1.000		0.976		1.029	
基金投资组合	市值(元)	占净值比	市值(元)	占净值比	市值(元)	占净值比	市值(元)	占净值比
股票投资	683,294,302.20	46.65%	593,499,185.99	52.45%	693,015,245.06	59.47%	803,770,159.25	69.08%
国债及货币资金	669,643,040.88	45.72%	458,363,618.26	40.50%	443,788,302.76	38.09%	355,350,584.08	30.54%
其他投资	109,530,666.67	7.48%	63,471,327.49	5.61%	23,616,779.80	2.03%	——	

投资前十名股票明细

股票名称	市值(元)	占净值比	股票名称	市值(元)	占净值比	股票名称	市值(元)	占净值比	股票名称	市值(元)	占净值比
招商银行	98,466,568.80	6.72%	招商银行	80,938,000.00	7.15%	招商银行	67,067,000.00	5.76%	宝钢股份	63,630,000.00	5.47%
中国联通	98,317,493.80	6.71%	华能国际	46,180,307.25	4.08%	外运发展	53,369,599.47	4.58%	外运发展	59,533,000.00	5.12%
浦发银行	57,748,347.60	3.94%	外运发展	46,134,486.27	4.08%	华能国际	51,824,391.30	4.45%	招商银行	56,148,642.59	4.83%
外运发展	36,505,221.48	2.49%	同仁堂	45,883,368.50	4.05%	同仁堂	47,265,250.50	4.06%	上海机场	51,894,702.60	4.46%
同仁堂	26,479,385.68	1.81%	上海汽车	44,386,035.84	3.92%	上海汽车	46,795,724.64	4.02%	南方航空	49,659,390.00	4.27%
盐田港A	22,778,960.04	1.56%	中国联通	32,200,000.00	2.85%	中国联通	46,500,000.00	3.99%	中国联通	47,473,665.09	4.08%
华能国际	21,254,063.10	1.45%	上海机场	32,182,584.56	2.84%	上海机场	42,420,116.66	3.64%	上港集箱	42,637,544.80	3.66%
华泰股份	16,695,900.00	1.14%	漳泽电力	28,991,850.00	2.56%	漳泽电力	27,325,050.90	2.35%	中海发展	41,533,399.00	3.57%
宝钢股份	15,480,000.00	1.06%	威孚高科	24,124,031.00	2.13%	宝钢股份	26,250,000.00	2.25%	上海汽车	41,310,000.00	3.55%
大商股份	13,980,452.22	0.95%	盐田港A	22,286,000.00	1.97%	威孚高科	25,216,596.00	2.16%	长江电力	36,602,448.96	3.15%

长盛中信全债指数增强型债券投资基金

基本资料					
基金代码	510080				
基金简称	长盛债券		基金类型	契约型开放式	
发行日期	2003-08-18 至 2003-10-20		成立日期	2003-10-25	
首募规模	9.25 亿份	认购户数	31379 户	期末规模	6.29 亿份
认购费率	1.00%	申购费率	1.50%(日常) 0.05%-1.50%(后端)	赎回费率	0.05%-0.30%
管理费率	0.75%		托管费率	0.20%	
销售机构	长盛基金管理有限公司、中国农业银行、中信实业银行、华夏证券、中信证券、联合证券、国泰君安证券、广发证券、国信证券等。				
基金管理人	长盛基金管理有限公司		基金托管人	中国农业银行	
审计机构	普华永道中天会计师事务所		律师事务所	信利律师事务所	
投资目标	该基金为开放式债券型基金，将运用增强的指数化投资策略，在力求本金安全的基础上，追求当期收益和基金资产超过比较基准的长期稳定增值。				
业绩比较基准	中信全债指数收益率×92%＋中信综合指数收益率×8%				

财务指标　单位：人民币(元)

项目 \ 年度	2003 年		
加权平均单位基金净收益	0.0223		
期末可分配单位基金收益	0.0061		
期末单位基金资产净值	1.0249		
基金加权平均净值收益率	2.21%		
单位基金累计净值增长率	4.12%		
本期分红	10 派 0.16 元	累计分红	10 派 0.16 元

基金历年表现（单位：%）

【本期基金业绩表现】

长盛债券基金2003年10月25日成立截至2003年12月31日，基金单位净值达到1.0249，全年净值增长率为4.12%。

【基金经理简介】

王茜女士：基金经理，7年债券投资经验。曾任武汉市商业银行信贷资金管理部交易员、副经理、总经理助理；现任职于长盛基金管理公司基金管理部，负责债券组合管理，并担任全国社保基金债券委托组合经理助理。

【基金投资运作分析】

2003年，债券市场大幅下跌，投资者第一次体会到了债券熊市的滋味。总结2003年债券市场的走势，存在以下特点：一是债券价格的波动幅度明显加大；二是央行政策取向的变化使投资人预期发生了根本性改变；三是可转换债券成为债市的新亮点。

长盛债券基金自2003年10月25日成立以来，始终坚持稳健投资的原则，在对宏观经济形势及市场环境深入分析的基础上，较好地把握了市场节奏，抓住了2003年债券市场上的低点，实现了低位建仓。在实际运作中，基金经理根据市场变化有意识地调整了债券基金的盈利模式，为基金持有人带来了超越比较基准的投资收益：一方面，通过配置不低于64%的固定收益证券，确保组合获取稳定的利息收益；另一方面，在风险可控的前提下，基于对未来股市趋好的预期，积极把握可转债和股票一级市场的投资机会，为组合带来了可观的资本利得。

【基金投资组合一览】

项目 \ 季度	第四季度	
基金资产净值/元	644,490,430.22	
基金份额/份	628,846,167.90	
基金单位净值/元	1.0249	
基金投资组合	市值(元)	占净值比
债券投资	541,823,824.80	84.07%
股票投资	84,220,988.85	13.07%
货币资金	26,126,512.72	4.05%

投资前五名债券明细	债券名称	市值(元)	占净值比	投资前五名股票明细	股票名称	市值(元)	占净值比
	邯钢转债	63,384,000.00	9.83%		长江电力	21,791,860.44	3.38%
	03 国开 26	60,354,861.37	9.36%		吉恩镍业	19,890,153.20	3.09%
	02 国债 15	58,968,000.00	9.15%		国电电力	8,232,000.00	1.28%
	01 国开 18	50,000,000.00	7.76%		酒钢宏兴	6,165,000.00	0.96%
	03 国开 28	49,962,500.00	7.75%		华能国际	5,440,500.00	0.84%

大成基金管理有限公司

【基本情况】

法定名称：大成基金管理有限公司
注册地址：深圳福田新闻路报社大院报业大厦12层C区
办公地址：深圳深南大道7088号招商银行大厦32层
法人代表：胡学光
总 经 理：于 华
成立时间：1999年4月12日
组织形式：有限责任公司
注册资本：1亿元人民币
联系电话：0755-83183388
传真号码：0755-83199588
邮政编码：518040
公司网址：www.dcfund.com.cn

【发展概况】

大成基金管理有限公司经中国证监会证监基金字[1999]10号文批准，由光大证券有限责任公司、大鹏证券有限责任公司、中国经济开发信托投资公司、广东证券股份有限公司共同发起，于1999年4月12日成立，是经中国证监会批准设立的首批十家基金管理公司之一。2002年6月27日，经中国证监会证监基金字[2002]30号文批准，中国银河证券有限责任公司受让中国经济开发信托投资公司持有公司的股权，成为公司股东。2003年12月5日，经中国证监会证监基金字[2003]138号文批准，中泰信托投资有限责任公司受让大鹏证券有限责任公司持有公司的股权，成为大成基金公司股东。2003年，经中国证监会证监审核同意，公司第二届董事会第六次会议审议通过，聘任于华先生任公司总经理职务，同意龙小波先生辞去公司总经理职务。

公司下设十一个部门，分别是基金经理部、研究部、规划发展部、交易部、监察稽核部、信息技术部、市场部、机构理财部、基金运营部、客户服务中心和综合管理部；此外，还设立了投资决策委员会和风险控制委员会。现有员工98名，平均年龄30.25岁，50%以上具有硕士以上学历，其中博士学历占7%。50%的公司员工具有三年以上证券从业经历或五年以上金融业从业经历。公司中层以上管理人员、投资管理人员和研究分析人员均具有硕士以上学位。

【经营业绩】

大成基金公司成立四年来，以“稳健、高效”为经营理念，坚持“诚实信用、勤勉尽责”的企业精神，致力于开拓基金及证券市场业务，以稳健灵活的投资策略和注重绩优、高成长的投资组合，力求为投资人获得更大投资回报。截至2003年12月31日，大成基金公司共管理七只证券投资基金：五只封闭式基金和两只开放式基金，管理资产规模超过100亿元人民币，累计分红超过22亿元。

2003年4月15日，公司旗下第二只开放式基金——大成债券投资基金经中国证监会证监基金字[2003]44号文批准开始发行，于2003年6月12日，大成债券投资基金正式成立，首次募集规模21.53亿份，有效认购户数达47100户。该基金成立运作至2003年12月31日，基金单位资产净值为1.0295元，净值增长率达2.90%，远高于同期基金业绩比较基准；大成价值增长基金是大成公司首只开放式基金，成立于2002年11月，该基金运作一年来业绩较好，为全体基金持有人带来了较好的投资回报，2003年实施两次分红：2003年4月24日每10份基金单位派现0.30元、2003年6月3日每10份基金单位派现0.60元，累计分红每10份基金单位达0.90元。

附：高管成员介绍

胡学光先生：董事长，硕士研究生，高级经济师。曾在湖北金融高等专科学校任教，广州金融高等专科学校任金融系副主任。1992年至今在广东证券股份有限公司先后任“广证基金”、“广证受益”经理、部门总经理、总裁助理、副总裁，兼任中山大学岭南学院兼职教授、中天证券研究院副院长，广东证券博士后科研工作站指导导师。

于华先生：董事、总经理，工商管理硕士，金融博士，美国注册金融分析师(CFA)。1989年至1991年任英国里丁大学经济系金融财务讲师，1991年至1997年加拿大魁北克大学管理学院金融终身教授，1997年至2000年任深圳证券交易所综合研究所所长，2000年至2004年1月任加拿大鲍尔集团亚太分公司基金与保险业务副总裁，加拿大伦敦人寿保险公司北京代表处首席代表，中国证券业协会基金业委员会顾问。2004年1月起任大成基金管理有限公司总经理。

股东概况

排序	股东名称	出资额(万元)	出资比例(%)
1	广东证券股份有限公司	2500.00	25.00
1	中国银河证券有限责任公司	2500.00	25.00
1	光大证券有限责任公司	2500.00	25.00
1	中泰信托投资有限责任公司	2500.00	25.00

旗下基金

排序	基金代码	基金简称	基金类型
1	184691	基金景宏	封闭式
2	500007	基金景阳	封闭式
3	184695	基金景博	封闭式
4	184701	基金景福	封闭式
5	500017	基金景业	封闭式
6	090001	大成价值增长	开放式
7	090002	大成债券	开放式

景宏证券投资基金

基本资料			
基金代码	184691	基金简称	基金景宏
基金类型	契约型封闭式	成立日期	1999-05-04
上市日期	1999-05-18	上市地点	深圳证券交易所
基金总份额	20亿份	存续期	15年
基金管理人	大成基金管理有限公司	基金托管人	中国银行
审计机构	普华永道中天会计师事务所	律师事务所	国浩律师集团(北京)事务所
投资目标	该基金的投资目标是为投资者减少和分散投资风险，确保基金资产的安全并谋求基金长期稳定的投资收益。		
业绩比较基准	——		

财务指标　单位：人民币(元)

项目＼年度	2003年	2002年	2001年
加权平均单位基金净收益	-0.0980	-0.0615	-0.1055
期末可分配单位基金收益	-0.2306	-0.2743	-0.1441
期末单位基金资产净值	0.8873	0.7257	0.8559
基金加权平均净值收益率	-12.05%	-7.43%	-9.75%
单位基金累计净值增长率	26.33%	3.32%	21.85%
本期分红	——	累计分红	10派 4.70元

基金历年表现（单位：%）

年度	2003	2002	2001
表现	22.27	-15.21	-26.01

【本期基金业绩表现】

截至2003年12月31日，基金景宏单位净值为0.8873元，全年净值增长率为22.27%。

【基金经理小组简介】

王加英先生：基金经理，经济学硕士。7年证券从业经历，先后任职于平安证券有限责任公司资产管理部、大成基金管理有限公司研究部、基金经理部，曾任基金景福基金经理助理。

牛春晖先生：基金经理助理，经济学硕士。8年证券从业经历，先后任职于国泰君安研究所、大成基金管理有限公司研究部，曾任研究部副经理。

【基金投资运作分析】

2003年，该基金经理小组在时机选择方面主要采取恒定混合策略，股票仓位保持相对稳定，管理重点放在类别资产配置和个股选择方面。上半年对持仓结构进行了大规模调整，在剔除低质股的同时，重点配置汽车、银行、电力、金属和石化等行业，精选绩优成长股进行组合投资；下半年，继续投资于质地优良的成长价值复合型公司的股票，并适当提高了组合集中度。全年在保持较低交易成本的情况下，基金净值获得了较好增长。值得总结提高之处：首先是由于研究不够深入持续，未能准确把握部分行业的风险和机会；其次是三季度时机选择决策不够理想，在6-8月过早地提升股票仓位，导致四季度市场下跌中净值损失较大。2003年债市从下半年开始步入熊市，该基金经理小组积极调整国债持仓结构，通过增持短期品种降低组合的久期，并提高组合的流动性，达到保持收益稳定的目标。同时，积极投资流动性强、基本面良好的可转债。

【基金投资组合一览】

项目＼季度	第一季度		第二季度		第三季度		第四季度	
基金资产净值/元	1,560,744,265.58		1,651,033,786.04		1,577,969,229.05		1,774,504,965.12	
基金单位净值/元	0.7804		0.8255		0.7890		0.8873	
基金投资组合	市值(元)	占净值比	市值(元)	占净值比	市值(元)	占净值比	市值(元)	占净值比
股票投资	1,050,335,113.81	67.30%	1,020,010,904.04	61.78%	1,050,552,167.03	66.58%	1,332,146,902.73	75.07%
国债及货币资金	424,159,508.92	27.18%	443,291,553.77	26.85%	510,344,129.06	32.34%	425,417,554.51	23.97%
其他投资	78,359,941.00	5.02%	15,760,227.80	0.95%	14,861,154.00	0.94%	15,116,947.00	0.85%

投资前十名股票明细

股票名称	市值(元)	占净值比	股票名称	市值(元)	占净值比	股票名称	市值(元)	占净值比	股票名称	市值(元)	占净值比
招商银行	66,625,000.00	4.27%	招商银行	68,700,000.00	4.16%	上海汽车	57,550,000.00	3.65%	长江电力	114,952,593.08	6.48%
浦发银行	43,651,693.44	2.80%	上海汽车	60,505,671.60	3.66%	招商银行	46,850,000.00	2.97%	宝钢股份	100,100,000.00	5.64%
上海汽车	41,740,620.30	2.67%	民生银行	45,045,000.00	2.73%	一汽轿车	40,004,413.26	2.54%	上海机场	83,119,303.32	4.68%
民生银行	39,680,804.00	2.54%	一汽轿车	39,760,000.00	2.41%	中国石化	36,016,806.88	2.28%	上海汽车	73,700,340.00	4.15%
万科A	37,600,000.00	2.41%	中国石化	37,600,000.00	2.28%	山东铝业	34,344,748.35	2.18%	海螺水泥	60,559,702.65	3.41%
华北制药	36,752,347.50	2.35%	山东铝业	36,939,828.50	2.24%	中兴通讯	32,818,508.64	2.08%	中国联通	60,097,653.74	3.39%
宝钢股份	30,900,000.00	1.98%	华北制药	35,884,345.21	2.17%	万科A	32,120,000.00	2.04%	上海石化	58,913,198.40	3.32%
山东铝业	30,610,267.24	1.96%	万科A	35,836,000.00	2.17%	国电电力	29,372,818.80	1.86%	一汽轿车	54,300,062.88	3.06%
一汽轿车	30,560,000.00	1.96%	华能国际	35,005,615.72	2.12%	深圳机场	28,635,730.24	1.81%	山东铝业	53,430,000.00	3.01%
福田汽车	29,684,949.50	1.90%	浦发银行	34,830,000.00	2.11%	福田汽车	27,349,608.00	1.73%	中国石化	52,245,309.98	2.94%

景阳证券投资基金

基本资料			
基金代码	500007	基金简称	基金景阳
基金类型	契约型封闭式	成立日期	1999—11—12（规范后扩募）
上市日期	1999—11—15（规范后扩募）	上市地点	上海证券交易所
基金总份额	10亿份	存 续 期	15年
基金管理人	大成基金管理有限公司	基金托管人	中国农业银行
审计机构	普华永道中天会计师事务所	律师事务所	国浩律师集团（北京）事务所
投资目标	该基金为中小企业成长型基金，投资目标是在分散和规避投资风险的前提下，谋求基金资产增值和收益的最大化。		
业绩比较基准	——		

财务指标　单位：人民币(元)

项目＼年度	2003年	2002年	2001年
加权平均单位基金净收益	−0.0339	−0.0213	0.0064
期末可分配单位基金收益	−0.0182	−0.0861	−0.0069
期末单位基金资产净值	1.0620	0.9139	0.9931
基金加权平均净值收益率	−3.38%	−2.14%	0.72%
单位基金累计净值增长率	13.93%	−1.96%	6.54%
本期分红	——	累计分红	10派 2.93元

基金历年表现（单位：%）

40
30
20
10
0
−10
−20
−30
16.21
2003
−7.98
2002
−15.09
2001

【本期基金业绩表现】

截至2003年12月31日，基金景阳单位净值为1.0620元，全年净值增长率为16.21%。

【基金经理小组简介】

吴为民先生：基金经理，中欧工商管理学院EMBA，10年证券从业经历。曾任海南赛格国际信托投资公司海外市场部副经理、海南港澳信托投资公司信托基金部副经理、中国电力信托投资公司证券投资部经理、洋浦龙华投资公司副总经理，大成基金管理有限公司研究部研究员。

邓永明先生：基金经理助理，在读研究生，4年证券投资从业经验，曾任职大成基金管理有限公司综合管理部、研究部研究员、交易部交易员。

【基金投资运作分析】

2003年，基金景阳对一些符合基金契约的中小企业如：外运发展、中兴通讯、上海航空以及国电南瑞等进行了投资。同时对如：上海汽车、一汽轿车、中国联通和武钢股份等大盘蓝筹股也进行了投资，并取得了较好的收益。特别是参与了民生转债和浦发银行的增发，对业绩提升做出了贡献。但由于整体组合的结构中很多中小企业股价出现了大幅下跌，拖累了基金的业绩表现。尤其在第三季度基于对信息技术业出现复苏的判断，过早地进行了信息技术股的投资，在10月以后的市场下跌中基金净值损失较大，造成了市场处于底部区域的第三季度末第四季度初基金仓位提升到75%左右，但净值反而出现下滑的局面，一直到2003年12月随着基金持仓结构的调整，被动的局面才得以改变。

【基金投资组合一览】

项目＼季度	第一季度		第二季度		第三季度		第四季度	
基金资产净值/元	977,212,345.14		1,020,599,015.11		964,418,655.37		1,062,025,638.05	
基金单位净值/元	0.9772		1.0206		0.9644		1.0620	
基金投资组合	市值(元)	占净值比	市值(元)	占净值比	市值(元)	占净值比	市值(元)	占净值比
股票投资	613,069,993.28	62.74%	583,564,557.27	57.18%	709,834,842.37	73.60%	823,440,073.90	77.53%
国债及货币资金	252,902,339.64	25.88%	260,195,795.89	25.49%	246,736,942.08	25.58%	238,853,507.01	22.49%
其他投资	109,159,560.00	11.17%	103,953,151.00	10.19%	6,423,021.10	0.67%	616,353.00	0.06%

投资前十名股票明细	股票名称	市值(元)	占净值比	股票名称	市值(元)	占净值比	股票名称	市值(元)	占净值比	股票名称	市值(元)	占净值比
	浦发银行	72,280,000.00	7.40%	国电电力	53,088,750.00	5.20%	外运发展	74,051,061.84	7.68%	外运发展	91,336,740.48	8.60%
	国电电力	44,544,175.44	4.56%	外运发展	47,852,535.80	4.69%	国电电力	50,747,400.00	5.26%	一汽轿车	76,948,386.48	7.25%
	中国联通	20,683,382.16	2.12%	伊利股份	28,236,257.55	2.77%	白云机场	45,517,485.44	4.72%	国电电力	64,468,800.00	6.07%
	万向钱潮	18,277,922.97	1.87%	中国联通	25,680,000.00	2.52%	上海汽车	44,882,508.36	4.65%	上海汽车	61,108,166.04	5.75%
	福田汽车	18,147,241.97	1.86%	招商银行	22,900,000.00	2.24%	中兴通讯	43,474,250.63	4.51%	中兴通讯	47,368,039.18	4.46%
	大商股份	18,064,109.70	1.85%	大商股份	18,992,855.70	1.86%	南方航空	41,057,558.10	4.26%	上海航空	41,916,192.12	3.95%
	歌华有线	16,731,147.69	1.71%	九龙电力	15,820,389.72	1.55%	伊利股份	32,931,688.10	3.41%	南钢股份	37,003,334.20	3.48%
	创智科技	15,817,042.32	1.62%	华菱管线	15,454,624.50	1.51%	中信证券	28,823,288.50	2.99%	武钢股份	36,381,807.00	3.43%
	上实联合	14,556,132.11	1.49%	华海药业	15,078,403.60	1.48%	山东黄金	26,253,206.40	2.72%	中国联通	35,024,000.00	3.30%
	贵州茅台	13,857,186.00	1.42%	贵州茅台	13,309,071.50	1.30%	盐田港A	24,162,603.72	2.51%	国电南瑞	32,477,167.58	3.06%

景博证券投资基金

基本资料			
基金代码	184695	基金简称	基金景博
基金类型	契约型封闭式	成立日期	1999—11—12（规范后扩募）
上市日期	1999—11—15（规范后扩募）	上市地点	深圳证券交易所
基金总份额	10亿份	存 续 期	15年
基金管理人	大成基金管理有限公司	基金托管人	中国农业银行
审计机构	普华永道中天会计师事务所	律师事务所	国浩律师集团（北京）事务所
投资目标	主要投资于深、沪两市A股中成长性好、发展前景好、股本规模相对较小的中小型上市公司。		
业绩比较基准	——		

财务指标　　单位：人民币(元)

项 目＼年 度	2003年	2002年	2001年
加权平均单位基金净收益	−0.1166	−0.0631	0.0803
期末可分配单位基金收益	−0.0956	−0.1266	0.0205
期末单位基金资产净值	0.9985	0.8734	1.0205
基金加权平均净值收益率	−12.70%	−6.43%	6.81%
单位基金累计净值增长率	11.39%	−2.56%	11.73%
本期分红	——	累计分红	10派 2.58元

基金历年表现（单位：%）

年份	2003	2002	2001
净值增长率	14.32	−12.79	−16.75

【本期基金业绩表现】

截至2003年12月31日，基金景博单位净值为0.9985元，全年净值增长率为14.32%。

【基金经理简介】

谢柳毅先生：基金经理，经济学硕士，7年证券从业经历。曾任国信证券有限公司投资研究中心副高级研究员、高级研究员、特级研究员兼行业研究组组长、首席行业分析师、资产管理部总经理，金元证券有限公司研究所总经理、投资副总监兼投资研究部经理。2003年8月至今任职于大成基金管理有限公司基金经理部。

【基金投资运作分析】

基金景博的投资理念是注重所投资企业的成长性以及这种成长本身的安全性和持久性，面对不同成长性质的企业，采取不同的投资策略，高成长、高回报和低风险是该基金追求的理想投资目标，因此，针对不同行业和企业的成长幅度、成长期限以及成长的可靠性，基金景博会采取相应的不同投资策略。

2003年，证券市场主要演绎大盘蓝筹股的局部牛市行情，在主要投资于中小型企业的前提下，基金景博在2003年上半年表现逊色，但下半年采取行业集中、个股分散的投资策略，重点集中投资于有色金属和煤炭等资源类股票，获得了较为可观的收益。

【基金投资组合一览】

项 目＼季 度	第一季度		第二季度		第三季度		第四季度	
基金资产净值/元	909,012,765.27		919,968,368.92		870,457,149.78		998,469,411.72	
基金单位净值/元	0.9090		0.9200		0.8705		0.9985	
基金投资组合	市值(元)	占净值比	市值(元)	占净值比	市值(元)	占净值比	市值(元)	占净值比
股票投资	548,841,103.00	60.38%	619,709,486.44	67.36%	381,591,954.37	43.84%	766,984,583.33	76.82%
国债及货币资金	280,357,745.24	30.84%	282,482,085.61	30.71%	428,312,318.79	49.21%	219,371,462.66	21.97%
其他投资	78,080,310.40	8.59%	18,524,034.60	2.01%	13,428,282.80	1.54%	13,436,324.00	1.35%

投资前十名股票明细

股票名称	市值(元)	占净值比	股票名称	市值(元)	占净值比	股票名称	市值(元)	占净值比	股票名称	市值(元)	占净值比
新太科技	46,629,486.50	5.13%	招商银行	57,305,772.95	6.23%	国电电力	51,939,241.60	5.97%	山东黄金	79,129,523.44	7.93%
国电电力	43,980,000.00	4.84%	国电电力	48,750,000.00	5.30%	上海机场	24,184,039.30	2.78%	福耀玻璃	54,139,552.04	5.42%
中大股份	24,277,830.58	2.67%	浦发银行	37,494,866.52	4.08%	伊利股份	23,554,868.92	2.71%	国电电力	48,025,632.96	4.81%
太太药业	23,008,322.85	2.53%	江淮汽车	27,032,376.78	2.94%	中海发展	22,833,270.36	2.62%	承德钒钛	45,494,617.00	4.56%
厦门汽车	21,264,831.80	2.34%	福田汽车	25,946,700.57	2.82%	深赤湾A	20,569,848.08	2.36%	南钢股份	37,327,374.49	3.74%
福田汽车	19,250,858.09	2.12%	厦门汽车	24,738,495.71	2.69%	江铃汽车	20,061,955.60	2.30%	山西焦化	30,910,115.25	3.10%
江淮汽车	19,101,818.46	2.10%	太太药业	22,707,739.80	2.47%	厦门汽车	19,827,134.97	2.28%	神火股份	27,100,865.65	2.71%
招商银行	18,866,877.75	2.08%	兖州煤业	17,453,700.00	1.90%	海螺水泥	19,538,048.53	2.24%	锦州石化	25,995,208.72	2.60%
新华百货	15,620,031.22	1.72%	深赤湾A	17,306,604.21	1.88%	福田汽车	19,269,190.72	2.21%	三一重工	24,920,409.58	2.50%
贵州茅台	12,691,114.80	1.40%	海螺水泥	17,276,423.60	1.88%	山东黄金	17,864,515.60	2.05%	伊利股份	23,842,768.80	2.39%

景福证券投资基金

基本资料			
基金代码	184701	基金简称	基金景福
基金类型	契约型封闭式	成立日期	1999-12-30
上市日期	2000-01-10	上市地点	深圳证券交易所
基金总份额	30亿份	存续期	15年
基金管理人	大成基金管理有限公司	基金托管人	中国农业银行
审计机构	普华永道中天会计师事务所	律师事务所	国浩律师集团(北京)事务所
投资目标	通过指数化投资和积极投资的有机结合，实现投资风险和收益的优化平衡，力求使基金取得超过市场的投资收益，实现基金资产长期稳定增值。		
业绩比较基准	——		

财务指标　单位：人民币(元)

项目＼年度	2003年	2002年	2001年
加权平均单位基金净收益	−0.0983	−0.0456	0.0080
期末可分配单位基金收益	−0.1161	−0.1672	−0.0517
期末单位基金资产净值	0.9811	0.8328	0.9483
基金加权平均净值收益率	−10.87%	−4.86%	0.70%
单位基金累计净值增长率	11.21%	−5.60%	7.49%
本期分红	——	累计分红	10派 1.64元

基金历年表现（单位：%）

年度	2003	2002	2001
表现	17.81	−12.18	−19.99

【本期基金业绩表现】

截至2003年12月31日，基金景福单位资产净值0.9811元，本期基金资产净值增长率17.81%。

【基金经理小组简介】

常永涛先生：基金经理，学士。11年证券从业经历，1992年就职四川省信托投资公司从事投资管理业务，2001年加盟大成基金管理有限公司从事交易和投资业务。

郑煜女士：基金经理助理，硕士学位，先后在长城信托、华夏证券工作，在大成基金管理公司任研究部高级研究员。

【基金投资运作分析】

2003年，基金景福大部分时间保持较高的持仓比重，其中4、5月份由于SARS影响的不确定性，该基金主动降低了仓位。但7月到11月中旬，市场呈现较深的调整，该基金在仓位调整上相对比较僵化，持仓一直保持较高水平，仅对自身的持股结构按照即定计划进行了调整，错过在低位大量吸纳战略性筹码的机会。在行业配置和个股选择方面，该基金年初根据经济增长构成要素的变化趋势进行持续的结构调整，迅速提高了股票的集中度，将资金集中于行业代表性强、治理结构完善、业绩良好、前景明朗的行业的个股。年初加大对银行、汽车类股票的投资力度，下半年在低位更是增加了对石化行业的投资，形成上半年汽车、银行、电力顺利转化到下半年石化、电力、交通运输、建材的投资格局，取得了良好的成效。

但存在两点不足：①对占净值相当比例的低质资产清理工作不够果断，影响了净值的增长；②对板块中个股的投资采用了相对分散的策略。行情初期为板块内个股的齐涨齐跌，但随着市场整体认识和研究深度的不断提高，个股走势出现明显分化，而基本面研究的跟进不及时，使该基金对于基本面较差的个股未能及时卖出。

【基金投资组合一览】

项目＼季度	第一季度			第二季度			第三季度			第四季度		
基金资产净值/元	2,626,519,743.38			2,789,032,687.68			2,587,319,942.46			2,943,441,586.31		
基金单位净值/元	0.8755			0.9297			0.8624			0.9811		
基金投资组合	市值(元)		占净值比	市值(元)		占净值比	市值(元)		占净值比	市值(元)		占净值比
股票投资	1,863,312,899.88		70.94%	1,754,729,368.55		62.91%	1,744,432,738.02		67.42%	2,204,047,421.62		74.88%
国债及货币资金	739,410,667.49		28.15%	707,638,080.49		25.37%	819,745,142.06		31.68%	715,032,483.64		24.29%
其他投资	117,880,126.00		4.49%	2,772,000.00		0.10%	22,468,968.80		0.87%	25,016,248.40		0.85%
投资前五名股票明细	股票名称	市值(元)	占净值比	股票名称	市值(元)	占净值比	股票名称	市值(元)	占净值比	股票名称	市值(元)	占净值比
	国电电力	183,522,331.49	6.99%	国电电力	183,637,613.25	6.58%	国电电力	177,308,992.40	6.85%	国电电力	178,966,999.04	6.08%
	深科技A	89,135,024.77	3.39%	招商银行	77,596,650.00	2.78%	江铃汽车	76,970,674.08	2.97%	长江电力	92,235,516.88	3.13%
	万科A	58,750,000.00	2.24%	金山股份	61,795,618.68	2.22%	中国石化	51,677,056.00	2.00%	中集集团	89,457,056.85	3.04%
	招商银行	57,915,462.25	2.21%	万科A	38,354,981.80	1.38%	浙江龙盛	48,688,122.50	1.88%	海螺水泥	86,109,725.00	2.93%
	金山股份	56,565,417.15	2.15%	深科技A	25,110,267.84	0.90%	华银电力	42,465,992.32	1.64%	上海石化	85,299,212.34	2.90%

景业证券投资基金

基本资料

基金代码	500017	基金简称	基金景业
基金类型	契约型封闭式	成立日期	2000-08-15
上市日期	2001-12-19	上市地点	上海证券交易所
基金总份额	5亿份	存续期	15年
基金管理人	大成基金管理有限公司	基金托管人	中国农业银行
审计机构	普华永道中天会计师事务所	律师事务所	国浩律师集团(北京)事务所
投资目标	主要投资于有良好成长潜力的上市公司。		
业绩比较基准	——		

财务指标 单位：人民币(元)

项目 \ 年度	2003年	2002年	2001年
加权平均单位基金净收益	0.0366	−0.0553	−0.2269
期末可分配单位基金收益	−0.1905	−0.2767	−0.2934
期末单位基金资产净值	0.8685	0.7233	0.7066
基金加权平均净值收益率	4.63%	−7.22%	−26.98%
单位基金累计净值增长率	−20.50%	−33.79%	−28.84%
本期分红	——	累计分红	——

基金历年表现（单位：%）

年度	2003	2002	2001
净值增长率	20.07	−6.95	−26.27

【本期基金业绩表现】

截至2003年12月31日，基金景业单位净值为0.8685元，全年净值增长率为20.07%。

【基金经理简介】

徐彬先生：基金经理，硕士学位。8年证券从业经历，曾就职于君安证券研究所，大成基金管理有限公司研究部副经理、基金景博基金经理。

【基金投资运作分析】

2003年年初，由于基金景业对大势判断失误，股票仓位不到30%，行情启动后被迫高位加仓，基金净值全面落后。在不利的情况下，基金经理通过分析行业景气变化，及时调整操作策略，大幅增持汽车、银行、电力等行业的龙头公司，取得超额收益，净值显著回升。

在上半年行情结束市场转向之际，基金景业由于过分坚持所持股票的景气评级，没有及时回避系统风险进行波段操作，以致在股票低位时不能大量回补，该阶段净值表现稍落后于大盘。第四季度，由于基金经理对钢铁等大宗商品景气走好没有深入、及时研究，该类别资产配置过低导致收益落后于大盘。

2003年，基金景业在投资运作中存在的不足是：在宏观经济和行业的研究上基金经理没有做到研究的前瞻性，缺乏自己独到的见解。错过了重大的投资机会，无法取得超额收益；在资产配置的均衡上，有所偏离基准。此外，在时机选择上，在重仓个股的选择上，也需要总结。

【基金投资组合一览】

项目 \ 季度	第一季度		第二季度		第三季度		第四季度	
基金资产净值/元	370,936,083.12		406,877,881.35		385,337,140.91		434,246,810.58	
基金单位净值/元	0.7419		0.8138		0.7707		0.8685	
基金投资组合	市值(元)	占净值比	市值(元)	占净值比	市值(元)	占净值比	市值(元)	占净值比
股票投资	244,842,914.37	66.01%	255,578,450.15	62.81%	266,862,329.91	69.25%	327,989,002.69	75.53%
国债及货币资金	126,016,542.19	33.97%	151,370,099.22	37.20%	117,236,269.63	30.42%	106,729,801.34	24.58%
其他投资	——		——		1,765,163.20	0.46%	——	

投资前十名股票明细

股票名称	市值(元)	占净值比	股票名称	市值(元)	占净值比	股票名称	市值(元)	占净值比	股票名称	市值(元)	占净值比
浦发银行	25,571,796.64	6.89%	*ST夏利	24,548,126.40	6.03%	江铃汽车	30,111,637.96	7.81%	一汽轿车	36,015,974.40	8.29%
招商银行	25,084,814.75	6.76%	国电电力	19,229,915.25	4.73%	*ST夏利	28,430,162.22	7.38%	中集集团	29,819,025.60	6.87%
深科技A	23,821,325.00	6.42%	中兴通讯	16,064,991.90	3.95%	招商银行	23,424,447.17	6.08%	招商银行	27,174,358.67	6.26%
中国石化	15,131,293.20	4.08%	招商银行	14,885,000.00	3.66%	一汽轿车	16,801,388.80	4.36%	五粮液	21,602,963.08	4.97%
上海机场	13,164,888.00	3.55%	深科技A	14,599,278.00	3.59%	国电电力	16,517,826.68	4.29%	长江电力	20,096,431.68	4.63%
上海汽车	13,099,178.70	3.53%	桂冠电力	14,535,235.84	3.57%	五粮液	16,154,576.80	4.19%	国电电力	18,848,084.16	4.34%
国电电力	10,605,403.17	2.86%	深发展A	12,819,995.65	3.15%	上海汽车	15,536,543.30	4.03%	上海汽车	18,749,138.70	4.32%
一汽夏利	9,997,000.00	2.70%	一汽轿车	11,431,000.00	2.81%	南方航空	9,644,700.00	2.50%	上海石化	18,490,370.86	4.26%
青岛啤酒	9,110,072.96	2.46%	深赤湾A	11,261,785.92	2.77%	同仁堂	9,408,999.60	2.44%	紫江企业	18,115,557.82	4.17%
万科A	8,895,126.00	2.40%	万科A	10,855,209.92	2.67%	华能国际	9,386,000.00	2.44%	*ST夏利	18,096,436.56	4.17%

大成价值增长证券投资基金

基本资料					
基金代码	090001				
基金简称	大成价值增长	基金类型	契约型开放式		
发行日期	2002-10-10至2002-11-06	成立日期	2002-11-11		
首募规模	26.04亿份	认购户数	57481户	期末规模	10.35亿份
认购费率	不高于1.00%	申购费率	1.50%-2.00%	赎回费率	0.25%
管理费率	1.50%	托管费率	0.25%		
销售机构	大成基金管理有限公司、中国农业银行、深圳发展银行、中国民生银行、兴业银行、中国银河证券、国泰君安证券、华夏证券、招商证券、中信证券、广发证券、广东证券、联合证券等。				
基金管理人	大成基金管理有限公司	基金托管人	中国农业银行		
审计机构	普华永道中天会计师事务所	律师事务所	国浩律师集团(北京)事务所		
投资目标	该基金以价值增长类股票为主构造投资组合，在有效分散投资风险的基础上，通过资产配置和投资组合的动态调整，达到超过市场的风险收益比之目标，实现基金资产的长期稳定增值。				
业绩比较基准	中信价值指数×80%＋中信国债指数×20%				

财务指标 单位：人民币(元)

项目 \ 年度	2003年		2002年	
加权平均单位基金净收益	0.0960		0.0011	
期末可分配单位基金收益	0.0224		-0.0035	
期末单位基金资产净值	1.0836		0.9965	
基金加权平均净值收益率	9.44%		0.11%	
单位基金累计净值增长率	17.88%		-0.35%	
本期分红	10派 0.90元	累计分红	10派 0.90元	

基金历年表现（单位：%）

40
30
20
10
0
-10

18.29
2003
-0.35
2002

【本期基金业绩表现】

截至2003年12月31日，大成价值增长基金单位资产净值为1.0836元，本期基金资产净值增长率18.29%。

【基金经理小组简介】

杨晓东先生：基金经理，硕士学位，10年证券从业经历，曾任平安证券研究部副总经理、平安保险公司投资经营部副总经理、平安保险公司债券部副总经理、蔚深证券研究发展中心总经理及大成基金管理有限公司基金景阳基金经理。

王晓晖先生：基金经理助理，学士，9年证券从业经历，曾任蔚深证券公司证券投资部副总经理、大成基金管理有限公司金融工程部策略分析师。

【基金投资运作分析】

2003年，大成价值增长基金在遵循原有投资理念的基础上，加大了资产、行业板块和个股配置的力度，在年初对股票债券进行合理配置的同时，对股票债券的内部结构也进行了合理搭配，特别突出行业的配置力度，并尽量提高资产的流动性，以适应市场的变化；从下半年开始，基金经理在突出行业配置的前提下进一步加强了对行业龙头公司的投资力度，以便提高投资业绩，实际运行结果较为理想。

2003年是机构投资者理性投资理念得到不断实践的一年。基金的投资实行自上而下的行业配置和自下而上的个股选择。2003年上半年，基金经理选择了汽车、电力、银行和交通运输等行业有代表性的上市公司作为重点持仓；在下半年将石化行业和交通运输业作为主要的行业配置，同时适当提高持股集中度，分享了价值投资的成果，为投资人取得了较好的回报。

【基金投资组合一览】

项目 \ 季度	第一季度			第二季度			第三季度			第四季度		
基金资产净值/元	1,629,416,366.43			1,152,065,285.72			1,184,510,477.02			1,121,542,134.47		
基金单位净值/元	1.0282			0.9943			0.9538			1.0836		
基金投资组合	市值(元)		占净值比	市值(元)		占净值比	市值(元)		占净值比	市值(元)		占净值比
股票投资	842,856,693.53		51.73%	653,394,411.54		56.72%	713,306,985.95		60.22%	737,285,806.69		65.74%
国债及货币资金	694,769,567.44		42.64%	446,252,047.94		38.73%	467,253,310.16		39.45%	557,682,173.75		49.72%
其他投资	92,058,420.00		5.65%	48,589,261.20		4.22%	——			——		
投资前十名股票明细	股票名称	市值(元)	占净值比	股票名称	市值(元)	占净值比	股票名称	市值(元))	占净值比	股票名称	市值(元)	占净值比
	招商银行	83,041,492.25	5.10%	国电电力	54,581,592.00	4.74%	国电电力	52,174,403.84	4.40%	国电电力	66,281,646.08	5.91%
	浦发银行	72,924,960.00	4.48%	招商银行	44,844,829.55	3.89%	上海汽车	45,772,680.25	3.86%	宝钢股份	57,200,000.00	5.10%
	上海汽车	49,793,025.08	3.06%	华能国际	33,753,992.10	2.93%	南方航空	32,240,984.10	2.72%	上海汽车	55,560,000.00	4.95%
	中兴通讯	37,326,748.11	2.29%	一汽轿车	28,719,125.12	2.49%	民生银行	28,624,314.21	2.42%	万 科 A	49,664,742.60	4.43%
	粤美的A	34,787,692.68	2.14%	盐田港A	28,439,582.11	2.47%	*ST夏利	27,865,144.38	2.35%	长江电力	43,883,704.80	3.91%
	五 粮 液	31,997,500.38	1.96%	中兴通讯	27,049,415.13	2.35%	中兴通讯	26,573,461.47	2.24%	南方航空	40,028,760.00	3.57%
	盐田港A	29,801,943.96	1.83%	上海汽车	25,518,144.96	2.22%	伊利股份	25,716,915.21	2.17%	中国石化	39,272,048.50	3.50%
	光明乳业	28,034,239.46	1.72%	同 仁 堂	24,922,667.25	2.16%	同 仁 堂	25,085,560.50	2.12%	紫江企业	36,231,115.64	3.23%
	民生银行	26,894,748.80	1.65%	申能股份	24,205,384.56	2.10%	万 科 A	24,002,400.00	2.03%	盐田港A	31,086,816.89	2.77%
	深圳机场	26,234,439.28	1.61%	光明乳业	19,065,575.36	1.65%	盐田港A	23,147,933.14	1.95%	上港集箱	29,714,659.68	2.65%

大成债券投资基金

基本资料					
基金代码	090002				
基金简称	大成债券		基金类型	契约型开放式	
发行日期	2003-04-15至2003-06-10		成立日期	2003-06-12	
首募规模	21.53亿份	认购户数	47100户	期末规模	9.60亿份
认购费率	1.00%	申购费率	1.50%-2.00%	赎回费率	0.25%
管理费率	0.70%		托管费率	0.20%	
销售机构	大成基金管理有限公司、中国农业银行、交通银行、中国民生银行、广东证券、国泰君安证券、华夏证券、国信证券、兴业证券、长江证券、中信证券、中国银河证券、广发证券、申银万国。				
基金管理人	大成基金管理有限公司		基金托管人	中国农业银行	
审计机构	普华永道中天会计师事务所		律师事务所	国浩律师集团(北京)事务所	
投资目标	在力保本金安全和保持资产流动性的基础上追求资产的长期稳定增值。				
业绩比较基准	中国债券总指数				

财务指标　　单位：人民币(元)

项目＼年度	2003年		
加权平均单位基金净收益	−0.0071		
期末可分配单位基金收益	−0.0056		
期末单位基金资产净值	1.0295		
基金加权平均净值收益率	−0.71%		
单位基金累计净值增长率	2.90%		
本期分红	——	累计分红	——

基金历年表现（单位：%）

【本期基金业绩表现】

大成债券于2003年6月12日开始运作，截至2003年12月31日，基金单位资产净值为1.0295元，基金成立以来至年末净值增长率为2.90%。

【基金经理简介】

陈尚前先生：基金经理，经济学硕士，中国注册会计师，6年债券从业经历。曾任中国平安保险公司投资管理中心债券投资室主任和招商证券公司研究发展中心策略部经理。2002年加盟大成基金管理有限公司。

【基金投资运作分析】

大成债券基金成立于2003年6月，成立初即遇到国债市场的大幅下挫，但最终实现了2.90%的净值增长率，其业绩主要来源于积极的组合策略以及资产品种的选择。

在组合构建中，基金经理在保持债券组合高流动性的基础上，降低国债投资比例，增加中央银行票据和逆回购的比例，严格控制组合久期在市场平均久期以下，并逐渐加大可转债投资力度。较低的国债仓位以及较短的组合久期使大成债券基金在2003年下半年债市暴跌过程中表现出了良好的抗跌性，有效规避了风险。

在资产品种选择上，国债和金融债方面，大成债券基金以短期国债和中央银行票据为主。

在转债品种的配置方面，基金经理结合市场变化，动态调整攻击型、平衡型以及防守型转债的配置。

在新股申购方面，基金经理较好地把握住两次重要机会：一是长江电力新股首发的申购；二是中集集团新股的增发申购，为基金持有人带来了较高的投资收益。

【基金投资组合一览】

项目＼季度	第三季度				第四季度			
基金资产净值/元	1,892,770,599.42				988,406,255.66			
基金份额/份	1,905,816,757.09				960,058,456.01			
基金单位净值/元	0.9932				1.0295			
基金投资组合	市值(元)		占净值比		市值(元)		占净值比	
债券投资	1,977,555,446.54		104.48%		874,341,136.58		88.46%	
股票投资	6,670.00		——		90,280,541.52		9.14%	
货币资金	7,058,544.54		0.37%		31,992,007.19		3.24%	
投资前五名债券明细	序号	债券名称	市值(元)	占净值比	序号	债券名称	市值(元)	占净值比
	1	03国债01	274,723,612.20	14.51%	1	02国债14	125,025,000.00	12.65%
	2	03国债07	262,767,050.00	13.89%	2	03国债12	97,503,196.74	9.86%
	3	02国开10	219,736,000.00	11.61%	3	03央行票据26	96,889,409.55	9.80%
	4	03国债05	179,838,000.00	9.50%	4	03央行票据31	96,776,513.58	9.79%
	5	02国债14	137,830,470.80	7.28%	5	03央行票据24	77,322,984.06	7.82%
股票投资明细	序号	股票名称	市值(元)	占净值比	序号	股票名称	市值(元)	占净值比
	——				1	中集集团	59,190,144.00	5.99%
					2	长江电力	31,043,707.52	3.14%
					3	新赛股份	46,690.00	0.01%

富国基金管理有限公司

【基本情况】

法定名称：富国基金管理有限公司
注册地址：上海黄浦广东路689号海通证券大厦13-14层
办公地址：上海黄浦广东路689号海通证券大厦13-14层
法人代表：陈　敏
总 经 理：李建国
成立时间：1999年4月13日
组织形式：有限责任公司
注册资本：1.2亿元人民币
联系电话：021-63410666
传真号码：021-63410015
邮政编码：200001
公司网址：www.fullgoal.com.cn

【发展概况】

1999年4月，富国基金管理有限公司经中国证监会证监基金字[1999]11号文批准，由海通证券股份有限公司、申银万国证券股份有限公司、华泰证券有限责任公司、山东省国际信托投资有限公司和福建投资企业集团共同出资发起，在北京正式成立，注册资本1亿元人民币，是首批成立的十家基金管理公司之一。2001年3月公司从北京迁址上海。

2003年5月28日，经中国证监会批准，BMO蒙特利尔银行参股富国基金管理有限公司2000万股，成为公司6个平均持股股东之一；2003年9月24日，加拿大蒙特利尔银行(BMO)参股富国基金管理有限公司工商手续正式办理完毕，注册资本金增加为1.2亿元人民币，富国基金管理有限公司成为国内首批成立的十家基金公司中唯一一家外资参股的基金管理公司。

富国基金管理有限公司致力于建设一个机构完备、分工谐调、运作高效的组织管理构架，充分发挥股东会、董事会各专业委员会的制衡与顾问作用，为公司有效运转和业务的不断增长提供组织保障。目前，公司设立了投资决策委员会和风险控制委员会等专业委员会，下设九个部门和一个分公司，分别是：基金管理部、资产管理部、研究策划部、市场与发展部、信息技术部、监察稽核部、财务管理部、基金清算部、行政管理部和北京分公司。

截至2003年底，富国基金管理有限公司共有员工108名，其中一线职工70%以上具有硕士以上学历，均具有3年以上证券或5年以上金融从业经历。

【经营业绩】

富国基金管理有限公司经过近五年发展，已成为涵盖股票、债券、股债平衡等基金品种、封闭式与开放式兼顾的中外合资基金管理公司。截至2003年12月底，公司共管理六只证券投资基金(四只封闭式基金和两只开放式基金)，管理资产规模达96.43亿元人民币。

2003年10月13日，中国证监会证监基金字[2003]112号文批准富国天利增长债券投资基金发起设立，该基金于2003年10月20日开始发行，2003年11月28日发行工作顺利结束，并于2003年12月2日正式成立。发行期间募集规模22.95亿份，有效认购户数达47005户。富国天利增长债券投资基金是公司旗下第二只开放式基金，主要投资于高信用等级固定收益证券的投资基金。

在基金管理运作中，富国基金管理有限公司建立了可靠的风险控制体系，把“规范运作，稳健经营，追求回报，赢得信任”作为倡导和追求的理财目标，力争实现投资人资产的可持续长期增值。

附：高管成员介绍

陈敏女士：董事长，中共党员，工商管理硕士，经济师。1954年出生，历任上海市信托投资公司副处长、处长；上海市外经贸委处长；上海万国证券公司党委书记；申银万国证券股份有限公司副总裁、党委委员。2004年开始担任富国基金管理有限公司董事长。

李建国先生：副董事长、总经理，中共党员，经济师，经济学博士。1963年出生，历任河南省证券公司总经理；海通证券有限公司副总经理。现任富国基金管理有限公司总经理。

股东概况

排序	股东名称	出资额(万元)	出资比例(%)
1	海通证券股份有限公司	2000.00	16.67
1	申银万国证券股份有限公司	2000.00	16.67
1	华泰证券有限责任公司	2000.00	16.67
1	山东省国际信托投资公司	2000.00	16.67
1	福建投资企业集团公司	2000.00	16.67
1	加拿大蒙特利尔银行	2000.00	16.67

旗下基金

排序	基金代码	基金简称	基金类型
1	500005	基金汉盛	封闭式
2	500015	基金汉兴	封闭式
3	500025	基金汉鼎	封闭式
4	500035	基金汉博	封闭式
5	100016	富国动态平衡	开放式
6	100018	富国天利增长债券	开放式

汉盛证券投资基金

基本资料

基金代码	500005	基金简称	基金汉盛
基金类型	契约型封闭式	成立日期	1999-05-10
上市日期	1999-05-18	上市地点	上海证券交易所
基金总份额	20亿份	存 续 期	15年
基金管理人	富国基金管理有限公司	基金托管人	中国农业银行
审计机构	安永大华会计师事务所	律师事务所	北京市金诚律师事务所
投资目标	该基金的投资目标是为投资者减少和分散投资风险，确保基金资产的安全并谋求基金长期稳定的投资收益。		
业绩比较基准	80%×中信指数＋20%×中信国债指数		

财务指标 单位：人民币(元)

项目＼年度	2003年	2002年 新指标	2002年 旧指标	2001年 新指标	2001年 旧指标
加权平均单位基金净收益	−0.0367	−0.1576	−0.1576	0.0468	0.0468
期末可分配单位基金收益	−0.1200	−0.1712	−0.1712	0.0035	0.0035
期末单位基金资产净值	1.0261	0.8288	0.8288	1.0035	1.0035
基金加权平均净值收益率	−3.99%	−16.85%	−15.75%	4.01%	3.72%
单位基金累计净值增长率	45.24%	17.31%	17.31%	41.59%	41.60%
本期分红	——		累计分红	10派 4.83元	

基金历年表现（单位：%）

年度	2003	2002	2001
表现	23.81	−17.15	−18.82

【本期基金业绩表现】

截至2003年12月31日，基金汉盛单位净值为1.0261元，本年度净值增长率达23.81%。

【基金经理小组简介】

张晖先生：基金经理，33岁，经济学硕士，7年证券从业经验。曾在申银万国证券股份有限公司研究发展中心任行业分析师，1999年3月加盟富国基金管理有限公司，历任行业分析师、基金汉兴基金经理助理。

许达先生：基金经理助理，35岁，工商管理硕士，8年金融、证券从业经历。历任卡斯特期货经纪公司分析员、申银万国证券研究所行业分析师。2001年2月加盟富国基金管理有限公司，历任行业分析师，基金汉兴基金经理助理。

【基金投资运作分析】

2003年，基金汉盛在大类资产配置方面，采取了仓位恒定的策略，全年仓位基本没有太大的变化。从行业配置的角度来看，主要选择消费结构升级受惠的行业，如在2001年底和2002年年初就重点配置汽车行业；处于景气周期上升的行业，如钢铁、石化；具有稳定持续增长能力的垄断行业，如港口、机场。从风格资产配置的角度来看，该基金重点偏向于对大盘价值股的投资。投资中存在的问题：①行业配置的前瞻性还欠缺乏，特别是对大宗原材料价格的上涨认识滞后；②行业轮换策略运用较差，在一些行业获利颇丰，而估值没有相对优势的时候，没有果断调整仓位；③从持股策略上来看，初期股票集中度相对分散，随着行情的上涨，股票集中度却逐步增加，在系统风险增大的同时，进一步加大了非系统风险；④对可转换债券的投资重视不够，对投资机会的把握欠佳。

【基金投资组合一览】

项目＼季度	第一季度		第二季度		第三季度		第四季度	
基金资产净值/元	1,803,274,980.24		1,850,205,399.18		1,765,623,372.83		2,052,187,482.02	
基金单位净值/元	0.9016		0.9251		0.8828		1.0261	
基金投资组合	市值(元)	占净值比	市值(元)	占净值比	市值(元)	占净值比	市值(元)	占净值比
股票投资	1,198,744,126.85	66.47%	1,263,225,886.50	68.27%	1,166,500,954.80	66.07%	1,539,476,944.94	75.02%
国债及货币资金	431,753,266.39	23.94%	450,902,046.52	24.37%	455,867,157.19	25.82%	435,682,664.87	21.23%
其他投资	168,317,401.80	9.33%	131,369,002.20	7.10%	141,820,432.00	8.03%	76,480,156.20	3.73%

投资前十名股票明细

股票名称	市值(元)	占净值比	股票名称	市值(元)	占净值比	股票名称	市值(元)	占净值比	股票名称	市值(元)	占净值比
招商银行	72,482,813.50	4.02%	招商银行	148,206,498.55	8.01%	招商银行	111,913,396.63	6.34%	中国石化	127,244,510.98	6.20%
上海汽车	66,322,991.49	3.68%	上港集箱	104,416,705.80	5.64%	上港集箱	98,808,277.20	5.60%	招商银行	115,480,695.13	5.63%
北亚集团	46,398,000.00	2.57%	上海汽车	86,718,107.52	4.69%	上海汽车	84,017,291.04	4.76%	上港集箱	114,120,344.22	5.56%
宝钢股份	45,491,211.75	2.52%	*ST夏利	85,194,204.48	4.60%	*ST夏利	81,556,362.36	4.62%	中国联通	102,812,597.78	5.01%
浦发银行	44,478,754.56	2.47%	浦发银行	76,649,103.90	4.14%	宝钢股份	65,719,267.80	3.72%	上海汽车	101,390,110.56	4.94%
一汽轿车	39,713,102.00	2.20%	中国联通	66,871,718.31	3.61%	中国联通	64,788,487.21	3.67%	宝钢股份	89,674,191.75	4.37%
中国石化	38,644,142.40	2.14%	宝钢股份	63,963,409.50	3.46%	浦发银行	62,520,845.30	3.54%	中集集团	77,971,063.80	3.80%
一汽夏利	38,448,723.46	2.13%	中国石化	58,071,993.04	3.14%	中国石化	53,129,695.76	3.01%	*ST夏利	75,052,037.28	3.66%
上海机场	37,347,200.00	2.07%	一汽轿车	51,668,617.00	2.79%	华能国际	47,303,577.24	2.68%	齐鲁石化	74,291,395.74	3.62%
青岛啤酒	33,671,091.60	1.87%	华能国际	45,799,719.19	2.48%	一汽轿车	39,098,664.50	2.21%	华能国际	57,622,570.89	2.81%

汉兴证券投资基金

基本资料			
基金代码	500015	基金简称	基金汉兴
基金类型	契约型封闭式	成立日期	1999-12-30
上市日期	2000-01-10	上市地点	上海证券交易所
基金总份额	30亿份	存 续 期	15年
基金管理人	富国基金管理有限公司	基金托管人	交通银行
审计机构	安永大华会计师事务所	律师事务所	北京市金诚律师事务所
投资目标	该基金主要投资于绩优型上市公司和债券的同时，兼顾成长型上市公司的投资。		
业绩比较基准	天相280指数		

财务指标　　单位：人民币(元)

项 目 ＼ 年 度	2003年	2002年 新指标	2002年 旧指标	2001年 新指标	2001年 旧指标
加权平均单位基金净收益	−0.0181	−0.2063	−0.2063	0.0245	0.0245
期末可分配单位基金收益	−0.1805	−0.2316	−0.2316	−0.0637	−0.0637
期末单位基金资产净值	0.9148	0.7684	0.7684	0.9363	0.9363
基金加权平均净值收益率	−2.19%	−23.62%	−22.04%	2.24%	2.01%
单位基金累计净值增长率	4.45%	−12.26%	−12.24%	6.91%	6.93%
本期分红	——	累计分红	10派 1.70元		

基金历年表现（单位：%）

2003：19.05　2002：−17.93　2001：−22.28

【本期基金业绩表现】

截至2003年12月31日，基金汉兴单位净值为0.9148元，全年净值增长率达19.05%。

【基金经理小组简介】

宋炳山先生：基金经理，工学硕士，35岁，6年证券从业经历，曾任济南自动化技术研究所助理工程师、国家科技部高技术司主任科员、博时基金公司基金裕隆经理助理、基金裕阳、基金裕华基金经理、交易部经理，现任富国管理公司投资副总监。

林作平先生：基金经理助理，31岁，经济学硕士，5年金融、证券从业经历，曾就职于中国民生银行上海分行、闽发证券上海管理总部、富国基金管理有限公司研究策划部研究员、基金管理部富国动态平衡基金经理助理。

【基金投资运作分析】

2003年，基金汉兴上半年在大类资产配置方面，提高了股票资产的配置比例，由年初的58%上升到70%左右；在股票资产的配置结构上，该基金提高了行业和个股的集中程度，集中加大对钢铁、电力、金融等景气度显著提高的行业的配置力度，收到了一定的效果，尤其是对鞍钢新轧、马钢股份以及国投电力等个股的投资对基金净值的增长做出了贡献。在4月中旬指数运行到高位区的过程中，基金汉兴没有相应降低股票仓位，承担了较大的系统风险，基金净值的损失偏大。

进入下半年后，基金经理积极寻找新的入市时机，并在11月下旬进一步把股票仓位提高到75%左右，在结构上，除了继续保持对钢铁板块的重点配置以外，提高了对煤炭、石化、有色金属等行业的配置比例，基金业绩出现明显回升。

【基金投资组合一览】

项 目 ＼ 季 度	第一季度		第二季度		第三季度		第四季度	
基金资产净值/元	2,448,221,543.68		2,477,275,653.17		2,358,705,809.81		2,744,400,142.03	
基金单位净值/元	0.8161		0.8258		0.7862		0.9148	
基金投资组合	市值(元)	占净值比	市值(元)	占净值比	市值(元)	占净值比	市值(元)	占净值比
股票投资	1,758,241,224.54	71.82%	1,724,993,442.83	69.63%	1,639,866,139.45	69.52%	2,009,455,642.15	73.22%
国债及货币资金	648,006,115.43	26.47%	632,854,752.27	25.55%	686,465,725.48	29.10%	626,688,252.27	22.84%
其他投资	40,123,542.00	1.64%	16,969,681.70	0.69%	30,264,075.00	1.28%	106,500,249.10	3.88%

投资前十名股票明细

股票名称	市值(元)	占净值比	股票名称	市值(元)	占净值比	股票名称	市值(元)	占净值比	股票名称	市值(元)	占净值比
中国石化	92,879,870.40	3.79%	中国联通	203,948,980.68	8.23%	中国联通	197,595,429.88	8.38%	中国联通	252,871,321.84	9.21%
鞍钢新轧	87,287,252.16	3.57%	鞍钢新轧	143,726,080.05	5.80%	鞍钢新轧	140,177,287.95	5.94%	鞍钢新轧	198,732,357.60	7.24%
爱建股份	73,538,129.28	3.00%	*ST华靖	90,461,218.11	3.65%	上海汽车	91,040,209.62	3.86%	上海汽车	109,865,205.18	4.00%
金杯汽车	68,637,028.92	2.80%	上海汽车	88,026,784.56	3.55%	*ST华靖	84,950,090.81	3.60%	国电电力	95,658,923.84	3.49%
申能股份	64,151,958.00	2.62%	国电电力	84,135,684.75	3.40%	国电电力	80,425,085.32	3.41%	华能国际	92,828,832.76	3.38%
上海医药	62,420,905.25	2.55%	招商银行	80,149,427.50	3.24%	华能国际	77,649,136.16	3.29%	*ST华靖	88,545,116.25	3.23%
上海石化	60,507,446.15	2.47%	华能国际	80,068,949.96	3.23%	东安动力	65,607,545.07	2.78%	马钢股份	86,069,525.41	3.14%
唐钢股份	57,139,797.60	2.33%	海螺水泥	80,060,300.06	3.23%	招商银行	65,589,531.50	2.78%	海螺水泥	84,346,734.15	3.07%
法拉电子	55,894,760.00	2.28%	浦发银行	77,378,571.81	3.12%	马钢股份	65,325,496.03	2.77%	中集集团	74,547,544.05	2.72%
江西铜业	54,681,202.95	2.23%	马钢股份	74,969,650.04	3.03%	浦发银行	63,115,854.87	2.68%	招商银行	73,915,456.50	2.69%

汉鼎证券投资基金

基本资料			
基金代码	500025	基金简称	基金汉鼎
基金类型	契约型封闭式	成立日期	2000-06-30
上市日期	2000-08-17	上市地点	上海证券交易所
基金总份额	5亿份	存 续 期	15年
基金管理人	富国基金管理有限公司	基金托管人	中国工商银行
审计机构	安永大华会计师事务所	律师事务所	北京市金诚律师事务所
投资目标	通过对符合国家产业发展方向的信息技术类上市公司的投资而实现长期资本增值，充分注重投资组合的成长性并兼顾流动性，同时通过投资组合等措施减少和分散投资风险，确保基金资产的安全。		
业绩比较基准	——		

财务指标　　单位：人民币(元)

项 目 ＼ 年 度	2003年	2002年	2001年
加权平均单位基金净收益	−0.0492	−0.1182	−0.0422
期末可分配单位基金收益	−0.2091	−0.2713	−0.1120
期末单位基金资产净值	0.8629	0.7287	0.8880
基金加权平均净值收益率	−6.30%	−14.08%	−4.73%
单位基金累计净值增长率	−13.25%	−26.74%	−10.73%
本期分红	——	累计分红	10派 0.06元

基金历年表现（单位：%）

年份	2003	2002	2001
净值增长率	18.42	−17.94	−14.21

【本期基金业绩表现】

截至2003年12月31日，基金汉鼎单位净值为0.8629元，全年净值增长率达18.42%。

【基金经理简介】

徐大成先生：35岁，工学学士，经济学硕士，5年证券从业经历。曾任江苏省昆山市电力建设公司工程师、项目经理，利乐包装(中国)有限公司工程师、项目经理，闽发证券上海管理总部项目经理、富国基金管理公司研究策划部分析师。现任基金汉鼎的基金经理。

【基金投资运作分析】

2003年的证券市场经历了一个完整的市场周期，上证综指从年初的1月3日的1311点上涨到4月16日的1649点，完成了上升阶段。随后市场进入下降阶段，上证综指从1649点震荡向下，一直持续到11月11日的1307点。全年的市场周期与往年比并无区别，但其股价结构调整极其剧烈。全流通预期、国际化的投资标准与价值观给市场带来较大的变化，以基本面为驱动的价值投资理念得以确立，市场逐渐出现以价值为核心的有序定价。基金作为机构投资者，积极倡导并遵循价值投资理念，取得了较好的业绩，逐渐被投资者认同。

2003年，基金汉鼎在年初行情的初期判断准确、仓位、结构都较好，基金业绩一度位居前列，但在行情的中期结构调整中出现严重失误，持有的部分科技股、小盘股跌幅巨大，操作上又未及时止损，基金业绩迅速下滑。7月份以后，基金汉鼎总结经验、调整思路，对组合结构进行较大力度的调整，业绩逐渐走出低谷。

【基金投资组合一览】

项 目 ＼ 季 度	第一季度		第二季度		第三季度		第四季度	
基金资产净值/元	396,563,348.58		393,012,346.39		376,081,903.11		431,474,699.63	
基金单位净值/元	0.7931		0.7860		0.7522		0.8629	
基金投资组合	市值(元)	占净值比	市值(元)	占净值比	市值(元)	占净值比	市值(元)	占净值比
股票投资	263,018,473.24	66.32%	245,482,317.86	62.46%	279,969,836.27	74.44%	328,771,132.19	76.20%
国债及货币资金	117,761,967.79	29.70%	145,685,889.95	37.07%	92,161,289.60	24.51%	99,524,639.01	23.07%
其他投资	15,797,086.40	3.98%	991,982.00	0.25%	4,317,357.80	1.15%	3,671,054.05	0.85%

投资前十名股票明细	股票名称	市值(元)	占净值比	股票名称	市值(元)	占净值比	股票名称	市值(元)	占净值比	股票名称	市值(元)	占净值比
	浦发银行	22,350,143.60	5.64%	上海机场	21,647,304.05	5.51%	上海机场	21,273,389.25	5.66%	上海汽车	28,194,699.84	6.53%
	上海机场	17,362,575.35	4.38%	双汇发展	18,274,607.68	4.65%	中国联通	20,252,777.17	5.39%	上海机场	26,030,164.38	6.03%
	中软股份	16,401,036.60	4.14%	海螺水泥	17,275,886.78	4.40%	双汇发展	17,496,964.80	4.65%	中国联通	25,918,345.06	6.01%
	招商银行	15,403,700.00	3.88%	佛山照明	16,638,470.36	4.23%	上海汽车	17,297,872.56	4.60%	士 兰 微	24,882,000.00	5.77%
	东软股份	14,026,634.96	3.54%	士 兰 微	15,760,703.07	4.01%	士 兰 微	16,951,408.58	4.51%	上海石化	23,016,487.19	5.33%
	浙江阳光	13,901,251.00	3.51%	安彩高科	15,136,851.20	3.85%	宝钢股份	16,470,368.00	4.38%	三一重工	19,939,793.50	4.62%
	彩虹股份	12,709,824.00	3.21%	华泰股份	14,250,126.24	3.63%	三一重工	16,087,455.00	4.28%	南方航空	19,836,380.00	4.60%
	东方明珠	12,572,334.75	3.17%	中国凤凰	11,689,173.86	2.97%	佛山照明	14,516,903.58	3.86%	海螺水泥	17,261,458.95	4.00%
	士 兰 微	11,879,565.62	3.00%	东软股份	11,404,476.00	2.90%	安彩高科	13,998,380.40	3.72%	一汽轿车	15,415,768.32	3.57%
	上菱电器	11,478,892.95	2.89%	中国联通	11,283,150.00	2.87%	南方航空	13,054,376.40	3.47%	中国石化	14,970,000.00	3.47%

汉博证券投资基金

基本资料			
基金代码	500035	基金简称	基金汉博
基金类型	契约型封闭式	成立日期	2000-07-12
上市日期	2000-10-17	上市地点	上海证券交易所
基金总份额	5亿份	存 续 期	15年
基金管理人	富国基金管理有限公司	基金托管人	中国建设银行
审计机构	安永大华会计师事务所	律师事务所	北京市金诚律师事务所
投资目标	主要投资于新兴产业中具有行业领先或技术领先的上市公司。		
业绩比较基准	——		

财务指标　　单位：人民币(元)

项 目 \ 年 度	2003年	2002年 新指标	2002年 旧指标	2001年 新指标	2001年 旧指标
加权平均单位基金净收益	−0.0315	−0.1322	−0.1322	0.0045	0.0045
期末可分配单位基金收益	−0.1577	−0.1991	−0.1991	−0.0477	−0.0477
期末单位基金资产净值	0.9216	0.8009	0.8009	0.9523	0.9523
基金加权平均净值收益率	−3.71%	−14.92%	−13.88%	0.45%	0.43%
单位基金累计净值增长率	−2.45%	−15.23%	−14.62%	0.80%	1.52%
本期分红	——		累计分红	10派 0.10元	

基金历年表现（单位：%）

2003: 15.07　2002: −15.90　2001: −9.01

【本期基金业绩表现】

截至2003年12月31日，基金汉博单位净值为0.9216元，全年净值增长率达15.07%。

【基金经理简介】

徐卫群先生：基金经理，经济学硕士，34岁，10年证券从业经历，曾任万国证券公司基金交易部交易员、交易总部海外投资部副经理、交易总部交易二部经理，申银万国证券股份有限公司交易总部交易一部经理，富国基金管理有限公司基金管理部副经理、经理，基金汉盛、富国动态平衡基金经理。

【基金投资运作分析】

2003年，基金汉博由于较好地奉行了价值投资理念，在投资操作过程中更多地注重了个股选择，而时机选择的运用频率和力度则相对降低，在全年投资中取得较高的收益。但与同行相比，基金汉博的业绩表现还存在一定的差距，净值增长率低于行业的平均水平。主要原因还是在于理念的更新比较慢，贯彻新理念的力度不够大。

2003年年初时由于基金汉博极端低仓位的投资操作，影响年度收益率，之后在第三季度的减仓中也没能带来预期的效果。2003年A股市场的总体特征是行业选择成为投资制胜的关键，而由于全年指数的波幅很小，时机选择作用有限。基金汉博在2003年的另一个不足就是在行业选择上，在大部分时间里，组合中"主流"行业的配置比例都比较低，最终导致了该基金的回报率没能达到更高的水平。

【基金投资组合一览】

项 目 \ 季 度	第一季度		第二季度		第三季度		第四季度	
基金资产净值/元	418,097,239.50		427,646,556.71		407,199,052.98		460,798,826.99	
基金单位净值/元	0.8362		0.8553		0.8144		0.9216	
基金投资组合	市值(元)	占净值比	市值(元)	占净值比	市值(元)	占净值比	市值(元)	占净值比
股票投资	187,006,790.03	44.73%	222,741,227.89	52.09%	272,858,978.22	67.01%	344,484,027.69	74.76%
国债及货币资金	107,896,713.60	25.81%	147,122,198.11	34.40%	115,731,478.69	28.42%	99,817,208.54	21.66%
其他投资	121,913,000.00	29.16%	97,350,494.80	22.76%	17,833,271.80	4.38%	17,329,965.80	3.76%

投资前十名股票明细	股票名称	市值(元)	占净值比	股票名称	市值(元)	占净值比	股票名称	市值(元)	占净值比	股票名称	市值(元)	占净值比
	赣粤高速	38,032,541.68	9.10%	宝钢股份	34,679,765.40	8.11%	长安汽车	22,534,036.30	5.53%	中国联通	30,639,309.62	6.65%
	原水股份	26,629,438.64	6.37%	赣粤高速	27,829,494.00	6.51%	宝钢股份	21,539,580.68	5.29%	长安汽车	26,125,851.20	5.67%
	华联超市	12,076,920.72	2.89%	上海汽车	20,445,480.00	4.78%	*ST夏利	20,838,000.00	5.12%	中集集团	26,091,627.45	5.66%
	华北高速	10,640,000.00	2.54%	*ST夏利	20,160,000.00	4.71%	中国联通	18,747,080.00	4.60%	宝钢股份	22,491,040.00	4.88%
	西山煤电	10,233,233.46	2.45%	长安汽车	19,943,850.42	4.66%	天坛生物	15,370,261.35	3.77%	*ST夏利	17,933,160.00	3.89%
	海南航空	9,983,288.64	2.39%	天坛生物	15,307,280.55	3.58%	上海航空	11,997,596.24	2.95%	盐田港A	16,440,627.90	3.57%
	韶钢松山	9,355,141.48	2.24%	金杯汽车	14,480,174.94	3.39%	国电电力	11,183,021.40	2.75%	华能国际	14,072,000.00	3.05%
	朝华集团	7,092,930.24	1.70%	威孚高科	11,320,000.00	2.65%	新 钢 钒	10,656,018.48	2.62%	中海发展	13,813,062.12	3.00%
	普洛药业	6,052,015.20	1.45%	佛山照明	11,079,401.68	2.59%	深能源A	10,299,459.20	2.53%	上海汽车	13,127,161.20	2.85%
	民生银行	5,900,000.00	1.41%	江铃汽车	8,663,133.60	2.03%	赣粤高速	9,922,463.10	2.44%	生益科技	11,493,434.16	2.49%

富国动态平衡证券投资基金

基本资料					
基金代码	100016				
基金简称	富国动态平衡	基金类型	契约型开放式		
发行日期	2002-07-25至2002-08-14	成立日期	2002-08-16		
首募规模	46.17亿份	认购户数	62487户	期末规模	15.40亿份
认购费率	0%-1.00%	申购费率	0%-1.50%（日常） 0%-1.80%（后端）	赎回费率	0%-0.50%
管理费率	1.50%	托管费率	0.25%		
销售机构	富国基金公司、农业银行、浦发银行、海通证券、申银万国、华夏证券、国泰君安证券、国信证券、招商证券等。				
基金管理人	富国基金管理有限公司	基金托管人	中国农业银行		
审计机构	安永大华会计师事务所	律师事务所	北京竞天公诚律师事务所		
投资目标	该基金为平衡型基金，在尽可能减少和分散投资风险，力保基金资产的安全并谋求基金资产长期稳定的增长。				
业绩比较基准	70%×股票+30%×国债市场基准收益率				

财务指标　单位：人民币(元)

项 目 \ 年 度	2003年	2002年 新指标	2002年 旧指标
加权平均单位基金净收益	0.0083	−0.0104	−0.0115
期末可分配单位基金收益	0.0222	−0.0772	
期末单位基金资产净值	1.0781	0.9228	
基金加权平均净值收益率	0.85%	−1.08%	−0.97%
单位基金累计净值增长率	7.79%	−7.74%	
本期分红	——	累计分红	——

基金历年表现（单位：%）

30　20　10　0　−10

16.83（2003）　−7.74（2002）

【本期基金业绩表现】

截至2003年12月31日，富国动态平衡单位净值为1.0781元，全年净值增长率达16.83%。

【基金经理小组简介】

陈继武先生：基金经理，38岁，工学硕士，10年证券从业经历，曾任浙江农行信托证券部职员、中信银行杭州分行计财处主管、浙江国际信托投行部副经理、南方基金管理公司基金金元、基金隆元基金经理、中国人寿资金运用中心基金投资部投资总监，现任富国基金管理有限公司投资总监。

赖晶铭先生：基金经理助理，32岁，经济学硕士，8年金融、证券从业经历，曾就职于中国租赁有限责任公司第三业务部、大鹏证券北京投资银行部、海通证券北京投资银行部、富国基金管理有限公司研究策划部、基金汉鼎基金经理助理。

丁加波先生：基金经理助理，29岁，经济学硕士，4年证券从业经历，曾任大鹏证券投资银行部项目经理、富国基金管理公司研究部研究员、基金汉博基金助理，现任富国动态平衡基金助理。

【基金投资运作分析】

2003年，中国证券市场发生了根本性的变化，基金投资行为及所取得的业绩增长预示了机构投资时代的来临。针对市场的变化，富国动态进行了较大调整：首先树立和坚持深入研究基础上的价值投资理念，并贯彻到投资的每一个环节上；其次在投资组合上，在保持仓位的相对稳定和行业配置适度均衡的基础上，增加了钢铁、石化、有色金属、电子元器件等行业及联通这样的龙头个股的配置比例，降低了银行股的比重，优化了原有的持股结构。经过上述调整，基金业绩得到改善。

【基金投资组合一览】

项目 \ 季度	第一季度		第二季度		第三季度		第四季度	
基金资产净值/元	3,451,841,767.39		2,660,378,385.34		2,289,258,422.99		1,659,813,735.59	
基金单位净值/元	0.9670		0.9765		0.9436		1.0781	
基金投资组合	市值(元)	占净值比	市值(元)	占净值比	市值(元)	占净值比	市值(元)	占净值比
股票投资	1,295,263,824.13	37.52%	1,701,311,320.66	63.95%	1,396,468,806.70	61.00%	1,106,670,733.80	66.67%
国债及货币资金	2,191,406,071.77	63.49%	912,784,480.23	34.31%	845,121,413.59	36.92%	562,321,513.64	33.88%
其他投资	49,514,481.00	1.43%	40,730,342.10	1.53%	40,004,370.50	1.75%	27,272,718.40	1.64%

投资前十名股票明细	股票名称	市值(元)	占净值比	股票名称	市值(元)	占净值比	股票名称	市值(元)	占净值比	股票名称	市值(元)	占净值比
	韶钢松山	53,692,643.18	1.56%	韶钢松山	123,544,152.45	4.64%	赣粤高速	87,671,982.64	3.83%	上海汽车	75,798,906.57	4.57%
	赣粤高速	51,938,985.60	1.50%	宝钢股份	120,276,098.67	4.52%	宝钢股份	86,821,334.25	3.79%	赣粤高速	73,805,000.00	4.45%
	中国联通	48,892,358.95	1.42%	赣粤高速	88,974,965.86	3.34%	盐田港A	83,383,620.43	3.64%	中国联通	63,169,566.33	3.81%
	一汽四环	47,005,845.03	1.36%	华能国际	86,523,955.65	3.25%	韶钢松山	81,931,080.07	3.58%	宝钢股份	62,640,200.00	3.77%
	申能股份	39,838,920.81	1.15%	盐田港A	80,826,398.82	3.04%	华能国际	77,660,792.82	3.39%	盐田港A	58,145,760.00	3.50%
	华北高速	31,609,319.82	0.92%	浦发银行	80,139,442.11	3.01%	国电电力	63,221,100.25	2.76%	国电电力	54,095,188.56	3.26%
	上海机场	31,577,478.40	0.91%	国电电力	67,897,738.55	2.55%	浦发银行	54,701,752.09	2.39%	申能股份	50,645,000.00	3.05%
	宝钢股份	30,201,583.20	0.87%	上海机场	66,630,233.60	2.50%	福田汽车	49,476,849.40	2.16%	华能国际	46,244,250.00	2.79%
	青岛啤酒	29,730,935.52	0.86%	上海汽车	64,592,532.01	2.43%	申能股份	46,998,920.37	2.05%	上海机场	44,320,301.76	2.67%
	福田汽车	28,663,779.52	0.83%	福田汽车	60,397,820.64	2.27%	上海汽车	40,126,030.21	1.75%	鞍钢新轧	39,263,000.00	2.37%

富国天利增长债券投资基金

基本资料					
基金代码	100018				
基金简称	富国天利增长债券			基金类型	契约型开放式
发行日期	2003-10-20 至 2003-11-28			成立日期	2003-12-02
首募规模	22.95 亿份	认购户数	47005 户	期末规模	——
认购费率	0.80%-1.20%	赎回费率	0%-0.30%	管理费率	0.80%
申购费率	1.20%-1.40%			托管费率	0.20%
销售机构	富国基金管理有限公司、中国工商银行、海通证券、申银万国、国泰君安证券、华夏证券、国信证券、中信证券、招商证券、联合证券等。				
基金管理人	富国基金管理有限公司		基金托管人	中国工商银行	
审计机构	安永大华会计师事务所		律师事务所	北京竞天公诚律师事务所	
投资目标	该基金是投资于高信用等级固定收益证券的投资基金，投资目标是在充分重视本金长期安全的前提下，力争为基金持有人创造较高的当期收益。				
业绩比较基准	中国债券总指数				

【基金经理简介】

汪沛先生：27 岁，经济学硕士，3 年证券从业经验。曾任中国农业银行总行资金交易中心交易员，富国基金管理公司研究员，现任富国基金研究策划部固定收益组组长。

易方达基金管理有限公司

【基本情况】

法定名称：易方达基金管理有限公司
注册地址：广东省珠海市情侣南路428号九洲港大厦
办公地址：广州市体育西路189号27、28楼
法人代表：梁 棠
总 经 理：叶俊英
成立时间：2001年4月17日
组织形式：有限责任公司
注册资本：1.2亿元人民币
联系电话：020-83918088
传真号码：020-38799488
邮政编码：510620
公司网址：www.efunds.com.cn

【发展概况】

易方达基金管理有限公司经中国证监会证监基金字[2001]4号文批准，于2001年4月17日由广东证券股份有限公司、广发证券股份有限公司(原广发证券有限责任公司)、广东粤财信托投资有限公司、天津信托投资公司、重庆国际信托投资有限公司(原重庆国际信托投资公司)和天津北方国际信托投资股份有限公司共同发起设立，总部设在广州市，是中国第二批首家获准成立的基金管理公司。

公司下设投资管理部、市场拓展部、集中交易室、注册登记部、运作支持部、监察部、综合管理部、北京办事处等部门。此外，还设立了投资决策委员会和风险管理委员会两个专门委员会。目前，公司有员工70多名，其中约70%具有硕士、博士学历。高管人员平均金融从业年限达10.4年，投资管理人员达7.3年。

【经营业绩】

易方达基金公司自成立以来，秉承“取信于市场，取信于社会”的宗旨，坚持“在合法前提下实现持续、稳健增长”的经营理念，以完善的制度、严格的管理、规范的运作和良好的业绩，赢得了市场的认可，各项业务发展迅速。截至2003年12月底，易方达共管理着六只证券投资基金：四只封闭式基金和两只开放式基金，管理资产规模超过100亿元，旗下基金累计为投资者实现分红1.90亿元。

2003年10月，易方达基金管理公司旗下第二只开放式基金：易方达策略成长基金经中国证监会证监基金字[2003]122号文获批，于2003年10月30日开始发行，截至2003年12月5日，发行顺利结束，于2003年12月9日该基金正式成立，首次募集规模20.35亿份，有效认购户数达28471户。

在基金管理方面，易方达基金公司坚持以诚信和业绩立足，不断开拓创新、积极进取，努力为投资者创造最优回报。旗下首只开放式基金——易方达平稳增长成立于2002年8月，运作一年多来获得良好的投资收益，2003年该基金实施三次分红：5月14日每10份基金单位派现0.20元、6月30日每10份基金单位派现0.20元、12月24日每10份基金单位派现0.20元，2003年该基金累计分红每10份基金单位达0.60元。本年度，公司旗下封闭式基金全部跑赢大市，取得较好的业绩。其中基金科翔、基金科汇2003年实施分红，分别每10份基金单位派现0.80元、0.26元。

经过两年多的发展，易方达基金公司已建立了一支在复杂市场环境中锤炼出来的投资和研究队伍，积累了投资组合构建和管理经验；搭建了高度专业化的研究平台和销售平台；完善了风险控制系统和后台保障系统；形成了“以人为本、团队合作、稳健务实，竭诚为投资人谋取回报”为核心内涵的企业文化。

附：高管成员介绍

梁棠先生：董事长，学士。1958年出生，历任广东省财政学校副校长、广东粤财投资有限公司总经理、广东粤财信托投资公司总经理，现任广东粤财投资控股有限公司董事、总经理。

叶俊英先生：董事、总经理，硕士。1963年出生，历任中国南海石油联合服务总公司企业管理部科长，广发证券有限责任公司投资银行部总经理、广发证券有限责任公司董事副总裁。

股东概况

排序	股东名称	出资额(万元)	出资比例(%)
1	广东证券股份有限公司	2000.00	16.67
1	广发证券有限责任公司	2000.00	16.67
1	广东粤财信托投资有限公司	2000.00	16.67
1	天津信托投资有限责任公司	2000.00	16.67
1	重庆国际信托投资公司	2000.00	16.67
1	天津北方国际信托投资股份有限公司	2000.00	16.67

旗下基金

排序	基金代码	基金简称	基金类型
1	500029	基金科讯	封闭式
2	184713	基金科翔	封闭式
3	184712	基金科汇	封闭式
4	500056	基金科瑞	封闭式
5	110001	易方达平稳增长	开放式
6	110002	易方达策略成长	开放式

科讯证券投资基金

基本资料			
基金代码	500029	基金简称	基金科讯
基金类型	契约型封闭式	成立日期	1993-01-12
上市日期	2001-06-20	上市地点	上海证券交易所
基金总份额	8亿份	存 续 期	15年
基金管理人	易方达基金管理有限公司	基金托管人	交通银行
审计机构	安永华明会计师事务所	律师事务所	——
投资目标	该基金为稳健成长型基金，主要投资目标是企业基本面良好业绩维持稳定增长，符合产业发展方向的上市公司。基金将通过创建投资组合等措施减少和分散投资风险，确保基金资产的安全并谋求长期资本增值。		
业绩比较基准	——		

财务指标　单位：人民币(元)

项目 \ 年度	2003年	2002年 新指标	2002年 旧指标	2001年 新指标	2001年 旧指标
加权平均单位基金净收益	0.0158	−0.0458	−0.0458	0.0117	0.0093
期末可分配单位基金收益	−0.0168	−0.1203	−0.1203	−0.0264	−0.0264
期末单位基金资产净值	1.1338	0.8797	0.8797	0.9736	0.9736
基金加权平均净值收益率	1.59%	−4.81%	−4.71%	1.01%	1.82%
单位基金累计净值增长率	14.38%	−11.25%	−10.96%	−1.78%	−1.46%
本期分红	——		累计分红	——	

基金历年表现（单位：%）

年度	2003	2002	2001
表现	28.88	−9.64	−1.78

【本期基金业绩表现】

截至2003年12月31日，基金科讯单位净值为1.1338元，全年净值增长率为28.88%。

【基金经理简介】

马骏先生：1966年出生，中国科技大学理学学士，9年证券从业经历。历任深圳众大投资有限公司投资主管，广发证券有限责任公司研究发展中心研究员。现任科讯证券投资基金基金经理。

【基金投资运作分析】

2003年，基金科讯本着分散性、安全性、收益性的原则，综合国内宏观经济、证券市场、行业和企业的各种因素，通过调整资产配置、行业配置和股票投资组合，分散和控制了投资风险，确保了基金资产安全，力争达到为基金持有人谋求长期稳定的投资收益的目的。

2003年，在综合分析市场后，该基金采取了较为积极的资产配置投资策略，保持较高的股票资产比例，并提高了股票组合的集中度；在构造股票投资组合时，该基金根据行业景气状况、企业基本面、核心竞争力等因素，遵照基金契约的规定，本着审慎的原则并兼顾组合的流动性特征，重点选择了电力、石油化工、机械制造、基础设施、电子通讯、汽车、电讯运营、钢铁、金融银行等行业中主营业务收入和主营业务利润增长较快的上市公司，并较大幅度地提高这些行业的投资集中度；在债券投资方面，基于对物价水平及人民币利率趋势的研究，对国债组合的期限结构进行了调整，使债券组合的久期接近两年，同时适度增加可转债的投资比例。

【基金投资组合一览】

项目 \ 季度	第一季度		第二季度		第三季度		第四季度	
基金资产净值/元	758,708,585.42		803,692,719.89		773,671,704.74		907,042,572.43	
基金单位净值/元	0.9484		1.0046		0.9671		1.1338	
基金投资组合	市值(元)	占净值比	市值(元)	占净值比	市值(元)	占净值比	市值(元)	占净值比
股票投资	521,954,088.80	68.80%	517,246,419.71	64.36%	527,363,598.09	68.16%	707,287,665.89	77.98%
国债及货币资金	202,327,875.84	26.67%	276,160,668.43	34.36%	246,232,450.48	31.83%	195,398,700.09	21.54%
其他债券投资	33,175,787.00	4.37%	8,000,000.00	1.00%	——		5,000,000.00	0.55%

投资前十名股票明细

股票名称	市值(元)	占净值比	股票名称	市值(元)	占净值比	股票名称	市值(元)	占净值比	股票名称	市值(元)	占净值比
中联重科	56,793,100.00	7.49%	中国联通	64,200,000.00	7.99%	上海机场	64,358,492.05	8.32%	上海机场	77,454,000.00	8.54%
上海汽车	51,095,000.00	6.73%	中联重科	51,129,094.50	6.36%	中国联通	59,738,522.08	7.72%	中国联通	76,449,941.44	8.43%
上海机场	31,830,000.00	4.20%	上海机场	40,376,258.53	5.02%	中联重科	47,611,506.50	6.15%	中联重科	63,515,727.00	7.00%
中国联通	27,213,836.58	3.59%	通宝能源	38,352,072.52	4.77%	扬子石化	35,117,395.56	4.54%	中国石化	59,880,000.00	6.60%
浦发银行	26,688,811.76	3.52%	中国石化	29,892,000.00	3.72%	通宝能源	32,395,483.60	4.19%	通宝能源	56,775,072.38	6.26%
吉电股份	25,200,473.76	3.32%	山推股份	29,610,207.27	3.68%	宝钢股份	29,225,822.28	3.78%	扬子石化	54,677,084.54	6.03%
海油工程	24,850,000.00	3.28%	宝钢股份	28,444,979.70	3.54%	中国石化	27,348,000.00	3.53%	宝钢股份	46,478,196.05	5.12%
中国石化	23,400,000.00	3.08%	招商银行	25,762,500.00	3.21%	山推股份	24,870,174.09	3.21%	山推股份	28,620,200.34	3.16%
中兴通讯	21,217,191.20	2.80%	浦发银行	23,027,274.00	2.87%	招商银行	23,425,000.00	3.03%	申能股份	25,293,300.00	2.79%
申能股份	20,468,344.00	2.70%	申能股份	21,168,000.00	2.63%	三一重工	21,232,092.24	2.74%	一汽轿车	23,029,905.60	2.54%

科翔证券投资基金

基本资料			
基金代码	184713	基金简称	基金科翔
基金类型	契约型封闭式	成立日期	1993-12-14
上市日期	2001-06-20	上市地点	深圳证券交易所
基金总份额	8亿份	存 续 期	15年
基金管理人	易方达基金管理有限公司	基金托管人	中国工商银行
审计机构	安永华明会计师事务所	律师事务所	——
投资目标	该基金是积极成长型基金，主要投资目标是所处行业具有良好发展前景的新兴产业类上市公司。该基金将通过组合投资等措施减少和分散投资风险，努力确保基金资产的安全和长期资本增值。		
业绩比较基准	——		

财务指标　　单位：人民币(元)

项 目 \ 年 度	2003年	2002年 新指标	2002年 旧指标	2001年 新指标	2001年 旧指标
加权平均单位基金净收益	0.0975	-0.0128	-0.0128	-0.0027	-0.0022
期末可分配单位基金收益	0.0864	-0.0779	-0.0779	-0.0135	-0.0135
期末单位基金资产净值	1.2241	0.9221	0.9221	0.9865	0.9865
基金加权平均净值收益率	9.20%	-1.30%	-1.30%	-0.23%	-0.38%
单位基金累计净值增长率	24.27%	-6.39%	-6.99%	-0.66%	-0.49%
本期分红	10派 0.80元		累计分红	10派 0.80元	

基金历年表现（单位：%）

年份	2003	2002	2001
净值增长率	32.75	-5.76	-0.66

【本期基金业绩表现】

截至2003年12月31日，基金科翔单位净值为1.2241元，全年净值增长率达32.75%，在54只封闭式基金中排名第一。

【基金经理简介】

肖坚先生：1969年11月出生，中山大学经济学硕士，7年证券从业经历。曾任香港安财投资有限公司财务部经理，粤信(香港)投资有限公司业务部副经理、广东粤财信托投资公司基金部经理。现任易方达基金管理有限公司投资管理部常务副总经理，科翔证券投资基金基金经理、策略成长证券投资基金基金经理。

【基金投资运作分析】

2003年，基金科翔坚持“深度研究，弹性应对”的理念，获得了较高的收益，年度净值增长率达32.75%。第一季度初，该基金及时重点投资了宝钢、扬子石化、招商银行、上海汽车等优势企业，大幅减持了景气度较低的行业中的股票，使基金的有效仓位较高，净值较快增长。第二季度，对增发后的韶钢松山进行重点投资，使之成为该基金第二大重仓股，股票一个多月内涨幅达40%；在SARS疫情出现后，该基金对一些重仓品种实现了波段操作，基金收益得到提高。第三季度，通过股票结构调整来回避系统性风险，集中投资于扬子石化、宝钢股份等价值低估的大盘蓝筹股。第四季度，大盘蓝筹股得到市场的进一步追捧，由于该基金重点投资了在四季度新上市的长江电力和增发的中集集团等股票，基金净值继续大幅上升。

投资风格上，该基金由于注重主动把握市场波动机会，及时调整组合结构，操作相对频繁，换手率较高，最终仍实现了较好的投资收益，成功地把握了市场的阶段性节奏。

【基金投资组合一览】

项目 \ 季度	第一季度		第二季度		第三季度		第四季度	
基金资产净值/元	810,041,084.74		858,232,925.24		828,792,212.28		979,296,474.91	
基金单位净值/元	1.0126		1.0728		1.0360		1.2241	
基金投资组合	市值(元)	占净值比	市值(元)	占净值比	市值(元)	占净值比	市值(元)	占净值比
股票投资	524,590,509.43	64.76%	546,213,703.41	63.66%	568,999,928.73	68.65%	758,063,218.92	77.41%
国债及货币资金	245,574,791.5	30.32%	299,922,192.85	34.95%	205,746,201.48	24.82%	200,057,033.80	20.43%
其他债券投资	39,716,133.60	4.90%	12,765,539.80	1.49%	18,082,088.00	2.18%	23,850,367.70	2.44%

投资前十名股票明细

股票名称	市值(元)	占净值比	股票名称	市值(元)	占净值比	股票名称	市值(元)	占净值比	股票名称	市值(元)	占净值比
中联重科	55,677,059.10	6.87%	中国联通	54,175,186.05	6.31%	上海机场	75,951,000.85	9.16%	上海机场	90,065,864.61	9.20%
韶钢松山	42,911,373.97	5.30%	中联重科	51,643,973.70	6.02%	扬子石化	51,235,470.00	6.18%	扬子石化	84,542,446.07	8.63%
上海机场	42,675,679.93	5.27%	通宝能源	43,306,000.00	5.05%	中联重科	48,039,802.90	5.80%	长江电力	77,660,443.12	7.93%
宝钢股份	41,226,522.50	5.09%	山推股份	37,999,500.00	4.43%	宝钢股份	44,038,359.08	5.31%	通宝能源	62,312,672.63	6.36%
内蒙华电	36,682,784.74	4.53%	上海机场	36,961,774.97	4.31%	中国联通	43,540,000.00	5.25%	中联重科	54,674,400.00	5.58%
扬子石化	25,671,000.00	3.17%	宝钢股份	35,700,000.00	4.16%	通宝能源	35,030,000.00	4.23%	中国联通	53,332,000.00	5.45%
申能股份	23,478,000.00	2.90%	招商银行	30,915,000.00	3.60%	上海汽车	31,825,150.00	3.84%	中国石化	44,610,600.00	4.56%
上海汽车	22,816,026.33	2.82%	内蒙华电	30,914,541.00	3.60%	山推股份	24,870,000.00	3.00%	中集集团	25,805,923.50	2.64%
招商银行	15,835,225.00	1.95%	齐鲁石化	29,781,119.48	3.47%	招商银行	24,362,000.00	2.94%	青岛啤酒	23,545,800.00	2.40%
华能国际	15,474,046.00	1.91%	上海汽车	29,106,000.00	3.39%	青岛啤酒	21,948,553.92	2.65%	山推股份	22,896,000.00	2.34%

科汇证券投资基金

基本资料			
基金代码	184712	基金简称	基金科汇
基金类型	契约型封闭式	成立日期	1993-12-14
上市日期	2001-06-20	上市地点	深圳证券交易所
基金总份额	8亿份	存 续 期	15年
基金管理人	易方达基金管理有限公司	基金托管人	交通银行
审计机构	安永华明会计师事务所	律师事务所	——
投资目标	该基金主要投资目标是所处行业具有良好发展前景，在本行业具有较强竞争力，业绩维持高速增长的上市公司。基金将通过创建投资组合等措施减少和分散投资风险，确保基金资产的安全并谋求基金长期资本增值。		
业绩比较基准	——		

财务指标				单位：人民币(元)	
项 目 ＼ 年 度	2003年	2002年		2001年	
		新指标	旧指标	新指标	旧指标
加权平均单位基金净收益	0.0283	−0.0182	−0.0182	0.0171	0.0140
期末可分配单位基金收益	0.0284	−0.0730	−0.0730	0.0016	0.0016
期末单位基金资产净值	1.2219	0.9270	0.9270	1.0016	1.0016
基金加权平均净值收益率	2.70%	−1.85%	−1.82%	1.48%	2.55%
单位基金累计净值增长率	23.91%	−5.99%	−6.28%	1.42%	1.59%
本期分红	10派 0.26元		累计分红	10派 0.275元	

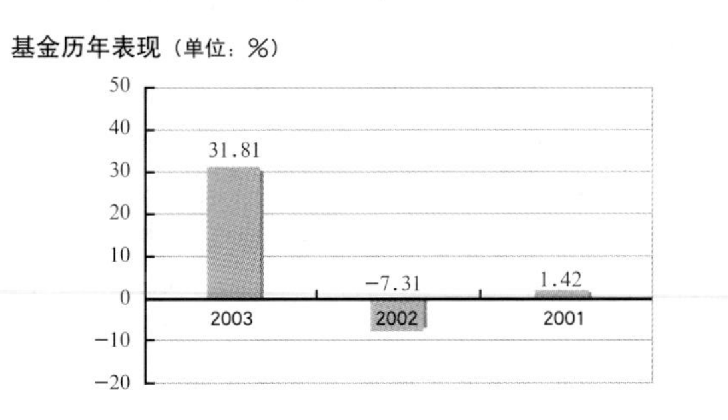

【本期基金业绩表现】

截至2003年12月31日，基金科汇单位净值为1.2219元，全年净值增长率为31.81%。

【基金经理简介】

朱平先生：1969年出生，上海财经大学经济学硕士，7年证券从业经历。历任上海荣臣集团市场部经理、广发证券有限公司投资银行总部广州业务部副总经理。2001年4月至今，在易方达基金管理有限公司工作，曾任投资管理部总经理助理、研究组负责人。现任科汇证券投资基金基金经理。

【基金投资运作分析】

2003年是价值投资收益较大的一年。上证指数从1358点上涨至1497点，涨幅约10.3%，但年中高点在4月17日，上证指数收于1613点。大盘从年初上涨到4月下旬后，由于“非典”的影响，开始回调，11月中旬开始从年初最低点附近反弹，一路上扬至1500点左右。基金在2003年的整体收益明显超越大盘，基金科汇净值也从年初的0.9270元升至年底的1.2219元，涨幅为31.81%。2003年是证券市场的特点非常鲜明的一年。由于2003年我国经济强劲反弹，尤其是第一季度，以大宗原料、汽车为代表的行业更是出现井喷，所以从年初开始，市场先是普涨，而后以大宗原料、汽车为代表的大盘股在基本面的刺激下大幅上升。从4月下旬开始，由于“非典”的出现，市场开始回调，在回调过程中，大盘股由于受基本面的支撑，幅度不大，但没有业绩支撑的股票调整幅度非常大。市场基本上是根据企业的业绩数据决定投资方向。然而从10月开始，虽然大盘仍在下调，在良好盈利业绩数据的支撑下，大盘股率先反弹，形成非常明显的两极分化，大盘股也不断创出新高。

【基金投资组合一览】

项 目 ＼ 季 度	第一季度		第二季度		第三季度		第四季度	
基金资产净值/元	800,164,056.16		842,042,184.01		819,993,343.54		977,555,845.03	
基金单位净值/元	1.0002		1.0526		1.0250		1.2219	
基金投资组合	市值(元)	占净值比	市值(元)	占净值比	市值(元)	占净值比	市值(元)	占净值比
股票投资	547,829,965.97	68.46%	554,220,497.39	65.82%	566,226,650.95	69.05%	777,036,444.22	79.49%
国债及货币资金	240,407,862.02	30.04%	286,432,208.68	34.02%	191,864,490.89	23.40%	200,706,919.80	20.53%
其他债券投资	11,485,620.20	1.44%	——		1,530,506.60	0.19%	1,427,470.00	0.15%

投资前十名股票明细	股票名称	市值(元)	占净值比	股票名称	市值(元)	占净值比	股票名称	市值(元)	占净值比	股票名称	市值(元)	占净值比
	中联重科	62,588,214.52	7.82%	中联重科	52,808,615.64	6.27%	上海机场	59,924,000.00	7.31%	扬子石化	76,963,540.35	7.87%
	上海机场	47,598,582.00	5.95%	通宝能源	50,008,007.20	5.94%	扬子石化	50,527,116.90	6.16%	长江电力	75,154,807.00	7.69%
	扬子石化	33,038,445.66	4.13%	上海机场	40,830,287.09	4.85%	中联重科	49,123,165.88	5.99%	上海机场	69,788,784.75	7.14%
	同 仁 堂	32,447,874.92	4.06%	山推股份	33,744,306.12	4.01%	通宝能源	43,109,096.00	5.26%	通宝能源	62,182,257.80	6.36%
	通宝能源	31,578,070.10	3.95%	招商银行	33,431,710.00	3.97%	同 仁 堂	30,030,000.00	3.66%	中联重科	52,530,060.00	5.37%
	招商银行	26,076,789.25	3.26%	扬子石化	33,226,807.25	3.95%	招商银行	29,083,543.00	3.55%	宝钢股份	36,608,000.00	3.74%
	宝钢股份	23,358,860.15	2.92%	宝钢股份	30,688,490.10	3.64%	宝钢股份	28,296,000.00	3.45%	中集集团	31,977,057.00	3.27%
	赣粤高速	22,951,156.66	2.87%	同 仁 堂	29,755,440.00	3.53%	烟台万华	26,154,738.08	3.19%	中国联通	31,643,849.68	3.24%
	申能股份	22,442,105.92	2.80%	中国联通	24,783,498.36	2.94%	中国联通	22,238,726.76	2.71%	中国石化	29,439,004.00	3.01%
	星湖科技	21,325,549.40	2.67%	烟台万华	21,013,774.92	2.50%	青岛啤酒	15,582,792.72	1.90%	双汇发展	25,128,588.11	2.57%

科瑞证券投资基金

基本资料			
基金代码	500056	基金简称	基金科瑞
基金类型	契约型封闭式	成立日期	2002-03-12
上市日期	2002-03-20	上市地点	上海证券交易所
基金总份额	30亿份	存续期	15年
基金管理人	易方达基金管理有限公司	基金托管人	交通银行
审计机构	安永华明会计师事务所	律师事务所	——
投资目标	该基金为价值型封闭式证券投资基金，主要投资于价值被市场绝对或相对低估的股票。该基金的投资目标是在控制股票投资组合的风险的前提下，追求基金资产的长期稳定的增值。		
业绩比较基准	——		

财务指标　　单位：人民币(元)

项目＼年度	2003年	2002年 新指标	2002年 旧指标
加权平均单位基金净收益	0.0127	−0.0095	−0.0095
期末可分配单位基金收益	−0.0088	−0.0823	−0.0823
期末单位基金资产净值	1.1423	0.9177	0.9177
基金加权平均净值收益率	1.26%	−0.97%	−0.95%
单位基金累计净值增长率	15.45%	−7.25%	−7.24%
本期分红	——	累计分红	10派 0.12元

基金历年表现（单位：%）

年份	2003	2002
净值增长率	24.47	−7.25

【本期基金业绩表现】

截至2003年12月31日，基金科瑞单位净值为1.1423元，全年净值增长率为24.47%。

【基金经理简介】

陈志民先生：1971年11月出生，厦门大学法学硕士，7年证券从业经历。历任厦门国际信托投资公司信托部经理助理、南方基金管理有限公司投资部副经理、科翔证券投资基金基金经理。现任科瑞证券投资基金基金经理。

【基金投资运作分析】

基金科瑞为价值型基金，强调控制风险使得该基金在2002年弱市环境中仓位较轻，投资组合比较分散，2002年基金净值跌幅很小。但由于2003年年后市场急涨，尽管判断市场走好立即补仓，但由于失去了部分先机，且补仓相对集中度不够，导致2003年上半年该基金净值表现受到影响。下半年在下跌过程中，基金科瑞坚持价值投资，进一步调整股票结构，股票进一步向优质股票集中，优化了结构。同时在长江电力上市后重仓介入，提高组合集中度和仓位，在年末的行情中取得了较好的收益。

总体来看，基金科瑞在年初补仓及时性、组合配置上有所欠缺，下半年在单边上扬行情中过多注意控制成本，投资不够果断激进，两方面导致本年该基金净值表现不很突出。但相信只要坚持一贯的投资理念、操作原则，在时刻反思系统思考的前提下坚决维持投资操作的一贯性，不为市场一时的波动变化所左右，该基金会在长期的投资中获得较好的收益。

【基金投资组合一览】

项目＼季度	第一季度		第二季度		第三季度		第四季度	
基金资产净值/元	2,956,406,135.17		3,038,912,513.99		2,947,354,141.15		3,426,812,158.47	
基金单位净值/元	0.9855		1.0130		0.9825		1.1423	
基金投资组合	市值(元)	占净值比	市值(元)	占净值比	市值(元)	占净值比	市值(元)	占净值比
股票投资	1,870,778,902.42	63.28%	1,865,431,695.69	61.38%	1,831,178,500.45	62.13%	2,692,426,152.48	78.57%
国债及货币资金	822,566,095.30	27.82%	1,107,213,737.22	36.43%	739,736,270.81	25.10%	706,156,440.27	20.61%
其他债券投资	256,722,526.70	8.68%	63,398,460.00	2.09%	20,895,576.80	0.71%	31,840,000.00	0.93%

投资前十名股票明细

股票名称	市值(元)	占净值比	股票名称	市值(元)	占净值比	股票名称	市值(元)	占净值比	股票名称	市值(元)	占净值比
上海机场	194,457,841.29	6.58%	上海机场	178,800,852.00	5.88%	宝钢股份	182,310,541.12	6.19%	宝钢股份	237,323,429.20	6.93%
内蒙华电	158,603,634.00	5.36%	宝钢股份	177,439,648.80	5.84%	上海机场	177,455,220.00	6.02%	上海机场	228,987,547.68	6.68%
中国石化	99,476,535.60	3.36%	内蒙华电	156,309,993.00	5.14%	内蒙华电	150,990,473.60	5.12%	中国联通	210,261,413.98	6.14%
华能国际	83,167,840.13	2.81%	中国联通	155,619,198.21	5.12%	中国联通	150,771,248.11	5.12%	长江电力	195,305,364.28	5.70%
宝钢股份	80,839,204.95	2.73%	山推股份	113,963,481.24	3.75%	山推股份	94,702,904.08	3.21%	扬子石化	179,098,936.28	5.23%
浦发银行	77,466,078.88	2.62%	中国石化	88,623,200.00	2.92%	中国石化	92,075,040.00	3.12%	内蒙华电	177,025,904.00	5.17%
扬子石化	72,436,475.61	2.45%	招商银行	83,693,259.75	2.75%	招商银行	71,160,043.35	2.41%	中国石化	124,237,387.28	3.63%
招商银行	70,304,217.00	2.38%	中联重科	60,016,423.50	1.97%	扬子石化	58,660,776.72	1.99%	山推股份	105,379,679.52	3.08%
申能股份	47,337,830.54	1.60%	华能国际	57,728,664.01	1.90%	中联重科	55,827,949.50	1.89%	中联重科	77,139,183.00	2.25%
中联重科	44,993,321.88	1.52%	韶钢松山	54,278,005.45	1.79%	华能国际	55,547,358.80	1.88%	华能国际	69,749,099.30	2.04%

易方达平稳增长证券投资基金

基本资料

基金代码	110001				
基金简称	易方达平稳增长		基金类型	契约型开放式	
发行日期	2002-07-30至2002-08-20		成立日期	2002-08-23	
首募规模	46.78亿份	认购户数	93670户	期末规模	22.02亿份
认购费率	1.00%	申购费率	不高于1.50%	赎回费率	不高于1.00%
管理费率	1.50%		托管费率	0.25%	
销售机构	易方达基金管理公司、中国银行、华泰证券、华夏证券、国泰君安证券、广发证券、兴业证券、湘财证券、大鹏证券、海通证券、广东证券、山西证券、金通证券、闽发证券、国信证券、招商证券、天同证券、东吴证券、汉唐证券、申银万国、光大证券				
基金管理人	易方达基金管理有限公司		基金托管人	中国银行	
审计机构	安永华明会计师事务所		律师事务所	——	
投资目标	将基金资产在股票和债券间进行合理配置，以追求资本在低风险水平下的平稳增长。该基金投资于股票和债券的比例均不低于基金资产净值的30%；股票投资主要集中于具有持续发展能力的公司，以追求资本的中长期稳定增长；债券投资主要根据品种、期限结构等因素构造债券组合，追求中长期稳定的收益。				
业绩比较基准	上证A股指数				

财务指标 单位：人民币(元)

项目 \ 年度	2003年	2002年	
		新指标	旧指标
加权平均单位基金净收益	0.0575	0.0002	0.0002
期末可分配单位基金收益	0.0043	−0.0249	−0.0247
期末单位基金资产净值	1.111	0.975	0.975
基金加权平均净值收益率	5.62%	0.02%	0.02%
单位基金累计净值增长率	17.63%	−2.50%	−2.50%
本期分红	10派 0.60元	累计分红	10派 0.60元

基金历年表现（单位：%）

30
20
10
0
−10
20.65
−2.50
2003
2002

【本期基金业绩表现】

截至2003年12月31日，易方达平稳增长基金单位净值为1.111元，全年净值增长率达20.65%。

【基金经理简介】

江作良先生：1966年4月出生，上海财经大学经济学硕士。1993年12月至2001年3月，在广发证券有限责任公司曾从事证券发行、研究咨询、自营等工作，历任投资自营部副总、研发中心副总、投资自营部总经理等职。2001年4月至今，在易方达基金管理有限公司工作，曾任科汇证券投资基金基金经理。现任易方达基金管理有限公司总裁助理、投资管理部总经理。

【基金投资运作分析】

易方达平衡增长基金进入2003年1月份后，逐渐加大股票买入数量，但市场快速反弹，打乱了预想的加仓节奏，这种情况下，该基金加快了买入速度，采用了集中买入大盘蓝筹股和分散投资超跌股的增仓策略：一方面对预期业绩大幅增长而股价尚处于低位的银行、电力、石化等行业集中投资，增持了招商银行、浦发银行、华能国际、扬子石化等大盘蓝筹股，并在全年投资中坚持以大盘蓝筹股为投资重点；另一方面，由于年初规模较大，该基金分散投资了一些市盈率较低的超跌股，但由于其中一些出现了持续下跌，导致基金分散投资部分收益较差，对基金整体业绩也产生了一些负面影响。进入三季度，该基金逐渐减持了分散投资部分，提高了在大盘蓝筹股上的投资集中度，回避了下半年股票下跌的风险。在投资风格上，该基金贯彻稳健平衡的特点，为持有人带来了回报。

【基金投资组合一览】

项目 \ 季度	第一季度		第二季度		第三季度		第四季度	
基金资产净值/元	3,695,447,339.79		2,651,633,228.56		2,514,075,425.37		2,446,403,788.13	
基金份额/份	3,585,262,621.61		2,618,070,802.97		2,574,633,082.94		2,201,576,286.94	
基金单位净值/元	1.031		1.013		0.976		1.111	
基金投资组合	市值(元)	占净值比	市值(元)	占净值比	市值(元)	占净值比	市值(元)	占净值比
股票投资	2,155,822,499.62	58.34%	1,375,777,643.66	51.88%	1,363,064,598.36	54.22%	1,544,924,791.74	63.15%
国债及货币资金	1,316,837,081.22	35.63%	1,066,633,047.49	40.23%	819,989,227.75	32.62%	675,456,113.18	27.61%
其他债券投资	250,228,862.00	6.77%	259,880,406.70	9.80%	232,098,129.20	9.23%	238,936,946.80	9.77%

投资前十名股票明细

股票名称	市值(元)	占净值比	股票名称	市值(元)	占净值比	股票名称	市值(元)	占净值比	股票名称	市值(元)	占净值比
招商银行	173,575,127.20	4.70%	上海机场	125,152,691.44	4.72%	招商银行	153,669,397.70	6.11%	长江电力	213,787,045.92	8.74%
上海机场	114,027,813.38	3.09%	通宝能源	124,956,711.88	4.71%	上海机场	138,047,755.40	5.49%	上海机场	169,148,654.74	6.91%
浦发银行	106,106,299.00	2.87%	招商银行	104,073,702.80	3.92%	通宝能源	106,316,446.08	4.23%	招商银行	160,773,508.65	6.57%
中国联通	100,316,313.50	2.71%	申能股份	75,693,925.12	2.85%	扬子石化	104,674,317.44	4.16%	通宝能源	122,455,534.74	5.01%
中国石化	100,267,498.80	2.71%	宝钢股份	69,753,472.46	2.63%	宝钢股份	95,062,726.50	3.78%	扬子石化	119,674,274.59	4.89%
宝钢股份	93,397,991.76	2.53%	华能国际	65,909,764.80	2.49%	申能股份	73,827,374.04	2.94%	中集集团	103,892,269.80	4.25%
通宝能源	91,678,356.50	2.48%	中联重科	57,140,285.20	2.15%	华能国际	61,516,912.86	2.45%	中国联通	84,792,673.92	3.47%
华能国际	91,546,869.84	2.48%	同 仁 堂	51,241,413.90	1.93%	中国联通	59,444,806.40	2.36%	中国石化	70,976,352.15	2.90%
扬子石化	82,723,756.90	2.24%	中国石化	51,195,674.42	1.93%	青岛啤酒	52,610,317.69	2.09%	中联重科	63,877,850.00	2.61%
申能股份	82,287,827.70	2.23%	青岛啤酒	46,182,860.64	1.74%	同 仁 堂	52,281,848.70	2.08%	青岛啤酒	59,220,657.60	2.42%

易方达策略成长证券投资基金

基本资料					
基金代码	110002				
基金简称	易方达策略成长			基金类型	契约型开放式
发行日期	2003-10-30 至 2003-12-05			成立日期	2003-12-09
首募规模	20.35 亿份	认购户数	28471 户	期末规模	——
认购费率	1.00%	申购费率	不高于 1.50%	赎回费率	不高于 0.50%
管理费率	1.50%			托管费率	0.25%
销售机构	易方达基金管理公司、中国银行、交通银行及华泰证券、华夏证券、国泰君安证券、广发证券、兴业证券、湘财证券、大鹏证券、申银万国证券、海通证券、金通证券、广东证券、山西证券、闽发证券、国信证券、招商证券、天同证券。				
基金管理人	易方达基金管理有限公司			基金托管人	中国银行
审计机构	安永华明会计师事务所			律师事务所	——
投资目标	通过投资兼具较高内在价值和良好成长性的股票，积极把握股票市场波动所带来的获利机会，努力为基金持有人追求较高的中长期资本增值。				
投资范围	为具有良好流动性的金融工具，包括投资于国内依法公开发行、上市的股票和债券以及中国证监会允许基金投资的其他金融工具。基金股票部分主要投资于具有较高内在价值及良好成长性的上市公司股票，投资于这类股票的资产不低于基金股票投资的 80%。				
业绩比较基准	上证 A 指收益率× 75% + 上证国债指数收益率× 25%				

【基金经理简介】

肖坚先生：1969 年 11 月出生，中山大学经济学硕士，7 年证券从业经历。曾任广东粤财信托投资公司控股的香港安财投资有限公司财务部经理、粤信(香港)投资有限公司业务部副经理、广东粤财信托投资公司基金部经理。2001 年 4 月正式加入易方达基金管理有限公司，现任投资管理部常务副总经理，基金科翔基金经理、易方达策略成长基金基金经理。

宝盈基金管理有限公司

【基本情况】

法定名称：宝盈基金管理有限公司
注册地址：深圳市福田区深圳特区报业大厦15层
办公地址：深圳市深南大道6008号报业大厦15层
法人代表：谭向东
总 经 理：刘京湘
成立时间：2001年5月18日
组织形式：有限责任公司
注册资本：1亿元人民币
联系电话：0755-83515288
传真号码：0755-83515622
邮政编码：518034
公司网址：www.byfunds.com

【发展概况】

宝盈基金管理有限公司是2001年5月经中国证监会证监基金字[2001]9号文批准，由联合证券有限责任公司、中国对外经济贸易信托投资公司、重庆国际信托投资有限公司、天津信托投资公司、山东省国际信托投资公司共同发起设立，是按照中国证监会对基金公司治理结构新的要求，首批引入独立董事制度的基金管理公司之一。

宝盈公司致力于建设一个机构完备、分工协调、运作高效的组织管理构架，为公司有效运转和业务的不断增长提供组织保障：在董事会层面公司设立了合规审查委员会、资格审查委员会和薪酬财经委员会三个专业委员会，主要由独立董事组成，负责对董事会的决策事项进行专门的调查研究和综合分析，辅佐董事会依法、科学、合理地履行职责。并设置投资决策委员会和风险评估小组。

目前公司下设七个部门，分别是：基金投资部、监察稽核部、财务行政部、运营保障部、市场开发部、研究发展部、北京办事处。公司现有员工58人，其中55%具有硕士以上学历，90%以上员工具有3年以上证券从业经验或5年以上金融从业经验；部门经理以上人员平均证券从业年限8年。

【经营业绩】

截至2003年12月底，宝盈基金公司共管理基金鸿飞、基金鸿阳两只封闭式基金和宝盈鸿利收益一只开放式基金。管理基金资产规模达30.40亿元人民币。

基金鸿飞是公司旗下首只封闭式基金，由原蓝天证券投资基金清理规范而来，2001年5月开始正式投资运作，主要投资处于高速成长期的上市公司，投资风格积极进取，2003年该基金累计净值增长率25.29%；基金鸿阳于2001年12月发行并在深交所上市，2003年基金累计净值增长率15.95%；宝盈鸿利收益基金为公司旗下首只开放式基金，成立于2002年10月，主要投资于收益型公司，该类公司风险低，收益稳定，具有红利收益率、主营业务利润率高、每股经营性现金流好等特点，能为基金持有人谋求稳定的现金红利分配和长期资本增值收益。2003年，宝盈鸿利收益基金净值增长率14.58%。

在基金投资运作中，宝盈公司奉行“价值投资，稳健规范，勤勉诚信，创新领先”的投资理念，在对宏观经济、行业状况和上市公司进行深入研究的基础上进行投资价值的评估，并以此作为投资依据。

在市场推广方面，宝盈公司坚持一切以持有人为中心的服务宗旨，根据持有人对基金投资的不同偏好和需求决定公司的产品和服务内容，努力为广大基金持有人创造更大的投资回报。

附：高管成员介绍

谭向东先生：董事长，48岁，经济学博士，高级经济师。先后任湖南省人民银行信贷处科长，中国工商银行总行调研部副处长、石家庄分行副行长、总行信托投资公司副总经理兼证券部总经理，北京证券有限责任公司任总经理、联合证券有限责任公司任常务副总裁。

刘京湘先生：董事、总经理，47岁，经济学硕士，高级经济师。曾任湖南财经学院金融系助教。1988年7月至1998年12月在中国人民银行海南省分行工作，历任计划处主任科员、专项贷款处副处长、处长、金管处处长、非银处处长。1996年6月至1997年6月，受人总行委派，在新西兰中央储备银行学习工作。1999年1月至1999年3月在中国人民银行广州分行任非银处处长。1999年3月至2000年11月任中国对外经济贸易信托投资公司总经理。

股东概况

排序	股东名称	出资额(万元)	出资比例(%)
1	联合证券有限责任公司	2500.00	25.00
1	中国对外经济贸易信托投资公司	2500.00	25.00
2	重庆国际信托投资有限公司	1667.00	16.67
2	天津信托投资公司	1667.00	16.67
2	山东省国际信托投资公司	1667.00	16.67

旗下基金

排序	基金代码	基金简称	基金类型
1	184700	基金鸿飞	封闭式
2	184728	基金鸿阳	封闭式
3	213001	宝盈鸿利收益	开放式

鸿飞证券投资基金

基本资料			
基金代码	184700	基金简称	基金鸿飞
基金类型	契约型封闭式	成立日期	2001-05-18
上市日期	2001-11-28	上市地点	深圳证券交易所
基金总份额	5亿份	存 续 期	15年
基金管理人	宝盈基金管理有限公司	基金托管人	中国建设银行
审计机构	普华永道中天会计师事务	律师事务所	北京市君泽君律师事务所
投资目标	该基金为积极成长型基金，主要投资于业绩能够持续高速增长的成长型上市公司，所追求的投资目标是在严格控制投资风险的前提下，实现基金资产的稳定增长，为基金持有人谋求长期最佳收益。		
业绩比较基准	——		

财务指标 单位：人民币(元)

项目 \ 年度	2003年	2002年	2001年
加权平均单位基金净收益	−0.0878	−0.0175	−0.0065
期末可分配单位基金收益	−0.1047	−0.1625	−0.0039
期末单位基金资产净值	1.0493	0.8375	0.9961
基金加权平均净值收益率	−9.27%	−1.81%	−0.49%
单位基金累计净值增长率	4.04%	−16.96%	−1.24%
本期分红	——	累计分红	——

基金历年表现（单位：%）

年份	2003	2002	2001
%	25.29	−15.92	−1.24

【本期基金业绩表现】

截至2003年12月31日，基金鸿飞单位净值为1.0493元，全年净值增长率25.29%。

【基金经理简介】

陈茂仁先生：基金经理，37岁，医学博士，金融学博士生，5年基金从业经验。先后任职于平安证券综合研究所、宝盈基金管理公司，从事行业研究以及证券投资等工作。

【基金投资运作分析】

2003年，深沪两市摆脱了齐涨齐跌、靠题材炒作的庄家行情，而表现为与宏观经济形势密切相关：①呈现出明显的结构性上涨，据统计，2003年全年仅有27%的股票保持上涨，其余73%的股票下跌；②低市盈率、低价、大流通市值股票比较优势明显，成为行情发展的三条主线，价值投资理念逐步在市场中占据上风，概念炒作越来越失去市场基础；③机构投资行为呈现出价值投资与相对集中相结合的特点，行业涨幅与行业换手率表现出较强的相关性；④股价表现与行业景气度呈现较为明显的正相关，价格中枢大幅下调，股价结构高度压缩。

2003年，基金鸿飞较好地把握了市场的特点，适时增持汽车、钢铁、石化、大物流(港口、机场等)、有色金属、银行、能源电力等行业，选择有真实业绩、良好成长性、主营业务突出的上市公司作为投资组合重点，给投资者带来了较好的投资收益；但2003年年底，该基金对其风格类投资把握不是很充分。

【基金投资组合一览】

项目 \ 季度	第一季度		第二季度		第三季度		第四季度	
基金资产净值/元	453,165,140.46		477,098,701.66		460,788,419.62		524,659,635.91	
基金单位净值/元	0.9063		0.9542		0.9216		1.0493	
基金投资组合	市值(元)	占净值比	市值(元)	占净值比	市值(元)	占净值比	市值(元)	占净值比
股票投资	276,097,927.01	60.93%	333,157,819.77	69.83%	252,514,257.25	54.80%	406,635,859.80	77.50%
国债及货币资金	173,179,032.67	38.22%	144,079,903.41	30.20%	202,721,132.52	43.99%	114,636,135.04	21.85%
其他投资	3,506,950.00	0.77%	337,617.20	0.07%	4,838,071.20	1.05%	4,685,615.60	0.89%

投资前十名股票明细

股票名称	市值(元)	占净值比	股票名称	市值(元)	占净值比	股票名称	市值(元)	占净值比	股票名称	市值(元)	占净值比
招商银行	24,608,200.00	5.43%	招商银行	25,199,160.00	5.28%	上海汽车	19,694,761.00	4.27%	上海汽车	34,462,479.00	6.57%
中兴通讯	17,153,965.53	3.79%	一汽轿车	25,057,457.74	5.25%	中兴通讯	19,692,209.92	4.27%	盐田港A	23,721,976.51	4.52%
中国联通	14,343,057.54	3.17%	中兴通讯	20,561,077.44	4.31%	伊利股份	18,648,313.95	4.05%	国电电力	23,394,478.40	4.46%
华能国际	12,510,045.00	2.76%	华能国际	20,059,808.00	4.20%	华能国际	18,009,568.00	3.91%	山东铝业	23,151,842.35	4.41%
伊利股份	10,954,247.16	2.42%	民生银行	18,018,000.00	3.78%	一汽轿车	16,841,847.19	3.66%	华能国际	21,938,248.00	4.18%
韶钢松山	10,746,226.08	2.37%	伊利股份	16,352,358.84	3.43%	盐田港A	15,265,302.26	3.31%	中集集团	21,904,222.20	4.17%
中国石化	10,079,784.00	2.22%	上港集箱	15,857,899.20	3.32%	上港集箱	14,719,292.80	3.19%	伊利股份	20,758,296.75	3.96%
风华高科	9,530,809.26	2.10%	中国联通	14,161,207.11	2.97%	外运发展	14,616,107.10	3.17%	上港集箱	20,575,605.60	3.92%
福田汽车	9,520,615.55	2.10%	上海汽车	13,199,868.00	2.77%	招商银行	12,181,000.00	2.64%	上海机场	19,242,284.49	3.67%
上港集箱	9,128,712.60	2.01%	外运发展	11,020,049.10	2.31%	福田汽车	10,456,435.60	2.27%	福田汽车	18,410,597.72	3.51%

鸿阳证券投资基金

基本资料			
基金代码	184728	基金简称	基金鸿阳
基金类型	契约型封闭式	成立日期	2001-12-10
上市日期	2001-12-18	上市地点	深圳证券交易所
基金总份额	20亿份	存续期	15年
基金管理人	宝盈基金管理有限公司	基金托管人	中国农业银行
审计机构	普华永道中天会计师事务	律师事务所	北京市君泽君律师事务所
投资目标	该基金为成长价值复合型（即平衡型）基金，主要投资于业绩能够持续高速增长的成长型上市公司和业绩优良而稳定的价值型上市公司，所追求的投资目标是利用成长型和价值型两种投资方法的复合效果更好地分散和控制风险，在保持基金资产良好的流动性的基础上，实现基金资产的稳定增长，为基金持有人谋求长期最佳利益。		
业绩比较基准	——		

财务指标　　单位：人民币(元)

项目＼年度	2003年	2002年	2001年
加权平均单位基金净收益	-0.1137	0.0112	0.0017
期末可分配单位基金收益	-0.1222	-0.1596	0.0017
期末单位基金资产净值	0.9744	0.8404	1.0031
基金加权平均净值收益率	-12.49%	1.13%	0.17%
单位基金累计净值增长率	-0.60%	-14.27%	0.16%
本期分红	——	累计分红	10派 0.22元

基金历年表现（单位：%）

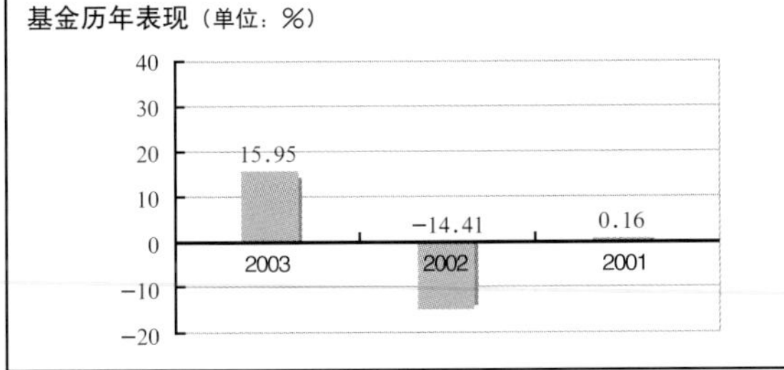

【本期基金业绩表现】

截至2003年12月31日，基金鸿阳单位净值为0.9744元，全年净值增长率为15.95%。

【基金经理简介】

蒋峰先生：29岁，金融学博士，3年证券从业经历，3年基金从业经历。曾在厦门宏达证券事务所和厦门联合信托从事证券研究与投资咨询工作。2001年加盟鹏华基金管理有限公司，曾先后担任研究部投资策略分析师、宏观经济分析师、社保基金理财经理助理等工作。2003年8月加盟宝盈基金管理有限公司。2003年11月起担任基金鸿阳基金经理。

【基金投资运作分析】

基金鸿阳本期的增长率为15.95%，同期上证A股指数的增幅为10.57%，深证A股指数的增幅为-4.02%，基金基准指数的增幅为2.57%。

2003年，基金鸿阳在投资管理中比较准确把握基金总体仓位的增减时机，较好地规避二、三季度下跌的风险。该基金适当减少波段性操作，重视"买入——持有"策略。在资产配置管理上：较好地把握了一些具备良好基本面支持的行业板块进行了重点投资，取得了较好的效果。在个股选择管理上：一、二季度的投资过程中，基金鸿阳的投资组合存在着个股过于分散的问题，在其后进行了一定的集中性操作，从实际效果看比较理想。

【基金投资组合一览】

项目＼季度	第一季度			第二季度			第三季度			第四季度		
基金资产净值/元	1,797,846,464.13			1,827,119,604.88			1,764,203,526.81			1,948,896,693.04		
基金单位净值/元	0.8989			0.9136			0.8821			0.9744		
基金投资组合	市值(元)		占净值比	市值(元)		占净值比	市值(元)		占净值比	市值(元)		占净值比
股票投资	1,009,825,419.73		56.17%	1,157,108,494.78		63.33%	870,830,239.98		49.36%	1,538,351,380.58		78.93%
国债及货币资金	731,189,168.88		40.67%	622,096,811.32		34.05%	876,669,013.73		49.69%	430,509,167.28		22.09%
其他投资	55,677,272.00		3.10%	46,554,375.80		2.55%	11,732,700.20		0.67%	12,328,388.30		0.63%
投资前十名股票明细	股票名称	市值(元)	占净值比	股票名称	市值(元)	占净值比	股票名称	市值(元)	占净值比	股票名称	市值(元)	占净值比
	中信国安	62,013,998.55	3.45%	上海汽车	90,549,716.40	4.96%	上海汽车	85,178,247.19	4.83%	上海机场	152,416,642.44	7.82%
	中国石化	58,527,266.40	3.26%	华能国际	81,814,594.00	4.48%	上海机场	79,373,199.30	4.50%	上海汽车	149,117,734.02	7.65%
	新钢钒	40,142,009.64	2.23%	上海机场	79,975,081.38	4.38%	盐田港A	68,579,913.80	3.89%	中集集团	110,049,566.55	5.65%
	青岛啤酒	38,066,610.64	2.12%	一汽轿车	72,955,633.94	3.99%	外运发展	60,363,422.91	3.42%	三一重工	88,057,129.49	4.52%
	上海汽车	37,973,915.48	2.11%	黄海股份	66,090,552.78	3.62%	上港集箱	59,579,414.16	3.38%	长安汽车	85,161,708.80	4.37%
	申能股份	37,912,218.50	2.11%	上港集箱	64,506,891.24	3.53%	中集集团	54,384,990.24	3.08%	盐田港A	83,803,099.30	4.30%
	上港集箱	37,107,000.00	2.06%	盐田港A	60,664,730.95	3.32%	华能国际	50,540,000.00	2.86%	外运发展	75,757,064.64	3.89%
	宝钢股份	36,782,330.00	2.05%	外运发展	58,705,678.50	3.21%	伊利股份	48,776,266.03	2.76%	上港集箱	73,109,234.82	3.75%
	上海机场	36,548,648.96	2.03%	中兴通讯	58,134,089.70	3.18%	常林股份	39,568,544.76	2.24%	常林股份	67,801,925.45	3.48%
	盐田港A	36,055,508.20	2.01%	招商银行	51,525,000.00	2.82%	三一重工	38,485,059.48	2.18%	华能国际	66,842,000.00	3.43%

宝盈鸿利收益证券投资基金

基本资料					
基金代码	213001				
基金简称	宝盈鸿利收益		基金类型	契约型开放式	
发行日期	2002-09-05 至 2002-09-28		成立日期	2002-10-08	
首募规模	14.46 亿份	认购户数	37892 户	期末规模	5.40 亿份
认购费率	0%–1.00%	申购费率	不高于 1.50%	赎回费率	不高于 0.25%
管理费率	1.50%		托管费率	0.25%	
销售机构	宝盈基金管理有限公司、中国农业银行、国泰君安证券、招商证券、联合证券、国信证券等。				
基金管理人	宝盈基金管理有限公司		基金托管人	中国农业银行	
审计机构	普华永道中天会计师事务所		律师事务所	北京市君泽君律师事务所	
投资目标	该基金为收益型基金，投资目标是为基金投资者谋求稳定的现金红利分配和长期资本增值收益，以中信指数×80%＋国债指数×20%（国内A股统一指数推出后则变更为国内A股统一指数×80%＋国债指数×20%）为投资的参照，在投资收益率的波动小于或等于参照基准波动的条件下，争取更高的收益率。				
业绩比较基准	中信指数×80%＋国债指数×20%				

财务指标　单位：人民币(元)

项目 \ 年度	2003年	2002年
加权平均单位基金净收益	0.0363	0.0014
期末可分配单位基金收益	0.0016	−0.0520
期末单位基金资产净值	1.0453	0.9480
基金加权平均净值收益率	3.60%	0.14%
单位基金累计净值增长率	8.54%	−5.27%
本期分红	10 派 0.40 元	累计分红 10 派 0.40 元

基金历年表现（单位：%）

30
20
10
0
−10
14.58
2003
−5.27
2002

【本期基金业绩表现】

截至 2003 年 12 月 31 日，宝盈鸿利收益基金单位净值为 1.0453 元，全年净值增长率为 14.58%。

【基金经理简介】

杨军先生：33 岁，1993 年上海财经大学毕业。8 年证券从业经历，曾先后供职于上海金华咨询有限公司、君安证券研究所、君安证券资产管理部。2001 年 1 月加盟宝盈基金管理有限公司，曾担任基金鸿阳基金经理助理。现任宝盈鸿利收益证券投资基金经理

【基金投资运作分析】

2003 年中国证券市场在投资思路上发生了重要的转变，以基金为代表的机构投资者全面倡导价值投资理念，并得到了市场的广泛认同。上证综合指数全年上涨为 10.27%，而绩优蓝筹股价值被重新认识，升幅可观，表现优于大市；全年个股行情呈现明显的结构性变化。

在 2003 年，宝盈鸿利收益基金管理小组根据对市场的判断，适当地调整投资结构，果断地大幅度提高了低价大盘股的投资比例，并逐渐把资产转向景气度高的行业配置，取得了良好的投资回报。但由于该基金在上半年，对市场结构调整的认识不足，股票资产的配置比例偏低；下半年，对石化、钢铁、有色等周期性行业的判断出现失误，致使总体资产的配置效率降低，收益率也略低于同业平均水平。

【基金投资组合一览】

项目 \ 季度	第一季度		第二季度		第三季度		第四季度	
基金资产净值/元	1,014,095,460.34		715,588,154.77		715,416,788.00		564,180,192. 52	
基金单位净值/元	1.0089		1.0054		0.9682		1.0453	
基金投资组合	市值(元)	占净值比	市值(元)	占净值比	市值(元)	占净值比	市值(元)	占净值比
股票投资	282,361,497.41	27.84%	343,502,886.83	48.00%	397,672,321.19	55.59%	418,057,841.49	74.10%
国债及货币资金	526,621,256.65	51.93%	264,718,922.56	36.99%	274,228,423.33	38.33%	155,975,943.32	27.65%
其他投资	204,695,311.60	20.19%	105,921,696.20	14.80%	41,108,904.60	5.75%	5,190,910.70	0.92%

投资前十名股票明细	股票名称	市值(元)	占净值比	股票名称	市值(元)	占净值比	股票名称	市值(元)	占净值比	股票名称	市值(元)	占净值比
	中国联通	20,650,000.00	2.04%	中兴通讯	29,095,937.28	4.07%	上海汽车	36,652,370.09	5.12%	上海汽车	39,224,946.60	6.95%
	万 科 A	20,077,000.00	1.98%	上港集箱	26,084,091.00	3.65%	伊利股份	36,382,511.25	5.09%	上海机场	31,786,300.00	5.63%
	中国石化	19,800,000.00	1.95%	中国联通	25,760,000.00	3.60%	外运发展	34,635,481.65	4.84%	长安汽车	30,320,000.00	5.37%
	中联重科	19,665,000.00	1.94%	万 科 A	23,045,395.80	3.22%	中兴通讯	30,624,649.92	4.28%	中国石化	29,558,459.70	5.24%
	韶钢松山	15,411,000.00	1.52%	上海汽车	22,458,771.31	3.14%	上港集箱	27,635,940.00	3.86%	中国联通	27,510,000 00	4.88%
	原水股份	15,080,000.00	1.49%	华能国际	22,369,267.80	3.13%	华能国际	27,062,637.84	3.78%	中集集团	25,029,960.00	4.44%
	华东科技	13,909,800.00	1.37%	上海机场	20,575,068.08	2.88%	三一重工	23,341,818.21	3.26%	宝钢股份	24,753,484.00	4.39%
	华能国际	13,607,460.00	1.34%	广电信息	17,084,134.06	2.39%	上海机场	21,896,291.38	3.06%	福耀玻璃	24,514,749.27	4.35%
	中化国际	12,117,600.00	1.19%	白云机场	15,641,808.82	2.19%	青岛啤酒	20,129,573.66	2.81%	许继电器	21,435,194.82	3.80%
	申华控股	11,940,000.00	1.18%	中国石化	14,960,000.00	2.09%	盐田港 A	19,126,655.99	2.67%	南方航空	21,282,178.50	3.77%

融通基金管理有限公司

【基本情况】

法定名称：融通基金管理有限公司
注册地址：深圳市福田区民田路10号中海大厦6−8层
办公地址：深圳市福田区民田路10号中海大厦6−8层
法人代表：孟立坤
总 经 理：吕秋梅
成立时间：2001年5月22日
组织形式：有限责任公司
注册资本：1.25亿元人民币
联系电话：0755−82950696
传真号码：0755−82950044
邮政编码：518026
公司网址：www.rtfund.com

【发展概况】

融通基金管理有限公司是经中国证监会证监基金字[2001]8号文批准，由河北证券有限责任公司、国泰君安证券股份有限公司、陕西省国际信托投资股份有限公司、上海爱建信托有限责任公司、联合证券有限责任公司共同发起，于2001年5月22日成立的中国第二批基金管理公司之一。

2003年1月，经中国证监会证监基金字[2003]70号文批准，公司股东国泰君安证券股份有限公司将其持有的本公司20%出资全部转让给河北证券有限责任公司，上海爱建信托投资有限责任公司将其持有的融通基金管理公司20%出资全部转让给爱建证券有限责任公司。

公司实行董事会领导下的总经理负责制，并引入独立董事制度。董事会设立了合规审核及审计委员会、提名及资格审查委员会及薪酬与考核委员会。公司下设基金管理部、机构理财部、研究策划部、基金交易部、市场拓展部、登记清算部、信息技术部、综合管理部、监察稽核部等九个职能部门，以及北京投资理财中心、上海投资理财中心。同时，公司还设有投资决策委员会和风险控制委员会，负责指导基金资产的运作和风险控制。

公司自成立以来，始终坚持"以人为本、诚实信誉、规范自律、卓越服务"的经营理念，稳健发展，为广大投资者提供长期稳定的回报。

【经营业绩】

截至2003年12月底，融通基金公司管理着六只证券投资基金(两只封闭式基金和四只开放式基金)，管理基金规模达60多亿元人民币。

2003年8月26日，融通公司旗下第二只基金：经中国证监会证监基金字[2003]93号文批准，融通通利系列基金开始发售，该系列基金由融通蓝筹成长、融通深证100指数及融通债券三只子基金构成。2003年9月30日，融通通利系列基金正式成立，首募规模21.17亿份，其中：融通债券募集份额8.73亿份，有效认购户数40752户；融通深证100募集份额4.78亿份，有效认购户数34213户；融通蓝筹成长募集份额7.66亿份，有效认购户数32034户。

融通公司注重对基金持有人的投资回报，做"持续分红的倡导者"已成为公司服务理念的重要组成部分，公司旗下基金坚持贯彻这一理念。公司首只开放式基金——融通新蓝筹基金自2002年9月成立以来，累计分红7次，每10份基金单位累计分红1.85元，居同业前列；2003年12月24日，融通通利系列基金下的两只子基金：融通深证100、融通蓝筹成长成立不到三个月，即实施了首次分红，分别对基金持有人每10份基金单位分配红利0.10元、0.08元。

在客户服务上，融通基金公司在内部明确提出了"大客户服务—销售即服务"的思路，使服务贯穿于基金销售的每一个环节，更加完善客户服务工作：除寄送资料、手机短信服务、网站服务、咨询服务、投诉受理等外，融通公司增加"面对面"的服务，并建立了"融通金算盘理财俱乐部"，为全体基金持有人提供更好的理财服务。

附：高管成员介绍

孟立坤先生：董事长，1962年生，工学博士。1995年起曾就职于河北证券有限责任公司，历任北京营业部总经理、公司总裁助理(副总裁级)。

吕秋梅女士：董事、总经理，1963年生，工商管理硕士。曾就职于中国人民银行总行，历任国信证券有限公司总裁助理、鹏华基金管理有限公司副总经理，融通基金管理有限公司常务副总经理。

股东概况

排序	股东名称	出资额(万元)	出资比例(%)
1	河北证券有限责任公司	5000.00	40.00
2	陕西省国际信托投资股份有限公司	2500.00	20.00
2	联合证券有限责任公司	2500.00	20.00
2	爱建证券有限责任公司	2500.00	20.00

旗下基金

排序	基金代码	基金简称	基金类型
1	184738	基金通宝	封闭式
2	500038	基金通乾	封闭式
3	161601	融通新蓝筹	开放式
4	161603	融通债券	开放式
5	161604	融通深证100	开放式
6	161605	融通蓝筹成长	开放式

通宝证券投资基金

基本资料			
基金代码	184738	基金简称	基金通宝
基金类型	契约型封闭式	成立日期	2001–05–16
上市日期	2001–09–06	上市地点	深圳证券交易所
基金总份额	5亿份	存 续 期	15年
基金管理人	融通基金管理有限公司	基金托管人	中国建设银行
审计机构	安永华明会计师事务所	律师事务所	北京市君合律师事务所
投资目标	该基金为积极成长型基金，所追求的投资目标是在尽可能地分散和规避投资风险的前提下，谋求基金资产长期增值和收益的高速稳定增长。		
业绩比较基准	——		

财务指标 单位：人民币(元)

项 目 \ 年 度	2003年	2002年	2001年
加权平均单位基金净收益	–0.1083	–0.0131	–0.0211
期末可分配单位基金收益	–0.1309	–0.1506	–0.0216
期末单位基金资产净值	0.9155	0.8494	0.9784
基金加权平均净值收益率	–12.15%	–1.37%	–2.11%
单位基金累计净值增长率	–11.59%	–17.97%	–5.52%
本期分红	——	累计分红	10派 0.35元

基金历年表现（单位：%）

年度	2003	2002	2001
表现	7.78	–13.18	–5.52

【本期基金业绩表现】

截至2003年12月31日，基金通宝单位净值为0.9155元，全年净值增长率为7.78%。

【基金经理简介】

郝继伦先生：31岁，经济学博士，6年以上证券从业经验。2000年加盟融通基金管理有限公司从事基金投资管理工作，并担任基金通宝的基金经理至今。

【基金投资运作分析】

2003年，基金行业净值表现显著战胜市场，基金通宝净值增长7.78%。

2003年沪深市场成长型和价值型指数升幅分别为–5.66%和29.29%。在风格和品种选择方面，基金通宝作为积极成长型基金，操作中偏重成长性而低估了静态估值，如第三季度较早介入了数字电视等资产，尽管在11月份后这批品种表现良好，但在大盘下跌中还是带来了净值损失；其次对于成长性的追求和挖掘形成了二线资产比例偏重的风格，偏离了2003年基金布局以行业龙头股的主线，在市场下跌中抗跌不足。在时机选择方面，判断2003年市场总体处于筑底恢复阶段，年初股票仓位相对较低，2月份该基金开始基本采取充分投资策略。大部分时期持仓比例保持在较高水平，在5月份开始的调整市下净值受损。经过充分研究论证，基金通宝逐步加强了组合调整，重点配置了赛格三星、上海机场等，特别加大了重点石化股的配置，为2004年的投资打下基础。

【基金投资组合一览】

项 目 \ 季 度	第一季度		第二季度		第三季度		第四季度	
基金资产净值/元	449,534,555.61		449,799,406.26		416,376,554.65		457,739,641.94	
基金单位净值/元	0.8991		0.8996		0.8328		0.9155	
基金投资组合	市值(元)	占净值比	市值(元)	占净值比	市值(元)	占净值比	市值(元)	占净值比
股票投资	331,098,487.73	73.65%	336,248,451.84	74.76%	298,950,352.23	71.80%	344,281,965.73	75.21%
国债及货币资金	118,069,956.50	26.26%	113,808,030.91	25.30%	117,385,161.56	28.19%	98,461,110.67	21.51%
其他投资	——		——		——		15,456,350.00	3.38%

投资前十名股票明细

股票名称	市值(元)	占净值比	股票名称	市值(元)	占净值比	股票名称	市值(元)	占净值比	股票名称	市值(元)	占净值比
中国联通	32,011,910.70	7.12%	招商银行	32,060,000.00	7.13%	新 希 望	24,521,859.40	5.89%	上海机场	31,939,050.60	6.98%
华泰股份	29,529,179.04	6.57%	浦发银行	27,870,966.00	6.20%	招商银行	18,740,000.00	4.50%	扬子石化	26,847,512.02	5.87%
TCL通讯	25,152,435.20	5.60%	新 希 望	27,515,807.35	6.12%	福田汽车	18,317,152.88	4.40%	赛格三星	21,549,221.12	4.71%
浦发银行	24,019,200.00	5.34%	华泰股份	21,920,000.00	4.87%	山推股份	16,390,308.22	3.94%	宝钢股份	19,425,835.00	4.24%
招商银行	22,550,000.00	5.02%	福田汽车	19,708,428.67	4.38%	赛格三星	15,140,863.68	3.64%	齐鲁石化	18,410,032.52	4.02%
中国石化	18,000,000.00	4.00%	山推股份	19,514,154.66	4.34%	华泰股份	14,930,694.56	3.59%	新 希 望	18,290,103.20	4.00%
福田汽车	17,633,804.18	3.92%	宁波韵升	14,713,030.21	3.27%	曙光股份	12,806,020.92	3.08%	福田汽车	16,160,669.61	3.53%
宁波韵升	17,283,067.14	3.84%	上海机场	9,673,300.00	2.15%	上海机场	9,600,500.00	2.31%	上海石化	15,386,925.34	3.36%
盐田港A	11,765,093.12	2.62%	宇通客车	9,318,402.00	2.07%	上港集箱	8,477,504.00	2.04%	华泰股份	15,223,000.00	3.33%
宝钢股份	9,270,000.00	2.06%	*ST夏利	9,273,196.80	2.06%	白云机场	8,464,252.64	2.03%	万 科 A	13,923,122.40	3.04%

通乾证券投资基金

基本资料			
基金代码	500038	基金简称	基金通乾
基金类型	契约型封闭式	成立日期	2001—08—29
上市日期	2001—09—21	上市地点	上海证券交易所
基金总份额	20 亿份	存 续 期	15 年
基金管理人	融通基金管理有限公司	基金托管人	中国建设银行
审计机构	安永华明会计师事务所	律师事务所	康达律师事务所
投资目标	该基金属于价值成长型基金，主要投资于具有一定竞争优势、业绩能够持续增长或具有增长潜力的成长型上市公司股票，同时兼顾价值型公司股票。通过组合投资，在有效分散和控制风险的前提下，谋求基金资产的稳定增长。		
业绩比较基准	——		

财务指标　　单位：人民币(元)

项 目＼年 度	2003年	2002年	2001年
加权平均单位基金净收益	−0.0267	−0.0067	0.0109
期末可分配单位基金收益	−0.0482	−0.1387	−0.0010
期末单位基金资产净值	1.0413	0.8613	0.9990
基金加权平均净值收益率	−2.80%	−0.68%	1.08%
单位基金累计净值增长率	6.37%	−12.01%	−0.94%
本期分红	——	累计分红	10 派 0.30 元

基金历年表现（单位：%）

40
30
20
10
0
−10
−20

20.90
2003
−11.18
2002
−0.94
2001

【本期基金业绩表现】

截至2003年12月31日，基金通乾单位净值为1.0413元，全年净值增长率达20.90%。

【基金经理简介】

赵枫先生：31岁，7年证券从业经验，2000年加盟融通基金管理公司从事基金投资管理工作，并担任该基金经理至今。

【基金投资运作分析】

2003年，基金通乾在选股思路和理念总体顺应了市场的潮流。该基金一直坚持价值投资理念，偏好选择具有核心竞争能力并具长期成长潜力的个股进行投资；基金通乾在对市场投资主题的把握有所欠缺；2003年初基金通乾曾经提出全年最看好原材料行业，在年初的操作中对这些行业也进行了适度增仓，但在此后的行情演化中，基金通乾对这些行业的周期性特性戒心过重，在年中大幅减持了这批行业的个股，对基金全年表现有一定负面影响；基金通乾在结构分化和局部牛市的行情中持仓过于分散。进入2003年2月份，股价结构分化表现出明显趋势，盈利向少数行业中的龙头企业集中，经济增长由粗放走向集约也使得行业盈利向优势企业倾斜，该基金虽然认识到这种趋势，但在操作中仍然不够坚决，组合的架构过于游离，个股集中度较低，体现了对行情性质的不确定和操作中的犹豫。最后，对部分行业的判断出现了偏差。2003年中期，该基金大规模减持了钢铁等周期性行业，转而大幅增持以乳品行业为代表的消费品行业，但由于对行业的竞争态势把握不全面，投资乳品行业及部分消费品行业并不成功，给此后一段时间基金通乾组合调整造成了不利影响。

【基金投资组合一览】

项 目＼季 度	第一季度		第二季度		第三季度		第四季度	
基金资产净值/元	1,868,152,560.92		1,927,074,442.77		1,854,926,020.66		2,082,511,696.68	
基金单位净值/元	0.9341		0.9635		0.9275		1.0413	
基金投资组合	市值(元)	占净值比	市值(元)	占净值比	市值(元)	占净值比	市值(元)	占净值比
股票投资	1,219,042,098.15	65.25%	1,276,464,401.02	66.24%	1,196,431,604.78	64.50%	1,546,579,415.03	74.27%
国债及货币资金	580,597,841.01	31.08%	556,921,773.59	28.90%	470,299,848.90	25.35%	447,118,935.14	21.47%
其他投资	64,554,741.80	3.46%	88,571,676.50	4.60%	114,557,200.00	6.18%	88,227,144.40	4.24%

投资前十名股票明细	股票名称	市值(元)	占净值比	股票名称	市值(元)	占净值比	股票名称	市值(元)	占净值比	股票名称	市值(元)	占净值比
	招商银行	95,058,479.50	5.09%	招商银行	96,640,599.15	5.01%	同 仁 堂	88,074,406.42	4.75%	上海机场	85,608,069.15	4.11%
	同 仁 堂	85,422,151.81	4.57%	同 仁 堂	87,502,481.69	4.54%	上海机场	68,808,881.80	3.71%	宝钢股份	80,723,500.00	3.88%
	宝钢股份	72,165,920.00	3.86%	歌华有线	63,621,851.70	3.30%	宝钢股份	60,220,202.20	3.25%	同 仁 堂	78,445,914.80	3.77%
	歌华有线	55,287,198.90	2.96%	上海机场	58,108,682.40	3.02%	招商银行	56,527,336.00	3.05%	海螺水泥	76,450,745.45	3.67%
	三佳模具	50,778,516.00	2.72%	新 希 望	51,008,742.00	2.65%	歌华有线	54,037,813.50	2.91%	长江电力	73,221,083.52	3.52%
	上海机场	48,558,436.87	2.60%	威孚高科	46,259,644.12	2.40%	海螺水泥	51,039,250.37	2.75%	中海发展	62,986,174.68	3.02%
	海螺水泥	39,873,205.76	2.13%	三佳模具	46,216,791.00	2.40%	威孚高科	49,142,437.16	2.65%	招商银行	59,672,604.20	2.87%
	上港集箱	39,060,000.00	2.09%	海螺水泥	45,432,780.42	2.36%	新 希 望	45,449,968.00	2.45%	申能股份	58,402,301.15	2.80%
	外运发展	34,416,000.00	1.84%	伊利股份	44,351,443.98	2.30%	烟台万华	45,214,704.15	2.44%	威孚高科	53,603,609.50	2.57%
	凯迪电力	34,329,405.92	1.84%	盐田港A	43,887,058.50	2.28%	青岛啤酒	45,076,043.28	2.43%	江西铜业	48,500,382.30	2.33%

融通新蓝筹证券投资基金

基本资料					
基金代码	161601				
基金简称	融通新蓝筹	基金类型	契约型开放式		
发行日期	2002-08-15至2002-09-06	成立日期	2002-09-13		
首募规模	22.19亿份	认购户数	46806户	期末规模	12.69亿份
认购费率	0%-1.00%	申购费率	0%-1.50%（日常） 0%-1.60%（后端）	赎回费率	0.50%
管理费率	1.50%	托管费率	0.25%		
销售机构	融通基金管理有限公司、中国建设银行、交通银行、深圳发展银行、国泰君安证券、华夏证券、国信证券、招商证券、联合证券等				
基金管理人	融通基金管理有限公司	基金托管人	中国建设银行		
审计机构	安永华明会计师事务所	律师事务所	康达律师事务所		
投资目标	主要投资于处于成长阶段和成熟阶段早期的"新蓝筹"上市公司。通过组合投资，在充分控制风险的前提下实现基金净值的稳定增长，为基金持有人获取长期稳定的投资收益。				
业绩比较基准	国泰君安指数				

财务指标 单位：人民币(元)

项目 \ 年度	2003年	2002年9月13日至2002年12月31日
加权平均单位基金净收益	0.0941	-0.0022
期末可分配单位基金收益	0.0180	-0.0314
期末单位基金资产净值	1.0797	0.9686
基金加权平均净值收益率	9.24%	-0.22%
单位基金累计净值增长率	16.15%	-3.18%
本期分红	10派 0.75元	累计分红 10派 0.75元

基金历年表现（单位：%）

年份	2003	2002
表现	19.97	-3.18

【本期基金业绩表现】

截至2003年12月31日，融通新蓝筹基金资产净值1.0797元，本期净值增长率达19.97%。

【基金经理小组简介】

詹凌蔚先生：1974年出生，硕士学位。曾任融通基金管理有限公司研究部行业研究员、副总监、基金经理助理，上海中野投资管理有限公司资本运作部副总监，中科信厦门证券营业部证券分析师。现任融通基金管理有限公司总经理助理、融通新蓝筹基金经理。

陶武彬先生：1971年出生，硕士学位。曾先后在中国化工建设深圳公司、深圳市深投投资有限公司、香港京华山一证券公司从事证券研究、投资和投资银行等工作，2001年1月加盟融通基金管理有限公司，先后担任行业研究员、基金经理助理、研究部总监助理等职，现任融通新蓝筹基金经理助理。

【基金投资运作分析】

2003年，融通新蓝筹基金净值增长取得了19.97%的收益率水平，战胜市场基准8个百分点，现金分红每基金单位0.075元。

融通新蓝筹基金投资运作较好，其原因主要在于：①该基金管理团队较早认识到国内市场结构分化的发展趋势，在上证综指处于1620点的位置开始逐步对价值成长品种建仓，这对于基金未来表现起了相当的作用；②在2月底，明确指出未来相当长一段时间内选股重于选时的基本组合管理策略，同时明确选股时应兼顾成长性、盈利性以及流动性三性合一的标准；③2003年全年，该基金自始至终坚定不移地贯彻研究推动投资的思路，阶段性地采用价值投资基础上的波段操作策略，较好地匹配了2003年市场的阶段性平衡市的特征。

【基金投资组合一览】

项目 \ 季度	第一季度		第二季度		第三季度		第四季度	
基金资产净值/元	1,766,114,482.81		1,571,969,778.27		1,500,060,459.23		1,369,845,100.40	
基金单位净值/元	1.0313		0.9993		0.9726		1.0797	
基金投资组合	市值(元)	占净值比	市值(元)	占净值比	市值(元)	占净值比	市值(元)	占净值比
股票投资	911,294,808.69	51.59%	819,987,133.55	52.16%	891,841,565.42	59.45%	930,250,510.38	67.91%
国债及货币资金	825,956,531.08	46.77%	604,692,886.91	38.47%	480,379,030.01	32.02%	393,478,815.06	28.72%
其他投资	33,726,536.90	1.91%	47,591,990.60	3.03%	94,291,169.60	6.29%	52,026,390.70	3.80%

投资前十名股票明细

股票名称	市值(元)	占净值比	股票名称	市值(元)	占净值比	股票名称	市值(元)	占净值比	股票名称	市值(元)	占净值比
招商银行	92,544,564.50	5.24%	招商银行	53,318,070.00	3.39%	上海机场	61,130,033.80	4.08%	上海机场	68,233,111.23	4.98%
中国联通	51,076,252.50	2.89%	上海机场	49,820,981.64	3.17%	青岛啤酒	51,598,545.36	3.44%	威孚高科	64,379,190.68	4.70%
盐田港A	43,545,151.48	2.47%	盐田港A	48,222,694.06	3.07%	威孚高科	49,696,157.52	3.31%	长江电力	50,791,104.00	3.71%
宝钢股份	41,044,428.80	2.32%	威孚高科	41,857,318.76	2.66%	盐田港A	43,166,957.28	2.88%	青岛啤酒	46,581,981.75	3.40%
青岛啤酒	39,086,267.40	2.21%	青岛啤酒	41,466,234.42	2.64%	宝钢股份	42,579,443.52	2.84%	申能股份	42,849,293.79	3.13%
上海机场	37,335,953.40	2.11%	生益科技	41,162,134.00	2.62%	烟台万华	40,758,399.13	2.72%	海螺水泥	41,649,283.40	3.04%
模塑科技	36,270,709.74	2.05%	海螺水泥	33,852,071.48	2.15%	招商银行	40,272,981.49	2.68%	中海发展	39,743,898.48	2.90%
光明乳业	33,664,730.00	1.91%	伊利股份	32,459,209.56	2.06%	海螺水泥	35,368,739.98	2.36%	江西铜业	35,116,638.42	2.56%
同仁堂	30,527,899.83	1.73%	申能股份	32,443,205.76	2.06%	申能股份	33,967,331.52	2.26%	上海石化	33,780,852.10	2.47%
中国石化	28,694,628.00	1.62%	光明乳业	31,966,568.96	2.03%	深圳机场	30,488,821.12	2.03%	招商银行	33,584,788.99	2.45%

融通通利系列证券投资基金

融通债券投资基金

基本资料					
基金代码	161603				
基金简称	融通债券	基金类型	契约型开放式		
发行日期	2003-08-26至2003-09-26	成立日期	2003-09-30		
首募规模	8.73亿份	认购户数	40752户	期末规模	8.13亿份
认购费率	0.90%-1.20%	申购费率	1.20%-1.50%	赎回费率	0%-0.30%
管理费率	0.60%	托管费率	0.20%		
销售机构	融通基金公司、工商银行、建设银行、交通银行、深圳发展银行、中国民生银行、国泰君安证券、华夏证券、广发证券、海通证券、申银万国、兴业证券、国信证券、长江证券、联合证券、东吴证券等。				
协助机构	大鹏证券有限责任公司				
基金管理人	融通基金管理有限公司	基金托管人	中国工商银行		
审计机构	普华永道中天会计师事务所	律师事务所	康达律师事务所		
投资目标	在强调本金安全的前提下，追求基金资产的长期稳定增值。				
业绩比较基准	银行间债券综合指数				

财务指标　单位：人民币(元)

项目 \ 年度	2003年9月30日至2003年12月31日		
加权平均单位基金净收益	0.012		
期末可分配单位基金收益	0.012		
期末单位基金资产净值	1.024		
基金加权平均净值收益率	1.16%		
单位基金累计净值增长率	2.40%		
本期分红	——	累计分红	——

基金历年表现（单位：%）

【本期基金业绩表现】

截至2003年12月31日，融通债券基金单位净值为1.024元，本期净值增长率为2.40%。

【基金经理简介】

徐荔蓉先生：30岁，硕士学历。6年证券从业经验。历任中国技术进出口总公司金融部副总经理、融通基金管理有限公司研究策划部副总监、基金通乾基金经理助理。

【基金投资运作分析】

2003年宏观经济逐步走出通缩。伴随着CPI的上升，全年来看交易所和银行间的国债市场都处于风险释放的过程中，5年至20年期的国债收益率大约上升40—80个基点。从国债发行来看，2003年国债发行总量为6,283.4亿元，较2002年增加354亿元。从国债交易来看，活跃度有所提高，上交所债券成交金额61,596亿元，比2002年增加近一倍。

2003年，债券市场的亮点是转债，民生转债的大幅度上升，促使了所有转债品种摆脱了企业债的债性，转债指数全年上升23%。

融通债券基金在第三季度末成立，时间较晚，第四季度是该基金建仓期。在建仓过程中，该基金遵循基金契约中的相关规定，追求风险控制下的收益最大。对于国债和金融债，基金经理认为2003年的第四季度处于市场整体下跌后的稳固期，固息债的投资机会不大，着重买了几只银行间和交易所的浮息债，以便应对2004年的物价指数进一步上升。对于企业债，主要选择了几只基本面良好，具有长期上涨潜力的转债。

【基金投资组合一览】

项目 \ 季度			第四季度	
基金资产净值/元			832,025,576.17	
基金单位净值/元			1.024	
基金投资组合			市值(元)	占净值比
债券投资			725,885,999.02	87.24%
货币资金			120,903,111.07	14.53%
投资前五名债券明细	序号	债券名称	市值(元)	占净值比
	1	邯钢转债	105,193,142.80	12.64%
	2	20国债4	85,819,944.00	10.31%
	3	21国债3	66,007,368.00	7.93%
	4	雅戈转债	61,445,067.30	7.39%
	5	99国开01	60,432,000.00	7.26%

融通深证100指数证券投资基金

基本资料					
基金代码	161604				
基金简称	融通深证 100		基金类型	契约型开放式	
发行日期	2003-08-26至2003-09-26		成立日期	2003-09-30	
首募规模	4.78亿份	认购户数	34213户	期末规模	4.58亿份
认购费率	1.20%-1.50%	申购费率	1.50%-1.80%	赎回费率	0%-0.30%
管理费率	1.00%		托管费率	0.20%	
销售机构	融通基金公司、工商银行、建设银行、交通银行、深圳发展银行、中国民生银行、国泰君安证券、华夏证券、广发证券、海通证券、申银万国、兴业证券、国信证券、长江证券、联合证券、东吴证券等。				
协助机构	大鹏证券有限责任公司				
基金管理人	融通基金管理有限公司		基金托管人	中国工商银行	
审计机构	普华永道中天会计师事务所		律师事务所	康达律师事务所	
投资目标	运用指数化投资方式，通过控制股票投资组合与深证100指数的跟踪误差，力求实现对深证100指数的有效跟踪，谋求分享中国经济的持续、稳定增长和中国证券市场的发展，实现基金资产的长期增长，为投资者带来稳定回报。如果深证100指数被停止发布、或由其他指数替代、或由于指数编制方法等重大变更导致该指数不宜继续作为目标指数的情形下，或者证券市场有其他代表性更强、更适合投资的指数推出时，该基金管理人可以相应变更基金的投资目标、投资范围和投资策略。				
业绩比较基准	75%×深证100指数+25%×银行间债券综合				

财务指标 单位：人民币(元)

项目＼年度	2003年9月30日至2003年12月31日		
加权平均单位基金净收益	0.014		
期末可分配单位基金收益	0.004		
期末单位基金资产净值	1.032		
基金加权平均净值收益率	1.36%		
单位基金累计净值增长率	4.19%		
本期分红	10派 0.10元	累计分红	10派 0.10元

基金历年表现（单位：%）

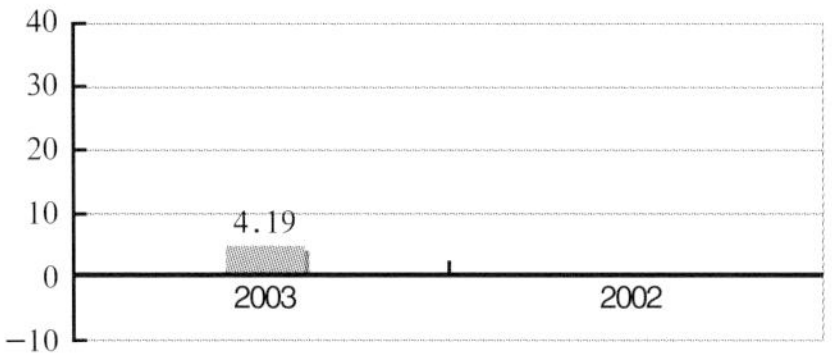

【本期基金业绩表现】

截至2003年12月31日，融通深证100基金单位净值为1.032元，净值增长率为4.19%。

【基金经理简介】

张野先生：40岁，工商管理硕士。8年证券从业经验。历任杭州新希望证券投资顾问有限公司董事长、总经理，融通基金管理有限公司研究员。

【基金投资运作分析】

融通100基金于2003年9月30日成立，在严格遵守基金契约的前提下实现持有人利益的最大化是该基金管理的核心思想。并将此原则贯彻于基金的运作之中。由于对市场的宽幅振荡的预期，该基金在组合构建的过程中实施分组构建与均衡建仓的投资策略，较好地控制了组合构建的成本。

融通100基金组合构建于2003年12月30日完成，股票仓位78.52%，股票投资部分的跟踪误差为0.131818%，较好地拟合该基金的基准指数：深证100指数。根据该基金契约的规定股票投资部分跟踪误差上限为0.5%，有效地控制了指数基金相对目标指数的偏离风险。

【基金投资组合一览】

项目＼季度	第四季度	
基金资产净值/元	472,419,50.83	
基金单位净值/元	1.032	
基金投资组合	市值(元)	占净值比
股票投资	369,546,133.05	78.22%
国债及货币资金	112,494,909.68	23.81%

投资前十名股票明细

序号	股票名称	市值(元)	占净值比	序号	股票名称	市值(元)	占净值比
1	深发展A	22,766,632.80	4.82%	6	中兴通讯	8,588,554.70	1.82%
2	万 科 A	11,193,281.94	2.37%	7	深能源A	8,091,769.12	1.71%
3	鞍钢新轧	10,927,871.71	2.31%	8	韶钢松山	7,868,937.21	1.67%
4	一汽轿车	10,145,967.92	2.15%	9	扬子石化	7,861,205.56	1.66%
5	鲁能泰山	8,961,825.60	1.90%	10	五 粮 液	7,822,224.03	1.66%

融通蓝筹成长证券投资基金

基本资料					
基金代码	161605				
基金简称	融通蓝筹成长	基金类型	契约型开放式		
发行日期	2003-08-26至2003-09-26	成立日期	2003-09-30		
首募规模	7.66亿份	认购户数	32034户	期末规模	7.82亿份
认购费率	1.30%-1.60%	申购费率	1.60%-1.90%	赎回费率	0%-0.30%
管理费率	1.50%	托管费率	0.25%		
销售机构	融通基金公司、工商银行、建设银行、交通银行、深圳发展银行、中国民生银行、国泰君安证券、华夏证券、广发证券、海通证券、申银万国、兴业证券、国信证券、长江证券、联合证券、东吴证券等。				
协助机构	大鹏证券有限责任公司				
基金管理人	融通基金管理有限公司	基金托管人	中国工商银行		
审计机构	普华永道中天会计师事务所	律师事务所	康达律师事务所		
投资目标	主要投资于具有较高内在投资价值的优质蓝筹公司和具有很强的核心竞争优势、业绩能够持续增长或具有增长潜力的成长型公司。通过组合投资，在充分控制风险的前提下实现基金净值的稳定增长，追求资产的长期增值。				
业绩比较基准	75%×国泰君安指数＋25%×银行间债券综合指数				

财务指标	单位：人民币(元)		
项目 \ 年度	2003年9月30日至2003年12月31日		
加权平均单位基金净收益	0.009		
期末可分配单位基金收益	0.001		
期末单位基金资产净值	1.038		
基金加权平均净值收益率	0.87%		
单位基金累计净值增长率	4.60%		
本期分红	10派 0.08元	累计分红	10派 0.08元

基金历年表现（单位：%）

年份	2003	2002
表现(%)	4.60	

【本期基金业绩表现】

截至2003年12月31日，融通成长基金单位净值为1.038元，净值增长率为4.60%。

【基金经理简介】

易万军先生：32岁，中国科学技术大学少年班经济管理专业本科毕业。10年证券从业经验。历任中国科技国际信托投资公司武汉代表处股票自营负责人，鹏华基金管理有限公司基金交易员，上海华源集团恒盛投资管理公司投资总监，融通基金管理有限公司基金交易部总监。

【基金投资运作分析】

2003年蓝筹成长基金严格规范运作，努力提高业绩。作为一只尚处于建仓期的基金，在组合的构建上，基金经理设置了非常严格的标准，所有被选出的个股一定满足一条标准，那就是对一只股票，如果没有信心持有一年，那么就一天也不会持有。对中长期相对稳定利益的追求，难免会对短期利益造成冲击，随着建仓期的结束，会有所好转。

融通蓝筹成长基金在三个月建仓期，基金经理在建仓节奏的把握上，还存在一些不足，主要体现在买入的周期太长，总体仓位没有迅速加上去；在大市表现较好的背景下，持仓比例过低对短期利益带来损失。

【基金投资组合一览】

项目 \ 季度	第四季度	
基金资产净值/元	811,512,601.07	
基金单位净值/元	1.038	
基金投资组合	市值(元)	占净值比
股票投资	415,513,219.27	51.20%
国债及货币资金	403,736,700.44	49.75%

投资前十名股票明细

序号	股票名称	市值(元)	占净值比	序号	股票名称	市值(元)	占净值比
1	中国联通	56,316,746.73	6.94%	6	东方明珠	20,695,791.60	2.55%
2	南方航空	43,560,000.00	5.37%	7	长江电力	17,155,724.88	2.11%
3	歌华有线	25,115,946.96	3.10%	8	江西铜业	16,893,842.10	2.56%
4	*ST 夏利	24,436,536.24	3.01%	9	中国石化	16,168,046.40	2.08%
5	赛格三星	24,105,249.48	2.97%	10	中海发展	14,815,323.20	1.83%

银华基金管理有限公司

【基本情况】

法定名称：银华基金管理有限公司
注册地址：深圳市深南大道6008号报业大厦19层
办公地址：深圳市深南大道6008号报业大厦19层
法人代表：彭　越
总 经 理：尚　健
成立时间：2001年5月28日
组织形式：有限责任公司
注册资本：1亿元人民币
联系电话：0755-83516888
传真号码：0755-83516968
邮政编码：518034
公司网址：www.yhfund.com.cn

【发展概况】

2001年5月，银华基金管理有限公司经中国证监会证监基金字[2001]7号文批准，由西南证券有限责任公司、北京首都创业集团有限公司、南方证券股份有限公司及东北证券有限责任公司联合发起设立，于2001年5月28日正式成立。公司注册地为广东省深圳市。

银华基金管理有限公司治理结构完善，经营运作规范，切实维护基金投资人的利益。公司董事会下设合规及内部控制委员会、人力资源委员会以及薪酬与考核委员会三个专业委员会，有针对性地研究公司在经营管理和基金运作中的相关情况，制定相应的政策，并充分发挥独立董事的职能，切实加强对公司运作的监督。公司监事会由三位监事组成，主要负责检查公司的财务以及对公司董事、高级管理人员的行为进行监督。公司具体经营管理由总经理负责。公司根据经营运作需要设置投资管理部、综合管理部、运作保障部、监察稽核部、市场开发部、市场营销部、战略发展部、机构理财部等八个职能部门，并成立了北京分公司和上海分公司等两个分支机构。此外，公司还设立了投资决策委员会，负责指导基金资产的运作，确定基本的投资策略和投资组合的原则，并评估基金经营过程中的各项风险，提出防范措施。

2003年1月，银华基金管理公司召开年度股东大会并选举产生公司第二届董事会、监事会。董事会选举产生了第二届公司董事长、副董事长，同时聘任了新一届的公司高管人员；截至2003年底，公司共有员工66人，平均年龄32岁，大多数员工具有硕士或博士学位，其中大部分毕业于国内著名院校，包括多名留学归国专业人士。

【经营业绩】

截至2003年12月底，银华基金公司共管理两只证券投资基金：天华封闭式基金和银华优势企业开放式基金。管理资产规模34.47亿元人民币。

银华首只封闭式基金——基金天华系由原四川国债投资基金转制而来，扩募后基金份额增长到25亿份。2003年，该基金净值增长率为10.35%；公司首只开放式基金：银华优势企业证券投资基金成立于2002年11月13日，首发规模16.82亿份。该基金为平衡型基金，主要投资于中国加入WTO后具有竞争优势的上市公司所发行的股票与国内依法公开发行上市的债券。2003年，银华优势基金表现良好，实施了四次分红，分别于2003年5月22日、7月2日、7月24日、12月23日每10份基金单位派现0.40元、0.10元、0.20元、0.15元，全年累计分红每10份达0.85元，为全体基金持有人带来了较好的投资回报。

2003年，银华基金管理有限公司内部监察稽核工作重点在提高监察稽核工作的科学性的同时，进一步加强了监察稽核工作的规范化、程序化，旗下基金整体运作合法、合规。在投资管理中，公司及时了解、搜集各方面的意见和建议，不断改进和完善客户服务体系，拉近与投资者的距离，实现互动式的客户服务模式。2003年9月，公司协助民生银行举办了“民生基金超市”暨民生精选基金论坛活动，旗下银华优势企业基金首批入选“民生精选基金”行列。

附：高管成员介绍

彭越先生：董事长，38岁，研究生学历。曾任职最高人民检察院，银华基金管理有限公司副总经理。现任银华基金管理有限公司董事长。

尚健先生：董事、总经理，37岁，金融学博士。曾任美国教师退休基金投资分析师；中国证监会基金部副处长；上海证券交易所发展战略委员会副总监；华安基金管理有限公司副总经理。现任银华基金管理有限公司董事、总经理，同时兼任中国证券业协会基金委员会委员。

股东概况

排序	股东名称	出资额(万元)	出资比例(%)
1	西南证券有限责任公司	2900.00	29.00
1	北京首都创业集团有限公司	2900.00	29.00
2	南方证券股份有限公司	2100.00	21.00
2	东北证券有限责任公司	2100.00	21.00

旗下基金

排序	基金代码	基金简称	基金类型
1	184706	基金天华	封闭式
2	180001	银华优势	开放式

天华证券投资基金

基本资料			
基金代码	184706	基金简称	基金天华
基金类型	契约型封闭式	成立日期	1999-07-12
上市日期	2001-08-08	上市地点	深圳证券交易所
基金总份额	25亿份	存续期	10年
基金管理人	银华基金管理有限公司	基金托管人	中国农业银行
审计机构	安永华明会计师事务所	律师事务所	北京金杜律师事务所
投资目标	该基金为成长型基金。所追求的投资目标是在尽可能地分散和规避投资风险的前提下，谋求基金资产增值的最大化。因此，该基金管理人将以政策为先导，以科学严谨的行业、企业研究和市场分析为基础，选择未来一定时期内持续、高速成长的上市公司为主要投资目标，根据相对稳健的价值评估原则，采取适度集中的投资策略，详细计划，严格执行，追求基金资产长期稳定的增长，力求为基金持有者以超越市场的回报。		
业绩比较基准	——		

财务指标　　单位：人民币(元)

项目 \ 年度	2003年	2002年 新指标	2002年 旧指标	2001年 新指标	2001年 旧指标
加权平均单位基金净收益	0.0422	−0.0360	−0.0360	−0.0532	−0.0294
期末可分配单位基金收益	−0.0960	−0.1687	−0.1687	−0.0691	−0.0691
期末单位基金资产净值	0.9173	0.8313	0.8313	0.9309	0.9309
基金加权平均净值收益率	−4.81%	−3.86%	−3.87%	−5.55%	−5.21%
单位基金累计净值增长率	−17.46%	−25.20%	−25.43%	−16.24%	−16.49%
本期分红	——		累计分红	——	

基金历年表现（单位：%）

【本期基金业绩表现】

截至2003年12月31日，基金天华单位净值为0.9173元，全年净值增长率达10.35%。

【基金经理简介】

周建新先生：基金经理，研究生学历，9年证券期货从业经历。曾在武汉融利期货公司、国信证券有限责任公司任职。2002年5月加盟银华基金管理有限公司基金经理部，从事基金投资管理工作。于2002年11月28日就任基金天华基金经理。

【基金投资运作分析】

2003年中国证券市场发生了深刻的变化。随着股价结构性调整的深化，投资者的投资理念也在调整。市场表现为"强者恒强、弱者恒弱"的"局部牛市"的新格局。

2003年第一季度，基金天华对原持仓的约120只股票进行了较大的调整，集中持仓50只左右的股票。在"3.27"行情发动前已对金融及汽车股大量建仓，抓住了主流板块，业绩提升较快。二季度，该基金在1550点附近进行了战略性减仓，股票仓位由原来的75%减到50%左右，从而在三季度有效地回避了大盘调整的系统性风险。10月份该基金开始逐步增仓，选择了一批市盈率低、成长性好的中长线潜力品种，并将股票仓位逐步增至70%。

2003年，基金天华在对大市运行节奏的把握、持仓比例的控制及上半年对银行、汽车等主流板块的投资是比较成功的。但由于三、四季度加仓的潜力成长型股票系基于中长期战略考虑，没有追逐短期市场热点，同时由于消化历史遗留问题导致该基金2003年的净值增长落后于大部分基金。

【基金投资组合一览】

项目 \ 季度	第一季度		第二季度		第三季度		第四季度	
基金资产净值/元	2,190,299,444.10		2,199,017,913.83		2,122,571,912.76		2,293,282,963.91	
基金单位净值/元	0.8761		0.8796		0.8490		0.9173	
基金投资组合	市值(元)	占净值比	市值(元)	占净值比	市值(元)	占净值比	市值(元)	占净值比
股票投资	1,468,907,265.81	67.06%	1,173,814,645.34	53.38%	1,032,217,042.36	48.63%	1,586,646,349.91	69.19%
国债及货币资金	689,616,618.01	31.49%	528,650,658.99	24.04%	661,316,997.25	31.16%	590, 033, 027.02	25.73%
其他债券投资	20,157,030.14	0.92%	156,514,458.90	7.12%	200,591,648.48	9.45%	168, 805, 844.58	7.36%

投资前十名股票明细

股票名称	市值(元)	占净值比	股票名称	市值(元)	占净值比	股票名称	市值(元)	占净值比	股票名称	市值(元)	占净值比
友谊股份	177,509,560.68	8.10%	友谊股份	148,436,897.98	6.75%	友谊股份	146,421,214.94	6.90%	华能国际	161,832,080.88	7.06%
宝钢股份	147,433,247.25	6.73%	华能国际	121,294,267.58	5.52%	华能国际	132,851,350.08	6.26%	友谊股份	142,838,786.31	6.23%
招商银行	103,956,012.50	4.75%	浦发银行	106,567,296.03	4.85%	江铃汽车	91,871,970.04	4.33%	武钢股份	121,413,745.53	5.29%
上海航空	53,412,864.24	2.44%	招商银行	95,561,402.30	4.35%	南方航空	57,427,788.60	2.71%	中国石化	105,233,456.31	4.59%
华能国际	53,197,398.41	2.43%	江铃汽车	82,778,151.96	3.76%	中原高速	47,698,661.40	2.25%	江铃汽车	92,483,285.43	4.03%
民生银行	50,933,166.00	2.33%	中信国安	81,512,082.00	3.71%	中信国安	47,100,983.20	2.22%	福耀玻璃	72,719,319.40	3.17%
华联超市	47,988,800.00	2.19%	民生银行	80,441,000.64	3.66%	盐田港A	41,603,511.78	1.96%	外运发展	70,521,592.32	3.08%
天药股份	47,055,728.64	2.15%	宝钢股份	73,063,293.60	3.32%	华联超市	39,592,978.95	1.87%	国电电力	65,195,326.08	2.84%
盐田港A	46,446,373.96	2.12%	金杯汽车	59,650,611.84	2.71%	上海石化	37,099,496.76	1.75%	天津港	59,535,113.54	2.60%
上海石化	35,715,433.96	1.63%	盐田港A	47,493,807.11	2.16%	歌华有线	35,258,934.15	1.66%	中国联通	55,720,000.00	2.43%

银华优势企业证券投资基金

基本资料					
基金代码	180001				
基金简称	银华优势		基金类型	契约型开放式	
发行日期	2002-10-17至2002-11-06		成立日期	2002-11-13	
首募规模	16.82亿份	认购户数	13096户	期末规模	10.82亿份
认购费率	1.00%	申购费率	1.00%-1.50%	赎回费率	0%-0.50%
管理费率	1.50%		托管费率	0.25%	
销售机构	银华基金管理公司、中国银行、中国建设银行、中国民生银行、国泰君安证券、华夏证券、招商证券、西南证券、华泰证券、海通证券、兴业证券、联合证券。				
基金管理人	银华基金管理有限公司		基金托管人	中国银行	
审计机构	安永华明会计师事务所		律师事务所	北京金杜律师事务所	
投资目标	该基金为平衡型基金，主要通过投资于中国加入WTO后具有竞争优势的上市公司所发行的股票与国内依法公开发行上市的债券，在控制风险、确保基金资产良好流动性的前提下，以获取资本增值收益和现金红利分配的方式来谋求基金资产的中长期稳定增值。				
业绩比较基准	股票投资部分的比较基准为"国泰君安指数"				

财务指标　　单位：人民币(元)

项目＼年度	2003年	2002年11月13日至2002年12月31日	
加权平均单位基金净收益	0.0803	0.0007	
期末可分配单位基金收益	0.0105	0.0007	
期末单位基金资产净值	1.0664	1.0013	
基金加权平均净值收益率	7.96%	0.07%	
单位基金累计净值增长率	15.64%	0.11%	
本期分红	10派 0.85元	累计分红	10派 0.85元

基金历年表现（单位：%）

30
20
10
0
-10
15.51
0.11
2003
2002

【本期基金业绩表现】

截至2003年12月31日，银华优势单位净值为1.0664元，全年净值增长率达15.51%。

【基金经理简介】

李学文先生：基金经理，1970年出生，经济学硕士，6年证券投资基金从业经历。曾在博时基金管理公司、中融基金管理公司任职。2002年11月加盟银华基金管理有限公司，任基金经理助理，从事基金投资管理工作。

【基金投资运作分析】

2003年，是中国证券市场发生了深刻变化的一年。大盘篮筹股的扩容使投资者分享中国经济增长的条件；同时，基金规模的壮大使市场的投资者结构发生重大的改变，不同的投资理念在市场上发生了激烈的碰撞。2003年基金平均净值增长率高达20.27%，而同期上证指数涨幅仅为10.27%，基金整体的收益高出同期市场收益近一倍，基金倡导并率先实践的价值投资逐渐成为市场的主流。

2003年是银华优势企业基金的起步之年。由于经验不足，该基金的起步十分艰难。2003年上半年，银华优势企业基金的投资与研究一度脱节，投资偏离了理性的轨道，在资产配置方面很不均衡。基金经理在某些阶段过多地配置了银行和汽车，却没有能够很好地把握钢铁、石化、交通运输等行业的景气变化，错失了投资机会，同时也导致了基金业绩大起大落。经过对上半年的深刻反省，基金经理坚定不移地确立了坚持理性投资和追求稳健增长的原则。经过团队共同的努力，下半年，银华优势企业基金获得了较好的投资收益。

【基金投资组合一览】

项目＼季度	第一季度		第二季度		第三季度		第四季度	
基金资产净值/元	1,198,920,065.82		1,099,025,731.54		1,062,246,410.11		1,153,515,990.78	
基金单位净值/元	1.0195		1.0072		0.9345		1.0664	
基金投资组合	市值(元)	占净值比	市值(元)	占净值比	市值(元)	占净值比	市值(元)	占净值比
股票投资	571,947,113.86	47.71%	621,792,467.86	56.58%	665,454,837.10	62.65%	788,510,094.18	68.35%
国债及货币资金	490,139,980.38	40.88%	340,045,795.69	30.94%	249,151,064.93	23.46%	304,482,051.93	26.40%
其他债券投资	159,005,199.16	13.26%	141,685,535.20	12.89%	45,813,865.50	4.31%	84,658,384.20	7.34%

投资前十名股票明细	股票名称	市值(元)	占净值比	股票名称	市值(元)	占净值比	股票名称	市值(元))	占净值比	股票名称	市值(元)	占净值比
	招商银行	82,034,400.00	6.84%	上海汽车	84,424,576.41	7.68%	上海汽车	91,771,059.10	8.64%	武钢股份	98,793,326.06	8.56%
	浦发银行	71,531,397.80	5.97%	*ST 夏利	73,197,972.90	6.66%	宝钢股份	79,647,319.50	7.50%	上海汽车	77,309,048.70	6.70%
	民生银行	60,610,927.70	5.06%	长安汽车	67,853,631.42	6.17%	万 科 A	38,268,255.34	3.60%	宝钢股份	47,723,574.64	4.14%
	上海汽车	58,387,848.48	4.87%	金杯汽车	62,146,987.04	5.65%	中兴通讯	37,949,810.29	3.57%	太钢不锈	44,942,528.05	3.90%
	贵州茅台	32,385,073.45	2.70%	一汽轿车	57,574,859.65	5.24%	江铃汽车	37,728,018.20	3.55%	福耀玻璃	42,557,035.95	3.69%
	上海机场	31,905,795.74	2.66%	江铃汽车	57,454,754.77	5.23%	海螺水泥	37,300,388.16	3.51%	山东铝业	42,280,300.48	3.67%
	深发展A	29,473,750.26	2.46%	宝钢股份	47,522,780.27	4.32%	伊利股份	34,303,027.50	3.23%	海螺水泥	42,056,982.18	3.65%
	盐湖钾肥	28,298,063.95	2.36%	浦发银行	23,641,587.81	2.15%	太钢不锈	31,991,783.68	3.01%	招商银行	37,835,000.00	3.28%
	一汽四环	19,207,947.60	1.60%	盐湖钾肥	18,683,596.80	1.70%	福耀玻璃	30,571,772.50	2.88%	江铃汽车	34,753,479.67	3.01%
	雅 戈 尔	12,584,590.38	1.05%	福田汽车	17,323,253.24	1.58%	福田汽车	28,129,285.10	2.65%	伊利股份	32,642,022.14	2.83%

长城基金管理有限公司

【基本情况】

法定名称：长城基金管理有限公司
注册地址：深圳市福田区深南中路2066号华能大厦25层
办公地址：深圳市福田区深南中路2066号华能大厦25层
法人代表：杨光裕
成立时间：2001年12月27日
组织形式：有限责任公司
注册资本：1亿元人民币
联系电话：0755-83662688
传真号码：0755-83662600
邮政编码：518031
公司网址：www.ccfund.com.cn

【发展概况】

长城基金管理有限公司是经中国证监会证监基金字[2001]55号文批准设立的证券投资基金管理公司，由长城证券有限责任公司、东方证券有限责任公司、西北证券有限责任公司、中原信托投资有限公司以及天津北方国际信托投资股份有限公司共同发起设立，于2001年12月27日正式开业，公司注册地在深圳市。

长城基金管理有限公司按照现代企业制度的规范管理和运作。董事会下设三个专门委员会：合规审查委员会、风险控制委员会、投资决策委员会，并引入国际通行的独立董事制度，进一步完善董事会的决策和风险控制功能，建立良性的公司治理结构。公司实行董事会领导下的总经理负责制，内设基金投资部、研究策划部、机构理财部、运作保障部、信息技术部、综合管理部、监察稽核部、产品开发部、市场开发部、北京销售服务中心、上海销售服务中心、深圳销售服务中心等职能部门。

2003年，经中国证监会同意，长城基金管理有限公司股东会2003年第三次会议、公司第一届董事会第十二次会议审议通过，汪滨同志不再担任长城基金管理有限公司董事、总经理职务。截至2003年底，公司共有员工55人，60%以上具有研究生以上学历，大部分具有理工科及经济类专业背景，主要业务人员均具有3年以上证券或基金从业经历。

【经营业绩】

长城基金管理公司自成立以来，秉承"取信于市场、取信于社会、诚实信用、勤勉尽责、专业经营、合法合规，谋求基金持有人利益最大化"的经营宗旨，树立了稳健经营、规范运作的市场形象。截至2003年12月31日，长城基金公司共管理两只封闭式基金(基金久富、基金久嘉)和长城久恒开放式基金，管理资产规模达45亿元人民币。

2003年8月26日，公司管理的首只开放式基金：长城久恒平衡型基金经中国证监会证监基金字[2003]97号文批准，2003年9月1日正式发行，于2003年10月31日正式成立，首募规模12.84亿份，有效认购户数达32675户。该基金成立来运作良好，于2003年12月29日实施首次分红：每10份基金单位派发红利0.20元。

公司旗下首只封闭式基金：基金久富由富岛基金、兴沈基金、久盛基金等三只基金经清理规范后合并而成，属于价值型投资基金，主要投资于价值被低估的股票，通过组合投资，在注重流动性和规避投资风险的前提下，谋求基金资产的稳定增长。2003年度该基金净值增长达到20.62%，超过同期上证综合指数10.35%的涨幅；旗下第二只封闭式基金：基金久嘉成立于2002年7月5日。2003年该基金在行业配置和证券选择上采取了较为集中的投资策略，取得了较好收益，净值增长率达到20.06%，超越同期上证A股指数10.57%的涨幅，2003年度基金久嘉公告实施分红：每10份基金单位派发红利0.20元。

2003年，长城基金管理有限公司有效实施了三层风险防范和控制措施，完善了公司内部控制体系和电子监控手段，使风险控制的全面性、及时性和有效性不断得到提高。

附：高管成员介绍

杨光裕先生：董事长，中共党员，工商管理硕士。1957年出生，曾任江西省审计厅办公室主任，海南汇通国际信托投资公司总会计师，长城证券有限责任公司副总裁。

关林戈先生：常务副总经理，中共党员，经济学硕士。1953年出生，曾任中国汽车贸易公司办公室主任，中共天津市委领导同志秘书，南方证券天津分公司副总经理、常务副总经理、代总经理，长城证券有限责任公司总裁助理。

股东概况

排序	股东名称	出资额(万元)	出资比例(%)
1	长城证券有限责任公司	4000.00	40.00
2	西北证券有限责任公司	1500.00	15.00
2	东方证券有限责任公司	1500.00	15.00
2	中原信托投资公司	1500.00	15.00
2	天津北方国际信托投资股份有限公司	1500.00	15.00

旗下基金

排序	基金代码	基金简称	基金类型
1	184720	基金久富	封闭式
2	184722	基金久嘉	封闭式
3	200001	基金久恒	开放式

久富证券投资基金

基本资料			
基金代码	184720	基金简称	基金久富
基金类型	契约型封闭式	成立日期	2001-12-18
上市日期	2002-04-18	上市地点	深圳证券交易所
基金总份额	5亿份	存续期	15年
基金管理人	长城基金管理有限公司	基金托管人	交通银行
审计机构	深圳大华天诚会计师事务所	律师事务所	北京市君合律师事务所
投资目标	该基金属于价值型投资基金，主要投资于价值被低估的股票，通过组合投资，在注重流动性和规避投资风险的前提下，谋求基金资产的稳定增长。		
业绩比较基准	同期上证综合指数		

财务指标　　单位：人民币(元)

项目 \ 年度	2003年	2001年12月18日至2002年12月31日 新指标	旧指标
加权平均单位基金净收益	0.0244	−0.0433	−0.0355
期末可分配单位基金收益	−0.0105	−0.1481	−0.1481
期末单位基金资产净值	1.0276	0.8519	0.8519
基金加权平均净值收益率	2.58%	−3.91%	−4.40%
单位基金累计净值增长率	3.30%	−14.36%	−14.36%
本期分红	——	累计分红	——

基金历年表现（单位：%）

【本期基金业绩表现】

截至2003年12月31日，基金久富单位净值为1.0276元，全年净值增长率为20.62%。

【基金经理简介】

许良胜先生：基金经理，33岁，经济学硕士。8年证券从业经历，7年证券投资经历。1992年北京大学地质系毕业，1997年北京大学光华管理学院毕业。1997年7月至2001年就职于长城证券有限责任公司，先后任投资银行总部项目经理、资产管理部总经理助理等职。2002年加盟长城基金管理有限公司，任基金久富基金经理。

【基金投资运作分析】

2003年，基金久富秉承价值投资的理念，采取适度集中的投资策略，积极把握市场节奏。基金总体仓位控制在比较合理的水平，较好地把握了市场热点。

2003年上半年，基金久富重点投资招商银行、上海汽车等金融、汽车、电力类个股，同时减持了复苏尚不显著的科技股，收到了较好的投资效果，基金净值表现良好。六月份，在各种不利因素的影响下市场出现回调，基金久富在银行股板块减仓时机把握不够理想，净值出现较大幅度的回落；下半年，基于分享中国经济增长及香港H股市场的分析，该基金重点增持H板块中各行业的龙头企业，取得较好效果。

总体分析，基金久富2003年度净值增长达到20.62%，超过同期上证综合指数的涨幅达10.35%。

【基金投资组合一览】

项目 \ 季度	第一季度		第二季度		第三季度		第四季度	
基金资产净值/元	458,257,591.16		474,563,874.34		448,796,044.86		513,782,283.42	
基金单位净值/元	0.9165		0.9491		0.8976		1.0276	
基金投资组合	市值(元)	占净值比	市值(元)	占净值比	市值(元)	占净值比	市值(元)	占净值比
股票投资	320,935,131.62	70.03%	307,029,298.16	64.70%	305,879,187.92	68.16%	375,815,789.68	73.15%
国债及货币资金	110,404,041.80	24.09%	114,815,287.42	24.19%	95,185,939.92	21.21%	108,043,676.42	21.03%
其他投资	26,766,497.00	5.84%	33,436,310.60	7.05%	47,875,830.20	10.67%	30,626,241.00	5.96%

投资前十名股票明细

股票名称	市值(元)	占净值比	股票名称	市值(元)	占净值比	股票名称	市值(元)	占净值比	股票名称	市值(元)	占净值比
中信国安	21,807,680.65	4.76%	招商银行	34,747,681.40	7.32%	宝钢股份	28,877,687.16	6.43%	上海汽车	34,706,401.29	6.76%
中信证券	18,978,718.33	4.14%	申能股份	26,088,913.20	5.50%	招商银行	23,210,586.29	5.17%	申能股份	29,837,219.91	5.81%
上海汽车	16,849,997.62	3.68%	浦发银行	18,962,589.78	4.00%	浦发银行	22,539,149.26	5.02%	招商银行	28,518,792.88	5.55%
浦发银行	15,363,158.48	3.35%	上海汽车	18,523,379.16	3.90%	中兴通讯	22,265,554.34	4.96%	中兴通讯	19,233,306.02	3.74%
宝钢股份	15,192,500.00	3.32%	*ST夏利	17,542,949.76	3.70%	申能股份	21,370,829.60	4.76%	浦发银行	19,132,792.00	3.72%
深发展A	14,779,811.73	3.23%	中信国安	15,123,217.32	3.19%	*ST夏利	17,289,850.32	3.85%	华能国际	16,576,991.90	3.23%
中兴通讯	13,768,584.67	3.00%	广电电子	14,785,833.92	3.12%	上海汽车	13,948,278.40	3.11%	国电电力	16,414,194.56	3.19%
民生银行	13,617,613.00	2.97%	中信证券	13,477,380.21	2.84%	外运发展	12,181,429.89	2.71%	国电南瑞	15,702,994.34	3.06%
皖通高速	13,546,034.25	2.96%	华能国际	12,331,615.09	2.60%	中国联通	11,361,573.29	2.53%	民生银行	15,409,564.85	3.00%
东软股份	13,081,086.72	2.85%	中国联通	10,956,497.19	2.31%	扬子石化	10,670,400.00	2.38%	长江电力	15,203,898.32	2.96%

久嘉证券投资基金

基本资料			
基金代码	184722	基金简称	基金久嘉
基金类型	契约型封闭式	成立日期	2002-07-05
上市日期	2002-08-27	上市地点	深圳证券交易所
基金总份额	20亿份	存 续 期	15年
基金管理人	长城基金管理有限公司	基金托管人	中国农业银行
审计机构	深圳大华天诚会计师事务所	律师事务所	北京市君合律师事务所
投资目标	该基金为平衡型基金。将注重选择经营状况稳定、主营业务突出、已显露一定成长趋势的上市公司作为投资组合的构建对象。该基金将极其注意在市场发展的不同阶段对基金资产在不同投资品种上的配置管理,以求最大限度地降低风险保证基金资产持续稳定增长。		
业绩比较基准	同期上证A股指数		

财务指标 单位:人民币(元)

项 目 \ 年 度	2003年	2002年
加权平均单位基金净收益	0.0522	−0.0304
期末可分配单位基金收益	0.0218	−0.0869
期末单位基金资产净值	1.0963	0.9131
基金加权平均净值收益率	5.21%	−3.15%
单位基金累计净值增长率	9.63%	−8.69%
本期分红 10派 0.20元		累计分红 10派 0.20元

基金历年表现(单位:%)

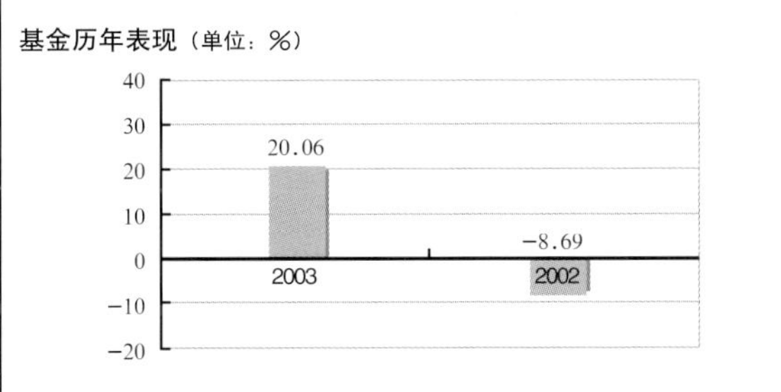

【本期基金业绩表现】

截至2003年12月31日,基金久嘉单位净值为1.0963元,全年净值增长率达20.06%。

【基金经理简介】

韩浩先生:基金经理,36岁,10年的证券投资从业经历。1989年毕业于武汉大学化学系,获理学学士学位;1992年毕业于北京大学经济学院,获经济学硕士学位。曾就职于海南汇通国际信托投资公司证券部、长城证券有限责任公司资产管理部并任总经理。

【基金投资运作分析】

2003年是中国证券市场转轨之年:个股分化加剧,股价结构调整力度加大。上证指数在4月中旬见顶1649点后,回落整理至11月,市场开始新一轮上涨。纵观全年,部分行业和个股涨幅较大,投资机会较多,市场运行发生明显转变。

2003年,基金久嘉在全年的投资运作中,在资产配置方面,相对2002年下半年仓位较低的状况,基金经理保持了65%左右的平均股票仓位。在行业配置和证券选择上基金经理采取了较为集中的投资策略,重点投资了汽车、银行、钢铁、港口、电力、石化、电子信息等行业,取得了较好的收益。

2003年,基金久嘉在投资运作中,存在两点不足:在资产配置偏离度的把握上需要更精细、更程序化;对周期性行业景气周期跨度和特征的分析需进一步加强。

【基金投资组合一览】

项 目 \ 季 度	第一季度		第二季度		第三季度		第四季度	
基金资产净值/元	1,917,115,728.19		2,016,228,456.87		1,947,142,793.96		2,192,648,327.25	
基金单位净值/元	0.9586		1.0081		0.9736		1.0963	
基金投资组合	市值(元)	占净值比	市值(元)	占净值比	市值(元)	占净值比	市值(元)	占净值比
股票投资	1,110,229,766.74	57.91%	1,198,622,780.32	59.45%	1,122,318,977.75	57.64%	1,632,859,566.06	74.47%
国债及货币资金	755,169,131.43	39.39%	805,695,014.00	39.96%	815,788,768.39	41.90%	516,181,335.05	23.54%
其他投资	42,439,548.00	2.21%	5,590,080.00	0.28%	—		117,361,841.50	5.35%

投资前十名股票明细

股票名称	市值(元)	占净值比	股票名称	市值(元)	占净值比	股票名称	市值(元)	占净值比	股票名称	市值(元)	占净值比
宝钢股份	185,400,000.00	9.67%	上海汽车	130,680,000.00	6.48%	上海汽车	150,202,426.83	7.71%	中国联通	84,055,184.14	3.83%
上海汽车	106,473,841.96	5.55%	宝钢股份	102,000,000.00	5.06%	宝钢股份	119,472,000.00	6.14%	中国石化	79,733,059.31	3.64%
招商银行	94,009,310.00	4.90%	招商银行	85,646,000.00	4.25%	上港集箱	89,603,045.28	4.60%	上港集箱	75,382,813.14	3.44%
上海机场	63,725,792.61	3.32%	上港集箱	73,225,944.00	3.63%	中兴通讯	75,804,095.29	3.89%	宝钢股份	74,070,546.55	3.38%
福田汽车	54,902,600.00	2.86%	双汇发展	72,380,000.00	3.59%	盐田港A	61,445,860.02	3.16%	盐田港A	71,085,979.40	3.24%
山东基建	52,690,000.00	2.75%	福田股份	55,720,000.00	2.76%	双汇发展	57,402,097.20	2.95%	福田汽车	53,597,581.85	2.44%
扬子石化	48,715,200.00	2.54%	中兴通讯	50,546,700.00	2.51%	福田汽车	57,039,798.40	2.93%	招商银行	51,650,989.87	2.36%
中信证券	33,550,000.00	1.75%	ST 夏 利	45,360,000.00	2.25%	上海机场	42,964,031.00	2.21%	上海汽车	50,870,069.28	2.32%
华北制药	31,940,136.80	1.67%	盐 田 港	44,126,166.40	2.19%	同 仁 堂	42,742,700.00	2.20%	中兴通讯	49,567,080.90	2.26%
深能源A	26,535,200.00	1.38%	申能股份	43,880,664.24	2.18%	天 津 港	42,478,108.68	2.18%	长江电力	49,218,291.20	2.24%

长城久恒平衡型证券投资基金

基本资料			
基金代码	200001		
基金简称	基金久恒	基金类型	契约型开放式
发行日期	2003-09-01 至 2003-10-30	成立日期	2003-10-31
首募规模	12.84 亿份	认购户数	32675 户	期末规模	13.06 亿份
认购费率	不高于 1.00%	申购费率	1.20%-1.50%	赎回费率	0.50%
管理费率	1.50%	托管费率	0.25%
销售机构	长城基金管理有限公司、中国建设银行、兴业银行股份有限公司、华夏证券、海通证券、国泰君安证券、申银万国、兴业证券等。		
基金管理人	长城基金管理有限公司	基金托管人	中国建设银行
审计机构	深圳大华天诚会计师事务所	律师事务所	北京金杜律师事务所
投资目标	本着安全性、流动性原则，控制投资风险，谋求基金资产长期稳定增长。		
业绩比较基准	70%×中信综指＋30%×中信国债指数		

财务指标　　单位：人民币(元)

项目＼年度	2003年10月31日至2003年12月31日		
加权平均单位基金净收益	0.0241		
期末可分配单位基金收益	0.0041		
期末单位基金资产净值	1.019		
基金加权平均净值收益率	2.38%		
单位基金累计净值增长率	3.89%		
本期分红	10 派 0.20 元	累计分红	10 派 0.20 元

基金历年表现（单位：%）

年份	2003	2002
表现	3.89	

【本期基金业绩表现】

长城久恒平衡型基金从 2003 年 11 月 3 日开始运作截至 2003 年 12 月 31 日，该基金单位资产净值为 1.019 元，本期基金净值增长率为 3.89%。

【基金经理小组简介】

韩浩先生：基金经理，36 岁，10 年的证券投资从业经历。1989 年毕业于武汉大学化学系，获理学学士学位；1992 年毕业于北京大学经济学院，获经济学硕士学位。曾就职于海南汇通国际信托投资公司证券部、长城证券有限责任公司资产管理部并任总经理。

杨军先生：基金经理助理，35 岁，8 年证券投资从业经历。1989 年毕业于北京大学经济管理系，获经济学学士学位；1993 年毕业于北京大学经济学院，获经济学硕士学位。曾就职于深圳市安信财务有限公司证券投资部、深圳经济特区证券公司投资部、广发基金管理有限公司投资管理部，曾任投资部副经理、基金经理等职务。

【基金投资运作分析】

长城久恒平衡型基金成立于 2003 年 10 月 31 日，2003 年度，该基金只有两个月的运作时间。基金久恒在 2003 年一直处于建仓阶段，截至 2003 年 12 月底，基金久恒的股票仓位水平达到 51.84%，基本完成初始建仓计划。该基金在股票资产的配置上，采取了自上而下的、相对于比较基准而言较均衡的配置原则，在石化、有色金属、钢铁、汽车、电力、交通运输设施、信息技术及金融等行业都进行了一定数量的配置。

【基金投资组合一览】

项目＼季度	第四季度	
基金资产净值/元	1,331,217,201.72	
基金单位净值/元	1.019	
基金投资组合	市值(元)	占净值比
股票投资	690,068,191.22	51.84%
国债及货币资金	642,704,512.62	48.28%

投资前十名股票明细

序号	股票名称	市值(元)	占净值比	序号	股票名称	市值(元)	占净值比
1	上海汽车	60,975,680.58	4.58%	6	鞍钢新轧	39,302,191.11	2.95%
2	中国石化	54,823,675.50	4.12%	7	中集集团	32,500,872.00	2.44%
3	中国联通	51,090,000.00	3.84%	8	一汽轿车	32,328,238.80	2.43%
4	齐鲁石化	39,696,242.40	2.98%	9	上海石化	28,931,370.84	2.17%
5	扬子石化	39,517,824.71	2.97%	10	山东铝业	28,829,386.48	2.17%

中融基金管理有限公司

【基本情况】

法定名称：中融基金管理有限公司
注册地址：深圳市福田区深南大道投资大厦第三层
办公地址：深圳市福田区深南大道投资大厦第三层
法人代表：武铁锁
总 经 理：万朝领
成立时间：2002年6月13日
组织形式：有限责任公司
注册资本：1亿元人民币
联系电话：0755-82904140
传真号码：0755-82912832
邮政编码：518048
公司网址：www.zrfund.com

【发展概况】

中融基金管理有限公司经中国证监会证监基金字[2002]25号文批准，由河北证券有限责任公司、国信证券有限责任公司、长城证券有限责任公司、浙江省国际信托投资公司、华宝信托投资有限责任公司等5家机构共同发起设立，于2002年6月13日正式成立。注册资本为1亿元人民币，公司注册地深圳市。

公司在法人治理结构及公司组织架构建设方面，充分借鉴了国内外的先进经验。目前公司建立健全了独立董事制度，在董事会11名成员中引入了5名独立董事，对公司治理机制的完善起到了促进作用。

公司实行董事会领导下的总经理负责制，下设投资决策委员会和风险控制委员会两个非常设机构和九个职能部门，分别执行投资管理、市场开发、监察稽核、保障支持四大功能。风险控制是公司发展的生命线。公司目前已建立了较为完善的风险控制体系，力图实现多层次的立体化控制、多方面的全方位控制、多阶段的全过程控制和多手段的综合性控制。

公司目前拥有一支具有专业素质和实战经验的专业化基金管理团队，现有员工40人。其中博士7人，占17.5%；硕士21人，占52.5%；本科8人，占20%；大专4人，占10%。直接从事基金管理业务的人员均具有3年以上证券业从业经历，其中部分员工具有海外学习和工作的经历。

【经营业绩】

中融基金公司自成立来，本着诚实信用、勤勉尽责的原则管理和运用基金资产，遵循“研究创造价值，有效控制风险，长期投资，不断创新”的投资理念，在合法合规的基础上，为基金持有人谋求最大利益。

截至2003年12月底，公司管理两只基金：一只为封闭式基金：基金融鑫，扩募后的基金份额为8亿份；一只为开放式基金：中融融华债券型基金，首发规模为25.88亿份。

2003年2月，中融基金管理公司管理的首只开放式基金——中融融华债券型基金经中国证监会证监基金字[2003]18号文批准，于2003年2月25日起开始发行，2003年4月16日正式成立，首募规模25.88亿份，该基金是中国光大银行托管和主代销的首只开放式基金。截至2003年12月31日，该基金运作半年来，表现良好，本年度基金净值增长率为5.92%，而同期比较基准下跌3.74%。

在创新基金产品的同时，中融基金管理公司用心运作管理资金，精心打造业绩品牌，逐渐树立了中融公司的基金形象。管理的封闭式基金：基金融鑫截至2003年12月31日，单位净值达1.2936元，本年度净值增长率30.31%，2003年该基金公告分红：每10份基金单位派现0.10元。

在基金管理上，中融公司实行投资决策委员会领导下的基金经理负责制，实行“三级授权、二级管理”的授权管理体制。公司坚持“研究创造价值”的投资理念，在基金投资运作中强调研究的作用，所有的投资都必须以详实的研究报告为依据，最大限度地提高投资决策的准确性和有效性；公司建立了严格的投资决策程序和投资禁止及投资限制制度，在投资决策的全过程中强调透明、严谨、合法、合规，在基金投资过程中强调交易操作准确、及时、高效。

附：高管成员介绍

武铁锁先生：董事长，49岁，中共党员，研究生，高级经济师。曾任衡水地区人民银行办公室主任、河北省工商银行办公室主任、计划处副处长和国际业务部副经理。现任河北证券有限责任公司董事长、党委副书记。

万朝领先生：总经理，41岁，中共党员，高级经济师、经济学博士。曾任国信证券有限责任公司总裁助理(首席证券分析师)，现任中融基金管理有限公司总经理。

股东概况

排序	股东名称	出资额(万元)	出资比例(%)
1	河北证券有限责任公司	3000.00	30.00
2	国信证券有限责任公司	2000.00	20.00
2	长城证券有限责任公司	2000.00	20.00
3	浙江省国际信托投资公司	1500.00	15.00
3	华宝信托投资有限责任公司	1500.00	15.00

旗下基金

排序	基金代码	基金简称	基金类型
1	184719	基金融鑫	封闭式
2	121001	融华债券	开放式

融鑫证券投资基金

基本资料			
基金代码	184719	基金简称	基金融鑫
基金类型	契约型封闭式	成立日期	2002-06-13
上市日期	2002-09-02	上市地点	深圳证券交易所
基金总份额	8亿份	存续期	15年
基金管理人	中融基金管理有限公司	基金托管人	中国工商银行
审计机构	深圳大华天诚会计师事务所	律师事务所	北京金杜律师事务所
投资目标	该基金为成长型基金，将投资于高速成长及业务有良好前景的企业，基金管理人将采取较为稳健的投资策略，为基金持有人获取中长期稳定的投资收益。		
业绩比较基准	——		

财务指标		单位：人民币(元)	
项目 \ 年度	2003年	2001年8月22日至2002年12月31日	
加权平均单位基金净收益	-0.0027	-0.0012	
期末可分配单位基金收益	0.0112	-0.0073	
期末单位基金资产净值	1.2936	0.9927	
基金加权平均净值收益率	-0.24%	-0.15%	
单位基金累计净值增长率	27.39%	-2.24%	
本期分红	10派 0.10元	累计分红	10派 0.10元

基金历年表现（单位：%）

年份	2003	2002
表现	30.31	-2.24

【本期基金业绩表现】

截至2003年12月31日，基金融鑫单位净值为1.2936元，全年净值增长率达30.31%。

【基金经理简介】

许翔先生：1963年出生，经济学硕士，中国注册会计师。1981年9月至1985年8月在四川雅安化肥厂任技术员，1989年8月至1991年8月在深圳粤宝电子公司任助理工程师，1994年8月至1995年7月在深圳招商银行任信贷员，1995年8月至1996年9月在深圳高新技术工业区任会计师，1996年10月至2002年4月在国信证券研究中心、投资管理部、资产管理部任高级研究员，2002年5月加盟中融基金管理有限公司先后任研究策划部首席分析师、研究策划部总监。

【基金投资运作分析】

截至2003年12月31日，基金融鑫单位资产净值为1.2936元，全年基金净值增长率为30.31%，业绩表现较好。

2003年在基金操作上，首先，基金经理把握住了蓝筹股的大牛市行情，在全年的大部分时间中，坚持长期投资理念，基本满仓操作，持有具有投资价值的港口、钢铁、汽车等行业的龙头企业，取得了远强于大市的业绩；其次，把握了可转债和港口股的投资机会，并认识到2003年所发行的转债品种与传统意义上转债的不同和其中的投资机会，从2003年第一只可转债上市开始，就在最低价位坚决大量建仓，在投资运作中，基金经理又较为领先地提出了港口基金的概念，重仓持有港口股，为该基金取得了超额收益。

【基金投资组合一览】

项目 \ 季度	第一季度		第二季度		第三季度		第四季度	
基金资产净值/元	849,112,210.69		907,549,432.60		867,095,439.46		1,034,887,590.97	
基金单位净值/元	1.0614		1.1344		1.0839		1.2936	
基金投资组合	市值(元)	占净值比	市值(元)	占净值比	市值(元)	占净值比	市值(元)	占净值比
股票投资	362,771,544.74	42.72%	535,074,766.69	58.96%	503,002,629.22	58.01%	696,564,171.94	67.31%
国债及货币资金	197,614,898.93	23.27%	232,132,055.30	25.58%	277,529,581.42	32.01%	223,206,094.66	21.57%
其他投资	286,057,146.00	33.69%	357,289,535.00	39.37%	304,867,100.40	35.16%	324,433,804.50	31.35%

投资前十名股票明细	股票名称	市值(元)	占净值比	股票名称	市值(元)	占净值比	股票名称	市值(元)	占净值比	股票名称	市值(元)	占净值比
	上海机场	82,271,043.44	9.69%	盐田港A	86,275,238.26	9.51%	盐田港A	84,407,753.74	9.73%	上海机场	102,055,366.47	9.86%
	宝钢股份	44,753,500.00	5.27%	上海机场	73,629,789.89	8.11%	上港集箱	83,993,731.68	9.69%	上港集箱	100,329,150.36	9.69%
	盐田港A	41,123,748.36	4.84%	上港集箱	72,667,869.12	8.01%	上海机场	83,405,694.15	9.62%	盐田港A	97,125,719.99	9.39%
	上海汽车	38,940,112.64	4.59%	天津港	60,847,773.48	6.70%	天津港	68,067,509.72	7.85%	天津港	67,478,151.72	6.52%
	外运发展	28,938,196.48	3.41%	上海汽车	49,796,398.08	5.49%	上海汽车	48,038,320.16	5.54%	宝钢股份	62,694,167.25	6.06%
	天津港	24,460,146.09	2.88%	宝钢股份	43,328,024.10	4.77%	外运发展	46,490,497.83	5.36%	上海汽车	57,971,526.24	5.60%
	上港集箱	14,854,518.00	1.75%	招商银行	37,533,466.40	4.14%	宝钢股份	45,946,494.60	5.30%	外运发展	57,348,822.72	5.54%
	长安汽车	12,323,889.90	1.45%	浦发银行	33,845,692.59	3.73%	招商银行	27,293,235.84	3.15%	中国联通	56,729,033.48	5.48%
	一汽轿车	11,673,415.76	1.37%	外运发展	30,889,727.20	3.40%	长安汽车	14,761,351.50	1.70%	长江电力	34,997,560.00	3.38%
	江淮汽车	11,047,549.74	1.30%	长安汽车	17,461,470.60	1.92%	国电南瑞	228,580.00	0.03%	扬子石化	34,521,465.02	3.34%

中融融华债券型证券投资基金

基本资料					
基金代码	121001				
基金简称	融华债券		基金类型	契约型开放式	
发行日期	2003-02-25至2003-04-11		成立日期	2003-04-16	
首募规模	25.88亿份	认购户数	17611户	期末规模	10.65亿份
认购费率	0.60%	申购费率	0.65%	赎回费率	不高于0.50%
管理费率	0.75%		托管费率	0.20%	
销售机构	中国光大银行、中国农业银行、中国民生银行、福建兴业银行、国泰君安证券股份有限公司、华夏证券股份有限公司、国信证券有限责任公司、海通证券股份有限公司、联合证券有限责任公司以及中融基金管理有限公司直销中心。				
基金管理人	中融基金管理有限公司		基金托管人	中国光大银行	
审计机构	安永华明会计师事务所		律师事务所	北京金杜律师事务所	
投资目标	追求低风险的稳定收益，即以债券投资为主，稳健收益型股票投资为辅，在有效控制风险的前提下，谋求基金投资收益长期稳定增长。				
业绩比较基准	80%×债券指数+20%×中信(股票)指数				

财务指标　　单位：人民币(元)

项目 \ 年度	2003年4月16日至2003年12月31日		
加权平均单位基金净收益	0.0002		
期末可分配单位基金收益	0.0014		
期末单位基金资产净值	1.0592		
基金加权平均净值收益率	0.02%		
单位基金累计净值增长率	5.92%		
本期分红	——	累计分红	——

基金历年表现（单位：%）

30
20
10
0
−10
5.92
2003
2002

【本期基金业绩表现】

融华债券基金成立于2003年4月16日，截至2003年12月31日，基金单位净值为1.0592元，本期净值增长率为5.92%。

【基金经理简介】

邢修元先生：37岁，南开大学国际金融专业毕业，经济学博士。1993年以来，一直从事证券投资与研究工作，具有10年证券从业经验。1993至1994年在平安保险公司金融投资部从事自营证券投资工作。1995至1996年在平安证券研究部从事宏观经济和市场研究。1996年起先后任国信证券投资研究中心总经理助理、投资研究部经理兼投资经理，从事证券投资研究与管理工作。2002年加盟中融基金管理有限公司，先后任研究部总监、总经理助理、中融融华债券型基金基金经理。

【基金投资运作分析】

2003年，在基金操作上，融华债券基金在有效控制风险的前提下，为基金持有人实现了投资收益最大化。在债券投资上，以规避利率波动风险为前提，在综合考虑了收益率曲线水平和各债券品种流动性的基础上，向中短期国债和浮动利率国债集中，截至2003年12月31日，基金固定利率国债组合的久期在4年以下，同时加大了对浮动利率国债的投资；在保持国债基本投资比例的基础上，基金经理加大对可转换债券的投资力度，并获得了较为可观的收益。

由于该基金是债券型基金，股票投资也是个重要方面，在突出行业配置的同时，基金经理加大了个股精选的力度，重点投资了石化、钢铁、机场、港口、汽车和银行等最能分享中国经济增长成果的上市公司股票。

【基金投资组合一览】

项目 \ 季度	第二季度			第三季度			第四季度		
基金资产净值/元	2,599,235,173.96			1,610,591,432.83			1,127,889,506.29		
基金份额/份	2,588,554,466.83			1,644,826,196.33			1,064,830,458.58		
基金单位净值/元	1.0041			0.9792			1.0592		
基金投资组合	市值(元)		占净值比	市值(元)		占净值比	市值(元)		占净值比
债券投资	1,269,831,939.30		48.85%	718,936,028.70		44.64%	589,118,876.96		52.23%
股票投资	186,656,065.24		7.18%	200,010,917.64		12.42%	442,599,001.12		39.24%
货币资金	9,754,210.42		0.38%	218,250,487.37		13.55%	32,374,802.80		2.87%
投资前五名债券明细	债券名称	市值(元)	占净值比	债券名称	市值(元)	占净值比	债券名称	市值(元)	占净值比
	21国债(12)	272,474,613.00	10.48%	02国债(15)	181,373,556.00	11.26%	民生转债	129,094,059.10	11.45%
	02国债(15)	269,550,451.50	10.37%	99国债(8)	156,591,061.20	9.72%	02国债(10)	84,747,772.80	7.51%
	民生转债	253 819 206.60	9.77%	99国债5	124,754,000.00	7.75%	99国债5	83,513,008.26	7.40%
	99国债(8)	181,054,430.00	6.97%	21国债(12)	96,113,913.00	5.97%	02国债(14)	76,815,360.00	6.81%
	99国债(5)	82,729,000.00	3.18%	民生转债	68,208,480.00	4.24%	桂冠转债	52,965,459.30	4.70%
投资前五名股票明细	股票名称	市值(元)	占净值比	股票名称	市值(元)	占净值比	股票名称	市值(元)	占净值比
	招商银行	52,072,000.00	2.00%	上海机场	53,813,666.94	3.34%	中国联通	100,215,000.00	8.89%
	盐田港A	30,486,660.46	1.17%	盐田港A	32,336,521.39	2.01%	上海机场	70,319,858.44	6.23%
	浦发银行	24,752,151.69	0.95%	天津港	25,167,995.90	1.56%	长江电力	41,533,800.00	3.68%
	天津港	19,143,196.80	0.74%	上港集箱	24,410,772.00	1.52%	上港集箱	41,180,000.00	3.65%
	上港集箱	15,663,424.59	0.60%	上海汽车	23,056,724.74	1.43%	上海石化	36,571,369.28	3.24%

银河基金管理有限公司

【基本情况】

法定名称：银河基金管理有限公司
注册地址：上海市东大名路908号
办公地址：上海市东大名路908号金岸大厦三楼
法人代表：刘澎湃
公司负责人：谭庆中
成立时间：2002年6月14日
组织形式：有限责任公司
注册资本：1亿元人民币
联系电话：021-65956688
传真号码：021-65958005
邮政编码：200082
公司网址：www.galaxyasset.com

【发展概况】

2002年6月，银河基金管理有限公司经中国证监会证监基金字[2002]21号文批准由中国银河证券有限责任公司、中国石油天然气集团公司、北京首都机场集团公司、上海市城市建设投资开发总公司、湖南广播电视产业中心共同发起设立。银河基金管理有限公司是经中国证监会按照市场化机制和"好人举手"制度批准成立的首家基金管理公司。

银河基金管理有限公司常设研究部、基金管理部、中央交易室、金融工程部、市场部、支持保障部、综合部、监察部、督察员办公室以及北京分公司、广州分公司等部门。此外，还设立合规审查与风险控制委员会、薪酬委员会、资格审核委员会及投资决策委员会等非常设机构。

【经营业绩】

截至2003年12月31日，银河基金管理有限公司共管理一只封闭式基金和一只开放式系列基金。

银河银联系列基金是银河基金管理公司旗下首只开放式基金，该系列基金由银河稳健和银河收益两只基金构成，于2003年6月16日开始发行，2003年7月28日发行结束。2003年8月4日，银河银联系列基金正式成立，首募规模29.89亿份，有效认购户数为44539户。其中：银河稳健基金募集规模11.87亿份，有效认购户数达22060户；银河收益基金募集规模18.02亿份，有效认购户数达22479户。

银河稳健基金为开放式股票型基金，于2003年8月4日正式运作以来，截至2003年12月31日，基金单位净值达1.0943元，累计分红每10份基金单位派发红利0.15元。

银河收益基金为开放式债券型基金，于2003年8月4日正式运作以来，截至2003年12月31日，基金单位净值达1.0402元。

基金银丰为银河基金公司旗下首只封闭式基金，于2002年8月15日正式开始投资运作，截至2003年12月31日，基金累计净值达1.165元，累计分红每10份基金单位派发红利0.40元。

附：高管成员介绍

刘澎湃先生：董事长，中共党员，大学本科学历。历任中国人民银行总行副司长，珠海市人民政府副市长，中国保险监督管理委员会办公室主要负责人等职。2000年至今任中国银河证券有限责任公司副总裁。

谭庆中先生：董事、代总经理，中共党员，大学本科学历，经济师。先后担任中国工商银行中山分行工业信贷科主办科员、副科长，广东省工商银行信托投资公司中山分公司副总经理、总经理，中国华融信托投资公司中山营业部总经理，中国华融信托投资公司广东证券分部总经理，中国银河证券有限责任公司中山营业部总经理，中国银河证券有限责任公司资产管理总部副总经理。

股东概况

排序	股东名称	出资额(万元)	出资比例(%)
1	中国银河证券有限责任公司	5000.00	50.00
2	中国石油天然气集团公司	1250.00	12.50
2	北京首都机场集团公司	1250.00	12.50
2	上海市城市建设投资开发总公司	1250.00	12.50
2	湖南广播电视产业中心	1250.00	12.50

旗下基金

排序	基金代码	基金简称	基金类型
1	500058	基金银丰	封闭式
2	151001	银河稳健	开放式
3	151002	银河收益	开放式

银丰证券投资基金

基本资料			
基金代码	500058	基金简称	基金银丰
基金类型	契约型封闭式	成立日期	2002-08-15
上市日期	2002-09-10	上市地点	上海证券交易所
基金总份额	30亿份	存续期	15年
基金管理人	银河基金管理有限公司	基金托管人	中国建设银行
审计机构	中瑞华恒信会计师事务所	律师事务所	——
投资目标	该基金为平衡型证券投资基金，主要追求长期稳定的收益。基金管理人力求有机融合稳健型与进取型两种投资风格，构造一个使长期资本增值与当期收入水平适度匹配的投资组合。		
业绩比较基准	上证A股指数涨跌幅×75%+国债指数涨跌幅×25%		

财务指标		单位：人民币(元)	
项目 \ 年度	2003年		2002年
加权平均单位基金净收益	0.0396		0.0011
期末可分配单位基金收益	0.0007		-0.0419
期末单位基金资产净值	1.125		0.958
基金加权平均净值收益率	3.84%		0.11%
单位基金累计净值增长率	16.68%		-4.30%
本期分红	10派 0.40元	累计分红	10派 0.40元

基金历年表现（单位：%）

50
40
30
20
10
0
-10
21.92
2003
-4.30
2002

【本期基金业绩表现】

截至2003年12月31日，基金银丰单位净值为1.125元，本期基金资产净值增长率为21.92%。

【基金经理简介】

李昇先生：基金经理，硕士研究生学历，11年证券从业经历。自1993年起加盟君安证券公司工作，先后担任研究所研究员、公司二级市场风险控制员和证券投资部一级投资经理。2002年2月加盟银河基金管理有限公司，任基金银丰基金经理。

【基金投资运作分析】

2003年我国经济经受住了SARS考验，宏观经济持续高速增长，显示出强劲的增长势头，表明在国际化、城市化与消费结构升级三大动力推动下，我国经济已进入新一轮增长周期。

2003年上市公司股价结构发生了很大变化，"二八"现象成为投资者的热点话题，出现这一格局的原因是新的投资理念使股价与上市公司业绩相关性正在逐步提高，机构投资者开始注重收益和风险的平衡。从2003年大盘低市盈率蓝筹股受到市场青睐可以看出，价值投资理念为投资各方所接受，并成为市场参与主体的共识。

2003年初，基金银丰刚过建仓期，股票仓位较轻，但基金经理判断2003年市场处于夯实底部阶段，该基金对股票投资采取了较为积极的投资策略，较大幅度提高了股票仓位。在行业配置层面主要选择了钢铁、能源、港口、机场、银行、汽车等高增长行业；2003年，基金银丰在债券投资上较为谨慎，加大了可转债品种的投资比重。

【基金投资组合一览】

项目 \ 季度	第一季度		第二季度		第三季度		第四季度	
基金资产净值/元	3,052,088,795.08		3,069,516,635.92		2,966,533,463.92		3,376,287,049.93	
基金单位净值/元	1.017		1.023		0.989		1.125	
基金投资组合	市值(元)	占净值比	市值(元)	占净值比	市值(元)	占净值比	市值(元)	占净值比
股票投资	1,657,704,644.72	54.31%	2,024,636,602.11	65.96%	1,954,461,991.52	65.86%	2,486,105,184.86	73.64%
国债及货币资金	1,154,673,162.57	37.83%	699,738,108.27	22.80%	667,914,777.25	22.51%	942,158,120.13	27.91%
其他投资	241,365,007.60	7.91%	217,962,286.40	7.10%	109,894,730.40	3.70%	182,709,186.00	5.41%

投资前十名股票明细	股票名称	市值(元)	占净值比	股票名称	市值(元)	占净值比	股票名称	市值(元)	占净值比	股票名称	市值(元)	占净值比
	宝钢股份	100,316,891.20	3.29%	宝钢股份	166311265.20	5.42%	宝钢股份	184,462,242.32	6.22%	宝钢股份	179,697,496.55	5.32%
	华能国际	81,946,865.11	2.68%	招商银行	113997757.20	3.71%	华能国际	120,246,284.20	4.05%	中国联通	175,917,576.08	5.21%
	招商银行	77,990,661.25	2.56%	华能国际	111178076.03	3.62%	盐田港A	92,891,587.18	3.13%	长江电力	149,003,804.56	4.41%
	中国联通	75,137,165.46	2.46%	中国联通	105134430.39	3.43%	南方航空	89,226,512.70	3.01%	上海机场	137,783,258.22	4.08%
	盐田港A	68,592,903.84	2.25%	盐田港A	103547415.61	3.37%	中国石化	83,701,199.36	2.82%	中国石化	136,092,449.64	4.03%
	上海机场	58,755,134.93	1.93%	中国石化	72246862.16	2.35%	上海机场	76,579,158.40	2.58%	南方航空	128,486,840.00	3.81%
	上海汽车	52,653,137.38	1.73%	大众公用	71895368.93	2.34%	鞍钢新轧	70,808,707.25	2.39%	鞍钢新轧	110,461,831.20	3.27%
	大众科创	42,029,176.28	1.38%	鞍钢新轧	60819745.05	1.98%	中国联通	70,425,079.20	2.37%	扬子石化	96,681,227.56	2.86%
	广州控股	41,981,390.78	1.38%	上海汽车	56692619.28	1.85%	大众公用	69,880,881.48	2.36%	上海汽车	89,362,245.63	2.65%
	外运发展	33,724,448.72	1.11%	上海机场	52487889.19	1.71%	扬子石化	64,028,668.86	2.16%	盐田港A	82,052,691.59	2.43%

银河银联系列证券投资基金

银河稳健证券投资基金

基本资料					
基金代码	151001（前端收费） 151101（后端收费）				
基金简称	银河稳健		基金类型	契约型开放式	
发行日期	2003-06-16至2003-07-28		成立日期	2003-08-04	
首募规模	11.87亿份	认购户数	22060户	期末规模	7.59亿份
认购费率	1.00%	申购费率	1.00%（日常）0%–1.20%（前端）	赎回费率	0.50%
管理费率	1.50%	托管费率	0.25%	转换费率	0%–0.20%
销售机构	银河基金管理有限公司、中国农业银行、深圳发展银行、中国银河证券、国泰君安证券、华夏证券、申银万国、招商证券、广发证券、广东证券等。				
基金管理人	银河基金管理有限公司		基金托管人	中国农业银行	
审计机构	中瑞华恒信会计师事务所		律师事务所	——	
投资目标	以稳健的投资风格，构造资本增值与收益水平适度匹配的投资组合，在控制风险的前提下，追求基金资产的长期稳定增值。				
业绩比较基准	上证A股指数涨跌幅×75%＋中信国债指数涨跌幅×25%				

财务指标 单位：人民币(元)			
项目 \ 年度	2003年8月4日至2003年12月31日		
加权平均单位基金净收益	0.0200		
期末可分配单位基金收益	0.0108		
期末单位基金资产净值	1.0943		
基金加权平均净值收益率	1.97%		
单位基金累计净值增长率	10.99%		
本期分红	10派 0.15元	累计分红	10派 0.15元

基金历年表现（单位：%）

年度	2003	2002
表现	10.99	

【本期基金业绩表现】

银河稳健基金自2003年8月4日正式成立以来截至2003年12月31日，单位净值为1.0943元，本期基金资产净值增长率为10.99%，同期业绩比较基准增长率为−0.26%。

【基金经理简介】

李立生先生：硕士研究生学历，先后任职于建设部标准定额研究所、中国华融信托投资公司证券总部和中国银河证券有限责任公司，从事投资研究工作。2001年6月参与筹备银河基金管理有限公司，2003年6月起担任银河基金管理有限公司基金管理部总监。

【基金投资运作分析】

2003年，中国经济重新回到高速增长轨道，上市公司业绩普遍摆脱了持续下滑的局面。中国经济的强劲增长在一些行业上表现得尤为突出，比如采掘、金属、石化、汽车等行业。在2003年，大市值、低市盈率的股票成为支撑股指的中坚力量，对行业投资价值和上市公司基本面的挖掘被提高到前所未有的高度。

银河稳健基金成立于2003年8月，针对当时的市场环境，结合对行业景气水平和估值水平的分析，该基金采取"控制仓位、稳步建仓、价值投资、波段操作"的投资策略，较好地把握了市场节奏，回避了净值大幅下跌的风险，在市场指数下跌过10%的过程中，净值最低为0.9908元，同时在市场回暖的过程中，获取了较高的超额收益。在行业配置上，银河稳健基金主要考虑行业周期的景气度以及未来的增长潜力，重点投资金属类、能源类、石化类和运输类等行业。

【基金投资组合一览】

项目 \ 季度	第四季度							
基金资产净值/元	831,147,715.05							
基金份额/份	759,489,870.58							
基金单位净值/元	1.0943							
基金投资组合	市值(元)				占净值比			
股票投资	591,020,318.95				71.12%			
国债及货币资金	198,414,581.73				23.87%			
其他投资	23,582,362.20				2.84%			
投资前十名股票明细	序号	股票名称	市值(元)	占净值比	序号	股票名称	市值(元)	占净值比
	1	扬子石化	55,029,000.00	6.62%	6	东方热电	41,671,057.87	5.01%
	2	酒钢宏兴	51,023,455.26	6.14%	7	齐鲁石化	35,959,262.40	4.33%
	3	安阳钢铁	50,746,206.25	6.11%	8	中原油气	34,899,898.41	4.20%
	4	南京水运	45,601,831.56	5.49%	9	大众公用	34,650,270.55	4.17%
	5	铜都铜业	42,878,474.10	5.16%	10	长春燃气	34,564,024.32	4.16%

银河收益证券投资基金

基本资料					
基金代码	151002（前端收费） 151102（后端收费）				
基金简称	银河收益		基金类型	契约型开放式	
发行日期	2003-06-16 至 2003-07-28		成立日期	2003-08-04	
首募规模	18.02 亿份	认购户数	22479 户	期末规模	6.26 亿份
认购费率	1.00%	申购费率	1.00%（日常）0%-1.20%（前端）	赎回费率	不高于 0.50%
管理费率	0.75%	托管费率	0.20%	转换费率	0%-0.20%
销售机构	银河基金管理有限公司、中国农业银行、深圳发展银行、中国银河证券、国泰君安证券、华夏证券、申银万国、招商证券、广发证券、广东证券等。				
基金管理人	银河基金管理有限公司		基金托管人	中国农业银行	
审计机构	中瑞华恒信会计师事务所		律师事务所	——	
投资目标	以债券投资为主，兼顾股票投资，在充分控制风险和保持较高流动性的前提下，实现基金资产的安全及长期稳定增值。				
业绩比较基准	债券指数涨跌幅 × 85% ＋上证 A 股指数涨跌幅 × 15%				

财务指标			单位：人民币(元)
项 目 / 年 度	2003年8月4日至2003年12月31日		
加权平均单位基金净收益	0.0028		
期末可分配单位基金收益	0.0074		
期末单位基金资产净值	1.0402		
基金加权平均净值收益率	0.28%		
单位基金累计净值增长率	4.02%		
本期分红	——	累计分红	——

基金历年表现（单位：%）

年份	2003	2002
表现	4.02	

【本期基金业绩表现】

银河收益证券投资基金自2003年8月4日正式成立以来，截至2003年12月31日，基金单位净值为1.0402元，累计净值增长率为4.02%，基金资产净值增长优于基准增长。

【基金经理小组简介】

毛卫文女士：学士学历，8年证券从业经历，先后就职于中国建设银行总行、中国信达信托投资公司和中国银河证券有限责任公司，期间主要从事证券分析与投资及相应的管理工作。2001年6月参与筹备银河基金管理有限公司。2002年8月任银丰基金债券投资经理。

饶雄先生：博士研究生学历，曾先后就职于东方证券有限责任公司研究所和鹏华基金管理有限公司，从事证券分析研究工作。2002年7月加盟银河基金管理有限公司，任研究部高级研究员。

【基金投资运作分析】

2003年中国经济保持了高速增长的态势，随着存款准备金率上调1个百分点以及通货膨胀预期的上升，债券市场遭遇了六年来罕见的调整，股票市场随着政策预期的逐步稳定和经济回升，出现了探底回升的局面。

银河收益基金成立于2003年8月份，综合了对宏观因素、市场因素和体制因素的分析，基金经理采取的投资策略是：在债市、股市以调整为主的基本判断下，前期以风险控制为主，保持组合的流动性，稳步建仓。由于采取了切合实际的的投资策略，基金经理在市场大幅下跌的过程中很好地控制了基金净值的下行风险，基金最低净值0.9950元。同时，在市场风险释放的过程中基金经理看到了市场转机，在年底之前基本完成了组合构建：在国债投资方面以短期和浮动债为主，并加大了转债和股票的配置力度，在行业的选择上以上游行业为主。

【基金投资组合一览】

项 目 / 季 度	第四季度	
基金资产净值/元	651,624,548.10	
基金份额/份	626,456,145.93	
基金单位净值/元	1.0402	
基金投资组合	市值(元)	占净值比
债券投资	474,455,395.20	72.79%
股票投资	129,095,827.53	19.82%
货币资金	128,802,482.16	19.77%

投资前五名债券明细	债券名称	市值(元)	占净值比	投资前五名股票明细	股票名称	市值(元)	占净值比
	20 国债 04	70,178,305.20	10.77%		中原油气	29,162,589.95	4.48%
	03 国开 27	61,026,000.00	9.37%		鞍钢新轧	22,811,250.00	3.50%
	03 国债 10	50,005,000.00	7.67%		长江电力	22,261,604.68	3.42%
	02 国开 10	49,995,000.00	7.67%		申能股份	16,756,260.00	2.57%
	03 国债 12	48,741,356.16	7.48%		安阳钢铁	14,337,819.35	2.20%

湘财荷银基金管理有限公司

【基本情况】

法定名称：湘财荷银基金管理有限公司
注册地址：上海市武威路789号
办公地址：北京市西三环北路11号为公商务中心E座
法人代表：程国安
总 经 理：林伟萌
成立时间：2002年7月9日
组织形式：有限责任公司
注册资本：1亿元人民币
联系电话：010-88518989
传真号码：010-68721958
邮政编码：100089
公司网址：www.xchyf.com

【发展概况】

2002年7月9日，湘财荷银基金管理有限公司(原名为湘财合丰基金管理有限公司)经中国证监会证监基金字[2002]37号文批准由湘财证券有限责任公司、山东鑫源控股有限公司、大庆石油管理局、新疆证券有限责任公司共同设立，是实行“好人举手”制度以来，第一批经中国证监会批准设立的基金管理公司。

2003年9月4日，经股东会审议通过，中国证监会证监基字[2003]102号文批准，新疆证券有限责任公司、大庆石油管理局分别转让其所持全部股权。荷兰银行有限公司通过股权受让参股湘财合丰基金管理有限公司；2003年12月29日，经中国证监会证监基金字[2003]153号文件批准，湘财合丰基金管理有限公司更名为湘财荷银基金管理有限公司，成为中国首家通过存量股权转让方式合资的基金管理公司。

湘财荷银基金管理有限公司董事会下设合规控制委员会、薪酬委员会和资格审查委员会三个非常设机构，实行董事会领导下的总经理负责制，下设八个部门：战略规划部、研究部、基金投资部、监察稽核部、基金事务部、市场部、综合管理部、信息技术部和北京分公司。公司现有62名员工，80%以上具有三年证券或五年以上金融业的从业经历，60%以上具有硕士以上学历。

【经营业绩】

截至2003年12月底，湘财荷银基金管理有限公司管理湘财合丰价值优化型系列行业证券投资基金。该系列基金由湘财合丰成长类行业基金、湘财合丰周期类行业资基金、湘财合丰稳定类行业基金三只子基金构成。2003年3月21日，湘财合丰行业系列基金经中国证监会证监基金字[2003]21号文批准开始发行，2003年4月23日发行顺利结束，2003年4月25日该系列基金正式成立。首募基金规模26.30亿份，有效认购户数达177524户。其中：合丰成长类行业基金募集规模10.22亿份；合丰周期类行业基金募集规模6.27亿份；合丰稳定类行业基金募集规模9.81亿份。

湘财合丰成长、湘财合丰周期、湘财合丰稳定分别主要投资于成长、周期、稳定三个行业类别中内在价值被相对低估，并与同行业类别上市公司相比具有更高增长潜力的上市公司。该系列基金自成立来截至2003年12月31日，合丰成长每基金单位净值为0.9859元，净值增长率为-1.41%；合丰周期每基金单位净值为1.1041元，净值增长率为11.98%，2003年12月23日，合丰周期基金实施成立来的首次分红：每10份基金单位派发红利0.15元；合丰稳定每基金单位净值为1.0362元，净值增长率为5.10%，2003年12月26日，合丰稳定基金实施成立来的首次分红：每10份基金单位派发红利0.15元。

附：高管成员介绍

程国安先生：董事长。1982年毕业于湖南财经学院统计专业，获经济学学士学位。1982年至1996年工作于湖南财经学院，历任讲师、副教授、国际经济系副主任、世界银行项目中方主任。期间在美国先后担任威斯康星大学、坦普尔大学访问学者。1996年至今工作于湘财证券有限公司，任副总裁。

林伟萌先生：董事、总经理。毕业于厦门大学外文系，获美国斯坦福大学经济学硕士学位。曾在国家农业委员会、中共中央书记处农研室、国务院农村发展研究中心从事国际合作和政策研究工作。先后在美国GS Bullion & Forex (US)Inc 先后任高级研究员和市场经理；在美国新泽西州Prominence International Inc.任首席研究员；在美国明报任副总编辑兼财经主任；2002年3月起任湘财证券有限责任公司首席投资策略师；2003年12月起任湘财荷银基金管理有限公司总经理。

股东概况

排序	股东名称	出资额(万元)	出资比例(%)
1	湘财证券有限责任公司	3700.00	37.00
2	荷兰银行有限公司	3300.00	33.00
3	山东鑫源控股有限责任公司	3000.00	30.00

旗下基金

排序	基金代码	基金简称	基金类型
1	162201	湘财合丰成长	开放式
2	162202	湘财合丰周期	开放式
3	162203	湘财合丰稳定	开放式

湘财合丰价值优化型系列行业证券投资基金

湘财合丰价值优化型成长类行业证券投资基金

基本资料					
基金代码	162201				
基金简称	湘财合丰成长	基金类型	契约型开放式		
发行日期	2003-03-21至2003-04-23	成立日期	2003-04-25		
首募规模	10.22亿份	认购户数	105797户	期末规模	4.11亿份
认购费率	不高于1.00%	申购费率	1.20%-1.50%	赎回费率	不高于0.50%
管理费率	1.50%	托管费率	0.25%		
销售机构	湘财荷银基金管理有限公司、交通银行、兴业银行、国泰君安证券、华夏证券、联合证券、申银万国。				
基金管理人	湘财荷银基金管理有限公司	基金托管人	交通银行		
审计机构	普华永道中天会计师事务所	律师事务所	北京京伦律师事务所		
投资目标	在有效控制投资组合风险下，为基金持有人提供长期稳定的投资回报。				
业绩比较基准	——				

财务指标 单位：人民币(元)

项目 \ 年度	2003年4月25日至2003年12月31日		
加权平均单位基金净收益	-0.0317		
期末可分配单位基金收益	-0.0412		
期末单位基金资产净值	0.9859		
基金加权平均净值收益率	-3.24%		
单位基金累计净值增长率	-1.41%		
本期分红	——	累计分红	——

基金历年表现（单位：%）

年份	2003	2002
表现	-1.41	

【本期基金业绩表现】

截至2003年12月31日，湘财合丰成长基金单位净值0.9859元，净值增长率-1.41%，每基金单位实现收益-0.0317元。

【基金经理简介】

刘青山先生：湘财合丰成长基金经理，5年基金从业经历，具有基金从业资格。1997年毕业于中国人民大学，同年加入华夏证券基金管理部，参与华夏基金管理有限公司的筹建，先后在研究部和投资管理部从事行业研究及投资管理工作，并分别担任业务经理和高级经理。2001年加盟湘财证券有限责任公司，参与筹建湘财合丰基金管理有限公司。

【基金投资运作分析】

合丰成长基金于2003年4月26日开始正式运作，运作主要在2003年的下半年，这段时间上证指数走出一个"V"字型。

2003年，合丰成长基金严格遵循成长类行业基金的投资范围限制。但是由于市场环境恶劣，成长类股票的形势严峻，该基金业绩受到了比较严重的影响。2003年，基金经理在投资中需要进一步完善：在仓位控制上没有充分认识到证券市场存在的制度性障碍对市场的长远影响，也没有充分地评估银行金融政策的变化对市场的短期影响，致使在基金运作的前期加仓过快过重；在个股配置上，对一些没有业绩支撑的题材股控制不严，这类投资对基金净值产生了负面影响。在认识到上述问题后，基金经理在年底对组合进行清理和集中，对一些行业发展明显好转并有业绩支持而股价不断下跌的股票加大投入，为日后基金净值的增长奠定了基础。

【基金投资组合一览】

项目 \ 季度	第二季度		第三季度		第四季度	
基金资产净值/元	568,105,393.15		489,045,508.34		405,291,205.91	
基金份额/份	572,592,081.54		519,728,302.57		411,092,549.00	
基金单位净值/元	0.9922		0.9410		0.9859	
基金投资组合	市值(元)	占净值比	市值(元)	占净值比	市值(元)	占净值比
股票投资	116,796,302.55	20.56%	233,960,885.49	47.84%	273,451,512.24	67.47%
国债及货币资金	212,513,699.38	37.41%	148,817,602.05	30.43%	131,880,400.67	32.54%
其他投资	12,576,638.50	2.21%	22,235,837.00	4.55%	1,748,912.00	0.43%

投资前十名股票明细

股票名称	市值(元)	占净值比	股票名称	市值(元)	占净值比	股票名称	市值(元))	占净值比
中国联通	14,940,800.00	2.63%	中兴通讯	22,009,607.67	4.50%	中国联通	35,370,000.00	8.73%
中兴通讯	14,721,826.80	2.59%	中国联通	18,600,000.00	3.80%	中兴通讯	26,464,240.00	6.53%
生益科技	10,370,075.62	1.83%	同仁堂	18,570,390.00	3.80%	华海药业	20,683,300.84	5.10%
同仁堂	9,255,040.30	1.63%	生益科技	18,133,477.90	3.71%	一汽轿车	17,662,881.28	4.36%
东阿阿胶	8,960,580.16	1.58%	南京熊猫	14,674,087.92	3.00%	赛格三星	17,462,036.73	4.31%
复星实业	8,361,022.53	1.47%	歌华有线	12,187,349.64	2.49%	TCL通讯	16,392,898.90	4.04%
华北制药	6,518,103.90	1.15%	赛格三星	9,683,608.15	1.98%	京东方A	14,542,659.84	3.59%
长电科技	5,874,309.92	1.03%	东软股份	8,800,275.56	1.80%	生益科技	13,685,595.70	3.38%
天士力	3,731,780.00	0.66%	深科技	8,391,999.06	1.72%	海正药业	13,563,424.50	3.35%
彩虹股份	3,603,162.00	0.63%	南方航空	7,780,000.00	1.59%	歌华有线	11,464,955.58	2.83%

湘财合丰价值优化型周期类行业证券投资基金

基本资料					
基金代码	162202				
基金简称	湘财合丰周期	基金类型	契约型开放式		
发行日期	2003-03-21 至 2003-04-23	成立日期	2003-04-25		
首募规模	6.27 亿份	认购户数	17162 户	期末规模	4.52 亿份
认购费率	不高于 1.00%	申购费率	1.20%-1.50%	赎回费率	不高于 0.50%
管理费率	1.50%	托管费率	0.25%		
销售机构	湘财荷银基金管理有限公司、交通银行、兴业银行、国泰君安证券、华夏证券、联合证券、申银万国。				
基金管理人	湘财荷银基金管理有限公司	基金托管人	交通银行		
审计机构	普华永道中天会计师事务所	律师事务所	北京京伦律师事务所		
投资目标	在有效控制投资组合风险下，为基金持有人提供长期稳定的投资回报。				
业绩比较基准	——				

财务指标　单位：人民币(元)

项目＼年度	2003 年 4 月 25 日至 2003 年 12 月 31 日		
加权平均单位基金净收益	0.0279		
期末可分配单位基金收益	0.0164		
期末单位基金资产净值	1.1041		
基金加权平均净值收益率	2.79%		
单位基金累计净值增长率	11.98%		
本期分红	10 派 0.15 元	累计分红	10 派 0.15 元

基金历年表现（单位：%）

年度	2003	2002
表现	11.98	

【本期基金业绩表现】

截至2003年12月31日，湘财合丰周期基金单位净值1.1041元，净值增长率11.98%，每基金单位实现收益0.0279元。

【基金经理简介】

曾昭雄先生：投资总监，湘财合丰周期基金经理，11年证券从业经验，具有证券投资咨询从业资格、基金从业资格、英国基金经理从业资格(IMC)。1992年毕业于深圳大学国际金融贸易系。1999年获北京大学经济学硕士学位。历任深圳证券交易所总经理秘书、高级研究员；平安证券公司业务管理部副总经理；联合证券公司国际业务部负责人、总经理。2000年至2001年在英国伦敦德累斯顿资产管理公司培训及工作，任基金经理助理及亚太投资策略研究员。自2001年12月起参加湘财合丰基金管理有限公司筹备组。

【基金投资运作分析】

合丰周期基金在2003年4月底发行结束后进入建仓期。由于这段时间正处于市场的阶段性高点，建仓完成后基金净值一度处于发行面值以下。经过综合分析后，该基金及早做出了基本判断，对钢铁、有色金属等原材料行业、石化行业以及汽车行业等新一轮上升周期中受惠最大的行业及时进行了重点投资。该基金坚持自下而上的选股标准，主要选取处于龙头地位的公司进行集中投资，以获取行业增长最大收益。基于对行业的基本判断，该基金规避了银行、高科技公司等在年内尚未进入景气周期的行业。2003年12月31日，合丰周期基金基金净值为1.1041元，超过同期上证指数。

【基金投资组合一览】

项目＼季度	第二季度		第三季度		第四季度	
基金资产净值/元	522,444,419.21		540,626,123.75		498,593,742.80	
基金份额/份	531,759,936.00		566,858,049.60		451,578,792.00	
基金单位净值/元	0.9825		0.9537		1.1041	
基金投资组合	市值(元)	占净值比	市值(元)	占净值比	市值(元)	占净值比
股票投资	243,349,357.94	46.58%	310,300,448.98	57.40%	357,860,035.19	71.77%
国债及货币资金	125,002,391.48	23.93%	126,077,703.94	23.32%	119,331,967.42	23.93%
其他投资	24,027,663.10	4.60%	31,118,584.70	5.76%	——	

投资前十名股票明细

股票名称	市值(元)	占净值比	股票名称	市值(元)	占净值比	股票名称	市值(元)	占净值比
宝钢股份	30,876,449.38	5.91%	宝钢股份	35,743,422.75	6.61%	一汽轿车	36,612,621.76	7.34%
福田汽车	23,280,299.40	4.46%	福田汽车	23,810,805.25	4.40%	齐鲁石化	35,406,302.40	7.10%
中国石化	22,440,000.00	4.30%	南方航空	23,600,630.00	4.37%	中国石化	32,175,000.00	6.45%
山推股份	16,251,688.23	3.11%	三一重工	22,543,617.21	4.17%	福田汽车	28,546,612.89	5.73%
招商局 A	15,458,845.85	2.96%	中国石化	22,360,000.00	4.14%	三一重工	22,624,878.44	4.54%
新乡化纤	11,608,720.75	2.22%	招商局 A	16,058,423.26	2.97%	招商局 A	22,329,598.06	4.48%
晨鸣纸业	11,051,630.00	2.12%	万 科 A	14,891,449.58	2.75%	山东铝业	21,548,936.00	4.32%
雅 戈 尔	10,662,303.00	2.04%	山推股份	13,765,697.82	2.55%	万 科 A	21,078,348.06	4.23%
万 科 A	10,564,661.88	2.02%	许继电气	13,614,674.40	2.52%	扬子石化	20,213,122.80	4.05%
许继电气	9,105,162.50	1.74%	江铃汽车	11,342,869.20	2.10%	振华港机	16,604,411.80	3.33%

湘财合丰价值优化型稳定类行业证券投资基金

基本资料					
基金代码	162203				
基金简称	湘财合丰稳定	基金类型	契约型开放式		
发行日期	2003-03-21至2003-04-23	成立日期	2003-04-25		
首募规模	9.81亿份	认购户数	58166户	期末规模	5.05亿份
认购费率	不高于1.00%	申购费率	1.20%-1.50%	赎回费率	不高于0.50%
管理费率	1.50%	托管费率	0.25%		
销售机构	湘财荷银基金管理有限公司、交通银行、兴业银行、国泰君安证券、华夏证券、联合证券、申银万国。				
基金管理人	湘财荷银基金管理有限公司	基金托管人	交通银行		
审计机构	普华永道中天会计师事务所	律师事务所	北京京伦律师事务所		
投资目标	在有效控制投资组合风险下，为基金持有人提供长期稳定的投资回报。				
业绩比较基准	65%×新华富时A600稳定行业指数收益率+35%×上证国债指数收益率				

财务指标　　单位：人民币(元)

项目＼年度	2003年4月25日至2003年12月31日		
加权平均单位基金净收益	0.0154		
期末可分配单位基金收益	0.0026		
期末单位基金资产净值	1.0362		
基金加权平均净值收益率	1.56%		
单位基金累计净值增长率	5.10%		
本期分红	10派 0.15元	累计分红	10派 0.15元

基金历年表现（单位：%）

【本期基金业绩表现】

截至2003年12月31日，湘财合丰稳定基金单位净值1.0362元，净值增长率5.10%，每基金单位实现收益0.0154元。

【基金经理简介】

康赛波先生：湘财合丰稳定基金经理，6年证券业从业经验，具有证券从业资格、基金从业资格。1997年毕业于湖南大学金融系。1997年至2001年2月工作于湘财证券有限公司，先后在投资银行总部，基金管理总部，资产管理总部任职；期间主要从事投资管理业务；2001年2月起参加湘财合丰基金管理公司筹备组。

【基金投资运作分析】

2003年，合丰稳定基金秉承价值投资理念，在选股方面精耕细作，取得了较好的效果。该基金成立于2003年4月末，在全年的大部分时间都保持了较高的仓位，在时机选择上没有投入过多的精力，投资管理主要围绕行业及个股甄选。

经过2003年半年多时间的运作，该基金在投资操作中存在的不足：在成立初期基于对市场长期趋势乐观预期，在较短的时间内快节奏地完成了基础仓位的建立，在随后的调整中陷于被动；由于合丰稳定基金是行业类别基金，投资覆盖的行业有限，而对于表现突出的钢铁、有色金属、石化等行业参与不足，没有充分运用行业结构性差异灵活切换，获取更高收益。

2003年，在债市方面，合丰稳定基金经过全面分析，将浮动利率债券和中短期国债作为债券市场投资的重点品种，在弱势的市场里降低了债券资产的损失。

【基金投资组合一览】

项目＼季度	第二季度		第三季度		第四季度	
基金资产净值/元	606,432,509.17		512,759,216.72		522,892,015.88	
基金份额/份	614,686,935.80		543,329,626.15		504,633,090.00	
基金单位净值/元	0.9866		0.9437		1.0362	
基金投资组合	市值(元)	占净值比	市值(元)	占净值比	市值(元)	占净值比
股票投资	251,433,013.66	41.46%	286,985,664.75	55.97%	318,802,991.60	60.97%
国债及货币资金	131,576,736.83	21.70%	138,523,508.69	27.02%	173,487,640.15	33.18%
其他投资	24,976,692.50	4.12%	21,022,191.20	4.10%	7,537,063.20	1.44%

投资前十名股票明细

股票名称	市值(元)	占净值比	股票名称	市值(元)	占净值比	股票名称	市值(元)	占净值比
上海机场	22,993,380.48	3.79%	申能股份	21,561,100.00	4.20%	盐田港A	24,500,368.00	4.69%
上港集箱	21,676,200.00	3.57%	上港集箱	17,040,000.00	3.32%	长江电力	24,069,119.20	4.60%
申能股份	19,750,907.84	3.26%	招商银行	16,884,000.00	3.29%	外运发展	23,434,023.06	4.48%
招商银行	17,319,600.00	2.86%	南方航空	16,867,802.44	3.29%	上海机场	22,604,500.40	4.32%
ST 华 靖	16,447,530.19	2.71%	盐田港A	16,706,016.36	3.26%	申能股份	21,651,200.54	4.14%
伊利股份	14,141,433.60	2.33%	伊利股份	14,625,000.00	2.85%	深能源A	19,861,183.40	3.80%
鲁 泰 A	9,611,626.78	1.58%	浦发银行	14,552,548.25	2.84%	一汽轿车	19,517,867.16	3.73%
维维股份	9,044,199.45	1.49%	上海机场	14,429,260.00	2.81%	首创股份	17,223,842.40	3.29%
大众科创	8,780,800.00	1.45%	外运发展	13,198,755.02	2.57%	招商银行	16,215,000.00	3.10%
福建高速	8,719,469.12	1.44%	深圳机场	12,829,512.50	2.50%	漳泽电力	14,374,771.84	2.75%

天同基金管理有限公司

【基本情况】

法定名称：天同基金管理有限公司
注册地址：上海市浦东源深路273号
办公地址：上海市浦东源深路273号
法人代表：柳亚男
总 经 理：马志刚
成立时间：2002年8月23日
组织形式：有限责任公司
注册资本：1亿元人民币
联系电话：021-68644577
传真号码：021-68531888
邮政编码：200135
公司网址：www.ttasset.com

【发展概况】

天同基金管理有限公司经中国证监会证监基金字[2002]44号文批准，于2002年8月23日正式成立。是“好人举手”制度下，首批经中国证监会批准成立的基金管理公司之一；也是国内首家从事专业指数化投资管理的基金管理公司。公司致力于向国际一流的且兼备鲜明投资管理风格的基金公司发展，向广大基金投资人提供各类高水准的指数投资基金产品，同时不断推出各类低风险和固定收益类基金产品。

天同基金管理有限公司内设八个部门：投资管理部、金融工程部、清算会计部、市场拓展部、研究部、综合管理部、信息技术部和监察稽核部等。此外，还设立合规控制委员会、薪酬委员会、资格审核委员会和投资决策委员会等四个非常设机构和独立的督察员，并依据经营特点设立了“顺序递进、权责统一、严密有效”的三道内控防线：以各岗位目标责任制为基础的第一道内控防线；相关部门、相关岗位之间相互监督制衡的第二道内控防线；内部监察稽核部门、督察员对各岗位、各部门、各机构、各项业务全面实施监督反馈的第三道监控防线。依此保证公司高效、透明、规范的运作及保障管理的资产的长期增值。

截至2003年底，天同基金管理有限公司共有员工50人，其中70%以上具备五年以上金融证券从业经历，67%以上具有硕士以上学历。

【经营业绩】

截至2003年12月底，天同基金管理有限公司管理的天同180指数证券投资基金是公司旗下首只开放式基金。经中国证监会证监基金字[2002]88号文批准设立，于2003年2月10日至2003年3月10日公开发行，2003年3月15日该基金正式成立。首次募集规模19.30亿份，有效认购户数达50555户。

天同180指数基金作为一只标准指数基金，其投资目标是最大程度地跟踪上证180指数。同时，在严格跟踪目标指数的前提下，积极参与新股的市值配售，尽可能地为投资者获取相对无风险收益。该基金从2003年6月15日正式跟踪指数到2003年12月31日半年的时间，指数投资组合的相对收益率为正的1.35%。评价期间基金指数投资组合的日拟合偏离度为0.05%，远低于基金契约中0.5%的规定。从严格执行基金契约和评价指数基金运行优劣的主要指标跟踪误差来看，天同180指数基金在跟踪技术方面处于业内的领先地位。

天同基金管理有限公司实行指数化投资的经营战略，组建了中国第一只指数基金产品设计、模拟、投资、跟踪、绩效考核的专业化投资管理团队，具有丰富的投资管理、数量分析和研究经验。在基金管理上，针对风险控制，公司建立了一套严密的风险控制管理制度，并引进美国晨星公司(Morningstar)的技术和方法建立了风险管理系统。

天同基金管理有限公司注重客户服务，树立了“以客户为本”的思想，致力于为客户量身设计合适的投资工具和提供高水准的服务。目前，公司已经向投资者提供了CALLCENTER服务、网上客户服务、信息定制服务、个性化服务、邮寄服务、投资交流服务等服务，并力争为全体基金持有人提供更多专业化的增值服务。

附：高管成员介绍

柳亚男先生：董事长，中共党员，硕士研究生，高级经济师。1954年出生，历任中国人民银行烟台分行办公室副主任、中国人民银行威海分行办公室主任、中国人民银行山东省分行金管处副处长、山东证券有限责任公司总裁、副董事长等职。2002年至今任天同基金管理公司董事长。

马志刚先生：董事、总经理，中共党员，经济学硕士。1967年出生，历任中国国际期货经纪有限公司主管、中国证券监督管理委员会助理调研员、南方基金管理有限公司副总经理等职。2002年至今任天同基金管理公司总经理。

股东概况

排序	股东名称	出资额(万元)	出资比例(%)
1	天同证券有限责任公司	6000.00	60.00
2	上海久事公司	2000.00	20.00
2	湖南湘泉集团有限公司	2000.00	20.00

旗下基金

排序	基金代码	基金简称	基金类型
1	519180	天同180	开放式

天同180指数证券投资基金

基本资料					
基金代码	519180				
基金简称	天同180	基金类型	契约型开放式		
发行日期	2003-02-10至2003-03-10	成立日期	2003-03-15		
首募规模	19.30亿份	认购户数	50555户	期末规模	11.72亿份
认购费率	1.00%	申购费率	不高于1.50%	赎回费率	0%-0.50%
管理费率	1.00%	托管费率	0.20%		
销售机构	天同基金管理有限公司、中国银行、中信实业银行、深圳发展银行、华夏证券、国泰君安证券、中国银河证券、海通证券、国信证券、招商证券等。				
基金管理人	天同基金管理有限公司	基金托管人	中国银行		
审计机构	上海众华沪银会计师事务所	律师事务所	北京天驰律师事务所		
投资目标	通过运用指数化投资方法，力求基金的股票组合收益率拟合上证180指数增长率。伴随中国经济增长和资本市场的发展，实现利用指数化投资方法谋求基金资产长期增值的目标。				
业绩比较基准	指数化投资部分采用上证180指数；债券投资部分采用中信国债指数				

财务指标　单位：人民币(元)

项 目 \ 年 度	2003年3月15日至2003年12月31日		
加权平均单位基金净收益	0.0076		
期末可分配单位基金收益	0.0046		
期末单位基金资产净值	1.0046		
基金加权平均净值收益率	0.76%		
单位基金累计净值增长率	0.41%		
本期分红	——	累计分红	——

基金历年表现（单位：%）

【本期基金业绩表现】

截至2003年12月31日，天同180基金单位净值为1.0046元，本期净值增长率为0.41%。

【基金经理小组简介】

杨宇先生：基金经理，31岁，经济学硕士，5年证券从业经验。先后在平安证券资产管理部从事证券分析和中国平安保险投资管理中心从事基金投资工作，曾任中国平安保险投资管理中心基金交易室主任。

朱良先生：基金经理助理，30岁，经济学硕士，4年证券从业经验。毕业于北京大学数学系基础数学专业和美国匹兹堡大学经济学系。曾在美国梅隆资产管理公司投资研究部从事增强型指数基金和对冲基金的投资策略研究与投资管理工作。

肖侃宁先生：基金经理助理，30岁，工商管理硕士，8年证券从业经验。先后在南方证券武汉管理总部证券部从事证券分析工作，在资金计划部和投资理财部从事股票和债券投资工作。

【基金投资运作分析】

天同180基金在建仓期间，大盘处于快速拉升时期，上证180指数正处于该年的较高位置。建仓后指数下跌，2003年该基金年报披露：从基金正式跟踪指数的2003年6月15日至2003年12月31日，上证180指数收益率为-4.99%。此时，经过基金经理有效控制建仓成本，结合新股配售和现金管理，使基金净值实现正增长。

2003年，天同180基金新股收益为2318万元，对基金净值贡献1.74%；没有参与股票增发业务，回避了增发股票上市后跌破增发价带来的风险；基金经理严控债券组合的久期水平，有效地降低了债券投资风险并取得一定收益。2003年债券组合投资收益为1002327元，折算成年收益率为0.50%。

【基金投资组合一览】

项 目 \ 季 度	第二季度		第三季度		第四季度	
基金资产净值/元	1,497,635,659.86		1,406,303,394.57		1,177,319,997.82	
基金份额/份	1,502,251,373.64		1,491,863,330.14		1,171,972,019.02	
基金单位净值/元	0.9969		0.9426		1.0046	
基金投资组合	市值(元)	占净值比	市值(元)	占净值比	市值(元)	占净值比
股票投资	1,151,619,510.61	76.90%	1,061,345,250.07	75.47%	872,906,162.94	74.14%
国债及货币资金	338,622,176.19	22.61%	340,413,896.25	24.21%	300,715,673.47	25.54%
其他投资	2,154,573.60	0.14%	2,355,193.80	0.17%	3,872,834.4	0.33%

投资前十名股票明细

股票名称	市值(元)	占净值比	股票名称	市值(元)	占净值比	股票名称	市值(元)	占净值比
招商银行	47,932,276.00	3.20%	中国联通	45,565,864.60	3.24%	中国联通	42,661,533.36	3.62%
中国联通	44,161,684.82	2.95%	招商银行	39,946,606.00	2.84%	招商银行	33,999,612.00	2.89%
浦发银行	33,899,821.23	2.26%	宝钢股份	32,680,105.50	2.32%	宝钢股份	32,502,076.74	2.76%
宝钢股份	31,626,316.33	2.11%	浦发银行	27,842,600.22	1.98%	中国石化	25,462,389.15	2.16%
中国石化	25,899,937.58	1.73%	中国石化	23,959,658.48	1.70%	浦发银行	22,720,307.22	1.93%
民生银行	24,875,150.00	1.66%	哈药集团	23,310,848.74	1.66%	上海汽车	19,215,098.64	1.63%
哈药集团	24,038,053.40	1.61%	上海汽车	21,983,419.08	1.56%	民生银行	17,659,876.50	1.50%
上海汽车	22,232,207.36	1.48%	民生银行	20,452,180.50	1.45%	哈药集团	15,283,830.92	1.30%
四川长虹	18,118,923.35	1.21%	四川长虹	19,032,698.80	1.35%	申能股份	14,367,986.50	1.22%
上港集箱	15,945,465.30	1.06%	上港集箱	16,158,360.00	1.15%	上港集箱	14,184,806.00	1.20%

金鹰基金管理有限公司

【基本情况】

法定名称：金鹰基金管理有限公司
注册地址：广东珠海吉大九洲大道东段商业银行大厦7楼16单元
办公地址：广东广州沿江中路298号江湾商业中心22层
法人代表：吴 张
总 经 理：林金腾
成立时间：2002年12月25日
组织形式：有限责任公司
注册资本：1亿元人民币
联系电话：020—83936180
传真号码：020—83282856
邮政编码：510100
公司网址：www.gefund.com.cn

【发展概况】

2002年8月21日，金鹰基金管理有限公司获准筹建。2002年12月25日，经中国证监会证监基金字[2002]97号文批准，金鹰基金管理有限公司由广州证券有限责任公司、四川南方希望有限公司、广州药业股份有限公司、广东美的集团股份有限公司共同发起正式成立，是按照中国证监会对基金公司治理结构新的要求，首批引入独立董事制度的基金管理公司之一，公司注册地设在广州。

金鹰基金管理有限公司按照国际规范，建立了“三层三纵”的制度体系、严谨的业务执行系统、健全的监督系统和包括独立董事制度在内的、完善的公司治理结构，为公司的规范、健康发展提供了制度保障。金鹰基金管理有限公司在董事会层面设立了资格审查委员会和提名与薪酬考核委员会两个专业委员会，主要由独立董事组成，负责对董事会的决策事项进行专门的调查研究和综合分析，辅佐董事会依法、科学、合理地履行职责。此外，还设立了投资决策委员会、风险控制委员会和资产估值委员会。目前，公司下设六个部门：投资管理部、监察稽核部、综合管理部、运作保障部、市场拓展部、研究发展部。

截至2003年底，金鹰基金管理有限公司共有员工33人，19%为博士，72%以上具有硕士以上学历。

【经营业绩】

金鹰基金管理有限公司按照高起点、市场化、科学化、规范化和国际化的要求管理运作，截至2003年12月31日，金鹰基金管理有限公司管理金鹰成份股优选证券投资基金。金鹰成份股优选证券投资基金是金鹰基金管理公司首只开放式基金，经中国证监会证监基金字[2003]41号文批准于2003年4月21日开始发行，2003年6月11日发行顺利结束，2003年6月16日金鹰成份股优选基金正式成立。首次募集规模15.17亿份，有效认购户数达23495户。

金鹰成份股优选基金遵循“成份股备选、价值导向”的投资理念，在成份股中选择公司价值被市场低估的股票及收益稳定、分红派息率高的股票构造股票投资组合，通过对具有良好市场代表性和行业代表性的成份股的重点投资，获取稳定的投资收益并实现基金资产的中长期增值，其股票投资主要投资于上证180指数成份股和深证100指数成份股，成份股投资不低于该基金股票投资的70%。

金鹰成份股优选基金从2003年6月16日成立至2003年12月31日正式运作半年多的时间，基金净值达1.0380元，净值增长率4.79%。2003年12月24日，金鹰成份股优选基金实施成立来的首次分红，每10份基金单位派发红利0.10元。

2003年，金鹰基金管理有限公司坚持一切从合规运作、防范风险、保护基金持有人利益出发，遵循“全面管理、独立稽核、相互制约、同步发展、定量分析”的内部控制理念，致力于内控机制的建立和完善，大力加强监察稽核工作，保证各项法规和管理制度的落实。公司自成立以来加强与国际合作，先后与法国CDC资产管理公司、美国Wellington资产管理公司和美国国际集团(AIG)等国际知名投资机构建立了良好的国际合作关系。并在合作中积极引入国际先进基金管理经验和技术。

附：高管成员介绍

吴张先生：董事长，1957年出生，工商管理硕士。历任中国银行珠江分行国际结算处副处长、香港越秀财务有限公司和香港越秀证券有限公司董事、副总经理、广州证券有限责任公司董事长。

林金腾先生：董事、总经理，1958年出生，金融学硕士，高级会计师。历任香港安永会计师事务所审计师、广东国际信托投资公司副总会计师、广信基金(现改名为科讯基金)法人代表兼总经理、中华商业基金管理公司董事、金鹰基金管理公司筹备组负责人。

股东概况

排序	股东名称	出资额(万元)	出资比例(%)
1	广州证券有限责任公司	4000.00	40.00
2	四川南方希望有限公司	2000.00	20.00
2	广州药业股份有限公司	2000.00	20.00
2	广东美的集团股份有限公司	2000.00	20.00

旗下基金

排序	基金代码	基金简称	基金类型
1	210001	金鹰优选	开放式

金鹰成份股优选证券投资基金

基本资料

基金代码	210001				
基金简称	金鹰优选		基金类型	契约型开放式	
发行日期	2003-04-21至2003-06-11		成立日期	2003-06-16	
首募规模	15.17亿份	认购户数	23495户	期末规模	7.45亿份
认购费率	0%-1.50%(后端)	申购费率	后端收费不高于1.50%	赎回费率	0.50%
管理费率	1.50%		托管费率	0.25%	
销售机构	金鹰基金管理有限公司、中国银行、交通银行、深圳发展银行、上海浦东发展银行、海通证券、国泰君安证券、华夏证券、广发证券、中国银河证券、国信证券、联合证券、广东证券、广州证券、西南证券、大鹏证券、万联证券。				
基金管理人	金鹰基金管理有限公司		基金托管人	中国银行	
审计机构	安永华明会计师事务所		律师事务所	北京贝朗律师事务所	
投资目标	通过资产配置和对投资组合的动态调整，在控制投资组合风险的前提下，实现基金的中长期资本增值和获取适当、稳定的现金收益。				
业绩比较基准	75%×成份股加权指数的收益率＋25%×中信国债指数的收益率				

财务指标 单位：人民币(元)

项目＼年度	2003年		
加权平均单位基金净收益	0.0074		
期末可分配单位基金收益	0.0017		
期末单位基金资产净值	1.0380		
基金加权平均净值收益率	0.75%		
单位基金累计净值增长率	4.80%		
本期分红	10派0.10元	累计分红	10派0.10元

基金历年表现（单位：%）

年份	2003	2002
表现	4.79	

【本期基金业绩表现】

金鹰优选基金从2003年6月16日成立截至2003年12月31日，基金单位资产净值为1.038元，本期净值增长率为4.79%，高于同期基金业绩基准收益。

【基金经理小组简介】

谢国满先生：基金经理，1963年出生，经济学博士。历任广发证券股份有限公司投资理财部投资经理、发展研究中心副总经理。2003年4月，任金鹰成份股优选证券投资基金基金经理。

此外，金鹰成份股优选证券投资基金管理小组还配备了若干名证券投资分析人员和基金经理助理，协助基金经理从事金鹰成份股优选证券投资基金的投资管理工作。

【基金投资运作分析】

金鹰成份股优选基金成立于2003年6月16日，在基金成立初期，由于基金经理采取了控制节奏、稳步建仓、精选个股的投资策略，从而有效控制了市场从1570点开始单边下跌带来的较大风险。在投资策略上，该基金坚持价值投资的理念，从发掘行业拐点的角度选择潜力行业，先后集中配置了航运业、有色金属、航空、煤炭、石化等品种，由于对航运业、有色金属、航空、煤炭、石化行业投资介入时间早，因此获利较为丰厚。

2003年，金鹰成份股优选基金在投资运作过程中，也存在着一些偏差，例如对一些公司介入太早，早期承受了不必要的净值损失；为了分红需要，过早兑现投资收益等。

【基金投资组合一览】

项目＼季度		第三季度			第四季度		
基金资产净值/元		1,198,169,079.15			773,024,869.17		
基金份额/份		1,247,302,825.21			744,740,453.41		
基金单位净值/元		0.9606			1.0380		
基金投资组合		市值(元)		占净值比	市值(元)		占净值比
股票投资		693,287,395.02		57.86%	515,509,701.77		66.69%
国债、银行间金融债及货币资金		486,159,938.10		40.58%	294,607,722.42		38.11%
其他投资		20,389,799.10		1.70%	—		
投资前十名股票明细	序号	股票名称	市值(元)	占净值比	股票名称	市值(元)	占净值比
	1	中国联通	61,706,538.50	5.15%	中国石化	39,639,105.00	5.13%
	2	宝钢股份	54,310,677.75	4.53%	中原高速	32,093,479.10	4.15%
	3	南方航空	53,822,040.00	4.49%	中海发展	31,711,158.40	4.10%
	4	中海发展	48,407,089.71	4.04%	中国联通	31,052,246.55	4.02%
	5	中国石化	27,547,176.00	2.30%	桂冠电力	21,966,447.75	2.84%
	6	中原高速	19,434,222.60	1.62%	中信国安	21,726,042.48	2.81%
	7	广电电子	19,140,168.49	1.60%	漳泽电力	20,285,499.52	2.62%
	8	白云机场	19,086,165.00	1.59%	白云机场	19,889,793.00	2.57%
	9	漳泽电力	18,701,947.68	1.56%	广电电子	16,991,001.93	2.20%
	10	江西铜业	18,682,310.00	1.56%	原水股份	15,948,942.56	2.06%

招商基金管理有限公司

【基本情况】

法定名称：招商基金管理有限公司
注册地址：深圳市深南大道7088号招商银行大厦28层
办公地址：深圳市深南大道7088号招商银行大厦28层
法人代表：牛冠兴
总 经 理：成保良
成立时间：2002年12月27日
组织形式：有限责任公司
注册资本：10000万元人民币
联系电话：0755-83196666
传真号码：0755-83196405
邮政编码：518040
公司网址：www.cmfchina.com

【发展概况】

招商基金管理有限公司于2002年12月27日经中国证监会证监基金字[2002]100号文批准设立，是中国加入WTO后成立的第一家中外合资基金管理公司。招商基金管理有限公司由招商证券股份有限公司、ING Asset Management B.V.(荷兰投资)、中电财务有限公司、华能财务有限责任公司、中远财务有限责任公司共同投资组建。

招商基金管理有限公司下设13个部门，分别是：北方总部、华东总部、基金管理部、交易部、营销管理部、业务发展部、客户服务部、信息技术部、基金事务部、基金核算部、监察稽核部、战略规划部、综合管理部，同时设有投资决策委员会、风险控制委员会和独立的督察员。公司现有员工83人。其中58%具有硕士以上学历，76%员工以上具有3年以上证券从业经验或5年以上金融从业经验。

【经营业绩】

作为首家中外合资基金管理公司，招商基金管理有限公司充分利用中外股东的资源，引进、吸收、消化荷兰国际集团在国际市场上的经验和技术，并结合国内市场的需求，形成了科学、合理并具特色的投资、营销和管理体系。

2003年3月17日，经中国证监会证监基金字[2003]35号文批准，招商基金管理有限公司进行了首只基金产品招商安泰系列基金的发行工作，这是国内发行的首只系列基金。招商安泰系列基金由相互独立的三只基金：招商股票基金、招商平衡型基金、招商债券基金共同组成，于2003年4月28日正式成立。该系列基金经过半年多时间的运作，取得了良好的业绩：截至2003年12月31日，安泰股票基金累计净值增长率为10.20%，超过业绩基准12.56%；安泰平衡型基金累计净值增长率为6.00%，超过业绩基准7.90%；安泰债券基金累计净值增长率为1.16%，超过业绩基准2.35%。

2003年12月17日、12月25日，招商安泰股票基金、招商安泰平衡型基金分别实施了成立来的首次分红，每10份基金单位分别派发红利0.15元和0.10元，为投资者创造了较好的投资回报。2003年，公司获得了首批准货币市场基金发行的批准，招商现金增值基金成为公司旗下第二只基金。2003年，招商基金管理有限公司推出的两只产品——招商安泰系列基金和招商现金增值基金组成了相对完善的基金产品线。

2003年，伴随着安泰系列基金的投资运作实践，招商基金管理有限公司建立了一套完整、规范的投资运作体系，包括：遵循价值和成长相结合的投资理念；引进、改造和应用合资外方ING集团提供的先进投资技术；严格遵循严谨、透明的投资管理流程，并不断进行动态循环，避免投资决策的随意性；引进ING集团的风险管理模型，进行全面、系统化的风险管理；建立起一支专业化程度高、具有国际视野的投资管理团队；倡导团队投资理念，培养以“开放、交流、相互分享”为核心的投资文化；初步建立起与ING投资部门以及其他境外研究、投资机构的交流机制，全面分享ING的全球投资管理经验。

附：高管成员介绍

牛冠兴先生：董事长，1955年出生。经济学硕士，高级经济师，中国证券业协会副理事长。1994年6月至2003年12月任招商证券股份有限公司总裁、董事。历任中国工商银行武汉分行办事处主任、区办主任、副行长，招商银行总行信贷部总经理。

成保良先生：董事、总经理，1961年出生。经济学硕士，高级经济师。曾在北京经济学院任教；后就职于中国人民银行金融管理司；1993年起先后担任中国证券交易系统有限公司上市管理部副经理、经理；中国证监会发行部副处长、处长、稽查局处长；2000年9月起在招商证券股份有限公司担任顾问。

股东概况

排序	股东名称	出资额(万元)	出资比例(%)
1	招商证券股份有限公司	4000.00	40.00
2	荷兰投资	3000.00	30.00
3	中国电力财务有限公司	1000.00	10.00
3	中国华能财务有限责任公司	1000.00	10.00
3	中远财务有限责任公司	1000.00	10.00

旗下基金

排序	基金代码	基金简称	基金类型
1	217001	招商股票基金	开放式
2	217002	招商平衡型基金	开放式
3	217003	招商债券基金	开放式

招商安泰系列开放式证券投资基金

招商安泰股票基金

基本资料

基金代码	217001				
基金简称	招商股票基金	基金类型	契约型开放式		
发行日期	2003-03-17至2003-04-25	成立日期	2003-04-28		
首募规模	10.29亿份	认购户数	10604户	期末规模	13.20亿份
认购费率	1.00%	申购费率	1.50%	赎回费率	0.10%
管理费率	1.50%	托管费率	0.25%	转换费率	0%-0.50%
销售机构	招商基金管理有限公司、招商银行、招商证券、华夏证券、国泰君安证券、申银万国、国信证券、兴业证券等。				
基金管理人	招商基金管理有限公司	基金托管人	招商银行		
审计机构	德勤华永会计师事务所	律师事务所	北京高朋律师事务所		
投资目标	追求长期资本增值。				
业绩比较基准	75%×上证180指数+20%×中信债券指数+5%×同业存款利息率				

财务指标 单位：人民币(元)

项目 \ 年度	2003年4月28日至2003年12月31日		
加权平均单位基金净收益	0.0209		
期末可分配单位基金收益	0.0052		
期末单位基金资产净值	1.0864		
基金加权平均净值收益率	2.07%		
单位基金累计净值增长率	10.20%		
本期分红	10派 0.15元	累计分红	10派 0.15元

基金历年表现（单位：%）

【本期基金业绩表现】

截至2003年12月31日，招商股票基金净值为1.0864元，累计净值为1.102元，净值增长率为10.20%，超越同期基金业绩比较标准12.56%。

【基金经理小组简介】

陈进贤先生：1965年出生，新加坡籍，国立新加坡大学理科学术学士(不动产管理)。曾先后在OUB资产管理公司任投资分析员、高级经理、副总裁；在OUB-Optimix Funds Management Limited.任首席基金经理、高级经理、执行总经理和投资总监。有近14年在亚洲、欧洲和美国股票投资组合及平衡型基金分析与管理方面的经验。

贺庆先生：1971年出生，中国国籍，经济学硕士。1994年起在南方证券有限公司投资银行部工作并任高级经理，1998年加入博时基金管理有限公司，先后任高级交易员、研究分析师和基金经理助理。具有10年证券从业经历。

【基金投资运作分析】

2003年，中国股票市场朝着成熟方向大步迈进。上半年以银行、钢铁、石化、汽车等行业个股为代表的价值回归行情，实际是进行了一次牛市的预演。而其后的调整，使得价值投资的理念更加深入人心，庄股模式则遭遇到更多的失败。

招商股票基金成立于2003年4月28日，基金成立以来，基金经理严格遵照基金契约的相关约定，按照既定的投资流程，进行了规范、高效的运作，并取得了较好的业绩回报。

【基金投资组合一览】

项目 \ 季度	第二季度		第三季度		第四季度	
基金资产净值/元	1,006,724,989.93		1,441,246,957.85		1,433,643,159.30	
基金份额/份	1,020,074,241.44		1,478,199,444.46		1,319,590,270.61	
基金单位净值/元	0.9869		0.9750		1.0864	
基金投资组合	市值(元)	占净值比	市值(元)	占净值比	市值(元)	占净值比
股票投资	484,285,483.78	48.10%	954,652,877.45	66.24%	1,090,059,092.80	76.03%
国债及货币资金	358,685,746.79	35.63%	406,293,802.99	28.19%	580,982,638.00	40.52%
其他投资	15,497,740.00	1.54%	12,334,089.10	0.86%	——	

投资前十名股票明细

股票名称	市值(元)	占净值比	股票名称	市值(元)	占净值比	股票名称	市值(元)	占净值比
上港集箱	46,217,219.49	4.59%	上港集箱	47,695,128.00	3.31%	江西铜业	64,574,000.00	4.50%
天津港	45,818,548.75	4.55%	盐田港A	46,536,688.31	3.23%	中国联通	49,910,563.77	3.48%
盐田港A	39,677,771.54	3.94%	宝钢股份	46,191,458.25	3.21%	三一重工	49,727,400.00	3.47%
营口港	30,096,945.90	2.99%	三一重工	44,861,484.96	3.11%	上港集箱	49,274,000.00	3.44%
中兴通讯	19,563,442.28	1.94%	天津港	38,277,500.00	2.66%	福耀玻璃	44,358,600.00	3.09%
浦发银行	15,388,062.00	1.53%	中兴通讯	37,628,944.06	2.61%	上海汽车	44,339,400.00	3.09%
中国石化	14,492,500.00	1.44%	福耀玻璃	37,161,387.50	2.58%	铜都铜业	44,312,385.60	3.09%
福耀玻璃	14,217,600.00	1.41%	上海汽车	37,160,487.63	2.58%	盐田港A	40,528,000.00	2.83%
山东铝业	13,400,064.00	1.33%	伊利股份	34,710,975.00	2.41%	申能股份	39,503,100.00	2.76%
宝钢股份	12,546,583.00	1.25%	南方航空	34,232,000.00	2.38%	中兴通讯	38,335,000.00	2.67%

招商安泰平衡型基金

基本资料					
基金代码	217002				
基金简称	招商平衡型基金		基金类型	契约型开放式	
发行日期	2003-03-17至2003-04-25		成立日期	2003-04-28	
首募规模	8.99亿份	认购户数	11315户	期末规模	5.25亿份
认购费率	1.00%	申购费率	1.50%	赎回费率	0.10%
管理费率	1.50%	托管费率	0.25%	转换费率	0%–0.50%
销售机构	招商基金管理有限公司、招商银行、招商证券、华夏证券、国泰君安证券、申银万国、国信证券、兴业证券等。				
基金管理人	招商基金管理有限公司		基金托管人	招商银行	
审计机构	德勤华永会计师事务所		律师事务所	北京高朋律师事务所	
投资目标	追求当期收益和长期资本增值的平衡。				
业绩比较基准	45%×上证180指数＋50%×中信债券指数＋5%×同业存款利息率				

财务指标　单位：人民币(元)

项目 \ 年度	2003年4月28日至2003年12月31日		
加权平均单位基金净收益	0.0126		
期末可分配单位基金收益	0.0078		
期末单位基金资产净值	1.0501		
基金加权平均净值收益率	1.25%		
单位基金累计净值增长率	6.00%		
本期分红	10派 0.10元	累计分红	10派 0.10元

基金历年表现（单位：%）

【本期基金业绩表现】

截至2003年12月31日，招商平衡型基金资产净值为1.0501元，累计净值为1.06元，净值增长率为6.00%，超越同期业绩比较标准7.90%。

【基金经理小组简介】

陈进贤先生：1965年出生，新加坡籍，国立新加坡大学理科学术学士(不动产管理)。曾先后在OUB资产管理公司任投资分析员、高级经理、副总裁；在OUB-Optimix Funds Management Limited.任首席基金经理、高级经理、执行总经理和投资总监。有近14年在亚洲、欧洲和美国股票投资组合及平衡型基金分析与管理方面的经验。

贺庆先生：1971年出生，中国国籍，经济学硕士。1994年起在南方证券有限公司投资银行部工作并任高级经理，1998年加入博时基金管理有限公司，先后任高级交易员、研究分析师和基金经理助理。具有10年证券从业经历。

【基金投资运作分析】

2003年，是中国股票市场朝着成熟方向大步迈进的一年，市场的变化同时也促成了A股市场走出筑底的走势，使得上证指数三次在1300点以上的区域企稳反弹，摆脱了自2001年见顶来的漫漫熊途。

招商平衡型基金成立于2003年4月28日，基金成立以来，基金经理严格遵照基金契约的相关约定，按照既定的投资流程，进行了规范、高效的运作，并取得了较好的业绩回报。

【基金投资组合一览】

项目 \ 季度		第二季度			第三季度			第四季度		
基金资产净值/元		860,064,534.48			741,887,679.56			551,352,342.20		
基金份额/份		869,331,848.49			759,411,435.32			525,062,080.40		
基金单位净值/元		0.9893			0.9769			1.0501		
基金投资组合			市值(元)	占净值比		市值(元)	占净值比		市值(元)	占净值比
股票投资			278,052,163.58	32.33%		294,660,038.89	39.72%		294,307,590.57	53.38%
债券投资			416,536,730.10	48.43%		352,366,558.97	47.50%		224,801,780.07	40.77%
货币资金			161,337,326.82	18.76%		50,698,112.21	6.83%		53,154,815.62	9.64%
投资前五名债券明细	债券名称	市值(元)	占净值比	债券名称	市值(元)	占净值比	债券名称	市值(元)	占净值比	
	21国债(15)	101,635,105.20	11.82%	21国债(15)	48,210,113.40	6.50%	21 国债(15)	55,800,023.70	10.12%	
	02国债(15)	70,433,751.30	8.19%	02国开(11)	40,154,000.00	5.41%	02 国债(10)	39,585,782.50	7.18%	
	21国债(12)	66,416,129.10	7.72%	99国债(8)	35,457,424.80	4.78%	03 国债(05)	29,913,000.00	5.43%	
	99国债(8)	54,824,840.00	6.37%	21国债(10)	32,478,082.00	4.38%	99 国债(8)	23,431,068.20	4.25%	
	21国债(10)	52,050,894.00	6.05%	03国债(05)	29,913,000.00	4.03%	02 国开(11)	20,077,000.00	3.64%	
投资前五名股票明细	股票名称	市值(元)	占净值比	股票名称	市值(元)	占净值比	股票名称	市值(元))	占净值比	
	上港集箱	26,502,120.09	3.08%	上港集箱	15,015,480.00	2.02%	江西铜业	17,894,000.00	3.25%	
	天 津 港	26,228,556.25	3.05%	盐田港A	14,884,700.00	2.01%	中国联通	15,825,324.00	2.87%	
	盐田港A	23,706,104.44	2.76%	三一重工	14,851,092.90	2.00%	三一重工	13,359,600.00	2.42%	
	营 口 港	17,618,580.00	2.05%	宝钢股份	14,752,500.00	1.99%	上港集箱	13,311,946.20	2.41%	
	中兴通讯	10,950,466.08	1.27%	天 津 港	12,122,296.00	1.63%	上海汽车	11,704,500.00	2.12%	

招商安泰债券基金

基本资料					
基金代码	217003				
基金简称	招商债券基金		基金类型	契约型开放式	
发行日期	2003-03-17至2003-04-25		成立日期	2003-04-28	
首募规模	25.86亿份	认购户数	15245户	期末规模	13.54亿份
认购费率	0.80%	申购费率	0.80%	赎回费率	0.05%
管理费率	0.60%	托管费率	0.18%	转换费率	0%—0.50%
销售机构	招商基金管理有限公司、招商银行、招商证券、华夏证券、国泰君安证券、申银万国、国信证券、兴业证券等。				
基金管理人	招商基金管理有限公司		基金托管人	招商银行	
审计机构	德勤华永会计师事务所		律师事务所	北京高朋律师事务所	
投资目标	追求较高水平和稳定的当期收益，保证本金的长期安全。				
业绩比较基准	95%×中信债券指数＋5%×同业存款利息率				

财务指标　　单位：人民币(元)

项目 \ 年度	2003年4月28日至2003年12月31日		
加权平均单位基金净收益	−0.0012		
期末可分配单位基金收益	−0.0020		
期末单位基金资产净值	1.0116		
基金加权平均净值收益率	−0.12%		
单位基金累计净值增长率	1.16%		
本期分红	——	累计分红	——

基金历年表现（单位：%）

【本期基金业绩表现】

截至2003年12月31日，招商债券基金资产净值为1.0116元，净值增长率为1.16%，超越同期业绩比较标准2.35%。

【基金经理小组简介】

陈进贤先生：1965年出生，新加坡籍，国立新加坡大学理科学术学士(不动产管理)。曾先后在OUB资产管理公司任投资分析员、高级经理、副总裁；在OUB-Optimix Funds Management Limited.任首席基金经理、高级经理、执行总经理和投资总监。有近14年在亚洲、欧洲和美国股票投资组合及平衡型基金分析与管理方面的经验。

贺庆先生：1971年出生，中国国籍，经济学硕士。1994年起在南方证券有限公司投资银行部工作并任高级经理，1998年加入博时基金管理有限公司，先后任高级交易员、研究分析师和基金经理助理。具有10年证券从业经历。

【基金投资运作分析】

2003年，随着宏观经济形势转好，央行部分紧缩措施出台，债券市场结束了数年的牛市开始下跌，债券市场收益率大幅攀升，全年呈现出与2002年相似的“前高后低”的走势。尤其是8月央行提高存款准备金率，使得市场风险集中释放，两个月之内，上证国债指数跌幅超过4%，显示了明显的上升预期。而随着年末CPI等物价指数的上升，进一步明确市场弱势趋势。

招商债券基金成立于2003年4月28日，基金成立以来，基金经理严格遵照基金契约的相关约定，按照既定的投资流程，进行了规范、高效的运作，并取得了较好的业绩回报。

【基金投资组合一览】

项目 \ 季度	第二季度			第三季度			第四季度		
基金资产净值/元	2,375,993,143.40			1,833,251,720.36			1,369,966,551.66		
基金份额/份	2,375,218,874.50			1,849,417,521.40			1,354,209,369.31		
基金单位净值/元	1.0003			0.9913			1.0116		
基金投资组合	市值(元)		占净值比	市值(元)		占净值比	市值(元)		占净值比
债券投资	1,671,411,182.00		70.35%	1,405,430,410.44		76.66%	1,180,796,663.20		86.19%
货币资金	256,341,293.77		10.79%	102,781,300.17		5.61%	106,543,610.51		7.78%
投资前五名债券明细	债券名称	市值(元)	占净值比	债券名称	市值(元)	占净值比	债券名称	市值(元)	占净值比
	21国债(12)	340,932,356.10	14.35%	21国债(15)	154,866,516.30	8.45%	02国债(10)	132,608,796.50	9.68%
	21国债(10)	291,137,112.00	12.25%	21国债(12)	143,626,476.00	7.83%	99国债(8)	132,393,461.40	9.66%
	99国债(8)	212,434,410.00	8.94%	99国债(8)	137,284,184.80	7.49%	21国债(15)	130,254,486.90	9.51%
	02国债(15)	188,641,246.20	7.94%	21国债(10)	126,564,201.40	6.90%	国电转债	107,946,993.00	7.88%
	21国债(15)	179,544,106.00	7.56%	02国开(11)	80,345,000.00	4.38%	02国开(11)	80,345,000.00	5.86%

华宝兴业基金管理有限公司

【基本情况】

法定名称：华宝兴业基金管理有限公司
注册地址：上海浦东新区世纪大道88号金茂大厦48层
办公地址：上海浦东新区世纪大道88号金茂大厦48层
法人代表：郑安国
总 经 理：裴长江
成立时间：2003年2月13日
组织形式：有限责任公司
注册资本：1亿元人民币
联系电话：021-50499588
传真号码：021-50499688
邮政编码：200121
公司网址：www.fsfund.com

【发展概况】

2002年10月23日，中国证监会批准华宝兴业基金管理有限公司筹建申请，2003年2月13日，华宝兴业基金管理有限公司经中国证监会证监基金字[2003]19号文批准，由华宝信托投资有限责任公司和法国兴业资产管理有限责任公司发起正式成立，是中国第一批合资基金管理公司之一，也是国内首家由信托公司和外方资产管理公司发起设立的中外合资基金管理公司。

华宝兴业基金管理有限公司在组织结构上强调风险管理，公司副总经理Denis Lefranc是由法方派遣的内控专家，主要负责风险管理，其领导的内控审计风险管理部独立于其他部门，主要负责按照国际惯例进行内部审计和风险管理。华宝兴业基金管理有限公司的交易部不属于投资管理部，而是与其平行，由营运总监管理，从制度上控制操作风险。此外，公司建立了科学的公司管理制度和部门业务规章、流程，实施了公司财务会计和基金财务会计的分离，建立了危机处理机制、风险报告制度、风险监控、预警系统，并设有专职督察员。

在独特的组织结构下，华宝兴业基金管理有限公司拥有一支国际化的团队，截至2003年底，公司拥有员工48名。团队中多人具有海外留学、国内外大型金融机构工作背景，有着良好的个人素质和市场经验。投资管理团队共有成员17人，全部具有硕士以上学历。其中核心投资管理人员平均有8年以上的从业经历。

【经营业绩】

华宝兴业基金管理有限公司成立来，秉承“持有人利益至上”的经营理念，坚持务实高效的工作原则，努力发挥中外合资基金强强合作的优势，为投资者提供丰富的理财工具。截至2003年12月底，华宝兴业基金管理有限公司管理宝康系列开放式证券投资基金，该基金是公司首只基金产品，由宝康消费品基金、宝康灵活配置基金和宝康债券基金三只基金构成。2003年4月28日，经中国证监会[2003]62号文批准，华宝兴业获准发起设立宝康系列开放式基金，并于2003年6月5日至2003年7月11日公开发行，2003年7月15日宝康系列基金正式成立，首募基金规模38.96亿份，有效认购户数100037户。其中：宝康消费品基金募集规模15.41亿份；宝康灵活配置基金募集规模10.67亿份、宝康债券基金募集规模12.88亿份。

宝康灵活配置基金、宝康消费品基金、宝康债券基金三只基金成立以来表现良好。截至2003年12月31日，宝康灵活配置基金净值1.0336元，净值增长率达4.36%；宝康消费品基金净值1.0394元，净值增长率达4.94%；宝康债券基金净值1.0234元，净值增长率达3.34%。2003年12月30日，三只基金均实施了成立来的首次分红，向全体基金持有人每10份基金单位派发红利0.10元。

在基金管理上，华宝兴业基金公司坚持“诚信、专业、勤勉”的精神，竭诚为客户提供优质的理财服务。2003年7月15日建立“持有人之家”华宝兴业客户俱乐部。

附：高管成员介绍

郑安国先生：董事长，博士，高级经济师。曾任南方证券有限公司发行部经理、投资部经理，南方证券有限公司投资银行部总经理助理，南方证券有限公司上海分公司副总经理，南方证券公司研究所总经理级副所长，华宝信托投资有限责任公司副总经理、总经理。

裴长江先生：董事、总经理，硕士，经济师。曾任上海万国证券公司闸北营业部经理助理、经理，申银万国证券股份有限公司浙江管理总部副总经理，申银万国证券股份有限公司经纪总部副总经理，华宝信托投资有限责任公司投资总监。

Dennis Lefranc(中文名陆云飞)：董事、副总经理，文学士、法学士，法国国籍。曾任法国兴业银行法律顾问，法国兴业银行资产市场及资产管理部副经理，BAREP资产管理公司(法国兴业银行集团子公司)首席法律顾问，法国兴业资产管理有限公司首席法律顾问。

股东概况

排序	股东名称	出资额(万元)	出资比例(%)
1	华宝信托投资有限责任公司	6700.00	67.00
2	法国兴业资产管理有限责任公司	3300.00	33.00

旗下基金

排序	基金代码	基金简称	基金类型
1	240001	宝康消费品	开放式
2	240002	宝康灵活配置	开放式
3	240003	宝康债券	开放式

华宝兴业宝康系列开放式证券投资基金

宝康消费品证券投资基金

基本资料					
基金代码	240001				
基金简称	宝康消费品	基金类型	契约型开放式		
发行日期	2003-06-05至2003-07-11	成立日期	2003-07-15		
首募规模	15.41亿份	认购户数	51785户	期末规模	14.72亿份
认购费率	1.00%	申购费率	不高于1.20%	赎回费率	0.30%-0.50%
管理费率	1.50%	托管费率	0.25%	转换费率	0.40%
销售机构	华宝兴业基金管理有限公司、中国建设银行、联合证券、国泰君安证券、华夏证券、长江证券、招商证券、申银万国、海通证券、国元证券、西南证券。				
基金管理人	华宝兴业基金管理有限公司	基金托管人	中国建设银行		
审计机构	普华永道中天会计师事务所	律师事务所	海华永泰律师事务所		
投资目标	分享我国全面建设小康社会过程中消费品各相关行业的稳步成长；为基金持有人谋求长期稳定回报。				
业绩比较基准	80%上证180指数和深证100指数的复合指数+20%中信全债指数				

财务指标　单位：人民币(元)

项目 \ 年度	2003年7月15日至2003年12月31日		
加权平均单位基金净收益	0.0102		
期末可分配单位基金收益	0.0012		
期末单位基金资产净值	1.0394		
基金加权平均净值收益率	1.02%		
单位基金累计净值增长率	4.94%		
本期分红	10派 0.10元	累计分红	10派 0.10元

基金历年表现（单位：%）

【本期基金业绩表现】

截至2003年12月31日，宝康消费品基金单位净值为1.0394元，净值增长率为4.94%。

【基金经理小组简介】

栾杰先生：基金经理，硕士。曾任海南港澳资讯产业有限公司研究员，华宝信托投资有限责任公司高级研究员，投资管理部副总经理。2003年4月任华宝兴业基金管理公司投资管理部总经理，2003年7月任宝康消费品基金经理。

詹靖女士：基金经理助理，英国南安普顿大学(University of Southampton)金融学硕士，证券从业经历3年，曾在华宝信托投资有限公司从事投资工作，2003年7月起担任宝康消费品基金基金经理助理。

【基金投资运作分析】

宝康消费品基金成立之初，股市正处于下半年的高点。在深入分析后，基金经理基于对当时市场的判断，该基金的股票仓位在10月底之前一直保持在30%以下，建仓速度相对较慢。这段时间内，正确的资产配置为投资者最大程度地减少了损失。11月中旬，市场低点出现后，基金经理加快了建仓的速度，重点买入经过充分调研和仔细研究的消费品行业股票，但由于当时市场的热点集中在上游和周期性行业，该基金持有的股票表现不理想导致基金净值表现落后。基金经理虽承受很大的压力，但坚持“恪守投资边界，策略胜过预测”的投资理念，继续深入调研、跟踪持有的股票，积极储备新的消费品类股票品种，并且坚信随着消费品类上市公司的业绩提升，其股票的投资价值将益发明显，并最终会得到市场的认同。

【基金投资组合一览】

项目 \ 季度	第三季度		第四季度	
基金资产净值/元	1,534,529,481.76		1,530,067,909.65	
基金份额/份	1,543,617,845.28		1,472,138,654.56	
基金单位净值/元	0.9941		1.0394	
基金投资组合	市值(元)	占净值比	市值(元)	占净值比
股票投资	193,421,632.63	12.60%	905,075,188.02	59.14%
国债及货币资金	52,924,589.54	3.45%	463,899,164.04	30.32%
其他投资	19,008,997.70	1.24%	41,432,970.85	2.71%

投资前十名股票明细	序号	股票名称	市值(元)	占净值比	序号	股票名称	市值(元)	占净值比
	1	南方航空	11,130,281.95	0.73%	1	贵州茅台	78,087,270.80	5.10%
	2	九芝堂	8,624,559.23	0.56%	2	佛山照明	77,497,314.18	5.06%
	3	佛山照明	7,088,539.06	0.46%	3	雅戈尔	64,478,682.72	4.21%
	4	上海汽车	6,987,954.68	0.46%	4	伊利股份	56,082,090.61	3.67%
	5	中国联通	6,978,100.00	0.45%	5	上海汽车	42,594,080.04	2.78%
	6	首创股份	6,213,359.76	0.40%	6	申能股份	40,168,720.00	2.63%
	7	北京巴士	5,933,848.00	0.39%	7	万科A	32,794,019.04	2.14%
	8	北大荒	5,270,918.90	0.34%	8	上海机场	29,275,821.02	1.91%
	9	华夏银行	5,009,348.88	0.33%	9	格力电器	27,509,134.16	1.80%
	10	大众公用	4,973,006.72	0.32%	10	五粮液	27,049,788.42	1.77%

宝康灵活配置证券投资基金

基本资料					
基金代码	240002				
基金简称	宝康灵活配置		基金类型	契约型开放式	
发行日期	2003-06-05至2003-07-11		成立日期	2003-07-15	
首募规模	10.67亿份	认购户数	29058户	期末规模	10.19亿份
认购费率	1.00%	申购费率	不高于1.20%	赎回费率	0.30%-0.50%
管理费率	1.30%	托管费率	0.25%	转换费率	0.40%
销售机构	华宝兴业基金管理有限公司、中国建设银行、联合证券、国泰君安证券、华夏证券、长江证券、招商证券、申银万国、海通证券、国元证券、西南证券。				
基金管理人	华宝兴业基金管理有限公司		基金托管人	中国建设银行	
审计机构	普华永道中天会计师事务所		律师事务所	海华永泰律师事务所	
投资目标	为规避系统风险，降低投资组合波动性，提高投资组合的长期报酬				
业绩比较基准	65%中信全债指数+35%上证180指数和深圳100指数的复合指数				

财务指标	单位：人民币(元)		
项目 \ 年度	2003年7月15日至2003年12月31日		
加权平均单位基金净收益	0.0136		
期末可分配单位基金收益	0.0044		
期末单位基金资产净值	1.0336		
基金加权平均净值收益率	1.35%		
单位基金累计净值增长率	4.36%		
本期分红	10派 0.10元	累计分红	10派 0.10元

基金历年表现（单位：%）

【本期基金业绩表现】

截至2003年12月31日，宝康灵活配置基金单位净值为1.0336元，净值增长率为4.36%。

【基金经理小组简介】

余荣权先生：基金经理，硕士，经济师。曾任深圳赛格财务公司投资部经理，华宝信托投资有限责任公司投资管理部副总经理、总经理。2003年4月任华宝兴业基金管理公司投资总监，2003年7月兼任宝康灵活配置基金经理。

方焰松先生：基金经理助理，金融学学士，证券从业经历8年，曾在华宝信托投资有限公司从事证券投资和信托资产管理工作，2003年7月任宝康灵活配置基金基金经理助理。

【基金投资运作分析】

宝康灵活基金从2003年7月15日成立至12月31日，投资分为两个阶段：第一阶段，从基金成立到9月底投资时机预警系统发出买入信号。在此阶段，基金经理有效把握了市场的走势。资产配置上以现金和短期票据资产为主，并参与了转债申购，有效地回避了市场持续下跌带来的系统风险。第二阶段，从9月底一直到12月31日。在此阶段，宝康灵活基金调整了投资策略，在资产配置上逐渐向股票资产转移，降低现金资产比重。但鉴于当时市场剧烈的结构调整和相关影响因素仍有不确定性的市场情况，从控制风险出发，基金经理采取了谨慎增持股票资产(30%的基本仓位)，适当增持中短期债券和可转换债券的投资策略，基金净值也逐渐上升，但由于当时总体仓位较轻，截止年底该基金单位资产净值只上涨了4.47%。

【基金投资组合一览】

项目 \ 季度	第三季度				第四季度			
基金资产净值/元	1,091,826,492.38				1,053,282,232.44			
基金份额/份	1,092,734,310.30				1,019,087,496.91			
基金单位净值/元	0.9992				1.0336			
基金投资组合	市值(元)		占净值比		市值(元)		占净值比	
股票投资	5,991,564.94		0.55%		434,243,933.81		41.22%	
国债及货币资金	259,045,411.27		23.73%		407,558,920.52		38.69%	
其他投资	188,175,060.10		17.23%		119,132,800.73		11.31%	
投资前五名债券明细	序号	债券名称	市值(元)	占净值比	序号	债券名称	市值(元)	占净值比
	1	03国债(02)	120,000,000.00	10.99%	1	99国债(8)	91,809,976.40	8.72%
	2	00国债(12)	100,370,000.00	9.19%	2	21国债(15)	67,127,106.90	6.37%
	3	01进出(05)	90,324,000.00	8.27%	3	02国债(10)	30,267,275.00	2.87%
	4	01国开(11)	82,528,150.00	7.56%	4	03央行票据51	29,796,932.63	2.83%
	5	03国开(17)	9,928,000.00	0.91%	5	21国债(3)	27,023,724.00	2.57%
投资前五名股票明细	序号	股票名称	市值(元)	占净值比	序号	股票名称	市值(元)	占净值比
	1	九芝堂	5,373,828.56	0.49%	1	贵州茅台	23,048,137.80	2.19%
	2	福耀玻璃	562,764.00	0.05%	2	长江电力	19,864,909.12	1.89%
	3	新钢钒	21,382.38	0.00%	3	宝钢股份	13,079,500.00	1.24%
	4	国电南瑞	10,390.00	0.00%	4	中国石化	12,622,500.00	1.20%
	5	长力股份	8,630.00	0.00%	5	中国联通	12,379,500.00	1.18%

宝康债券投资基金

基本资料					
基金代码	240003				
基金简称	宝康债券	基金类型	契约型开放式		
发行日期	2003-06-05 至 2003-07-11	成立日期	2003-07-15		
首募规模	12.88 亿份	认购户数	19194 户	期末规模	7.94 亿份
认购费率	0.60%	申购费率	不高于 0.80%	赎回费率	0%-0.30%
管理费率	0.60%	托管费率	0.20%	转换费率	0.40%
销售机构	华宝兴业基金管理有限公司、中国建设银行、联合证券、国泰君安证券、华夏证券、长江证券、招商证券、申银万国、海通证券、国元证券、西南证券。				
基金管理人	华宝兴业基金管理有限公司	基金托管人	中国建设银行		
审计机构	普华永道中天会计师事务所	律师事务所	海华永泰律师事务所		
投资目标	在保持投资组合低风险和充分流动性的前提下，确保基金资产安全及追求资产长期稳定增值。				
业绩比较基准	中信全债指数				

财务指标　　单位：人民币(元)

项目＼年度	2003 年 7 月 15 日至 2003 年 12 月 31 日		
加权平均单位基金净收益	0.0094		
期末可分配单位基金收益	0.0006		
期末单位基金资产净值	1.0234		
基金加权平均净值收益率	0.93%		
单位基金累计净值增长率	3.34%		
本期分红	10 派 0.10 元	累计分红	10 派 0.10 元

基金历年表现（单位：%）

年份	2003	2002
表现(%)	3.34	

【本期基金业绩表现】

截至2003年12月31日，宝康债券基金单位净值为1.0234元，净值增长率为3.34%。

【基金经理简介】

王旭巍先生：基金经理，硕士。曾在宏达期货经纪有限公司、中信证券资产管理部从事交易、投资、资产管理业务。2003年7月任宝康债券基金经理。

【基金投资运作分析】

宝康债券基金于2003年7月15日成立，投资运作伊始，基金经理准确判断债券市场的不利走势后，控制建仓节奏，在央行出台提高存款准备金率的紧缩政策后则果断停止建仓并适度采取了减仓止损措施。同时针对当时市场资金趋紧、回购利率走高的情况，逆回购融出资金，以回购利息收益弥补国债头寸的损失。在同期上证国债指数下跌4.7%的情况下，该基金始终保持净值在面值以上，有效规避了因货币政策导致的系统风险。

2003年11月份，债市风险释放较为充分，宝康债券基金加快国债建仓节奏，迅速增仓至目标部位。同时，深入挖掘可转债的投资价值，对市场上近半数可转债发行公司进行了实地调研，在反复筛选的基础上对可转债进行战略性建仓。另外，央行票据剩余期限短、利率风险小、流动性好、收益稳定，基金经理把央行票据也作为投资组合的重要组成部分。最终构建成了国债、可转债、央行票据三分天下的资产配置格局。

按照契约规定，2003年宝康债券基金参与了华夏银行和长江电力新股发行的申购，获取了可观的超额收益。

【基金投资组合一览】

项目＼季度	第三季度				第四季度			
基金资产净值/元	1,213,055,038.51				812,259,117.65			
基金份额/份	1,211,876,525.31				793,664,388.19			
基金单位净值/元	1.0010				1.0234			
基金投资组合	市值(元)		占净值比		市值(元)		占净值比	
债券投资	580,351,130.16		47.84%		681,390,375.61		83.89%	
货币资金	833,142.35		0.07%		141,806,726.12		17.46%	
投资前五名债券明细	序号	债券名称	市值(元)	占净值比	序号	债券名称	市值(元)	占净值比
	1	00 国开(13)	100,140,000.00	8.26%	1	99 国债(8)	88,617,475.80	10.91%
	2	03 国开(13)	99,580,150.00	8.21%	2	03 央行票据 51	79,454,537.02	9.78%
	3	03 央行票据 22	96,682,368.36	7.97%	3	03 央行票据 52	78,858,014.19	9.71%
	4	02 国开(15)	80,808,150.00	6.66%	4	03 国债(11)	77,478,406.20	9.54%
	5	01 中信债	74,270,000.00	6.12%	5	云化转债	56,439,945.90	6.95%

巨田基金管理有限公司

【基本情况】

法定名称：巨田基金管理有限公司
注册地址：深圳福田区滨河大道5020号证券大厦4层
办公地址：深圳福田区滨河大道5020号证券大厦4层
法人代表：王一楠
总 经 理：许 明
成立时间：2003年3月14日
组织形式：有限责任公司
注册资本：1亿元人民币
联系电话：0755-82993636
传真号码：0755-82990384
邮政编码：518033
公司网址：www.jtfund.com

【发展概况】

2002年12月31日，经中国证监会证监基金字[2002]105号文批复巨田基金管理有限公司获准筹建；2003年3月3日经中国证监会证监基金字[2003]33号文批准，巨田基金管理有限公司获准于2003年3月14日正式开业，公司由巨田证券(原深圳特区证券)有限责任公司作为主发起人，联合中信国安信息产业股份有限公司、汉唐证券有限责任公司、深圳市招融投资控股有限公司、浙江中大集团控股有限公司四家企业共同投资组建，公司注册地在广东省深圳市。

巨田基金管理有限公司在董事会下设合规审核委员会、薪酬与资格审查委员会两个专业委员会，公司下设投资决策委员会、风险控制委员会和七个部门：投资管理部、研究发展部、市场开发部、基金事务部、技术保障部、行政管理部、监察稽核部。公司采取集体投资决策制度，投资决策委员会由公司总经理、副总经理、投资管理部总监、研究发展部总监和部分从事基金投资方面的业务骨干组成。

巨田基金管理有限公司现有员工44人，平均从业年限5.5年，平均年龄33岁，其中多人具有海外金融业专业背景。硕士以上学历占72%。

【经营业绩】

巨田基金管理有限公司自成立以来，开始积极筹建首只开放式基金的工作。2003年8月，巨田基金管理有限公司与光大银行签订《托管协议》，确定光大银行为公司发行的首只基金的托管行；2003年12月20日，巨田基金管理有限公司与巨田证券有限责任公司在深圳五洲宾馆联手举办了“核心客户理财产品推荐会暨圣诞联谊会”，首次公开面向市场推荐自己的投资理念。这也是巨田基础行业证券投资基金第一期产品推介会；2003年12月29日，巨田基金管理有限公司在北京京广中心举办巨田基金产品推介会。来自京城的保险业者、财务公司、大型集团公司、银行和券商等65家机构投资者及部分证券营业部代表共计80多人出席了会议。公司管理层和投资团队与客户进行了互动交流。

巨田基金管理有限公司成立以来，秉承“取信于市场，取信于社会”的经营宗旨，以客户为中心，为客户着想；恪守诚实信用、勤勉尽责的原则，逐步建立健全了客户服务体系，为广大投资者提供全方位的服务：公司客户服务中心(Call Center)为投资者开通24小时热线服务4008888668，随时为投资者提供公司及信息查询、帐户和交易流程查询；人工坐席处理客户投诉建议、传真资料及投资顾问个性化服务。公司网站将及时给您提供互联网服务。为方便投资者，公司开通了多条基金销售渠道。巨田基金管理有限公司市场部下设深圳、北京、上海三个直销中心，覆盖华南、华北、华东等大部分地区，在全国范围内开展销售和服务工作。

附：高管成员介绍

王一楠先生：董事长，46岁，硕士。1998年至今任巨田证券有限责任公司董事长，历任国家统计局投资司副司长，华能财务公司总经理，中国华能集团副总经理。

许明先生：董事、总经理，37岁，中南财经大学产业经济学博士。历任海南省证券公司武汉业务部副总经理，湖北中太集团有限公司总经理，三峡证券有限责任公司总裁办公室主任、研究所所长、北京营业部总经理，巨田证券有限公司北京总部副总经理、研究所副所长兼投资部总经理，巨田证券有限责任公司总经理助理、副总经理。

股东概况

排序	股东名称	出资额(万元)	出资比例(%)
1	巨田证券有限责任公司	3500.00	35.00
1	中信国安信息产业股份有限公司	3500.00	35.00
2	汉唐证券有限责任公司	1500.00	15.00
3	深圳市招融投资控股有限公司	1000.00	10.00
4	浙江中大集团控股有限公司	500.00	5.00

国联安基金管理有限公司

【基本情况】

法定名称：国联安基金管理有限公司
注册地址：上海浦东新区世纪大道88号金茂大厦46楼
办公地址：上海浦东新区世纪大道88号金茂大厦46楼
法人代表：金建栋
总 经 理：先 江
成立时间：2003年3月25日
组织形式：有限责任公司
注册资本：1亿元人民币
联系电话：021－50478080
传真号码：021－50479059
邮政编码：200121
公司网址：www.gtja－allianz.com

【发展概况】

2002年10月17日，国联安基金管理有限公司经中国证监会批准，成为中国加入WTO后首家获准筹建的中外合资基金管理公司。2003年3月25日，经中国证监会证监基金字[2003]42号文批准，国联安基金管理有限公司正式成立。

国联安基金管理有限公司组织体系分为两个层面，其中股东会、监事会、董事会及其下设的合规审查委员会和资格审查与薪酬委员会、督察员属于一个层面；总经理、投资决策委员会、风险控制委员会、监察稽核部、风险管理部、三总监及各个业务部门属于另一个层面。董事会下设合规审查委员会和资格审查与薪酬委员会两个议事机构。总经理下设投资决策委员会、风险控制委员会、风险管理部、人力资源部、监察稽核部，并根据基金业务分类，在总经理下设市场总监、投资总监和营运总监三总监。三总监下设客户服务部、代理销售部、直接销售部、产品开发部、营销企划部、投资组合管理部、基金交易部、财务部、基金事务部、信息技术部等十个业务部门。

截至2003年底，国联安基金管理有限公司共有员工52人。

【经营业绩】

截止到2003年12月31日，国联安基金管理有限公司管理德盛稳健证券投资基金。2003年6月17日，经中国证券监督管理委员会证监基金字[2003]80号文批准，国联安基金管理有限公司获准发起设立德盛稳健证券投资基金，并于2003年7月3日起向社会公众公开发行，2003年8月5日发行结束，2003年8月8日德盛稳健证券投资基金正式成立。首募基金规模36.66亿份，有效认购户数达83509户。

在德盛稳健基金的发行过程中，国联安基金管理公司采取一系列营销措施：利息转份额、“买德盛稳健基金、送德盛平安保险”、加入“德盛理财俱乐部”等活动，并结合工行“理财金帐户”开展“理财健诊”活动。同时与国泰君安联合推出了网上开户和电话开户，在国泰君安营业部设立常年开业的特约基金直销代办中心。此外，还联手中国银联，推出跨行间的基金网上开户、交易等综合服务。

德盛稳健基金经过近四个月的运作，截至2003年12月31日，净值增长率7.75%，超出业绩基准12.77%。2003年12月19日，该基金实施了成立来的首次分红：向全体基金持有人每10份基金单位派发红利0.20元。

国联安基金管理有限公司在产品开发、市场营销、资产管理、整体运营等方面公司与外方股东安联集团进行了全面对接，逐步形成严谨、稳健的管理风格；在客户服务方面，公司以建立最佳客户关系为目标。目前已经成立以“分享财富人生、共建财富家园”为服务宗旨的国联安德盛理财俱乐部，定期出版“德盛理财”系列投资专刊，建立与客户多层次交流的通道；适时举办各类有关投资理财的专项活动，与客户近距离交流、互动。

附：高管成员介绍

金建栋先生：董事长，59岁，高级经济师，本科学历。历任福建宁德地区人民银行行长，中国人民银行福建省分行副行长，中国人民银行党组成员、会计司司长、综合计划司司长、金融管理司司长，国务院证券委员会办公室主任，国泰证券有限公司董事长、总经理、国泰君安证券股份有限公司董事长；历任中国证券业协会第一届理事长、第二届监事长、第三届副会长。

先江先生：董事兼总经理，42岁，德国基尔大学企业管理硕士，历任德累斯登银行德国法兰克福总部机构投资银行部投资顾问，机构资产管理资深投资顾问，机构资产管理驻远东区代表，德累斯登银行德国法兰克福总部业务发展部资深经理，台湾德盛证券投资信托股份有限公司执行董事兼总经理。

股东概况

排序	股东名称	出资额(万元)	出资比例(%)
1	国泰君安证券股份有限公司	6700.00	67.00
2	德国安联集团(ALLIANZ AG)	3300.00	33.00

旗下基金

排序	基金代码	基金简称	基金类型
1	255010	德盛稳健	开放式

德盛稳健证券投资基金

基本资料					
基金代码	255010				
基金简称	德盛稳健	基金类型	契约型开放式		
发行日期	2003-07-03 至 2003-08-05	成立日期	2003-08-08		
首募规模	36.66 亿份	认购户数	83509 户	期末规模	26.32 亿份
认购费率	不高于 1.20%	申购费率	0.40%-1.50%	赎回费率	0.50%
管理费率	1.50%	托管费率	0.25%	转换费率	——
销售机构	中国工商银行、国泰君安证券股份有限公司、中信实业银行、华夏证券股份有限公司、招商证券股份有限公司、申银万国证券股份有限公司等。				
基金管理人	国联安基金管理有限公司	基金托管人	中国工商银行		
审计机构	毕马威华振会计师事务所	律师事务所	北京中伦金通律师事务所		
投资目标	该基金为平衡型基金，基金管理人将充分利用国内外成功的基金管理经验，深入研究中国经济发展的价值驱动因素，采用积极主动的投资策略，运用全程风险管理技术，追求长期稳定的投资收益，为基金持有人提供安全可靠的理财服务。				
投资范围	该基金的投资范围为具有良好流动性的金融工具，包括国内依法发行上市的股票、债券及法律、法规或中国证监会允许基金投资的其它金融工具。				
业绩比较基准	国泰君安指数 × 65% + 上证国债指数 × 35%				

财务指标 单位：人民币(元)

项目 \ 年度	2003 年 8 月 8 日至 2003 年 12 月 31 日		
加权平均单位基金净收益	0.018		
期末可分配单位基金收益	0.0005		
期末单位基金资产净值	1.057		
基金加权平均净值收益率	1.78%		
单位基金累计净值增长率	7.75%		
本期分红	10 派 0.20 元	累计分红	10 派 0.20 元

基金历年表现（单位：%）

年份	2003	2002
表现	7.75	

【本期基金业绩表现】

截至 2003 年 12 月 31 日，德盛稳健基金累计单位净值为 1.077 元，超出业绩基准 12.77%。

【基金经理简介】

孙建先生：基金经理，毕业于北京对外经济贸易大学。1993 年至 2002 年历任中信实业银行本币外币证券交易员，安联集团德意志投资信托(法兰克福)基金经理，负责在全球新兴市场的股票投资。

【基金投资运作分析】

德盛稳健基金成立于 2003 年 8 月 8 日，运作初期，该基金管理团队分析市场后，坚持稳健操作，保持基本的股票仓位；构建以中短期债券、浮息债为主的债券组合，严格控制久期，避免了股市和债市的双重下跌风险，取得了较好的收益。第三季度开始，该基金开始逐步加大对股票的投资比例，重点投资处于景气周期上升阶段价值被低估的绩优蓝筹股，同时在债券投资方面主要投资于浮息债，取得了良好的回报。

在行业投资上，该基金重点关注：与 GDP 增长紧密相关的能源电力行业；处于复苏周期的钢铁、石化等行业；非典过后，随着消费快速增长而景气度不断提升的航空等行业；与居民收入提高、长期消费升级相关的汽车、房地产、消费类电子产品等高速成长行业的基础行业。德盛稳健基金在以上几大类行业中挖掘龙头上市公司，重点投资于绩优蓝筹股，取得良好的投资收益。

2003 年，德盛稳健基金充分发挥平衡型基金资产配置灵活、管理风格稳健有序的特点，在合理控制股票仓位的情况下加强行业配置和个股选择，及时规避市场风险，积极把握投资机会，基金的净值表现稳步向上。

【基金投资组合一览】

项目 \ 季度	第四季度	
基金资产净值/元	2,781,515,829.81	
基金份额/份	2,632,380,778.92	
基金单位净值/元	1.057	
基金投资组合	市值(元)	占净值比
股票投资	1,521,779,815.50	54.70%
国债及货币资金	819,858,479.05	29.48%
其他投资	513,882,048.38	18.47%

投资前十名股票明细

序号	股票名称	市值(元)	占净值比	序号	股票名称	市值(元)	占净值比
1	招商银行	79,306,873.16	2.85%	6	国电电力	54,788,370.00	1.97%
2	宝钢股份	71,974,424.06	2.59%	7	申能股份	53,323,339.12	1.92%
3	中国联通	71,289,936.69	2.56%	8	中原高速	51,953,917.50	1.87%
4	中国石化	61,226,757.90	2.20%	9	上港集箱	48,777,710.00	1.75%
5	长江电力	55,839,889.56	2.01%	10	*ST 华靖	44,850,540.27	1.61%

海富通基金管理有限公司

【基本情况】

法定名称：海富通基金管理有限公司
注册地址：上海市浦东新区世纪大道88号金茂大厦37层
办公地址：上海市浦东新区世纪大道88号金茂大厦37层
法人代表：邵国有
总 经 理：田仁灿
成立时间：2003年4月1日
组织形式：有限责任公司
注册资本：1亿元人民币
联系电话：021-50471758
传真号码：021-58781634
邮政编码：200121
公司网址：www.hftfund.com

【发展概况】

海富通基金管理有限公司经中国证监会证监基金字[2003]48号文批准，由海通证券股份有限公司和富通集团旗下的富通基金管理公司共同发起，于2003年4月1日正式成立。是中国首批诞生的中外合资基金管理公司之一，也是国内首家由证券公司和外方资产管理公司发起设立的中外合资基金管理公司。双方股东分别是中国和欧洲著名的证券投资机构。

海富通基金管理有限公司下设六个部门：管理部、市场部、投资部、运营部、产品开发部和稽核部。截至2003年12月底，海富通基金管理有限公司共有员工49人，平均年龄33岁，全部具有大学以上学历，其中专科6人，本科12人，硕士26人，博士5人。

【经营业绩】

海富通基金管理有限公司遵循国际专业基金管理公司的治理、管理标准，建立了国际水准的风险控制制度和投资管理体系，奉行“客户的需求就是公司的责任，团队创造价值，信任为朋，本土为方”的核心价值观。2003年7月15日，公司成立不到半年，旗下首只开放式基金“海富通精选证券投资基金”经中国证监会证监基金字[2003]第85号文批准设立公开发行，2003年8月15日发行顺利结束，于2003年8月22日正式成立。该基金设立发行期共募集基金规模36.98亿份，有效认购户数达26568户。

2003年10月10日起，海富通精选基金正式推出“定期定额投资计划”。该基金自成立以来，基金净值稳定增长，截至2003年12月31日，基金累计单位净值达1.1199元，并于2003年12月17日实施了成立来的首次分红，向全体基金持有人每10份基金单位派发红利0.15元。

2003年，海富通基金管理有限公司通过海外人才本土化和本土人才国际化两大途径，建立了富有自身特色的“团队创造价值”机制，在团队的组成上，海富通团队以技能为配置的要素，由投资管理领域中具有各方面较强专业技能和价值创造能力的人才组成，充分发挥其主动性和创造性，避免“明星经理”制容易产生的个人认知风险和个人道德风险。在日常投资管理工作中，基金经理和证券分析师时刻监测宏观经济、行业特征的变化，深入第一线紧密跟踪上市公司微观基本面的变化，见微知著，去伪存真、去粗取精，精选个股和个券，构建和优化投资组合，实现资产安全基础之上的优秀投资业绩。在内部监察工作方面，公司全面开展风险自我评估，确定公司的风险框架和各部门业务风险点，完善内控制度，落实内控责任，为基金持有人谋求最大利益提供了有力保障。

在客户服务方面，海富通基金管理有限公司坚持秉承“客户的需求就是公司的责任”等客户价值观为公司一切经营活动的指南，客户需求服务部门深入客户群体，认真倾听并充分理解客户需求心声，精心设计和创造优质基金产品，提供国际水准的投资服务，满足客户日益增长的多样化和差异化投资需求。目前，公司已开通海富通理财专线、推出了海富通基金自助交易服务、定期的投资资讯、推介、座谈和研讨会、信息定制、受理投诉等全方位的服务手段。

附：高管成员介绍

邵国有先生：董事长，副教授。历任吉林大学校党委副书记、长春师范学院校党委书记、长春新世纪广场有限公司副董事长兼总经理、海通证券股份有限公司宣传培训中心总经理。2003年至今任海富通基金管理有限公司董事长。

田仁灿先生：董事、总经理，比利时籍，工商管理学硕士。历任法国金融租赁Euroequipement S.A.公司总裁助理、富通银行区域经理、大中华地区主管、富通基金管理亚洲有限公司投资经理、业务发展部总经理、首席执行官。2003年至今任海富通基金管理公司董事、总经理。

股东概况

排序	股东名称	出资额(万元)	出资比例(%)
1	海通证券股份有限公司	6700.00	67.00
2	富通基金管理公司	3300.00	33.00

旗下基金

排序	基金代码	基金简称	基金类型
1	510001	海富通精选	开放式

海富通精选证券投资基金

基本资料					
基金代码	510001				
基金简称	海富通精选	基金类型	契约型开放式		
发行日期	2003-07-15 至 2003-08-15	成立日期	2003-08-22		
首募规模	36.98 亿份	认购户数	26568 户	期末规模	18.76 亿份
认购费率	1.00%-1.20%	申购费率	1.00%-1.50%	赎回费率	0.35%
管理费率	1.50%	托管费率	0.25%	转换费率	0.30%
销售机构	海富通基金管理公司、交通银行、海通证券、深圳发展银行、国泰君安、申银万国、华夏证券、招商证券、兴业证券、长江证券、联合证券。				
基金管理人	海富通基金管理有限公司	基金托管人	交通银行		
审计机构	普华永道中天会计师事务所	律师事务所	北京市金杜律师事务所		
投资目标	该基金采取积极主动精选证券和适度主动进行资产配置的投资策略，实施全程风险管理，在保证资产良好流动性的前提下，一定风险限度内实现基金资产的长期最大化增值。				
业绩比较基准	上证综合指数×65%＋上证国债指数×35%				

财务指标　单位：人民币(元)

项目 \ 年度	2003 年 8 月 22 日至 2003 年 12 月 31 日		
加权平均单位基金净收益	0.0151		
期末可分配单位基金收益	0.0041		
期末单位基金资产净值	1.1049		
基金加权平均净值收益率	1.48%		
单位基金累计净值增长率	12.02%		
本期分红	10 派 0.15 元	累计分红	10 派 0.15 元

基金历年表现（单位：%）

年份	2003	2002
表现	12.02	

【本期基金业绩表现】

海富通精选基金从 2003 年 8 月 22 日正式开始运作截至 2003 年 12 月 31 日，基金单位净值为 1.1049 元，净值增长率为 12.02%。

【基金经理简介】

陈洪先生：就读于清华大学经济管理学院，先后获清华大学工学士和管理学硕士学位。曾任君安证券有限公司投资经理、广东发展银行深圳分行业务经理；富通基金管理亚洲有限公司董事、基金经理，负责富通集团旗下各相关基金对大中国市场的投资业务。2003 年至今任海富通基金管理有限公司投资总监，兼任海富通精选证券投资基金基金经理。

【基金投资运作分析】

海富通精选基金于 2003 年 8 月 22 日正式开始运作，在对当时市场详细分析后，基金经理抓住大盘震荡下跌的时机，不断的挖掘新品种，有条不紊地进行股票投资，建立了自己的“分散中有集中，集中中有分散”的投资风格，最终为投资者带来了较好的投资收益。

在债券投资方面，海富通精选基金运作初期，市场资金面极为紧张，但由于该基金拥有比较充裕的现金头寸，所以采取以回购融出资金为主的策略，并严格控制抵押比率，在确保安全的前提下获得较好收益。第四季度债券市场逐渐回暖，海富通精选基金采取稳健的投资策略，分批买入短期债券和部分收益率较高的中期债券，以及浮动利率债券，严格控制组合久期；同时在类属配置上，加大对可转换债券的投资力度，提高了债券投资对基金净值的贡献。

【基金投资组合一览】

项目 \ 季度	第四季度	
基金资产净值/元	2,072,309,883.22	
基金份额/份	1,875,550,933.41	
基金单位净值/元	1.1049	
基金投资组合	市值(元)	占净值比
股票投资	1,433,147,603.58	69.16%
国债及货币资金	1,378,106,524.15	66.50%
其他投资	111,873,690.98	5.40%

投资前十名股票明细

序号	股票名称	市值(元)	占净值比	序号	股票名称	市值(元)	占净值比
1	中国石化	74,250,148.50	3.58%	6	中兴通讯	54,780,154.00	2.64%
2	华能国际	64,651,585.05	3.12%	7	上港集箱	53,246,549.40	2.57%
3	山东铝业	62,677,218.48	3.02%	8	烟台万华	49,815,510.09	2.40%
4	江西铜业	60,552,860.32	2.92%	9	兖州煤业	46,261,085.44	2.23%
5	中海发展	57,348,678.60	2.77%	10	上海汽车	45,633,669.84	2.20%

长信基金管理有限责任公司

【基本情况】

法定名称：长信基金管理有限责任公司
注册地址：上海浦东新区世纪大道1600号浦项商务广场16楼
办公地址：上海浦东新区世纪大道1600号浦项商务广场16楼
法人代表：田　丹
总 经 理：陈永青
成立时间：2003年4月28日
组织形式：有限责任公司
注册资本：0.9亿元人民币
联系电话：021-50588999
传真号码：021-50588077
邮政编码：200122
公司网址：www.cxfund.com.cn

【发展概况】

2003年4月28日，长信基金管理有限责任公司经中国证监会证监基金字[2003]63号文批准，由长江证券有限责任公司、上海海欣集团股份有限公司和武汉钢铁股份有限公司共同发起并正式成立，公司注册地在上海市。

长信基金管理有限责任公司实行董事会领导下的总经理负责制，总经理和副总经理组成公司的经营管理层。在经营管理层下设内部控制委员会和投资决策委员会两个非常设委员会，以及研究策划部、投资管理部、基金事务部、市场开发部、信息技术部、战略发展部、监察稽核部、综合行政部等八个职能部门和北京代表处。

截至2003年12月底，长信基金管理有限责任公司共有员工42人：博士学历4人，占9.5%；硕士学历24人，占57.1%；本科学历11人，占26.2%；专科学历3人，占7.1%。其中具有海外留学或工作经历的6人，占14.3%。

【经营业绩】

长信基金管理公司自获准筹建时就开始研制公司首只开放式基金：长信利息收益开放式证券投资基金。该基金于2003年9月通过了证监会基金监管部组织的专家评议会程序，是国内同类基金中最早通过专家评议会程序的短期资金市场基金。2003年12月26日，经中国证监会证监基金字[2003]149号文批准，长信利息收益开放式证券投资基金获准发行。同月，长信基金管理公司与中国农业银行签署了托管协议，长信利息收益基金将于2004年年初正式对外发行。

长信利息收益基金采取国际通行的短期资金市场基金设计模式，其基金净值与面值同时保持1元人民币不变，增加的基金收益以增加基金份额的方式支付，投资人通过赎回基金份额便可取回资金。此外，该基金为投资者每日计算当日收益并进行分配。长信利息收益基金的投资工具主要包括银行存款、短期债券、回购协议等。

长信基金管理公司在基金管理上坚持以基金投资者利益至上、基金持有人利益最大化为最终目标。遵守《基金契约》以及至诚谨慎投资为金融服务原则，以科学的、经过成熟金融市场验证的投资理论为基础，结合我国新兴市场特征，对潜在投资目标进行系统性的研究分析和连续跟踪，给基金投资决策提供坚实支持。基金投资组合将以《基金契约》允许投资范围为依据选择投资品种，并对其风险和投资收益进行预期，以力争在风险调整后收益最大化为前提决定基金的投资组合，并通过投资绩效及风险评估及时合理地做出调整。

附：高管成员介绍

田丹先生：董事长，45岁，中共党员，硕士，经济师。曾任湖北省军区参谋、秘书，中国人民银行湖北省分行金融调研处科长，湖北证券有限责任公司证券交易部经理、总经理助理、副总经理，三峡证券公司副总经理，湖北证券有限责任公司董事、副总裁，长江证券有限责任公司董事、副总裁、财务负责人，长江证券有限责任公司董事、总裁。现任长信基金管理有限责任公司董事长。

陈永青先生：董事、总经理，39岁，中共党员，硕士，工程师。曾任中国长城计算机集团武汉分公司总经理助理，湖北证券有限责任公司部门经理、总经理，三峡证券公司资产公司总经理，湖北证券有限责任公司资产管理事业部总经理，长江证券有限责任公司总裁助理兼资产管理事业部总经理，长江证券有限责任公司副总裁兼资产管理事业部总经理，长信基金管理有限责任公司筹备组组长。现任长信基金管理有限公司董事、总经理。

股东概况

排序	股东名称	出资额（万元）	出资比例（%）
1	长江证券有限责任公司	4410.00	49.00
2	上海海欣集团股份有限公司	3089.70	34.33
3	武汉钢铁股份有限公司	1500.30	16.67

泰信基金管理有限公司

【基本情况】

法定名称：泰信基金管理有限公司
注册地址：上海浦东新区银城中路200号中银大厦42层
办公地址：上海浦东新区银城中路200号中银大厦42层
法人代表：朱崇利
总 经 理：高清海
成立时间：2003年5月8日
组织形式：有限责任公司
注册资本：1亿元人民币
联系电话：021-50372168
传真号码：021-50372197
邮政编码：200120
公司网址：www.ftfund.com

【发展概况】

泰信基金管理有限公司是山东省国际信托投资有限公司为主发起人，联合江苏省投资管理有限责任公司、青岛国信实业有限公司等两家大型国有企业共同组建，于2003年5月成立的 在“好人举手”制度下，获准筹建的首家以信托公司为主发起人的基金管理公司。

为了完善公司治理结构，泰信基金管理有限公司在董事会下设立有独立董事参加的合规控制委员会，负责评价与完善公司的内部控制体系；公司监事会负责审阅外部独立审计机构的审计报告，确保公司财务报告的真实性、可靠性，督促实施有关审计建议。公司管理层在总经理领导下，执行董事会确定的内部控制战略。

泰信基金管理有限公司设立了投资决策委员会，主要负责制定基金投资的重大决策，并负责对基金投资的风险评估和防范。公司下设投资管理部、研究发展部、营销策划部、理财顾问部、金融工程部、信息技术部、监察稽核部、清算会计部、综合管理部和北京办事处。

截至2003年底，泰信基金管理有限公司共有员工42人，大多数员工来自国内外著名高校，70%以上具有硕士以上学历。

【经营业绩】

2003年，泰信基金管理有限公司完成了首只基金：泰信天天收益开放式证券投资基金的发行评审工作，并与中国银行签署了托管协议，经中国证监会证监基金字[2003]147号文批准设立，泰信天天收益开放式基金于2003年12月30日开始正式发行。

泰信天天收益基金主要投资于流动性良好的短期金融工具，包括到期期限在一年以内的国债、金融债、央行票据、AAA级企业债、债券回购和同业存款等。该基金融活期的便捷、定期的收益于一身，安全系数高；流动性好，存取自由；免认购费、申购费、赎回费等。

在市场推广方面，泰信基金管理有限公司积极与媒体、渠道合作，举办相关基金普及推广活动：2003年7月至8月泰信基金管理有限公司和中国银行上海分行联合举办了“泰信中行基金论坛”有奖征文活动；2003年8月至10月，泰信基金管理公司和上海证券报社联合主办主题为“投资与生活”的征文活动，取得较好的社会效应。

泰信基金管理有限公司成立以来，奉行“优质投资，创造优质生活”的企业理念，把保障持有人的利益放在了首要位置。公司重视客户服务，搭建起一个现代化的客户服务平台，为客户提供多种服务入口和服务通道，方便投资者更好的选择最符合自己需要的服务方式，为其提供高品质的人性化、全方位服务。

附：高管成员介绍

朱崇利先生：董事长，EMBA，高级经济师。现任山东省鲁信投资控股有限公司党组副书记、山东省国际信托投资有限公司董事长。

高清海先生：总经理，博士生。曾任新加坡鲁信(亚洲)投资公司董事、济南百灵信息科技有限公司董事、山东省国际信托公司投资银行业务部经理。

吴胜光先生：督察员，硕士，高级经济师。曾任江苏兴达证券投资服务有限公司企业融资部经理、江苏省国际信托投资公司投资银行部业务二部经理、信泰证券有限责任公司投资银行部副总经理。

股东概况

排序	股东名称	出资额(万元)	出资比例(%)
1	山东省国际信托投资公司	4500.00	45.00
2	江苏省投资管理有限责任公司	3000.00	30.00
3	青岛国信实业公司	2500.00	25.00

旗下基金

排序	基金代码	基金简称	基金类型
1	290001	泰信天天收益	开放式

天治基金管理有限公司

【基本情况】

法定名称：天治基金管理有限公司
注册地址：上海市延平路83号
办公地址：上海市复兴西路159号
法人代表：赵玉彪
总 经 理：屈年增
成立时间：2003年5月27日
组织形式：有限责任公司
注册资本：1亿元人民币
联系电话：021-64371155
传真号码：021-64713758
邮政编码：200031
公司网址：www.chinanature.com.cn

【发展概况】

天治基金管理有限公司于2002年12月获准筹建，2003年5月20日经中国证监会证监基金字[2003]73号文批准正式成立，是经中国证监会批准按照市场化机制和“好人举手”制度成立的专业基金管理公司。

公司内设投资管理部、研究发展部、定量研究部、市场营销部、基金清算部、信息技术部、监察稽核部、综合管理部八个部门。公司还设有两个专门委员会：合规与风险控制委员会、薪酬与考核委员会以及独立的督察员，以保证公司的高效规范运作和客户资产的保值增值。

天治是一家具有国际视野的专业基金管理公司。公司采用投资管理模式，投资管理部、研究发展部、定量研究部的员工共同组成了基金管理小组，从机制上降低决策风险，确保投资决策的科学性和投资风险的可控性。投研团队成员均具有在海内外知名金融机构的从业经历，在风险控制、资产配置和投资时机选择等方面具有丰富的投资管理经验和优势。

为保证基金投资原则、投资策略的执行和投资目标的实现，天治基金采用较为科学合理的分层决策体制，即实行投资决策委员会领导下的基金经理负责制。投资决策委员会为最高投资决策机构，负责制定投资原则、投资策略、资产配置和行业板块投资比例范围、审批重要投资计划等；基金经理在其权限范围内负责所管理基金的日常投资组合管理工作，并具体落实投资决策委员会关于该项基金的投资管理决议。

公司自成立伊始便确立了睿智、诚信、勤勉、自省的经营理念。睿智方可发现与掌控市场运行规律，诚信方有资格受托于人，勤勉才能把工作做好做精，自省才会适应环境的变革，不断进步。

【经营业绩】

天治基金管理公司自成立以来，一直将目标定位在低风险产品的开发设计上。截至2003年底公司已完成天治财富增长证券投资基金等一系列产品的设计工作，并将天治财富增长基金确定为公司的首发产品，目前该基金的材料报批、发行准备等各项工作正在进行之中，计划于2004年上半年正式发行。该基金是一只风险较低、收益稳健的平衡型开放式基金。

风险管理方面，天治基金确立了“风险管理以良好内控为基础”及“风险管理与投资绩效并重”的风险管理理念。公司风险控制与管理体系主要由两个层面组成，一个层面是内部控制层面的风险监控，由内部控制委员会(下设风险评估小组)负责；另一个层面是基金投资决策层面的风险管理，由投资决策委员会下设的数量分析小组负责。投资风险管理的主要工具是“天治基金风险管理及绩效评估系统”。基金管理人借助量化风险管理系统，使天治基金的投资风险管理融入到公司的日常管理，成为工作流程中的必经环节，从而避免人工凭经验的风险控制的随意性，提升公司的风险管理能力。

客户服务方面，天治基金秉承“专业、诚信、热情”的服务理念，竭诚为广大投资者提供满意的服务，构建了以电话服务中心、公司网站、一对一人工服务为核心、以媒体和宣传手册、理财讲座、推介会、客户座谈会等多种互动方式为辅助，共同组成的客户服务系统，并运用电话、网络、传真、短信、邮寄、电子邮件等高效、先进、灵活的服务手段将服务送达至广大投资者身边。

附：高管成员介绍

赵玉彪先生：董事长，34岁，在读研究生。历任吉林省信托投资公司上海证券业务部交易部经理、吉林省信托投资公司上海洪山路证券营业部经理兼驻上海证券交易所出市代表、上海金路达投资管理有限公司总经理，现任天治基金管理有限公司董事长。

屈年增先生：董事、总经理，43岁，清华大学在职博士生。历任广发证券有限公司北京业务总部总经理、广发证券有限公司上海业务总部总经理、广发基金管理公司筹备组负责人，现任天治基金管理有限公司董事、总经理。

股东概况

排序	股东名称	出资额(万元)	出资比例(%)
1	吉林省信托投资有限责任公司	4000.00	40.00
2	中国吉林森林工业(集团)总公司	2000.00	20.00
2	吉林市国有资产经营有限责任公司	2000.00	20.00
2	吉林省汉维实业有限公司	2000.00	20.00

景顺长城基金管理有限公司

【基本情况】

法定名称：景顺长城基金管理有限公司
注册地址：深圳深南中路1093号中信城市广场中信大厦16层
办公地址：深圳深南中路1093号中信城市广场中信大厦16层
法人代表：徐 英
总 经 理：梁华栋
成立时间：2003年6月12日
组织形式：有限责任公司
注册资本：1亿元人民币
联系电话：0755-25989099
传真号码：0755-25987356
邮政编码：518031
公司网址：www.invescogreatwall.com

【发展概况】

2003年2月12日，经中国证监会批准，景顺长城基金管理有限公司开始筹建。2003年6月9日，经中国证监会证监基金字[2003]76号文批准，景顺长城基金管理有限公司由美国景顺集团(INVESCO)、长城证券有限责任公司、开滦(集团)有限责任公司、大连实德集团有限公司共同发起，并于2003年6月12日正式成立。公司注册地点设在深圳市。

景顺长城基金管理有限公司根据中国证监会的要求，借鉴外方股东的经验，建立了科学合理的层次分明的内控组织架构、控制程序和控制措施以及控制职责在内的运行高效、严密的内部控制体系。通过不断地对内部控制制度进行修改，已初步形成了较为完善的内部控制制度。目前，公司设立了两个专门机构：风险控制委员会和投资决策委员会。下设五个部门，分别是：投资部、销售营销部、法律监察稽核部、运营保障部、财务，行政和人力资源部。作为国内第一家中美合资的基金管理公司，景顺长城基金管理公司充分利用中外股东的资源优势，引进、吸收、消化景顺集团的成熟技术和经验，并结合国内市场的特色和实际需要，形成了极具特色的"四大支柱体系"，即管理体系、投资体系、营销体系和技术平台体系。

截至2003年底，景顺长城基金管理有限公司共有员工33人，其中20人具有硕士以上的学历。

【经营业绩】

景顺长城基金管理有限公司成立来，秉承"为每一位客户提供安全高效的理财服务"的公司宗旨和"诚信、稳健、专业、创新"的经营理念，坚持把保护投资者利益放在第一位，力保客户资产的保值增值。截至2003年12月31日，景顺长城基金管理有限公司管理景顺长城景系列开放式证券投资基金。该系列基金由景顺长城优选股票、景顺长城恒丰债券、景顺长城动力平衡三只子基金构成。2003年9月1日，景顺长城景系列基金经中国证监会证监基金字[2003]96号文批准并开始发行，2003年10月24日正式成立，首募基金规模18.36亿份，有效认购户数33239户(其中：优选股票基金募集规模8.21亿份；恒丰债券基金募集规模4.74亿份；动力平衡基金募集规模5.41亿份)。

2003年12月5日起，景顺长城景系列基金开始办理包括申购、赎回在内的日常交易业务，并于2003年12月15日起推出"长期持有、费率优惠"措施，有效开展该系列基金的持续营销工作。随着该系列基金的投资运作实践，景顺长城基金管理有限公司已经建立了完善的客户服务体系，对于有关材料的寄送以及投资人投诉的处理都进行了详尽的规定。充分保证了投资人可以及时得到基金的相关信息，并且投资人的意见和建议可以得到及时的处理和回复。

附：高管成员介绍

徐英女士：董事长，北京财贸学院金融系毕业，经济学学士。曾任北京燕山石化总厂研究院车间副主任、党支部书记，北京财贸学院金融系讲师，海南汇通国际信托投资公司副总经理、常务副总经理，长城证券有限责任公司总裁、董事长。

梁华栋先生：董事、总经理。1975年毕业于台湾辅仁大学经济系(BA)，获经济学学士学位，1999年获田纳西大学企业管理硕士(MBA)学位。1990年到1998年担任景泰资产管理亚洲公司(LGT Asset Management Asia Ltd.)首席代表及亚洲区董事，曾参与亚洲区有关基金及股票投资市场管理等决策事宜。1998年景顺集团(INVESCO)并购原景泰集团(LGT Asset Mangement)，即担任景顺集团亚洲区董事兼台湾总经理。

股东概况

排序	股东名称	出资额(万元)	出资比例(%)
1	景顺资产管理有限公司	3300.00	33.00
1	长城证券有限责任公司	3300.00	33.00
2	开滦(集团)有限公司	1700.00	17.00
2	大连实德集团有限公司	1700.00	17.00

旗下基金

排序	基金代码	基金简称	基金类型
1	260101	优选股票基金	开放式
2	260102	恒丰债券基金	开放式
3	260103	动力平衡基金	开放式

景顺长城景系列开放式证券投资基金

景顺长城优选股票证券投资基金

基本资料					
基金代码	260101				
基金简称	优选股票基金	基金类型	契约型开放式		
发行日期	2003-09-01至2003-10-22	成立日期	2003-10-24		
首募规模	8.21亿份	认购户数	15425户	期末规模	7.83亿份
认购费率	1.00%	申购费率	1.50%	赎回费率	0.50%
管理费率	1.50%	托管费率	0.25%	转换费率	不高于0.50%
销售机构	景顺长城基金管理公司、中国银行、深圳发展银行、华夏证券、申银万国证券、招商证券、兴业证券、国泰君安证券。				
基金管理人	景顺长城基金管理有限公司	基金托管人	中国银行		
审计机构	普华永道中天会计师事务所	律师事务所	北京市金诚律师事务所		
投资目标	该基金利用"景顺长城股票数据库"对股票进行精密和系统的分析，构建具有投资价值的股票组合，力求为投资者提供长期的资本增值。				
业绩比较基准	上证综合指数和深证综合指数的加权复合指数×80%+中国债券总指数＊×20%				

财务指标　单位：人民币(元)

项目＼年度	2003年10月24日至2003年12月31日		
加权平均单位基金净收益	-0.0015		
期末可分配单位基金收益	-0.0015		
期末单位基金资产净值	1.0675		
基金加权平均净值收益率	-0.1504%		
单位基金累计净值增长率	6.75%		
本期分红	—	累计分红	—

基金历年表现（单位：%）

【本期基金业绩表现】

截至2003年12月31日，优选股票基金单位基金净值为1.0675元，净值增长率为6.75%。

【基金经理小组简介】

陈利宏先生：英国剑桥大学工程学一级荣誉硕士学位，英国特许会计师会会员(ACA)及美国特许财务分析员(CFA)。在投资管理工作领域已有超过10年的经验，曾任职安永会计师事务所核数师3年。1992年加盟景顺(前称景泰资产管理)集团，曾任景顺集团投资董事，并兼任大中华市场首席投资经理，专长于中国大陆和香港的基金市场和基金业务。2003年加盟景顺长城基金管理有限公司，担任投资总监和基金经理。

杨兵兵女士：获武汉大学金融保险系经济学学士、硕士，1994年进入万科企业股份有限公司，1998年10月加盟大鹏证券综合研究所，2000年底担任综合研究所传统产业组组长。2003年3月加盟景顺长城基金管理有限公司，担任基金经理。

【基金投资运作分析】

2003年10月24日，景顺优选基金成立时，正值股市人气低迷，上证指数在1350-1400点的狭窄区间反复波动。在深入分析市场走向后，该基金选择积极建仓，在两个月时间内，股票仓位增至70%以上。行业配置上，选择了三类领域进行战略性建仓：一是在中国对外经济交往中担当物流通道，具有自然垄断优势的机场、港口和航运业；二是受益于经济快速增长的电力、钢铁、石化等能源、原材料行业；三是受益于居民消费结构升级的汽车、食品饮料等消费品行业。在个股选择上，基金经理主要选取处于高进入壁垒行业中，创造现金流量的能力强、拥有稳定透明的分红派息政策、管理规范、估值合理的成长型上市公司以及占有领导地位的价值型上市公司。

景顺优选基金上述操作策略较好把握了四季度大盘上涨的热点，基金净值稳步增长。

【基金投资组合一览】

项目＼季度	第四季度	
基金资产净值/元	835,728,308.52	
基金份额/份	782,883,488.18	
基金单位净值/元	1.0675	
基金投资组合	市值(元)	占净值比
股票投资	659,261,500.04	78.88%
国债及货币资金	171,555,644.52	20.53%

投资前十名股票明细

序号	股票名称	市值(元)	占净值比	序号	股票名称	市值(元)	占净值比
1	中国石化	52,985,141.55	6.34%	6	浦发银行	26,609,310.00	3.18%
2	宝钢股份	37,471,000.00	4.48%	7	中集集团	24,803,287.56	2.97%
3	华能国际	32,992,543.35	3.95%	8	外运发展	24,604,779.73	2.94%
4	上海石化	28,232,800.24	3.38%	9	上海机场	24,414,822.50	2.92%
5	盐田港A	27,566,406.56	3.30%	10	中海发展	24,210,720.00	2.90%

景顺长城恒丰债券证券投资基金

基本资料					
基金代码	260102				
基金简称	恒丰债券基金	基金类型	契约型开放式		
发行日期	2003-09-01至2003-10-22	成立日期	2003-10-24		
首募规模	4.74亿份	认购户数	8743户	期末规模	3.29亿份
认购费率	0.80%	申购费率	0.80%	赎回费率	0.20%
管理费率	0.75%	托管费率	0.20%	转换费率	不高于0.50%
销售机构	景顺长城基金管理公司、中国银行、深圳发展银行、华夏证券、申银万国证券、招商证券、兴业证券、国泰君安证券。				
基金管理人	景顺长城基金管理有限公司	基金托管人	中国银行		
审计机构	普华永道中天会计师事务所	律师事务所	北京市金诚律师事务所		
投资目标	该基金以提供安全稳定的长期回报为目标，争取为投资者提供持续稳定的红利收入。				
业绩比较基准	中国债券总指数				

财务指标		单位：人民币(元)	
项目 \ 年度	2003年10月24日至2003年12月31日		
加权平均单位基金净收益	0.0027		
期末可分配单位基金收益	0.0027		
期末单位基金资产净值	1.0051		
基金加权平均净值收益率	0.2729%		
单位基金累计净值增长率	0.51%		
本期分红	——	累计分红	——

基金历年表现（单位：%）

【本期基金业绩表现】

截至2003年12月31日，恒丰债券基金单位基金净值为1.0051元，净值增长率为0.51%。

【基金经理小组简介】

陈利宏先生：英国剑桥大学工程学一级荣誉硕士学位，英国特许会计师会会员(ACA)及美国特许财务分析员(CFA)。在投资管理工作领域已有超过十年的经验，曾任职安永会计师事务所核数师三年。1992年加盟景顺(前称景泰资产管理)集团，曾任景顺集团投资董事，并兼任大中华市场首席投资经理，专长于中国大陆和香港的基金市场和基金业务。2003年加盟景顺长城基金管理有限公司，担任投资总监和基金经理。

杨兵兵女士：获武汉大学金融保险系经济学学士、硕士，1994年进入万科企业股份有限公司，1998年10月加盟大鹏证券综合研究所，2000年底担任综合研究所传统产业组组长。2003年3月加盟景顺长城基金管理有限公司，担任基金经理。

【基金投资运作分析】

景顺债券基金成立于2003年10月24日，运作初期，根据当时投资者普遍希望基金保持较高安全性和流动性，以及对市场环境的判断，基金经理采取了谨慎的投资策略，严格控制组合久期，以防范利率风险为主要目标。

2003年，该基金在个券选择上，以短期债和浮动债为主，可转债投资以防御品种为主，以及建仓初期主要在一级市场进行债券认购、二级市场适当参与的策略，在严格控制投资风险的基础上，使得基金净值持续稳步增长。在景顺债券基金操作过程中，基金经理严格按照风险与收益比进行理性投资，积极挖掘债券市场投资机会，通过适当的投资策略，努力实现基金净值在较低风险下的持续稳定增长。

【基金投资组合一览】

项目 \ 季度	第四季度			
基金资产净值/元	330,582,335.34			
基金份额/元	328,902,438.39			
基金单位净值/元	1.0051			
基金投资组合	市值(元)		占净值比	
债券投资	219,574,233.99		66.42%	
货币资金	81,730,507.19		24.72%	
投资前五名债券明细	序号	债券名称	市值(元)	占净值比
	1	02国债(14)	30,772,153.20	9.31%
	2	02国债(10)	25,865,888.90	7.82%
	3	银行间03国债(12)	24,377,500.00	7.37%
	4	银行间03国开(05)	19,656,000.00	5.95%
	5	21国债(3)	19,085,022.00	5.77%

景顺长城动力平衡股票证券投资基金

基本资料					
基金代码	260103				
基金简称	动力平衡基金	基金类型	契约型开放式		
发行日期	2003-09-01至2003-10-22	成立日期	2003-10-24		
首募规模	5.41亿份	认购户数	9071户	期末规模	4.77亿份
认购费率	1.00%	申购费率	1.50%	赎回费率	0.50%
管理费率	1.50%	托管费率	0.25%	转换费率	不高于0.50%
销售机构	景顺长城基金管理公司、中国银行、深圳发展银行、华夏证券、申银万国证券、招商证券、兴业证券、国泰君安证券。				
基金管理人	景顺长城基金管理有限公司	基金托管人	中国银行		
审计机构	普华永道中天会计师事务所	律师事务所	北京市金诚律师事务所		
投资目标	动力平衡基金以获取高于银行一年期定期存款年利率2倍的回报为目标，注重通过动态的资产配置以达到当期收益与长期资本增值的兼顾，争取为投资者提供长期稳定的回报。				
业绩比较基准	一年期银行定期存款年利率的2倍				

财务指标	单位：人民币(元)
项目 \ 年度	2003年10月24日至2003年12月31日
加权平均单位基金净收益	−0.0000
期末可分配单位基金收益	−0.00001
期末单位基金资产净值	1.0389
基金加权平均净值收益率	−0.0019%
单位基金累计净值增长率	3.89%

本期分红	——	累计分红	——

基金历年表现（单位：%）

年度	2003	2002
表现(%)	3.89	

【本期基金业绩表现】

截至2003年12月31日，动力平衡基金单位基金净值为1.0389元，净值增长率为3.89%。

【基金经理小组简介】

陈利宏先生：英国剑桥大学工程学一级荣誉硕士学位，英国特许会计师会会员(ACA)及美国特许财务分析员(CFA)。在投资管理工作领域已有超过十年的经验，曾任职安永会计师事务所核数师三年。1992年加盟景顺(前称景泰资产管理)集团，曾任景顺集团投资董事，并兼任大中华市场首席投资经理，专长于中国大陆和香港的基金市场和基金业务。2003年加盟景顺长城基金管理有限公司，担任投资总监和基金经理。

杨兵兵女士：获武汉大学金融保险系经济学学士、硕士，1994年进入万科企业股份有限公司，1998年10月加入大鹏证券综合研究所，2000年底担任综合研究所传统产业组组长。2003年3月加盟景顺长城基金管理有限公司，担任基金经理。

【基金投资运作分析】

动力平衡基金成立于2003年10月24日，运作初期，正值银根紧缩，股票市场人气低迷。

动力平衡基金在深入分析了宏观经济、股市政策导向后，在个股选择上，主要选取处于高进入壁垒行业中，创造现金流量的能力强、拥有稳定透明的分红派息政策、管理规范、估值合理的成长型上市公司以及占有领导地位的价值型上市公司；个券选择上，以短期债和浮动债为主。由于动力平衡基金风险收益特征所决定，资产配置初期采取了相对稳健的操作策略，在12月初依据两周动力策略，判断股市上升趋势已经确立后，加速了建仓进程，股票仓位接近60%，债券的仓位在30%以上。

【基金投资组合一览】

项目 \ 季度	第四季度	
基金资产净值/元	495,464,301.63	
基金份额/份	476,922,673.14	
基金单位净值/元	1.0389	
基金投资组合	市值(元)	占净值比
股票投资	283,385,537.33	57.20%
国债及货币资金	140,505,622.90	28.36%
其他投资	80,891,476.93	16.33%

投资前十名股票明细

序号	股票名称	市值(元)	占净值比	序号	股票名称	市值(元)	占净值比
1	中国石化	21,225,600.00	4.28%	6	浦发银行	11,677,770.00	2.36%
2	宝钢股份	17,526,515.86	3.54%	7	兖州煤业	11,510,593.92	2.32%
3	华能国际	13,338,000.00	2.69%	8	中海发展	11,134,420.00	2.25%
4	上海石化	12,604,678.34	2.54%	9	上海机场	11,131,692.00	2.25%
5	外运发展	11,687,228.94	2.36%	10	天津港	10,858,311.10	2.19%

广发基金管理有限公司

【基本情况】

法定名称：广发基金管理有限公司
注册地址：广东珠海凤凰北路19号农行商业大厦1208室
办公地址：广州市体育西路57号红盾大厦14-15楼
法人代表：董正青
总 经 理：林传辉
成立时间：2003年8月5日
组织形式：有限责任公司
注册资本：1亿元人民币
联系电话：020-83936666
传真号码：020-85586632
邮政编码：510620
公司网址：www.gffunds.com.cn

【发展概况】

广发基金管理有限公司由广发证券股份有限公司、广州科技风险投资有限公司、深圳市香江投资有限公司、烽火通信科技股份有限公司联合发起，于2002年9月27日经中国证监会批准筹建，在2003年8月5日正式成立，注册地为广东省珠海市。

贯彻“简单、透明、务实、高效”的经营管理理念，广发基金管理有限公司建立了一套科学、规范的公司组织结构。公司在董事会下设合规审核委员会、薪酬与资格审查委员会、战略规划委员会三个专业委员会，公司下设投资决策委员会、风险控制委员会和九个部门：市场拓展部、注册登记部、研究发展部、投资管理部、中央交易室、基金会计部、运营保障部、综合管理部、监察稽核部。

广发基金管理有限公司根据基金管理业务的特点，设立顺序递进、权责统一、严密有效的四道内控防线：建立以各岗位目标责任制为基础的第一道监控防线；建立相关部门、相关岗位之间相互监督的第二道监控防线；建立以监察稽核部对各岗位、各部门、各机构、各项业务全面实施监督反馈的第三道监控防线；建立以合规审核委员会及督察员为核心，对公司所有经营管理行为进行监督的第四道监控防线。公司实行投资决策委员会领导下的基金经理负责制，以高效尽责的团队精神，贯彻“顺应市场、积极投资”的投资理念。

截至2003年底，广发基金管理有限公司共有员工38人，平均从业年限4.5年，其中投资管理人员的平均从业年限在7年以上。硕士以上占50%，平均年龄30岁，主要来自于北京大学、中国人民银行研究生部、上海财经大学、中山大学等高校。

【经营业绩】

广发基金管理有限公司自成立以来建立了严谨科学的管理体系、坚持“简单、透明、务实、高效”的经营理念，致力 成为品牌突出、信誉优良、特色鲜明的基金管理公司，为股东与投资者谋求长期稳定的收益。

截至2003年12月31日，广发基金管理有限公司管理的基金有广发聚富开放式证券投资基金。该基金是广发基金管理有限公司旗下首只开放式基金，于2003年12月3日正式成立，首次募集基金规模为31.32亿份，有效认购户数达62000多户。

广发聚富基金是国内首只收益百分百分红的开放式平衡型基金，采用国际流行的GARP选股策略，价值为本，追求成长。该基金采取积极投资策略，在资产配置层面，重视股票资产和债券资产的动态平衡配置；在行业配置层面，根据不同行业的发展前景进行行业优化配置；在个股选择层面，在深入把握上市公司基本面的基础上挖掘价格尚未完全反映投资价值的潜力股的投资机会。为了向投资者提供更多的增值服务，广发基金管理有限公司在发行广发聚富投资基金时，特别推出“买广发、享平安”的活动。

在基金管理的过程中，广发基金管理有限公司不断完善客户服务体系，公司坚持以市场为导向、以客户为中心，将客户至上的理念贯穿于客户服务的每一个细节，力争为投资人提供全面的、贴心的理财服务。目前，广发基金管理有限公司已开通客户服务中心热线及广发基金网站，24小时为投资者提供理财信息和理财咨询服务，此外，还即将开通网上交易和电话委托交易等非现场交易方式，以满足投资者不断提升的投资新需求。

附：高管成员介绍

董正青先生：董事长，40岁，经济学博士。曾任广发证券公司投资银行部总经理、副总裁、常务副总裁，现任广发证券股份有限公司总裁。

林传辉先生：总经理，39岁，大学本科学历。曾任广发证券公司投资银行总部北京业务总部总经理、投资银行总部副总经理兼投资银行上海业务总部总经理、投资银行部常务副总经理。

孙晓燕女士：副总经理，31岁，大学本科学历。曾任广发证券公司投资银行部经理、财务部副总经理、投资自营部副总经理。

兰惠艳女士：督察员，31岁，工商管理硕士。曾任广发证券公司稽核部经理。

附：股东概况

排序	股东名称	出资额(万元)	出资比例(%)
1	广发证券股份有限公司	4800.00	48.00
2	广州科技风险投资有限公司	2200.00	22.00
3	深圳市香江投资有限公司	2000.00	20.00
4	烽火通信科技股份有限公司	1000.00	10.00

旗下基金

排序	基金代码	基金简称	基金类型
1	270001	广发聚富	开放式

广发聚富开放式证券投资基金

基本资料					
基金代码	270001				
基金简称	广发聚富			基金类型	契约型开放式
发行日期	2003-10-31 至 2003-12-01			成立日期	2003-12-03
首募规模	31.32 亿份	认购户数	62564 户	期末规模	——
认购费率	1.00%-1.80%	申购费率	1.50%-1.80%	管理费率	1.50%
赎回费率	不高于 0.50%	转换费率	——	托管费率	0.25%
销售机构	广发基金管理有限公司、中国工商银行，兴业银行、广发证券、国泰君安证券等。				
咨询服务机构	广东发展银行				
基金管理人	广发基金管理有限公司			基金托管人	中国工商银行
审计机构	深圳天健信德会计师事务所			律师事务所	信达律师事务所
投资目标	该基金为平衡型基金。依托高速发展的宏观经济和资本市场，通过基金管理人科学研究，审慎投资，在控制风险的基础上追求基金资产的长期稳健增值。				
投资范围	包括国内依法公开发行的各类股票、债券以及中国证监会允许基金投资的其他金融工具。				
业绩比较基准	80% ×中信指数收益＋20% ×中信债券指数收益				
本期分红	——			累计分红	——

【基金经理小组简介】

易阳方先生：基金经理，33岁，经济学硕士，6年证券从业经历，曾从事股票发行、资产管理业务，曾任广发证券公司投资自营部副经理。

吴宝应先生：基金经理，40岁，经济学硕士，8年证券从业经历，曾从事股票发行、资产管理业务，曾任广发证券公司研发中心总经理助理、投资自营部经理。

黄健斌先生：基金经理，31岁，经济学学士，7年证券从业经历，1995年起至今从事债券投资业务。曾任广发证券股份有限公司投资自营部副经理。

兴业基金管理有限公司

【基本情况】

法定名称：兴业基金管理有限公司
注册地址：上海市黄浦区金陵东路368号
办公地址：上海市张杨路500号时代广场20楼
法人代表：郑苏芬
总 经 理：杨 东
成立时间：2003年9月30日
组织形式：有限责任公司
注册资本：9800万元人民币
联系电话：021-58368998
传真号码：021-58368858
邮政编码：200122
公司网址：www.xyfunds.com.cn

【发展概况】

兴业基金管理有限公司经中国证监会证监基金字[2003]100号文批准，于2003年9月30日成立。公司发起人为兴业证券股份有限公司、国家开发投资公司、中投信用担保公司和福建省邮政局，注册资本为9800万元。公司下设基金管理部、研究策划部、市场部、监察稽核部、运作保障部和综合管理部。基金管理部负责对基金资产进行投资和管理。基金投资实行投资决策委员会领导下的基金经理负责制；研究策划部主要负责对宏观经济、证券市场、行业与上市公司的研究分析，为基金投资决策提供全方位的研究支持，并负责基金产品的开发工作。市场部负责基金产品营销策划、公司及产品的宣传推广；运作保障部主要职能在于为基金管理提供技术系统支持和服务保障，具体负责基金交易清算、客户服务、呼叫中心；监察稽核部负责对公司基金投资运作、内部管理、制度执行及遵规守法情况独立地履行检查、评估、报告、建议职能；综合管理部负责公司内部行政管理及部门之间协调、企业文化建设、人力资源管理等。

目前，兴业基金管理有限公司已经建立健全了完善的内部控制体系和管理制度体系。具体包括内控制度、风险控制制度、投资管理制度、监察稽核制度、财务管理制度、人事管理制度、信息披露制度和员工行为准则等。公司现有员工30人，其中硕士以上学历占到80%以上。

【经营业绩】

兴业基金管理有限公司成立以来始终坚持取信于市场、取信于社会的原则，以积极的创新和完善的客户服务为手段，不断开发能够有效满足市场需求的基金产品。公司目前已经构建了完备的基金产品线，并将结合我国证券市场的不同阶段和客户需求持续推出各种类型基金产品。

依托良好的产品开发与客户服务能力，公司推出了中国首只可转债基金——兴业可转债混合型证券投资基金。该基金产品有效融合了债券基金和股票基金的各自优点。该基金不仅能够利用可转债的债券特性有效规避系统性风险和个股风险，实现基金资产的安全和稳定收益，并利用可转债的内含股票期权，在股市上涨中进一步提高基金的收益水平，实现基金资产的持续良好增值。因而兴业可转债基金的推出能够有效满足相当部分投资者既要确保投资本金的较高安全，但又不放弃获取良好投资回报机会的需求，同时也有效化解了部分投资者的投资专业壁垒。该基金产品在参加中国证监会基金产品专家评审会时，获得了与会领导和专家的高度评价。

目前公司已建成了将客户资源、信息资源、人力资源等公司各项资源有机整合起来的公司管理和业务平台，从而为公司的产品设计、市场营销、客户服务、决策支持、投资管理、风险控制等业务提供良好的保障。

附：高管成员介绍

郑苏芬女士：董事长，研究生学历，审计师。1962年出生，历任福建省财政厅干部，福建省审计厅副处长，福建省广宇集团股份公司财务部经理，兴业证券股份有限公司副总裁。

杨东先生：董事、总经理，工商管理硕士。1970年出生，历任福建兴业证券公司上海业务部总经理助理，证券投资部副总经理兼上海业务部副总经理，兴业证券股份有限公司证券投资部总经理，兴业证券股份有限公司总裁助理、投资总监。

股东概况

排序	股东名称	出资额(万元)	出资比例(%)
1	兴业证券股份有限公司	4800.00	48.98
2	国家开发投资公司	2500.00	25.51
3	中投信用担保有限公司	1500.00	15.31
4	福建省邮政局	1000.00	10.20

中信基金管理有限责任公司

【基本情况】

法定名称：中信基金管理有限责任公司
注册地址：深圳市福田区华富路1006号航都大厦20层
办公地址：北京市朝阳区裕民路12号中国国际科技会展中心A座8层
法人代表：王东明
总 经 理：吕 涛
成立时间：2003年10月15日
组织形式：有限责任公司
注册资本：1亿元人民币
联系电话：010-82028888
传真号码：010-82253396
邮政编码：100029
公司网址：www.citicfunds.com

【发展概况】

中信基金管理有限责任公司是在中国中信集团建立完整金融产业链的战略规划下，由中信证券股份有限公司，联合国家开发投资公司、上海久事公司、中海信托有限责任公司共同发起创立，经中国证监会证监基金字[2003]107号文批准，于2003年10月15日正式成立，注册资本金为1亿元人民币。

中信基金管理有限责任公司目前下设七个部门，分别是：投资管理部、研究开发部、基金运营部、市场业务部、信息技术部、综合管理部、监察稽核部。公司设立了投资管理委员会和策略顾问委员会。投资管理委员会负责指导基金资产的运作、确定基本的投资策略和投资组合的原则。策略顾问委员会负责全面评估公司的经营过程中的各项风险，并提出防范措施。

截至2003年12月底，中信基金管理有限责任公司共有员工47人，其中29人具有硕士以上学历。

【经营业绩】

中信基金管理有限责任公司成立以来，以维护投资人利益为最高准则，诚信自律，勤勉尽责，本着务实创新的精神发展业务，致力于为投资者提供理性、科学、积极的理财观念和轻松、高效的理财方式。并且以自己的努力推动中国基金业的健康发展，促进中国证券市场机构和市场机制的优化和完善。中信基金管理有限公司在中信集团打造完善金融产业链的战略规划下成立，自始便获得了集团的大力支持，以“承载财富责任、创造美好生活”为使命，以中信集团系统资深理财专业人士为基础，汇聚各界精英，组建一流基金经营管理团队。

中信经典配置证券投资基金是公司即将推出的首只基金，是国内首只明确将股票、债券、短期金融工具三类不同资产纳入一级资产配置的基金产品。该基金设计着眼于在风险可控、稳定收益的前提下，全面捕捉市场机会，实现资本的长期增值。其中45%～75%的股票、5%～35%的债券、5%～35%的短期金融工具三类资产灵活的配置比例使该基金具有攻守兼备的能力：面对牛市时可主动出击，寻求最大化的资本回报和增值；在面临熊市的时候，又可转攻为守，加大债券和短期金融工具的配置比例，以获得稳健的投资收益。

中信基金管理有限公司以“价值投资”为核心，发展多元化投资策略，积累、优化，全面捕捉中国经济和证券市场发展的大趋势、大机会，以业绩打造具有生命力的基金及其他委托资产管理产品。除此之外，中信基金还依托中信控股公司的信息和资源共享优势，通过中信金融服务中心的95558信息平台开设了短信互动、信息定制、电子营销等多维度的立体沟通渠道，为客户提供全方位、一站式的服务。

“用心倾听，持续优化”，中信基金管理有限公司以客户需求为尊，建造公司员工、Internet、自动语音电话系统、代销机构等共同构成的多维服务体系，全面了解客户需求，提供个性化全面财务规划理财方案，和基于中信金融全面服务的深度延伸价值空间。

附：高管成员介绍

王东明先生：董事长，52岁，硕士研究生学历、高级经济师。北京外国语学院法语系学士，美国南加州大学政治经济学硕士，美国乔治敦大学国际关系硕士。历任北京华远经济建设开发总公司副总经理，加拿大枫叶银行证券公司副总裁，华夏证券公司发行部副总经理，南方证券公司副总经理，中信证券有限责任公司副总经理、总经理、董事长、中国中信集团公司总经理协理等职务。

吕涛先生：总经理，34岁，英国克拉费尔德大学(Granfield Universitiy)工商管理硕士。10年证券、金融从业经历，具有基金从业人员资格证书和证券从业人员资格证书。曾任中信兴业信托投资公司金融证券处外汇交易员、中信证券股份有限公司资产管理部副总经理、总经理。

股东概况

排序	股东名称	持股数量(万股)	持股比例(%)
1	中信证券股份有限公司	4900.00	49.00
2	国家开发投资公司	3100.00	31.00
3	上海久事公司	1000.00	10.00
3	中海信托投资有限责任公司	1000.00	10.00

诺安基金管理有限公司

【基本情况】

法定名称：诺安基金管理有限公司
注册地址：深圳深南大道4013号兴业银行大厦19－20层
办公地址：深圳深南大道4013号兴业银行大厦19－20层
法人代表：刘德树
总 经 理：姜永凯
成立时间：2003年12月9日
组织形式：有限责任公司
注册资本：1亿元人民币
联系电话：0755－83026688
传真号码：0755－83026677
邮政编码：518048
公司网址：www.lionfund.com.cn

【发展概况】

2003年6月30日，经中国证监会批准，诺安基金管理有限公司正式获准筹建。2003年12月9日，诺安基金管理有限公司经中国证监会证监基金字[2003]132号文批准，由中国中化集团公司旗下的中国对外经济贸易信托投资有限公司与中国新纪元有限公司、北京中关村科学城建设股份有限公司共同发起正式成立，公司注册资本为1亿元人民币。

作为“好人举手”制度下设立的基金管理公司，诺安基金管理有限公司自成立之初即建立了规范的法人治理结构、完善的内部控制制度及科学的基金投资管理流程，同时构建了规则透明、过程民主的决策体系，分工明确、责权统一的执行系统，互相制约、科学完善的监督体系。

在基金管理方面，诺安基金管理公司设立了两个专门机构：投资决策委员会和风险控制委员会。投资决策委员会负责指导基金资产的运作，确定基本的投资策略和投资组合的原则。风险控制委员会负责全面评价公司在运营过程中的各项风险，并提出防范措施。

诺安基金管理有限公司下设八部一室，分别是：市场部、投资管理部、研究部、基金事务部、信息技术部、监察稽核部、发展战略部、综合管理部和中央交易室。市场部从事基金新产品设计、市场开发及销售、客户服务等工作。投资管理部负责根据投资决策委员会制定的投资原则进行证券选择和组合管理。研究部负责完成对宏观经济、行业公司及市场的研究。基金事务部负责基金的交易记录、基金会计、注册登记和清算。信息技术部负责公司软硬件系统的开发、维护、升级与安全管理。监察稽核部负责对公司投资决策、基金运作、内部管理、制度执行等方面进行监察稽核，并向公司管理层和有关机构提供独立、客观、公正的意见和建议。发展战略部负责评估公司的总体经营环境，规划公司的长远发展计划。综合管理部负责公司文件处理、议定事项的核定和督办、人事劳资管理、公司技术设施及后勤保障、公司资产管理、公司财务管理等。中央交易室负责公司投资交易的执行。

目前，诺安基金管理有限公司已经建立健全了内部风险控制制度、内部稽核制度、财务管理制度、人事管理制度、信息披露制度和员工行为准则等公司管理制度体系。

截至2003年底，诺安基金管理有限公司共有员工32人，其中23人具有硕士以上学历。

【经营业绩】

诺安基金管理有限公司自成立以来，坚持秉承客户至上的原则，以严谨的工作态度和诚实守信的服务态度，在为客户创造价值的同时，更注重为客户提供高质量的个性化服务。

诺安基金管理有限公司从筹建开始，即积极筹备推出首只基金产品。公司与中国工商银行签定了《托管协议》，确定中国工商银行为首只基金的托管银行。诺安基金管理公司即将推出的首只基金是一只平衡型基金，该基金将实施积极的投资策略。在类别资产配置层面，该基金关注市场资金在各个资本市场间的流动，动态调整股票资产和债券资产的配置比例；在行业配置层面，该基金注重把握中国经济结构及消费结构变迁的趋势，关注各行业的周期性和景气度，实现行业优化配置；在个股选择层面，该基金借助诺安核心竞争力分析系统，在深入分析上市公司基本面的基础上，挖掘价格尚未完全反映公司成长潜力的股票；在债券投资方面，该基金将实施利率预测策略、收益率曲线模拟、收益率溢价策略、个券估值策略以及无风险套利策略等投资策略，力求获取高于市场平均水平的投资回报。

附：高管成员介绍

刘德树先生：董事长。1952年出生，工商管理硕士，高级工程师。历任中国机械进出口总公司副总经理、董事长、总经理、党委书记，中国中化集团公司党组书记、总裁。

姜永凯先生：总经理。1964年出生，经济学硕士，经济师。曾任中国信息信托投资公司上海证券部总经理、上海新纪元实业投资有限公司副总经理、中国新纪元有限公司总裁助理。2002年10月，任诺安基金管理有限公司筹备组负责人。

股东概况

排序	股东名称	出资额(万元)	出资比例(%)
1	中国对外经济贸易信托投资有限公司	4000.00	40.00
1	中国新纪元有限公司	4000.00	40.00
2	北京中关村科学城建设股份有限公司	2000.00	20.00

申万巴黎基金管理有限公司

【基本情况】

法定名称：申万巴黎基金管理有限公司
注册地址：上海淮海中路300号香港新世界大厦40层
办公地址：上海淮海中路300号香港新世界大厦40层
法人代表：姜国芳
总 经 理：唐熹明
成立时间：2004年1月15日
组织形式：有限责任公司
注册资本：1亿元人民币
联系电话：021-63353535
传真号码：021-63353858
邮政编码：200021
公司网址：www.swbnpp.com

【发展概况】

申万巴黎基金管理有限公司是由申银万国证券股份有限公司和法国巴黎资产管理有限公司共同发起设立的一家中外合资基金管理公司。2003年8月25日，经中国证监会批准，申万巴黎基金管理有限公司正式获得筹建。2003年12月22日，中国证监会证监基金字[2003]144号文正式批准申万巴黎基金管理有限公司开业。

申万巴黎基金管理有限公司目前下设市场营销总部、投资管理总部、基金运营总部、信息技术总部、风险管理总部、监察稽核总部、财务管理总部、行政管理总部八个部门。公司内部控制防线与风险管理体系分为四个层次：一是员工的自律与岗位之间的相互监督；二是严格的等级授权和等级监督制度；三是风险管理部负责对公司日常运营过程中产生或潜在的风险进行有效管理；四是独立的监察稽核，功能主要体现在法律事务、合规性检查和内部稽核三个方面。申万巴黎率先在业内将监察稽核部与风险管理部分立设置，各司其责。该内控组织设计实现了相对于高级管理层更高的独立性，更有力地保护基金持有人的利益。

公司目前共有员工46人，74%以上具有硕士以上学历，其中具有博士学位的人员占员工总数的11%。83%的公司员工具有三年以上证券从业经历或五年以上金融业从业经历。

【经营业绩】

申万巴黎基金管理有限公司秉承“以客为先，创新求变，专业管理，业绩至上”的经营理念，立志在中国资本市场国际化进程中，坚持“高起点、高标准、高效率”的指导思想，以负责的态度、高效的管理、专业的服务，全力为投资者提供丰厚的投资回报。

作为一家中外合资的基金管理公司，申万巴黎引进外方股东法国巴黎资产管理公司的投资管理经验及技能，根据国内市场的特征，将法国巴黎资产管理公司行之有效的投资管理方法及价值分析工具加以吸收和应用。公司集中了两家股东的最大优势并充分借鉴国际经验，设计了具有国际水平的公司治理结构；结合双方在人才、技术、市场等各方面积累的优势，组建了兼具国际视野和国内市场投资经验的投资管理团队；在风险控制运作模式方面，将“平行混合运作模式”改造为“双线独立运作模式”，夯实了公司运作基础，将公司立足于较高的起点。在风险控制方面，申万巴黎借鉴了国际先进的风控体系和决策流程，聘任了来自巴黎资产管理公司的资深基金经理主管公司的风险控制；在产品设计方面，申万巴黎立足资本市场，强调脚踏实地的稳健作风，创出自己的品牌。

申万巴黎自筹建起，就开始积极准备推出首只基金产品。公司即将推出的首只产品是一只侧重于股票投资的平衡式基金，追求当期收益和长期增值的平衡，并将采取“行业配置”与“个股选择”双线并行的投资策略。申万巴黎通过从巴黎资产管理公司引进的技术，结合中国市场的实际状况开发了四套模型，以市场周期为基础，结合行业情况、个股情况、离场时机三方面进行定性定量分析，并结合不同市场周期需要重点考虑的因素，如熊市中个股的现金流、牛市中个股的成长预期等，力图使该基金在不同的市场周期当中都能有稳健的表现。

申万巴黎在坚持“专业化、人性化、便捷化”的服务理念下，积极为投资者提供面面俱到、无微不至的优质理财服务。目前，公司为投资者推出的服务包括资讯服务、报告服务、交易服务、投诉服务、咨询服务、专项服务等六大类。

附：高管成员介绍

姜国芳先生：董事长，工商管理硕士，高级经济师。上海青年企业家协会副会长。历任中国人民银行、中国工商银行上海分行科长、处长、上海申银证券有限公司董事及执行副总裁、申银万国证券股份有限公司执行副总裁兼申银万国(香港)有限公司董事长。

唐熹明先生：总经理，毕业于英国伦敦大学。到任前为法国巴黎资产管理公司亚太区市场推广总监。曾任职于标准渣打银行、东京JP摩根信托银行、东京花旗信托银行、美国雷曼兄弟、美国花旗银行等大型跨国金融机构。

股东概况

排序	股东名称	出资额(万元)	出资比例(%)
1	申银万国证券股份有限公司	6700.00	67.00
2	法国巴黎资产管理有限公司	3300.00	33.00

筹建中的基金管理公司

新世纪基金管理有限公司(筹)

【筹建概况】

2002年10月10日，经中国证监会批准，新世纪基金管理有限公司正式获准筹建。公司拟注册资本为9000万元人民币，拟注册地设在重庆市。

【股东结构】

排序	股东名称	出资额(万元)	出资比例(%)
1	重庆新华信托投资股份有限公司	3500.00	38.89
2	上海仪电控股(集团)公司	2500.00	27.78
3	西北证券有限责任公司	1000.00	11.11
3	华鑫证券有限责任公司	1000.00	11.11
3	山西信托投资有限责任公司	1000.00	11.11

华富基金管理有限公司(筹)

【筹建概况】

2003年4月14日，经中国证监会证监基金字[2003]57号文批复，华富基金管理有限公司正式获准筹建。公司拟注册资本为12000万元人民币，拟注册地设在上海市。

【股东结构】

排序	股东名称	出资额(万元)	出资比例(%)
1	华安证券有限责任公司	5520.00	46.00
2	中国华源集团有限公司	2160.00	18.00
2	西安国际信托投资有限公司	2160.00	18.00
2	安徽省创新投资有限公司	2160.00	18.00

华商基金管理有限公司(筹)

【筹建概况】

2003年4月21日，经中国证监会证监基金字[2003]60号文批复，华商基金管理有限公司正式获准筹建。公司拟注册资本为9800万元人民币，拟注册地设在上海市。

【股东结构】

排序	股东名称	出资额(万元)	出资比例(%)
1	华龙证券有限责任公司	4800.00	48.98
2	湖北长源电力发展股份有限公司	3000.00	30.61
3	济南钢铁集团总公司	2000.00	20.41

天弘基金管理有限公司(筹)

【筹建概况】

2003年5月19日，经中国证监会证监基金字[2003]71号文批复，天弘基金管理有限公司正式获准筹建。公司拟注册资本为10000万元人民币，拟注册地设在天津市。

【股东结构】

排序	股东名称	出资额(万元)	出资比例(%)
1	天津信托投资有限责任公司	4800.00	48.00
2	兵器财务有限责任公司	2600.00	26.00
2	山西漳泽电力股份有限公司	2600.00	26.00

东方基金管理有限公司(筹)

【筹建概况】

2003年5月28日，经中国证监会证监基金字[2003]75号文批复，东方基金管理有限公司正式获准筹建。公司拟注册资本为1亿元人民币，拟注册地设在上海市。

【股东结构】

排序	股东名称	出资额(万元)	出资比例(%)
1	东北证券有限责任公司	4600.00	46.00
2	四川南方希望有限公司	1800.00	18.00
2	上海市原水股份有限公司	1800.00	18.00
2	沈阳东宇集团股份有限公司	1800.00	18.00

东吴基金管理有限公司(筹)

【筹建概况】

2003年6月27日，经中国证监会证监基金字[2003]82号文批复，东吴基金管理有限公司正式获准筹建。公司拟注册资本为1亿元人民币，拟注册地设在上海市。

【股东结构】

排序	股东名称	出资额(万元)	出资比例(%)
1	东吴证券有限责任公司	4900.00	49.00
2	上海兰生(集团)有限公司	3000.00	30.00
3	江阴澄星实业集团有限公司	2100.00	21.00

光大保德信基金管理有限公司(筹)

【筹建概况】

2003年8月4日，经中国证监会证监基金字[2003]93号文批复，光大保德信基金管理有限公司正式获准筹建。公司拟注册资本为1亿元人民币，拟注册地设在上海市。

【股东结构】

排序	股东名称	出资额(万元)	出资比例(%)
1	光大证券有限责任公司	6700.00	67.00
2	保德信投资管理有限公司	3300.00	33.00

重信基金管理有限公司(筹)

【筹建概况】

2003年9月20日，经中国证监会证监基金字[2003]109号文批复，重信基金管理有限公司正式获准筹建。公司拟注册资本为1亿元人民币，拟注册地设在重庆市。

【股东结构】

排序	股东名称	出资额(万元)	出资比例(%)
1	重庆国际信托投资有限公司	3000.00	30.00
2	重庆路桥股份有限公司	2500.00	25.00
2	中国新纪元有限公司	2500.00	25.00
3	邢台轧辊股份有限公司	2000.00	20.00

国联基金管理有限公司(筹)

【筹建概况】

2003年9月25日，经中国证监会证监基金字[2003]111号文批复，国联基金管理有限公司正式获准筹建。公司拟注册资本为1亿元人民币，拟注册地设在上海市。

【股东结构】

排序	股东名称	出资额(万元)	出资比例(%)
1	国联证券有限责任公司	4900.00	49.00
2	横店集团有限公司	3100.00	31.00
3	云南烟草兴云投资股份有限公司	2000.00	20.00

汉唐澳银基金管理有限公司(筹)

【筹建概况】

2003年10月24日，经中国证监会证监基金字[2003]123号文批复，汉唐澳银基金管理有限公司正式获准筹建，公司拟注册资本为1亿元人民币，拟注册地设在深圳市。

【股东结构】

排序	股东名称	出资额(万元)	出资比例(%)
1	汉唐证券有限责任公司	4000.00	40.00
2	澳大利亚首域集团	3000.00	30.00
3	中国南方航空集团公司	1600.00	16.00
4	南京扬子石化炼化有限责任公司	1400.00	14.00

国海富兰克林基金管理有限公司(筹)

【筹建概况】

2003年8月7日，经中国证监会证监基金字[2003]95号文批复，国海富兰克林基金管理有限公司正式获准筹建。公司拟注册资本为1亿元人民币，拟注册地设在上海市。

【股东结构】

排序	股东名称	出资额(万元)	出资比例(%)
1	国海证券有限责任公司	6700.00	67.00
2	坦伯顿国际股份有限公司	3300.00	33.00

天合基金管理有限公司(筹)

【筹建概况】

2003年9月25日，经中国证监会证监基金字[2003]110号文批复，天合基金管理有限公司正式获准筹建。公司拟注册资本为1亿元人民币，拟注册地设在上海市。

【股东结构】

排序	股东名称	出资额(万元)	出资比例(%)
1	天一证券有限责任公司	4000.00	40.00
2	信达投资有限公司	3000.00	30.00
3	湖南高科技创业投资有限公司	3000.00	30.00

中银国际基金管理有限公司(筹)

【筹建概况】

2003年12月8日，经中国证监会证监基金字[2003]137号文批准，中银国际与美林投资管理合资组建的中银国际基金管理有限公司正式获准筹建。公司拟注册资本为1亿元人民币，注册地设在上海市。

中银国际和美林投资管理两大品牌强强联合，携手努力打造国内领先的基金管理公司。公司致力于以诚实信用、开拓创新的专业精神，充分发挥中外股东优势，引入国际资产管理的先进经验和技术，并与中国本土经验相结合，为投资者提供丰富的投资产品和国际标准的投资管理服务。公司拥有一支经验丰富、具备良好职业道德、团队精神和创新意识的专业化的投资管理团队。团队成员长期从事国际、国内资本市场运作，拥有丰富的国际化投资管理经验并深谙中国市场，能够充分地将国际、国内的投资管理理念和经验进行有机的结合，是一支国际化与本土化相结合的中西合璧的团队。

公司的核心价值观：客户至上、团队协作、追求卓越、创新进取、诚信执业。

公司的战略目标：引入国际基金业的先进经验和技术，致力于投资者教育，为投资者提供多样化的投资产品和国际标准的投资管理服务，以满足不同投资者的需求及风险偏好，能使中国的投资者分享成熟市场的成果，享受国际标准投资管理专业人士的服务和经验，力争在五年内成为国内领先的基金管理公司之一。

【股东结构】

排序	股东名称	出资额(万元)	出资比例(%)
1	中银国际证券有限责任公司	6700.00	67.00
2	中银国际控股有限公司	1650.00	16.50
2	美林投资管理	1650.00	16.50

【股东介绍】

中银国际证券有限责任公司由中银国际控股有限公司联合中国境内五家大型企业—中国石油天然气集团公司、国家开发投资公司、玉溪红塔烟草(集团)有限责任公司、中国通用技术(集团)控股有限责任公司以及上海国有资产经营有限公司共同投资设立。公司以高起点、国际化定位起步，借鉴国际投资银行的管理及运作模式，发挥多元客户资源与跨境市场资源的特有优势，通过投资银行与商业银行的服务组合，为客户提供全方位、高标准、一站式的全球资本市场服务。

中银国际控股有限公司是中国银行在香港设立的全资附属投资银行，注册资本10亿美元，在全球拥有11家附属机构，地域横跨欧亚。中银国际也是中国成立最早的投资银行，在海外规范经营二十余年，熟悉国际资本市场的运作规则，现已成为中国在海外拥有最强投资银行专业队伍、最大独立国际配售网络、管理资产最多、最为国际化的全功能投资银行。

中银国际在国际上屡获殊荣，近5年来所获重要奖项包括：

2000年担任数码盈科动力收购香港电讯的融资及财务顾问，荣获《亚洲财经》颁发的“年度最佳贷款项目”、“年度最佳银团贷款”、“年度最佳并购项目”等奖项。

2001年度中银国际担任联席全球协调人、联席帐册管理人、联席保荐人及联席牵头经办人的中国海洋石油上市项目被《亚洲金融》评为“年度最佳股本融资项目”，被《国际金融回顾》评为“最成功中国企业发行项目”。

2002年度中银国际担任联席全球协调人、联席帐册管理人、联席保荐人及联席牵头经办人的中银香港上市项目被《国际金融回顾》评为“亚太区证券发行奖”、“中国证券发行奖”，被《亚洲财经》评为“年度最佳交易”、“最佳私有化奖”，被《资产》评为“最佳银行发行奖”。

2002年参与安排的和黄在意大利第三代流动电话项目融资被《欧洲货币》评为“2002年欧洲电讯业项目融资安排年奖”。

2003年中银国际担任联席全球协调人、联席帐册管理人、联席保荐人及联席牵头经办人的中外运上市项目荣获《银行家》杂志颁发的“中国年度交易奖”，该项目同时荣获《资产》杂志颁发的2003年度“最佳新股发行上市奖”。

基于中银国际2003年在证券销售交易方面的出色表现，《资产》杂志授予中银国际“中国及香港地区最佳经纪行”奖项。

美林投资管理

美林集团是全球领先的金融服务集团，在全世界35个国家或地区设有分支机构，所服务的客户资产超过1.5万亿美元。美林集团在全球范围内提供投资银行、资产管理、财富管理、融资服务、证券经纪、证券借贷等相关的产品和服务。

美林集团下属三大业务板块，分别为：美林投资管理、全球市场和投资银行和国际私人客户部。

美林投资管理是全球领先的投资管理机构之一，到2004年3月末管理的客户资产超过5,130亿美元。美林投资管理为全球客户提供一系列的应税／免税固定受益基金、股票基金、平衡基金及集合帐户投资产品。美林投资管理还提供一系列基于指数的股票投资和另类投资产品供客户选择。美林投资管理分为3大运作区域，分别是美洲区，欧洲、中东和非洲区和亚洲太平洋地区。美林投资管理拥有独特的多元化业务体系，这使得美林投资管理特别能够为不同类型的客户提供多元化的投资产品选择。美林投资管理为机构和私人客户提供资产管理服务、管理共同基金以及其他的投资产品。美林投资管理51%的客户是机构客户，41%的客户是零售客户，私人客户占8%。客户包括排名英国前100名的公司中的57家公司、摩根斯坦利国际资本指数前500家中的137家上市公司、排名日本前50名的公司中的25家公司以及35家中央银行和政府机构，提供的服务包括企业现金管理，养老金管理及量身定做的投资方案。截至2004年3月末，美林投资管理所管理的资产中，41%是股票产品，16%是现金，43%是固定收益产品。这些产品中美国本土的占68%，美国以外的占32%。到2003年6月末，美林投资管理共有投资管理专业人士超过600人，整个业务板块在全球共有超过2500名员工，为美林投资管理全球和本土的投资产品提供服务。

2000年、2001年和2002年，美林投资管理连续三年荣膺《指标》(Benchmark)“最杰出基金公司(Best Performing Fund House of the Year)”和其他13项大奖，并获得惠誉国际信用评级公司(Fitch Ratings)给予资产管理公司类别的“AM2+”评级。

中国工商银行

法定名称：中国工商银行

注册地址：北京市复兴门内大街55号

办公地址：北京市复兴门内大街55号

法人代表：姜建清

成立日期：1984年1月1日

组织形式：国有独资

注册资本：1710.42亿元人民币

托管部负责人：周月秋

联系电话：010–66107333

传真号码：010–66106904

邮政编码：100032

公司网址：www.icbc.com.cn

【基本情况】

中国工商银行是中国最大的商业银行，截至2003年12月末，中国工商银行资产总额已达52791亿元，分支机构数量达24219家。中国工商银行建成了覆盖全行的电子化网络，电子银行交易额居国内同业首位。中国工商银行还拥有先进的资金清算系统，是中国结算业务量最大的商业银行。

多年来，中国工商银行一直跻身于世界大银行的前列。在2002年度美国《财富》杂志全球500强企业的最新排名中，工商银行以年营业收入198亿美元名列第243位，这是工商银行自1999年参加排名以来，连续4次入选。2003年英国《银行家》杂志以一级资本排序，工商银行名列全球大银行第16位。2001年以来，工商银行已经连续3年被《环球金融》、再次被《欧洲货币》等多家国际知名杂志授予“中国最佳银行”等称号。2003年，工商银行被《环球金融》评为“中国最佳个人网上银行”、“中国最佳企业网上银行”。2002年以来，工商银行已经连续两年被《亚洲银行家》杂志评为“中国最佳零售银行”。2003年，据AC尼尔森公司调查，工商银行是中国消费者使用最多的银行。

中国工商银行可以提供包括公司金融业务、个人金融业务、机构金融业务和投资银行业务在内的全方位金融服务，拥有810多万户公司客户、1亿多个人客户和1000多家机构客户。

【基金托管业务介绍】

1998年2月24日，经中国证监会、中国人民银行核准，中国工商银行成为国内第一家证券投资基金托管银行。1998年3月，中国工商银行成功托管国内第一批封闭式证券投资基金：基金开元和基金金泰，成为中国第一家证券投资基金托管银行。

中国工商银行资产托管部是专职从事资产托管业务的职能部门，在上海和深圳设有托管分部。全行大多数分行具备委托资产托管条件，其中，7个分行已获得委托资产托管资格的授权。资产托管部下设综合管理处、托管业务运作中心、委托资产处、QFII资产处、证券投资基金处、研究发展处和内部风险控制处。

中国工商银行资产托管部现有员工48人，其中75%以上的员工具有三年以上基金从业经历，90%以上员工具有大学本科以上学历，部门经理以上干部均为研究生以上学历或具有高级技术职称。

近6年时间，中国工商银行始终坚持按照相关法律法规所赋予的职责和监管部门要求，以“诚实信用、勤勉尽责”为执业准则，托管业务取得了很大进步和快速发展。该行托管的证券投资基金从1998年的3只增加到28只；托管证券投资基金资产从60亿元增加到逾500亿元，托管社会保障基金、企业年金、QFII、委托资产等各类资产近100亿元，托管基金数量和规模都超过了10倍。

在快速发展过程中，中国工商银行资产托管业务建立并巩固了业内领先地位：该行获得《亚洲货币》杂志“中国最佳托管银行”称号，这是迄今为止国内托管银行首次、唯一获得的殊荣，使得国内商业银行首次与国际大型托管银行同时出现在最佳托管银行行列。这既是该行托管业务综合实力的充分体现，也是客户对该行提供托管服务质量的肯定；在中国证监会和中国人民银行联合组织的对托管人年度综合评审过程中，中国工商银行均处于行业领先地位；托管业务连续6年保持零差错记录；连续6年保持市场份额第一。

在与多家中外资银行的竞争中，中国工商银行先后获得瑞士信贷第一波士顿和大和证券的QFII托管业务，初步确立在中资银行中QFII托管业务市场的领先地位。

中国工商银行与基金管理公司开展产品创新，率先推出保本型基金、系列基金和货币市场基金。

中国工商银行率先推出具有广泛功能、多点支持、运作快捷、安全高效的第三代托管业务系统，将托管业务系统的技术支持从证券投资基金扩展到包括证券投资基金、社保基金、委托资产等多种资产组合的会计核算与资产估值，大大提高了工作效率，成为同业唯一具有集中数据库支持、大机模式的托管业务系统。并完成资产绩效评估系统一期的功能评审和开发，已经具备为托管客户的资产投资组合进行全面绩效分析和风险评估的能力，为该行提升客户服务水平提供了强力支持。

中国工商银行2001年获得企业年金托管资格，是国内最早也是目前托管规模最大的企业年金托管银行，与国内企业年金改革试点地区、行业、企业及账户管理人、投资管理人均保持着良好的业务合作关系，积累了比较丰富的企业年金托管经验。

截至2003年12月底，中国工商银行共托管证券投资基金28只，其中封闭式基金16只，开放式基金12只，托管证券投资基金总资产536.67亿元。

【托管基金产品一览】

类型	序号	基金代码	基金简称	基金规模	成立日期	管理人
封闭式基金	1	184688	基金开元	20亿份	1998-03-27	南方
	2	500001	基金金泰	20亿份	1998-03-27	国泰
	3	500003	基金安信	20亿份	1998-06-22	华安
	4	184690	基金同益	20亿份	1999-04-08	长盛
	5	184693	基金普丰	30亿份	1999-07-14	鹏华
	6	184698	基金天元	30亿份	1999-08-25	南方
	7	500016	基金裕元	15亿份	1999-09-17	博时
	8	184705	基金裕泽	5亿份	2000-03-27	博时
	9	500010	基金金元	5亿份	2000-03-28	南方
	10	500025	基金汉鼎	5亿份	2000-06-30	富国
	11	500013	基金安瑞	5亿份	2000-07-18	华安
	12	184710	基金隆元	5亿份	2000-07-24	南方
	13	500019	基金普润	5亿份	2000-08-08	鹏华
	14	184711	基金普华	5亿份	2000-11-06	鹏华
	15	184713	基金科翔	8亿份	2001-04-20	易方达
	16	184719	基金融鑫	8亿份	2002-06-13	中融

类型	序号	基金代码	基金简称	首募规模(亿份)	成立日期	管理人
开放式基金	1	202001	南方稳健	34.89	2001-09-28	南方
	2	206001	鹏华行业	39.77	2002-05-24	鹏华
	3	202101	南方宝元	49.03	2002-09-20	南方
	4	040002	华安180	30.94	2002-11-08	华安
	5	202201	南方避险	51.93	2003-06-27	南方
	6	255010	德盛稳健	36.66	2003-08-08	国联安
	7	161603	融通债券	8.73	2003-09-30	融通
	8	161604	融通深证100	4.78	2003-09-30	融通
	9	161605	融通蓝筹成长	7.66	2003-09-30	融通
	10	100018	富国天利债券	22.95	2003-12-02	富国
	11	270001	广发聚富	31.32	2003-12-03	广发
	12	040003	华安现金	42.53	2003-12-30	华安

中国农业银行

法定名称：中国农业银行
注册地址：北京市复兴路甲23号
办公地址：北京市西三环北路100号金玉大厦8层
法人代表：杨明生
成立日期：1979年2月(恢复)
组织形式：国有独资
注册资本：1338.65亿元人民币
托管部负责人：张军洲
联系电话：010-68424199
传真号码：010-68424181
邮政编码：100037
公司网址：www.jjtg.abchina.com

【基本情况】

中国农业银行是我国最大的商业银行之一。目前在国内设有37家分行，44418个分支机构和储蓄网点，机构客户资源丰富。截至2002年，该行有46万机构客户，大、中型大客户占很大部分，其中拥有一批集团客户和上市公司客户。这些客户通过长期合作，双方建立了紧密的合作关系。中国农业银行在香港、新加坡设有分行，在纽约、东京、伦敦设有代表处，在香港设有财务公司、证券公司和保险公司等。中国农业银行是我国营业网点最多、机构覆盖面最广的金融机构。开通了全国专用数据通信网，拥有先进的银行清算系统和安全、高效的清算、交割能力。已实现先进的电子联行、资金汇划的实时清算和汇划、对账、清算三位一体，能保证客户资金在同城或异地的安全、高效的清算、交割。

2002年底，中国农业银行资产总额29765.66亿元，各项存、贷款余额分别为24796.18亿元和19129.60亿元。

【基金托管业务介绍】

1998年6月，中国农业银行证券投资基金托管部经中国证券监督管理委员会和中国人民银行批准成立，主要从事基金托管业务。目前，经中国人民银行和中国证券监督委员会批准，该行又获得了受托投资资产托管、企业年金托管、社保基金托管、QFII托管业务资格。基金托管部在农业银行内部管理上属于总行直属营业机构，部门内设核算管理处、运行处、监督处、市场开发处、境外资产管理处、客户服务处和综合管理处，并在北京、上海、深圳设有托管分部。基金托管部成立以来，先后制定和完善了一套完整的规章制度和严格的风险防范措施，建立了先进完善的技术体系和基金清算、核算、交易监督快捷处理系统，并形成一套农业银行独特的基金业务市场营销体系，为客户提供一站式综合服务。这些规章制度、业务体系和技术系统的建立，为开展基金托管业务提供了有力保障，中国农业银行的基金托管业务已走上了规范化、制度化、科学化的发展轨道。

经过五年多的业务实践，中国农业银行已积累了丰富的基金托管业务经验，积聚了一批从事证券投资托管业务的专业人才。目前证券投资托管部90%以上的员工都获得了中国证监会颁发的《基金从业人员资格证书》，其中拥有高级会计师、高级经济师、高级工程师、律师等金融、技术和法律专家10多名，为促进农业银行基金托管业务的发展提供了人才保障。

成为封闭式基金托管业的主力军。农业银行基金托管部自1998年7月17日正式托管裕阳基金以来，经过五年的托管实践，已成为证券投资基金托管业的主力军。到2003年年中，该行已与博时、大成、富国、长盛、华夏、宝盈、嘉实、银华、长城等基金管理公司建立了托管关系，已托管了裕阳、汉盛、裕隆、景阳、景博、景福、景业、兴业、天华、同德、鸿阳、丰和、久嘉等13只基金，托管基金的总规模达230亿多份基金单位，位居同业首位。其中，景阳、景博证券投资基金是中国证监会批准的首批清理规范的老基金。农业银行作为第一家参与老基金规范的托管银行，与基金管理公司合作，率先将两只老基金规范上市并扩募成功。

开放式基金业务稳步开展。中国农业银行独立开发了开放式基金代理销售系统、注册登记系统和托管系统，并成功运行。该行已经取得中国人民银行批准的代理销售开放式基金资格，可为基金管理公司提供开放式基金托管、代销和注册登记等全方位服务。截至2003年年末，农业银行托管的开放式基金包括富国动态平衡、长盛成长价值、宝盈鸿利收益、大成价值增长、大成债券、银河稳健、银河收益、长盛债券8只。

QFII托管业务、受托投资托管业务、企业年金托管业务逐步进行。经中国人民银行和中国证券监督委员会等主管部门批准，该行已获得QFII托管业务、受托投资托管业务、企业年金托管业务资格，三项业务均在逐步开展中。

具备较强的新产品研发能力。农行基金托管部专门设立了新产品研发部门，配备了多名具有丰富证券、基金从业经验的博士和高级研发人员，可随时根据客户需求，共同进行新产品和新业务的研究工作。

形成一套基金业务市场营销体系。农行在业务实践中，积累了丰富的封闭式基金网下发行、开放式基金代销经验，可利用农行丰富的客户资源和系统优势，协助客户发行基金。

实现基金托管业务零差错的纪录。农行基金托管部建立健全各种规章制度和业务流程，具备严格的内控手段。在高素质的人才队伍和严格的内部管理共同作用下，该行基金托管部自运作以来，一直保持着基金托管业务零差错的良好纪录。

增值服务。为了给客户提供更加优质的服务，农行可为基金管理公司提供上市公司的分红、配股、增发等提示服务，并建立了基金绩效评估系统，可定期为客户和投资者提供农行托管基金的绩效评估报告。

风险防范。农行基金托管部建立了十多项风险防范制度，在交易流程、业务监管、系统内外风险预防和各种业务处理系统发生临时故障的危机处理等方面，建立了各项风险防范制度与办法。另外，在双机热备份基础上，又在上海设立了异地备份中心，有效保证了该行托管业务的顺利开展。

境外合作。农业银行2000年12月8日与美国纽约银行签订了基金业务全面合作协议。纽约银行是目前全球主要资产托管银行之一，其托管的全球资产超过7万亿美元，具有丰富的资产业务托管经验，农业银行在人员培训、技术支持和信息交流等方面得到了纽约银行的有力支持与帮助，业务运作逐步与国际标准接轨。

企业精神。中国农业银行证券投资基金托管部全体员工将本着诚实信用、严守秘密、勤勉尽责、开拓进取的精神，脚踏实地的工作，为广大投资者和基金管理公司提供优质高效的服务。

截至2003年12月底，中国农业银行共托管证券投资基金21只，其中封闭式基金13只，开放式基金8只，托管基金资产规模310.76亿元。

【托管基金产品一览】

类型	序号	基金代码	基金简称	基金规模	成立日期	管理人
封闭式基金	1	500006	基金裕阳	20亿份	1999-07-25	博时
	2	500005	基金汉盛	20亿份	1999-05-10	富国
	3	184692	基金裕隆	30亿份	1999-06-15	博时
	4	184695	基金景博	10亿份	1999-11-12	大成
	5	500007	基金景阳	10亿份	1999-11-12	大成
	6	184701	基金景福	30亿份	1999-12-30	大成
	7	500017	基金景业	5亿份	2000-08-15	大成
	8	184706	基金天华	25亿份	2000-07-21	银华
	9	500028	基金兴业	5亿份	2000-08-18	华夏
	10	500039	基金同德	5亿份	2000-10-20	长盛
	11	184728	基金鸿阳	20亿份	2001-12-10	宝盈
	12	184721	基金丰和	30亿份	2002-03-22	嘉实
	13	184722	基金久嘉	20亿份	2002-07-05	长城
类型	**序号**	**基金代码**	**基金简称**	**首募规模(亿份)**	**成立日期**	**管理人**
开放式基金	1	100016	富国动态	46.17	2002-08-16	富国
	2	080001	长盛成长	31.67	2002-09-18	长盛
	3	213001	宝盈鸿利	14.46	2002-10-08	宝盈
	4	090001	大成价值	26.04	2002-11-11	大成
	5	090002	大成债券	21.53	2003-06-12	大成
	6	151001	银河稳健	11.87	2003-08-04	银河
	7	151002	银河收益	18.02	2003-08-04	银河
	8	510080	长盛债券	9.25	2003-10-25	长盛

中国银行

法定名称：中国银行
注册地址：北京西城区复兴门内大街1号
办公地址：北京西城区复兴门内大街1号
法人代表：肖 钢
成立日期：1912年2月5日
组织形式：国有独资
注册资本：1421亿元人民币
托管部负责人：唐棣华
联系电话：010-66594911
传真号码：010-66594853
邮政编码：100818
公司网址：www.bank-of-china.com

【基本情况】

中国银行成立于1912年，历史悠久，经营稳健，是我国四大国有商业银行之一，也是中国商业银行中机构网络国际化程度最高、国际金融业务最具优势的银行，截至2002年末，中国银行内地机构共计12090个；港、澳及国外机构共计581个。

中国银行的主营业务是传统的商业银行业务，包括了公司业务、零售业务和金融机构业务。公司业务在基于银行的核心信贷产品之上，致力于为客户提供个性化、创新的金融服务。零售业务主要针对银行的个人客户的金融需求，提供基于长城卡之上的全套服务。而金融机构业务则是为全球其他银行，证券公司和保险公司提供诸如国际汇兑、资金清算、同业拆借和托管等全面服务。目前，中国银行具有委托管理资产托管、全国社保基金托管、保险公司委托资产托管、企业年金托管、基本养老保险金托管和投资连接保险产品托管以及QFII托管等托管业务资格。是国有商业银行中唯一全国社保基金托管行。

【基金托管业务介绍】

1998年7月，经中国证监会(证监基金字[1998]24号文)和中国人民银行核准，中国银行成为国内首批五家从事基金托管业务的银行之一。同年10月，中国银行基金托管部正式成立。中国银行总行设基金托管部，负责基金托管部下设客户服务处、研究发展处、托管业务处、资产托管处、稽察监督处、综合管理处6个职能处。中国银行上海市分行、深圳市分行设立托管业务处。

中国银行基金托管部拥有一支素质高、业务过硬的员工队伍，人员结构合理。其中博士、硕士以及具有高级经济师、高级会计师、高级工程师和律师等职称的专业人员占员工总数的50%以上，大部分员工具有丰富的银行、证券从业经验。基金托管部高级管理人员及主要部门主管均具有海外工作经历，熟悉国际资本市场和国际基金业的运作。总行基金托管部现有员工49人，其中硕士学历以上人员18人，占员工总数的39%，具有一年以上海外工作和学习经历的10人。

中国银行基金托管部的业务范围包括核心托管服务和相关的增值服务。核心托管服务包括基金资产保管、帐户管理、交易清算、代理基金签订与基金有关的合同或契约、代理基金收取支付有关收益费用款项、基金估值、基金帐务处理、基金管理人监督等；开放式基金代销业务；开放式基金过户登记代理服务等。增值服务包括绩效评估与资产组合的市场风险分析，行业、公司分析与信息咨询顾问等；并为客户量身度造一揽子基金服务体系。

在内部控制组织结构上，中国银行总行设立风险管理委员会，总行风险管理部、法律与合规部、稽核部是主管中国银行风险与内部控制的职能部门，对包括基金托管业务在内的各项业务进行内控管理并执行定期不定期的监督检查。在内部控制机制方面，内部控制管理和检查评价职能独立于内部控制的建立和执行职能；业务操作人员和控制人员适当分开，并向不同的管理人员及时报告工作。

在制度建设方面，内部控制制度渗透到中国银行各个业务过程和操作环节，覆盖所有部门和岗位，以保证各种银行风险都能够得到及时有效的识别、衡量和控制。为保证内部控制的有效性，中国银行坚持对内部控制体系进行持续地评估，并根据业务发展情况和市场状况不断完善。同时，中国银行不断整合和规范信息系统，以便为良好的内部控制提供全面、可靠的数据和信息支持。在基金托管部门内部，坚持遵循决策系统、执行系统和监督系统互相制衡的原则来设置。针对基金托管业务特点，在基金托管部内设置了独立的合规监督人员、信息事务管理人员、相应的法律事务岗位和稽察监督机构。

中国银行基金托管部自1998年开办基金托管业务以来，严格按照相关法律法规的要求，以控制和防范基金托管业务风险为主线，制定并逐步完善了《中国银行基金托管部员工职业道德规范》、《中国银行基金托管部托管业务制度》、《证券投资基金托管业务操作规程》、《中国银行基金托管部保密守则》等等各项管理制度，将风险控制落实到每个工作环节。在敏感部门还建立了安全保密区和隔离墙，安装了录音监听系统，以保证基金信息的安全。建立有效核对和监控制度、应急制度和稽查制度，保证托管基金资产与银行自有资产以及各类托管基金资产的相互独立和资产的安全。建立内部信息管理制度，严格遵循基金信息披露规定和要求，及时准确地披露相关信息。

中国银行建立了统一的、全方位的全球风险管理体系，从风险的识别、度量、监测到风险控制，实现对国内外机构包括基金托管在内的信用风险、市场风险、流动性风险以及操作性风险等的及时、有效监控和全面管理。

截至2003年12月底，中国银行已经开通了462个城市的9440个代销网点，并相继与易方达基金管理公司、嘉实基金管理公司、天同基金管理公司、银华基金管理公司、金鹰基金管理公司、景顺长城基金管理公司、泰信基金管理公司等签定了托管协议。2003年，中国银行托管4只封闭式基金和13只开放式基金。托管基金资产规模221.23亿元。

【托管基金产品一览】

类型	序号	基金代码	基金简称	基金规模	成立日期	管理人
封闭式基金	1	184691	基金景宏	20亿份	1999-05-04	大成
	2	184699	基金同盛	30亿份	1999-11-05	长盛
	3	184702	基金同智	5亿份	2000-03-08	长盛
	4	184718	基金兴安	5亿份	2000-07-20	华夏
类型	序号	基金代码	基金简称	首募规模(亿份)	成立日期	管理人
开放式基金	1	110001	易方达平稳	46.78	2002-08-23	易方达
	2	070001	嘉实成长	20.02	2002-11-05	嘉实
	3	180001	银华优势	16.82	2002-11-13	银华
	4	519180	天同180	19.30	2003-03-15	天同
	5	210001	金鹰优选	15.17	2003-06-16	金鹰
	6	070002	嘉实增长	9.45	2003-07-09	嘉实
	7	070003	嘉实稳健	10.30	2003-07-09	嘉实
	8	070005	嘉实债券	5.87	2003-07-09	嘉实
	9	002001	华夏回报	37.97	2003-09-05	华夏
	10	260101	景顺股票	8.21	2003-10-24	景顺长城
	11	260102	景顺债券	4.74	2003-10-24	景顺长城
	12	260103	景顺平衡	5.41	2003-10-24	景顺长城
	13	110002	易方达策略	20.35	2003-12-09	易方达

中国建设银行

法定名称：中国建设银行
注册地址：北京市西城区金融大街25号
办公地址：北京市西城区金融大街25号
法定代表：张恩照
成立日期：1954年10月1日
组织形式：国有独资
注册资本：851亿元人民币
托管部负责人：江先周
联系电话：010-67598378
传真号码：010-66212638
邮政编码：100032
公司网址：www.ccb.com.cn

【基本情况】

中国建设银行是我国四大国有商业银行之一。自成立以来，始终以支持国民经济发展为己任，伴随着国家经济和社会发展，自身实力不断壮大。目前，中国建设银行经营着法律允许商业银行开办的各项金融业务，资金实力雄厚、业务品种齐全、服务功能完善，业务规模和经营利润均居国内商业银行前列。

截止到2002年12月31日，中国建设银行资产总额30831.95亿元，所有者权益1,072.36亿元，实现税前利润43.37亿元。自成立以来，中国建设银行每个会计年度均保持盈利。中国建设银行拥有遍布全国各地的21600多个业务分支机构、覆盖95%城市行的计算机综合业务网络系统、9000余台联网ATM以及260多个自助银行，为客户提供安全、方便、快捷的金融服务。

【基金托管业务介绍】

1998年3月18日，中国人民银行和中国证券监督管理委员会(证监基金字[1998]12号)核准中国建设银行的证券投资基金托管人资格，中国建设银行成为我国第二家具有基金托管资格的托管银行，同年5月23日，经中国人民银行批准，中国建设银行总行正式设立基金托管部。

中国建设银行总行设基金托管部，基金托管部下设综合制度处、基金市场处、资产托管处、QFII托管处、基金核算处、基金清算处和监督稽核处7个职能处室，在北京、上海、深圳、辽宁分行设立4个基金托管分部。

截止到2003年12月底，中国建设银行已托管11只封闭式基金和8只开放式基金(系列基金按子基金计数)。

【托管基金产品一览】

类型	序号	基金代码	基金简称	基金规模	成立日期	管理人
封闭式基金	1	500008	基金兴华	20亿份	1998-04-28	华夏
	2	500002	基金泰和	20亿份	1999-04-08	嘉实
	3	500018	基金兴和	30亿份	1999-07-14	华夏
	4	500011	基金金鑫	30亿份	1999-10-21	国泰
	5	184703	基金金盛	5亿份	2000-04-26	国泰
	6	500021	基金金鼎	5亿份	2000-05-16	国泰
	7	500035	基金汉博	5亿份	2000-07-12	富国
	8	184738	基金通宝	5亿份	2001-05-16	融通
	9	184700	基金鸿飞	5亿份	2001-05-18	宝盈
	10	500038	基金通乾	20亿份	2001-08-29	融通
	11	500058	基金银丰	30亿份	2002-08-15	银河
类型	序号	基金代码	基金简称	首募规模(亿份)	成立日期	管理人
开放式基金	1	000001	华夏成长	32.37	2001-12-18	华夏
	2	161601	融通新蓝筹	22.19	2002-09-13	融通
	3	050001	博时增长	30.47	2002-10-09	博时
	4	240001	宝康消费品	15.41	2003-07-15	华宝兴业
	5	240002	宝康灵活配置	10.67	2003-07-15	华宝兴业
	6	240003	宝康债券	12.88	2003-07-15	华宝兴业
	7	050002	博时裕富	51.23	2003-08-26	博时
	8	200001	长城久恒	12.84	2003-10-31	长城

交通银行

法定名称：交通银行
注册地址：上海市仙霞路18号
办公地址：上海市银城中路188号
董 事 长：蒋超良
成立日期：1987年4月1日
组织形式：股份有限公司
注册资本：170亿元人民币
托管部负责人：谢红兵
联系电话：021-58408846
传真号码：021-58408836
邮政编码：200120
公司网址：www.bankcomm.com

【基本情况】

交通银行是中国第一家全国性国有股份制商业银行，1987年重新组建，1998年被《欧洲货币》评为中国最佳银行，1999年被《环球金融》评为中国最佳银行。

2003年末交通银行资产总额为9504.44亿元，当年实现拨备前利润总额为95亿元。

【基金托管业务介绍】

1998年7月，经中国证监会和中国人民银行批准，交通银行获得开展基金托管业务资格。

交通银行总行设立证券投资基金托管部，主要业务处室包括托管运营处，科技开发处，客户服务处，资产委托处，内控综合处。交通银行基金托管部现有员工50余人，其中硕士学历以上人员13人，10余名员工具有海外金融机构培训经历。

强大的创新能力。交通银行拥有一支强大的研究开发队伍，以市场为导向，以客户为中心，以国际化为标准，以科技为手段，加大研究、开发和创新力度，5年来，交通银行取得了卓越的成绩，推出了多项产品创新方案：1999年，基金安顺的顺利托管，交通银行开创了一家基金管理公司管理的不同基金由不同的托管银行进行托管的先例；1999年，交通银行第一家成功完成多基金、跨区域的老基金清理工作(其中浙江5只、江苏1只)；2001年，交通银行代理发行并托管了中国第一只开放式基金——华安创新基金；2002年，交通银行代理发行并托管了中国第一只纯债券基金—华夏债券基金；2002年，交通银行以优异的成绩通过专家评审，成为全国社会保障基金的第一批托管银行；2003年，交通银行代理发行并托管了中国第一只伞型基金——湘财合丰行业系列基金；2004年，交通银行代理发行并托管了中国首批准货币市场基金——博时现金收益基金；2004年，交通银行托管了国内首只QFII公募基金——日兴中国人民币国债母基金。此外，还有投资联结险托管方案；B股基金托管方案；委托资产托管方案；QFII公募A股基金托管方案；企业年金托管方案等。

良好的风险控制。交通银行证券投资基金托管部建立了一整套内部风险控制机制、控制流程和控制措施，并在业务的实际运作中收到了很好的效果，业务运行5年多来，保持了资金清算零差错的纪录。为充分维护广大投资者的利益，该部内控综合处从严自律，严格监督，保证了业务健康运行。稳健经营、控制风险是交通银行托管业务运行所遵循的原则，为进一步提高风险控制能力，交通银行一方面以科技进步为手段，通过不断完善投资监控系统、整合托管业务系统等，提高日常运作中的风险控制能力和托管工作效率；另一方面聘请普华永道会计师事务所开展内部风险控制评审工作，以国际标准评审内部风险控制系统，这在国内托管银行中尚属首例。

先进的技术平台。针对证券交易高度集中化、电子化的行业特点，交通银行极其重视托管业务的计算机电子化建设，遵循“安全、高效、稳定”的原则先后开发了包括基金代销、登记注册、基金交易监管、核算、清算、基金风险分析及绩效评估在内的多个应用软件和应用平台，建立了完整的基金托管业务处理系统，利用该系统能完成基金代销业务(场外交易除外)和托管业务数据的自动化处理。

一流的客户服务。以客户需求为中心的服务理始终念贯穿在交通银行工作的每个环节。目前，交通银行基金托管品种已涵盖了股票、债券、指数、伞型、货币市场等多种基金产品，在为公司客户服务方面，交通银行非常重视与各公司建立合作伙伴的关系，经常对公司客户进行走访，发放调查问卷，了解公司客户的实际需求，根据公司的需要及时调整服务内容让客户满意；在客户再服务方面，交通银行依托科技手段不断地推出一些增值服务(如：绩效评估系统等)，充分满足不同客户的需求，赢得了客户的信赖和尊敬。

优秀的业务团队。交通银行证券投资基金托管部人员学历层次较高，具有多年基金、证券和银行的从业经验，是一支高素质的队伍。交通银行十分注重对员工的培训，通过课程培训、“干中学”、赴国外考察与学习等多种方式不断提高业务人员的技能。经过几年的发展，已形成了一支凝聚力强、勇于开拓创新、工作严谨认真的托管团队。

广泛的国际合作。交通银行非常注意学习国际著名托管机构的经验，在信息交流、人员培训、客户服务、技术支持等各方面与国际著名的托管机构进行了广泛的交流与合作。安排16批近80人次进行出国培训、考察。此外，还在新业务领域积极与国际机构开展合作，共同举办了资产管理及保障基金、养老金投资管理、社会保障基金托管QFII、QDII等研讨会。广泛的国际合作与交流，促进了交通银行托管业务发展不断国际化、标准化，保证了业务发展的前沿性。

截止到2003年12月31日，交通银行基金托管部共托管证券投资基金19只，其中封闭式证券投资基金10只，开放式证券投资基金9只和社保基金组合。托管规模达500多亿元人民币。

【托管基金产品一览】

类型	序号	基金代码	基金简称	基金规模	成立日期	管理人
封闭式基金	1	184689	基金普惠	20亿份	1999-01-06	鹏华
	2	500009	基金安顺	30亿份	1999-06-15	华安
	3	184696	基金裕华	5亿份	1999-11-10	博时
	4	500015	基金汉兴	30亿份	1999-12-30	富国
	5	184708	基金兴科	5亿份	2000-04-08	华夏
	6	184709	基金安久	5亿份	2000-07-04	华安
	7	184712	基金科汇	8亿份	2001-04-20	易方达
	8	500029	基金科迅	8亿份	2001-04-20	易方达
	9	184720	基金久富	5亿份	2001-12-18	长城
	10	500056	基金科瑞	30亿份	2002-03-12	易方达
类型	序号	基金代码	基金简称	首募规模(亿份)	成立日期	管理人
开放式基金	1	040001	华安创新	50.00	2001-09-21	华安
	2	020001	国泰金鹰增长	22.26	2002-05-08	国泰
	3	001001	华夏债券	51.33	2002-10-23	华夏
	4	162201	合丰成长	10.22	2003-04-25	湘财荷银
	5	162202	合丰周期	6.27	2003-04-25	湘财荷银
	6	162203	合丰稳定	9.81	2003-04-25	湘财荷银
	7	206101	普天债券	7.98	2003-07-12	鹏华
	8	206102	普天收益	3.43	2003-07-12	鹏华
	9	510001	海富通精选	36.98	2003-08-22	海富通

中国光大银行

法定名称：中国光大银行
注册地址：北京市西城区复兴门外大街6号光大大厦
办公地址：北京市西城区复兴门外大街6号光大大厦
法人代表：王明权
成立日期：1992年8月18日
组织形式：股份制商业银行
注册资本：82.17亿元人民币
托管部负责人：吴若曼
联系电话：010-68565577
传真号码：010-68561260
邮政编码：100045
公司网址：www.cebbank.com

【基本情况】

中国光大银行成立于1992年8月，1997年1月完成股份制改造，成为国内第一家国有控股并有国际金融组织参股的全国性股份制商业银行，已在全国23个省、自治区、直辖市的36个经济中心城市拥有分支机构370多家，成为有一定影响的全国性股份制商业银行。

截至2003年底，中国光大银行资产总规模3944亿元，比上年增加23.6%；各项贷款余额2466亿元，比上年增长30%；一般存款余额3499亿元，比上年增长28.2%；阳光卡累计发卡量1267万张，比上年增长26.4%；完成国际结算量200亿美元，比上年增长33%；实现经营利润26.5亿元，比上年增长33.3%。

2003年，中国光大银行对公、对私业务持续快速发展。公司业务方面，加大了对全国性、集团性优质大客户的综合营销，积极推进网上银行业务，有效提高了光大银行在同业的市场份额和综合竞争实力；私人业务方面，加快建立以客户为中心，以服务为宗旨的对私业务综合营销体制，积极开展了对私业务的ISO9001质量体系认证工作，逐步强化对私业务的规范化和标准化建设，促进私人业务全面发展。在电子化建设中，中国光大银行牢固树立科技兴行的观念，进一步优化和完善综合柜台系统、阳光卡系统、外汇买卖系统、国际结算系统、网上银行等；开发上线了阳光国际旅行卡系统、阳光卡城市前置系统、开放式基金代销系统、财务费用管理系统、视频会议系统等；启动了新一代核心业务项目、阳光贷记卡项目、信贷风险管理项目、系统灾备项目等重点项目建设工程；加强了网络系统的安全管理与技术维护工作，确保业务处理和管理通畅安全。

【基金托管业务介绍】

建立健全托管组织机构。中国光大银行基金托管部成立于2002年8月12日，是中国光大银行负责基金业务的专业职能部门，负责拓展基金产品与基金服务，研究制订基金业务发展规划，组织实施基金市场开发战略，指导系统业务的开展，从事与之相关的增值服务、咨询服务、风险分析与理论研究。还负责制定基金业务规程、指导、协调中国光大银行全行基金业务发展，组织全行基金业务人员的培训。

基金托管部下设基金市场处、委托资产处、业务管理处和风险管理处等4个职能处室，并在北京、上海、深圳分设分支机构。中国光大银行获得多项托管业务的资格，并为开展各项托管业务作好前期准备。2003年，中国光大银行根据自身特点，精心规划托管业务的发展模式，为建造品种齐全的托管业务体系做好各项准备。

首先，取得各类资产的托管业务资格：2002年10月，取得基金托管业务资格；2003年1月，取得代理销售开放式基金的业务资格；2003年10月，取得合格境外机构投资者(QFII)境内证券投资托管业务资格；2003年组织全国社保基金托管业务申报材料，并已取得全国社保基金托管业务资格。截至2003年底，中国光大银行已具备证券投资基金、社保基金、企业年金、委托资产、QFII、信托资产等多项产品的托管资格，为全面开展各类托管业务奠定了良好的基础。

其次，为保证高效、安全地开展各项托管业务，做了较为充分的前期准备工作：配备具有丰富基金托管和委托资产托管业务运作经验的高素质的专业人才；设立了专门的机构，制订和完善了各类托管业务的管理办法、规章制度；开发建设了具有良好前瞻性的第二代托管业务系统，这一系统将支持所有证券投资基金业务品种与全国社保基金托管、企业年金托管、QFII托管、客户资产托管等九大资产托管业务的操作与管理，实现数据接收平台、业务处理平台、客户服务平台与风险管理平台的四个统一，并以业内领先的纯B/S技术结构支持各分支机构的相关业务处理，为实现基金与资产托管业务的突破性发展提供强有力的支持和保障。

积极开展了各类托管业务：在基金托管业务方面，2003年4月，光大银行成功地组织代销并托管了第一只开放式基金——中融融华债券型基金，首发规模为25.88亿元人民币。光大银行按照有关规定认真履行托管人职责，在确保各项托管业务及时、有效、运作平稳的前提下，实现了托管业务运行“零差错”。

截至2003年12月31日，中国光大银行已与巨田基金管理公司、中融基金管理公司、泰信基金管理公司等多家基金管理公司确定了基金托管与代销的合作关系。2004年，基金托管业务将有得到快速发展。在委托资产业务方面，中国光大银行在做好基金托管业务的同时，积极开发新的业务品种，对全国社保基金、企业年金、集合理财计划，受托理财资产托管等多项新业务进行了研究和市场调查，2003年7月，中国光大银行与上海市劳动和社会保障局、光大证券有限责任公司“光大平衡”受托资产管理协议，正式启动了上海市企业年金发展中心资产托管业务。

【托管基金产品一览】

类型	基金代码	基金简称	首募规模(亿份)	成立日期	管理人
开放式基金	121001	融华债券	25.88	2003-04-16	中融

招商银行股份有限公司

法定名称：招商银行股份有限公司
注册地址：深圳市深南大道7088号
办公地址：深圳市深南大道7088号招商银行大厦
法人代表：秦 晓
成立日期：1987年4月8日
组织形式：股份有限公司
注册资本：57.07亿元人民币
托管部负责人：王大伟
联系电话：0755-83198888
传真号码：0755-83195200
邮政编码：518040
公司网址：www.cmbchina.com

【基本情况】

招商银行成立于1987年4月8日。2002年4月9日，在上海证券交易所成功上市，成为中国最大的上市银行。在英国《银行家》杂志“世界1000家大银行”排名中居157位。目前在国内30多个大中城市和香港设立了分行，网点总数超过350家，并与世界50多个国家和地区的900家银行建立了代理行关系。17年来，招商银行取得了良好的业绩，连续被《银行家》、《环球金融》、《欧洲货币》等国际权威金融杂志评为“世界25家最佳资本利润率银行”、“亚洲最佳股本回报率银行”、“中国本土最佳商业银行”。

2003年6月，招商银行基金托管部作为招商银行的代表加入中国证券业协会，成为中国证券业协会的特别会员。2003年末，招商银行资产总额5038.9亿元，实现税前利润34.45亿元，在国内上市公司中，各项主要经营项指标均名列前茅。

【基金托管业务介绍】

招商银行于2002年8月成立基金托管部，同年11月，经中国人民银行和中国证监会批准，获得证券投资基金托管人资格，成为国内第一家获得基金托管人资格的上市银行。招商银行总行设立基金托管部，内设综合管理室、清算核算室、稽核监察室三个职能部门。设立了上海托管分部，并在深圳、北京等地区设立了托管业务专岗。目前，招商银行拥有证券投资基金托管、QFII资产托管、受托投资管理托管等多项托管业务资格。

夯实基础，稳步推进。2003年是招商银行开办托管业务的第一年，招商银行从规章制度、技术系统、人员培训、组织架构等基础建设入手，扎扎实实地使该项业务得以稳步推进；全年修订证券投资基金规章制度15项，制定QFII资产托管业务规章制度13项，制定受托理财托管业务规章制度7项；对托管业务电子系统进行了15轮共计30次全面测试；举办各类业务培训10余次、业务考核2次，资产托管部员工90%以上通过了中国证券业协会组织的证券从业人员执业资格考试。2003年4月28日，招商安泰系列开放式基金正式进入托管运营，初始托管金额46.4亿元。

注重信誉，严格控制风险。为切实保障投资人利益，防范各类可能造成资产损失的风险，招商银行从技术手段、员工自律、业务流程控制、稽核监督等多方面多层次建立风险防范体系，强化员工风险意识和严格执行规章制度的自觉性，全年实现托管业务零差错。主要手段有：严格执行门禁、录音监控系统、录象监控系统等安全保密措施；制定《自律守则》，全体员工签订《自律书》；严格按照规章制度实行业务权限管理和业务流程控制；常规事后监督与定期稽核检查相结合，杜绝风险隐患，认真履行托管人职责，采取提醒、书面提示、限期答复直至上报监管机构等做法，与管理人充分沟通，维护基金持有人利益和市场公平、公正，取得了管理人和监管机构的认可。

努力创新，发挥优势。招商银行发挥本行一贯优势，注重托管业务技术创新和业务品种创新，2003年取得的成果主要有：开发了券商受托理财计划托管产品和相应技术系统，制订配套的业务规章制度办法，于7月份开办了该项业务；开发了证券市场信托投资计划托管产品和相应技术系统，于8月份开办了该项业务；开发了货币市场基金托管产品，按照需求对基金托管系统进行升级改造，以适应新品种需要；自行设计开发了若干辅助软件，解决了数据接收、清分、合并、核对等环节的自动化问题；完成基金清算系统与该行"网上企业银行系统"的对接，实现了全行范围内基金资金的即时划拨。

招商银行于2003年4月28日正式开办基金托管业务，截至2003年12月，招商银行共托管开放式证券投资基金3只，托管基金资产规模33.55亿元人民币。

【托管基金产品一览】

类型	序号	基金代码	基金简称	首募规模(亿份)	成立日期	管理人
开放式基金	1	217001	招商股票	10.29	2003-04-28	招商
	2	217002	招商平衡型	8.99	2003-04-28	招商
	3	217003	招商债券	25.86	2003-04-28	招商

上海浦东发展银行

法定名称：上海浦东发展银行
注册地址：上海市浦东新区浦东南路500号
办公地址：上海浦东新区浦东南路588号浦发大厦7楼
法人代表：张广生
成立日期：1993年1月9日
组织形式：股份有限公司
注册资本：39.15亿元人民币
托管部负责人：刘长江
联系电话：021-68881829
传真号码：021-68881831
邮政编码：200120
公司网址：www.spdb.com.cn

【基本情况】

上海浦东发展银行是1992年8月28日经中国人民银行批准设立、于1993年1月9日正式开业的股份制商业银行，总部设在上海。

经中国人民银行、中国证监会正式批准，上海浦东发展银行于1999年11月10日在上海证券交易所正式挂牌上市(股票交易代码：600000)。截止到2003年底，全行总资产规模达到3710.57亿元；本外币贷款年末余额2551.11亿元；公司各项存款余额为3221.14亿元；营业收入共计120.27亿元；实现税前利润23.44亿元；实现税后利润15.66亿元；股东权益120.11亿元；净资产收益率达到13.04%；不良贷款比例仅为2.25%(根据贷款五级分类标准)。

截至2003年底，浦发银行在上海、北京、杭州、南京等全国35个城市开设了20家分行、2家直属支行，并拥有305家营业网点，在香港设立了代表处，全国性商业银行的机构布局基本建成。同时，浦发银行在海外建立了20多家账户行，拥有近1000家代理行遍布全球90多个国家与地区。

【基金托管业务介绍】

上海浦东发展银行于2003年2月成立基金托管部，负责组织开展全行的资产托管业务。同年9月经中国银行业监督管理委员会和中国证券监督管理委员会(证监基金字[2003]105号)批准，该银行获得证券投资基金托管人资格。2002年10月，浦发银行已经中国人民银行批准，获得开办企业年金托管、信托投资公司资金信托托管、保险公司投资连接产品托管等业务资格。2003年8月，经过充分的准备和努力，经中国银行业监督管理委员会批准，浦发银行获得了中比产业投资基金托管业务资格，成为国内首个中外合资产业投资基金的托管人。目前浦发银行开展的托管业务已经涉及证券投资基金、集合信托产品、企业年金、产业基金等各个托管领域。

目前，浦发银行基金托管部包括市场发展部、托管运作部、运行保障部、内控管理部四个内设部门以及深圳运作分部。专业从业人员18人，全部本科学历以上，其中硕士以上学历达到70%以上。从业人员都具有丰富的托管业务经验，同时部分人员还具有注册会计师资格、律师资格、资产评估师资格和CFA资格，一支具备专业化知识和丰富经验的人员团队是浦发银行开展高效托管运作和客户服务的基础。

构建“大托管”的业务平台。浦发银行的托管业务从筹建伊始就确定了“构建大托管业务平台”的目标，所谓“大托管”可以从两个方面进行理解。首先构建丰富完整的托管产品系列，目前浦发银行托管业务的产品系列包括证券投资基金托管、委托资产托管、社会保障基金托管、产业基金托管和QFII证券投资托管等五大类，二十几个产品。而且随着市场和业务的发展，浦发银行还将不断对其产品系列进行充实和完善，满足客户的需求。其次构建与产品系列相对应的综合性系统平台，在一个技术平台上完成各类托管业务的日常运作和风险控制，通过各类信息和系统资源的共享提高运作效率和服务水平。

“专业化”服务理念。浦发银行开展托管业务建立在“专业化”的服务理念上，通过标准化的业务运作、专业化的技术系统、规范化的风险控制、完善的制度体系建设、提供各类增值服务等五个方面来体现专业化的服务。(1)标准化的业务运作：浦发银行通过建立一套完整的托管业务规章制度体系及制定各类标准化的工作流程来指导日常业务的开展，通过规范化、制度化的日常操作确保会计核算质量、提高工作效率、规避业务风险。(2)专业化的技术系统：浦发银行依托独立的网络平台并采用经国家认证的防火墙技术来保障托管业务运作的独立性和保密性，建立了资产托管业务六大技术系统。其核心的资产托管业务综合处理系统即SAFEs，具备弹性设计、个性化服务、智能化处理、业务内控、客户关系管理等特色功能。其中业务操作模块与产品功能模块间无缝连接、集中清算系统、系统实现业务监管及风险控制等功能的开发成功都体现了浦发银行托管业务的专业服务、专家服务理念。(3)规范化的风险控制：浦发银行托管业务建立了部内独立的业务稽核和风险管理部门，引进国际上先进的风险管理及控制理论(COSO理论)，通过对各项业务流程及工作环节的全流程风险控制和全员化风险管理保障托管业务的安全运作，保护委托人的利益。同时通过制定完整有效的业务应急计划来抵御各类不可预见的风险，对重要及关键岗位进行人员备份。(4)完善的制度体系建设：浦发银行托管业务建立了完善的业务管理制度体系，包括5大类，70多项全面规范指导托管业务的顺利、高效和合规展开。(5)提供各类增值服务：为客户提供各类增值服务也是浦发银行托管业务的一大特色，从为客户提供托管方案设计、运作流程构造、信息咨询服务、投资绩效评估等各类增值服务，体现浦发银行托管业务的专业水准和服务水平。

高效的资金清算网络。快速、高效、安全、稳健的联行汇划清算系统，能够实现系统内汇划资金实时到帐，确保全国范围内投资资金汇划的安全高效浦发银行先进、高效的内部联行电子清算汇划系统可确保系统内异地资金汇划实时到账，同时还与人民银行的现代支付系统、天地对接系统并行联网，为托管资产的资金清算提供有力保障。

加强国际国内交流与合作。浦发银行开展托管业务一直秉承“不断学习”的理念，通过积极与国际、国内其他托管机构间的业务交流和合作，提升业务水平。如浦发银行通过向美国道富银行、香港渣打银行等开展托管业务海外机构的学习，不断完善对客户的增值服务项目和功能，通过与国内其他商业银行的业务交流，就内部风险控制、业务运作流程等各个方面进行优化，提升服务水平。

2003年，浦发银行与国泰基金管理公司签定了托管协议，并顺利托管国泰基金公司旗下国泰金龙系列(包括金龙行业精选和金龙债券)开放式基金，这是浦发银行托管的第一只开放式证券投资基金。

【托管基金产品一览】

类型	序号	基金代码	基金简称	首募规模(亿份)	成立日期	管理人
开放式基金	1	020002	金龙债券	18.87	2003-12-05	国泰
	2	020003	金龙行业精选	6.84	2003-12-05	国泰

第三章 基金代销机构

中国工商银行

法定名称：中国工商银行
注册地址：北京市复兴门内大街55号
办公地址：北京市复兴门内大街55号
法人代表：姜建清
成立日期：1984年1月1日
组织形式：国有独资
注册资本：1710.42亿元人民币
联系电话：010-66107900
客服电话：95588
传真号码：010-66107914
邮政编码：100032
公司网址：www.icbc.com.cn

【基本情况】

中国工商银行是中国最大的商业银行，截至2003年12月末，中国工商银行资产总额已达52791亿元，分支机构数量达24219家。中国工商银行建成了覆盖全行的电子化网络，电子银行交易额居国内同业首位。中国工商银行还拥有先进的资金清算系统，是中国结算业务量最大的商业银行。

多年来，中国工商银行一直跻身于世界大银行的前列。在2002年度美国《财富》杂志全球500强企业的最新排名中，工商银行以年营业收入198亿美元名列第243位，这是工商银行自1999年参加排名以来，连续4次入选。2003年英国《银行家》杂志以一级资本排序，工商银行名列全球大银行第16位。2001年以来，工商银行已经连续3年被《环球金融》、再次被《欧洲货币》等多家国际知名杂志授予"中国最佳银行"等称号。2003年，工商银行被《环球金融》评为"中国最佳个人网上银行"、"中国最佳企业网上银行"。2002年以来，工商银行已经连续两年被《亚洲银行家》杂志评为"中国最佳零售银行"。2003年，据AC尼尔森公司调查，工商银行是中国消费者使用最多的银行。

中国工商银行可以提供包括公司金融业务、个人金融业务、机构金融业务和投资银行业务在内的全方位金融服务，拥有810多万户公司客户、1亿多个人客户和1000多家机构客户。

【代销基金业务介绍】

2001年8月31日，中国工商银行经中国人民银行和中国证券监督管理委员会批准获得了代销开放式基金业务资格。

2003年，中国工商银行代销的开放式基金涵盖了稳健型基金、债券型基金、指数基金、保本基金等国内主要基金品种，可满足不同风险偏好客户的需求，目前已有100多万客户通过中国工商银行投资了360多亿元的开放式基金，投资额占国内开放式基金投资总额的30%以上。

遍布全国的营业网点。中国工商银行37个分行的14000多个营业网点均可为您办理开放式基金购买和赎回等业务，为您的投资提供最大便利。

安全、稳定的电子银行。投资者通过电话银行95588或网上银行申购、赎回工商银行代销的各只开放式基金，尽享电子银行跨越时空的便捷。

先进的科技系统。中国工商银行在全国率行完成了数据大集中，并具有业界领先的基金业务系统，可及时准确无误地完成各项基金交易，让投资者具有安全放心的保证。

方便的基金净值查询系统。投资者可以光临工商银行各营业网点查询基金净值，更可以通过拨打95588电话银行或登录中国工商银行网站查询基金净值，对自己的资产状况了然于胸，方便了投资者理财。

2003年，中国工商银行代销13只开放式基金，累计销售金额达140多亿元，累计办理认购、申购、赎回业务量达180多亿元。

【代销基金产品一览】

基金代码	基金简称	成立日期	基金管理人
040001	华安创新	2001-09-21	华安基金管理公司
206001	鹏华行业成长	2002-05-24	鹏华基金管理公司
040002	华安180	2002-11-08	华安基金管理公司
202101	南方宝元	2002-09-20	南方基金管理公司
202001	南方稳健	2001-09-28	南方基金管理公司
202201	南方避险	2003-06-27	南方基金管理公司
255010	德盛稳健	2003-08-08	国联安基金管理公司
161603	融通债券	2003-09-30	融通基金管理公司
161604	融通深证100	2003-09-30	融通基金管理公司
161605	融通蓝筹成长	2003-09-30	融通基金管理公司
100018	富国债券	2003-12-02	富国基金管理公司
270001	广发聚富	2003-12-03	广发基金管理公司
040003	华安现金	2003-12-30	华安基金管理公司

中国农业银行

法定名称：中国农业银行
注册地址：北京市复兴路甲23号
办公地址：北京市复兴路甲23号
法人代表：杨明生
成立日期：1979年2月（恢复）

组织形式：国有独资
注册资本：1338.65亿元人民币
联系电话：010–68424548
客服电话：95599
传真号码：010–68424493
邮政编码：100036
公司网址：www.abchina.com

【基本情况】

中国农业银行是我国最大的商业银行之一。在国内设有37家分行，44418个分支机构和储蓄网点，机构客户资源丰富。截至2002年，该行有46万机构客户，大、中型大客户占很大部分，其中拥有一批集团客户和上市公司客户。这些客户通过长期合作，双方建立了紧密的合作关系。中国农业银行在香港、新加坡设有分行，在纽约、东京、伦敦设有代表处，在香港设有财务公司、证券公司和保险公司等。中国农业银行是我国营业网点最多、机构覆盖面最广的金融机构。开通了全国专用数据通信网，拥有先进的银行清算系统和安全、高效的清算、交割能力。已实现先进的电子联行、资金汇划的实时清算和汇划、对账、清算三位一体，能保证客户资金在同城或异地的安全、高效的清算、交割。

2002年底，中国农业银行资产总额29765.66亿元，各项存、贷款余额分别为24796.18亿元和19129.60亿元。

【代销基金业务介绍】

经中国人民银行（银复[2001]241号），中国证券监督管理委员会批准，中国农业银行于2001年正式获得从事开放式基金代理销售业务。农业银行严格依据有关法规，积极稳步推进开放式基金代理销售工作。

2003年，随着基金业的迅速发展，基金产品逐渐增多，为了让基金代销业务能够尽快在农行系统内全面开展，进一步丰富基金代销品种，该行在基金市场销售、营销宣传、网点扩大等方面做了大量工作，采取了一些积极有效的措施，取得了一定成绩。

代销品种增加，业务量迅速增大。针对基金市场发展趋势，为丰富该行基金代理的品种，贴近和满足不同客户需求，2003年，农行代销基金品种比2002年增多，包括系列基金、债券指数基金、债券基金等；基金的交易量迅速扩大，拥有的基金客户数成倍增加，截止到2003年末，累计交易量达22.80万笔，客户总数达17.47万户，比2002年增加4.9万户。

加大基金的营销与宣传力度。在每只基金发行前针对各基金的不同特点，与基金管理公司一起策划营销宣传方案，并及时将代销文件下发，指导分行做好销售前的准备工作；开展“每日销售明星”有奖销售评选活动，调动员工销售基金的积极性；在基金持续销售期与〈城乡金融报〉联合组织“我谈基金销售”有奖征文活动。通过活动，宣传基金，同时将基金销售好的经验介绍推广给大家，通过多种形式营销宣传活动，促进基金代销业务的发展。

加快系统推广网点扩大的步伐。在代销网点扩大方面，按照年初第九次基金领导小组会议要求，通过调查了解，根据分行实际情况，完成了25个分行基金代销网点的扩大工作，截止到2003年10月末，农行全国37个省市分行中已上基金代销系统的分行达32个，基金代销网点达到8528个，比2002年增加3528个，增幅41.36%。

监督检查，加强业务指导。为推动基金代理销售业务，建立并健全基金代理销售考核机制，在调查研究的基础上，完成了《开放式基金认购期代理销售业绩考核暂行办法》初稿；在大成债券及银河系列基金代理发行期间，该行个金部与托管部联手组织4个基金检查组，赴辽宁、大连、江苏、广东、福建及湖北等省，了解基金发行情况；在软件开发中心的支持下，完成基金监管系统开发，为督导分行业务操作规范，提供技术保障；与基金托管部共同合作，利用该行经营管理信息网中基金专栏公布“每日销售明星”有奖销售评选活动情况，披露基金相关信息，使基金工作人员及时掌握市场动态，更好指导分行的基金销售工作；组织分行基金业务人员参加证券从业资格考试，提高系统基金销售人员业务素质，目前已有300多人通过考试。

开展调查研究，不断开发新业务。在上海、青岛分别召开部分分行主管基金业务的基金发行情况汇报会；先后在海南召开了部分分行参加的基金研讨会；为满足客户需求，农行及时开发基金“后端收费、定期定额申购”等新业务功能，制定业务规则，目前已通过业务测试，“后端收费”业务已于12月5日推出。

做好跟踪服务。在基金发行期间，及时向分行通报发行进度；认真做好每只基金的销售统计及手续费核对工作，在每只基金发行完毕及时下划手续费；完成报表服务系统，完善总行基金统计工作；在持续销售期，认真做好客户及业务人员的咨询工作。

截至2003年12月底，农业银行完成大成、银河、长盛及中融四家基金管理公司的5只基金的代理销售，代销规模30.5亿份，主代销的大成债券基金募集规模为21.53亿份，户数为4.71万户、银河系列基金募集规模为29.89亿份，户数为4.45万户、长盛债券基金募集规模为9.24亿份，户数为3.14万户。

【代销基金产品一览】

基金代码	基金简称	成立日期	基金管理人
100016	富国动态	2002–08–16	富国基金管理公司
080001	长盛成长	2002–09–18	长盛基金管理公司
213001	宝盈鸿利	2002–10–08	宝盈基金管理公司

基金代码	基金简称	成立日期	基金管理人
090001	大成价值	2002-11-11	大成基金管理公司
121001	融华债券	2003-04-16	中融基金管理公司
090002	大成债券	2003-06-12	大成基金管理公司
151001	银河稳健	2003-08-04	银河基金管理公司
151002	银河收益	2003-08-04	银河基金管理公司
510080	长盛债券	2003-10-25	长盛基金管理公司

中国银行

法定名称：中国银行
注册地址：北京西城区复兴门内大街1号
办公地址：北京西城区复兴门内大街1号
法人代表：肖 钢
成立日期：1912年2月5日
组织形式：国有独资
注册资本：1421亿元人民币
联系电话：010-66594911
客服电话：95566
传真号码：010-66594853
邮政编码：100818
公司网址：www.bank-of-china.com

【基本情况】

中国银行成立于1912年，历史悠久，经营稳健，是我国四大国有商业银行之一，也是中国商业银行中机构网络国际化程度最高、国际金融业务最具优势的银行，截至2002年末，中国银行内地机构共计12090个；港、澳及国外机构共计581个。

中国银行的主营业务是传统的商业银行业务，包括了公司业务、零售业务和金融机构业务。公司业务在基于银行的核心信贷产品之上，致力于为客户提供个性化、创新的金融服务。零售业务主要针对银行的个人客户的金融需求，提供基于长城卡之上的全套服务。而金融机构业务则是为全球其他银行，证券公司和保险公司提供诸如国际汇兑、资金清算、同业拆借和托管等全面服务。目前，中国银行具有委托管理资产托管、全国社保基金托管、保险公司委托资产托管、企业年金托管、基本养老保险金托管和投资连接保险产品托管以及QFII托管等托管业务资格。是全国社保基金托管行之一。

【代销基金业务介绍】

2001年12月，经中国人民银行和中国证券监督管理委员会批准，中国银行获得开放式基金代销资格。

中国银行开放式基金代销系统是一个建立在现有强大网络基础上的全国联网的应用系统。该系统借鉴了国外先进经验，功能完善、强大，安全可靠、可扩展性强、人机界面友好、操作灵活，能满足国内基金市场的各种基金销售需求。

中国银行在坚持市场化发行、坚持以客户为中心、为客户提供良好理财服务理念的指引下，本着平等互利、实现双赢的原则，2003年来，与一批品牌优异、经营稳健、具有发展潜力的多家基金管理公司建立了合作伙伴关系。2003年，中国银行代销的开放式基金品种覆盖了股票型、债券型、货币市场型、指数型、行业型等多种类型，满足了不同客户多元化的投资理财需求。

本着为广大投资者提供优质服务的理念，中国银行加强了与优秀基金管理公司的业务合作。同时，积极配合有关监管部门的工作，严格规范投资管理行为，加强风险控制，坚持长远发展的战略，共同维护行业和客户的长期利益。该银行在拓展代销开放式基金业务工作中，不断总结经验，借鉴国外先进的营销模式，逐渐形成中国银行代销基金的特色和优势：

与客户共同发展的理念和策略。致力于与基金管理公司建立长期战略伙伴关系，提供优质、高效、持久的一条龙服务；致力于与基金管理公司进行从产品的设计到营销方案、售后服务等全过程、全方位的合作。

遍布全国的销售网络。全国462个城市、9440多个网点开办开放式基金代销业务；分支行理财中心向客户提供开放式基金代销业务，实现理财服务与基金代销的有机结合。

优质的客户群体。拥有相当数量的实力雄厚、综合素质高、投资意识强的优质客户群体；人民币储蓄增长迅速，拥有日益发展的客户群体。

具有较高专业水准的营销队伍。银行内部公司、零售、金融机构等部门整体联动营销；拥有一大批营销能力较强、业务操作熟练、投资理财知识和经验丰富的基金代销营销人员。

中国银行开放式基金投资客户服务制度化。客户服务工作实现客户开发、客户维护和客户信息反馈工作系统化、一体化。定期或不定期地为基金投资客户举办投资研讨会；向客户推荐基金产品，并提供咨询服务；对重点客户提供量体裁衣式的个性化服务。此外，该行还建立了及时高效的信息沟通反馈机制：及时、准确、完整、真实地披露有关基金信息；严格的客户信息追踪反馈制度；完善的客户投诉处理制度；开放式基金客户服务各级工作检查制度。

【代销基金产品一览】

基金代码	基金简称	成立日期	基金管理人
002001	华夏回报	2003-09-05	华夏基金管理公司
040001	华安创新	2001-09-21	华安基金管理公司
070001	嘉实成长收益	2002-11-05	嘉实基金管理公司

基金代码	基金简称	成立日期	基金管理人
070002	嘉实增长	2003-07-09	嘉实基金管理公司
070003	嘉实稳健	2003-07-09	嘉实基金管理公司
070005	嘉实债券	2003-07-09	嘉实基金管理公司
110001	易方达平稳	2002-08-23	易方达基金管理公司
110002	易方达策略	2003-12-09	易方达基金管理公司
180001	银华优势	2002-11-13	银华基金管理公司
210001	金鹰优选	2003-06-16	金鹰基金管理公司
260101	景顺股票	2003-10-24	景顺长城基金管理公司
260102	景顺债券	2003-10-24	景顺长城基金管理公司
260103	景顺平衡	2003-10-24	景顺长城基金管理公司
519180	天同180	2003-03-15	天同基金管理公司
290001	泰信收益	2003-12-30	泰信基金管理公司

注：泰信收益基金的时间为发行始日

中国建设银行

法定名称：中国建设银行

注册地址：北京市西城区金融大街25号

办公地址：北京市西城区金融大街25号

法人代表：张恩照

成立日期：1954年10月1日

组织形式：国有独资

注册资本：851亿元人民币

联系电话：010-67598410

客服电话：95533

传真号码：010-67598409

邮政编码：100032

公司网址：www.ccb.com.cn

【基本情况】

中国建设银行是我国四大国有商业银行之一。自成立以来，始终以支持国民经济发展为己任，伴随着国家经济和社会发展，自身实力不断壮大。目前，中国建设银行经营着法律允许商业银行开办的各项金融业务，资金实力雄厚、业务品种齐全、服务功能完善，业务规模和经营利润均居国内商业银行前列。

截止到2002年12月31日，中国建设银行资产总额30831.95亿元，所有者权益1,072.36亿元，实现税前利润43.37亿元。自成立以来，中国建设银行每个会计年度均保持盈利。中国建设银行拥有遍布全国各地的21600多个业务分支机构、覆盖95%城市行的计算机综合业务网络系统、9000余台联网ATM以及260多个自助银行，为客户提供安全、方便、快捷的金融服务。

【代销基金业务介绍】

2001年5月8日，经中国人民银行和中国证券监督管理委员会批准，建设银行获得封闭式证券投资基金代理销售资格，同年9月14日，建设银行获得开放式证券投资基金代理业务资格，并于2001年11月28日开始代销华夏成长开放式基金，是国内最早开办基金代理业务的商业银行之一。

依托集中统一、功能齐全、技术先进、高效安全的证券代理业务平台——证券业务系统，建设银行基金代理业务稳健、快速发展。截至2003年底，建设银行先后代销了华夏成长、融通新蓝筹基金、博时价值增长、华夏债券基金、华宝宝康系列基金、博时裕富指数基金、华夏回报基金、融通通利系列基金、长城久恒平衡型基金、博时现金收益基金等10只开放式基金和银丰封闭式基金，累计代销基金达140亿份。基金代理业务提高了建设银行员工队伍的素质，稳定和培育了一批优质客户，基金投资者达到36万户。

同时，建设银行坚持基金业务“精品策略”原则，选择与优良或具有良好发展潜力的基金管理公司合作，代销符合客户需求的基金产品，初步形成了集不同产品类型、不同风险收益特征的基金产品系列。经过两年多的发展，建设银行已初步打造了基金代销业务品牌，获得监管部门、基金管理公司和投资者的普遍认可，在基金代销市场占有较高的地位和发展优势。此外，建设银行在基金业务创新方面也走在同业前列，是国内首家代理发行封闭式基金的银行，在国内率先与基金公司合作推出后端收费模式，并较早开办定期定额申购和基金转换业务。

目前，随着建设银行基金代理业务的发展，建设银行证券业务系统覆盖面逐渐扩大，基金服务渠道日益拓展。截至2003年，建设银行开放式基金代理网点约12000个，成为国内代销基金网点最多、覆盖区域最广的商业银行之一。此外，为方便投资者，建设银行加快了电子服务渠道的建设，网上银行、电话银行等渠道的证券业务交易功能正在全面建设中。

【代销基金产品一览】

基金代码	基金简称	成立日期	基金管理人
000001	华夏成长	2001-12-18	华夏基金管理公司
500058	银丰封闭式基金	2002-08-15	银河基金管理公司
161601	融通新蓝筹	2002-09-13	融通基金管理公司
050001	博时价值增长	2002-10-09	博时基金管理公司
001001	华夏债券	2002-10-23	华夏基金管理公司
240001	宝康消费品	2003-07-15	华宝兴业基金管理公司
240002	宝康灵活配置	2003-07-15	华宝兴业基金管理公司
240003	宝康债券	2003-07-15	华宝兴业基金管理公司
050002	博时裕富	2003-08-26	博时基金管理公司
002001	华夏回报	2003-09-05	华夏基金管理公司

基金代码	基金简称	成立日期	基金管理人
161603	融通债券	2003-09-30	融通基金管理公司
161604	融通深证100	2003-09-30	融通基金管理公司
161605	融通蓝筹成长	2003-09-30	融通基金管理公司
200001	长城久恒	2003-10-31	长城基金管理公司
050003	博时现金	2003-12-16	博时基金管理公司

注：博时现金基金的时间为发行始日

交通银行

法定名称：交通银行
注册地址：上海市仙霞路18号
办公地址：上海市银城中路188号
董 事 长：蒋超良
成立日期：1987年4月1日
组织形式：股份有限公司
注册资本：170亿元人民币
联系电话：021-58781234
客服电话：95559
传真号码：021-58408842
邮政编码：200120
公司网址：www.bankcomm.com

【基本情况】

交通银行是中国第一家全国性国有股份制商业银行，1987年重新组建，1998年被《欧洲货币》评为中国最佳银行，1999年被《环球金融》评为中国最佳银行。

2003年末交通银行资产总额为9504.44亿元，当年实现拨备前利润总额为95亿元。

【代销基金业务介绍】

2001年7月，经中国人民银行和中国证券监督管理委员会批准，交通银行获得开放式基金认购、申购、赎回和注册登记代理业务资格，成为我国首家获得开放式基金代理业务资格的商业银行。

依托交通银行软件开发中心，交通银行先后成功开发了基金代销系统、注册系统和与开放式基金相关的业务软件，能灵活地与多家基金管理公司实现技术上的对接，相关软件通过了中国证监会基金专家组的评审，为成功代理销售开放式基金提供了技术保障。

2003年，交通银行按照总行在年初工作会议上提出的“多代销、深加工、强品牌”的要求，不断提高对资本市场的快速反应能力，做大做强做好基金代销业务。

大力拓展基金代销市场，不断推出新产品。(1) 力推“精品基金”。2003年先后组织发行了湘财合丰行业系列基金、鹏华普天系列基金、海富通精选基金和博时现金收益基金等4只开放式基金，其中湘财合丰行业系列基金是国内首批伞型开放式基金；海富通精选基金是国内第一批由合资基金管理公司发起的开放式基金之一；博时现金收益基金是国内首批准货币市场基金。(2) 打造“基金超市”。交通银行在做好主代销基金业务的同时，全力构建该行的基金超市，2003年行又参与发行了大成债券基金、融通通利系列基金、长盛全债基金和易方达策略成长基金等14只开放式基金。

截至2003年底，交通银行代销的开放式基金产品覆盖了股票基金、债券基金、指数基金、伞型基金、准货币市场基金等，销售渠道覆盖了柜台、电话银行、自助终端和网银，且该行的“基金超市”初具雏形，在力争方便投资者理财的同时也为投资者带来了更多的投资选择。

加强业务培训。2003年交通银行共举行基金基础知识、营销宣传知识、理财知识等各类培训、讲座近百次，共培训人员上万人，为做好基金代销打下了较坚实的基础。

截至2003年12月31日，交通银行共计代销24只开放式基金。

【代销基金产品一览】

基金代码	基金简称	成立日期	基金管理人
040001	华安创新	2001-09-21	华安基金管理公司
000001	华夏成长	2001-12-18	华夏基金管理公司
020001	国泰金鹰增长	2002-05-08	国泰基金管理公司
161601	融通新蓝筹	2002-09-13	融通基金管理公司
050001	博时价值增长	2002-10-09	博时基金管理公司
001001	华夏债券	2002-10-23	华夏基金管理公司
040002	华安180	2002-11-08	华安基金管理公司
162201	合丰成长	2003-04-25	湘财荷银基金管理公司
162202	合丰周期	2003-04-25	湘财荷银基金管理公司
162203	合丰稳定	2003-04-25	湘财荷银基金管理公司
090002	大成债券	2003-06-12	大成基金管理公司
206101	普天债券	2003-07-12	鹏华基金管理公司
206102	普天收益	2003-07-12	鹏华基金管理公司
510001	海富通精选	2003-08-22	海富通基金管理公司
050002	博时裕富	2003-08-26	博时基金管理公司
020001	华夏回报	2003-09-05	华夏基金管理公司
161603	融通债券	2003-09-30	融通基金管理公司
161604	融通深证100	2003-09-30	融通基金管理公司
161605	融通蓝筹成长	2003-09-30	融通基金管理公司
510080	长盛债券	2003-10-25	长盛基金管理公司
020002	国泰金龙债券	2003-12-05	国泰基金管理公司
020003	国泰金龙行业精选	2003-12-05	国泰基金管理公司
110002	易方达策略	2003-12-09	易方达基金管理公司
050003	博时现金	2003-12-16	博时基金管理公司

注：博时现金基金的时间为发行始日

招商银行股份有限公司

法定名称：招商银行股份有限公司
注册地址：深圳市深南大道7088号
办公地址：深圳市深南大道7088号
法人代表：秦 晓
成立日期：1987年4月8日
组织形式：股份有限公司
注册资本：57.07亿元人民币
联系电话：0755-83198888
客服电话：95555
传真号码：0755-83195200
邮政编码：518040
公司网址：www.cmbchina.com

【基本情况】

招商银行成立于1987年4月8日。2002年4月9日，在上海证券交易所成功上市，成为中国最大的上市银行。在英国《银行家》杂志“世界1000家大银行”排名中居157位。目前在国内30多个大中城市和香港设立了分行，网点总数超过350家，并与世界50多个国家和地区的900家银行建立了代理行关系。17年来，招商银行取得了良好的业绩，连续被《银行家》、《环球金融》、《欧洲货币》等国际权威金融杂志评为“世界25家最佳资本利润率银行”、“亚洲最佳股本回报率银行”、“中国本土最佳商业银行”。

2003年6月，招商银行基金托管部作为招商银行的代表加入中国证券业协会，成为中国证券业协会的特别会员。2003年末，招商银行资产总额5038.9亿元，实现税前利润34.45亿元，在国内上市公司中，各项主要经营项指标均名列前茅。

【代销基金业务介绍】

2001年12月，经中国人民银行和中国证监会批准，招商银行获得开放式基金代销资格。

招商银行依托科技优势，在全国统一的综合业务平台上，率先实现开放式基金全国通买通卖，为个人投资者提供了包括柜面、电话银行、网上银行等在内的多种交易渠道；在机构投资者基金交易方面实现了总行集中清算，提升了开放式基金销售业务的电子化程度。

2002年4月至9月，招商银行先后承接了“国泰金鹰增长基金”的代理发行、“南方宝元债券型基金”的代理发行、“博时价值增长基金”的代理发行以及“南方稳健成长基金”的申购赎回业务。全年累计办理开放式基金认购、申购、赎回业务约14.83亿元。

2003年3月，招商银行作为唯一发行银行代销第一只中外合资系列基金——招商安泰系列基金。发行期销售34.15亿份，累计开户3.17万户，创造了开放式基金银行网点平均认购量1019万份的业内记录，使得招商银行以330余家代销网点的规模，跻身于国内代理基金发行能力最强的代销银行之列。

2003年，招商银行累计为7只开放式基金办理认购、申购、赎回业务，累计销售金额达53.71亿元人民币。

【代销基金产品一览】

基金代码	基金简称	成立日期	基金管理人
020001	国泰金鹰增长	2002-05-08	国泰基金管理公司
202101	南方宝元债券	2002-09-20	南方基金管理公司
050001	博时价值增长	2002-10-09	博时基金管理公司
202001	南方稳健成长	2001-09-28	南方基金管理公司
217001	招商股票基金	2003-04-28	招商基金管理公司
217002	招商平衡型基金	2003-04-28	招商基金管理公司
217003	招商债券基金	2003-04-28	招商基金管理公司

上海浦东发展银行

法定名称：上海浦东发展银行
注册地址：上海市浦东新区浦东南路500号
办公地址：上海浦东新区浦东南路588号浦发大厦7楼
法人代表：张广生
成立日期：1993年1月9日
组织形式：股份有限公司
注册资本：39.15亿元人民币
联系电话：021-68881829
客服电话：95528
传真号码：021-68881831
邮政编码：200120
公司网址：www.spdb.com.cn

【基本情况】

上海浦东发展银行是1992年8月28日经中国人民银行批准设立、于1993年1月9日正式开业的股份制商业银行，总部设在上海。

经中国人民银行、中国证监会正式批准，上海浦东发展银行于1999年11月10日在上海证券交易所正式挂牌上市(股票交易代码：600000)。截止到2003年底，全行总资产规模达到3710.57亿元；本外币贷款年末余额2551.11亿元；公司各项存款余额为3221.14亿元；营业收入共计120.27亿元；实现税前利润23.44亿元；实现税后利润15.66亿元；股东权益120.11亿元；净资产收益率达到13.04%；不良贷款比例仅为2.25%(根据贷款五级分类标准)。

至2003年底，浦发银行在上海、北京、杭州、南京等全国35个城市开设了20家分行、2家直属支行，并拥有305家营业网点，在香港设立了代表处，全国性商业银行的机构布局基本建成。同时，浦发银行在海外建立了20多家账户行，拥有近1000家代理行遍布全球90多个国家与地区。

【代销基金业务介绍】

2002年5月，经中国人民银行和中国证券监督管理委员会批准，浦发银行成为国内第五家、股份制银行内第二家推出基金代销业务的商业银行。

2003年10月，浦发银行主代销国泰基金管理公司发起的国泰金龙系列基金，该基金是浦发银行首次托管的开放式基金，取得了良好的销售业绩。此外，2003年浦发银行还先后引入了理财通系列基金（嘉实基金管理公司）、金鹰成份股优选基金（金鹰基金管理公司），进一步丰富了浦发银行理财业务平台。

领导高度重视，业务部门协调一致，共同推进基金代销业务。在基金代销业务中，全行各级领导干部高度重视，相关业务部门通力合作，积极配合，大力发展基金代理业务已得到全行上下的普遍认同，基金代理业务也已成为浦发银行的战略性常规业务和推进效益、质量、规模协调发展的重要一环。

浦发银行自开展基金代销业务以来，按照中国人民银行和证监会要求，相继制定了多项开展开放式基金业务相关的规章制度，为该行开放式基金业务的顺利开展提供了有力的制度保障。同时，浦发银行也早在2000年10月成立了总行金融机构部，负责开放式证券投资基金代理业务方面的牵头组织、协调与营销工作，同时还落实了总行个人金融部、总行公司金融部、总行会计部、总行信息科技部等相关业务部门负责基金业务前中后台的服务与管理的职责。

建立开放式基金的优选机制，积极构建基金超市。借该银行获得证券投资基金托管资格的契机，浦发银行基金代理业务快速步入发展期。为更好地满足客户理财需求，同时最大限度地维护投资者利益，浦发银行建立了严格的基金公司及产品的筛选标准，出台了《上海浦东发展银行基金选择指标体系》，对拟合作的基金公司及其产品进行了综合评估，优选合作伙伴。通过优选机制，构建基金超市，实现高中低不同的风险与收益相结合，不同的产品特色结合，努力创造银行、基金公司和投资者三方共赢的良好局面。

建立高素质的营销队伍，树立良好营销品牌形象。浦发银行对全行客户经理进行了开放式基金业务和不同产品的系统化培训，积极将市场营销经验运用于基金营销之中，快速培育了一大批掌握基金及相关专业知识的市场营销人员。此外，该行许多客户经理已通过基金从业人员资格考试，保证了客户经理为客户提供“一对一”基金投资理财服务的质量。

建立先进的基金业务系统，推动基金业务和技术创新。浦发银行开放式基金代销系统(V2.0)是该行新一代核心业务系统的外挂系统，提供实时扣款、还款，批量还款，及对帐、调帐等功能，具体来说，该行开放式基金代销系统(V2.0)具有如下特点：(1) 功能齐全。可以为投资人提供帐户管理，基金的认购、赎回、预约、权益分配，资金管理等全方位的服务。同时，还建立了以客户为中心的数据统计管理系统，全面统计分析基金销售情况。通过这些新功能，不仅能够满足投资人多元化的投资理财需求，而且可以科学地分析业务状况，提高效益，并为管理决策提供依据。(2) 直通服务。基金交易从委托、成交到结算和存管的全过程由系统安全、快捷地自动完成，使投资人充分享受优质的直通式和一站式金融服务。(3) 安全先进。交易结算可以实现实时逐笔全额交收。同时采用先进的安全保障技术，保证投资人资料和交易数据的安全、完整和准确。

以技术创新为载体，为客户提供各项增值服务。凭借强大的技术优势，浦发银行为基金投资人提供各项便捷、高效服务，形成了该行鲜明的基金业务特色。如：(1) 通买通卖。个人投资者可在该行任何网点办理基金的认购、申购或赎回交易，并实现异地通买通卖。(2) 预约交易。该行是首家为客户提供开放式基金预约委托业务的银行，客户可以按日期或基金净值区间或二者的组合条件进行预约认购、预约申购和预约赎回交易，从而使投资者在繁忙的工作之余，通过该行的基金业务平台，得心应手地进行投资理财。(3) 多渠道交易。该行新一代的基金代销业务系统不仅优化了原有的柜面功能，还在网上银行、电话银行上开通了基金代销功能，并通过短信通知系统为投资人及时提供各种交易的交易信息，使开放式基金交易从原有的柜面单渠道服务拓展到网络、电话、信息通知等多渠道服务，投资者可通过上述渠道，轻松实现开放式基金交易和查询等各项功能。

目前，浦发银行在上海、北京、杭州、南京等全国35个城市20家分行、2家直属支行，305家营业网点，为投资者提供基金买卖交易。截至2003年底，该行代理销售8只开放式证券投资基金，累计办理认购、申购基金业务达21多亿元人民币。

【代销基金产品一览】

基金代码	基金简称	成立日期	基金管理人
100016	富国动态	2002-08-16	富国基金管理公司
070001	嘉实成长	2002-11-05	嘉实基金管理公司
210001	金鹰优选	2003-06-16	金鹰基金管理公司
070005	嘉实债券	2003-07-09	嘉实基金管理公司
070003	嘉实稳健	2003-07-09	嘉实基金管理公司
070002	嘉实增长	2003-07-09	嘉实基金管理公司
020002	金龙债券	2003-12-05	国泰基金管理公司
020003	金龙行业精选	2003-12-05	国泰基金管理公司

中国光大银行

法定名称：中国光大银行
注册地址：北京市西城区复兴门外大街6号光大大厦
办公地址：北京市西城区复兴门外大街6号光大大厦
法人代表：王明权
成立日期：1992年8月18日
组织形式：股份制商业银行
注册资本：82.17亿元人民币
联系电话：010-68561041
客服电话：95595
传真号码：010-68561260
邮政编码：100045
公司网址：www.cebbank.com/www.95595.com.cn

【基本情况】

中国光大银行成立于1992年8月，1997年1月完成股份制改造，成为国内第一家国有控股并有国际金融组织参股的全国性股份制商业银行，已在已在全国23个省、自治区、直辖市的36个经济中心城市拥有分支机构370多家，成为有一定影响的全国性股份制商业银行。

截至2003年底，中国光大银行资产总规模3944亿元，比上年增加23.6%；各项贷款余额2466亿元，比上年增长30%；一般存款余额3499亿元，比上年增长28.2%；阳光卡累计发卡量1267万张，比上年增长26.4%；完成国际结算量200亿美元，比上年增长33%；实现经营利润26.5亿元，比上年增长33.3%。

2003年，中国光大银行对公、对私业务持续快速发展。公司业务方面，加大了对全国性、集团性优质大客户的综合营销，积极推进网上银行业务，有效提高了光大银行在同业的市场份额和综合竞争实力；私人业务方面，加快建立以客户为中心，以服务为宗旨的对私业务综合营销体制，积极开展了对私业务的ISO9001质量体系认证工作，逐步强化对私业务的规范化和标准化建设，促进私人业务全面发展。在电子化建设中，中国光大银行牢固树立科技兴行的观念，进一步优化和完善综合柜台系统、阳光卡系统、外汇买卖系统、国际结算系统、网上银行等；开发上线了阳光国际旅行卡系统、阳光卡城市前置系统、开放式基金代销系统、财务费用管理系统、视频会议系统等；启动了新一代核心业务项目、阳光贷记卡项目、信贷风险管理项目、系统灾备项目等重点项目建设工程；加强了网络系统的安全管理与技术维护工作，确保业务处理和管理通畅安全。

【代销基金业务介绍】

光大银行十分重视新业务的开展，在2003年2月25日发行光大银行代销并托管的第一只基金——中融融华债券型基金前夕，总行行长王川亲自主持召开全行基金发行动员会，各相关副行长、行级领导参会，各分行行长、主管基金业务的行领导、部门负责人参加。全面推动光大银行基金业务的发展。

光大银行十分重视对基金从业人员的培训，多次召开全行的电视、电话培训会议，组织区域性的培训会，以提高全行的业务水平。

【代销基金产品一览】

基金代码	基金简称	成立日期	基金管理人
121001	融华债券	2003-04-16	中融基金管理公司

中信实业银行

法定名称：中信实业银行
注册地址：北京市朝阳区新源南路6号京城大厦
办公地址：北京东城区朝阳门北大街8号富华大厦C座
法人代表：窦建中
成立日期：1987年
组织形式：股份制商业银行
注册资本：140.32158亿元人民币
联系电话：010-65541089
客服电话：010-65541089
传真号码：010-65542178
邮政编码：100027
公司网址：www.ecitic.com

【基本情况】

中信实业银行成立于1987年，是中信集团旗下的全资子公司。作为我国改革开放过程中最早成立的新兴商业银行之一，坚持稳步发展，争创一流的方针，取得了良好的经营业绩，在全国众多股份制商业银行中树立了良好的形象和相对优势的竞争地位。

【代销基金业务介绍】

2003年，中信实业银行在坚决贯彻“精品战略”的前提下，克服了“非典”因素给证券市场和基金发行市场造成负面影响，代理销售了天同180指数基金、国联安德盛稳健基金、博时裕富基金、长盛中信全债指数基金4只开放式基金。在2002年代理销售长盛成长价值基金和博时价值增长基金的基础上，通过纳入不同类型的基金产品，为投资者构建出一条集股票型基金、指数型基金、债券型基金以及准货币市场基金在内的完备的基金产品线，满足了不同类型投资者不同时期、不同层次的需求。

中信实业银行自开展代销基金业务以来，以其资金资本市场业务总部长期从事货币市场和资本市场的交易经验和对市场的认识，精选基金管理公司和基金产品，严格为客户把好第一道关，力求将最为优秀的基金产品提供给投资者，从实际效果来看，中信实业银行所代销的基金在2002年和2003年都取得了优异的投资业绩，综合平均收益高于市场平均收益，充分体现出优选的成果，为投资者创造了较好的投资回报。

坚定不移的贯彻“基金精品银行”策略。在业务开展之初，中信实业银行就明确的制定出在基金业务领域树立“精品银行”形象的竞争策略，2003年，中信实业银行仍旧一如既往的坚持这个战略，并使各个分行在业务开展的过程中加强对客户关于精品理念的宣传。同时，在分行强化“理财银行”形象，通过理财产品促进银行其他业务的发展，在全行范围内介绍基金的理财功能，并将投资理财的观念深入人心。

组织分行业务负责人的集中培训。2003年，基金市场上先后出现了系列基金、保本基金、准货币市场基金等新产品，对一线营销人员的专业知识提出了更高的要求，因此培训工作成为重点，中信实业银行全年先后组织两次大规模的集中培训，对分行基金业务负责人开展全面系统的培训，不但注重基金产品知识的讲解，而且强调证券市场知识以及分析理论的阐释。

加强对分行的支持，辅助营销。以销售新基金为契机，中信实业银行总行不断派遣相关人员到各分行组织各种类型的推广营销活动，支持分行的销售。同时，利用这些机会，强化基金销售的持续营销理念，着力推广中信实业银行根据自身客户结构特点独特设计的营销模式，促进开展定期定额、后端收费等有益于银行和客户长期合作的业务模式，以便发展和维护长期的客户关系。

召开基金销售业务总结会，交流经验。2003年下半年，中信实业银行组织召开全国各家分行共同参与的“开放式基金销售业务总结会”，加强了分行与分行间面对面的沟通和接触，分行与基金管理公司的直接沟通接触，总结了经验和教训。并在会上着重介绍了先进分行取得成功的经验，将有效的营销方法推广到各个分行。

【代销基金产品一览】

基金代码	基金简称	成立日期	基金管理人
080001	长盛成长	2002-09-18	长盛基金管理公司
510080	长盛债券	2003-10-25	长盛基金管理公司
050001	博时增长	2002-10-09	博时基金管理公司
050002	博时裕富	2003-08-26	博时基金管理公司
519180	天同180	2003-03-15	天同基金管理公司
255010	德盛稳健	2003-08-08	国联安基金管理公司

深圳发展银行

法定名称：深圳发展银行
注册地址：深圳市深南东路5047号深圳发展大厦
办公地址：深圳市深南东路5047号深圳发展大厦
法人代表：周 林
成立日期：1987年12月28日
组织形式：股份制商业银行
注册资本：19亿元人民币
联系电话：0755-82088888
客服电话：95501
传真号码：0755-82080714
邮政编码：518001
公司网址：www.sdb.com.cn

【基本情况】

深圳发展银行是国内第一家上市的股份制商业银行，于1987年12月28日成立。多年来，在中国证监会和各级管理机关的关心、支持和监管下，稳健规范经营，开拓创新，业务规模迅速扩张，综合实力不断增强，已经初步形成了全国性商业银行的分支机构布局。

自成立以来，深圳发展银行由1000万总资产发展到2000亿总资产，由6家农村信用社发展到在18个经济中心城市拥有分支机构、共有200多个营业网点的全国性股份制商业银行。目前，深圳发展银行共有员工4263人，有博士、硕士学历和中高级职称者1231人，占员工总数的29%；有本科以上学历者2425人，占员工总数的57%。

【代销基金业务介绍】

2001年，深圳发展银行开放式基金业务筹备工作正式开始。为了做好该项业务，深发展严格按照《证券投资基金管理暂行办法》、《开放式证券投资基金试点办法》等有关政策、法规的要求，从建立完备制度建设入手，在机构设立、人员配置、系统建设、风险控制、从业人员培训等方面进行了大量的准备工作，并成功与多家基金管理公司进行了业务联合测试和验收。2002年5月，深发展正式获得中国银监会、中国证监会代理销售开放式基金业务的批复。同年，深圳发展银行成功代理发行了“融通新蓝筹”证券投资基金、“大成价值增长”证券投资基金等基金，并取得了良好业绩，在业界引起了强烈反响。

截至2003年底，与深圳发展银行签约的基金管理有限公司近20家，包括融通、南方、大成、天同、金鹰、嘉实、富国、银河、海富通、长盛、景顺长城、鹏华、湘财荷银、泰信等基金管理公司。目前代理销售的开放式基金数量近30只，基金品种俱全、产品丰富，占现有国内发行开放式基金总数量的一半以上。

开放式基金代销业务的推出，有力拓展了深圳发展银行中间业务产品平台。在此基础上，深发展将个人发展卡、机构结算帐户与基金、保险、信托、外汇等产品有机结合，积极开发了多种新的理财业务品种，有效地满足了市场上日益增加的个性化理财需求。

目前，深圳发展银行在全国18个城市(深圳、北京、天津、重庆、成都、上海、广州、南京、杭州、大连、海口、温州、宁波、佛山、珠海、青岛、济南、昆明)的分支机构所有网点办理开放式基金认购、申购、赎回等业务，更好的方便广大投资者。

【代销基金产品一览】

基金代码	基金简称	成立日期	基金管理人
161601	融通新蓝筹	2002-09-13	融通基金管理公司
161604	融通深证100	2003-09-30	融通基金管理公司
161605	融通蓝筹成长	2003-09-30	融通基金管理公司
161603	融通债券	2003-09-30	融通基金管理公司
090001	大成价值	2002-11-11	大成基金管理公司
210001	金鹰优选	2003-06-16	金鹰基金管理公司
202201	南方避险	2003-06-27	南方基金管理公司
202001	南方稳健	2001-09-28	南方基金管理公司
202101	南方宝元	2002-09-20	南方基金管理公司
510080	长盛债券	2003-10-25	长盛基金管理公司
070002	嘉实增长	2003-07-09	嘉实基金管理公司
070003	嘉实稳健	2003-07-09	嘉实基金管理公司
070005	嘉实债券	2003-07-09	嘉实基金管理公司
151001	银河稳健	2003-08-04	银河基金管理公司
151002	银河收益	2003-08-04	银河基金管理公司
162201	合丰成长	2003-04-25	湘财荷银基金管理公司
162202	合丰周期	2003-04-25	湘财荷银基金管理公司
162203	合丰稳定	2003-04-25	湘财荷银基金管理公司
260101	景顺股票	2003-10-24	景顺长城基金管理公司
260102	景顺债券	2003-10-24	景顺长城基金管理公司
260103	景顺平衡	2003-10-24	景顺长城基金管理公司
519180	天同180	2003-03-15	天同基金管理公司
206101	普天债券	2003-07-12	鹏华基金管理公司
206102	普天收益	2003-07-12	鹏华基金管理公司
206001	鹏华行业成长	2002-05-24	鹏华基金管理公司
100016	富国动态	2002-08-16	富国基金管理公司
100018	富国债券	2003-12-02	富国基金管理公司
510001	海富通精选	2003-08-22	海富通基金管理公司
219001	泰信天天收益	2003-12-30	泰信基金管理公司

注：泰信收益基金的时间为发行始日

兴业银行股份有限公司

法定名称：兴业银行股份有限公司
注册地址：福建省福州市湖东路154号
办公地址：福建省福州市湖东路154号
法人代表：高建平
成立日期：1988年8月26日
组织形式：股份制商业银行
注册资本：30亿元人民币
联系电话：0591-7839338
客服电话：95561
传真号码：0591-7845504
邮政编码：350001
公司网址：www.cib.com.cn

【基本情况】

兴业银行股份有限公司成立于1988年，是经国务院和中国人民银行批准组建的中国首批股份制商业银行之一。总行设在福建省福州市。开业以来，兴业银行始终以建设一流现代商业银行为目标，奉行从严治行、专家办行、科技兴行战略，与时俱进，开拓进取，经营管理现代化建设取得全面进展。

近年来，兴业银行各项业务持续、快速、健康发展，综合实力不断增强。2003年3月3日，经中国人民银行批准，行名由“福建兴业银行”变更为“兴业银行”，为进一步建设全国性银行划上标志性的一笔。12月17日，兴业银行与恒生银行、国际金融公司(IFC)、新加坡政府直接投资公司(GIC)正式签订投资入股协议，成为在中国银监会正式颁布新的《境外金融机构投资入股中资金融机构管理办法》之后，第一个外资入股比例最高、入股外资股东家数最多、涉及金额最大的外资入股案例，并被国际主流媒体评价为中国金融业加快开放的一个标志性事件。12月底，兴业银行又成功发行总额为30亿元人民币的次级定期债务，成为国内首家依据《中国银监会关于将次级定期债务计入附属资本的通知》规定，实现资本补充新方式的商业银行。

2003年末，全行资产总额2599.99亿元，本外币各项存款余额2076.50亿元，本外币各项贷款余额1569.45亿元，资产、存款、贷款增长率分别达到36%、43%和42%，增幅位居国内同业前列。在英国《银行家》杂志2003年7月份“全球1000家大银行”排名中，按总资产列273位，按核心资本列400位，跻身全球银行500强。

【代销基金业务介绍】

经中国人民银行和中国证券监督管理委员会批准，福建兴业银行于2002年8月获得了开放式基金代理销售业务资格。目前，兴业银行机构网络日趋健全，在上海、北京、深圳、广州、福州、济南、杭州、南京、重庆、武汉、沈阳、天津、成都、厦门、长沙、宁波等20多个经济中心城市设立了260多个分支机构。

2003年兴业银行基金代销业务开展良好，基金精品超市初步建成，代销的基金产品迅速增加：共计代销中融融华债券基金、湘财合丰行业系列基金、嘉实理财通系列基金，长城久恒平衡基金和广发聚富平衡基金5只基金；截至2003年12月底，累计代销11只开放式证券投资基金；代销基金产品线不断丰富，涵盖了股票型基金、债券型基金、伞型基金、平衡型基金等多种类型。

精心遴选代销基金。兴业银行建立了从合作基金公司选择、代销基金产品遴选、可行性研究、代销决策到具体执行等一系列步骤，加强了对基金公司及基金产品的研究力度，并且从各类投资者不同的投资需求出发，主动寻找合作基金产品，丰富基金理财产品线，积极构筑基金精品超市。

加强科技保障力度。为适应开放式基金代销业务发展的需要，并满足基金公司、广大投资者对基金销售的个性化服务需要，兴业银行对开放式基金代销系统进行了不定期的升级维护，其中针对公司客户和集团客户批量开户、认购需求开发的批量认购交易，大大节省了客户亲自办理交易手续的时间，提高了业务办理的效率。

完善渠道建设。兴业银行提供营业网点、7×24小时网上银行、金融自助通、电话银行等多种渠道，方便投资者购买基金产品，了解基金理财基本知识和基金公告信息等。

加强基金培训。兴业银行为加强客户经理、柜面人员等相关业务人员对基金理财产品、基金基础知识的认识和掌握，以更好地服务于广大投资者，充分利用电子视频会议系统多次举办全行范围的基金专题知识培训。

【代销基金产品一览】

基金代码	基金简称	成立日期	基金管理人
070001	嘉实成长	2002-11-05	嘉实基金管理公司
070002	嘉实增长	2003-07-09	嘉实基金管理公司
070003	嘉实稳健	2003-07-09	嘉实基金管理公司
070005	嘉实债券	2003-07-09	嘉实基金管理公司
090001	大成价值	2002-11-11	大成基金管理公司
270001	广发聚富	2003-12-03	广发基金管理公司
200001	长城久恒	2003-10-31	长城基金管理公司
121001	融华债券	2003-04-16	中融基金管理公司
162201	合丰成长	2003-04-25	湘财荷银基金管理公司
162202	合丰周期	2003-04-25	湘财荷银基金管理公司
162203	合丰稳定	2003-04-25	湘财荷银基金管理公司

中国民生银行股份有限公司

法定名称：中国民生银行股份有限公司
注册地址：北京市东城区正义路甲4号
办公地址：北京市东城区正义路甲4号
法人代表：经叔平
成立日期：1996年1月12日
组织形式：股份制商业银行
注册资本：22.5亿元人民币
联系电话：010-65275558
客服电话：95568
传真号码：010-65229422
邮政编码：100006
公司网址：www.cmbc.com.cn

【基本情况】

中国民生银行于1996年1月12日在北京正式成立，是我国首家主要由非公有制企业入股的全国性股份制商业银行，同时又是严格按照《公司法》和《商业银行法》建立的规范的股份制金融企业。多种经济成份在中国金融业的涉足和实现规范的现代企业制度，使中国民生银行有别于国有银行和其他商业银行，而为国内外经济界、金融界所关注。

2000年12月19日，中国民生银行A股股票(600016)在上海证券交易所挂牌上市，由此跨入了中国的资本市场，壮大了实力，改善了资本结构，获得了各项业务发展的新契机。实现了股票成功上市的中国民生银行，又站在了一个新的发展起点上，进入了一个快速健康发展的轨道。2003年3月18日，中国民生银行40亿可转换公司债券在上交所正式挂牌交易。2003年，中国民生银行实现主营业务收入120.37亿元，主营业务利润19.68亿元，净利润13.91亿元。

目前，中国民生银行已在北京、广州、上海、深圳、武汉、大连、杭州、南京、重庆、西安、福州、济南、太原、石家庄、成都、宁波等地设立了十六家分行，在汕头设立了直属支行，机构网点达到205家，与境外75个国家和地区的608家银行建立了代理行关系。

【代销基金业务介绍】

中国民生银行经中国人民银行、中国证券监督管理委员会批准，于2002年9月19日正式取得开放式基金代销资格。在借鉴国外经验的基础上，该行充分利用科技平台实行代销系统的集中管理；在销售策略上，提出了“基金理财顾问”模式；在服务方式上，依靠理财顾问模式、服务专家队伍等机制。在取得开放式基金代销资格后，中国民生银行依据相关法律法规以及与有关基金管理公司签订协议，开展开放式基金的认购、申购、赎回等业务。

中国民生银行开放式基金代销系统具有多渠道服务、全国联网、24小时服务等强大功能，投资者可在该行各营业网点、电话银行、自助查询终端、网上银行享受到多种方便快捷的开放式基金销售服务。

2003年，中国民生银行确立了建立“基金超市”的业务目标，加大了基金代销工作力度。该银行推出的“精选基金超市”主要包括银华优势企业基金、华夏回报基金、嘉实理财通系列基金等。投资者可以在中国民生银行的任意一个网点同时申购到多种不同类型的基金，并享受配套提供的理财咨询服务。“精选基金超市”平台，改变了传统的被动单一的代销模式，实现了从被动型销售向顾问型销售的转变，为投资者提供了具有投资价值的多种基金产品，也开拓了客户服务的新模式，更好的满足市场需求，为投资者提供更好的专家理财服务。

2003年，中国民生银行在北京、上海、深圳、广州、武汉、南京、西安、大连、太原、石家庄、杭州、福州、重庆、济南、汕头、成都、宁波等十七个城市的200多家网点开办了基金销售业务。共代理销售16只不同类型的开放式证券投资基金。

【代销基金产品一览】

基金代码	基金简称	成立日期	基金管理人
180001	银华优势	2002-11-13	银华基金管理公司
121001	融华债券	2003-04-16	融华基金管理公司
020002	金龙债券	2003-12-05	国泰基金管理公司
090002	大成债券	2003-06-12	大成基金管理公司
090001	大成价值增长	2002-11-11	大成基金管理公司
070002	嘉实增长	2003-07-09	嘉实基金管理公司
070003	嘉实稳健	2003-07-09	嘉实基金管理公司
070005	嘉实债券	2003-07-09	嘉实基金管理公司
162201	合丰成长	2003-04-25	湘财荷银基金管理公司
162202	合丰周期	2003-04-25	湘财荷银基金管理公司
162203	合丰稳定	2003-04-25	湘财荷银基金管理公司
100018	富国债券	2003-12-02	富国基金管理公司
002001	华夏回报	2003-09-05	华夏基金管理公司
161603	融通债券	2003-09-30	融通基金管理公司
161604	融通深证100	2003-09-30	融通基金管理公司
161605	融通蓝筹成长	2003-09-30	融通基金管理公司

国泰君安证券股份有限公司

法定名称：国泰君安证券股份有限公司
注册地址：上海市浦东新区商城路618号
办公地址：上海市延平路135号
法人代表：祝幼一
成立时间：1999年8月
注册资本：37亿元人民币
组织形式：股份有限公司
联系电话：021-62580818
客服电话：400-8888-666
传真号码：021-62583439
邮政编码：200042
公司网址：www.gtja.com.cn

【公司概况】

国泰君安证券股份有限公司由原国泰证券有限公司和原君安证券有限责任公司于1999年8月18日通过新设合并、增资扩股组建成立。现公司注册资本为37亿元人民币，员工近4000名，1家子公司、5家分公司、113家营业部分布于全国28个省、自治区、直辖市及香港特别行政区。

公司的经营范围包括：证券的代理买卖；代理证券的还本付息和分红派息；证券的代保管、鉴证；代理证券登记开户；证券的自营买卖；证券的承销和上市推荐；证券投资咨询；资产委托管理；发起设立证券投资基金和基金管理公司；中国证监会批准的其他业务。

【代销基金业务介绍】

2002年7月5日，经中国证监会批准，国泰君安证券正式获得开放式基金代销业务资格。同年7月16日，公司率先在全国所有营业网点推出了基金代销服务。

在业务开展过程中，国泰君安证券遵循建立“基金超市”的发展思路，致力于为投资者提供“最多的选择和最好的服务”。除了丰富基金代销品种外，国泰君安还重视在交易方式和售后服务方面为投资者提供更多优质服务。公司将股票业务中发展起来的多样化投资方式有效地应用于开放式基金销售，投资者可通过柜台、自助终端、电话委托和网上委托等多种方式进行基金交易，也可利用已开通的银证转账、一卡通和银证通进行资金存取和基金买卖。

国泰君安证券在积极探讨进一步丰富交易方式和售后服务内容的基础上，逐步形成以“公司研究所－基金公司客户服务中心—公司网站—营业部咨询师”为轴心的基金投资咨询体系，力争做到以“专业”服务投资者，以“创新”引导行业潮流。

截至2003年12月底，国泰君安证券代销了所有通过券商渠道发行的开放式基金，累计代销金额超过25亿元人民币，是目前代销基金产品最多的代销机构，基金销售量在券商中始终名列前茅。

【代销基金产品一览】

基金代码	基金简称	成立日期	基金管理人
040001	华安创新	2001-09-21	华安基金管理公司
202001	南方稳健	2001-09-28	南方基金管理公司
000001	华夏成长	2001-12-18	华夏基金管理公司
020001	国泰金鹰	2002-05-08	国泰基金管理公司
206001	鹏华行业	2002-05-24	鹏华基金管理公司
100016	富国动态	2002-08-16	富国基金管理公司
110001	易方达平稳	2002-08-23	易方达基金管理公司
161601	融通新蓝筹	2002-09-13	融通基金管理公司
080001	长盛成长	2002-09-18	长盛基金管理公司
202101	南方宝元	2002-09-20	南方基金管理公司
213001	宝盈鸿利	2002-10-08	宝盈基金管理公司
050001	博时增长	2002-10-09	博时基金管理公司
001001	华夏债券	2002-10-23	华夏基金管理公司
070001	嘉实成长	2002-11-05	嘉实基金管理公司
040002	华安180	2002-11-08	华安基金管理公司
090001	大成价值	2002-11-11	大成基金管理公司
180001	银华优势	2002-11-13	银华基金管理公司
519180	天同180	2003-03-15	天同基金管理公司
121001	融华债券	2003-04-16	中融基金管理公司
162201	合丰成长	2003-04-25	湘财荷银基金管理公司
162203	合丰稳定	2003-04-25	湘财荷银基金管理公司
162202	合丰周期	2003-04-25	湘财荷银基金管理公司
217001	招商股票	2003-04-28	招商基金管理公司
217002	招商平衡型	2003-04-28	招商基金管理公司
217003	招商债券	2003-04-28	招商基金管理公司
090002	大成债券	2003-06-12	大成基金管理公司
210001	金鹰优选	2003-06-16	金鹰基金管理公司
202201	南方避险	2003-06-27	南方基金管理公司
070003	嘉实稳健	2003-07-09	嘉实基金管理公司
070005	嘉实债券	2003-07-09	嘉实基金管理公司
070002	嘉实增长	2003-07-09	嘉实基金管理公司
206102	普天收益	2003-07-12	鹏华基金管理公司
206101	普天债券	2003-07-12	鹏华基金管理公司
240002	宝康灵活配置	2003-07-15	华宝兴业基金管理公司
240001	宝康消费品	2003-07-15	华宝兴业基金管理公司
240003	宝康债券	2003-07-15	华宝兴业基金管理公司
151002	银河收益	2003-08-04	银河基金管理公司
151001	银河稳健	2003-08-04	银河基金管理公司
255010	德盛稳健	2003-08-08	国联安基金管理公司
510001	海富通精选	2003-08-22	海富通基金管理公司
050002	博时裕富	2003-08-26	博时基金管理公司
002001	华夏回报	2003-09-05	华夏基金管理公司

基金代码	基金简称	成立日期	基金管理人
161605	融通蓝筹成长	2003-09-30	融通基金管理公司
161604	融通深证100	2003-09-30	融通基金管理公司
161603	融通债券	2003-09-30	融通基金管理公司
260103	景顺平衡	2003-10-24	景顺长城基金管理公司
260102	景顺债券	2003-10-24	景顺长城基金管理公司
260101	景顺股票	2003-10-24	景顺长城基金管理公司
510080	长盛债券	2003-10-25	长盛基金管理公司
200001	长城久恒	2003-10-31	长城基金管理公司
100018	富国债券	2003-12-02	富国基金管理公司
020003	国泰精选	2003-12-05	国泰基金管理公司
020002	国泰债券	2003-12-05	国泰基金管理公司
270001	广发聚富	2003-12-03	广发基金管理公司
110002	易方达策略	2003-12-09	易方达基金管理公司
217004	招商现金	2003-12-15	招商基金管理公司
050003	博时现金	2003-12-16	博时基金管理公司
290001	泰信收益	2003-12-30	泰信基金管理公司

注：招商现金、博时现金、泰信收益三只基金的时间为发行始日

华夏证券股份有限公司

法定名称：华夏证券股份有限公司

注册地址：北京市东城区新中街68号

办公地址：北京市东城区朝内大街188号

法人代表：周济谱

成立时间：1992年10月8日

注册资本：27亿元人民币

组织形式：股份有限公司

联系电话：010-65186758

客服电话：400-8888-108

传真号码：010-65186588

邮政编码：100010

公司网址：www.csc108.com

【公司概况】

华夏证券成立于1992年10月，是我国最早成立的三大全国性证券公司之一。2003年初，公司增资扩股到27亿元人民币。经过十余年的发展，华夏证券已成为中国的一家大型综合类券商，核心业务有投资银行、证券经纪、证券投资、委托资产管理、投资咨询研究、国际业务、创新金融工具等。

华夏证券作为国内大型综合类券商始终坚持多元化的发展战略，在各个证券业务领域精心打造华夏品牌，多项核心业务在全国名列前茅。公司交易网点分布广泛，包括90余家营业部在内的华夏证券130多个证券营业网点覆盖全国各主要城市。

【代销基金业务介绍】

2002年7月1日，华夏证券成为首批获得开放式基金代销资格的两家券商之一。并在当月在全国所有营业网点推出了基金代销业务。2003年3月，华夏证券在业内率先推出“基金套餐”投资理财服务，将理财咨询服务率先融入销售中，目前“基金超市”已初具规模，上柜销售的基金品种涵盖了国内已有全部开放式基金产品类型，充分满足投资者对收益与风险的不同偏好，并逐步形成了华夏证券“基金超市＋基金套餐”的基金销售品牌。

华夏证券全面支持基金公司推出的基金后收费模式、定时定额、基金转换等基金新业务，并在业内率先开通了开放式基金网上委托、开放式基金集中电话委托等非现场委托方式，投资者用一个资金帐户就可以实现各类型基金的组合，乃至股票、基金、债券的组合。公司开通了全国集中的具有服务和交易双重功能的基金业务专线400-8888-108(免长途话费)，客户在交易时遇到困难可及时转换成人工服务，给客户更便捷的交易方式的同时提供更贴心的服务。此外，华夏证券拥有一只高素质的成熟的客户经理队伍、300名网上经纪人依托www.csc108.com中的“基金超市”“网上经纪人”等网络信息平台，为投资者提供多样化、专业化、个性化的贴身服务。

华夏证券除了致力于建立基金研究和评价体系，还协同基金公司共同做好基金投资服务工作，在不断完善基金超市基金品种的基础上帮助投资者解决为什么买、如何买、买什么以及如何动态操作等问题。针对普通投资者的一般需求，华夏证券将专业的基金分析服务在形式上通俗化，针对不同客户群的风险偏好设计不同“基金套餐”。让产品更能贴近客户需求；针对专业投资者的高端需求，华夏证券通过基金产品组合以及一揽子金融理财增值服务计划，让客户的资产配置更加符合客户的“风险－预期收益”特征。

截至2003年12月份，华夏证券共计代销开放式基金55只，所代销的基金产品覆盖了现金收益型、保本型、债券型、偏债型、股债平衡型、偏股型、指数型等所有开放式基金类型，是目前代销基金数量最多的代销机构之一。

【代销基金产品一览】

基金代码	基金简称	成立日期	基金管理人
040001	华安创新	2001-09-21	华安基金管理公司
202001	南方稳健	2001-09-28	南方基金管理公司
000001	华夏成长	2001-12-18	华夏基金管理公司
206001	鹏华行业	2002-05-24	鹏华基金管理公司
100016	富国动态	2002-08-16	富国基金管理公司
161601	融通新蓝筹	2002-09-13	融通基金管理公司
080001	长盛成长	2002-09-18	长盛基金管理公司

基金代码	基金简称	成立日期	基金管理人
202101	南方宝元	2002-09-20	南方基金管理公司
050001	博时增长	2002-10-09	博时基金管理公司
001001	华夏债券	2002-10-23	华夏基金管理公司
070001	嘉实成长	2002-11-05	嘉实基金管理公司
040002	华安180	2002-11-08	华安基金管理公司
090001	大成价值	2002-11-11	大成基金管理公司
180001	银华优势	2002-11-13	银华基金管理公司
519180	天同180	2003-03-15	天同基金管理公司
121001	融华债券	2003-04-16	中融基金管理公司
162201	合丰成长	2003-04-25	湘财荷银基金管理公司
162203	合丰稳定	2003-04-25	湘财荷银基金管理公司
162202	合丰周期	2003-04-25	湘财荷银基金管理公司
217001	招商股票	2003-04-28	招商基金管理公司
217002	招商平衡型	2003-04-28	招商基金管理公司
271003	招商债券	2003-04-28	招商基金管理公司
090002	大成债券	2003-06-12	大成基金管理公司
210001	金鹰优选	2003-06-16	金鹰基金管理公司
202201	南方避险	2003-06-27	南方基金管理公司
070003	嘉实稳健	2003-07-09	嘉实基金管理公司
070005	嘉实债券	2003-07-09	嘉实基金管理公司
070002	嘉实增长	2003-07-09	嘉实基金管理公司
206101	普天债券	2003-07-12	鹏华基金管理公司
206102	普天收益	2003-07-12	鹏华基金管理公司
240002	宝康灵活配置	2003-07-15	华宝兴业基金管理公司
240001	宝康消费品	2003-07-15	华宝兴业基金管理公司
240003	宝康债券	2003-07-15	华宝兴业基金管理公司
151002	银河收益	2003-08-04	银河基金管理公司
151001	银河稳健	2003-08-04	银河基金管理公司
255010	德盛稳健	2003-08-08	国联安基金管理公司
510001	海富通精选	2003-08-22	海富通基金管理公司
110001	易方达平稳	2002-08-23	易方达基金管理公司
050002	博时裕富	2003-08-26	博时基金管理公司
002001	华夏回报	2003-09-05	华夏基金管理公司
161605	融通蓝筹成长	2003-09-30	融通基金管理公司
161604	融通深证100	2003-09-30	融通基金管理公司
161603	融通债券	2003-09-30	融通基金管理公司
260103	景顺平衡	2003-10-24	景顺长城基金管理公司
260102	景顺债券	2003-10-24	景顺长城基金管理公司
260101	景顺股票	2003-10-24	景顺长城基金管理公司
510080	长盛债券	2003-10-25	长盛基金管理公司
200001	长城久恒	2003-10-31	长城基金管理公司
100018	富国债券	2003-12-02	富国基金管理公司
020003	国泰精选	2003-12-05	国泰基金管理公司
020002	国泰债券	2003-12-05	国泰基金管理公司
110002	易方达策略	2003-12-09	易方达基金管理公司
217004	招商现金	2003-12-15	招商基金管理公司
050003	博时现金	2003-12-16	博时基金管理公司
290001	泰信收益	2003-12-30	泰信基金管理公司

注：招商现金、博时现金、泰信收益三只基金的时间为发行始日

广发证券股份有限公司

法定名称：广发证券股份有限公司

注册地址：广东珠海吉大海滨路光大国际贸易中心

办公地址：广州天河区天河北路183号大都会广场42楼

法人代表：王志伟

成立时间：1993年12月30日

注册资本：20亿元人民币

组织形式：股份有限公司

联系电话：020-87555888

传真号码：020-87553600

邮政编码：510075

公司网址：www.gf.com.cn

【公司概况】

广发证券股份有限公司是国内首批综合类券商之一，是一家与中国资本市场一同成长起来的新型投资银行。现注册资本为20亿元人民币，有员工1776人，在全国各地拥有78家证券营业部、21家证券服务部。

2001年7月，由广发证券控股的锦州证券增资扩股为1亿元，并更名为广发北方证券经纪有限公司。2003年8月广发证券股份有限公司作为主发起人设立的广发基金管理公司正式开业，注册资本1亿元人民币。2003年4月，由广发证券控股的福建省华福证券增资扩股为5.5亿元，并更名为广发华福证券有限责任公司。

【代销基金业务介绍】

2002年8月9日，经中国证监会证监基金字[2002]47号文批准，广发证券获得开放式基金代销业务资格，并于2002年8月9日推出基金代销服务。公司领导层对这一业务给予了充分重视，指派经纪业务总部专人专岗负责基金代销业务。

目前，广发证券各营业网点均已开辟基金代销柜台并已启动基金销售系统，在网上交易、电话委托、银证通等业务上均已实现远程自助认购。在业务拓展中，广发证券将代销开放式基金业务作为业务创新和实现业务多样化的重要举措。公司全面落实代销网点、进行初期市场调查，设计和印制宣传材料、制定客户服务标准、改组客户服务中心、设计全面细致的营销方案和配套的激励措施。随着开放式基金逐步发展，员工在思想和业务上都做好了准备，群众基础越来越扎实。

2003年，公司经纪业务系统广泛、深入地开展了与基金管理公司的合作工作，使公司基金席位达到20个。特别是在广发聚富基金的发行中，广发证券共代销12.7亿元，刷新了券商代销基金的新记录，在销售模式上突破了我国开放式基金销售完全倚重银行的局面，创新了券商与银行平分秋色的基金销售模式。

截至2003年12月底，广发证券与南方、鹏华、华夏、长盛、广发等多家基金管理公司建立了基金代销业务合作关系，通过公司的代销系统，广发证券共代理销售了19只开放式基金，累计销售金额达10.66亿份额。

【代销基金产品一览】

基金代码	基金简称	成立日期	基金管理人
202201	南方避险	2003-06-27	南方基金管理公司
000001	华夏成长	2001-12-18	华夏基金管理公司
001001	华夏债券	2002-10-23	华夏基金管理公司
002001	华夏回报	2003-09-05	华夏基金管理公司
050001	博时增长	2002-10-09	博时基金管理公司
050002	博时裕富	2003-08-26	博时基金管理公司
290001	泰信收益	2003-12-30	泰信基金管理公司
090002	大成债券	2003-06-12	大成基金管理公司
161603	融通债券	2003-09-30	融通基金管理公司
161604	融通深证100	2003-09-30	融通基金管理公司
161605	融通蓝筹成长	2003-09-30	融通基金管理公司
161601	融通新蓝筹	2002-09-13	融通基金管理公司
210001	金鹰优选	2003-06-16	金鹰基金管理公司
510080	长盛债券	2003-10-25	长盛基金管理公司
270001	广发聚富	2003-12-03	广发基金管理公司
151001	银河稳健	2003-08-04	银河基金管理公司
151002	银河收益	2003-08-04	银河基金管理公司
510001	海富通精选	2003-08-22	海富通基金管理公司
110002	易方达策略	2003-12-09	易方达基金管理公司

注：泰信收益基金的时间为发行始日

联合证券有限责任公司

法定名称：联合证券有限责任公司
注册地址：深圳深南东路5047号发展银行大厦10，24，25层
办公地址：深圳深南东路5047号发展银行大厦10，24，25层
法人代表：马国强
成立时间：1997年10月
注册资本：10亿元人民币
组织形式：有限责任公司
联系电话：0755-82492000
客服电话：400-8888-555
传真号码：0755-82493000
邮政编码：518001
公司网址：www.lhzq.com

【公司概况】

联合证券有限责任公司由上海宝钢集团公司、中国广东核电集团有限公司、中国国际航空公司、四通集团公司等40家企业共同出资组建，注册资本10亿元，实收资本11.18亿元。公司总部位于深圳，设有北京、上海两个地区管理部，在全国范围内设有38家营业部，营业网点遍及全国14个省、市，共25个地区，员工总数近千人。

【代销基金业务介绍】

联合证券开放式基金代销业务起步于2001年9月，2002年8月6日，经中国证监会证监基金字[2002]48号文批准，公司获得开放式基金代销业务资格，是第二批获得开放式基金代销资格的券商。

公司基金理财中心秉承“售前精选基金，售后优质服务”的原则，根据客户需求精挑细选精品基金，树立基金理财专家形象。目前与近20家业绩优良的基金管理公司建立了代销业务合作关系，代销的基金产品涵盖市场上所有的开放式基金品种，可满足投资者的不同需求。公司建立了一套优质的基金客户服务体系，在售前、售中、售后为客户提供基金净值、基金观察周报、基金月度评价、基金季度分析、基金持有及赎回建议、基金市场动态等服务，并在公司总部及38家营业部设立了7×24小时基金服务热线，为客户提供实时咨询。

公司研究所设有一个专门的基金研究小组，对基金的投资策略、投资风格及投资组合进行全面跟踪研究，以丰富、完善、定制化的基金资讯及深度分析为客户提供决策的强大支持。

开放式基金代销业务是联合证券经纪业务的一项常态业务，公司连续获多只开放式基金代销量第一，在券商同行和基金公司中享有较高的知名度。联合证券力争成为投资者的基金精品店。

“买基金请到联合证券，买了基金更要到联合证券”，为投资者提供全方位的售后服务，是公司一贯追求的目标。

截至2003年12月底，联合证券已经代销了6只开放式证券投资基金，累计代销金额超过10亿元人民币。

【代销基金产品一览】

基金代码	基金简称	成立日期	基金管理人
180001	银华优势	2002-11-13	银华基金管理公司
202101	南方宝元	2002-09-20	南方基金管理公司
070002	嘉实增长	2003-07-09	嘉实基金管理公司
070003	嘉实稳健	2003-07-09	嘉实基金管理公司
070005	嘉实债券	2003-07-09	嘉实基金管理公司
070001	嘉实成长收益	2002-11-05	嘉实基金管理公司

中国银河证券有限责任公司

法定名称：中国银河证券有限责任公司
注册地址：北京市西城区金融大街35号国企大厦C座
办公地址：北京市西城区金融大街35号国企大厦C座
法人代表：朱 利
成立时间：2000年8月22日
注册资本：45亿元人民币
组织形式：有限责任公司
联系电话：010-66568888
客服电话：010-68016655
传真号码：010-66568532
邮政编码：100032
公司网址：www.chinastock.com.cn

【公司概况】

中国银河证券有限责任公司成立于2000年8月22日，公司性质为国有独资。该公司是在中国工商银行、中国农业银行、中国银行、中国建设银行、中国人寿保险公司全资的中国华融信托投资公司、中国长城信托投资公司、中国东方信托投资公司、中国信达信托投资公司、中国人保信托投资公司等5家公司所属的证券业务部门及证券营业部合并基础上组建的全国性综合类证券公司。该司于2002年6月21日正式接收原中国经济开发信托投资公司的证券业务和人员。

中国银河证券有限责任公司总部设在北京，在全国28个省、自治区、直辖市的59个城市拥有167家证券营业部。1997–2003年，公司共承担了上百只股票的发行和上市的主承销、副主承销、分销和上市推荐工作；2000至2003年公司代理股票基金交易量连续三年全国排名第一。公司现有员工5000余人，66%具有9年以上的证券从业经历，其中总部员工硕士、博士占40%。

【代销基金业务介绍】

2002年8月6日，经中国证监会证监基金字[2002]49号文批准，中国银河证券有限责任公司取得开放式证券投资基金代销业务资格。目前，该公司已建立并健全了相关规章制度，对公司客户经理进行了开放式基金业务的专门培训，并对开放式基金的代销工作，作了较深入的研究，对提供个性化服务、提供投资组合等方面进行了实质性的准备。中国银河证券有限责任公司将在全国28个省、自治区、直辖市的59个城市的167家证券营业部和46个远程服务网点建立“基金超市”，为广大投资者提供所有基金管理公司的所有基金产品。各经营网点的客户经理充分利用公司强大的研发咨询和自身的专业知识，根据客户的不同情况作出投资建议，协助客户更好的投资。为了更好的方便投资者，中国银河证券有限责任公司已经开通磁卡自助、热自助、电话、远程、人工等委托方式，投资者使用一个资金账户即可以实现股票、国债、企业债、基金的交易。

中国银河证券有限责任公司在基金代销业务上还具有较强的咨询研发能力，公司于2001年6月12日在内地证券公司中成立了首家“基金评价中心”，致力于对中国基金市场数据的收集、加工、分析与传播。该基金评价中心采用数量化指标与质量化指标相结合、实地考察与经验分析相结合、基本分析与技术分析相结合等多种方式，以计算机技术与网络技术为依托，跟踪证券市场上所有基金品种的各项数据，统计分析后进行评价，服务于机构投资者、个人投资者、基金管理公司、专业投资咨询人士、研究单位、大众传媒等。并在国内基金业市场逐渐形成了有权威性的基金数据库建设与分析工具开发、基金绩效评价与基金业调查、基金研究与市场分析、投资咨询与专业培训等。该基金评价中心以中心专职研究人员为核心，以地区总部和城市管理部研发人员为支撑，逐渐形成了一支实力雄厚的研究团队。目前，该基金评价中心编写的“基金累积增长率排行榜”被《中国证券报》及其它多家媒体采用。

截至2003年12月底，中国银河证券有限责任公司已代销大成基金管理公司、天同基金管理公司、金鹰基金管理公司、南方基金管理公司、银河基金管理公司旗下的开放式基金产品。

【代销基金产品一览】

基金代码	基金简称	成立日期	基金管理人
090001	大成价值	2002-11-11	大成基金管理公司
519180	天同180	2003-03-15	天同基金管理公司
090002	大成债券	2003-06-12	大成基金管理公司
210001	金鹰优选	2003-06-16	金鹰基金管理公司
202201	南方避险	2003-06-27	南方基金管理公司
151002	银河收益	2003-08-04	银河基金管理公司
151001	银河稳健	2003-08-04	银河基金管理公司
202001	南方稳健	2001-09-28	南方基金管理公司
202101	南方宝元	2002-09-20	南方基金管理公司

国信证券有限责任公司

法定名称：国信证券有限责任公司
注册地址：深圳红岭中路1012号国信证券大厦
办公地址：深圳红岭中路1012号国信证券大厦
公司负责人：胡继之
成立时间：1994年10月
注册资本：20亿元人民币
组织形式：有限责任公司
联系电话：0755-82130833

传真号码：0755-82130570

邮政编码：518001

公司网址：www.guosen.com.cn

【公司概况】

国信证券有限责任公司前身为1989年成立的深圳国际信托投资公司证券机构，现为注册地在深圳的全国性大型综合类证券公司。截至2003年底，公司总资产82.5亿元，净资产32.5亿元。公司现有员工800多人，营业部25家，遍及全国大中城市。股东由深圳国际信托投资公司、深圳市投资管理公司、深圳市机场发展股份有限公司、云南红塔投资有限责任公司、中国第一汽车集团公司和北京城建投资发展公司组成。

自成立以来，公司严格管理、稳健经营、规范运作，在证券市场赢得了良好声誉并取得了良好收益。自2000年中国证券业协会开始对券商业绩进行排名以来，公司各项经营指标已连续四年稳居前列。其中，净利润、人均利润、净资产、净资本等各项重要指标更是连年名列前茅。

【代销基金业务介绍】

2002年8月6日，经中国证监会证监基金字[2002]50号文批准，国信证券有限责任公司获得开放式基金代销业务资格。目前，公司已建立了一套完整的内部管理制度、内部合规控制制度、业务人员执业操守与行为规范、风险防范制度和应急处理措施。公司自主开发完成的国信证券开放式基金代销系统与多家基金管理公司先后进行了多次大规模的联机、联网测试，全部营业部都参与了测试。结果表明该系统能稳定高效的满足日常业务处理要求，同时具有先进的基金销售在线联网统计分析功能。

为促进基金代销业务，公司开展了组织严密、考核严格、覆盖面广的大规模培训活动，使各营业部基金从业人员均熟练掌握了开放式基金代销业务的基础知识、操作规范。2003年来，国信证券与多家基金管理公司签订销售服务代理协议，已陆续代理了30余只开放式基金的认购、申购、赎回业务。

【代销基金产品一览】

基金代码	基金简称	成立日期	基金管理人
202001	南方稳健	2001-09-28	南方基金管理公司
206001	鹏华行业	2002-05-24	鹏华基金管理公司
100016	富国动态	2002-08-16	富国基金管理公司
110001	易方达平稳	2002-08-23	易方达基金管理公司
161601	融通新蓝筹	2002-09-13	融通基金管理公司
080001	长盛成长	2002-09-18	长盛基金管理公司
202101	南方宝元	2002-09-20	南方基金管理公司
213001	宝盈鸿利	2002-10-08	宝盈基金管理公司
050001	博时增长	2002-10-09	博时基金管理公司
070001	嘉实成长	2002-11-05	嘉实基金管理公司
180001	银华优势	2002-11-13	银华基金管理公司
519180	天同180	2003-03-15	天同基金管理公司
121001	融华债券	2003-04-16	中融基金管理公司
217001	招商股票	2003-04-28	招商基金管理公司
217002	招商平衡型	2003-04-28	招商基金管理公司
217003	招商债券	2003-04-28	招商基金管理公司
090002	大成债券	2003-06-12	大成基金管理公司
210001	金鹰优选	2003-06-16	金鹰基金管理公司
202201	南方避险	2003-06-27	南方基金管理公司
070002	嘉实增长	2003-07-09	嘉实基金管理公司
070003	嘉实稳健	2003-07-09	嘉实基金管理公司
070005	嘉实债券	2003-07-09	嘉实基金管理公司
206101	普天债券	2003-07-12	鹏华基金管理公司
206102	普天收益	2003-07-12	鹏华基金管理公司
510001	海富通精选	2003-08-22	海富通基金管理公司
050002	博时裕富	2003-08-26	博时基金管理公司
002001	华夏回报	2003-09-05	华夏基金管理公司
161603	融通债券	2003-09-30	融通基金管理公司
161604	融通深证100	2003-09-30	融通基金管理公司
161605	融通蓝筹成长	2003-09-30	融通基金管理公司
100018	富国天利	2003-12-02	富国基金管理公司
020002	国泰债券	2003-12-05	国泰基金管理公司
020003	国泰行业精选	2003-12-05	国泰基金管理公司
110002	易方达策略	2003-12-09	易方达基金管理公司

招商证券股份有限公司

法定名称：招商证券股份有限公司

注册地址：深圳市福田区益田路江苏大厦38-45层

办公地址：深圳市福田区益田路江苏大厦38-45层

法人代表：宫少林

成立时间：1991年

注册资本：24亿元人民币

组织形式：股份有限公司

联系电话：0755-82943212

客服电话：400-8888-111

传真号码：0755-82943227

邮政编码：518026

公司网址：www.newone.com.cn

【公司概况】

招商证券1991年创立于深圳特区，注册资本为24亿，1999年经过中国证监会首批核准为综合类券商。招商证券在深圳、北京、上海、广州、南京、武汉、福州、杭州、东莞、无锡等23个经济发达城市和区域中心城市开设了31家营业部。

招商证券一直坚持“诚信、稳健、服务、创新”的经营宗旨，在证券市场中赢得了良好的信誉，成为第一批综合类券商，第一批取得进入银行同业拆借市场资格的券商、第一批获准取得网上证券委托业务资格的券商等。

【代销基金业务介绍】

2002年8月9日，经中国证监会证监基金字[2002]51号文批准，招商证券获得开放式基金代销业务资格，是首批取得开放式基金代销资格的八家券商之一。

目前，招商证券基金销售工作由新成立的市场营销部负责，主要职责有：引进代销基金；组织销售、分解任务指标；对代销基金进行评价和培训；在发行期进行督办等。目前该部门共有10名员工。公司全面支持基金公司推出的基金后收费模式、定时定额、基金转换等基金新业务，并开通了开放式基金网上委托、开放式基金集中电话委托等非现场委托方式，在为广大投资者提供优质理财服务的同时也极大程度的方便了投资者。

截至2003年12月底，招商证券共代销各类开放式基金16只，认购金额6.9亿元人民币。

【代销基金产品一览】

基金代码	基金简称	成立日期	基金管理人
202001	南方稳健	2001-09-28	南方基金管理公司
000001	华夏成长	2001-12-18	华夏基金管理公司
110001	易方达平稳	2002-08-23	易方达基金管理公司
161601	融通新蓝筹	2002-09-13	融通基金管理公司
080001	长盛成长	2002-09-18	长盛基金管理公司
202101	南方宝元	2002-09-20	南方基金管理公司
213001	宝盈鸿利	2002-10-08	宝盈基金管理公司
050001	博时增长	2002-10-09	博时基金管理公司
001001	华夏债券	2002-10-23	华夏基金管理公司
070001	嘉实成长	2002-11-05	嘉实基金管理公司
090001	大成价值	2002-11-11	大成基金管理公司
180001	银华优势	2002-11-13	银华基金管理公司
519180	天同180	2003-03-15	天同基金管理公司
217002	招商平衡型	2003-04-28	招商基金管理公司
217003	招商债券	2003-04-28	招商基金管理公司
202201	南方避险	2003-06-27	南方基金管理公司
070002	嘉实增长	2003-07-09	嘉实基金管理公司
206102	普天收益	2003-07-12	鹏华基金管理公司
206101	普天债券	2003-07-12	鹏华基金管理公司
240003	宝康债券	2003-07-15	华宝兴业基金管理公司
240002	宝康灵活配置	2003-07-15	华宝兴业基金管理公司
240001	宝康消费品	2003-07-15	华宝兴业基金管理公司
151002	银河收益	2003-08-04	银河基金管理公司
151001	银河稳健	2003-08-04	银河基金管理公司
255010	德盛稳健	2003-08-08	国联安基金管理公司
050002	博时裕富	2003-08-26	博时基金管理公司
510001	海富通精选	2003-08-22	海富通基金管理公司
260103	景顺平衡	2003-10-24	景顺长城基金管理公司
260102	景顺债券	2003-10-24	景顺长城基金管理公司
260101	景顺股票	2003-10-24	景顺长城基金管理公司
510080	长盛债券	2003-10-25	长盛基金管理公司
100018	富国债券	2003-12-02	富国基金管理公司
020003	国泰行业精选	2003-12-05	国泰基金管理公司
020002	国泰债券	2003-12-05	国泰基金管理公司
217004	招商现金	2003-12-15	招商基金管理公司
290001	泰信收益	2003-12-30	泰信基金管理公司

注：招商现金、泰信收益两只基金的时间为发行始日

中信证券股份有限公司

法定名称：中信证券股份有限公司
注册地址：深圳市罗湖区湖贝路1030号海龙王大厦
办公地址：北京市朝阳区新源南路6号京城大厦3层
法人代表：王东明
成立时间：1995年10月
注册资本：24.815亿元人民币
组织形式：股份有限公司
联系电话：010-84865563
传真号码：010-84865567
邮政编码：100004
公司网址：www.citics.com

【公司概况】

中信证券股份有限公司为综合类证券公司，前身是中信证券有限责任公司，1995年10月25日成立于北京，1999年10月27日经中国证券监督管理委员会批准，同年12月29日经国家工商行政管理局变更注册，增资改制为中信证券股份有限公司，注册地为深圳。

中信证券股份有限公司于2002年12月13日经中国证监会核准，公开发行4亿股普通A股股票，并于2003年1月6日在上海证券交易所挂牌上市交易，股票简称“中信证券”，股票代码为600030，现公司股份总数达到24.815亿股，截至2003年底，中信证券净资产超过54亿元人民币。

【代销基金业务介绍】

2002年8月，经中国证监会证监基金字[2002]52号文

批准，中信证券获得开放式基金代销业务资格，并于同年代销第一只开放式基金：长盛成长价值证券投资基金。目前，中信证券在北京、上海、天津、大连、广州、中山、佛山、东莞、深圳、青岛、淄博、烟台、南京、徐州、如皋、常州、苏州、杭州、绍兴、宁波、武汉、长沙、西安、成都等24个城市的40个营业网点办理开放式基金的开户和认购业务。

2003年，中信证券分别与华夏基金管理公司、长盛基金管理公司、富国基金管理公司、南方基金管理公司、大成基金管理公司签署了代销协议。全年共计代理了7只开放式证券投资基金的认购和申购工作，累计销售基金6000多万元。

【代销基金产品一览】

基金代码	基金简称	成立日期	基金管理人
080001	长盛成长	2002-09-18	长盛基金管理公司
090001	大成价值	2002-11-11	大成基金管理公司
090002	大成债券	2003-06-12	大成基金管理公司
202201	南方避险	2003-06-27	南方基金管理公司
002001	华夏回报	2003-09-05	华夏基金管理公司
510080	长盛债券	2003-10-25	长盛基金管理公司
100018	富国债券	2003-12-02	富国基金管理公司

海通证券股份有限公司

法定名称：海通证券股份有限公司
注册地址：上海市淮海中路98号
办公地址：上海市淮海中路98号
法人代表：王开国
成立时间：1988年
注册资本：87.34亿元人民币
组织形式：股份有限公司
联系电话：021-53594566
客服电话：021-962503
传真号码：021-53858549
邮政编码：200021
公司网址：www.htsec.com

【公司概况】

海通证券股份有限公司成立于1988年，是我国改革开放后最早成立的证券公司之一。1994年改制为有限责任公司，并发展成全国性的证券公司——海通证券有限公司，注册资本为10亿元人民币。2002年11月4日，经中国证监会批准，公司资本金增加至87.34亿元。

海通证券遵循“务实、开拓、稳健、卓越”的经营理念和“规范管理、积极开拓、稳健经营、提高效益”的经营方针，坚持“稳健乃至保守”的经营品牌，追求“管理一流、人才一流、服务一流、效益一流”的经营管理目标，近七年来连续取得了显著的经济效益和社会效益。目前，公司拥有一批博士、硕士以及具有丰富实践经验的经营管理和研究人才，在全国46个城市设有90多家经营网点。

【代销基金业务介绍】

2002年11月1日，经中国证监会证监基金字[2002]76号文批准，海通证券股份有限公司获得开放式证券投资基金代销业务资格。

海通证券公司负责基金代销业务的部门是经纪业务总部。该部下设大客户服务部、零售经纪业务部、理财策划部、业务管理部、电子商务部。其中大客户服务部分管营业部开放式基金代销业务的推进工作，设二个专岗负责代销协议的签订及营销整体策划和协调执行等工作。同时，经纪业务总部内还有10名区域营销代表(兼其它岗位)，负责营业部具体业务的推进督导工作。

截至2003年底，海通证券92家分支机构共代销各类开放式基金21只，累计代销金额8.7亿余元人民币。

【代销基金产品一览】

基金代码	基金简称	成立日期	基金管理人
519180	天同180	2003-03-15	天同基金管理公司
121001	融华债券	2003-04-16	中融基金管理公司
210001	金鹰优选	2003-06-16	金鹰基金管理公司
202201	南方避险	2003-06-27	南方基金管理公司
206102	普天收益	2003-07-12	鹏华基金管理公司
206101	普天债券	2003-07-12	鹏华基金管理公司
240003	宝康债券	2003-07-15	华宝兴业基金管理公司
240002	宝康灵活配置	2003-07-15	华宝兴业基金管理公司
240001	宝康消费品	2003-07-15	华宝兴业基金管理公司
510001	海富通精选	2003-08-22	海富通基金管理公司
050002	博时裕富	2003-08-26	博时基金管理公司
002001	华夏回报	2003-09-05	华夏基金管理公司
161605	融通成长	2003-09-30	融通基金管理公司
161604	融通深证100	2003-09-30	融通基金管理公司
161603	融通债券	2003-09-30	融通基金管理公司
510080	长盛债券	2003-10-25	长盛基金管理公司
200001	长城久恒	2003-10-31	长城基金管理公司
100018	富国债券	2003-12-02	富国基金管理公司
020003	国泰行业精选	2003-12-05	国泰基金管理公司
020002	国泰债券	2003-12-05	国泰基金管理公司
110002	易方达策略	2003-12-09	易方达基金管理公司
290001	泰信收益	2003-12-30	泰信基金管理公司

注：泰信收益基金的时间为发行始日

申银万国证券股份有限公司

法定名称：申银万国证券股份有限公司
注册地址：上海市常熟路171号
办公地址：上海市常熟路171号
法人代表：王明权
成立时间：1996年7月
注册资本：42.1576亿元人民币
组织形式：股份有限公司
联系电话：021-54033888
客服电话：021-962505
传真号码：021-54035333
邮政编码：200031
公司网址：www.sywg.com.cn

【公司概况】

申银万国证券股份有限公司由原上海申银证券公司和原上海万国证券公司于1996年7月16日合并组建而成。作为一家大型综合类证券公司，申银万国业务网络遍及全国44个主要大中型城市，并在香港特别行政区设有申银万国（香港）集团有限公司，及其控股的上市公司——申银万国(香港)有限公司(0218)，是境内唯一拥有境外上市公司的券商。

【代销基金业务介绍】

2002年11月1日，经中国证监会证监基金字[2002]77号文批准，申银万国证券股份有限公司获得开放式证券投资基金代销业务资格。

2003年，申银万国证券共计代理了34只开放式证券投资基金的认购和申购工作，累计销售基金64849.31万元人民币。

【代销基金产品一览】

基金代码	基金简称	成立日期	基金管理人
217003	招商债券	2003-04-28	招商基金管理公司
217002	招商平衡型	2003-04-28	招商基金管理公司
217001	招商股票	2003-04-28	招商基金管理公司
162203	合丰稳定	2003-04-25	湘财荷银基金管理公司
162202	合丰周期	2003-04-25	湘财荷银基金管理公司
162201	合丰成长	2003-04-25	湘财荷银基金管理公司
202201	南方避险	2003-06-27	南方基金管理公司
202101	南方宝元	2002-09-20	南方基金管理公司
202001	南方稳健	2001-09-28	南方基金管理公司
240003	宝康债券	2003-07-15	华宝兴业基金管理公司
240002	宝康灵活配置	2003-07-15	华宝兴业基金管理公司
240001	宝康消费品	2003-07-15	华宝兴业基金管理公司
151002	银河收益	2003-08-04	银河基金管理公司
151001	银河稳健	2003-08-04	银河基金管理公司
255010	德盛稳健	2003-08-08	国联安基金管理公司
050002	博时裕富	2003-08-26	博时基金管理公司
050001	博时增长	2002-10-09	博时基金管理公司
510080	长盛债券	2003-10-25	长盛基金管理公司
161605	融通蓝筹成长	2003-09-30	融通基金管理公司
161604	融通深证100	2003-09-30	融通基金管理公司
161603	融通债券	2003-09-30	融通基金管理公司
200001	长城久恒	2003-10-31	长城基金管理公司
260103	景顺平衡	2003-10-24	景顺长城基金管理公司
260102	景顺债券	2003-10-24	景顺长城基金管理公司
260101	景顺股票	2003-10-24	景顺长城基金管理公司
100018	富国天利债券	2003-12-02	富国基金管理公司
100016	富国动态平衡	2002-08-16	富国基金管理公司
020002	国泰金龙债券	2003-12-05	国泰基金管理公司
020003	国泰行业精选	2003-12-05	国泰基金管理公司
110002	易方达策略	2003-12-09	易方达基金管理公司
110001	易方达平稳	2002-08-23	易方达基金管理公司
002001	华夏回报	2003-09-05	华夏基金管理公司
090002	大成债券	2003-06-12	大成基金管理公司
510001	海富通精选	2003-08-22	海富通基金管理公司

华泰证券有限责任公司

法定名称：华泰证券有限责任公司
注册地址：江苏南京中山东路90号华泰证券大厦
办公地址：江苏南京中山东路90号华泰证券大厦
法人代表：吴万善
成立时间：1991年5月26日
注册资本：22亿元人民币
组织形式：有限责任公司
联系电话：025-84457777
客服电话：025-84578897
传真号码：025-84579778
邮政编码：210002
公司网址：www.htsc.com.cn

【公司概况】

华泰证券有限责任公司前身为江苏省证券公司，1990年经中国人民银行批准设立，1991年5月26日在南京正式开业，注册资本1000万元。1999年公司更名为华泰证券有限责任公司，是中国证监会首批批准的综合类券商之一。

2002年4月，华泰证券注册资本由8.5亿增至22亿元。截至2003年底，华泰证券注册资本在业内排第13名。华泰证券在发展过程中资产质量一直保持良好状态。截至2003年底，华泰证券净资本为24.02亿元，总资产为87.24亿元，净资产为30.97亿元。华泰证券是中国证监会机构监管部首次披露的没有挪用客户交易结算资金、净资本符合要求的证券公司之一。目前，华泰证券共有员工1044人，90%以上的员工通过了证券从业资格考试，居全国券商领先水平。在全国首次保荐人资格考试中，华泰证券有22人通过考试，并列全国第6位，参考人员通过率高出全国平均水平19个百分点。

华泰证券在上海设有地区总部，在北京设有办事处，在全国大中城市设有34家营业部，在南京、上海、北京、深圳设有投资银行业务机构。

【代销基金业务介绍】

2003年2月25日，经中国证监会证监基金字[2003]25号文批准，华泰证券有限责任公司正式获得开放式基金代销业务资格。华泰证券重视基金销售的业务开展，在加强基金营销方面推出了一系列规划与举措。

2003年以来，华泰证券把基金销售作为一项重要工作，开展主动营销，把营业部变成基金配送中心，展开关系营销。深入工厂、小区、矿区进行定点宣传，通过在重点小区设立宣传点，派发基金产品资料争取更多的客户。此外，华泰证券坚持向认购开放式基金的客户提供优质的后续服务，包括根据市场状况和基金品种适时指导投资者申购、赎回基金，向投资者提供专业的基金投资报告，邀请各大基金管理公司的知名基金经理定期与投资者见面介绍基金操作思路、探讨市场走势等服务。

2003年10月30日至12月4日，华泰证券首次代理发行开放式基金，一举实现了代销易方达策略成长基金3.5亿元的首发销售业绩，开户数达4150多户，创下了非基金公司股权关联券商基金销售量之最。目前，华泰证券已经与南方、博时、华夏、国联安、银华、嘉实等多家基金管理公司建立了合作关系，并签订了代销业务合同。

【代销基金产品一览】

基金代码	基金简称	成立日期	基金管理人
110002	易方达策略成长	2003-12-09	易方达基金管理公司

兴业证券股份有限公司

法定名称：兴业证券股份有限公司
注册地址：福建福州湖东路99号标力大厦
办公地址：福建福州湖东路99号标力大厦
法人代表：兰 荣
成立时间：1991年5月
注册资本：9.08亿元人民币
组织形式：股份有限公司
联系电话：0591-7543114
客服电话：021-38714536
传真号码：0591-7546058
邮政编码：350001
公司网址：www.xyzq.com.cn

【公司概况】

兴业证券股份有限公司是一家全国性综合类证券公司，是《证券法》颁布后全国首批获准增资扩股的10家证券公司之一，也是首批第九家被中国证券监督委员会核准为综合类的证券公司。公司注册资本金9.08亿元，总部设在福建省福州市。兴业证券在全国经济中心城市设立了23个营业部网点。各项主营业务指标进入行业20强，从地方性券商迅速成长为在业界具有相当影响力的全国性证券公司。

兴业证券倡导“提升员工价值，创造客户价值”和“以人为本、专业立司”的经营管理核心理念，致力于建设一支稳健、理性、团结、敬业、拚搏的高素质专业化队伍，公司现有职员723人，平均年龄30岁，其中博士15人，硕士109人，硕士以上职员占17%。91%的员工通过证券从业资格考试并获得证券从业资格。

【代销基金业务介绍】

2003年4月23日，根据中国证监会证监基金字[2003]25号文，兴业证券股份有限公司开办开放式基金代销业务资格获得批准。公司领导高度重视开放式基金销售业务，多次召开开放式基金销售与服务会议，将开放式基金代销业务提升到公司经纪业务转型工具之一的重要地位。同时，开始构建兴业证券基金超市，并制订了积极有效的激励政策，全方位推进开放式基金代销业务。公司通过举办基金培训、巡回报告会等多种方式，并借助公司基金论坛、电子邮件、电话等多种手段，对营业部提供了多层次的培训与营销服务支持，有力地推动了公司基金销售业务的发展。

2003年，开放式基金销售业务已在兴业证券所有营业部全面开展，全国11个省、市18个主要城市的23家营业网点开通基金代销业务。兴业证券在不断推进与基金管理公司合作的同时，基金客户赢得了较好的收益，客户信任度逐渐提高。2003年度，兴业证券共计代销了15只开放式基金，代销金额达3.6亿元，初步建立了兴业证券销售基金的品牌。

【代销基金产品一览】

基金代码	基金简称	成立日期	基金管理人
090002	大成债券	2003-06-12	大成基金管理公司
202201	南方避险	2003-06-27	南方基金管理公司
206102	普天收益	2003-07-12	鹏华基金管理公司
206101	普天债券	2003-07-12	鹏华基金管理公司
510001	海富通精选	2003-08-22	海富通基金管理公司
050002	博时裕富	2003-08-26	博时基金管理公司
002001	华夏回报	2003-09-05	华夏基金管理公司

基金代码	基金简称	成立日期	基金管理人
161605	融通蓝筹成长	2003-09-30	融通基金管理公司
161604	融通深证100	2003-09-30	融通基金管理公司
161603	融通债券	2003-09-30	融通基金管理公司
260103	景顺平衡	2003-10-24	景顺长城基金管理公司
260102	景顺债券	2003-10-24	景顺长城基金管理公司
260101	景顺股票	2003-10-24	景顺长城基金管理公司
510080	长盛债券	2003-10-25	长盛基金管理公司
200001	长城久恒	2003-10-31	长城基金管理公司
100018	富国债券	2003-12-02	富国基金管理公司
020003	国泰行业精选	2003-12-05	国泰基金管理公司
020002	国泰债券	2003-12-05	国泰基金管理公司
110002	易方达策略	2003-12-09	易方达基金管理公司
040003	招商现金	2003-12-15	招商基金管理公司

注：招商现金基金的时间为发行始日

长江证券有限责任公司

法定名称：长江证券有限责任公司

注册地址：武汉市新华下路特8号

办公地址：武汉市新华下路特8号

法人代表：明云成

成立时间：1991年

注册资本：20亿元人民币

组织形式：有限责任公司

联系电话：021-63291352

传真号码：021-33130730

邮政编码：430015

公司网址：www.cz318.com.cn

【公司概况】

长江证券有限责任公司始创于1988年，正式成立于1991年。公司总部设在武汉，业务触角遍布全国，已在全国20多个城市设立了营业网点，形成南到深圳，北达哈尔滨，西抵成都，东及上海的业务格局和长江三角洲、珠江三角洲、环渤海湾、华中以及西部五大重点业务区域。

长江证券注册资本20亿元，股东均为国家支柱性产业的大型企业和或其他产业的知名企业。长江证券正在走集团化发展之路，旗下包括长信基金管理有限责任公司、长江巴黎百富勤证券有限责任公司(合资)和长江期货公司(筹)。公司还拟发起设立一家中外合资的基金管理公司，同时探索与银行、保险、信托等行业开展业务合作的途径。

【代销基金业务介绍】

长江证券从2002年9月起开展基金销售业务，2003年2月，正式获得开放式证券投资基金代销业务资格。

2002年，长江证券以直销代办方式实现基金销售2.3亿元。2003年，长江证券大力开展基金代销业务，上半年即以突出的成绩名列全国券商排行榜第9位。为拓展基金业务，长江证券管理层亲任基金客户首席客户经理，与博时、海富通、华宝兴业、长盛等多家基金公司确立了战略合作关系，展开了基金代销、研究咨询、席位租用多方面的合作；公司内部经纪业务总部、研究所、信息技术中心、财务总部组成联合项目组进行基金业务的统筹规划和管理，形成了基金营销、客户服务、业务培训、业务支持等方面的标准化流程。

长江证券基金代销业务主管部门为经纪业务总部，其下属的专设在上海的职能部门产品推广部全面负责金融产品包括基金产品的选择及销售工作。长江证券将自身定位为“为客户提供全方面理财服务的金融公司”。

2003年6月，长江证券在下属营业部建立“理财超市”，将基金作为其中主打产品之一，并着手进行超市标准化建设。理财超市目前向客户提供多种理财组合，及各个基金产品的认购、申购、赎回、转换、分红、套餐等各项服务。在证券营业部“理财超市”专区，有专人负责基础服务，并解答客户疑问；对于非现场客户，则利用公司“短信通”平台和依托公司网上交易网站的经纪人平台，以手机短信及电子邮件的方式，随时提供各类基金产品信息。同时，超市还建设有基金客户档案，其认购记录，投资偏好，联系方式等一应俱全。超市工作人员将定期邮寄对账单和有关刊物包括《基金投资参考》，对重要的机构客户，还将定期登门拜访。2003年11月，长江证券邀请海富通、博时、长盛等基金管理公司高管及基金经理召开业务恳谈会，并到公司在全国的各主要营业网点举办基金经理见面会。

截至2003年底，长江证券共计代销海富通、长盛、华宝兴业、融通、鹏华、大成、博时等七家公司的13只产品，累计实现基金代销量1.06亿，逐渐在业内树立了长江证券基金代销品牌。

【代销基金产品一览】

基金代码	基金简称	成立日期	基金管理人
090002	大成债券	2003-06-12	大成基金管理公司
206102	普天收益	2003-07-12	鹏华基金管理公司
206101	普天债券	2003-07-12	鹏华基金管理公司
240003	宝康债券	2003-07-15	华宝兴业基金管理公司
240002	宝康灵活配置	2003-07-15	华宝兴业基金管理公司
240001	宝康消费品	2003-07-15	华宝兴业基金管理公司
510001	海富通精选	2003-08-22	海富通基金管理公司
161605	融通蓝筹成长	2003-09-30	融通基金管理公司
161604	融通深证100	2003-09-30	融通基金管理公司
161603	融通债券	2003-09-30	融通基金管理公司
510080	长盛债券	2003-10-25	长盛基金管理公司
050001	博时增长	2002-10-09	博时基金管理公司
050002	博时裕富	2003-08-26	博时基金管理公司

湘财证券有限责任公司

法定名称：湘财证券有限责任公司
注册地址：长沙市黄兴中路63号中山国际大厦12楼
办公地址：上海浦东银城东路139号华能联合大厦五层
法人代表：陈学荣
成立时间：1993年2月8日
注册资本：25.1亿元人民币
组织形式：有限责任公司
联系电话：021-68634518
客服电话：021-68865020
传真号码：021-50543470
邮政编码：200120
公司网址：www.xcsc.com

【公司概况】

湘财证券有限责任公司创立于1993年2月8日，1999年第一家获批增资扩股并成为中国首家综合类证券公司，2002年获准与里昂证券（CLSA）设立中国入世后首家中外合资证券公司华欧国际证券，2003年旗下基金公司获准首家通过股权转让方式吸收荷兰银行（ABN AMRO）参股合资并更名为湘财荷银基金管理有限公司。湘财证券有限责任公司目前注册资本25.1亿元人民币，资产规模200亿元人民币。

湘财证券针对客户的多种需求，分别在资产管理、企业融资、网上交易、经纪代理业务等方面为客户提供全方位的专业化服务，并且构建了一个布局合理、规模经济的分支机构网络，目前设有华北、华中、华东、华南、西北、西南等六个地区业务总部，在中国21个主要城市设有30家证券营业部和17家证券服务部。

【代销基金业务介绍】

2003年3月18日，根据中国证监会证监基金字[2003]39号文批准，湘财证券股份有限公司开办开放式基金代销业务资格获得批准。

截至2003年12月底，湘财证券已办理了湘财荷银基金公司、易方达基金公司旗下开放式基金的认购、申购和赎回等代销业务，累计代销金额达9.20亿元人民币。

【代销基金产品一览】

基金代码	基金简称	成立日期	基金管理人
110001	易方达平稳	2002-08-23	易方达基金管理公司
162203	合丰稳定	2003-04-25	湘财荷银基金管理公司
162202	合丰周期	2003-04-25	湘财荷银基金管理公司
162201	合丰成长	2003-04-25	湘财荷银基金管理公司
110002	易方达策略	2003-12-09	易方达基金管理公司

广州证券有限责任公司

法定名称：广州证券有限责任公司
注册地址：广州市先烈中路69号东山广场主楼五楼
办公地址：广州市先烈中路69号东山广场主楼五楼
法人代表：吴 张
成立时间：1988年
注册资本：8.17亿元人民币
组织形式：有限责任公司
联系电话：020-87322668
客服电话：020-87320991
传真号码：020-87325030
邮政编码：510095
公司网址：www.gzs.com.cn

【公司概况】

广州证券有限责任公司于1988年经中国人民银行批准设立，是我国首批专业证券公司之一。1997年增资扩股后，公司迅速驶入发展的快车道。6年来，公司注册资本从1000万元扩大至8.17亿元，资产规模由10亿元上升至25亿元，业务范围由单一的经纪业务扩充至包含主承销、资产管理业务、基金管理等所有综合性业务，是全国20家进入银行间同业拆借市场的券商之一，综合实力稳居广东省三强之列。

公司坚持以人为本，不断引进高素质人才，拥有朝气蓬勃、极富活力的优秀的管理团队和员工队伍，公司367名员工中，100多人具硕士以上学位，70多人取得证券发行从业资格，80人取得证券投资咨询从业资格，220人取得证券经纪从业资格。

【代销基金业务介绍】

广州证券代销基金是从2003年6月份开始。自开始代销基金产品起，公司目标是打造广州证券的基金销售平台，其目的一是通过基金销售更好地为客户服务，二是为经纪业务的全方位经营打基础，因此，公司在思想上高度重视。通过不断开展基金知识讨论及宣传，使员工和客户对基金产品有了较深的认识；在配置上也加大投入，从开始时的直销协办到迅速建立的基金代销系统，使基金代销更规范化、电子化，亦方便了客户认购、申购及赎回。

广州证券开展开放式基金代销业务半年的时间，相继为金鹰基金公司、银河基金公司旗下基金提供了代销业务，累计代销额为1亿元人民币。

【代销基金产品一览】

基金代码	基金简称	成立日期	基金管理人
210001	金鹰优选	2003-06-16	金鹰基金管理公司
151002	银河收益	2003-08-04	银河基金管理公司
151001	银河稳健	2003-08-04	银河基金管理公司

第四章 基金其他机构

基金审计机构

普华永道中天会计师事务所

法定名称：普华永道中天会计师事务所
注册地址：上海市浦东新区东昌路568号
办公地址：上海湖滨路202号普华永道中心11楼
法人代表：Kent Watson
联系电话：021-61238888
传真号码：021-61238800
邮政编码：200021
公司网址：www.pwccn.com

【公司概况】

普华永道是全球最具规模的专业服务机构。在全球142个国家拥有超过125000名专业人士。普华永道融合他们所具备的渊博知识与丰富经验。为客户提供高质量的服务。公司总值“成为全球专业服务机构，为世界级的、国家级的及地区级的声誉卓著的客户解决复杂的商业难题”。

在中国内地，香港及澳门普华永道是居于领先地位的专业服务机构，普华永道在中国内地，香港及澳门共拥有员工约6000人，其中包括260名合伙人，并在北京、上海、广州、深圳、天津、重庆、大连、西安、苏州等内地城市设立了办事机构。北京及上海的办事机构各拥有一支百余人的金融服务队伍，致力于为金融客户提供专业服务。在基金管理业务方面，普华永道由常驻中国的、具有多年从事基金管理经验的合伙人汪棣先生领导，并得到香港、英国及美国专家的大力支持。这样的规模是普华永道致力于为国际和国内公司服务，向他们提供全方位、高质量服务以帮助他们获得成功的有力保证。普华永道连续数年赢得《远东经济评论》杂志就亚洲大公司进行调查而设立的最佳会计师事务所公司称号。普华永道同时也担任上海证券交易所、深圳证券交易所和中国证券登记结算有限责任公司三大系统的审计工作。

【业务介绍】

普华永道基金管理行业的服务范围广泛，可提供从法定审计、合规性审计到帮助客户提高业务水平全方位服务。目前已正式开放并向中国基金管理客户提供的服务类别介绍如下：

1、基金管理公司、封闭式基金及开放式基金的验资、法定审计及国际会计准则审计；

2、公司风险管理制度及内部控制制度审阅；

3、开放式基金在中国市场发行的准备情况审核；

4、内部控制管理咨询；

5、为股权交易方提供审慎调查；

6、风险管理及内部控制培训课程。

此外，普华永道还根据国内市场的需要，陆续引进一些为国际基金管理行业客户提供的专业服务内容，以协助中国基金管理行业的发展。目前，在中国已发行基金的31家基金管理公司中，普华永道已为其中21家提供了各类审计及咨询服务。截至2003年12月底，普华永道担任目前上市的54家封闭式基金中的25家以及目前已宣告成立的41家开放式基金中的29家的审计工作。

封闭式基金：

基金金泰	基金兴华	基金裕阳	基金泰和
基金景宏	基金金鑫	基金兴和	基金裕隆
基金丰和	基金景福	基金金盛	基金兴科
基金裕元	基金同德	基金景博	基金金鼎
基金兴安	基金裕华	基金鸿阳	基金景阳
基金普丰	基金兴业	基金裕泽	基金鸿飞
基金景业			

开放式基金：

南方稳健成长	华安现金富利	大成债券
南方宝元债券	博时价值增长	宝盈鸿利
南方避险增值	博时裕富	
融通债券	融通深证100	融通蓝筹成长
国泰金鹰增长	博时现金收益	湘财合丰成长
湘财合丰稳定	湘财合丰周期	国泰金龙债券
国泰金龙行业	嘉实成长	宝康消费
宝康灵活	宝康债券	华夏成长
鹏华行业成长	海富通精选	华夏债券
海富通收益	华夏回报	长盛成长价值
景优选股票	景恒丰债券	景动力平衡
华安创新	长盛债券	泰信天天收益
华安180指数	大成价值增长	

深圳大华天诚会计师事务所

法定名称：深圳大华天诚会计师事务所
注册地址：深圳市滨河大道5022号联合广场B座11楼
办公地址：深圳市滨河大道5022号联合广场B座11楼
联系电话：0755-82900952
传真号码：0755-82900965
邮政编码：518026

【公司概况】

深圳大华天诚会计师事务所原名深圳大华会计师事务所，系上海财经大学于1987年在深圳创办的校办产业，根据中国注册会计师协会及深圳市政府的统一布置，1997年进行脱钩改制，组建成合伙制会计师事务所。深圳大华会计师事务所于2000年吸收合并了原广州天诚会计师事务所，并更名为深圳大华天诚会计师事务所。深圳大华天诚会计师事务所创办人徐政旦教授，系我国著名的会计审计学家，担任上海财经大学教授、博士生导师，并担任世界银行顾问及亚洲开发银行顾问。

深圳大华天诚会计师事务所总部设在深圳，并在广州、上海两地设有分所。

【业务介绍】

深圳大华天诚会计师事务所具备上市公司审计、大中型企业审计、资本验证及资产评估资格经财政部、中国证监会批准，取得承办证券期货相关业务审计的资格，依法为上市公司、证券公司、基金公司、期货公司等提供年度会计报表审计和资本验证等服务；1996年经审计署批准，依法取得对国家大中型企业进行审计及对国有资产进行评估资格，有资格对企业进行资本验证；2001年经中国人民银行、财政部批准，该所被批准为首批具有从事金融相关业审计资格的会计师事务所之一。目前，该会计师事务所开展咨询的主要内容：公司财务结构与战略；公司关联交易、业务整合、流程改进；内部控制制度设计；IT平台建立；公司重组与债务重整；会计规范化和税务策划。

目前，深圳大华天诚会计师事务所为：南方基金管理有限公司、融通基金管理有限公司、长城基金管理有限公司；为基金普华、基金融鑫、基金久恒、基金久富、基金久嘉等提供审计服务。

上海众华沪银会计师事务所

法定名称：上海众华沪银会计师事务所有限公司

办公地址：上海延安东路550号海洋大厦12楼

法人代表：林东模

副主任注册会计师：刘万椿　孙 勇　周正云

联系电话：021-63525500

传真号码：021-63525566

邮政编码：200001

【公司概况】

上海众华沪银会计师事务所是由原上海众华会计师事务所和上海荣安会计师事务所于2000年合并组成。上海众华会计师事务所是由上海中华社科会计师事务所于1999年改制成立，原属于上海社会科学院，始成立于1985年。

上海众华沪银会计师事务所拥有员工200多人，其中注册会计师90余名，拥有注册评估师、税务师等几十名。有3人拥有英国注册会计师资格。

事务所为首批取得可以从事证券期货相关业务资格和可以从事金融机构审计业务的会计师事务所之一，同时还具有资产评估A级资质、司法会计鉴定、国有大型企业会计报表审计等资质。已帮助近50余家公司进行股份制改制，并挂牌上市。

目前，上海众华沪银会计师事务所还是德豪国际会计师事务所的成员所，为进一步拓宽业务、提升执业规范和提高服务质量开拓新局面。

【业务介绍】

上海众华沪银会计师事务所接受委托办理经济鉴证类业务，包括审计、验资、资产评估、投资评估等，还接受委托办理项目的可行性研究、财务及管理咨询、会计制度设计、代理记帐、会计顾问、代理税务申报及税务咨询、代理申请工商注册登记、代拟合同、会计培训及其他会计与审计服务。

上海众华沪银会计师事务所从事过的或目前正在参与审计的基金项目有：天同基金管理有限公司旗下天同180指数证券投资基金、银河基金、长信基金、金龙基金、华安基金、上海建业投资基金等。

中瑞华恒信会计师事务所

法定名称：中瑞华恒信会计师事务所

注册地址：北京市西城区金融大街35号国际企业大厦A座8层

办公地址：北京市西城区金融大街35号国际企业大厦A座8层

法人代表：王方明

联系电话：010-88091188

传真号码：010-88091199

邮政编码：100032

【公司概况】

中瑞华恒信会计师事务所是由原隶属于财政部、国家税务总局、国家电力公司、中国石化集团公司的四家大型会计师事务所脱钩改制后组建而成的。它是我国目前最大的会计师事务所之一。

中瑞华恒信会计师事务所现有员工400多名，其中具有注册会计师、注册资产评估师、注册税务师等各类资格的专业人才近300名；常年审计、评估、咨询等客户1000余家；具有从事证券、期货相关业务审计和评估双重资格，同时还具有从事金融相关业务审计资格。

中瑞华恒信会计师事务所在中国注册会计师协会发布

的2003年度全国会计师事务所前百家信息中排名第七位。

【业务介绍】

中瑞华恒信所为上百家大中型国企以及上市公司、“三资”企业等提供了良好的审计、评估、税务咨询等服务，并为银河基金管理公司管理的银丰基金、银河银联系列基金(包括银河稳健基金和银河收益基金)、湘财荷银基金管理有限公司旗下的湘财合丰系列基金等多只基金提供了审计服务。

基金法律顾问

北京市君泽君律师事务所

法定名称：北京市君泽君律师事务所

注册地址：北京市东城区东四十条68号平安发展大厦3层

办公地址：北京市东城区东四十条68号平安发展大厦3层

法人代表：金 明

联系电话：010－84085858

传真号码：010－84085338

邮政编码：100007

公司网址：www.junzejun.com

【公司概况】

君泽君律师事务所成立于1995年，是国内最早设立的合伙制律师事务所之一。得益于中国经济的快速发展，法律参与国家经济社会程度的提高，以及君泽君律师不断开拓和勤奋的工作，君泽君的业务领域日益展宽，专业团队日见壮大，客户资源日见丰富，并跻身国内名列前茅的以从事商事领域法律服务为主业的法律服务机构之列。

君泽君金融部是专门为金融中介及金融业务相关资金供给者和资金需求者提供法律服务的专业部门。君泽君金融部聚集了有着高水平和丰富实践经验的律师，有多名律师取得金融法和公司法专业的法学博士、硕士学位，并有在国外深造或国内金融部门、司法部门从业的经历，他们既了解金融业务，又熟悉金融政策与法律。

【业务介绍】

君泽君金融部积极参与国家金融法律、法规、规章的起草，提供政策建议。君泽君金融部注重研究，主办、协办《金融创新与法律》、《信托与基金研究》杂志。君泽君金融部利用自身的优势为金融业务提供一流的法律咨询，协助各项活动在法律框架下有序展开，降低法律风险。目前，君泽君金融部提供基金法律服务项目：

一、基金管理公司的设立：

解答法律咨询；

拟订公司组建工作方案；

确定治理结构、治理机制；

拟订公司治理规则、内部管理制度起草、修改、审查公司章程；

出具法律意见书。

二、基金的发起设立：

出具法律意见书；

拟订基金设立工作方案的法律审查；

协作准备基金设立的报批材料、起草、修改、审查基金契约。

三、基金管理公司治理结构设计：

协助公司确立公司组织结构；

拟订公司股东大会议事规则；

公司风险控制与内部管理制度；

公司治理机构设置进行评估。

四、基金管理公司激励机制设计：

拟订激励计划；

提供激励机制具体方案；

协助实施激励机制；

对激励机制实施效果的评估。

五、基金业务与创新：

解决基金业务法律问题；

审查、修改基金业务法律文件；

基金类型运作的法律设计；

基金创新设计评估。

目前，君泽君律师事务所承办的部分基金业务包括：

一、证券投资基金：蓝天基金清理规范；天骥基金清理规范；鸿飞基金上市、扩募和续期；鸿阳基金设立；宝盈鸿利收益基金设立。

二、基金管理公司：长城基金管理有限公司设立、宝盈基金管理有限公司设立、湘财荷银基金管理有限公司设立、泰信基金管理有限公司设立、华富基金管理有限公司设立、益民基金管理有限公司设立、东方基金管理有限公司设立。

君泽君金融部提供基金法律服务的主管律师主要有：周小明、钟向春、程卫东等律师。

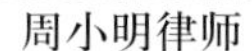
周小明律师

钟向春律师

北京市天元律师事务所

法定名称：北京市天元律师事务所
注册地址：北京金融大街35号国际企业大厦C座11层
办公地址：北京金融大街35号国际企业大厦C座11层
法人代表：王立华
联系电话：010-88092188
传真号码：010-88092150
邮政编码：100032

【公司概况】

北京市天元律师事务所创建于1992年，是中国最早的合伙制律师事务所之一。

天元律师事务所总部位于北京，并在上海浦东设有分所。天元律师事务所现有六十余位专、兼职律师，并按照合理的比例配备了律师助理和行政辅助人员。

【业务介绍】

经过多年的不断实践与持续发展，目前天元律师事务所的业务已涉及：收购与兼并、金融与证券、投资和商务、房地产、大型项目、知识产权、资讯服务、海商和海事、诉讼和仲裁等各个领域。天元的客户包括商业银行、证券机构和基金管理公司、国际风险投资公司和投资基金、保险公司、国际保赔协会、国有大型外贸公司、建筑工程公司、教育机构、汽车制造公司、石油公司、房地产开发公司、航空航运公司等。天元律师事务所为基金提供的服务包括基金公司的设立、证券投资基金的发行、基金产品的法律可行性研究论证、中外合资基金管理公司的设立、基金公司的常年法律顾问等等。

2003年，天元律师事务所提供如下基金业务服务：

1、担任华夏证券投资基金的律师，为其华夏回报、华夏现金增利等开放式基金发行提供全面法律服务；

2、担任易方达证券投资基金的律师，为其易方达策略成长开放式基金的发行提供全面法律服务；

3、担任易方达证券投资基金的律师，为其50综合指数开放式基金的发行提供全面法律服务；

4、为国内一家基金管理公司的保本基金产品提供法律方面的可行性论证和准备全套基金发行文件；

5、代表两家中外合资基金管理公司的设立谈判和有关法律文件的起草和准备；

6、为基金公司包括ETF在内的创新产品提供法律方面的可行性研究和论证，并继续为多家基金管理公司提供常年法律顾问服务。

天元律师事务所从事基金业务的律师：王立华、吴冠雄、刘艳、杨科、陈华、宋皓、周世君、朱小辉。

基金评级机构

晨星资讯(深圳)有限公司

晨星资讯(深圳)有限公司成立于2003年2月20日，是美国晨星公司(Morningstar,Inc.)在中国大陆设立的子公司。总部位于美国芝加哥的晨星公司由现任董事长乔·曼斯威托(Joe Mansueto)于1984年创立。20年来，公司专注于为投资者提供专业的财经资讯、基金及股票的分析和评级，提供方便、实用、功能卓著的分析应用软件工具等，其下属服务机构目前已遍布世界各地。公司以其在国际成熟市场中运作历史悠久、业绩优良、服务经验丰富、市场响应和号召力不同凡响的声誉，造就了她在全球投资市场中独立第三方客观、独立、公正的知名品牌，成为目前美国最主要的投资研究机构之一和全球基金评级权威机构。

【晨星的特点】

1、并不持有或运作任何股票、基金或保险产品，也不依附任何金融机构或政府部门，这是凸显其评级和分析的独立性和客观性的首要保证。

2、全心致力于投资的透明化、民主化和大众化，将经过专家分类、分析和整理的财经资讯以专业开发的各类软件工具的形式，向广大投资者提供服务。

3、晨星中国将致力于中国大陆金融资讯领域的服务，在推动和普及投资者教育的同时，为投资者提供最全面而及时的财经资讯、专业的市场和品种分析，以及实用有效的投资分析工具。

4、晨星的产品和服务帮助大众投资者参与并溶入市场，使个人投资者、资产管理公司、基金公司、银行及其它分销机构和金融机构等，共同受益。

5、晨星坚持对证券和资产的基本面进行分析，对基金和保险产品的分析将追溯至其投资组合的具体证券品种。

6、晨星并不预测股票价格等短期内的市场波动和走势，而是通过分析公司真正的内在价值来判定其市场价格是否背离了公司本身的价值。

【晨星的产品和服务】

投资者教育。晨星已在各个证券报上开辟了专栏，与中央电视台及其他许多电台和期刊媒体等，有了固定的和广泛的合作。

评级排名。晨星在全世界为基金进行客观的评级和排名。2004年3月15日，晨星中国首次推出了依据晨星全球分类而排列的中国基金业绩排名。2004年下半年将推出晨星创立并已成为全球行业标准的基金星级评价、投资风格箱等分析工具。

数据包。晨星已完成包括中国在内的亚洲基金数据库的建立。公司可以为基金公司、银行、证券公司、资产管理公司、保险公司、门户网站、平面媒体等各种机构，提供用于研究、产品开发、宣传等各种不同目的的数据包。晨星的数据包涵盖了全世界各主要市场的数据信息。

分析报告。晨星的分析报告做到了内容和形式的完美统一，以专业的设计和简明易懂的形式，向用户和读者提供晨星独立的观点和独到中肯的分析内容。报告的种类包括了针对具体基金公司的全面分析总结、帮助投资人作投资选择的“产品概要书”、以及供基金公司内部研究和评审用的“董事会报告”等。

分析工具和应用软件。晨星开发了一系列功用独到和巧妙的应用软件，包括有供基金公司和证券公司作对比分析研究和新产品开发用途的“数据实验室”，有帮助理财顾问和分销机构服务终端客户用的“投资顾问工作站”，有指导和监控退休计划实施和管理用的“灿烂明天”等等。

机构投资咨询服务。近20年来的积累使晨星在对以持仓为基础的投资组合基本分析方面，有了其独到的心得和丰富的经验。晨星深圳也将依托美国专家的支持，引进晨星在全球领域里的成功经验，为保险公司、资产管理公司、退休年金管理机构、以及国外投资中国的金融机构，提供各类投资咨询服务。内容包括资产配置、投资产品选择、投资组合设计、基准设置、组合监控与重新平衡、以及报告和客户／市场沟通等等。

晨星网站(http://cn.morningstar.com)。这是晨星与投资人接触、为他们提供及时信息和有效分析工具的渠道。“市场动态”、“基金点评”、“投资大学”、“理财助手”等等，将会很快成为中国投资人的重要知识信息来源和日常用到的重要工具。

附：高管成员介绍

田劲(Jin Tian)：博士，现任晨星深圳公司总裁、同时也是晨星亚洲公司及晨星亚太区总裁，是晨星在亚太地区及中国市场的开创者和培育者。田劲先生毕业于中国湖南大学英语系，获武汉大学硕士学位后在湖南大学担任讲师。随后留学国外，杂学并蓄，于1991年获得美国奥本大学管理博士学位。迄今其先后担任过的职务有：美国奥本(Auburn)大学客座教授，美国帝堡(DePaul)大学计算中心与科技发展部主任、评估与计划总监，晨星公司数据工程与数据分析副总裁。

中国银河证券公司基金研究中心

中国银河证券公司基金研究中心成立于2001年6月12日，是中国首家专门从事基金研究与评价的专业机构，目前在中国基金研究与评价领域处于领先地位的权威机构。

服务理念：专业　诚信　准确　透彻

市场定位：致力于对中国基金市场数据的收集、加工、分析与传播，以在基金投资者与基金业者之间架起一座沟通的桥梁，并以此促进中国基金市场的健康发展。

业务规划：

· 基金数据库建设与分析工具开发
· 基金绩效评价与基金业调查
· 基金研究与市场分析
· 投资咨询与专业培训

服务对象：

· 机构投资者
· 个人投资者
· 基金管理公司
· 专业投资咨询人士
· 研究单位
· 大众传媒

方法与工具：

· 数量化指标与质量化指标相结合
· 实地考察与经验分析相结合
· 基本分析与技术分析相结合
· 以计算机技术与网络技术为依托

研究团队：

· 以中心专职研究人员为核心，以地区总部和城市管理部研发人员为支撑

· 中心目前有4名高级研究员

杜书明博士：侧重于基金绩效分析与基金业发展的宏观研究

胡立峰高级研究员：侧重于基金市场分析与评论以及基金管理公司调查

陈漫江高级研究员：侧重于基金风格与国外基金业发展跟踪研究王群航高级研究员：侧重于基金日评、周评，基金重仓股分析以及开放式基金的研究

产品与服务：

·《基金绩效评价》周刊—《中国证券报》、《证券时报》、《金融时报》等多家媒体同时刊发

·《基金日评》

·《中国基金市场观察》网络周刊

·《基金研究报告》半年刊

·《基金数据库》

基金软件供应商

赢时胜电子技术有限公司

【公司概况】

深圳市赢时胜电子技术有限公司成立于1998年，是一家以开发大型金融资产管理系列专用软件为核心的高科技技术企业，专业从事于基金，证券，社保，保险，信托，QFII等金融业务软件的开发。公司汇聚了一批充满活力、创造力和战斗力的年轻群体，经验丰富、锐意创新、有志于信息技术研究开发，现有员工35名，其中研究生2名，本科生25名，大专8名。其软件开发人员均具资深的软件开发和证券经验，是公司开发金融业务专业软件的坚强技术后盾。

1998年3月23日，基金金泰、基金开元成功发行，揭开了我国证券投资基金业发展的序幕。五年来，赢时胜电子技术有限公司一直跟随证券投资基金业发展，集中精力专注于基金行业信息系统的研究及开发，通过不懈的努力，成功开发出证券投资基金系列专用软件：《基金财务估值核算管理系统》、《基金绩效评估分析系统》、《资产委托管理系统》、《社保基金投资风险管理系统》……在基金业界创立了“金手指”这一软件品牌。随着市场的不断发展，赢时胜电子技术有限公司积累了丰富的金融软件开发经验，成为目前中国证券投资基金业市场专业的软件开发商。

【产品介绍】

随着中国证券投资基金业的不断发展，公司先后开发了《基金财务估值核算管理系统》、《基金绩效评估分析系统》、《资产委托管理系统》、《社保基金投资风险分析系统》等系列基金专业软件。该系列软件系统适用于开放式基金、封闭式基金、B股基金、社保基金、保险基金等证券投资类型的基金估值与核算，具有良好的安全性、稳定性、开放性和可扩展性，使用户的工作更安全、更可靠、更高效。该系列软件现已被多家基金管理公司及基金托管银行采用，并得到用户充分肯定。

金手指基金估值系统：该系统严格按照中国证券投资基金核算办法中的规定。具有自动接收交易所的数据信息，自动产生各类相关财务凭证，产生各类交易及其相关的统计报表，对基金进行每日的资产估值。

金手指财务核算系统：该系统采用全仿真形式设计，能将所有估值系统自动产生的凭证自动入帐，产生电子凭证和电子帐簿。其中的凭证查询、帐簿查询、余额表查询等功能能使用户非常方便的查找到各种财务信息。财务报表可以由用户自行设计，通过相应的财务公式产生相应的财务报表，如资产负债表，损益表等。

金手指运作分析系统：该系统根据中国证监会的监控要求，能自动统计产生各类证监会规定的监控报表并自动填入由证监会统一下发的监控模板中。

金手指基金监控系统：该系统是根据各大银行不同的内部监管要求设计的。功能在于能及时准确的为各托管银行提供基金运作时的各类违规情况统计。

金手指绩效评估系统：该系统针对目前中国证券投资基金的实际运作状况，结合国际上通用的绩效评估指标，对目前市场上运作的证券投资基金产生各类业绩评估的报告。

金手指社保基金财务分析系统：和全国社保基金理事会合作开发的财务分析系统，从资产配置、收益率状况、费用状况、市场运作情况等方面，以财务角度出发，计算各类财务报表，严格掌握对财务情况的分析统计。

金手指社保委托资产综合系统：该系统根据社保理事会针对各基金管理人、托管人的估值核算要求，开发的一套综合系统。其中报表系统产生的报表是社保理事会衡量资产委托情况的重要依据。

金手指资产委托管理系统：该系统是根据目前市场已存在的委托理财业务开发的系统，能按照不同的资产委托人对其委托的资产进行财务核算和价值评估。

金手指投资风险管理系统：该系统采用国际上常用的风险评价指标，对基金进行全方位的风险管理。从收益率、风险、风险调整收益、风险来源等不同的方面对基金的资产组合、股票组合、债券组合进行综合性的评价。

其他基金软件产品：金手指开放式基金直销清算系统、金手指开放式基金TA清算系统、金手指银行资金清算系统。

【产品创新】

金手指基金财务核算与资产估值系统V2.0

2003年赢时胜公司成功推出《金手指基金财务核算与资产估值系统V2.0》。金手指V2.0继承金手指V1.0的优点，同时增加许多更先进的功能，具有操作简单、使用方便、可伸缩性好、与相关软件集成度高等优点，可跨越从运行Microsoft Windows 98的膝上型计算机到运行Microsoft Windows 2000的大型多处理器的服务器等多种平台使用。V2.0版本不仅支持Microsoft SQL Server 2000，更增加了对Oracle9i，DB2等大型数据库的支持，后台更可安全稳定的运行在Unix平台下，真正实现后台数据库无关性。金手指V2.0采用全新的数据库结构，使用最新的统计理念，以基金财务估值为基础拓展，证券投资基金风险管理为背景，集成原有的金手指基金财务系统、估值系统、领导查询系统、基金监控系统于一体，是集现代高科技信息技术的基金行业全新ERP软件系统。

金手指V2.0在短短推出的时间内就得到用户的充分肯定。金手指V2.0已成功应用于：国联安基金管理有限公司、华宝兴业基金管理有限公司、海富通基金管理有限公司、招商基金管理有限公司、中信基金管理有限公司和鹏华基金管理有限公司。

金融资产管理系统V3.0(B/S版)

资产会计核算子系统：核算采用财政部于2002年1月1日起执行的《证券投资基金会计核算办法》，同时将针对券商受托理财、QFII、全国社保基金、基本养老保险个人账户基金、农村社会保障基金、企业年金、收支账户、信托资产托管等业务的特殊需要，作为独立的会计核算体系导入系统中，系统自动完成各类业务的账务处理工作。

资产估值子系统：通过对资产的投资交易数据的处理生成相应凭证，实现自动入帐；通过接受交易所的行情和其他必须的、经认可的数据来源，实现资产的估值计算，实现对托管资产的资产核算。

资金清算子系统：依托资金清算系统，令资金清算的制表、复核、划拨、对帐统一由计算机自动运行，保证资金清算的准确性。该系统实现资金清算和核算系统的自动核对，保证帐数相符，确保资金清算的安全和核算的准确。

资产投资监控子系统：实现数据文件的自动采集、数据完整性判断及数据内容检查等功能。该子系统按照《暂行办法》的规定对资金的投资运作及交易情况进行统计和分析，自动产生投资组合的比例监控，严格监控各项指标，并可根据法规的要求改变参数设置。

客户管理及信息发布子系统：让委托人及时了解其资产的运作情况，以便对管理人的投资进行原则性的指导。系统通过WEB方式，可以让委托人在远程进行相关信息的查询。

【公司客户】

基金管理公司：华夏基金管理有限公司、嘉实基金管理有限公司、长盛基金管理有限公司、湘财合丰基金管理有限公司、中信基金管理有限公司、东方基金管理有限公司、富国基金管理有限公司、银河基金管理有限公司、天同基金管理有限公司、泰信基金管理有限公司、兴业基金管理有限公司、华富基金管理有限公司、天治基金管理有限公司、国联基金管理有限公司、国联安基金管理有限公司(合资基金)、华宝兴业基金管理有限公司(合资基金)、海富通基金管理有限公司(合资基金)、申万巴黎基金管理有限公司(合资基金)、上国投怡富基金管理有限公司(合资基金)、南方基金管理有限公司、鹏华基金管理有限公司、大成基金管理有限公司、博时基金管理有限公司、融通基金管理有限公司、银华基金管理有限公司、宝盈基金管理有限公司、中融基金管理有限公司、长城基金管理有限公司、诺安基金管理有限公司、巨田基金管理有限公司、招商基金管理有限公司(合资基金)、景顺长城基金管理有限公司(合资基金)、天弘基金管理有限公司、新世纪基金管理有限公司、易方达基金管理有限公司、金鹰基金管理有限公司、广发基金管理有限公司。

基金托管银行：中国银行、中国建设银行、交通银行、中国农业银行、招商银行、光大银行及中国建设银行北京分行、上海分行、深圳分行，中国农业银行北京分行、上海分行、深圳分行，中国银行上海分行、交通银行上海分行。

其他机构组织：全国社会保障基金理事会、中国人民保险公司

赢时胜电子技术有限公司自成立起，坚持秉承“以市场为导向、以技术为后盾、以服务为保障”的经营理念。本着“一切为了用户”的服务宗旨，全天候维护服务，全面保障用户系统的可靠连续工作。热情的为客户提供快速、准确、及时的技术服务。

深圳市赢时胜电子技术有限公司

联系地址：深圳深南中路3037号南光捷佳大厦1716室

邮政编码：518033

联系电话：0755-83981299　83982396　83981194

传真号码：0755-83982396

北京分部：010-63432970　63486329

上海分部：021-58404842　58825254

公司网址：www.ysstech.com

E-mail：ysstech@vip.163.com

第四篇 政策与法规

ALMANAC OF CHINA'S SECURITIES INVESTMENT FUNDS

第一章 国家法律

第二章 行政法规、规章及规范性文件

第三章 自律性规范

第一章　国家法律

中华人民共和国证券投资基金法

（2003年10月28日第十届全国人民代表大会常务委员会第五次会议通过，自2004年6月1日起施行）

第一章　总则

第一条　为了规范证券投资基金活动，保护投资人及相关当事人的合法权益，促进证券投资基金和证券市场的健康发展，制定本法。

第二条　在中华人民共和国境内，通过公开发售基金份额募集证券投资基金（以下简称基金），由基金管理人管理，基金托管人托管，为基金份额持有人的利益，以资产组合方式进行证券投资活动，适用本法；本法未规定的，适用《中华人民共和国信托法》、《中华人民共和国证券法》和其他有关法律、行政法规的规定。

第三条　基金管理人、基金托管人和基金份额持有人的权利、义务，依照本法在基金合同中约定。

基金管理人、基金托管人依照本法和基金合同的约定，履行受托职责。基金份额持有人按其所持基金份额享受收益和承担风险。

第四条　从事证券投资基金活动，应当遵循自愿、公平、诚实信用的原则，不得损害国家利益和社会公共利益。

第五条　基金合同应当约定基金运作方式。基金运作方式可以采用封闭式、开放式或者其他方式。

采用封闭式运作方式的基金（以下简称封闭式基金），是指经核准的基金份额总额在基金合同期限内固定不变，基金份额可以在依法设立的证券交易场所交易，但基金份额持有人不得申请赎回的基金。

采用开放式运作方式的基金（以下简称开放式基金），是指基金份额总额不固定，基金份额可以在基金合同约定的时间和场所申购或者赎回的基金。

采用其他运作方式的基金的基金份额发售、交易、申购、赎回的办法，由国务院另行规定。

第六条　基金财产独立于基金管理人、基金托管人的固有财产。基金管理人、基金托管人不得将基金财产归入其固有财产。

基金管理人、基金托管人因基金财产的管理、运用或者其他情形而取得的财产和收益，归入基金财产。

基金管理人、基金托管人因依法解散、被依法撤销或者被依法宣告破产等原因进行清算的，基金财产不属于其清算财产。

第七条　基金财产的债权，不得与基金管理人、基金托管人固有财产的债务相抵销；不同基金财产的债权债务，不得相互抵销。

第八条　非因基金财产本身承担的债务，不得对基金财产强制执行。

第九条　基金管理人、基金托管人管理、运用基金财产，应当恪尽职守，履行诚实信用、谨慎勤勉的义务。

基金从业人员应当依法取得基金从业资格，遵守法律、行政法规，恪守职业道德和行为规范。

第十条　基金管理人、基金托管人和基金份额发售机构，可以成立同业协会，加强行业自律，协调行业关系，提供行业服务，促进行业发展。

第十一条　国务院证券监督管理机构依法对证券投资基金活动实施监督管理。

第二章　基金管理人

第十二条　基金管理人由依法设立的基金管理公司担任。

担任基金管理人，应当经国务院证券监督管理机构核准。

第十三条　设立基金管理公司，应当具备下列条件，并经国务院证券监督管理机构批准：

（一）有符合本法和《中华人民共和国公司法》规定的章程；

（二）注册资本不低于一亿元人民币，且必须为实缴货币资本；

（三）主要股东具有从事证券经营、证券投资咨询、信托资产管理或者其他金融资产管理的较好的经营业绩和良好的社会信誉，最近三年没有违法记录，注册资本不低于三亿元人民币；

（四）取得基金从业资格的人员达到法定人数；

（五）有符合要求的营业场所、安全防范设施和与基金管理业务有关的其他设施；

（六）有完善的内部稽核监控制度和风险控制制度；

（七）法律、行政法规规定的和经国务院批准的国务院证券监督管理机构规定的其他条件。

第十四条 国务院证券监督管理机构应当自受理基金管理公司设立申请之日起六个月内依照本法第十三条规定的条件和审慎监管原则进行审查，作出批准或者不予批准的决定，并通知申请人；不予批准的，应当说明理由。

基金管理公司设立分支机构、修改章程或者变更其他重大事项，应当报经国务院证券监督管理机构批准。国务院证券监督管理机构应当自受理申请之日起六十日内作出批准或者不予批准的决定，并通知申请人；不予批准的，应当说明理由。

第十五条 下列人员不得担任基金管理人的基金从业人员：

（一）因犯有贪污贿赂、渎职、侵犯财产罪或者破坏社会主义市场经济秩序罪，被判处刑罚的；

（二）对所任职的公司、企业因经营不善破产清算或者因违法被吊销营业执照负有个人责任的董事、监事、厂长、经理及其他高级管理人员，自该公司、企业破产清算终结或者被吊销营业执照之日起未逾五年的；

（三）个人所负债务数额较大，到期未清偿的；

（四）因违法行为被开除的基金管理人、基金托管人、证券交易所、证券公司、证券登记结算机构、期货交易所、期货经纪公司及其他机构的从业人员和国家机关工作人员；

（五）因违法行为被吊销执业证书或者被取消资格的律师、注册会计师和资产评估机构、验证机构的从业人员、投资咨询从业人员；

（六）法律、行政法规规定不得从事基金业务的其他人员。

第十六条 基金管理人的经理和其他高级管理人员，应当熟悉证券投资方面的法律、行政法规，具有基金从业资格和三年以上与其所任职务相关的工作经历。

第十七条 基金管理人的经理和其他高级管理人员的选任或者改任，应当报经国务院证券监督管理机构依照本法和其他有关法律、行政法规规定的任职条件进行审核。

第十八条 基金管理人的董事、监事、经理和其他从业人员，不得担任基金托管人或者其他基金管理人的任何职务，不得从事损害基金财产和基金份额持有人利益的证券交易及其他活动。

第十九条 基金管理人应当履行下列职责：

（一）依法募集基金，办理或者委托经国务院证券监督管理机构认定的其他机构代为办理基金份额的发售、申购、赎回和登记事宜；

（二）办理基金备案手续；

（三）对所管理的不同基金财产分别管理、分别记账，进行证券投资；

（四）按照基金合同的约定确定基金收益分配方案，及时向基金份额持有人分配收益；

（五）进行基金会计核算并编制基金财务会计报告；

（六）编制中期和年度基金报告；

（七）计算并公告基金资产净值，确定基金份额申购、赎回价格；

（八）办理与基金财产管理业务活动有关的信息披露事项；

（九）召集基金份额持有人大会；

（十）保存基金财产管理业务活动的记录、账册、报表和其他相关资料；

（十一）以基金管理人名义，代表基金份额持有人利益行使诉讼权利或者实施其他法律行为；

（十二）国务院证券监督管理机构规定的其他职责。

第二十条 基金管理人不得有下列行为：

（一）将其固有财产或者他人财产混同于基金财产从事证券投资；

（二）不公平地对待其管理的不同基金财产；

（三）利用基金财产为基金份额持有人以外的第三人牟取利益；

（四）向基金份额持有人违规承诺收益或者承担损失；

（五）依照法律、行政法规有关规定，由国务院证券监督管理机构规定禁止的其他行为。

第二十一条 国务院证券监督管理机构对有下列情形之一的基金管理人，依据职权责令整顿，或者取消基金管理资格：

（一）有重大违法违规行为；

（二）不再具备本法第十三条规定的条件；

（三）法律、行政法规规定的其他情形。

第二十二条 有下列情形之一的，基金管理人职责终止：

（一）被依法取消基金管理资格；

（二）被基金份额持有人大会解任；

（三）依法解散、被依法撤销或者被依法宣告破产；

（四）基金合同约定的其他情形。

第二十三条 基金管理人职责终止的，基金份额持有人大会应当在六个月内选任新基金管理人；新基金管理人产生前，由国务院证券监督管理机构指定临时基金管理人。

基金管理人职责终止的，应当妥善保管基金管理业务资料，及时办理基金管理业务的移交手续，新基金管理人或者临时基金管理人应当及时接收。

第二十四条 基金管理人职责终止的,应当按照规定聘请会计师事务所对基金财产进行审计,并将审计结果予以公告,同时报国务院证券监督管理机构备案。

第三章 基金托管人

第二十五条 基金托管人由依法设立并取得基金托管资格的商业银行担任。

第二十六条 申请取得基金托管资格,应当具备下列条件,并经国务院证券监督管理机构和国务院银行业监督管理机构核准:

(一) 净资产和资本充足率符合有关规定;

(二) 设有专门的基金托管部门;

(三) 取得基金从业资格的专职人员达到法定人数;

(四) 有安全保管基金财产的条件;

(五) 有安全高效的清算、交割系统;

(六) 有符合要求的营业场所、安全防范设施和与基金托管业务有关的其他设施;

(七) 有完善的内部稽核监控制度和风险控制制度;

(八) 法律、行政法规规定的和经国务院批准的国务院证券监督管理机构、国务院银行业监督管理机构规定的其他条件。

第二十七条 本法第十五条、第十八条的规定,适用于基金托管人的专门基金托管部门的从业人员。

本法第十六条、第十七条的规定,适用于基金托管人的专门基金托管部门的经理和其他高级管理人员。

第二十八条 基金托管人与基金管理人不得为同一人,不得相互出资或者持有股份。

第二十九条 基金托管人应当履行下列职责:

(一) 安全保管基金财产;

(二) 按照规定开设基金财产的资金账户和证券账户;

(三) 对所托管的不同基金财产分别设置账户,确保基金财产的完整与独立;

(四) 保存基金托管业务活动的记录、账册、报表和其他相关资料;

(五) 按照基金合同的约定,根据基金管理人的投资指令,及时办理清算、交割事宜;

(六) 办理与基金托管业务活动有关的信息披露事项;

(七) 对基金财务会计报告、中期和年度基金报告出具意见;

(八) 复核、审查基金管理人计算的基金资产净值和基金份额申购、赎回价格;

(九) 按照规定召集基金份额持有人大会;

(十) 按照规定监督基金管理人的投资运作;

(十一) 国务院证券监督管理机构规定的其他职责。

第三十条 基金托管人发现基金管理人的投资指令违反法律、行政法规和其他有关规定,或者违反基金合同约定的,应当拒绝执行,立即通知基金管理人,并及时向国务院证券监督管理机构报告。

基金托管人发现基金管理人依据交易程序已经生效的投资指令违反法律、行政法规和其他有关规定,或者违反基金合同约定的,应当立即通知基金管理人,并及时向国务院证券监督管理机构报告。

第三十一条 本法第二十条的规定,适用于基金托管人。

第三十二条 国务院证券监督管理机构和国务院银行业监督管理机构对有下列情形之一的基金托管人,依据职权责令整顿,或者取消基金托管资格:

(一) 有重大违法违规行为;

(二) 不再具备本法第二十六条规定的条件;

(三) 法律、行政法规规定的其他情形。

第三十三条 有下列情形之一的,基金托管人职责终止:

(一) 被依法取消基金托管资格;

(二) 被基金份额持有人大会解任;

(三) 依法解散、被依法撤销或者被依法宣告破产;

(四) 基金合同约定的其他情形。

第三十四条 基金托管人职责终止的,基金份额持有人大会应当在六个月内选任新基金托管人,新基金托管人产生前,由国务院证券监督管理机构指定临时基金托管人。

基金托管人职责终止的,应当妥善保管基金财产和基金托管业务资料,及时办理基金财产和基金托管业务的移交手续,新基金托管人或者临时基金托管人应当及时接收。

第三十五条 基金托管人职责终止的,应当按照规定聘请会计师事务所对基金财产进行审计,并将审计结果予以公告,同时报国务院证券监督管理机构备案。

第四章 基金的募集

第三十六条 基金管理人依照本法发售基金份额,募集基金,应当向国务院证券监督管理机构提交下列文件,并经国务院证券监督管理机构核准:

(一) 申请报告;

(二) 基金合同草案;

(三) 基金托管协议草案;

(四) 招募说明书草案;

(五) 基金管理人和基金托管人的资格证明文件;

(六) 经会计师事务所审计的基金管理人和基金托管人最近三年或者成立以来的财务会计报告;

（七）律师事务所出具的法律意见书；

（八）国务院证券监督管理机构规定提交的其他文件。

第三十七条 基金合同应当包括下列内容：

（一）募集基金的目的和基金名称；

（二）基金管理人、基金托管人的名称和住所；

（三）基金运作方式；

（四）封闭式基金的基金份额总额和基金合同期限，或者开放式基金的最低募集份额总额；

（五）确定基金份额发售日期、价格和费用的原则；

（六）基金份额持有人、基金管理人和基金托管人的权利、义务；

（七）基金份额持有人大会召集、议事及表决的程序和规则；

（八）基金份额发售、交易、申购、赎回的程序、时间、地点、费用计算方式，以及给付赎回款项的时间和方式；

（九）基金收益分配原则、执行方式；

（十）作为基金管理人、基金托管人报酬的管理费、托管费的提取、支付方式与比例；

（十一）与基金财产管理、运用有关的其他费用的提取、支付方式；

（十二）基金财产的投资方向和投资限制；

（十三）基金资产净值的计算方法和公告方式；

（十四）基金募集未达到法定要求的处理方式；

（十五）基金合同解除和终止的事由、程序以及基金财产清算方式；

（十六）争议解决方式；

（十七）当事人约定的其他事项。

第三十八条 基金招募说明书应当包括下列内容：

（一）基金募集申请的核准文件名称和核准日期；

（二）基金管理人、基金托管人的基本情况；

（三）基金合同和基金托管协议的内容摘要；

（四）基金份额的发售日期、价格、费用和期限；

（五）基金份额的发售方式、发售机构及登记机构名称；

（六）出具法律意见书的律师事务所和审计基金财产的会计师事务所的名称和住所；

（七）基金管理人、基金托管人报酬及其他有关费用的提取、支付方式与比例；

（八）风险警示内容；

（九）国务院证券监督管理机构规定的其他内容。

第三十九条 国务院证券监督管理机构应当自受理基金募集申请之日起六个月内依照法律、行政法规及国务院证券监督管理机构的规定和审慎监管原则进行审查，作出核准或者不予核准的决定，并通知申请人；不予核准的，应当说明理由。

第四十条 基金募集申请经核准后，方可发售基金份额。

第四十一条 基金份额的发售，由基金管理人负责办理；基金管理人可以委托经国务院证券监督管理机构认定的其他机构代为办理。

第四十二条 基金管理人应当在基金份额发售的三日前公布招募说明书、基金合同及其他有关文件。

前款规定的文件应当真实、准确、完整。

对基金募集所进行的宣传推介活动，应当符合有关法律、行政法规的规定，不得有本法第六十四条所列行为。

第四十三条 基金管理人应当自收到核准文件之日起六个月内进行基金募集。超过六个月开始募集，原核准的事项未发生实质性变化的，应当报国务院证券监督管理机构备案；发生实质性变化的，应当向国务院证券监督管理机构重新提交申请。

基金募集不得超过国务院证券监督管理机构核准的基金募集期限。基金募集期限自基金份额发售之日起计算。

第四十四条 基金募集期限届满，封闭式基金募集的基金份额总额达到核准规模的百分之八十以上，开放式基金募集的基金份额总额超过核准的最低募集份额总额，并且基金份额持有人人数符合国务院证券监督管理机构规定的，基金管理人应当自募集期限届满之日起十日内聘请法定验资机构验资，自收到验资报告之日起十日内，向国务院证券监督管理机构提交验资报告，办理基金备案手续，并予以公告。

第四十五条 基金募集期间募集的资金应当存入专门账户，在基金募集行为结束前，任何人不得动用。

第四十六条 投资人缴纳认购的基金份额的款项时，基金合同成立；基金管理人依照本法第四十四条的规定向国务院证券监督管理机构办理基金备案手续，基金合同生效。

基金募集期限届满，不能满足本法第四十四条规定的条件的，基金管理人应当承担下列责任：

（一）以其固有财产承担因募集行为而产生的债务和费用；

（二）在基金募集期限届满后三十日内返还投资人已缴纳的款项，并加计银行同期存款利息。

第五章 基金份额的交易

第四十七条 封闭式基金的基金份额，经基金管理人申请，国务院证券监督管理机构核准，可以在证券交易所上市交易。

国务院证券监督管理机构可以授权证券交易所依照法定条件和程序核准基金份额上市交易。

第四十八条 基金份额上市交易，应当符合下列条件：

（一）基金的募集符合本法规定；

（二）基金合同期限为五年以上；

（三）基金募集金额不低于二亿元人民币；

（四）基金份额持有人不少于一千人；

（五）基金份额上市交易规则规定的其他条件。

第四十九条 基金份额上市交易规则由证券交易所制定，报国务院证券监督管理机构核准。

第五十条 基金份额上市交易后，有下列情形之一的，由证券交易所终止其上市交易，并报国务院证券监督管理机构备案：

（一）不再具备本法第四十八条规定的上市交易条件；

（二）基金合同期限届满；

（三）基金份额持有人大会决定提前终止上市交易；

（四）基金合同约定的或者基金份额上市交易规则规定的终止上市交易的其他情形。

第六章 基金份额的申购与赎回

第五十一条 开放式基金的基金份额的申购、赎回和登记，由基金管理人负责办理；基金管理人可以委托经国务院证券监督管理机构认定的其他机构代为办理。

第五十二条 基金管理人应当在每个工作日办理基金份额的申购、赎回业务；基金合同另有约定的，按照其约定。

第五十三条 基金管理人应当按时支付赎回款项，但是下列情形除外：

（一）因不可抗力导致基金管理人不能支付赎回款项；

（二）证券交易场所依法决定临时停市，导致基金管理人无法计算当日基金资产净值；

（三）基金合同约定的其他特殊情形。

发生上述情形之一的，基金管理人应当在当日报国务院证券监督管理机构备案。

本条第一款规定的情形消失后，基金管理人应当及时支付赎回款项。

第五十四条 开放式基金应当保持足够的现金或者政府债券，以备支付基金份额持有人的赎回款项。基金财产中应当保持的现金或者政府债券的具体比例，由国务院证券监督管理机构规定。

第五十五条 基金份额的申购、赎回价格，依据申购、赎回日基金份额净值加、减有关费用计算。

第五十六条 基金份额净值计价出现错误时，基金管理人应当立即纠正，并采取合理的措施防止损失进一步扩大。计价错误达到基金份额净值百分之零点五时，基金管理人应当公告，并报国务院证券监督管理机构备案。

因基金份额净值计价错误造成基金份额持有人损失的，基金份额持有人有权要求基金管理人、基金托管人予以赔偿。

第七章 基金的运作与信息披露

第五十七条 基金管理人运用基金财产进行证券投资，应当采用资产组合的方式。

资产组合的具体方式和投资比例，依照本法和国务院证券监督管理机构的规定在基金合同中约定。

第五十八条 基金财产应当用于下列投资：

（一）上市交易的股票、债券；

（二）国务院证券监督管理机构规定的其他证券品种。

第五十九条 基金财产不得用于下列投资或者活动：

（一）承销证券；

（二）向他人贷款或者提供担保；

（三）从事承担无限责任的投资；

（四）买卖其他基金份额，但是国务院另有规定的除外；

（五）向其基金管理人、基金托管人出资或者买卖其基金管理人、基金托管人发行的股票或者债券；

（六）买卖与其基金管理人、基金托管人有控股关系的股东或者与其基金管理人、基金托管人有其他重大利害关系的公司发行的证券或者承销期内承销的证券；

（七）从事内幕交易、操纵证券交易价格及其他不正当的证券交易活动；

（八）依照法律、行政法规有关规定，由国务院证券监督管理机构规定禁止的其他活动。

第六十条 基金管理人、基金托管人和其他基金信息披露义务人应当依法披露基金信息，并保证所披露信息的真实性、准确性和完整性。

第六十一条 基金信息披露义务人应当确保应予披露的基金信息在国务院证券监督管理机构规定时间内披露，并保证投资人能够按照基金合同约定的时间和方式查阅或者复制公开披露的信息资料。

第六十二条 公开披露的基金信息包括：

（一）基金招募说明书、基金合同、基金托管协议；

（二）基金募集情况；

（三）基金份额上市交易公告书；

（四）基金资产净值、基金份额净值；

（五）基金份额申购、赎回价格；

（六）基金财产的资产组合季度报告、财务会计报告及中期和年度基金报告；

（七）临时报告；

（八）基金份额持有人大会决议；

（九）基金管理人、基金托管人的专门基金托管部门的重大人事变动；

（十）涉及基金管理人、基金财产、基金托管业务的诉讼；

（十一）依照法律、行政法规有关规定，由国务院证券监督管理机构规定应予披露的其他信息。

第六十三条 对公开披露的基金信息出具审计报告或者法律意见书的会计师事务所、律师事务所，应当保证其所出具文件内容的真实性、准确性和完整性。

第六十四条 公开披露基金信息，不得有下列行为：

（一）虚假记载、误导性陈述或者重大遗漏；

（二）对证券投资业绩进行预测；

（三）违规承诺收益或者承担损失；

（四）诋毁其他基金管理人、基金托管人或者基金份额发售机构；

（五）依照法律、行政法规有关规定，由国务院证券监督管理机构规定禁止的其他行为。

第八章 基金合同的变更、终止与基金财产清算

第六十五条 按照基金合同的约定或者基金份额持有人大会的决议，并经国务院证券监督管理机构核准，可以转换基金运作方式。

第六十六条 封闭式基金扩募或者延长基金合同期限，应当符合下列条件，并经国务院证券监督管理机构核准：

（一）基金运营业绩良好；

（二）基金管理人最近二年内没有因违法违规行为受到行政处罚或者刑事处罚；

（三）基金份额持有人大会决议通过；

（四）本法规定的其他条件。

第六十七条 有下列情形之一的，基金合同终止：

（一）基金合同期限届满而未延期的；

（二）基金份额持有人大会决定终止的；

（三）基金管理人、基金托管人职责终止，在六个月内没有新基金管理人、新基金托管人承接的；

（四）基金合同约定的其他情形。

第六十八条 基金合同终止时，基金管理人应当组织清算组对基金财产进行清算。

清算组由基金管理人、基金托管人以及相关的中介服务机构组成。

清算组作出的清算报告经会计师事务所审计，律师事务所出具法律意见书后，报国务院证券监督管理机构备案并公告。

第六十九条 清算后的剩余基金财产，应当按照基金份额持有人所持份额比例进行分配。

第九章 基金份额持有人权利及其行使

第七十条 基金份额持有人享有下列权利：

（一）分享基金财产收益；

（二）参与分配清算后的剩余基金财产；

（三）依法转让或者申请赎回其持有的基金份额；

（四）按照规定要求召开基金份额持有人大会；

（五）对基金份额持有人大会审议事项行使表决权；

（六）查阅或者复制公开披露的基金信息资料；

（七）对基金管理人、基金托管人、基金份额发售机构损害其合法权益的行为依法提起诉讼；

（八）基金合同约定的其他权利。

第七十一条 下列事项应当通过召开基金份额持有人大会审议决定：

（一）提前终止基金合同；

（二）基金扩募或者延长基金合同期限；

（三）转换基金运作方式；

（四）提高基金管理人、基金托管人的报酬标准；

（五）更换基金管理人、基金托管人；

（六）基金合同约定的其他事项。

第七十二条 基金份额持有人大会由基金管理人召集；基金管理人未按规定召集或者不能召集时，由基金托管人召集。

代表基金份额百分之十以上的基金份额持有人就同一事项要求召开基金份额持有人大会，而基金管理人、基金托管人都不召集的，代表基金份额百分之十以上的基金份额持有人有权自行召集，并报国务院证券监督管理机构备案。

第七十三条 召开基金份额持有人大会，召集人应当至少提前三十日公告基金份额持有人大会的召开时间、会议形式、审议事项、议事程序和表决方式等事项。

基金份额持有人大会不得就未经公告的事项进行表决。

第七十四条 基金份额持有人大会可以采取现场方式召开，也可以采取通讯等方式召开。

每一基金份额具有一票表决权，基金份额持有人可以委托代理人出席基金份额持有人大会并行使表决权。

第七十五条 基金份额持有人大会应当有代表百分之五十以上基金份额的持有人参加，方可召开；大会就审议事项作出决定，应当经参加大会的基金份额持有人

所持表决权的百分之五十以上通过；但是，转换基金运作方式、更换基金管理人或者基金托管人、提前终止基金合同，应当经参加大会的基金份额持有人所持表决权的三分之二以上通过。

基金份额持有人大会决定的事项，应当依法报国务院证券监督管理机构核准或者备案，并予以公告。

第十章　监督管理

第七十六条　国务院证券监督管理机构依法履行下列职责：

（一）依法制定有关证券投资基金活动监督管理的规章、规则，并依法行使审批或者核准权；

（二）办理基金备案；

（三）对基金管理人、基金托管人及其他机构从事证券投资基金活动进行监督管理，对违法行为进行查处，并予以公告；

（四）制定基金从业人员的资格标准和行为准则，并监督实施；

（五）监督检查基金信息的披露情况；

（六）指导和监督基金同业协会的活动；

（七）法律、行政法规规定的其他职责。

第七十七条　国务院证券监督管理机构依法履行职责，有权采取下列措施：

（一）进入违法行为发生场所调查取证；

（二）询问当事人和与被调查事件有关的单位和个人，要求其对与被调查事件有关的事项作出说明；

（三）查阅、复制当事人和与被调查事件有关的单位和个人的证券交易记录、登记过户记录、财务会计资料及其他相关文件和资料，对可能被转移或者隐匿的文件和资料予以封存；

（四）查询当事人和与被调查事件有关的单位和个人的资金账户、证券账户或者基金账户，对有证据证明有转移或者隐匿违法资金、证券迹象的，可以申请司法机关予以冻结；

（五）法律、行政法规规定的其他措施。

第七十八条　国务院证券监督管理机构工作人员依法履行职责，进行调查或者检查时，不得少于二人，并应当出示合法证件；对调查或者检查中知悉的商业秘密负有保密的义务。

第七十九条　国务院证券监督管理机构工作人员应当忠于职守，依法办事，公正廉洁，接受监督，不得利用职务牟取私利。

第八十条　国务院证券监督管理机构依法履行职责时，被调查、检查的单位和个人应当配合，如实提供有关文件和资料，不得拒绝、阻碍和隐瞒。

第八十一条　国务院证券监督管理机构依法履行职责，发现违法行为涉嫌犯罪的，应当将案件移送司法机关处理。

第八十二条　国务院证券监督管理机构工作人员不得在被监管的机构中兼任职务。

第十一章　法律责任

第八十三条　基金管理人、基金托管人在履行各自职责的过程中，违反本法规定或者基金合同约定，给基金财产或者基金份额持有人造成损害的，应当分别对各自的行为依法承担赔偿责任；因共同行为给基金财产或者基金份额持有人造成损害的，应当承担连带赔偿责任。

第八十四条　违反本法第四十五条规定，动用募集的资金的，责令返还，没收违法所得；违法所得五十万元以上的，并处违法所得一倍以上五倍以下罚款；没有违法所得或者违法所得不足五十万元的，并处五万元以上五十万元以下罚款；对直接负责的主管人员和其他直接责任人员给予警告，并处三万元以上三十万元以下罚款；给投资人造成损害的，依法承担赔偿责任；构成犯罪的，依法追究刑事责任。

第八十五条　未经国务院证券监督管理机构核准，擅自募集基金的，责令停止，返还所募资金和加计的银行同期存款利息，没收违法所得，并处所募资金金额百分之一以上百分之五以下罚款；构成犯罪的，依法追究刑事责任。

第八十六条　违反本法规定，未经批准，擅自设立基金管理公司的，由证券监督管理机构予以取缔，并处五万元以上五十万元以下罚款；构成犯罪的，依法追究刑事责任。

第八十七条　未经国务院证券监督管理机构核准，擅自从事基金管理业务或者基金托管业务的，责令停止，没收违法所得；违法所得一百万元以上的，并处违法所得一倍以上五倍以下罚款；没有违法所得或者违法所得不足一百万元的，并处十万元以上一百万元以下罚款；给基金财产或者基金份额持有人造成损害的，依法承担赔偿责任；对直接负责的主管人员和其他直接责任人员给予警告，并处三万元以上三十万元以下罚款；构成犯罪的，依法追究刑事责任。

第八十八条　基金管理人、基金托管人违反本法规定，未对基金财产实行分别管理或者分账保管，或者将基金财产挪作他用的，责令改正，处五万元以上五十万元以下罚款；给基金财产或者基金份额持有人造成损害的，依法承担赔偿责任；对直接负责的主管人员和其他直接责任人员给予警告，暂停或者取消基金从业资格，并处三万元以上三十万元以下罚款；构成犯罪的，依法追究刑事责任。

基金管理人、基金托管人将基金财产挪作他用而取得的财产和收益，归入基金财产。但是，法律、行政法规另有规定的，依照其规定。

第八十九条 基金管理人、基金托管人有本法第二十条所列行为之一的，责令改正，没收违法所得；违法所得一百万元以上的，并处违法所得一倍以上五倍以下罚款；没有违法所得或者违法所得不足一百万元的，并处十万元以上一百万元以下罚款；给基金财产或者基金份额持有人造成损害的，依法承担赔偿责任；对直接负责的主管人员和其他直接责任人员给予警告，暂停或者取消基金从业资格，并处三万元以上三十万元以下罚款；构成犯罪的，依法追究刑事责任。

第九十条 基金管理人、基金托管人有本法第五十九条第一项至第六项和第八项所列行为之一的，责令改正，处十万元以上一百万元以下罚款；给基金财产或者基金份额持有人造成损害的，依法承担赔偿责任；对直接负责的主管人员和其他直接责任人员给予警告，暂停或者取消基金从业资格，并处三万元以上三十万元以下罚款；构成犯罪的，依法追究刑事责任。

基金管理人、基金托管人有前款行为，运用基金财产而取得的财产和收益，归入基金财产。但是，法律、行政法规另有规定的，依照其规定。

第九十一条 基金管理人、基金托管人有本法第五十九条第七项规定行为的，除依照《中华人民共和国证券法》的有关规定处罚外，对直接负责的主管人员和其他直接责任人员给予警告，暂停或者取消基金从业资格，并处三万元以上三十万元以下罚款；给基金财产或者基金份额持有人造成损害的，依法承担赔偿责任。

第九十二条 基金管理人、基金托管人违反本法规定，相互出资或者持有股份的，责令改正，可以处十万元以下罚款。

第九十三条 基金信息披露义务人不依法披露基金信息或者披露的信息有虚假记载、误导性陈述或者重大遗漏的，责令改正，没收违法所得，并处十万元以上一百万元以下罚款；给基金份额持有人造成损害的，依法承担赔偿责任；对直接负责的主管人员和其他直接责任人员给予警告，暂停或者取消基金从业资格，并处三万元以上三十万元以下罚款；构成犯罪的，依法追究刑事责任。

第九十四条 为基金信息披露义务人公开披露的基金信息出具审计报告、法律意见书等文件的专业机构就其所应负责的内容弄虚作假的，责令改正，没收违法所得，并处违法所得一倍以上五倍以下罚款；情节严重的，责令停业，暂停或者取消直接责任人员的相关资格；给基金份额持有人造成损害的，依法承担赔偿责任；构成犯罪的，依法追究刑事责任。

第九十五条 基金管理人或者基金托管人不按照规定召集基金份额持有人大会的，责令改正，可以处五万元以下罚款；对直接负责的主管人员和其他直接责任人员给予警告，暂停或者取消基金从业资格。

第九十六条 基金管理人、基金托管人违反本法规定，情节严重的，依法取消基金管理资格或者基金托管资格。

第九十七条 基金管理人、基金托管人的专门基金托管部门的从业人员违反本法第十八条规定，给基金财产或者基金份额持有人造成损害的，依法承担赔偿责任；情节严重的，取消基金从业资格；构成犯罪的，依法追究刑事责任。

第九十八条 证券监督管理机构工作人员玩忽职守、滥用职权、徇私舞弊或者利用职务上的便利索取或者收受他人财物的，依法给予行政处分；构成犯罪的，依法追究刑事责任。

第九十九条 违反本法规定，应当承担民事赔偿责任和缴纳罚款、罚金，其财产不足以同时支付时，先承担民事赔偿责任。

第一百条 依照本法规定，基金管理人、基金托管人应当承担的民事赔偿责任和缴纳的罚款、罚金，由基金管理人、基金托管人以其固有财产承担。

依法收缴的罚款、罚金和没收的违法所得，应当全部上缴国库。

第十二章 附 则

第一百零一条 基金管理公司或者国务院批准的其他机构，向特定对象募集资金或者接受特定对象财产委托从事证券投资活动的具体管理办法，由国务院根据本法的原则另行规定。

第一百零二条 通过公开发行股份募集资金，设立证券投资公司，从事证券投资等活动的管理办法，由国务院另行规定。

第一百零三条 本法自2004年6月1日起施行。

中华人民共和国信托法

（2001年4月28日第九届全国人民代表大会常务委员会第二十一次会议通过）

第一章 总 则

第一条 为了调整信托关系，规范信托行为，保护信托当事人的合法权益，促进信托事业的健康发展，制定本法。

第二条 本法所称信托，是指委托人基于对受托人的信任，将其财产权委托给受托人，由受托人按委托人的意愿以自己的名义，为受益人的利益或者特定目的，进行管理或者处分的行为。

第三条 委托人、受托人、受益人（以下统称信托当事人）在中华人民共和国境内进行民事、营业、公益信托活动，适用本法。

第四条 受托人采取信托机构形式从事信托活动，其组织和管理由国务院制定具体办法。

第五条 信托当事人进行信托活动，必须遵守法律、行政法规，遵循自愿、公平和诚实信用原则，不得损害国家利益和社会公共利益。

第二章 信托的设立

第六条 设立信托，必须有合法的信托目的。

第七条 设立信托，必须有确定的信托财产，并且该信托财产必须是委托人合法所有的财产。

本法所称财产包括合法的财产权利。

第八条 设立信托，应当采取书面形式。

书面形式包括信托合同、遗嘱或者法律、行政法规规定的其他书面文件等。

采取信托合同形式设立信托的，信托合同签订时，信托成立。采取其他书面形式设立信托的，受托人承诺信托时，信托成立。

第九条 设立信托，其书面文件应当载明下列事项：

（一）信托目的；

（二）委托人、受托人的姓名或者名称、住所；

（三）受益人或者受益人范围；

（四）信托财产的范围、种类及状况；

（五）受益人取得信托利益的形式、方法。

除前款所列事项外，可以载明信托期限、信托财产的管理方法、受托人的报酬、新受托人的选任方式、信托终止事由等事项。

第十条 设立信托，对于信托财产，有关法律、行政法规规定应当办理登记手续的，应当依法办理信托登记。

未依照前款规定办理信托登记的，应当补办登记手续；不补办的，该信托不产生效力。

第十一条 有下列情形之一的，信托无效：

（一）信托目的违反法律、行政法规或者损害社会公共利益；

（二）信托财产不能确定；

（三）委托人以非法财产或者本法规定不得设立信托的财产设立信托；

（四）专以诉讼或者讨债为目的设立信托；

（五）受益人或者受益人范围不能确定；

（六）法律、行政法规规定的其他情形。

第十二条 委托人设立信托损害其债权人利益的，债权人有权申请人民法院撤销该信托。

人民法院依照前款规定撤销信托的，不影响善意受益人已经取得的信托利益。

本条第一款规定的申请权，自债权人知道或者应当知道撤销原因之日起一年内不行使的，归于消灭。

第十三条 设立遗嘱信托，应当遵守《继承法》关于遗嘱的规定。

遗嘱指定的人拒绝或者无能力担任受托人的，由受益人另行选任受托人；受益人为无民事行为能力人或者限制民事行为能力人的，依法由其监护人代行选任。遗嘱对选任受托人另有规定的，从其规定。

第三章 信托财产

第十四条 受托人因承诺信托而取得的财产是信托财产。

受托人因信托财产的管理运用、处分或者其他情形而取得的财产，也归入信托财产。

法律、行政法规禁止流通的财产，不得作为信托财产。

法律、行政法规限制流通的财产，依法经有关主管部门批准后，可以作为信托财产。

第十五条 信托财产与委托人未设立信托的其他财产相区别。设立信托后，委托人死亡或者依法解散、被依法撤销、被宣告破产时，委托人是唯一受益人的，信托终止，信托财产作为其遗产或者清算财产；委托人不是唯一受益人的，信托存续，信托财产不作为其遗产或者清算财产；但作为共同受益人的委托人死亡或者依法解散、被依法撤销、被宣告破产时，其信托受益权作为其遗产或者清算财产。

第十六条 信托财产与属于受托人所有的财产（以下简称固有财产）相区别，不得归入受托人的固有财产或者成为固有财产的一部分。

受托人死亡或者依法解散、被依法撤销、被宣告破产而终止，信托财产不属于其遗产或者清算财产。

第十七条 除因下列情形之一外，对信托财产不得强制执行：

（一）设立信托前债权人已对该信托财产享有优先受偿的权利，并依法行使该权利的；

（二）受托人处理信托事务所产生债务，债权人要求清偿该债务的；

（三）信托财产本身应担负的税款；

（四）法律规定的其他情形。

对于违反前款规定而强制执行信托财产，委托人、受托人或者受益人有权向人民法院提出异议。

第十八条 受托人管理运用、处分信托财产所产生的债权，不得与其固有财产产生的债务相抵销。

受托人管理运用、处分不同委托人的信托财产所产生的债权债务，不得相互抵销。

第四章 信托当事人

第一节 委托人

第十九条 委托人应当是具有完全民事行为能力的自然人、法人或者依法成立的其他组织。

第二十条 委托人有权了解其信托财产的管理运用、处分及收支情况，并有权要求受托人作出说明。

委托人有权查阅、抄录或者复制与其信托财产有关的信托帐目以及处理信托事务的其他文件。

第二十一条 因设立信托时未能预见的特别事由，致使信托财产的管理方法不利于实现信托目的或者不符合受益人的利益时，委托人有权要求受托人调整该信托财产的管理方法。

第二十二条 受托人违反信托目的处分信托财产或者因违背管理职责、处理信托事务不当致使信托财产受到损失的，委托人有权申请人民法院撤销该处分行为，并有权要求受托人恢复信托财产的原状或者予以赔偿；该信托财产的受让人明知是违反信托目的而接受该财产的，应当予以返还或者予以赔偿。

前款规定的申请权，自委托人知道或者应当知道撤销原因之日起一年内不行使的，归于消灭。

第二十三条 受托人违反信托目的处分信托财产或者管理运用、处分信托财产有重大过失的，委托人有权依照信托文件的规定解任受托人，或者申请人民法院解任受托人。

第二节 受托人

第二十四条 受托人应当是具有完全民事行为能力的自然人、法人。法律、行政法规对受托人的条件另有规定的，从其规定。

第二十五条 受托人应当遵守信托文件的规定，为受益人的最大利益处理信托事务。

受托人管理信托财产，必须恪尽职守，履行诚实、信用、谨慎、有效管理的义务。

第二十六条 受托人除依照本法规定取得报酬外，不得利用信托财产为自己谋取利益。

受托人违反前款规定，利用信托财产为自己谋取利益的，所得利益归入信托财产。

第二十七条 受托人不得将信托财产转为其固有财产。受托人将信托财产转为其固有财产的，必须恢复该信托财产的原状；造成信托财产损失的，应当承担赔偿责任。

第二十八条 受托人不得将其固有财产与信托财产进行交易或者将不同委托人的信托财产进行相互交易；但信托文件另有规定或者经委托人或者受益人同意，并以公平的市场价格进行交易的除外。

受托人违反前款规定，造成信托财产损失的，应当承担赔偿责任。

第二十九条 受托人必须将信托财产与其固有财产分别管理、分别记帐，并将不同委托人的信托财产分别管理、分别记帐。

第三十条 受托人应当自己处理信托事务，但信托文件另有规定或者有不得已事由的，可以委托他人代为处理。

受托人依法将信托事务委托他人代理的，应当对他人处理信托事务的行为承担责任。

第三十一条 同一信托的受托人有两个以上的，为共同受托人。

共同受托人应当共同处理信托事务，但信托文件规定对某些具体事务由受托人分别处理的，从其规定。

共同受托人共同处理信托事务，意见不一致时，按信托文件规定处理；信托文件未规定的，由委托人、受益人或者其利害关系人决定。

第三十二条 共同受托人处理信托事务对第三人所负债务，应当承担连带清偿责任。第三人对共同受托人之一所作的意思表示，对其他受托人同样有效。

共同受托人之一违反信托目的处分信托财产或者因违背管理职责、处理信托事务不当致使信托财产受到损失的，其他受托人应当承担连带赔偿责任。

第三十三条 受托人必须保存处理信托事务的完整

记录。

受托人应当每年定期将信托财产的管理运用、处分及收支情况，报告委托人和受益人。

受托人对委托人、受益人以及处理信托事务的情况和资料负有依法保密的义务。

第三十四条 受托人以信托财产为限向受益人承担支付信托利益的义务。

第三十五条 受托人有权依照信托文件的约定取得报酬。信托文件未作事先约定的，经信托当事人协商同意，可以作出补充约定；未作事先约定和补充约定的，不得收取报酬。

约定的报酬经信托当事人协商同意，可以增减其数额。

第三十六条 受托人违反信托目的处分信托财产或者因违背管理职责、处理信托事务不当致使信托财产受到损失的，在未恢复信托财产的原状或者未予赔偿前，不得请求给付报酬。

第三十七条 受托人因处理信托事务所支出的费用、对第三人所负债务，以信托财产承担。受托人以其固有财产先行支付的，对信托财产享有优先受偿的权利。

受托人违背管理职责或者处理信托事务不当对第三人所负债务或者自己所受到的损失，以其固有财产承担。

第三十八条 设立信托后，经委托人和受益人同意，受托人可以辞任。本法对公益信托的受托人辞任另有规定的，从其规定。

受托人辞任的，在新受托人选出前仍应履行管理信托事务的职责。

第三十九条 受托人有下列情形之一的，其职责终止：

（一）死亡或者被依法宣告死亡；

（二）被依法宣告为无民事行为能力人或者限制民事行为能力人；

（三）被依法撤销或者被宣告破产；

（四）依法解散或者法定资格丧失；

（五）辞任或者被解任；

（六）法律、行政法规规定的其他情形。

受托人职责终止时，其继承人或者遗产管理人、监护人、清算人应当妥善保管信托财产，协助新受托人接管信托事务。

第四十条 受托人职责终止的，依照信托文件规定选任新受托人；信托文件未规定的，由委托人选任；委托人不指定或者无能力指定的，由受益人选任；受益人为无民事行为能力人或者限制民事行为能力人的，依法由其监护人代行选任。

原受托人处理信托事务的权利和义务，由新受托人承继。

第四十一条 受托人有本法第三十九条第一款第（三）项至第（六）项所列情形之一，职责终止的，应当作出处理信托事务的报告，并向新受托人办理信托财产和信托事务的移交手续。

前款报告经委托人或者受益人认可，原受托人就报告中所列事项解除责任。但原受托人有不正当行为的除外。

第四十二条 共同受托人之一职责终止的，信托财产由其他受托人管理和处分。

第三节 受益人

第四十三条 受益人是在信托中享有信托受益权的人。受益人可以是自然人、法人或者依法成立的其他组织。

委托人可以是受益人，也可以是同一信托的唯一受益人。

受托人可以是受益人，但不得是同一信托的唯一受益人。

第四十四条 受益人自信托生效之日起享有信托受益权。信托文件另有规定的，从其规定。

第四十五条 共同受益人按照信托文件的规定享受信托利益。信托文件对信托利益的分配比例或者分配方法未作规定的，各受益人按照均等的比例享受信托利益。

第四十六条 受益人可以放弃信托受益权。

全体受益人放弃信托受益权的，信托终止。

部分受益人放弃信托受益权的，被放弃的信托受益权按下列顺序确定归属：

（一）信托文件规定的人；

（二）其他受益人；

（三）委托人或者其继承人。

第四十七条 受益人不能清偿到期债务的，其信托受益权可以用于清偿债务，但法律、行政法规以及信托文件有限制性规定的除外。

第四十八条 受益人的信托受益权可以依法转让和继承，但信托文件有限制性规定的除外。

第四十九条 受益人可以行使本法第二十条至第二十三条规定的委托人享有的权利。受益人行使上述权利，与委托人意见不一致时，可以申请人民法院作出裁定。

受托人有本法第二十二条第一款所列行为，共同受益人之一申请人民法院撤销该处分行为的，人民法院所作出的撤销裁定，对全体共同受益人有效。

第五章 信托的变更与终止

第五十条 委托人是唯一受益人的，委托人或者其继承人可以解除信托。信托文件另有规定的，从其规定。

第五十一条 设立信托后，有下列情形之一的，委托人可以变更受益人或者处分受益人的信托受益权：

（一）受益人对委托人有重大侵权行为；

（二）受益人对其他共同受益人有重大侵权行为；

（三）经受益人同意；

（四）信托文件规定的其他情形。

有前款第（一）项、第（三）项、第（四）项所列情形之一的，委托人可以解除信托。

第五十二条 信托不因委托人或者受托人的死亡、丧失民事行为能力、依法解散、被依法撤销或者被宣告破产而终止，也不因受托人的辞任而终止。但本法或者信托文件另有规定的除外。

第五十三条 有下列情形之一的，信托终止：

（一）信托文件规定的终止事由发生；

（二）信托的存续违反信托目的；

（三）信托目的已经实现或者不能实现；

（四）信托当事人协商同意；

（五）信托被撤销；

（六）信托被解除。

第五十四条 信托终止的，信托财产归属于信托文件规定的人；信托文件未规定的，按下列顺序确定归属：

（一）受益人或者其继承人；

（二）委托人或者其继承人。

第五十五条 依照前条规定，信托财产的归属确定后，在该信托财产转移给权利归属人的过程中，信托视为存续，权利归属人视为受益人。

第五十六条 信托终止后，人民法院依据本法第十七条的规定对原信托财产进行强制执行的，以权利归属人为被执行人。

第五十七条 信托终止后，受托人依照本法规定行使请求给付报酬、从信托财产中获得补偿的权利时，可以留置信托财产或者对信托财产的权利归属人提出请求。

第五十八条 信托终止的，受托人应当作出处理信托事务的清算报告。受益人或者信托财产的权利归属人对清算报告无异议的，受托人就清算报告所列事项解除责任。但受托人有不正当行为的除外。

第六章 公益信托

第五十九条 公益信托适用本章规定。本章未规定的，适用本法及其他相关法律的规定。

第六十条 为了下列公共利益目的之一而设立的信托，属于公益信托：

（一）救济贫困；

（二）救助灾民；

（三）扶助残疾人；

（四）发展教育、科技、文化、艺术、体育事业；

（五）发展医疗卫生事业；

（六）发展环境保护事业，维护生态环境；

（七）发展其他社会公益事业。

第六十一条 国家鼓励发展公益信托。

第六十二条 公益信托的设立和确定其受托人，应当经有关公益事业的管理机构（以下简称公益事业管理机构）批准。

未经公益事业管理机构的批准，不得以公益信托的名义进行活动。

公益事业管理机构对于公益信托活动应当给予支持。

第六十三条 公益信托的信托财产及其收益，不得用于非公益目的。

第六十四条 公益信托应当设置信托监察人。

信托监察人由信托文件规定。信托文件未规定的，由公益事业管理机构指定。

第六十五条 信托监察人有权以自己的名义，为维护受益人的利益，提起诉讼或者实施其他法律行为。

第六十六条 公益信托的受托人未经公益事业管理机构批准，不得辞任。

第六十七条 公益事业管理机构应当检查受托人处理公益信托事务的情况及财产状况。

受托人应当至少每年一次作出信托事务处理情况及财产状况报告，经信托监察人认可后，报公益事业管理机构核准，并由受托人予以公告。

第六十八条 公益信托的受托人违反信托义务或者无能力履行其职责的，由公益事业管理机构变更受托人。

第六十九条 公益信托成立后，发生设立信托时不能预见的情形，公益事业管理机构可以根据信托目的，变更信托文件中的有关条款。

第七十条 公益信托终止的，受托人应当于终止事由发生之日起十五日内，将终止事由和终止日期报告公益事业管理机构。

第七十一条 公益信托终止的，受托人作出的处理信托事务的清算报告，应当经信托监察人认可后，报公益事业管理机构核准，并由受托人予以公告。

第七十二条 公益信托终止，没有信托财产权利归属人或者信托财产权利归属人是不特定的社会公众的，经公益事业管理机构批准，受托人应当将信托财产用于与原公益目的相近似的目的，或者将信托财产转移给具有近似目的的公益组织或者其他公益信托。

第七十三条 公益事业管理机构违反本法规定的，委托人、受托人或者受益人有权向人民法院起诉。

第七章 附 则

第七十四条 本法自2001年10月1日起施行。

中华人民共和国证券法

（1998年12月29日第九届全国人民代表大会常务委员会第六次会议通过）

中华人民共和国主席令第十二号

第一章 总 则

第一条 为了规范证券发行和交易行为，保护投资者的合法权益，维护社会经济秩序和社会公共利益，促进社会主义市场经济的发展，制定本法。

第二条 在中国境内，股票、公司债券和国务院依法认定的其他证券的发行和交易，适用本法。本法未规定的，适用《公司法》和其他法律、行政法规的规定。

政府债券的发行和交易，由法律、行政法规另行规定。

第三条 证券的发行、交易活动，必须实行公开、公平、公正的原则。

第四条 证券发行、交易活动的当事人具有平等的法律地位，应当遵守自愿、有偿、诚实信用的原则。

第五条 证券发行、交易活动，必须遵守法律、行政法规；禁止欺诈、内幕交易和操纵证券交易市场的行为。

第六条 证券业和银行业、信托业、保险业分业经营、分业管理。证券公司与银行、信托、保险业务机构分别设立。

第七条 国务院证券监督管理机构依法对全国证券市场实行集中统一监督管理。

国务院证券监督管理机构根据需要可以设立派出机构，按照授权履行监督管理职责。

第八条 在国家对证券发行、交易活动实行集中统一监督管理的前提下，依法设立证券业协会，实行自律性管理。

第九条 国家审计机关对证券交易所、证券公司、证券登记结算机构、证券监督管理机构，依法进行审计监督。

第二章 证券发行

第十条 公开发行证券，必须符合法律、行政法规规定的条件，并依法报经国务院证券监督管理机构或者国务院授权的部门核准或者审批；未经依法核准或者审批，任何单位和个人不得向社会公开发行证券。

第十一条 公开发行股票，必须依照公司法规定的条件，报经国务院证券监督管理机构核准。发行人必须向国务院证券监督管理机构提交《公司法》规定的申请文件和国务院证券监督管理机构规定的有关文件。

发行公司债券，必须依照《公司法》规定的条件，报经国务院授权的部门审批。发行人必须向国务院授权的部门提交《公司法》规定的申请文件和国务院授权的部门规定的有关文件。

第十二条 发行人依法申请公开发行证券所提交的申请文件的格式、报送方式，由依法负责核准或者审批的机构或者部门规定。

第十三条 发行人向国务院证券监督管理机构或者国务院授权的部门提交的证券发行申请文件，必须真实、准确、完整。

为证券发行出具有关文件的专业机构和人员，必须严格履行法定职责，保证其所出具文件的真实性、准确性和完整性。

第十四条 国务院证券监督管理机构设发行审核委员会，依法审核股票发行申请。

发行审核委员会由国务院证券监督管理机构的专业人员和所聘请的该机构外的有关专家组成，以投票方式对股票发行申请进行表决，提出审核意见。

发行审核委员会的具体组成办法、组成人员任期、工作程序由国务院证券监督管理机构制订，报国务院批准。

第十五条 国务院证券监督管理机构依照法定条件负责核准股票发行申请。核准程序应当公开，依法接受监督。

参与核准股票发行申请的人员，不得与发行申请单位有利害关系；不得接受发行申请单位的馈赠；不得持有所核准的发行申请的股票；不得私下与发行申请单位进行接触。

国务院授权的部门对公司债券发行申请的审批，参照前二款的规定执行。

第十六条 国务院证券监督管理机构或者国务院授权的部门应当自受理证券发行申请文件之日起三个月内作出决定；不予核准或者审批的，应当作出说明。

第十七条 证券发行申请经核准或者经审批，发行人应当依照法律、行政法规的规定，在证券公开发行前，公告公开发行募集文件，并将该文件置备于指定场所供公众查阅。

发行证券的信息依法公开前，任何知情人不得公开或者泄露该信息。

发行人不得在公告公开发行募集文件之前发行证券。

第十八条 国务院证券监督管理机构或者国务院授权的部门对已作出的核准或者审批证券发行的决定，发现不符合法律、行政法规规定的，应当予以撤销；尚未发行证券的，停止发行；已经发行的，证券持有人可以按照发行价并加算银行同期存款利息，要求发行人返还。

第十九条 股票依法发行后，发行人经营与收益的变化，由发行人自行负责；由此变化引致的投资风险，由投资者自行负责。

第二十条 上市公司发行新股，应当符合《公司法》有关发行新股的条件，可以向社会公开募集，也可以向原股东配售。

上市公司对发行股票所募资金，必须按招股说明书所列资金用途使用。改变招股说明书所列资金用途，必须经股东大会批准。擅自改变用途而未作纠正的，或者未经股东大会认可的，不得发行新股。

第二十一条 证券公司应当依照法律、行政法规的规定承销发行人向社会公开发行的证券。证券承销业务采取代销或者包销方式。

证券代销是指证券公司代发行人发售证券，在承销期结束时，将未售出的证券全部退还给发行人的承销方式。

证券包销是指证券公司将发行人的证券按照协议全部购入或者在承销期结束时将售后剩余证券全部自行购入的承销方式。

第二十二条 公开发行证券的发行人有权依法自主选择承销的证券公司。证券公司不得以不正当竞争手段招揽证券承销业务。

第二十三条 证券公司承销证券，应当同发行人签订代销或者包销协议，载明下列事项：

（一）当事人的名称、住所及法定代表人姓名；

（二）代销、包销证券的种类、数量、金额及发行价格；

（三）代销、包销的期限及起止日期；

（四）代销、包销的付款方式及日期；

（五）代销、包销的费用和结算办法；

（六）违约责任；

（七）国务院证券监督管理机构规定的其他事项。

第二十四条 证券公司承销证券，应当对公开发行募集文件的真实性、准确性、完整性进行核查；发现含有虚假记载、误导性陈述或者重大遗漏的，不得进行销售活动；已经销售的，必须立即停止销售活动，并采取纠正措施。

第二十五条 向社会公开发行的证券票面总值超过人民币五千万元的，应当由承销团承销。承销团应当由主承销和参与承销的证券公司组成。

第二十六条 证券的代销、包销期最长不得超过九十日。

证券公司在代销、包销期内，对所代销、包销的证券应当保证先行出售给认购人，证券公司不得为本公司事先预留所代销的证券和预先购入并留存所包销的证券。

第二十七条 证券公司包销证券的，应当在包销期满后的十五日内，将包销情况报国务院证券监督管理机构备案。

证券公司代销证券的，应当在代销期满后的十五日内，与发行人共同将证券代销情况报国务院证券监督管理机构备案。

第二十八条 股票发行采取溢价发行的，其发行价格由发行人与承销的证券公司协商确定，报国务院证券监督管理机构核准。

第二十九条 境内企业直接或者间接到境外发行证券或者将其证券在境外上市交易，必须经国务院证券监督管理机构批准。

第三章　证券交易

第一节　一般规定

第三十条 证券交易当事人依法买卖的证券，必须是依法发行并交付的证券。

非依法发行的证券，不得买卖。

第三十一条 依法发行的股票、公司债券及其他证券，法律对其转让期限有限制性规定的，在限定的期限内，不得买卖。

第三十二条 经依法核准的上市交易的股票、公司债券及其他证券，应当在证券交易所挂牌交易。

第三十三条 证券在证券交易所挂牌交易，应当采用公开的集中竞价交易方式。

证券交易的集中竞价应当实行价格优先、时间优先的原则。

第三十四条 证券交易当事人买卖的证券可以采用纸面形式或者国务院证券监督管理机构规定的其他形式。

第三十五条 证券交易以现货进行交易。

第三十六条 证券公司不得从事向客户融资或者融

券的证券交易活动。

第三十七条 证券交易所、证券公司、证券登记结算机构从业人员、证券监督管理机构工作人员和法律、行政法规禁止参与股票交易的其他人员，在任期或者法定限期内，不得直接或者以化名、借他人名义持有、买卖股票，也不得收受他人赠送的股票。

任何人在成为前款所列人员时，其原已持有的股票，必须依法转让。

第三十八条 证券交易所、证券公司、证券登记结算机构必须依法为客户所开立的帐户保密。

第三十九条 为股票发行出具审计报告、资产评估报告或者法律意见书等文件的专业机构和人员，在该股票承销期内和期满后六个月内，不得买卖该种股票。

除前款规定外，为上市公司出具审计报告、资产评估报告或者法律意见书等文件的专业机构和人员，自接受上市公司委托之日起至上述文件公开后五日内，不得买卖该种股票。

第四十条 证券交易的收费必须合理，并公开收费项目、收费标准和收费办法。

证券交易的收费项目、收费标准和管理办法由国务院有关管理部门统一规定。

第四十一条 持有一个股份有限公司已发行的股份百分之五的股东，应当在其持股数额达到该比例之日起三日内向该公司报告，公司必须在接到报告之日起三日内向国务院证券监督管理机构报告；属于上市公司的，应当同时向证券交易所报告。

第四十二条 前条规定的股东，将其所持有的该公司的股票在买入后六个月内卖出，或者在卖出后六个月内又买入，由此所得收益归该公司所有，公司董事会应当收回该股东所得收益。但是，证券公司因包销购入售后剩余股票而持有百分之五以上股份的，卖出该股票时不受六个月时间限制。

公司董事会不按照前款规定执行的，其他股东有权要求董事会执行。

公司董事会不按照第一款的规定执行，致使公司遭受损害的，负有责任的董事依法承担连带赔偿责任。

第二节 证券上市

第四十三条 股份有限公司申请其股票上市交易，必须报经国务院证券监督管理机构核准。

国务院证券监督管理机构可以授权证券交易所依照法定条件和法定程序核准股票上市申请。

第四十四条 国家鼓励符合产业政策同时又符合上市条件的公司股票上市交易。

第四十五条 向国务院证券监督管理机构提出股票上市交易申请时，应当提交下列文件：

（一）上市报告书；

（二）申请上市的股东大会决议；

（三）公司章程；

（四）公司营业执照；

（五）经法定验证机构验证的公司最近三年的或者公司成立以来的财务会计报告；

（六）法律意见书和证券公司的推荐书；

（七）最近一次的招股说明书。

第四十六条 股票上市交易申请经国务院证券监督管理机构核准后，其发行人应当向证券交易所提交核准文件和前条规定的有关文件。

证券交易所应当自接到该股票发行人提交的前款规定的文件之日起六个月内，安排该股票上市交易。

第四十七条 股票上市交易申请经证券交易所同意后，上市公司应当在上市交易的五日前公告经核准的股票上市的有关文件，并将该文件置备于指定场所供公众查阅。

第四十八条 上市公司除公告前条规定的上市申请文件外，还应当公告下列事项：

（一）股票获准在证券交易所交易的日期；

（二）持有公司股份最多的前十名股东的名单和持股数额；

（三）董事、监事、经理及有关高级管理人员的姓名及其持有本公司股票和债券的情况。

第四十九条 上市公司丧失《公司法》规定的上市条件的，其股票依法暂停上市或者终止上市。

第五十条 公司申请其发行的公司债券上市交易，必须报经国务院证券监督管理机构核准。

国务院证券监督管理机构可以授权证券交易所依照法定条件和法定程序核准公司债券上市申请。

第五十一条 公司申请其公司债券上市交易必须符合下列条件：

（一）公司债券的期限为一年以上；

（二）公司债券实际发行额不少于人民币五千万元；

（三）公司申请其债券上市时仍符合法定的公司债券发行条件。

第五十二条 向国务院证券监督管理机构提出公司债券上市交易申请时，应当提交下列文件：

（一）上市报告书；

（二）申请上市的董事会决议；

（三）公司章程；

（四）公司营业执照；

（五）公司债券募集办法；

（六）公司债券的实际发行数额。

第五十三条 公司债券上市交易申请经国务院证券监督管理机构核准后，其发行人应当向证券交易所提交核准文件和前条规定的有关文件。

证券交易所应当自接到该债券发行人提交的前款规定的文件之日起三个月内，安排该债券上市交易。

第五十四条 公司债券上市交易申请经证券交易所同意后，发行人应当在公司债券上市交易的五日前公告公司债券上市报告、核准文件及有关上市申请文件，并将其申请文件置备于指定场所供公众查阅。

第五十五条 公司债券上市交易后，公司有下列情形之一的，由国务院证券监督管理机构决定暂停其公司债券上市交易：

（一）公司有重大违法行为；

（二）公司情况发生重大变化不符合公司债券上市条件；

（三）公司债券所募集资金不按照审批机关批准的用途使用；

（四）未按照公司债券募集办法履行义务；

（五）公司最近二年连续亏损。

第五十六条 公司有前条第（一）项、第（四）项所列情形之一经查实后果严重的，或者有前条第（二）项、第（三）项、第（五）项所列情形之一，在限期内未能消除的，由国务院证券监督管理机构决定终止该公司债券上市。

公司解散、依法被责令关闭或者被宣告破产的，由证券交易所终止其公司债券上市，并报国务院证券监督管理机构备案。

第五十七条 国务院证券监督管理机构可以授权证券交易所依法暂停或者终止股票或者公司债券上市。

第三节 持续信息公开

第五十八条 经国务院证券监督管理机构核准依法发行股票，或者经国务院授权的部门批准依法发行公司债券，依照《公司法》的规定，应当公告招股说明书、公司债券募集办法。依法发行新股或者公司债券的，还应当公告财务会计报告。

第五十九条 公司公告的股票或者公司债券的发行和上市文件，必须真实、准确、完整，不得有虚假记载、误导性陈述或者重大遗漏。

第六十条 股票或者公司债券上市交易的公司，应当在每一会计年度的上半年结束之日起二个月内，向国务院证券监督管理机构和证券交易所提交记载以下内容的中期报告，并予公告：

（一）公司财务会计报告和经营情况；

（二）涉及公司的重大诉讼事项；

（三）已发行的股票、公司债券变动情况；

（四）提交股东大会审议的重要事项；

（五）国务院证券监督管理机构规定的其他事项。

第六十一条 股票或者公司债券上市交易的公司，应当在每一会计年度结束之日起四个月内，向国务院证券监督管理机构和证券交易所提交记载以下内容的年度报告，并予公告：

（一）公司概况；

（二）公司财务会计报告和经营情况；

（三）董事、监事、经理及有关高级管理人员简介及其持股情况；

（四）已发行的股票、公司债券情况，包括持有公司股份最多的前十名股东名单和持股数额；

（五）国务院证券监督管理机构规定的其他事项。

第六十二条 发生可能对上市公司股票交易价格产生较大影响、而投资者尚未得知的重大事件时，上市公司应当立即将有关该重大事件的情况向国务院证券监督管理机构和证券交易所提交临时报告，并予公告，说明事件的实质。

下列情况为前款所称重大事件：

（一）公司的经营方针和经营范围的重大变化；

（二）公司的重大投资行为和重大的购置财产的决定；

（三）公司订立重要合同，而该合同可能对公司的资产、负债、权益和经营成果产生重要影响；

（四）公司发生重大债务和未能清偿到期重大债务的违约情况；

（五）公司发生重大亏损或者遭受超过净资产百分之十以上的重大损失；

（六）公司生产经营的外部条件发生的重大变化；

（七）公司的董事长，三分之一以上的董事，或者经理发生变动；

（八）持有公司百分之五以上股份的股东，其持有股份情况发生较大变化；

（九）公司减资、合并、分立、解散及申请破产的决定；

（十）涉及公司的重大诉讼，法院依法撤销股东大会、董事会决议；

（十一）法律、行政法规规定的其他事项。

第六十三条 发行人、承销的证券公司公告招股说明书、公司债券募集办法、财务会计报告、上市报告文件、年度报告、中期报告、临时报告，存在虚假记载、误导性陈述或者有重大遗漏，致使投资者在证券交易中遭受损失的，发行人、承销的证券公司应当承担赔偿责任，发行人、承销的证券公司的负有责任的董事、监事、经理应当承担连带赔偿责任。

第六十四条 依照法律、行政法规规定必须作出的公告，应当在国家有关部门规定的报刊上或者在专项出版的公报上刊登，同时将其置备于公司住所、证券交易所，供社会公众查阅。

第六十五条 国务院证券监督管理机构对上市公司年度报告、中期报告、临时报告以及公告的情况进行监督，对上市公司分派或者配售新股的情况进行监督。

证券监督管理机构、证券交易所、承销的证券公司及有关人员，对公司依照法律、行政法规规定必须作出的公告，在公告前不得泄露其内容。

第六十六条 国务院证券监督管理机构对有重大违法行为或者不具备其他上市条件的上市公司取消其上市资格的，应当及时作出公告。

证券交易所依照授权作出前款规定的决定时，应当及时作出公告，并报国务院证券监督管理机构备案。

第四节 禁止的交易行为

第六十七条 禁止证券交易内幕信息的知情人员利用内幕信息进行证券交易活动。

第六十八条 下列人员为知悉证券交易内幕信息的知情人员：

（一）发行股票或者公司债券的公司董事、监事、经理、副经理及有关的高级管理人员；

（二）持有公司百分之五以上股份的股东；

（三）发行股票公司的控股公司的高级管理人员；

（四）由于所任公司职务可以获取公司有关证券交易信息的人员；

（五）证券监督管理机构工作人员以及由于法定的职责对证券交易进行管理的其他人员；

（六）由于法定职责而参与证券交易的社会中介机构或者证券登记结算机构、证券交易服务机构的有关人员；

（七）国务院证券监督管理机构规定的其他人员。

第六十九条 证券交易活动中，涉及公司的经营、财务或者对该公司证券的市场价格有重大影响的尚未公开的信息，为内幕信息。

下列各项信息皆属内幕信息：

（一）本法第六十二条第二款所列重大事件；

（二）公司分配股利或者增资的计划；

（三）公司股权结构的重大变化；

（四）公司债务担保的重大变更；

（五）公司营业用主要资产的抵押、出售或者报废一次超过该资产的百分之三十；

（六）公司的董事、监事、经理、副经理或者其他高级管理人员的行为可能依法承担重大损害赔偿责任；

（七）上市公司收购的有关方案；

（八）国务院证券监督管理机构认定的对证券交易价格有显著影响的其他重要信息。

第七十条 知悉证券交易内幕信息的知情人员或者非法获取内幕信息的其他人员，不得买入或者卖出所持有的该公司的证券，或者泄露该信息或者建议他人买卖该证券。

持有百分之五以上股份的股东收购上市公司的股份，本法另有规定的，适用其规定。

第七十一条 禁止任何人以下列手段获取不正当利益或者转嫁风险：

（一）通过单独或者合谋，集中资金优势、持股优势或者利用信息优势联合或者连续买卖，操纵证券交易价格；

（二）与他人串通，以事先约定的时间、价格和方式相互进行证券交易或者相互买卖并不持有的证券，影响证券交易价格或者证券交易量；

（三）以自己为交易对象，进行不转移所有权的自买自卖，影响证券交易价格或者证券交易量；

（四）以其他方法操纵证券交易价格。

第七十二条 禁止国家工作人员、新闻传播媒介从业人员和有关人员编造并传播虚假信息，严重影响证券交易。

禁止证券交易所、证券公司、证券登记结算机构、证券交易服务机构、社会中介机构及其从业人员，证券业协会、证券监督管理机构及其工作人员，在证券交易活动中作出虚假陈述或者信息误导。

各种传播媒介传播证券交易信息必须真实、客观，禁止误导。

第七十三条 在证券交易中，禁止证券公司及其从业人员从事下列损害客户利益的欺诈行为：

（一）违背客户的委托为其买卖证券；

（二）不在规定时间内向客户提供交易的书面确认文件；

（三）挪用客户所委托买卖的证券或者客户帐户上的资金；

（四）私自买卖客户帐户上的证券，或者假借客户的名义买卖证券；

（五）为牟取佣金收入，诱使客户进行不必要的证券买卖；

（六）其他违背客户真实意思表示，损害客户利益的行为。

第七十四条 在证券交易中，禁止法人以个人名义开立帐户，买卖证券。

第七十五条 在证券交易中，禁止任何人挪用公款买卖证券。

第七十六条 国有企业和国有资产控股的企业，不得炒作上市交易的股票。

第七十七条 证券交易所、证券公司、证券登记结算机构、证券交易服务机构、社会中介机构及其从业人员对证券交易中发现的禁止的交易行为，应当及时向证券监督管理机构报告。

第四章 上市公司收购

第七十八条 上市公司收购可以采取要约收购或者协议收购的方式。

第七十九条 通过证券交易所的证券交易，投资者持有一个上市公司已发行的股份的百分之五时，应当在该事实发生之日起三日内，向国务院证券监督管理机构、证券交易所作出书面报告，通知该上市公司，并予以公告；在上述规定的期限内，不得再行买卖该上市公司的股票。

投资者持有一个上市公司已发行的股份的百分之五后，通过证券交易所的证券交易，其所持该上市公司已发行的股份比例每增加或者减少百分之五，应当依照前款规定进行报告和公告。在报告期限内和作出报告、公告后二日内，不得再行买卖该上市公司的股票。

第八十条 依照前条规定所作的书面报告和公告，应当包括下列内容：

（一）持股人的名称、住所；

（二）所持有的股票的名称、数量；

（三）持股达到法定比例或者持股增减变化达到法定比例的日期。

第八十一条 通过证券交易所的证券交易，投资者持有一个上市公司已发行的股份的百分之三十时，继续进行收购的，应当依法向该上市公司所有股东发出收购要约。但经国务院证券监督管理机构免除发出要约的除外。

第八十二条 依照前条规定发出收购要约，收购人必须事先向国务院证券监督管理机构报送上市公司收购报告书，并载明下列事项：

（一）收购人的名称、住所；

（二）收购人关于收购的决定；

（三）被收购的上市公司名称；

（四）收购目的；

（五）收购股份的详细名称和预定收购的股份数额；

（六）收购的期限、收购的价格；

（七）收购所需资金额及资金保证；

（八）报送上市公司收购报告书时所持有被收购公司股份数占该公司已发行的股份总数的比例。

收购人还应当将前款规定的公司收购报告书同时提交证券交易所。

第八十三条 收购人在依照前条规定报送上市公司收购报告书之日起十五日后，公告其收购要约。

收购要约的期限不得少于三十日，并不得超过六十日。

第八十四条 在收购要约的有效期限内，收购人不得撤回其收购要约。

在收购要约的有效期限内，收购人需要变更收购要约中事项的，必须事先向国务院证券监督管理机构及证券交易所提出报告，经获准后，予以公告。

第八十五条 收购要约中提出的各项收购条件，适用于被收购公司所有的股东。

第八十六条 收购要约的期限届满，收购人持有的被收购公司的股份数达到该公司已发行的股份总数的百分之七十五以上的，该上市公司的股票应当在证券交易所终止上市交易。

第八十七条 收购要约的期限届满，收购人持有的被收购公司的股份数达到该公司已发行的股份总数的百分之九十以上的，其余仍持有被收购公司股票的股东，有权向收购人以收购要约的同等条件出售其股票，收购人应当收购。

收购行为完成后，被收购公司不再具有《公司法》规定的条件的，应当依法变更其企业形式。

第八十八条 采取要约收购方式的，收购人在收购要约期限内，不得采取要约规定以外的形式和超出要约的条件买卖被收购公司的股票。

第八十九条 采取协议收购方式的，收购人可以依照法律、行政法规的规定同被收购公司的股东以协议方式进行股权转让。

以协议方式收购上市公司时，达成协议后，收购人必须在三日内将该收购协议向国务院证券监督管理机构及证券交易所作出书面报告，并予公告。

在未作出公告前不得履行收购协议。

第九十条 采取协议收购方式的，协议双方可以临时委托证券登记结算机构保管协议转让的股票，并将资金存放于指定的银行。

第九十一条 在上市公司收购中，收购人对所持有的被收购的上市公司的股票，在收购行为完成后的六个月内不得转让。

第九十二条 通过要约收购或者协议收购方式取得被收购公司股票并将该公司撤销的，属于公司合并，被撤销公司的原有股票，由收购人依法更换。

第九十三条 收购上市公司的行为结束后，收购人应当在十五日内将收购情况报告国务院证券监督管理机构和证券交易所，并予公告。

第九十四条 上市公司收购中涉及国家授权投资机构持有的股份，应当按照国务院的规定，经有关主管部门批准。

第五章 证券交易所

第九十五条 证券交易所是提供证券集中竞价交易场所的不以营利为目的的法人。

证券交易所的设立和解散，由国务院决定。

第九十六条 设立证券交易所必须制定章程。

证券交易所章程的制定和修改，必须经国务院证券监督管理机构批准。

第九十七条 证券交易所必须在其名称中标明证券交易所字样。其他任何单位或者个人不得使用证券交易所或者近似的名称。

第九十八条 证券交易所可以自行支配的各项费用收入，应当首先用于保证其证券交易场所和设施的正常运行并逐步改善。

证券交易所的积累归会员所有，其权益由会员共同享有，在其存续期间，不得将其积累分配给会员。

第九十九条 证券交易所设理事会。

第一百条 证券交易所设总经理一人，由国务院证券监督管理机构任免。

第一百零一条 有《公司法》第五十七条规定的情形或者下列情形之一的，不得担任证券交易所的负责人：

（一）因违法行为或者违纪行为被解除职务的证券交易所、证券登记结算机构的负责人或者证券公司的董事、监事、经理，自被解除职务之日起未逾五年；

（二）因违法行为或者违纪行为被撤销资格的律师、注册会计师或者法定资产评估机构、验证机构的专业人员，自被撤销资格之日起未逾五年。

第一百零二条 因违法行为或者违纪行为被开除的证券交易所、证券登记结算机构、证券公司的从业人员和被开除的国家机关工作人员，不得招聘为证券交易所的从业人员。

第一百零三条 进入证券交易所参与集中竞价交易的，必须是具有证券交易所会员资格的证券公司。

第一百零四条 投资者应当在证券公司开立证券交易帐户，以书面、电话以及其他方式，委托为其开户的证券公司代其买卖证券。

投资者通过其开户的证券公司买卖证券的，应当采用市价委托或者限价委托。

第一百零五条 证券公司根据投资者的委托，按照时间优先的规则提出交易申报，参与证券交易所场内的集中竞价交易；证券登记结算机构根据成交结果，按照清算交割规则，进行证券和资金的清算交割，办理证券的登记过户手续。

第一百零六条 证券公司接受委托或者自营，当日买入的证券，不得在当日再行卖出。

第一百零七条 证券交易所应当为组织公平的集中竞价交易提供保障，即时公布证券交易行情，并按交易日制作证券市场行情表，予以公布。

第一百零八条 证券交易所依照法律、行政法规的规定，办理股票、公司债券的暂停上市、恢复上市或者终止上市的事务，其具体办法由国务院证券监督管理机构制定。

第一百零九条 因突发性事件而影响证券交易的正常进行时，证券交易所可以采取技术性停牌的措施；因不可抗力的突发性事件或者为维护证券交易的正常秩序，证券交易所可以决定临时停市。

证券交易所采取技术性停牌或者决定临时停市，必须及时报告国务院证券监督管理机构。

第一百一十条 证券交易所对在交易所进行的证券交易实行实时监控，并按照国务院证券监督管理机构的要求，对异常的交易情况提出报告。

证券交易所应当对上市公司披露信息进行监督，督促上市公司依法及时、准确地披露信息。

第一百一十一条 证券交易所应当从其收取的交易费用和会员费、席位费中提取一定比例的金额设立风险基金。风险基金由证券交易所理事会管理。

风险基金提取的具体比例和使用办法，由国务院证券监督管理机构会同国务院财政部门规定。

第一百一十二条 证券交易所应当将收存的交易保证金、风险基金存入开户银行专门帐户，不得擅自使用。

第一百一十三条 证券交易所依照证券法律、行政法规制定证券集中竞价交易的具体规则，制订证券交易所的会员管理规章和证券交易所从业人员业务规则，并报国务院证券监督管理机构批准。

第一百一十四条 证券交易所的负责人和其他从业人员在执行与证券交易有关的职务时，凡与其本人或者其亲属有利害关系的，应当回避。

第一百一十五条 按照依法制定的交易规则进行的交易，不得改变其交易结果。对交易中违规交易者应负的民事责任不得免除；在违规交易中所获利益，依照有关规定处理。

第一百一十六条 在证券交易所内从事证券交易的人员，违反证券交易所有关交易规则的，由证券交易所给予纪律处分；对情节严重的，撤销其资格，禁止其入场进行证券交易。

第六章 证券公司

第一百一十七条 设立证券公司，必须经国务院证券监督管理机构审查批准。未经国务院证券监督管理机构批准，不得经营证券业务。

第一百一十八条 本法所称证券公司是指依照公司法规定和依前条规定批准的从事证券经营业务的有限责任公司或者股份有限公司。

第一百一十九条 国家对证券公司实行分类管理，分为综合类证券公司和经纪类证券公司，并由国务院证券监督管理机构按照其分类颁发业务许可证。

第一百二十条 证券公司必须在其名称中标明证券有限责任公司或者证券股份有限公司字样。

经纪类证券公司必须在其名称中标明经纪字样。

第一百二十一条 设立综合类证券公司，必须具备下列条件：

（一）注册资本最低限额为人民币五亿元；

（二）主要管理人员和业务人员必须具有证券从业资格；

（三）有固定的经营场所和合格的交易设施；

（四）有健全的管理制度和规范的自营业务与经纪业务分业管理的体系。

第一百二十二条 经纪类证券公司注册资本最低限额为人民币五千万元；主要管理人员和业务人员必须具有证券从业资格；有固定的经营场所和合格的交易设施；有健全的管理制度。

第一百二十三条 证券公司设立或者撤销分支机构、变更业务范围或者注册资本、变更公司章程、合并、分立、变更公司形式或者解散，必须经国务院证券监督管理机构批准。

第一百二十四条 证券公司的对外负债总额不得超过其净资产额的规定倍数，其流动负债总额不得超过其流动资产总额的一定比例；其具体倍数、比例和管理办法，由国务院证券监督管理机构规定。

第一百二十五条 有《公司法》第五十七条规定的情形或者下列情形之一的，不得担任证券公司的董事、监事或者经理：

（一）因违法行为或者违纪行为被解除职务的证券交易所、证券登记结算机构的负责人或者证券公司的董事、监事、经理，自被解除职务之日起未逾五年；

（二）因违法行为或者违纪行为被撤销资格的律师、注册会计师或者法定资产评估机构、验证机构的专业人员，自被撤销资格之日起未逾五年。

第一百二十六条 因违法行为或者违纪行为被开除的证券交易所、证券登记结算机构、证券公司的从业人员和被开除的国家机关工作人员，不得招聘为证券公司的从业人员。

第一百二十七条 国家机关工作人员和法律、行政法规规定的禁止在公司中兼职的其他人员，不得在证券公司中兼任职务。

证券公司的董事、监事、经理和业务人员不得在其他证券公司中兼任职务。

第一百二十八条 证券公司从每年的税后利润中提取交易风险准备金，用于弥补证券交易的损失，其提取的具体比例由国务院证券监督管理机构规定。

第一百二十九条 综合类证券公司可以经营下列证券业务：

（一）证券经纪业务；

（二）证券自营业务；

（三）证券承销业务；

（四）经国务院证券监督管理机构核定的其他证券业务。

第一百三十条 经纪类证券公司只允许专门从事证券经纪业务。

第一百三十一条 证券公司应当依照前二条规定的业务，提出业务范围的申请，并经国务院证券监督管理机构核定。

证券公司不得超出核定的业务范围经营证券业务和其他业务。

第一百三十二条 综合类证券公司必须将其经纪业务和自营业务分开办理，业务人员、财务帐户均应分开，不得混合操作。

客户的交易结算资金必须全额存入指定的商业银行，单独立户管理。严禁挪用客户交易结算资金。

第一百三十三条 禁止银行资金违规流入股市。

证券公司的自营业务必须使用自有资金和依法筹集的资金。

第一百三十四条 证券公司自营业务必须以自己的名义进行，不得假借他人名义或者以个人名义进行。

证券公司不得将其自营帐户借给他人使用。

第一百三十五条 证券公司依法享有自主经营的权利，其合法经营不受干涉。

第一百三十六条 证券公司注册资本低于本法规定的从事相应业务要求的，由国务院证券监督管理机构撤销对其有关业务范围的核定。

第一百三十七条 在证券交易中，代理客户买卖证券，从事中介业务的证券公司，为具有法人资格的证券经纪人。

第一百三十八条 证券公司办理经纪业务，必须为客户分别开立证券和资金帐户，并对客户交付的证券和资金按户分帐管理，如实进行交易记录，不得作虚假记载。

客户开立帐户，必须持有证明中国公民身份或者中国法人资格的合法证件。

第一百三十九条 证券公司办理经纪业务，应当置备统一制定的证券买卖委托书，供委托人使用。采取其他委托方式的，必须作出委托记录。

客户的证券买卖委托，不论是否成交，其委托记录应当按规定的期限，保存于证券公司。

第一百四十条 证券公司接受证券买卖的委托，应当根据委托书载明的证券名称、买卖数量、出价方式、价格幅度等，按照交易规则代理买卖证券；买卖成交后，应当按规定制作买卖成交报告单交付客户。

证券交易中确认交易行为及其交易结果的对帐单必须真实，并由交易经办人员以外的审核人员逐笔审核，保证帐面证券余额与实际持有的证券相一致。

第一百四十一条 证券公司接受委托卖出证券必须是客户证券帐户上实有的证券，不得为客户融券交易。

证券公司接受委托买入证券必须以客户资金帐户上实有的资金支付，不得为客户融资交易。

第一百四十二条 证券公司办理经纪业务，不得接受客户的全权委托而决定证券买卖、选择证券种类、决定买卖数量或者买卖价格。

第一百四十三条 证券公司不得以任何方式对客户证券买卖的收益或者赔偿证券买卖的损失作出承诺。

第一百四十四条 证券公司及其从业人员不得未经过其依法设立的营业场所私下接受客户委托买卖证券。

第一百四十五条 证券公司的从业人员在证券交易活动中，按其所属的证券公司的指令或者利用职务违反交易规则的，由所属的证券公司承担全部责任。

第七章 证券登记结算机构

第一百四十六条 证券登记结算机构为证券交易提供集中的登记、托管与结算服务，是不以营利为目的的法人。

设立证券登记结算机构必须经国务院证券监督管理机构批准。

第一百四十七条 设立证券登记结算机构，应当具备下列条件：

（一）自有资金不少于人民币二亿元；

（二）具有证券登记、托管和结算服务所必须的场所和设施；

（三）主要管理人员和业务人员必须具有证券从业资格；

（四）国务院证券监督管理机构规定的其他条件。

证券登记结算机构的名称中应当标明证券登记结算字样。

第一百四十八条 证券登记结算机构履行下列职能：

（一）证券帐户、结算帐户的设立；

（二）证券的托管和过户；

（三）证券持有人名册登记；

（四）证券交易所上市证券交易的清算和交收；

（五）受发行人的委托派发证券权益；

（六）办理与上述业务有关的查询；

（七）国务院证券监督管理机构批准的其他业务。

第一百四十九条 证券登记结算采取全国集中统一的运营方式。

证券登记结算机构章程、业务规则应当依法制定，并须经国务院证券监督管理机构批准。

第一百五十条 证券持有人所持有的证券上市交易前，应当全部托管在证券登记结算机构。

证券登记结算机构不得将客户的证券用于质押或者出借给他人。

第一百五十一条 证券登记结算机构应当向证券发行人提供证券持有人名册及其有关资料。

证券登记结算机构应当根据证券登记结算的结果，确认证券持有人持有证券的事实，提供证券持有人登记资料。

证券登记结算机构应当保证证券持有人名册和登记过户记录真实、准确、完整，不得伪造、篡改、毁坏。

第一百五十二条 证券登记结算机构应当采取下列措施保证业务的正常进行：

（一）具有必备的服务设备和完善的数据安全保护措施；

（二）建立健全的业务、财务和安全防范等管理制度；

（三）建立完善的风险管理系统。

第一百五十三条 证券登记结算机构应当妥善保存登记、托管和结算的原始凭证。重要的原始凭证的保存期不少于二十年。

第一百五十四条 证券登记结算机构应当设立结算风险基金，并存入指定银行的专门帐户。结算风险基金用于因技术故障、操作失误、不可抗力造成的证券登记结算机构的损失。

证券结算风险基金从证券登记结算机构的业务收入和收益中提取，并可以由证券公司按证券交易业务量的一定比例缴纳。

证券结算风险基金的筹集、管理办法，由国务院证券监督管理机构会同国务院财政部门规定。

第一百五十五条 证券结算风险基金应当专项管理。

证券登记结算机构以风险基金赔偿后，应当向有关责任人追偿。

第一百五十六条 证券登记结算机构申请解散，应当经国务院证券监督管理机构批准。

第八章　证券交易服务机构

第一百五十七条　根据证券投资和证券交易业务的需要，可以设立专业的证券投资咨询机构、资信评估机构。证券投资咨询机构、资信评估机构的设立条件、审批程序和业务规则，由国务院证券监督管理机构规定。

第一百五十八条　专业的证券投资咨询机构、资信评估机构的业务人员，必须具备证券专业知识和从事证券业务二年以上经验。认定其从事证券业务资格的标准和管理办法，由国务院证券监督管理机构制定。

第一百五十九条　证券投资咨询机构的从业人员不得从事下列行为：

（一）代理委托人从事证券投资；

（二）与委托人约定分享证券投资收益或者分担证券投资损失；

（三）买卖本咨询机构提供服务的上市公司股票；

（四）法律、行政法规禁止的其他行为。

第一百六十条　专业的证券投资咨询机构和资信评估机构，应当按照国务院有关管理部门规定的标准或者收费办法收取服务费用。

第一百六十一条　为证券的发行、上市或者证券交易活动出具审计报告、资产评估报告或者法律意见书等文件的专业机构和人员，必须按照执业规则规定的工作程序出具报告，对其所出具报告内容的真实性、准确性和完整性进行核查和验证，并就其负有责任的部分承担连带责任。

第九章　证券业协会

第一百六十二条　证券业协会是证券业的自律性组织，是社会团体法人。

证券公司应当加入证券业协会。

证券业协会的权力机构为由全体会员组成的会员大会。

第一百六十三条　证券业协会的章程由会员大会制定，并报国务院证券监督管理机构备案。

第一百六十四条　证券业协会履行下列职责：

（一）协助证券监督管理机构教育和组织会员执行证券法律、行政法规；

（二）依法维护会员的合法权益，向证券监督管理机构反映会员的建议和要求；

（三）收集整理证券信息，为会员提供服务；

（四）制定会员应遵守的规则，组织会员单位的从业人员的业务培训，开展会员间的业务交流；

（五）对会员之间、会员与客户之间发生的纠纷进行调解；

（六）组织会员就证券业的发展、运作及有关内容进行研究；

（七）监督、检查会员行为，对违反法律、行政法规或者协会章程的，按照规定给予纪律处分；

（八）国务院证券监督管理机构赋予的其他职责。

第一百六十五条　证券业协会设理事会。理事会成员依章程的规定由选举产生。

第十章　证券监督管理机构

第一百六十六条　国务院证券监督管理机构依法对证券市场实行监督管理，维护证券市场秩序，保障其合法运行。

第一百六十七条　国务院证券监督管理机构在对证券市场实施监督管理中履行下列职责：

（一）依法制定有关证券市场监督管理的规章、规则，并依法行使审批或者核准权；

（二）依法对证券的发行、交易、登记、托管、结算，进行监督管理；

（三）依法对证券发行人、上市公司、证券交易所、证券公司、证券登记结算机构、证券投资基金管理机构、证券投资咨询机构、资信评估机构以及从事证券业务的律师事务所、会计师事务所、资产评估机构的证券业务活动，进行监督管理；

（四）依法制定从事证券业务人员的资格标准和行为准则，并监督实施；

（五）依法监督检查证券发行和交易的信息公开情况；

（六）依法对证券业协会的活动进行指导和监督；

（七）依法对违反证券市场监督管理法律、行政法规的行为进行查处；

（八）法律、行政法规规定的其他职责。

第一百六十八条　国务院证券监督管理机构依法履行职责，有权采取下列措施：

（一）进入违法行为发生场所调查取证；

（二）询问当事人和与被调查事件有关的单位和个人，要求其对与被调查事件有关的事项作出说明；

（三）查阅、复制当事人和与被调查事件有关的单位和个人的证券交易记录、登记过户记录、财务会计资料及其他相关文件和资料；对可能被转移或者隐匿的文件和资料，可以予以封存；

（四）查询当事人和与被调查事件有关的单位和个人的资金帐户、证券帐户，对有证据证明有转移或者隐匿违法资金、证券迹象的，可以申请司法机关予以冻结。

第一百六十九条　国务院证券监督管理机构工作人员依法履行职责，进行监督检查或者调查时，应当出示有关证件，并对知悉的有关单位和个人的商业秘密负有保密的义务。

第一百七十条 国务院证券监督管理机构工作人员必须忠于职守，依法办事，公正廉洁，不得利用自己的职务便利牟取不正当的利益。

第一百七十一条 国务院证券监督管理机构依法履行职责，被检查、调查的单位和个人应当配合，如实提供有关文件和资料，不得拒绝、阻碍和隐瞒。

第一百七十二条 国务院证券监督管理机构依法制定的规章、规则和监督管理工作制度应当公开。

国务院证券监督管理机构依据调查结果，对证券违法行为作出的处罚决定，应当公开。

第一百七十三条 国务院证券监督管理机构依法履行职责，发现证券违法行为涉嫌犯罪的，应当将案件移送司法机关处理。

第一百七十四条 国务院证券监督管理机构的工作人员不得在被监管的机构中兼任职务。

第十一章 法律责任

第一百七十五条 未经法定的机关核准或者审批，擅自发行证券的，或者制作虚假的发行文件发行证券的，责令停止发行，退还所募资金和加算银行同期存款利息，并处以非法所募资金金额百分之一以上百分之五以下的罚款。对直接负责的主管人员和其他直接责任人员给予警告，并处以三万元以上三十万元以下的罚款。构成犯罪的，依法追究刑事责任。

第一百七十六条 证券公司承销或者代理买卖未经核准或者审批擅自发行的证券的，由证券监督管理机构予以取缔，没收违法所得，并处以违法所得一倍以上五倍以下的罚款。对直接负责的主管人员和其他直接责任人员给予警告，并处以三万元以上三十万元以下的罚款。构成犯罪的，依法追究刑事责任。

第一百七十七条 依照本法规定，经核准上市交易的证券，其发行人未按照有关规定披露信息，或者所披露的信息有虚假记载、误导性陈述或者有重大遗漏的，由证券监督管理机构责令改正，对发行人处以三十万元以上六十万元以下的罚款。对直接负责的主管人员和其他直接责任人员给予警告，并处以三万元以上三十万元以下的罚款。构成犯罪的，依法追究刑事责任。

前款发行人未按期公告其上市文件或者报送有关报告的，由证券监督管理机构责令改正，对发行人处以五万元以上十万元以下的罚款。

第一百七十八条 非法开设证券交易场所的，由证券监督管理机构予以取缔，没收违法所得，并处以违法所得一倍以上五倍以下的罚款。没有违法所得的，处以十万元以上五十万元以下的罚款。对直接负责的主管人员和其他直接责任人员给予警告，并处以三万元以上三十万元以下的罚款。构成犯罪的，依法追究刑事责任。

第一百七十九条 未经批准并领取业务许可证，擅自设立证券公司经营证券业务的，由证券监督管理机构予以取缔，没收违法所得，并处以违法所得一倍以上五倍以下的罚款。没有违法所得的，处以三万元以上十万元以下的罚款。构成犯罪的，依法追究刑事责任。

第一百八十条 法律、行政法规规定禁止参与股票交易的人员，直接或者以化名、借他人名义持有、买卖股票的，责令依法处理非法持有的股票，没收违法所得，并处以所买卖股票等值以下的罚款；属于国家工作人员的，还应当依法给予行政处分。

第一百八十一条 证券交易所、证券公司、证券登记结算机构、证券交易服务机构的从业人员、证券业协会或者证券监督管理机构的工作人员，故意提供虚假资料，伪造、变造或者销毁交易记录，诱骗投资者买卖证券的，取消从业资格，并处以三万元以上五万元以下的罚款；属于国家工作人员的，还应当依法给予行政处分。构成犯罪的，依法追究刑事责任。

第一百八十二条 为股票的发行或者上市出具审计报告、资产评估报告或者法律意见书等文件的专业机构和人员，违反本法第三十九条的规定买卖股票的，责令依法处理非法获得的股票，没收违法所得，并处以所买卖的股票等值以下的罚款。

第一百八十三条 证券交易内幕信息的知情人员或者非法获取证券交易内幕信息的人员，在涉及证券的发行、交易或者其他对证券的价格有重大影响的信息尚未公开前，买入或者卖出该证券，或者泄露该信息或者建议他人买卖该证券的，责令依法处理非法获得的证券，没收违法所得，并处以违法所得一倍以上五倍以下或者非法买卖的证券等值以下的罚款。构成犯罪的，依法追究刑事责任。

证券监督管理机构工作人员进行内幕交易的，从重处罚。

第一百八十四条 任何人违反本法第七十一条规定，操纵证券交易价格，或者制造证券交易的虚假价格或者证券交易量，获取不正当利益或者转嫁风险的，没收违法所得，并处以违法所得一倍以上五倍以下的罚款。构成犯罪的，依法追究刑事责任。

第一百八十五条 违反本法规定，挪用公款买卖证券的，没收违法所得，并处以违法所得一倍以上五倍以下的罚款；属于国家工作人员的，还应当依法给予行政处分。构成犯罪的，依法追究刑事责任。

第一百八十六条 证券公司违反本法规定，为客户卖出其帐户上未实有的证券或者为客户融资买入证券的，没收违法所得，并处以非法买卖证券等值的罚款。对直接负责的主管人员和其他直接责任人员给予警告，并处以三万元以上三十万元以下的罚款。构成犯罪的，依法追究刑事责任。

第一百八十七条 证券公司违反本法规定，当日接受客户委托或者自营买入证券又于当日将该证券再行卖出的，没收违法所得，并处以非法买卖证券成交金额百分之五以上百分之二十以下的罚款。

第一百八十八条 编造并且传播影响证券交易的虚假信息，扰乱证券交易市场的，处以三万元以上二十万元以下的罚款。构成犯罪的，依法追究刑事责任。

第一百八十九条 证券交易所、证券公司、证券登记结算机构、证券交易服务机构、社会中介机构及其从业人员，或者证券业协会、证券监督管理机构及其工作人员，在证券交易活动中作出虚假陈述或者信息误导的，责令改正，处以三万元以上二十万元以下的罚款；属于国家工作人员的，还应当依法给予行政处分。构成犯罪的，依法追究刑事责任。

第一百九十条 违反本法规定，法人以个人名义设立帐户买卖证券的，责令改正，没收违法所得，并处以违法所得一倍以上五倍以下的罚款；其直接负责的主管人员和其他直接责任人员属于国家工作人员的，依法给予行政处分。

第一百九十一条 综合类证券公司违反本法规定，假借他人名义或者以个人名义从事自营业务的，责令改正，没收违法所得，并处以违法所得一倍以上五倍以下的罚款；情节严重的，停止其自营业务。

第一百九十二条 证券公司违背客户的委托买卖证券、办理交易事项，以及其他违背客户真实意思表示，办理交易以外的其他事项，给客户造成损失的，依法承担赔偿责任，并处以一万元以上十万元以下的罚款。

第一百九十三条 证券公司、证券登记结算机构及其从业人员，未经客户的委托，买卖、挪用、出借客户帐户上的证券或者将客户的证券用于质押的，或者挪用客户帐户上的资金的，责令改正，没收违法所得，处以违法所得一倍以上五倍以下的罚款，并责令关闭或者吊销责任人员的从业资格证书。构成犯罪的，依法追究刑事责任。

第一百九十四条 证券公司经办经纪业务，接受客户的全权委托买卖证券的，或者对客户买卖证券的收益或者赔偿证券买卖的损失作出承诺的，责令改正，处以五万元以上二十万元以下的罚款。

第一百九十五条 违反上市公司收购的法定程序，利用上市公司收购谋取不正当收益的，责令改正，没收违法所得，并处以违法所得一倍以上五倍以下的罚款。

第一百九十六条 证券公司及其从业人员违反本法规定，私下接受客户委托买卖证券的，没收违法所得，并处以违法所得一倍以上五倍以下的罚款。

第一百九十七条 证券公司违反本法规定，未经批准经营非上市挂牌证券的交易的，责令改正，没收违法所得，并处以违法所得一倍以上五倍以下的罚款。

第一百九十八条 证券公司成立后，无正当理由超过三个月未开始营业的，或者开业后自行停业连续三个月以上的，由公司登记机关吊销其公司营业执照。

第一百九十九条 证券公司违反本法规定，超出业务许可范围经营证券业务的，责令改正，没收违法所得，并处以违法所得一倍以上五倍以下的罚款。情节严重的，责令关闭。

第二百条 证券公司同时经营证券经纪业务和证券自营业务，不依法分开办理，混合操作的，责令改正，没收违法所得，并处以违法所得一倍以上五倍以下的罚款；情节严重的，由证券监督管理机构撤销原核定的证券业务。

第二百零一条 提交虚假证明文件或者采取其他欺诈手段隐瞒重要事实骗取证券业务许可的，或者证券公司在证券交易中有严重违法行为，不再具备经营资格的，由证券监督管理机构取消其证券业务许可，并责令关闭。

第二百零二条 为证券的发行、上市或者证券交易活动出具审计报告、资产评估报告或者法律意见书等文件的专业机构，就其所应负责的内容弄虚作假的，没收违法所得，并处以违法所得一倍以上五倍以下的罚款，并由有关主管部门责令该机构停业，吊销直接责任人员的资格证书。造成损失的，承担连带赔偿责任。构成犯罪的，依法追究刑事责任。

第二百零三条 未经证券监督管理机构批准，擅自设立证券登记结算机构或者证券交易服务机构的，由证券监督管理机构予以取缔，没收违法所得，并处以违法所得一倍以上五倍以下的罚款。

证券登记结算机构和证券交易服务机构违反本法规定或者证券监督管理机构统一制定的业务规则的，由证券监督管理机构责令改正，没收违法所得，并处以违法所得一倍以上五倍以下的罚款。情节严重的，责令关闭。

第二百零四条 证券监督管理机构对不符合本法规定的证券发行、上市的申请予以核准，或者对不符合本法规定条件的设立证券公司、证券登记结算机构或者证券交易服务机构的申请予以批准，情节严重的，对直接负责的主管人员和其他直接责任人员，依法给予行政处分。构成犯罪的，依法追究刑事责任。

第二百零五条 证券监督管理机构的工作人员和发行审核委员会的组成人员，不履行本法规定的职责，徇私舞弊、玩忽职守或者故意刁难有关当事人的，依法给予行政处分。构成犯罪的，依法追究刑事责任。

第二百零六条 违反本法规定，发行、承销公司债券的，由国务院授权的部门依照本法第一百七十五条、第一百七十六条、第二百零二条的规定予以处罚。

第二百零七条 违反本法规定，应当承担民事赔偿责任和缴纳罚款、罚金，其财产不足以同时支付时，先承担民事赔偿责任。

第二百零八条 以暴力、威胁方法阻碍证券监督管理机构依法行使监督检查职权的，依法追究刑事责任；拒绝、阻碍证券监督管理机构及其工作人员依法行使监督检查职权未使用暴力、威胁方法的，依照治安管理处罚条例的规定进行处罚。

第二百零九条 依照本法对证券发行、交易违法行为没收的违法所得和罚款，全部上缴国库。

第二百一十条 当事人对证券监督管理机构或者国务院授权的部门处罚决定不服的，可以依法申请复议，或者依法直接向人民法院提起诉讼。

第十二章 附 则

第二百一十一条 本法施行前依照行政法规已批准在证券交易所上市交易的证券继续依法进行交易。

本法施行前依照行政法规和国务院金融行政管理部门的规定经批准设立的证券经营机构，不完全符合本法规定的，应当在规定的限期内达到本法规定的要求。具体实施办法，由国务院另行规定。

第二百一十二条 本法关于客户交易结算资金的规定的实施步骤，由国务院另行规定。

第二百一十三条 境内公司股票供境外人士、机构以外币认购和交易的，具体办法由国务院另行规定。

第二百一十四条 本法自1999年7月1日起施行。

中华人民共和国公司法

（1993年12月29日第八届全国人民代表大会常务委员会
第五次会议通过，根据1999年12月25日第九届全国人民代表大会
常务委员会第十三次会议《关于修改〈中华人民共和国公司法〉的决定》修正）

第一章 总 则

第一条 为了适应建立现代企业制度的需要，规范公司的组织和行为，保护公司、股东和债权人的合法权益，维护社会经济秩序，促进社会主义市场经济的发展，根据宪法，制定本法。

第二条 本法所称公司是指依照本法在中国境内设立的有限责任公司和股份有限公司。

第三条 有限责任公司和股份有限公司是企业法人。

有限责任公司，股东以其出资额为限对公司承担责任，公司以其全部资产对公司的债务承担责任。

股份有限公司，其全部资本分为等额股份，股东以其所持股份为限对公司承担责任，公司以其全部资产对公司的债务承担责任。

第四条 公司股东作为出资者按投入公司的资本额享有所有者的资产受益、重大决策和选择管理者等权利。

公司享有由股东投资形成的全部法人财产权，依法享有民事权利，承担民事责任。

公司中的国有资产所有权属于国家。

第五条 公司以其全部法人财产，依法自主经营，自负盈亏。

公司在国家宏观调控下，按照市场需求自主组织生产经营，以提高经济效益、劳动生产率和实现资产保值增值为目的。

第六条 公司实行权责分明、管理科学、激励和约束相结合的内部管理体制。

第七条 国有企业改建为公司，必须依照法律、行政法规规定的条件和要求，转换经营机制，有步骤地清产核资，界定产权，清理债权债务，评估资产，建立规范的内部管理机构。

第八条 设立有限责任公司、股份有限公司，必须符合本法规定的条件。符合本法规定的条件的，登记为有限责任公司或者股份有限公司；不符合本法规定的条件的，不得登记为有限责任公司或者股份有限公司。

法律、行政法规对设立公司规定必须报经审批的，在公司登记前依法办理审批手续。

第九条 依照本法设立的有限责任公司，必须在公司名称中标明有限责任公司字样。

依照本法设立的股份有限公司，必须在公司名称中标明股份有限公司字样。

第十条 公司以其主要办事机构所在地为住所。

第十一条 设立公司必须依照本法制定公司章程。公司章程对公司、股东、董事、监事、经理具有约束力。

公司的经营范围由公司章程规定，并依法登记。公司的经营范围中属于法律、行政法规限制的项目，应当依法经过批准。

公司应当在登记的经营范围内从事经营活动。公司依照法定程序修改公司章程并经公司登记机关变更登记，可以变更其经营范围。

第十二条 公司可以向其他有限责任公司、股份有限公司投资，并以该出资额为限对所投资公司承担责任。

公司向其他有限责任公司、股份有限公司投资的，除国务院规定的投资公司和控股公司外，所累计投资额不得超过本公司净资产的百分之五十，在投资后，接受被投资公司以利润转增的资本，其增加额不包括在内。

第十三条 公司可以设立分公司，分公司不具有企业法人资格，其民事责任由公司承担。

公司可以设立子公司，子公司具有企业法人资格，依法独立承担民事责任。

第十四条 公司从事经营活动，必须遵守法律，遵守职业道德，加强社会主义精神文明建设，接受政府和社会公众的监督。

公司的合法权益受法律保护，不受侵犯。

第十五条 公司必须保护职工的合法权益，加强劳动保护，实现安全生产。

公司采用多种形式，加强公司职工的职业教育和岗位培训，提高职工素质。

第十六条 公司职工依法组织工会，开展工会活动，维护职工的合法权益。公司应当为本公司工会提供必要的活动条件。

国有独资公司和两个以上的国有企业或者其他两个以上的国有投资主体投资设立的有限责任公司，依照宪法和有关法律的规定，通过职工代表大会和其他形式，

实行民主管理。

第十七条 公司中中国共产党基层组织的活动，依照《中国共产党章程》办理。

第十八条 外商投资的有限责任公司适用本法，有关中外合资经营企业、中外合作经营企业、外资企业的法律另有规定的，适用其规定。

第二章 有限责任公司的设立和组织机构

第一节 设 立

第十九条 设立有限责任公司，应当具备下列条件：

（一）股东符合法定人数；

（二）股东出资达到法定资本最低限额；

（三）股东共同制定公司章程；

（四）有公司名称，建立符合有限责任公司要求的组织机构；

（五）有固定的生产经营场所和必要的生产经营条件。

第二十条 有限责任公司由二个以上五十个以下股东共同出资设立。

国家授权投资的机构或者国家授权的部门可以单独投资设立国有独资的有限责任公司。

第二十一条 本法施行前已设立的国有企业，符合本法规定设立有限责任公司条件的，单一投资主体的，可以依照本法改建为国有独资的有限责任公司；多个投资主体的，可以改建为前条第一款规定的有限责任公司。

国有企业改建为公司的实施步骤和具体办法，由国务院另行规定。

第二十二条 有限责任公司章程应当载明下列事项：

（一）公司名称和住所；

（二）公司经营范围；

（三）公司注册资本；

（四）股东的姓名或者名称；

（五）股东的权利和义务；

（六）股东的出资方式和出资额；

（七）股东转让出资的条件；

（八）公司的机构及其产生办法、职权、议事规则；

（九）公司的法定代表人；

（十）公司的解散事由与清算办法；

（十一）股东认为需要规定的其他事项。

股东应当在公司章程上签名、盖章。

第二十三条 有限责任公司的注册资本为在公司登记机关登记的全体股东实缴的出资额。

有限责任公司的注册资本不得少于下列最低限额：

（一）以生产经营为主的公司人民币五十万元；

（二）以商品批发为主的公司人民币五十万元；

（三）以商业零售为主的公司人民币三十万元；

（四）科技开发、咨询、服务性公司人民币十万元。

特定行业的有限责任公司注册资本最低限额需高于前款所定限额的，由法律、行政法规另行规定。

第二十四条 股东可以用货币出资，也可以用实物、工业产权、非专利技术、土地使用权作价出资。对作为出资的实物、工业产权、非专利技术或者土地使用权，必须进行评估作价，核实财产，不得高估或者低估作价。土地使用权的评估作价，依照法律、行政法规的规定办理。

以工业产权、非专利技术作价出资的金额不得超过有限责任公司注册资本的百分之二十，国家对采用高新技术成果有特别规定的除外。

第二十五条 股东应当足额缴纳公司章程中规定的各自所认缴的出资额。股东以货币出资的，应当将货币出资足额存入准备设立的有限责任公司在银行开设的临时帐户；以实物、工业产权、非专利技术或者土地使用权出资的，应当依法办理其财产权的转移手续。

股东不按照前款规定缴纳所认缴的出资，应当向已足额缴纳出资的股东承担违约责任。

第二十六条 股东全部缴纳出资后，必须经法定的验资机构验资并出具证明。

第二十七条 股东的全部出资经法定的验资机构验资后，由全体股东指定的代表或者共同委托的代理人向公司登记机关申请设立登记，提交公司登记申请书、公司章程、验资证明等文件。

法律、行政法规规定需要经有关部门审批的，应当在申请设立登记时提交批准文件。

公司登记机关对符合本法规定条件的，予以登记，发给公司营业执照；对不符合本法规定条件的，不予登记。

公司营业执照签发日期，为有限责任公司成立日期。

第二十八条 有限责任公司成立后，发现作为出资的实物、工业产权、非专利技术、土地使用权的实际价额显著低于公司章程所定价额的，应当由交付该出资的股东补交其差额，公司设立时的其他股东对其承担连带责任。

第二十九条 设立有限责任公司的同时设立分公司的，应当就所设分公司向公司登记机关申请登记，领取营业执照。

有限责任公司成立后设立分公司，应当由公司法定代表人向公司登记机关申请登记，领取营业执照。

第三十条 有限责任公司成立后，应当向股东签发出资证明书。

出资证明书应当载明下列事项：

（一）公司名称；

（二）公司登记日期；

（三）公司注册资本；

（四）股东的姓名或者名称、缴纳的出资额和出资日期；

（五）出资证明书的编号和核发日期。

出资证明书由公司盖章。

第三十一条 有限责任公司应当置备股东名册，记载下列事项：

（一）股东的姓名或者名称及住所；

（二）股东的出资额；

（三）出资证明书编号。

第三十二条 股东有权查阅股东会会议记录和公司财务会计报告。

第三十三条 股东按照出资比例分取红利。公司新增资本时，股东可以优先认缴出资。

第三十四条 股东在公司登记后，不得抽回出资。

第三十五条 股东之间可以相互转让其全部出资或者部分出资。

股东向股东以外的人转让其出资时，必须经全体股东过半数同意；不同意转让的股东应当购买该转让的出资，如果不购买该转让的出资，视为同意转让。

经股东同意转让的出资，在同等条件下，其他股东对该出资有优先购买权。

第三十六条 股东依法转让其出资后，由公司将受让人的姓名或者名称、住所以及受让的出资额记载于股东名册。

第二节　组织机构

第三十七条 有限责任公司股东会由全体股东组成，股东会是公司的权力机构，依照本法行使职权。

第三十八条 股东会行使下列职权：

（一）决定公司的经营方针和投资计划；

（二）选举和更换董事，决定有关董事的报酬事项；

（三）选举和更换由股东代表出任的监事，决定有关监事的报酬事项；

（四）审议批准董事会的报告；

（五）审议批准监事会或者监事的报告；

（六）审议批准公司的年度财务预算方案、决算方案；

（七）审议批准公司的利润分配方案和弥补亏损方案；

（八）对公司增加或者减少注册资本作出决议；

（九）对发行公司债券作出决议；

（十）对股东向股东以外的人转让出资作出决议；

（十一）对公司合并、分立、变更公司形式、解散和清算等事项作出决议；

（十二）修改公司章程。

第三十九条 股东会的议事方式和表决程序，除本法有规定的以外，由公司章程规定。

股东会对公司增加或者减少注册资本、分立、合并、解散或者变更公司形式作出决议，必须经代表三分之二以上表决权的股东通过。

第四十条 公司可以修改章程。修改公司章程的决议，必须经代表三分之二以上表决权的股东通过。

第四十一条 股东会会议由股东按照出资比例行使表决权。

第四十二条 股东会的首次会议由出资最多的股东召集和主持，依照本法规定行使职权。

第四十三条 股东会会议分为定期会议和临时会议。

定期会议应当按照公司章程的规定按时召开。代表四分之一以上表决权的股东，三分之一以上董事，或者监事，可以提议召开临时会议。

有限责任公司设立董事会的，股东会会议由董事会召集，董事长主持，董事长因特殊原因不能履行职务时，由董事长指定的副董事长或者其他董事主持。

第四十四条 召开股东会会议，应当于会议召开十五日以前通知全体股东。

股东会应当对所议事项的决定作成会议记录，出席会议的股东应当在会议记录上签名。

第四十五条 有限责任公司设董事会，其成员为三人至十三人。

两个以上的国有企业或者其他两个以上的国有投资主体投资设立的有限责任公司，其董事会成员中应当有公司职工代表。

董事会中的职工代表由公司职工民主选举产生。

董事会设董事长一人，可以设副董事长一至二人。董事长、副董事长的产生办法由公司章程规定。

董事长为公司的法定代表人。

第四十六条 董事会对股东会负责，行使下列职权：

（一）负责召集股东会，并向股东会报告工作；

（二）执行股东会的决议；

（三）决定公司的经营计划和投资方案；

（四）制订公司的年度财务预算方案、决算方案；

（五）制订公司的利润分配方案和弥补亏损方案；

（六）制订公司增加或者减少注册资本的方案；

（七）拟订公司合并、分立、变更公司形式、解散的方案；

（八）决定公司内部管理机构的设置；

（九）聘任或者解聘公司经理（总经理）（以下简称经理），根据经理的提名，聘任或者解聘公司副经理、财务负责人，决定其报酬事项；

（十）制定公司的基本管理制度。

第四十七条 董事任期由公司章程规定，但每届任期不得超过三年。董事任期届满，连选可以连任。

董事在任期届满前，股东会不得无故解除其职务。

第四十八条 董事会会议由董事长召集和主持；董事长因特殊原因不能履行职务时，由董事长指定副董事长或者其他董事召集和主持。三分之一以上董事可以提议召开董事会会议。

第四十九条 董事会的议事方式和表决程序，除本法有规定的以外，由公司章程规定。

召开董事会会议，应当于会议召开十日以前通知全体董事。

董事会应当对所议事项的决定作成会议记录，出席会议的董事应当在会议记录上签名。

第五十条 有限责任公司设经理，由董事会聘任或者解聘。经理对董事会负责，行使下列职权：

（一）主持公司的生产经营管理工作，组织实施董事会决议；

（二）组织实施公司年度经营计划和投资方案；

（三）拟订公司内部管理机构设置方案；

（四）拟订公司的基本管理制度；

（五）制定公司的具体规章；

（六）提请聘任或者解聘公司副经理、财务负责人；

（七）聘任或者解聘除应由董事会聘任或者解聘以外的负责管理人员；

（八）公司章程和董事会授予的其他职权。

经理列席董事会会议。

第五十一条 有限责任公司，股东人数较少和规模较小的，可以设一名执行董事，不设立董事会；

执行董事可以兼任公司经理。

执行董事的职权，应当参照本法第四十六条规定，由公司章程规定。

有限责任公司不设董事会的，执行董事为公司的法定代表人。

第五十二条 有限责任公司，经营规模较大的，设立监事会，其成员不得少于三人。监事会应在其组成人员中推选一名召集人。

监事会由股东代表和适当比例的公司职工代表组成，具体比例由公司章程规定。监事会中的职工代表由公司职工民主选举产生。

有限责任公司，股东人数较少和规模较小的，可以设一至二名监事。

董事、经理及财务负责人不得兼任监事。

第五十三条 监事的任期每届为三年。监事任期届满，连选可以连任。

第五十四条 监事会或者监事行使下列职权：

（一）检查公司财务；

（二）对董事、经理执行公司职务时违反法律、法规或者公司章程的行为进行监督；

（三）当董事和经理的行为损害公司的利益时，要求董事和经理予以纠正；

（四）提议召开临时股东会；

（五）公司章程规定的其他职权。

监事列席董事会会议。

第五十五条 公司研究决定有关职工工资、福利、安全生产以及劳动保护、劳动保险等涉及职工切身利益的问题，应当事先听取公司工会和职工的意见，并邀请工会或者职工代表列席有关会议。

第五十六条 公司研究决定生产经营的重大问题、制定重要的规章制度时，应当听取公司工会和职工的意见和建议。

第五十七条 有下列情形之一的，不得担任公司的董事、监事、经理：

（一）无民事行为能力或者限制民事行为能力；

（二）因犯有贪污、贿赂、侵占财产、挪用财产罪或者破坏社会经济秩序罪，被判处刑罚，执行期满未逾五年，或者因犯罪被剥夺政治权利，执行期满未逾五年；

（三）担任因经营不善破产清算的公司、企业的董事或者厂长、经理，并对该公司、企业的破产负有个人责任的，自该公司、企业破产清算完结之日起未逾三年；

（四）担任因违法被吊销营业执照的公司、企业的法定代表人，并负有个人责任的，自该公司、企业被吊销营业执照之日起未逾三年；

（五）个人所负数额较大的债务到期未清偿。

公司违反前款规定选举、委派董事、监事或者聘任经理的，该选举、委派或者聘任无效。

第五十八条 国家公务员不得兼任公司的董事、监事、经理。

第五十九条 董事、监事、经理应当遵守公司章程，忠实履行职务，维护公司利益，不得利用在公司的地位和职权为自己谋取私利。

董事、监事、经理不得利用职权收受贿赂或者其他非法收入，不得侵占公司的财产。

第六十条 董事、经理不得挪用公司资金或者将公司资金借贷给他人。

董事、经理不得将公司资产以其个人名义或者以其他个人名义开立帐户存储。

董事、经理不得以公司资产为本公司的股东或者其他个人债务提供担保。

第六十一条 董事、经理不得自营或者为他人经营与其所任职公司同类的营业或者从事损害本公司利益的活动。从事上述营业或者活动的，所得收入应当归公司所有。

董事、经理除公司章程规定或者股东会同意外，不得同本公司订立合同或者进行交易。

第六十二条 董事、监事、经理除依照法律规定或者经股东会同意外，不得泄露公司秘密。

第六十三条 董事、监事、经理执行公司职务时违反法律、行政法规或者公司章程的规定，给公司造成损害的，应当承担赔偿责任。

第三节 国有独资公司

第六十四条 本法所称国有独资公司是指国家授权投资的机构或者国家授权的部门单独投资设立的有限责任公司。

国务院确定的生产特殊产品的公司或者属于特定行业的公司，应当采取国有独资公司形式。

第六十五条 国有独资公司的公司章程由国家授权投资的机构或者国家授权的部门依照本法制定，或者由董事会制订，报国家授权投资的机构或者国家授权的部门批准。

第六十六条 国有独资公司不设股东会，由国家授权投资的机构或者国家授权的部门，授权公司董事会行使股东会的部分职权，决定公司的重大事项，但公司的合并、分立、解散、增减资本和发行公司债券，必须由国家授权投资的机构或者国家授权的部门决定。

第六十七条 国有独资公司监事会主要由国务院或者国务院授权的机构、部门委派的人员组成，并有公司职工代表参加。监事会的成员不得少于三人。监事会行使本法第五十四条第一款第(一)、(二)项规定的职权和国务院规定的其他职权。

监事列席董事会会议。

董事、经理及财务负责人不得兼任监事。

第六十八条 国有独资公司设立董事会，依照本法第四十六条、第六十六条规定行使职权。董事会每届任期为三年。

公司董事会成员为三人至九人，由国家授权投资的机构或者国家授权的部门按照董事会的任期委派或者更换。董事会成员中应当有公司职工代表。董事会中的职工代表由公司职工民主选举产生。

董事会设董事长一人，可以视需要设副董事长。董事长、副董事长，由国家授权投资的机构或者国家授权的部门从董事会成员中指定。

董事长为公司的法定代表人。

第六十九条 国有独资公司设经理，由董事会聘任或者解聘。经理依照本法第五十条规定行使职权。

经国家授权投资的机构或者国家授权的部门同意，董事会成员可以兼任经理。

第七十条 国有独资公司的董事长、副董事长、董事、经理，未经国家授权投资的机构或者国家授权的部门同意，不得兼任其他有限责任公司、股份有限公司或者其他经营组织的负责人。

第七十一条 国有独资公司的资产转让，依照法律、行政法规的规定，由国家授权投资的机构或者国家授权的部门办理审批和财产权转移手续。

第七十二条 经营管理制度健全、经营状况较好的大型的国有独资公司，可以由国务院授权行使资产所有者的权利。

第三章 股份有限公司的设立和组织机构

第一节 设 立

第七十三条 设立股份有限公司，应当具备下列条件：

（一）发起人符合法定人数；

（二）发起人认缴和社会公开募集的股本达到法定资本最低限额；

（三）股份发行、筹办事项符合法律规定；

（四）发起人制订公司章程，并经创立大会通过；

（五）有公司名称，建立符合股份有限公司要求的组织机构；

（六）有固定的生产经营场所和必要的生产经营条件。

第七十四条 股份有限公司的设立，可以采取发起设立或者募集设立的方式。

发起设立，是指由发起人认购公司应发行的全部股份而设立公司。

募集设立，是指由发起人认购公司应发行股份的一部分，其余部分向社会公开募集而设立公司。

第七十五条 设立股份有限公司，应当有五人以上为发起人，其中须有过半数的发起人在中国境内有住所。国有企业改建为股份有限公司的，发起人可以少于五人，但应当采取募集设立方式。

第七十六条 股份有限公司发起人，必须按照本法规定认购其应认购的股份，并承担公司筹办事务。

第七十七条 股份有限公司的设立，必须经过国务院授权的部门或者省级人民政府批准。

第七十八条 股份有限公司的注册资本为在公司登记机关登记的实收股本总额。

股份有限公司注册资本的最低限额为人民币一千万元。股份有限公司注册资本最低限额需高于上述所定限额的，由法律、行政法规另行规定。

第七十九条 股份有限公司章程应当载明下列事项：

（一）公司名称和住所；

（二）公司经营范围；

（三）公司设立方式；

（四）公司股份总数、每股金额和注册资本；

（五）发起人的姓名或者名称、认购的股份数；

（六）股东的权利和义务；

（七）董事会的组成、职权、任期和议事规则；

（八）公司法定代表人；

（九）监事会的组成、职权、任期和议事规则；

（十）公司利润分配办法；

（十一）公司的解散事由与清算办法；

（十二）公司的通知和公告办法；

（十三）股东大会认为需要规定的其他事项。

第八十条 发起人可以用货币出资，也可以用实物、工业产权、非专利技术、土地使用权作价出资。对作为出资的实物、工业产权、非专利技术或者土地使用权，必须进行评估作价，核实财产，并折合为股份。不得高估或者低估作价。土地使用权的评估作价，依照法律、行政法规的规定办理。

发起人以工业产权、非专利技术作价出资的金额不得超过股份有限公司注册资本的百分之二十。

第八十一条 国有企业改建为股份有限公司时，严禁将国有资产低价折股、低价出售或者无偿分给个人。

第八十二条 以发起设立方式设立股份有限公司的，发起人以书面认足公司章程规定发行的股份后，应即缴纳全部股款；以实物、工业产权、非专利技术或者土地使用权抵作股款的，应当依法办理其财产权的转移手续。

发起人交付全部出资后，应当选举董事会和监事会，由董事会向公司登记机关报送设立公司的批准文件、公司章程、验资证明等文件，申请设立登记。

第八十三条 以募集设立方式设立股份有限公司的，发起人认购的股份不得少于公司股份总数的百分之三十五，其余股份应当向社会公开募集。

第八十四条 发起人向社会公开募集股份时，必须向国务院证券管理部门递交募股申请，并报送下列主要文件：

（一）批准设立公司的文件；

（二）公司章程；

（三）经营估算书；

（四）发起人姓名或者名称，发起人认购的股份数、出资种类及验资证明；

（五）招股说明书；

（六）代收股款银行的名称及地址；

（七）承销机构名称及有关的协议。

未经国务院证券管理部门批准，发起人不得向社会公开募集股份。

第八十五条 经国务院证券管理部门批准，股份有限公司可以向境外公开募集股份，具体办法由国务院作出特别规定。

第八十六条 国务院证券管理部门对符合本法规定条件的募股申请，予以批准；对不符合本法规定的募股申请，不予批准。

对已作出的批准如发现不符合本法规定的，应予撤销。尚未募集股份的，停止募集；已经募集的，认股人可以按照所缴股款并加算银行同期存款利息，要求发起人返还。

第八十七条 招股说明书应当附有发起人制订的公司章程，并载明下列事项：

（一）发起人认购的股份数；

（二）每股的票面金额和发行价格；

（三）无记名股票的发行总数；

（四）认股人的权利、义务；

（五）本次募股的起止期限及逾期未募足时，认股人可撤回所认股份的说明。

第八十八条 发起人向社会公开募集股份，必须公告招股说明书，并制作认股书。认股书应当载明前条所列事项，由认股人填写所认股数、金额、住所，并签名、盖章。认股人按照所认股数缴纳股款。

第八十九条 发起人向社会公开募集股份，应当由依法设立的证券经营机构承销，签订承销协议。

第九十条 发起人向社会公开募集股份，应当同银行签订代收股款协议。

代收股款的银行应当按照协议代收和保存股款，向缴纳股款的认股人出具收款单据，并负有向有关部门出具收款证明的义务。

第九十一条 发行股份的股款缴足后，必须经法定的验资机构验资并出具证明。发起人应当在三十日内主持召开公司创立大会。创立大会由认股人组成。

发行的股份超过招股说明书规定的截止期限尚未募足的，或者发行股份的股款缴足后，发起人在三十日内未召开创立大会的，认股人可以按照所缴股款并加算银行同期存款利息，要求发起人返还。

第九十二条 发起人应当在创立大会召开十五日前将会议日期通知各认股人或者予以公告。创立大会应有代表股份总数二分之一以上的认股人出席，方可举行。

创立大会行使下列职权：

（一）审议发起人关于公司筹办情况的报告；

（二）通过公司章程；

（三）选举董事会成员；

（四）选举监事会成员；

（五）对公司的设立费用进行审核；

（六）对发起人用于抵作股款的财产的作价进行审核；

（七）发生不可抗力或者经营条件发生重大变化直接影响公司设立的，可以作出不设立公司的决议。

创立大会对前款所列事项作出决议，必须经出席会议的认股人所持表决权的半数以上通过。

第九十三条 发起人、认股人缴纳股款或者交付抵作股款的出资后，除未按期募足股份、发起人未按期召开创立大会或者创立大会决议不设立公司的情形外，不得抽回其股本。

第九十四条 董事会应于创立大会结束后三十日内，向公司登记机关报送下列文件，申请设立登记：

（一）有关主管部门的批准文件；

（二）创立大会的会议记录；

（三）公司章程；

（四）筹办公司的财务审计报告；

（五）验资证明；

（六）董事会、监事会成员姓名及住所；

（七）法定代表人的姓名、住所。

第九十五条 公司登记机关自接到股份有限公司设立登记申请之日起三十日内作出是否予以登记的决定。对符合本法规定条件的，予以登记，发给公司营业执照；对不符合本法规定条件的，不予登记。

公司营业执照签发日期，为公司成立日期。公司成立后，应当进行公告。

股份有限公司经登记成立后，采取募集设立方式的，应当将募集股份情况报国务院证券管理部门备案。

第九十六条 设立股份有限公司的同时设立分公司的，应当就所设分公司向公司登记机关申请登记，领取营业执照。

股份有限公司成立后设立分公司，应当由公司法定代表人向公司登记机关申请登记，领取营业执照。

第九十七条 股份有限公司的发起人应当承担下列责任：

（一）公司不能成立时，对设立行为所产生的债务和费用负连带责任；

（二）公司不能成立时，对认股人已缴纳的股款，负返还股款并加算银行同期存款利息的连带责任；

（三）在公司设立过程中，由于发起人的过失致使公司利益受到损害的，应当对公司承担赔偿责任。

第九十八条 有限责任公司变更为股份有限公司，应当符合本法规定的股份有限公司的条件，并依照本法有关设立股份有限公司的程序办理。

第九十九条 有限责任公司依法经批准变更为股份有限公司时，折合的股份总额应当相等于公司净资产额。有限责任公司依法经批准变更为股份有限公司，为增加资本向社会公开募集股份时，应当依照本法有关向社会公开募集股份的规定办理。

第一百条 有限责任公司依法变更为股份有限公司的，原有限责任公司的债权、债务由变更后的股份有限公司承继。

第一百零一条 股份有限公司应当将公司章程、股东名册、股东大会会议记录、财务会计报告置备于本公司。

第二节 股东大会

第一百零二条 股份有限公司由股东组成股东大会。股东大会是公司的权力机构，依照本法行使职权。

第一百零三条 股东大会行使下列职权：

（一）决定公司的经营方针和投资计划；

（二）选举和更换董事，决定有关董事的报酬事项；

（三）选举和更换由股东代表出任的监事，决定有关监事的报酬事项；

（四）审议批准董事会的报告；

（五）审议批准监事会的报告；

（六）审议批准公司的年度财务预算方案、决算方案；

（七）审议批准公司的利润分配方案和弥补亏损方案；

（八）对公司增加或者减少注册资本作出决议；

（九）对发行公司债券作出决议；

（十）对公司合并、分立、解散和清算等事项作出决议；

（十一）修改公司章程。

第一百零四条 股东大会应当每年召开一次年会。有下列情形之一的，应当在二个月内召开临时股东大会：

（一）董事人数不足本法规定的人数或者公司章程所定人数的三分之二时；

（二）公司未弥补的亏损达股本总额三分之一时；

（三）持有公司股份百分之十以上的股东请求时；

（四）董事会认为必要时；

（五）监事会提议召开时。

第一百零五条 股东大会会议由董事会依照本法规定负责召集，由董事长主持。董事长因特殊原因不能履行职务时，由董事长指定的副董事长或者其他董事主持。召开股东大会，应当将会议审议的事项于会议召开三十日以前通知各股东。临时股东大会不得对通知中未列明的事项作出决议。

发行无记名股票的，应当于会议召开四十五日以前就前款事项作出公告。

无记名股票持有人出席股东大会的，应当于会议召开五日以前至股东大会闭会时止将股票交存于公司。

第一百零六条 股东出席股东大会，所持每一股份有一表决权。

股东大会作出决议，必须经出席会议的股东所持表决权的半数以上通过。股东大会对公司合并、分立或者解散公司作出决议,必须经出席会议的股东所持表决权的三分之二以上通过。

第一百零七条 修改公司章程必须经出席股东大会的股东所持表决权的三分之二以上通过。

第一百零八条 股东可以委托代理人出席股东大会,代理人应当向公司提交股东授权委托书,并在授权范围内行使表决权。

第一百零九条 股东大会应当对所议事项的决定作成会议记录,由出席会议的董事签名。会议记录应当与出席股东的签名册及代理出席的委托书一并保存。

第一百一十条 股东有权查阅公司章程、股东大会会议记录和财务会计报告,对公司的经营提出建议或者质询。

第一百一十一条 股东大会、董事会的决议违反法律、行政法规,侵犯股东合法权益的,股东有权向人民法院提起要求停止该违法行为和侵害行为的诉讼。

第三节 董事会、经理

第一百一十二条 股份有限公司设董事会,其成员为五人至十九人。

董事会对股东大会负责,行使下列职权:

(一)负责召集股东大会,并向股东大会报告工作;

(二)执行股东大会的决议;

(三)决定公司的经营计划和投资方案;

(四)制订公司的年度财务预算方案、决算方案;

(五)制订公司的利润分配方案和弥补亏损方案;

(六)制订公司增加或者减少注册资本的方案以及发行公司债券的方案;

(七)拟订公司合并、分立、解散的方案;

(八)决定公司内部管理机构的设置;

(九)聘任或者解聘公司经理,根据经理的提名,聘任或者解聘公司副经理、财务负责人,决定其报酬事项;

(十)制定公司的基本管理制度。

第一百一十三条 董事会设董事长一人,可以设副董事长一至二人。董事长和副董事长由董事会以全体董事的过半数选举产生。

董事长为公司的法定代表人。

第一百一十四条 董事长行使下列职权:

(一)主持股东大会和召集、主持董事会会议;

(二)检查董事会决议的实施情况;

(三)签署公司股票、公司债券。

副董事长协助董事长工作,董事长不能履行职权时,由董事长指定的副董事长代行其职权。

第一百一十五条 董事任期由公司章程规定,但每届任期不得超过三年。董事任期届满,连选可以连任。

董事在任期届满前,股东大会不得无故解除其职务。

第一百一十六条 董事会每年度至少召开二次会议,每次会议应当于会议召开十日以前通知全体董事。

董事会召开临时会议,可以另定召集董事会的通知方式和通知时限。

第一百一十七条 董事会会议应由二分之一以上的董事出席方可举行。董事会作出决议,必须经全体董事的过半数通过。

第一百一十八条 董事会会议,应由董事本人出席。董事因故不能出席,可以书面委托其他董事代为出席董事会,委托书中应载明授权范围。

董事会应当对会议所议事项的决定作成会议记录,出席会议的董事和记录员在会议记录上签名。

董事应当对董事会的决议承担责任。董事会的决议违反法律、行政法规或者公司章程,致使公司遭受严重损失的,参与决议的董事对公司负赔偿责任。但经证明在表决时曾表明异议并记载于会议记录的,该董事可以免除责任。

第一百一十九条 股份有限公司设经理,由董事会聘任或者解聘。经理对董事会负责,行使下列职权:

(一)主持公司的生产经营管理工作,组织实施董事会决议;

(二)组织实施公司年度经营计划和投资方案;

(三)拟订公司内部管理机构设置方案;

(四)拟订公司的基本管理制度;

(五)制定公司的具体规章;

(六)提请聘任或者解聘公司副经理、财务负责人;

(七)聘任或者解聘除应由董事会聘任或者解聘以外的负责管理人员;

(八)公司章程和董事会授予的其他职权。

经理列席董事会会议。

第一百二十条 公司根据需要,可以由董事会授权董事长在董事会闭会期间,行使董事会的部分职权。

公司董事会可以决定,由董事会成员兼任经理。

第一百二十一条 公司研究决定有关职工工资、福利、安全生产以及劳动保护、劳动保险等涉及职工切身利益的问题,应当事先听取公司工会和职工的意见,并邀请工会或者职工代表列席有关会议。

第一百二十二条 公司研究决定生产经营的重大问题、制定重要的规章制度时,应当听取公司工会和职工的意见和建议。

第一百二十三条 董事、经理应当遵守公司章程,忠实履行职务,维护公司利益,不得利用在公司的地位和职权为自己谋取私利。

本法第五十七条至第六十三条有关不得担任董事、

经理的规定以及董事、经理义务、责任的规定，适用于股份有限公司的董事、经理。

第四节 监事会

第一百二十四条 股份有限公司设监事会，其成员不得少于三人。监事会应在其组成人员中推选一名召集人。

监事会由股东代表和适当比例的公司职工代表组成，具体比例由公司章程规定。监事会中的职工代表由公司职工民主选举产生。

董事、经理及财务负责人不得兼任监事。

第一百二十五条 监事的任期每届为三年。监事任期届满，连选可以连任。

第一百二十六条 监事会行使下列职权：

（一）检查公司的财务；

（二）对董事、经理执行公司职务时违反法律、法规或者公司章程的行为进行监督；

（三）当董事和经理的行为损害公司的利益时，要求董事和经理予以纠正；

（四）提议召开临时股东大会；

（五）公司章程规定的其他职权。

监事列席董事会会议。

第一百二十七条 监事会的议事方式和表决程序由公司章程规定。

第一百二十八条 监事应当依照法律、行政法规、公司章程，忠实履行监督职责。

本法第五十七条至第五十九条、第六十二条至第六十三条有关不得担任监事的规定以及监事义务、责任的规定，适用于股份有限公司的监事。

第四章 股份有限公司的股份发行和转让

第一节 股份发行

第一百二十九条 股份有限公司的资本划分为股份，每一股的金额相等。

公司的股份采取股票的形式。股票是公司签发的证明股东所持股份的凭证。

第一百三十条 股份的发行，实行公开、公平、公正的原则，必须同股同权，同股同利。

同次发行的股票，每股的发行条件和价格应当相同。任何单位或者个人所认购的股份，每股应当支付相同价额。

第一百三十一条 股票发行价格可以按票面金额，也可以超过票面金额，但不得低于票面金额。

以超过票面金额为股票发行价格的，须经国务院证券管理部门批准。

以超过票面金额发行股票所得溢价款列入公司资本公积金。

股票溢价发行的具体管理办法由国务院另行规定。

第一百三十二条 股票采用纸面形式或者国务院证券管理部门规定的其他形式。

股票应当载明下列主要事项：

（一）公司名称；

（二）公司登记成立的日期；

（三）股票种类、票面金额及代表的股份数；

（四）股票的编号。

股票由董事长签名，公司盖章。

发起人的股票，应当标明发起人股票字样。

第一百三十三条 公司向发起人、国家授权投资的机构、法人发行的股票，应当为记名股票，并应当记载该发起人、机构或者法人的名称，不得另立户名或者以代表人姓名记名。

对社会公众发行的股票，可以为记名股票，也可以为无记名股票。

第一百三十四条 公司发行记名股票的，应当置备股东名册，记载下列事项：

（一）股东的姓名或者名称及住所；

（二）各股东所持股份数；

（三）各股东所持股票的编号；

（四）各股东取得其股份的日期。

发行无记名股票的，公司应当记载其股票数量、编号及发行日期。

第一百三十五条 国务院可以对公司发行本法规定的股票以外的其他种类的股票，另行作出规定。

第一百三十六条 股份有限公司登记成立后，即向股东正式交付股票。公司登记成立前不得向股东交付股票。

第一百三十七条 公司发行新股，必须具备下列条件：

（一）前一次发行的股份已募足，并间隔一年以上；

（二）公司在最近三年内连续盈利，并可向股东支付股利；

（三）公司在最近三年内财务会计文件无虚假记载；

（四）公司预期利润率可达同期银行存款利率。

公司以当年利润分派新股，不受前款第（二）项限制。

第一百三十八条 公司发行新股，股东大会应当对下列事项作出决议：

（一）新股种类及数额；

（二）新股发行价格；

（三）新股发行的起止日期；

（四）向原有股东发行新股的种类及数额。

第一百三十九条 股东大会作出发行新股的决议后，董事会必须向国务院授权的部门或者省级人民政府申请批准。属于向社会公开募集的，须经国务院证券管理部门批准。

第一百四十条 公司经批准向社会公开发行新股时，必须公告新股招股说明书和财务会计报表及附属明细表，并制作认股书。

公司向社会公开发行新股，应当由依法设立的证券经营机构承销，签订承销协议。

第一百四十一条 公司发行新股，可根据公司连续盈利情况和财产增值情况，确定其作价方案。

第一百四十二条 公司发行新股募足股款后，必须向公司登记机关办理变更登记，并公告。

第二节 股份转让

第一百四十三条 股东持有的股份可以依法转让。

第一百四十四条 股东转让其股份，必须在依法设立的证券交易场所进行。

第一百四十五条 记名股票，由股东以背书方式或者法律、行政法规规定的其他方式转让。

记名股票的转让，由公司将受让人的姓名或者名称及住所记载于股东名册。

股东大会召开前三十日内或者公司决定分配股利的基准日前五日内，不得进行前款规定的股东名册的变更登记。

第一百四十六条 无记名股票的转让，由股东在依法设立的证券交易场所将该股票交付给受让人后即发生转让的效力。

第一百四十七条 发起人持有的本公司股份，自公司成立之日起三年内不得转让。

公司董事、监事、经理应当向公司申报所持有的本公司的股份，并在任职期间内不得转让。

第一百四十八条 国家授权投资的机构可以依法转让其持有的股份，也可以购买其他股东持有的股份。转让或者购买股份的审批权限、管理办法，由法律、行政法规另行规定。

第一百四十九条 公司不得收购本公司的股票，但为减少公司资本而注销股份或者与持有本公司股票的其他公司合并时除外。

公司依照前款规定收购本公司的股票后，必须在十日内注销该部分股份，依照法律、行政法规办理变更登记，并公告。

公司不得接受本公司的股票作为抵押权的标的。

第一百五十条 记名股票被盗、遗失或者灭失，股东可以依照《民事诉讼法》规定的公示催告程序，请求人民法院宣告该股票失效。

依照公示催告程序，人民法院宣告该股票失效后，股东可以向公司申请补发股票。

第三节 上市公司

第一百五十一条 本法所称上市公司是指所发行的股票经国务院或者国务院授权证券管理部门批准在证券交易所上市交易的股份有限公司。

第一百五十二条 股份有限公司申请其股票上市必须符合下列条件：

（一）股票经国务院证券管理部门批准已向社会公开发行；

（二）公司股本总额不少于人民币五千万元；

（三）开业时间在三年以上，最近三年连续盈利；原国有企业依法改建而设立的，或者本法实施后新组建成立，其主要发起人为国有大中型企业的，可连续计；

（四）持有股票面值达人民币一千元以上的股东人数不少于一千人，向社会公开发行的股份达公司股份总数的百分之二十五以上；公司股本总额超过人民币四亿元的，其向社会公开发行股份的比例为百分之十五以上；

（五）公司在最近三年内无重大违法行为，财务会计报告无虚假记载；

（六）国务院规定的其他条件。

第一百五十三条 股份有限公司申请其股票上市交易，应当报经国务院或者国务院授权证券管理部门批准，依照有关法律、行政法规的规定报送有关文件。

国务院或者国务院授权证券管理部门对符合本法规定条件的股票上市交易申请，予以批准；对不符合本法规定条件的，不予批准。

股票上市交易申请经批准后，被批准的上市公司必须公告其股票上市报告，并将其申请文件存放在指定的地点供公众查阅。

第一百五十四条 经批准的上市公司的股份，依照有关法律、行政法规上市交易。

第一百五十五条 经国务院证券管理部门批准，公司股票可以到境外上市，具体办法由国务院作出特别规定。

第一百五十六条 上市公司必须按照法律、行政法规的规定，定期公开其财务状况和经营情况，在每会计年度内半年公布一次财务会计报告。

第一百五十七条 上市公司有下列情形之一的，由国务院证券管理部门决定暂停其股票上市：

（一）公司股本总额、股权分布等发生变化不再具备上市条件；

（二）公司不按规定公开其财务状况，或者对财务会计报告作虚假记载；

（三）公司有重大违法行为；

（四）公司最近三年连续亏损。

第一百五十八条 上市公司有前条第(二)项、第(三)项所列情形之一经查实后果严重的，或者有前条第(一)项、第(四)项所列情形之一，在限期内未能消除，不具备上市条件的，由国务院证券管理部门决定终止其股票上市。

公司决议解散、被行政主管部门依法责令关闭或者被宣告破产的，由国务院证券管理部门决定终止其股票上市。

第五章 公司债券

第一百五十九条 股份有限公司、国有独资公司和两个以上的国有企业或者其他两个以上的国有投资主体投资设立的有限责任公司，为筹集生产经营资金，可以依照本法发行公司债券。

第一百六十条 本法所称公司债券是指公司依照法定程序发行的、约定在一定期限还本付息的有价证券。

第一百六十一条 发行公司债券，必须符合下列条件：

（一）股份有限公司的净资产额不低于人民币三千万元，有限责任公司的净资产额不低于人民币六千万元；

（二）累计债券总额不超过公司净资产额的百分之四十；

（三）最近三年平均可分配利润足以支付公司债券一年的利息；

（四）筹集的资金投向符合国家产业政策；

（五）债券的利率不得超过国务院限定的利率水平；

（六）国务院规定的其他条件。

发行公司债券筹集的资金，必须用于审批机关批准的用途，不得用于弥补亏损和非生产性支出。

第一百六十二条 凡有下列情形之一的，不得再次发行公司债券：

（一）前一次发行的公司债券尚未募足的；

（二）对已发行的公司债券或者其债务有违约或者延迟支付本息的事实，且仍处于继续状态的。

第一百六十三条 股份有限公司、有限责任公司发行公司债券，由董事会制订方案，股东会作出决议。

国有独资公司发行公司债券，应由国家授权投资的机构或者国家授权的部门作出决定。

依照前二款规定作出决议或者决定后，公司应当向国务院证券管理部门报请批准。

第一百六十四条 公司债券的发行规模由国务院确定。国务院证券管理部门审批公司债券的发行，不得超过国务院确定的规模。

国务院证券管理部门对符合本法规定的发行公司债券的申请，予以批准；对不符合本法规定的申请，不予批准。

对已作出的批准如发现不符合本法规定的，应予撤销。尚未发行公司债券的，停止发行；已经发行公司债券的，发行的公司应当向认购人退还所缴款项并加算银行同期存款利息。

第一百六十五条 公司向国务院证券管理部门申请批准发行公司债券，应当提交下列文件：

（一）公司登记证明；

（二）公司章程；

（三）公司债券募集办法；

（四）资产评估报告和验资报告。

第一百六十六条 发行公司债券的申请经批准后，应当公告公司债券募集办法。

公司债券募集办法中应当载明下列主要事项：

（一）公司名称；

（二）债券总额和债券的票面金额；

（三）债券的利率；

（四）还本付息的期限和方式；

（五）债券发行的起止日期；

（六）公司净资产额；

（七）已发行的尚未到期的公司债券总额；

（八）公司债券的承销机构。

第一百六十七条 公司发行公司债券，必须在债券上载明公司名称、债券票面金额、利率、偿还期限等事项，并由董事长签名，公司盖章。

第一百六十八条 公司债券可分为记名债券和无记名债券。

第一百六十九条 公司发行公司债券应当置备公司债券存根簿。

发行记名公司债券的，应当在公司债券存根簿上载明下列事项：

（一）债券持有人的姓名或者名称及住所；

（二）债券持有人取得债券的日期及债券的编号；

（三）债券总额，债券的票面金额，债券的利率，债券的还本付息的期限和方式；

（四）债券的发行日期。

发行无记名公司债券的，应当在公司债券存根簿上载明债券总额、利率、偿还期限和方式、发行日期及债券的编号。

第一百七十条 公司债券可以转让。转让公司债券应当在依法设立的证券交易场所进行。

公司债券的转让价格由转让人与受让人约定。

第一百七十一条 记名债券，由债券持有人以背书方式或者法律、行政法规规定的其他方式转让。

记名债券的转让，由公司将受让人的姓名或者名称及住所记载于公司债券存根簿。

无记名债券，由债券持有人在依法设立的证券交易场所将该债券交付给受让人后即发生转让的效力。

第一百七十二条 上市公司经股东大会决议可以发行可转换为股票的公司债券，并在公司债券募集办法中规定具体的转换办法。

发行可转换为股票的公司债券，应当报请国务院证券管理部门批准。公司债券可转换为股票的，除具备发行公司债券的条件外，还应当符合股票发行的条件。

发行可转换为股票的公司债券，应当在债券上标明可转换公司债券字样，并在公司债券存根簿上载明可转换公司债券的数额。

第一百七十三条 发行可转换为股票的公司债券的，公司应当按照其转换办法向债券持有人换发股票，但债券持有人对转换股票或者不转换股票有选择权。

第六章 公司财务、会计

第一百七十四条 公司应当依照法律、行政法规和国务院财政主管部门的规定建立本公司的财务、会计制度。

第一百七十五条 公司应当在每一会计年度终了时制作财务会计报告，并依法经审查验证。

财务会计报告应当包括下列财务会计报表及附属明细表：

（一）资产负债表；

（二）损益表；

（三）财务状况变动表；

（四）财务情况说明书；

（五）利润分配表。

第一百七十六条 有限责任公司应当按照公司章程规定的期限将财务会计报告送交各股东。

股份有限公司的财务会计报告应当在召开股东大会年会的二十日以前置备于本公司，供股东查阅。

以募集设立方式成立的股份有限公司必须公告其财务会计报告。

第一百七十七条 公司分配当年税后利润时，应当提取利润的百分之十列入公司法定公积金，并提取利润的百分之五至百分之十列入公司法定公益金。公司法定公积金累计额为公司注册资本的百分之五十以上的，可不再提取。

公司的法定公积金不足以弥补上一年度公司亏损的，在依照前款规定提取法定公积金和法定公益金之前，应当先用当年利润弥补亏损。

公司在从税后利润中提取法定公积金后，经股东会决议，可以提取任意公积金。

公司弥补亏损和提取公积金、法定公益金后所余利润，有限责任公司按照股东的出资比例分配，股份有限公司按照股东持有的股份比例分配。

股东会或者董事会违反前款规定，在公司弥补亏损和提取法定公积金、法定公益金之前向股东分配利润的，必须将违反规定分配的利润退还公司。

第一百七十八条 股份有限公司依照本法规定，以超过股票票面金额的发行价格发行股份所得的溢价款以及国务院财政主管部门规定列入资本公积金的其他收入，应当列为公司资本公积金。

第一百七十九条 公司的公积金用于弥补公司的亏损，扩大公司生产经营或者转为增加公司资本。

股份有限公司经股东大会决议将公积金转为资本时，按股东原有股份比例派送新股或者增加每股面值。但法定公积金转为资本时，所留存的该项公积金不得少于注册资本的百分之二十五。

第一百八十条 公司提取的法定公益金用于本公司职工的集体福利。

第一百八十一条 公司除法定的会计帐册外，不得另立会计帐册。

对公司资产，不得以任何个人名义开立帐户存储。

第七章 公司合并、分立

第一百八十二条 公司合并或者分立，应当由公司的股东会作出决议。

第一百八十三条 股份有限公司合并或者分立，必须经国务院授权的部门或者省级人民政府批准。

第一百八十四条 公司合并可以采取吸收合并和新设合并两种形式。

一个公司吸收其他公司为吸收合并，被吸收的公司解散。二个以上公司合并设立一个新的公司为新设合并，合并各方解散。

公司合并，应当由合并各方签订合并协议，并编制资产负债表及财产清单。公司应当自作出合并决议之日起十日内通知债权人，并于三十日内在报纸上至少公告三次。债权人自接到通知书之日起三十日内，未接到通知书的自第一次公告之日起九十日内，有权要求公司清偿债务或者提供相应的担保。不清偿债务或者不提供相应的担保的，公司不得合并。

公司合并时，合并各方的债权、债务，应当由合并后存续的公司或者新设的公司承继。

第一百八十五条 公司分立，其财产作相应的分割。

公司分立时，应当编制资产负债表及财产清单。公司应当自作出分立决议之日起十日内通知债权人，并于三十日内在报纸上至少公告三次。债权人自接到通知书之日起三十日内，未接到通知书的自第一次公告之日起九十日内，有权要求公司清偿债务或者提供相应的担保。不清偿债务或者不提供相应的担保的，公司不得分立。

公司分立前的债务按所达成的协议由分立后的公司承担。

第一百八十六条 公司需要减少注册资本时，必须编制资产负债表及财产清单。

公司应当自作出减少注册资本决议之日起十日内通知债权人，并于三十日内在报纸上至少公告三次。债权人自接到通知书之日起三十日内，未接到通知书的自第一次公告之日起九十日内，有权要求公司清偿债务或者提供相应的担保。

公司减少资本后的注册资本不得低于法定的最低限额。

第一百八十七条 有限责任公司增加注册资本时，股东认缴新增资本的出资，按照本法设立有限责任公司缴纳出资的有关规定执行。

股份有限公司为增加注册资本发行新股时，股东认购新股应当按照本法设立股份有限公司缴纳股款的有关规定执行。

第一百八十八条 公司合并或者分立，登记事项发生变更的，应当依法向公司登记机关办理变更登记；公司解散的，应当依法办理公司注销登记；设立新公司的，应当依法办理公司设立登记。

公司增加或者减少注册资本，应当依法向公司登记机关办理变更登记。

第八章 公司破产、解散和清算

第一百八十九条 公司因不能清偿到期债务，被依法宣告破产的，由人民法院依照有关法律的规定，组织股东、有关机关及有关专业人员成立清算组，对公司进行破产清算。

第一百九十条 公司有下列情形之一的，可以解散：

（一）公司章程规定的营业期限届满或者公司章程规定的其他解散事由出现时；

（二）股东会决议解散；

（三）因公司合并或者分立需要解散的。

第一百九十一条 公司依照前条第（一）项、第（二）项规定解散的，应当在十五日内成立清算组，有限责任公司的清算组由股东组成，股份有限公司的清算组由股东大会确定其人选；逾期不成立清算组进行清算的，债权人可以申请人民法院指定有关人员组成清算组，进行清算。人民法院应当受理该申请，并及时指定清算组成员，进行清算。

第一百九十二条 公司违反法律、行政法规被依法责令关闭的，应当解散，由有关主管机关组织股东、有关机关及有关专业人员成立清算组，进行清算。

第一百九十三条 清算组在清算期间行使下列职权：

（一）清理公司财产，分别编制资产负债表和财产清单；

（二）通知或者公告债权人；

（三）处理与清算有关的公司未了结的业务；

（四）清缴所欠税款；

（五）清理债权、债务；

（六）处理公司清偿债务后的剩余财产；

（七）代表公司参与民事诉讼活动。

第一百九十四条 清算组应当自成立之日起十日内通知债权人，并于六十日内在报纸上至少公告三次。债权人应当自接到通知书之日起三十日内，未接到通知书的自第一次公告之日起九十日内，向清算组申报其债权。

债权人申报其债权，应当说明债权的有关事项，并提供证明材料。清算组应当对债权进行登记。

第一百九十五条 清算组在清理公司财产、编制资产负债表和财产清单后，应当制定清算方案，并报股东会或者有关主管机关确认。

公司财产能够清偿公司债务的，分别支付清算费用、职工工资和劳动保险费用，缴纳所欠税款，清偿公司债务。

公司财产按前款规定清偿后的剩余财产，有限责任公司按照股东的出资比例分配，股份有限公司按照股东持有的股份比例分配。

清算期间，公司不得开展新的经营活动。公司财产在未按第二款的规定清偿前，不得分配给股东。

第一百九十六条 因公司解散而清算，清算组在清理公司财产、编制资产负债表和财产清单后，发现公司财产不足清偿债务的，应当立即向人民法院申请宣告破产。

公司经人民法院裁定宣告破产后，清算组应当将清算事务移交给人民法院。

第一百九十七条 公司清算结束后，清算组应当制作清算报告，报股东会或者有关主管机关确认，并报送公司登记机关，申请注销公司登记，公告公司终止。不申请注销公司登记的，由公司登记机关吊销其公司营业执照，并予以公告。

第一百九十八条 清算组成员应当忠于职守，依法履行清算义务。

清算组成员不得利用职权收受贿赂或者其他非法收入，不得侵占公司财产。

清算组成员因故意或者重大过失给公司或者债权人造成损失的，应当承担赔偿责任。

第九章 外国公司的分支机构

第一百九十九条 外国公司依照本法规定可以在中国境内设立分支机构，从事生产经营活动。

本法所称外国公司是指依照外国法律在中国境外登记成立的公司。

第二百条 外国公司在中国境内设立分支机构，必须向中国主管机关提出申请，并提交其公司章程、所属国的公司登记证书等有关文件，经批准后，向公司登记机关依法办理登记，领取营业执照。

外国公司分支机构的审批办法由国务院另行规定。

第二百零一条 外国公司在中国境内设立分支机构，必须在中国境内指定负责该分支机构的代表人或者代理人，并向该分支机构拨付与其所从事的经营活动相适应的资金。

对外国公司分支机构的经营资金需要规定最低限额的，由国务院另行规定。

第二百零二条 外国公司的分支机构应当在其名称中标明该外国公司的国籍及责任形式。

外国公司的分支机构应当在本机构中置备该外国公司章程。

第二百零三条 外国公司属于外国法人，其在中国境内设立的分支机构不具有中国法人资格。

外国公司对其分支机构在中国境内进行经营活动承担民事责任。

第二百零四条 经批准设立的外国公司分支机构，在中国境内从事业务活动，必须遵守中国的法律，不得损害中国的社会公共利益，其合法权益受中国法律保护。

第二百零五条 外国公司撤销其在中国境内的分支机构时，必须依法清偿债务，按照本法有关公司清算程序的规定进行清算。未清偿债务之前，不得将其分支机构的财产移至中国境外。

第十章 法律责任

第二百零六条 违反本法规定，办理公司登记时虚报注册资本、提交虚假证明文件或者采取其他欺诈手段隐瞒重要事实取得公司登记的，责令改正，对虚报注册资本的公司，处以虚报注册资本金额百分之五以上百分之十以下的罚款；对提交虚假证明文件或者采取其他欺诈手段隐瞒重要事实的公司，处以一万元以上十万元以下的罚款；情节严重的，撤销公司登记。构成犯罪的，依法追究刑事责任。

第二百零七条 制作虚假的招股说明书、认股书、公司债券募集办法发行股票或者公司债券的，责令停止发行，退还所募资金及其利息，处以非法募集资金金额百分之一以上百分之五以下的罚款。构成犯罪的，依法追究刑事责任。

第二百零八条 公司的发起人、股东未交付货币、实物或者未转移财产权，虚假出资，欺骗债权人和社会公众的，责令改正，处以虚假出资金额百分之五以上百分之十以下的罚款。构成犯罪的，依法追究刑事责任。

第二百零九条 公司的发起人、股东在公司成立后，抽逃其出资的，责令改正，处以所抽逃出资金额百分之五以上百分之十以下的罚款。构成犯罪的，依法追究刑事责任。

第二百一十条 未经本法规定的有关主管部门的批准，擅自发行股票或者公司债券的，责令停止发行，退还所募资金及其利息，处以非法所募资金金额百分之一以上百分之五以下的罚款。构成犯罪的，依法追究刑事责任。

第二百一十一条 公司违反本法规定，在法定的会计帐册以外另立会计帐册的，责令改正，处以一万元以上十万元以下的罚款。构成犯罪的，依法追究刑事责任。

将公司资产以任何个人名义开立帐户存储的，没收违法所得，并处以违法所得一倍以上五倍以下的罚款。构成犯罪的，依法追究刑事责任。

第二百一十二条 公司向股东和社会公众提供虚假的或者隐瞒重要事实的财务会计报告的，对直接负责的主管人员和其他直接责任人员处以一万元以上十万元以下的罚款。构成犯罪的，依法追究刑事责任。

第二百一十三条 违反本法规定，将国有资产低价折股、低价出售或者无偿分给个人的，对直接负责的主管人员和其他直接责任人员依法给予行政处分。构成犯罪的，依法追究刑事责任。

第二百一十四条 董事、监事、经理利用职权收受贿赂、其他非法收入或者侵占公司财产的，没收违法所得，责令退还公司财产，由公司给予处分。构成犯罪的，依法追究刑事责任。

董事、经理挪用公司资金或者将公司资金借贷给他人的，责令退还公司的资金，由公司给予处分，将其所得收入归公司所有。构成犯罪的，依法追究刑事责任。

董事、经理违反本法规定，以公司资产为本公司的股东或者其他个人债务提供担保的，责令取消担保，并依法承担赔偿责任，将违法提供担保取得的收入归公司所有。情节严重的，由公司给予处分。

第二百一十五条 董事、经理违反本法规定自营或者为他人经营与其所任职公司同类的营业的，除将其所得收入归公司所有外，并可由公司给予处分。

第二百一十六条 公司不按照本法规定提取法定公积金、法定公益金的，责令如数补足应当提取的金额，并可对公司处以一万元以上十万元以下的罚款。

第二百一十七条 公司在合并、分立、减少注册资本或者进行清算时，不按照本法规定通知或者公告债权人的，责令改正，对公司处以一万元以上十万元以下的罚款。

公司在进行清算时，隐匿财产，对资产负债表或者财产清单作虚伪记载或者未清偿债务前分配公司财产的，责令改正，对公司处以隐匿财产或者未清偿债务前分配公司财产金额百分之一以上百分之五以下的罚款。对直接负责的主管人员和其他直接责任人员处以一万元以上十万元以下的罚款。构成犯罪的，依法追究刑事责任。

第二百一十八条 清算组不按照本法规定向公司登记机关报送清算报告，或者报送清算报告隐瞒重要事实或者有重大遗漏的，责令改正。

清算组成员利用职权徇私舞弊、谋取非法收入或者侵占公司财产的，责令退还公司财产，没收违法所得，并可处以违法所得一倍以上五倍以下的罚款。构成犯罪的，依法追究刑事责任。

第二百一十九条 承担资产评估、验资或者验证的机构提供虚假证明文件的，没收违法所得，处以违法所得一倍以上五倍以下的罚款，并可由有关主管部门依法责令该机构停业，吊销直接责任人员的资格证书。构成犯罪的，依法追究刑事责任。

承担资产评估、验资或者验证的机构因过失提供有重大遗漏的报告的，责令改正，情节较重的，处以所得收入一倍以上三倍以下的罚款，并可由有关主管部门依法责令该机构停业，吊销直接责任人员的资格证书。

第二百二十条 国务院授权的有关主管部门，对不符合本法规定条件的设立公司的申请予以批准，或者对不符合本法规定条件的股份发行的申请予以批准，情节严重的，对直接负责的主管人员和其他直接责任人员，依法给予行政处分。构成犯罪的，依法追究刑事责任。

第二百二十一条 国务院证券管理部门对不符合本法规定条件的募集股份、股票上市和债券发行的申请予以批准，情节严重的，对直接负责的主管人员和其他直接责任人员，依法给予行政处分。构成犯罪的，依法追究刑事责任。

第二百二十二条 公司登记机关对不符合本法规定条件的登记申请予以登记，情节严重的，对直接负责的主管人员和其他直接责任人员，依法给予行政处分。构成犯罪的，依法追究刑事责任。

第二百二十三条 公司登记机关的上级部门强令公司登记机关对不符合本法规定条件的登记申请予以登记的，或者对违法登记进行包庇的，对直接负责的主管人员和其他直接责任人员依法给予行政处分。构成犯罪的，依法追究刑事责任。

第二百二十四条 未依法登记为有限责任公司或者股份有限公司，而冒用有限责任公司或者股份有限公司名义的，责令改正或者予以取缔，并可处以一万元以上十万元以下的罚款。构成犯罪的，依法追究刑事责任。

第二百二十五条 公司成立后无正当理由超过六个月未开业的，或者开业后自行停业连续六个月以上的，由公司登记机关吊销其公司营业执照。

公司登记事项发生变更时，未按照本法规定办理有关变更登记的，责令限期登记，逾期不登记的，处以一万元以上十万元以下的罚款。

第二百二十六条 外国公司违反本法规定，擅自在中国境内设立分支机构的，责令改正或者关闭，并可处以一万元以上十万元以下的罚款。

第二百二十七条 依照本法履行审批职责的有关主管部门，对符合法定条件的申请，不予批准的，或者公司登记机关对符合法定条件的申请，不予登记的，当事人可以依法申请复议或者提起行政诉讼。

第二百二十八条 公司违反本法规定，应当承担民事赔偿责任和缴纳罚款、罚金的，其财产不足以支付时，先承担民事赔偿责任。

第十一章 附 则

第二百二十九条 本法施行前依照法律、行政法规、地方性法规和国务院有关主管部门制定的《有限责任公司规范意见》、《股份有限公司规范意见》登记成立的公司，继续保留，其中不完全具备本法规定的条件的，应当在规定的限期内达到本法规定的条件。具体实施办法，由国务院另行规定。

属于高新技术的股份有限公司，发起人以工业产权和非专利技术作价出资的金额占公司注册资本的比例，公司发行新股、申请股票上市的条件，由国务院另行规定。

第二百三十条 本法自1994年7月1日起施行。

第二章　行政法规、规章及规范性文件

证券投资基金管理暂行办法

（国务院批准 1997年11月14日国务院证券委员会发布）

第一章　总　则

第一条　为了加强对证券投资基金的管理，保护基金当事人的合法权益，促进证券市场的健康、稳定发展，制定本办法。

第二条　本办法所称证券投资基金（以下简称基金）是指一种利益共享、风险共担的集合证券投资方式，即通过发行基金单位，集中投资者的资金，由基金托管人托管，由基金管理人管理和运用资金，从事股票、债券等金融工具投资。

第三条　基金资产独立于基金托管人和基金管理人的资产。

第四条　在中国境内从事基金活动及与该活动相关的自然人、法人和其他组织，应当遵守本办法。

第二章　基金的设立、募集与交易

第五条　基金的设立，必须经中国证券监督管理委员会（以下简称中国证监会）审查批准。

第六条　基金发起人可以申请设立开放式基金，也可以申请设立封闭式基金。

第七条　申请设立基金，应当具备下列条件：

（一）主要发起人为按照国家有关规定设立的证券公司、信托投资公司、基金管理公司；

（二）每个发起人的实收资本不少于3亿元，主要发起人有3年以上从事证券投资经验、连续盈利的记录，但是基金管理公司除外；

（三）发起人、基金托管人、基金管理人有健全的组织机构和管理制度，财务状况良好，经营行为规范；

（四）基金托管人、基金管理人有符合要求的营业场所、安全防范设施和与业务有关的其他设施；

（五）中国证监会规定的其他条件。

申请设立开放式基金，还必须在人才和技术设施上能够保证每周至少一次向投资者公布基金资产净值和申购、赎回价格。

第八条　基金发起人申请设立基金，应当向中国证监会提交下列文件：

（一）申请报告；

（二）发起人名单及协议；

（三）基金契约和托管协议；

（四）招募说明书；

（五）证券公司、信托投资公司作为发起人的，经会计师事务所审计的发起人最近3年的财务报告；

（六）律师事务所出具的法律意见书；

（七）募集方案；

（八）中国证监会要求提交的其他文件。

前款基金契约、托管协议和招募说明书的内容和格式，由中国证监会规定。

第九条　基金发起人认购基金单位占基金总额的比例和在基金存续期间持有基金单位占基金总额的比例，由中国证监会规定。

第十条　封闭式基金的存续时间不得少于5年，最低募集数额不得少于2亿元。

第十一条　封闭式基金扩募或者续期，应当具备下列条件，并经中国证监会审查批准：

（一）年收益率高于全国基金平均收益率；

（二）基金托管人、基金管理人最近3年内无重大违法、违规行为；

（三）基金持有人大会和基金托管人同意扩募或者续期；

（四）中国证监会规定的其他条件。

申请基金扩募或者续期，应当按照中国证监会的要求提交有关文件。

第十二条　基金发起人应当于基金募集前3天在中国证监会指定的报刊上刊载招募说明书。

第十三条　封闭式基金的募集期限为3个月，自该基金批准之日起计算。封闭式基金自批准之日起3个月内募集的资金超过该基金批准规模的80%的，该基金方可成立。开放式基金自批准之日起3个月内净销售额超过2亿元的，该基金方可成立。

封闭式基金募集期满时，其所募集的资金少于该基金批准规模的80%的，该基金不得成立。开放式基金自批准之日起3个月内净销售额少于2亿元的，该基金不得成立。基金发起人必须承担基金募集费用，已募集的资金并加计银行活期存款利息必须在30天内退还基金认购人。

第十四条 开放式基金只能在符合国家规定的场所申购、赎回。

封闭式基金成立后，基金管理人、基金托管人可以向中国证监会及证券交易所提出基金上市申请。基金上市规则由证券交易所制定，报中国证监会批准。

第三章 基金托管人和基金管理人

第十五条 经批准设立的基金，应当委托商业银行作为基金托管人托管基金资产，委托基金管理公司作为基金管理人管理和运用基金资产。

第十六条 基金托管人必须经中国证监会和中国人民银行审查批准。

第十七条 基金托管人、基金管理人应当在行政上、财务上相互独立，其高级管理人员不得在对方兼任任何职务。

第十八条 基金托管人应当具备下列条件

（一）设有专门的基金托管部；

（二）实收资本不少于80亿元；

（三）有足够的熟悉托管业务的专职人员；

（四）具备安全保管基金全部资产的条件；

（五）具备安全、高效的清算、交割能力。

第十九条 基金托管人应当履行下列职责：

（一）安全保管基金的全部资产；

（二）执行基金管理人的投资指令，并负责办理基金名下的资金往来；

（三）监督基金管理人的投资运作，发现基金管理人的投资指令违法、违规的，不予执行，并向中国证监会报告；

（四）复核、审查基金管理人计算的基金资产净值及基金价格；

（五）保存基金的会计账册、记录15年以上；

（六）出具基金业绩报告，提供基金托管情况，并向中国证监会和中国人民银行报告；

（七）基金契约、托管协议规定的其他职责。

第二十条 基金托管人必须将其托管的基金资产与托管人的自有资产严格分开，对不同基金分别设置账户，实行分账管理。

第二十一条 有下列情形之一的，经中国证监会和中国人民银行批准，基金托管人必须退任：

（一）基金托管人解散、依法被撤销、破产或者由接管人接管其资产的；

（二）基金管理人有充分理由认为更换基金托管人符合基金持有人利益的；

（三）代表50%以上基金单位的基金持有人要求基金托管人退任的；

（四）中国人民银行有充分理由认为基金托管人不能继续履行基金托管职责的。

第二十二条 新任基金托管人应当经中国证监会和中国人民银行审查批准；经批准后，原任基金托管人方可退任。原任基金托管人托管的基金无新任基金托管人承接的，该基金应当终止。

第二十三条 申请设立基金管理公司，必须经中国证监会审查批准。

第二十四条 设立基金管理公司，应当具备下列条件：

（一）主要发起人为按照国家有关规定设立的证券公司、信托投资公司；

（二）主要发起人经营状况良好，最近3年连续盈利；

（三）每个发起人实收资本不少于3亿元；

（四）拟设立的基金管理公司的最低实收资本为1000万元；

（五）有明确可行的基金管理计划；

（六）有合格的基金管理人才；

（七）中国证监会规定的其他条件。

申请设立基金管理公司，应当按照中国证监会的要求提交有关文件。

第二十五条 基金管理公司经批准，可以从事下列业务：

（一）基金管理业务；

（二）发起设立基金。

第二十六条 基金管理人应当履行下列职责：

（一）按照基金契约的规定运用基金资产投资并管理基金资产；

（二）及时、足额向基金持有人支付基金收益；

（三）保存基金的会计帐册、记录15年以上；

（四）编制基金财务报告，及时公告，并向中国证监会报告；

（五）计算并公告基金资产净值及每一基金单位资产净值；

（六）基金契约规定的其他职责。

开放式基金的管理人还应当按照国家有关规定和基金契约的规定，及时、准确地办理基金的申购和赎回。

第二十七条 有下列情形之一的，经中国证监会批准，基金管理人必须退任：

（一）基金管理人解散、依法被撤销、破产或者由接管人接管其资产的；

（二）基金托管人有充分理由认为更换基金管理人符合基金持有人利益的；

（三）代表50%以上基金单位的基金持有人要求基金管理人退任的；

（四）中国证监会有充分理由认为基金管理人不能继续履行基金管理职责的。

第二十八条 新任基金管理人应当经中国证监会审查批准；经批准后，原任基金管理人方可退任。原任基金管理人管理的基金无新任基金管理人承接的，该基金应当终止。

第四章 基金持有人的权利和义务

第二十九条 基金持有人享有下列权利：

（一）出席或者委派代表出席基金持有人大会；

（二）取得基金收益；

（三）监督基金经营情况，获取基金业务及财务状况的资料；

（四）申购、赎回或者转让基金单位；

（五）取得基金清算后的剩余资产；

（六）基金契约规定的其他权利。

第三十条 有下列情形之一的，应当召开基金持有人大会：

（一）修改基金契约；

（二）提前终止基金；

（三）更换基金托管人；

（四）更换基金管理人；

（五）中国证监会规定的其他情形。

前款事项，经基金持有人大会作出决议后，应当经中国证监会批准。

第三十一条 基金持有人应当履行下列义务：

（一）遵守基金契约；

（二）交纳基金认购款项及规定的费用；

（三）承担基金亏损或者终止的有限责任；

（四）不从事任何有损基金及其他基金持有人利益的活动。

第五章 投资运作与监督管理

第三十二条 基金成立前，投资者的认购款项只能存入商业银行，不得动用。

第三十三条 基金的投资组合应当符合下列规定：

（一）1个基金投资于股票、债券的比例，不得低于该基金资产总值的80%；

（二）1个基金持有1家上市公司的股票，不得超过该基金资产净值的10%；

（三）同一基金管理人管理的全部基金持有1家公司发行的证券，不得超过该证券的10%；

（四）1个基金投资于国家债券的比例，不得低于该基金资产净值的20%；

（五）中国证监会规定的其他比例限制。

第三十四条 禁止从事下列行为：

（一）基金之间相互投资；

（二）基金托管人、商业银行从事基金投资；

（三）基金管理人以基金的名义使用不属于基金名下的资金买卖证券；

（四）基金管理人从事任何形式的证券承销或者从事除国家债券以外的其他证券自营业务；

（五）基金管理人从事资金拆借业务；

（六）动用银行信贷资金从事基金投资；

（七）国有企业违反国家有关规定炒作基金；

（八）将基金资产用于抵押、担保、资金拆借或者贷款；

（九）从事证券信用交易；

（十）以基金资产进行房地产投资；

（十一）从事可能使基金资产承担无限责任的投资；

（十二）将基金资产投资于与基金托管人或者基金管理人有利害关系的公司发行的证券；

（十三）中国证监会规定禁止从事的其他行为。

第三十五条 开放式基金必须保持足够的现金或者国家债券，以备支付赎金。

第三十六条 基金托管人的托管费、基金管理人的报酬以及可以在基金资产中扣除的其他费用，应当按照国家有关规定执行，并在基金契约和托管协议中订明。

第三十七条 基金托管人、基金管理人应当执行国家财务会计制度，依法纳税。

第三十八条 基金收益分配应当采用现金形式，每年至少1次。基金收益分配比例不得低于基金净收益的90%。

第三十九条 中国证监会、中国人民银行按照各自的职权随时对基金募集、交易、投资运作以及相关的业务活动和财务会计资料进行检查、稽核。基金托管人、基金管理人以及有关的机构和人员应当及时提供有关情况和资料，不得拒绝、阻挠。

第四十条 有下列情形之一的，基金应当终止：

（一）基金封闭期满，未被批准续期的；

（二）基金经批准提前终止的；

（三）因重大违法、违规行为，基金被中国证监会责令终止的。

第四十一条 基金终止时，必须组成清算小组对基金资产进行清算；清算结果应当报中国证监会批准并予以公告。

中国证监会监督基金清算过程。

第四十二条 基金清算后的全部剩余资产,按基金持有人持有的基金单位占基金资产的比例,分配给基金持有人。

第六章 罚 则

第四十三条 未经批准,擅自设立、募集或者变相募集基金的,由中国证监会予以取缔,责令退还所募集的资金及其利息,有违法所得的,没收违法所得,并处违法所得1倍以上10倍以下的罚款;没有违法所得的,处100万元以下的罚款。

第四十四条 未经批准,擅自将基金上市交易的,由中国证监会责令停止交易,处100万元以下的罚款。

第四十五条 未经批准,擅自设立基金管理公司或者擅自从事基金管理业务的,由中国证监会予以取缔,有违法所得的,没收违法所得,并处违法所得1倍以上10倍以下的罚款;没有违法所得的,处100万元以下的罚款。

第四十六条 未经批准,擅自从事基金托管业务的,责令停止基金托管业务,没收违法所得,并处50万元以下的罚款。

基金托管人未按照规定将其托管的基金资产与托管人的自有资产分开,或者对基金资产未实行分账管理的,责令改正,没收违法所得,并处违法所得1倍以上5倍以下的罚款。

第四十七条 基金管理人违反本办法第三十二条规定的,责令改正,有违法所得的,没收违法所得,并处违法所得1倍以上5倍以下的罚款;没有违法所得的,处50万元以下的罚款。

第四十八条 基金管理人违反本办法第三十三条规定的,由中国证监会责令改正,有违法所得的,没收违法所得,并处违法所得1倍以上3倍以下的罚款;没有违法所得的,处30万元以下的罚款。

第四十九条 有本办法第三十四条所列行为之一的,责令改正,有违法所得的,没收违法所得,并处违法所得1倍以上5倍以下的罚款;没有违法所得的,处50万元以下的罚款。

第五十条 基金管理人或者基金托管人营私舞弊、违规操作,不履行其基金管理或者基金托管职责的,或者严重失职,造成基金经营不善或者重大损失的,除依法给予处罚外,暂停、撤销其基金管理业务资格或者基金托管业务资格。

第五十一条 基金管理人或者基金托管人违反本办法第三十九条规定,不提供或者拖延提供有关情况和资料,或者拒绝、阻挠依法进行的检查、稽核的,责令改正,给予警告,并处5万元以下的罚款。

第五十二条 本办法第四十六条、第四十七条、第四十九条、第五十条、第五十一条规定的处罚,由中国证监会、中国人民银行按照各自的职权作出决定;但是,对同一违法行为,不得给予两次以上的处罚。

第五十三条 有操纵市场价格、内幕交易、虚假陈述等证券欺诈行为的,由中国证监会依法给予处罚。

第五十四条 违反本办法规定,除依法给予行政处罚外,对直接负责的主管人员和其他直接责任人员暂停、撤销其从业资格。

违反本办法规定,给他人造成损失的,依法承担民事赔偿责任。

违反本办法规定,构成犯罪的,依法追究刑事责任。

第七章 附 则

第五十五条 本办法下列用语的含义:

(一)"基金单位",是指基金发起人向不特定的投资者发行的,表示持有人对基金享有资产所有权、收益分配权和其他相关权利,并承担相应义务的凭证。

(二)"开放式基金",是指基金发行总额不固定,基金单位总数随时增减,投资者可以按基金的报价在国家规定的营业场所申购或者赎回基金单位的一种基金。

(三)"封闭式基金",是指事先确定发行总额,在封闭期内基金单位总数不变,基金上市后投资者可以通过证券市场转让、买卖基金单位的一种基金。

(四)"基金资产总值",包括基金购买的各类证券价值、银行存款本息以及其他投资所形成的价值总和。

(五)"基金资产净值",是指基金资产总值减去按照国家有关规定可以在基金资产中扣除的费用后的价值。

(六)"每一单位基金资产净值",是指计算日基金资产净值除以计算日基金单位总数后的价值。

(七)"基金收益",包括基金投资所得红利、股息、债券利息,买卖证券价差,存款利息以及其他收入。

(八)"基金净收益",是指基金收益减去按照国家有关规定可以在基金收益中扣除的费用后的余额。

第五十六条 本办法由中国证监会组织实施。

第五十七条 本办法自发布之日起施行。

全国社会保障基金投资管理暂行办法

（财政部、劳动和社会保障部第12号）

第一章 总 则

第一条 为了规范全国社会保障基金投资运作行为，根据国家有关法律法规，制定本办法。

第二条 本办法所称全国社会保障基金(以下简称“社保基金”）是指全国社会保障基金理事会（以下简称“理事会”）负责管理的由国有股减持划入资金及股权资产、中央财政拨入资金、经国务院批准以其他方式筹集的资金及其投资收益形成的由中央政府集中的社会保障基金。

第三条 社保基金投资运作的基本原则是,在保证基金资产安全性、流动性的前提下，实现基金资产的增值。

第四条 社保基金资产是独立于理事会、社保基金投资管理人、社保基金托管人的资产。

第五条 财政部会同劳动和社会保障部拟订社保基金管理运作的有关政策,对社保基金的投资运作和托管情况进行监督。

中国证券监督管理委员会（以下简称“中国证监会”）和中国人民银行按照各自的职权对社保基金投资管理人和托管人的经营活动进行监督。

第二章 理事会

第六条 理事会负责管理社保基金,履行以下职责:

（一）制定社保基金的投资经营策略并组织实施。

（二）选择并委托社保基金投资管理人、托管人对社保基金资产进行投资运作和托管;对投资运作和托管情况进行检查。

（三）负责社保基金的财务管理与会计核算，编制定期财务会计报表，起草财务会计报告。

（四）定期向社会公布社保基金资产、收益、现金流量等财务状况。

第七条 理事会应严格执行本办法。对理事会的违法违规行为按照国家有关法律法规进行处罚。

第三章 社保基金投资管理人

第八条 本办法所称社保基金投资管理人是指依照本办法第十条规定取得社保基金投资管理业务资格、根据合同受托运作和管理社保基金的专业性投资管理机构。

第九条 申请办理社保基金投资管理业务应具备以下条件：

（一）在中国注册，经中国证监会批准具有基金管理业务资格的基金管理公司及国务院规定的其他专业性投资管理机构。

（二）基金管理公司实收资本不少于5000万元人民币，在任何时候都维持不少于5000万元人民币的净资产。其他专业性投资管理机构需具备的最低资本规模另行规定。

（三）具有2年以上的在中国境内从事证券投资管理业务的经验，且管理审慎，信誉较高。具有规范的国际运作经验的机构，其经营时间可不受此款的限制。

（四）最近3年没有重大的违规行为。

（五）具有完善的法人治理结构。

（六）有与从事社保基金投资管理业务相适应的专业投资人员。

（七）具有完整有效的内部风险控制制度，内设独立的监察稽核部门，并配备足够数量的称职的专业人员。

第十条 社保基金投资管理人由理事会确定。申请社保基金投资管理业务,需向理事会提交申请书以及由中国证监会出具的申请人是否满足本办法第九条规定的基本条件的意见。理事会成立包括足够数量的独立人士参加的专家评审委员会,参照公开招标的原则对具备条件的社保基金投资管理业务申请人进行评审。评审委员会经投票提出社保基金投资管理人建议名单,报理事会确定。评审办法由理事会制定。评审办法及评审结果报财政部、劳动和社会保障部、中国证监会备案。

第十一条 社保基金投资管理人履行下列职责：

（一）按照投资管理政策及社保基金委托资产管理合同，管理并运用社保基金资产进行投资。

（二）建立社保基金投资管理风险准备金。

（三）完整保存社保基金委托资产的会计凭证、会计账簿和年度财务会计报告15年以上。

（四）编制社保基金委托资产财务会计报告，出具社保基金委托资产投资运作报告。

（五）保存社保基金投资记录15年以上。

（六）社保基金委托资产管理合同规定的其他职责。

第十二条 有下列情形之一的，社保基金投资管理人应当及时向理事会报告：

（一）社保基金资产市场价值大幅度波动。

（二）社保基金投资管理人减资、合并、分立、解散、依法被撤销、决定申请破产或被申请破产。

（三）社保基金投资管理人涉及重大诉讼或者仲裁。

（四）社保基金投资管理人的董事、监事、经理及其他高级管理人员发生重大变动。

（五）有可能使社保基金委托资产的价值受到重大影响的其他事项。

（六）委托资产管理合同规定的其他报告事项。

第十三条 社保基金投资管理人应适应社保基金管理的要求，建立健全相关内部管理制度和风险管理制度。

第十四条 有下列情形之一的，社保基金投资管理人必须退任：

（一）社保基金投资管理人解散、依法被撤销、破产或者由接管人接管其资产。

（二）理事会有充分理由认为更换社保基金投资管理人符合社保基金利益。

（三）托管人有充分理由认为更换社保基金投资管理人符合社保基金利益并征得理事会同意。

（四）财政部、劳动和社会保障部或中国证监会有充分理由认为社保基金投资管理人不能继续履行委托资产管理职责。

（五）社保基金委托资产管理合同规定的其他情形。

第十五条 当社保基金投资管理人更换或退任时，理事会必须尽快委任新投资管理人，并报财政部、劳动和社会保障部、中国证监会备案；新任投资管理人确定并履行职责后，原任投资管理人方可退任。

第十六条 禁止社保基金投资管理人从事下列活动：

（一）以社保基金的名义使用不属于社保基金名下的资金从事投资活动，或以他人的名义使用属于社保基金名下的资金从事投资活动。

（二）不公平地对待社保基金账户的资产。

（三）挪用社保基金的委托资产。

（四）从事可能使社保基金委托资产承担无限责任的投资。

（五）用社保基金委托资产从事信用交易。

（六）法律、法规和社保基金委托资产管理合同规定禁止从事的其他活动。

第四章 社保基金托管人

第十七条 本办法所称社保基金托管人是指按照本办法第十九条规定取得社保基金托管业务资格、根据合同安全保管社保基金资产的商业银行。

第十八条 申请办理社保基金托管业务应具备以下条件：

（一）设有专门的基金托管部。

（二）实收资本不少于80亿元。

（三）有足够的熟悉托管业务的专职人员。

（四）具备安全保管基金全部资产的条件。

（五）具备安全、高效的清算、交割能力。

第十九条 社保基金托管人由理事会确定。申请社保基金托管业务，需向理事会提交申请书以及由中国人民银行批准其从事社保基金托管业务的证明。理事会按照招标原则评选社保基金托管人，评选办法及评选结果报财政部、劳动和社会保障部、中国人民银行备案。理事会应逐步创造条件采用招标方式确定社保基金托管人。

第二十条 社保基金托管人履行下列职责：

（一）尽职保管社保基金的托管资产。

（二）执行社保基金投资管理人的投资指令，并负责办理社保基金名下的资金结算。

（三）监督社保基金投资管理人的投资运作。发现社保基金投资管理人的投资指令违法违规的，向理事会报告。

（四）完整保存社保基金会计账簿、会计凭证和年度财务会计报告15年以上。

（五）社保基金托管合同规定的其他职责。

第二十一条 社保基金托管人应适应社保基金托管的要求，建立、健全相关内部管理制度和风险管理制度。

第二十二条 有下列情形之一的，社保基金托管人必须退任：

（一）社保基金托管人解散、依法被撤销、破产或者由接管人接管其资产。

（二）理事会有充分理由认为社保基金托管人应当退任。

（三）财政部、劳动和社会保障部或中国人民银行有充分理由认为托管人不能继续履行社保基金托管职责。

（四）社保基金托管合同规定的其他情形。

第二十三条 当社保基金托管人更换或退任时，理事会必须尽快委任新的托管人，并报财政部、劳动和社会保障部、中国人民银行备案；新任托管人确定并履行职责后，原任托管人方可退任。

第二十四条 禁止社保基金托管人从事下列活动：

（一）将其托管的社保基金资产与托管的其他资产混合管理。

（二）托管的社保基金资产与其自有资产混合管理。

（三）挪用其托管的社保基金资产。

（四）有关法律法规禁止从事的其他活动。

第五章 社保基金的投资

第二十五条 社保基金投资的范围限于银行存款、买卖国债和其他具有良好流动性的金融工具，包括上市流通的证券投资基金、股票、信用等级在投资级以上的企业债、金融债等有价证券。

理事会直接运作的社保基金的投资范围限于银行存款、在一级市场购买国债，其他投资需委托社保基金投资管理人管理和运作并委托社保基金托管人托管。

第二十六条 社保基金投资管理人与社保基金托管人须在人事、财务和资产上相互独立，其高级管理人员不得在对方兼任任何职务。

第二十七条 理事会持有的国债在二级市场的交易，需委托符合本办法第九条规定的专业性投资管理机构办理。

第二十八条 划入社保基金的货币资产的投资，按成本计算，应符合下列规定：

（一）银行存款和国债投资的比例不得低于50%。其中，银行存款的比例不得低于10%。在一家银行的存款不得高于社保基金银行存款总额的50%。

（二）企业债、金融债投资的比例不得高于10%。

（三）证券投资基金、股票投资的比例不得高于40%。

第二十九条 单个投资管理人管理的社保基金资产投资于一家企业所发行的证券或单只证券投资基金，不得超过该企业所发行证券或该基金份额的5%；按成本计算，不得超过其管理的社保基金资产总值的10%。

投资管理人管理的社保基金资产投资于自己管理的基金须经理事会认可。

第三十条 委托单个社保基金投资管理人进行管理的资产，不得超过年度社保基金委托资产总值的20%。

第三十一条 社保基金建立的初始阶段，减持国有股所获资金以外的中央预算拨款仅限投资于银行存款和国债。条件成熟时由财政部会同劳动和社会保障部商理事会报国务院批准后，改按本办法第二十八条所规定比例进行投资。

第三十二条 划入社保基金的股权资产纳入社保基金统一核算，按照国家有关规定进行管理。股权资产变现后的投资比例按本办法第二十八条的规定执行。

第三十三条 根据金融市场的变化和社保基金投资运作的情况，财政部会同劳动和社会保障部商有关部门适时报请国务院对第二十八条所规定的社保基金投资比例进行调整。

第三十四条 经中国人民银行批准，理事会可按照有关规定，与商业银行办理协议存款。

第六章 社保基金委托投资管理合同和托管合同

第三十五条 理事会与社保基金投资管理人必须签订委托资产管理合同，对双方的权利义务、委托资产管理方式、投资范围、收益分配等内容作出规定，并报财政部、劳动和社会保障部、中国证监会备案。

社保基金委托资产管理合同到期或中止时，相关事宜的处理办法另行制定。

第三十六条 理事会与社保基金托管人必须签订社保基金委托资产托管合同，明确双方的权利、义务，并报财政部、劳动和社会保障部、中国证监会、中国人民银行备案。

社保基金委托资产托管合同到期或中止时，相关事宜的处理办法另行制定。

第七章 社保基金投资的收益分配和费用

第三十七条 社保基金净收益全额纳入社保基金，按国家有关规定分配使用和投资。

第三十八条 社保基金投资管理人提取的委托资产管理手续费的年费率不高于社保基金委托资产净值的1.5%。

理事会可在委托资产管理合同中规定对社保基金投资管理人的业绩奖励措施。具体方案由财政部会同劳动和社会保障部批准。

第三十九条 社保基金托管人提取的托管费年费率不高于社保基金托管资产净值的0.25%。

第四十条 社保基金投资管理人按当年收取的社保基金委托资产管理手续费的20%，提取社保基金投资管理风险准备金，专项用于弥补社保基金投资的亏损。社保基金投资管理风险准备金在托管银行专户存储，余额达到社保基金委托管理资产净值的10%时可不再提取。

理事会按社保基金净收益的20%提取一般风险准备金，专项用于弥补社保基金投资发生重大亏损时社保基金投资管理人所提管理风险准备金不足以弥补的亏损。一般风险准备金余额达到社保基金资产净值的20%时可不再提取。

第八章 社保基金投资的账户和财务管理

第四十一条 社保基金投资管理人的社保基金委托资产管理业务必须与该管理人的其他业务在财务、账户上分开，不得混合操作和核算。

第四十二条 社保基金托管人必须为社保基金开设独立的证券账户和资金账户。

第四十三条 社保基金与理事会单位财务分别建账，分别核算。

第四十四条 社保基金投资管理人和托管人应认真进行日常会计核算，严格按照有关规定编制会计报表，定期就社保基金的会计核算、报表编制等进行核对。

第九章 报告制度

第四十五条 理事会、社保基金投资管理人、社保基金托管人应当按照本办法的要求报告社保基金投资运作的情况，保证报告内容没有虚假、误导性陈述或者重大遗漏，并对所报告内容的真实性、完整性负责。

第四十六条 理事会的信息披露和报告应符合以下要求：

（一）每年一次向社会公布社保基金资产、收益、现金流量等财务状况。

（二）每季度一次向财政部、劳动和社会保障部提交社保基金财务会计报告、投资管理报告。

（三）单个社保基金委托资产管理合同到期后，向财政部、劳动和社会保障部提交经具备证券从业资格的会计师事务所审计的报告，对社保基金委托资产的投资情况作出说明。

（四）社保基金发生重大事件，立即报告财政部、劳动和社会保障部，并编制临时报告书，经核准后予以公告。

第四十七条 社保基金投资管理人应按社保基金委托资产管理合同及理事会的要求定期和不定期向理事会提供社保基金委托资产投资运作报告。

第四十八条 社保基金托管人应按托管合同和理事会要求定期和不定期向理事会提供社保基金托管资产报告，并对第四十七条社保基金投资管理人编制的报告的有关内容复核，向理事会出具书面复核意见。

第十章 罚 则

第四十九条 社保基金投资管理人违反本办法第十二条规定，不及时或者未向理事会报告该条所列情形之一的，责令改正，给予警告，并处5万元以下的罚款。

第五十条 社保基金投资管理人或者托管人有本办法第十六条和第二十四条所列行为之一的应退任，有违法所得的，没收违法所得，处以违法所得1倍以上5倍以下的罚款；没有违法所得的，处50万元以下的罚款。

第五十一条 社保基金投资管理人违反本办法第二十五条规定，超出范围进行投资的应退任，并处以50万元以下的罚款。

第五十二条 社保基金投资管理人和托管人违反本办法第二十六条规定的，责令限期改正，并给予警告，逾期不改的应退任。

第五十三条 社保基金投资管理人违反本办法第二十九条规定，责令限期改正，给予警告，并处10万元以下罚款，逾期不改的应退任。

第五十四条 社保基金投资管理人违反本办法第四十七条规定，托管人违反本办法第四十八条规定，未能按照要求提供报告的，责令限期改正，给予警告，并处5万元以下的罚款，逾期不改的应退任。

第五十五条 社保基金投资管理人或者托管人营私舞弊，违规操作，不履行其委托资产管理或托管职责的，或者严重失职，造成社保基金经营不善或重大损失的，除依法给予处罚外，予以更换或退任。

第五十六条 本办法第四十九条至第五十五条规定的处罚，由财政部会同劳动和社会保障部，或由中国证监会、中国人民银行，按照各自职权作出处罚决定；对违反本办法的同一行为不得给予两次以上的处罚。

第五十七条 本办法自发布之日起施行。

二〇〇一年十二月十三日

开放式证券投资基金试点办法

（中国证监会　2000 年 10 月 12 日）

第一条　为促进证券投资基金的发展，规范开放式证券投资基金（以下简称“开放式基金”）的公开募集设立、运作及其相关活动，保护证券投资基金投资人的合法权益，根据《证券投资基金管理暂行办法》（以下简称《暂行办法》）的有关规定，制定本办法。

第二条　开放式基金活动及与该活动相关的自然人、法人和其他组织，应当遵守本办法；本办法未规定的，应当遵守《暂行办法》及其他有关规定。

第三条　开放式基金可以按照本办法，在规定的场所和开放时间内，由投资人向基金管理人申请申购基金单位；或者应基金投资人的要求，由基金管理人赎回投资人持有的基金单位。

第四条　开放式基金由基金管理人设立。

开放式基金的设立，必须经中国证券监督管理委员会（以下简称“中国证监会”）审查批准。

第五条　申请设立开放式基金，除应当遵守《暂行办法》第七条第（三）、（四）、（五）项的规定外，还应当具备下列条件：

（一）有明确、合法、合理的投资方向；

（二）有明确的基金组织形式和运作方式；

（三）基金托管人、基金管理人近一年内无重大违法、违规行为。

第六条　申请设立开放式基金，除应当按照《暂行办法》第八条的规定报送材料外，基金管理人还应当向中国证监会报送开放式基金实施方案及相关文件。

第七条　基金管理人有下列情形之一的，中国证监会不受理其设立开放式基金的申请：

（一）因有重大违法、违规行为正在受到国家有关部门的调查；

（二）因公司高级管理层变动、与公司有关的诉讼、仲裁等重大事件，可能或已经对所管理的基金运作造成不良影响；

（三）中国证监会认定的其他情形。

第八条　基金管理人应当自开放式基金设立申请获得批准之日起6个月内进行设立募集；超过6个月尚未开始设立募集的，原申请内容如有实质性改变，应当向中国证监会报告；原申请内容没有实质性改变的，应当向中国证监会备案。

第九条　开放式基金的设立募集期限不得超过3个月。设立募集期限自招募说明书公告之日起计算。

符合下列条件的，开放式基金方可成立：

（一）设立募集期限内，净销售额超过 2 亿元；

（二）在设立募集期限内，最低认购户数达到 100 人。

不符合上述条件的，该基金不得成立。基金管理人应当承担募集费用，已募集的资金并加计银行活期存款利息，应当自募集期满之日起30天内退还基金认购人。

第十条　开放式基金成立后的存续期间内，其有效持有人数量连续 20 个工作日达不到 100 人，或者连续 20 个工作日最低基金资产净额低于 5000 万元的，基金管理人应当及时向中国证监会报告，说明出现上述情况的原因以及解决方案。

第十一条　开放式基金可以对单个帐户持有开放式基金单位的比例设置限制，并应当在基金招募说明书中予以载明。

第十二条　开放式基金成立初期，可以在基金契约和招募说明书规定的期限内只接受申购，不办理赎回，但该期限最长不得超过 3 个月。

第十三条　开放式基金可在基金契约及招募说明书中载明预期的基金规模，在达到预期的基金规模后，可不再接受申购申请。

第十四条　开放式基金的基金托管人除应当遵守《暂行办法》第十九条的规定外，还应当履行下列职责：

（一）依法持有基金资产。

（二）采取适当、合理的措施，使开放式基金单位的认购、申购、赎回等事项符合基金契约等有关法律文件的规定。

（三）采取适当、合理的措施，使基金管理人用以计算开放式基金单位认购、申购、赎回和注销价格的方法符合基金契约等法律文件的规定。

（四）采取适当、合理的措施，使基金投资和融资的条件符合基金契约等法律文件的规定。

（五）在定期报告内出具托管人意见，说明基金管理人在各重要方面的运作是否严格按照基金契约的规定进行；如果基金管理人有未执行基金契约规定的行为，还应当说明基金托管人是否采取了适当的措施。

第十五条　开放式基金的基金管理人除应当遵守《暂行办法》第二十六条的规定外，还应当履行下列职责：

（一）依据基金契约，决定基金收益分配方案。

（二）编制并公告季度报告、中期报告、年度报告等定期报告。

（三）办理与基金有关的信息披露事宜。

（四）确保需要向基金投资人提供的各项文件或资料在规定时间内发出；并且保证投资人能够按照基金契约规定的时间和方式，随时查阅到与基金有关的公开资料，并得到有关资料的复印件。

第十六条 基金单位计价出现错误时，基金管理人应当立即公告、予以纠正，并采取合理的措施防止损失进一步扩大；计价错误偏差达到基金资产净值0.5%时，基金管理人应当通报基金托管人，并报中国证监会备案。

因基金单位计价错误给投资人造成损失的，基金管理人应当承担赔偿责任；有关投资者获得赔偿的方法应当在基金契约中具体列明。

第十七条 开放式基金单位的认购、申购和赎回业务可以由基金管理人直接办理，也可以由基金管理人委托其他机构代为办理。

基金管理人委托其他机构代为办理开放式基金单位认购、申购和赎回业务的，应当与有关机构签订委托代理协议。

第十八条 商业银行以及经中国证监会认定的其他机构可以接受基金管理人的委托，办理开放式基金单位的认购、申购和赎回业务。

商业银行开办开放式基金单位的认购、申购和赎回业务，应当经中国证监会和中国人民银行审查批准。

第十九条 申请开办开放式基金单位的认购、申购和赎回业务的机构，应当符合下列条件：

（一）设有专门管理开放式基金单位认购、申购和赎回业务的部门；

（二）有足够的熟悉开放式基金业务的专业人员；

（三）有便利、有效的商业网络；

（四）有安全、高效的办理开放式基金单位认购、申购和赎回业务的技术设施；

（五）中国证监会规定的其他条件。

第二十条 基金管理人或者其他机构及其经办业务人员，在直接或者代为办理开放式基金单位的认购、申购和赎回业务过程中，应当严格遵守法律、法规、以及本行业公认的道德标准和行为规范，不得误导、欺骗投资人。

第二十一条 开放式基金单位的注册登记业务可以由基金管理人办理，也可以委托商业银行或者中国证监会认定的其他机构办理。

商业银行办理开放式基金的注册登记业务，应当经中国证监会和中国人民银行审查批准。

第二十二条 代办注册登记业务的机构，可以接受基金管理人的委托，开办以下业务：

（一）建立并管理投资人基金单位帐户；

（二）负责基金单位注册登记；

（三）基金交易确认；

（四）代理发放红利；

（五）建立并保管基金投资人名册；

（六）基金契约或者注册登记代理协议规定的其他职责。

第二十三条 基金管理人可以根据开放式基金运营的需要，按照中国人民银行规定的条件，向商业银行申请短期融资。

第二十四条 开放式基金每周至少有一天应为基金的开放日，办理基金投资人申购、赎回、变更登记、基金之间转换等业务申请。

基金开放日期及时间应在基金契约中规定。

第二十五条 开放式基金的基金管理人应当于每个开放日的第二天公告开放日基金单位资产净值。

第二十六条 申购开放式基金单位的份额和赎回基金单位的金额，依据申购赎回日基金单位资产净值加、减有关费用计算，具体计算方法应当在招募说明书中予以载明。

基金单位资产净值，应当按照开放日闭市后基金资产净值除以当日基金单位的余额数量计算。具体计算方法应当在基金契约和招募说明书中予以载明。

第二十七条 投资人申购基金单位时，必须全额交付申购款项。款额一经交付，申购申请即为有效；除有基金招募说明书载明的不接受投资人申购申请的情形发生外，基金管理人不得拒绝基金投资人的申购申请。

第二十八条 基金管理人应当于收到基金投资人申购、赎回申请之日起3个工作日内，对该交易的有效性进行确认。

除本办法另有规定外，基金管理人应当自接受基金投资人有效赎回申请之日起7个工作日内，支付赎回款项。

第二十九条 除有下列情形外，基金管理人不得拒绝接受基金投资人的赎回申请：

（一）不可抗力；

（二）证券交易场所交易时间非正常停市，导致基金管理人无法计算当日基金资产净值；

（三）其他在基金契约、基金招募说明书中已载明并获批准的特殊情形。

发生上述情形之一的，基金管理人应当在当日立即向中国证监会备案；已接受的赎回申请，基金管理人应当足额兑付；如暂时不能足额兑付，可按单个帐户占申请总量的比例分配给赎回申请人，其余部分按基金契约及招募说明书载明的规定，在后续开放日予以兑付。

第三十条 开放式基金单个开放日，基金净赎回申请超过基金总份额的10%时，为巨额赎回。巨额赎回申请发生时，基金管理人在当日接受赎回比例不低于基金总份额的10%的前提下，可以对其余赎回申请延期办理。对于当日的赎回申请，应当按单个帐户赎回申请量占赎回申请总量的比例，确定当日受理的赎回份额；未受理部分可延迟至下一个开放日办理，并以该开放日当日的基金资产净值为依据计算赎回金额，但投资者可在申请赎回时选择将当日未获受理部分予以撤消。

发生巨额赎回并延期支付时，基金管理人应当通过邮寄、传真或者招募说明书规定的其他方式，在招募说明书规定的时间内通知基金投资人，说明有关处理方法，同时在指定媒体及其他相关媒体上公告；通知和公告的时间最长不得超过三个证券交易所交易日。

第三十一条 开放式基金连续发生巨额赎回，基金管理人可按基金契约及招募说明书载明的规定，暂停接受赎回申请；已经接受的赎回申请可以延缓支付赎回款项，但不得超过正常支付时间二十个工作日，并应当在指定媒体上进行公告。

第三十二条 发生基金契约或招募说明书中未予载明的事项，但基金管理人有正当理由认为需要暂停开放式基金申购、赎回申请的，应当报经中国证监会批准；经批准后，基金管理人应当立即在指定媒体上刊登暂停公告；暂停期间，每两周至少刊登提示性公告一次；暂停期间结束，基金重新开放时，基金管理人应当公告最新的基金单位资产净值。

第三十三条 开放式基金可以收取申购费，但申购费率不得超过申购金额的5%，申购费用可以在基金申购时收取，也可以在赎回时从赎回金额中予以扣除。

开放式基金可以根据基金管理运作的实际需要，收取合理的赎回费，但赎回费率不得超过赎回金额的3%；赎回费收入在扣除基本手续费后，余额应当归基金所有。

开放式基金可以选用可调整的申购、赎回费率。开放式基金收取费用的方式、条件以及费率标准应当在基金契约和招募说明书中予以载明。

第三十四条 基金的投资方向应当符合基金契约及招募说明书的规定；基金名称显示投资方向的，基金的非现金资产应当至少有80%属于该基金名称所显示的投资内容。

第三十五条 开放式基金的收益分配，应当根据基金契约及招募说明书的规定进行。

第三十六条 开放式基金的广告、宣传推介应当经中国证监会核准；其内容应当真实、完整、准确，不得有虚假、误导性陈述和重大遗漏。

第三十七条 开放式基金的各相关机构应当依法保存基金业务活动的记录、帐册、报表和其他业务资料。

第三十八条 开办开放式基金单位认购、申购和赎回业务、注册登记业务的机构违反《暂行办法》或者本办法的，比照《暂行办法》第六章的有关规定执行。

第三十九条 本办法自发布之日起施行。

证券投资基金会计核算办法

（财政部　2001年11月11日颁布）

一、总 则

（一）为了规范证券投资基金的会计核算，真实、完整地提供会计信息，根据《中华人民共和国会计法》、《金融企业会计制度》及国家其他有关法律和法规，制定本办法。

（二）本办法适用于基金管理公司管理的证券投资基金（以下简称“基金”）。

（三）基金管理公司对所管理的基金应当以基金为会计核算主体，独立建账、独立核算，保证不同基金之间在名册登记、账户设置、资金划拨、账簿记录等方面相互独立。

（四）基金管理公司应于估值日计算基金净值和基金单位净值，并按国家有关规定予以公告。

（五）本办法统一规定会计科目编号，以便于编制会计凭证，登记账簿，查阅账目，实行会计电算化。基金管理公司不得随意打乱重编。某些会计科目之间留有空号，供增设会计科目之用。

（六）基金管理公司应按本办法的规定设置和使用会计科目。在不影响会计核算要求和会计报表指标汇总，以及对外提供统一的财务会计报告的前提下，可以根据实际情况自行增设、减少或合并某些会计科目。

明细科目的设置，除本办法已有规定者外，在不违反统一会计核算要求的前提下，基金管理公司可以根据需要自行确定。

（七）基金管理公司在填制会计凭证、登记账簿时，应当填制会计科目的名称，或者同时填列会计科目的名称和编号，不应当只填科目编号，不填列科目名称。

（八）基金管理公司应编制和对外提供真实、完整的基金财务会计报告。财务会计报告分为年度、半年度、季度和月度财务会计报告。季度、月度财务会计报告通常仅指会计报表，国家统一的会计制度另有规定的除外。半年度、年度财务会计报告至少应披露会计报表和会计报表附注的内容。

（九）财务会计报告由会计报表和会计报表附注组成。对外提供的会计报表包括：资产负债表、经营业绩表、基金净值变动表及其附表。会计报表附注至少应披露主要会计政策及其变更的影响数、关联方关系及其交易和主要报表项目说明等内容。

关联方关系及其交易应披露基金与基金管理人、基金托管人、基金发起人、基金管理公司的股东等关联方在报告期内存在的关系与交易等。

（十）月度、季度财务会计报告应于月份终了后6个工作日内报出；半年度财务会计报告应于年度前6个月结束后60日内报出；年度财务会计报告应于年度终了后90日内报出。

编报的会计报表，以人民币“元”为金额单位，“元”以下填至“分”。

（十一）向外提供的基金会计报表应依次编定页数，加具封面，装订成册，加盖公章。封面应注明：基金管理人和基金托管人名称、基金名称、基金设立年份、报表所属年度、月份、送出日期等，并由单位负责人和主管会计工作的负责人、会计机构负责人（会计主管）签名并盖章；设置总会计师的单位，还须由总会计师签字并盖章。

（十二）本办法由中华人民共和国财政部负责解释。本办法需要变更时，由财政部负责修订。

（十三）本办法自2002年1月1日起施行。

二、证券投资基金会计科目

（一）会计科目名称和编号

顺序号	编 号	会计科目名称
一、资产类		
1	101	银行存款
2	102	清算备付金
3	103	交易保证金
4	111	证券清算款
5	112	应收股利
6	113	应收利息
7	114	应收申购款
8	119	其他应收款
9	121	股票投资
10	122	债券投资
11	131	买入返售证券
12	141	配股权证
13	151	待摊费用
14	161	投资估值增值
二、负债类		
15	201	应付赎回款
16	202	应付赎回费
17	211	应付管理人报酬

顺序号	编 号	会计科目名称
18	212	应付托管费
19	221	应付佣金
20	223	应付利息
21	225	应付收益
22	227	应交税金
23	229	其他应付款
24	231	卖出回购证券款
25	241	短期借款
26	251	预提费用
三、持有人权益类		
27	301	实收基金
28	311	未实现利得
29	313	损益平准金
30	321	本期收益
31	331	收益分配
四、损益类		
32	401	股票差价收入
33	402	债券差价收入
34	411	债券利息收入
35	412	存款利息收入
36	421	股利收入
37	431	买入返售证券收入
38	439	其他收入
39	441	管理人报酬
40	442	基金托管费
41	451	卖出回购证券支出
42	452	利息支出
43	459	其他费用
44	461	以前年度损益调整

（二）会计科目使用说明

101 银行存款

一、 本科目核算存入商业银行的存款。

二、 银行存款的账务处理：

（一）将款项存入银行时，借记本科目，贷记有关科目；支付款项时，借记有关科目，贷记本科目。

（二）逐日计提银行存款利息时，借记“应收利息”科目，贷记“存款利息收入”科目；实际结息时，借记本科目，贷记“应收利息”科目。

三、 本科目应按开户银行、存款种类等分别设置“银行存款日记账”，并根据收、付款凭证，按照业务的发生顺序逐笔登记，每日终了应结出余额。“银行存款日记账”应定期与“银行对账单”核对，至少每月核对一次。月份终了，银行存款账面结余与银行对账单余额之间如有差额，必须逐笔查明原因进行处理，并应按月编制“银行存款余额调节表”，调节相符。

四、本科目期末借方余额反映实际存在银行的款项。

102 清算备付金

一、 本科目核算为证券交易的资金交割与交收而存入证券登记结算机构的款项。

二、 清算备付金的账务处理：

（一）将款项存入证券登记结算机构，借记本科目，贷记“银行存款”科目；从证券登记结算机构收回资金，借记“银行存款”科目，贷记本科目。

（二）通过证券交易所买卖证券，资金交收日应分别根据以下情况进行账务处理：

1、如果买入证券成交总额大于卖出证券成交总额，按资金交收日实际支付的金额（买入证券与卖出证券成交总额的差额，加相关费用），借记“证券清算款”科目，贷记本科目。

2、如果卖出证券成交总额大于买入证券成交总额，按资金交收日实际收到的金额（买入证券与卖出证券成交总额的差额，减相关费用），借记本科目，贷记“证券清算款”科目。

（三）逐日计提清算备付金的利息，借记“应收利息”科目，贷记“存款利息收入”科目；实际结息时，借记本科目，贷记“应收利息”科目。

三、 本科目应按不同证券登记结算机构，如上海证券中央登记结算公司、深圳证券登记结算有限公司等设置明细账，进行明细核算。

四、 本科目期末借方余额反映存入证券登记结算机构尚未使用的款项。

103 交易保证金

一、 本科目核算向证券交易所交存的交易保证金。

二、 交存的交易保证金，借记本科目，贷记“银行存款”等科目；收回交易保证金作相反分录。

三、 本科目应按收取交易保证金的单位设置明细账，进行明细核算。

四、 本科目期末借方余额反映交存的交易保证金。

111 证券清算款

一、 本科目核算因买卖证券、回购证券、申购新股、配售股票等业务而发生的，应与证券登记结算机构办理资金清算的款项。

二、 证券清算款的账务处理：

（一）通过证券交易所买卖证券，证券成交日应分别以下情况进行账务处理：

1、如果买入证券成交总额大于卖出证券成交总额，借记有关科目，贷记本科目和有关科目。

2、如果卖出证券成交总额大于买入证券成交总额，借记本科目和有关科目，贷记有关科目。

（二）通过证券交易所买卖证券，资金交收日应分别以下情况进行账务处理：

1、如果买入证券成交总额大于卖出证券成交总额，按资金交收日实际支付金额（买入证券与卖出证券成交总额的差额，加相关费用），借记本科目，贷记“清算备付金”科目。

2、如果卖出证券成交总额大于买入证券成交总额，按资金交收日实际收到的金额（买入证券与卖出证券成交总额的差额，减相关费用），借记“清算备付金”科目，贷记本科目。

三、本科目应按不同证券登记结算机构，如上海证券中央登记结算公司、深圳证券登记结算有限公司等设置明细账，进行明细核算。

四、本科目所属明细科目期末借方余额反映尚未收回的证券清算款，在资产负债表资产方的“应收证券清算款”项目反映；本科目所属明细科目贷方余额反映尚未支付的证券清算款，在资产负债表负债方的“应付证券清算款”项目反映。

112 应收股利

一、本科目核算因股票投资而应收取的现金股利。

二、应收股利的账务处理：

基金持有的股票，应于除息日按上市公司宣告的分红派息比例计算确认股利收入，借记本科目，贷记“股利收入”科目；实际收到现金股利时，借记“清算备付金”科目，贷记本科目。

三、本科目应按债务人设置明细账，进行明细核算。

四、本科目期末借方余额反映尚未收取的现金股利。

113 应收利息

一、本科目核算能够以固定的或可确定的金额收回的各种利息，如银行存款利息、清算备付金利息、债券利息、买入返售证券利息等。

二、应收利息的账务处理：

（一）买入上市债券，借记“债券投资”科目和本科目（债券起息日或上次除息日至购买日止的利息），贷记“证券清算款”科目；债券持有期内按债券票面价值与票面利率逐日计提利息，借记本科目，贷记“债券利息收入”科目；债券除息日，按应收利息，借记“证券清算款”科目，贷记本科目；资金交收日，按实收债券利息，借记“清算备付金”科目，贷记“证券清算款”科目；卖出上市债券，借记“证券清算款”科目，贷记本科目和“债券投资”、“债券差价收入”科目。

（二）买入非上市债券，借记“债券投资”科目和本科目（债券起息日或上次除息日至购买日止的利息），贷记“银行存款”科目；收到债券利息时，借记“银行存款”科目，贷记本科目；债券持有期内按债券票面价值与票面利率逐日计提利息，借记本科目，贷记“债券利息收入”科目；卖出非上市债券，借记“银行存款”科目，贷记本科目和“债券投资”、“债券差价收入”科目。

（三）逐日计提银行存款、清算备付金等各项存款利息时，借记本科目，贷记“存款利息收入”科目；实际结息时，借记“银行存款”、“清算备付金”科目，贷记本科目。

（四）在证券持有期内逐日计提的买入返售证券收入，借记本科目，贷记“买入返售证券收入”科目；到期返售证券时，借记“银行存款”或“证券清算款”科目，贷记本科目和“买入返售证券”科目。

三、 本科目应按应收利息种类，如银行存款利息、清算备付金利息、债券利息、买入返售证券利息等设置明细账，进行明细核算。

四、本科目期末借方余额反映尚未收到的各项利息。

114 应收申购款

一、 本科目核算应向办理申购业务的机构收取的申购款项（不含申购费）。

二、 应收申购款的核算原则：

（一）基金管理公司应当在接受基金投资人有效申请之日起，在规定的工作日内收回申购款项，尚未收回之前作为应收申购款入账。

（二）办理申购业务的机构按规定收取的申购费，如在基金申购时收取的，由办理申购业务的机构直接向投资人收取，不纳入基金会计核算范围；如在基金赎回时收取的，待基金投资人赎回时从赎回款中抵扣。

三、 应收申购款的账务处理：

（一）基金申购确认日，按有效申购款，借记本科目，按有效申购款中含有的实收基金，贷记“实收基金”科目，按有效申购款中含有的未实现利得，贷记“未实现利得”科目，按有效申购款中含有的未分配收益，贷记“损益平准金”科目。

（二）收到有效申购款时，借记“银行存款”科目，贷记本科目。

四、 本科目应按办理申购业务的机构设置明细账，进行明细核算。

五、 本科目期末借方余额反映尚未收回的有效申购款。

119 其他应收款

一、本科目核算除应收股利、应收利息、应收申购款以外的其他各项应收、暂付款项。

二、发生的其他各项应收、暂付款项，借记本科目，贷记有关科目；收回各项款项，借记有关科目，贷记本科目。

三、本科目应按其他应收款类别设置明细账，进行明细核算。

四、本科目期末借方余额反映尚未收回的其他应收款项。

121 股票投资

一、本科目核算股票投资的实际成本。

二、股票投资的核算原则：

（一）买入股票应于成交日确认为股票投资。股票投资按成交日应支付的全部价款(包括成交总额和相关费用）入账；资金交收日，按实际支付的价款与证券登记结算机构进行清算。

（二）卖出股票应于成交日确认股票差价收入。股票差价收入按卖出股票成交总额与其成本和相关费用的差额入账。卖出股票应逐日结转成本，结转的方法采用移动加权平均法。

（三）股票持有期间分派的股票股利，应于除权日根据上市公司股东大会决议公告,按股权登记日持有的股数及送股或转增比例，计算确定增加的股票数量，在“股票投资”账户进行记录。

（四）股票投资应分派的现金股利，在除息日确认为股利收入。

（五）估值日，对股票投资和配股权证进行估值时产生的估值增值或减值，应确认为未实现利得。

三、股票投资的账务处理：

（一）通过证券交易所买卖股票，股票成交日应分别根据以下情况进行账务处理：

1、买入股票成交日，按股票成交总额加相关费用，借记本科目，按应支付的证券清算款，贷记“证券清算款”科目，按应付券商佣金，贷记“应付佣金”科目；资金交收日，按实际支付的证券清算款，借记“证券清算款”科目，贷记“清算备付金”科目。

2、卖出股票成交日，按应收取的证券清算款，借记“证券清算款”科目，按结转的股票投资成本，贷记本科目，按应付券商佣金，贷记“应付佣金”科目，按其差额，贷记或借记“股票差价收入”科目；资金交收日，按实际支付的证券清算款，借记“清算备付金”科目，贷记“证券清算款”科目。

（二）股票持有期间分派的股票股利（包括送红股和公积金转增股本），应于除权日，根据上市公司股东大会决议公告,按股权登记日持有的股数及送股或转增比例，计算确定增加的股票数量，在本账户“数量”栏进行记录。

（三）因持有股票而享有的配股权，从配股除权日起到配股确认日止,按市价高于配股价的差额逐日进行估值，借记“配股权证”科目，贷记“未实现利得”科目；向证券交易所确认配股时，借记本科目，贷记“证券清算款”科目，同时，将配股权的估值冲减为零，借记“未实现利得”科目，贷记“配股权证”科目；资金交收日，实际支付配股款时，借记“证券清算款”科目，贷记“清算备付金”科目。放弃配股权的，应将配股权的估值冲减为零，借记“未实现利得”科目，贷记“配股权证”科目。

（四）基金持有的股票应分配的现金股利，在除息日按照上市公司宣告的分红派息比例确认股利实现，借记“应收股利”科目，贷记“股利收入”科目；实际收到现金股利时，借记“清算备付金”科目，贷记“应收股利”科目。

（五）申购新股，应按新股的不同发行方式、不同资金结算方式分别进行账务处理：

1、通过交易所网上发行的，按实际交付的申购款，借记“证券清算款”科目，贷记“清算备付金”科目；申购新股中签时，按确认的中签金额，借记本科目，贷记“证券清算款”科目；收到退回余款（未中签部分），借记“清算备付金”科目，贷记“证券清算款”科目。

2、通过网下发行的，按实际预交的申购款，借记“其他应收款”科目，贷记“银行存款”科目。申购新股确认日，如果实际确认的申购新股金额小于已经预交的申购款的，按实际确认的申购新股金额，借记本科目，贷记“其他应收款”科目；收到退回余款，借记“银行存款”科目，贷记“其他应收款”科目。如果实际确认的申购新股金额大于已经预交的申购款的，按实际确认的申购新股金额，借记本科目，贷记“其他应收款”科目；补付申购款时，按支付的余额金额，借记“其他应收款”科目，贷记“银行存款”科目。

四、本科目应按股票的种类设置明细账，进行明细核算。

五、本科目期末借方余额反映持有各类股票的实际成本。

122 债券投资

一、本科目核算债券投资的实际成本。

二、债券投资的核算原则：

（一）买入上市债券应于成交日确认债券投资。债券投资按成交日应支付的全部价款入账，应支付的全部价款中包含债券起息日或上次除息日至购买日止的利息，应作为应收利息单独核算，不构成债券投资成本。资金交收日，按实际支付的价款与证券登记结算机构进行资金交收。

（二）买入非上市债券应于实际支付价款时确认债券投资。债券投资按实际支付的全部价款入账，如果实际支付的价款中包含债券起息日或上次除息日至购买日止的利息，应作为应收利息单独核算，不构成债券投资成本。

（三）卖出上市债券应于成交日确认债券差价收入。债券差价收入按卖出债券应收取的全部价款与其成本、应收利息和相关费用的差额入账。卖出债券的成本应逐日进行结转，结转的方法采用移动加权平均法。

（四）卖出非上市债券应于实际收到全部价款时确认债券差价收入，债券差价收入按实际收到的全部价款与其成本、应收利息的差额入账。卖出债券的成本应逐日进行结转，结转的方法采用移动加权平均法。

（五）估值日，对债券投资进行估值时产生的估值增值或减值，应确认为未实现利得。

三、债券投资的账务处理：

（一）通过证券交易所买卖债券，应分别以下情况进行账务处理：

1、买入上市债券时，按成交日应支付的证券清算款扣除债券起息日或上次除息日至购买日止的利息，借记本科目，按债券起息日或上次除息日至购买日止的利息，借记"应收利息"科目，按应支付的证券清算款，贷记"证券清算款"科目。

2、卖出上市债券时，按成交日应收取的证券清算款，借记"证券清算款"科目，按应收利息，贷记"应收利息"科目，按债券投资成本，贷记本科目，按其差额，贷记或借记"债券差价收入"科目。

（二）通过银行间市场买卖债券，应分别根据以下情况进行账务处理：

1、买入非上市债券，按实际支付的价款，借记本科目和"应收利息"科目（指债券起息日或上次除息日至购买日止的利息），贷记"银行存款"科目。

2、卖出非上市债券，按实际收到金额，借记"银行存款"科目，按已售债券成本，贷记本科目，按应收利息，贷记"应收利息"科目，按其差额，贷记或借记"债券差价收入"科目。

（三）购入到期还本付息的国债，在持有到期时，按实际收到的本息，借记"银行存款"等科目，贷记本科目和"应收利息"科目。

（四）收到债券持有期间分派的利息，借记"银行存款"、"证券清算款"科目，贷记"应收利息"科目。

（五）购入新发行的国债，根据承购合同规定，按国债面值，借记本科目，贷记"其他应付款"科目；实际付款时，借记"其他应付款"科目，贷记"银行存款"科目。

四、本科目应按债券的种类设置明细账，进行明细核算。

五、本科目期末借方余额反映持有各项债券的实际成本。

131 买入返售证券

一、本科目核算通过国家规定的场所进行融券业务而发生的实际成本。

二、买入返售证券的账务处理：

（一）通过证券交易所进行融券业务，按成交日应付金额，借记本科目和"其他费用"科目，贷记"证券清算款"科目；资金交收日，按实际支付金额，借记"证券清算款"科目，贷记"清算备付金"科目；逐日计提利息，借记"应收利息"科目，贷记"买入返售证券收入"科目；证券到期返售时，按返售证券的应收金额，借记"证券清算款"科目，贷记本科目和"应收利息"科目；资金交收日，按实际收到金额，借记"清算备付金"科目，贷记"证券清算款"科目。

（二）通过银行间市场买入证券，按实际支付的价款，借记本科目，贷记"银行存款"科目；逐日计提利息，借记"应收利息"科目，贷记"买入返售证券收入"科目；证券到期返售时，按实际收到金额，借记"银行存款"科目，贷记本科目和"应收利息"科目。

三、本科目应按买入返售证券的种类设置明细账，进行明细核算。

四、本科目期末借方余额反映已经买入但尚未到期返售证券的实际成本。

141 配股权证

一、本科目核算基金拥有的配股权的估值。

二、配股权证的账务处理：

（一）因持有股票而享有的配股权，从配股除权日起到配股确认日止，按市价高于配股价的差额逐日进行估值，借记本科目，贷记"未实现利得"科目。

（二）在配股期限内向证券交易所确认配股时，借记"股票投资"科目，贷记"证券清算款"科目，同时，将配股权的估值冲减至零，借记"未实现利得"科目，贷记本科目；实际支付配股款时，借记"证券清算款"科目，贷记"清算备付金"科目。

（三）在配股期限内未向证券交易所配股的（即放弃配股），应将配股权的估值冲减至零，借记"未实现利得"科目，贷记本科目。

三、本科目应按配股权种类设置明细账，进行明细核算。

四、本科目期末借方余额反映尚未行使配股权的估值。

151 待摊费用

一、本科目核算已经发生的、影响基金单位净值小数点后第五位，应分摊计入本期和以后各期的费用，如注册登记费、上市年费、信息披露费、审计费用和律师费用等。

二、待摊费用的账务处理：发生费用时，借记本科目，贷记"银行存款"等科目；摊销时，借记"其他费用"科目，贷记本科目。

三、本科目期末借方余额反映尚未摊销的费用。

161 投资估值增值

一、本科目核算按照本办法规定的估值原则，以及基金契约和招募说明书载明的估值事项，对资产估值时所估价值与其成本的差额。

二、投资估值原则：

1、任何上市流通的有价证券，以其估值日在证券交易所挂牌的市价（平均价或收盘价）估值；估值日无交易的，以最近交易日的市价估值。

2、未上市的股票应区分以下情况处理：

（1）配股和增发新股，按估值日在证券交易所挂牌的同一股票的市价估值；

（2）首次公开发行的股票，按成本估值。

3、配股权证，从配股除权日起到配股确认日止，按市价高于配股价的差额估值；如果市价低于配股价，按配股价估值。

4、如有确凿证据表明按上述方法进行估值不能客观反映其公允价值，基金管理公司应根据具体情况与基金托管人商定后，按最能反映公允价值的价格估值。

5、如有新增事项，按国家最新规定估值。

三、投资估值的账务处理：

估值日对基金持有的股票、债券估值时，如为估值增值，按所估价值与上一日所估价值的差额，借记本科目，贷记“未实现利得”科目；如为估值减值，按所估价值与上一日所估价值的差额，借记“未实现利得”科目，贷记本科目。

四、本科目应按所估资产的种类设置明细账，进行明细核算。

五、本科目期末借方余额反映未实现资产估值增值，贷方余额反映未实现资产估值减值。

201 应付赎回款

一、本科目核算按照基金契约和招募说明书中载明的相关事项计算的，应付投资人的赎回款。

二、应付赎回款的核算原则：

（一）基金管理公司应当在接受基金投资人有效申请之日起，在规定的工作日内支付赎回款项，尚未支付之前作为应付赎回款入账。

（二）开放式基金按规定收取的赎回费，其中基本手续费部分归办理赎回业务的机构所有，尚未支付之前作为应付赎回费入账；赎回费在扣除基本手续费后的余额归基金所有，作为其他收入入账。

三、应付赎回款的账务处理：

（一）基金赎回确认日，按赎回款中含有的实收基金，借记“实收基金”科目，按赎回款中含有的未分配收益，借记“损益平准金”科目，按赎回款中含有的未实现利得，借记“未实现利得”科目，按应付投资人的赎回款，贷记本科目，按赎回费中属于销售机构所有的部分，贷记“应付赎回费”科目，按赎回费中属于基金所有的部分，贷记“其他收入——赎回费”科目。

（二）支付投资人赎回款时，借记本科目，贷记“银行存款”科目。

四、本科目应按办理赎回业务的销售机构或申请赎回业务的投资人设置明细账，进行明细核算。

五、本科目期末贷方余额反映尚未支付的基金赎回款。

202 应付赎回费

一、本科目核算按照基金契约和招募说明书中载明的相关事项计算的，应付给办理赎回业务的机构的赎回费。

二、应付赎回费的账务处理：

（一）基金赎回确认日，按赎回款中含有的实收基金，借记“实收基金”科目，按赎回款中含有的未分配收益，借记“损益平准金”科目，按赎回款中含有的未实现利得，借记“未实现利得”科目，按应付投资人赎回款，贷记“应付赎回款”科目，按赎回费中属于销售机构所有的部分，贷记本科目，按赎回费中属于基金所有的部分，贷记“其他收入——赎回费”科目。

（二）向办理赎回业务的机构支付赎回费时，借记本科目，贷记“银行存款”科目。

三、本科目应按办理赎回业务的机构设置明细账，进行明细核算。

四、本科目期末贷方余额反映尚未支付的基金赎回费用。

211 应付管理人报酬

一、本科目核算按照基金契约和招募说明书载明的相关事项计提的，应付给基金管理人的报酬，包括基金管理费和业绩报酬。

二、应付管理人报酬的账务处理：

计提基金管理费和业绩报酬时，借记“管理人报酬”科目，贷记本科目；支付时，借记本科目，贷记“银行存款”科目。

三、本科目应分别根据基金管理费和业绩报酬设置明细账，进行明细核算。

四、本科目期末贷方余额反映尚未支付给基金管理人的基金管理费和业绩报酬。

212 应付托管费

一、本科目核算按基金契约和招募说明书中载明的相关事项计提的，应支付给基金托管人的托管费。

二、应付托管费的账务处理：

逐日计提基金托管费时，借记“基金托管费”科目，贷记本科目；支付基金托管费时，借记本科目，贷记“银行存款”科目。

三、本科目期末贷方余额反映尚未支付给基金托管人的基金托管费。

221 应付佣金

一、本科目核算因证券交易而应支付给券商的佣金。

二、应付佣金的账务处理：

（一）通过证券交易所买入股票成交时，借记“股票投资”科目，贷记本科目和“证券清算款”科目。

（二）通过证券交易所卖出股票成交时，借记“证券清算款”科目，贷记本科目和“股票投资”、“股票差价收入”科目。

（三）实际支付佣金时，借记本科目，贷记“银行存款”科目。

三、本科目应按券商设置明细账，进行明细核算。

四、本科目期末贷方余额反映尚未支付给券商的佣金。

223 应付利息

一、本科目核算在基金运作过程中发生的各种应付利息，如银行借款利息、卖出回购证券利息等。

二、应付利息的账务处理：

（一）在借款期内按借款本金与适用利率逐日计提的银行借款利息，借记“利息支出”科目，贷记本科目。

（二）在卖出回购证券持有期内采用直线法逐日计提的利息，借记“卖出回购证券支出”科目，贷记本科目。

（三）实际支付利息时，借记本科目，贷记“银行存款”等科目。

三、本科目应按利息种类设置明细账，进行明细核算。

四、本科目期末贷方余额反映尚未支付的各项利息。

225 应付收益

一、本科目核算按照基金契约和招募说明书载明的相关事项计算的，应付基金持有人的基金收益。

二、应付收益的账务处理：

除权日，根据基金收益分配方案，借记“收益分配”科目，贷记本科目；实际支付基金持有人收益时，借记本科目，贷记“银行存款”科目。

如果投资人将收益转投资，应按结转金额，借记本科目，贷记“实收基金”、“未实现利得”、“损益平准金”等科目。

三、本科目期末贷方余额反映尚未支付给基金持有人的收益。

227 应交税金

一、本科目核算按规定应交纳的各项税金。

二、应交税金的账务处理：

按规定应交纳的税金，借记有关科目，贷记本科目；实际交纳的税金，借记本科目，贷记“银行存款”科目。

三、本科目应按税金种类设置明细账，进行明细核算。

四、本科目期末贷方余额反映尚未缴付的各项税金。

229 其他应付款

一、本科目核算除上述应付款项之外的其他各项应付款，如后端申购费、红利再投资手续费等。

二、公司发生其他应付款项时，借记有关科目，贷记本科目；支付款项时，借记本科目，贷记“银行存款”等科目。

三、本科目按其他应付款项类别设置明细账，进行明细核算。

四、本科目期末贷方余额反映尚未支付的与业务有关的款项。

231 卖出回购证券款

一、本科目核算通过国家规定的场所进行证券回购业务卖出证券取得的款项。

二、卖出回购证券的账务处理：

（一）通过证券交易所卖出证券成交时，按成交日应收金额，借记“证券清算款”、“其他费用”科目，贷记本科目；资金交收日，按实际收到的价款，借记“清算备付金”科目，贷记“证券清算款”科目。在融资期限内逐日计提融资利息支出，借记“卖出回购证券支出”科目，贷记“应付利息”科目。到期购回该批证券时，借记本科目，按已提未付利息，借记“应付利息”科目，按应付金额，贷记“证券清算款”科目；资金交收日，按实际支付金额，借记“证券清算款”科目，贷记“清算备付金”科目。

（二）通过银行间市场卖出回购证券，按卖出证券实收金额，借记“银行存款”科目，贷记本科目；在融资期限内逐日计提融资利息支出，借记“卖出回购证券支出”科目，贷记“应付利息”科目。到期购回该批证券时，借记本科目，按已提未付利息，借记“应付利息”科目，按实际支付金额，贷记“银行存款”科目。

三、本科目应按证券种类等设置明细账，进行明细核算。

四、本科目期末贷方余额反映卖出尚未回购的证券款。

241 短期借款

一、本科目核算按规定向银行借入的短期借款。

二、短期借款的账务处理：

基金管理公司可以根据开放式基金运营的需要，按照中国人民银行规定的条件，向商业银行申请短期融资。向银行借款时，借记“银行存款”科目，贷记本科目；归还借款时，借记本科目和“应付利息”科目，贷记“银行存款”科目。

三、本科目应按债权人设置明细账，进行明细核算。

四、本科目期末贷方余额反映尚未归还的短期借款的本金。

251 预提费用

一、本科目核算预计将发生的、影响基金单位净值小数点后第五位，应预提计入本期的费用，如注册登记费、上市年费、信息披露费、审计费用和律师费用等。

二、预提费用的账务处理：

预提费用时，借记“其他费用”科目，贷记本科目；实际支付时，借记本科目，贷记“银行存款”等科目。

三、本科目期末贷方余额反映已提取但尚未支付的各项费用。

301 实收基金

一、本科目核算对外发行的基金单位总额。

二、实收基金的核算原则：

（一）封闭式基金事先确定发行总额，在封闭期内基金单位总数不变。基金成立时，实收基金按实际收到的基金单位发行总额入账。基金发行费收入扣除相关费用后的结余，作为其他收入处理。

（二）开放式基金的基金单位总额不固定，基金单位总数随时增减。基金成立时，实收基金按实际收到的基金单位发行总额入账；基金成立后，实收基金应于基金申购、赎回确认日，根据基金契约和招募说明书中载明的有关事项进行确认和计量。

（三）基金管理公司应于收到基金投资人申购申请之日起在规定的工作日内，对该交易的有效性进行确认。确认日，按照实收基金、未实现利得、未分配收益和损益平准金的余额占基金净值的比例，将确认有效的申购款项分割为三部分，分别确认为实收基金、未实现利得、损益平准金的增加。

（四）基金管理公司应于收到基金投资人赎回申请之日起在规定的工作日内，对该交易的有效性进行确认。确认日，按照实收基金、未实现利得、未分配收益和损益平准金的余额占基金净值的比例，将确认有效的赎回款项分割为三部分，分别确认为实收基金、未实现利得、损益平准金的减少。

三、实收基金的账务处理：

（一）封闭式基金

基金募集发行期结束，按照实际收到的金额，借记“银行存款”科目，按基金单位发行总额，贷记本科目，按其差额，贷记“其他收入”科目。

（二）开放式基金

1、基金认购业务

基金募集发行期结束，按照实际收到的金额，借记“银行存款”科目，贷记本科目。

2、基金申购业务

基金申购确认日，按基金申购款，借记“应收申购款”科目，按基金申购款中含有的实收基金，贷记本科目，按基金申购款中含有的未实现利得，贷记“未实现利得”科目，按基金申购款中含有的未分配收益，贷记“损益平准金”科目。

3、基金赎回业务

基金赎回确认日，按基金赎回款中含有的实收基金，借记本科目，按基金赎回款中含有的未实现利得，借记“未实现利得”科目，按基金赎回款中含有的未分配收益，借记“损益平准金”科目，按应付投资人赎回款，贷记“应付赎回款”科目，按赎回费中基本手续费部分，借记“应付赎回费”科目，按赎回费扣除基本手续费后的余额部分，贷记“其他收入——赎回费”科目。

四、本科目期末贷方余额反映封闭式基金或开放式基金的基金单位总额。

311 未实现利得

一、本科目核算按照本办法规定的估值原则，以及基金契约和招募说明书载明的估值事项，对资产估值时所形成的未实现利得。

基金申购、赎回款中所含的未实现利得也在本科目核算。

二、未实现利得的账务处理：

（一）估值日对基金持有的股票、债券估值时，如为投资估值增值，按所估价值与上一日所估价值的差额，借记“投资估值增值”科目，贷记本科目；如为投资估值减值，按所估价值与上一日所估价值的差额，借记本科目，贷记“投资估值增值”科目。

（二）因持有股票而享有的配股权，从配股除权日起到配股确认日止，按市价高于配股价的差额逐日进行估值，借记“配股权证”科目，贷记本科目；确认配股时，借记“股票投资”科目，贷记“证券清算款”科目；同时，将配股权的估值冲减至零，借记本科目，贷记“配股权证”科目。

（三）在配股缴款期限内未实施配股的（即放弃配股），应将配股权的估值冲减至零，借记本科目，贷记“配股权证”科目。

（四）基金申购确认日，按基金申购款，借记“应收申购款”科目，按基金申购款中含有的实收基金，贷记“实收基金”科目，按基金申购款中含有的未实现利得，贷记本科目，按基金申购款中含有的未分配收益，贷记“损益平准金”科目。

（五）基金赎回确认日，按基金赎回款中含有的实收基金，借记“实收基金”科目，按基金赎回款中含有的未实现利得，借记本科目，按基金赎回款中含有的未分配收益，借记“损益平准金”科目，按应付投资人赎回款，贷记“应付赎回款”科目，按赎回费中基本手续费部分，借记“应付赎回费”科目，按赎回费扣除基本手续费后的余额部分，贷记“其他收入——赎回费”科目。

三、本科目应分别根据“投资估值增值”、“未实现利得平准金”设置明细账，进行明细核算。

四、本科目期末余额反映未实现利得。

313 损益平准金

一、本科目核算非收益转化而形成的损益平准金，如申购、赎回款中所含的未分配收益。

二、损益平准金的账务处理：

（一）基金申购确认日，按基金申购款，借记“应收申购款”科目，按基金申购款中含有的实收基金，贷记“实收基金”科目，按基金申购款中含有的未实现利得，贷记“未实现利得”科目，按基金申购款中含有的未分配收益，贷记本科目。

（二）基金赎回确认，按基金赎回款含有的实收基金，借记“实收基金”科目，按赎回款中含有的未分配收益，借记本科目，按赎回款中含有的未实现利得，借记“未实现利得”科目，按应付投资人赎回款，贷记“应付赎回款”科目，按赎回费中基本手续费部分，借记“应付赎回费”科目，按赎回费扣除基本手续费后的余额部分，贷记“其他收入——赎回费”科目。

三、本科目应按损益平准金的种类设置明细账，进行明细核算。

四、期末，应将本科目余额全部转入“收益分配—未分配收益”科目，结转后本科目应无余额。

321 本期收益

一、本科目核算本期实现的基金净收益（或基金净亏损）。

二、期末，结转基金收益时，将“股票差价收入”、“债券差价收入”、“股利收入”、“债券利息收入”、“存款利息收入”、“买入返售证券收入”、“其他收入”等科目的余额转入本科目；将“管理人报酬”、“基金托管费”、“卖出回购证券支出”、“利息支出”、“其他费用”科目的余额转入本科目。

三、期末，将本期收入和支出相抵后结出的本期实现的净收益转入“收益分配”科目，借记本科目，贷记“收益分配—未分配收益”科目；如为净亏损，作相反分录，结转后本科目应无余额。

331 收益分配

一、本科目核算按规定分配给基金持有人的净收益以及历年分配后（或弥补亏损后）的结存余额。

二、收益分配的账务处理：

（一）除权日，根据基金收益分配方案，借记本科目（应付收益），贷记“应付收益”科目。

（二）基金持有人用分配的红利再投资时，借记“应付收益”科目，贷记“实收基金”、“损益平准金”、“未实现利得”等科目。

三、期末，应将本期实现的净收益，自“本期收益”科目转入本科目，借记“本期收益”科目，贷记本科目（未分配收益），如为净损失，作相反会计分录；将“损益平准金”科目的余额转入本科目，借记“损益平准金”科目，贷记本科目（未分配收益）；同时，将本科目“应付收益”明细科目的余额转入“未分配收益”明细科目，借记本科目（未分配收益），贷记本科目（应付收益）。

四、本科目应分别根据应付收益、未分配收益设置明细账，进行明细核算。

五、本科目期末贷方余额反映基金历年积存的未分配收益，借方余额反映未弥补亏损。

401 股票差价收入

一、本科目核算买卖股票实现的差价收入。

二、股票差价收入的核算原则：

股票差价收入应于卖出股票成交日确认，并按卖出股票成交总额与其成本和相关费用的差额入账。

三、股票差价收入的账务处理：

卖出股票成交日，按应收取的证券清算款，借记“证券清算款”科目，按结转的股票投资成本，贷记“股票投资”科目，按应付券商佣金，贷记“应付佣金”科目，按其差额，贷记或借记本科目。

四、本科目应按股票种类设置明细账，进行明细核算。

五、期末，应将本科目的余额全部转入“本期收益”科目，结转后本科目应无余额。

402 债券差价收入

一、本科目核算买卖债券现券实现的差价收入。

二、债券差价收入的核算原则：

（一）卖出上市债券，应于成交日确认债券差价收入，并按应收取的全部价款与其成本、应收利息和相关费用的差额入账。

（二）卖出非上市债券，应于实际收到价款时确认债券差价收入，并按应收取的全部价款与其成本、应收利息的差额入账。

三、债券差价收入的账务处理：

（一）卖出上市债券时，按成交日应收取的证券清算款，借记“证券清算款”科目，按已计利息，贷记“应收利息”科目，按结转的债券投资成本，贷记“债券投资”科目，按其差额，贷记或借记本科目。

（二）卖出非上市债券，按实际收到的金额，借记“银行存款”科目，按结转的债券投资成本，贷记“债券投资”科目，按已计利息，贷记“应收利息”科目，按其差额，贷记或借记本科目。

四、本科目应分别根据债券种类，如国债、企业债、转换债等设置明细账，进行明细核算。

五、期末，应将本科目的余额全部转入“本期收益”科目，结转后本科目应无余额。

411 债券利息收入

一、本科目核算因债券投资而实现的利息收入。

二、债券利息收入的核算原则：

债券利息收入应在债券实际持有期内逐日计提，并按债券票面价值与票面利率计提的金额入账。

三、债券利息收入的账务处理：

逐日计提持有期债券利息时，借记“应收利息”科目，贷记本科目。

四、本科目应按债券种类等设置明细账，进行明细核算。

五、期末，应将本科目的贷方余额全部转入“本期收益”科目，结转后本科目应无余额。

412 存款利息收入

一、本科目核算因存款而实现的利息收入。

二、存款利息收入的核算原则：

存款利息收入应逐日计提，并按本金与适用的利率计提的金额入账。

三、存款利息收入的账务处理：

逐日计提银行存款、清算备付金存款等各项存款利息时，借记“应收利息”科目，贷记本科目。

四、本科目应分别根据银行存款、清算备付金存款等设置明细账，进行明细核算。

五、期末，应将本科目贷方余额全部转入“本期收益”科目，结转后本科目应无余额。

421 股利收入

一、本科目核算因上市公司分红派息而确认的股利收入。

二、股利收入的核算原则：

股利收入应于除息日确认，并按上市公司宣告的分红派息比例计算的金额入账。

三、股利收入的账务处理：

基金持有的股票，应于除息日按上市公司宣告的分红派息比例计算确认的股利收入，借记“应收股利”科目，贷记本科目。

四、本科目应按股票种类设置明细账，进行明细核算。

五、期末，应将本科目的贷方余额全部转入“本期收益”科目，结转后本科目应无余额。

431 买入返售证券收入

一、本科目核算在国家规定的场所进行融券业务而取得的收入。

二、买入返售证券收入的核算原则：

买入返售证券收入应在证券持有期内采用直线法逐日计提，并按计提的金额入账。

三、买入返售证券的账务处理：

买入返售证券在融券期限内逐日计提的利息，借记“应收利息”科目，贷记本科目。

四、本科目应按证券种类等设置明细账，进行明细核算。

五、期末，应将本科目贷方余额全部转入“本期收益”科目，结转后本科目应无余额。

439 其他收入

一、本科目核算除上述收入以外的其他各项收入，如赎回费扣除基本手续费后的余额、配股手续费返还等。

二、其他收入的账务处理：

发生的其他收入，借记有关科目，贷记本科目。

三、本科目应按其他收入种类设置明细账，进行明细核算。

四、期末，应将本科目的贷方余额全部转入“本期收益”科目，结转后本科目应无余额。

441 管理人报酬

一、本科目核算按基金契约和招募说明书的规定计提的基金管理人报酬，包括管理费和业绩报酬。

二、管理人报酬的核算原则：

管理人报酬应按照基金契约和招募说明书规定的方法和标准计提，并按计提的金额入账。

三、管理人报酬的账务处理：

计提基金管理费和业绩报酬时，借记本科目，贷记“应付管理人报酬”科目；支付基金管理人报酬时，借记“应付管理人报酬”科目，贷记“银行存款”科目。

四、本科目应分别管理费和业绩报酬设置明细账，进行明细核算。

五、期末，应将本科目的借方余额全部转入“本期收益”科目，结转后本科目应无余额。

442 基金托管费

一、本科目核算按基金契约和招募说明书的规定计提的基金托管费。

二、基金托管费的核算原则：

基金托管费应按照基金契约和招募说明书规定的方法和标准计提，并按计提的金额入账。

三、基金托管费的账务处理：

计提基金托管费时，借记本科目，贷记“应付托管费”科目；支付基金托管费时，借记“应付托管费”科目，贷记“银行存款”科目。

四、期末，应将本科目的借方余额全部转入“本期收益”科目，结转后本科目应无余额。

451 卖出回购证券支出

一、本科目核算发生的卖出回购证券支出。

二、卖出回购证券支出的核算原则：

卖出回购证券支出应在该证券持有期内采用直线法逐日计提，并按计提的金额入账。

三、卖出回购证券支出的账务处理：

卖出回购证券在融资期限内逐日计提的利息支出，借记本科目，贷记“应付利息”科目。

四、本科目应按卖出回购证券的种类等设置明细账，进行明细核算。

五、期末，应将本科目的借方余额全部转入“本期收益”科目，结转后本科目应无余额。

452 利息支出

一、本科目核算基金运作过程中发生的利息支出，如银行借款利息支出。

二、利息支出的核算原则：

利息支出应在借款期内逐日计提，并按借款本金与适用的利率计提的金额入账。

三、利息支出的账务处理：

计提利息支出时，借记本科目，贷记“应付利息”科目。

四、本科目应按利息支出的种类设置明细账，进行明细核算。

五、期末，应将本科目的借方余额全部转入“本期收益”科目，结转后本科目应无余额。

459 其他费用

一、本科目核算基金运作过程中发生的除上述费用支出以外的其他各项费用，如注册登记费、上市年费、信息披露费用、持有人大会费用、审计费用、律师费用等。

二、其他费用的核算原则：

发生的其他费用如果影响基金单位净值小数点后第五位的，即发生的其他费用大于基金净值十万分之一，应采用待摊或预提的方法，待摊或预提计入基金损益。发生的其他费用如果不影响基金单位净值小数点后第五位的，即发生的其他费用小于基金净值十万分之一，应于发生时直接计入基金损益。

三、其他费用的账务处理：

（一）发生的其他费用，如不影响估值日基金单位净值小数点后第五位，发生时直接记入基金损益，借记本科目，贷记“银行存款”等科目。

（二）已经发生的其他费用，如影响估值日基金单位净值小数点后第五位，采用待摊方法的，发生时，借记“待摊费用”科目，贷记“银行存款”科目；摊销时，借记本科目，贷记“待摊费用”科目；采用预提方法的，预提时，借记本科目，贷记“预提费用”科目；实际支付费用时，借记“预提费用”科目，贷记“银行存款”科目。

四、本科目应按费用种类设置明细账，进行明细核算。

五、期末，应将本科目的借方余额全部转入“本期收益”科目，结转后本科目应无余额。

461 以前年度损益调整

一、本科目核算本年度发生的调整以前年度损益的事项。本年度资产负债表日至财务会计报告批准报出日之间发生的需要调整报告年度损益的事项也在本科目中核算。

二、以前年度损益的账务处理：

调整增加的以前年度收益和调整减少的以前年度亏损，借记有关科目，贷记本科目；调整减少的以前年度收益或调整增加的以前年度亏损，借记本科目，贷记有关科目。

经上述调整后，应同时将本科目的余额转入“收益分配——未分配收益”科目；如为贷方余额，借记本科目，贷记“收益分配——未分配收益”科目；如为借方余额，作相反会计分录。结转后本科目应无余额。

三、本年度发生的调整以前年度的事项，应当调整本年度会计报表相关项目的年初数或上年实际数；在年度资产负债表日至财务报告批准报出日之间发生的调整报告年度损益的事项，应当调整报告年度会计报表相关项目的数字。

三、证券投资基金会计报表

（一）会计报表格式

编 号	会计报表名称	编报期
会证基01表	资产负债表	月报、季度、半年报、年报
会证基02表	经营业绩表	月报、季度、半年报、年报
会证基02表附表1	基金收益分配表	半年报、年报
会证基03表	基金净值变动表	半年报、年报

资产负债表

会证基01表

年　月　日　　　　单位：元

资 产	行 次	负债与持有人权益	行 次	年初数	期末数
资产：		负债：			
银行存款	1	应付证券清算款	31		
清算备付金	2	应付赎回款	32		
交易保证金	4	应付赎回费	33		
应收证券清算款	6	应付管理人报酬	35		
应收股利	7	应付托管费	36		
应收利息	8	应付佣金	37		
应收申购款	9	应付利息	38		
其他应收款	12	应付收益	39		
股票投资市值	13	未交税金	41		
其中:股票投资成本	14	其他应付款	44		
债券投资市值	15	卖出回购证券款	45		
其中:债券投资成本	16	短期借款	47		
配股权证	19	预提费用	48		
买入返售证券	22	其他负债	51		
待摊费用	23	负债合计	52		
其他资产	29	持有人权益：			

资 产	行 次	负债与持有人权益	行 次	年初数	期末数
		实收基金	53		
		未实现利得	55		
		未分配收益	58		
		持有人权益合计	59		
资产总计	30	负债及持有人权益总计	60		

附注：基金单位净值　　元。

经营业绩表

会证基 02 表

年　月　　　　单位:元

项 目	行 次	本月数	本年累计数
一、收入	1		
1、股票差价收入	2		
2、债券差价收入	3		
3、债券利息收入	4		
4、存款利息收入	5		
5、股利收入	7		
6、买入返售证券收入	8		
7、其他收入	11		
二、费用	12		
1、基金管理人报酬	13		
2、基金托管费	14		
3、卖出回购证券支出	16		
4、利息支出	17		
5、其他费用	20		
其中：上市年费	21		
信息披露费	22		
审计费用	23		
三、基金净收益	24		
加：未实现利得	27		
四、基金经营业绩	30		

基金净值变动表

会证基 03 表

年　月　　　　单位:元

项 目	行 次	金 额
一、期初基金净值	1	
二、本期经营活动：		
基金净收益	2	
未实现利得	3	
经营活动产生的基金净值变动数	6	
三、本期基金单位交易：		
基金申购款	7	
基金赎回款	8	
基金单位交易产生的基金净值变动数	11	
四、本期向持有人分配收益：		
向基金持有人分配收益产生的基金净值变动数	12	
五、期末基金净值	15	

基金收益分配表

会证基 02 表附表 1

年　月　日　　　　单位:元

项 目	行次	本期数	本年累计数
本期基金净收益	1		
加：期初基金净收益	2		
加：本期损益平准金	5		
可供分配基金净收益	6		
减：本期已分配基金净收益	9		
期末基金净收益	12		

（二）会计报表编制说明

资产负债表编制说明

1、本表反映一定时期资产、负债和持有人权益的情况。表中资产等于负债加持有人权益。

2、本表“年初数”栏内各项目数字，应根据上年末资产负债表“期末数”栏内所列数字填列。如果本年度资产负债表规定的各个项目的名称和内容同上年度不一致,应对上年年末资产负债表各项目的名称和数字按照本年度的规定进行调整，填入本表“年初数”栏内。

3、本表“期末数”各项目的内容及填列方法：

(1)“银行存款”项目，反映期末存在商业银行的各种款项。本项目应根据“银行存款”科目的期末余额填列。

(2)“清算备付金”项目，反映期末存在证券登记结算机构的款项。本项目应根据“清算备付金”科目的期末余额填列。

(3)“交易保证金”项目,反映交存的交易保证金期末数。本项目应根据“交易保证金”科目期末余额填列。

(4)“应收证券清算款”项目,反映期末尚未收回的证券清算款。本项目应根据“证券清算款”科目所属明细科目期末借方余额填列。

(5)“应收股利”项目,反映期末尚未收取的现金股利。本项目应根据“应收股利”科目期末余额填列。

(6)“应收利息”项目,反映期末尚未收回的各项利息。本项目应根据“应收利息”科目期末余额填列。

(7)“应收申购款”项目，反映期末应收取的有效申购款。本项目应根据“应收申购款”科目期末余额填列。

(8)“其他应收款”项目，反映期末尚未收回的其他应收款。本项目应根据“其他应收款”科目的期末余额填列。

(9)“股票投资市值”项目，反映期末基金持有的股票投资的市值。本项目应根据“股票投资”、“投资估值增值”科目的期末余额分析计算填列。“其中：股票投资成本”项目，应根据“股票投资”科目期末余额填列。

(10)“债券投资市值”项目，反映期末基金持有的债券投资的市值。本项目应根据“债券投资”、“投资估值增值”科目的期末余额分析计算填列。“其中：债券投资成本”项目，应根据“债券投资”科目期末余额填列。

(11)“配股权证”项目，反映期末尚未行使配股权的估值。本项目应根据“配股权证”科目期末余额填列。

(12)“买入返售证券”项目，反映已经买入但尚未到期返售证券的实际成本。本项目应根据“买入返售证券”科目期末余额填列。

(13)“待摊费用”项目，反映已经发生但应由本期和以后各期分期摊销的各种费用。本项目应根据“待摊费用”科目期末余额填列。

(14)“其他资产”项目，反映除上述资产以外的其他资产。本项目应根据有关科目的期末余额填列。如其他资产价值较大的，应在会计报表附注中披露其内容和金额。

(15)“应付证券清算款”项目，反映期末应付未付的证券款。本项目应根据“证券清算款”科目所属明细科目期末贷方余额填列。

(16)“应付赎回款”项目，反映期末尚未支付的基金赎回款。本项目应根据“应付赎回款”科目期末余额填列。

(17)“应付赎回费”项目，反映期末尚未支付的基金赎回费。本项目应根据“应付赎回费”科目的期末余额填列。

(18)“应付管理人报酬”项目，反映期末尚未支付给基金管理公司的报酬。本项目应根据“应付管理人报酬”科目期末余额填列。

(19)“应付托管费”项目，反映期末尚未付给基金托管人的基金托管费。本项目应根据“应付托管费”科目期末余额填列。

(20)“应付佣金”项目，反映尚未支付给券商的佣金。本项目应根据“应付佣金”科目的期末余额填列。

(21)“应付利息”项目，反映期末尚未支付的各项利息。本项目应根据“应付利息”科目期末余额填列。

(22)“应付收益”项目，反映期末尚未支付给投资人的收益，本项目应根据“应付收益”科目的期末余额填列。

(23)“未交税金”项目，反映期末未交的税金。本项目应根据“应交税金”科目的期末余额填列。

(24)“其他应付款”项目，反映除上述应付项目之外的其他应付款项。本项目应根据“其他应付款”科目的期末余额填列。

(25)“卖出回购证券款”项目，反映已经卖出但尚未到期回购的证券款。本项目应根据“卖出回购证券款”科目的期末余额填列。

(26)“短期借款”项目，反映期末尚未归还的短期借入资金的本金。本项目应根据“短期借款”科目期末余额填列。

(27)“预提费用”项目，反映已经预提但尚未支付的各项费用。本项目应根据“预提费用”科目期末余额填列。

(28)“其他负债”项目，反映除上述负债以外的其他负债。本项目应根据有关科目期末余额填列。其他负债数额较大的，应在会计报表附注中披露其内容和金额。

(29)“实收基金”项目，反映全部基金单位总额。本项目应根据“实收基金”科目期末余额填列。

(30)“未实现利得”项目，反映期末未实现利得。本项目应根据“未实现利得”科目期末贷方余额填列(如为借方余额在本项目内用“-”号填列)。

(31)“未分配收益”项目，反映期末尚未分配的基金净收益，年末余额反映历年积累的未分配收益(或未弥补亏损)。本项目应根据“本期收益”和“收益分配”科目的期末余额分析计算填列。未弥补的亏损在本项目内用“-”号填列。

经营业绩表编制说明

1、本表反映一定期间内基金经营业绩情况。

2、本表“本月数”栏反映各项目的本月实际发生数。在编报年度报表时，“本月数”栏改为“上年数”，填列上年全年累计实际发生数。如果上年度本表与本年本表的项目名称和内容不相一致，应对上年度报表项目的名称和数字按本年度的规定进行调整，填入本表“上年数”栏。

本表“本年累计数”栏反映各项目自年初起到本月末止的累计实际发生数。根据上月本表本栏数字与本月本表“本月数”栏数字合计数填列。

3、本表“本月数”栏各项目的内容及其填列方法：

(1)“股票差价收入”项目，反映股票投资实现的差价收入。本项目应根据“股票差价收入”科目期末结转“本期收益”科目的数额填列。

(2)“债券差价收入”项目，反映债券投资实现的差价收入。本项目应根据“债券差价收入”科目期末结转“本期收益”科目的数额填列。

(3)“债券利息收入”项目，反映因债券投资而实现的利息收入。本项目应根据“债券利息收入”科目期末结转“本期收益”科目的数额填列。

(4)“存款利息收入”项目，反映因存款而实现的利息收入。本项目应根据“存款利息收入”科目期末结转“本期收益”科目的数额填列。

(5)“股利收入”项目，反映基金持有的股票因上市公司分红派息而确认的股利收入。本项目应根据“股利收入”科目期末结转“本期收益”科目的数额填列。

(6)“买入返售证券收入”项目，反映通过国家规定的场所进行融券业务而实现的收入。本项目应根据“买入返售证券收入”科目期末结转“本期收益”科目的数额填列。

(7)“其他收入”项目，反映除上述收入以外的其他各项收入。本项目应根据“其他收入”科目期末结转“本期收益”科目的数额填列。

(8)“基金管理人报酬”项目，反映按照基金契约和招募说明书的规定计提的基金管理人报酬。本项目应根据“管理人报酬”科目期末结转“本期收益”科目的数额填列。

(9)“基金托管费”项目，反映按照基金契约和招募说明书的规定计提的基金托管费。本项目应根据“基金托管费”科目期末结转“本期收益”科目的数额填列。

(10)“买出回购证券支出”项目，反映发生的卖出回购证券支出。本项目应根据“卖出回购证券款”科目期末结转“本期收益”科目的数额填列。

(11)“利息支出”项目，反映基金运作过程中发生的各项利息支出。本项目应根据“利息支出”科目期末结转“本期收益”科目的数额填列。

(12)“其他费用”项目，反映在基金运作过程中发生的除上述费用支出之外的其他各项费用。本项目应根据“其他费用”科目期末结转“本期收益”科目的数额填列。其中：“上市年费”、“信息披露费”、“审计费用”项目应分别列示。

(13)“基金净收益”项目，反映基金已实现的净收益，如为净亏损以“-”号填列。本项目应根据“收入”与“费用”项目的差额填列。

(14)“未实现利得”项目，反映本期因投资估值增值或减值而产生的未实现利得。本项目应根据“未实现利得”科目所属“投资估值增值”明细科目借贷方发生额分析计算填列。

(15)“基金经营业绩”项目，反映本期基金经营业绩，包括已实现基金净收益和未实现利得两部分。本项目应根据“基金净收益”与“未实现利得”项目之和填列。

基金净值变动表编制说明

1、本表反映一定时期基金净值的变动情况。

2、本表各项目的填列内容和方法：

(1)“期初基金净值”项目，反映期初基金持有人权益。本项目应根据上期本表“期末基金净值”项目所列金额填列。

(2)“基金净收益”项目，反映本期因已实现基金净收益而产生的基金净值的增加。本项目应根据经营业绩表“基金净收益”项目“本年累计数”栏所列金额填列。

(3)“未实现利得”项目，反映本期因估值增值或减值而产生的基金净值的变动。本项目应根据“未实现利得”科目本期借、贷方发生额分析计算填列。

(4)“经营活动产生的基金净值变动数”项目，根据“基金净收益”与“未实现利得”项目之和填列。

(5)“基金申购款”项目，反映本期因基金申购而产生的基金净值的增加。本项目应根据“实收基金”、“未实现利得”、“损益平准金”科目本期发生额分析计算填列。

(6)“基金赎回款”项目，反映本期因基金赎回而产生的基金净值的减少。本项目应根据“实收基金”、“未实现利得”、“损益平准金”科目本期发生额以负数填列。

(7)“基金单位交易产生的基金净值变动数”项目，根据“基金申购款”与“基金赎回款”项目的数字计算填列。

(8)“向基金持有人分配收益产生的基金净值变动数”项目，反映本期因向基金持有人分配基金净收益而产生的基金净值的减少。本项目应根据“收益分配”科目本期发生额以负数填列。

基金收益分配表编制说明

1、本表反映基金收益分配情况和期末未分配收益结余情况。

2、本表“本期数”栏各项目，根据“本期收益”科目和“收益分配”科目及所属明细科目的记录分析填列。

本表“本年累计数”栏反映各项目自年初起到本期末止的累计实际发生数。根据上期本表本栏数字与本期本表“本期数”栏数字合计数填列。

3、本表各项目的填列方法：

(1)“本期基金净收益”项目，反映基金已实现的净收益；如为净亏损以负数填列。本项目数字应与“经营业绩表”“本年累计数”栏的“基金净收益”项目一致。

(2)“期初基金净收益”项目，反映上期末未分配的基金净收益，如为未弥补的亏损以负数填列。本项目数字应与上期本表“本期数”栏的“期末基金净收益”项目一致。

(3)“本期损益平准金”项目，反映本期基金申购、赎回款中包含的损益平准金净额。本项目应根据“损益平准金”科目本期借贷方发生额计算填列。

(4)“本期已分配基金净收益”项目，反映本期应付给基金持有人的收益。本项目应根据“收益分配”科目本期发生额填列。

(5)“期末基金净收益”项目，反映期末未分配的基金净收益。

外资参股基金管理公司设立规则

（中国证监会 2002年6月1日）

第一条 为了适应证券市场对外开放的需要，加强对外资参股基金管理公司的监督管理，明确外资参股基金管理公司的设立条件和程序，根据《公司法》和《证券投资基金管理暂行办法》（以下简称《暂行办法》）的有关规定，制定本规则。

第二条 本规则所称外资参股基金管理公司包括境外股东受让、认购境内基金管理公司股权而变更的基金管理公司，或者境外股东与境内股东共同出资设立的基金管理公司。

第三条 中国证券监督管理委员会（以下简称“中国证监会”）负责对外资参股基金管理公司的审批和监督管理。

第四条 外资参股基金管理公司的组织形式为有限责任公司。

外资参股基金管理公司的名称、注册资本、组织机构的设立及职责，应当符合《公司法》、《暂行办法》和中国证监会的有关规定。

第五条 外资参股基金管理公司应当符合《暂行办法》和中国证监会规定的条件。

第六条 外资参股基金管理公司的境外股东，应当具备下列条件：

（一）为依其所在国家法律设立，并合法存续的金融机构，近三年未受到证券监管机构和司法机关的重大处罚；

（二）所在国家具有完善的证券法律和监管制度，其证券监管机构已与中国证监会签定证券监管合作谅解备忘录，并保持着有效的监管合作关系；

（三）实收资本不少于三亿元人民币的等值自由兑换货币；

（四）中国证监会规定的其他审慎性条件。

第七条 外资参股基金管理公司的境内股东，应当具备中国证监会规定的基金管理公司股东资格条件。

第八条 外资持股比例或者在外资参股的基金管理公司中拥有的权益比例，累计（包括直接持有和间接持有）不超过33%，在我国加入WTO后三年内，该比例不超过49%。

境外股东应当以自由兑换货币出资。

第九条 外资参股基金管理公司的董事长、总经理、副总经理应当具备中国证监会规定的基金管理公司高级管理人员任职资格条件。

第十条 外资参股基金管理公司的境内外申请人应当按照中国证监会规定的内容与格式，向中国证监会报送申请材料。

境内外申请人向中国证监会报送的申请材料，必须使用中文。境外股东及其所在国家证券监管机构出具的文件、资料使用外文的，应当附有与原文内容一致的中文译本。

第十一条 境外股东与境内股东共同出资设立基金管理公司，应当经过筹建和开业两个阶段。

第十二条 中国证监会自正式受理境内外申请人的筹建申请之日起60个工作日内作出批准或者不予批准筹建的决定。批准筹建的，出具批复文件；不予批准的，书面通知申请人，并说明理由。

第十三条 已取得中国证监会筹建批文但未正式开业的基金管理公司，如境外股东的基本情况发生重大变化，或因违规受到有关国家、地区的监管机构处罚或重点监控的，该境外股东应及时提请召开基金管理公司发起人会议，说明有关情况。如境外股东不再符合本规则的条件，发起人会议应提出处理意见，由公司筹备组及时报告中国证监会，办理相关事宜。

第十四条 境内外申请人在基金管理公司筹建完成后，向中国证监会报送基金管理公司开业申请材料。

中国证监会自受理开业申请之日起30个工作日内作出批准、延迟批准或不批准开业的决定。批准开业的，出具批准文件；拟延迟批准或不批准开业的，书面通知申请人，并说明理由。

第十五条 境外股东受让、认购境内基金管理公司的股权，由基金管理公司向中国证监会报送申请材料。

中国证监会自正式受理申请之日起60个工作日内，作出批准或者不予批准的决定。批准申请的，出具批复文件；不予批准的，书面通知申请人，并说明理由。

对涉及新增股东和出资比例最高、提名董事人数最多的股东变更申请的审核，中国证监会参照基金管理公司筹建审核程序执行。

第十六条 参股基金管理公司的境外股东，其注册地或主要经营活动所在地的主管当局对境外投资有备案要求的，该境外股东在依法取得中国证监会的批准文件后，如向其注册地或主要经营活动所在地的主管当局提交有关备案材料，应当同时将副本报送中国证监会。

第十七条 外资参股基金管理公司的股东应在取得中国证监会的批准文件后30个工作日内，向工商行政管理机关办理公司变更或者设立登记。

第十八条 香港特别行政区、澳门特别行政区和台湾地区的投资者参股内资基金管理公司的，比照适用本规则。

第十九条 外资参股基金管理公司的设立、变更、终止、业务活动及监督管理事项，本规则未作规定的，适用中国证监会的其他有关规定。

第二十条 本规则自2002年7月1日起施行。

关于发布《证券投资基金专业咨询委员会管理暂行办法》的通知

（证监基金字【2003】13号）

各基金管理公司、基金托管银行：

现发布《证券投资基金专业咨询委员会管理暂行办法》，自发布之日起施行。

中国证券监督管理委员会
二〇〇三年一月二十日

证券投资基金专业咨询委员会管理暂行办法

第一条 为了保证证券投资基金专业咨询委员会（以下简称"基金专业咨询委员会"）工作的公开、公平、公正，提高工作质量和透明度，根据《证券投资基金管理暂行办法》及有关规定，制定本规定。

第二条 中国证券监督管理委员会（以下简称"中国证监会"）设立基金专业咨询委员会，基金专业咨询委员会依照法律、法规及有关规定，对基金管理公司及基金设立、基金法规调整以及涉及行业发展的特定重大事项提出咨询意见。

中国证监会参考基金专业咨询委员会提出的咨询意见，依照法定条件开展审核工作。审核程序公开并依法接受监督。

第三条 基金专业咨询委员会由中国证监会聘请的有关专家组成。委员从中国证监会、中国证券业协会、证券交易所、中国证券登记结算机构、机构投资者、基金研究机构等方面产生。

第四条 基金专业咨询委员会委员应当具备下列条件：

（一）熟悉宏观经济政策和有关法律、法规，了解证券、基金法规，具备基金专业知识，并具备一定的基金从业经历或海外从业经历；

（二）坚持原则，公正廉洁，勤勉尽责，严格遵守国家法律、法规；

（三）在业内有良好的声誉。

第五条 基金专业咨询委员会委员由中国证监会聘任。

基金专业咨询委员会委员每届任期2年，可以连任；每个委员连续任期最长不超过3届。

第六条 基金专业咨询委员会委员有下列情形之一的，由中国证监会予以解聘：

（一）本人提出书面辞职申请的；

（二）任期内因职务变动而不宜继续担任委员的；

（三）2次无故不出席或连续3次不能出席工作会议的；

（四）任期内严重渎职或违反法律、法规和本暂行规定的有关规定；

（五）违反审核工作纪律的；

（六）不适合担任委员的其他情形。

第七条 基金专业咨询委员会的职责是：

（一）根据国家有关法律、法规和规章，审阅申请人编制和出具的有关材料及意见，并重点就基金公司的治理结构、内控制度建设、人员操守以及基金的品种设计、投资运作、风险管理及营销方案等方面提出咨询意见；

（二）对基金法规的调整以及涉及行业发展的特定重大事项提出咨询意见。

第八条 基金专业咨询委员会委员依法履行职责时，享有下列权利：

（一）以个人身份参加申请人的现场评审，出席基金专业咨询委员会工作会议，独立发表咨询意见；

（二）通过中国证监会调阅履行职责所必需的申请人的有关材料；

（三）必要时建议中国证监会安排现场评审和调研。

第九条 基金专业咨询委员会委员在履行职责时，应当遵守下列规定：

（一）认真审阅相关文件，按时参加现场评审和出席工作会议，客观、公正、专业地发表咨询意见；

（二）不得利用所得到的非公开信息为本人或者他人直接或间接谋取利益；

（三）不得以委员身份从事商业活动；

（四）保守国家秘密和申请人的商业秘密；

（五）不得透露基金专业咨询委员会会议议程、出席会议人员、讨论内容、咨询意见以及其他有关情况。

第十条 基金专业咨询委员会委员在下列情况下，应当回避：

（一）委员或其亲属担任申请人或相关中介机构的董事、监事、高级管理人员或候选人的；

（二）有其他利害关系，可能影响其公正履行职责的。

前款第（一）项所称亲属，是指配偶、直系血亲、三代以内旁系血亲以及近姻亲。

第十一条 基金专业咨询委员会委员应当接受中国证监会的考核、监督。

第十二条 中国证监会基金监管部负责安排基金专业咨询委员会会议、组织现场评审、送达有关申报材料、起草会议纪要、保管档案等具体工作。

第十三条 基金专业咨询委员会以评审会的形式开展工作，由中国证监会基金监管部担任召集人或指派召集人。

第十四条 召集人行使下列职权：

（一）召集基金专业咨询委员会工作会议和现场评审；

（二）组织起草基金专业咨询委员会咨询意见。

第十五条 基金专业咨询委员会现场评审的最低人数为7人，由会内委员和会外委员组成，参加现场评审的委员由中国证监会基金监管部确定。

第十六条 基金专业咨询委员会工作会议可采取集中讨论的方式。

中国证监会基金监管部应当在会议召开的前5个工作日内，将会议通知及有关材料送达与会委员，委员应在集中讨论前阅读相关材料。

第十七条 基金专业咨询委员会对申请事项进行审核时，可以要求申请人派代表到会进行陈述和答辩。

第十八条 基金专业咨询委员会在充分讨论的基础上提出咨询意见。

第十九条 基金专业咨询委员会应建立定期沟通制度，对咨询工作进行总结，中国证监会基金监管部在必要时将形成的原则性咨询意见以规范的形式向社会公布。

关于取消第二批行政审批项目及改变部分行政审批项目管理方式的通告

根据《国务院关于取消第二批行政审批项目和改变一批行政审批项目管理方式的决定》（国发【2003】5号）的要求，现就中国证券监督管理委员会（以下简称中国证监会）取消第二批行政审批项目及改变部分行政审批项目管理方式的有关事宜通告如下：

一、自2003年2月27日国务院决定发布之日起，中国证监会取消第二批行政审批项目（27项，具体项目名称及设定依据见附件）。

二、中国证监会及其派出机构不再受理当事人依据被取消行政审批项目提起的有关申请，已经受理的，不再审批。

三、与被取消行政审批项目有关的后续管理方式和衔接工作，中国证监会将专门发布通知。

四、中国证监会将着手清理与被取消的第二批行政审批项目有关的部门规章和规范性文件，清理的结果将对外予以公布。

五、中国证监会决定改变7 项行政审批项目的管理方式，分别是：“证券从业人员从业资格核准”、“证券投资咨询从业人员执业资格核准”、“股票承销商材料备案”、“基金从业人员资格审核”、“期货从业人员资格核准”、“期货经纪合同文本核准”及“期货投资咨询人员从业资格核准”。上述7 项行政审批项目分别移交给中国证券业协会、中国期货业协会行使自律管理。与此相关的移交及后续管理工作，中国证监会将专门发布通知。

六、第二批行政审批项目取消及部分行政审批项目改变管理方式后，中国证监会将根据审慎监管的原则，通过制定管理规范和标准，完善监管手段，加大事中检查、事后稽查处罚力度等措施，进一步加强对投资者的保护和有关业务活动的监督和管理。

附件：中国证监会第二批取消行政审批项目目录（27项）

中国证券监督管理委员会

二〇〇三年四月一日

附件：中国证监会第二批取消行政审批项目目录（27项）

序 号	项目名称	设定依据
1	A股结算银行资格核准	《客户交易结算资金管理办法》 （中国证券监督管理委员会令2001年第3号）
2	证券公司与存管银行、主办存管银行签订的合同备案	《客户交易结算资金管理办法》 （中国证券监督管理委员会令2001年第3号）
3	结算公司与结算银行签订的合同备案	《客户交易结算资金管理办法》 （中国证券监督管理委员会令2001年第3号）
4	证券交易所会员大会文件备案	《证券交易所管理办法》 （中国证券监督管理委员会令2001年第4号）
5	证券登记结算机构与证券交易所业务协议备案	《证券交易所管理办法》 （中国证券监督管理委员会令2001年第4号）
6	证券交易所暂停或恢复上市证券的交易备案	《证券交易所管理办法》 （中国证券监督管理委员会令2001年第4号）
7	证券交易所暂停或恢复上市证券的交易批准	《证券交易所管理办法》 （中国证券监督管理委员会令2001年第4号）
8	上市协议备案	《证券交易所管理办法》 （中国证券监督管理委员会令2001年第4号）
9	证券登记结算机构业务、财务、安全防范等内部 管理制度和工作程序备案	《证券交易所管理办法》 （中国证券监督管理委员会令2001年第4号）
10	证券登记结算机构制定的原始业务凭证保存期批准	《证券交易所管理办法》 （中国证券监督管理委员会令2001年第4号）
11	证券交易所为非本所上市的交易品种提供服务审批	《证券交易所管理办法》 （中国证券监督管理委员会令2001年第4号）
12	证券公司筹建验收	《中国证券监督管理委员会关于印发<关于进一步加强证券公司监管的若干意见>的通知》（证监机构字[1999]14号）
13	境内非证券类机构在境外设立证券类机构审批	《国务院办公厅关于印发中国证券监督管理委员会职能配置、内设机构和人员编制规定的通知》（国办发[1998]131号）； 《境外金融机构管理办法》（中国人民银行令1990年第1号）
14	外国证券类机构驻华代表处更换或增减代表、副代表、外籍和港澳台工作人员核准	《中国证券监督管理委员会关于发布<外国证券类机构驻华代表机构管理办法>的通知》（证监机构字[1999]26号）
15	外国证券类机构驻华代表处雇用中国公民担任一般工作人员备案	《中国证券监督管理委员会关于发布<外国证券类机构驻华代表机构管理办法>的通知》（证监机构字[1999]26号）
16	外国证券类机构驻华代表处代表、副代表核准	《中国证券监督管理委员会关于发布<外国证券类机构驻华代表机构管理办法>的通知》（证监机构字[1999]26号）
17	境内非证券类机构在境外设立的证券类机构撤销审批	《国务院办公厅关于印发中国证券监督管理委员会职能配置、内设机构和人员编制规定的通知》（国办发[1998]131号）； 《境外金融机构管理办法》（中国人民银行令1990年第1号）； 《中国人民银行、中国证券监督管理委员会关于印发<证券类机构监管职责交接方案>的通知》（银传[1998]30号）
18	进入银行间同业拆借市场的证券公司推荐	《中国人民银行关于印发<基金管理公司进入银行间同业市场管理规定>和<证券公司进入银行间同业市场管理规定>的通知》 （银发[1999]288号）
19	证券从业人员培训机构指定	《国务院证券委员会关于下发<证券业从业人员资格管理暂行规定>的通知》 （证委发[1995]6号）
20	证券中介机构聘任人员备案	《国务院证券委员会关于下发<证券业从业人员资格管理暂行规定>的通知》 （证委发[1995]6号）
21	证券从业人员改变受聘机构备案	《国务院证券委员会关于下发<证券业从业人员资格管理暂行规定>的通知》 （证委发[1995]6号）
22	基金管理公司高级管理人员、基金经理在 非经营性机构兼职备案	《中国证券监督管理委员会关于发布<证券投资基金管理暂行办法> 实施准则第六号<基金从业人员资格管理暂行规定>的通知》 （证监发[1999]53号）
23	基金管理公司和基金托管部总经理助理、 部门经理任免备案	《中国证券监督管理委员会关于发布<证券投资基金管理暂行办法> 实施准则第六号<基金从业人员资格管理暂行规定>的通知》 （证监发[1999]53号）
24	基金管理公司在境内设立办事处有关材料备案	《中国证券监督管理委员会关于基金管理公司在境内设立分支机构有关问题的通知》（证监基金字[2000]66号）
25	期货投资咨询机构设立审批	《国务院证券委员会关于发布<证券、期货投资咨询管理暂行办法>的通知》 （证委发[1997]96号）
26	中国律师出具的关于涉及境内权益的境外公司在境外发行股票和上市的法律意见书审阅	《中国证券监督管理委员会关于涉及境内权益的境外公司在境外发行股票和上市有关问题的通知》（证监发行字[2000]72号）
27	可转换公司债券上市协议备案	《国务院证券委员会关于发布<可转换公司债券管理暂行办法>的通知》 （证委发[1997]16号）

关于发布《证券投资基金信息披露编报规则第1号＜主要财务指标的计算与披露＞》、《证券投资基金信息披露编报规则第2号＜基金净值表现的编制与披露＞》的通知

（证监基金字【2003】104号）

各基金管理公司、各基金托管银行：

为进一步规范证券投资基金的信息披露行为，更好保护基金持有人的合法权益，根据《证券投资基金管理暂行办法》、《开放式证券投资基金试点办法》及其他有关规定，制定了《证券投资基金信息披露编报规则第1号＜主要财务指标的计算与披露＞》、《证券投资基金信息披露编报规则第2号＜基金净值表现的编制与披露＞》，现予发布，自2004年1月1日起施行。

中国证券监督管理委员会

二〇〇三年九月一日

证券投资基金信息披露编报规则第1号《主要财务指标的计算与披露》

第一条　为规范证券投资基金（以下简称“基金”）的信息披露行为，提高基金各主要财务指标计算的合理性和可比性，特制订本规则。

第二条　基金信息披露义务人在基金定期报告等公开披露信息文件中披露相关财务指标时，应按本规则进行计算和披露；并保证计算财务指标所采用的数据真实、准确、完整。

第三条　加权平均单位基金本期净收益的计算公式如下：

加权平均单位基金本期净收益

$$= \frac{P}{S_0 + \sum_{i=1}^{n} \frac{\Delta S_i \times (n-i)}{n}}$$

其中：P为本期基金净收益，S_0为期初基金单位总份额，n为报告期内所含的交易天数，i为报告期内的第

i个交易日，$\triangle S_i$＝i交易日基金单位总份额－(i－1)交易日基金单位总份额。

第四条 期末可供分配基金收益的计算公式如下：

期末可供分配基金收益＝本期净收益＋期初未分配收益＋本期损益平准金（若有）－本期已分配收益－期末未实现利得损失（若有）

其中，期末未实现利得损失为“未实现利得”科目期末借方余额。

第五条 期末可供分配单位基金收益的计算公式如下：

期末可供分配单位基金收益＝期末可供分配基金收益÷期末基金单位总份额

第六条 期末单位基金资产净值的计算公式如下：

期末单位基金资产净值＝期末基金资产净值÷期末基金单位总份额

第七条 基金加权平均净值收益率的计算公式如下：

开放式基金加权平均净值收益率

$$=\frac{P}{NAV_0+\sum_{i=1}^{n}\Delta NAV_i\times(n-i)/n}$$

封闭式基金加权平均净值收益率

$$=\frac{P}{NAV_0+\sum_{k=1}^{w}\Delta NAV_k\times(w-k+0.5)/w}$$

其中：P为本期基金净收益，NAV_0为期初基金资产净值；n为报告期内所含交易天数，i为报告期内的第i个交易日，$\triangle NAV_i$＝i交易日基金资产净值－(i－1)交易日基金资产净值；w为报告期内所含交易周数，k为报告期内的第k个交易周数，$\triangle NAV_k$＝ i交易周披露的基金资产净值－（i－1）交易周披露的基金资产净值。

第八条 本期单位基金净值增长率的计算公式如下：

本期单位基金净值增长率＝(本期第一次分红或扩募前单位基金资产净值÷期初单位基金资产净值）×(本期第二次分红或扩募前单位基金资产净值÷本期第一次分红或扩募后单位基金资产净值）×…… ×（期末单位基金资产净值÷本期最后一次分红或扩募后单位基金资产净值）－1

其中：

分红前单位基金资产净值按除息日前一交易日的单位基金资产净值计算

分红后单位基金资产净值＝分红前单位基金资产净值－单位分红金额

扩募前单位基金资产净值＝实收基金除权日前一交易日基金资产净值÷扩募前基金总份额

扩募后单位基金资产净值＝(实收基金除权日前一交易日基金资产净值＋扩募金额＋扩募期间冻结利息＋扩募费结余）÷扩募后基金总份额

计算期内成立基金的期初单位基金资产净值＝（成立日实收基金＋未折为基金份额的发行期间冻结利息＋封闭式基金的发行费结余）÷成立日基金单位总份额

第九条 单位基金累计净值增长率的计算公式如下：

单位基金累计净值增长率＝(第一年度单位基金资产净值增长率＋1）×（第二年度单位基金资产净值增长率＋1）×（第三年度单位基金资产净值增长率＋1）×……×（上年度单位基金资产净值增长率＋1）×（本期单位基金资产净值增长率＋1）－1

第十条 除基金契约或招募说明书另有规定外，期末可供分配单位基金收益、期末单位基金资产净值应当保留至小数点后第四位，以百分数形式表示的财务指标应保留两位小数，其他基金财务指标可保留至小数点后第二位。

第十一条 基金财务指标的计算方法在连续披露中应当保持一致，不得任意调整。如果法规要求确实需要调整相关财务指标的计算方法，应当说明调整原因。

第十二条 基金因会计政策及会计差错更正追溯调整以前年度财务指标中相关数据的，应当同时披露调整前后的财务指标。

第十三条 如果基金在某一披露时段中成立，其财务指标应按实际存续期计算，不能按整个时段进行折算。

第十四条 本规则是对基金财务指标计算及披露的最低要求。为使投资者充分了解相关指标的含义，信息披露义务人在认为必要时，可以浅显的语言对基金财务指标的计算方法进行补充说明，但该补充说明的内容或披露形式不得与本规则的其他要求相冲突．

第十五条 在列示涉及基金业绩表现的财务指标时，应当有费用提示条款，包括但不限于，“所述基金业绩指标不包括持有人认购或交易基金的各项费用(例如，封闭式基金交易佣金、开放式基金的申购赎回费、红利再投资费、基金转换费等)，计入费用后实际收益水平要低于所列数字”。

第十六条 本规则由中国证监会负责解释。

第十七条 本规则自2004年1月1日起施行。

证券投资基金信息披露编报规则 第2号《基金净值表现的编制及披露》

第一条　为规范证券投资基金（以下简称“基金”）的信息披露行为，提高基金净值表现编制与披露的合理性和可比性，特制订本规则。

第二条　基金信息披露义务人在基金定期报告等公开披露信息文件中披露有关基金净值表现时，应按照本规则进行编制或披露，并保证净值表现编制所采用的数据准确、连贯和完整。

第三条　基金应当按照《证券投资基金会计核算办法》的估值原则，以及基金契约和招募说明书载明的估值事项，对资产进行估值。具体应符合以下要求：

（一）封闭式基金和开放式基金应于每个交易日当天进行估值；

（二）任何上市流通的有价证券须以估值日在证券交易所挂牌的市价估值（封闭式基金按平均价估值，开放式基金按收盘价估值）；估值日无交易的，以最近交易日的市价估值。配股和增发新股须以估值日在证券交易所挂牌的同一股票的市价估值。首次公开发行的股票，按成本估值。证券交易所市场未实行净价交易的债券按估值日收盘价减去债券收盘价中所含的债券应收利息得到的净价进行估值，估值日没有交易的，按最近交易日债券收盘价计算得到的净价估值。如有确凿证据表明按上述方法进行估值不能客观反映有价证券的公允价值，基金管理公司应根据具体情况与基金托管人商定后，按最能反映公允价值的价格估值；

（三）债券利息收入、存款利息收入、买入返售证券收入等固定收益的确认必须采用权责发生制原则；

（四）股利收入的确认必须采用权责发生制原则。

第四条　在编制和披露基金资产净值时，应当遵循以下原则：

（一）计算期基金净值变动数包括本期基金净收益、期末投资未实现利得变动数、本期向基金持有人分配收益产生的净值变动数，开放式基金计算期净值变动数还应包括本期因基金单位交易产生的基金净值变动数；

（二）计算期基金净收益应当在基金本期收入的基础上扣除本期基金管理费、基金托管费等基金运作过程中发生的各项费用；

（三）基金应只披露实际净值表现，而不能将实际净值表现与预计净值表现联系在一起不加区分地披露。

第五条　披露过往一定阶段单位基金资产净值增长率及其与同期业绩比较基准收益率的比较时，应参照如下例表格式进行列示：

基金XX历史各时间段净值增长率与同期业绩比较基准收益率比较例表

阶段	净值增长率①	净值增长率标准差②	业绩比较基准收益率③	业绩比较基准收益率标准差④	①－③	②－④
过去×个月						
过去×年						
自基金成立起至今						

历史各时间段净值增长率的计算参照《证券投资基金信息披露编报规则第1号<主要财务指标的计算及披露>》第八条。

例表中的年和月均指自然年度和月份。在计算净值增长率及净值增长率标准差时，封闭式基金采用周净值数据，开放式基金采用交易日净值数据。

在计算过去×个月的相关指标时，若倒推×个月的当日没有单位净值，则采用该日之前披露的最近单位净值。

$$标准差=\sqrt{\frac{\sum_{i=1}^{n}(X_i-\bar{X})^2}{n-1}}$$，其中，X_i为第i周（或第i个交易日）的净值增长率或业绩比较基准收益率，$\bar{X}$为增长率或收益率的均值。

第六条　在披露基金自成立以来单位基金资产净值的变动情况，并与同期业绩比较基准的变动进行比较时，应参照例图进行列示：

基金XX累计净值增长率与业绩比较基准收益率的历史走势对比例图

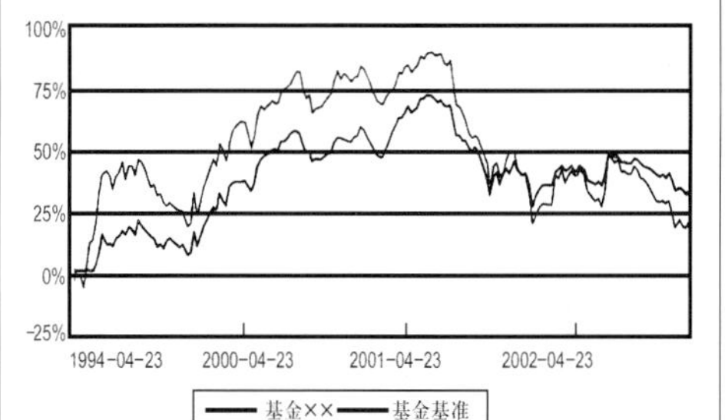

基金累计净值增长率的计算参照《证券投资基金信息披露编报规则第1号＜主要财务指标的计算及披露＞》第八条。

如果基金契约对基金成立后特定期限内投资比例进行约定的，还应在走势对比图下注明契约的相关约定及其实际履行情况。

如果基金自成立起至披露时点不满一年，应作出说明或在图中列示。

走势对比图纵轴最高点与最低点间至少应有五个等分。

第七条 将基金每年的净值增长率与同期业绩比较基准的收益率进行比较时，应参照如下例图进行列示：

基金XX净值增长率与业绩比较基准历史收益率的对比例图

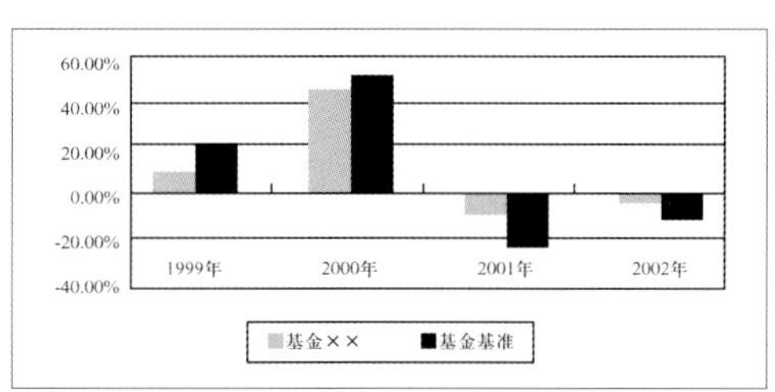

如需列示基金成立当年的净值增长率，则应按当年实际存续期计算，不能按整个自然年度进行折算；基金应就上述情况作出说明或在图中列示。

第八条 将基金净值表现与同期业绩比较基准进行比较的，业绩比较基准的选择应当符合下列要求：

（一）基金业绩比较基准的选择必须符合基金契约、基金招募说明书的规定；

（二）根据基金契约、招募说明书约定采用自定义业绩比较基准的，必须简要说明该业绩比较基准的构建以及再平衡过程；业绩比较基准可以采用某一股票指数与某一债券指数按照一定比例合成的基准；所采用的指数应当是市场公开披露的指数；

（三）如果未能按要求列示业绩比较基准，必须说明原因；

（四）如果业绩比较基准发生变更，必须说明更改的日期、原因和内容。

第九条 本规则是对基金净值表现编制及披露的最低要求。为使投资者充分了解基金的净值表现，信息披露义务人在认为必要时，可提供本规则要求之外的关于基金净值表现的补充信息；例如，在披露过往一定阶段单位基金资产净值增长率及其与同期业绩比较基准的比较时，可补充披露跟踪误差、贝塔系数等指标。

第十条 只有在符合以下条件时，原有基金的净值表现可以被用作新基金净值的历史记录：

（一）基金仅更换名称，基金原有投资目标、投资范围、投资策略和选股标准等完全没有变化；

（二）基金更换基金经理或调整基金经理小组成员，基金原有投资目标、投资范围、投资策略和选股标准等完全没有变化；

（三）中国证监会认定的其他情形。

在引用原有基金的净值表现时，应对上述更换事项或情形作出说明。

第十一条 本规则由中国证监会负责解释。

第十二条 本规则自2004年1月1日起施行。

国家外汇管理局关于外资参股基金管理公司有关外汇管理问题的通知

（汇发【2003】44号）

国家外汇管理局各省、自治区、直辖市分局、外汇管理部，深圳、大连、青岛、厦门、宁波市分局：

为规范外资参股基金管理公司外汇管理，现就外资参股基金管理公司有关外汇管理问题通知如下：

一、本通知所称外资参股基金管理公司包括境外股东受让、认购境内基金管理公司股权而变更的基金管理公司，或者境外股东与境内股东共同出资设立的基金管理公司。

二、外资参股基金管理公司在取得中国证券监督管理委员会（以下简称中国证监会）同意其开业的批复文件之前，不得开立外汇账户。

（一）经中国证监会批准同意其开业的境内股东与境外股东共同出资设立的基金管理公司，可持以下文件和材料向所在地外汇局申请在境内外汇指定银行开立外汇资本金账户：

1、开户书面申请；

2、合资协议（或合同）；

3、中国证监会同意其开业的批复文件；

4、外经贸部门颁发的外商投资企业批准证书；

5、国家工商行政管理部门颁发的名称预先核准通知书；

6、外汇局要求提供的其他文件和材料。

（二）境外股东认购境内已设立的基金管理公司股权而变更的外资参股基金管理公司，可持认购股份协议书、中国证监会的批准文件、外经贸部门批准证书等，向所在地外汇局申请在境内外汇指定银行开立外汇资本金账户。

三、外资参股基金管理公司境外股东资本金流入的验资程序按照《财政部 国家外汇管理局关于进一步加强外商投资企业验资工作及健全外资外汇登记制度的通知》（财会【2002】1017号）执行。

四、外资参股基金管理公司外汇资本金账户的收入范围为：境外股东汇入的出资资金；支出范围为：经常项下的对外支付和经外汇局核准的其他外汇支出。

五、外资参股基金管理公司如需将外汇资本金账户资金结汇，应持以下文件和材料向所在地外汇局提出申请，凭外汇局核准件到外汇指定银行办理结汇手续：

（一）结汇书面申请；

（二）结汇资金用途凭证或说明；

（三）公司当期外汇资本金账户银行对账单；

（四）外汇局要求提供的其他材料。

六、外资参股基金管理公司如需支付外方股东利润，应持以下文件和材料向所在地外汇局提出申请，凭外汇局核准件到外汇指定银行办理购、付汇手续：

（一）购、付汇书面申请；

（二）完税证明及税务申报单；

（三）经会计事务所出具的公司利润发生年度利润及利润分配情况的审计报告；

（四）公司董事会关于利润分配决议；

（五）公司当期外汇资本金账户银行对账单；

（六）外汇局要求提供的其他材料。

在每个会计年度结束后4个月内，外资参股基金管理公司如未将该年度应付外方股东利润购汇汇出的，应向所在地外汇局备案。外汇局的备案文件将作为今后外方股东利润购、付汇必备申请材料。

七、境外股东受让境内基金管理公司股权而变更的基金管理公司，应在取得中国证监会正式批准文件后5个工作日内，到所在地外汇局备案。转让方为境内机构的，应在取得受让方外汇资金后5个工作日内，持书面申请、转让协议、中国证监会批准文件、外经贸部门批准证书等向所在地外汇局申请办理结汇手续。

八、经中国证监会、外经贸部门批准同意其股份转让的外资参股基金管理公司，应在自取得外经贸部门批准文件5个工作日内到所在地外汇局备案。其中境外股东向境内机构转让股份的，受让方如需向境外投资人支付转让款项，应持以下文件和材料，向所在地外汇局申请购、付汇核准：

（一）购、付汇书面申请；

（二）转股协议；

（三）中国证监会、外经贸部门同意转股的批复文件；

（四）受让方当期所有外汇账户银行对账单；

（五）外方若有转股收益，受让方应出具代扣代缴预提所得税完税凭证；

（六）外汇局要求提供的其他材料。

九、经中国证监会、外经贸部门批准外方股东减（撤）资的外资参股基金管理公司，应持以下文件和材料向所在地外汇局申请购、付汇核准：

（一）购汇书面申请；

（二）公司董事会关于外方股东减（撤）资决议；

（三）中国证监会、外经贸部门同意减（撤）资的批复文件；

（四）会计师事务所出具的公司最近一期验资报告

及审计报告；

（五）公司外汇资本金账户银行对账单；

（六）外方若有减（撤）资收益，应出具代扣代缴预提所得税完税凭证；

（七）外汇局要求提供的其他材料。

十、外资参股基金管理公司除从事中国证监会规定的业务外，未经国家外汇管理局批准，不得从事对外融资、对外担保等资本项下外汇业务。

十一、国家外汇管理局及其分支局有权对外资参股基金管理公司外汇资本金账户以及结汇、购付汇情况进行现场检查。外资参股基金管理公司应积极配合有关检查工作，不得提供虚假材料。

十二、外资参股基金管理公司违反本通知及其他外汇管理规定的，国家外汇管理局及其分支局可根据《中华人民共和国外汇管理条例》及其他外汇管理规定对其进行处罚。

十三、本通知自2003年5月1日起施行。本通知由国家外汇管理局负责解释。

国家外汇管理局
二〇〇三年三月十九日

关于转发《国家计委、财政部关于重新核定证券市场监管费收费标准及有关问题的通知》的通知

（证监会计字【2003】2号）

各证券、期货交易所，各证券、基金、期货公司，申请公开发行股票、可转债及基金的企业：

现将《国家计委、财政部关于重新核定证券市场监管费收费标准及有关问题的通知》（计价格【2003】60号，详见附件）转发给你们，并就缴费的有关问题通知如下：

一、证券交易监管费收费标准的调整，只涉及中国证监会与证券交易所相互间收费标准的增减，对证券机构及投资者的收费标准仍维持不变。证券交易监管费收费标准调整后，相应调增上海、深圳交易所股票交易经手费标准0.005‰，调减基金交易经手费标准0.04‰及债券交易（不包括国债回购交易）经手费标准0.01‰。证券交易监管费按月缴纳，上海、深圳证券交易所须在每月20日之前将上一月度应缴证券交易监管费上缴中央财政汇缴专户。

二、发行审核费由申请公开发行股票（含新发、增发、配股）、可转债及基金的企业在中国证监会受理申报材料时上缴中央财政汇缴专户。

三、机构监管费以上年末注册资本金为计费依据，由证券公司、基金公司、期货公司在每年4月份之前上缴中央财政汇缴专户。

四、期货市场监管费按月缴纳，上海、大连、郑州期货交易所须在每月20日之前将上一月度应缴期货市场监管费上缴中央财政汇缴专户。

五、中央财政汇缴专户为：

（一）以电汇、信汇方式缴费

开户银行：中信实业银行总行营业部

账户名称：中国证券监督管理委员会（中央财政汇缴专户）

银行账号：7111010189800000162

（二）以转账支票、银行汇票方式缴费

开户银行：中信实业银行总行营业部

账户名称：中国证券监督管理委员会会计部

银行账号：7111010189800000162

请上述缴费单位按规定及时缴费，缴款单位缴费后请及时将通讯地址通知我会会计部。凡不按规定缴费的，我会将暂时停止受理其有关证券、期货业务。

联系单位：证监会会计部

联系电话：010-88061689　88061330

联 系 人：王美玲　刘云峰

附件：国家计委、财政部关于重新核定证券市场监管费收费标准及有关问题的通知

中国证券监督管理委员会
二〇〇三年二月九日

附件：国家计委、财政部关于重新核定证券市场监管费收费标准及有关问题的通知

计价格【2003】60号

中国证券监督管理委员会：

你会《关于申请调整证券、期货市场监管费收费标准的函》（证监函【2002】268号）收悉。经研究，按照补偿合理费用的原则，现就重新核定的证券市场监管收费标准及有关事宜通知如下：

一、证券交易监管费。对股票由按年交易额的0.045‰收取降低为按年交易额的0.04‰收取；对证券投资基金按年交易额的0.04‰收取；对债券（不包括国债回购交易）按年交易额的0.01‰收取。证券交易监管费向上海、深圳证券交易所收取。

二、发行审核费。对申请公开发行股票（含可转债）的企业，收取的发行审核费标准由每个企业3万元调整为20万元；考虑到基金发行程序与股票有所不同，审核费用也略低于股票发行的审核费用，收费标准为每个企业16万元。

三、机构监管费。由只对证券公司收取，调整为对在中国境内登记注册的证券公司、基金管理公司、期货经纪公司均收取机构监管费。对证券公司由每年按注册资本金的1‰收取，最低收费额1万元，最高收费额10万元；调整为每年按注册资本金的0.5‰收取，最高收费额30万元。对基金管理公司每年按注册资本金的0.5‰收取，最高收费额为30万元。对期货经纪公司每年按注册资本金的0.5‰收取，最高收费额为5万元。

四、期货市场监管费。收费标准仍按年交易额的0.002‰，向上海、郑州、大连期货交易所收取。

五、你会应按规定到国家计委办理收费许可证变更手续，使用财政部统一印制的票据。

六、你会应按规定的收费项目、收费范围和收费标准执行，自觉接受价格、财政部门的监督检查。

七、本通知自2003年1月1日起执行。有效期为3年，期满后，由你会向国家计委、财政部重新申报。你会2002年的收费，仍按《国家计委、财政部关于调整证券交易监管费收费标准的通知》（计价格【2000】1059号）规定执行。自本通知执行之日起，过去国家计委、财政部有关证券、期货市场监管费收费标准的规定同时废止。

国家计委 财政部

二〇〇三年一月八日

关于证券期货审计业务签字注册会计师定期轮换的规定

（财政部 2003年10月31日）

第一条 为了维护注册会计师执行证券期货审计业务的独立性，提高证券期货相关机构（以下简称“相关机构”）经审计财务资料的质量，根据《中华人民共和国证券法》、《中华人民共和国注册会计师法》及其他有关规定，制定本规定。

第二条 本规定所指相关机构，是指上市公司、首次公开发行证券公司、证券及期货经营机构、证券及期货交易所、证券投资基金及其管理公司、证券登记结算机构等。

第三条 除本规定第七条外，签字注册会计师连续为某一相关机构提供审计服务，不得超过五年。

第四条 签字注册会计师由于工作单位变动，在不同会计师事务所连续为同一相关机构提供审计服务的期限应当合并计算。

第五条 为首次公开发行证券公司提供审计服务的签字注册会计师，在该公司上市后连续提供审计服务的期限，不得超过两个完整会计年度。

第六条 相关机构发生重大资产重组，为其提供审计服务的签字注册会计师未变更的，该签字注册会计师在该相关机构重组前后提供审计服务的期限应连续计算。

第七条 两名签字注册会计师为同一相关机构连续提供审计服务的期限在同一年度达到五年的，可以由一名签字注册会计师延期为该相关机构提供审计服务，但延期不得超过一年。

第八条 签字注册会计师已连续为同一相关机构提供五年审计服务并被轮换后，在两年以内，不得重新为该相关机构提供审计服务。根据本规定第七条延期的签字注册会计师延期后被轮换的，在两年以内，不得重新为该相关机构提供审计服务。

第九条 会计师事务所应当在每年5月15日以前向中国证券监督管理委员会（以下简称“中国证监会”）会计部、财政部会计司以及负责监管被审计相关机构的中国证监会派出机构报告证券期货审计业务签字注册会计师的轮换情况，并将有关信息填入中国证监会网站会计部“会计资产评估机构监管数据库”。

第十条 上市公司应当在定期报告中披露有关轮换签字注册会计师的事项。

第十一条 中国证监会派出机构应当检查辖区内会计师事务所执行本规定的情况，中国证监会、财政部可以对会计师事务所执行本规定的情况进行抽查。

第十二条 除签字注册会计师外，会计师事务所还设有相关机构审计项目负责人的，该审计项目负责人应按照以上有关签字注册会计师定期轮换的规定进行定期轮换。

第十三条 本规定自2004年1月1日起施行。

第三章 自律性规范

中国证券业协会
证券投资基金业委员会工作规则

第一章 总 则

第一条 中国证券业协会证券投资基金业委员会（简称“委员会”），是中国证券业协会（简称“协会”）内设的议事机构，在协会的领导下开展工作。

第二条 委员会的宗旨

根据协会工作目标和工作部署，围绕“自律、服务、传导”三项基本职能，坚持求实、创新，完善证券投资基金业务自律体系，维护会员合法权益，引导和推动证券投资基金业健康发展。

第二章 职 责

第三条 委员会的职责

（一）调查、收集、反映业内意见和建议；

（二）研究、论证业内相关政策与方案；

（三）草拟或审议证券投资基金业行业自律公约、有关规则、执业标准和工作指引；

（四）组织推动业内创新活动，总结推广业内经验；

（五）对违反法规和协会自律公约或规定的会员公司及从业人员，向协会提出相应的自律处罚建议；

（六）协助调解会员之间的业务纠纷；

（七）协助开展证券投资基金业的教育培训；

（八）促进证券投资基金业的国际交流与合作；

（九）协会委托的其他事项。

第三章 委 员

第四条 委员会成员必须满足以下条件

（一）有一定声望和良好的执业信誉；

（二）有较高的专业水平与丰富的证券从业经验；

（三）关心行业发展，热心协会工作；

（四）有必要的时间和精力参加委员会的活动；

（五）履行委员职责，完成委员会布置的工作；

（六）协会规定的其他要求。

第五条 委员会主任委员的职责

（一）召集和主持委员会会议；

（二）代表委员会或接受协会授权签署有关文件；

（三）主持制定委员会工作计划和实施方案；

（四）主持起草证券投资基金业自律管理准则；

（五）主持专题研究与方案论证；

（六）代表委员会向协会会长办公会报告工作；

（七）履行协会及委员会规定的其他职责。

第六条 委员会副主任委员的职责

（一）协助主任委员工作；

（二）根据主任委员的授权主持委员会的活动；

（三）主任委员缺席时由主任委员授权代行其职责；

（四）履行委员会委员的职责。

第七条 委员会委员的职责

（一）参加委员会会议；

（二）参与制定委员会工作计划和实施方案；

（三）参与起草协会有关证券投资基金业的自律管理准则；

（四）参与委员会组织的专题研究和方案论证会；

（五）承担委员会布置的专项工作；

（六）密切联系会员单位，广泛了解证券投资基金业务动态、情况和问题，通过委员会向协会反映行业发展意见和建议；

（七）履行协会和委员会规定的其他职责。

第四章 组织机构

第八条 委员会构成应符合代表性、专业性要求。

第九条 委员会组成

委员会委员人数根据实际需要决定，原则上不超过二十名，其中主任委员一名，副主任委员二至三名，委员若干名。委员会由业内人士组成，与证券投资基金业务相关的特别会员单位的专业人员可成为委员会委员。

第十条 委员会可聘请资深专家作为委员会的专家顾问。专家顾问人数不超过委员会人员总数，经主任委员批准，专家顾问可列席委员会会议和参加委员会的专项活动。

第十一条 首届委员会主任委员、副主任委员、委员由协会会长聘任。以后各届委员会委员由前一届委员会协商提名，报协会会长批准后聘任。

第十二条 委员会每届任期两年。主任委员、副主任委员、委员任期两年，可连任，但不得超过三届。委员会每届更换其中的三分之一，更换人选办法及更换人选由委员会提出，报协会批准、聘任。

第十三条 委员调离本行业将不再成为委员会委员。

第十四条 委员如受到证券监管部门行政处罚和中国证券业协会警告以上（含警告）纪律处分，将自动取消其委员资格。

第十五条 主任委员、副主任委员、委员在任期内累计两次无故不参加委员会会议，累计四次请假不参加委员会会议，视为自动退出委员会。

第十六条 主任委员、副主任委员、委员自动退出委员会或不再成为委员会委员后，委员会应等额补充新委员。新委员经委员会协商同意并报会长批准后聘任，新委员的职务和任期与被替补的委员的原职务与任期相同。

第十七条 委员会的具体事务由协会秘书处下设的专业联络部负责。

第五章 议事规则

第十八条 委员会建立工作会议制度，会议须形成会议纪要，由主任委员签发，报会长办公会备案。

第十九条 委员会工作会议至少每半年召开一次，研究制定工作计划与实施方案，检查工作执行情况，安排下阶段工作，会议结果由主任委员向会长办公会报告。

第二十条 委员会工作会议须有三分之二以上委员出席方能召开，会议由主任委员或其指定的副主任委员主持。

第二十一条 在协会领导认为有必要时；主任委员会议认为有必要时；三分之一委员提议召开时，委员会可召开临时会议。在情况特殊时，委员会会议可采用通讯形式召开。

第二十二条 委员会会议议题由主任委员和副主任委员确定，委员可向主任委员提出会议议题。会议报经会长批准后召开，会议议题呈报协会秘书处备案。

第二十三条 委员会会议须提前二十天以书面形式通知并征求委员意见，委员须在五天之内反馈其是否有建议，临时会议除外。

第二十四条 委员会会议决议须经参会委员三分之二以上表决通过，并报协会会长办公会批准。

第二十五条 委员不得擅自以委员会名义对外发表言论，有关委员会的重要事项按协会统一要求以适当形式向社会披露。

第二十六条 对与委员会委员单位有个案关联的事项在表决时应实行回避制度。

第二十七条 委员会履行规定职责所发生的经费开支原则上由协会秘书处统筹安排。

第六章 附 则

第二十八条 本工作规则经委员会通过，报协会理事会批准后生效。

第二十九条 本工作规则的修改由委员会提出，并将修改意见报协会理事会批准后生效。

第三十条 本工作规则由协会秘书处负责解释。

关于发布《证券业从业人员资格管理实施细则（试行）》的通知

各证券公司、基金管理公司、基金托管机构、基金销售机构、证券投资咨询机构、证券资信评估机构：

《证券业从业人员资格管理实施细则（试行）》已经中国证监会核准，现予发布，自2003年7月1日起实施。

附：《证券业从业人员资格管理实施细则（试行）》

中国证券业协会

二〇〇三年六月二十五日

证券业从业人员资格管理实施细则（试行）

第一章 总 则

第一条 根据《证券业从业人员资格管理办法》（以下简称《办法》）的规定，制定本细则。

第二条 本细则所称机构是指《办法》第三条规定的从事证券业务的机构；专业人员和证券业务是指《办法》第四条规定的人员和业务。

第三条 中国证券业协会（以下简称协会）依据本细则规定，负责证券业从业资格取得及执业证书管理工作。

第二章 从业资格和执业证书

第四条 机构中从事证券业务的专业人员应当依据本细则规定，取得从业资格和执业证书。

第五条 符合《办法》第七条规定的人员，通过协会统一组织的基础科目和一门专业科目资格考试的，取得从业资格。

中国证监会另有规定的人员，按照中国证监会的有关规定取得从业资格。

第六条 取得从业资格的人员符合《办法》第十条规定条件的，可通过所在机构向协会申请执业证书。

申请从事证券投资咨询业务的，应当同时符合《证券法》第一百五十八条及《证券、期货投资咨询管理暂行办法》第十三条规定的条件。

申请从事证券资信评估业务的，应当同时符合《证券法》第一百五十八条及中国证监会有关规定的条件。

第七条 执业证书的申请通过协会执业证书管理系统进行。

第八条 申请人应当向所在机构提交下列申请材料：

（一）执业证书申请表；

（二）身份证复印件；

（三）学历证明复印件；

（四）协会规定的其他材料。

第九条 执业证书的申请程序是：

（一）申请人登录协会执业证书管理系统，填写执业证书申请表，连同打印的书面申请表及第八条规定的其他申请材料提交所在机构；

（二）机构资格管理员对执业证书申请表进行初审并确认，书面申请表由机构保管备查，电子申请表提交协会；

（三）协会对机构提交的执业证书申请表进行审核，必要时可要求机构提交书面申请表及有关证明材料，协会在收到完整申请材料后三十日内审核完毕。

第十条 对于符合条件的申请人，协会通过执业证书管理系统向中国证监会有关部门备案后，颁发执业证书，并在协会的互联网站公告。执业证书由所在机构向协会统一领取。

对不予颁发执业证书的人员，协会以书面方式通知所在机构并说明原因。

第三章 执业证书管理

第十一条 机构应当指定资格管理员负责本机构从业人员资格管理工作。资格管理员须向协会备案，代表所在机构行使下述职责：

（一）使用协会执业证书管理系统并对所在机构的系统用户进行管理；

（二）组织实施所在机构执业证书申请工作；

（三）负责所在机构执业证书申请人的申请材料的初审；

（四）按照协会的部署组织实施所在机构执业年检工作；

（五）协助协会的检查和调查；

（六）负责所在机构执业人员的备案事项；

（七）为所在机构人员提供相关咨询；

（八）保持与协会的日常联系。

机构更换资格管理员应当向协会备案。资格管理员不得擅自委托他人代其行使职责。

第十二条 执业人员受到所在机构、自律组织、监管部门奖励、处分、处罚的，以及离开所在机构的，所在机构应当于每月5日前向协会备案上月发生的上述情形。

第十三条 执业人员从其他证券业务岗位变换从事证券投资咨询和证券资信评估业务岗位的，应当按照本细则规定，另行申请执业证书。

第十四条 执业人员连续三年不在机构从事证券业务的，受到刑事处罚的，被市场禁入的，因违法或违纪行为被机构开除的，以及违反职业道德的，由协会注销其执业证书。

第十五条 机构应妥善保管申请人的书面申请表及有关材料。

第十六条 执业人员应当定期参加协会或其认可单位组织的后续职业培训。

第十七条　受到行政处罚的执业人员,应当参加强制培训。

第十八条　协会建立从业人员资格管理数据库,并通过其互联网站公告取得从业资格的人员。

第十九条　协会建立执业人员诚信信息库,对信息进行分级管理,供机构查询或应证券监管部门的要求提供有关信息。

第二十条　协会每月10日前，通过其互联网站公告上月取得执业证书的人员，执业证书年检情况，执业证书被注销、吊销及被暂停执业的人员。

第四章　年　检

第二十一条　协会对执业人员自取得执业证书之日起每两年检查一次。

第二十二条　年检的程序是：

（一）申请人登录协会执业证书管理系统，填写年检申请表,连同打印的书面申请表及执业证书原件提交所在机构；

（二）机构资格管理员对所在机构年检申请表进行初审并确认，书面申请表由机构保管备查，电子申请表提交协会；

（三）协会对机构提交的年检申请表进行审核，必要时可要求所在机构提交书面申请表及有关证明材料，协会在收到完整申请材料后十五日内做出是否通过年检的审核意见；

（四）协会通过执业证书管理系统，将年检结果通知所在机构，并在协会的互联网站公告；

（五）机构资格管理员办理执业证书年检记录。

第二十三条　有下列情形之一的，不予通过年检：

（一）执业证书申请材料或年检材料弄虚作假的；

（二）未按规定完成后续职业培训的；

（三）不再符合执业证书取得条件的；

（四）未按规定参加年检的；

（五）协会规定的其他情形。

第二十四条　因第二十三条第（一）、（三）款未通过年检的人员，由协会注销其执业证书。

第二十五条　因第二十三条第（二）、（四）、（五）款未通过年检的人员,由协会移交中国证监会暂停其执业。

第五章　检查和调查

第二十六条　协会对机构执行《办法》及本细则的情况进行检查，也可以根据投诉、举报等对机构、执业人员违反《办法》及本细则的行为进行调查。

第二十七条　协会可以委托相关单位对所在地机构、执业人员进行检查和调查。

第二十八条　协会对机构检查的内容包括：

（一）是否存在聘用未取得执业证书或执业证书被注销、吊销或被暂停执业的人员从事证券业务的情况；

（二）是否及时履行了规定的备案义务；

（三）执业证书申请过程中是否存在徇私舞弊、弄虚作假的情况；

（四）是否妥善保管了所属执业人员的书面申请材料。

第二十九条　对机构检查和调查的方式：

（一）与有关负责人谈话；

（二）查阅执业证书申请表及有关材料、年检申请表及有关材料；

（三）查阅人员聘用合同；

（四）调阅执业人员档案；

（五）约请执业人员谈话；

（六）其他合法而有效的方式。

第三十条　对执业人员的调查方式：

（一）与所在机构有关负责人面谈，了解有关情况；

（二）查阅被调查人的执业证书申请表及有关材料、年检申请表及有关材料；

（三）查阅被调查人聘用合同；

（四）调阅被调查人档案；

（五）与被调查人谈话；

（六）其他合法而有效的方式。

第三十一条　检查和调查人员在进行现场检查和调查时，应出示有效证明文件。

第三十二条　机构及执业人员对协会或协会委托单位进行的检查和调查应当予以配合。

第六章　罚　则

第三十三条　执业证书申请人提供虚假材料的,不予颁发执业证书并在三年内不受理其执业证书申请;已取得执业证书的,注销执业证书并在三年内不受理其执业证书申请。

第三十四条　执业人员不配合协会或其委托单位检查和调查的，由协会责令改正；拒不改正的，协会视情节轻重，给予相应处分。情节严重的，移交中国证监会处罚。

第三十五条　机构弄虚作假的,聘用未取得执业证书或执业证书被注销、吊销或被暂停执业的人员从事证券业务的，未履行规定的备案义务的，不配合协会或其委托单位组织的检查和调查的，由协会责令改正；拒不改正的，协会视情节轻重，给予机构下列处分：（一）批评；（二）通报批评；（三）暂停部分会员权利；（四）暂停会员资格；（五）取消会员资格；同时给予直接责任人下列处分：（一）批评；（二）通报批评。情节严重的，移交中国证监会处罚。

第七章 附 则

第三十六条 协会对取得从业资格的人员进行专业水平级别认证，通过基础科目和两门（含两门）以上专业科目考试的，取得一级专业水平认证证书；通过基础科目和四门（含四门）以上专业科目考试的，取得二级专业水平认证证书。

第三十七条 执业证书申请及年检等相关费用由机构向协会统一支付。

第三十八条 协会对从业资格和执业证书实行编码管理。

第三十九条 资格考试办法、培训办法及水平考试办法由协会另行制定。

第四十条 本细则已经中国证监会核准，自2003年7月1日起试行。

证券业从业人员资格考试办法(试行)

（2003年7月24日）

第一章 总 则

第一条 根据《证券业从业人员资格管理办法》及国家关于统一考试的有关规定，制定本办法。

第二条 参加证券业从业人员资格考试(以下简称“资格考试”）的人员，考试合格的，取得证券从业资格。

第三条 中国证券业协会（以下简称“协会”）是资格考试的组织机构，负责资格考试工作。

第四条 协会的资格考试工作接受中国证券监督管理委员会（以下简称“中国证监会”）的指导和监督。

第二章 组织机构职责

第五条 协会统一组织资格考试工作，履行以下职责：

（一）制定考试规则；

（二）制定考试大纲；

（三）组织编写、出版、发行资格考试统编教材；

（四）编制考试预决算；

（五）发布公告；

（六）组织命题；

（七）组织考试；

（八）公布考试成绩；

（九）发放成绩合格证书；

（十）建立资格考试信息库；

（十一）受理咨询。

第六条 协会制定的考试大纲、编制的考试预决算经中国证监会核准后执行。

第三章 资格考试

第七条 报名参加资格考试的人员，应当符合下列条件：

（一）报名截止日年满18周岁；

（二）具有高中或国家承认相当于高中以上文化程度；

（三）具有完全民事行为能力。

第八条 资格考试科目由基础科目和专业科目组成。基础科目为必考科目，专业科目由应考人员自选。

第九条 基础科目为证券基础知识，内容包括：证券基本知识，国家有关证券的法律、法规，证券从业人员职业操守、执业规范等。

专业科目包括：

（一）证券交易；

（二）证券发行与承销；

（三）证券投资分析；

（四）证券投资基金；

（五）根据需要设置的其他科目。

第十条 通过基础科目及任意一门专业科目考试的，即为资格考试合格人员，同时取得证券从业资格。

协会建立资格考试信息库，记录应考人员成绩和取得证券从业资格人员的有关信息。

第十一条 取得证券从业资格的人员，可以按照《证券业从业人员资格管理办法》及其实施细则等有关规定向协会申请执业证书。

第十二条 参加资格考试的人员，可以选报一门以上专业科目考试，基础科目及两门以上(含两门)专业科目考试合格的，可获得一级专业水平级别认证；基础科目及四门以上(含四门)专业科目考试合格的，可获得二级专业水平级别认证。由协会颁发专业水平级别认证证书。

第四章 命 题

第十三条 资格考试命题应遵循标准化、规范化、专业化的原则，严格遵守国家有关保密规定。

第十四条 协会聘任命题专家组织命题，命题专家由证券监督管理机构、证券自律机构、证券经营机构、从事证券业务的中介机构、大专院校以及社会研究机构的有关专家组成。

第十五条 命题专家按照资格考试大纲的要求依据考试统编教材编写试题。

第十六条 命题专家按照协会设定的程序、标准和要求，对试题进行编辑，建立资格考试标准化题库。

第十七条 考试试卷根据考试大纲、难度系数、知识点的分布等要素，从题库随机抽取试题。

第十八条 考试试卷组成的同时生成试卷答案、评分标准，试卷答案、评分标准应具有唯一性。

第十九条 考试试卷在国家统一考试试卷定点印制单位印制，并按照国家有关保密规定运送、保管。

第二十条 试卷、试题、答案及评分标准在启用前均属于国家秘密，任何人不得以任何方式泄露。

第二十一条 命题专家在参加命题工作前应与协会签署保密承诺书。

参加命题的专家在本次考试前不得直接或间接参与与资格考试有关的培训工作，参加命题当年不得参与编写、出版相关考试辅导用书和资料等可能妨碍其履行保密义务的活动。

第五章 考 务

第二十二条 协会按照方便应考的原则，建立严格、高效的考务工作机制，保证资格考试的安全、顺利进行。

第二十三条 协会组织实施考务工作，考务工作主要包括受理考试报名、设置考区和考点、安排考场、监考、阅卷、管理考试成绩等。

第二十四条 报名参加资格考试的人员，应当提交能够证明其符合第七条规定条件的身份证、毕业证书等相关证件，填写报名表、交费，领取考试通知单和准考证。报名人应当对其提供的有关证件和资料的真实性、准确性、合法性负责。

境外人员报名参加考试，应当提交能够证明其符合第七条规定条件的身份、学历等相关材料。

第二十五条 考试的报名时间、报名方式、报名地点由协会提前公告。

第二十六条 协会应对报名材料进行审查，对符合规定条件的报考者发放考试通知和准考证。

第二十七条 资格考试按照方便、安全的原则设置考区、考点、考场，并安排监考人员，负责管理考场，维持考场秩序。

第二十八条 资格考试考场规则按照国家统一考试的有关规定执行。应考人员在规定的考试时间，到指定考场参加考试。

第二十九条 资格考试可采取笔试或以电子信息为载体的方式进行。

第三十条 考试结束后，阅卷采取计算机自动阅读答题卡的方式进行。考试成绩以只读光盘的形式保存。

第三十一条 考试成绩由协会在考试结束之日起二十个工作日内公布，应考人员可以通过协会网站或指定的其他方式查询考试成绩。

第三十二条 应考人员对考试成绩有异议的，应当在成绩公布之日起十五日内向协会提出异议。协会自受理之日起十五个工作日内予以处理。

第三十三条 资格考试的时间和年度举办次数由协会确定并公告。

第三十四条 协会根据需要可聘请社会专业考试机构或其他有关机构协助承担部分或全部考务工作，并与其签署协议，规定所承担考务工作的标准和要求，明确双方的权利和义务。

第六章 纪 律

第三十五条 报名参加资格考试的人员，有违反本办法第二十四条规定情形并弄虚作假的，一年内不受理其资格考试报名申请；已经参加考试的，取消考试成绩。

第三十六条 应考人员不按规定填报姓名、身份证号、准考证号或不按规定要求答卷的，该科考试成绩按零分处理。

第三十七条 应考人员违反考场规则的，该科考试成绩按零分处理，一年内不得报名参加考试。扰乱考场秩序的，该科考试成绩按零分处理，两年内不得报名参加考试。

第三十八条 应考人员有第三十七条规定情形的，由监考人员当场记录其姓名、准考证号、情节，及时上报所在考点负责人并给予处理。

第三十九条 协会应告知应考人员其所受的处分、情节和依据。应考人员对其所受的处分有异议的，可以自受到处分之日起十五日内向协会提出异议。协会在受理之日起十五个工作日内予以处理。

第四十条 命题专家有违反第二十一条规定情形的，协会予以解聘，情节严重的，移交有关部门追究其相应责任。

第四十一条 协会工作人员及其他考务人员在考试工作中玩忽职守、徇私舞弊的，视情节轻重按照有关规定进行处理。

第四十二条 考试工作中发生泄密事件的，由协会组织查处，对涉嫌违反国家保密规定的，由协会会同国家保密工作部门组织查处。

第七章 附 则

第四十三条 资格考试依据国家管理部门批准的标准收取考试报名费，并按其规定的用途使用，资格考试财务接受国家管理部门的审计监督。

第四十四条 协会不举办、也不指定其他机构举办资格考试应试培训，任何机构不得以中国证券业协会名义举办应试培训。

第四十五条 本办法实施前已持有两种或两种以上资格证书的，可申请一级专业水平级别认证；本办法实施前已持有四种资格证书的，可申请二级专业水平级别认证。由协会颁发专业水平级别认证证书。

第四十六条 本办法由协会负责解释。

第四十七条 本办法报中国证监会核准，自公布之日起实施。

证券业从业人员培训纲要

（2003年9月22日）

第一章 总 则

第一条 为适应证券行业的发展，提高证券业从业人员（以下简称“从业人员”）的执业水平，规范和指导培训工作，依据《中华人民共和国证券法》、《证券业从业人员资格管理办法》和《中国证券业协会章程》，制订本纲要。

第二条 本纲要适用于中国证券业协会（以下简称“协会”）规划、部署与组织实施的从业人员后续职业培训和惩戒培训。从业资格考试、专业水平考试的应试培训，在相关考试办法中另行规定。

第三条 本纲要中的从业人员是指会员公司中获得证券执业资格的人员。

第四条 从业人员培训由协会、会员公司和特别会员等培训单位组织实施。

第五条 从业人员培训应符合证券业特点，内容上要注重实效性、针对性和前瞻性。

第二章 培训组织

第六条 协会的职责：

（一）制订行业培训规划；

（二）制订行业培训标准，组织编、审培训大纲和教材；

（三）建立行业培训资源共享机制，管理从业人员后续职业培训和惩戒培训的信息；

（四）组织培训调研，开展工作交流；

（五）组织行业专题性培训。

第七条 会员公司的职责：

（一）建立内部培训制度，指定相关部门制订培训计划并组织实施；

（二）依据协会的行业培训计划，配合协会组织的培训。

第八条 地方协会可根据协会的规划部署，负责组织所辖地区从业人员的培训工作，并承担相应的组织管理职责。

第三章 培训类别及内容

第九条 培训类别包括：

（一）后续职业培训。从业人员依照《证券业从业人员资格管理办法》必须接受的持续教育培训。

（二）惩戒培训。从业人员违反行政法规、执业操守和行业公约等需要强制接受的培训。

第十条 后续职业培训的主要内容包括法律法规、执业操守、新产品和新业务的实施规则与操作要点等。

第十一条 惩戒培训的内容侧重法律法规、从业守则、道德操守等。

第四章 培训要求

第十二条 各培训单位举办的下列培训为后续职业培训：

（一）由协会、会员公司和地方协会按照后续职业培训大纲组织实施的培训；

（二）由证券监管部门组织的法律法规等业务知识培训；

（三）由证券交易所和登记结算公司组织的业务准则、技术标准和操作规则等业务培训。

第十三条 会员公司和地方协会自行组织的培训，满足下列条件，可作为后续职业培训：

（一）培训内容为法律法规、职业操守、执业准则、操作规程及专业知识；

（二）培训项目有明确的师资、讲义，且时间为4个学时以上。

第十四条 惩戒培训由协会组织实施。

第十五条 在组织实施培训项目过程中，各培训单位应按以下工作程序进行：

（一）定期公布培训计划；

（二）制订详实的培训实施方案，周密安排教务和会务；

（三）多渠道选聘培训师资，逐步建立结构合理、数量充足、相对稳定的高水平师资队伍；

（四）培训实行考核制度，重点考核培训内容的掌握程度，同时应有明确的考核结果；

（五）设立培训质量评价环节，广泛征求培训意见和建议；

（六）登记从业人员培训时间、内容、考核结果等有关信息；

（七）各培训单位实施的从业人员后续职业培训，在培训项目结束后十五个工作日内将培训信息以电子版形式正式送交协会。

第十六条 培训可采取集中面授、网络教育及国(境)外院校和专业机构的代培代训等多种方式。

第五章 学时计算

第十七条 从业人员的后续职业培训学时是指在年检期间应达到的培训学时。从业人员年检期间培训学时为20学时（简称总学时）。

第十八条 凡属下列情况的，培训学时全额计入培训总学时：

（一）协会组织的法律法规、业务操作和创新等内容的集中面授或远程形式的培训；

（二）证券监管部门、证券交易所以及证券登记结算公司组织的法律法规、执业准则等专项培训；

（三）会员公司和地方协会按协会制定的后续职业培训纲要组织的培训。

第十九条 会员公司或地方协会自行组织的、符合后续职业培训要求的培训，培训学时可计入后续职业培训总学时，但最高计时比例不超过总学时的50%。

第二十条 从业人员接受与证券业务相关的会计、法律、金融专业的教育，在年检期间获得学士、硕士和博士学位的，分别豁免后续职业培训总学时中的6学时、8学时和10学时。

第二十一条 惩戒培训不得少于6学时，考核采取闭卷方式，重点考核法律法规知识。考核不合格者，须再次接受培训和考核。

第六章 附 则

第二十二条 本纲要由协会负责解释。

第二十三条 本纲要从2003年10月1日起实施。

中国证券业协会会员诚信信息管理暂行办法

（2003年10月16日）

第一条 为加快推进证券行业诚信体系建设，增强会员单位诚信观念，倡导守法经营、诚信服务的行业文化，促进证券市场健康发展，规范诚信信息管理，根据中国证券业协会（以下简称协会）第三届常务理事会第二次会议通过的《关于加快推进证券业诚信建设的决议》，制定本办法。

第二条 协会收集、记录和使用会员单位的诚信信息，适用本办法。

第三条 本办法所称诚信信息，是指会员单位及其分支机构在经营活动中的守法、守信、自律情况记录和对判断其诚信状况有影响的其他信息。

第四条 本办法所称会员单位，包括以下从事证券业务并已加入协会的机构：

（一）证券公司；

（二）基金管理公司；

（三）证券投资咨询机构；

（四）金融资产管理公司；

（五）基金托管机构。

第五条 协会建立会员诚信信息管理系统，对会员单位诚信信息进行日常管理。

第六条 诚信信息的收集、记录和使用，应当遵循公正、客观、规范的原则。

第七条 会员单位及其分支机构的诚信信息包括：基本信息、经营信息、奖惩信息和投诉信息。

第八条 基本信息包括：注册信息、资格信息和其他信息。

注册信息包括机构编号、名称、办公地址、法定代表人、总经理、联系电话、传真、电子邮箱、网址等。

资格信息包括资格编号、资格类别、资格证书号、批准部门、批准时间、有效期等。其他信息包括会员单位的资信等级评定信息、商业信誉记录等。

第九条 经营信息包括：业务信息、财务信息和组织结构信息。

业务信息包括证券经纪、证券承销、证券自营、受托投资管理、证券投资基金管理、证券投资咨询等业务数据。

财务信息包括资产负债表、损益表和现金流量表上的财务数据，历年财务指标等。

组织结构信息包括单位内部组织结构、人力资源状况等。

第十条 奖惩信息包括：奖励信息和处罚信息。

（一）奖励信息包括受奖励单位、表彰内容、荣誉称号、表彰单位、表彰时间和文号等。其中表彰单位包括：

1、中国证监会及其派出机构；

2、国家各级主管机关；

3、中国证券业协会；

4、上海、深圳证券交易所；

5、各地方证券业协会；

6、协会认为有必要记录其奖励信息的其他单位。

（二）处罚信息包括受罚机构名称、责任人、处罚时间、有效期、处罚原因、处罚单位、处罚类别、文号等。其中处罚类别包括：

1、受到中国证监会及派出机构处罚的，包括警告、责令改进、没收非法所得、罚款、暂停或撤销业务资格、移交司法部门处理以及对其诚信状况有直接影响的其它处理行为；

2、受到协会处分的，包括书面批评、会员内通报批评、公开谴责、暂停部分会员权利、暂停会员资格、取消会员资格以及对其诚信状况有直接影响的其它处理行为；

3、受到上海、深圳证券交易所处分、处罚的，包括下发监管关注函、警告、会员内通报批评、公开批评、限制交易、暂停自营业务或经纪业务、取消会籍以及对其诚信状况有直接影响的其它处理行为；

4、受到地方证券业协会处分的；

5、受到国家有关主管机关处罚的；

6、协会认为有必要记录的其他情况。

第十一条 投诉信息包括：投诉者和被投诉者的基本情况、投诉事实和理由、相关证据、调查情况、处理结果、被投诉者申诉说明等。

第十二条 协会与中国证监会及派出机构，上海、深圳证券交易所，地方证券业协会，本办法第四条所列会员单位建立信息交换渠道，以约定方式收集会员单位诚信信息；或从政府公报、有关组织发布的奖惩公告、媒体报道收集会员单位诚信信息。

从媒体报道收集的诚信信息，应与当事会员单位进行核实。

第十三条 协会按下列途径收集到诚信信息后，在20个工作日内予以记录或更新。

（一）基本信息、经营信息中的组织结构信息由会员单位通过专用网络系统自行录入，协会进行核对，如有疑义，可请会员单位作出书面说明；当其中相关内容发生变更时，会员单位应在变更之日起1个月内采用本项前述办法进行更新；

（二）经营信息中的业务信息和财务信息由会员单位通过专用数据报送系统定期报送协会，协会按规定标准进行收集并记录；

（三）奖惩信息根据本办法第十二条规定或从协会日常自律管理中收集，协会依据记载诚信信息的正式书面文件或经核实的媒体报道进行记录；

（四）投诉信息从协会日常自律管理工作中收集，或从证券监管机构等国家机关，上海、深圳证券交易所，地方证券业协会转来的对会员单位投诉信件中收集，协会如实记录全部投诉信息。

第十四条 协会公正、客观地记录提供信息机构提供的诚信信息，保持诚信信息的原始完整性，不得有选择地记录诚信信息。

第十五条 诚信信息的使用范围限于：

（一）作为协会进行日常自律管理、行业评比、吸纳会员参加协会相关组织、对会员进行诚信评估的依据；

（二）作为证券监管机构进行日常监管、行政审批、资质审查的参考；

（三）作为国家有关主管机关依法履行职责的参考；

（四）协会理事会规定的其他使用范围。

第十六条 协会对诚信信息实行分类管理，并提供诚信信息查询服务。对于不属于国家机密、商业秘密，不涉及个人隐私的公开诚信信息，协会按统一的标准进行确定并予以公布，任何机构或个人可以通过协会网站查询。

下列机构还可查询除本条前款规定以外的其他诚信信息：

（一）证券监管机构可以查询被调查对象的各类诚信信息；

（二）法律、法规规定的国家有关主管机关依照职权进行调查时，可以在调查范围内查询相关诚信信息；

（三）上海、深圳证券交易所，地方证券业协会，根据需要可以查询其所属会员的基本信息和奖惩信息；

（四）除按规定应保密的投诉人基本信息外，会员单位可以查询本单位的各类诚信信息。

第十七条 除下列情形外，协会对诚信信息的查询情况进行记录：

（一）查询已公开的诚信信息的；

（二）会员单位按规定权限查询本单位诚信信息的。

查询记录应当包括诚信信息的查询者、查询原因、查询时间、查询对象、查询内容等情况。查询记录自该记录生成之日起保存5年。

第十八条 会员单位认为本单位诚信信息有错误的或对本单位诚信信息持有异议的，可按下列规定申请更正或提起申诉：

（一）认为基本信息或经营信息中的组织结构信息有错误的，会员单位通过专用网络系统自行更正，协会进行核对；

（二）认为经营信息中的业务信息或财务信息有错误的，会员单位向协会提出书面更正申请，并提供相关证明材料，协会经核对确认后，予以更正；

（三）认为奖惩信息有错误的，可以向协会提出书面更正申请，并提供相关证明材料，协会经核对，属于记录错误的，予以更正；属于对提供信息机构提供的原始信息有异议的，会员单位可向提供信息机构申请更正；

（四）对投诉信息有异议的，可以向协会提交书面申诉报告。申诉报告内容列入投诉信息记录。

会员单位按照本条第（三）款规定向提供信息机构申请更正，提供信息机构书面答复同意更正的，协会按书面答复意见进行更正；提供信息机构不同意更正或没有书面答复意见，会员单位仍认为奖惩信息有错误的，会员单位可向协会提交书面异议报告。异议报告内容列入奖惩信息记录。

第十九条 诚信信息的保存分为当前保存与历史记录两类，超过当前保存期限的诚信信息转入历史记录库后，一般不再提供查询服务。诚信信息的当前保存期限为：

（一）基本信息长期当前保留；

（二）经营信息设定5年当前保存期；

（三）奖惩信息设定5年当前保存期；

（四）投诉信息设定3年的当前保存期，超过当前保存期，已经核查有结果的或确认无法核查的，载明情况后转入历史记录库；正在核查的，载明情况后在当前库中继续保存1年。

第二十条 协会对记载诚信信息的书面材料予以立卷保存，对诚信信息数据库的数据予以备份。

第二十一条 任何单位和个人不得违反本办法的规定查询或使用会员诚信信息。

第二十二条 对不按规定报送诚信信息的会员单位，协会应予以提示、警示；仍不改进的，协会按有关自律规则给予纪律处分。

第二十三条 协会工作人员有下列行为之一的，应追究其责任：

（一）违反保密职责，泄露会员诚信信息或超范围使用会员诚信信息；

（二）擅自对提供信息机构提供的会员诚信信息进行修改。

第二十四条 诚信评估办法另行制定。

第二十五条 本办法由中国证券业协会实施并负责解释。

第二十六条 本办法自2004年1月1日起施行。

上海证券交易所证券投资基金上市规则

（1998年4月）

第一章　总　则

第一条　为加强对证券投资基金（以下简称基金）上市的管理，规范基金交易行为，促进基金市场的健康发展，保护投资者的合法权益，根据《证券投资基金管理暂行办法》等有关法律、法规、规章，制定本规则。

第二条　本规则所称基金上市，是指封闭式基金经批准在上海证券交易所（以下简称本所）挂牌买卖。

第三条　本规则所涉专门用语，同《证券投资基金管理暂行办法》。

第四条　本所依据有关证券法律、法规、本规则和其他有关规定对上市基金进行监督。

第二章　基金的上市条件

第五条　申请上市的基金必须符合下列条件：

（一）经中国证监会批准设立并公开发行；

（二）基金存续期不少于5年；

（三）基金最低募集数额不少于人民币2亿元；

（四）基金持有人不少于1000人；

（五）有经审查批准的基金管理人和基金托管人；

（六）基金管理人、基金托管人有健全的组织机构和管理制度，财务状况良好，经营行为规范；

（七）本所要求的其他条件。

第三章　基金的上市申请

第六条　基金管理人申请基金上市，应完成下列准备工作：

（一）聘请有资格的会计师事务所对基金募集的资金进行验证，并出具验资报告。

（二）采用无纸化发行基金的，应完成其托管工作；采用有纸化发行基金的，须完成其实物凭证的分发及入库工作。

（三）应完成的其他准备工作。

第七条　基金管理人申请基金上市须向本所提交下列文件：

（一）上市申请书；

（二）上市公告书；

（三）批准设立和发行基金的文件；

（四）基金契约；

（五）基金托管协议；

（六）基金募集资金的验资报告；

（七）本所一至二名会员署名的上市推荐书；

（八）中国证监会和中国人民银行对基金托管人的审查批准文件；

（九）中国证监会批准基金管理人设立的文件；

（十）基金管理人注册登记的营业执照；

（十一）基金托管人注册登记的营业执照；

（十二）基金已全部托管的证明文件；

（十三）本所要求的其他文件。

第八条　基金管理人向本所申请基金上市，其提交的文件应内容真实、资料完整，不存在虚假或其他可能产生误导的陈述。

第九条　基金管理人在提出申请至基金获准上市前，未经本所同意不得擅自披露有关信息。

第四章　基金的上市批准

第十条　本所对基金管理人提交的第七条所述基金上市申请文件进行审查，认为符合上市条件的，将审查意见及拟定的上市时间连同相关文件一并报中国证监会批准。

第十一条　对符合上市条件并经批准的基金，由本所出具上市通知书。

第十二条　基金上市前，基金管理人或基金公司应与本所签定上市协议书。

第十三条　获准上市的基金，须于上市首日前三个工作日内在至少一种中国证监会指定的报刊上公布上市公告书。

第五章　基金上市公告书的内容及要求

第十四条　基金管理人应按规定和要求编制基金上市公告书，并就基金简称、交易代码、上市时间、上市场所等作以明确提示。

第十五条　基金上市公告书至少应包括下列主要内容：

（一）基金概况；

（二）基金持有人结构及前十名持有人；

（三）基金设立主要发起人、基金管理人、托管人简介；

（四）基金投资组合情况；

（五）基金契约摘要；

（六）基金运作情况；

（七）财务状况；

（八）重要事项揭示；

（九）备查文件。

第十六条 基金上市公告书可列示有根据的业绩资料，但不得进行业绩预测。

第六章 信息报露的原则和要求

第十七条 上市基金应该披露的信息包括定期公告和临时公告。定期公告包括基金资产净值公告、投资组合公告、年度报告和中期报告的公告，其他公告为临时公告。

第十八条 上市基金披露信息必须在第一时间报送本所。

第十九条 基金管理人应保证公开披露的信息内容真实、准确、完整，没有虚假、严重误导性陈述或重大遗漏。

第二十条 本所根据各项法律、法规、规定对公司披露的信息进行形式审查，对其内容不承担责任。

第二十一条 基金的报告在披露前须向本所进行登记，本所对定期报告实行事后审查，对临时报告实行事前审查。

第二十二条 基金公开披露的信息涉及财务会计、法律、资产估值等事项，应当由具有从事证券相关业务资格的会计师事务所、律师事务所、资产评估事务所等专业机构审查验证，并出具书面意见。

第二十三条 一个基金年度内的信息披露事项必须固定在至少一种中国证监会指定的报刊上公告。

第二十四条 基金管理人在其他公共传媒披露的信息不得先于指定报刊。

基金管理人不能以新闻发布或答记者问等形式代替信息披露义务。

第二十五条 基金管理公司应指定一名高级管理人员，负责基金信息披露工作，办理基金与本所及投资人之间的有关事宜。

第二十六条 基金管理人应当于每个基金会计年度的前六个月结束后三十日内公告中期报告。除特殊情况外，中期报告不须经会计师事务所审计。

第二十七条 基金管理人应当在每个基金会计年度结束后九十日内公告年度报告。基金年度报告须经会计师事务所审计。

第二十八条 基金管理人应当定期计算基金资产净值及每一基金单位资产净值，经基金托管人复核、审查后公告。基金资产净值每月应至少公告一次。

第二十九条 基金管理人每三个月应至少公告一次基金的投资组合。

第三十条 遇有下列情况，基金管理人须即时向本所报告，并依规定在至少一种中国证监会指定的报刊上予以公告。

（一）基金持有人大会形成决议；

（二）基金管理人或基金托管人变更；

（三）基金管理人或基金托管人的董事、监事和高级管理人员变动；

（四）基金管理人或基金托管人主要人员一年变更达30%以上；

（五）基金所投资的上市公司出现重大事件；

（六）重大关联事项；

（七）基金管理人或基金托管人及其董事、监事和高级管理人员受到重大处罚；

（八）重大诉讼、仲裁事项；

（九）基金提前终止；

（十）其他重要事项。

第三十一条 基金召开持有人大会须于召开日前三十天公告，并在召开后第一时间公布持有人大会审议通过的决议。

第七章 基金的上市费用

第三十二条 获准上市的基金须按本所规定交纳上市初费和上市月费。

第三十三条 基金上市初费的标准，按基金总额0.01%交纳，起点为10000元，最高不超过30000元。上市月费按年计收，每月为5000元。

第八章 停牌、复牌、暂停交易及终止交易

第三十四条 基金的停复牌原则上由基金管理人向本所申请，并说明理由、计划停牌时间；对于不能决定是否申请停牌的情况，应及时报告本所。

第三十五条 本所可根据实际情况或中国证监会的要求，决定基金的停复牌。

第三十六条 下列情况，对上市基金予以例行停牌及复牌：

（一）基金于交易日公布中期报告，当日上午停牌

半个交易日，当日下午开市时复牌；

（二）基金于交易日公布年度报告，当日上午停牌半个交易日，当日下午开市时复牌；

（三）基金召开持有人大会，如会议期间与开市时间有重叠，自持有人大会召开当日起实施停牌，直至持有人大会决议公布当日下午开市时复牌(如公布日为非交易日，则公布后第一个交易日即可复牌)；

（四）基金于交易日公布分红派息决议和公布实施该决议，当日上午停牌半个交易日，当日下午开市时复牌。

第三十七条 下列情况，对上市基金予以停牌及复牌：

（一）在任何公共传播媒介中出现与基金有关的消息，可能对上市基金的交易产生较大影响，本所对上市基金实施停牌，直至基金管理人对该消息在至少一种指定报刊上作出正式公告后，当日下午开市时复牌(如公布日为非交易日，公布后第一个交易日即可复牌)；

（二）基金出现交易异常波动，本所有权对其实施停牌，直至有关当事人作出公告后复牌。

第三十八条 基金于交易日公布临时公告的，基金管理人应向本所申请停牌，本所有权根据情况决定停、复牌时间。

第三十九条 上市基金的管理人在基金运作和基金信息披露方面违反国家有关法律、行政法规、规章及交易所业务规则的规定，性质严重，被有关部门调查期间，本所在向中国证监会申请并获得批准后对被调查上市基金实施停牌，待有关处理决定公告后另行决定复牌时间。

第四十条 基金上市期间出现下列情况之一时将暂停交易：

（一）基金发生重大变更而不符上市条件；

（二）违反国家法律、法规，证券管理部门决定暂停其上市；

（三）严重违反本所的上市规则；

（四）连续半年未缴纳上市月费；

（五）中国证监会和本所认为须暂停交易的其他情况。

第四十一条 基金上市期间出现下列情况之一时，将终止交易：

（一）在暂停交易期间未能消除被暂停交易的原因；

（二）中国证监会作出终止上市的决定；

（三）基金期满未被批准续期的；

（四）基金经批准提前终止的；

（五）其他必须终止的原因。

第九章 附 则

第四十二条 本规则解释权属于本所理事会。

第四十三条 本规则经本所理事会讨论通过，并报中国证监会批准后实施；修改时亦同。

上海证券交易所会员自律准则

（2003年2月28日）

第一条 为强化上海证券交易所（以下简称“本所”）会员自律意识，规范证券市场秩序，促进证券市场发展，维护投资者利益，依据《上海证券交易所章程》及本所其他业务规则，制定本准则。

第二条 本准则由本所会员、特别会员自觉遵守。

第三条 依法合规经营，遵守本所业务规则。

第四条 诚实信用，自觉遵守职业道德，维护证券市场秩序。不开展不正当竞争、不以违法手段获取利益或者转嫁风险。

第五条 在经纪业务和其他受托业务中，勤勉尽责，切实保障客户的合法权益。

第六条 严格执行全面指定交易制度，与客户明确在指定交易中双方的权利和义务，不故意拖延或拒绝办理客户撤销指定交易的申请。

第七条 在营业场所提供多种方式的信息查询和咨询服务。

第八条 建立客户投诉和交易纠纷的处理机制，并制作书面记录。

第九条 采取有效措施，妥善保存证券交易委托资料、证券帐户数据、交易记录等文件。

第十条 对客户的收费应符合相关规定。

第十一条 遵守本所技术规范要求，制定和完善安全管理制度，保证交易系统和通信系统安全运行。

第十二条 加强技术风险防范，并对交易系统和通信系统建立必要的备份机制。

第十三条 定期检查交易系统和通信系统，建立系统故障和异常情况处理的应急制度。

第十四条 加强内部管理，建立严格的内部控制制度和信息系统管理制度，切实执行自营业务、经纪业务和受托投资管理业务的分类管理要求，防范风险。

第十五条 加强对从业人员的培训、管理和监督，提高从业人员的业务素质和职业道德。

第十六条 遵守本所会籍和席位管理等制度，保障正常的交易秩序。

第十七条 自觉接受和配合本所的日常监管，严格执行报告制度，及时、准确、完整地向本所履行报告义务。

第十八条 按规定向本所交纳席位费、交易手续费及其他费用。

第十九条 对本准则的执行情况进行自我检查、相互监督，并配合本所检查。

第二十条 本准则经本所理事会通过后生效。修改时亦同。

第二十一条 本准则由本所负责解释。

上海证券交易所会员业务规范指引

（2003 年 2 月 28 日）

第一章 总 则

第一条 为强化上海证券交易所（以下简称“本所”）会员自律意识，明确会员与证券交易密切相关的行为规范，维护投资者利益，促进证券市场发展，依据《上海证券交易所会员自律准则》及本所有关业务规则，制定本指引。

第二条 本指引由本所会员、特别会员自觉遵守。

第二章 交易业务指引

第三条 在中国证券监督管理委员会（以下简称“证监会”）许可的业务范围内，经营证券业务。

第四条 在证券交易活动中，会员与客户签订证券委托买卖协议。协议内容包含本所规定的必备条款。

提供自助委托的，应与客户明确双方的权利和义务。委托系统应详细记录自助委托过程和内容。

第五条 向客户揭示证券买卖风险，包括但不限于委托方式风险、交易市场发生不可抗力风险、偶发事故风险。

第六条 严格执行本所全面指定交易制度，与客户明确在指定交易中双方的权利和义务。

除客户有未履行交易交收义务等情况，不以任何理由拖延或拒绝办理投资者撤销指定交易申请。

第七条 按照接受客户委托的先后顺序，向交易主机申报。

第八条 接受客户限价委托的，按限价或低于限价买入证券，按限价或高于限价卖出证券；接受客户市价委托的，按市场价格买卖证券。

第九条 允许客户撤销委托中未成交部分，在确认撤销后，及时向客户返还相应资金或证券。

第十条 在营业场所及时、完整地公布证券交易即时行情、股价指数、市场公告等信息。未经本所许可，不将上述信息提供给机构和个人从事经营活动。

第十一条 采取开设电话查询、网络查询和张贴公告等形式，向客户及时公布新股配号结果、中签结果和缴款时限。

为客户代理新股缴款，应与客户明确双方的权利和义务。

变更新股缴款时限，应履行通知义务。

在新股业务中，不进行虚假配号或其他欺诈行为。

第十二条 遵守国债买卖的有关规定，不为客户开立证券二级账户。

第十三条 建立交易数据库，并向客户提供证券、资金对帐服务。

在营业时间应受理客户查询。

第十四条 在营业场所，安排人员接受客户咨询。

第十五条 采取有效措施，妥善保存证券交易委托资料、证券帐户数据、交易记录等文件，保存期限不少于 15 年。

第十六条 建立客户投诉制度，妥善处理交易纠纷。

接受客户投诉和处理交易纠纷，应制作书面记录。

如交易纠纷影响正常交易的，应及时向本所报告。

第十七条 对客户的收费项目、收费标准应符合有关规定。

第十八条 在依法设立的营业场所接受客户证券买卖委托，未经允许不为非本所会员从事经纪业务提供便利。

第十九条 遵守法律、法规，不在证券经营中进行不正当竞争。

第二十条　在证券交易活动中，不采取内幕交易、操纵市场或其他违法手段获取利益或者转嫁风险。

第二十一条　不私自或者假借客户名义买卖客户帐户上的证券，不为牟取佣金收入诱使客户进行不必要的证券买卖。

第二十二条　遵守与本所业务相应的证券登记结算机构的业务规则，履行登记、结算等义务。

第三章　交易系统和通信系统技术指引

第二十三条　严格遵守证监会和本所的技术规范和要求，建立交易系统和通信系统。

第二十四条　交易系统、通讯系统的硬件配置、软件安装和数据接口应符合本所技术规范。

第二十五条　按照本所要求，及时对交易系统、通讯系统相关软件和硬件进行升级、测试。

第二十六条　交易系统、通讯系统关键设备应具有容错性，制定故障、病毒定期检测的操作制度。

交易系统、通讯系统关键设备有备品备件。

第二十七条　交易系统和通信系统的机房环境及供电系统符合相关要求。

第二十八条　遵守本所要求，安装、使用交易系统、通讯系统专用设备，不擅自接入其他网络和设备。

第二十九条　柜面系统应达到下列要求：

（一）进行证券帐户的指定及撤销；

（二）区别指定交易与一般买卖委托指令；

（三）对每一笔委托申报，实施证券和资金的前端明细核查；

（四）准确、及时反映所有出错信息，并立即作出相应处理；

（五）本所规定的其他要求。

第三十条　每个席位至少具备一种通信备份手段，并定期进行测试和演练，实现通信系统的天、地备份。

第三十一条　遵守双向卫星小站安装和使用要求，按规定及时办理无线电台执照。

第三十二条　建立交易数据、系统数据备份制度，重要数据应当异地备份。

第三十三条　参加本所组织的交易系统和通讯系统测试，并及时反馈测试结果。

测试前做好系统备份，测试后做好系统恢复，确保交易正常进行。

第三十四条　定期检查交易系统、通信系统，建立处理系统故障和异常情况的应急制度。

第四章　与证券交易相关的内部控制指引

第三十五条　加强内部管理，建立严格的内部控制制度，设立专门机构，负责内部稽核、营业部管理、资金清算及信息系统管理等工作。

第三十六条　建立交易监测、交易预警和交易反馈机制，完善相关的安全设施。

第三十七条　建立规范的自营业务、经纪业务和受托投资管理业务的分类管理管理体系和制度。

第三十八条　自营业务应符合下列要求：

（一）对自营业务进行集中管理，建立严格的授权管理制度；

（二）设置专门管理人员和专用交易终端从事自营业务；

（三）制定具体的风险控制措施，审核自营指令，并建立自营交易记录；

（四）本所规定的其他要求。

第三十九条　交易系统、通信系统的运行和维护应达到以下要求：

（一）制定严格的安全管理制度；

（二）明确业务操作、技术维护等方面的职责；

（三）技术与业务分离、前台与后台分离、网络与数据分离；

（四）及时进行业务技术检查；

（五）本所规定的其他要求。

第四十条　严格管理与证券交易相关的数据，保证数据的安全、真实和完整，严格执行计算机交易数据的授权修改程序，并坚持数据的定期查验制度。

第四十一条　加强单向卫星数据接收的加密和席位操作员密码管理，由不同人员保管数据库和操作系统的密码口令，并定期更新。

第四十二条　设立专人负责接收本所以报刊、网站、卫星、书面函件等形式发布的各类技术和业务通知，对于新的交易品种和业务变化，应及时作好技术和业务准备。

第五章　会员会籍业务和报告指引

第四十三条　遵守本所的席位管理规定，转让、出租席位必须按照有关管理规定报本所审批。

未经本所许可，不将席位以出租或承包等形式交由他人使用。

第四十四条　会员交易席位的任何变更，涉及指定交易的，应按下列规定之一处理：

（一）及时通知有关投资者办理撤销指定交易的手续；

（二）向本所申请将被变更席位的指定交易证券帐户的指定交易予以全部撤销，但必须及时通知投资者；

（三）向本所申请将被变更席位指定交易证券帐户全部转移于另一席位予以指定。

第四十五条 及时向本所报送席位共用情况，在日常交易中按《共用席位情况登记表》中约定进行交易申报。

第四十六条 加强对交易员行为的规范与管理，努力提高交易员的业务素质和职业道德。

第四十七条 指派高级管理人员担任会员代表，负责会员与本所的联络。

第四十八条 指定专门部门归口管理会籍业务、履行报告义务。

会员信息资料报送应及时、准确、完整。

第四十九条 按有关要求履行下列定期报告义务：

（一）每月前10个工作日内向本所报送上月统计报表数据；

（二）每年1月15日前报送上年未经审计年报；

（三）每年4月30日前报送上年经审计年报和本所要求的年度检查材料；

（四）本所规定的其他定期报告义务。

第五十条 有下列情况之一的，在5个工作日内向本所报告：

（一）修改章程；

（二）合并或分立；

（三）改制、增资扩股；

（四）变更业务范围；

（五）法定代表人或高级管理人员发生变更；

（六）公司前十名或持股5%以上股东变动；

（七）收购或转让营业网点；

（八）资金、财务、人事等管理制度及各类业务风险控制制度发生重大变化；

（九）发生重大担保事项；

（十）发生重大亏损、重大债权债务发生收回或支付困难；

（十一）发生证券资金交收透支；

（十二）财务指标已达证监会规定的风险预警线；

（十三）发生重大诉讼、仲裁事项；

（十四）发生重大违法、违规事件；

（十五）变更名称、住所、办公场所、营业地址、联系电话及传真；

（十六）证监会和本所规定的其他事项。

第五十一条 特别会员依据本所相关业务规则履行报告义务。

第五十二条 按规定向本所交纳席位费、交易手续费及其他费用。

第六章 附 则

第五十三条 依据本指引内容开展业务自查，并配合本所检查。

第五十四条 本指引未尽事宜，由本所修订补充。

第五十五条 本指引经本所理事会通过后生效。修改时亦同。

第五十六条 本指引由本所负责解释。

关于做好调整基金申报价格最小变动单位相关技术准备工作的通知

为适应本所基金业务的需要，经中国证监会批准，本所决定将基金申报价格最小变动单位由人民币0.01元调整为人民币0.001元。现将有关事项通知如下：

一、按照本所交易数据接口规范，DOS版DBF或NT版SQL接口都可接受基金申报价格最小变动单位人民币0.001元的申报。

二、按照本所行情数据接口规范，DOS版单向卫星或NT版新单向卫星行情接口(show128.dbf)都支持基金申报价格最小变动单位人民币0.001元的行情揭示。

三、请各会员单位严格按照本所数据接口规范要求，做好相关的技术准备工作，确保自身电脑系统能够支持基金报价最小变动单位为人民币0.001元的申报正确写入接口库，并能支持正确的行情揭示。本所将适时组织全网测试，测试事宜另行通知。

四、基金申报价格最小变动单位调整的正式实施日期，将另行通知。

五、咨询电话：本所交易运行部：021-68800030转95分机，电脑技术部：021-68802309。

特此通知。

上海证券交易所

二〇〇三年一月二十日

关于调整基金申报价格最小变动单位的通知

各会员单位：

为适应基金市场发展的需要，根据《上海、深圳证券交易所交易规则》第五十七条规定，本所决定自2003年3月3日起，将基金申报价格最小变动单位由人民币0.01元调整为人民币0.001元。请各会员单位做好相关技术准备和宣传工作。

特此通知。

上海证券交易所

二〇〇三年二月十九日

关于修订《上海证券交易所大宗交易实施细则》及大宗交易系统正式运行事项的通知

本所将于2003年8月20日起，正式使用大宗交易系统办理大宗交易业务，同时，修订了《上海证券交易所大宗交易实施细则》。现将有关事项通知如下：

一、本所会员和拥有本所专用席位的机构，如要参与大宗交易，应通过本所网站提出申请，审核通过，并取得上证所信息网络有限公司颁发的有效数字证书，方能成为本所大宗交易用户。

二、本所会员和拥有本所专用席位的机构参与大宗交易，应遵守相关的法律法规、本所业务规则和上证所信息网络有限公司有关规定，规范内部大宗交易用户的管理、使用，保证大宗交易的正常进行。

三、本所大宗交易电子系统的Internet接入网址为http://61.152.172.80；备用Internet接入网址为http://61.129.103.80。

四、大宗交易的交易时间为本所交易日的15:00-15:30，本所在上述时间内受理大宗交易申报；大宗交易用户可在交易日14:30-15:00登录本所大宗交易系统，进行开始前的准备工作，在15:30-16:00通过本所大宗交易系统操作界面获取当日成交的交易记录。

五、大宗交易当日成交的交易记录将通过本所宽带广播系统发送。

六、正式使用大宗交易系统办理大宗交易业务后，原人工办理方式停止。

七、本所会员和拥有本所专用席位的机构如在交易日前一天16:45之前办理完成注销大宗交易用户相关流程，则该交易日大宗交易系统将取消其大宗交易交易资格。

八、大宗交易有关业务要求、技术资料详见本所网站（www.sse.com.cn）“会员专区->业务支持->大宗交易->”。

九、新修订的《上海证券交易所大宗交易实施细则》自2003年8月20日起施行。

附件：上海证券交易所大宗交易实施细则

上海证券交易所

二〇〇三年八月十七日

附件：上海证券交易所大宗交易实施细则

第一条 为规范大宗交易行为，维护正常的交易秩序，根据《上海、深圳证券交易所交易规则》（以下简称“交易规则”）的有关规定，制定本细则。

第二条 在上海证券交易所（以下简称“本所”）市场进行的证券单笔买卖达到如下最低限额，可以采用大宗交易方式：

（一）A股交易数量在50万股（含）以上，或交易金额在300万元（含）人民币以上；B股交易数量在50万股（含）以上，或交易金额在30万美元（含）以上；

（二）基金交易数量在300万份（含）以上，或交易金额在300万元（含）人民币以上；

（三）债券交易数量在2万手（含）以上，或交易金额在2000万元（含）人民币以上。

（四）债券回购交易数量在5万手（含）以上，或交易金额在5000万元（含）人民币以上。

第三条 投资者进行大宗交易，应委托其办理指定交易的本所会员办理。

拥有本所专用席位的机构可通过该席位进行大宗交易。

第四条 大宗交易的交易时间为本所交易日的15:00—15:30，本所在上述时间内受理大宗交易申报。

本所交易日的15:00前仍处于停牌状态的证券，本所不受理其大宗交易的申报。

第五条 大宗交易的申报包括意向申报和成交申报。

第六条 大宗交易的意向申报应包括以下内容：

（一）证券代码；

（二）股东帐号；

（三）买卖方向；

（四）本所规定的其他内容。

意向申报中是否明确交易价格和交易数量，由申报方决定。

第七条 意向申报应当真实有效。申报方价格不明确的，视为至少愿以规定的最低价格买入或最高价格卖出；数量不明确的，视为至少愿以最低限额成交。

第八条 买方和卖方根据大宗交易的意向申报信息，就大宗交易的价格和数量等要素进行议价协商。

第九条 当意向申报被其他参与者接受（包括其他参与者报出比意向申报更优的价格）时，申报方应当至少与一个接受意向申报的参与者进行成交申报。

第十条 大宗交易的成交价格，由买方和卖方在当日最高和最低成交价格之间确定。该证券当日无成交的，以前收盘价为成交价。

第十一条 买方和卖方就大宗交易达成一致后，代表买方和卖方的会员分别通过各自席位（拥有本所专用席位的机构通过该席位）进行成交申报，成交申报应包括以下内容：

（一）证券代码；

（二）股东帐号；

（三）成交价格；

（四）成交数量；

（五）买卖方向；

（六）买卖对手方席位号；

（七）本所规定的其他内容。

买方和卖方的上述成交申报中，证券代码、成交价格和成交数量必须一致。

第十二条 大宗交易的成交申报须经本所确认。本所确认后，买方和卖方不得撤销或变更成交申报，并必须承认交易结果、履行相关的清算交收义务。

第十三条 会员应保证大宗交易投资者帐户（包括会员自营账户）实际拥有与意向申报和成交申报相对应的证券或资金。

第十四条 大宗交易的交易经手费按集中竞价交易方式下同品种证券的交易经手费率标准下浮。其中，股票、基金下浮30%，债券、债券回购下浮10%。

第十五条 大宗交易收盘后，本所在指定媒体上公布每笔大宗交易的成交量、成交价以及买卖双方所在会员营业部的名称（通过本所专用席位达成大宗交易时，为该专用席位所属机构的名称）。

第十六条 大宗交易不纳入指数计算，其成交价不作为该证券当日的收盘价，成交量在收盘后计入该证券的成交总量。

第十七条 大宗交易成交后涉及法定信息披露要求的，买卖双方应依照有关法律法规履行信息披露义务。

第十八条 根据市场需要，本所可依有关规定调整大宗交易的证券品种、最低限额、交易时间、价格限制、申报方式、申报内容、费率标准等。

第十九条 对于在大宗交易中进行虚假申报、扰乱市场秩序等违反交易规则或本细则有关规定的行为，本所将依照规定进行处罚。

第二十条 本细则未作规定的其他事项，依交易规则和本所其他有关业务规则办理。

第二十一条 本细则由本所负责解释。

第二十二条 本细则经本所理事会通过后生效，修改时亦同。

第二十三条 本细则自发布之日起执行。

深圳证券交易所证券投资基金上市规则

（1998年4月）

第一章 总 则

第一条 为维护证券市场秩序，保护投资者的合法权益，规范基金上市行为，根据法律、法规、规章的有关规定和《证券投资基金管理暂行办法》及《深圳证券交易所章程》，制定本规则。

第二条 本规则所称基金指封闭式证券投资基金。

第三条 基金在深圳证券交易所（以下简称“本所”）上市，应当遵守本规则的规定。

第四条 本所依据有关法律、法规、规章及其他有关规定和本规则对基金管理人、基金托管人及上市推荐人等进行监管。

第二章 上市申请和审核

第一节 上市推荐人

第五条 本所对基金上市实行上市推荐人制度，基金在本所申请上市，必须由一至二名上市推荐人出具上市推荐书。

第六条 上市推荐人应当是具有股票上市推荐资格的本所会员。

第七条 基金上市推荐人应当履行下列义务：

1.确认基金符合上市条件；

2.确保基金管理人了解其应当承担上市规则及上市协议所列明的责任；

3.协助基金管理人进行基金上市申请工作；

4.向本所提交上市推荐书；

5.确保上市文件真实、准确、完整，符合规定要求，文件内所载的资料均经过核实；

6.协助基金管理人与本所安排基金上市；

7.与基金管理人签订的上市推荐协议规定的其他义务；

8.本所规定上市推荐人应当履行的其他义务。

第八条 上市推荐人出具的上市推荐书应当包括下列内容：

1.基金发起人、基金管理人、基金托管人概况；

2.基金的发行情况；

3.上市推荐人与基金主要发起人、基金管理人、基金托管人的关系；

4.基金符合上市条件的说明；

5.上市推荐人认为基金发起人、基金管理人、基金托管人以及基金本身需要说明的重要事项；

6.上市推荐人需要说明的其他事项。

第二节 上市申请和审核

第九条 基金申请在本所上市应当具备下列条件：

1.基金经中国证券监督管理委员会（以下简称“中国证监会”）批准设立并公开发行；

2.基金最低募集数额不少于二亿元人民币；

3.基金的存续时间不少于五年；

4.基金管理人为经中国证监会批准设立的基金管理公司；

5.基金托管人为经中国证监会和中国人民银行批准、具有开展基金托管业务资格的商业银行；

6.基金的投资方向和投资比例符合有关规定及基金契约的要求；

7.基金管理人、基金托管人有健全的组织机构和管理制度，财务状况良好，经营行为规范；

8.基金持有人不少于1000人；

9.国家法律、法规、规章和本所规定的其他条件。

第十条 基金管理人申请基金上市，应向本所提供下列文件：

1.基金管理人、基金托管人签署的上市申请书；

2.中国证监会批准基金设立的文件；

3.上市推荐人出具的上市推荐书；

4.基金契约；

5.基金招募说明书；

6.基金托管协议；

7.中国证监会批准设立基金管理公司的文件及基金管理人营业执照复印件；

8.中国证监会和中国人民银行对基金托管人的审查批准文件及基金托管人营业执照复印件；

9.基金管理公司章程；

10.经具有从事证券相关业务资格的会计师事务所出具的基金最近三年的财务报告(新设立基金除外)；

11.基金募集资金的验资报告；

12.上市推荐人和基金管理人签订的上市推荐协议书；

13.上市公告书；

14.基金管理人指定两名代表的授权书；

15.基金已全部托管的证明文件；

16.本所要求的其他文件。

第十一条 基金管理人、上市推荐人应当保证向本所提交的文件没有虚假性陈述或者重大遗漏。

第十二条 本所对基金管理人提交的第十条所述基金上市申请文件进行审查，认为符合上市条件的，将审查意见及拟定的上市时间连同相关文件一并报中国证监会批准。

第十三条 如中国证监会对前条上市安排无异议，在本所和基金管理人、基金托管人签订《基金上市协议》，深圳证券结算公司和基金托管人签订《基金持有人登记服务合同》后，本所向基金管理人发出《上市通知书》。

第十四条 基金管理人应在基金上市日前三个工作日内将《上市公告书》刊登在至少一种中国证监会指定报刊上，并将《上市公告书》备置于基金管理人、基金托管人所在地、本所、有关证券经营机构及其网点，供公众查阅，同时报送中国证监会。

第十五条 《上市公告书》至少应包含以下内容：

1.基金概况；

2.发起人持有基金情况；

3.基金持有人总数及前十名持有人；

4.基金发起人、基金管理人及基金托管人简介；

5.基金投资组合；

6.基金契约摘要，包括基金的投资目标、投资范围、投资决策、投资组合和投资限制，基金持有人大会，基金托管人、管理人的更换条件和程序，基金资产估值，基金费用和税收，基金收益与分配，基金会计与审计，基金的信息披露，基金的终止与清算等；

7.基金的财务状况；

8.重要事项揭示；

9.备查文件。

第十六条 基金的《上市公告书》只可列示已往的经营业绩资料，但不得进行经营业绩预测。

第三章 信息披露

第一节 信息披露的基本原则

第十七条 基金管理人应当履行基金信息披露义务。

第十八条 基金管理人应委托两名授权代表负责办理基金信息披露等事宜，本所仅接受和确认授权代表办理信息披露事务。

第十九条 基金管理人应保证公开披露的信息内容真实、准确、完整，没有虚假、严重误导性陈述或重大遗漏。

第二十条 基金应当披露的信息包括定期公告和临时公告。定期公告包括基金资产净值公告、投资组合公告、年度报告和中期报告的公告，其它公告为临时公告。

第二十一条 基金公开披露的信息必须在披露前第一时间报送本所，本所对定期公告实行事后审查，对临时公告实行事前审查。

第二十二条 基金管理人在公告前应当将公告文稿传送给本所，文稿应当为中文打印件，并具有有效的签字盖章。文稿上应当写明拟公告的日期及报刊。本所在收到公告文稿后进行登记并予以书面确认。

第二十三条 本所根据有关法律、法规、规定对基金披露的信息进行形式审查，对其内容不承担责任。

第二十四条 基金的信息在公开披露前，基金管理人、基金托管人有义务将该信息的知情者控制在最小范围内。

第二十五条 基金公开披露的信息涉及财务会计、法律、资产评估等事项，应当根据有关规定，由具有从事证券业务资格的会计师事务所、律师事务所和资产评估机构等专业性机构审查验证，并出具书面意见。

第二十六条 基金公开披露的信息应当在至少一种中国证监会指定报刊上公告，在其他公共传媒披露的信息不得先于指定报刊。基金管理人不得以新闻发布或答记者问等形式代替信息披露义务。

第二十七条 一个基金会计年度内基金的信息披露事项必须固定在至少一种中国证监会指定的报刊上公告。

第二十八条 如基金信息公告有任何错误、遗漏或误导，本所有权要求基金管理人向本所作出说明并公告。

第二十九条 如果基金管理人有充分理由认为披露某一信息会损害基金持有人的利益，且该信息对其基金价格不会产生重大影响，经本所同意，可以不予公布。

第三十条 基金管理人认为披露有关的内容可能导致其违反国家有关法规的，应当在向本所报告时，陈述不宜披露的内容及理由；确有法律依据的，经本所同意，可以免于披露。

第三十一条 基金的信息达不到本规则有关披露的要求的，基金管理人可免除报告和公告义务。但本所认为有必要披露的，基金管理人或基金托管人亦应当参照本规则的有关规定办理。

第三十二条 基金管理人、基金托管人及其职员不得利用内幕消息进行内幕交易和操纵市场。

第二节 定期公告和临时公告

第三十三条 基金管理人应当在每个基金会计年度的前六个月结束后的三十日内公布中期报告,除特殊情况外,中期报告不需经会计师事务所审计。基金管理人应当在基金会计年度结束后九十日内公布年度报告,基金年度报告应经具有从事证券相关业务资格的会计师事务所审计。

基金管理人应当定期计算基金资产净值及每一基金单位资产净值,经基金托管人复核、审查后公告。基金资产净值每月应至少公告一次。

基金管理人每三个月应至少公告一次基金的投资组合。

第三十四条 基金收益分配方案应在报中国证监会备案后五个工作日内公告。

第三十五条 基金召开持有人大会，须于召开日前三十天公告,并在召开后第一时间公告持有人大会审议通过的决议。

第三十六条 基金如遇下列情况，应当向本所报告并公告：

1.基金管理人和基金托管人变更；

2.基金管理人或基金托管人的董事、监事和高级管理人员变动；

3.基金管理人或基金托管人主要业务人员一年内变更达30%以上；

4.基金所投资的公司出现重大事件；

5.重大关联事项；

6.基金管理人或基金托管人及其董事、监事和高级管理人员受到重大处罚；

7.重大诉讼、仲裁事项；

8.基金提前终止；

9.其他重大事项。

第四章 停牌、复牌与终止上市

第三十七条 基金的停复牌，原则上由基金管理人向本所申请,并说明理由、计划停牌时间和复牌时间;对于不能决定是否申请停牌的情况，应及时报告本所。

第三十八条 本所可根据实际情况或中国证监会要求，决定基金的停复牌。

第三十九条 上市基金发生下列情况，本所对基金予以例行停牌及复牌：

1.基金于交易日公布中期报告，当日上午停牌半个交易日，当日下午开市时复牌；

2.基金于交易日公布年度报告，当日上午停牌半个交易日，当日下午开市时复牌；

3.基金召开持有人大会，如会议期间与开市时间有重叠,自持有人大会召开当日起实施停牌，直至持有人大会决议公布当日下午开市时复牌(如公布日为非交易日，则公布后第一个交易日即可复牌)；

4.基金于交易日公布分红派息决议和公布实施该决议，当日上午停牌半个交易日，当日下午开市时复牌。

第四十条 上市基金发生下列情况时，本所有权对基金予以临时停牌：

1.在任何公共传播媒介中出现与基金有关的消息,可能对上市基金的交易产生较大影响,本所对上市基金实施停牌,直至基金管理人对该消息在至少一种指定报刊上作出正式公告后，当日下午开市时复牌；

2.基金出现交易异常波动，本所有权对其实施停牌，直至有关当事人作出公告后复牌。

第四十一条 基金于交易日公布临时公告的，基金管理人应向本所申请停牌,本所有权根据情况决定停复牌时间。

第四十二条 若基金管理公司信息披露不够充分、完整或可能误导公众,在本所要求下,基金管理公司拒不修改的,本所可对该基金停牌直至基金管理公司作出补充或更正公告。

第四十三条 基金管理公司延迟公布年度报告或中期报告,本所可对该基金实施停牌,直至该年度报告或中期报告公告后，当日下午开市时复牌(如果公告日为非交易日，则于公告后第一个交易日上午复牌)。

第四十四条 上市基金的管理人在基金运作和基金信息披露方面违反国家有关法律、法规、规章及交易所业务规则的规定，性质严重，被有关部门调查期间，本所在向中国证监会申请并获得批准后对被调查的基金实施停牌，待有关处理决定公告后另行决定复牌时间。

第四十五条 基金上市期间出现下列情况之一时将暂停上市：

1.基金发生重大变更而不符合上市条件；

2.违反国家法律、法规,中国证监会决定暂停其上市;

3.严重违反本上市规则；

4.中国证监会和本所认为须暂停上市的其他情况。

第四十六条 有下列情形之一的，基金应当终止上市：

1.在暂停上市期间内未能消除被暂停上市的原因;

2.基金封闭期满，未被批准续期的；

3.基金经批准提前终止的；

4.因重大违法、违规行为,基金被中国证监会责令终止的；

5.其他必须终止的原因。

第五章 收 费

第四十七条 基金在本所上市，基金管理人应按下列标准向本所缴纳上市费用：

1.上市初费：3万元；

2.上市月费：5000元；

3.上市月费应当从基金上市后的第一个月开始计算，可按月缴纳或按年预缴。

第六章 罚 则

第四十八条 基金管理人、基金托管人违反本规则规定的，本所视情节轻重给予以下处分：

1.责令改正；

2.内部批评；

3.在指定报刊上通报批评；

4.报中国证监会查处。

第七章 附 则

第四十九条 本规则由本所负责解释。

第五十条 本规则经本所理事会通过，报中国证监会批准后生效，修改时亦同。

第五十一条 本规则自公布之日起施行。

关于调整基金申报价格最小变动单位的通知

各会员单位：

根据《深圳、上海证券交易所交易规则》第五十七条规定，本所决定自2003年3月3日起将基金申报价格的最小变动单位由0.01元人民币调整为0.001元人民币。请各会员单位做好相关的技术准备工作和投资者宣传工作。

特此通知

深圳证券交易所

二〇〇三年二月一十九日

关于修订《深圳证券交易所大宗交易实施细则》及相关事项的通知

各会员单位：

我所修订了《深圳证券交易所大宗交易实施细则》，现予公布并将有关事项通知如下：

1、自2003年8月25日起我所实施新细则（见附件），原细则及《深圳证券交易所B股对敲交易暂行规则》同时废止。

2、我所大宗交易技术系统现正进行测试，具体启用时间另行通知，在此之前，我所仍采用人工受理方式办理大宗交易业务。申请文件请查阅深交所网站（www.sse.org.cn）。

3、我所会员管理部负责受理大宗交易业务申请，联系电话：（0755）82083503。

特此通知。

附件一：《深圳证券交易所大宗交易实施细则》

深圳证券交易所

二〇〇三年八月二十五日

附件：深圳证券交易所大宗交易实施细则

第一条 为完善市场交易制度，方便投资者进行上市证券的大宗交易，根据《深圳、上海证券交易所交易规则》（以下简称“交易规则”）的有关规定，制定本细则。

第二条 大宗交易是指达到本细则第四条规定的最低限额的证券单笔买卖申报，买卖双方达成一致后本所确认成交的证券交易。

第三条 大宗交易适用于在深圳证券交易所（以下简称“本所”）上市的A股、B股、基金、债券和债券回购的交易。

第四条 在本所进行证券买卖符合以下条件的，可以采用大宗交易方式：

（一）A股单笔交易数量不低于50万股，或者交易金额不低于300万元人民币；

（二）B股单笔交易数量不低于5万股，或者交易金额不低于30万元港币；

（三）基金单笔交易数量不低于300万份，或者交易金额不低于300万元人民币；

（四）债券单笔交易数量不低于2万张（以人民币100元面额为1张），或者交易金额不低于200万元人民币；

（五）债券回购单笔交易数量不低于5万张（以人民币100元面额为1张），或者交易金额不低于500万元人民币。

第五条 大宗交易在本所正常交易日的15:00—15:30进行。当日全天停牌的证券，本所不受理其大宗交易的申报。

第六条 大宗交易的意向报价和成交申报以席位报盘的方式进入交易主机。

第七条 大宗交易的意向报价指令应包括以下内容：

（一）证券代码；

（二）证券帐号；

（三）买卖方向；

（四）本方席位号。

第八条 意向报价是否明确交易价格和交易数量由报价方自行决定。对于不明确价格的，报价方应当明确表示愿意以规定的最低价格买入或者愿意以规定的最高价格卖出；对于不明确数量的，报价方应当明确表示愿意以规定的最低限额成交。

第九条 意向报价被其他参与者接受的，报价方应当至少与一个接受意向报价的对手方进行交易。

第十条 大宗交易的成交价格，由买卖双方在当日已成交的最高和最低成交价格之间确定。该证券当日无成交的，以前收盘价为成交价。

第十一条 买卖双方的成交申报分别通过各自委托会员的席位进行。成交申报应包括以下内容：

（一）证券代码；

（二）证券帐号；

（三）交易价格；

（四）交易数量；

（五）买卖方向；

（六）买卖对手方席位号。

买卖双方输入交易系统的每笔大宗交易成交申报，其交易价格和数量必须一致。

第十二条 大宗交易成交申报经本所交易系统确认后，不得撤销或变更。买卖双方必须承认交易结果，并履行相应的清算交收义务。

第十三条 会员应当保证大宗交易参与者实际拥有与报价和申报数量相对应的证券或资金。

第十四条 A股大宗交易的交易经手费按集中竞价交易方式下A股交易经手费率标准下浮30%收取；B股、基金大宗交易的交易经手费按集中竞价交易方式下同品种的费率标准下浮50%收取；债券、债券回购的交易经手费率标准维持不变。

第十五条 大宗交易收盘后，本所通过交易所公告的形式，公布大宗交易的证券名称、成交量、成交价以及买卖双方所在会员营业部或席位的名称。

第十六条 大宗交易成交后达到信息披露要求的，有关大宗交易参与者应当依照相关法律法规及本所业务规则履行信息披露义务。

第十七条 大宗交易收盘后，本所将大宗交易的成交量和成交金额纳入相关证券当日总成交量和总成交金额的统计。

第十八条 大宗交易不纳入本所即时行情及指数的计算。

第十九条 对于通过大宗交易进行虚假报价、扰乱市场秩序等违反本细则或交易规则的行为，本所将依照有关规定进行处理。

第二十条 本细则未明确规定的事项，依照交易规则和本所其他相关业务规则办理。

第二十一条 本细则由本所负责解释。

第二十二条 本细则自发布之日起执行。

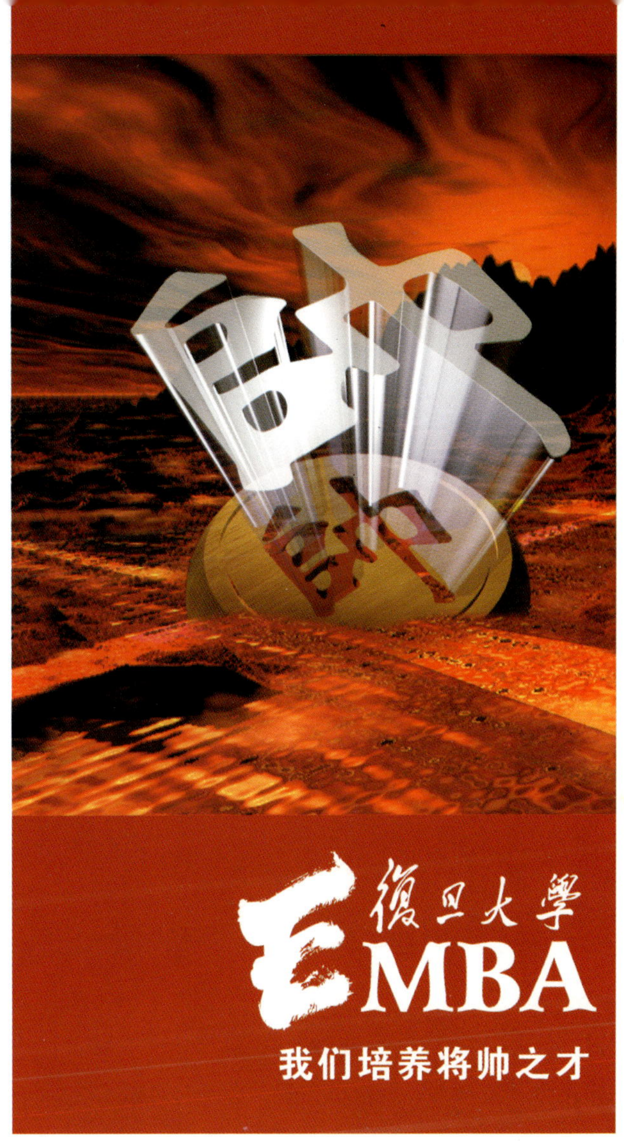

第五篇 基金市场统计

ALMANAC OF CHINA'S SECURITIES INVESTMENT FUNDS

第一章

基金业数据统计

第二章

封闭式基金数据统计

第三章

开放式基金数据统计

第一章 基金业数据统计

说明：

1、所有数据截止日期至2003年12月31日；

2、汇总数据由于四舍五入而存在微小误差；

3、系列基金子基金被视为独立基金进行统计；

4、数据来源中国人民银行研究生部基金研究中心。

中国证券投资基金数量与净资产一览表

年 度	封闭式基金数量(只)	封闭式基金净值(亿元)	开放式基金数量(只)	开放式基金净值(亿元)	基金总数(只)	基金总净值(亿元)
1998年	5	107.42	—	—	5	107.42
1999年	23	576.85	—	—	23	576.85
2000年	41	869.8	—	—	41	869.8
2001年	49	702.55	3	118.03	52	820.58
2002年	54	717.08	17	468.50	71	1185.58
2003年	54	861.99	56	853.62	110	1715.61

中国证券投资基金历年管理费收入

（单位：亿元）

年 度	封闭式基金	开放式基金	合 计
1998年	1.62	—	1.62
1999年	6.78	—	6.78
2000年	11.06	—	11.06
2001年	10.60	0.34	10.94
2002年	10.91	3.36	14.27
2003年	11.58	7.74	19.32
总 计	52.55	11.44	63.99

中国证券投资基金历年托管费收入

（单位：亿元）

年 度	封闭式基金	开放式基金	合 计
1998年	0.16	—	0.16
1999年	0.77	—	0.77
2000年	1.87	—	1.87
2001年	1.83	0.06	1.89
2002年	1.87	0.58	2.45
2003年	1.97	1.40	3.37
总 计	8.47	2.04	10.51

基金管理公司管理资产规模一览表

序号	基金管理人	封闭式基金数量（只）	封闭式基金资产（亿元）	开放式基金数量（只）	开放式基金资产（亿元）	管理基金总数（只）	管理基金总资产（亿元）
1	华夏基金管理公司	5	75.26	3	86.77	8	162.03
2	南方基金管理公司	4	66.15	3	94.98	7	161.13
3	博时基金管理公司	5	82.93	2	70.11	7	153.04
4	华安基金管理公司	4	63.09	3	84.20	7	147.29
5	易方达基金管理公司	4	62.91	2	44.81	6	107.72
6	国泰基金管理公司	4	62.83	3	41.03	7	103.86
7	富国基金管理公司	4	56.89	2	39.54	6	96.43
8	大成基金管理公司	5	72.13	2	21.10	7	93.23
9	嘉实基金管理公司	2	52.90	4	35.49	6	88.40
10	鹏华基金管理公司	4	59.66	3	28.29	7	87.95
11	长盛基金管理公司	4	63.00	2	18.08	6	81.08
12	融通基金管理公司	2	25.40	4	34.86	6	60.26
13	银河基金管理公司	1	33.76	2	14.83	3	48.59
14	长城基金管理公司	2	27.06	1	13.31	3	40.38
15	银华基金管理公司	1	22.93	1	11.54	2	34.47
16	华宝兴业基金管理公司	—	—	3	33.96	3	33.96
17	招商基金管理公司	—	—	3	33.55	3	33.55
18	广发基金管理公司	—	—	1	31.32	1	31.32
19	宝盈基金管理公司	2	24.74	1	5.64	3	30.38
20	国联安基金管理公司	—	—	1	27.82	1	27.82
21	中融基金管理公司	1	10.35	1	11.28	2	21.63
22	海富通基金管理公司	—	—	1	20.72	1	20.72
23	景顺长城基金管理公司	—	—	3	16.62	3	16.62
24	湘财荷银基金管理公司	—	—	3	14.27	3	14.27
25	天同基金管理公司	—	—	1	11.77	1	11.77
26	金鹰基金管理公司	—	—	1	7.73	1	7.73
合 计		54	861.99	56	853.62	110	1715.61

托管银行托管资产规模一览表

序号	托管银行	托管封闭式基金数量（只）	托管封闭式基金资产（亿元）	托管开放式基金数量（只）	托管开放式基金资产（亿元）	托管基金总数（只）	托管基金总资产（亿元）
1	中国工商银行	16	221.59	12	277.39	28	498.98
2	中国建设银行	11	192.28	8	161.84	19	354.11
3	中国农业银行	13	234.51	8	76.25	21	310.76
4	交通银行	10	155.04	9	104.95	19	259.99
5	中国银行	4	58.57	13	162.66	17	221.23
6	招商银行	—	—	3	33.55	3	33.55
7	上海浦东发展银行	—	—	2	25.72	2	25.72
8	中国光大银行	—	—	1	11.28	1	11.28
合 计		54	861.99	56	853.62	110	1715.61

中国证券投资基金历年股票市值

（单位：亿元）

年 度	封闭式基金	开放式基金	合 计
1998年	69.90	—	69.90
1999年	331.22	—	331.22
2000年	620.54	—	620.54
2001年	342.36	18.59	360.95
2002年	407.83	162.36	570.19
2003年	637.05	390.34	1027.39

中国证券投资基金历年股票交易量

（单位：亿元）

年 度	封闭式基金	开放式基金	合 计
1998年	216.39	0.00	216.39
1999年	1036.90	0.00	1036.90
2000年	2091.65	0.00	2091.65
2001年	1161.15	25.91	1187.06
2002年	1384.32	386.16	1770.48
2003年	2066.65	1312.77	3379.41
总 计	7957.05	1724.85	9681.90

中国证券投资基金历年分配金额

（单位：亿元）

年 度	封闭式基金	开放式基金	合 计
1999年	3.28	—	3.28
2000年	52.72	—	52.72
2001年	164.75	—	164.75
2002年	25.22	3.30	28.52
2003年	1.20	17.07	18.27

第二章 封闭式基金数据统计

封闭式证券投资基金基本情况一览表

基金代码	基金简称	基金公司	托管银行	上市地点	设立时间	上市时间	到期时间	规模(亿份)	投资风格	投资方向
500001	基金金泰	国泰	工行	上海	1998-03-27	1998-04-07	2013-03-27	20	成长	全市场
184688	基金开元	南方	工行	深圳	1998-03-27	1998-04-07	2013-03-27	20	成长	全市场
500008	基金兴华	华夏	建行	上海	1998-04-28	1998-05-08	2013-04-28	20	成长	全市场
500003	基金安信	华安	工行	上海	1998-06-22	1998-06-26	2013-06-22	20	成长	全市场
500006	基金裕阳	博时	农行	上海	1998-07-25	1998-07-30	2013-07-25	20	成长	全市场
184689	基金普惠	鹏华	交行	深圳	1999-01-06	1999-01-27	2014-01-06	20	成长	全市场
500002	基金泰和	嘉实	建行	上海	1999-04-08	1999-04-20	2014-04-07	20	成长	全市场
184690	基金同益	长盛	工行	深圳	1999-04-08	1999-04-21	2014-04-08	20	成长	全市场
184691	基金景宏	大成	中行	深圳	1999-05-04	1999-05-18	2014-05-05	20	成长	全市场
500005	基金汉盛	富国	农行	上海	1999-05-10	1999-05-18	2014-05-17	20	成长	全市场
500009	基金安顺	华安	交行	上海	1999-06-15	1999-06-22	2014-06-14	30	平衡	全市场
184692	基金裕隆	博时	农行	深圳	1999-06-15	1999-06-24	2014-06-14	30	成长	全市场
500018	基金兴和	华夏	建行	上海	1999-07-14	1999-07-30	2014-07-13	30	优化指数	沪市综指
184693	基金普丰	鹏华	工行	深圳	1999-07-14	1999-07-30	2014-07-14	30	优化指数	深A综指
184698	基金天元	南方	工行	深圳	1999-08-25	1999-09-20	2014-08-25	30	成长	深沪成指
500016	基金裕元	博时	工行	上海	1999-09-17	1999-10-28	2007-05-31	15	积极成长	资产重组
500011	基金金鑫	国泰	建行	上海	1999-10-21	1999-11-26	2014-10-20	30	成长	国有企业
184699	基金同盛	长盛	中行	深圳	1999-11-05	1999-11-26	2014-11-05	30	平衡	全市场
184696	基金裕华	博时	交行	深圳	1999-11-10	2000-04-24	2007-12-31	5	成长	创新公司
500007	基金景阳	大成	农行	上海	1999-11-12	1999-11-15	2014-11-11	10	积极成长	中小企业
184695	基金景博	大成	农行	深圳	1999-11-12	1999-11-15	2007-06-30	10	积极成长	中小企业
500015	基金汉兴	富国	交行	上海	1999-12-30	2000-01-10	2014-12-30	30	平衡	全市场
184701	基金景福	大成	农行	深圳	1999-12-30	2000-01-10	2014-12-30	30	优化指数	上证A指
184702	基金同智	长盛	中行	深圳	2000-03-08	2000-05-15	2007-03-13	5	成长	全市场
184705	基金裕泽	博时	工行	深圳	2000-03-27	2000-05-17	2011-05-31	5	成长	科技公司
500010	基金金元	南方	工行	上海	2000-03-28	2000-07-11	2007-05-27	5	积极成长	高新产业
184708	基金兴科	华夏	交行	深圳	2000-04-08	2000-07-18	2007-05-30	5	积极成长	全市场
184703	基金金盛	国泰	建行	深圳	2000-04-26	2000-06-30	2009-11-30	5	成长	新兴产业

基金代码	基金简称	基金公司	托管银行	上市地点	设立时间	上市时间	到期时间	规模(亿份)	投资风格	投资方向
500021	基金金鼎	国泰	建行	上海	2000-05-16	2000-08-04	2007-05-31	5	成长	朝阳产业
500025	基金汉鼎	富国	工行	上海	2000-06-30	2000-08-17	2008-12-31	5	成长	信息产业
184709	基金安久	华安	交行	深圳	2000-07-04	2001-08-31	2007-08-30	5	积极成长	信息产业
500035	基金汉博	富国	建行	上海	2000-07-12	2000-10-17	2007-05-29	5	成长	新兴产业
500013	基金安瑞	华安	工行	上海	2000-07-18	2001-08-30	2007-04-28	5	积极成长	小型公司
184718	基金兴安	华夏	中行	深圳	2000-07-20	2000-09-20	2007-12-29	5	积极成长	全市场
184706	基金天华	银华	农行	深圳	2000-07-21	2001-08-08	2009-07-11	25	成长	全市场
184710	基金隆元	南方	工行	深圳	2000-07-24	2000-10-18	2007-12-29	5	成长	创新公司
500019	基金普润	鹏华	工行	上海	2000-08-08	2001-09-04	2007-05-08	5	积极成长	中小企业
500017	基金景业	大成	农行	上海	2000-08-15	2001-12-19	2007-03-30	5	成长	全市场
500028	基金兴业	华夏	农行	上海	2000-08-18	2001-07-27	2006-11-14	5	积极成长	全市场
500039	基金同德	长盛	农行	上海	2000-10-20	2001-08-01	2007-11-30	5	成长	全市场
184711	基金普华	鹏华	工行	深圳	2000-11-06	2001-08-28	2007-05-28	5	积极成长	科技公司
500029	基金科讯	易方达	交行	上海	2001-04-20	2001-06-20	2008-01-11	8	成长	全市场
184712	基金科汇	易方达	交行	深圳	2001-04-20	2001-06-20	2008-12-13	8	成长	全市场
184713	基金科翔	易方达	工行	深圳	2001-04-20	2001-06-20	2008-12-13	8	积极成长	新兴产业
184738	基金通宝	融通	建行	深圳	2001-05-16	2001-09-06	2007-05-30	5	积极成长	全市场
184700	基金鸿飞	宝盈	建行	深圳	2001-05-18	2001-11-28	2008-04-14	5	积极成长	全市场
500038	基金通乾	融通	建行	上海	2001-08-29	2001-09-21	2016-08-28	20	平衡	全市场
184728	基金鸿阳	宝盈	农行	深圳	2001-12-10	2001-12-18	2016-12-09	20	平衡	全市场
184720	基金久富	长城	交行	深圳	2001-12-18	2002-04-18	2007-05-20	5	价值	全市场
500056	基金科瑞	易方达	交行	上海	2002-03-12	2002-03-20	2017-03-12	30	价值	全市场
184721	基金丰和	嘉实	农行	深圳	2002-03-22	2002-04-04	2017-03-22	30	价值	全市场
184719	基金融鑫	中融	工行	深圳	2002-06-13	2002-09-02	2008-02-04	8	成长	全市场
184722	基金久嘉	长城	农行	深圳	2002-07-05	2002-08-27	2017-07-05	20	平衡	全市场
500058	基金银丰	银河	建行	上海	2002-08-15	2002-09-10	2017-08-14	30	平衡	全市场

封闭式证券投资基金最近三年净值增长率一览表

基金代码	基金简称	管理公司	设立时间	上市时间	发行规模(亿)	2001年净值增长率	排名	2002年净值增长率	排名	2003年净值增长率	排名
184688	基金开元	南方	1998-03-27	1998-04-07	20	-22.84%	39	-7.06%	4	19.59%	31
500001	基金金泰	国泰	1998-03-27	1998-04-07	20	-17.37%	30	-14.52%	40	21.89%	26
500008	基金兴华	华夏	1998-04-28	1998-05-08	20	-3.84%	4	-2.63%	1	31.34%	4
500003	基金安信	华安	1998-06-22	1998-06-26	20	-10.00%	15	-10.28%	19	16.48%	40
500006	基金裕阳	博时	1998-07-25	1998-07-30	20	-20.40%	37	-11.70%	27	23.37%	20
184689	基金普惠	鹏华	1999-01-06	1999-01-27	20	-17.97%	33	-11.56%	25	18.32%	35
184690	基金同益	长盛	1999-04-08	1999-04-21	20	-10.42%	16	-12.76%	31	24.63%	15
500002	基金泰和	嘉实	1999-04-08	1999-04-20	20	-9.49%	12	-7.36%	5	22.17%	24
184691	基金景宏	大成	1999-05-05	1999-05-18	20	-26.01%	40	-15.21%	42	22.27%	23
500005	基金汉盛	富国	1999-05-10	1999-05-18	20	-18.81%	34	-17.15%	47	23.81%	18
184692	基金裕隆	博时	1999-06-15	1999-06-24	30	-17.24%	29	-11.73%	28	23.88%	17
500009	基金安顺	华安	1999-06-15	1999-06-22	30	-8.33%	9	-9.12%	15	12.08%	49
184693	基金普丰	鹏华	1999-07-14	1999-07-30	30	-16.03%	27	-12.86%	33	14.09%	47
500018	基金兴和	华夏	1999-07-14	1999-07-30	30	-7.44%	7	-8.17%	9	22.47%	22
184698	基金天元	南方	1999-08-25	1999-09-20	30	-19.40%	35	-8.84%	12	26.41%	10
500016	基金裕元	博时	1999-09-17	1999-10-28	15	-13.23%	19	-8.25%	10	27.63%	9
500011	基金金鑫	国泰	1999-10-21	1999-11-26	30	-15.46%	24	-10.34%	20	16.96%	38
184699	基金同盛	长盛	1999-11-05	1999-11-26	30	-9.89%	14	-13.00%	34	16.11%	43
184696	基金裕华	博时	1999-11-10	2000-04-24	5	-9.65%	13	-8.90%	13	23.61%	19
184695	基金景博	大成	1999-11-12	1999-11-15	10	-16.75%	28	-12.79%	32	14.32%	46
500007	基金景阳	大成	1999-11-12	1999-11-15	10	-15.09%	23	-7.98%	7	16.21%	41
184701	基金景福	大成	1999-12-30	2000-01-10	30	-19.99%	36	-12.18%	30	17.81%	36
500015	基金汉兴	富国	1999-12-30	2000-01-10	30	-22.28%	38	-17.93%	48	19.05%	33
184702	基金同智	长盛	2000-03-08	2000-05-15	5	-5.38%	5	-11.74%	29	13.72%	48
184705	基金裕泽	博时	2000-03-27	2000-05-17	5	-14.16%	21	-9.63%	16	30.69%	6
500010	基金金元	南方	2000-03-28	2000-07-11	5	-17.46%	31	-13.11%	36	25.87%	12
184708	基金兴科	华夏	2000-04-08	2000-07-18	5	-8.46%	10	-10.59%	21	31.50%	3
184703	基金金盛	国泰	2000-04-26	2000-06-30	5	-16.00%	26	-8.46%	11	31.12%	5
500021	基金金鼎	国泰	2000-05-16	2000-08-04	5	-13.69%	20	-15.65%	44	25.64%	13
500025	基金汉鼎	富国	2000-06-30	2000-08-17	5	-14.21%	22	-17.94%	49	18.42%	34
184709	基金安久	华安	2000-07-04	2001-08-31	5	-0.95%	2	-9.85%	18	19.52%	32
500035	基金汉博	富国	2000-07-12	2000-10-17	5	-9.01%	11	-15.90%	45	15.07%	45

基金代码	基金简称	管理公司	设立时间	上市时间	发行规模(亿)	2001年净值增长率	排名	2002年净值增长率	排名	2003年净值增长率	排名
500013	基金安瑞	华安	2000-07-18	2001-08-30	5	14.39%	1	-9.10%	14	-0.64%	54
184718	基金兴安	华夏	2000-07-20	2000-09-20	5	-12.46%	18	-11.59%	26	26.23%	11
184706	基金天华	银华	2000-07-21	2001-08-08	25	-17.84%	32	-10.70%	22	10.35%	51
184710	基金隆元	南方	2000-07-24	2000-10-18	5	-15.77%	25	-13.03%	35	23.37%	21
500019	基金普润	鹏华	2000-08-08	2001-09-04	5	-7.62%	8	-15.00%	41	11.78%	50
500017	基金景业	大成	2000-08-15	2001-12-19	5	-26.27%	41	-6.95%	3	20.07%	29
500028	基金兴业	华夏	2000-08-18	2001-07-27	5	-12.07%	17	-8.05%	8	16.61%	39
500039	基金同德	长盛	2000-10-20	2001-08-01	5	-3.55%	3	-11.32%	24	16.15%	42
184711	基金普华	鹏华	2000-11-06	2001-08-28	5	-7.39%	6	-15.32%	43	6.44%	53
184712	基金科汇	易方达	2001-04-20	2001-06-20	8	—	—	-7.75%	6	31.81%	2
184713	基金科翔	易方达	2001-04-20	2001-06-20	8	—	—	-6.53%	2	32.75%	1
500029	基金科讯	易方达	2001-04-20	2001-06-20	8	—	—	-9.64%	17	28.88%	8
184738	基金通宝	融通	2001-05-16	2001-09-06	5	—	—	-13.18%	37	7.78%	52
184700	基金鸿飞	宝盈	2001-05-18	2001-11-28	5	—	—	-15.92%	46	25.29%	14
500038	基金通乾	融通	2001-08-29	2001-09-21	20	—	—	-11.18%	23	20.90%	27
184728	基金鸿阳	宝盈	2001-12-10	2001-12-18	20	—	—	-14.41%	39	15.95%	44
184720	基金久富	长城	2001-12-18	2001-12-18	5	—	—	-14.36%	38	20.62%	28
500056	基金科瑞	易方达	2002-03-12	2002-03-20	30	—	—	—	—	24.47%	16
184721	基金丰和	嘉实	2002-03-22	2002-04-04	30	—	—	—	—	17.52%	37
184719	基金融鑫	中融	2002-06-13	2002-09-02	8	—	—	—	—	30.31%	7
184722	基金久嘉	长城	2002-07-05	2002-08-27	20	—	—	—	—	20.06%	30
500058	基金银丰	银河	2002-08-15	2002-09-10	30	—	—	—	—	21.92%	25

封闭式证券投资基金历年分红一览表

分红年度	基金简称	单位分配(元/单位)	分红金额(亿元)	权益登记日	除息日	派息日
1999年	基金安信	0.0420	0.8400	1999-04-05	1999-04-06	1999-04-07
	基金金泰	0.0490	0.9800	1999-04-05	1999-04-06	1999-04-07
	基金开元	0.0300	0.6000	1999-04-05	1999-04-06	1999-04-12
	基金兴华	0.0220	0.4400	1999-04-05	1999-04-06	1999-04-07
	基金裕阳	0.0210	0.4200	1999-04-05	1999-04-06	1999-04-07
2000年	基金安顺	0.0350	1.0500	2000-04-06	2000-04-07	2000-04-10
	基金安信	0.3200	6.4000	2000-03-20	2000-03-21	2000-03-22
	基金汉盛	0.1500	3.0000	2000-04-03	2000-04-04	2000-04-05
	基金金泰	0.1900	3.8000	2000-04-10	2000-04-11	2000-04-12
	基金景博	0.0540	0.5400	2000-04-13	2000-04-14	2000-04-17
	基金景宏	0.1750	3.5000	2000-04-04	2000-04-05	2000-04-06
	基金景阳	0.0280	0.2800	2000-04-13	2000-04-14	2000-04-17
	基金开元	0.2750	5.5000	2000-04-03	2000-04-04	2000-04-05
	基金普惠	0.2320	4.6400	2000-04-05	2000-04-06	2000-04-07
	基金泰和	0.0220	0.4400	2000-03-24	2000-03-27	2000-03-28
	基金同益	0.1670	3.3400	2000-03-30	2000-03-31	2000-04-03
	基金兴华	0.4060	8.1200	2000-04-06	2000-04-07	2000-04-10
	基金裕隆	0.0490	1.4700	2000-04-06	2000-04-07	2000-04-10
	基金裕阳	0.3900	7.8000	2000-04-05	2000-04-06	2000-04-07
	基金裕元	0.0160	0.2505	2000-04-06	2000-04-07	2000-04-10
	基金泰和	0.1300	2.6000	2000-09-01	2000-09-04	2000-09-05
2001年	基金安顺	0.3200	9.6000	2001-04-05	2001-04-06	2001-04-11
	基金安信	0.5750	11.5000	2001-04-05	2001-04-06	2001-04-11
	基金汉博	0.0100	0.0500	2001-04-05	2001-04-06	2001-04-11
	基金汉鼎	0.0060	0.0300	2001-04-05	2001-04-06	2001-04-11
	基金汉盛	0.3300	6.6000	2001-04-05	2001-04-06	2001-04-11
	基金汉兴	0.1700	5.1000	2001-04-05	2001-04-06	2001-04-11
	基金金鼎	0.0340	0.1700	2001-04-06	2001-04-09	2001-04-12
	基金金盛	0.0740	0.3700	2001-04-04	2001-04-05	2001-04-06
	基金金泰	0.4250	8.5000	2001-04-06	2001-04-09	2001-04-12
	基金金鑫	0.2040	6.1200	2001-04-06	2001-04-09	2001-04-12
	基金金元	0.0310	0.1550	2001-04-05	2001-04-06	2001-04-11
	基金景博	0.1850	1.8500	2001-04-06	2001-04-09	2001-04-10
	基金景福	0.1640	4.9200	2001-04-06	2001-04-09	2001-04-10
	基金景宏	0.2950	5.9000	2001-04-06	2001-04-09	2001-04-10
	基金景阳	0.2650	2.6500	2001-04-06	2001-04-09	2001-04-11
	基金开元	0.5300	10.6000	2001-04-04	2001-04-05	2001-04-06
	基金普丰	0.2810	8.4300	2001-04-09	2001-04-10	2001-04-11
	基金普惠	0.4200	8.4000	2001-04-09	2001-04-10	2001-04-11
	基金泰和	0.1470	2.9400	2001-04-09	2001-04-10	2001-04-13

分红年度	基金简称	单位分配(元/单位)	分红金额(亿元)	权益登记日	除息日	派息日
2001年	基金天元	0.3000	9.0000	2001-04-04	2001-04-05	2001-04-06
	基金同盛	0.2164	6.4920	2001-04-09	2001-04-10	2001-04-11
	基金同益	0.4515	9.0300	2001-04-09	2001-04-10	2001-04-11
	基金同智	0.0461	0.2305	2001-04-09	2001-04-10	2001-04-11
	基金兴安	0.0060	0.0300	2001-04-06	2001-04-09	2001-04-10
	基金兴和	0.2510	7.5300	2001-04-05	2001-04-06	2001-04-11
	基金兴华	0.3850	7.7000	2001-04-05	2001-04-06	2001-04-11
	基金兴科	0.0480	0.2400	2001-04-06	2001-04-09	2001-04-10
	基金裕华	0.0850	0.4250	2001-04-05	2001-04-06	2001-04-09
	基金裕隆	0.3400	10.2000	2001-04-05	2001-04-06	2001-04-09
	基金裕阳	0.4850	9.7000	2001-04-05	2001-04-06	2001-04-11
	基金裕元	0.3480	5.2200	2001-04-05	2001-04-06	2001-04-11
	基金裕泽	0.1100	0.5500	2001-04-05	2001-04-06	2001-04-09
	基金泰和	0.2260	4.5200	2001-09-06	2001-09-07	2001-09-13
2002年	基金安瑞	0.0700	0.3500	2002-04-04	2002-04-05	2002-04-11
	基金安顺	0.1100	3.3000	2002-04-04	2002-04-05	2002-04-11
	基金安信	0.2300	4.6000	2002-04-04	2002-04-05	2002-04-11
	基金汉盛	0.0030	0.0600	2002-04-04	2002-04-05	2002-04-10
	基金鸿阳	0.0015	0.0300	2002-04-04	2002-04-05	2002-04-05
	基金金泰	0.0160	0.3200	2002-04-04	2002-04-05	2002-04-11
	基金金鑫	0.0680	2.0400	2002-04-04	2002-04-05	2002-04-11
	基金景博	0.0190	0.1900	2002-04-05	2002-04-08	2002-04-08
	基金开元	0.0140	0.2800	2002-04-04	2002-04-05	2002-04-05
	基金科汇	0.0015	0.0120	2002-04-04	2002-04-05	2002-04-05
	基金普惠	0.0100	0.2000	2002-04-04	2002-04-05	2002-04-05
	基金天元	0.0250	0.7500	2002-04-04	2002-04-05	2002-04-05
	基金同盛	0.0761	2.2830	2002-04-05	2002-04-08	2002-04-08
	基金同益	0.1955	3.9100	2002-04-05	2002-04-08	2002-04-08
	基金同智	0.0568	0.2840	2002-04-05	2002-04-08	2002-04-08
	基金兴和	0.0760	2.2800	2002-04-05	2002-04-08	2002-04-12
	基金兴华	0.0910	1.8200	2002-04-05	2002-04-08	2002-04-12
	基金裕华	0.0043	0.0215	2002-04-03	2002-04-04	2002-04-04
	基金裕阳	0.0070	0.1400	2002-04-04	2002-04-05	2002-04-10
	基金裕元	0.0360	0.5400	2002-04-04	2002-04-05	2002-04-10
	基金通乾	0.0300	0.6000	2002-08-20	2002-08-21	2002-08-28
	基金丰和	0.0150	0.4500	2002-08-30	2002-09-02	2002-09-02
	基金科瑞	0.0120	0.3600	2002-09-04	2002-09-05	2002-09-12
	基金鸿阳	0.0200	0.4000	2002-09-05	2002-09-06	2002-09-06
2003年	基金银丰	0.2000	0.6000	2003-06-23	2003-06-24	2003-06-30
	基金银丰	0.2000	0.6000	2003-12-19	2003-12-22	2003-12-26

封闭式证券投资基金折价率一览表

时 间	加权平均折价率	等权平均折价率	5亿规模 基金平均折价率	20亿规模 基金平均折价率	30亿规模 基金平均折价率
1998-04-30	98.23%	98.21%	—	98.21%	—
1998-05-29	95.91%	95.89%	—	95.89%	—
1998-06-30	64.16%	64.16%	—	64.16%	—
1998-07-31	41.53%	41.50%	—	41.50%	—
1998-08-31	28.42%	28.42%	—	28.42%	—
1998-09-30	30.80%	30.80%	—	30.80%	—
1998-10-09	27.36%	27.36%	—	27.36%	—
1998-10-16	25.90%	25.89%	—	25.89%	—
1998-10-23	24.12%	24.12%	—	24.12%	—
1998-10-30	22.31%	22.30%	—	22.30%	—
1998-11-06	22.86%	22.85%	—	22.85%	—
1998-11-13	21.36%	21.35%	—	21.35%	—
1998-11-20	21.93%	21.92%	—	21.92%	—
1998-11-27	23.94%	23.95%	—	23.95%	—
1998-12-04	23.44%	23.44%	—	23.44%	—
1998-12-11	22.96%	22.96%	—	22.96%	—
1998-12-18	21.65%	21.65%	—	21.65%	—
1998-12-25	17.70%	17.71%	—	17.71%	—
1998-12-31	11.48%	11.50%	—	11.50%	—
1999-01-08	12.78%	12.79%	—	12.79%	—
1999-01-15	10.67%	10.66%	—	10.66%	—
1999-01-22	9.28%	9.27%	—	9.27%	—
1999-01-29	10.75%	10.75%	—	10.75%	—
1999-02-05	7.24%	7.23%	—	7.23%	—
1999-03-05	8.02%	8.02%	—	8.02%	—
1999-03-12	7.52%	7.53%	—	7.53%	—
1999-03-19	6.25%	6.26%	—	6.26%	—
1999-03-26	8.66%	8.66%	—	8.66%	—
1999-04-02	8.57%	8.56%	—	8.56%	—
1999-04-09	5.64%	5.67%	—	5.67%	—
1999-04-16	6.10%	6.13%	—	6.13%	—
1999-04-23	3.98%	4.01%	—	4.01%	—
1999-04-30	1.30%	1.34%	—	1.34%	—
1999-05-07	−0.22%	−0.19%	—	−0.19%	—
1999-05-14	0.61%	0.63%	—	0.63%	—
1999-05-21	−0.47%	−0.44%	—	−0.44%	—
1999-05-28	2.66%	2.75%	—	2.75%	—
1999-06-04	−2.01%	−1.91%	—	−1.91%	—

时 间	加权平均折价率	等权平均折价率	5亿规模基金平均折价率	20亿规模基金平均折价率	30亿规模基金平均折价率
1999-06-11	-5.30%	-5.17%	—	-5.17%	—
1999-06-18	-3.24%	-3.27%	—	-3.27%	—
1999-06-25	-3.06%	-3.26%	—	-5.09%	5.88%
1999-07-02	8.66%	8.29%	—	5.47%	22.39%
1999-07-09	1.09%	1.14%	—	-0.88%	11.24%
1999-07-16	2.21%	2.00%	—	-0.51%	14.57%
1999-07-23	0.13%	-0.11%	—	-2.09%	9.79%
1999-07-30	-1.23%	-1.39%	—	-3.25%	7.93%
1999-08-06	-0.34%	-0.54%	—	-4.72%	9.89%
1999-08-13	-1.44%	-1.65%	—	-6.07%	9.40%
1999-08-20	-3.15%	-3.38%	—	-7.27%	6.34%
1999-08-27	-3.66%	-3.86%	—	-7.53%	5.31%
1999-09-03	-4.20%	-4.37%	—	-8.34%	5.55%
1999-09-10	-5.15%	-5.36%	—	-8.89%	3.47%
1999-09-17	-1.87%	-1.93%	—	-4.52%	4.54%
1999-09-24	-3.15%	-3.32%	—	-7.27%	4.57%
1999-10-08	-3.28%	-3.45%	—	-7.51%	4.68%
1999-10-15	-2.43%	-2.58%	—	-6.36%	4.97%
1999-10-22	-0.80%	-1.01%	—	-4.80%	6.57%
1999-10-29	0.99%	0.71%	—	-3.75%	9.64%
1999-11-05	1.28%	1.09%	—	-2.82%	8.90%
1999-11-12	-3.16%	-3.35%	—	-7.12%	4.19%
1999-11-19	-3.62%	-3.21%	—	-7.93%	3.31%
1999-11-26	-1.97%	-1.59%	—	-6.07%	4.21%
1999-12-03	-1.28%	-1.13%	—	-5.71%	3.92%
1999-12-10	-2.64%	-2.52%	—	-7.19%	2.90%
1999-12-17	-3.57%	-3.42%	—	-8.50%	2.25%
1999-12-24	-3.86%	-3.71%	—	-9.17%	2.50%
1999-12-30	-3.96%	-3.81%	—	-9.34%	2.44%
2000-01-07	-3.79%	-3.44%	—	-8.05%	0.63%
2000-01-14	-3.70%	-3.55%	—	-8.64%	1.30%
2000-01-21	-7.46%	-7.50%	—	-11.74%	-3.01%
2000-01-28	-10.19%	-10.24%	—	-13.64%	-6.55%
2000-02-18	-10.43%	-10.11%	—	-12.79%	-8.87%
2000-02-25	-14.28%	-13.94%	—	-17.13%	-11.19%
2000-03-03	-16.41%	-16.02%	—	-18.94%	-14.20%
2000-03-10	-15.93%	-15.59%	—	-18.28%	-13.73%
2000-03-17	-13.37%	-13.31%	—	-15.27%	-11.47%

【封闭式证券投资基金折价率一览表】

时 间	加权平均折价率	等权平均折价率	5亿规模基金平均折价率	20亿规模基金平均折价率	30亿规模基金平均折价率
2000-03-24	-17.27%	-17.06%	—	-19.09%	-15.75%
2000-03-31	-13.78%	-13.30%	—	-12.97%	-14.66%
2000-04-07	-15.60%	-15.23%	—	-16.40%	-15.13%
2000-04-14	-16.12%	-15.90%	—	-17.25%	-15.26%
2000-04-21	-17.16%	-16.90%	—	-18.45%	-16.10%
2000-04-28	-17.91%	-17.61%	—	-19.12%	-16.98%
2000-05-12	-17.57%	-17.37%	—	-19.03%	-16.25%
2000-05-19	-18.68%	-18.44%	—	-19.89%	-17.63%
2000-05-26	-20.46%	-20.01%	—	-21.77%	-19.82%
2000-06-02	-21.90%	-21.52%	—	-22.85%	-21.41%
2000-06-09	-22.12%	-21.68%	—	-23.14%	-21.64%
2000-06-16	-21.70%	-21.24%	—	-22.73%	-21.25%
2000-06-23	-23.18%	-22.79%	—	-23.83%	-22.90%
2000-06-30	-23.40%	-23.07%	—	-24.11%	-23.06%
2000-07-07	-20.99%	-19.71%	9.04%	-22.07%	-20.73%
2000-07-14	-22.25%	-20.00%	7.60%	-23.66%	-22.18%
2000-07-21	-20.60%	-18.15%	9.92%	-21.16%	-21.22%
2000-07-28	-20.40%	-18.16%	7.87%	-21.01%	-20.83%
2000-08-04	-19.58%	-16.86%	15.77%	-20.32%	-20.21%
2000-08-11	-20.61%	-15.61%	26.33%	-22.06%	-21.60%
2000-08-18	-20.73%	-15.82%	25.39%	-21.92%	-21.83%
2000-08-25	-21.62%	-16.79%	23.50%	-22.81%	-22.60%
2000-09-01	-21.08%	-16.83%	18.21%	-21.83%	-22.14%
2000-09-08	-21.72%	-17.73%	14.79%	-22.52%	-22.67%
2000-09-15	-21.97%	-17.51%	19.35%	-23.18%	-22.87%
2000-09-22	-20.71%	-14.56%	22.91%	-22.15%	-21.36%
2000-09-29	-20.76%	-15.13%	21.17%	-22.44%	-21.78%
2000-10-13	-19.99%	-13.24%	21.90%	-21.70%	-21.71%
2000-10-20	-20.50%	-13.91%	20.49%	-22.24%	-22.14%
2000-10-27	-20.34%	-12.66%	21.28%	-22.33%	-22.37%
2000-11-03	-20.02%	-10.46%	26.21%	-22.19%	-22.71%
2000-11-10	-21.27%	-13.17%	17.81%	-23.16%	-23.59%
2000-11-17	-22.12%	-14.36%	15.30%	-23.52%	-24.58%
2000-11-24	-21.80%	-13.30%	14.79%	-23.79%	-24.40%
2000-12-01	-19.19%	-8.79%	19.06%	-21.53%	-22.60%
2000-12-08	-17.72%	-8.51%	16.26%	-19.69%	-20.84%
2000-12-15	-16.49%	-7.65%	16.11%	-17.91%	-19.94%
2000-12-22	-18.34%	-10.60%	10.32%	-19.63%	-21.33%

时 间	加权平均折价率	等权平均折价率	5亿规模 基金平均折价率	20亿规模 基金平均折价率	30亿规模 基金平均折价率
2000-12-29	−16.79%	−9.11%	9.97%	−18.12%	−19.72%
2001-01-05	−16.91%	−9.99%	7.19%	−17.92%	−19.65%
2001-01-12	−14.92%	−8.25%	8.52%	−15.79%	−17.63%
2001-01-19	−13.80%	−7.02%	9.85%	−14.45%	−16.79%
2001-02-09	−12.50%	−4.65%	14.54%	−13.48%	−15.75%
2001-02-16	−12.58%	−4.87%	13.98%	−13.67%	−15.65%
2001-02-23	−12.41%	−4.69%	14.32%	−13.59%	−15.42%
2001-03-02	−11.02%	−3.73%	14.19%	−11.98%	−14.03%
2001-03-09	−11.46%	−4.24%	13.67%	−12.30%	−14.42%
2001-03-16	−11.22%	−4.04%	13.80%	−12.14%	−14.19%
2001-03-23	−11.20%	−3.92%	14.18%	−12.30%	−14.02%
2001-03-30	−9.99%	−3.68%	12.40%	−10.66%	−13.03%
2001-04-06	−8.52%	−2.51%	12.24%	−9.09%	−11.87%
2001-04-13	−10.41%	−4.39%	10.30%	−11.16%	−13.78%
2001-04-20	−10.77%	−5.15%	8.09%	−11.78%	−14.03%
2001-04-27	−8.92%	−3.51%	8.86%	−9.96%	−12.02%
2001-05-11	−8.88%	−3.39%	9.12%	−10.02%	−11.99%
2001-05-18	−5.89%	0.36%	13.66%	−7.31%	−9.76%
2001-05-25	−5.19%	0.82%	13.58%	−5.96%	−9.24%
2001-06-01	−4.42%	1.23%	13.32%	−5.02%	−8.24%
2001-06-08	−3.09%	2.17%	12.99%	−3.31%	−7.06%
2001-06-15	−3.90%	1.54%	12.72%	−4.07%	−8.02%
2001-06-22	−4.13%	1.72%	13.85%	−4.13%	−8.59%
2001-06-29	−3.18%	2.57%	13.87%	−3.14%	−7.84%
2001-07-06	−3.05%	4.48%	20.18%	−4.15%	−8.17%
2001-07-13	−3.15%	4.63%	20.68%	−4.10%	−8.67%
2001-07-20	−1.77%	6.27%	22.33%	−3.25%	−7.48%
2001-07-27	−1.62%	5.64%	20.22%	−2.35%	−6.95%
2001-08-03	−0.43%	7.40%	20.15%	−1.05%	−5.62%
2001-08-10	−1.05%	6.53%	19.54%	−2.45%	−5.62%
2001-08-17	−0.97%	7.00%	20.21%	−2.04%	−6.11%
2001-08-24	−1.95%	5.35%	18.47%	−3.16%	−6.56%
2001-08-31	−1.68%	6.14%	21.44%	−3.02%	−6.11%
2001-09-07	−2.39%	6.02%	22.69%	−3.39%	−6.56%
2001-09-14	−2.22%	5.75%	21.92%	−3.11%	−6.48%
2001-09-21	−1.80%	6.15%	21.45%	−1.98%	−5.69%
2001-09-28	0.47%	7.29%	21.29%	−0.41%	−4.34%
2001-10-12	1.95%	9.14%	23.74%	1.09%	−2.90%

【封闭式证券投资基金折价率一览表】

时 间	加权平均折价率	等权平均折价率	5亿规模 基金平均折价率	20亿规模 基金平均折价率	30亿规模 基金平均折价率
2001-10-19	-1.74%	2.34%	10.69%	-1.04%	-5.83%
2001-10-26	-2.02%	2.70%	12.53%	-2.00%	-6.39%
2001-11-02	-1.92%	4.62%	18.46%	-2.86%	-7.33%
2001-11-09	-2.11%	4.10%	17.43%	-2.91%	-7.22%
2001-11-16	-3.79%	2.28%	15.60%	-4.69%	-8.73%
2001-11-23	-2.66%	3.04%	14.62%	-3.69%	-7.51%
2001-11-30	-1.77%	3.23%	12.51%	-2.67%	-6.06%
2001-12-07	-3.04%	1.51%	9.80%	-3.87%	-7.02%
2001-12-14	-2.45%	2.10%	10.54%	-3.01%	-6.68%
2001-12-21	-2.17%	1.92%	9.70%	-2.35%	-5.96%
2001-12-28	-2.10%	1.60%	8.80%	-2.41%	-5.34%
2002-01-04	-2.39%	1.21%	8.15%	-2.42%	-5.67%
2002-01-11	-4.50%	-1.63%	3.42%	-4.11%	-7.44%
2002-01-18	-6.53%	-4.71%	-1.44%	-6.26%	-8.59%
2002-01-25	-7.05%	-5.06%	-1.25%	-6.69%	-9.33%
2002-02-01	-6.12%	-3.95%	0.35%	-5.96%	-8.44%
2002-02-08	-5.09%	-3.05%	0.89%	-4.61%	-7.45%
2002-03-01	-4.10%	-2.39%	0.81%	-3.46%	-6.29%
2002-03-08	-1.64%	0.76%	5.12%	-1.32%	-4.15%
2002-03-15	-2.43%	0.33%	5.22%	-2.07%	-5.40%
2002-03-22	-1.49%	1.38%	6.86%	-1.57%	-3.85%
2002-03-29	-2.11%	0.54%	5.16%	-2.25%	-4.48%
2002-04-05	-2.61%	0.19%	4.93%	-2.50%	-5.01%
2002-04-12	-3.15%	-0.23%	4.96%	-3.29%	-5.65%
2002-04-19	-3.90%	-1.01%	3.96%	-3.64%	-6.52%
2002-04-26	-3.87%	-0.87%	4.12%	-3.53%	-6.58%
2002-05-03	-4.22%	-1.36%	3.45%	-3.85%	-6.83%
2002-05-10	-4.42%	-1.60%	3.10%	-4.13%	-7.02%
2002-05-17	-4.31%	-1.72%	2.43%	-3.99%	-6.79%
2002-05-24	-5.75%	-3.10%	0.85%	-5.29%	-8.38%
2002-05-31	-6.04%	-3.61%	-0.14%	-5.63%	-8.60%
2002-06-07	-6.65%	-3.93%	0.10%	-6.44%	-9.46%
2002-06-14	-6.01%	-3.07%	1.31%	-5.35%	-9.16%
2002-06-21	-3.72%	-0.59%	4.53%	-3.83%	-6.44%
2002-06-28	-1.65%	1.88%	7.95%	-2.04%	-4.35%
2002-07-05	-2.82%	0.20%	5.23%	-3.12%	-5.19%
2002-07-12	-3.40%	-0.10%	5.27%	-3.65%	-6.13%
2002-07-19	-3.61%	-0.66%	4.21%	-3.57%	-6.16%

时 间	加权平均折价率	等权平均折价率	5亿规模 基金平均折价率	20亿规模 基金平均折价率	30亿规模 基金平均折价率
2002-07-26	-4.10%	-1.31%	3.28%	-4.29%	-6.51%
2002-08-02	-3.64%	-0.92%	3.55%	-3.79%	-6.01%
2002-08-09	-3.92%	-1.09%	3.80%	-3.90%	-6.34%
2002-08-16	-3.49%	-0.87%	3.69%	-3.82%	-5.55%
2002-08-23	-4.32%	-1.70%	2.84%	-4.24%	-6.64%
2002-08-30	-4.15%	-1.81%	2.41%	-4.28%	-6.02%
2002-09-06	-4.16%	-1.95%	1.85%	-4.36%	-5.86%
2002-09-13	-4.67%	-2.58%	1.23%	-4.30%	-6.48%
2002-09-20	-4.98%	-3.04%	0.51%	-4.97%	-6.61%
2002-09-27	-6.00%	-5.21%	-4.49%	-5.26%	-7.17%
2002-10-11	-6.78%	-5.70%	-4.67%	-5.73%	-8.58%
2002-10-18	-6.01%	-3.55%	0.26%	-5.64%	-8.44%
2002-10-25	-7.03%	-4.69%	-1.10%	-6.39%	-9.48%
2002-11-01	-7.84%	-5.54%	-1.25%	-6.97%	-10.00%
2002-11-08	-8.58%	-6.65%	-3.29%	-7.92%	-10.42%
2002-11-15	-8.79%	-7.25%	-4.41%	-8.19%	-10.51%
2002-11-22	-10.38%	-8.67%	-5.40%	-10.25%	-11.97%
2002-11-29	-11.10%	-8.86%	-4.99%	-10.68%	-13.24%
2002-12-06	-12.08%	-9.99%	-6.36%	-11.47%	-14.28%
2002-12-13	-11.58%	-9.27%	-5.04%	-11.00%	-13.77%
2002-12-20	-12.13%	-9.81%	-5.68%	-11.48%	-14.37%
2002-12-27	-11.27%	-9.31%	-5.80%	-10.71%	-13.24%
2003-01-03	-14.34%	-12.36%	-8.97%	-13.51%	-16.47%
2003-01-10	-14.80%	-12.81%	-9.45%	-14.37%	-16.77%
2003-01-17	-13.28%	-11.36%	-8.12%	-12.41%	-15.31%
2003-01-24	-12.85%	-10.53%	-6.53%	-12.05%	-15.23%
2003-01-29	-13.31%	-11.17%	-7.39%	-12.60%	-15.39%
2003-02-14	-13.28%	-11.05%	-7.09%	-12.71%	-15.42%
2003-02-21	-13.99%	-11.69%	-7.78%	-13.45%	-16.19%
2003-02-28	-12.25%	-9.41%	-4.40%	-12.00%	-14.70%
2003-03-07	-14.93%	-12.34%	-7.82%	-14.67%	-17.15%
2003-03-14	-15.73%	-13.29%	-9.18%	-15.46%	-17.99%
2003-03-21	-15.47%	-13.09%	-9.18%	-15.45%	-17.63%
2003-03-28	-16.67%	-14.15%	-9.80%	-16.54%	-18.81%
2003-04-04	-16.01%	-13.69%	-9.54%	-15.99%	-17.92%
2003-04-11	-13.11%	-11.52%	-8.69%	-12.51%	-14.70%
2003-04-18	-17.89%	-16.24%	-13.34%	-17.37%	-19.54%
2003-04-25	-17.96%	-16.40%	-13.66%	-17.67%	-19.38%

【封闭式证券投资基金折价率一览表】

时　间	加权平均折价率	等权平均折价率	5亿规模基金平均折价率	20亿规模基金平均折价率	30亿规模基金平均折价率
2003-05-02	-19.93%	-18.56%	-16.03%	-19.68%	-21.16%
2003-05-16	-21.20%	-20.42%	-19.14%	-20.78%	-22.20%
2003-05-23	-21.24%	-20.43%	-19.23%	-20.95%	-22.26%
2003-05-30	-20.75%	-19.61%	-17.82%	-20.47%	-22.02%
2003-06-06	-20.13%	-18.73%	-16.46%	-19.94%	-21.60%
2003-06-13	-20.54%	-19.29%	-17.23%	-20.40%	-21.85%
2003-06-20	-17.98%	-16.65%	-14.44%	-17.99%	-19.28%
2003-06-27	-16.81%	-15.42%	-13.07%	-16.48%	-18.31%
2003-07-04	-18.00%	-16.77%	-14.63%	-17.89%	-19.18%
2003-07-11	-19.04%	-17.84%	-15.74%	-19.15%	-20.14%
2003-07-18	-19.37%	-18.23%	-16.35%	-19.54%	-20.42%
2003-07-25	-19.02%	-17.94%	-16.22%	-19.09%	-20.09%
2003-08-01	-19.77%	-18.80%	-17.26%	-20.14%	-20.51%
2003-08-08	-20.15%	-19.10%	-17.43%	-20.42%	-21.07%
2003-08-15	-19.74%	-18.57%	-16.79%	-20.12%	-20.71%
2003-08-22	-19.99%	-18.86%	-17.17%	-20.24%	-21.00%
2003-08-29	-20.02%	-19.01%	-17.63%	-20.36%	-20.90%
2003-09-05	-20.46%	-19.54%	-18.31%	-20.77%	-21.33%
2003-09-12	-20.93%	-19.99%	-18.75%	-21.29%	-21.81%
2003-09-19	-21.57%	-20.60%	-19.33%	-22.08%	-22.44%
2003-09-26	-20.90%	-19.85%	-18.51%	-21.31%	-21.89%
2003-10-10	-21.17%	-20.19%	-18.97%	-21.67%	-22.02%
2003-10-17	-21.66%	-20.57%	-19.14%	-22.32%	-22.52%
2003-10-24	-22.45%	-21.48%	-20.20%	-23.09%	-23.26%
2003-10-31	-22.99%	-22.15%	-20.97%	-23.90%	-23.49%
2003-11-07	-22.81%	-22.17%	-21.32%	-23.66%	-23.22%
2003-11-14	-22.01%	-21.27%	-20.27%	-22.81%	-22.56%
2003-11-21	-22.93%	-22.18%	-21.24%	-23.37%	-23.67%
2003-11-28	-22.75%	-21.68%	-20.19%	-23.22%	-23.72%
2003-12-05	-23.28%	-22.37%	-21.19%	-23.59%	-24.30%
2003-12-12	-23.02%	-22.18%	-21.13%	-23.40%	-23.98%
2003-12-19	-24.37%	-23.84%	-23.27%	-25.08%	-24.88%
2003-12-26	-22.76%	-22.12%	-21.36%	-23.15%	-23.44%

封闭式证券投资基金历年周可比净值一览表

【基金开元→基金景宏历年周可比净值】

截至日期	开元	金泰	兴华	安信	裕阳	普惠	泰和	同益	景宏
1998-04-30	1.0336	1.0448	1.0000						
1998-05-31	1.0396	1.0532	1.0308	1.0000					
1998-06-30	1.0442	1.0409	1.0266	1.0184					
1998-07-31	1.0615	1.0691	1.0327	1.0124	1.0000				
1998-08-31	0.9941	1.0222	0.9775	0.9938	0.9962				
1998-09-30	1.0233	1.0439	0.9985	1.0233	1.0105				
1998-10-09	1.0040	1.0355	0.9927	1.0254	1.0067				
1998-10-16	1.0068	1.0394	1.0020	1.0282	1.0070				
1998-10-23	1.0002	1.0247	0.9941	1.0238	1.0086				
1998-10-30	1.0089	1.0258	0.9952	1.0269	1.0122				
1998-11-06	1.0341	1.0476	1.0274	1.0538	1.0300				
1998-11-13	1.0360	1.0521	1.0383	1.0534	1.0361				
1998-11-20	1.0357	1.0504	1.0337	1.0501	1.0381				
1998-11-27	1.0212	1.0375	1.0121	1.0415	1.0191				
1998-12-04	1.0208	1.0364	1.0109	1.0337	1.0100				
1998-12-11	1.0154	1.0379	1.0174	1.0334	1.0112				
1998-12-18	0.9967	1.0146	0.9902	1.0147	0.9982				
1998-12-25	1.0029	1.0198	1.0509	1.0648	1.0442				
1999-01-01	1.0418	1.0553	1.0982	1.1079	1.0787				
1999-01-08	1.0553	1.0676	1.0974	1.1301	1.0938				
1999-01-15	1.0599	1.0650	1.0939	1.1253	1.1046				
1999-01-22	1.0719	1.0818	1.1095	1.1428	1.1120				
1999-01-29	1.0520	1.0623	1.0882	1.1218	1.0932	1.0000			
1999-02-05	1.0565	1.0341	1.0636	1.0898	1.0659	1.0124			
1999-03-05	1.0303	1.0489	1.0814	1.0996	1.0678	1.0136			
1999-03-12	1.0382	1.0591	1.0770	1.1087	1.0813	1.0157			
1999-03-19	1.0462	1.0726	1.0887	1.1229	1.0954	1.0214			
1999-03-26	1.0511	1.0760	1.0967	1.1227	1.1004	1.0228			
1999-04-02	1.0497	1.0755	1.0995	1.1120	1.0886	1.0221			
1999-04-09	1.0555	1.0855	1.0983	1.1154	1.0893	1.0233			
1999-04-16	1.0451	1.0706	1.0802	1.1073	1.0846	1.0197	1.0000	1.0000	
1999-04-23	1.0414	1.0604	1.0787	1.1022	1.0804	1.0231	1.0096	1.0075	
1999-04-30	1.0418	1.0531	1.0757	1.1044	1.0700	1.0217	1.0098	1.0071	
1999-05-07	1.0483	1.0589	1.0817	1.1127	1.0751	1.0305	1.0131	1.0101	
1999-05-14	1.0148	1.0254	1.0525	1.0784	1.0385	1.0139	1.0137	1.0105	1.0000
1999-05-21	1.0606	1.0719	1.0967	1.1337	1.1079	1.0438	1.0143	1.0171	1.0234

【基金开元→基金景宏历年周可比净值】

截至日期	开元	金泰	兴华	安信	裕阳	普惠	泰和	同益	景宏
1999-05-28	1.1429	1.1268	1.1574	1.2226	1.1850	1.0984	1.0133	1.0307	1.0330
1999-06-04	1.1429	1.1378	1.1567	1.2530	1.2173	1.1140	1.0132	1.0531	1.0357
1999-06-11	1.2137	1.1898	1.2115	1.3462	1.3013	1.1722	1.0360	1.0945	1.0961
1999-06-18	1.3260	1.2814	1.3184	1.4719	1.4556	1.2976	1.0881	1.1928	1.1927
1999-06-25	1.5106	1.4082	1.5155	1.6314	1.6543	1.4543	1.1608	1.3256	1.3814
1999-07-02	1.5091	1.3831	1.4728	1.6219	1.6524	1.4457	1.1209	1.2911	1.3679
1999-07-09	1.5268	1.4098	1.4359	1.6965	1.6019	1.4560	1.1269	1.2801	1.3443
1999-07-16	1.4690	1.3975	1.4295	1.6993	1.5414	1.4242	1.1117	1.2705	1.3054
1999-07-23	1.5451	1.4570	1.5245	1.8206	1.6353	1.4520	1.1476	1.3501	1.3626
1999-07-30	1.5684	1.4665	1.5265	1.8084	1.6757	1.4504	1.1582	1.3632	1.3637
1999-08-06	1.5769	1.4888	1.5631	1.8260	1.6590	1.4556	1.1810	1.3795	1.3521
1999-08-13	1.5169	1.4389	1.4920	1.7473	1.5827	1.4146	1.1641	1.3468	1.3038
1999-08-20	1.5496	1.4779	1.5361	1.7777	1.6165	1.4358	1.1939	1.3945	1.3431
1999-08-27	1.5580	1.4591	1.5348	1.7815	1.6091	1.4182	1.1853	1.3843	1.3275
1999-09-03	1.5282	1.4242	1.5034	1.7317	1.5854	1.4022	1.1626	1.3568	1.2962
1999-09-10	1.6055	1.5118	1.5935	1.8300	1.6930	1.4603	1.2202	1.4345	1.3556
1999-09-17	1.5673	1.4320	1.5680	1.7953	1.6508	1.4288	1.1985	1.4067	1.3244
1999-09-24	1.5332	1.4541	1.5606	1.7994	1.6358	1.4128	1.1814	1.3994	1.3052
1999-10-08	1.5107	1.4183	1.5303	1.7601	1.5831	1.3840	1.1544	1.3568	1.2732
1999-10-15	1.4989	1.4052	1.5220	1.7526	1.5683	1.3674	1.1448	1.3515	1.2623
1999-10-22	1.4673	1.3858	1.4927	1.6823	1.5171	1.3439	1.1138	1.3236	1.2334
1999-10-29	1.4677	1.3841	1.4883	1.6740	1.4943	1.3552	1.1251	1.3309	1.2328
1999-11-05	1.4466	1.3675	1.3562	1.6348	1.4728	1.3375	1.1057	1.3144	1.2128
1999-11-12	1.4919	1.4064	1.5080	1.6536	1.5176	1.3774	1.1383	1.3486	1.2469
1999-11-19	1.4950	1.4160	1.5230	1.6602	1.5131	1.3964	1.1513	1.3471	1.2553
1999-11-26	1.4701	1.3825	1.5084	1.6357	1.4885	1.3837	1.1327	1.3258	1.2364
1999-12-03	1.4602	1.3633	1.4943	1.6183	1.4838	1.3747	1.1234	1.3101	1.2241
1999-12-10	1.4685	1.3578	1.4845	1.6139	1.5174	1.3773	1.1145	1.3154	1.2257
1999-12-17	1.4884	1.3637	1.4828	1.6040	1.5213	1.3827	1.1222	1.3282	1.2302
1999-12-24	1.4433	1.3358	1.4459	1.5644	1.4946	1.3463	1.0815	1.3018	1.1958
1999-12-31	1.4816	1.3534	1.4571	1.6248	1.5247	1.3496	1.0902	1.3131	1.2097
2000-01-07	1.5660	1.4373	1.5604	1.7896	1.6518	1.4519	1.1769	1.4195	1.3052
2000-01-14	1.5245	1.3745	1.5269	1.7172	1.5824	1.3852	1.1199	1.3566	1.2595
2000-01-21	1.6470	1.4638	1.6024	1.8080	1.6834	1.4626	1.1629	1.4184	1.3385
2000-01-28	1.7535	1.5707	1.6624	1.9564	1.8344	1.5319	1.1996	1.4906	1.4401
2000-02-18	1.9545	1.6399	1.7173	2.0603	1.9252	1.5623	1.2817	1.5445	1.5045
2000-02-25	1.9091	1.6592	1.8136	2.1383	1.9610	1.5580	1.2652	1.5544	1.4933
2000-03-03	2.0818	1.7702	1.8692	2.2278	2.0380	1.6545	1.3328	1.6473	1.5304

截至日期	开 元	金 泰	兴 华	安 信	裕 阳	普 惠	泰 和	同 益	景 宏
2000-03-10	2.0203	1.7561	1.8769	2.2365	2.0128	1.6172	1.3059	1.6325	1.5263
2000-03-17	1.9086	1.6935	1.7654	2.1521	1.9769	1.5787	1.2850	1.6015	1.4921
2000-03-24	1.9852	1.7602	1.8765	2.2324	2.0321	1.7144	1.3618	1.7004	1.5327
2000-03-31	1.9531	1.7548	1.8752	2.1995	1.9919	1.7066	1.3799	1.6988	1.5058
2000-04-07	1.9463	1.7275	1.8306	2.2064	1.9910	1.6973	1.3857	1.6710	1.4880
2000-04-14	1.9367	1.7050	1.7967	2.1854	1.9510	1.6685	1.3827	1.6562	1.5039
2000-04-21	1.9398	1.7130	1.7925	2.1979	1.9562	1.6583	1.3826	1.6365	1.4836
2000-04-28	1.9258	1.7258	1.8038	2.2379	2.0030	1.7038	1.3866	1.6823	1.5067
2000-05-12	1.8798	1.6950	1.7513	2.1698	1.9479	1.6342	1.3451	1.6429	1.4530
2000-05-19	1.9187	1.7361	1.7695	2.2116	1.9654	1.6623	1.3786	1.6727	1.4795
2000-05-26	1.9789	1.8316	1.8611	2.2654	2.0249	1.7494	1.4471	1.7430	1.5293
2000-06-02	2.0317	1.8543	1.8704	2.2601	2.0427	1.7624	1.4762	1.7541	1.5158
2000-06-09	1.9754	1.8545	1.8623	2.3050	2.0831	1.7787	1.4887	1.7729	1.5413
2000-06-16	1.9744	1.8393	1.8474	2.2792	2.0496	1.7764	1.5041	1.7631	1.5147
2000-06-23	2.0102	1.8577	1.8825	2.2961	2.1365	1.8052	1.5114	1.7772	1.5573
2000-06-30	2.0144	1.8627	1.8863	2.2998	2.1364	1.8132	1.5181	1.7792	1.5478
2000-07-07	2.0005	1.8403	1.8694	2.2584	2.1003	1.7950	1.5100	1.7531	1.5341
2000-07-14	2.0564	1.8871	1.9340	2.3104	2.1606	1.8613	1.5482	1.8081	1.5928
2000-07-21	2.0758	1.9078	1.9091	2.3053	2.1585	1.8733	1.5528	1.8454	1.5705
2000-07-28	2.1338	1.9274	1.9420	2.3092	2.1878	1.8910	1.5621	1.8644	1.5649
2000-08-04	2.1390	1.9331	1.9661	2.3541	2.2622	1.9226	1.5800	1.9053	1.6159
2000-08-11	2.1858	1.9739	2.0130	2.4280	2.3244	1.9691	1.5931	1.9469	1.6810
2000-08-18	2.1823	1.9546	1.9895	2.3949	2.2870	1.9526	1.5946	1.9443	1.6515
2000-08-25	2.1946	1.9462	1.9788	2.4027	2.2565	1.9290	1.5818	1.9386	1.6323
2000-09-01	2.1529	1.9096	1.9340	2.3420	2.2087	1.8814	1.5409	1.8921	1.5982
2000-09-08	2.1110	1.8791	1.9155	2.3145	2.2056	1.8576	1.5082	1.8823	1.5883
2000-09-15	2.1451	1.8834	1.9183	2.3239	2.2147	1.8545	1.5165	1.8931	1.5792
2000-09-22	2.0808	1.8247	1.8619	2.2482	2.1415	1.8197	1.4727	1.8382	1.5421
2000-09-29	2.1025	1.8364	1.8883	2.2623	2.1631	1.8284	1.4810	1.8537	1.5635
2000-10-13	2.0838	1.8270	1.8921	2.2260	2.1067	1.8161	1.4842	1.8459	1.5495
2000-10-20	2.1309	1.8586	1.9148	2.2637	2.1520	1.8610	1.4967	1.8608	1.5896
2000-10-27	2.1196	1.8718	1.9192	2.2957	2.1207	1.8566	1.5056	1.8787	1.5904
2000-11-03	2.1280	1.8837	1.9207	2.3013	2.1644	1.8799	1.5111	1.8830	1.6092
2000-11-10	2.1656	1.9373	1.9823	2.3889	2.2378	1.9324	1.5467	1.9379	1.6596
2000-11-17	2.1918	1.9420	1.9883	2.4449	2.2705	1.9377	1.5687	1.9513	1.6777
2000-11-24	2.1940	1.9253	1.9671	2.4062	2.2542	1.9241	1.5703	1.9447	1.6535
2000-12-01	2.2012	1.9162	1.9578	2.3821	2.2691	1.9120	1.5663	1.9379	1.6274
2000-12-08	2.2022	1.9096	1.9464	2.3513	2.2473	1.9033	1.5581	1.9234	1.6110

【基金开元→基金景宏历年周可比净值】

截至日期	开 元	金 泰	兴 华	安 信	裕 阳	普 惠	泰 和	同 益	景 宏
2000-12-15	2.2321	1.9143	1.9680	2.3265	2.2389	1.8929	1.5532	1.9649	1.6174
2000-12-22	2.2540	1.9601	1.9885	2.3767	2.2555	1.9190	1.5736	1.9965	1.6466
2000-12-29	2.2646	1.9740	1.9988	2.4032	2.2709	1.9256	1.5818	2.0074	1.6575
2001-01-05	2.3040	2.0144	2.0432	2.4252	2.3104	1.9650	1.6165	2.0380	1.6796
2001-01-12	2.2185	1.9808	2.0289	2.3803	2.2217	1.9179	1.6004	2.0205	1.6462
2001-01-19	2.1715	1.9477	2.0212	2.3518	2.1673	1.8871	1.5765	2.0115	1.6153
2001-02-09	2.0607	1.8335	1.9513	2.2507	2.0125	1.7734	1.5023	1.9128	1.5248
2001-02-16	2.0605	1.8285	1.9302	2.2413	2.0067	1.7672	1.4934	1.9120	1.5206
2001-02-23	2.0529	1.8321	1.9383	2.2672	2.0189	1.7837	1.4957	1.9376	1.5328
2001-03-02	2.0856	1.8534	1.9558	2.3042	2.0699	1.8036	1.5285	1.9468	1.5473
2001-03-09	2.0943	1.8713	1.9756	2.3222	2.1068	1.8186	1.5613	1.9576	1.5568
2001-03-16	2.0805	1.8617	1.9710	2.3096	2.1018	1.8184	1.5971	1.9570	1.5489
2001-03-23	2.1148	1.8872	2.0027	2.3536	2.1303	1.8462	1.6234	1.9855	1.5698
2001-03-30	2.1246	1.9032	2.0211	2.4065	2.1396	1.8733	1.6535	2.0134	1.5875
2001-04-06	2.1241	1.9207	2.0367	2.3941	2.1392	1.8722	1.6516	2.0223	1.5967
2001-04-13	2.1706	1.9669	2.0833	2.4647	2.1593	1.9122	1.6760	2.0565	1.6326
2001-04-20	2.1924	1.9837	2.0965	2.4739	2.2010	1.9203	1.6990	2.0647	1.6382
2001-04-27	2.1546	1.9383	2.0642	2.4230	2.1491	1.9092	1.6767	2.0280	1.5941
2001-05-11	2.1692	1.9484	2.0887	2.4460	2.1582	1.9060	1.6933	2.0378	1.5968
2001-05-18	2.2335	1.9932	2.1211	2.5258	2.2266	1.9636	1.7333	2.0768	1.6179
2001-05-25	2.2167	1.9603	2.1220	2.4947	2.1697	1.9241	1.7322	2.0657	1.5825
2001-06-01	2.2074	1.9707	2.1402	2.5068	2.1709	1.9216	1.7508	2.0723	1.5909
2001-06-08	2.2000	1.9613	2.1349	2.4946	2.1607	1.9163	1.7441	2.0676	1.5812
2001-06-15	2.1904	1.9621	2.1241	2.4801	2.1482	1.9010	1.7312	2.0602	1.5795
2001-06-22	2.1769	1.9483	2.1375	2.4606	2.1392	1.9000	1.7164	2.0833	1.5810
2001-06-29	2.1740	1.9625	2.1515	2.4735	2.1401	1.9000	1.7267	2.0849	1.5869
2001-07-06	2.1503	1.9357	2.1302	2.4677	2.1122	1.8902	1.7092	2.0717	1.5666
2001-07-13	2.1264	1.9179	2.1272	2.4341	2.1145	1.8808	1.7018	2.0610	1.5680
2001-07-20	2.1018	1.9260	2.1042	2.4075	2.1276	1.8775	1.7090	2.0455	1.5624
2001-07-27	2.0443	1.8478	2.0656	2.2884	2.0349	1.7862	1.6498	1.9689	1.4746
2001-08-03	1.9256	1.7772	2.0073	2.1725	1.9402	1.7251	1.5835	1.8815	1.4138
2001-08-10	1.9186	1.7838	2.0056	2.1991	1.9259	1.7123	1.5807	1.8680	1.4065
2001-08-17	1.8941	1.7625	1.9911	2.1784	1.9097	1.7037	1.5608	1.8549	1.4011
2001-08-24	1.8948	1.7585	2.0082	2.1632	1.9176	1.6939	1.5614	1.8553	1.3992
2001-08-31	1.8561	1.7248	1.9846	2.1300	1.8884	1.6737	1.5341	1.8409	1.3845
2001-09-07	1.8762	1.7264	1.9852	2.1120	1.8929	1.6789	1.5155	1.8488	1.3866
2001-09-14	1.8969	1.7336	1.9932	2.1565	1.9065	1.6870	1.5370	1.8602	1.3310
2001-09-21	1.9020	1.7328	1.9897	2.1489	1.9001	1.6967	1.5246	1.8602	1.3028

截至日期	开 元	金 泰	兴 华	安 信	裕 阳	普 惠	泰 和	同 益	景 宏
2001-09-28	1.8771	1.6962	1.9695	2.1334	1.8725	1.6773	1.4849	1.8401	1.2776
2001-10-12	1.7976	1.6391	1.9117	2.0889	1.8126	1.6221	1.4078	1.7858	1.2326
2001-10-19	1.7372	1.5518	1.8665	2.0320	1.7227	1.5581	1.3435	1.7153	1.1886
2001-10-26	1.7565	1.6288	1.9288	2.1167	1.7825	1.5838	1.4172	1.7867	1.2283
2001-11-02	1.7651	1.6425	1.9396	2.1506	1.8026	1.5779	1.4376	1.8041	1.2343
2001-11-09	1.7397	1.5935	1.8935	2.1201	1.7544	1.5473	1.3878	1.7675	1.1996
2001-11-16	1.7524	1.6463	1.9265	2.1767	1.7981	1.5706	1.4299	1.7985	1.2217
2001-11-23	1.7723	1.6701	1.9475	2.1830	1.8232	1.5873	1.4517	1.8136	1.2343
2001-11-30	1.7833	1.6898	1.9661	2.1968	1.8433	1.6004	1.4696	1.8239	1.2441
2001-12-07	1.7925	1.6932	1.9729	2.1960	1.8542	1.6103	1.4834	1.8336	1.2475
2001-12-14	1.7532	1.6452	1.9297	2.1555	1.8130	1.5828	1.4455	1.7963	1.2219
2001-12-21	1.7297	1.6150	1.9017	2.1351	1.7902	1.5659	1.4334	1.7736	1.2091
2001-12-28	1.7376	1.6185	1.9129	2.1408	1.7935	1.5707	1.4223	1.7867	1.2181
2002-01-04	1.7300	1.6118	1.9056	2.1408	1.7890	1.5692	1.4202	1.7801	1.2143
2002-01-11	1.6817	1.5687	1.8665	2.1082	1.7270	1.5385	1.3729	1.7432	1.1865
2002-01-18	1.6253	1.4812	1.7740	2.0458	1.6774	1.4910	1.3018	1.6696	1.1385
2002-01-25	1.6739	1.5263	1.8176	2.1082	1.7225	1.5282	1.3418	1.7296	1.1729
2002-02-01	1.6958	1.5574	1.8534	2.1279	1.7496	1.5560	1.3702	1.7589	1.1961
2002-02-08	1.7089	1.5717	1.8605	2.1453	1.7611	1.5638	1.3849	1.7691	1.2078
2002-03-01	1.6942	1.5539	1.8609	2.1405	1.7512	1.5649	1.3847	1.7575	1.2002
2002-03-08	1.7904	1.6274	1.9061	2.1884	1.8132	1.6048	1.4407	1.8106	1.2512
2002-03-15	1.8069	1.6304	1.9010	2.2130	1.8191	1.6107	1.4528	1.8137	1.2534
2002-03-22	1.8014	1.6417	1.9197	2.2339	1.8252	1.6170	1.4684	1.8258	1.2605
2002-03-29	1.7723	1.6133	1.9019	2.1948	1.8087	1.5987	1.4478	1.7978	1.2356
2002-04-05	1.7806	1.6237	1.9124	2.1999	1.8153	1.6076	1.4534	1.8140	1.2403
2002-04-12	1.8094	1.6398	1.9361	2.2229	1.8314	1.6183	1.4660	1.8297	1.2528
2002-04-19	1.7748	1.6281	1.9169	2.1981	1.8101	1.6125	1.4432	1.8004	1.2327
2002-04-26	1.7837	1.6344	1.9253	2.1972	1.8148	1.6187	1.4514	1.8063	1.2342
2002-04-30	1.8015	1.6532	1.9416	2.2157	1.8350	1.6332	1.4669	1.8209	1.2458
2002-05-10	1.7836	1.6344	1.9264	2.1926	1.8191	1.6164	1.4502	1.8011	1.2376
2002-05-17	1.7412	1.5806	1.9028	2.1331	1.7713	1.5726	1.4060	1.7476	1.1892
2002-05-24	1.7368	1.5702	1.9110	2.1297	1.7735	1.5699	1.4052	1.7469	1.1869
2002-05-31	1.7297	1.5521	1.9065	2.1028	1.7650	1.5587	1.3909	1.7368	1.1774
2002-06-07	1.7401	1.5684	1.9217	2.1162	1.7778	1.5640	1.4014	1.7506	1.1869
2002-06-14	1.7227	1.5490	1.8935	2.1017	1.7605	1.5579	1.3853	1.7366	1.1640
2002-06-21	1.7537	1.5824	1.9382	2.1387	1.7899	1.5754	1.4246	1.7660	1.2028
2002-06-28	1.8638	1.6494	2.0650	2.2458	1.8999	1.6120	1.5183	1.8638	1.2777
2002-07-05	1.8474	1.6516	2.0551	2.2288	1.8864	1.6022	1.5134	1.8468	1.2671

【基金开元→基金景宏历年周可比净值】

截至日期	开 元	金 泰	兴 华	安 信	裕 阳	普 惠	泰 和	同 益	景 宏
2002-07-12	1.8491	1.6457	2.0458	2.2176	1.8716	1.5918	1.5079	1.8237	1.2551
2002-07-19	1.8442	1.6475	2.0453	2.2044	1.8729	1.5955	1.5070	1.8256	1.2482
2002-07-26	1.8153	1.6291	2.0173	2.1638	1.8415	1.5658	1.4851	1.7914	1.2286
2002-08-02	1.8148	1.6191	2.0129	2.1644	1.8390	1.5678	1.4831	1.7874	1.2253
2002-08-09	1.8090	1.6139	2.0055	2.1522	1.8308	1.5614	1.4790	1.7797	1.2156
2002-08-16	1.8081	1.6134	1.9975	2.1430	1.8254	1.5558	1.4761	1.7720	1.2105
2002-08-23	1.8355	1.6379	2.0253	2.1747	1.8556	1.5811	1.5007	1.8060	1.2303
2002-08-30	1.8233	1.6279	2.0179	2.1587	1.8431	1.5735	1.4966	1.7939	1.2203
2002-09-06	1.8027	1.6007	2.0019	2.1341	1.8229	1.5568	1.4767	1.7688	1.2055
2002-09-13	1.7937	1.5870	1.9962	2.1217	1.8103	1.5546	1.4693	1.7601	1.1989
2002-09-20	1.7858	1.5811	1.9880	2.1099	1.8018	1.5461	1.4645	1.7445	1.1921
2002-09-27	1.7708	1.5674	2.0481	2.0874	1.7883	1.5311	1.4585	1.7254	1.1759
2002-10-11	1.7396	1.5350	1.9975	2.0435	1.7556	1.4998	1.4340	1.6875	1.1439
2002-10-18	1.7244	1.5158	2.0011	2.0275	1.7441	1.4884	1.4269	1.6709	1.1336
2002-10-25	1.7243	1.5213	2.0044	2.0321	1.7504	1.4932	1.4369	1.6732	1.1403
2002-11-01	1.7074	1.4999	1.9913	2.0119	1.7354	1.4810	1.4213	1.6590	1.1277
2002-11-08	1.7234	1.5197	2.0211	2.0368	1.7641	1.4970	1.4388	1.6854	1.1425
2002-11-15	1.6875	1.4786	1.9934	1.9926	1.7051	1.4659	1.4085	1.6448	1.1014
2002-11-22	1.6376	1.4313	1.9181	1.9461	1.6451	1.4211	1.3703	1.5950	1.0644
2002-11-29	1.6594	1.4514	1.9373	1.9732	1.6748	1.4373	1.3835	1.6171	1.0849
2002-12-06	1.6475	1.4360	1.9158	1.9526	1.6496	1.4226	1.3687	1.5988	1.0700
2002-12-13	1.6324	1.4199	1.8951	1.9329	1.6292	1.4084	1.3540	1.5810	1.0594
2002-12-20	1.6528	1.4401	1.9057	1.9671	1.6548	1.4275	1.3735	1.6001	1.0787
2002-12-27	1.6277	1.4106	1.8850	1.9440	1.6110	1.4062	1.3470	1.5676	1.0536
2003-01-03	1.5923	1.3568	1.8500	1.8742	1.5514	1.3701	1.2997	1.5312	1.0135
2003-01-10	1.6409	1.4096	1.9186	1.9379	1.6211	1.4065	1.3453	1.5761	1.0547
2003-01-17	1.7011	1.4675	2.0029	2.0100	1.6988	1.4512	1.4000	1.6295	1.0978
2003-01-24	1.6803	1.4491	2.0021	1.9970	1.6907	1.4444	1.3861	1.6232	1.0866
2003-01-29	1.7117	1.4748	2.0312	2.0315	1.7313	1.4671	1.4126	1.6539	1.1064
2003-02-14	1.7126	1.4770	2.0205	2.0309	1.7259	1.4722	1.4126	1.6505	1.1074
2003-02-21	1.6990	1.4616	2.0120	2.0134	1.7075	1.4592	1.3994	1.6367	1.0969
2003-02-28	1.7149	1.4788	2.0283	2.0288	1.7322	1.4768	1.4103	1.6498	1.1085
2003-03-07	1.7077	1.4763	2.0333	2.0262	1.7351	1.4793	1.4066	1.6469	1.1045
2003-03-14	1.6877	1.4688	2.0217	2.0065	1.7203	1.4689	1.3903	1.6281	1.0913
2003-03-21	1.6950	1.4716	2.0435	2.0176	1.7293	1.4701	1.3928	1.6372	1.0896
2003-03-28	1.7157	1.4872	2.0861	2.0517	1.7578	1.4910	1.4090	1.6675	1.1108
2003-04-04	1.7293	1.5032	2.1120	2.0822	1.7868	1.5019	1.4232	1.6954	1.1277
2003-04-11	1.7766	1.5474	2.2356	2.1594	1.8388	1.5612	1.4672	1.7802	1.1789

截至日期	开 元	金 泰	兴 华	安 信	裕 阳	普 惠	泰 和	同 益	景 宏
2003-04-18	1.8085	1.5789	2.2753	2.2237	1.8743	1.5824	1.4858	1.8148	1.2120
2003-04-25	1.7115	1.5013	2.1603	2.0937	1.7879	1.4785	1.4061	1.7240	1.1489
2003-05-02	1.7694	1.5311	2.2487	2.1413	1.8352	1.5369	1.4529	1.7918	1.2028
2003-05-16	1.8083	1.5601	2.3071	2.1814	1.8660	1.5819	1.4845	1.8351	1.2494
2003-05-23	1.8286	1.5694	2.3151	2.1981	1.8853	1.5964	1.4989	1.8339	1.2567
2003-05-30	1.8266	1.5586	2.3033	2.1945	1.8835	1.5932	1.4911	1.8186	1.2395
2003-06-06	1.7916	1.5326	2.2719	2.1434	1.8606	1.5636	1.4867	1.7886	1.2193
2003-06-13	1.8017	1.5418	2.2871	2.1606	1.8685	1.5800	1.5014	1.8025	1.2221
2003-06-20	1.7632	1.5146	2.2476	2.1196	1.8386	1.5505	1.4748	1.7576	1.1992
2003-06-27	1.7536	1.5001	2.2266	2.0965	1.8225	1.5429	1.4607	1.7382	1.1879
2003-07-04	1.7644	1.5128	2.2527	2.1167	1.8413	1.5606	1.4710	1.7683	1.2027
2003-07-11	1.7945	1.5458	2.2831	2.1665	1.8669	1.5893	1.4898	1.8049	1.2203
2003-07-18	1.8029	1.5578	2.2875	2.1802	1.8889	1.5999	1.4919	1.8148	1.2289
2003-07-25	1.7724	1.5247	2.2415	2.1459	1.8489	1.5708	1.4693	1.7729	1.2004
2003-08-01	1.7754	1.5335	2.2407	2.1512	1.8465	1.5764	1.4632	1.7743	1.2015
2003-08-08	1.7663	1.5306	2.2322	2.1451	1.8438	1.5745	1.4587	1.7669	1.1988
2003-08-15	1.7403	1.5078	2.1958	2.1261	1.8139	1.5454	1.4300	1.7341	1.1799
2003-08-22	1.7346	1.5040	2.1920	2.1205	1.8103	1.5386	1.4234	1.7277	1.1727
2003-08-29	1.7196	1.4884	2.1557	2.0946	1.7998	1.5328	1.4099	1.7143	1.1615
2003-09-05	1.7241	1.4925	2.1616	2.1129	1.8078	1.5410	1.4138	1.7215	1.1680
2003-09-12	1.7133	1.4810	2.1500	2.0929	1.7857	1.5281	1.4053	1.7136	1.1595
2003-09-19	1.6908	1.4683	2.1150	2.0590	1.7639	1.5115	1.3809	1.6835	1.1436
2003-09-26	1.6779	1.4517	2.0964	2.0401	1.7443	1.5036	1.3684	1.6621	1.1314
2003-10-10	1.7030	1.4934	2.1302	2.0572	1.7735	1.5331	1.4050	1.6942	1.1554
2003-10-17	1.6868	1.4757	2.1129	2.0355	1.7488	1.5098	1.3940	1.6823	1.1406
2003-10-24	1.7094	1.4988	2.1504	2.0590	1.7771	1.5246	1.4246	1.7277	1.1610
2003-10-31	1.7217	1.5037	2.1744	2.0736	1.7897	1.5274	1.4404	1.7257	1.1620
2003-11-07	1.7513	1.5260	2.2053	2.0807	1.7977	1.5410	1.4605	1.7702	1.1721
2003-11-14	1.7346	1.5128	2.1755	2.0561	1.7787	1.5206	1.4473	1.7601	1.1572
2003-11-21	1.7581	1.5272	2.2111	2.0893	1.7996	1.5353	1.4713	1.7785	1.1717
2003-11-28	1.7727	1.5487	2.2268	2.0887	1.8128	1.5423	1.4902	1.7886	1.1793
2003-12-05	1.8296	1.5904	2.2985	2.1421	1.8676	1.5700	1.5313	1.8339	1.2134
2003-12-12	1.8455	1.6048	2.3470	2.1720	1.8743	1.5776	1.5575	1.8530	1.2183
2003-12-19	1.8809	1.6415	2.3896	2.1981	1.8896	1.5967	1.5695	1.9064	1.2365
2003-12-26	1.9477	1.7054	2.4812	2.2624	1.9663	1.6551	1.6292	1.9679	1.2906

【基金汉盛→基金景福历年周可比净值】

截至日期	汉 盛	安 顺	裕 隆	兴 和	普 丰	天 元	金 鑫	同 盛	景 福
1999-05-14	1.0000								
1999-05-21	1.0245								
1999-05-28	1.0847								
1999-06-04	1.1165								
1999-06-11	1.1533								
1999-06-18	1.2314	1.0000	1.0000						
1999-06-25	1.3740	1.0690	1.1748						
1999-07-02	1.3770	1.0287	1.1506						
1999-07-09	1.3136	1.0351	1.1255						
1999-07-16	1.2923	1.0219	1.0742						
1999-07-23	1.3374	1.0863	1.1374						
1999-07-30	1.3540	1.0856	1.1589	1.0000	1.0000				
1999-08-06	1.3510	1.1078	1.1531	1.0336	1.0178				
1999-08-13	1.3219	1.0738	1.1129	1.0136	0.9919				
1999-08-20	1.3479	1.1048	1.1368	1.0293	1.0145				
1999-08-27	1.3400	1.1012	1.1349	1.0234	1.0111				
1999-09-03	1.3267	1.0809	1.1225	1.0046	0.9970				
1999-09-10	1.3942	1.1425	1.1900	1.0463	1.0379				
1999-09-17	1.3580	1.1184	1.1674	1.0312	1.0250	1.0000			
1999-09-24	1.3516	1.1186	1.1555	1.0253	1.0151	1.0025			
1999-10-08	1.3089	1.0925	1.1237	0.9937	0.9884	0.9891			
1999-10-15	1.2943	1.0893	1.1116	0.9878	0.9798	0.9854			
1999-10-22	1.2620	1.0534	1.0735	0.9771	0.9592	0.9724			
1999-10-29	1.2630	1.0415	1.0624	0.9723	0.9678	0.9767			
1999-11-05	1.2388	1.0188	1.0488	0.9539	0.9526	0.9710			
1999-11-12	1.2795	1.0481	1.0930	0.9910	0.9881	1.0105			
1999-11-19	1.2885	1.0599	1.0886	0.9939	0.9880	1.0148			
1999-11-26	1.2476	1.0436	1.0737	0.9799	0.9894	1.0035	1.0000	1.0000	
1999-12-03	1.2254	1.0374	1.0673	0.9741	0.9856	1.0009	0.9886	1.0044	
1999-12-10	1.2202	1.0357	1.0835	0.9762	0.9835	0.9954	0.9833	1.0045	
1999-12-17	1.2342	1.0335	1.0893	0.9790	0.9831	0.9994	0.9872	1.0065	
1999-12-24	1.1890	1.0082	1.0683	0.9547	0.9573	0.9701	0.9672	0.9996	
1999-12-31	1.2204	1.0374	1.0820	0.9639	0.9636	0.9860	0.9667	1.0013	
2000-01-07	1.3099	1.1474	1.1699	1.0370	1.0343	1.0426	1.0244	1.0287	1.0000
2000-01-14	1.2592	1.0898	1.1228	0.9899	0.9947	1.0028	0.9860	0.9901	0.9676
2000-01-21	1.3202	1.1574	1.1850	1.0370	1.0477	1.0568	1.0379	1.0176	0.9998
2000-01-28	1.4060	1.2481	1.2791	1.0891	1.1138	1.1112	1.0904	1.0583	1.0542

截至日期	汉 盛	安 顺	裕 隆	兴 和	普 丰	天 元	金 鑫	同 盛	景 福
2000-02-18	1.4824	1.3128	1.3520	1.1690	1.1358	1.2241	1.1723	1.0924	1.1025
2000-02-25	1.4960	1.3457	1.3846	1.1857	1.1360	1.2321	1.1462	1.1053	1.0807
2000-03-03	1.5374	1.3972	1.4352	1.2594	1.1989	1.3031	1.2137	1.1663	1.1158
2000-03-10	1.5339	1.3844	1.4262	1.2797	1.1817	1.2825	1.1776	1.1404	1.0911
2000-03-17	1.4975	1.3455	1.3868	1.2026	1.1559	1.2586	1.1412	1.1162	1.0423
2000-03-24	1.5792	1.3986	1.4336	1.2656	1.2546	1.3232	1.2186	1.1874	1.0936
2000-03-31	1.5708	1.3886	1.4074	1.2728	1.2519	1.3325	1.2400	1.1875	1.0963
2000-04-07	1.5711	1.3989	1.4119	1.2602	1.2559	1.3237	1.2329	1.1710	1.0930
2000-04-14	1.5446	1.3899	1.3952	1.2455	1.2498	1.3470	1.2343	1.1672	1.1097
2000-04-21	1.5278	1.4011	1.4240	1.2549	1.2563	1.3396	1.2330	1.1583	1.1132
2000-04-28	1.5569	1.4256	1.4448	1.2592	1.2743	1.3452	1.2408	1.1936	1.1322
2000-05-12	1.5231	1.3894	1.4082	1.2239	1.2387	1.3052	1.2094	1.1672	1.0952
2000-05-19	1.5270	1.4182	1.4305	1.2406	1.2574	1.3365	1.2341	1.1829	1.1173
2000-05-26	1.5770	1.4711	1.4759	1.2981	1.3184	1.3847	1.2875	1.2332	1.1731
2000-06-02	1.5898	1.4778	1.5000	1.3106	1.3367	1.4297	1.3120	1.2442	1.1884
2000-06-09	1.6074	1.5073	1.5227	1.3148	1.3498	1.3991	1.3235	1.2583	1.2024
2000-06-16	1.5820	1.4968	1.4933	1.3150	1.3479	1.4040	1.3346	1.2516	1.2014
2000-06-23	1.6129	1.5265	1.5416	1.3328	1.3667	1.4165	1.3574	1.2689	1.2197
2000-06-30	1.6147	1.5380	1.5326	1.3398	1.3831	1.4181	1.3650	1.2714	1.2334
2000-07-07	1.5888	1.5160	1.5119	1.3354	1.3684	1.4072	1.3558	1.2529	1.2297
2000-07-14	1.6512	1.5520	1.5466	1.3707	1.4015	1.4443	1.3908	1.2705	1.2705
2000-07-21	1.6356	1.5525	1.5766	1.3668	1.4127	1.4518	1.4104	1.3220	1.2626
2000-07-28	1.6448	1.5566	1.5889	1.3880	1.4189	1.4638	1.4281	1.3299	1.2635
2000-08-04	1.6982	1.5813	1.6319	1.3994	1.4376	1.4882	1.4369	1.3570	1.2832
2000-08-11	1.7361	1.6166	1.6664	1.4220	1.4621	1.5220	1.4571	1.3857	1.3146
2000-08-18	1.7090	1.6017	1.6443	1.4185	1.4608	1.5171	1.4547	1.3829	1.3045
2000-08-25	1.6859	1.6070	1.6292	1.4107	1.4635	1.5232	1.4548	1.3795	1.2882
2000-09-01	1.6384	1.5672	1.6011	1.3799	1.4300	1.4936	1.4262	1.3470	1.2647
2000-09-08	1.6392	1.5464	1.5904	1.3553	1.4116	1.4667	1.3992	1.3352	1.2557
2000-09-15	1.6414	1.5548	1.5800	1.3593	1.4179	1.4922	1.4012	1.3431	1.2569
2000-09-22	1.6015	1.5142	1.5232	1.3224	1.3836	1.4596	1.3636	1.3109	1.2290
2000-09-29	1.6249	1.5233	1.5375	1.3340	1.3862	1.4812	1.3714	1.3167	1.2444
2000-10-13	1.6162	1.5119	1.5062	1.3336	1.3852	1.4752	1.3665	1.3112	1.2404
2000-10-20	1.6484	1.5348	1.5414	1.3486	1.4062	1.4906	1.3810	1.3293	1.2705
2000-10-27	1.6437	1.5503	1.5342	1.3562	1.4099	1.4842	1.3947	1.3430	1.2778
2000-11-03	1.6569	1.5564	1.5616	1.3612	1.4180	1.4962	1.4102	1.3473	1.2918
2000-11-10	1.7198	1.6160	1.5976	1.3997	1.4536	1.5187	1.4416	1.3831	1.3306
2000-11-17	1.7333	1.6558	1.6251	1.4136	1.4720	1.5301	1.4609	1.3918	1.3433

【基金汉盛→基金景福历年周可比净值】

截至日期	汉 盛	安 顺	裕 隆	兴 和	普 丰	天 元	金 鑫	同 盛	景 福
2000-11-24	1.7157	1.6336	1.6081	1.4054	1.4670	1.5391	1.4498	1.3814	1.3357
2000-12-01	1.6975	1.6239	1.6081	1.3972	1.4663	1.5440	1.4453	1.3765	1.3289
2000-12-08	1.6925	1.6061	1.5992	1.3912	1.4651	1.5422	1.4423	1.3680	1.3204
2000-12-15	1.6967	1.5896	1.5892	1.4053	1.4619	1.5603	1.4396	1.3879	1.3284
2000-12-22	1.7313	1.6211	1.6017	1.4176	1.4779	1.5763	1.4624	1.4093	1.3433
2000-12-29	1.7559	1.6352	1.6051	1.4183	1.4698	1.5851	1.4790	1.4197	1.3531
2001-01-05	1.7720	1.6530	1.6225	1.4398	1.4964	1.6231	1.4998	1.4439	1.3735
2001-01-12	1.7220	1.6228	1.5663	1.4341	1.4640	1.5693	1.4728	1.4316	1.3575
2001-01-19	1.6917	1.6078	1.5418	1.4279	1.4416	1.5438	1.4557	1.4237	1.3358
2001-02-09	1.5896	1.5393	1.4544	1.3847	1.3713	1.4724	1.3858	1.3496	1.2594
2001-02-16	1.5775	1.5336	1.4572	1.3760	1.3636	1.4647	1.3729	1.3497	1.2473
2001-02-23	1.5814	1.5505	1.4618	1.3793	1.3634	1.4620	1.3621	1.3606	1.2543
2001-03-02	1.5962	1.5758	1.4842	1.3924	1.3996	1.4853	1.3911	1.3727	1.2761
2001-03-09	1.6087	1.5902	1.5002	1.4019	1.4082	1.4959	1.4096	1.3787	1.2889
2001-03-16	1.6096	1.5839	1.4981	1.4053	1.4124	1.4914	1.4124	1.3782	1.2905
2001-03-23	1.6273	1.6121	1.5178	1.4272	1.4330	1.5124	1.4366	1.4001	1.3020
2001-03-30	1.6461	1.6508	1.5328	1.4376	1.4524	1.5323	1.4479	1.4251	1.3231
2001-04-06	1.6411	1.6474	1.5239	1.4471	1.4414	1.5323	1.4505	1.4331	1.3158
2001-04-13	1.6636	1.6853	1.5453	1.4689	1.4627	1.5679	1.4648	1.4559	1.3434
2001-04-20	1.6940	1.6851	1.5655	1.4816	1.4776	1.5941	1.4716	1.4638	1.3666
2001-04-27	1.6474	1.6434	1.5356	1.4604	1.4458	1.5616	1.4486	1.4344	1.3231
2001-05-11	1.6437	1.6653	1.5334	1.4703	1.4530	1.5619	1.4684	1.4442	1.3340
2001-05-18	1.6834	1.7083	1.5703	1.4894	1.4774	1.6090	1.4842	1.4697	1.3746
2001-05-25	1.6509	1.6854	1.5341	1.4844	1.4672	1.5876	1.4735	1.4559	1.3713
2001-06-01	1.6545	1.6954	1.5355	1.4920	1.4743	1.5838	1.4732	1.4650	1.3927
2001-06-08	1.6495	1.6934	1.5375	1.4937	1.4751	1.5768	1.4841	1.4662	1.3883
2001-06-15	1.6454	1.6855	1.5345	1.4906	1.4755	1.5733	1.4801	1.4683	1.3707
2001-06-22	1.6425	1.6814	1.5340	1.4950	1.4717	1.5656	1.4793	1.4856	1.3822
2001-06-29	1.6536	1.6913	1.5346	1.5032	1.4805	1.5646	1.4856	1.4812	1.3860
2001-07-06	1.6285	1.6868	1.5233	1.4892	1.4688	1.5445	1.4727	1.4664	1.3722
2001-07-13	1.6279	1.6704	1.5153	1.4892	1.4655	1.5396	1.4580	1.4605	1.3817
2001-07-20	1.6292	1.6575	1.5159	1.4804	1.4627	1.5379	1.4647	1.4513	1.3835
2001-07-27	1.5690	1.5791	1.4699	1.4449	1.4226	1.4900	1.4224	1.3900	1.3156
2001-08-03	1.5160	1.5038	1.4155	1.4022	1.3758	1.4210	1.3698	1.3289	1.2649
2001-08-10	1.5160	1.5258	1.4122	1.3964	1.3734	1.4152	1.3745	1.3259	1.2632
2001-08-17	1.5049	1.5121	1.4012	1.3856	1.3585	1.4031	1.3646	1.3179	1.2584
2001-08-24	1.5035	1.5041	1.4043	1.3839	1.3551	1.3975	1.3654	1.3131	1.2490
2001-08-31	1.4890	1.4831	1.3910	1.3678	1.3306	1.3682	1.3279	1.2999	1.2364

截至日期	汉 盛	安 顺	裕 隆	兴 和	普 丰	天 元	金 鑫	同 盛	景 福
2001-09-07	1.4839	1.4736	1.3993	1.3665	1.3238	1.3756	1.3264	1.3038	1.2279
2001-09-14	1.4857	1.4905	1.4109	1.3681	1.3210	1.3874	1.3264	1.3192	1.1996
2001-09-21	1.4748	1.4902	1.3972	1.3652	1.3207	1.3882	1.3145	1.3195	1.1880
2001-09-28	1.4582	1.4874	1.3799	1.3544	1.2978	1.3735	1.2903	1.2998	1.1640
2001-10-12	1.4069	1.4557	1.3417	1.3148	1.2527	1.3207	1.2447	1.2692	1.1243
2001-10-19	1.3602	1.4193	1.2913	1.2879	1.2163	1.2676	1.1889	1.2128	1.0869
2001-10-26	1.4002	1.4718	1.3276	1.3220	1.2447	1.2715	1.2415	1.2638	1.1159
2001-11-02	1.4089	1.4879	1.3401	1.3342	1.2474	1.2878	1.2556	1.2747	1.1006
2001-11-09	1.3788	1.4723	1.3042	1.3048	1.2165	1.2655	1.2138	1.2497	1.0664
2001-11-16	1.4066	1.4957	1.3234	1.3269	1.2396	1.2770	1.2434	1.2708	1.0856
2001-11-23	1.4247	1.4983	1.3415	1.3386	1.2558	1.2957	1.2618	1.2851	1.1036
2001-11-30	1.4370	1.5078	1.3508	1.3481	1.2659	1.3066	1.2792	1.2943	1.1098
2001-12-07	1.4651	1.5119	1.3561	1.3509	1.2719	1.3125	1.2859	1.3000	1.1179
2001-12-14	1.4222	1.4928	1.3308	1.3219	1.2472	1.2822	1.2541	1.2741	1.0904
2001-12-21	1.4002	1.4790	1.3162	1.3010	1.2269	1.2637	1.2342	1.2603	1.0698
2001-12-28	1.4126	1.4863	1.3194	1.3063	1.2295	1.2694	1.2397	1.2693	1.0784
2002-01-04	1.4083	1.4864	1.3182	1.3014	1.2256	1.2657	1.2358	1.2657	1.0715
2002-01-11	1.3667	1.4608	1.2957	1.2755	1.1969	1.2376	1.2011	1.2390	1.0464
2002-01-18	1.2921	1.4202	1.2484	1.2178	1.1395	1.1986	1.1335	1.1971	1.0043
2002-01-25	1.3210	1.4617	1.2777	1.2423	1.1582	1.2298	1.1616	1.2353	1.0408
2002-02-01	1.3310	1.4742	1.2943	1.2595	1.1796	1.2451	1.1830	1.2579	1.0600
2002-02-08	1.3394	1.4845	1.3018	1.2693	1.1889	1.2524	1.1936	1.2644	1.0754
2002-03-01	1.3364	1.4797	1.2959	1.2681	1.1871	1.2471	1.1815	1.2577	1.0686
2002-03-08	1.3666	1.5116	1.3430	1.3091	1.2365	1.2985	1.2428	1.3027	1.1144
2002-03-15	1.3720	1.5298	1.3447	1.3140	1.2488	1.3090	1.2568	1.3017	1.1175
2002-03-22	1.3789	1.5477	1.3446	1.3234	1.2532	1.3087	1.2721	1.3096	1.1249
2002-03-29	1.3658	1.5208	1.3291	1.3067	1.2333	1.2857	1.2540	1.2912	1.1015
2002-04-05	1.3701	1.5231	1.3334	1.3208	1.2431	1.2826	1.2608	1.3025	1.1099
2002-04-12	1.3831	1.5377	1.3393	1.3386	1.2559	1.2991	1.2733	1.3132	1.1257
2002-04-19	1.3707	1.5195	1.3286	1.3182	1.2496	1.2784	1.2500	1.3008	1.1065
2002-04-26	1.3734	1.5202	1.3304	1.3273	1.2581	1.2821	1.2586	1.3062	1.1100
2002-04-30	1.3805	1.5333	1.3498	1.3467	1.2745	1.2941	1.2704	1.3156	1.1197
2002-05-10	1.3722	1.5196	1.3396	1.3328	1.2664	1.2831	1.2570	1.3026	1.1084
2002-05-17	1.3496	1.4852	1.3049	1.2865	1.2291	1.2589	1.2115	1.2602	1.0672
2002-05-24	1.3522	1.4846	1.3069	1.2875	1.2341	1.2592	1.2081	1.2584	1.0622
2002-05-31	1.3435	1.4687	1.2983	1.2750	1.2234	1.2529	1.1924	1.2502	1.0530
2002-06-07	1.3506	1.4787	1.3053	1.2807	1.2270	1.2611	1.2009	1.2588	1.0626
2002-06-14	1.3398	1.4691	1.2912	1.2645	1.2186	1.2497	1.1882	1.2499	1.0454

【基金汉盛→基金景福历年周可比净值】

截至日期	汉 盛	安 顺	裕 隆	兴 和	普 丰	天 元	金 鑫	同 盛	景 福
2002-06-21	1.3584	1.4887	1.3167	1.2999	1.2422	1.2689	1.2159	1.2702	1.0781
2002-06-28	1.4083	1.5608	1.3852	1.3954	1.2913	1.3395	1.2879	1.3412	1.1490
2002-07-05	1.4020	1.5522	1.3812	1.3877	1.2815	1.3298	1.2837	1.3299	1.1396
2002-07-12	1.3908	1.5478	1.3740	1.3801	1.2742	1.3321	1.2753	1.3157	1.1355
2002-07-19	1.3886	1.5449	1.3769	1.3864	1.2791	1.3310	1.2801	1.3157	1.1363
2002-07-26	1.3678	1.5155	1.3513	1.3631	1.2540	1.3105	1.2611	1.2933	1.1212
2002-08-02	1.3693	1.5213	1.3408	1.3605	1.2533	1.3104	1.2625	1.2928	1.1159
2002-08-09	1.3638	1.5138	1.3335	1.3587	1.2463	1.3042	1.2585	1.2851	1.1094
2002-08-16	1.3590	1.5082	1.3278	1.3562	1.2426	1.3011	1.2577	1.2802	1.1062
2002-08-23	1.3794	1.5264	1.3549	1.3781	1.2673	1.3249	1.2811	1.3073	1.1256
2002-08-30	1.3714	1.5119	1.3482	1.3652	1.2565	1.3166	1.2712	1.3004	1.1190
2002-09-06	1.3543	1.4952	1.3303	1.3484	1.2389	1.2988	1.2543	1.2788	1.1075
2002-09-13	1.3453	1.4889	1.3236	1.3408	1.2281	1.2900	1.2446	1.2708	1.0997
2002-09-20	1.3348	1.4807	1.3237	1.3340	1.2171	1.2849	1.2358	1.2592	1.0956
2002-09-27	1.3247	1.4663	1.3555	1.3647	1.2014	1.2724	1.2247	1.2453	1.0799
2002-10-11	1.2947	1.4350	1.3174	1.3200	1.1705	1.2459	1.2006	1.2165	1.0374
2002-10-18	1.2792	1.4207	1.3144	1.3161	1.1634	1.2348	1.1912	1.2015	1.0280
2002-10-25	1.2822	1.4255	1.3163	1.3241	1.1687	1.2380	1.2005	1.2022	1.0348
2002-11-01	1.2662	1.4114	1.3017	1.3117	1.1573	1.2271	1.1881	1.1918	1.0207
2002-11-08	1.2816	1.4282	1.3255	1.3381	1.1721	1.2404	1.2023	1.2094	1.0358
2002-11-15	1.2479	1.3988	1.2816	1.2961	1.1331	1.2184	1.1719	1.1796	1.0050
2002-11-22	1.2071	1.3661	1.2096	1.2290	1.0910	1.1830	1.1393	1.1439	0.9708
2002-11-29	1.2198	1.3854	1.2348	1.2521	1.1094	1.1948	1.1570	1.1605	0.9855
2002-12-06	1.2068	1.3706	1.2079	1.2344	1.0954	1.1844	1.1440	1.1462	0.9698
2002-12-13	1.1952	1.3575	1.1835	1.2201	1.0845	1.1728	1.1288	1.1291	0.9615
2002-12-20	1.2097	1.3796	1.2020	1.2388	1.1011	1.1876	1.1452	1.1446	0.9816
2002-12-27	1.1897	1.3664	1.1790	1.2137	1.0825	1.1692	1.1250	1.1172	0.9592
2003-01-03	1.1561	1.3183	1.1425	1.1823	1.0596	1.1435	1.0916	1.0809	0.9280
2003-01-10	1.1944	1.3575	1.2028	1.2331	1.0942	1.1729	1.1283	1.1187	0.9581
2003-01-17	1.2392	1.4055	1.2543	1.2895	1.1261	1.2160	1.1679	1.1651	0.9941
2003-01-24	1.2326	1.3987	1.2414	1.2843	1.1196	1.2070	1.1604	1.1569	0.9802
2003-01-29	1.2537	1.4204	1.2628	1.3072	1.1392	1.2290	1.1794	1.1802	0.9996
2003-02-14	1.2571	1.4194	1.2575	1.3070	1.1388	1.2250	1.1842	1.1825	1.0014
2003-02-21	1.2452	1.4124	1.2472	1.2974	1.1293	1.2120	1.1725	1.1736	0.9899
2003-02-28	1.2597	1.4249	1.2629	1.3100	1.1392	1.2246	1.1817	1.1835	1.0004
2003-03-07	1.2601	1.4234	1.2660	1.3085	1.1346	1.2204	1.1747	1.1902	0.9971
2003-03-14	1.2514	1.4105	1.2578	1.2956	1.1230	1.2097	1.1647	1.1836	0.9834
2003-03-21	1.2593	1.4187	1.2629	1.3001	1.1248	1.2166	1.1653	1.1868	0.9776

截至日期	汉盛	安顺	裕隆	兴和	普丰	天元	金鑫	同盛	景福
2003-03-28	1.2772	1.4400	1.2793	1.3243	1.1383	1.2406	1.1804	1.2026	0.9940
2003-04-04	1.2923	1.4554	1.2965	1.3394	1.1481	1.2541	1.1924	1.2203	1.0086
2003-04-11	1.3483	1.5058	1.3475	1.4049	1.1833	1.3098	1.2295	1.2615	1.0495
2003-04-18	1.3802	1.5535	1.4015	1.4366	1.2045	1.3415	1.2642	1.2956	1.0776
2003-04-25	1.2905	1.4512	1.3331	1.3500	1.1299	1.2621	1.2041	1.2273	1.0165
2003-05-02	1.3516	1.4821	1.3743	1.3943	1.1822	1.3165	1.2340	1.2663	1.0544
2003-05-16	1.3856	1.5123	1.4086	1.4326	1.2264	1.3476	1.2570	1.2913	1.1106
2003-05-23	1.3969	1.5243	1.4223	1.4410	1.2370	1.3563	1.2649	1.2971	1.1226
2003-05-30	1.3868	1.5202	1.4148	1.4358	1.2321	1.3486	1.2571	1.3016	1.1154
2003-06-06	1.3586	1.4832	1.3916	1.4159	1.2047	1.3256	1.2391	1.2773	1.0974
2003-06-13	1.3640	1.4970	1.3961	1.4284	1.2110	1.3374	1.2493	1.2852	1.1012
2003-06-20	1.3371	1.4657	1.3693	1.4007	1.1872	1.3118	1.2271	1.2579	1.0805
2003-06-27	1.3249	1.4471	1.3538	1.3796	1.1763	1.3031	1.2163	1.2460	1.0694
2003-07-04	1.3479	1.4499	1.3656	1.3922	1.1909	1.3221	1.2246	1.2593	1.0777
2003-07-11	1.3714	1.4822	1.3856	1.4105	1.2036	1.3489	1.2467	1.2806	1.0921
2003-07-18	1.3795	1.4883	1.3957	1.4098	1.2081	1.3600	1.2489	1.2926	1.0925
2003-07-25	1.3382	1.4684	1.3583	1.3765	1.1747	1.3345	1.2212	1.2654	1.0657
2003-08-01	1.3403	1.4695	1.3592	1.3729	1.1736	1.3373	1.2250	1.2621	1.0630
2003-08-08	1.3383	1.4711	1.3571	1.3699	1.1739	1.3319	1.2228	1.2635	1.0606
2003-08-15	1.3134	1.4611	1.3345	1.3496	1.1542	1.3071	1.2079	1.2431	1.0398
2003-08-22	1.3078	1.4582	1.3278	1.3432	1.1464	1.3038	1.2060	1.2423	1.0343
2003-08-29	1.2984	1.4424	1.3179	1.3260	1.1401	1.2945	1.1910	1.2283	1.0228
2003-09-05	1.3017	1.4522	1.3230	1.3360	1.1424	1.2974	1.1971	1.2283	1.0289
2003-09-12	1.2932	1.4405	1.3095	1.3256	1.1346	1.2889	1.1838	1.2196	1.0159
2003-09-19	1.2737	1.4218	1.2964	1.3042	1.1212	1.2673	1.1679	1.2024	1.0029
2003-09-26	1.2564	1.4070	1.2808	1.2910	1.1092	1.2575	1.1569	1.1926	0.9888
2003-10-10	1.2782	1.4238	1.3125	1.3113	1.1304	1.2808	1.1748	1.1997	1.0025
2003-10-17	1.2608	1.4097	1.2902	1.2911	1.1139	1.2672	1.1648	1.1820	0.9868
2003-10-24	1.2849	1.4247	1.3175	1.3176	1.1352	1.2940	1.1802	1.1987	0.9984
2003-10-31	1.3004	1.4262	1.3233	1.3087	1.1233	1.3061	1.1800	1.2003	0.9934
2003-11-07	1.3214	1.4278	1.3346	1.3248	1.1364	1.3289	1.1909	1.1946	1.0070
2003-11-14	1.3061	1.4137	1.3210	1.3126	1.1249	1.3126	1.1812	1.1721	0.9978
2003-11-21	1.3187	1.4316	1.3415	1.3437	1.1396	1.3316	1.1978	1.1983	1.0100
2003-11-28	1.3329	1.4295	1.3513	1.3562	1.1550	1.3409	1.2052	1.2083	1.0206
2003-12-05	1.3801	1.4606	1.3916	1.4055	1.1864	1.3844	1.2389	1.2480	1.0521
2003-12-12	1.3938	1.4736	1.3946	1.4289	1.1969	1.4009	1.2492	1.2623	1.0652
2003-12-19	1.4141	1.4890	1.3982	1.4313	1.1977	1.4205	1.2630	1.2597	1.0826
2003-12-26	1.4710	1.5330	1.4533	1.4867	1.2302	1.4738	1.3138	1.2978	1.1328

【基金汉兴→基金金元历年周可比净值】

截至日期	汉 兴	裕 元	景 博	景 阳	裕 华	裕 泽	同 智	兴 科	金 元
1999-11-12		1.0077	1.0636	1.0350					
1999-11-19		1.0119	1.0660	1.0375					
1999-11-26		1.0100	1.0621	1.0343					
1999-12-03		1.0156	1.0583	1.0321					
1999-12-10		1.0160	1.0646	1.0382					
1999-12-17		1.0180	1.0657	1.0380					
1999-12-24		1.0048	1.0543	1.0223					
1999-12-31		1.0163	1.0603	1.0314					
2000-01-07	1.0000	1.0902	1.0821	1.0686					
2000-01-14	0.9864	1.0579	1.0618	1.0375					
2000-01-21	1.0300	1.1134	1.1040	1.1221					
2000-01-28	1.1004	1.2082	1.1441	1.2174					
2000-02-18	1.1633	1.3016	1.1918	1.3372					
2000-02-25	1.1591	1.3165	1.1969	1.3256					
2000-03-03	1.2069	1.3707	1.2306	1.3826					
2000-03-10	1.2074	1.3535	1.2224	1.3591					
2000-03-17	1.1851	1.3160	1.2215	1.3183					
2000-03-24	1.2567	1.3845	1.2587	1.3216					
2000-03-31	1.2505	1.3760	1.2623	1.3031					
2000-04-07	1.2550	1.3827	1.2685	1.2908					
2000-04-14	1.2322	1.3619	1.2736	1.2839					
2000-04-21	1.2152	1.3612	1.2624	1.2739					
2000-04-28	1.2349	1.3817	1.2769	1.3027					
2000-05-12	1.1973	1.3429	1.2408	1.2652					
2000-05-19	1.2069	1.3581	1.2580	1.2860					
2000-05-26	1.2621	1.3977	1.2944	1.3306					
2000-06-02	1.2693	1.4046	1.3136	1.3325					
2000-06-09	1.2870	1.4403	1.3201	1.3357					
2000-06-16	1.2595	1.4198	1.3117	1.3258					
2000-06-23	1.2845	1.4853	1.3321	1.3687					
2000-06-30	1.2810	1.4804	1.3407	1.3833					
2000-07-07	1.2635	1.4643	1.3389	1.3818					
2000-07-14	1.3091	1.4945	1.3883	1.4094	1.1245	1.1246			
2000-07-21	1.2966	1.4888	1.3836	1.4015	1.1261	1.1209	1.0738		
2000-07-28	1.3046	1.5595	1.4155	1.3973	1.1615	1.1468	1.0992		
2000-08-04	1.3519	1.5977	1.4376	1.4220	1.1656	1.1755	1.1157		
2000-08-11	1.3873	1.6248	1.4585	1.4528	1.1771	1.1902	1.1260		
2000-08-18	1.3629	1.5991	1.4521	1.4329	1.1779	1.1804	1.1278		
2000-08-25	1.3345	1.5905	1.4539	1.4280	1.1726	1.1645	1.1340	1.0550	
2000-09-01	1.2968	1.5619	1.4236	1.4048	1.1502	1.1447	1.1112	1.0454	

截至日期	汉 兴	裕 元	景 博	景 阳	裕 华	裕 泽	同 智	兴 科	金 元
2000-09-08	1.2894	1.5461	1.3981	1.3812	1.1405	1.1432	1.1010	1.0629	0.9979
2000-09-15	1.2895	1.5432	1.4051	1.3844	1.1457	1.1477	1.1061	1.0743	1.0059
2000-09-22	1.2558	1.4902	1.3731	1.3458	1.1279	1.1225	1.0877	1.0442	0.9845
2000-09-29	1.2698	1.4996	1.3939	1.3632	1.1311	1.1303	1.0882	1.0530	0.9913
2000-10-13	1.2650	1.4636	1.3869	1.3403	1.1237	1.1198	1.0860	1.0512	0.9946
2000-10-20	1.2886	1.4940	1.4003	1.3647	1.1366	1.1380	1.0883	1.0577	1.0005
2000-10-27	1.2890	1.4806	1.4186	1.3753	1.1308	1.1333	1.1010	1.0570	1.0117
2000-11-03	1.3030	1.5070	1.4308	1.3925	1.1328	1.1442	1.1087	1.0757	1.0185
2000-11-10	1.3459	1.5510	1.4551	1.4434	1.1661	1.1844	1.1278	1.1069	1.0352
2000-11-17	1.3553	1.5830	1.4826	1.4648	1.1795	1.1977	1.1320	1.1131	1.0543
2000-11-24	1.3424	1.5651	1.4623	1.4477	1.1776	1.1862	1.1279	1.1055	1.0464
2000-12-01	1.3300	1.5779	1.4594	1.4419	1.1835	1.1897	1.1238	1.0955	1.0432
2000-12-08	1.3288	1.5655	1.4457	1.4326	1.1790	1.1799	1.1178	1.1008	1.0552
2000-12-15	1.3373	1.5620	1.4347	1.4279	1.1769	1.1775	1.1471	1.1071	1.0622
2000-12-22	1.3689	1.5648	1.4624	1.4524	1.1913	1.1900	1.1607	1.1140	1.0755
2000-12-29	1.3858	1.5776	1.4751	1.4705	1.1997	1.1957	1.1695	1.1112	1.0802
2001-01-05	1.3952	1.5909	1.5092	1.5021	1.2085	1.1999	1.1985	1.1251	1.1036
2001-01-12	1.3525	1.5468	1.4960	1.4858	1.1988	1.1761	1.2003	1.1130	1.0735
2001-01-19	1.3230	1.5291	1.4694	1.4571	1.1759	1.1554	1.1899	1.1049	1.0567
2001-02-09	1.2292	1.4559	1.3832	1.3694	1.1287	1.0989	1.1348	1.0634	1.0002
2001-02-16	1.2188	1.4490	1.3788	1.3619	1.1282	1.0988	1.1292	1.0582	0.9912
2001-02-23	1.2353	1.4521	1.3805	1.3694	1.1222	1.0959	1.1392	1.0545	0.9873
2001-03-02	1.2493	1.4696	1.4015	1.3821	1.1293	1.1138	1.1395	1.0723	1.0168
2001-03-09	1.2677	1.4858	1.4156	1.4022	1.1314	1.1223	1.1411	1.0836	1.0219
2001-03-16	1.2675	1.4773	1.4165	1.4073	1.1396	1.1192	1.1460	1.0942	1.0361
2001-03-23	1.2859	1.5028	1.4305	1.4183	1.1538	1.1398	1.1574	1.1043	1.0493
2001-03-30	1.3022	1.5169	1.4663	1.4479	1.1693	1.1575	1.1727	1.1324	1.0709
2001-04-06	1.3043	1.5057	1.4651	1.4512	1.1642	1.1516	1.1710	1.1373	1.0770
2001-04-13	1.3327	1.5046	1.4944	1.4846	1.1836	1.1687	1.1875	1.1526	1.0890
2001-04-20	1.3520	1.5190	1.5143	1.5082	1.1898	1.1779	1.1974	1.1782	1.1148
2001-04-27	1.3162	1.4978	1.4592	1.4559	1.1685	1.1586	1.1746	1.1484	1.0950
2001-05-11	1.3147	1.5061	1.4581	1.4530	1.1818	1.1642	1.1796	1.1591	1.1032
2001-05-18	1.3498	1.5267	1.4898	1.4835	1.1976	1.1888	1.1925	1.1836	1.1476
2001-05-25	1.3149	1.5156	1.4658	1.4560	1.1832	1.1662	1.1834	1.1741	1.1382
2001-06-01	1.3159	1.5248	1.4756	1.4664	1.1979	1.1742	1.1935	1.1820	1.1403
2001-06-08	1.3109	1.5264	1.4756	1.4630	1.2000	1.1688	1.2019	1.1726	1.1380
2001-06-15	1.3046	1.5304	1.4761	1.4577	1.2022	1.1665	1.2010	1.1706	1.1258
2001-06-22	1.3063	1.5255	1.4831	1.4643	1.2021	1.1629	1.2081	1.1671	1.1130
2001-06-29	1.3093	1.5301	1.4927	1.4742	1.2142	1.1719	1.2170	1.1645	1.1149
2001-07-06	1.2893	1.5082	1.4701	1.4526	1.1988	1.1597	1.2075	1.1485	1.1015
2001-07-13	1.2867	1.5034	1.4717	1.4605	1.1986	1.1634	1.2151	1.1471	1.1049

【基金汉兴→基金金元历年周可比净值】

截至日期	汉兴	裕元	景博	景阳	裕华	裕泽	同智	兴科	金元
2001-07-20	1.2853	1.4802	1.4748	1.4672	1.2076	1.1698	1.2190	1.1511	1.1067
2001-07-27	1.2175	1.4530	1.4152	1.3951	1.1800	1.1256	1.1880	1.1273	1.0603
2001-08-03	1.1697	1.4181	1.3615	1.3459	1.1469	1.0942	1.1647	1.0934	1.0142
2001-08-10	1.1666	1.4181	1.3545	1.3422	1.1513	1.0913	1.1665	1.0914	1.0189
2001-08-17	1.1580	1.4169	1.3459	1.3354	1.1465	1.0894	1.1617	1.0838	1.0052
2001-08-24	1.1542	1.4237	1.3421	1.3280	1.1553	1.0947	1.1580	1.0854	0.9974
2001-08-31	1.1422	1.4102	1.3193	1.3181	1.1468	1.0828	1.1463	1.0700	0.9735
2001-09-07	1.1419	1.4130	1.3156	1.3163	1.1381	1.0784	1.1481	1.0641	0.9784
2001-09-14	1.1475	1.4118	1.3070	1.3100	1.1381	1.0872	1.1521	1.0752	0.9812
2001-09-21	1.1406	1.4071	1.3039	1.3088	1.1279	1.0813	1.1496	1.0682	0.9761
2001-09-28	1.1246	1.4051	1.2816	1.2905	1.1193	1.0692	1.1389	1.0585	0.9654
2001-10-12	1.0778	1.3853	1.2175	1.2438	1.1023	1.0310	1.1032	1.0290	0.9263
2001-10-19	1.0332	1.3713	1.1765	1.2165	1.0865	0.9869	1.0665	1.0014	0.8845
2001-10-26	1.0780	1.3887	1.2123	1.2457	1.0963	1.0310	1.1034	1.0255	0.8866
2001-11-02	1.0922	1.3912	1.2221	1.2521	1.1006	1.0386	1.1074	1.0338	0.8980
2001-11-09	1.0578	1.3623	1.1813	1.2252	1.0787	1.0084	1.0868	1.0142	0.8739
2001-11-16	1.0830	1.3840	1.2046	1.2418	1.0913	1.0324	1.1049	1.0243	0.8898
2001-11-23	1.0987	1.3956	1.2235	1.2602	1.0969	1.0446	1.1112	1.0310	0.9076
2001-11-30	1.1099	1.4060	1.2348	1.2719	1.1060	1.0533	1.1223	1.0391	0.9179
2001-12-07	1.1184	1.4059	1.2430	1.2775	1.1137	1.0615	1.1259	1.0443	0.9184
2001-12-14	1.0837	1.3814	1.2187	1.2492	1.0897	1.0336	1.1051	1.0194	0.8977
2001-12-21	1.0602	1.3695	1.2040	1.2342	1.0760	1.0197	1.0906	1.0071	0.8835
2001-12-28	1.0677	1.3692	1.2194	1.2432	1.0790	1.0200	1.0994	1.0119	0.8904
2002-01-04	1.0602	1.3579	1.2144	1.2379	1.0752	1.0175	1.0948	1.0083	0.8846
2002-01-11	1.0304	1.3345	1.1915	1.2125	1.0502	0.9937	1.0665	0.9903	0.8655
2002-01-18	0.9728	1.2907	1.1417	1.1656	1.0459	0.9625	1.0205	0.9624	0.8236
2002-01-25	0.9999	1.3355	1.1649	1.1931	1.0533	0.9884	1.0554	0.9845	0.8427
2002-02-01	1.0119	1.3569	1.1775	1.2073	1.0650	1.0000	1.0797	1.0039	0.8518
2002-02-08	1.0170	1.3687	1.1916	1.2264	1.0671	1.0116	1.0902	1.0081	0.8589
2002-03-01	1.0158	1.3609	1.1867	1.2193	1.0660	1.0071	1.0829	1.0064	0.8538
2002-03-08	1.0426	1.4186	1.2272	1.2641	1.1113	1.0592	1.1184	1.0370	0.8998
2002-03-15	1.0423	1.4206	1.2333	1.2733	1.1100	1.0576	1.1160	1.0360	0.9086
2002-03-22	1.0459	1.4242	1.2401	1.2801	1.1059	1.0617	1.1277	1.0413	0.9166
2002-03-29	1.0346	1.3990	1.2235	1.2630	1.0899	1.0468	1.1090	1.0221	0.8996
2002-04-05	1.0392	1.4040	1.2255	1.2664	1.0953	1.0540	1.1227	1.0282	0.9043
2002-04-12	1.0499	1.4088	1.2442	1.2834	1.1058	1.0608	1.1276	1.0346	0.9121
2002-04-19	1.0364	1.3927	1.2285	1.2694	1.0904	1.0407	1.1115	1.0182	0.8913
2002-04-26	1.0389	1.3961	1.2337	1.2728	1.0956	1.0461	1.1136	1.0244	0.8939
2002-04-30	1.0474	1.4137	1.2500	1.2825	1.1176	1.0643	1.1262	1.0399	0.9060
2002-05-10	1.0423	1.4009	1.2377	1.2731	1.1055	1.0540	1.1196	1.0297	0.8954
2002-05-17	1.0151	1.3567	1.2012	1.2449	1.0671	1.0164	1.0808	0.9985	0.8748

截至日期	汉 兴	裕 元	景 博	景 阳	裕 华	裕 泽	同 智	兴 科	金 元
2002-05-24	1.0164	1.3624	1.1976	1.2425	1.0701	1.0172	1.0761	1.0021	0.8806
2002-05-31	1.0087	1.3530	1.1906	1.2382	1.0675	1.0084	1.0694	0.9947	0.8661
2002-06-07	1.0170	1.3646	1.1941	1.2464	1.0772	1.0141	1.0801	0.9989	0.8716
2002-06-14	1.0070	1.3433	1.1790	1.2284	1.0621	1.0029	1.0686	0.9824	0.8570
2002-06-21	1.0233	1.3706	1.2112	1.2546	1.0843	1.0206	1.0909	1.0092	0.8848
2002-06-28	1.0691	1.4493	1.2758	1.3193	1.1325	1.0753	1.1505	1.0646	0.9443
2002-07-05	1.0646	1.4451	1.2660	1.3095	1.1355	1.0776	1.1404	1.0631	0.9403
2002-07-12	1.0539	1.4354	1.2625	1.3049	1.1289	1.0730	1.1327	1.0577	0.9361
2002-07-19	1.0520	1.4392	1.2693	1.3196	1.1320	1.0746	1.1304	1.0590	0.9345
2002-07-26	1.0353	1.4147	1.2511	1.3046	1.1163	1.0561	1.1107	1.0430	0.9067
2002-08-02	1.0346	1.4119	1.2465	1.2992	1.1144	1.0516	1.1036	1.0363	0.9091
2002-08-09	1.0295	1.4009	1.2427	1.2973	1.1076	1.0472	1.0997	1.0336	0.9038
2002-08-16	1.0257	1.3971	1.2403	1.2986	1.1039	1.0431	1.0961	1.0306	0.9007
2002-08-23	1.0432	1.4222	1.2578	1.3151	1.1236	1.0635	1.1165	1.0435	0.9192
2002-08-30	1.0380	1.4111	1.2513	1.3066	1.1190	1.0615	1.1091	1.0386	0.9061
2002-09-06	1.0260	1.3964	1.2440	1.2981	1.1080	1.0497	1.0938	1.0239	0.8898
2002-09-13	1.0170	1.3874	1.2353	1.2892	1.1006	1.0427	1.0865	1.0179	0.8798
2002-09-20	1.0083	1.3826	1.2261	1.2833	1.0976	1.0386	1.0848	1.0115	0.8735
2002-09-27	0.9963	1.3871	1.2079	1.2673	1.0950	1.0331	1.0723	1.0006	0.8583
2002-10-11	0.9737	1.3521	1.1695	1.2330	1.0822	1.0090	1.0499	0.9747	0.8298
2002-10-18	0.9588	1.3484	1.1558	1.2212	1.0736	1.0047	1.0390	0.9680	0.8243
2002-10-25	0.9588	1.3547	1.1638	1.2242	1.0758	1.0101	1.0446	0.9719	0.8294
2002-11-01	0.9466	1.3465	1.1469	1.2117	1.0593	0.9992	1.0326	0.9624	0.8252
2002-11-08	0.9595	1.3652	1.1628	1.2254	1.0796	1.0148	1.0481	0.9764	0.8329
2002-11-15	0.9335	1.3311	1.1214	1.1973	1.0482	0.9848	1.0238	0.9549	0.8098
2002-11-22	0.9011	1.2799	1.0862	1.1631	1.0100	0.9546	1.0006	0.9284	0.7902
2002-11-29	0.9172	1.3015	1.1046	1.1816	1.0236	0.9668	1.0133	0.9384	0.7984
2002-12-06	0.9063	1.2814	1.0893	1.1689	1.0113	0.9548	1.0035	0.9309	0.7910
2002-12-13	0.8944	1.2682	1.0828	1.1619	0.9977	0.9438	0.9926	0.9232	0.7854
2002-12-20	0.9072	1.2872	1.1048	1.1811	1.0142	0.9574	1.0058	0.9313	0.7961
2002-12-27	0.8915	1.2649	1.0845	1.1589	0.9956	0.9366	0.9849	0.9161	0.7820
2003-01-03	0.8646	1.2236	1.0530	1.1301	0.9696	0.9017	0.9566	0.8951	0.7619
2003-01-10	0.8919	1.2724	1.0897	1.1787	1.0000	0.9380	0.9871	0.9264	0.7897
2003-01-17	0.9194	1.3236	1.1248	1.2210	1.0355	0.9884	1.0282	0.9675	0.8207
2003-01-24	0.9134	1.3102	1.1129	1.2044	1.0299	0.9814	1.0199	0.9666	0.8106
2003-01-29	0.9282	1.3371	1.1312	1.2274	1.0495	1.0008	1.0377	0.9797	0.8250
2003-02-14	0.9302	1.3357	1.1324	1.2240	1.0447	0.9992	1.0393	0.9810	0.8247
2003-02-21	0.9212	1.3251	1.1247	1.2125	1.0358	0.9885	1.0303	0.9784	0.8172
2003-02-28	0.9321	1.3412	1.1319	1.2210	1.0470	1.0014	1.0374	0.9874	0.8259
2003-03-07	0.9301	1.3458	1.1237	1.2191	1.0471	1.0026	1.0351	0.9878	0.8275
2003-03-14	0.9186	1.3424	1.1073	1.2047	1.0429	0.9923	1.0247	0.9824	0.8245

【基金汉兴→基金金元历年周可比净值】

截至日期	汉 兴	裕 元	景 博	景 阳	裕 华	裕 泽	同 智	兴 科	金 元
2003-03-21	0.9205	1.3436	1.1021	1.2043	1.0442	0.9941	1.0260	0.9849	0.8292
2003-03-28	0.9350	1.3581	1.1114	1.2230	1.0532	1.0053	1.0369	1.0024	0.8436
2003-04-04	0.9447	1.3815	1.1226	1.2372	1.0616	1.0200	1.0496	1.0117	0.8617
2003-04-11	0.9759	1.4256	1.1466	1.2916	1.0960	1.0588	1.0834	1.0598	0.9117
2003-04-18	0.9943	1.4672	1.1752	1.3166	1.1281	1.0898	1.1101	1.0813	0.9077
2003-04-25	0.9344	1.3838	1.1170	1.2527	1.0810	1.0251	1.0616	1.0215	0.8641
2003-05-02	0.9584	1.4388	1.1584	1.2918	1.1225	1.0691	1.0952	1.0725	0.8969
2003-05-16	0.9868	1.4775	1.1915	1.3334	1.1545	1.0973	1.1191	1.1023	0.9218
2003-05-23	0.9917	1.4954	1.2014	1.3459	1.1651	1.1093	1.1318	1.1112	0.9312
2003-05-30	0.9833	1.4860	1.1887	1.3521	1.1521	1.1035	1.1265	1.0950	0.9266
2003-06-06	0.9703	1.4646	1.1676	1.3306	1.1345	1.0796	1.1063	1.0744	0.9123
2003-06-13	0.9821	1.4710	1.1691	1.3373	1.1368	1.0851	1.1110	1.0799	0.9119
2003-06-20	0.9659	1.4447	1.1455	1.3089	1.1168	1.0645	1.0876	1.0611	0.8948
2003-06-27	0.9559	1.4362	1.1350	1.2912	1.1060	1.0576	1.0841	1.0496	0.8838
2003-07-04	0.9695	1.4650	1.1415	1.2986	1.1235	1.0762	1.0924	1.0716	0.8866
2003-07-11	0.9803	1.4942	1.1566	1.3237	1.1456	1.0988	1.1083	1.0938	0.9013
2003-07-18	0.9841	1.5244	1.1638	1.3284	1.1664	1.1167	1.1124	1.1091	0.9072
2003-07-25	0.9601	1.4954	1.1339	1.2948	1.1408	1.0899	1.0887	1.0885	0.8912
2003-08-01	0.9577	1.4946	1.1318	1.2931	1.1433	1.0974	1.0899	1.0915	0.8907
2003-08-08	0.9573	1.4897	1.1255	1.2892	1.1417	1.0930	1.0836	1.0832	0.8903
2003-08-15	0.9385	1.4564	1.1036	1.2683	1.1212	1.0722	1.0630	1.0599	0.8770
2003-08-22	0.9367	1.4552	1.1016	1.2673	1.1157	1.0710	1.0617	1.0537	0.8760
2003-08-29	0.9286	1.4528	1.0920	1.2579	1.1161	1.0700	1.0566	1.0444	0.8666
2003-09-05	0.9339	1.4535	1.0994	1.2645	1.1181	1.0714	1.0620	1.0483	0.8691
2003-09-12	0.9282	1.4361	1.0864	1.2513	1.1090	1.0615	1.0561	1.0415	0.8641
2003-09-19	0.9156	1.4162	1.0779	1.2371	1.0928	1.0482	1.0438	1.0222	0.8520
2003-09-26	0.9044	1.3971	1.0688	1.2248	1.0779	1.0355	1.0381	1.0094	0.8455
2003-10-10	0.9223	1.4316	1.0806	1.2362	1.1039	1.0598	1.0530	1.0302	0.8580
2003-10-17	0.9113	1.4121	1.0707	1.2190	1.0902	1.0436	1.0433	1.0214	0.8504
2003-10-24	0.9262	1.4381	1.0848	1.2338	1.1104	1.0677	1.0558	1.0488	0.8635
2003-10-31	0.9322	1.4560	1.0931	1.2316	1.1206	1.0839	1.0622	1.0623	0.8705
2003-11-07	0.9457	1.4733	1.1094	1.2307	1.1337	1.1112	1.0538	1.0884	0.8784
2003-11-14	0.9353	1.4519	1.0945	1.2121	1.1134	1.0883	1.0335	1.0710	0.8647
2003-11-21	0.9474	1.4659	1.0985	1.2238	1.1267	1.1007	1.0528	1.0892	0.8777
2003-11-28	0.9583	1.4794	1.1076	1.2306	1.1350	1.1089	1.0550	1.0971	0.8848
2003-12-05	0.9889	1.5183	1.1434	1.2620	1.1695	1.1458	1.0798	1.1277	0.9132
2003-12-12	1.0011	1.5247	1.1543	1.2621	1.1650	1.1479	1.0906	1.1374	0.9216
2003-12-19	1.0177	1.5345	1.1883	1.2721	1.1698	1.1596	1.0961	1.1602	0.9352
2003-12-26	1.0553	1.6030	1.2329	1.3319	1.2163	1.2125	1.1205	1.2035	0.9797

【基金金盛→基金科翔历年周可比净值】

截至日期	金盛	金鼎	汉鼎	兴安	汉博	隆元	科讯	科汇	科翔
2000-09-08	1.0631								
2000-09-15	1.0636								
2000-09-22	1.0315								
2000-09-29	1.0412								
2000-10-13	1.0581								
2000-10-20	1.0676	1.0283							
2000-10-27	1.0906	1.0444	0.9988						
2000-11-03	1.1017	1.0443	1.0092						
2000-11-10	1.1335	1.0530	1.0530	1.0283					
2000-11-17	1.1498	1.0720	1.0229	1.0413					
2000-11-24	1.1538	1.0744	1.0240	1.0403	1.0416				
2000-12-01	1.1531	1.0752	1.0168	1.0608	1.0375	1.0083			
2000-12-08	1.1417	1.0866	1.0109	1.0598	1.0302	1.0081			
2000-12-15	1.1306	1.0799	1.0194	1.0611	1.0241	0.9947			
2000-12-22	1.1576	1.0952	1.0345	1.0775	1.0439	1.0048			
2000-12-29	1.1588	1.1003	1.0412	1.0660	1.0571	1.0086			
2001-01-05	1.1729	1.1152	1.0626	1.0835	1.0724	1.0248			
2001-01-12	1.1483	1.1129	1.0452	1.0672	1.0517	0.9936			
2001-01-19	1.1329	1.0983	1.0369	1.0712	1.0394	0.9693			
2001-02-09	1.0746	1.0537	0.9811	1.0256	0.9848	0.9080			
2001-02-16	1.0606	1.0446	0.9709	1.0153	0.9664	0.9015			
2001-02-23	1.0427	1.0405	0.9836	1.0108	0.9713	0.9105			
2001-03-02	1.0743	1.0591	0.9854	1.0331	0.9885	0.9443			
2001-03-09	1.0927	1.0620	0.9926	1.0538	0.9979	0.9544			
2001-03-16	1.0950	1.0616	0.9881	1.0583	0.9969	0.9712			
2001-03-23	1.1169	1.0863	1.0069	1.0798	1.0033	0.9819			
2001-03-30	1.1345	1.0971	1.0277	1.0996	1.0187	1.0019			
2001-04-06	1.1395	1.1033	1.0352	1.1032	1.0262	1.0050			
2001-04-13	1.1396	1.1117	1.0590	1.1055	1.0407	1.0152			
2001-04-20	1.1524	1.1392	1.0797	1.1127	1.0586	1.0504			
2001-04-27	1.1296	1.1192	1.0558	1.0884	1.0313	1.0329			
2001-05-11	1.1472	1.1210	1.0561	1.1027	1.0359	1.0416			
2001-05-18	1.1632	1.1478	1.0819	1.1270	1.0603	1.0830			
2001-05-25	1.1592	1.1540	1.0569	1.1151	1.0417	1.0738			
2001-06-01	1.1666	1.1617	1.0569	1.1314	1.0380	1.0750			
2001-06-08	1.1740	1.1732	1.0564	1.1275	1.0408	1.0733			
2001-06-15	1.1665	1.1798	1.0513	1.1183	1.0356	1.0662			
2001-06-22	1.1558	1.1696	1.0494	1.1099	1.0433	1.0599			
2001-06-29	1.1688	1.1750	1.0473	1.1227	1.0446	1.0581			
2001-07-06	1.1622	1.1569	1.0305	1.1118	1.0290	1.0450			

【基金金盛→基金科翔历年周可比净值】

截至日期	金 盛	金 鼎	汉 鼎	兴 安	汉 博	隆 元	科 讯	科 汇	科 翔
2001-07-13	1.1597	1.1550	1.0288	1.0902	1.0328	1.0542	1.0068	1.0102	1.0060
2001-07-20	1.1633	1.1508	1.0248	1.0930	1.0268	1.0610	1.0096	1.0133	1.0124
2001-07-27	1.1336	1.1156	0.9904	1.0749	1.0077	1.0147	1.0041	1.0093	1.0082
2001-08-03	1.0819	1.0783	0.9577	1.0345	0.9876	0.9677	0.9910	0.9981	0.9964
2001-08-10	1.0876	1.0766	0.9499	1.0345	0.9835	0.9663	0.9932	0.9994	0.9977
2001-08-17	1.0798	1.0680	0.9408	1.0245	0.9797	0.9568	0.9864	0.9944	0.9910
2001-08-24	1.0861	1.0612	0.9410	1.0328	0.9809	0.9497	0.9914	0.9998	0.9980
2001-08-31	1.0651	1.0478	0.9277	1.0211	0.9790	0.9269	0.9830	0.9900	0.9894
2001-09-07	1.0618	1.0548	0.9312	1.0191	0.9817	0.9329	0.9806	0.9906	0.9854
2001-09-14	1.0556	1.0554	0.9345	1.0201	0.9843	0.9391	0.9871	0.9969	0.9931
2001-09-21	1.0501	1.0519	0.9336	1.0125	0.9857	0.9377	0.9915	1.0016	0.9986
2001-09-28	1.0330	1.0321	0.9268	0.9986	0.9867	0.9276	0.9948	1.0036	0.9989
2001-10-12	0.9863	0.9721	0.9002	0.9540	0.9532	0.8848	0.9730	0.9845	0.9751
2001-10-19	0.9464	0.9302	0.8732	0.9252	0.9266	0.8473	0.9626	0.9755	0.9651
2001-10-26	0.9783	0.9828	0.9072	0.9351	0.9527	0.8498	0.9891	1.0022	0.9902
2001-11-02	0.9875	0.9869	0.9100	0.9457	0.9574	0.8592	0.9890	1.0051	0.9923
2001-11-09	0.9570	0.9496	0.8880	0.9203	0.9485	0.8368	0.9879	1.0039	0.9907
2001-11-16	0.9790	0.9562	0.9113	0.9367	0.9673	0.8501	1.0021	1.0180	1.0049
2001-11-23	0.9974	0.9679	0.9137	0.9479	0.9818	0.8657	1.0089	1.0265	1.0125
2001-11-30	1.0129	0.9807	0.9180	0.9559	0.9868	0.8756	1.0130	1.0313	1.0150
2001-12-07	1.0179	0.9842	0.9222	0.9555	0.9970	0.8722	1.0080	1.0282	1.0130
2001-12-14	0.9826	0.9536	0.8974	0.9375	0.9678	0.8523	0.9775	0.9995	0.9847
2001-12-21	0.9699	0.9401	0.8808	0.9246	0.9486	0.8388	0.9649	0.9885	0.9728
2001-12-28	0.9639	0.9449	0.8820	0.9274	0.9530	0.8442	0.9664	0.9941	0.9785
2002-01-04	0.9660	0.9382	0.8843	0.9254	0.9492	0.8399	0.9652	0.9918	0.9770
2002-01-11	0.9215	0.9026	0.8620	0.9092	0.9345	0.8213	0.9400	0.9713	0.9566
2002-01-18	0.8699	0.8423	0.8171	0.8751	0.8792	0.7835	0.9018	0.9363	0.9257
2002-01-25	0.8826	0.8623	0.8414	0.8911	0.8968	0.8081	0.9264	0.9609	0.9552
2002-02-01	0.8971	0.8811	0.8529	0.9026	0.8994	0.8160	0.9443	0.9787	0.9717
2002-02-08	0.9102	0.8961	0.8583	0.9099	0.9027	0.8242	0.9554	0.9890	0.9817
2002-03-01	0.9141	0.8851	0.8526	0.9099	0.9041	0.8181	0.9470	0.9836	0.9766
2002-03-08	0.9503	0.9280	0.8731	0.9453	0.9132	0.8586	0.9756	1.0147	1.0059
2002-03-15	0.9608	0.9329	0.8681	0.9498	0.9106	0.8655	0.9787	1.0173	1.0084
2002-03-22	0.9742	0.9350	0.8677	0.9565	0.9140	0.8729	0.9847	1.0257	1.0143
2002-03-29	0.9621	0.9162	0.8546	0.9437	0.9054	0.8574	0.9623	1.0050	0.9922
2002-04-05	0.9709	0.9131	0.8565	0.9494	0.9095	0.8592	0.9698	1.0098	0.9985
2002-04-12	0.9904	0.9272	0.8641	0.9603	0.9190	0.8642	0.9815	1.0205	1.0082
2002-04-19	0.9783	0.9161	0.8524	0.9477	0.9082	0.8450	0.9650	1.0007	0.9894
2002-04-26	0.9848	0.9253	0.8471	0.9478	0.9066	0.8473	0.9648	1.0041	0.9916
2002-04-30	1.0009	0.9329	0.8536	0.9642	0.9144	0.8592	0.9763	1.0154	1.0029
2002-05-10	0.9883	0.9239	0.8498	0.9527	0.9076	0.8511	0.9651	1.0067	0.9936

截至日期	金 盛	金 鼎	汉 鼎	兴 安	汉 博	隆 元	科 讯	科 汇	科 翔
2002-05-17	0.9571	0.8973	0.8328	0.9184	0.8975	0.8333	0.9374	0.9781	0.9639
2002-05-24	0.9503	0.8949	0.8368	0.9160	0.9034	0.8353	0.9361	0.9788	0.9648
2002-05-31	0.9426	0.8901	0.8296	0.9119	0.8977	0.8244	0.9231	0.9663	0.9517
2002-06-07	0.9538	0.8905	0.8341	0.9131	0.8996	0.8295	0.9336	0.9725	0.9616
2002-06-14	0.9439	0.8831	0.8246	0.8991	0.8939	0.8207	0.9217	0.9642	0.9522
2002-06-21	0.9598	0.9071	0.8357	0.9276	0.9046	0.8350	0.9457	0.9839	0.9743
2002-06-28	0.9929	0.9519	0.8822	0.9875	0.9351	0.8730	1.0173	1.0387	1.0397
2002-07-05	0.9986	0.9459	0.8768	0.9833	0.9312	0.8724	1.0121	1.0348	1.0335
2002-07-12	0.9916	0.9407	0.8679	0.9790	0.9264	0.8725	1.0068	1.0311	1.0333
2002-07-19	0.9949	0.9412	0.8691	0.9786	0.9339	0.8759	1.0032	1.0304	1.0330
2002-07-26	0.9895	0.9297	0.8489	0.9655	0.9183	0.8537	0.9834	1.0128	1.0137
2002-08-02	0.9816	0.9236	0.8481	0.9647	0.9196	0.8462	0.9812	1.0136	1.0139
2002-08-09	0.9818	0.9203	0.8483	0.9610	0.9146	0.8436	0.9777	1.0094	1.0108
2002-08-16	0.9829	0.9177	0.8471	0.9581	0.9139	0.8415	0.9746	1.0079	1.0082
2002-08-23	1.0005	0.9340	0.8629	0.9717	0.9270	0.8610	0.9945	1.0254	1.0280
2002-08-30	1.0007	0.9295	0.8553	0.9653	0.9207	0.8518	0.9874	1.0185	1.0213
2002-09-06	0.9858	0.9167	0.8492	0.9517	0.9094	0.8361	0.9750	1.0057	1.0079
2002-09-13	0.9829	0.9127	0.8426	0.9437	0.9033	0.8262	0.9701	0.9981	1.0016
2002-09-20	0.9773	0.9080	0.8366	0.9412	0.9007	0.8267	0.9684	0.9946	0.9984
2002-09-27	0.9710	0.8993	0.8216	0.9293	0.8929	0.8138	0.9574	0.9853	0.9898
2002-10-11	0.9548	0.8798	0.7992	0.9036	0.8790	0.7943	0.9351	0.9692	0.9714
2002-10-18	0.9428	0.8690	0.7929	0.8996	0.8711	0.7899	0.9287	0.9632	0.9658
2002-10-25	0.9522	0.8720	0.7977	0.9016	0.8712	0.7931	0.9332	0.9675	0.9693
2002-11-01	0.9481	0.8594	0.7832	0.8915	0.8602	0.7857	0.9281	0.9667	0.9663
2002-11-08	0.9564	0.8698	0.7957	0.9042	0.8661	0.7941	0.9343	0.9694	0.9718
2002-11-15	0.9398	0.8410	0.7754	0.8805	0.8438	0.7745	0.9204	0.9520	0.9578
2002-11-22	0.9111	0.8143	0.7499	0.8478	0.8218	0.7479	0.8984	0.9287	0.9350
2002-11-29	0.9226	0.8299	0.7661	0.8635	0.8287	0.7610	0.9080	0.9388	0.9442
2002-12-06	0.9109	0.8183	0.7540	0.8513	0.8231	0.7532	0.8979	0.9330	0.9347
2002-12-13	0.8991	0.8073	0.7440	0.8412	0.8135	0.7452	0.8904	0.9293	0.9286
2002-12-20	0.9106	0.8209	0.7570	0.8561	0.8230	0.7544	0.9024	0.9420	0.9402
2002-12-27	0.8968	0.8028	0.7403	0.8330	0.8124	0.7427	0.8849	0.9291	0.9258
2003-01-03	0.8688	0.7757	0.7168	0.8064	0.7893	0.7273	0.8583	0.9034	0.9025
2003-01-10	0.8993	0.8069	0.7480	0.8416	0.8114	0.7542	0.8858	0.9302	0.9285
2003-01-17	0.9348	0.8442	0.7879	0.8831	0.8318	0.7872	0.9215	0.9600	0.9654
2003-01-24	0.9279	0.8321	0.7810	0.8756	0.8291	0.7869	0.9130	0.9539	0.9595
2003-01-29	0.9449	0.8471	0.7963	0.8937	0.8356	0.8000	0.9310	0.9731	0.9797
2003-02-14	0.9447	0.8464	0.7924	0.8949	0.8357	0.8009	0.9251	0.9709	0.9785
2003-02-21	0.9389	0.8400	0.7846	0.8849	0.8313	0.7927	0.9127	0.9596	0.9694
2003-02-28	0.9487	0.8479	0.7927	0.8947	0.8359	0.7995	0.9274	0.9744	0.9854
2003-03-07	0.9545	0.8487	0.7926	0.8894	0.8346	0.7994	0.9246	0.9734	0.9854

【基金金盛→基金科翔历年周可比净值】

截至日期	金 盛	金 鼎	汉 鼎	兴 安	汉 博	隆 元	科 讯	科 汇	科 翔
2003-03-14	0.9518	0.8436	0.7848	0.8769	0.8333	0.7929	0.9176	0.9682	0.9802
2003-03-21	0.9539	0.8453	0.7865	0.8748	0.8336	0.7965	0.9237	0.9783	0.9893
2003-03-28	0.9631	0.8547	0.7961	0.8820	0.8414	0.8108	0.9397	0.9922	1.0043
2003-04-04	0.9740	0.8669	0.8047	0.8911	0.8479	0.8194	0.9583	1.0104	1.0206
2003-04-11	1.0122	0.9012	0.8355	0.9088	0.8817	0.8415	0.9938	1.0475	1.0609
2003-04-18	1.0507	0.9213	0.8447	0.9329	0.8965	0.8665	1.0295	1.0841	1.0991
2003-04-25	0.9916	0.8750	0.8013	0.8856	0.8504	0.8138	0.9579	1.0111	1.0308
2003-05-02	1.0308	0.9000	0.8244	0.9087	0.8813	0.8479	1.0030	1.0570	1.0774
2003-05-16	1.0621	0.9255	0.8288	0.9412	0.9106	0.8823	1.0428	1.0987	1.1219
2003-05-23	1.0695	0.9373	0.8334	0.9398	0.9254	0.8884	1.0483	1.1113	1.1291
2003-05-30	1.0546	0.9235	0.8205	0.9442	0.9138	0.8842	1.0423	1.1007	1.1163
2003-06-06	1.0382	0.9085	0.8077	0.9263	0.8898	0.8708	1.0264	1.0824	1.0988
2003-06-13	1.0457	0.9149	0.8158	0.9313	0.8909	0.8779	1.0377	1.0967	1.1113
2003-06-20	1.0275	0.8984	0.8030	0.9168	0.8731	0.8637	1.0162	1.0703	1.0866
2003-06-27	1.0190	0.8859	0.7946	0.9051	0.8668	0.8577	1.0068	1.0571	1.0751
2003-07-04	1.0366	0.8981	0.7917	0.9162	0.8834	0.8737	1.0211	1.0766	1.0921
2003-07-11	1.0613	0.9171	0.8023	0.9259	0.8960	0.8858	1.0391	1.0965	1.1077
2003-07-18	1.0726	0.9267	0.8065	0.9327	0.8995	0.8870	1.0479	1.1090	1.1150
2003-07-25	1.0563	0.9157	0.7979	0.9246	0.8714	0.8676	1.0272	1.0864	1.0914
2003-08-01	1.0608	0.9165	0.7971	0.9242	0.8714	0.8649	1.0277	1.0847	1.0928
2003-08-08	1.0557	0.9168	0.7957	0.9193	0.8674	0.8640	1.0263	1.0843	1.0915
2003-08-15	1.0346	0.9013	0.7851	0.9050	0.8484	0.8486	1.0065	1.0635	1.0711
2003-08-22	1.0333	0.8989	0.7842	0.9010	0.8457	0.8436	1.0034	1.0641	1.0713
2003-08-29	1.0270	0.8939	0.7771	0.8974	0.8450	0.8426	0.9953	1.0558	1.0647
2003-09-05	1.0285	0.8949	0.7823	0.8979	0.8488	0.8617	0.9938	1.0566	1.0645
2003-09-12	1.0189	0.8844	0.7730	0.8885	0.8438	0.8508	0.9872	1.0455	1.0557
2003-09-19	1.0075	0.8749	0.7614	0.8837	0.8348	0.8418	0.9754	1.0355	1.0455
2003-09-26	0.9949	0.8641	0.7558	0.8723	0.8253	0.8317	0.9653	1.0260	1.0351
2003-10-10	1.0180	0.8833	0.7714	0.8857	0.8347	0.8477	0.9831	1.0446	1.0553
2003-10-17	1.0127	0.8769	0.7645	0.8752	0.8261	0.8355	0.9726	1.0350	1.0443
2003-10-24	1.0301	0.8933	0.7770	0.8965	0.8357	0.8577	0.9866	1.0515	1.0586
2003-10-31	1.0406	0.8968	0.7846	0.8971	0.8337	0.8449	0.9965	1.0694	1.0715
2003-11-07	1.0588	0.9115	0.7947	0.9242	0.8382	0.8562	1.0143	1.0874	1.0907
2003-11-14	1.0464	0.9034	0.7853	0.9160	0.8350	0.8420	1.0035	1.0760	1.0796
2003-11-21	1.0552	0.9110	0.7922	0.9281	0.8469	0.8555	1.0177	1.0861	1.0960
2003-11-28	1.0619	0.9257	0.7984	0.9410	0.8599	0.8589	1.0253	1.0938	1.1075
2003-12-05	1.0933	0.9487	0.8198	0.9725	0.8819	0.8851	1.0594	1.1309	1.1434
2003-12-12	1.1029	0.9571	0.8214	0.9759	0.8880	0.8841	1.0724	1.1441	1.1526
2003-12-19	1.1294	0.9780	0.8322	1.0098	0.9027	0.8746	1.0898	1.1702	1.1738
2003-12-26	1.1731	1.0090	0.8701	1.0526	0.9386	0.9132	1.1421	1.2309	1.2331

【基金通乾→基金安久历年周可比净值】

截至日期	通 乾	兴 业	同 德	天 华	普 华	通 宝	普 润	安 瑞	安 久
2000-07-07								1.0004	
2000-12-29								1.0567	
2001-08-24								1.1800	0.6096
2001-08-31							1.0364	1.1795	0.6069
2001-09-07	1.0000	0.8694	0.9873	0.9590			1.0395	1.1804	0.6095
2001-09-14	1.0120	0.8697	0.9870	0.9570			1.0415	1.1880	0.6233
2001-09-21	1.0120	0.8660	0.9866	0.9578			1.0451	1.1891	0.6232
2001-09-28	1.0128	0.8559	0.9838	0.9506			1.0337	1.1967	0.6293
2001-10-12	1.0040	0.8322	0.9741	0.9378			1.0063	1.1815	0.6245
2001-10-19	0.9924	0.8163	0.9670	0.9266	0.9595		0.9924	1.0704	0.6160
2001-10-26	1.0053	0.8360	0.9752	0.9326	0.9671	0.9783	1.0041	1.0794	0.6511
2001-11-02	1.0061	0.8452	0.9760	0.9361	0.9604	0.9788	1.0074	1.0835	0.6720
2001-11-09	1.0037	0.8372	0.9732	0.9322	0.9512	0.9641	0.9990	1.0776	0.6623
2001-11-16	1.0136	0.8468	0.9758	0.9347	0.9579	0.9797	1.0081	1.0898	0.6722
2001-11-23	1.0193	0.8539	0.9781	0.9394	0.9630	0.9869	1.0141	1.0924	0.6744
2001-11-30	1.0209	0.8586	0.9818	0.9416	0.9647	0.9920	1.0186	1.0951	0.6774
2001-12-07	1.0212	0.8583	0.9822	0.9402	0.9702	0.9967	1.0186	1.0959	0.6821
2001-12-14	1.0022	0.8437	0.9774	0.9358	0.9559	0.9769	0.9998	1.0887	0.6713
2001-12-21	0.9931	0.8330	0.9702	0.9333	0.9432	0.9708	0.9867	1.0827	0.6666
2001-12-28	0.9939	0.8406	0.9824	0.9293	0.9490	0.9762	0.9883	1.0918	0.6700
2002-01-04	0.9911	0.8372	0.9801	0.9346	0.9464	0.9699	0.9881	1.0972	0.6696
2002-01-11	0.9729	0.8225	0.9610	0.9234	0.9313	0.9569	0.9688	1.0872	0.6629
2002-01-18	0.9413	0.7854	0.9324	0.9202	0.9031	0.9314	0.9410	1.0699	0.6455
2002-01-25	0.9618	0.7988	0.9602	0.9291	0.9218	0.9559	0.9567	1.0891	0.6623
2002-02-01	0.9788	0.8150	0.9765	0.9342	0.9373	0.9653	0.9726	1.0975	0.6711
2002-02-08	0.9832	0.8197	0.9829	0.9435	0.9414	0.9678	0.9770	1.1065	0.6772
2002-03-01	0.9818	0.8195	0.9769	0.9416	0.9418	0.9691	0.9727	1.1032	0.6730
2002-03-08	1.0165	0.8570	1.0000	0.9649	0.9623	0.9910	0.9933	1.1229	0.6884
2002-03-15	1.0211	0.8640	1.0110	0.9660	0.9617	0.9898	0.9978	1.1306	0.6950
2002-03-22	1.0265	0.8676	1.0141	0.9698	0.9675	0.9986	1.0074	1.1368	0.6979
2002-03-29	1.0070	0.8551	0.9984	0.9584	0.9493	0.9889	0.9936	1.1298	0.6889
2002-04-05	1.0135	0.8693	1.0032	0.9608	0.9590	0.9932	1.0013	1.1260	0.6893
2002-04-12	1.0242	0.8804	1.0083	0.9694	0.9651	0.9956	1.0058	1.1396	0.6981
2002-04-19	1.0104	0.8598	0.9924	0.9612	0.9494	0.9793	0.9901	1.1279	0.6873
2002-04-26	1.0163	0.8682	0.9956	0.9670	0.9554	0.9865	0.9940	1.1304	0.6873
2002-04-30	1.0290	0.8819	1.0031	0.9740	0.9643	0.9979	1.0013	1.1382	0.6889
2002-05-10	1.0204	0.8730	0.9973	0.9692	0.9535	0.9891	0.9906	1.1285	0.6863
2002-05-17	0.9898	0.8385	0.9694	0.9497	0.9295	0.9644	0.9689	1.1077	0.6799
2002-05-24	0.9891	0.8426	0.9669	0.9492	0.9263	0.9613	0.9611	1.1087	0.6804

【基金通乾→基金安久历年周可比净值】

截至日期	通 乾	兴 业	同 德	天 华	普 华	通 宝	普 润	安 瑞	安 久
2002-05-31	0.9774	0.8322	0.9604	0.9408	0.9177	0.9473	0.9591	1.1063	0.6793
2002-06-07	0.9831	0.8335	0.9701	0.9465	0.9228	0.9517	0.9607	1.1133	0.6819
2002-06-14	0.9703	0.8228	0.9602	0.9384	0.9155	0.9359	0.9579	1.1086	0.6798
2002-06-21	0.9930	0.8536	0.9778	0.9539	0.9331	0.9600	0.9629	1.1184	0.6837
2002-06-28	1.0452	0.9128	1.0286	0.9896	0.9637	1.0107	0.9874	1.1411	0.6943
2002-07-05	1.0405	0.9068	1.0208	0.9877	0.9649	1.0141	0.9858	1.1431	0.6916
2002-07-12	1.0387	0.9008	1.0137	0.9823	0.9628	1.0121	0.9830	1.1436	0.6885
2002-07-19	1.0376	0.9077	1.0092	0.9879	0.9663	1.0118	0.9871	1.1436	0.6885
2002-07-26	1.0247	0.8907	0.9912	0.9698	0.9499	0.9978	0.9726	1.1267	0.6797
2002-08-02	1.0209	0.8892	0.9858	0.9632	0.9390	0.9955	0.9696	1.1295	0.6797
2002-08-09	1.0167	0.8901	0.9832	0.9601	0.9358	0.9936	0.9668	1.1230	0.6780
2002-08-16	1.0139	0.8890	0.9799	0.9566	0.9323	0.9871	0.9646	1.1233	0.6785
2002-08-23	1.0318	0.9034	0.9994	0.9738	0.9505	1.0072	0.9790	1.1366	0.6890
2002-08-30	1.0274	0.8963	0.9930	0.9661	0.9417	1.0010	0.9735	1.1317	0.6860
2002-09-06	1.0145	0.8830	0.9803	0.9525	0.9232	0.9876	0.9607	1.1181	0.6783
2002-09-13	1.0098	0.8724	0.9764	0.9439	0.9140	0.9844	0.9557	1.1158	0.6742
2002-09-20	1.0037	0.8680	0.9751	0.9416	0.9164	0.9767	0.9528	1.1118	0.6719
2002-09-27	0.9899	0.8570	0.9659	0.9317	0.9076	0.9594	0.9424	1.1050	0.6692
2002-10-11	0.9643	0.8342	0.9443	0.9139	0.8920	0.9356	0.9221	1.0836	0.6526
2002-10-18	0.9498	0.8287	0.9351	0.9010	0.8847	0.9255	0.9110	1.0683	0.6467
2002-10-25	0.9543	0.8321	0.9411	0.9026	0.8857	0.9357	0.9120	1.0738	0.6489
2002-11-01	0.9453	0.8236	0.9322	0.8901	0.8741	0.9200	0.9026	1.0578	0.6428
2002-11-08	0.9559	0.8366	0.9485	0.9015	0.8852	0.9337	0.9134	1.0679	0.6502
2002-11-15	0.9333	0.8118	0.9243	0.8707	0.8584	0.9064	0.8928	1.0392	0.6340
2002-11-22	0.9057	0.7834	0.9001	0.8439	0.8329	0.8677	0.8670	1.0049	0.6156
2002-11-29	0.9151	0.7974	0.9095	0.8557	0.8542	0.8803	0.8748	1.0186	0.6254
2002-12-06	0.9053	0.7894	0.9007	0.8462	0.8513	0.8689	0.8672	1.0059	0.6178
2002-12-13	0.8943	0.7836	0.8894	0.8323	0.8374	0.8575	0.8570	0.9939	0.6107
2002-12-20	0.9093	0.7944	0.9026	0.8469	0.8436	0.8749	0.8671	1.0105	0.6214
2002-12-27	0.8935	0.7798	0.8843	0.8356	0.8205	0.8582	0.8535	1.0005	0.6136
2003-01-03	0.8651	0.7672	0.8560	0.8164	0.7891	0.8284	0.8312	0.9620	0.5906
2003-01-10	0.8913	0.7905	0.8861	0.8398	0.8156	0.8557	0.8555	0.9906	0.6094
2003-01-17	0.9207	0.8108	0.9187	0.8599	0.8473	0.8814	0.8901	1.0253	0.6311
2003-01-24	0.9171	0.8094	0.9083	0.8526	0.8302	0.8763	0.8778	1.0146	0.6257
2003-01-29	0.9342	0.8206	0.9249	0.8625	0.8471	0.8927	0.8935	1.0309	0.6355
2003-02-14	0.9323	0.8244	0.9297	0.8655	0.8510	0.8870	0.8964	1.0342	0.6368
2003-02-21	0.9264	0.8198	0.9219	0.8578	0.8430	0.8792	0.8889	1.0277	0.6317
2003-02-28	0.9365	0.8243	0.9286	0.8642	0.8513	0.8908	0.8971	1.0443	0.6378
2003-03-07	0.9410	0.8217	0.9278	0.8629	0.8515	0.8859	0.8948	1.0455	0.6372
2003-03-14	0.9383	0.8127	0.9190	0.8556	0.8434	0.8785	0.8873	1.0359	0.6301

截至日期	通 乾	兴 业	同 德	天 华	普 华	通 宝	普 润	安 瑞	安 久
2003-03-21	0.9445	0.8133	0.9197	0.8560	0.8407	0.8828	0.8875	1.0352	0.6304
2003-03-28	0.9555	0.8202	0.9272	0.8729	0.8512	0.8956	0.8961	1.0466	0.6419
2003-04-04	0.9694	0.8288	0.9375	0.8765	0.8569	0.9087	0.9030	1.0529	0.6502
2003-04-11	1.0027	0.8611	0.9667	0.9170	0.8848	0.9492	0.9234	1.0697	0.6732
2003-04-18	1.0310	0.8875	0.9871	0.9401	0.8943	0.9733	0.9361	1.1029	0.6932
2003-04-25	0.9752	0.8306	0.9438	0.8830	0.8370	0.9189	0.8836	1.0358	0.6551
2003-05-02	1.0104	0.8710	0.9712	0.9151	0.8628	0.9554	0.9117	1.0521	0.6685
2003-05-16	1.0325	0.9146	0.9908	0.9446	0.8775	0.9806	0.9273	1.0727	0.6856
2003-05-23	1.0437	0.9241	1.0030	0.9483	0.8869	0.9896	0.9325	1.0910	0.6936
2003-05-30	1.0434	0.9105	0.9980	0.9256	0.8965	0.9732	0.9241	1.0858	0.6855
2003-06-06	1.0249	0.8871	0.9789	0.9106	0.8865	0.9524	0.9132	1.0621	0.6711
2003-06-13	1.0293	0.8872	0.9849	0.9083	0.8855	0.9507	0.9180	1.0680	0.6766
2003-06-20	1.0068	0.8686	0.9629	0.8912	0.8692	0.9208	0.9017	1.0353	0.6636
2003-06-27	0.9964	0.8516	0.9561	0.8828	0.8683	0.9052	0.8902	1.0135	0.6559
2003-07-04	1.0087	0.8614	0.9660	0.8900	0.8722	0.9080	0.9006	1.0105	0.6614
2003-07-11	1.0296	0.8724	0.9790	0.8983	0.8916	0.9195	0.9119	1.0297	0.6745
2003-07-18	1.0390	0.8760	0.9847	0.9010	0.8885	0.9235	0.9166	1.0212	0.6781
2003-07-25	1.0197	0.8486	0.9651	0.8819	0.8830	0.9040	0.8988	1.0028	0.6676
2003-08-01	1.0200	0.8444	0.9660	0.8808	0.8898	0.9032	0.9007	0.9954	0.6664
2003-08-08	1.0142	0.8436	0.9618	0.8784	0.8849	0.9027	0.8986	0.9984	0.6652
2003-08-15	0.9972	0.8276	0.9403	0.8706	0.8772	0.8853	0.8813	0.9950	0.6564
2003-08-22	0.9981	0.8253	0.9385	0.8648	0.8765	0.8809	0.8806	0.9905	0.6523
2003-08-29	0.9882	0.8185	0.9340	0.8574	0.8549	0.8649	0.8767	0.9725	0.6441
2003-09-05	0.9919	0.8186	0.9402	0.8663	0.8680	0.8699	0.8788	0.9801	0.6501
2003-09-12	0.9793	0.8117	0.9354	0.8602	0.8603	0.8583	0.8728	0.9663	0.6430
2003-09-19	0.9660	0.8016	0.9234	0.8587	0.8515	0.8482	0.8623	0.9540	0.6339
2003-09-26	0.9563	0.7946	0.9125	0.8528	0.8333	0.8376	0.8537	0.9403	0.6244
2003-10-10	0.9730	0.8079	0.9321	0.8623	0.8359	0.8484	0.8652	0.9556	0.6355
2003-10-17	0.9637	0.7925	0.9208	0.8549	0.8156	0.8367	0.8545	0.9395	0.6287
2003-10-24	0.9755	0.8107	0.9412	0.8605	0.8188	0.8467	0.8659	0.9455	0.6438
2003-10-31	0.9836	0.7987	0.9479	0.8621	0.8007	0.8445	0.8707	0.9323	0.6474
2003-11-07	0.9839	0.8104	0.9642	0.8542	0.7765	0.8474	0.8749	0.9207	0.6548
2003-11-14	0.9740	0.7993	0.9539	0.8402	0.7582	0.8333	0.8592	0.9069	0.6467
2003-11-21	0.9864	0.8115	0.9676	0.8529	0.7904	0.8448	0.8700	0.9174	0.6562
2003-11-28	0.9899	0.8181	0.9727	0.8542	0.7963	0.8501	0.8735	0.9311	0.6617
2003-12-05	1.0137	0.8478	0.9968	0.8717	0.8185	0.8700	0.8956	0.9481	0.6826
2003-12-12	1.0212	0.8519	0.9951	0.8763	0.8273	0.8747	0.9085	0.9540	0.6914
2003-12-19	1.0339	0.8705	0.9960	0.8873	0.8264	0.8839	0.9200	0.9628	0.7053
2003-12-26	1.0765	0.9087	1.0216	0.9179	0.8550	0.9203	0.9504	0.9907	0.7324

【基金鸿飞→基金银丰历年周可比净值】

截至日期	鸿 飞	鸿 阳	景 业	科 瑞	丰 和	久 富	久 嘉	融 鑫	银 丰
2001-11-23	0.9874								
2001-11-30	0.9881								
2001-12-07	0.9878								
2001-12-14	0.9877	1.0000	0.7117						
2001-12-21	0.9878	1.0017	0.7038						
2001-12-28	0.9963	1.0026	0.7054						
2002-01-04	0.9958	1.0021	0.7020						
2002-01-11	0.9967	1.0054	0.6851						
2002-01-18	0.9933	1.0087	0.6553						
2002-01-25	0.9965	1.0089	0.6716						
2002-02-01	1.0045	1.0143	0.6854						
2002-02-08	1.0125	1.0162	0.6904						
2002-03-01	1.0073	1.0157	0.6861						
2002-03-08	1.0362	1.0278	0.7177						
2002-03-15	1.0388	1.0292	0.7232	1.0000					
2002-03-22	1.0434	1.0350	0.7273	1.0013					
2002-03-29	1.0201	1.0255	0.7135	0.9968	1.0000				
2002-04-05	1.0241	1.0333	0.7166	1.0006	1.0016				
2002-04-12	1.0290	1.0436	0.7289	1.0089	1.0103	1.0474			
2002-04-19	1.0174	1.0341	0.7179	0.9988	1.0034	1.0298			
2002-04-26	1.0175	1.0385	0.7190	1.0010	1.0053	1.0322			
2002-04-30	1.0296	1.0452	0.7282	1.0069	1.0111	1.0418			
2002-05-10	1.0223	1.0370	0.7206	1.0036	1.0073	1.0337			
2002-05-17	0.9923	1.0129	0.6945	0.9887	0.9914	0.9999			
2002-05-24	0.9937	1.0113	0.6925	0.9901	0.9910	0.9958			
2002-05-31	0.9889	1.0062	0.6888	0.9858	0.9856	0.9905			
2002-06-07	0.9918	1.0091	0.6966	0.9903	0.9926	0.9963			
2002-06-14	0.9881	1.0029	0.6861	0.9851	0.9838	0.9888			
2002-06-21	0.9955	1.0105	0.7033	0.9971	1.0020	1.0017			
2002-06-28	1.0197	1.0527	0.7476	1.0422	1.0509	1.0522			
2002-07-05	1.0097	1.0471	0.7437	1.0347	1.0448	1.0331			
2002-07-12	1.0008	1.0422	0.7449	1.0303	1.0409	1.0219			
2002-07-19	1.0039	1.0452	0.7509	1.0308	1.0434	1.0209			
2002-07-26	0.9818	1.0266	0.7423	1.0156	1.0298	1.0037			

截至日期	鸿 飞	鸿 阳	景 业	科 瑞	丰 和	久 富	久 嘉	融 鑫	银 丰
2002-08-02	0.9779	1.0220	0.7425	1.0148	1.0280	1.0010			
2002-08-09	0.9718	1.0205	0.7421	1.0120	1.0247	0.9913			
2002-08-16	0.9668	1.0200	0.7417	1.0099	1.0239	0.9837			
2002-08-23	0.9863	1.0306	0.7535	1.0258	1.0402	1.0105	1.0000	1.0000	
2002-08-30	0.9712	1.0222	0.7525	1.0205	1.0343	0.9988	0.9963	1.0437	1.0000
2002-09-06	0.9568	1.0080	0.7409	1.0098	1.0217	0.9870	0.9867	1.0386	1.0010
2002-09-13	0.9492	1.0015	0.7351	1.0047	1.0147	0.9778	0.9808	1.0356	1.0000
2002-09-20	0.9415	0.9914	0.7314	1.0011	1.0098	0.9739	0.9768	1.0343	1.0000
2002-09-27	0.9306	0.9832	0.7247	0.9935	1.0030	0.9533	0.9725	1.0323	0.9980
2002-10-11	0.9127	0.9564	0.7015	0.9723	0.9836	0.9236	0.9608	1.0304	0.9920
2002-10-18	0.9071	0.9478	0.6949	0.9691	0.9776	0.9179	0.9577	1.0287	0.9900
2002-10-25	0.9156	0.9514	0.7056	0.9721	0.9860	0.9227	0.9577	1.0300	0.9910
2002-11-01	0.9064	0.9424	0.6986	0.9678	0.9749	0.9120	0.9521	1.0259	0.9870
2002-11-08	0.9205	0.9584	0.7104	0.9731	0.9856	0.9349	0.9620	1.0302	0.9920
2002-11-15	0.8874	0.9257	0.6947	0.9566	0.9625	0.9129	0.9472	1.0242	0.9830
2002-11-22	0.8528	0.8859	0.6703	0.9352	0.9300	0.8788	0.9243	1.0166	0.9680
2002-11-29	0.8722	0.9044	0.6785	0.9468	0.9425	0.8948	0.9353	1.0211	0.9760
2002-12-06	0.8579	0.8896	0.6698	0.9392	0.9301	0.8756	0.9263	1.0178	0.9700
2002-12-13	0.8469	0.8775	0.6611	0.9344	0.9196	0.8680	0.9200	1.0147	0.9650
2002-12-20	0.8640	0.8924	0.6713	0.9440	0.9354	0.8784	0.9279	1.0186	0.9740
2002-12-27	0.8430	0.8670	0.6635	0.9333	0.9151	0.8558	0.9173	1.0107	0.9620
2003-01-03	0.8196	0.8350	0.6527	0.9107	0.8802	0.8362	0.9025	0.9998	0.9440
2003-01-10	0.8606	0.8766	0.6632	0.9340	0.9114	0.8715	0.9189	1.0134	0.9680
2003-01-17	0.8978	0.9088	0.6784	0.9599	0.9528	0.9056	0.9367	1.0333	0.9960
2003-01-24	0.8916	0.9048	0.6692	0.9547	0.9441	0.9022	0.9354	1.0331	0.9900
2003-01-29	0.9098	0.9209	0.6836	0.9726	0.9647	0.9199	0.9487	1.0470	1.0040
2003-02-14	0.9041	0.9174	0.6796	0.9735	0.9631	0.9106	0.9452	1.0442	1.0040
2003-02-21	0.8939	0.9094	0.6734	0.9659	0.9527	0.8998	0.9373	1.0390	0.9960
2003-02-28	0.9021	0.9158	0.6793	0.9764	0.9626	0.9091	0.9476	1.0460	1.0030
2003-03-07	0.8985	0.9130	0.6751	0.9770	0.9600	0.9048	0.9474	1.0529	1.0040
2003-03-14	0.8874	0.9039	0.6638	0.9702	0.9500	0.8907	0.9390	1.0517	0.9960
2003-03-21	0.8920	0.9029	0.6627	0.9746	0.9534	0.8941	0.9429	1.0525	0.9990
2003-03-28	0.9013	0.9138	0.6740	0.9907	0.9645	0.9093	0.9537	1.0709	1.0120
2003-04-04	0.9163	0.9198	0.6828	1.0005	0.9755	0.9242	0.9633	1.0823	1.0230
2003-04-11	0.9509	0.9546	0.7179	1.0375	0.9974	0.9767	1.0111	1.1294	1.0540

【基金鸿飞→基金银丰历年周可比净值】

截至日期	鸿 飞	鸿 阳	景 业	科 瑞	丰 和	久 富	久 嘉	融 鑫	银 丰
2003-04-18	0.9810	0.9730	0.7417	1.0584	1.0170	1.0037	1.0399	1.1537	1.0730
2003-04-25	0.9156	0.9056	0.6938	0.9987	0.9606	0.9342	0.9763	1.0881	1.0210
2003-05-02	0.9668	0.9450	0.7378	1.0403	0.9901	0.9818	1.0285	1.1472	1.0500
2003-05-16	1.0118	0.9663	0.7850	1.0734	1.0120	1.0137	1.0610	1.1808	1.0690
2003-05-23	1.0210	0.9761	0.7910	1.0797	1.0213	1.0240	1.0678	1.2060	1.0750
2003-05-30	1.0106	0.9694	0.7861	1.0662	1.0205	1.0167	1.0538	1.2014	1.0750
2003-06-06	0.9896	0.9555	0.7647	1.0506	1.0096	0.9946	1.0314	1.1909	1.0610
2003-06-13	0.9927	0.9597	0.7646	1.0619	1.0180	0.9883	1.0338	1.2032	1.0730
2003-06-20	0.9695	0.9440	0.7520	1.0406	0.9958	0.9646	1.0157	1.1661	1.0570
2003-06-27	0.9584	0.9381	0.7466	1.0280	0.9844	0.9510	1.0124	1.1551	1.0478
2003-07-04	0.9759	0.9523	0.7562	1.0413	0.9903	0.9640	1.0307	1.1990	1.0580
2003-07-11	0.9963	0.9676	0.7689	1.0570	1.0128	0.9822	1.0505	1.2368	1.0774
2003-07-18	1.0068	0.9771	0.7743	1.0647	1.0202	0.9882	1.0615	1.2489	1.0845
2003-07-25	0.9784	0.9509	0.7489	1.0480	1.0101	0.9595	1.0382	1.2121	1.0652
2003-08-01	0.9799	0.9543	0.7491	1.0484	1.0138	0.9614	1.0443	1.2221	1.0692
2003-08-08	0.9747	0.9491	0.7452	1.0460	1.0103	0.9589	1.0395	1.2108	1.0641
2003-08-15	0.9583	0.9308	0.7305	1.0300	0.9915	0.9405	1.0159	1.1724	1.0458
2003-08-22	0.9513	0.9273	0.7253	1.0278	0.9901	0.9379	1.0112	1.1681	1.0468
2003-08-29	0.9490	0.9269	0.7217	1.0205	0.9820	0.9271	1.0051	1.1655	1.0366
2003-09-05	0.9491	0.9278	0.7257	1.0216	0.9906	0.9345	1.0068	1.1668	1.0417
2003-09-12	0.9450	0.9214	0.7199	1.0139	0.9829	0.9241	0.9992	1.1555	1.0356
2003-09-19	0.9313	0.9117	0.7124	1.0031	0.9621	0.9119	0.9849	1.1322	1.0193
2003-09-26	0.9207	0.8998	0.7021	0.9925	0.9567	0.9020	0.9719	1.1054	1.0071
2003-10-10	0.9364	0.9147	0.7163	1.0114	0.9707	0.9118	0.9906	1.1254	1.0274
2003-10-17	0.9220	0.9016	0.7010	1.0068	0.9644	0.9021	0.9777	1.1143	1.0152
2003-10-24	0.9379	0.9144	0.7132	1.0212	0.9781	0.9215	0.9914	1.1364	1.0315
2003-10-31	0.9479	0.9265	0.7237	1.0274	0.9844	0.9242	1.0003	1.1648	1.0417
2003-11-07	0.9600	0.9364	0.7308	1.0430	0.9908	0.9383	1.0195	1.1854	1.0580
2003-11-14	0.9460	0.9189	0.7189	1.0344	0.9749	0.9247	1.0080	1.1802	1.0458
2003-11-21	0.9485	0.9166	0.7234	1.0472	0.9873	0.9372	1.0199	1.1927	1.0631
2003-11-28	0.9558	0.9234	0.7304	1.0557	0.9951	0.9445	1.0235	1.1987	1.0682
2003-12-05	0.9853	0.9467	0.7504	1.0887	1.0156	0.9767	1.0460	1.2261	1.1008
2003-12-12	0.9912	0.9464	0.7555	1.1021	1.0278	0.9891	1.0422	1.2296	1.1080
2003-12-19	1.0096	0.9573	0.7597	1.1177	1.0326	1.0010	1.0650	1.2567	1.1263
2003-12-26	1.0535	0.9953	0.7940	1.1696	1.0700	1.0278	1.1027	1.3197	1.1741

第三章 开放式基金数据统计

中国开放式证券投资基金发展概况

（单位：只）

年 度	偏股型基金	股债平衡型基金	偏债型基金	债券型基金	货币型基金	合 计
2001 年	3	—	—	—	—	3
2002 年	15	2	—	—	—	17
2003 年	33	9	3	10	1	56

不同类型开放式证券投资基金净值规模

（单位：亿元）

年 度	偏股型基金	股债平衡型基金	偏债型基金	债券型基金	货币型基金	合 计
2001 年	118.03	—	—	—	—	118.03
2002 年	314.74	76.69	39.84	37.24	—	468.50
2003 年	438.43	169.20	84.31	119.15	42.54	853.62

开放式证券投资基金净值增长率一览表

基金类型	序 号	基金代码	基金简称	成立时间	2002 年净值增长率	2003 年净值增长率
偏股型基金	1	050001	博时增长	2002-10-09	—	34.35%
	2	202001	南方稳健成长	2001-09-28	-6.71%	25.15%
	3	070001	嘉实成长收益	2002-11-05	—	21.43%
	4	020001	国泰金鹰增长	2002-05-08	—	20.96%
	5	161601	融通新蓝筹	2002-09-13	—	19.97%
	6	090001	大成价值增长	2002-11-11	—	18.29%
	7	040001	华安创新	2001-09-21	-7.51%	17.84%
	8	080001	长盛成长价值	2002-09-18	—	17.47%
	9	206001	鹏华行业成长	2002-05-24	—	16.85%
	10	180001	银华优势	2002-11-13	—	15.51%
	11	213001	宝盈鸿利收益	2002-10-08	—	14.58%
	12	000001	华夏成长	2001-12-18	-3.09%	13.09%
	13	040002	华安 180	2002-11-08	—	11.46%
	平 均				-5.77%	19.00%
股债平衡型基金	1	110001	易方达平稳增长	2002-08-23	—	20.65%
	2	100016	富国动态平衡	2002-08-16	—	16.83%
	平 均					18.74%
偏债型基金	1	202101	南方宝元债券	2002-09-20	—	7.10%
债券型基金	1	001001	华夏债券	2002-10-23	—	2.71%

开放式证券投资基金历年发行情况一览表

年 度	基金代码	基金简称	基金类型	成立时间	首募规模(亿份)	有效申购数(户)	托管银行	管理公司
2001年	040001	华安创新	偏股型基金	2001-09-21	50.00	45618	交行	华安
	202001	南方稳健成长	偏股型基金	2001-09-28	34.89	35588	工行	南方
	000001	华夏成长	偏股型基金	2001-12-18	32.37	55212	建行	华夏
2002年	020001	国泰金鹰增长	偏股型基金	2002-05-08	22.26	23567	交行	国泰
	206001	鹏华行业成长	偏股型基金	2002-05-24	39.77	105045	工行	鹏华
	100016	富国动态平衡	股债平衡型基金	2002-08-16	46.17	62487	农行	富国
	110001	易方达平稳增长	股债平衡型基金	2002-08-23	46.78	93670	中行	易方达
	161601	融通新蓝筹	偏股型基金	2002-09-13	22.19	46806	建行	融通
	080001	长盛成长价值	偏股型基金	2002-09-18	31.67	6325	农行	长盛
	202101	南方宝元债券	偏债型基金	2002-09-20	49.03	98114	工行	南方
	213001	宝盈鸿利收益	偏股型基金	2002-10-08	14.46	37892	农行	宝盈
	050001	博时增长	偏股型基金	2002-10-09	30.47	60318	建行	博时
	001001	华夏债券	债券型基金	2002-10-23	51.33	71229	交行	华夏
	070001	嘉实成长收益	偏股型基金	2002-11-05	20.02	14780	中行	嘉实
	040002	华安180	偏股型基金	2002-11-08	30.94	79843	工行	华安
	090001	大成价值增长	偏股型基金	2002-11-11	26.04	57481	农行	大成
	180001	银华优势	偏股型基金	2002-11-13	16.82	13096	中行	银华
2003年	519180	天同180	偏股型基金	2003-03-15	19.30	50555	中行	天同
	121001	融华债券	偏债型基金	2003-04-16	25.88	17611	光大	中融
	162201	湘财合丰成长	偏股型基金	2003-04-25	10.22	105797	交行	湘财荷银
	162202	湘财合丰周期	偏股型基金	2003-04-25	6.27	17162	交行	湘财荷银
	162203	湘财合丰稳定	偏股型基金	2003-04-25	9.81	58166	交行	湘财荷银
	217001	招商股票基金	偏股型基金	2003-04-28	10.29	10604	招行	招商
	217002	招商平衡型基金	股债平衡型基金	2003-04-28	8.99	11315	招行	招商
	217003	招商债券基金	债券型基金	2003-04-28	25.86	15245	招行	招商
	090002	大成债券	债券型基金	2003-06-12	21.53	47100	农行	大成
	210001	金鹰优选	偏股型基金	2003-06-16	15.17	23495	中行	金鹰
	202201	南方避险增值	偏债型基金	2003-06-27	51.93	148023	工行	南方
	070002	嘉实理财增长	偏股型基金	2003-07-09	9.45	22504	中行	嘉实
	070003	嘉实理财稳健	偏股型基金	2003-07-09	10.30	16345	中行	嘉实
	070005	嘉实理财债券	债券型基金	2003-07-09	5.87	11477	中行	嘉实
	206101	普天债券基金	债券型基金	2003-07-12	7.98	5495	交行	鹏华
	206102	普天收益基金	偏股型基金	2003-07-12	3.43	2132	交行	鹏华
	240001	宝康消费品	偏股型基金	2003-07-15	15.41	51785	建行	华宝兴业
	240002	宝康灵活配置	股债平衡型基金	2003-07-15	10.67	29058	建行	华宝兴业
	240003	宝康债券	债券型基金	2003-07-15	12.88	19194	建行	华宝兴业
	151001	银河稳健基金	偏股型基金	2003-08-04	11.87	22060	农行	银河
	151002	银河收益基金	偏债型基金	2003-08-04	18.02	22479	农行	银河
	255010	德盛稳健	股债平衡型基金	2003-08-08	36.66	83509	工行	国联安

年 度	基金代码	基金简称	基金类型	成立时间	首募规模(亿份)	有效申购数(户)	托管银行	管理公司
2003年	510001	海富通精选	偏股型基金	2003-08-22	36.98	26568	交行	海富通
	050002	博时裕富	偏股型基金	2003-08-26	51.23	110760	建行	博时
	002001	华夏回报	股债平衡型基金	2003-09-05	37.97	49829	中行	华夏
	161603	融通债券	债券型基金	2003-09-30	8.73	40752	工行	融通
	161604	融通深证100	偏股型基金	2003-09-30	4.78	34213	工行	融通
	161605	融通蓝筹成长	偏股型基金	2003-09-30	7.66	32034	工行	融通
	260101	景顺优选股票	偏股型基金	2003-10-24	8.21	15425	中行	景顺长城
	260102	景顺恒丰债券	债券型基金	2003-10-24	4.74	8743	中行	景顺长城
	260103	景顺动力平衡	股债平衡型基金	2003-10-24	5.41	9071	中行	景顺长城
	510080	长盛债券	债券型基金	2003-10-25	9.25	31379	农行	长盛
	200001	长城久恒	股债平衡型基金	2003-10-31	12.84	32675	建行	长城
	100018	富国天利增长债券	债券型基金	2003-12-02	22.95	47005	工行	富国
	270001	广发聚富	股债平衡型基金	2003-12-03	31.32	62564	工行	广发
	020002	国泰金龙债券	债券型基金	2003-12-05	18.87	6623	上海浦发	国泰
	020003	国泰金龙行业精选	偏股型基金	2003-12-05	6.84	3311	上海浦发	国泰
	110002	易方达策略成长	偏股型基金	2003-12-09	20.35	28471	中行	易方达
	040003	华安现金富利	货币型基金	2003-12-30	42.53	118183	工行	华安

开放式证券投资基金赎回率一览表

基金代码	基金简称	成立时间	赎回率
100016	富国动态平衡	2002-08-16	-60.53%
213001	宝盈鸿利收益	2002-10-08	-54.24%
090001	大成价值增长	2002-11-11	-47.26%
110001	易方达平稳增长	2002-08-23	-47.25%
040002	华安180	2002-11-08	-46.16%
202101	南方宝元债券	2002-09-20	-44.87%
020001	国泰金鹰增长	2002-05-08	-44.86%
080001	长盛成长价值	2002-09-18	-43.77%
001001	华夏债券	2002-10-23	-43.56%
040001	华安创新	2001-09-21	-40.97%
206001	鹏华行业成长	2002-05-24	-34.63%
161601	融通新蓝筹	2002-09-13	-32.06%
070001	嘉实成长收益	2002-11-05	-31.26%
000001	华夏成长	2001-12-18	-28.56%
050001	博时增长	2002-10-09	-23.38%
202001	南方稳健成长	2001-09-28	-18.33%
180001	银华优势	2002-11-13	-16.83%

开放式证券投资基金基本费率一览表

基金代码	基金简称	成立时间	基金类型	管理费率(%)	托管费率(%)	最高申购费率(%)	最高赎回费率(%)	基金注册与过户登记人
040001	华安创新	2001-09-21	偏股型基金	1.5	0.25	1.5	0.5	基金管理人
202001	南方稳健成长	2001-09-28	偏股型基金	1.5	0.25	1.6	0.5	基金管理人
000001	华夏成长	2001-12-18	偏股型基金	1.5	0.25	1.8	0.5	基金管理人
020001	国泰金鹰增长	2002-05-08	偏股型基金	1.5	0.25	1.5	0.5	基金管理人
206001	鹏华行业成长	2002-05-24	偏股型基金	1.5	0.25	1.6	0.5	基金管理人
100016	富国动态平衡	2002-08-16	股债平衡型基金	1.5	0.25	1.5	0.5	基金管理人
110001	易方达平稳增长	2002-08-23	股债平衡型基金	1.5	0.25	1.5	1.0	基金管理人
161601	融通新蓝筹	2002-09-13	偏股型基金	1.5	0.25	1.5	0.5	基金管理人
080001	长盛成长价值	2002-09-18	偏股型基金	1.5	0.25	1.0	0.5	基金管理人
202101	南方宝元债券	2002-09-20	偏债型基金	0.75	0.175	0.8	0.3	基金管理人
213001	宝盈鸿利收益	2002-10-08	偏股型基金	1.5	0.25	1.5	0.25	基金管理人
050001	博时增长	2002-10-09	偏股型基金	1.5	0.25	1.8	0.8	基金管理人
001001	华夏债券	2002-10-23	债券型基金	0.6	0.2	1.0	0.0	基金管理人
070001	嘉实成长收益	2002-11-05	偏股型基金	1.5	0.25	1.5	0.5	基金管理人
040002	华安 180	2002-11-08	偏股型基金	1.0	0.2	1.5	0.0	基金管理人
090001	大成价值增长	2002-11-11	偏股型基金	1.5	0.25	1.5	0.25	基金管理人
180001	银华优势	2002-11-13	偏股型基金	1.5	0.25	1.5	0.5	基金管理人
519180	天同 180	2003-03-15	偏股型基金	1.0	0.2	1.5	0.5	中登公司
121001	融华债券	2003-04-16	偏债型基金	0.75	0.2	0.65	0.5	基金管理人
162201	湘财合丰成长	2003-04-25	偏股型基金	1.5	0.25	1.5	0.5	基金管理人
162202	湘财合丰周期	2003-04-25	偏股型基金	1.5	0.25	1.5	0.5	基金管理人
162203	湘财合丰稳定	2003-04-25	偏股型基金	1.5	0.25	1.5	0.5	基金管理人
217001	招商股票基金	2003-04-28	偏股型基金	1.5	0.25	1.5	0.1	基金管理人
217002	招商平衡型基金	2003-04-28	股债平衡型基金	1.5	0.25	1.5	0.1	基金管理人
217003	招商债券基金	2003-04-28	债券型基金	0.6	0.18	0.8	0.05	基金管理人
090002	大成债券	2003-06-12	债券型基金	0.7	0.2	1.5	0.25	基金管理人
210001	金鹰优选	2003-06-16	偏股型基金	1.5	0.25	1.5	0.5	基金管理人
202201	南方避险增值	2003-06-27	偏债型基金	1.2	0.2	—	2.0	基金管理人
070002	嘉实理财增长	2003-07-09	偏股型基金	1.5	0.25	1.5	0.5	基金管理人
070003	嘉实理财稳健	2003-07-09	偏股型基金	1.5	0.25	1.5	0.5	基金管理人
070005	嘉实理财债券	2003-07-09	债券型基金	0.6	0.2	0.8	0.3	基金管理人
206101	普天债券基金	2003-07-12	债券型基金	0.75	0.2	0.8	0.5	基金管理人
206102	普天收益基金	2003-07-12	偏股型基金	1.5	0.2	1.4	0.5	基金管理人
240001	宝康消费品	2003-07-15	偏股型基金	1.5	0.25	1.2	0.5	基金管理人
240002	宝康灵活配置	2003-07-15	股债平衡型基金	1.3	0.25	1.2	0.5	基金管理人
240003	宝康债券	2003-07-15	债券型基金	0.6	0.2	0.8	0.3	基金管理人
151001	银河稳健基金	2003-08-04	偏股型基金	1.5	0.25	1.0	0.5	基金管理人
151002	银河收益基金	2003-08-04	偏债型基金	0.75	0.2	1.0	0.5	基金管理人

基金代码	基金简称	设立时间	基金类型	管理费率(%)	托管费率(%)	最高申购费率(%)	最高赎回费率(%)	基金注册与过户登记人
255010	德盛稳健	2003-08-08	股债平衡型基金	1.5	0.25	1.5	0.5	基金管理人
510001	海富通精选	2003-08-22	偏股型基金	1.5	0.25	1.2	0.35	中登公司
050002	博时裕富	2003-08-26	偏股型基金	0.98	0.2	1.5	0.5	基金管理人
002001	华夏回报	2003-09-05	股债平衡型基金	1.5	0.25	1.5	0.5	基金管理人
161603	融通债券	2003-09-30	债券型基金	0.6	0.2	1.2	0.3	基金管理人
161604	融通深证 100	2003-09-30	偏股型基金	1.0	0.2	1.5	0.3	基金管理人
161605	融通蓝筹成长	2003-09-30	偏股型基金	1.5	0.25	1.6	0.3	基金管理人
260101	景顺优选股票	2003-10-24	偏股型基金	1.5	0.25	1.5	0.5	基金管理人
260102	景顺恒丰债券	2003-10-24	债券型基金	0.75	0.2	0.8	0.2	基金管理人
260103	景顺动力平衡	2003-10-24	股债平衡型基金	1.5	0.25	1.5	0.5	基金管理人
510080	长盛债券	2003-10-25	债券型基金	0.75	0.2	1.5	0.3	中登公司
200001	长城久恒	2003-10-31	股债平衡型基金	1.5	0.25	1.2	0.5	基金管理人
100018	富国天利增长债券	2003-12-02	债券型基金	0.8	0.2	1.2	0.3	基金管理人
270001	广发聚富	2003-12-03	股债平衡型基金	1.5	0.25	1.5	0.5	基金管理人
020002	国泰金龙债券	2003-12-05	债券型基金	0.6	0.2	1.0	0.2	基金管理人
020003	国泰金龙行业精选	2003-12-05	偏股型基金	1.5	0.25	1.2	0.2	基金管理人
110002	易方达策略成长	2003-12-09	偏股型基金	1.5	0.25	1.5	0.5	基金管理人
040003	华安现金富利	2003-12-30	货币型基金	0.33	0.1	0.0	0.0	基金管理人

开放式证券投资基金分红一览表

基金代码	基金简称	分红次数	派现比例（元／10份）	权益登记日	除息日	派现日
050001	博时增长	3	0.38	2003-05-19	2003-05-19	2003-05-21
			0.53	2003-08-15	2003-08-15	2003-08-19
			0.27	2003-12-26	2003-12-26	2003-12-30
080001	长盛成长价值	3	0.20	2003-02-27	2003-02-28	2003-03-03
			0.55	2003-06-24	2003-06-25	2003-06-26
			0.41	2003-12-22	2003-12-23	2003-12-24
070001	嘉实成长收益	3	0.50	2003-06-03	2003-06-03	2003-06-04
			0.10	2003-06-24	2003-06-25	2003-06-26
			0.45	2003-12-26	2003-12-29	2003-12-30
090001	大成价值增长	2	0.30	2003-04-24	2003-04-24	2003-04-25
			0.60	2003-06-03	2003-06-03	2003-06-04
180001	银华优势	4	0.40	2003-05-20	2003-05-21	2003-05-22
			0.10	2003-06-30	2003-07-01	2003-07-02
			0.20	2003-07-22	2003-07-23	2003-07-24
			0.15	2003-12-19	2003-12-22	2003-12-23

【开放式证券投资基金分红一览表】

基金代码	基金简称	分红次数	派现比例（元／10份）	权益登记日	除息日	派现日
161601	融通新蓝筹	4	0.11	2003-03-14	2003-03-14	2003-03-18
			0.32	2003-04-28	2003-04-28	2003-04-30
			0.17	2003-06-25	2003-06-25	2003-06-27
			0.15	2003-12-22	2003-12-22	2003-12-24
040002	华安180	2	0.50	2003-05-26	2003-05-26	2003-05-28
			0.20	2003-12-18	2003-12-18	2003-12-22
110001	易方达平稳增长	3	0.20	2003-05-14	2003-05-14	2003-05-16
			0.20	2003-06-30	2003-06-30	2003-07-02
			0.20	2003-12-22	2003-12-22	2003-12-24
213001	宝盈鸿利收益	3	0.05	2003-03-10	2003-03-10	2003-03-12
			0.15	2003-08-08	2003-08-08	2003-08-12
			0.20	2003-12-29	2003-12-29	2003-12-31
000001	华夏成长	1	0.33	2003-06-24	2003-06-25	2003-06-26
202101	南方宝元债券	1	0.32	2003-06-06	2003-06-09	2003-06-10
202001	南方稳健成长	1	0.25	2003-12-22	2003-12-23	2003-12-24
206102	普天收益	2	0.10	2003-12-01	2003-12-01	2003-12-02
			0.15	2003-12-15	2003-12-15	2003-12-16
255010	德盛稳健	1	0.20	2003-12-19	2003-12-19	2003-12-22
206101	普天债券	1	0.20	2003-12-23	2003-12-23	2003-12-24
200001	长城久恒	1	0.20	2003-12-29	2003-12-30	2003-12-31
002001	华夏回报	1	0.198	2003-12-12	2003-12-15	2003-12-16
040001	华安创新	1	0.18	2003-06-23	2003-06-23	2003-06-25
510080	长盛债券	1	0.16	2003-12-16	2003-12-16	2003-12-18
1510001	银河稳健	1	0.15	2003-12-11	2003-12-11	2003-12-12
217001	招商股票基金	1	0.15	2003-12-15	2003-12-16	2003-12-17
510001	海富通精选	1	0.15	2003-12-17	2003-12-17	2003-12-18
162202	湘财合丰周期	1	0.15	2003-12-22	2003-12-22	2003-12-23
162203	湘财合丰稳定	1	0.15	2003-12-25	2003-12-25	2003-12-26
001001	华夏债券	1	0.12	2003-10-24	2003-10-27	2003-10-28
070002	嘉实理财增长	1	0.11	2003-12-26	2003-12-29	2003-12-30
217002	招商平衡型基金	1	0.10	2003-12-23	2003-12-24	2003-12-25
210001	金鹰优选	1	0.10	2003-12-24	2003-12-24	2003-12-25
161604	融通深证100	1	0.10	2003-12-24	2003-12-24	2003-12-26
070003	嘉实理财稳健	1	0.10	2003-12-26	2003-12-29	2003-12-30
240001	宝康消费品	1	0.10	2003-12-29	2003-12-29	2003-12-30
240002	宝康灵活配置	1	0.10	2003-12-29	2003-12-29	2003-12-30
240003	宝康债券	1	0.10	2003-12-29	2003-12-29	2003-12-30
161605	融通蓝筹成长	1	0.08	2003-12-24	2003-12-24	2003-12-26

开放式证券投资基金历年周可比净值一览表

【华安创新→南方宝元债券基金历年周可比净值】

截至日期	华安创新	南方稳健成长	华夏成长	国泰金鹰增长	鹏华行业成长	富国动态平衡	易方达平稳增长	融通新蓝筹	南方宝元债券
2001-09-21	1.0000								
2001-09-28	1.0000	1.0000							
2001-10-12	1.0000	1.0005							
2001-10-19	1.0010	0.9997							
2001-10-26	1.0010	1.0013							
2001-11-02	1.0010	1.0013							
2001-11-09	1.0020	0.9989							
2001-11-16	1.0080	1.0079							
2001-11-23	1.0090	1.0146							
2001-11-30	1.0080	1.0171							
2001-12-07	1.0090	1.0191							
2001-12-14	1.0040	1.0004							
2001-12-21	1.0020	0.9942	1.0000						
2001-12-28	1.0110	1.0011	1.0000						
2002-01-04	1.0080	0.9961	1.0000						
2002-01-11	1.0030	0.9886	1.0010						
2002-01-18	0.9990	0.9787	1.0000						
2002-01-25	1.0080	0.9914	1.0050						
2002-02-01	1.0120	1.0000	1.0090						
2002-02-08	1.0180	1.0055	1.0120						
2002-03-01	1.0170	1.0026	1.0110						
2002-03-08	1.0300	1.0342	1.0310						
2002-03-15	1.0270	1.0289	1.0250						
2002-03-22	1.0360	1.0393	1.0360						
2002-03-29	1.0270	1.0265	1.0230						
2002-04-05	1.0320	1.0310	1.0290						
2002-04-12	1.0440	1.0429	1.0420						
2002-04-19	1.0400	1.0383	1.0390						
2002-04-26	1.0380	1.0361	1.0380						
2002-05-10	1.0380	1.0375	1.0420						
2002-05-17	1.0280	1.0323	1.0310						
2002-05-24	1.0260	1.0296	1.0330						
2002-05-31	1.0190	1.0237	1.0270						
2002-06-07	1.0250	1.0291	1.0330						
2002-06-14	1.0230	1.0204	1.0180	1.0020					
2002-06-21	1.0320	1.0373	1.0420	1.0070	0.9981				

【华安创新→南方宝元债券基金历年周可比净值】

截至日期	华安创新	南方稳健成长	华夏成长	国泰金鹰增长	鹏华行业成长	富国动态平衡	易方达平稳增长	融通新蓝筹	南方宝元债券
2002-06-28	1.0729	1.0752	1.1003	1.0270	0.9937				
2002-07-05	1.0688	1.0726	1.0962	1.0270	0.9904				
2002-07-12	1.0606	1.0674	1.0901	1.0230	0.9792				
2002-07-19	1.0627	1.0677	1.0901	1.0230	0.9849				
2002-07-26	1.0443	1.0516	1.0757	1.0120	0.9687				
2002-08-02	1.0453	1.0531	1.0747	1.0120	0.9703				
2002-08-09	1.0371	1.0498	1.0696	1.0090	0.9663				
2002-08-16	1.0371	1.0509	1.0685	1.0100	0.9657				
2002-08-23	1.0504	1.0631	1.0829	1.0190	0.9786				
2002-08-30	1.0432	1.0592	1.0767	1.0160	0.9744	0.9972	1.0000		
2002-09-06	1.0279	1.0453	1.0665	1.0040	0.9611	0.9878	0.9990		
2002-09-13	1.0259	1.0430	1.0644	1.0020	0.9579	0.9853	0.9980		
2002-09-20	1.0208	1.0355	1.0532	0.9930	0.9493	0.9802	0.9970		
2002-09-27	1.0146	1.0254	1.0470	0.9840	0.9403	0.9763	0.9960		
2002-10-11	0.9891	1.0055	1.0275	0.9680	0.9166	0.9628	0.9920	1.0000	
2002-10-18	0.9840	0.9992	1.0234	0.9630	0.9138	0.9606	0.9920	1.0002	1.0045
2002-10-25	0.9830	0.9978	1.0214	0.9560	0.9133	0.9614	0.9920	1.0010	1.0035
2002-11-01	0.9830	0.9906	1.0173	0.9460	0.9107	0.9580	0.9920	0.9985	1.0021
2002-11-08	0.9840	0.9921	1.0224	0.9490	0.9139	0.9596	0.9930	1.0010	1.0037
2002-11-15	0.9686	0.9762	1.0111	0.9250	0.8995	0.9479	0.9890	0.9955	1.0043
2002-11-22	0.9462	0.9523	0.9937	0.8990	0.8739	0.9307	0.9820	0.9843	1.0034
2002-11-29	0.9574	0.9619	1.0009	0.9100	0.8832	0.9389	0.9860	0.9901	1.0036
2002-12-06	0.9482	0.9528	0.9937	0.8809	0.8732	0.9329	0.9830	0.9843	1.0041
2002-12-13	0.9462	0.9492	0.9886	0.8990	0.8683	0.9308	0.9820	0.9785	1.0043
2002-12-20	0.9554	0.9589	0.9957	0.9100	0.8769	0.9381	0.9860	0.9840	1.0050
2002-12-27	0.9441	0.9450	0.9783	0.8900	0.8625	0.9272	0.9790	0.9739	1.0044
2003-01-03	0.9114	0.9212	0.9568	0.8610	0.8414	0.9090	0.9650	0.9570	1.0034
2003-01-10	0.9360	0.9402	0.9834	0.8880	0.8607	0.9267	0.9780	0.9792	1.0061
2003-01-17	0.9676	0.9764	1.0296	0.9240	0.8897	0.9511	1.0030	1.0101	1.0121
2003-01-24	0.9666	0.9741	1.0285	0.9190	0.8892	0.9512	1.0030	1.0079	1.0130
2003-01-29	0.9768	0.9855	1.0357	0.9290	0.8985	0.9577	1.0110	1.0200	1.0144
2003-02-14	0.9799	0.9869	1.0368	0.9340	0.9001	0.9602	1.0100	1.0152	1.0144
2003-02-21	0.9727	0.9751	1.0296	0.9210	0.8913	0.9547	0.9980	1.0103	1.0128
2003-02-28	0.9860	0.9892	1.0398	0.9350	0.9013	0.9618	1.0120	1.0200	1.0156
2003-03-07	0.9850	0.9876	1.0388	0.9290	0.9003	0.9591	1.0080	1.0215	1.0157
2003-03-14	0.9778	0.9837	1.0316	0.9190	0.8958	0.9554	0.9990	1.0191	1.0158
2003-03-21	0.9819	0.9866	1.0357	0.9200	0.8974	0.9582	1.0080	1.0249	1.0165
2003-03-28	0.9922	0.9973	1.0419	0.9250	0.9035	0.9627	1.0200	1.0380	1.0194

截至日期	华安创新	南方稳健成长	华夏成长	国泰金鹰增长	鹏华行业成长	富国动态平衡	易方达平稳增长	融通新蓝筹	南方宝元债券
2003-04-04	1.0034	1.0109	1.0542	0.9360	0.9128	0.9695	1.0350	1.0488	1.0220
2003-04-11	1.0392	1.0435	1.0839	0.9640	0.9393	0.9961	1.0710	1.0772	1.0358
2003-04-18	1.0555	1.0629	1.1003	0.9700	0.9439	1.0023	1.0830	1.0939	1.0400
2003-04-25	0.9973	1.0040	1.0450	0.9290	0.8971	0.9587	1.0260	1.0463	1.0266
2003-04-30	1.0259	1.0524	1.0562	0.9500	0.9462	0.9878	1.0640	1.0798	1.0294
2003-05-16	1.0443	1.0765	1.0696	0.9730	0.9731	1.0083	1.0887	1.1012	1.0412
2003-05-23	1.0504	1.0831	1.0726	0.9760	0.9797	1.0165	1.0927	1.1096	1.0455
2003-05-30	1.0463	1.0833	1.0798	0.9710	0.9768	1.0143	1.0948	1.1051	1.0460
2003-06-06	1.0289	1.0630	1.0655	0.9520	0.9673	0.9931	1.0764	1.0870	1.0404
2003-06-13	1.0412	1.0754	1.0726	0.9600	0.9763	1.0063	1.0866	1.0925	1.0446
2003-06-20	1.0248	1.0587	1.0491	0.9400	0.9553	0.9866	1.0632	1.0711	1.0332
2003-06-27	1.0165	1.0541	1.0334	0.9270	0.9435	0.9782	1.0530	1.0631	1.0281
2003-07-04	1.0259	1.0698	1.0376	0.9440	0.9597	0.9940	1.0623	1.0765	1.0346
2003-07-11	1.0405	1.0882	1.0535	0.9590	0.9755	1.0090	1.0779	1.0935	1.0418
2003-07-18	1.0384	1.0881	1.0482	0.9600	0.9736	1.0074	1.0790	1.1033	1.0419
2003-07-25	1.0300	1.0795	1.0408	0.9480	0.9575	0.9959	1.0644	1.0870	1.0382
2003-08-01	1.0363	1.0869	1.0440	0.9540	0.9587	1.0037	1.0738	1.0894	1.0412
2003-08-08	1.0311	1.0786	1.0344	0.9490	0.9532	0.9951	1.0655	1.0853	1.0389
2003-08-15	1.0165	1.0666	1.0228	0.9360	0.9361	0.9774	1.0509	1.0692	1.0329
2003-08-22	1.0144	1.0654	1.0185	0.9340	0.9288	0.9718	1.0499	1.0693	1.0317
2003-08-29	1.0103	1.0610	1.0111	0.9310	0.9206	0.9705	1.0436	1.0615	1.0295
2003-09-05	1.0124	1.0601	1.0079	0.9250	0.9138	0.9686	1.0415	1.0650	1.0277
2003-09-12	1.0020	1.0528	1.0005	0.9170	0.9037	0.9636	1.0312	1.0538	1.0249
2003-09-19	0.9884	1.0419	0.9878	0.9120	0.8925	0.9526	1.0228	1.0404	1.0191
2003-09-26	0.9739	1.0354	0.9783	0.9030	0.8844	0.9407	1.0124	1.0310	1.0130
2003-10-10	0.9936	1.0573	0.9942	0.9280	0.9016	0.9588	1.0301	1.0502	1.0199
2003-10-17	0.9811	1.0440	0.9772	0.9200	0.8878	0.9504	1.0218	1.0395	1.0123
2003-10-24	0.9988	1.0593	0.9931	0.9370	0.9007	0.9672	1.0353	1.0517	1.0201
2003-10-31	1.0051	1.0657	0.9920	0.9450	0.9071	0.9729	1.0457	1.0625	1.0230
2003-11-07	1.0165	1.0755	0.9995	0.9650	0.9125	0.9802	1.0519	1.0701	1.0296
2003-11-14	1.0144	1.0687	0.9867	0.9630	0.9062	0.9782	1.0488	1.0598	1.0262
2003-11-21	1.0165	1.0713	0.9963	0.9630	0.9077	0.9811	1.0519	1.0688	1.0295
2003-11-28	1.0300	1.0893	1.0122	0.9780	0.9218	0.9956	1.0717	1.0710	1.0373
2003-12-05	1.0571	1.1204	1.0376	1.0050	0.9523	1.0236	1.1060	1.0939	1.0520
2003-12-12	1.0623	1.1308	1.0514	1.0130	0.9740	1.0294	1.1257	1.1027	1.0555
2003-12-19	1.0779	1.1425	1.0630	1.0410	0.9786	1.0508	1.1372	1.1157	1.0624
2003-12-26	1.1102	1.1803	1.1150	1.0770	1.0043	1.0827	1.1901	1.1658	1.0807

【长盛成长价值→天同180基金历年周可比净值】

截至日期	长盛成长价值	博时增长	宝盈鸿利收益	华夏债券	大成价值增长	嘉实成长收益	银华优势	华安180	天同180
2002-10-18	1.0050								
2002-10-25	1.0050								
2002-11-01	1.0050	1.0010	0.9961						
2002-11-08	1.0060	1.0030	0.9982						
2002-11-15	1.0040	1.0020	0.9837				1.0002		
2002-11-22	0.9960	0.9930	0.9620	1.0020			1.0003		
2002-11-29	0.9990	1.0000	0.9758	1.0020			1.0005		
2002-12-06	0.9960	0.9960	0.9698	1.0030		0.9888	1.0005		
2002-12-13	0.9940	0.9940	0.9696	1.0030	0.9998	0.9848	1.0005		
2002-12-20	0.9970	0.9990	0.9786	1.0040	1.0021	0.9942	1.0011	0.9970	
2002-12-27	0.9870	0.9860	0.9587	1.0040	0.9986	0.9786	1.0013	0.9870	
2003-01-03	0.9690	0.9620	0.9350	1.0050	0.9933	0.9505	1.0014	0.9720	
2003-01-10	0.9880	0.9820	0.9629	1.0070	1.0037	0.9747	1.0034	0.9900	
2003-01-17	1.0250	1.0220	1.0058	1.0090	1.0212	1.0118	1.0041	1.0160	
2003-01-24	1.0250	1.0270	1.0061	1.0100	1.0119	1.0091	1.0028	1.0150	
2003-01-29	1.0370	1.0410	1.0128	1.0100	1.0274	1.0209	1.0048	1.0240	
2003-02-14	1.0350	1.0440	1.0148	1.0120	1.0243	1.0216	1.0057	1.0270	
2003-02-21	1.0260	1.0390	1.0083	1.0120	1.0145	1.0103	1.0038	1.0120	
2003-02-28	1.0320	1.0580	1.0125	1.0130	1.0195	1.0241	1.0062	1.0260	
2003-03-07	1.0299	1.0620	1.0086	1.0150	1.0160	1.0205	1.0063	1.0190	
2003-03-14	1.0238	1.0650	1.0047	1.0160	1.0068	1.0126	1.0050	1.0040	
2003-03-21	1.0299	1.0720	1.0058	1.0170	1.0097	1.0178	1.0053	1.0130	
2003-03-28	1.0401	1.0850	1.0090	1.0190	1.0234	1.0253	1.0123	1.0260	
2003-04-04	1.0534	1.1130	1.0168	1.0190	1.0347	1.0392	1.0253	1.0440	
2003-04-11	1.0870	1.1630	1.0298	1.0220	1.0811	1.0716	1.0742	1.0880	
2003-04-18	1.1033	1.2090	1.0446	1.0220	1.1103	1.0780	1.1082	1.1060	
2003-04-25	1.0462	1.1300	0.9982	1.0220	1.0492	1.0258	1.0333	1.0390	
2003-04-30	1.0901	1.1920	1.0170	1.0230	1.1045	1.0531	1.0764	1.0700	1.0118
2003-05-16	1.1125	1.2270	1.0405	1.0260	1.1361	1.0719	1.1193	1.0930	1.0258
2003-05-23	1.1156	1.2487	1.0436	1.0270	1.1476	1.0775	1.1433	1.0960	1.0289
2003-05-30	1.1125	1.2518	1.0430	1.0270	1.1349	1.0764	1.1263	1.1075	1.0396
2003-06-06	1.0921	1.2177	1.0291	1.0270	1.1104	1.0695	1.0849	1.0855	1.0210
2003-06-13	1.1013	1.2280	1.0342	1.0280	1.1139	1.0768	1.0731	1.0970	1.0318
2003-06-20	1.0829	1.2126	1.0189	1.0290	1.0951	1.0643	1.0568	1.0729	1.0125
2003-06-27	1.0768	1.1909	1.0097	1.0270	1.0875	1.0555	1.0415	1.0572	1.0004
2003-07-04	1.0930	1.2280	1.0244	1.0290	1.1049	1.0649	1.0737	1.0719	1.0069

截至日期	长盛成长价值	博时增长	宝盈鸿利收益	华夏债券	大成价值增长	嘉实成长收益	银华优势	华安180	天同180
2003-07-11	1.1134	1.2569	1.0423	1.0310	1.1258	1.0759	1.0813	1.0950	1.0250
2003-07-18	1.1177	1.2642	1.0493	1.0310	1.1343	1.0721	1.0764	1.0897	1.0182
2003-07-25	1.1026	1.2301	1.0310	1.0320	1.1090	1.0607	1.0523	1.0750	1.0067
2003-08-01	1.1134	1.2414	1.0399	1.0330	1.1095	1.0656	1.0555	1.0813	1.0107
2003-08-08	1.1048	1.2260	1.0310	1.0340	1.1060	1.0569	1.0503	1.0719	1.0049
2003-08-15	1.0865	1.2019	1.0142	1.0340	1.0884	1.0401	1.0351	1.0562	0.9927
2003-08-22	1.0844	1.1944	1.0119	1.0330	1.0837	1.0399	1.0252	1.0499	0.9858
2003-08-29	1.0811	1.1998	1.0140	1.0320	1.0728	1.0398	1.0287	1.0405	0.9767
2003-09-05	1.0811	1.1998	1.0118	1.0320	1.0740	1.0399	1.0252	1.0405	0.9812
2003-09-12	1.0714	1.1857	1.0031	1.0310	1.0648	1.0313	1.0155	1.0279	0.9683
2003-09-19	1.0607	1.1728	0.9935	1.0290	1.0486	1.0219	1.0047	1.0164	0.9582
2003-09-26	1.0499	1.1576	0.9831	1.0210	1.0386	1.0073	0.9935	1.0027	0.9455
2003-10-10	1.0704	1.1868	1.0042	1.0200	1.0544	1.0394	1.0218	1.0195	0.9594
2003-10-17	1.0585	1.1684	0.9898	1.0130	1.0391	1.0313	1.0111	0.9996	0.9422
2003-10-24	1.0725	1.2041	1.0042	1.0150	1.0570	1.0488	1.0304	1.0111	0.9494
2003-10-31	1.0833	1.2182	1.0171	1.0130	1.0675	1.0644	1.0380	1.0007	0.9349
2003-11-07	1.0844	1.2246	1.0234	1.0180	1.0746	1.0782	1.0525	1.0027	0.9329
2003-11-14	1.0779	1.2138	1.0151	1.0160	1.0623	1.0762	1.0477	0.9975	0.9300
2003-11-21	1.0822	1.2203	1.0072	1.0180	1.0759	1.0779	1.0522	1.0111	0.9448
2003-11-28	1.0908	1.2430	1.0238	1.0180	1.0824	1.0975	1.0720	1.0310	0.9630
2003-12-05	1.1177	1.2798	1.0436	1.0211	1.1103	1.1214	1.1021	1.0604	0.9893
2003-12-12	1.1242	1.2700	1.0453	1.0241	1.1230	1.1324	1.1000	1.0698	0.9937
2003-12-19	1.1306	1.2765	1.0537	1.0261	1.1360	1.1490	1.1222	1.0689	0.9834
2003-12-26	1.1635	1.3262	1.0951	1.0322	1.1850	1.1799	1.1666	1.1042	1.0134

【招商债券→金鹰优选基金历年周可比净值】

截至日期	招商债券	招商平衡	招商股票	合丰成长	合丰周期	合丰稳定	融华债券	大成债券	金鹰优选
2003-05-30	1.0033	1.0075	1.0111						
2003-06-06	1.0027	0.9988	0.9984						
2003-06-13	1.0029	1.0065	1.0101	1.0003	1.0082	1.0035			
2003-06-20	1.0014	0.9974	0.9978	0.9957	0.9915	0.9947			
2003-06-27	0.9998	0.9898	0.9879	0.9917	0.9818	0.9869	1.0035		
2003-07-04	1.0023	1.0013	1.0036	0.9953	0.9933	0.9964	1.0101		
2003-07-11	1.0027	1.0131	1.0220	1.0073	1.0068	1.0077	1.0153		
2003-07-18	1.0029	1.0150	1.0245	1.0010	1.0101	1.0114	1.0138	1.0018	0.9979
2003-07-25	1.0031	1.0080	1.0143	0.9954	1.0002	0.9995	1.0088	1.0016	0.9944
2003-08-01	1.0037	1.0142	1.0233	1.0057	1.0023	1.0060	1.0113	1.0022	0.9957
2003-08-08	1.0040	1.0089	1.0144	0.9953	1.0015	0.9981	1.0088	1.0025	0.9910
2003-08-15	1.0032	0.9987	1.0005	0.9931	0.9911	0.9830	1.0025	1.0023	0.9866
2003-08-22	1.0019	0.9977	1.0007	0.9845	0.9847	0.9809	1.0004	1.0013	0.9862
2003-08-29	1.0004	0.9950	0.9992	0.9740	0.9867	0.9741	0.9978	1.0003	0.9816
2003-09-05	0.9998	0.9959	1.0006	0.9791	0.9825	0.9766	0.9949	0.9978	0.9815
2003-09-12	0.9997	0.9900	0.9906	0.9657	0.9703	0.9659	0.9932	0.9982	0.9753
2003-09-19	0.9984	0.9834	0.9813	0.9646	0.9625	0.9562	0.9878	0.9960	0.9696
2003-09-26	0.9910	0.9733	0.9692	0.9505	0.9514	0.9444	0.9788	0.9897	0.9624
2003-10-10	0.9887	0.9879	0.9954	0.9561	0.9712	0.9577	0.9819	0.9906	0.9782
2003-10-17	0.9839	0.9782	0.9822	0.9392	0.9581	0.9431	0.9756	0.9921	0.9647
2003-10-24	0.9862	0.9875	0.9973	0.9418	0.9794	0.9524	0.9773	0.9910	0.9732
2003-10-31	0.9861	0.9924	1.0066	0.9332	0.9800	0.9640	0.9808	0.9916	0.9672
2003-11-07	0.9904	0.9979	1.0141	0.9200	1.0034	0.9606	0.9830	0.9922	0.9703
2003-11-14	0.9896	0.9930	1.0073	0.9103	0.9948	0.9562	0.9821	0.9890	0.9615
2003-11-21	0.9898	0.9942	1.0067	0.9190	0.9888	0.9546	0.9823	0.9908	0.9728
2003-11-28	0.9915	1.0023	1.0189	0.9295	1.0098	0.9666	0.9939	0.9952	0.9902
2003-12-05	0.9936	1.0198	1.0445	0.9482	1.0399	0.9945	1.0146	1.0034	1.0164
2003-12-12	0.9970	1.0258	1.0487	0.9609	1.0410	1.0079	1.0258	1.0074	1.0189
2003-12-19	1.0070	1.0399	1.0723	0.9515	1.0692	1.0224	1.0369	1.0165	1.0168
2003-12-26	1.0137	1.0656	1.1112	0.9918	1.1321	1.0549	1.0691	1.0345	1.0573

【嘉实理财稳健→银联收益基金历年周可比净值】

截至日期	嘉实理财稳健	嘉实理财增长	嘉实理财债券	宝康消费品	宝康配置	宝康债券	银河稳健	银河收益
2003-07-18	1.0000	1.0000	1.0010					
2003-07-25	0.9960	1.0000	1.0010					
2003-08-01	0.9990	1.0000	1.0020					
2003-08-08	0.9920	1.0000	1.0020	0.9998	1.0006	1.0012	0.9995	1.0001
2003-08-15	0.9820	0.9980	0.9990	0.9985	1.0003	1.0012	0.9985	1.0003
2003-08-22	0.9820	0.9990	0.9970	0.9983	0.9999	1.0012	0.9981	1.0003
2003-08-29	0.9790	1.0000	0.9960	0.9970	0.9991	1.0010	0.9968	1.0003
2003-09-05	0.9760	1.0010	0.9960	0.9971	0.9982	1.0008	0.9945	1.0003
2003-09-12	0.9720	1.0000	0.9930	0.9970	0.9998	1.0020	0.9945	1.0020
2003-09-19	0.9640	0.9970	0.9930	0.9952	0.9993	1.0018	0.9934	1.0017
2003-09-26	0.9570	0.9940	0.9870	0.9942	0.9990	1.0002	0.9915	0.9997
2003-10-10	0.9750	1.0040	0.9870	0.9975	0.9996	1.0016	0.9986	0.9995
2003-10-17	0.9660	1.0020	0.9790	0.9940	0.9993	1.0012	0.9959	0.9954
2003-10-24	0.9800	1.0090	0.9820	0.9969	0.9997	1.0023	1.0027	0.9959
2003-10-31	0.9890	1.0090	0.9820	0.9971	1.0002	1.0033	0.9946	0.9962
2003-11-07	0.9970	1.0100	0.9860	0.9951	0.9978	1.0040	1.0050	0.9973
2003-11-14	0.9890	0.9970	0.9850	0.9900	0.9948	1.0040	1.0066	0.9972
2003-11-21	0.9930	1.0010	0.9900	0.9962	1.0030	1.0096	1.0124	1.0027
2003-11-28	1.0080	1.0110	0.9910	1.0071	1.0119	1.0124	1.0305	1.0054
2003-12-05	1.0270	1.0310	0.9940	1.0252	1.0257	1.0158	1.0598	1.0115
2003-12-12	1.0330	1.0340	0.9980	1.0257	1.0281	1.0189	1.0574	1.0158
2003-12-19	1.0470	1.0410	0.9980	1.0275	1.0256	1.0241	1.0920	1.0281
2003-12-26	1.0730	1.0710	1.0020	1.0511	1.0472	1.0336	1.1247	1.0404

【普天债券→融通债券基金历年周可比净值】

截至日期	普天债券	普天收益	德盛稳健	博时裕富指数	南方避险增值	海富通精选	华夏回报	融通债券
2003-08-15	1.0020	1.0010						
2003-08-22	1.0020	1.0030						
2003-08-29	1.0020	1.0010						
2003-09-05	1.0020	1.0000						
2003-09-12	1.0040	0.9980						
2003-09-19	1.0040	0.9930						
2003-09-26	1.0030	0.9860	0.9970	0.9700	0.9938			
2003-10-10	1.0000	1.0000	1.0020	0.9870	0.9934	1.0017		
2003-10-17	0.9980	0.9960	0.9990	0.9680	0.9903	0.9978		
2003-10-24	0.9990	1.0080	1.0030	0.9820	0.9924	1.0053	0.9960	
2003-10-31	0.9990	1.0110	1.0060	0.9710	0.9924	1.0081	1.0020	1.0020
2003-11-07	0.9960	1.0220	1.0060	0.9760	0.9955	1.0139	1.0070	1.0020
2003-11-14	0.9960	1.0180	1.0040	0.9740	0.9952	1.0110	1.0040	1.0030
2003-11-21	0.9990	1.0180	1.0090	0.9820	1.0029	1.0131	1.0120	1.0030
2003-11-28	1.0060	1.0290	1.0190	0.9990	1.0079	1.0247	1.0200	1.0040
2003-12-05	1.0150	1.0522	1.0380	1.0270	1.0160	1.0509	1.0350	1.0050
2003-12-12	1.0310	1.0643	1.0460	1.0360	1.0193	1.0610	1.0520	1.0100
2003-12-19	1.0390	1.0828	1.0571	1.0380	1.0272	1.0901	1.0630	1.0150
2003-12-26	1.0490	1.1145	1.0816	1.0770	1.0408	1.1312	1.0946	1.0230

【融通深证 100→长城久恒基金历年周可比净值】

截至日期	融通深证 100	融通蓝筹成长	长盛债券	景顺优选股票	景顺恒丰债券	景顺动力平衡	长城久恒
2003-10-31	0.9940	1.0010					
2003-11-07	0.9900	1.0010					
2003-11-14	0.9880	1.0020					
2003-11-21	0.9950	1.0080					
2003-11-28	1.0080	1.0110					
2003-12-05	1.0230	1.0190	1.0208	1.0146	1.0017	1.0079	
2003-12-12	1.0290	1.0230	1.0240	1.0191	1.0026	1.0106	1.0140
2003-12-19	1.0170	1.0220	1.0332	1.0337	1.0038	1.0199	1.0300
2003-12-26	1.0531	1.0571	1.0415	1.0719	1.0048	1.0419	1.0520

附 录

ALMANAC OF CHINA'S SECURITIES INVESTMENT FUNDS

附录一　基金大事记要

附录二　基金日历解读

附录三　基金文章索引

附录四　投资者教育

附录五　基金研究著作

附录六　基金营销网点

附录一　基金大事记要

1月份

2003-01-09　由招商证券主办的"中国证券投资基金2003年投资策略研讨会"在哈尔滨召开。

2003-01-12　国内第一家中外合资基金管理公司——招商基金管理有限公司在深圳开业。深圳市副市长宋海、深交所理事长陈东征、中国证监会主席助理桂敏杰、中国证券业协会会长庄心一、深圳证管办主任张云东和招商局集团的有关领导参加了开业庆典。

2003-01-14　深圳市审计局近日先后对鹏华、南方两家基金管理公司的法定代表人进行了任期经济责任审计，这是深圳首次对基金管理公司及其管理的封闭式和开放式基金进行审计。

2003-01-15　经中国证监会批准，由兴业证券股份有限公司等共同发起设立的兴业基金管理有限公司获准筹建。这是2003年获准筹建的第一家基金管理公司。

2003-01-22　经中国人民银行和中国证监会批准同意，中国光大银行获得代销开放式基金业务资格。

2月份

2003-02-10　国内首只标准指数开放式基金——天同180指数证券投资基金正式发行，这也是2003年发行的第一只基金。其基金管理人为天同基金管理有限公司，基金托管人为中国银行。

2003-02-12　经中国证监会批准，景顺长城基金管理有限公司正式获准筹建，这是2003年第一家获准筹建的中外合资基金管理公司。

2003-02-13　经中国证监会批准，由华宝信托投资有限责任公司和法国兴业资产管理有限公司作为发起人的华宝兴业基金管理有限公司获准开业。这是我国第二家获准开业的中外合资基金管理公司，也是我国第一家由信托投资公司发起设立的中外合资基金管理公司。

2003-02-18　湘财荷银基金管理公司旗下三只行业类别基金获准一次性同时发行，伞型基金首次进入国内基金市场。

2003-02-20　晨星资讯（深圳）有限公司在深圳挂牌，这是国际著名的基金评级机构——美国晨星公司（Morningstar, Inc.）在中国大陆设立的子公司。

2003-02-24　长盛成长价值基金实施分红，每10份基金单位派现0.20元，率先打出了2003年第一张基金"分红牌"。

中国工商银行、中国银行、中国农业银行、交通银行、中国建设银行QFII托管人资格获得中国证券监督管理委员会批准。这是我国首批亮相的QFII托管人。

2003-02-26　中国证券业协会证券投资基金业委员会在北京召开"证券投资基金宣传工作座谈会"，证券业协会副会长马庆泉、秘书长聂庆平、中国证监会基金部主任孙杰、证券投资基金业委员会主任委员刘波及部分基金管理公司代表等出席了座谈会。

3月份

2003-03-03　沪深证交所基金交易单位的最小报价单位由"分"改为"厘"。

因清理最后一只老基金而设立的基金管理公司巨田基金管理有限公司获得开业批复。

2003-03-15　汇丰银行、花旗银行、渣打银行3家外资银行的QFII托管人资格日前获得中国证监会的批准。至此，获得QFII托管人资格的银行已达到8家。

2003-03-17　国内首只由合资基金公司发行的证券投资基金——招商安泰系列开放式证券投资基金正式发行，这也是外资登陆中国基金市场后首次亮相的基金产品。其基金管理人为招商基金管理有限公司，基金托管人为招商银行。

2003-03-17 由中信证券研究咨询部推出的“中信·基金评级月度报告”首次在媒体亮相，51只基金同时上榜，成为国内首次正式对外推出的基金评级系统，这也是国内券商首次公开和定期地对现有基金进行评估。

2003-03-20 QFII实施细则正式公布。细则规定，QFII可以投资基金，且不受比例限制。

2003-03-26 随着湘财合丰价值优化型行业系列基金开始发售，2003年第一季度已有4只开放式基金正式上柜。开放式基金迎来了2003年的第一浪扩容高潮。

国内首家获准筹建的中外合资基金管理公司——国联安基金管理有限公司正式获得中国证监会开业批文。

长城基金管理有限公司旗下的基金久富、基金久嘉率先披露了2002年报。正式拉开了2002年基金年报披露序幕。

4月份

2003-04-14 中国证监会主席尚福林与项怀诚在社保基金理事会见面。

经中国证监会批复，华商基金管理有限公司正式获准筹建，这是2003年获准筹建的第二家基金管理公司。

2003-04-15 招商基金管理有限公司联合华夏证券在基金业内率先推出两款基金套餐服务，分别为：“幸福晚年”基金套餐和“白领人生”基金套餐。

2003-04-16 中融基金管理有限公司旗下第一只开放式基金——中融融华债券型基金正式成立。中融融华债券型基金是中国光大银行托管和主代销的第一只开放式基金，这也是2003年成立的第二只开放式基金。

2003-04-21 南方基金管理公司率先推出了旗下开放式基金的转换业务，这是国内基金管理公司首次推出此项服务。

2003-04-23 上海证券交易所在南京召开了交易所交易基金(ETFs)研讨会。

2003-04-24 经中国证监会证监基金字[2003]56号文批复，招商银行获得了合格境外机构投资者托管人资格。

2003-04-25 国内首只伞形基金——湘财合丰系列行业基金正式成立。首募规模26.3亿份，总认购户数177524户，创下当前国内开放式基金发行认购户数的最高纪录。

2003-04-28 国内首只中外基金产品——招商安泰系列基金正式成立。首募规模45.14亿份，开户总数37164户，创下当前基金发行首募规模新高。招商银行作为招商安泰系列基金的唯一托管和代销银行，实现销售34亿多元，创造了2003年以来国内开放式基金银行代销额之最，同时个人客户开户量占31000余户，户均认购额为5.38万元，刷新当前个人投资者的认购记录。

5月份

2003-05-06 原财政部部长项怀诚被正式任命为全国社会保障基金理事会理事长。

新加坡大华银行集团和北京证券有限公司签署谅解备忘录，双方准备成立一家合资基金公司，这是新加坡的资本在中国内地基金业迈出的第一步。

2003-05-12 中国证监会近期批准鹏华普天系列基金、南方避险增值基金、华宝兴业宝康系列基金、嘉实理财通系列基金和银河银联系列基金五只开放式基金发行；同期，泰信基金管理公司、长信基金管理公司相继获得开业批文；天弘基金管理公司获得筹建批文。5月，国内基金业呈现全方位的扩张之势。

2003-05-13 银华优势企业基金发布分红预告，每10份基金单位分红0.40元，创下当前我国开放式基金单次分红最高水平。

2003-05-14 随着嘉实基金管理公司注册地迁往上海，长信基金管理公司、泰信基金管理公司相继获准开业，在沪注册的基金管理公司家数已由原来的3家增加到12家。

2003-05-16 华安基金管理公司近日在国内基金业中率先推出非现场基金交易服务战略。

2003-05-19 深交所第五届会员、基金管理公司研究成果评选日前揭榜。海通、广发等20家证券公司以及国泰、华安等5家基金管理公司报送的35篇研究成果获奖。海通证券在四类评选主题中取得了三个一等奖的佳绩。

2003-05-19 由天津信托投资有限责任公司、兵器财务有限责任公司和山西漳泽电力股份有限公司共同发起设立天弘基金管理有限公司获得中国证监会批准筹建，公司在天津市注册，成为国内总部设在天津的第一家基金管理公司。

2003-05-23 国内首只保本型基金——南方避险增值基金正式发行。该基金由中投信用担保有限公司提供责任担保，成为在国内首次引入了担保机构的基金产品。其基金管理人为南方基金管理有限公司，基金托管人为中国工商银行。

2003-05-26 瑞士银行、野村证券获中国证监会批准，成为我国首批取得证券投资业务许可证的合格境外机构投资者。

2003-05-27 天治基金管理有限公司正式获得中国证监会的开业批复，成为国内成立的第28家基金管理公司。

2003-05-28 加拿大BMO金融集团旗下的BMO蒙特利尔银行参股富国基金管理有限公司的申请获得中国证监会批准，这是内地首例外资通过认购已成立基金公司股权形式完成中外合资的案例。

6月份

2003-06-02 全国社保基金理事会与南方、博时、华夏、鹏华、长盛、嘉实6家基金管理公司签订相关授权委托协议。

2003-06-03 大成价值增长基金实施第二次分红，每10份派现0.60元。至此，该基金已累计每10份基金单位分红0.90元，创下了2003前半年来开放式基金累计分红最高纪录和单次分红的最高纪录。

2003-06-04 中国证监会日前下发给基金公司的《关于开展2003年基金管理公司内部控制执行情况检查的通知》明确指出，2004年将开始要求基金公司聘请会计师事务所对其内部控制进行专项评价，评价结果将会影响公司各项业务的资格。

2003-06-05 中国证券投资基金年鉴编辑委员会和《21世纪经济报道》报社联手推出：2003年基金创新与塑造“品牌基金”策略专题讨论。

2003-06-09 全国社会保障基金正式进入证券市场运作。

2003-06-10 为社保基金运作资金的六家基金公司近日和数家券商签订了席位租用协议。

2003-06-12 国内首家中美合资基金管理公司——景顺长城基金管理有限公司正式开业。

2003-06-23 《证券投资基金法》(草案)今日提交第十届全国人大常委会第三次会议二审。

国内首只保本基金——南方避险增值基金正式成立，首募规模51亿份，成为国内首只提前结束发行期的开放式基金。其主代销行——中国工商银行代销该基金达41亿元，个人认购额达33.4亿元，占比高达80%，认购客户数超过16万户，创造了当前银行单只基金代销额的最高记录和国内开放式基金个人认购数的最高记录。

7月份

2003-07-03 博时基金管理有限公司与新华富时指数有限公司、巴克莱国际投资北亚公司签订合作协议。由此，博时裕富指数基金成为国内首只同时投资沪深两市及债市的指数基金。

2003-07-15 经中国证监会批准，国内首只以追求每年较高的绝对回报为投资目标的基金——华夏回报证券投资基金获准发行。该基金率先提出“到点分红”的新概念。其基金管理人为华夏基金管理公司，基金托管人为中国银行。

2003-07-24 瑞士信贷第一波士顿(Credit Suisse First Boston/CSFB)正式委任中国工商银行作为其QFII境内证券托管银行，中国工商银行由此跻身全球托管人行列。

2003-07-28 中国银联网上支付转账服务开通海富通精选基金网上认购，这是中国银联首次和开放式基金首发认购联通，标志着中国基金业已经实现真正意义上的远程开户和认购，进入立体销售时代。

2003-07-30 中国农业银行日前组织了对开放式基金的问卷调查活动，调查采取抽样方式进行。发放问卷5万份，共回收问卷30085份，其中个人客户样本21254个，机构客户样本871个，客户经理样本7960个；这是迄今为止我国关于开放式基金范围最广、规模较大的一次调查活动。

2003-07-31 中国证券业协会证券投资基金业委员会第二次会议在北京召开。会议由刘波主任委员主持。委员会全体委员和专家顾问共13人出席了会议。

8月份

2003-08-04 中国证券登记结算公司实现证券投资基金结算模式的转换：现行的以基金名义进行结算的模式转变为以托管银行名义对基金资产进行登记与清算，从而实现基金结算模式与我国证券法人结算制度的有效衔接。

全国人大常委会委员、财经委副主任委员周正庆在全国人大财经委召开的证券投资基金法第四次国际研讨会上表示，争取年内完成证券投资基金的立法工作。来自全国人大、国务院有关部委的负责同志，司法部门、大专院校及研究机构的专家学者，证券投资基金法起草组成员，国外专家，基金、证券从业人员共80多人参加了研讨会。

由光大证券和美国保德信金融集团合资设立的光大保德信基金管理有限公司获准筹建。这是国内获准新设的第六家中外合资基金公司。

2003-08-08 国联安基金管理公司旗下德盛稳健证券投资基金正式成立，首募36.66亿份，成为继2002年8月易方达平稳增长基金以来一年中单只首发规模最大的股票型基金。同时，作为中方股东的国泰君安证券实现了6.84亿元的销售额，创下当前券商代销单只开放式基金的最高纪录。

2003-08-11 银华基金管理有限公司率先在业内研究开发出客观评价开放式基金运行绩效的技术指标－加权平均过程收益率。

2003-08-14 中国社会科学院金融研究所在北京推出国内首份“基金评价报告”。

2003-08-15 中国证监会基金监管部副主任祁斌在中国社会科学院金融研究所基金评价研讨会上表示：基金评级是基金业发展到一定阶段的必然产物，一个基金评价体系要为市场广泛接受，必须具有公正性和客观性。

2003-08-18 国内首只指数型债券基金——长盛指数增强型债券基金正式发行。该基金管理人长盛基金管理公司首次打破基金管理费“旱涝保收”的传统，承诺：“基金运作满一年，累计净值低于面值(1元)时，将停收管理费直至其回复到面值以上。”

2003-08-18 南方基金管理公司全面开通与工行合作的南方e站网上交易系统，这是基金公司网上直销首次实现全国联网。

2003-08-19 由中国证券业协会证券投资基金业委员会编写的《基金投资－理财新概念》正式出版。

2003-08-20 花旗环球金融有限公司在博时基金公司开立了基金账户，正式下单认购博时裕富指数基金。由此，博时裕富指数基金成为中国首只被QFII相中的开放式基金。

2003-08-25 基金融鑫率先公布2003年的基金中报。

2003-08-26 博时基金管理有限公司旗下第三只开放式基金——博时裕富指数基金正式成立。该基金首募规模51.23亿元，成为当前国内首发规模最大的股票基金。

国内首只经深圳证券信息有限公司正式授权的，以深证100指数作为跟踪投资目标的指数化投资基金——融通深证100指数基金正式面世。其基金管理人为融通基金管理有限公司，基金托管人为中国工商银行。

长盛成长价值基金正式公布中报，这是首只公布2003年基金中报的基金。

2003-08-27 由招商基金管理有限公司主办的“货币市场基金高级研讨会”在山东举行。

2003-08-28 长盛基金管理有限公司日前在国内基金管理公司中首家推出了持有基金积分奖励计划，全面启动客户“积分银行”活动。

9月份

2003-09-05 随着华夏回报基金宣布成立，国内开放式基金首发规模已突破1000亿份，开放式基金份额首次超过了封闭式基金。

2003-09-09 中国证监会正式批复同意荷兰银行通过股权受让方式参股湘财合丰基金管理公司。由此，湘财合丰基金管理公司成为国内首家以向外资转让存量股权方式设立的合资基金管理公司。

中国建设银行与香港上海汇丰银行，在北京举行合格境外投资者(QFII)资金托管协议签字仪式，中资银行正式开始涉足托管QFII资金业务。

2003－09－10　由民生银行主办、银华基金管理公司协办的民生银行“精选基金超市”暨“精选基金论坛”揭幕仪式在北京钓鱼台国宾馆举行，这是国内推出的首家“精选基金超市”。

2003－09－12　在招商银行2003年中期业绩交流会上，华夏、鹏华、长盛等7家基金公司联合递交股东意见书和股东建议函，反对招行发债方案。

2003－09－13　基金业发展座谈会暨第二十六次联席会在珠海召开。中国证监会主席尚福林在会上发表了讲话。他指出，要从更高的层面，以更广阔的视野认识和理解发展证券市场的必要性和迫切性，坚定不移地推进证券市场的改革开放和稳定发展，妥善解决我国证券市场存在的问题和矛盾，更好地保护投资者合法权益，使市场更具吸引力。基金业要以“三个代表”重要思想为指导，抓住全面建设小康社会的历史机遇，坚持以发展为中心，大力促进证券投资基金规范发展，努力使证券投资基金成为证券市场的中坚力量。

2003－09－16　中国证监会发布了《基金信息披露编报规则第1号〈基金财务指标的计算与披露〉》和《基金信息披露编报规则第2号〈基金净值表现的编制与披露〉》两个“编报规则”。标志着基金信息披露新体系开始付诸实施，并将形成完整的规则体系。

2003－09－18　经中国证监会和中国银监会核准，上海浦东发展银行获得证券投资基金托管业务资格，成为继招商银行后国内第二家获得此项资格的上市银行，也是继工、农、中、建、交、招商、光大之后又一家获得基金代销和基金托管双重资格的商业银行。

2003－09－22　《人民日报》发表中国证监会主席尚福林署名文章——《大力发展证券投资基金培育证券市场中坚力量》。

2003－09－23　继博时裕富基金后，长盛债券基金成为QFII进入中国市场后认购的第二只开放式基金，该基金同时也是QFII首次出手购买的债券基金。

2003－09－24　加拿大蒙特利尔银行（BMO）参股富国基金管理有限公司的工商变更登记办理完毕，富国基金管理有限公司成为国内首批成立的十家基金公司中唯一一家外资参股的基金管理公司。

2003－09－27　国内主要保险公司投资部门负责人聚首北京，召开保险公司保险资金运用小型座谈会，就基金市场面临的形势和趋势进行了分析，并从十个方面对如何搞活基金市场、降低机构投资者风险等问题进行了充分讨论。

2003－09－29　交通银行和日本日兴资产管理公司联合宣布，日兴资产管理有限公司将设立相关的人民币国债母基金，投资中国国债。这是外资首次以基金形式进入QFII，对于中国证券市场的进一步开放具有非常重要的意义。

10月份

2003－10－12　在北京召开的基金持有人权利保护高层研讨会上，与会法律专家强调，保护持有人利益是基金立法首要目的，应采取多层次、系统性措施强化基金持有人权利保护，以立法与制度安排推动基金业发展。

中国法学会商法学研究会及中国人寿、中国人保、太平洋保险、新华人寿等在北京召开基金持有人权利保护高层研讨会，就基金持有人保持的现状和问题进行了广泛交流，并结合即将提交全国人大讨论的基金法草案，就基金持有人权利的立法保护发表了看法。

2003－10－18　由中国证券投资基金年鉴编辑委员会和《21世纪经济报道》报社联合主办的“中国首届基金营销实战研讨会”在北京举行，来自多家商业银行的主管领导及基金管理公司等相关代表和香港投资基金公会的同行一起，总结两年来中国基金营销实践中的经验教训，共同探讨目前基金的营销策略和办法。

2003－10－20　富国基金管理公司旗下的第二只开放式基金——富国天利增长债券基金正式发行。该基金为固定收益型基金，这也是国内发行的第十只债券型基金。

2003－10－23　《证券投资基金法（草案）》提交十届全国人大常委会第五次会议进行第三次审议。

由中国基金论坛、中国公共关系研究会、Reshare举办的第三届中国基金市场系列国际研讨会在北京保利大厦举办。

2003-10-23 中国证监会前主席、投资基金法起草领导小组副组长周道炯在第三届中国基金市场系列国际研讨会上指出，当前中国金融业发展中一个比较突出的问题就是直接融资的比重过低。大力发展投资基金是扩大直接融资比重的重要途径。

2003-10-26 为规范基金的广告宣传行为，保护投资者权益，中国证监会近期下发了《证券投资基金广告宣传指引》征求意见稿。

2003-10-27 随着景顺长城景系列基金以及长盛中信全债指数增强型债券投资基金宣告正式成立，我国证券投资基金的总数已经突破100大关，达到了103只。

全国人大法律委员会向十届全国人大常委会第五次会议提交了证券投资基金法(草案)建议表决稿。

2003-10-28 《中华人民共和国证券投资基金法》由十届全国人大常委会第五次会议表决通过。国家主席胡锦涛签署了第9号国家主席令公布了这部法律。证券投资基金法共12章103条，自2004年6月1日起施行。

2003-10-30 2003中国基金世界论坛在上海举行，来自40多个著名银行及基金管理机构的200多位负责亚太地区事务及中国业务的高层人士和专家学者共同探讨了基金业的发展现状和未来。世界银行、世界经济论坛、汇丰银行、渣打银行、建设银行等机构参加了本届论坛。

2003年中国基金评估业发展研讨会在深圳举行。中国证监会基金监管部主任孙杰在会上表示，作为证券投资基金市场体系的重要组成部分，基金评级机制亟待建立。

2003-10-31 由中国证券业协会主办的《证券投资基金法》座谈会在北京召开。全国人大常委会法工委、财经委、国务院法制办、中国证监会、上海证券交易所等有关部门的负责同志以及20家基金管理公司、托管银行和基金代销机构的有关负责人参加了会议。

11月份

2003-11-05 中国证券业协会近日对2003年证券公司代销基金情况进行了统计。统计显示，截至2003年6月30日，具有基金代销资格的证券公司共28家，2003年1至6月，18家证券公司开展了基金代销业务，基金代销净额总规模为26.87亿份。

2003-11-07 国泰基金管理公司日前协同上海浦东发展银行、东吴证券与华一银行在昆山共同举办“中国资本市场发展趋势及投资论坛”，这是国内基金管理公司首次采取论坛的形式大规模地向台资企业推介基金产品。

2003-11-12 由金融时报主办的“商业银行发行货币市场基金优势研讨会”在北京召开，来自中国工商银行、中国农业银行、中国银行、中国建设银行、中国光大银行、招商银行、南京市商业银行和货币市场中介机构中央结算公司的代表参加了研讨。

2003-11-15 2003年证券从业人员资格考试今日举行了以计算机人机对话形式的证券投资基金科目考试。

2003-11-18 经国家外汇管理局批准，日前，摩根大通银行获得QFII投资额度5000万美元。至此获得投资额度的境外机构增加到9家，QFII资金总额为13.5亿美元。

记账式十一期国债招标结果显示，全国社保基金中标额达31亿元，一举超过工、农、中、建四大商业银行，成为本期国债招标的“标王”。这也是社保基金2003年度对国债一级市场力度最大的一次投资。

日前公布的长江电力法人投资者网下配售结果显示，共计104家证券投资基金参加了网下配售，成为基金参与网下法人配售家数最多的一次。

2003-11-19 瑞士信贷第一波士顿的QFII资格获中国证监会批准，成为第10家获得QFII牌照的境外机构。

2003-11-22 “首届货币市场基金高层论坛”在北京召开，《证券投资基金法》起草小组组长朱少平以及招商基金管理公司总经理成保良等业内人士出席会议并发表了讲话。论坛围绕我国货币市场的现状、发展货币市场基金的重要性和可行性等内容展开了讨论。

2003-11-24 2003年度深圳证券经营机构监管工作会议在深圳召开。深圳市副市长陈应春、深圳证券交易所总经理张育军、深圳证管办主任张云东及深圳各证券公司、基金公司、证券营业部等方面负责人共300余人出席了本次会议。

2003-11-26 第一只境外专门投资沪深A股的基金——中国A股基金(Martin Currie China A Share Fund)完成首批投资组合，买入了25只A股并发布了他们对境外投资者的第一份基金报告。

12月份

2003-12-01 中国石化创出了2003年新高4.08元，由此被套两年的社保基金得以解套。完成本次解套任务的操盘手则是华夏基金管理公司和博时基金管理公司。

2003-12-05 华泰证券有限公司首次代理发行开放式基金，并实现了代销易方达策略成长基金3.5亿元的首发销售佳绩，开户数达4150多户，创下非股权关联券商销售基金最新记录。

国内首份基金信托——上海国际信托投资公司“基金集合投资资金信托计划”发行完毕。其资金全部投资于富国基金管理公司旗下的开放式基金，主要投资于指数基金和优化型基金。

2003-12-07 2003中国基金论坛在深圳举行，300多名与会代表围绕“创新、开放、发展”的主题进行研讨，为中国的基金业建言献策。

2003-12-10 华安现金富利、博时现金收益、招商现金增值三只短期资金市场投资基金获准发行，成为率先切入类货币市场的基金产品。这是我国基金业在低风险、高流通性金融产品市场上的又一重大突破。

2003-12-14 华安现金富利投资基金率先在中国工商银行2.2万个网点上柜销售，成为国内发行的首只货币市场型基金。该基金首日发行在工行网点的认购规模达1.2亿元，刷新了当前开放式基金首发的最高记录。

2003-12-26 长城久恒基金正式运作仅52天即公告分红，每10份基金单位派现0.20元，创下当前开放式基金经营时间最短而分红最多的新记录。

博时价值增长基金实施分红：每10份基金单位分红0.27元，加上前两次分红，博时价值增长基金每10份基金单位累计分红达1.18元，创下2003年国内开放式基金累计分红的最高记录。

2003-12-30 国内首只货币市场型基金——华安现金富利投资基金正式成立。

附录二　基金日历解读

1月份

2003-01-15　兴业基金管理有限公司获批筹建

2月份

2003-02-12　景顺长城基金管理有限公司获批筹建

2003-02-13　华宝兴业基金管理有限公司正式开业

2003-02-28　长盛成长价值基金分红，每10份基金单位派现0.20元

3月份

2003-03-10　宝盈鸿利收益基金分红，每10份基金单位派现0.05元

2003-03-14　巨田基金管理有限公司正式开业

融通新蓝筹基金分红，每10份基金单位派现0.11元

2003-03-15　天同180指数基金成立，募集规模19.30亿份，认购户数50555户

2003-03-25　国联安基金管理有限公司正式开业

4月份

2003-04-01　海富通基金管理有限公司正式开业

2003-04-14　华富基金管理有限公司获批筹建

2003-04-16　中融融华债券基金成立，募集规模25.88亿份，认购户数17611户

2003-04-21　华商基金管理有限公司获批筹建

2003-04-24　大成价值增长基金分红，每10份基金单位派现0.30元

2003-04-25　湘财合丰成长基金成立，募集规模10.22亿份，认购户数105797户

湘财合丰周期基金成立，募集规模6.27亿份，认购户数17162户

湘财合丰稳定基金成立，募集规模9.81亿份，认购户数58166户

2003-04-28　长信基金管理有限责任公司正式开业

招商股票基金成立，募集规模10.30亿份，认购户数10604户

2003-04-28　招商平衡型基金成立，募集规模8.99亿份，认购户数11315户

招商债券基金成立，募集规模25.86亿份，认购户数15245户

融通新蓝筹基金分红，每10份基金单位派现0.32元

5月份

2003-05-08　泰信基金管理有限公司正式开业

2003-05-14　易方达平稳增长基金分红，每10份基金单位派现0.20元

2003-05-19　天弘基金管理有限公司获批筹建

博时价值增长基金分红，每10份基金单位派现0.38元

2003-05-21　银华优势企业基金分红，每10份基金单位派现0.40元

2003-05-26　华安180指数基金分红，每10份基金单位派现0.50元

2003-05-27　天治基金管理有限责任公司正式开业

2003-05-28　东方基金管理有限公司获批筹建

6月份

2003-06-03　大成价值增长基金分红，每10份基金单位派现0.60元

嘉实成长收益基金分红，每10份基金单位派现0.50元

2003-06-09　南方宝元债券基金分红，每10份基金单位派现0.32元

2003-06-12　景顺长城基金管理有限公司正式开业

大成债券基金成立，募集规模21.53亿份，认购户数47100户

2003-06-16　金鹰成份优选基金成立，募集规模15.17亿份，认购户数23495户

中信基金管理有限责任公司获批筹建

2003-06-23　华安创新基金分红，每10份基金单位派现0.18元

2003-06-25 华夏成长基金分红，每10份基金单位派现0.33元

长盛成长价值基金分红，每10份基金单位派现0.55元

嘉实成长收益基金分红，每10份基金单位派现0.10元

融通新蓝筹基金分红，每10份基金单位派现0.17元

2003-06-27 南方避险增值基金成立，募集规模51.93亿份，认购户数148023户

东吴基金管理有限公司获批筹建

2003-06-30 易方达平稳增长基金分红，每10份基金单位派现0.20元

诺安基金管理有限公司获批筹建

7月份

2003-07-01 银华优势企业基金分红，每10份基金单位派现0.10元

2003-07-09 嘉实理财增长基金成立，募集规模9.45亿份，认购户数22504户

嘉实理财稳健基金成立，募集规模10.30亿份，认购户数16345户

嘉实理财债券基金成立，募集规模5.87亿份，认购户数11477户

2003-07-12 鹏华普天债券基金成立，募集规模7.98亿份，认购户数5495户

鹏华普天收益基金成立，募集规模3.43亿份，认购户数2132户

2003-07-15 华宝宝康消费品基金成立，募集规模15.41亿份，认购户数51785户

华宝宝康灵活配置基金成立，募集规模10.67亿份，认购户数29058户

华宝宝康债券基金成立，募集规模12.88亿份，认购户数19194户

2003-07-23 银华优势企业基金分红，每10份基金单位派现0.20元

8月份

2003-08-04 银河收益基金成立，募集规模18.02亿份，认购户数22479户

银河稳健基金成立，募集规模11.87亿份，认购户数22060户

光大保德信基金管理有限公司获批筹建

2003-08-05 广发基金管理有限公司正式开业

2003-08-07 国海富兰克林基金管理有限公司获批筹建

2003-08-08 国联安德盛稳健基金成立，募集规模36.66亿份，认购户数83509户

宝盈鸿利收益基金分红，每10份基金单位派现0.15元

2003-08-15 博时价值增长基金分红，每10份基金单位派现0.53元

2003-08-22 海富通精选基金成立，募集规模36.98亿份，认购户数26568户

2003-08-25 申万巴黎基金管理有限公司获批筹建

2003-08-26 博时裕富指数基金成立，募集规模51.23亿份，认购户数110760户

9月份

2003-09-05 华夏回报基金成立，募集规模37.97亿份，认购户数49829户

2003-09-20 重信基金管理有限公司获批筹建

2003-09-25 天合基金管理有限公司获批筹建

国联基金管理有限公司获批筹建

2003-09-30 融通债券基金成立，募集规模8.73亿份，认购户数40752户

融通深证100指数基金成立，募集规模4.78亿份，认购户数34213户

融通蓝筹成长基金成立，募集规模7.66亿份，认购户数32034户

兴业基金管理有限公司正式开业

10月份

2003-10-15 中信基金管理有限责任公司正式开业

2003-10-24 景顺长城优选股票基金成立，募集规模8.21亿份，认购户数15425户

景顺长城恒丰债券基金成立，募集规模4.74亿份，认购户数8743户

景顺长城动力平衡基金成立，募集规模5.41亿份，认购户数9071户

汉唐澳银基金管理有限公司获批筹建

2003-10-25 长盛中信全债基金成立，募集规模9.25亿份，认购户数31379户

2003-10-27 华夏债券基金分红，每10份基金单位派现0.12元

2003-10-31 长城久恒基金成立，募集规模 12.84 亿份，认购户数 32675 户

12 月份

2003-12-01 鹏华普天收益基金分红，每 10 份基金单位派现 0.10 元

2003-12-02 富国天利增长债券基金成立，募集规模 22.95 亿份，认购户数 47005 户

2003-12-03 广发聚富基金成立，募集规模 31.32 亿份，认购户数 62564 户

2003-12-05 国泰金龙债券基金成立，募集规模 18.87 亿份，认购户数 6623 户

国泰金龙行业精选基金成立，募集规模 6.84 亿份，认购户数 3311 户

2003-12-08 中银国际基金管理有限公司获批筹建

2003-12-09 易方达策略成长基金成立，募集规模 20.35 亿份，认购户数 28471 户

诺安基金管理有限公司正式成立

2003-12-11 银河稳健基金分红，每 10 份基金单位派现 0.15 元

2003-12-15 华夏回报基金分红，每 10 份基金单位派现 0.198 元

鹏华普天收益基金分红，每 10 份基金单位派现 0.15 元

2003-12-16 长盛中信全债基金分红，每 10 份基金单位派现 0.16 元

招商股票基金分红，每 10 份基金单位派现 0.15 元

2003-12-17 海富通精选基金分红，每 10 份基金单位派现 0.15 元

2003-12-18 华安 180 指数基金分红，每 10 份基金单位派现 0.20 元

2003-12-19 国联安德盛稳健基金分红，每 10 份基金单位派现 0.20 元

2003-12-22 融通新蓝筹基金分红，每 10 份基金单位派现 0.15 元

易方达平稳增长基金分红，每 10 份基金单位派现 0.20 元

银华优势企业基金分红，每 10 份基金单位派现 0.15 元

湘财合丰周期基金分红，每 10 份基金单位派现 0.15 元

2003-12-23 南方稳健成长基金分红，每 10 份基金单位派现 0.25 元

长盛成长价值基金分红，每 10 份基金单位派现 0.41 元

鹏华普天债券基金分红，每 10 份基金单位派现 0.20 元

2003-12-24 金鹰成份优选基金分红，每 10 份基金单位派现 0.10 元

融通深证 100 指数基金分红，每 10 份基金单位派现 0.10 元

融通蓝筹成长基金分红，每 10 份基金单位派现 0.08 元

招商平衡型基金分红，每 10 份基金单位派现 0.10 元

2003-12-25 湘财合丰稳定基金分红，每 10 份基金单位派现 0.15 元

2003-12-26 博时价值增长基金分红，每 10 份基金单位派现 0.27 元

2003-12-29 嘉实成长收益基金分红，每 10 份基金单位派现 0.45 元

嘉实理财稳健基金分红，每 10 份基金单位派现 0.10 元

嘉实理财增长基金分红，每 10 份基金单位派现 0.11 元

宝盈鸿利收益基金分红，每 10 份基金单位派现 0.20 元

宝康灵活配置基金分红，每 10 份基金单位派现 0.10 元

宝康消费品基金分红，每 10 份基金单位派现 0.10 元

宝康债券基金分红，每 10 份基金单位派现 0.10 元

2003-12-30 华安现金富利基金成立，募集规模 42.53 亿份，认购户数 118183 户

长城久恒基金分红，每 10 份基金单位派现 0.20 元

（注：基金分红日期为除息日）

附录三　基金文章索引

关于基金市场

"明庄"亏百亿 基金操盘手法转变的背后
晓　然　《21世纪经济报道》2003.01.06

基金研发何时能断奶
玉　荣　《证券日报》2003.01.13

基金固定费率合不合理
金　烨　《证券时报》2003.01.14

申报价格由分改为厘 基金市场活跃可期
杨大泉　《上海证券报》2003.01.16

借"基金套餐"暗渡陈仓 券商挑战基金专业理财
刘鸿雁　《21世纪经济报道》2003.02.14

多家新基金排队等候证监会批准成立
岳毅桦　《南方都市报》2003.02.23

基金价值投资受到市场追捧
翁开松　《中国证券报》2003.03.03

担保机构试水基金市场
于凌波　《证券时报》2003.03.04

华安怡富"试婚"失手 外资迈不过哪道坎
廖新军　《21世纪经济报道》2003.03.05

建立合理的基金评价标准和体系
CCTV《中国证券》2003.03.06

基金评级：启蒙先于赢利
孙晓霞　《证券时报》2003.03.16

关于基金业绩信息披露规范的思考
杜书明　《证券时报》2003.03.17

目标50%年收益率"赤子之心"基金豪情何在？
孙健芳　《经济观察报》2003.03.20

信息披露"阳光化"应该有限度
王群航　《证券市场周刊》2003.03.24

开放式基金发行"暗战"
顾　耀　《解放日报》2003.03.26

基金经理现状扫描
杜书明　王群航　《证券时报》2003.03.31

七种方法评价证券投资基金业绩
何龙灿　顾　岚　《证券日报》2003.04.03

新华富时借"伞"抢占指数商品先机
钟国栋　《中国经营报》2003.04.14

基金与信托业理财市场对决
柳　瑛　杨　磊　《中国经营报》2003.04.14

如何克服基金治理结构存在的缺陷
高　岭　《上海证券报》2003.04.07

摸索灯绳的思想之旅
《经济》月刊 2003.05.12

基金以静制动
柳　瑛　《证券市场周刊》2003.05.13

中国基金"封神榜"谁是权威
翁海华　《21世纪经济报道》2003.05.13

基金评级：热火朝天的初级阶段
黎　蓬　《中国经济时报》2003.05.14

基金扩容分流储蓄
李耀宗　《市场报》2003.05.16

SARS情急 280亿社保基金单骑救市
石　璐　朱金福　《中国经营报》2003.05.19

转换业务对阵伞形基金
唐　健　《证券时报》2003.05.20

破解开放式基金分红潮
鑫　平　《中国证券报》2003.05.27

基金发起人队伍扩充难
唐　健　鲁　旭　《证券时报》2003.06.02

浮动亏损3.63亿元 谁来为社保基金买单
肖　可　《中华工商时报》2003.06.03

基金分红呼吁加强审计
周　宏　《国际金融报》2003.06.04

信托争食基金大餐
李东平　《证券时报》2003.06.07

基金发行苦候银行档期
姚　备　《中国证券报》2003.06.09

合资保险基金的猜想
敬　之　《经济观察报》2003.06.09

基金业 76个最低标准不能越
杨大泉　《上海证券报》2003.06.12

对推进基金评价体系建设的战略性思考
巴曙松　《中国经济时报》2003.06.13

保本基金担保公司能担多大风险
顾子明　《上海证券报》2003.06.17

谁将受惠于社保入市
周　宏　《国际金融报》2003.06.17

封闭转开放缘何搁浅　何时再度启动
孙健芳　魏　微　《经济观察报》2003.06.18

封闭转开放对谁最有利
高　山　《上海证券报》2003.06.23

基金：用业绩和创新说话
王　磊　《证券时报》2003.07.05

开放式基金直面三大疑问
郭娴洁　《理财周刊》2003.07.05

拨开社保基金入市迷雾
陈许峰　《证券市场周刊》2003.07.06

基金要革自己的命
韩福恒　《京华时报》2003.07.08

社保基金入市三点建议
黄天定　《国际金融报》2003.07.09

基金评级蹒跚起步
张　江　《中国科技财富》2003.07.10

保本刺激银证合作51亿元落账南方
张晓燕　《经济观察报》2003.07.13

基金持有人大会不妨设个常委会
高　岭　《上海证券报》2003.07.14

特色化经营：基金公司生存新形态
马　军　郭　剑　《上海证券报》2003.07.14

上市公司能否买基金
张佳炳　《新闻晨报》2003.07.15

基金寻求"N次发行"
张隐隐 《中华工商时报》2003.07.16

打造多层次基金监管体系
徐洪才 《中国证券报》2003.07.16

基金到底由谁来评价才合适
巴曙松 《经济》2003.07.17

"1+1"一年间：基金公司股权频频变动
唐 健 《证券时报》2003.07.20

开放式基金促销高招难挡赎回热
王 炯 《上海证券报》2003.07.21

基金业五年
柳 瑛 《证券市场周刊》2003.07.22

开放式基金被迫瘦身
陈 宪 《国际金融报》2003.07.24

各路资金争相杀入基金公司
谢美琴 《南方日报》2003.07.27

基金结算新模式不影响二级市场
张 亮 《证券日报》2003.07.30

社保基金入市进行时
耿馨雅 袁金秋 《证券市场周刊》2003.08.03

开放式基金为什么出现赎回潮
朱文达 《北京晨报 》2003.08.04

合资给中国基金业带来什么
贯 伟 《经济日报》2003.08.04

应加强保护基金持有人资产安全
胡立峰 《证券日报》2003.08.05

基金结算模式变革直面争议
刘兴祥 《证券时报》2003.08.05

解读开放式基金巨额赎回
汪 涛 《21世纪经济报道》2003.08.06

国外大腕搅动基金业 崭新投资理念带入中国
姜 虹 《中华工商时报》2003.08.11

社保基金如何理好"养命钱"
余 珂 《经济日报》2003.08.12

追求基金评价—市场的必然选择
郎春兰 连剑平 《中国证券报》2003.08.13

追求基金评价—中国证券投资基金市场的必然选择
郎春兰 连剑平 《中国证券报》2003.08.13

借鉴国际经验建立本土基金评价业
刘传葵 陈爱学 《中国证券报》2003.08.14

建立科学合理的基金分类体系
张士伟 张 芳 《中国证券报》2003.08.15

基金评级要公正客观
李清香 《证券时报》2003.08.16

托管行是基金发行瓶颈
荣 篤 《证券时报》2003.08.18

从卡尼曼前景理论看基金应实行灵活管理费模式
江先周 《中国证券报》2003.08.18

开放式基金困局再求解 银监会绿灯融资新通道
刘鸿雁 《21世纪经济报道》2003.08.18

我国基金评级体系架构及指标选择
陈 旭 王付彪 《中国证券报》2003.08.20

高西庆：对社保基金的评价需要时间
明 皓 《21世纪经济报道》2003.08.21

QFII斥资千万购入开放式基金
岳毅桦 《南方都市报》2003.08.21

重视基金评价的影响力 加强基金评价业的监管
熊长江 《中国证券报》2003.08.22

75只基金可买股资金仅百亿 赎回压力严峻
王平平 《财经时报》2003.08.24

基金市场呼唤货币市场基金
方 芳 《证券日报》2003.08.25

新基金发行变招疏通代销渠道
熊 毅 《经济观察报》2003.08.25

开放式基金市场硬环境日趋改善
李巧宁 《证券时报》2003.08.26

保本基金担保资格奶酪还是苦果
曲 圆 《中国证券报》2003.08.26

银行能否提供担保 保本基金有违规嫌疑
杨 光 《中国证券报》2003.08.26

基金业的保本之痒
鑫 平 《中国证券报》2003.08.28

封闭式VS开放式 下半年谁的机会大
刘志刚 《北京青年报》2003.08.31

是创新还是颠覆传统 对保本基金的思考
胡立峰 《中国证券报》2003.09.01

基金服务市场迅速做大大券商稳占先机
江赛春 《中国证券报》2003.09.01

银行倒逼基金产品创新
姚 备 《中国证券报》2003.09.04

开放式证券投资基金首发规模突破1000亿份
杨大泉 《上海证券报》2003.09.05

从基金分红能力看变现压力
胡 浩 《证券时报》2003.09.05

社保基金年底如何收官
胡朝辉 《中国经营报》2003.09.08

开放式基金"赎回危机"如何化解
张旭东 《新华网》2003.09.09

开放式基金与封闭式基金孰优孰劣
柳 旌 《金融时报》2003.09.10

基金公司手续费凭啥"旱涝保收"
孟 为 《北京日报》2003.09.11

国内基金收费模式打破"大锅饭"
魏 睎 《中新社》003.09.12

发展保本基金有利于金融创新
叶再林 《中国证券报》2003.09.15

做大做优做强基金业
李巧宁 《证券时报》2003.09.15

强化产品创新提高公司竞争力
王晓春 《中国证券报》2003.09.15

众基金联手反击招行百亿再融资方案
吴晓兵 孙绍林 《证券市场周刊》2003.09.15

"销售文化"可能扭曲基金业
王 峰 《中国经营报》2003.09.15

规范基金信息披露 创造良好的基金业发展环境
卢晓平 《上海证券报》2003.09.16

湖南投资者助阵 不满银河基金"踢皮球"
张冬萍 《潇湘晨报》2003.09.17

证券投资基金为何与上市公司较真
荣 篤 《证券时报》2003.09.17

社保基金应如何进入资本市场
胡继晔 《中国经济时报》2003.09.18

封闭式基金面临机构化危机
胡立峰 《证券时报》2003.09.19

开放式基金高额预期收益是真的吗
董砚龙 《中华工商时报》2003.09.19

重点发展货币市场基金和债券市场基金
朱兆荃 《上海证券报》2003.09.19

如何激活封闭式基金市场
欧阳刚 《上海证券报》2003.09.22

看社会保障基金怎样“试水”
李绍光 《财经》2003.09.23

新方案叫板招行转债计划 尚福林支持基金联盟
刘鸿雁 《21世纪经济报道》2003.09.23

招行VS基金：博弈100亿
王 炯 姜 瑞 《上海证券报》2003.09.24

证券投资基金治理结构亟待完善
高 岭 《上海证券报》2003.09.24

保险业呼唤基金市场创新发展
刘廷安 《中国证券报》2003.09.24

施压“封转开”保险公司推动“回购方案”
孙健芳 《经济观察报》2003.09.25

基金券商银行争食货币市场基金
刘兴祥 《证券时报》2003.09.25

基金经理回应招行发债解释
江 波 《中国证券报》2003.09.25

基金券商银行争食货币市场基金
孙 庆 《证券时报》2003.09.25

证监会开闸放行货币基金 商业银行痛失“先手”
孙健芳 《经济观察报》2003.09.28

证监会银监会央行三方斗法 保本基金难产
江 涛 《21世纪经济报道》2003.09.29

基金公司变股权 基金经理大换班
林 中 《证券市场周刊》2003.09.29

保险巨头聚首北京 提出振兴基金十大建议
乾 弘 《证券日报》2003.09.29

历经四道程序 货币市场基金即将问世
张 乐 《南方都市报》2003.10.08

开放式基金缘何大幅赎回
杜书明 《中国证券报》2003.10.08

基金何时不再吃“大锅饭”
张 炜 《中国经济时报》2003.10.08

基金管理公司大战产品线
王 炯 《上海证券报》2003.10.09

封转开全球趋势 业界力荐“平稳过渡方案”
莫 菲 《21世纪经济报道》2003.10.09

货币市场基金蓄势 银监会首度执掌基金命运
胡朝辉 吴娜娜 《中国经营报》2003.10.12

如何看待基金赎回与现金净流出
林培富 《中国证券报》2003.10.13

破解货币市场基金之谜
玉 荣 《证券日报》2003.10.13

基金“大锅饭”遭指责
张冬萍 《潇湘晨报》2003.10.13

银丰基金能否转为开放 持有人权益亟待保护
张旭东 《新华网》2003.10.14

基金经理层需稳定
秦 炜 《证券日报》2003.10.14

连夜密谋 众基金誓阻招行发债
刘锦旭 《成都商报》2003.10.15

反思社保基金中石化之旅
谭 凇 程伟力 《国际金融报》2003.10.15

开放式基金何以逆风飞扬
吴 峰 《证券时报》2003.09.08

招行与基金：股东大会上斗法
王 娟 《证券时报》2003.10.16

最后一只老基金黯然谢幕
莫 菲 《经济观察报》2003.10.27

洪磊领衔 着手整肃基金关联交易
艾 文 王胜忠 《经济观察报》2003.10.21

货币市场基金最后一步 招商和华安谁会先迈过
孙健芳 《经济观察报》2003.10.23

证券投资基金产品宣传方式需反思
荣 篱 《证券时报》2003.10.27

基金投资不“保险”保险资金入市的“出位”图谋
鞠 娟 袁金秋 《证券市场周刊》2003.10.28

基金业有四条大路可行
吴翠芳 《经济日报》2003.10.28

合资基金公司抢滩上海
王 炯 《上海证券报》2003.11.03

开放式基金短期融资各有利弊
周 宏 《国际金融报》2003.11.04

基金投资时代的四大赢利玄机
翁开松 《证券市场周刊》2003.11.04

基金新产品推出走新路先试点后规范
鑫 平 《中国证券报》2003.11.06

保险公司联袂 银丰基金“封转开”欲闯三关
莫 菲 《21世纪经济报道》2003.11.07

纯债基金打新股违规吗
杨大泉 《上海证券报》2003.11.10

基金缘何增加租用券商席位
林 虹 《中国证券报》2003.11.10

封闭转开放会产生什么影响
李 新 《上海证券报》2003.11.10

基金持有人维权行动 基金银丰打响“第一枪”
邓 妍 《财经时报》2003.11.10

基金巨资囤聚长江电力
何晓晴 《京华时报》2003.11.11

基金业竞争激烈 新公司亏损期延长
张东臣 《中国经济时报》2003.11.12

券商卖基金 任重而道远
唐 健 《证券时报》2003.11.13

美国基金业丑闻三大启示
付 强 《证券日报》2003.11.14

银丰“缓兵计”能退“封转开”吗
陆 媛 《中国经营报》2003.11.16

基金创新之痒
刘兴祥 《证券时报》2003.11.18

新兴券商争当基金公司大东家
于凌波 《证券时报》2003.11.20

货币市场基金鹿死谁手
周 宏 《国际金融报》2003.11.21

基金巨额申购长电潜伏风险
胡立峰 《中国证券报》2003.11.24

货币市场基金发行多赢之举
刘兴祥 《证券时报》2003.12.01

基金应更好满足投资者需求
民 研 《人民日报》2003.12.01

让基金走向孤独
胡东辉 《证券市场周刊》2003.12.01

中国基金市场最需要什么
刘志刚 《北京青年报》2003.12.02

基金“封闭转开放”是把双刃剑
邹继征 《中国经济时报》2003.12.02

基金公司股权嬗变
姚 备 《中国证券报》2003.12.05

以平常心看待基金业发展中的阵痛
屈年增 《中国证券报》2003.12.05

桂敏杰指出基金业发展质量明显改善
王 波 叶 展 《上海证券报》2003.12.08

基金销售显券商转型成效
赵 维 唐雪来 《中国证券报》2003.12.08

基金制造蓝筹神话 联手炒作的故伎重演
刘宝强 《经济》2003.12.08

桂敏杰认为我国基金公司收费水平低于国际水平
何晓晴 《粤港信息报》2003.12.08

国外基金业何以能快速发展
杜书明 陈漫江 《经济日报》2003.12.09

开放式基金缘何扎堆分红
鑫 平 《中国证券报》 2003.12.11

破除基金关联交易"妖魔化"
巴曙松 陈华良 《国际金融报》2003.12.17

2003基金主导价值投资
胡立峰 《证券时报》2003.12.19

合资基金公司初露锋芒
王 炯 《上海证券报》2003.12.22

基金产品面临四大挑战
唐 健 《证券时报》2003.12.23

开放式领跑 封闭式翻身
韩如冰 《证券时报》2003.12.23

开放式基金——拨响分红的算盘
穆新军 《证券日报》2003.12.24

基金和银行暗中角力货币市场基金
谢美琴 《南方日报》2003.12.25

直面"无差别竞争"时代 货币基金上演"三国演义"
董砚龙 《中华工商时报》2003.12.29

2003年基金交出满意答卷
刘 杰 《经济参考报》2003.12.31

开放式基金做赢2003 年末分红预防"赎回潮"
莫 菲 经济观察报 2003.12.31

关于基金产品

凭LOF后发制人 深交所力抛上市型开放式基金
冉孟顺 《21世纪经济报道》2003.01.02

浅议指数基金的信息披露问题
王群航 《证券市场周刊》2003.01.05

谁是封闭式基金主力
朱小斌 王 韦 《中国证券报》2003.01.13

封闭式基金的出路在哪里?
王群航 《证券市场周刊》2003.01.13

招商ING"混血"伞型基金"卖点"几何
张俊才 《国际金融报》2003.01.17

伞型基金的变革意义
巴曙松 《证券时报》2003.01.20

指数基金能否助深交所收复失地
黎 霆 《中国经济时报》2003.01.22

封闭式基金可改造为ETF种子基金
张 玲 《中国证券报》2003.03.09

系列基金"收伞"出炉
李 箐 《财经》2003.03.09

伞型基金营销战升级
周 宏 赵 杰 《国际金融报》2003.03.13

伞型基金无奈换汤不换药
杨宏生 黄松梅 《中国商报》2003.03.13

社保基金能否买基金
于晓梅 王 沛 《中国证券报》2003.03.17

信托全面挑战基金
初昌雄 黄建欢 黄 明 《中国证券报》2003.04.28

私募基金找到"新奶酪"
李东平 《证券时报》2003.04.29

划拨国有股充实社保基金的理由和方法
胡继晔 《中国经济时报》2003.05.11

浅析社保基金的入市途径和交易方式
刘 岭 《中国经济时报》2003.05.11

伞型基金: 投资者该怎么撑
熊 丹 《中国经济时报》2003.05.15

保本型基金如何保本
鑫 平 《中国证券报》2003.05.15

借鉴国际经验 消除封闭式基金折价困惑
梅雪松 陈翔凯 《中国证券报》2003.06.13

社保基金入市首次曝光 获配新潮实业73万股
刘兴祥 《证券时报》2003.06.16

封闭式基金何日突破困境
王 雷 《财经周刊》2003.06.17

基金产品创新直逼分业体制
苟大全 《证券时报》2003.06.17

挑战"公平"原则 伞型基金有致命伤
胡立峰 《数字财富》2003.06.20

关注有封闭转开放题材基金
孙 菊 《中国证券报》2003.06.23

基金公司真要与固定管理费说再见
峡 谷 资本周刊 2003.06.27

谁来监督封闭式基金
张佳炳 《新闻晨报》2003.07.02

保本基金热销表明低风险产品受欢迎
柳 瑛 《证券市场周刊》2003.07.06

中国指数基金前景广阔
刘鸿儒 《上海证券报》2003.07.07

开放式基金新品种: 资产灵活配置型基金
李林岭 《证券时报》2003.07.08

社保基金选股思路值得借鉴
王 剑 《上海证券报》2003.07.10

开放式基金如何"长治久安"
融 文 《今日早报》2003.07.14

买指数基金要不要选指数?
荣 篱 《证券时报》2003.08.11

保本并不违背基金制度安排
忻如国 《中国证券报》2003.08.25

保本基金有违规嫌疑
杨 光 《中国证券报》2003.08.26

货币市场基金雏形现身 两只准货币市场基金设立
秦 宏 《上海证券报》2003.09.10

封闭式基金出路何在
邹继征 《中国证券报》2003.09.15

系列式证券投资基金"争宠"投资市场
王荣娟 《燕赵都市报》2003.09.15

建言保本基金发展
巴曙松 《国际金融报》2003.10.08

封闭式基金分红为啥太吝啬
孙 庆 《证券日报》2003.09.04

封闭式基金何以"贱"入寒秋
冉慧敏 《经济日报》2003.09.11

谁在抛弃封闭式基金
杨大泉 《上海证券报》2003.09.15

封闭式基金面临机构化危机
胡立峰 《证券时报》2003.09.19

货币市场基金即将破壳
周 宏 《国际金融报》2003.09.22

平衡型基金初露峥嵘
庄少文 《证券日报》2003.10.09

保本品种：低潮期投资首选
刘湘虹 《南方日报》2003.10.14

货币市场基金：难吃的"甜果"
李 侠 《金融时报》2003.10.17

债券型基金入市良机
谢艳霞 《南方都市报》2003.10.28

三因素制约货币市场基金
韩振国 《证券日报》2003.10.29

债券基金遭遇成长烦恼
阎 岳 《证券日报》2003.10.30

货币市场基金箭在弦上
周文亮 《证券时报》2003.11.05

发展货币市场基金任重道远
袁 东 《中国证券报》2003.11.07

200亿资金蓄水池：首批货币市场基金乔装起步
郑小兰 李 骐 《21世纪经济报道》2003.11.10

货币市场基金动了谁的奶酪
陈建军 《资本周刊》2003.11.14

伞形基金"晴雨伞"VS"太阳伞"
叶再林 《中国证券报》2003.11.24

保本基金探寻担保新出路
唐 健 《证券时报》2003.12.01

货币市场基金大有作为
韩如冰 《证券时报》2003.12.11

货币市场基金破茧而出
王 炯 《上海证券报》2003.12.11

货币市场基金牵动整个金融体系
陈 骥 马静如 张 光 《中国证券报》2003.12.15

不一样的货币市场型基金
姚 备 《中国证券报》2003.12.31

关于基金营销

基金酝酿销售革命
天 天 《证券时报》2003.03.01

预先承诺是基金销售的方向吗
《证券市场周刊》2003.03.03

中国基金销售应广开渠道
屠海燕 《证券日报》2003.03.11

基金营销纷打国际牌
周 宏 赵 杰 《国际金融报》2003.03.25

基金缘何竞相向银行"示好"
肖 冰 《证券时报》2003.03.29

基金营销逐步升级
刘兴祥 《证券时报》2003.04.12

基金销售走向何方
王 炯 《上海证券报》2003.04.14

酒香也要勤吆喝—基金开始重视持续销售
邵小萌 《证券时报》2003.04.16

老基金公司营销战火升级
李 骐 《21世纪经济报道》2003.04.30

基金营销针尖对麦芒
刘鸿雁 《21世纪经济报道》2003.04.30

券商如何营销基金
王玉亭 《金融时报》2003.05.14

基金营销步入新阶段
王 炯 《上海证券报》2003.05.19

基金发行三道坎
丁 红 《上海证券报》2003.05.19

基金营销短兵相接 单次分红一周三创新高
李 骐 《21世纪经济报道》2003.05.20

基金营销：打分红战还是品牌战
熊元俊 《深圳特区报》2003.05.23

产品创新引领基金业营销突围
谢剑波 《证券时报》2003.06.09

基金营销四计
刘鸿雁 《21世纪经济报道》2003.06.10

给国内基金销售支招
陈峥嵘 文 洲 《证券日报》2003.06.16

银行加重谈判筹码 基金营销谋求"自立"
孙健芳 《经济观察报》2003.06.18

基金持续营销困难重重
林 中 《证券市场周刊》2003.06.23

如何破解基金营销难
卜春艳 《中国经济时报》2003.07.07

基金销售的财务制度改进
巴曙松 《财经周刊》2003.07.22

基金销售谁与银行争锋
王 炯 《上海证券报》2003.07.28

开放式基金为持续销售所困
曹 喆 《上海证券报》2003.07.31

基金后续销售缘何不旺
荣 篱 《证券时报》2003.08.05

基金发行大幕：集团间的精彩博弈
云 菲 李 骐 《21世纪经济报道》2003.08.06

基金热销八闽大地
刘兴祥 《证券时报》2003.08.07

基金"福建现象"溯源
刘兴祥 《证券时报》2003.08.08

开放式基金为何一过发行期就"打蔫儿"
傅乐乐 《北京现代商报》2003.08.08

开放式基金营销模式面临十大转变
吴 锋 《证券时报》2003.08.11

基金发行展开散户攻略
王轲真 《深圳特区报》2003.08.11

基金发行别再"拉赞助"
陈 悦 《中国证券报》2003.08.11

基金发行展开散户攻略
王轲真 《深圳特区报》2003.08.14

托管行是基金发行瓶颈
荣 篱 《证券时报》2003.08.18

基金赎回不仅仅是营销问题
刘 琳 《中国证券报》2003.08.25

建立新的基金营销模式是当务之急
刘思奇 《证券时报》2003.09.03

正确处理基金营销中的两个关系
刘恩奇 《证券时报》2003.09.05

基金发展遭遇营销瓶颈
刘志刚 《北京青年报》2003.09.08

由"金算盘"基金理财想到的
来 劲 《证券时报》2003.09.17

持续营销为什么难
缪媛媛 《上海证券报》2003.09.29

投资者教育是基金成功营销的关键
刘恩奇 高 鹏 黄亚红 《证券时报》2003.10.13

银行看好基金销售 精选基金超市推出
刘彩娜 《中华工商时报》2003.10.15

银行与基金公司共谋基金营销
卢丽秀 《上海证券报》2003.10.20

基金营销已成软肋
姜业庆 《中国经济时报》2003.10.22

基金产品宣传方式需反思
荣 篱 《证券时报》2003.10.27

银行卖基金尝试"一拖多"
王 炯 《上海证券报》2003.11.10

券商卖基金 任重而道远
唐 健 《证券时报》2003.11.13

解读基金销售"季节差"
王 炯 《上海证券报》2003.11.17

基金销售遭遇三大瓶颈
韩如冰 《证券时报》2003.11.26

基金区域销售"三足鼎立"
黄 勇 《证券时报》2003.11.26

同品同时同发 大牌基金公司打响营销大战
梁惠元 《深圳商报》2003.12.12

三基金拼抢"六小时"首批货币市场基金揭开销售战
邓的荣 《解放日报》2003.12.15

三只货币基金同发 营销大战各举利器
熊昌发 孙健芳 《经济观察报》2003.12.26

关于证券投资基金法

基金法关注八大问题
贺 强 《证券时报》2003.06.23

证券投资基金法二审锁定六大方面
尹 涛 《中国证券报》2003.06.24

业界热评证券投资基金法(草案)
刘世磊 聂志玺 《证券日报》2003.06.25

基金法将终结系列和保本基金
唐 健 《财经周刊》2003.07.08

业界人士指出证券立法要给基金业提供发展空间
秦 炜 《证券日报》2003.08.18

持有人维权难题待解 基金法尚有微调空间
丁 若 《21世纪经济报道》2003.08.31

投资基金法出台声声急
王轲真 《深圳特区报》2003.09.22

基金持有人利益有望提升
浩 森 《中国证券报》2003.09.24

基金整体法规构架轮廓渐显
袁金秋 《证券市场周刊》2003.10.13

王连洲：基金法会给予部分私募基金合法地位
官建益 《国际金融报》2003.10.17

新《证券投资基金法》有哪些特色
罗培新 《国际金融报》2003.10.23

着力保护持有人 解读基金法(草案)三审稿新变化
浩 民 叶再春 《中国证券报》2003.10.24

基金公司股东"门槛"更高
许跃芝 《经济日报》2003.10.24

三审《证券投资基金法》
罗培新 《南方周末》2003.10.24

成思危：基金立法留有空间是一大进步
薛 莉 《上海证券报》2003.10.25

人大审议证券投资基金法草案 三审稿获普遍肯定
秦 炜 《证券日报》2003.10.25

基金法审议锁定六焦点 草案三审稿分组审议侧记
薛 莉 《上海证券报》2003.10.27

基金立法能否为中国股市注入暖流
王雷鸣 沈路涛 张旭东 邹声文 《新华社》2003.10.28

喜迎基金法共创新辉煌
李 扬 《证券时报》2003.10.29

尚福林就《证券投资基金法》颁布答新华社记者问
张旭东 《新华网》2003.10.29

鲜为人知的基金立法之路
王连洲 《证券日报》2003.10.29

证券投资基金法为三种基金形式留有发展空间
沈路涛 邹声文 张旭东 《新华社》2003.10.29

中国基金业走进新时代
丁 韬 《中国证券报》2003.11.01

新基金法新观察
王衡生 《粤港信息报》2003.11.03

立法留白值得期待
刘兴祥 《证券时报》2003.11.03

《基金法》五大变化为基金业发展预留空间
卢晓平 雷玲昊 《上海证券报》2003.11.09

让持有人规避意外风险 使管理人远离基金黑幕
施波涛 《市场报》2003.11.09

基金法九大看点
罗培青 《证券时报》2003.11.09

基金立法效应尚待检验
董少鹏 《经济观察报》2003.11.09

证券投资基金法 对合资公司的四大影响
付 强 《中国证券报》2003.11.10

新基金法为基金投资"松绑"
姚小军 《证券市场周刊》2003.11.10

《基金法》核心是保护投资者权益
易宪容 《中国经济时报》2003.11.12

理解法律精髓 履行托管人职责
吴若曼 《金融时报》2003.11.19

《基金法》"留有余地"
卢怀谦 《中国证券报》2003.11.09

基金法部分内容还需明确 盼望细则早出台
杜 舒 《证券时报》2003.11.10

附录四　投资者教育

基金基本知识

什么是证券投资基金？我国证券投资基金市场的基本情况如何？

1．什么是证券投资基金

证券投资基金是一种利益共享、风险共担的集合证券投资方式，即通过发行基金单位，集中投资者的资金，由基金托管人托管，由基金管理人管理和运用资金，从事股票、债券等金融工具投资。证券投资基金是一种间接的证券投资方式，投资者是通过购买基金而间接投资于证券市场的。证券投资基金可以通过发行基金股份成立投资基金公司的形式设立，通常称为公司型基金；也可以由基金管理人、基金托管人和投资人三方通过基金契约设立，通常称为契约型基金。目前我国的证券投资基金均为契约型基金。

证券投资基金具有以下特点：

组合投资、分散风险。根据投资专家的经验，要在投资中做到起码的分散风险，通常要持有10个左右的股票。然而，中小投资者通常无力做到这一点。如果投资者把所有资金都投资于一家公司的股票，一旦这家公司的股票价格大幅下跌乃至公司破产，投资者便可能尽失其所有。而证券投资基金通过汇集众多中小投资者的小额资金，形成雄厚的资金实力，可以同时把投资者资金分散投资于各种股票，分散了投资风险。

专业理财。基金资产由专业的基金管理公司负责管理。基金管理公司配备了大量的投资专家，他们不仅掌握了广博的投资分析和投资组合理论知识，而且在投资领域也积累了相当丰富的经验。

方便投资。证券投资基金最低投资数量一般较低（如100份基金单位），投资者可以根据自己的财力，多买或少买基金单位，从而解决了中小投资者“钱不多、入市难”的问题。而且为了支持基金业的发展，我国还对基金的税收给予合理政策，使投资者通过基金投资证券所承担的税赋不高于直接投资于证券须承担的税赋。

2．证券投资基金市场的基本情况

1997年11月14日，国务院批准发布了《证券投资基金管理暂行办法》，为我国证券投资基金业的规范发展奠定了法律基础。而1998年3月23日，基金金泰、基金开元成功发行，揭开了我国证券投资基金发展的序幕。我国的证券投资基金市场在近六年的时间里，取得了快速发展。主要表现在以下几个方面：

证券投资基金规模迅速扩大。截至2003年底，我国已设立的基金管理公司共有34家，其中27家基金管理公司已发行基金，另7家基金管理公司已获准开业。此外已获筹建批文的基金管理公司有13家。包括已获筹建批文的基金管理公司在内，中国共有基金管理公司47家。证券投资基金的数量增加到110只，其中54只为封闭式基金，56只为开放式基金。基金资产总规模达到1716亿元，占股票市场总市值的2%左右。8家商业银行获准从事基金托管业务。

基金产品不断创新。截至2003年，基金产品线在股票基金的基础上，增加了债券型基金、伞型基金、保本基金、货币基金等品种，贯穿在高、中、低风险各个系列，为社会大众提供了更加广泛的投资选择。

基金业绩优良。2003年，15只偏股型开放式基金平均净值增长率达到18.96%。基金分红总额达到20.19亿元。54只封闭式基金的净值增长率达到20.64%，除一只基金的净值增长率为负增长外，其余68只基金的净值增长率全面实现了正增长。证券投资基金大面积和大幅度超越市场表现，成为基金业发展6年来相对业绩最好的一年。

证券投资基金的出现，为中小投资者拓宽了投资渠道，扩大了证券市场资金供给，壮大了投资者队伍。其次，基金作为一种品种创新，注重上市公司调研和价值发现，倡导理性投资，有利于降低市场风险，规范市场行为。

什么是开放式基金？开放式基金与封闭式基金有哪些区别？开放式基金有哪些优点？

1．什么是开放式基金

开放式基金在国外又称共同基金，它和封闭式基金共同构成了基金的两种基本运作方式。封闭式基金有固定的存续期，期间基金规模固定，一般在证券交易场所上市交易，投资者通过二级市场买卖基金单位。而开放式基金是指基金规模不固定，基金单位可随时向投资者出售，也可应投资者要求买回的运作方式。

2．开放式基金与封闭式基金有哪些区别

基金规模不固定。封闭式基金有固定的存续期，期间基金规模固定。开放式基金无固定存续期，规模因投资者的申购、赎回可以随时变动；

不上市交易。封闭式基金在证券交易场所上市交易，

而开放式基金在销售机构的营业场所销售及赎回，不上市交易；

价格由净值决定。开放式基金的申购、赎回价格以每日公布的基金单位资产净值加、减一定的手续费计算，能一目了然地反映其投资价值，而封闭式基金的交易价格主要受市场对该特定基金单位的供求关系影响；

管理要求高。开放式基金随时面临赎回压力，须更注重流动性等风险管理，要求基金管理人具有更高的投资管理水平。

3．开放式基金有哪些优点

世界投资基金的发展历程基本上遵循了由封闭式转向开放式的发展规律。目前，开放式基金已成为国际基金市场的主流品种，美国、英国、我国香港和台湾的基金市场均有90%以上是开放式基金。相对于封闭式基金，开放式基金在激励约束机制、流动性、透明度和投资便利程度等方面都具有较大的优势：

市场选择性强。如果基金业绩优良，投资者购买基金的资金流入会导致基金资产增加。而如果基金经营不善，投资者通过赎回基金的方式撤出资金，导致基金资产减少。由于规模较大的基金的整体运营成本并不比小规模基金的成本高，使得大规模的基金业绩更好，愿买它的人更多，规模也就更大。这种优胜劣汰的机制对基金管理人形成了直接的激励约束，充分体现良好的市场选择；

流动性好。基金管理人必须保持基金资产充分的流动性，以应付可能出现的赎回，而不会集中持有大量难以变现的资产，减少了基金的流动性风险；

透明度高。除履行必备的信息披露外，开放式基金一般每日公布资产净值，随时准确地体现出基金管理人在市场上运作、驾驭资金的能力，对于能力、资金、经验均不足的小投资者有特别的吸引力；

便于投资。投资者可随时在各销售场所申购、赎回基金，十分便利。良好的激励约束机制又促使基金管理人更加注重诚信、声誉，强调中长期、稳定、绩优的投资策略以及优良的客户服务。

开放式基金如何运作？

开放式基金的运作主要包括以下几个方面：

基金的发起和设立。开放式基金是由经中国证监会批准的基金管理公司发起设立的。基金管理人申请设立开放式基金，首先必须准备并上报有关法律文件，如设立开放式基金的申请报告、基金契约、基金托管协议、基金招募说明书、销售协议、注册登记协议等。中国证监会收到文件后对基金管理人资格、基金托管人资格、托管协议、招募说明书以及上报材料的完整性、准确性进行审核，如果符合有关标准，批准基金管理人销售基金。基金管理人可以通过直销和代销方式进行销售。

市场营销。基金管理公司可以通过两条途径销售基金：一是代销。代销机构通常为证券公司、商业银行或其他经监管部门认可的机构。二是由基金管理公司自己销售。在海外，为了吸引投资者，规模较大的基金管理公司都有专业化、高素质的市场营销队伍，专门负责市场营销、投资咨询、宣传与教育，以及向投资者提供各类的投资与信息服务。

基金的申购或赎回。投资者到基金管理公司或选定的基金代销机构开设基金账户，按照规定的程序申请申购或赎回基金单位。投资者购买基金单位的过程称作申购；投资者将所持基金单位卖给基金并收回现金、也就是基金应投资者的要求买回基金单位的过程，称为赎回。

基金买卖的注册登记。投资者买入基金单位后，由注册登记机构在其基金账户中进行登记，表明其所持基金单位的增加。投资者卖出基金单位后，取得款项，并由注册登记机构在其基金账户中登记，表明其所持基金单位的减少。担任基金注册登记机构的可以是基金管理公司，也可以是基金管理公司委托的商业银行或其他机构。

投资管理。基金管理公司按照所公布的基金契约的要求进行基金投资与管理，如按一定的投资比例或行业投入股市、债券市场等，这是开放式基金运作的关键环节，决定着基金的经营业绩。

收益、费用及收益分配。在基金的运作过程中，必然会产生收益、发生费用以及收益分配的问题，基金契约中会对基金收益、费用的计提标准及收益分配方式做出明确规定。基金收益包括红利、利息、证券买卖价差和其他收入。基金是以委托的方式请专家进行投资管理和操作的，因此从设立到终止都要支付一定的费用。基金支付的费用主要包括支付给基金管理公司的管理费、支付给托管人的托管费、支付给注册会计师和律师的费用、基金设立时发生的费用以及其他费用。基金收益扣除基金费用后便是基金的净收益。开放式基金一般以现金形式进行收益分配，但投资者可以选择将所分配的现金，自动转化为基金单位，即红利再投资。

开放式基金有哪些主要当事人，他们的主要职责是什么？

开放式基金的当事人主要包括：基金投资者、基金管理人、基金托管人以及基金销售机构、注册登记机构、注册会计师、律师等中介服务机构。

基金投资者。基金投资者是基金出资人、基金资产所有者和基金投资收益受益人。在公司型基金中，基金投资者是基金公司的股东。公司型基金的公司章程、契约型基金的基金契约均对基金投资者的权利和义务做出明确规定。投资者权利一般包括取得基金收益、获取基金业务及财务状况资料、监督基金运作情况、出席或委派代表出席股东大会或基金单位持有人大会等；投资者义务包括遵守基金契约（契约型基金）或公司章程（公司型基金）、支付基金认购款项及有关费用、承担基金亏损或基金终止有限责任等。

基金管理人。基金管理人负责基金资产投资运作，在不同的基金市场上名称有所不同，如美国"投资顾问公司"或"资产管理公司"、日本的"证券投资信托委托公司"、"投资信托公司"、"投资顾问公司"和台湾的"证券投资信托公司"，我国则将其称作"基金管理公司"。

作为专业从事基金资产管理机构，基金管理人最主要职责就是按照基金契约的规定，制定基金资产投资策略，组织专业人士，选择具体的投资对象，决定投资时机、价格和数量，运用基金资产进行有价证券投资。此外，基金管理人还须自行或委托其他机构进行基金推广、销售，负责向投资者提供有关基金运作信息（包括计算并公告基金资产净值、编制基金财务报告并负责对外及时公告等）。

基金业绩在很大程度上取决于基金管理人员的管理能力和职业操守。为了保护基金投资者利益，各国和地区资本市场监管部门均对基金管理人、特别是其从业人员的资格做出严格规定。如，美国对于投资顾问公司实行注册制，由证券交易委员会审核申请人的资格和业务范围，公司在获得注册批准后定期接受资格审核，以合伙形式注册的公司，如，核心人员变化须重新注册登记。我国对基金管理公司的设立实行审批制，按照《证券投资基金管理暂行办法》的要求，在从事基金管理业务之前，基金管理公司资本金额、信誉状况及其主要业务人员的业务素质和职业道德水准都必须首先得到监管机构认可。

基金托管人。基金托管人通常由具备一定条件的商业银行、信托公司等专业性金融机构担任，负责保管基金资产，在公司型基金运作模式中，托管人是基金公司董事会所雇佣的专业服务机构，在契约型基金运作模式中，托管人通常还是基金的名义持有人。基金托管人的主要职责一般包括：①安全保管基金资产，这是基金托管人最重要的职责；②执行基金管理人的划款及清算指令；③监督基金管理人的投资运作；④复核、审查基金管理人计算的基金资产净值及基金价格等。

由于基金托管人在基金资产安全运作中的特殊作用，各国家和地区的基金监管法规都对基金托管人的资格有严格要求。美国对于基金托管业务实行注册制，商业银行、信托公司或其他符合条件的机构甚至私人机构均可申请充当基金托管人，但要定期接受严格的资格审核和重新注册登记。法律对托管人的资金规模和营运时间等没有要求，基金托管人的资格条件主要由市场竞争机制决定。我国对基金托管业务实行审批制，按照《证券投资基金管理暂行办法》的规定，基金托管人必须是满足一定条件的商业银行，资格条件包括实收资本金须超过80亿元人民币，具备必要的技术和机构设施等，目前，中国工商银行、建设银行、农业银行、中国银行及交通银行5家国有商业银行已取得基金托管业务资格。

基金销售机构。随着基金市场规模的不断扩大，基金行业内部的专业化分工不断深化。除基金管理人直接销售外，基金的销售可由证券公司、商业银行及其他中介机构代理完成，这些独立的销售机构专门为基金管理人提供销售服务，并收取一定的销售佣金和服务费。

办理注册登记的机构。办理注册登记的机构负责投资者账户的管理和服务，负责基金单位的注册登记以及红利发放等具体投资者服务内容。注册登记机构通常由基金管理人或其委托的商业银行或其他机构担任。

注册会计师和律师。注册会计师和律师作为专业、独立的中介服务机构，注册会计师和律师为基金提供专业、独立的会计、法律服务。如为注册会计师基金年报提供审计报告等。

投资人如何买卖开放式基金？

投资人买卖开放式基金的方式与封闭式基金有很大不同。买卖封闭式基金是通过证券交易场所进行的，买卖行为发生在基金投资人之间，而开放式基金不在交易所上市，投资人须向基金管理人申请购买或赎回基金。投资人买卖开放式基金的具体程序如下：

阅读有关法律文件。投资人购买基金前，需要认真阅读有关基金的招募说明书、基金契约及开户程序、交易规则等文件，仔细了解有关基金的投资方向、投资策略、投资目标及基金管理人业绩及开户条件、具体交易规则等重要信息，对准备购买基金的风险、收益水平有一个总体评估，并据此做出投资决定。按照规定，各基金销售网点应备有上述文件，以备投资人随时查阅。

开立基金账户。投资人买卖开放式基金首先要开立基金账户。按照规定，有关销售文件中对基金账户的开立条件、具体程序需予以明确。上述文件将放置于基金销售网点供投资人开立基金账户时查阅。

购买基金。投资人在开放式基金募集期间、基金尚未成立时购买基金单位的过程称为认购。通常认购价为基金单位面值（1元）加上一定的销售费用。投资人认购基金应在基金销售点填写认购申请书，交付认购款项。注册登记机构办理有关手续并确认认购。

在基金成立之后，投资人通过销售机构申请向基金管理公司购买基金单位的过程称为申购。

投资人申购基金时通常应填写申购申请书，交付申购款项。款额一经交付，申购申请即为有效。具体申购程序会在有关基金销售文件中详细说明。申购基金单位的数量是以申购日的基金单位资产净值为基础计算的。具体计算方法须符合监管部门有关规定的要求，并在基金销售文件中载明。

卖出基金。与购买基金相反，投资人卖出基金是把手中持有的基金单位按一定价格卖给基金管理人并收回现金，这一过程称为赎回。其赎回金额是以当日的单位基金资产净值为基础计算的。

投资人赎回基金通常应在基金销售点填写赎回申请书。按照《开放式证券投资基金试点办法》的规定，基金管理人应当于收到基金投资人赎回申请之日起3个工作日内，对该交易的有效性进行确认，并应当自接受基金投资人有效赎回申请之日起7个工作日内，支付赎回款项。

此外，对于开放式基金来说，投资人除了可以买卖基金单位外，还可以申请基金转换、非交易过户、红利再投资。

投资开放式基金有哪些风险？

开放式基金是一种收益共享、风险共担的集合投资工具，它不同于银行存款或国债，不能保证投资人一定获得盈利，也不保证最低收益。投资于开放式基金的风险主要包括：

流动性风险。任何一种投资工具都存在流动性风险，亦即投资人在需要卖出时面临的变现困难和不能在适当价格上变现的风险。相比股票和封闭式基金，开放式基金的流动性风险有所不同。由于基金管理人在正常情况下必须以基金资产净值为基准承担赎回义务，投资人不存在由于在适当价位找不到买家的流动性风险，但当基金面临巨额赎回或暂停赎回的极端情况时，基金投资人有可能不能以当日单位基金净值全额赎回。如投资人选择延迟赎回，则要承担后续赎回日单位基金资产净值下跌的风险，这就是开放式基金的流动性风险。

按照《开放式证券投资基金试点办法》的规定，巨额赎回指基金单个交易日的净赎回申请超过基金总份额的10%。巨额赎回发生时，基金管理人在当日接受赎回比例不低于基金总份额10%的前提下，可以对其余赎回申请延期办理。对于当日的赎回申请，应按单个账户赎回申请量占赎回总量的比例确定当日受理的赎回份额。基金连续发生巨额赎回时，基金管理人可按照基金契约及招募说明书的规定，暂停接受赎回申请。上述情况一旦发生，投资者需要承担不能及时收回投资的流动性风险。

申购、赎回价格未知的风险。开放式基金的申购数量、赎回金额以基金交易日的单位基金资产净值加减有关费用计算。投资人在当日进行申购、赎回基金单位时，所参考的单位资产净值是上一个基金交易日的数据，而对于基金单位资产净值在自上一交易日至交易当日所发生的变化，投资人无法预知，因此投资人在申购、赎回时无法知道会以什么价格成交，这种风险就是开放式基金的申购、赎回价格未知的风险。相对于短期投资人来说，这种风险对于长期投资人要小得多。

基金投资风险。和封闭式基金一样，开放式基金的投资风险包括股票投资风险和债券投资风险。其中，股票投资风险主要取决于上市公司的经营风险、证券市场风险和经济周期波动风险等，债券投资风险主要指利率变动影响债券投资收益的风险和债券投资的信用风险基金的投资目标不同，其投资风险通常也不同，收益型基金投资风险最低，成长型基金投资风险最高，平衡型基金居中。投资人可根据自己的风险承受能力，选择适合自己财务状况和投资目标的基金品种。

机构运作风险。开放式基金由多个机构提供各种服务，这些机构的运作存在诸多风险，主要包括：

系统运作风险：指基金管理人、基金托管人、注册登记机构或代销机构等当事人的运行系统出现问题时，给投资者带来损失的风险。

管理风险。指基金运作各当事人的管理水平对投资人带来的风险。例如基金管理人的管理能力决定基金的收益状况、注册登记机构的运作水平直接影响基金申购赎回效率等。

经营风险。指基金运作各当事人因不能履行义务，如经营不善、亏损或破产等给基金投资人带来的资产损失风险。

不可抗力风险。指战争、自然灾害等不可抗力发生时给对基金投资人带来的风险。

开放式基金必须披露的信息有哪些？

一、招募说明书（公开说明书）；二、定期报告；三、临时报告。定期报告又分别由每日单位净值公告、季度投资组合公告、中期报告、年度报告四项组成。这些信息的具体内容为：

招募说明书。由基金发起人及发行协调人按照《证券投资基金管理暂行办法》及其实施准则第三号编制并公告。

申购赎回公告书。由基金管理人按照《证券投资基金管理暂行办法》的有关规定编制，在申购赎回开始日前若干工作日内（一般为两日），在指定报刊上公告，同时报中国证监会备案。

定期报告。由基金管理人和基金托管人按照《证券投资基金管理暂行办法》及其实施准则第五号编制年度报告、中期报告、投资组合公告及基金资产净值，并在指定报刊上公告，同时报中国证监会备案。

基金的临时报告与公告。基金在运作过程中发生可能对基金持有人权益及基金单位的交易价格产生重大影响的事项时，将按照法律、法规及中国证监会的有关规定及时报告并公告。这些事项主要有：基金持有人大会决议、基金管理人或基金托管人变更、基金管理人的董事长、总经理、基金托管部的总经理变动、基金管理人的董事一年内变更达50%以上、基金管理人或基金托管部主要业务人员一年内变更超过50%、重大关联交易、基金管理人或基金托管人受到重大处罚、重大诉讼、仲裁事项、基金提前终止、基金开放部分发生巨额赎回、其他重大事项。

此外，开放式基金由于自身的特点还应披露许多有关投资者的服务信息，这些信息主要有：基金基本信息和交易信息的查询：包括交易的确认通知、定期对账单、基金价格、基金资产状况等基本信息；基金投资者账户报告。

基金新品种

指数基金

指数基金是采用被动式投资，选取某个指数作为模仿对象，按照该指数构成的标准，购买该指数包含的证券市场中全部或部分的证券，目的在于获得与该指数相同的收益水平。

指数基金提供的投资方式相对最为方便简单。投资者不用担心基金经理是否会改变投资策略，因为指数基金经理根本不需要自行选股，所以谁当基金经理并不重要。

投资指数基金最大的好处在于成本较低。由于指数基金经理用不着积极选股，所以指数基金的管理费用相对较低。同时，因为指数基金采取了购买并持有的策略，不用经常换股，所以基金买卖证券时发生的佣金等交易费用也远远低于积极管理的基金。此外，跟踪同一指数的两只基金，收费水平可能不同；而涵盖同一市场层面的两只基金，也未必会用同一种指数作为基准。

伞型基金

伞型基金也称“伞子基金”，是基金的一种组织形式。伞型基金主要通过运用“雨伞”架构来满足投资者不同的投资需求，基金发起人根据一份总的基金招募书，设立多只相互之间可以根据规定的程序及费率水平进行转换的基金，这些基金称为“子基金”，每个子基金都有特定的投资目标和特征，投资者可以方便且低成本地在各子基金之间转换。由这些子基金共同构成的基金体系被称为“伞型基金”。

与目前国内流行的单一结构的基金模式比较，伞型基金具有以下优势：①能够满足不同投资者在投资目标、投资对象、投资地区、投资方向等方面的个性化投资需求，可以在同一品牌下更广泛地吸引具有不同投资偏好地投资者；②相对单一基金来说，投资者可以在伞型基金下的不同子基金之间进行便捷、费用低廉的转换，大大降低了投资者多次投资的成本；③伞型基金旗下各子基金在同一个管理架构内进行运作，使得伞型基金在托管、审计、法律服务、管理费用等方面享有规模经济优势，降低了基金管理公司管理成本；④多个不同的基金品种集中于同一伞型基金的品牌下，可以更好地突出该基金规模庞大、品种齐全、管理统一的优势。同时，也大大地增强了基金管理公司的扩张功能，基金管理公司可以对各种不同的市场如债券市场、股票市场进行细分，在同一基金品牌下设计出针对不同投资者偏好的子基金。

债券基金

债券基金是指发行基金证券所筹集的资金主要投资于可流通的国债、地方政府债券和公司债券等的证券投资基金。这种基金的证券组合主要以各类债券（甚至包括国际债券）为对象，但也不排除一定数量的非债券证券。

债券型基金和股票型基金的区别主要在于其投资对象的不同，通常债券型基金是以债券投资为主，而股票型基金是以上市股票的投资为主。从风险／收益特性方面对二者进行比较，通常债券型基金的风险较小，但预期收益也不如股票型基金。从费用角度比较，通常债券型基金的各项费用或费率标准要比股票型基金低。

保本基金

保本基金，在香港称为“保证基金”(guarantee fund)，是以保本和增值为目标，主要投资于风险很低、高分红和回报的证券，以保证投资者到期能得到本金加收益的基金，保本基金一般能获得高于同期银行存款利息的回报，是一种储蓄替代产品，一般规定一定的封闭期限，属于“半封闭”的开放式基金。

保本基金是以保本和增值为目标，主要投资于风险很低、高分红和回报的证券，以保证投资者到期能得到本金加收益的基金，保本基金一般能获得高于同期银行存款利息的回报，是一种储蓄替代产品。

货币市场基金

货币市场基金是指投资于货币市场上短期有价证券的一种基金。该基金资产主要投资于短期货币工具如国库券、商业票据、银行定期存单、政府短期债券、企业债券等短期有价证券。

货币市场基金与传统的基金比较具有以下特点：(1)货币市场基金与其他投资于股票的基金最主要的不同在于基金单位的资产净值是固定不变的，通常是每个基金单位1元。投资该基金后，投资者可利用收益再投资，投资收益就不断累积，增加投资者所拥有的基金份额；(2) 衡量货币市场基金表现好坏的标准是收益率，这与其他基金以净资产价值增值获利不同；(3) 流动性好、资本安全性高。这些特点主要源于货币市场是一个低风险、流动性高的市场。同时，投资者可以不受到期日限制，随时可根据需要转让基金单位；(4) 风险性低。货币市场工具的到期日通常很短，货币市场基金投资组合的平均期限一般为4～6个月，因此风险较低，其价格通常只受市场利率的影响；(5) 投资成本低。货币市场基金通常不收取赎回费用，并且其管理费用也较低，货币市场基金的年管理费用大约为基金资产净值的0.25%～1%，比传统的基金年管理费率1%～2.5%低；(6) 货币市场基金均为开放式基金。货币市场基金通常被视为无风险或低风险投资工具，适合资本短期投资生息以备不时之需，特别是在利率高、通货膨胀率高、证券流动性下降，可信度降低时，可使本金免遭损失。

交易所交易基金

交易所交易基金是指可以在交易所上市交易的基金，又称 ETFs (ExchangTradedFunds)，其代表的是一揽子股票的投资组合。

交易所交易基金具有交易灵活和成本低廉的优势。其交易方式有两种。一是投资人直接向基金公司申购和赎回。二是在交易所挂牌上市交易，以现金方式进行。与通常的开放式基金不同的是，交易所交易基金在交易日全天交易过程中都可以进行买卖，就像买卖股票一样，还可以进行短线套利交易。因此，只有机构或者富有的个人大户才能直接向基金公司申购和赎回。对于普通个人投资者而言，只能采用第二种方式，通过经纪人在交易所进行买卖。因为多属于被动式管理的指数化投资，所以交易所交易基金不需要负担庞大的投资和研究团队的支出，从而费用低廉，其管理费率甚至低于收费最低的指数共同基金。

LOF 基金

LOF 基金，英文全称是“ListedOpen-EndedFund”，汉语称为“上市型开放式基金”。也就是上市型开放式基金发行结束后，投资者既可以在指定网点申购与赎回基金份额，也可以在交易所买卖该基金。不过投资者如果是在指定网点申购的基金份额，想要上网抛出，须办理一定的转托管手续；同样，如果是在交易所网上买进的基金份额，想要在指定网点赎回，也要办理一定的转托管手续。

上市型开放式基金，首先，它是一种开放式基金，投资者可以根据基金净值向基金管理人申购和赎回基金份额；其次，这种开放式基金与我们现在的开放式基金的区别之处在于，它可以在交易所上市，投资者之间可以相互交易与转让。

基金新名词

基金转换

基金转换是指投资者将所持有的基金份额转换成同一基金管理公司旗下的其他开放式基金份额。

在一般情况下，投资者进行基金转换，可以在节约手续费的同时，达到无需赎回持有基金份额，而转而申购持有目标基金的目的。投资者在基金基金转换时，要考虑基金转化的转换费率和基金转换时的费率补齐因素的基础上，还要准确把握和选择基金转换的时机。

红利再投资

红利再投资是指基金进行现金分红时，基金持有人将分红所得的现金直接用于购买该基金，将分红转为持有基金单位。对基金管理人来说，红利再投资没有发生现金流出，因此，红利再投资通常是不收申购费用的。

后端收费

后端收费指投资人在申购本公司开放式基金时可以先不用支付申购费，而在赎回时支付，并且持有年限越长，申购费率越低，直至免除全部申购费用。后端收费对准备长期投资基金的投资者可以享受费率递减的优惠，通过长期投资可以降低投资的成本，获取更高的潜在收益。

定期定额投资计划

“定期定额”投资计划是指由客户提出申请，按照本公司和销售机构的规定，在约定的时间间隔内由销售机构于每期扣款日在投资者指定的银行账户内自动完成资金扣款及基金申购的一种行为。简单归纳起来有以下几个方面好处：第一，“储蓄和投资”一举两得；第二，利用平均成本法分散投资风险；第三，在投资时完全不考虑投资时点；第四，小钱也可以做大投资；第五，复利效果长期客观；第六，可以积累长期资金也可作为短期周转。

基金超市

所谓基金超市，就是将发行的开放式基金汇聚在一起，由投资者根据需要自由选择，并对其提供投资指导服务的场所。

目前“基金超市”有三种类型：一是只代销一到两家基金公司的产品；二是覆盖几乎全部基金，并由专业分析人士进行导购；三是顾问型销售，银行的投资顾问为客户度身打造个人投资计划，并只销售自己认同的产品。“基金超市”有助于为客户提供及时的投资信息和服务，在很大程度上满足了投资者在资产保值增值、价值组合、风险控制等方面的金融需求。

附录五　基金研究著作

《证券投资基金法》解读
朱少平　主编
中国金融出版社

《基金绩效衡量》
·理论与实证研究
杜书明　著
中国社会科学出版社

《交易所交易基金》
[美]加利·L. 甘斯梯纽　著
骆玉鼎 等　译
上海财经大学出版社

《养老基金管理创新》
[美]阿伦·S. 摩拉利达尔　著
沈国华　译
上海财经大学出版社

《债券组合管理》(上卷)
[美]弗兰克·J. 法博齐　著
骆玉鼎 高玉泽 等　译
上海财经大学出版社

《债券组合管理》(下卷)
[美]弗兰克·J. 法博齐　著
骆玉鼎 高玉泽 等　译
上海财经大学出版社

《指数基金》
[美]理查德·A.费里 著
于 研 等 译
上海财经大学出版社

《对冲基金》
[美]斯图亚特·A.麦克奎瑞 著
金德环 等 译
上海财经大学出版社

《有效资产管理》
[美]威廉·伯恩斯坦 著
李 曜 译
上海财经大学出版社

《积极股票管理》
[美]弗兰克·J.法博齐 等 著
金德环 等 译
上海财经大学出版社

《战略资产配置》
[美]约翰·Y.坎贝尔 路易斯·M.万斯勒 著
陈学彬 等 译
上海财经大学出版社

《基金投资三十讲》
孙 涤 卢 刚 蒋 睿 著
上海证券报 总策划
百家出版社

《中国私募基金报告》
夏 斌 陈道富 著
上海远东出版社

《私募基金》
—稳定因素还是紊乱因素
韩志国 段 强 主编
经济科学出版社

《投资基金论》
王彦国 著
北京大学出版社

《证券投资基金管理人的责任》
王苏生 著
北京大学出版社

《横空出世:搏击开放式基金》
刘传葵 编著
上海远东出版社

《走近私募基金》
李 惠 主编
经济科学出版社

《投资基金经济效应论》
刘传葵 著
经济科学出版社

《中国投资基金市场发展论》
刘传葵 著
中国金融出版社

《回顾与前瞻》
——中国证券投资基金发展之路
王 益　范勇宏　主编
中国金融出版社

《基金与金融动荡》
孙建冬　郭 静　张 毅　著
经济管理出版社

《养老保险基金》
——形成机制、管理模式、投资运用
李 曜　著
中国金融出版社

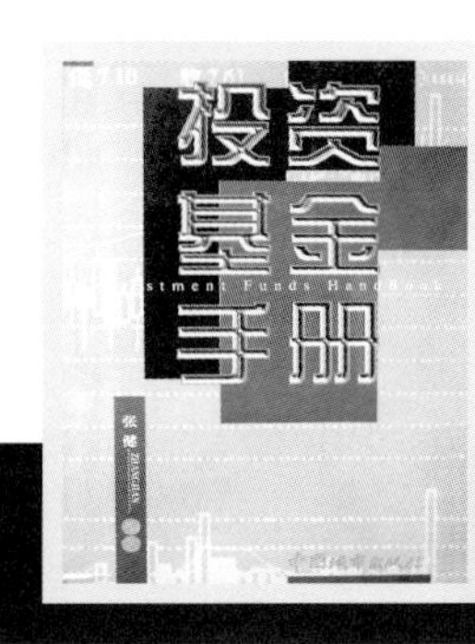

《投资基金手册》
张 健　编著
中国城市出版

《跨世纪的中国投资基金业》
厉以宁　曹凤岐　主编
经济科学出版社

《投资基金新论》
王 勇　著
中国财政经济出版社

《证券投资基金研究文集》
王 益　主编
中国金融出版社

《风险对冲策略与套利技巧》
——证券投资基金与对冲基金的策略比较
刘乃岳　周爱民　编著
经济科学出版社

《证券投资基金投资分析和运作》
林义相 等 著
上海远东出版社

《中国基金战略》
——体制、资本市场与基金模式
崔新生 著
中国城市出版社

《投资基金与金融发展》
徐洪才 著
中国金融出版社

《金融制度变革中的投资基金》
谢 卫 著
中国经济出版社

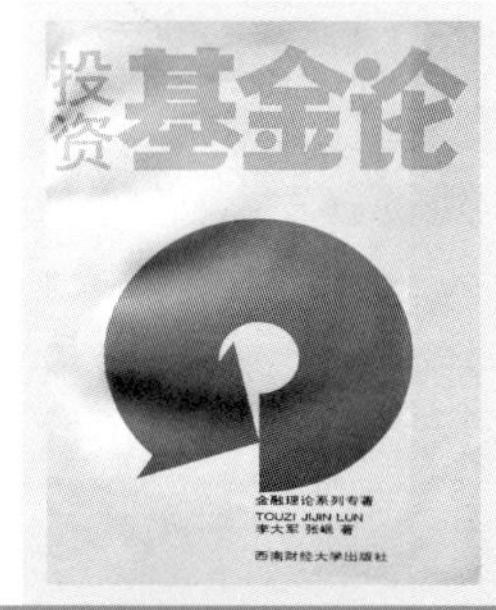

《投资基金论》
李大军 张 岷 著
西南财经大学出版社

《共同基金:全球发展与中国对策》
刘李胜 著
中国经济出版社

《共同基金投资与市场》
林 茁 著
中国金融出版社

《共同基金的管理与运作》
刘李胜 主编
企业管理出版社

附录六 基金营销网点名录

基金管理公司直销中心

国泰基金管理有限公司

上海理财中心
地址：浦东新区世纪大道1600号浦项商务广场31楼
电话：021－50372711　传真：021－50372716

北京理财中心
地址：海淀区中关村南大街1号友谊宾馆贵宾楼一层
电话：010－68498575　传真：010－68498182

南方基金管理有限公司

深圳总公司
地址：深圳福田中心区深南大道4009号投资大厦七楼
电话：0755－82912592　传真：0755－82913232

北京分公司
地址：北京金融大街19号富凯大厦17层B1702室
电话：010－66573399　传真：010－66573868

上海分公司
地址：上海浦东南路528号上海证券大厦南塔19楼1901室
电话：021－68817000　传真：021－68817654

华夏基金管理有限公司

北京投资理财中心
地址：北京西城区金融街33号通泰大厦A座14层
电话：010－66102126　传真：010－66102133

北京中关村投资理财中心
地址：北京海淀区中关村南大街11号光大国信大厦1层
电话：010－68458998　传真：010－68458598

北京空港投资理财中心
地址：北京市顺义区天竺空港工业区A区蓝天大厦二层
电话：010－80489977　传真：010－80489891

上海投资理财中心
地址：上海市浦东南路500号国家开发银行大厦1楼
电话：021－58772855/77/99　传真：021－58772008

深圳投资理财中心
地址：深圳市福田区福华一路中央商务大厦26层
电话：0755－82033033　传真：0755－82031949

华安基金管理有限公司

上海投资理财直销中心
地址：上海市浦东南路360号新上海国际大厦2楼
电话：021－68863400　传真：021－68863223

北京投资理财直销中心
地址：北京市西城区金融街23号平安大厦106室
电话：010－66219999　传真：010－66214060

电子交易平台
咨询及交易电话：021－68604666
交易网址：www.huaan.com.cn

博时基金管理有限公司

深圳总部
地址：深圳福田区深南大道7088号招商银行大厦29层
电话：0755－83169999　传真：0755－83195190

北京直销中心
地址：北京建国门内大街18号恒基中心1座23层
电话：010－65187055　传真：010－65187032

上海直销中心
地址：上海市黄浦区中山南路28号久事大厦25层
电话：021－33024909　传真：021－63305180

鹏华基金管理有限公司

深圳直销中心
地址：深圳市深南东路5047号发展银行大厦27层
电话：0755－25870799　传真：0755－25870803

上海直销中心
地址：上海市浦东新区陆家嘴东路161号招商局大厦2511室
电话：021－58825962　传真：021－58827839

北京直销中心
地址：北京市海淀区三里河路甲11号中国建材大厦18层
电话：010－88082426　传真：010－88082018

西南直销中心
地址：成都市展览馆西南厅3楼
电话：028－86277211　传真：028－86277211

华中直销中心
地址：武汉市建设大道847号瑞通广场B座24层
电话：027－85560453　传真：027－85560389

嘉实基金管理有限公司

北京理财中心
地址：北京市建国门北大街8号华润大厦8层
电话：010－65188866－2825

上海理财中心
地址：上海浦东新区银城中路200号中银大厦4104室
电话：021－50372739/50372740

成都理财中心
地址：成都人民中路2段35号中银大厦2911—2912室
电话：028—86402796/86402797

深圳理财中心
地址：深圳深南东路5047号深圳发展银行大厦21层C户
电话：0755—61307015

长盛基金管理有限公司

北京直销中心
地址：北京市朝阳区北三环东路8号静安中心2072
电话：010—84510088　传真：010—64689520/64689521

上海直销中心
地址：上海浦东新区世纪大道1600号浦项广场2014室
电话：021—50580120/50580122　传真：021—50580121

大成基金管理有限公司

北京投资理财中心
地址：北京朝阳区朝外大街16号中国人寿大厦1201室
电话：010—85252345/2346　传真：010—85252272/2273

深圳投资理财中心
地址：深圳福田区深南大道7088号招商银行大厦32层
电话：0755—83195090/5236　传真：0755—83195091

上海投资理财中心
地址：上海市广东路689号海通证券大厦19楼12—07单元
电话：021—63513925/3926　传真：021—63513927/3928

富国基金管理有限公司

上海投资理财中心
地址:上海市黄浦区广东路689号海通证券大厦13、14层
电话：021—63410133　传真：021—63410899

北京投资理财中心
地址：北京市建国门外大街国贸中心西楼601
电话：010—65055975　传真：010—65055977

易方达基金管理有限公司

广州直销中心
地址：广州市体育西路189号城建大厦27楼
电话：020—83918088　传真:020—38797032

宝盈基金管理有限公司

深圳直销中心
地址：深圳市福田区深南大道6008号报业大厦15层
电话：0755—83516540　传真：0755—83515880

北京直销中心
地址：北京西城区月坛北街2号月坛大厦B座606室
电话：010—68083240　传真：010—68083245

融通基金管理有限公司

深圳直销中心
地址：深圳市福田区民田路10号中海大厦6楼
电话：0755—83580759　传真：0755—83580637

北京投资服务中心
地址：北京市西城区金融街投资广场A座2105
电话：010—66211528　传真：010—66212001

上海投资服务中心
地址：上海徐汇区南丹东路228弄金轩公寓1号楼1604室
电话：021—64278268　传真：021—64683435

银华基金管理有限公司

深圳直销中心
地址：深圳市深南大道6008号报业大厦19层
电话：0755—83515002　传真：0755—83515082

北京直销中心
地址：北京东长安街1号东方广场东方经贸城中2办公楼10层2—8
电话：010—85186558　传真：010—85183027

上海直销中心
地址：上海世纪大道1600号浦项制铁商务广场5层511室
电话：021—50588807　传真：021—50588055

长城基金管理有限公司

深圳直销中心
地址：深圳市深南中路2066号华能大厦西区9层
电话：0755—83680399　传真：0755—83662635

北京直销中心
地址：北京市西城区金融大街35号国际企业大厦C1738
电话：010—88091057　传真：010—88091075

上海直销中心
地址：上海浦东世纪大道1500号东方大厦3018室
电话：021—68407679　传真：021—68407684

中融基金管理有限公司

深圳直销中心
地址：深圳市福田区深南大道4009号投资大厦三楼
电话：0755—83160000　传真：0755—82912534

银河基金管理有限公司

北京分公司
地址：北京市西城区三里河东路乙23号北楼三层
电话：010—68528833转6611　传真：010—68570603

广州分公司
地址：广州天河北路183号大都会广场46楼
电话：020—87556655　传真：020—87550668

上海投资理财中心
地址：上海市东大名路908号金岸大厦一、二层
电话：021—65953650　传真：021—65954718

湘财荷银基金管理有限公司

北京直销中心
地址：北京市西三环北路11号为公商务中心A座
电话：010—88517979　传真：010—68721958

天同基金管理有限公司

上海直销中心

地址：上海浦东新区源深路 273 号
电话：021-68644599　　传真：021-68531888

金鹰基金管理有限公司

广州直销中心

地址：广东省广州沿江中路 298 号江湾商业中心 22 层
电话：020-83282950　　传真：020-83282856

北京分公司

地址：北京市西城区金融街投资广场 A 座 5 层
电话：010-66210080　　传真：010-66210220

招商基金管理有限公司

深圳直销中心

地址：深圳市深南大道 7088 号招商银行大厦 28 层
电话：0755-83196445　　传真：0755-83196405

北京直销中心

地址：北京市金融大街 27 号投资广场 B 座 2104 室
电话：010-66211612　　传真：010-66211613

上海直销中心

地址：上海市浦东南路 588 号上海浦发大厦 22 层
电话：021-68889916　　传真：021-58796616

华宝兴业基金管理有限公司

上海直销中心

地址：上海市世纪大道 88 号金茂大厦 48 层
电话：021-50499588 转 301、302
传真：021-50499663/50499667

巨田基金管理有限公司

深圳直销中心

地址：深圳市福田区滨河大道 5020 号证券大厦 4 层
电话：0755-82990365　传真：0755-82990631

北京直销中心

地址：北京市东三环北路 15 号恒安大厦 13 层
电话：010-65951658　传真：010-65952371

上海直销中心

地址：上海市淮海中路 398 号世纪巴士大厦 20 楼
电话：021-63851904　传真：021-63851907

国联安基金管理有限公司

直销中心

地址：上海市浦东新区世纪大道 88 号金茂大厦 46 楼
电话：021-50478080　　传真：021-50479059

海富通基金管理有限公司

上海直销中心

地址：上海市浦东世纪大道 88 号金茂大厦 3701 室
电话：021-38784858　　传真：021-50479997

长信基金管理有限责任公司

上海直销中心

地址：上海浦东新区世纪大道 1600 号浦项商务广场 16 楼
电话：021-50588038　　传真：021-50588281

泰信基金管理有限公司

上海理财中心

地址：上海市浦东新区银城中路 200 号中银大厦 42 层
电话：021-50372149　　传真：021-50372269

北京理财中心

地址：北京市西城区广成街(金融街)4 号 306 室
电话：010-66215978　　传真：010-66215968

景顺长城基金管理有限公司

深圳直销中心

地址：深圳深南中路 1093 号中信城市广场中信大厦 16 层
电话：0755-82370388-283　传真：0755-25987239

广发基金管理有限公司

广州直销中心

地址：广州市体育西路 57 号红盾大厦 14 楼
电话：020-83936999/85586603　传真：020-85586639

北京直销中心

地址:北京市西城区月坛北街2号月坛大厦18层
电话：010-68083368　　传真：010-68083351

上海咨询电话

电话：021-68829569　　传真：021-68818680

兴业基金管理有限公司

上海直销中心

地址：上海市浦东张杨路 500 号 20 楼
电话：021-38714536/58368886　传真：021-58368869

中信基金管理有限责任公司

北京直销中心

地址：朝阳区裕民路 12 号中国国际科技会展中心 A 座 8 层
电话：010-82253398　　传真：010-82253378

深圳直销中心

地址：深圳市笋岗路 12 号中民时代广场 B 座 32 层
电话：0755-82485121　传真：0755-82485225

上海直销中心

地址：上海市卢湾区复兴中路 593 号民防大厦 15 楼
电话：021-64721487　传真：021-64721517

诺安基金管理有限公司

深圳直销中心

地址:深圳市深南大道4013号兴业银行大厦19层
电话:0755-83026888　　传真:0755-83026677

北京直销中心

地址：北京宣武门西大街 127 号大成大厦 12A04 室
电话：010-66419318　　传真：010-66419316

申万巴黎基金管理有限公司

地址：上海淮海中路 300 号香港新世界大厦 40 层
电话：021-63353535　传真：021-63353858

商业银行基金营销网点

中国工商银行

北京市分行

天津市分行

河北省分行

工商银行河北省分行营业部
工商银行邯郸分行
工商银行邢台市分行
工商银行衡水分行
工商银行保定分行
工商银行沧州分行
工商银行廊坊分行
工商银行唐山分行
工商银行承德分行
工商银行张家口分行
工商银行秦皇岛分行

山西省分行

工商银行山西省分行营业部
工商银行大同市分行
工商银行阳泉市分行
工商银行长治市分行
工商银行晋城市分行
工商银行朔州市分行
工商银行榆次分行
工商银行离石分行
工商银行临汾分行
工商银行运城分行
工商银行忻州分行

内蒙古自治区分行

工商银行内蒙分行营业部
工商银行呼盟分行
工商银行通辽市分行营业部
工商银行锡盟分行
工商银行巴盟分行
工商银行阿盟分行
工商银行乌盟分行
工商银行乌海市分行
工商银行乌兰浩特市支行
工商银行赤峰市分行
工商银行满州里分行
工商银行伊克昭盟分行
工商银行包头市分行

辽宁省分行

工商银行辽宁省分行营业部
工商银行鞍山市分行
工商银行抚顺市分行
工商银行本溪市平山支行
工商银行丹东市分行
工商银行锦州市分行
工商银行营口市分行
工商银行阜新市行
工商银行辽阳市分行
工商银行铁岭市分行
工商银行朝阳市分行
工商银行盘锦市分行
工商银行葫芦岛市分行

吉林省分行

工商银行吉林省分行营业部
工商银行吉林市分行
工商银行延边州分行
工商银行四平市分行
工商银行通化市分行
工商银行白城市分行
工商银行辽源市分行
工商银行白山市分行
工商银行松原市分行

黑龙江省分行

工商银行齐齐哈尔市分行
工商银行牡丹江分行
工商银行佳木斯分行
工商银行大庆分行
工商银行鸡西市分行
工商银行鹤岗市分行
工商银行双鸭山市分行
工商银行伊春市分行
工商银行七台河市分行
工商银行黑河市分行
工商银行绥化分行
工商银行大兴安岭分行

上海市分行

江苏省分行

工商银行江苏省分行营业部
工商银行无锡分行
工商银行徐州市分行
工商银行常州市分行
工商银行镇江市分行
工商银行苏州市分行
工商银行南通市工行
工商银行连云港分行
工商银行淮阴市分行
工商银行盐城分行
工商银行扬州市分行
工商银行胥浦直属支行
工商银行泰州市分行
工商银行宿迁市分行

浙江省分行

工商银行浙江省分行营业部
工商银行温州市分行
工商银行嘉兴市分行
工商银行湖州市分行
工商银行绍兴市分行
工商银行金华市分行
工商银行巨州市分行
工商银行台州地区分行
工商银行丽水地区分行
工商银行舟山市分行

安徽省分行

工商银行安徽省分行营业部
工商银行芜湖分行
工商银行蚌埠市分行
工商银行淮南分行
工商银行马鞍山市分行
工商银行淮北分行
工商银行铜陵分行
工商银行安庆分行
工商银行黄山分行
工商银行阜阳分行
工商银行宿州分行
工商银行滁州分行
工商银行六安分行
工商银行宣城分行
工商银行巢湖分行
工商银行池州分行

福建省分行

工商银行福建省分行营业部
工商银行福建省莆田市分行
工商银行福建省南平市分行
工商银行福建宁德市分行
工商银行福建漳州市工行
工商银行福建龙岩市分行
工商银行福建泉州市工行
工商银行福建三明市分行

江西省分行

工商银行江西省分行营业部
工商银行江西省九江市分行
工商银行江西省景德镇市分行
工商银行江西省萍乡市分行
工商银行江西省新余市分行
工商银行江西省鹰潭市分行
工商银行江西省赣州市分行
工商银行江西省宜春地区分行
工商银行江西省上饶市分行
工商银行江西省吉安地区分行
工商银行江西省抚州地区分行

山东省分行

工商银行山东省分行营业部
工商银行淄博市分行
工商银行莱芜市分行
工商银行临沂市分行
工商银行威海市分行
工商银行潍坊市分行
工商银行菏泽市分行
工商银行东营市分行
工商银行日照市分行
工商银行枣庄市分行
工商银行济宁市分行
工商银行烟台市分行
工商银行泰安市分行
工商银行德州市分行
工商银行滨州市分行
工商银行聊城市分行

河南省分行

工商银行河南省分行营业部
工商银行商丘分行
工商银行周口市分行
工商银行驻马店分行
工商银行信阳分行
工商银行南阳市分行
工商银行开封市分行
工商银行平顶山市分行
工商银行安阳分行营业部
工商银行濮阳分行
工商银行鹤壁市分行
工商银行新乡市分行
工商银行焦作市分行
工商银行三门峡分行
工商银行漯河分行
工商银行济源分行
工商银行洛阳分行营业部
工商银行许昌市分行

湖北省分行

工商银行湖北省分行营业部
工商银行黄石市分行
工商银行襄樊市分行
工商银行十堰市分行
工商银行荆门市分行
工商银行鄂州市支行
工商银行咸宁市分行
工商银行荆州市分行
工商银行孝感市分行
工商银行黄冈市分行
工商银行恩施自治州分行
工商银行湖北省三峡分行

湖南省分行

工商银行湖南省分行营业部
工商银行岳阳市分行
工商银行衡阳市分行
工商银行永州市分行
工商银行益阳市分行
工商银行张家界市分行
工商银行怀化市分行
工商银行湘西自治州分行
工商银行邵阳市分行
工商银行常德市分行
工商银行湘潭市分行
工商银行郴州市分行
工商银行娄底市分行
工商银行株州市分行

广东省分行

工商银行广东省分行营业部
工商银行南海市支行
工商银行珠海市分行
工商银行韶关市分行
工商银行肇庆市分行
工商银行潮州市分行
工商银行汕头市分行

广西壮族自治区分行

工商银行广西分行营业部
工商银行百色分行
工商银行河池分行
工商银行桂林分行
工商银行玉林分行
工商银行梧州分行
工商银行柳州分行
工商银行北海分行
工商银行钦州分行

海南省分行

重庆市分行

四川省分行

工商银行四川省分行营业部
工商银行攀枝花市炳草岗支行
工商银行绵阳市分行
工商银行眉山地区分行

工商银行凉山市分行
工商银行宜宾市分行
工商银行遂宁市分行
工商银行自贡市分行
工商银行内江市分行
工商银行广元分行
工商银行达州市分行
工商银行广安市分行
工商银行雅安市分行
工商银行乐山市分行
工商银行巴中地区分行
工商银行泸州市分行
工商银行南充市分行
工商银行德阳市分行

贵州省分行

工商银行贵州省分行营业部
工商银行遵义市分行
工商银行毕节分行
工商银行铜仁分行
工商银行六盘水分行
工商银行安顺市分行
工商银行凯里分行
工商银行兴义分行
工商银行都匀分行

云南省分行

工商银行云南省分行营业部
工商银行昭通分行
工商银行曲靖分行
工商银行玉溪分行
工商银行红河分行
工商银行文山分行
工商银行思茅分行
工商银行版纳分行
工商银行楚雄分行
工商银行大理分行
工商银行保山分行
工商银行德宏分行
工商银行丽江分行
工商银行怒江分行
工商银行迪庆分行
工商银行临沧分行

陕西省分行

工商银行陕西省分行营业部
工商银行铜川分行
工商银行宝鸡分行
工商银行咸阳市分行
工商银行渭南分行
工商银行汉中分行
工商银行安康分行
工商银行商洛分行
工商银行榆林分行
工商银行延安分行

甘肃省分行

工商银行甘肃省分行营业部
工商银行酒泉地区分行
工商银行庆阳地区分行
工商银行天水市分行
工商银行陇南分行
工商银行定西分行
工商银行临夏州分行
工商银行甘肃东风场区分行
工商银行甘肃矿区分行
工商银行金昌市分行
工商银行武威地区分行
工商银行张掖地区分行
工商银行平凉地区分行
工商银行甘南州分行
工商银行白银市分行
工商银行嘉峪关市分行

青海省分行

工商银行青海省分行营业部
工商银行海东分行
工商银行青海德令哈支行
工商银行青海格尔木支行

宁夏回族自治区分行

工商银行宁夏石嘴山市分行
工商银行宁夏吴忠市场分行
工商银行宁夏固原县支行

新疆维吾尔自治区分行

工商银行新疆分行营业部
工商银行克拉马依石油分行
工商银行昌吉州分行
工商银行哈密地区分行
工商银行巴音郭楞州分行
工商银行阿克苏地区分行
工商银行喀什地区分行
工商银行和田地区中心支行
工商银行伊犁州分行
工商银行博州分行
工商银行塔城地区分行
工商银行阿勒泰地区分行
工商银行吐鲁番地区分行
工商银行石河子市分行
工商银行马兰村第七支行

大连市分行

青岛市分行

宁波市分行

深圳市分行

厦门市分行

中国农业银行

北京市分行

北京市分行营业部
东城支行惠新里分理处
东城支行和平里储蓄所
东城支行祁家豁子分理处
东城区支行东四北分理处
东城支行青年湖分理处
东城支行交道口分理处
东城支行东单分理处
东城支行长安分理处
东城支行朝内大街分理处
西城区支行民航分理处
西城区支行西单北分理处
西城区支行西四东分理处
西城区支行万明寺分理处
西城区支行西直门分理处
西城区支行德宝分理处
西城区支行新外分理处
西城区支行人定湖分理处
西城区支行北三环分理处
西城区支行平安里分理处
西城区复兴门分理处
西城区支行天通苑分理处
崇文支行营业室
崇文支行先农坛分理处
崇文支行红桥分理处
崇文支行前门分理处
崇文支行沙子口分理处
崇文支行龙潭分理处
崇文支行崇文门分理处
崇文支行南三环东路分理处
宣武支行营业室
宣武支行广安门外分理处
宣武支行骡马市分理处
宣武支行牛街北口分理处
宣武支行陶然路分理处
宣武支行里仁街分理处
宣武支行北纬路分理处
宣武支行万事吉分理处
宣武支行椿树园储蓄所
朝阳支行营业室
朝阳支行将台路分理处
朝阳支行甘水桥储蓄所
朝阳支行双北桥分理处
朝阳支行展中分理处
朝阳支行永安里分理处
朝阳支行小营分理处
朝阳支行团结湖分理处
朝阳支行英家坟分理处
朝阳支行定福庄分理处
朝阳支行水碓西里分理处
朝阳支行三元分理处
朝阳支行八里桥分理处
朝阳支行东大桥储蓄所
海淀支行营业部
海淀区支行玉渊潭分理处
海淀区支行翠微大厦分理处
海淀区支行北下关分理处
海淀区支行大钟寺分理处
海淀区支行白石桥分理处
海淀区支行海淀南路分理处
海淀区支行西翠路储蓄所
海淀区昆明湖南路分理处
丰台支行营业室
丰台支行方庄分理处
丰台支行云岗分理处
丰台支行花乡分理处
丰台支行四路通分理处
丰台支行四环分理处
丰台支行六里桥分理处
丰台支行莲花池分理处
丰台支行南苑分理处
丰台支行海慧寺分理处
石景山支行营业室
石景山羊坊店分理处
石景山八大处分理处
石景山永通分理处
石景山石槽分理处
万寿路支行营业室
万寿路支行万寿路分理处
万寿路支行西三环分理处
万寿路支行安华分理处
万寿路支行阜成门分理处
万寿路支行中土大厦分理处
万寿路支行西翠路分理处
开发区支行营业室
开发区支行双井分理处
开发区支行潘家园分理处
开发区支行十里河分理处
亚运村支行营业室
亚运村支行工体路分理处
亚运村支行和平里分理处
亚运村支行康运分理处
亚运村支行望盛园分理处
亚运村支行安立花园储蓄所
亚运村支行民航总局分理处
海东支行营业室
海东支行学院路分理处
海东支行知春路分理处
通州支行新华大街储蓄所
大兴南大街储蓄所
大兴支行红星第一储蓄所
大兴支行福海储蓄所
昌平支行城关分理处
昌平支行东关南里储蓄所
顺义支行营业室
盈科支行营业室

上海市分行

嘉定支行营业部
营业部门柜
叶城营业所
真新分理处
江桥营业所
黄渡营业所
外岗营业所
娄塘营业所
徐行营业所
菊园分理处
封浜分理处
马陆营业所
新城营业所
南翔营业所
安亭支行
松江支行营业部
城西支行
叶榭营业所
佘山营业所
方塔营业所
泗泾营业所
九亭营业所
新桥营业所
金山支行营业部
新金山支行
朱行营业所
枫泾支行
张堰营业所
朱泾营业所
金卫营业所
漕泾营业所
普陀支行营业部
真如营业所
桃浦营业所
新村营业所
长寿支行
长风营业所
崇明支行营业部
堡镇支行
庙镇营业所
新河营业所
城桥镇营业所
鳌山分理处
港沿分理处
大新分理处
人民路储蓄所
川沙支行营业部
龚路分理处
机场镇支行
施湾分理处
合庆营业所
顾路营业所
虹口支行营业部
大连营业所
大柏树营业所
江湾支行
青浦支行营业部
朱家角支行
西岑营业所
练塘营业所
徐泾支行
白鹤营业所

赵屯营业所
华新营业所
五角场支行营业部
殷行营业所
营口支行
第二营业部营业室
第一营业部营业室
奉贤支行营业部
江海营业所
泰日营业所
金汇营业所
头桥营业所
平安营业所
青村营业所
奉城支行
杨浦支行营业部
长阳路营业所
控江路支行
提篮桥营业所
鞍山营业所
长白营业所
黄埔支行
黄埔支行金融超市
陆家浜营业所
黄河路营业所
浦东分行营业部
浦东大道营业所
洋泾支行
博山路营业所
信息城营业所
东昌支行
东方营业所
庄家桥营业所
花木支行
塘桥营业所
北蔡营业所
杨思营业室
三林营业所
六里营业所
浦三路营业所
大道站营业所
杨思营业所
闵行支行营业部
南方营业所
兰坪路营业所
虹桥营业所
支行营业部
莘庄营业所
浦江支行
诸翟营业所
梅陇营业所
七宝营业所
华漕营业所
马桥营业所
颛桥营业所
金桥支行庆宁寺营业所
金桥营业所
张桥营业所
东沟分理处
高行营业所
张江营业所
孙桥营业所
唐镇支行
外汇营业部
金穗支行营业部
宝山支行营业部
吴淞营业所
大华营业所
大场支行
月浦营业所
罗店支行
盛桥分理处
杨行营业所
刘行分理处
祁连营业所
静安支行营业部
愚园路营业所
南京西路营业所
曹家渡营业所
新闸路营业所
西康路营业所
淮海路营业部
打浦支行
南汇支行营业部
周浦镇支行
大团营业所
三灶营业所
泥城营业所
盐仓营业所
惠南营业所
新场营业所
下沙营业所
闸北支行支行营业部
彭浦支行
共和新路营业所
天潼路营业所
宝山路营业所
天目中路营业所
外高桥支行
高桥所第一储蓄所
杨园营业所
高桥支行
凌桥营业所
高东营业所
大同路分理处
徐汇支行营业部
长桥营业所
龙华支行
桂林路营业所
徐家汇营业所
田林营业所
肇嘉浜路支行
淮海中路营业所
长宁支行营业部
定西路营业所
江苏路营业所
古北路营业所
水城南路营业所
北新泾支行
程桥营业所

深圳分行

分行营业部
第二营业部
第三营业部
南山支行营业部
南新路支行
海晖支行
西丽支行
南山支行
荔南分理处
南山支行西丽湖分理处
南山支行大新分理处
南山支行南山分理处
南山支行桃源村办事处
华侨城支行营业部
科技园支行
华侨城支行白石洲分理处
华侨城支行曙光办事处
华侨城支行梅林办事处
华侨城支行下梅林储蓄所
罗湖支行营业部
锦湖支行
金福支行
罗湖支行新丰分理处
罗湖支行东盛办事处
罗湖支行友谊办事处
福田支行营业部
新洲支行
竹子林支行
福田支行长城办事处
福田支行振华办事处
福田支行皇岗办事处
福田支行车公庙办事处
福田支行香密湖分理处
福田支行沙头分理处
福田支行香密湖储蓄所
龙岗支行营业部
龙兴支行
坪山支行
坪地支行
葵涌支行
大鹏支行
爱联支行
龙岗支行南澳办事处
龙岗支行龙岗分理处
龙岗支行龙岗东门储蓄所
龙岗支行坑梓办事处
龙岗支行中心城分理处
国贸支行营业部
春风路支行
国贸支行湖贝路分理处
国贸支行国商大厦分理处
国贸支行螺岭分理处
国贸支行皇宫大厦分理处
沙头角支行营业部
中山花园支行
保税区支行
沙头角支行莲塘办事处
沙头角支行镇内分理处
沙头角支行盐田分理处
沙头角支行金融路分理处
布吉支行
田贝支行
振兴支行
平湖支行
横岗支行
笋田支行
布吉支行沙湾办事处
布吉支行坂田办事处
布吉支行六约分理处
布吉支行罗岗分理处
人民北路支行营业部
人民北路支行文锦路储蓄所
人民北路支行文锦分理处
人民北路支行雅园分理处
人民北路支行南湖路分理处
人民北路支行翠竹路分理处
人民北路支行新园办事处
人民北路支行东门办事处
人民北路支行宝安路办事处
人民北路支行天乐办事处
宝安支行营业部
宝安前进路支行
西乡支行
福永支行
黄田机场办事处
沙井支行
松岗支行
宝安支行新城分理处
宝安支行新安分理处
宝安支行新安翻身分理处
宝安支行西乡龙珠分理处
宝安支行福永白石厦分理处
宝安支行沙井上南分理处
宝安支行万丰分理处
宝安支行西乡河西路分理处
宝安支行东风储蓄所
宝安支行松岗东方分理处
宝安支行沙井镇储蓄所
龙华支行营业部
观澜支行
龙城支行
公明支行
光明支行
石岩支行
龙华支行石岩湖储蓄所
龙华支行观澜储蓄所
龙华支行龙华储蓄所
龙华支行公明储蓄所
龙华支行民治办事处
蛇口支行营业部
蛇口支行四海分理处
蛇口支行海滨分理处
蛇口支行水湾分理处
蛇口支行海王大厦办事处
蛇口支行后海办事处
上步支行
兴华支行
红岭北路支行
华强支行
园岭支行
福兴支行
上步支行八卦岭办事处
上步支行福华分理处
上步支行原野大厦分理处
上步支行华强储蓄所

河北省分行

邯郸分行复兴支行金融超市
邯郸分行营业部
邯郸分行人民支行
邯郸分行丛台支行
邯郸分行渚河支行
邯郸分行邯山支行
邯郸分行邯郸县支行
邯郸分行武安市支行
邯郸分行峰峰支行
邯郸分行永年县支行
邢台分行第一营业部金融超市
邢台分行直属营业部
邢台分行第二营业部营业室
邢台分行第三营业部营业室
邢台分行邢台县支行营业室
邢台分行沙河市支行营业室
邢台分行清河县支行营业室
邢台分行宁晋县支行营业室
省农行营业部广安支行金融超市
省农行营业部正大支行金融超市
省农行营业部东方支行金融超市
省农行营业部新华支行
省农行营业部自强支行
省农行营业部东城支行
省农行营业部西城支行
省农行营业部石门支行
省农行营业部新区支行
省农行营业部北城支行
省农行营业部中山支行
省农行营业部裕华支行
省农行营业部平安支行
省农行营业部华兴支行
省农行营业部华安支行
省农行营业部北站支行
省农行营业部辛集支行
省农行营业部晋州支行
省农行营业部藁城支行
省农行营业部正定支行
省农行营业部鹿泉支行
衡水分行胜利支行金融超市
衡水分行城中支行营业室

衡水分行滏阳支行路北分理处
衡水分行营业部
衡水分行和平支行
保定农行裕华支行金融超市
保定农行新北支行
保定农行西城支行
保定农行东城支行
保定农行三丰路
保定农行建华支行
保定农行高开区支行
保定农行营业部
保定农行徐水支行
保定农行涿州支行
保定农行高碑店支行
保定农行定州支行
保定农行清苑支行
沧州分行新华支行金融超市
沧州分行一营部南环分理处
沧州分行运河支行营业室
沧州分行西环支行营业室
沧州分行二营部营业室
沧州分行河间支行营业室
沧州分行任丘支行营业室
沧州分行黄骅支行营业室
沧州分行泊头支行营业室
解放道支行金融超市
北外环办事处营业室
开发区支行
市分行营业部营业室
安次区支行营业部
石油办事处营业部
燕郊支行营业部
胜芳支行营业部
香河县支行营业部
三河市支行营业部
文安县支行营业部
霸州市支行营业部
唐山分行第一营业部
唐山分行直属营业部
唐山市建设南路支行
唐山分行第二营业部
唐山市复兴路支行
唐山市西郊支行
唐山市东郊支行
唐山分行建国路分理处
唐山市古冶支行
唐山市开平支行
唐山市新城支行
唐山市丰润支行
唐山市丰南支行
唐山市迁安首钢支行
迁安市支行
遵化市支行
玉田县支行
乐亭县支行
秦皇岛分行海港办事处金融超市
秦皇岛分行营业部
秦皇岛分行迎宾支行
秦皇岛分行渤海支行
秦皇岛分行建国支行
秦皇岛分行开发区支行
秦皇岛分行山海关支行
秦皇岛分行北戴河支行
秦皇岛分行昌黎支行
张家口分行营业部金融超市
张家口分行师范街营业部
张家口分行工业桥营业部
张家口分行纬一路营业部
宣化支行营业室
蔚县支行营业室
承德分行双桥支行金融超市
承德分行营业部
承德分行双塔山支行
承德分行营子支行
承德分行承德县支行

山西省分行

省分行营业部
国贸支行营业部
晋阳支行营业部
晋阳支行新建分理处
太原市分行营业部营业室
营业部新建北路分理处
水西关支行专柜营业室
水西关支行水西关南街分理处
水西关支行建设路分理处
水西关支行五一路分理处
河西支行营业室专柜
河西支行晋祠路分理处
河西支行胜利桥分理处
河西支行南内环西街分理处
迎泽支行营业室
迎泽支行和平南路分理处
迎泽支行并州路分理处
高科技支行营业室
高科技支行南内环东街分理处
北城支行营业室
太原市分行双塔西街分理处
太原市分行大东街分理处
太原市分行湖滨分理处
太原市分行新建南路分理处
太原市分行朝阳街分理处
太原市分行五龙口分理处
龙城支行营业室
龙城支行三墙路分理处
城南支行营业室
学府支行营业室
并州支行营业室
并州支行双塔街分理处
并州支行双塔东街分理处
金穗支行营业室
城西支行营业室
柳南支行营业室
柳南支行柳北分理处
府西支行营业室
府西支行天龙分理处
府西支行桃北分理处
大同分行营业部
大同南郊区支行红旗办事处
大同新胜支行营业室
大同朝阳支行营业室
大同振华支行营业室
大同金穗支行营业室
大同金穗支行大十字街办事处
大同城区支行营业室
大同云岗支行营业室
大同振兴支行营业室
大同云泉支行营业室
大同北城支行营业室
大同市南城支行营业室
大同市南城支行南关办事处
大同市鼓楼支行营业室
阳泉市分行营业部
平定县支行营业部
盂县支行营业部
阳泉市复寿支行营业部
阳泉市分行国贸分理处
阳泉市郊区支行营业部
阳泉市城区支行营业室
阳泉市矿区支行营业室
长治市分行营业部
城区支行营业室
潞安支行营业室
永泰支行营业室
金穗支行营业室
晋中分行营业部
迎宾支行营业部
迎宾支行建东街办事处
中都支行营业部
金穗支行营业部
太谷支行营业部
祁县支行营业部
平遥支行营业部
介休支行营业部
灵石支行营业部
汾阳农行营业厅
文水农行西门外分理处
孝义农行营业部
柳林农行营业部
离石市农行营业部
石州支行营业部
临汾市分行营业部储蓄专柜
尧都区支行储蓄专柜
尧都区支行农牧楼分理处
侯马市支行银兴储蓄所
曲沃县支行城东营业所
翼城县支行支行储蓄所
襄汾县支行储蓄专柜
洪洞县支行储蓄专柜
霍州市支行城关营业所
古县支行支行储蓄所
浮山县支行储蓄专柜
乡宁县支行迎春储蓄所
蒲县支行储蓄专柜
金穗支行储蓄专柜
平阳支行储蓄专柜
尧都区支行平阳办事处
平阳支行贡院街分理处
市分行营业部广宣街分理处
盐湖区北大街分理处
永济支行营业部
芮城支行营业部
临猗支行营业部
万荣支行营业部
新绛支行营业部
稷山支行营业部
河津支行营业部
闻喜支行营业部
夏县支行营业部
绛县支行储蓄所
平陆西大街分理处
垣曲支行营业部
运城分行营业部
河东支行营业部
禹都支行营业部
禹都支行建设中路分理处
忻州市分行营业部
忻府区支行营业部
定襄支行营业部
原平支行营业部
代县支行营业部
市分行营业部
北城支行营业室
金穗支行营业部
迎新支行营业部
古城办事处北城门楼储蓄所
朔城区营业部
朔州市行营业部
平鲁区支行营业室
山阴县支行营业室
怀仁县支行营业室
应县支行营业室
右玉县支行营业室
新市区支行营业室
城东支行营业室
古北街支行营业室
金穗支行营业室
神电支行营业室
王坪支行营业室

内蒙古自治区分行

赤峰市支行
支行营业部
松山区支行
红山区支行
永巨支行
白马支行
鄂尔多斯分行
东胜区支行
市分行营业部
市分行第一营业部
市分行第二营业部
区分行营业部
迎宾支行
青城支行
新华桥支行
新城支行
鼓楼支行
乌兰支行
如意支行
呼伦南路支行
包头市分行
青山支行
昆区支行
汇通支行
南郊支行
东河支行
乌海市分行
海勃湾营业部
分行营业部

辽宁省分行

分行个人业务处
分行营业部个人业务处
辽中支行营业部专柜
新民支行营业部专柜
苏家支行营业部专柜
新城子支行营业部专柜
法库支行营业部专柜
康平支行营业部专柜
于洪支行营业部专柜
东陵支行营业部专柜
和平支行营业部专柜
皇姑支行营业部专柜
沈河支行营业部专柜
南湖支行营业部专柜
北京街支行营业部专柜
滨河支行营业部专柜
中街支行营业部专柜
北站支行营业部专柜
抚顺市分行个人业务处
抚顺市河北支行宁远储蓄所
抚顺市站前支行营业部储蓄专柜
抚顺市清原支行大楼储蓄所
抚顺市新宾支行营业部储蓄专柜
新抚支行兴顺分理处储蓄专柜
抚顺市行营业部储蓄专柜
抚顺市东洲支行营业部储蓄专柜
望花支行七百分理处储蓄专柜

大连分行

庄河支行营业部储蓄专柜
庄河支行金都储蓄所
庄河支行红光分理处
瓦房店支行营业部储蓄专柜
瓦房店支行金谷分理处
瓦房店支行荣华储蓄所
普兰店支行大楼储蓄所
普兰店支行大厦储蓄所
金州支行营业部储蓄专柜
金州支行金兴路储蓄所
长海支行营业部储蓄专柜

旅顺支行营业部储蓄专柜
旅顺支行水师营专柜
开发区支行营业部储蓄专柜
开发区支行港西分理处
金石滩支行营业部储蓄专柜
大连分行市行营业部储蓄专柜
中山支行营业部储蓄专柜
中山支行武汉分理处
中山支行岭前分理处
中山支行胜利分理处
中山支行大公街储蓄所
中山支行新起屯储蓄所
中山支行中昆储蓄所
中山支行唐山街储蓄所
西岗支行营业部储蓄专柜
西岗支行香炉礁分理处
西岗支行解放广场分理处
西岗支行北京街分理处
西岗支行五四路储蓄所
西岗支行永吉储蓄所
沙河口支行营业部储蓄专柜
沙河口支行成仁分理处
沙河口支行花园分理处
沙河口支行民生分理处
沙河口支行西安路分理处
沙河口支行黄河路分理处
沙河口支行金家街分理处
沙河口支行白山路分理处
沙河口支行寺儿沟分理处
园区支行营业部储蓄专柜
园区支行水仙街储蓄所
园区支行三元街储蓄所
园区支行由家路分理处
友好支行营业部储蓄专柜
友好支行荣盛储蓄所
友好支行延安路储蓄所
友好支行高尔基路储蓄所
甘井子支行营业部储蓄专柜
甘井子支行车家村储蓄所
甘井子支行周水子分理处
甘井子支行大连湾分理处
甘井子支行黑石礁分理处
甘井子支行南关岭储蓄专柜
甘井子支行凌水分理处
甘井子支行渤海分理处
甘井子支行辛寨子分理处
甘井子支行软件园分理处
甘井子支行金南路储蓄所
甘井子支行泡崖储蓄所

黑龙江省分行

省行营业部汇金支行营业室
省行营业部动力支行营业室
省行营业部西桥支行
齐齐哈尔市分行营业室
齐齐哈尔市市区支行
牡丹江市银茂支行金融超市
牡丹江市光明支行
佳木斯市分行营业室
鸡西市分行结算中心
鹤岗市分行营业部
双鸭山市分行营业室
大庆市分行市行营业室
大庆市分行龙南支行
伊春市分行本部营业室
七台河市分行本部储蓄中心
绥化市分行营业室
北安市支行营业室
直属支行营业室

江苏省分行

省分行营业部
城北支行营业部
城北支行挹江门分理处
城北支行华荣分理处
城北支行山西路分理处
城北支行广州路分理处
城北支行虹桥分理处
溧水支行营业部
江宁支行营业部
六合支行营业部
雨花支行营业部
雨花支行龙江分理处
雨花支行白下路分理处
城南支行新街口分理处
城南支行估衣廊分理处
城南支行军师路分理处
高淳支行营业部
江浦支行营业部
大厂支行营业部
浦口支行营业部
玄武支行西一分理处
玄武支行逸仙桥分理处
城东支行营业部
新街口支行三元巷分理处
新街口支行营业部
新街口支行洪武分理处
新街口支行阳光分理处
新街口支行江苏路分理处
新街口支行云南路分理处
新街口支行大桥分理处
三元支行
南通分行
市分行营业部
市分行营业部濠西分理处
海安县支行营业部
如皋市支行营业部
如东县支行营业部
通州市支行营业部
海门市支行营业部
海门市叠石桥办事处
启东市支行营业部
港闸支行营业部
港闸支行人民东路分理处
常州分行
市分行营业部营业处
市行营业部城中分理处
城郊支行营业部
武进支行花园分理处
武进支行营业部
金坛支行营业部
溧阳支行营业部
城郊支行城南分理处
市营西赢里分理处
市营文化宫分理处
连云港分行
连云港市行营业部大厅
连云支行营业部
新浦支行营业部
赣榆营业部
苍梧支行营业部
灌云营业部
东海营业部
灌南营业部
扬州分行
市分行营业部
维扬支行营业部
银都支行
淮左支行
高邮支行营业部
江都支行营业部
仪征支行营业部
宝应支行营业部
邗江支行营业部
邗江支行新区办事处
宿迁市支行
市行营业部营业室
市行城中办事处
新区支行营业部
泗洪支行营业部
泗阳支行营业部
沭阳支行营业部
苏州分行
苏州分行营业部营业处
常熟支行十子路办事处
常熟支行虞山办事处
张家港支行营业部
张家港支行沙洲路分理处
太仓支行营业部
太仓支行城中分理处
昆山支行中心分理处
吴县支行营业部
吴江支行营业部
吴江支行盛泽办事处
新区支行营业部
园区支行营业部
园区支行新城分理处
苏州观前分理处
苏州石路分理处
常熟支行营业部
苏州东吴分理处
徐州分行
市分行营业部
市分行文亨办事处
丰县支行营业部
沛县支行营业部
睢宁支行营业部
铜山支行塔东分理处
邳州支行营业部
新沂支行营业部
泉山支行营业部
泰州分行
市分行营业部
城中支行营业部
兴化支行营业部
靖江支行营业部
靖江支行中心办事处
泰兴支行营业部
姜堰市支行营业部
高港支行口岸办事处
盐城分行
市分行营业部营业厅
市分行营业部开明分理处
建中支行营业部
响水支行营业部
滨海支行营业部
阜宁支行营业部
射阳支行营业部
建湖支行营业部
大丰支行营业部
盐都支行营业部
瀛州支行营业部
东台支行营业部
东台安丰办事处
镇江市分行
润州支行营业部
镇江市农行营业部
京江支行营业部
新区支行营业部
丹阳支行营业部
句容支行营业部
扬中支行营业部
扬中支行江洲东路分理处
淮安分行
市行营业部营业室
市行营业部广场办事处
城北支行营业部
涟水支行营业部
楚州营业部
洪泽县营业部
盱眙县营业部
金湖县营业部
城南支行营业部
无锡分行
市行营业部营业处
新区支行营业部
宜兴支行营业部
锡山支行营业部
永乐路支行营业部
江阴支行第二营业部
江阴支行要塞办事处
郊区支行营业部

浙江省分行

营业中心
延安路支行储蓄中心
中山支行营业部
解放路支行营业部
西湖支行营业部
萧山支行营业中心
萧山支行瓜沥分理处
余杭支行营业部
富阳市支行业务发展部
临安市支行营业中心
桐庐县支行营业中心
建德支行营业部
淳安县支行营业中心
之江支行营业部
城东支行营业中心
城东支行朝晖分理处
滨江支行营业中心
城西支行营业部
求是分理处
金汇支行
温州市分行营业部
温州市分行市中支行营业部
温州市分行中山支行营业部
温州城东支行营业部
温州龙湾支行永强分理处
温州瓯海支行营业部
温州乐清支行个人业务部
温州乐清支行柳市分理处
温州瑞安支行营业部
温州瑞安支行莘塍分理处
温州永加支行罗浮分理处
温州苍南支行营业部
温州苍南支行龙港分理处
温州平阳支行昆阳分理处
嘉兴市分行营业中心
嘉兴中山支行营业部
嘉兴桐乡支行梧桐分理处
嘉兴秀城区支行市场发展部
嘉兴秀州区支行市场发展部
嘉兴桐乡市支行濮院分理处
嘉兴海盐支行市场发展部
嘉兴海宁支行营业部
嘉兴嘉善支行市场发展部
嘉兴平湖支行市场发展部
湖州市分行营业中心
湖州城中支行城南分理处
湖州德清支行营业中心
湖州开发区城北分理处
湖州织里办事处营业厅
湖州南浔区支行嘉业路分理处
湖州安吉县支行营业中心
湖州长兴县支行解放路储蓄所
绍兴市分行营业部中心储蓄所
绍兴市分行解北分理处
绍兴县支行营业部
绍兴诸暨支行体育路分理处
绍兴绍兴县支行钱清分理处

绍兴上虞市支行营业部
绍兴上虞市支行城区分理处
绍兴嵊州市支行储蓄中心
绍兴新昌县支行营业中心
绍兴诸暨市支行西施大街所
绍兴越城支行会源桥储蓄所
绍兴城西支行营业中心
绍兴城西支行广场分理处
绍兴越中支行营业中心
金华市分行营业中心
金华开发区支行营业部
金华东阳支行营业部
金华义乌支行营业部
金华永康支行营业部
金华江北支行营业部
金华婺城支行营业部
金华金东支行营业部
金华兰溪支行营业部
衢州南区支行南湖分理处
衢州北区支行营业部
衢州龙游支行营业部
衢州衢化支行营业部
衢州江山支行营业部
丽水市分行营业中心
丽水青田支行营业中心
丽水缙云支行营业中心
丽水莲都支行营业中心
丽水处州支行营业中心
台州市分行营业中心
台州椒江支行营业中心
台州临海支行营业中心
台州临海支行杜桥分理处
台州黄岩支行储蓄中心
台州路桥支行营业中心
台州路桥城中储蓄所
台州温岭支行营业中心
台州温岭支行太平分理处
舟山市分行营业中心
舟山定海支行城关分理处
舟山沈家门分理处
舟山岱山支行营业部
舟山嵊泗支行营业部
舟山南珍支行营业部
宁波营业部专柜
慈溪营业部专柜
慈溪城南分理处
慈溪观城分理处中街储蓄所
慈溪周巷分理处专柜
余姚营业部储蓄所
余姚环城分理处专柜
余姚泗门分理处专柜
余姚陆埠分理处专柜
奉化营业部储蓄专柜
奉化溪口分理处储蓄专柜
象山营业部专柜
象山石浦分理处专柜
宁海营业部专柜
鄞州营业部储蓄专柜
鄞州邱隘镇中路储蓄所
鄞州姜山分理处专柜
镇海城河路储蓄所
镇海俞范分理处专柜
北仑营业部专柜
北仑柴桥分理处专柜
开发区金丰分理处专柜
大榭营业部专柜
海曙营业部专柜
海曙中山广场分理处专柜
江北营业部专柜
江北镇明路分理处专柜
江北慈城分理处东街储蓄所
江东营业部专柜
江东灵桥分理处专柜

安徽省分行

省分行营业部金寨路支行
省分行营业部三牌楼支行
省分行营业部金城支行
省分行营业部金穗支行
省分行营业部逍遥津支行
省分行营业部长江路支行
省分行营业部绿都支行
阜阳分行营业部
阜阳分行颍州支行营业部
阜阳分行颍泉支行营业部
阜阳分行颍东支行营业部
阜阳分行太和支行营业部
阜阳分行临泉支行营业部
宿州分行营业部营业室
宿州分行营业部汴河路办事处
宿州分行营业部广场储蓄所
宿州分行墉桥支行营业部
滁州分行天长农行营业部
滁州分行营业部营业大厅
滁州分行扬子办事处营业部
六安分行皋城办事处
六安市支行
六安分行舒城县支行
六安分行梅山路支行营业部
巢湖分行无为支行支行营业部
巢湖分行人民路分理处
巢湖分行分行营业部营业本部
巢湖分行庐江支行支行营业部
池州分行营业部
池州分行秋江办事处
池州分行九华山办事处
池州分行贵池支行营业部
宣州分行营业部
宣州分行宁国支行营业部
宣州分行鳌峰路支行
宣州分行直属办
蚌埠分行珠城支行
蚌埠分行营业部
蚌埠分行南山分理处
蚌埠分行龙湖分理处
淮南西城支行谢家集分理处
淮南洞山办浪花储蓄所
淮北市分行营业部
淮北淮海路支行
马鞍山分行营业部
当涂县支行营业部
芜湖市分行营业部
芜湖市分行新市口办事处
芜湖市分行镜湖办事处
铜陵分行营业部
铜陵长江路支行
安庆分行人民路办事处
安庆分行国贸办
安庆分行宜城支行
安庆分行营业部
安庆分行城郊支行营业部
黄山分行营业部府前分理处
黄山分行营业部前园分理处
黄山分行营业部大位分理处
亳州剧场分理处

福建省分行

营业厅储蓄专柜
华林支行储蓄专柜
鼓屏支行储蓄专柜
福新支行储蓄专柜
台江支行群众分理处
台江支行国货分理处
台江支行瀛州分理处
台江支行津泰分理处
仓山支行营业厅
仓山支行三叉街分理处
鼓楼支行营业厅
鼓楼支行旗讯口分理处
鼓楼支行鼓屏分理处
鼓楼支行洪山分理处
鼓楼支行三角井分理处
鼓山支行营业厅
鼓山支行鼓山分理处
晋安支行营业厅
晋安支行古田路分理处
晋安支行东门分理处
晋安支行天骅分理处
湖东支行营业厅
湖东支行华林分理处
湖东支行东街分理处
马尾支行营业厅
福清支行营业厅
福清支行城关营业所
长乐支行营业厅
长乐支行航城营业所
闽侯支行营业厅
闽清支行营业厅
永泰支行营业厅
平潭支行营业厅
连江支行营业厅
罗源支行营业厅
三明分行
三元支行城关储蓄所
三元支行城东分理处
梅列支行满园春分理处
梅列支行列东分理处
梅列支行天鸿营业所
永安支行营业部
永安支行新西储蓄所
沙县支行营业部
沙县支行新影储蓄所
三明市分行营业部
漳州分行
市分行营业部
芗江支行
芗城支行营业部
芗城支行延安分理处
芗城支行延通分理处
芗城支行元昌分理处
南靖支行中心储蓄所
龙海支行石码分理处
福州分行
长乐支行金峰营业所
长乐支行城关营业所
鼓楼支行井大分理处
鼓楼支行环城储蓄所
晋安支行新店分理处
晋安支行斗门分理处
台江支行营业厅
台江支行五一路分理处
台江支行南街分理处
台江支行西营里分理处
台江支行象园分理处
仓山支行螺州分理处
仓山支行建新分理处
鼓楼支行梅峰分理处
鼓楼支行茶园分理处
鼓楼支行左海储蓄所
鼓楼支行渡鸡口储蓄所
鼓楼支行西门储蓄所
鼓楼支行象山储蓄所
鼓楼支行杨桥路储蓄所
鼓山支行鳌峰分理处
晋安支行铁道营业所
晋安支行南平储蓄所
晋安支行津泰储蓄所
晋安支行得贵储蓄所
晋安支行塔头储蓄所
晋安支行铁新储蓄所
湖东支行五四分理处
湖东支行福侨储蓄所
马尾支行君山储蓄所
福清支行阳下营业所
福清支行渔溪营业所
福清支行龙田营业所
长乐支行进城储蓄所
长乐支行建设储蓄所
闽侯支行南屿营业所
闽侯支行上街营业所
闽侯支行祥谦营业所
闽侯支行青口营业所
闽侯支行秫溪营业所
闽侯支行城关营业所
永泰支行城关储蓄所
平潭支行北大街分理处
罗源支行城关储蓄所
南平分行

厦门分行

同安支行
同安营业部
钟楼分理处
中山储蓄所
城东储蓄所
马巷分理处
新店分理处
海沧支行
石塘分理处
嵩屿分理处
新阳分理处
杏林支行
杏支行营业部
岑头储蓄所
集美营业部
灌口分理处
松柏支行
松柏营业部
屿后分理处
松柏分理处
体育东村分理处
莲前支行
莲前营业部
金鸡亭分理处
瑞景分理处
莲花分理处
镇海支行
镇海营业部
文园分理处
公园分理处
厦港支行
厦港营业部
大学路分理处
厦大储蓄所
江头支行
江头营业部
中孚分理处
园山分理处
海滨支行
海滨营业部
大同储蓄所
思明分理处
鼓浪屿分理处
同文分理处
科技园支行
科技园营业部
芙蓉苑分理处
高殿分理处
滨北支行
滨北营业部
东渡分理处
莲花支行
莲花营业部

槟榔分理处
槟西分理处
东区分理处
长青分理处
分行营业部
分行营业部
一里储蓄所
湖滨支行
湖滨营业部
湖东分理处
梧村分理处
金山分理处
莲坂分理处
思明支行
思明营业部
滨南分理处
电子城分理处
禾祥分理处
湖里支行
湖里营业部
湖里分理处
华景分理处
康乐分理处

江西省分行

南昌县支行营业部
南昌县支行向塘分理处
新建县支行营业部
进贤县支行营业部
安义县支行营业部
昌北支行营业部
郊区支行营业部
郊区支行孺子路分理处
郊区支行民乐分理处
郊区支行永外分理处
顺化门支行营业部
顺化门支行丁公路分理处
顺化门支行福州路分理处
瓦子角支行营业部
瓦子角支行皇殿侧分理处
瓦子角支行中山路东储蓄所
象南支行营业部
象南支行广场分理处
象南支行振南分理处
象南支行赣审分理处
叠山支行营业部
叠山支行梨园分理处
叠山支行江西医院分理处
叠山支行洪阳分理处
福山支行营业部
福山支行青云谱分理处
汇通支行营业部
汇通支行展览馆分理处
洪城支行营业部
洪城支行赣粤分理处
宜春市支行营业部一部
宜春市支行营业部二部
吉安韶山东路分理处
新兴支行广场分理处
新兴支行营业部
赣州市支行营业部国商处
市支行营业部师院处
市支行营业部红旗大道处
市支行营业部南京路处
萍乡市支行营业部跃进处
市支行营业部中心所
景德镇市支行金融超市
昌河支行营业部
昌河支行红旗分理处
抚州市支行营业部大厅
市支行营业部广场分理处
鹰潭市支行营业厅
市支行月湖分理处
九江市支行营业部营业厅
浔阳办事处营业部
八里湖支行兴发分理处
上饶市支行营业部大厅
信江支行营业部
新余市支行建设路分理处
市支行赣新路分理处
宜春市樟树支行营业部
景德镇市昌江支行茅家坂处
抚州市支行营业部金泺处
鹰潭市支行鹰西分理处
九江市郊区办事处营业部

山东省分行

济南市大观园支行营业部
济南市历下区支行东门分理处
济南市银河支行营业部
市中区支行营业部
市中区支行玉函路分理处
历下区支行营业部
历下区支行历山路分理处
天桥区支行营业部
天桥区支行北园办事处
槐荫区支行五里牌坊储蓄所
槐荫区支行华联分理处
历城区支行营业部
和平支行营业部
和平支行佛山分理处
明湖支行营业部
泺源支行
泉城支行
开发区支行营业部
淄博市张店区支行柳泉路办事处
淄博市临淄区支行营业部
淄博市淄川区支行营业部
淄博市周村区支行营业部
淄博市桓台县支行卫生路分理处
淄博市开发区支行体育场办事处
淄博市分行营业部
东营市东营区支行营业部
东营市东营区支行基东办事处
东营市胶州路支行营业部
东营市农行青岛路办事处
东营市东营区支行泰山路办事处
东营市东营区支行淄博路分理处
烟台市分行营业部
烟台市芝罘区支行营业部
毓璜顶支行营业部
出口加工区办事处营业部
开发区支行营业部
莱山区支行营业部
牟平区支行营业部
潍坊市分行营业部
潍坊奎文区支行东风大街分理处
寿光市支行营业部
青州市支行营业部
诸城市支行营业部
高密市支行高密镇办事处
潍坊市潍城区支行西郊办事处
济宁市分行营业部
济宁市分行任城区支行营业部
邹城市支行营业部
曲阜市支行营业部
泰安市东岳支行营业部
市分行营业部
泰山区支行营业部
泰山区支行财源办事处
威海市分行营业部
环翠区支行营业部
文登市支行营业部
荣成市支行营业部
滨州市分行营业部
滨城区支行营业部
邹平县支行营业部
博兴县支行营业部
德州市分行营业部
州城支行东地分理处
德城区支行丰华分理处
东昌府区支行花园路分理处
东昌府区支行东昌路分理处
临沂市兰山区支行营业部
临沂市分行营业部
临西支行营业部
城区办营业部
枣庄市分行营业部
日照市分行营业部
莱芜市分行营业部
菏泽市分行营业部

青岛市分行

市分行营业部储蓄专柜
市南区支行营业部储蓄专柜
东海路分理处储蓄专柜
福州路分理处
辛家庄分理处
市南二支行营业部储蓄专柜
香港西路分理处
红岛路储蓄所
市南三支行储蓄专柜
市北一支行营业部储蓄专柜
大名路分理处
京山分理处
市北二支行营业部储蓄专柜
辽宁路分理处
四方支行营业部储蓄专柜
鞍山二路分理处
杭州路分理处
李沧区支行营业部储蓄专柜
李村分理处
高科园支行营业部储蓄专柜
城阳支行营业部储蓄专柜
城阳分理处
流亭分理处
开发区支行营业部储蓄专柜
大公岛路分理处
即墨支行营业部储蓄专柜
鹤山路分理处
胶南支行储蓄所
支行第一储蓄所
铁山路储蓄所
郑州东路第一储蓄所
阜安分理处
云溪分理处
莱西支行青岛路储蓄所
水集分理处
黄海路分理处
平度支行营业部储蓄专柜
城关分理处

河南省分行

省分行营业部
郑州市管城支行金融超市
郑州市郊区支行金融超市
郑州市金水支行营业部
郑州市二七区支行营业部
郑州行政区支行纬五路分理处
郑州市中原区支行营业部
郑州市农业路支行城北分理处
郑州市陇西支行营业部
郑州市东明支行营业部
郑州市开发区支行营业部
郑州市上街区支行营业部
开封市分行
分行营业部金融超市
分行龙亭支行营业部
分行城西支行营业部
分行南关支行营业部
分行郊区支行营业部
分行鼓楼支行营业部
洛阳市分行
分行营业部金融超市
分行涧西支行金融超市
分行老城支行营业部
分行西工支行营业部
分行吉利支行营业部
分行郊区支行营业部
偃师市支行金融超市
三门峡市分行
分行营业部金融超市
分行老城支行营业部
分行市区支行桥西营业部
平顶山市分行
分行金融超市
分行营业部营业大厅
分行新华区支行营业部
分行湛河区支行营业部
分行卫东区支行营业部
分行中兴路支行营业部
许昌市分行
分行魏都区支行金融超市
分行营业部营业大厅
长葛市支行金融超市
漯河市分行
分行源汇区支行营业室
分行营业部黄河路分理处
分行铁东区支行营业部
分行国际部营业室
安阳市分行
安阳市分行北关区支行金融超市
林州市支行金融超市
安阳市分行北关区支行理财中心
安阳市分行营业部营业室
安阳市分行郊区支行营业部
安阳市分行铁西区支行营业部
安阳市分行水冶支行营业部
鹤壁市分行
鹤壁市分行营业部
新乡市分行
新乡市分行营业部金融超市
长垣县支行金融超市
新乡市分行北站支行营业部
新乡市分行郊区支行营业部
新乡市分行新华区支行营业部
新乡市分行红旗区支行营业部
新乡市分行新市区支行营业部
焦作市分行
焦作市分行解放支行营业部
焦作市分行山阳支行焦南分理处
焦作市分行营业部
焦作市分行太行支行焦东分理处
焦作市分行塔南支行营业部
濮阳市分行
濮阳市分行市区支行金融超市
濮阳市分行油田支行营业部
濮阳市分行开发区支行营业部
濮阳市分行京开路支行营业
商丘市分行
分行睢阳区支行营业部
分行梁园区支行豫东分理处
分行京港支行营业部
分行营业部金融超市
分行八一路支行营业部
分行开发区支行第一分理处
周口市分行
分行营业部
分行金融超市
分行荷花支行营业部
分行直属支行营业部
驻马店市分行
分行营业部金融超市
分行驿城区支行营业部

分行西园支行营业部
分行雪松支行营业部
分行文明支行营业部
南阳市分行
分行高新区支行金融超市
分行营业部白河分理处
分行营业部营业室
分行卧龙区支行营业部
分行宛城区支行营业部
新野县支行金融超市
信阳市分行
信阳市分行胜利路支行营业部
信阳市分行营业部东风路分理

固始县支行金融超市
潢川县支行金融超市
济源市支行
济源市支行金融超市
直属支行
直属支行金融超市
直属支行纬二路分理处
直属支行金水路分理处
直属支行花园路分理处
花园支行
花园支行营业部
花园支行丰产路分理处
商都支行
商都支行营业部
商都支行经四路分理处
商都支行纬三路分理处

湖北省分行

武汉江岸支行营业室
武汉江岸支行胜利街分理处
武汉江岸支行江岸分理处
武汉江岸支行五福路分理处
武汉江岸支行百步亭分理处
武汉江岸支行建设大道分理处
武汉江岸支行江大分理处
武汉江汉支行营业室
武汉江汉支行万松园分理处
武汉江汉支行北湖分理处
武汉江汉支行唐家墩分理处
武汉江汉支行佳丽广场分理处
武汉江汉支行协和分理处
武汉江汉支行江宫营业室
硚口支行营业室
硚口支行军工分理处
硚口支行水厂路分理处
硚口支行荣华街分理处
硚口支行同济分理处
硚口支行青年路分理处
硚口支行常青花园分理处
武汉中兴支行营业室
武汉汉口支行营业室
武汉江北支行集家嘴分理处
武汉汉阳支行江汉二桥分理处
武汉汉阳支行第一储蓄所
武汉沌口支行营业室
武汉武昌支行营业室
武汉武昌支行水果湖分理处
武汉武昌支行洪山路分理处
武汉武昌支行中华路分理处
武汉武昌支行阅马场分理处
武汉武昌支行大东门储蓄所
武汉武昌支行胭脂路储蓄所
武汉洪山支行街道口分理处
武汉洪山支行付家坡分理处
武汉洪山支行何家垅分理处
武汉洪山支行北环路分理处
武汉洪山支行关西小区储蓄所
武汉洪山支行紫菘花园储蓄所
武汉洪山支行石牌岭储蓄所
武汉江南支行营业室
武汉江南支行茶巷分理处
武汉东湖支行营业室
武汉东湖支行金桥分理处
武汉东湖支行省直分理处
武汉东湖支行滨湖分理处
武汉东湖支行梅岭分理处
武汉东湖支行徐东路分理处
武汉东湖支行东湖分理处
武汉青山支行营业室
武汉青山支行八大家分理处
武汉青山支行钢都分理处
武汉青山支行杨园分理处
武汉东西湖支行吴家山储蓄所
黄石市石灰窑支行营业室
黄石市团城山支行营业室
黄石市胜阳港支行营业室
十堰市分行营业部营业室
十堰市分行营业部汉江分理处
十堰市张湾支行营业部
十堰市张湾支行花果分理处
十堰市车城支行营业部
十堰市茅箭支行营业部
荆州市沙市支行营业部
沙市支行北京路分理处
荆州市分行营业部营业室
荆州市分行营业部金穗分理处
三峡分行平湖分理处
三峡分行江北支行营业室
三峡分行伍家支行广场分理处
三峡分行营业部储蓄中心
襄樊市襄城支行营业部
襄樊市樊西支行建设路分理处
襄樊市樊东支行松鹤路分理处
襄樊市襄城支行金穗分理处
孝感市分行金融超市
孝感市孝南区支行营业部
孝感市汉川支行人民大道分理处
荆门市分行营业部营业室
钟祥市支行营业部
天门市支行城中分理处
鄂州市文星支行金融超市
鄂州市分行营业部营业室
鄂州市古楼支行中心储蓄所
鄂州市鄂城区支行营业室
黄冈市分行营业部黄州分理处
黄冈市分行营业部胜利街分理处
黄冈市分行营业部城关分理处
咸宁市分行营业部营业室
咸宁市咸安区支行南山营业部
恩施州恩施市支行天元分理处
随州市支行营业部

广西壮族自治区分行

民族支行营业厅
江滨分理处
民族大道分理处
桃源中路分理处
友爱支行营业部
衡阳分理处
明秀分理处
古城分理处
地委分理处
北湖分理处
国贸支行营业厅
天桃分理处
官塘分理处
金汇分理处
东方花园分理处
古城支行营业厅
民主东分理处
东葛中分理处
南湖支行营业厅
教育分理处
南湖分理处
邕城分理处
兴鹏大厦分理处
南湖桥分理处
农业大院分理处
江南分理处
民主分理处
经贸分理处
建材分理处
高峰分理处
灵秀分理处
新兴分理处
武鸣支行
武鸣支行营业部
横县州城营业所
宾阳支行营业部
宾阳支行黎塘营业所
上林支行营业部
马山支行营业部
隆安城西营业所
扶绥支行扶南营业所
崇左支行营业部
宁明支行营业部
龙州支行营业部
大新支行营业部
天等支行营业部
凭祥支行营业部
来宾支行营业部
柳城支行营业部
柳江支行营业部专柜
鹿寨支行营业部
柳石营业所
八一分理处
城郊支行三中分理处
东环支行三中分理处
柳石分理处
东环支行营业部专柜
飞鹅路第六储蓄所
白云分理处
柳南支行鹅山分理处
城中支行营业部储蓄专柜
五菱储蓄所
城中支行北雀分理处
立新路第二储蓄所
柳州分行营业部驾鹤路分理处
柳北分理处
桂林分行营业部营业厅
分分钟储蓄所
王城分理处
中北分理处
北区分理处
灵川支行营业部
香江分理处
瓦窑分理处
中南储蓄所
安新分理处
七星支行营业部专柜
七星储蓄所
全州支行营业部专柜
平乐县新安分理处
荔浦支行营业部专柜
支行营业部
贺州支行营业部
八步营业所
城东分理处
钟山支行兴钟储蓄所
富川支行营业部
昭平支行南华分理处
苍梧支行营业部
岑溪大中路口储蓄所
藤县藤城分理处
蒙山支行营业部
梧州分行营业部专柜
河西分理处
西江分理处
富民分理处
和平分理处
玉林分行营业部营业厅
人民东路分理处
容县支行营业部
北流支行营业部
陆川支行营业部
博白县支行营业部
兴业县支行石南营业所
百色分行营业部营业厅
右江分理处
钦州分行营业部
榕树分理处
灵山支行营业部
浦北支行营业部
北海四川路分理处
海城支行营业部
桂平支行公园路储蓄所
桂平支行桂贵分理处
桂平支行新街分理处
平南支行广场储蓄所
贵港分行营业厅专柜
港城营业所
金港分理处
覃塘支行营业部专柜
港南支行营业部
贵城桥南储蓄所
河池分行营业部营业厅专柜
河池分行营业部金城分理处专柜
河池分行营业部花园分理处专柜
河池分行营业部南桥分理处专柜
宜州支行营业部
罗城支行营业部
环江支行营业部
南丹支行营业部
天峨支行营业部
东兰支行营业部
巴马支行营业部
凤山支行营业部
都安支行营业部
大化支行营业部
防城港分行营业部专柜
东兴支行营业部专柜
防城支行防城储蓄所
上思支行营业部专柜

宁夏回族自治区分行

分行营业部营业厅
苏家支行营业部专柜
鼓楼分理处
解放西街分理处
中心巷分理处
华西分理处
银城分理处
东花园分理处
唐徕储蓄所
富康储蓄所
解放东街储蓄所
储蓄部
营业部
西城分理处
新华寺分理处
塔东分理处
湖滨东街储蓄所
光华分理处
东胜分理处
友爱分理处
南郊分理处
石油城分理处
银古分理处
民族北街分理处

东环分理处
新华分理处
湖滨支行营业部
保伏路分理处
南环路分理处
承天寺储蓄所
大庙分理处
进宁北街分理处
北塔路分理处
营业部
城区支行营业部
郊区支行营业部
新市区支行营业部
开发区支行营业部
贺兰县支行营业部
永宁县支行营业部

四川省分行

自贡市分行营业部
自贡市五星街分理处
自贡市大安区支行
自贡市沿滩区支行
自贡市荣县支行营业部
自贡市富顺县支行营业部
自贡市新华街支行
攀枝花分行营业部
攀枝花直属支行
攀枝花仁和支行营业部
攀枝花大水井支行
攀枝花米易支行营业部
攀枝花盐边支行营业部
泸州市分行营业部
泸州江阳区支行营业室
泸州龙马潭区支行营业部
泸州纳溪区支行营业部
泸州泸县支行营业部
泸州合江县支行城关营业所
泸州叙永县支行营业部
泸州古蔺县支行中街储蓄所
旌阳支行营业部
旌阳支行泰山南路分理处
绵竹支行中心储蓄所
中江支行营业部
广汉支行城北分理处
广汉支行万寿街二段储蓄所
什邡支行火车站办事处
罗江支行营业部
涪城支行营业部
警钟街支行
涪城支行临园路储蓄所
江油支行营业部
三台支行大十字营业部
市分行营业部营业室
游仙支行
安县支行营业部
盐亭支行营业部
梓潼支行营业部
北川支行曲山营业所
平武支行营业部
广元市分行营业部
市分行营业部东城分理处
上西支行大西街分理处
旺苍县支行营业部
剑阁县支行营业部
青川县支行营业部
苍溪县支行营业部
朝天区支行营业部
元坝区支行营业部
宝轮支行营业部
遂宁中区
蜀秀街储蓄所
射洪支行虹桥路储蓄所
蓬溪支行赤城储蓄专柜
市分行营业部中心储蓄所
市分行营业部公园口储蓄所
资中县支行营业部
威远县支行营业部
隆昌县支行营业部
直属支行金融超市
内江市分行营业部
资阳市分行营业部
资阳市分行中心储蓄所
简阳市支行营业部
安岳县支行营业部
乐至县天池分理处
乐山市分行营业部储蓄专柜
直属支行营业部
金穗支行营业室
嘉州支行营业室
五通支行营业部
沙湾支行营业部
犍为支行营业部
支行营业部
城区分理处
城区营业分所
支行营业部
城南储蓄所
府街分理处
三苏路储蓄所
仁寿县支行陵阳营业所
洪雅县支行人民路分理处
彭山县支行营业部
黑龙营业所青城分所
新南路储蓄所
翠屏支行营业部
宜宾县支行营业部
南溪县支行广场储蓄所
江安县支行营业部
长宁县支行营业部
高县支行文江营业所
筠连县支行筠州中路分理处
珙县支行南井街储蓄所
兴文县支行营业部
屏山县支行营业部
宜宾市分行营业部
宜宾市分行直属支行
宜宾市分行大观楼分理处
人民西路支行
高坪支行营业部
嘉陵支行蚂蝗堰分理处
南部支行营业部
营山支行营业部
蓬安支行花园分理处
仪陇支行营业部
西充支行营业部
阆中支行营业部
川北医学院支行
市分行营业部营业室
广安市分行营业厅
广宁路分理处
岳池支行营业部
武胜支行营业部
广安区支行营业部
华蓥支行营业部
邻水支行营业部
代市支行营业部
市分行营业部通川分理处
市分行营业部荷叶街分理处
通川支行营业部
鸿雁街分理处
大竹支行分理处
渠县农行工农街储蓄所
中心储蓄所
新北街储蓄所
万源县支行营业部
巴中市江北支行
巴州镇分理处
供销街分理处
通江支行营业部
红星街分理处
新华东段分理处
雅安市分行营业厅
荥经县支行营业部
汉源县支行营业部
石棉县支行营业部
天全县支行营业部
芦山县支行营业部
宝兴县支行营业部
名山县支行营业部
康定支行营业部
县支行团结街分理处
汶川县支行营业部
县支行第二储蓄所
西昌市支行顺城街储蓄所
西昌市支行三岔办事处
凉山州分行营业部
个人理财中心
东大街分理处
望平街分理处
支行营业部
祠堂街分理处
小天分理处
个人理财中心
体育场路分理处
西南财大分理处
个人理财中心
茶店子分理处
西郊分理处
个人理财中心
长顺街分理处
星汉路储蓄所
太升分理处
西华门分理处
支行营业部
簇桥分理处
百花分理处
桐梓林分理处
碧云天分理处
三洞桥分理处
九里小区储蓄所
万年场分理处
中街储蓄所
川大花园分理处
青白江支行大弯分理处
金堂支行营业部
双流支行中和分理处
温江支行第一储蓄所
都江堰支行营业部储蓄专柜
新都支行新中路储蓄所
郫县支行营业部储蓄专柜
彭州支行营业部
大邑支行营业部储蓄专柜
崇州市支行营业部二专柜
蒲江支行示范街储蓄所
邛崃支行第三储蓄所
新都支行城关分理处
总府支行营业室
总府支行华丰分理处
总府支行提督街储蓄所
蜀都支行营业室
蜀都分理处
顺城街分理处
锦城支行营业部
武侯祠大街分理处
紫荆路分理处
嘉定北路营业所
柏杨营业所
北城支行
文化路支行
虹溪支行
涪城路支行
南河支行
临园口支行
临园中路分理处
花园分理处
东街分理处
跃进路分理处
双苏分理处储蓄专柜
花园分理处储蓄专柜
人民路分理处储蓄专柜
直属支行平桥营业所
营业部储蓄专柜
中正街储蓄所
北街分理处
炳草岗支行
旌阳支行城南支行
人民街储蓄所
城南储蓄专柜
大英储蓄专柜
东街分理处
天桥分理处
城南分理处
双河营业所
达州市分行营业部
文化支行营业部
西区支行营业部
宜宾市分行南门支行
红星分理处
马鞍分理处
永兴巷分理处
新南分理处
金地分理处
城北分理处
过街楼分理处
骡马市分理处
双林路分理处
冻青树分理处

华丰分理处
富森分理处
简阳市新民街分理处
乐至县商业街分理处
安岳县东桥分理处
盐马路分理处
福集营业所
科维分理处
德盛支行石人分理处
德盛支行苏坡分理处
德盛支行金丝街分理处
德盛支行解放北路分理处
德盛支行人北分理处
锦江支行牛市口分理处
锦江支行一心桥分理处
锦江支行东光分理处
锦江支行青石桥分理处
锦江支行玉双路分理处
金牛支行高笋塘分理处
金牛支行外西分理处
金牛支行新罗路分理处
金牛支行星辰路分理处
金牛支行天回分理处
北站支行站东分理处
北站支行万福桥分理处
北站支行星汉路分理处
成华支行建北分理处
成华支行站北分理处
成华支行双桥路分理处
成华支行青龙分理处
武侯支行新蓉分理处
武侯支行肖家河分理处
武侯支行永丰分理处
武侯支行桂溪分理处
高新支行营业部
高新支行城南分理处
高新支行肖家河分理处
光华支行少城分理处
光华支行西北桥分理处
光华支行城西分理处
光华支行浣花分理处
光华支行东门分理处
开发区支行营业部
开发区支行双桥横路分理处
开发区支行厂北路分理处
开发区支行莲花村分理处
青白江支行营业部
金堂支行赵镇分理处
双流支行营业部
温江支行新西路储蓄所
都江堰支行江都营业所

新都支行大丰分理处
郫县支行犀浦分理处
彭州支行城南营业所
大邑支行晋原分理处
崇州支行崇阳分理处
邛崃支行第一储蓄所
新津支行顺江分理处
光大街分理处
檀木林分理处
同兴路分理处
新世纪分理处
学苑路分理处
道生灏分理处
缪沟井分理处
筱溪分理处
马吃水分理处
汇西分理处
丹桂分理处
汇兴路分理处
春华路分理处
洞口井营业所
大山铺营业所
永安营业所
仲权营业所
毛家坝营业所
新区分理处
牛佛营业所
代寺营业所
赵化营业所
城关营业所
板桥营业所
东湖营业所
中心营业所
长山营业所
龙潭营业所
成佳营业所
南郊营业所
城关分理处
渔门营业所
倮果营业所
滨江分理处
学园路分理处
公园储蓄所
东风分理处
平江营业所
华山分理处
安宁营业所
泸州共同街支行
江宁营业所
河东分所
大渡营业所

护国营业所
南大街分理处
西外分理处
中环分理处
玄滩支行
兆雅支行
牛滩营业所
喻寺营业所
云井营业所
奇峰营业所
云龙分理处
鹏达分理处
莲花池分理处
高坝支行
回龙湾分理处
县支行营业部
少岷路分理处
新公路分理处
榕山营业所
九支营业所
古蔺镇营业所
路口分理处
中街分理处
西外街储蓄所
迎晖路支行
江阳西路分理处
江阳区南极路分理处
江阳区国窖分理处
兰田分理处
江阳南路分理处
治平路分理处
中江支行仓山营业所
中江支行凯江营业所
中江支行公园口分理处
中江支行下东街分理处
中江支行广福营业所
中江支行龙台营业所
绵竹支行东办专柜
绵竹支行东郊储蓄所
绵竹支行大南路储蓄所
绵竹支行汉旺营业所
绵竹支行东门储蓄所
旌阳支行华山路分理处
旌阳支行北街分理处
旌阳支行长江路分理处
旌阳支行天山路分理处
旌阳支行凯江路分理处
旌阳支行南街分理处
罗江支行西街分理处
罗江支行罗江营业所
西顺城北段分理处

西顺城中段分理处
东郊办事处
白果小区储蓄所
亭江西路分理处
城郊营业所
中山大道北一段储蓄所
武昌路北一段储蓄所
宾西路储蓄所
武昌路北一段储蓄所
市分行直属支行
西科大支行
阳光路分理处
景都分理处
北街分理处
科学城分理处
绵江部分理处
小浮桥储蓄所
高水储蓄所
绵兴路储蓄所
七星楼储蓄所
剑南西段储蓄所
红星东街储蓄所
盐市街储蓄所
东津路储蓄所
永兴储蓄专柜
经开区储蓄专柜
开发区储蓄专柜
警钟街储蓄所
剑南路中段储蓄所
政府街储蓄所
北街储蓄所
东街储蓄所
富驿营业所
城北分理处
新西街分理处
老西街分理处
西外街储蓄所
芦溪营业所储蓄专柜
刘营营业所储蓄专柜
西平营业所储蓄专柜
观桥营业所储蓄专柜
塔山营业所储蓄专柜
营业部储蓄专柜
安昌大南街分理处
秀水营业所
北门分理处
营业部储蓄专柜
五路口营业部
武都营业所
二郎庙分理处
纪念碑分理处

直属分理处
广场储蓄所
含增分理处
厚坝营业所
中坝营业所
三合分理处
双江储蓄所
建设街分理处
东街分理处
文溪路分理处
合林营业所
普安营业所
红军路营业分所
人民中路营业分所
陵江营业所
嘉陵营业分所
城郊营业所
清水路分理处
三堆营业所
上西支行
城北分理处
北京路分理处
利州分理处
南坝分理处
东坝分理处
滨江分理处
人民北路分理处
蜀北分理处
嘉陵分理处
北街分理处
蜀北储蓄所
新华分理处
南小区支行储蓄专柜
遂南路分理处储蓄专柜
德胜中路储蓄所
城北支行储蓄专柜
政府街储蓄所
遂州北路分理处
南师路分理处
仁里营业所储蓄兼柜
三家营业所储蓄兼柜
西眉营业所储蓄兼柜
白马营业所储蓄兼柜
安居营业所储蓄兼柜
东禅营业所储蓄兼柜
栏江营业所兼柜
永兴营业所储蓄兼柜
解放上街储蓄所
城西储蓄所
城南营业所储蓄专柜
城郊营业所储蓄专柜

金华营业所储蓄兼柜
柳树营业所兼柜
营业部储蓄兼柜
大石营业所储蓄兼柜
蓬南营业所储蓄兼柜
政府街储蓄所
回马营业所储蓄兼柜
隆盛营业所储蓄兼柜
河边营业所储蓄兼柜
五星桥储蓄所
花园储蓄所
南街祥龙分理处
堰塘角分理处
严陵营业所
外北路分理处
威远连界支行
蟠龙冲营业所
桐梓坝分理处
西林储蓄所
重龙营业所
金带街储蓄所
城南分理处
水南营业所
桥南分理处
鼓楼分理处
城郊营业所
花园分理处
春光储蓄所
隆泸营业所
康华分理处
新印分理处
环城分理处
玉溪路分理处
天津街分理处
和平街分理处
梅家山分理处
城南营业所
三岔营业所
石板营业所
平泉营业所
禾丰营业所
云龙营业所
三星营业所
养马营业所
贾家营业所
镇金营业所
草池营业所
政府街分理处
石桥营业所
石盘营业所
红建路储蓄所

外北储蓄所
北门储蓄所
支行营业部
东街分理处
南塔营业所
良安营业所
石佛营业所
回澜营业所
石湍营业所
童家营业所
大佛营业所
宝林营业所
岳阳镇营业所
岳城营业所
支行营业部
北坝储蓄所
东桥储蓄所
通贤营业所
龙台营业所
石羊营业所
镇子营业所
周礼营业所
驯龙营业所
丹山营业所
小院营业所
三岔路分理处
伍隍营业所
铁路桥分理处
桥亭子分理处
松涛分理处
建北分理处
大北街分理处
雁江营业所
竹根营业所
竹根分理处
茶花路分理处
来凤分理处
和平街分理处
茫溪上街分理处
玉津营业所
解放街分理处
南门分理处
新建街营业所
天星路花园分理处
水西门分理处
彭山路分理处
青果山分理处
东路分理处
观峨分理处
支行储蓄专柜
花园分理处

复兴营业所
甘江营业所
沐川支行营业部
峨边支行营业部
城东分理处
东街分理处
大佛南路分理处
金顶北路分理处
汪洋营业所
付加营业所
钟祥营业所
禾加营业所
陵州路营业所
东街分理处
南坛营业所
金兰分理处
书院营业所
汇通分理处
青龙营业所
观音营业所
步行街分理处
东街储蓄所
南街储蓄所
南门储蓄所
红星营业所
新南街储蓄所
罗坝营业所
小南街分理处
东门分理处
张场营业所
市分行营业部
环湖分理处
眉城分理处
万胜营业所
小北街储蓄所
支行营业部
东街分理处
西街分理处
东街分理处
南岸支行
明伦堂分理处
戎州分理处
西郊营业所
旧洲营业所
李庄营业所
白沙营业所
人民路分理处
都长街分理处
忠孝街分理处
水井街储蓄所
女学街储蓄所

爱民街分理处
安阜分理处
滨江路分理处
丁字口储蓄所
北通道分理处
顺庆支行
红星支行
大北街分理处
西城分理处
中城分理处
火车站分理处
小西外街分理处
柳林路分理处
北湖分理处
大桥分理处
农科巷支行
大西街分理处
和平东路分理处
五里店分理处
仪凤街分理处
育英路分理处
花市街分理处
高坪营业所
东风路分理处
太平寺分理处
体育路分理处
正街支行
环城路分理处
瑞安路分理处
车站分理处
西桥分理处
南街分理处
南门分理处
文化路储蓄所
金城分理处
大东街分理处
朗池营业所
新北路分理处
公园路分理处
城北分理处
七里分理处
建设中路分理处
磨子街分理处
建设路分理处
金城营业所
中城分理处
来凤支行
西门支行
朝阳分理处
翠屏分理处
双狮分理处

文家梁分理处
西外分理处
北外分理处
南门分理处
通州商厦储蓄所
黄龙寺分理处
通川路分理处
红旗路分理处
荷叶街分理处
蒲家分理处
朝阳中路分理处
罗江分理处
南城分理处
北大街分理处
城郊营业所
东大街分理处
城关营业所
南坝支行专柜
太平路分理处
任市网点支行
西大街支行
南三路分理处
东城分理处
挺进路分理处
花滩营业所
荥河营业所
九襄营业所
新区分理处
始阳营业所
百丈营业所
州分行营业部
东关储蓄所
中桥储蓄所
漳扎分理处
映秀分理处
商大储蓄所
北街分理处
营业专柜
美兴街分理处
营业部专柜
龙眼井支行
胜利路支行
长安支行
马道支行
城南分理处
南坛分理处
胜利南路分理处
卫星城分理处
泸沽办事处
北大街分理处
彩虹分理处

披砂支行
顺城东街分理处
西街分理处
城关分理处
西大街分理处
广场路分理处
航天城分理处
雅砻江分理处
巴州支行营业部
平昌支行营业部
江口分理处
通江支行诺江营业所
西门分理处
南江支行营业部
白云台分理处
吊桥分理处
东城分理处
西外街分理处
平梁营业所
南街分理处
西街储蓄所
九龙大街分理处
城南分理处
罗渡马路街储蓄所
石垭分理处
临江储蓄所
广场储蓄所
人民南路储蓄所
建设北路分理处
中心营业所
暗桥储蓄所
水塘堡分理处
神龙山分理处
花桥支行
前锋营业所
观阁营业所
清溪路分理处
政府街分理处
滨河东路分理处
中心储蓄所
挞子丘储蓄所
五四路储蓄所
城南营业所
城北营业所
九龙营业所
光明路分理处
艺文街储蓄所
建安分理处
金安分理处
温江支行金乌街分理处
温江支行城南分理处
温江支行公平分理处
锦江支行东风路储蓄所
锦江支行暑袜街分理处
锦江支行金象花园分理处
锦江支行莲花新区分理处
锦江支行望江嘉苑分理处
锦江支行大学路分理处
锦江支行九眼桥分理处
锦江支行望江分理处
锦江支行昭忠祠分理处
成华支行东郊储蓄专柜
成华支行水碾河储蓄专柜
成华支行新华小区储蓄专柜
成华支行圣灯储蓄专柜
成华支行龙潭储蓄所
邛崃支行车站分理处
北站支行五块石分理处
北站支行府河分理处
北站支行交大分理处
北站支行人民商场分理处
高新支行双丰分理处
高新支行新光路分理处
高新支行新南路分理处
金牛支行蜀蓉分理处
金牛支行荷花池分理处
金牛支行府青路分理处
金牛支行五福分理处
金牛支行洞子口分理处
金牛支行蜀汉路分理处
金牛支行成都花园分理处
德盛支行营业部
德盛支行德盛路储蓄所
德盛支行太升路储蓄所
德盛支行张家巷储蓄所
德盛支行互助路储蓄所
德盛支行通锦桥分理处
新鸿支行
德盛支行天祥储蓄所
财大支行
玉林支行
玉林储蓄所
南站支行
太平支行
武城支行
双楠分理处
南郊支行
桂溪储蓄所
郫县城关支行
都江堰市支行岷山分理处
都江堰市支行城区分理处
东城根中街支行
光华支行长寿路分理处
双流县支行华阳分理处
静居寺分理处
工业区储蓄所
十陵分理处
西大街储蓄所
大南街储蓄所
城郊分理处
大邑县支行东街储蓄所
大邑县支行北街储蓄所
大邑县支行东濠沟储蓄所
大邑县支行安仁分理处
崇州市支行元通分理处
崇州市支行怀远分理处
新津支行顺江分理处
西安路储蓄所
武侯东街储蓄所
木棕厂分理处
方正街分理处

新疆维吾尔自治区分行

分行营业部中山路支行营业室
分行营业部中山路支行北门分理处
中山路支行人民路分理处
分行营业部团结路支行营业室
团结路支行黑龙江分理处
分行营业部友好路支行营业室
分行营业部友好路东路分理处
分行营业部青年路支行营业室
青年路支行苏州路分理处
分行营业部河南路支行营业室
河南路支行小西沟分理处
分行营业部营业室
昌吉市北京南路分理处
昌吉州分行屯河分理处
昌吉州分行宾馆分理处
昌吉州分行亚中分理处
昌吉州分行开发区分理处
昌吉州分行延北分理处
昌吉州分行北京 路分理处
昌吉州分行宁边路分理处
昌吉州分行健康东路分理处
昌吉州分行延安南路分理处
玛纳斯支行营业部
呼图壁支行营业 部
米泉支行营业部
米泉支行东路分理处
阜康支行营业部
奇台支行东关分理处
木垒县支行营业部
吉木萨尔支行营业部
伊犁州分行营业部营业室
伊犁州分行营业部金穗分理处
伊犁州分行营业部红旗路24号
博州分行顾里木图路分理处
博州分行国际业务部
哈密地区分行中山北路分理处
巴州分行营业部营业室
巴州分行库尔勒石油支行营业部
喀什地区分行解放北路分理处
喀什地区分行营业部营业室
分行克孜多维路第一分理处
喀什地区分行莎车县支行营业部
克州分行营业部营业室
奎屯农行营业部
克拉玛依石油分行营业部营业室
克拉玛依石油分行独山子分理处
塔城分行营业部营业室
塔城分行乌苏支行营业部
阿克苏分行直属东大街营业所
阿克苏分行直属新华东路营业所
阿勒泰分行营业部
吐鲁番分行营业部营业室
和田分行营业部营业室

新疆兵团分行

分行营业部营业室
分行营业部金融超市
分行营业部五星路支行营业处
分行营业部奇台路支行营业处
分行营业部红山支行营业处
分行营业部城西支行营业处
石河子分行营业部金融超市
石河子分行花圆支行营业部
北五路分理处
石河子分行营业部营业室
医学院分理处
向阳分理处
金苑分理处
西一路分理处
大庆分理处
北泉支行营业室
巴州兵团支行营业室
人民西路分理处
建国路分理处
北站分理处
阿克苏兵团支行营业室
新世纪分理处
喀什兵团支行营业室
克孜都维路第一分理处
博州兵团支行营业部
健康路分理处
建国路分理处
博州北京路分理处
塔城兵团支行营业部
塔城兵团支行中区分理处
塔城兵团支行建设街分理处
塔城市新华街分理处
阿勒泰兵团支行营业部
西北路分理处
东区分理处
五家渠兵团分行直属营业部
五家渠分行直属中心分理处
五家渠分行直属新街分理处
五家渠分行直属天山分理处
伊犁兵团支行营业部
伊犁兵团支行军垦分理处
伊犁兵团支行花城分理处
伊犁兵团支行绿州分理处
伊犁兵团支行振兴分理处

西藏自治区分行

农行西藏分行营业部直属营业部
农行拉萨市康昂东路支行
农行拉萨市城东支行
农行拉萨市城西支行
农行西藏自治区分行

中国银行

北京分行
(网点总数:132)
北 京

福建分行
(网点总数:342)
福州 福清 宁德 莆田
泉州 漳州 龙岩 三明
南平 石狮 龙海 武夷山
长乐 福安 福鼎 晋江
南平 漳平 建瓯 邵武

广东分行
(网点总数:210)
广州 番禺 从化

广西壮族自治区分行
(网点总数:303)
南宁 桂林 北海 玉林
柳州 梧州 贵港 百色
河池 防城港 钦州 凭祥
贺州 北流 东兴 宜州

河北分行
(网点总数:246)
石家庄 秦皇岛 张家口
唐山 保定 邯郸 承德
沧州 邢台 廊坊 衡水

湖北分行
(网点总数:66)
武汉 鄂州 黄冈 黄石
荆门 荆州 三峡 十堰
咸宁 襄樊 孝感 天门
仙桃 潜江 恩施 随州

湖南分行
(网点总数:164)
长沙 株洲 湘潭 衡阳
邵阳 岳阳 益阳 永州
常德 郴州 娄底 怀化
吉首 张家界 浏阳 醴陵

江苏分行
(网点总数:799)
南京 无锡 常州 镇江
南通 扬州 泰州 淮安
盐城 宿迁 连云港 徐州
锡山 宜兴 江阴 武进
溧阳 金坛 丹阳 高邮
东台 大丰 靖江 仪征
如皋 通州 句容 扬中
姜堰 邳州 新沂 海门
启东 兴化 江都 秦兴
淮阴

辽宁分行
(网点总数:100)
大连 鞍山 抚顺 本溪
丹东 营口 阜新 锦州
辽阳 盘锦 铁岭 朝阳
葫芦岛 海城 东港
凤城 开原 凌源

宁波分行
(网点总数:85)
宁波 奉化 余姚 慈溪

上海分行
(网点总数:145)
上 海

深圳分行
(网点总数:115)
深 圳

苏州分行
(网点总数:185)
苏州 张家港 常熟
昆山 太仓 吴江 吴县

厦门分行
(网点总数:32)
厦 门

浙江分行
(网点总数:495)
杭州 温州 绍兴 嘉兴
金华 湖州 衢州 丽水
舟山 台州 临安 建德
富阳 瑞安 乐清 海宁
平湖 桐乡 诸暨 上虞
嵊州 兰溪 义乌 东阳
永康 江山 临海 温岭
龙泉 萧山

天津分行
(网点总数:30)
天 津

安徽省分行
(网点总数:85)
合肥 蚌埠 芜湖 淮北
安庆 池州 宿州 淮南
滁州 黄山 铜陵 阜阳
宣城 宁国 亳州 马鞍山
六安 巢湖

贵州分行
(网点总数:72)
贵阳 都钧 六盘水
安顺 遵义 铜仁 兴义
毕节 凯里

海南分行
(网点总数:92)
海口 琼海 文昌 儋州
琼山 东方 三亚 万宁

黑龙江分行
(网点总数:200)
哈尔滨 大庆 牡丹江
佳木斯 齐齐哈尔 伊春
绥化 鹤岗 双鸭山
大兴安岭 七台河
鸡西 黑河

吉林分行
(网点总数:12)
长春 四平 白山 辽源
吉林 延吉 白城 榆树
九台 德惠 松原 通化

宁夏回族自治区分行
(网点总数:16)
银川 吴忠 石嘴山
青铜峡

陕西分行
(网点总数:189)
西安 咸阳 兴平 榆林
宝鸡 渭南 华阴 韩城
延安 安康 商洛
铜川 汉中

新疆维吾尔自治区分行
(网点总数:103)
乌鲁木齐 石河子 昌吉
克拉玛依 伊宁 博乐
库尔勒 塔城 吐鲁番
哈密 喀什 阿克苏
阿勒泰 阿图什 和田

江西分行
(网点总数:397)
南昌 景德镇 乐平
九江 德安 宜春 樟树
高安 吉安 井冈山
萍乡 赣州 南康 瑞金
上饶 玉山 德兴 抚州
鹰潭 贵溪 新余

云南分行
(网点总数:150)
昆明 楚雄 曲靖 宣威
保山 景洪 思茅 潞西
瑞丽 畹町 玉溪 大理
临沧 昭通 红河
开远 丽江

四川分行
(网点总数:19)
成都 达州 绵阳 德阳
乐山 西昌 泸州 内江
南充 攀枝花 遂宁
宜宾 自贡

河南分行
(网点总数:18)
郑州 许昌 鹤壁
驻马店 三门峡 新乡
安阳 平顶山 济源
洛阳 周口 焦作 开封
漯河 商丘 南阳 信阳
濮阳

内蒙古自治区分行
(网点总数:20)
呼和浩特 包头 乌海
临河 鄂尔多斯 巴彦浩特
二连浩特 锡林浩特
赤峰 乌兰浩特 满洲里
海拉尔 集宁 通辽

西藏自治区分行
(网点总数:5)
拉 萨

济南分行
(网点总数:10)
济 南

沈阳分行
(网点总数:11)
沈 阳

重庆分行
(网点总数:162)
重 庆

山东分行
(网点总数:16)
青岛 烟台 泰安 滨州
荷泽 威海 日照 东营
淄博 潍坊 莱芜 临沂
聊城 德州 枣庄 济宁

山西分行
(网点总数:16)
太原 大同 运城 长治
晋中 阳泉 朔州 晋城
临汾 忻州 离石

青海分行
(网点总数:3)
西宁 格尔木

甘肃分行
(网点总数:23)
兰州 天水 酒泉 敦煌
玉门 武威 临夏 张掖
平凉 金昌 嘉峪关
西峰 白银

中国建设银行

北京分行
北京市分行
分行营业部专柜
前门支行
前门支行营业部
前门支行光明分理处
前门支行新华分理处专柜
前门支行南环分理处专柜
前门支行永安分理处专柜
前门支行新世界分理处专柜
前门支行天坛分理处专柜
前门支行北环分理处专柜
前门支行劲松南分理处专柜
前门大街储蓄所
安乐林储蓄所
天宁寺储蓄所
天桥储蓄所
银燕储蓄所
松榆里储蓄所
精忠街储蓄所
海慧寺储蓄所
蒲安里储蓄所
桃杨路储蓄所
潘家园储蓄所
东河沿储蓄所
广渠门外大街储蓄所
嘉园支行储蓄专柜
东四支行
东四支行储蓄专柜
东四支行华威分理处专柜
东四支行安定门外分理处专柜
东四支行东直门外分理处专柜
东四支行首都机场分理处专柜
东四支行地坛分理处专柜
东四北分理处专柜
东四支行东方广场分理处专柜
东四支行三元分理处专柜
灯市口大街储蓄所
隆福储蓄所
首都机场宿舍区南平里储蓄所
和平里东街储蓄所
胜古南里储蓄所
潘家坡储蓄所
和平里西街储蓄所
兴化路储蓄所
东土城路储蓄所
胜古北路储蓄所
外馆街储蓄所
柳芳南里储蓄所
东四十条储蓄所
鼓楼大街储蓄所
小黄庄储蓄所
地兴居储蓄所
西大望路储蓄所

王府井大街储蓄所
东单南口储蓄所
航站楼分理处储蓄专柜
建国支行
建国支行专柜
西四支行
西四支行长安街分理处
西四支行营业部专柜
西四支行北太平庄分理处专柜
西四支行平安大街分理处专柜
西四支行阜成路分理处专柜
西四支行南礼士路分理处专柜
西四支行展览路分理处专柜
西四支行金融街分理处专柜
西四支行新街口分理处专柜
西四支行工商大厦分理处
花园村储蓄所
燕京储蓄所
建展储蓄所
花园路储蓄所
建月储蓄所
德胜储蓄所
灵境储蓄所
恩济里储蓄所
钓鱼台储蓄所
北太储蓄所
黄寺储蓄所
桃园储蓄所
教场口储蓄所
万通储蓄所
西露园储蓄所
小西天储蓄所
国英园储蓄所
新风街储蓄所
月坛支行
月坛支行专柜
海淀支行
海淀支行北三环分理处专柜
海淀支行白石桥分理处专柜
海淀支行花园路分理处专柜
海淀支行北大南街分理处专柜
海淀支行清华园分理处专柜
海淀支行科南路储蓄所
海淀支行当代商城分理处专柜
海淀支行甘家口分理处
海淀支行苏州街分理处
海淀支行海淀镇分理处
北三环储蓄所
明光村储蓄所
大慧寺储蓄所
定慧寺储蓄所
万寿寺储蓄所
甘家口北储蓄所
齐园路储蓄所
大柳树储蓄所
上地储蓄所
圆西路储蓄所
魏公村储蓄所

中南路储蓄所
北四环储蓄所
五道口储蓄所
万泉储蓄所
北洼路储蓄所
皂君庙储蓄所
安宁庄储蓄所
成府路储蓄所
白颐路储蓄所
中关村支行
中关村支行专柜
上地支行
上地支行专柜
朝阳支行
朝阳支行航华科贸分理处
朝阳支行营业部专柜
朝阳支行新源分理处专柜
朝阳支行双井路分理处专柜
朝阳支行呼家楼分理处专柜
朝阳支行酒仙桥路分理处专柜
朝阳支行静安庄分理处专柜
朝阳支行樱花分理处专柜
朝阳支行国贸分理处
酒仙桥储蓄所
团结湖储蓄所
霞光里储蓄所
架松储蓄所
外交部南街储蓄所
十里堡储蓄所
金台路储蓄所
中纺街储蓄所
源里储蓄所
红庙储蓄所
左家庄储蓄所
八里庄储蓄所
鼎昆支行
鼎昆支行专柜
光华支行
光华支行专柜
丰台支行
丰台支行储蓄专柜
丰台支行西客站分理处专柜
丰台支行右安门分理处专柜
丰台支行东大街分理处专柜
丰台支行木樨园分理处专柜
丰台支行广安门南分理处
丰台支行丰岳分理处专柜
丰台支行莲华分理处专柜
丰台支行西四环分理处
太平桥储蓄所
云岗储蓄所
怡海花园储蓄所
西罗园储蓄所
青塔储蓄所
洋桥储蓄所
韩庄子储蓄所
万柳园储蓄所
铁道支行

铁道支行营业部专柜
铁道支行复内大街分理处专柜
铁道支行六里桥分理处专柜
铁道支行铁道分理处专柜
会城门储蓄所
会城门东里储蓄所
羊坊店储蓄所
里仁街储蓄所
马家堡储蓄所
官园储蓄所
宣武门东大街储蓄所
二七剧场储蓄所
滨河储蓄所
宣武门分理处
金安支行
金安支行专柜
城建支行
城建支行亚运村分理处
城建支行月坛南街分理处专柜
城建支行望京分理处专柜
城建支行东花市分理处专柜
城建支行营业部专柜
城建支行东环分理处专柜
城建支行前门分理处专柜
城建支行王府井分理处专柜
城建支行燕莎东分理处
芳群园储蓄所
芳星园储蓄所
芳城园储蓄所
建泰储蓄所
安贞储蓄所
安华里储蓄所
迎春园储蓄所
冠城园储蓄所
裕民路储蓄所
马甸储蓄所
花家地储蓄所
望京西园储蓄所
秀园储蓄所
居然之家储蓄所
阳明储蓄所
安慧支行
安慧支行专柜
宣武支行
宣武支行天宁寺分理处
宣武支行营业部专柜
宣武支行菜市口分理处
宣武支行金融街储蓄所
长椿街储蓄所
白纸坊东街储蓄所
枣林前街储蓄所
象来街储蓄所
永安路储蓄所
牛街南口储蓄所
红莲储蓄所
白纸坊支行储蓄专柜
南菜园储蓄所
四平园储蓄所

长安支行
长安支行东四十条分理处
长安支行航天桥分理处
长安支行木樨地分理处
长安支行营业部专柜
长安支行首体南路分理处
长安支行复兴路分理处
长安支行紫竹桥分理处
万寿路北口储蓄所
太平路民安储蓄所
三里河储蓄所
恩济花园储蓄所
车道沟储蓄所
育英储蓄所
玉渊潭南里储蓄所
世纪城储蓄所
苏州桥支行
苏州桥支行专柜
石景山支行
石景山支行恩济分理处
石景山支行专柜
石景山支行西永乐分理处
石景山支行古城分理处
石景山玉泉分理处
八角储蓄所
永航储蓄所
模式口储蓄所
万寿路储蓄所
西永乐储蓄所
玉泉路储蓄所
五芳圆储蓄所
金沟河储蓄所
太平路储蓄所
苹果园储蓄所
安华支行
安华支行营业部专柜
安华支行安华西里分理处
惠新里储蓄所
西单支行
西单支行营业部专柜
西单支行西直门分理处
西单支行科技馆分理处
昌平支行
昌平支行营业部专柜
昌平支行回龙观分理处专柜
西顺城街储蓄所
东关储蓄所
科技园区分理处储蓄专柜
东街储蓄所
南口交通街储蓄所
巩华镇分理处储蓄专柜
开发区支行
开发区支行营业部专柜
开发区支行潘家园分理处专柜
开发区支行万源路分理处专柜
开发区支行成寿寺分理处专柜
武圣路储蓄所
双龙储蓄所

门头沟支行
门头沟支行新桥分理处专柜
双峪路储蓄所
新桥储蓄所
河滩储蓄所
房山支行
房山支行营业部专柜
燕山储蓄所
栗园储蓄所
星城储蓄所
燕东储蓄所
东万路分理处储蓄专柜
北关储蓄所
南关储蓄所
送变电储蓄所
奉先支行储蓄专柜
西潞园储蓄所
拱辰储蓄所
昊天支行储蓄专柜
行宫园储蓄所
通州支行
通州支行营业部专柜
中华储蓄所
通惠路储蓄所
鱼市口分理处
潞州储蓄所
车站路储蓄所
运河大街储蓄所
探矿路储蓄所
玉桥储蓄所
新华大街分理处
顺义支行
顺义支行营业部专柜
新顺东街储蓄所
光明南街储蓄所
义宾街储蓄所
石园西储蓄所
小东庄储蓄所
密云支行
密云支行营业部专柜
鼓楼东大街东大街储蓄所
南大街储蓄所
果园新里北区储蓄所
东门外储蓄所
中心区储蓄所
沿湖储蓄所
工业开发区分理处专柜
怀柔支行
怀柔支行营业部专柜
后横街储蓄所
南环储蓄所
富乐储蓄所
新村储蓄所
华利储蓄所
府前街储蓄所
明珠储蓄所
延庆支行
延庆支行营业部专柜

东外大街储蓄所
京张路口储蓄所
胜利街储蓄所
大兴支行
大兴支行营业部专柜
兴丰街储蓄所
清源路储蓄所
滨河储蓄所
清源西里储蓄所
西红门分理处储蓄专柜
红星分理处储蓄专柜
兴华路储蓄所
兴政西里储蓄所
枣园储蓄所
兴业市场路储蓄所
观音寺储蓄所
平谷支行
平谷支行营业部专柜
桥北储蓄所
新开街储蓄所
新华储蓄所
伊园储蓄所
银帆储蓄所
东兴储蓄所
乐园储蓄所
保利支行
保利支行专柜

河北分行

营业部和平东路支行会计柜台
营业部中华南大街支行会计柜台
自强路支行会计柜台
和平东路支行建大分理处储蓄专柜
平安南大街第二储蓄所
平安南大街第一储蓄所
和平东路支行平安支行储蓄专柜
和平东路支行营业部储蓄专柜
和平东路支行运河桥储蓄所
和平东路支行储蓄专柜
红旗大街支行新石南路储蓄所
裕华西路支行储蓄专柜
红旗大街支行储蓄专柜
中山东路分理处储蓄专柜
建华南大街支行储蓄专柜
上安支行华能分理处储蓄专柜
和平西路支行储蓄专柜
和平东路支行银都储蓄所
建华南大街支行卓达储蓄所
开发区支行储蓄专柜
炼油支行储蓄专柜
西大街支行和平分理处储蓄专柜
平安分理处储蓄专柜
中华南大街支行工农路口储蓄所
民族路分理处储蓄专柜
西城分理处储蓄专柜
裕华西路分理处储蓄专柜
站前街支行储蓄专柜
西柏坡电厂支行储蓄专柜
西大街支行东明分理处储蓄专柜
西大街支行槐北路储蓄所
西大街支行石府储蓄所
西大街支行谈固分理处储蓄专柜
西大街支行西大街储蓄专柜
裕华东路支行储蓄专柜
中山东路分理处储蓄专柜
新华路东支行新华路储蓄所
新华路东支行储蓄专柜
城乡分理处储蓄专柜
新华路西支行合作路储蓄所
和平西路第三储蓄所
石岗分理处储蓄专柜
新华路西支行新华路储蓄所
新华路西支行新华西路储蓄所
中山西路分理处储蓄专柜
中华南大街支行中山西路储蓄所
中山西路分理处储蓄专柜
中华南大街支行储蓄专柜
自强支行储蓄专柜
中山西路支行储蓄专柜
新华路西支行柏林储蓄所
新华路西支行合源储蓄所
新华路西支行清真寺储蓄所
保定分行
营业部会计柜台
营业部储蓄专柜
营业部韩村中路分理处
营业部农大分理处
安国市支行储蓄专柜
城建支行储蓄专柜
定兴县支行储蓄专柜
定州支行支行储蓄专柜
东北郊办事处储蓄专柜
东北郊办事处省印路所
五四路分理处储蓄专柜
高碑店支行白沟办事处储蓄专柜
高碑店支行支行储蓄专柜
高开支行储蓄专柜
高阳县支行支行储蓄专柜
建南办事处大世界储蓄所
花园里分理处储蓄专柜
建南办事处储蓄专柜
建南办事处向阳路储蓄所
朝阳南路分理处储蓄专柜
康乐办事处储蓄专柜
蠡县支行支行储蓄专柜
满城县支行储蓄专柜
清苑县支行储蓄专柜
容城支行容城支行储蓄专柜
三丰路办事处建华分理处
卫生路办事处韩村南路分理处
西郊办事处储蓄专柜
西郊办事处竞秀分理处储蓄专柜
五四路分理处储蓄专柜
西郊办事处新市场储蓄所
雄县支行支行储蓄专柜
徐水县建行支行储蓄专柜
裕东办事处储蓄专柜
新北街分理处储蓄专柜
涿州物探支行范阳东路储蓄所
沧州分行
分行营业部储蓄专柜
营业部会计柜台
营业部南北大街储蓄所
北环办事处储蓄专柜
泊头支行储蓄专柜
朝阳办事处储蓄专柜
城建支行储蓄专柜
道东支行采油三厂储蓄专柜
道东支行储蓄专柜
东光支行储蓄专柜
河间支行储蓄专柜
黄骅支行储蓄专柜
建设大街办事处储蓄专柜
建设大街办事处十三化建储蓄所
铁东分理处储蓄专柜
孟村支行储蓄专柜
青县支行储蓄专柜
署西办事处白官屯储蓄所
署西办事处储蓄专柜
吴桥支行储蓄专柜
西环办事处储蓄专柜
西环办事处华信储蓄所
盐山支行储蓄专柜
承德分行
营业部会计柜台
营业部东大街分理处储蓄专柜
营业部裕华路储蓄所
承德县支行储蓄专柜
城建支行储蓄专柜
滦河办事处钢厂街储蓄所
西大街办事处储蓄专柜
武烈路分理处储蓄专柜
营子办事处储蓄专柜
邯郸分行
邯郸分行营业部会计柜台
邯山大街办事处会计柜台
营业部储蓄专柜
营业部保障分理处储蓄专柜
营业部城建支行储蓄专柜
营业部光明分理处储蓄专柜
营业部光明中街储蓄所
磁县支行储蓄专柜
大名支行储蓄专柜
峰峰办事处鼓山北街储蓄所
峰峰办事处鼓山南街所
峰峰办事处彭城分理处储蓄专柜
峰峰办事处市区分理处储蓄专柜
峰峰办事处太安分理处储蓄专柜
峰峰办事处新华储蓄所
峰峰办事处储蓄专柜
滏东支行储蓄专柜
滏东支行滏东大街储蓄所
滏东支行滏阳储蓄所
滏东支行工业学校储蓄所
滏东支行渚河分理处储蓄专柜
光明办事处丛台东路储蓄所
光明办事处滏东分理处储蓄专柜
光明办事处光明北路储蓄所
黄粱梦分理处储蓄专柜
光明办事处矿院储蓄所
光明办事处岭北分理处储蓄专柜
光明办事处鑫鑫储蓄所
光明办事处迎宾路储蓄所
光明办事处储蓄专柜
邯电办事处邯电办储蓄专柜
邯山办事处光明南路储蓄所
邯山办事处邯山大街储蓄所
邯山办事处开元储蓄所
罗城头分理处储蓄专柜
邯山办事处新铁分理处储蓄专柜
邯山办事处学院南路储蓄所
邯山办事处中华南储蓄所
邯山办事处储蓄专柜
陵西办事处储蓄专柜
陵西办事处联西储蓄所
陵西办事处陵西北大街所
陵西办事处人民中路储蓄所
陵西办事处中华分理处储蓄专柜
陵西办事处中华桥北储蓄所
马头办事处储蓄专柜
高新开发区分理处储蓄专柜
涉县支行储蓄专柜
铁西办事处报社胡同储蓄所
铁西办事处储蓄专柜
铁西办事处纺机储蓄所
铁西办事处建设储蓄所
铁西办事处岭南储蓄所
铁西办事处前进储蓄所
铁西办事处胜利桥储蓄所
铁西办事处先锋储蓄所
铁西办事处永兴储蓄所
2672 分理处储蓄专柜
武安市支行储蓄专柜
武安市支行公园储蓄所
武安市支行光明储蓄所
武安市支行南小区储蓄所
永年支行储蓄专柜
衡水分行
衡水分行营业部会计柜台
分行营业部储蓄专柜
分行营业部胜利路分理处
安平县支行第一储蓄所
城建支行储蓄专柜
第一办事处储蓄专柜
第二办事处储蓄专柜
第三办事处储蓄专柜
第一办事处和平分理处储蓄专柜
电厂专业支行储蓄专柜
冀州市支行第五储蓄所
景县支行储蓄专柜
深州市支行储蓄专柜
铁路支行储蓄专柜
武强县支行储蓄专柜
武邑县支行储蓄专柜
枣强县支行储蓄专柜
华油分行
华油分行营业部会计柜台
采油一厂储蓄所
东风村储蓄所
东风路办事处储蓄专柜
分行储蓄专柜
供应办事处储蓄专柜
会战道办事处储蓄专柜
建设路储蓄所
任东办事处储蓄专柜
任丘市支行储蓄专柜
裕华东路生活区储蓄所
油二储蓄所
运输储蓄所
廊坊分行
营业部会计柜台
营业部储蓄专柜
营业部金光分理处储蓄专柜
爱民道办事处爱民办储蓄专柜
爱民道办事处康庄分理处
安次区办事处储蓄专柜
霸州支行华北商城中心储蓄所
北环办事处储蓄专柜
城建支行储蓄专柜
大厂回族自治县支行储蓄专柜
大城支行储蓄专柜
电厂办事处储蓄专柜
固安支行储蓄专柜
光明办事处储蓄专柜
光明办事处康乐花园所
建行文安县支行储蓄专柜
开发区支行储蓄专柜
三河市支行储蓄专柜
胜芳分理处储蓄专柜
万庄办事处储蓄专柜
万庄办事处商业街储蓄所
香河县支行府前街储蓄所
燕郊办事处第二储蓄所
秦皇岛分行
市分行营业部储蓄专柜
营业部会计柜台
北戴河办事处北办储蓄专柜
昌黎县支行北关储蓄所
车站办事处车站办储蓄专柜
车站办事处建设大街储蓄专柜
城建支行储蓄专柜
抚宁县支行抚宁县支行储蓄专柜
港口专业支行储蓄专柜
港口专业支行光明路储蓄所
海阳路办事处海阳路储蓄专柜
河东办事处储蓄专柜
河东办事处河东储蓄所
河东办事处交运里储蓄专柜
开发区支行白塔岭储蓄专柜
开发区支行开发区支行储蓄专柜
开发区支行山东堡储蓄专柜

卢龙县支行新城街储蓄所
山海关办事处南园储蓄所
西港路办事处红卫里储蓄专柜
西港路办事处西港路储蓄专柜
石油分行
城建支行城建支行储蓄专柜
唐山分行
营业部营业部储蓄专柜
广场办事处会计柜台
冶金专业支行会计柜台
北新道办事处储蓄专柜
长宁道办事处储蓄专柜
缸窑分理处储蓄专柜
高科技分理处储蓄专柜
城建支行储蓄专柜
丰南支行储蓄专柜
复兴路办事处储蓄专柜
天元小区分理处储蓄专柜
缸窑支行储蓄专柜
缸窑支行陡电分理处储蓄专柜
港口办事处储蓄专柜
古冶办事处储蓄专柜
广场办事处储蓄专柜
开滦支行西山口分理处储蓄专柜
开滦专业支行储蓄专柜
乐亭支行储蓄专柜
芦汉支行储蓄专柜
滦南支行储蓄专柜
滦县支行储蓄专柜
南堡支行储蓄专柜
迁安支行储蓄专柜
迁西支行储蓄专柜
唐龙支行储蓄专柜
北新道分理处储蓄专柜
铁路办事处储蓄专柜
国防道分理处储蓄专柜
铁路办事处新华西道分理处
新区办事处新区储蓄专柜
冶金支行储蓄专柜
冶金支行建设路分理处
冶金支行祥和里分理处
冶金支行翔云道储蓄所
油田专业支行油田储蓄专柜
玉田支行支行储蓄专柜
遵化支行储蓄专柜
邢台分行
分行营业部储蓄专柜
营业部会计柜台
城建支行储蓄专柜
电厂办事处东生活区储蓄所
电厂办事处西生活区储蓄所
邢台煤矿分理处储蓄专柜
巨鹿县支行储蓄专柜
隆尧县支行储蓄专柜
南宫市支行储蓄专柜
宁晋县支行储蓄专柜
桥东办事处北围城储蓄所
桥东办事处储蓄专柜
桥东办事处铁路分理处储蓄专柜
桥东办事处卫生街储蓄所
新华北路分理处储蓄专柜
桥东办事处新华路储蓄所
桥东办事处新华南路储蓄所
桥西办事处八一路储蓄所
桥西办事处储蓄专柜
桥西办事处东庞分理处储蓄专柜
钢铁北路分理处储蓄专柜
守敬街分理处储蓄专柜
桥西办事处冶金储蓄所
清河县支行储蓄专柜
沙河市支行储蓄专柜
守敬办事处长征储蓄所
守敬办事处储蓄专柜
守敬办事处青北储蓄所
守敬办事处五四储蓄所
顺德支行储蓄专柜
顺德支行中兴东大街储蓄所
威县支行储蓄专柜
新河县支行储蓄专柜
新兴支行储蓄专柜
新兴支行南和分理处储蓄专柜
中兴支行储蓄专柜
中兴支行钢铁北路储蓄所
中兴支行建设路储蓄所
中兴支行团结路储蓄所
中兴支行文体街储蓄所
张家口分行
张家口分行营业部会计柜台
分行营业部储蓄专柜
桥东办事处宝善街储蓄所
桥东办事处储蓄专柜
红旗楼分理处储蓄专柜
桥东办事处建国南路储蓄所
桥西办事处储蓄专柜
西河沿分理处储蓄专柜
桥西办事处营城子储蓄所
沙电支行储蓄专柜
纬一路办事处储蓄专柜
蔚县支行支行储蓄专柜
下花园办事处储蓄专柜
宣化支行储蓄专柜
宣化支行东风路储蓄所
宣化支行交通局储蓄所
宣化支行义圣宫储蓄所

山西分行

省分行营业部会计柜台
省分行营业部储蓄储蓄专柜
南城支行营业室会计柜台
南城并北支行储蓄专柜
南城并北支行康乐储蓄所
南城二营盘支行王村北街储蓄所
南城高科技支行桥东储蓄所
南城支行龙信支行储蓄专柜
南城清徐支行储蓄专柜
南城平阳路分理处储蓄专柜
南城平阳路分理处杨家堡储蓄所
南城平阳路分理处西二巷储蓄所
南城平阳路分理处南内环储蓄所
南城学府街分理处储蓄专柜
南城学府街分理处坞城路储蓄所
南城并北支行双西所
南城学府街分理处师范街储蓄所
南城营业室储蓄专柜
南城解放南路储蓄所
南城高科技储蓄专柜
南城大营盘储蓄所
南城小店南街储蓄所
并州城建支行会计柜台
并州营业室储蓄专柜
并州钢城支行储蓄专柜
并州城建支行储蓄专柜
并州迎新街支行储蓄专柜
并州五一路支行储蓄专柜
河西营业室会计柜台
河西迎泽大街储蓄所
河西兴华街储蓄所
河西化工区储蓄所
河西古交镇储蓄所
河西建筑街储蓄所
河西营业室储蓄专柜
河西万柏林支行储蓄专柜
河西义井支行储蓄专柜
河西西山支行储蓄专柜
河西柴村支行储蓄专柜
河西商贸城分理处储蓄专柜
河西兴华街分理处储蓄专柜
河西漪汾街分理处储蓄专柜
河西西矿街分理处储蓄专柜
大同分行
大同分行营业部储蓄专柜
大同广场支行会计柜台
大同电支青年路储蓄所
大同大庆分理处储蓄专柜
大同山柴分理处储蓄专柜
大同煤炭支行储蓄专柜
大同分行龙信支行储蓄专柜
大同宾西分理处储蓄专柜
大同一电分理处储蓄专柜
大同铁道支行新华街储蓄所
大同南郊支行泉新储蓄所
大同振华支行储蓄专柜
大同迎宾支行储蓄专柜
大同南关分理处储蓄专柜
阳泉市分行
阳泉市分行城区支行会计柜台
阳泉营业部储蓄专柜
阳泉平坦街分理处储蓄专柜
阳泉西营盘储蓄所
阳泉城建办储蓄专柜
阳泉龙信办储蓄专柜
阳泉平定县支行储蓄专柜
阳泉盂县支行储蓄专柜
阳泉郊区支行政府储蓄所
阳泉二电厂分理处储蓄专柜
阳泉娘子关分理处储蓄专柜
阳泉矿区支行储蓄专柜
阳泉一矿分理处储蓄专柜
阳泉二矿分理处储蓄专柜
阳泉矿区支行康达储蓄所
阳泉南大街分理处储蓄专柜
阳泉电力支行南山路储蓄所
阳泉桃南东路分理处储蓄专柜
长治市分行
长治分行营业部会计柜台
长治分行营业部储蓄专柜
南办南街分理处储蓄专柜
八一办储蓄专柜
长北支行漳电分理处储蓄专柜
长治故县支行王庄储蓄所
长治潞安矿区支行储蓄专柜
长治住房城建支行储蓄专柜
长治龙信支行储蓄专柜
泽州县支行营业部会计柜台
晋城营业部会计柜台
晋城城区支行储蓄专柜
晋城龙信办储蓄专柜
晋城泽州县支行储蓄专柜
晋城市凤台分理处储蓄专柜
晋城市南路分理处储蓄专柜
晋城市成庄分理处储蓄专柜
晋城矿区支行王台分理处
晋城阳城县支行储蓄专柜
晋城营业部储蓄专柜
晋城矿区机关储蓄所
晋城城区新市街分理处储蓄专柜
晋城高平支行储蓄专柜
朔州市分行
朔州市分行营业部
朔州城区支行振华街储蓄所
朔州神电支行储蓄专柜
朔州市行营业部储蓄专柜
朔州城区支行储蓄专柜
朔州住房城建支行储蓄专柜
朔州怀仁县支行储蓄专柜
朔州山阴县支行储蓄专柜
朔州应县支行储蓄专柜
朔州平朔露矿分理处储蓄专柜
朔州平鲁支行储蓄专柜
忻州分行
忻州分行营业部储蓄专柜
忻州城区支行营业部
忻州城区支行储蓄专柜
忻州市长征西街储蓄所
忻州原平支行原平分理处专柜
忻州城区支行古楼储蓄所
吕梁汾阳支行会计柜台
吕梁营业部会计柜台
吕梁孝义会计柜台
吕梁汾阳杏办专柜
吕梁营业部专柜
吕梁孝义支行储蓄专柜
吕梁交城支行储蓄专柜
吕梁文水支行储蓄专柜
吕梁中阳支行储蓄专柜
吕梁柳林支行储蓄专柜
吕梁离石支行储蓄专柜
晋中分行
晋中营业一部会计柜台
晋中营业一部储蓄专柜
晋中城区支行西顺储蓄所
晋中介休支行矿区所
晋中分行第二营业部储蓄专柜
晋中城建支行储蓄专柜
晋中祁县支行储蓄专柜
晋中寿阳支行北大街储蓄所
晋中太谷支行城南储蓄所
晋中平遥支行储蓄专柜
晋中灵石支行储蓄专柜
晋中铁道支行东湖井分理处专柜
晋中城建支行道北街储蓄所
晋中城建支行迎宾路储蓄所
晋中城建支行铁路储蓄所
晋中榆次区支行路西储蓄所
晋中榆次区支行榆太路储蓄所
榆次区支行校园路分理处专柜
晋中榆次区支行王湖路储蓄所
晋中榆次支行迎春北路储蓄所
晋中和顺支行新建街储蓄所
晋中左权支行储蓄专柜
晋中介休支行储蓄专柜
临汾分行
临汾城区行会计柜台
临汾大楼所
临汾解放路支行储蓄专柜
临汾火车站储蓄专柜
临汾侯马呈王东路所
临汾侯马支行路东储蓄所
临汾霍州支行东桥储蓄所
临汾洪洞支行储蓄专柜
临汾分行冶金储蓄所
临汾分行解西储蓄专柜
运城营业部会计柜台
运城城区支行会计柜台
运城河津支行储蓄专柜
运城城区支行储蓄专柜
运城城区支行红旗东街所
运城红办储蓄专柜
运城铝厂储蓄专柜
运城永济电机储蓄所

内蒙古区分行

红山会计部
红山支行第五储蓄所
火花路分理处
昭乌达营业部储蓄专柜
新华路分理处储蓄专柜
腾飞储蓄所
新城西街支行会计柜
中山西路会计柜

营业室会计柜
公园东路分理处
车站西街支行储蓄专柜
如意支行电力分理处
如意支行南街储蓄所
如意支行迎宾北路分理处
新世纪广场分理处
满洲里支行储蓄专柜
牙克石支行储蓄专柜
海拉尔区阿里河路分理处
铁路分理处储蓄专柜
河西分理处储蓄专柜
营业部储蓄专柜
胜利大街储蓄所
营业部会计专柜
胜利分理处储蓄专柜
乌兰分理处储蓄专柜
兴安路分理处储蓄专柜
第四储蓄所
科尔沁大街办事处会计专柜
第一营业部宾南分理处
第二营业部第二储蓄所
第二营业部露天分理处
第二营业部新华分理处
锡盟分行
额一分理处储蓄专柜
金融街分理处储蓄专柜
锡盟分行营业部会计柜台
集宁市营业部
集宁市一营专柜
集宁市站前分理处
集宁市铁路分理处
包头支行储蓄专柜
包钢支行会计柜台
钢铁大街分理处
营业部储蓄专柜
青山支行储蓄专柜
青山支行会计柜台
呼德木林大街分理处储蓄专柜
东河支行储蓄专柜
鄂尔多斯东街储蓄所
鄂尔多斯东街营业部
乌审东街储蓄所
伊金霍洛东街储蓄所
伊金霍洛西街储蓄所
巴盟分行
巴盟分行胜利路办事处
巴盟分行新华西街分理处
巴盟分行第一营业部
巴盟分行第二营业部
乌海市市分行营业部
新华东街分理处储蓄专柜
建北分理处储蓄专柜
海拉北路办事处储蓄专柜

辽宁分行

省行营业部沈中支行专柜
省行营业部城建支行专柜
城建支行十三纬路分理处
省行营业部兴房支行专柜
省行营业部顺通支行专柜
省行营业部新城子支行专柜
省行营业部新民支行专柜
省行营业部苏家屯支行专柜
省行营业部辽中支行专柜
省行营业部东陵支行专柜
省行营业部通汇支行专柜
省行营业部天龙支行专柜
省行营业部于洪支行专柜
中山支行营业部储蓄专柜
铁路支行营业部储蓄专柜
融汇支行储蓄专柜
和平支行储蓄专柜
和平支行鲁美分理处
和平支行送变电储蓄所
铁西支行专柜
城内支行专柜
皇姑支行专柜
皇姑支行第一储蓄所
皇姑支行三台子分理处
大东支行专柜
大东支行金桥分理处
大东支行沈大分理处
南湖支行专柜
北站支行专柜
开发区支行专柜
省行营业部城建支行会计科
省行营业部通汇支行会计科
省行营业部兴房支行会计科
省行营业部天龙支行会计科
省行营业部沈中支行会计科
省行营业部东陵支行会计科
省行营业部于洪支行会计科
省行营业部苏家屯支行会计科
省行营业部新城子支行会计科
省行营业部新民支行会计科
省行营业部辽中支行会计科
省行营业部顺通支行会计科
中山支行会计出纳部
铁路支行营业厅
和平支行会计科
铁西支行会计科
城内支行会计科
皇姑支行会计科
大东支行会计科
南湖支行会计科
北站支行会计科
开发区支行会计科
鞍山建行
鞍山市建行营业部
铁西支行五华所
站前支行储蓄所
立山支行新厦所
铁东支行建新所
鞍钢支行工贸所
鞍山市建行广场所
鞍山市建行钢强所
海城支行储蓄所
鞍山市台安广场所
鞍山市建行为民所
鞍山市建行双山所
鞍山市建行绿化所
鞍山市建行乐民所
鞍山市建行大厦储蓄所
鞍山市建行大陆分理处
鞍山市建行建昌所
人民商场分理处
鞍山市光明储蓄所
鞍山市嘉诚储蓄所
鞍山市太平分理处
鞍山市岫岩储蓄专柜
抚顺市建行
抚顺市建行营业部
市行营业部储蓄专柜
望花支行望花街所
东洲支行东兴分理处
新抚支行储蓄专柜
河北支行储蓄专柜
永安支行建兴所
公园支行储蓄专柜
东洲支行煤都路所
章党支行辽电储蓄所
新宾支行新宾所
清原支行支行所
望花支行昌顺所
永安支行新华分理处
公园支行凤建储蓄所
新抚支行银龙分理处
河北支行将军桥分理处
永安支行中央街分理处
望花支行专柜
本溪市建行
本溪市建行营业部
本溪市建行营业部储蓄专柜
平山支行储蓄专柜
本钢支行储蓄专柜
明山支行储蓄专柜
本溪县支行储蓄专柜
本溪市建行彩屯专柜
本溪市建行桓仁专柜
丹东市建行
丹东市建行营业部
丹东市建行营业部中心所
丹东市建行天增所
丹东市建行广场所
丹东市建行锦山分理处
丹东市东港建新储蓄所
丹东市建行建新所
丹东市建行九江所
丹东市建行元宝中心所
凤城中心所
丹东市建行宽甸新兴所
丹东市建行通江所
丹东市建行四纬所
锦州市建行
锦州市建行营业部
锦州市大厦所
凌河支行专柜
铁北支行专柜
古塔支行专柜
凌海支行专柜
锦州市建行黑山专柜
锦州市建行人民街所
锦州市建行肇东路所
锦州市建行宜昌路所
锦州市建行北京路所
锦州市建行北宁专柜
锦州市建行营业部
营口市建行
营口市建行营业部
营口市建行中心所
营口市建行城内专柜
营口市建行东升分理处
营口市建行石道储蓄所
开发区支行储蓄专柜
大石桥支行储蓄专柜
营口市建行东昌所
营口市建行体育所
营口市建行公园路
营口市建行盖州专柜
营口市建行熊岳专柜
营口市大石桥北市储蓄所
阜新市建行
阜新市建行大众储蓄所
阜新市建行大厦储蓄所
煤矿支行科协储蓄所
太平支行建电储蓄所
阜新市建行东城支行
辽阳市建行
辽阳市建行营业部
辽阳市营业部第一储蓄所
城建支行储蓄专柜
白塔支行储蓄专柜
襄平支行储蓄专柜
辽化支行储蓄专柜
辽阳建行宏伟分理处储蓄专柜
铁岭市建行
铁岭市建行营业部
铁岭市建行营业部专柜
城区支行储蓄专柜
铁法支行第一专柜
朝阳市建行
朝阳市建行营业部专柜
朝阳市建行五一储蓄所
朝阳市建行凌源兴隆所
朝阳市建行会计部营业室
盘锦市建行
盘锦市建行储蓄专柜
油城支行储蓄专柜
兴隆支行储蓄专柜
渤海支行储蓄专柜
盘山支行储蓄专柜
盘锦市建行营业部
葫芦岛市建行
葫芦岛市建行营业部
葫芦岛市建行储蓄专柜
连山支行储蓄专柜
城内支行储蓄专柜
葫芦岛建行开发区分理处储蓄
龙港支行储蓄专柜
葫芦岛市东方分理处储蓄专柜
葫芦岛市建行化工分理处
葫芦岛市新华分理处储蓄专柜
兴城支行储蓄专柜
龙港支行岛里分理处
绥中电厂支行专柜
绥中支行站前路所

大连分行

分行营业部
青泥支行储蓄专柜
中山支行储蓄专柜
西岗支行储蓄专柜
沙河口支行储蓄专柜
园区支行储蓄专柜
甘井子支行储蓄专柜
开发区支行储蓄专柜
旅顺支行储蓄专柜
金州支行储蓄专柜
普兰店支行储蓄专柜
瓦房店支行储蓄专柜
庄河支行储蓄专柜
长海支行储蓄专柜
大窑湾支行储蓄专柜
保税区支行储蓄专柜
金石滩支行储蓄专柜
大连湾支行储蓄专柜
天津街分理处
人民路分理处
春柳分理处
红旗分理处
栾金分理处
机场分理处
周水子分理处
友好广场分理处
青云街分理处
站前储蓄所
图书馆储蓄所
延安路储蓄所
桂林街储蓄所
智仁街储蓄所
胜利广场储蓄所
中兴大厦储蓄所
桃源街储蓄所
景山街储蓄所
昆明街储蓄所
天津储蓄所
春阳储蓄所
民寿储蓄所
南山储蓄所
转山储蓄所

山屏街储蓄所
小龙储蓄所
东海储蓄所
葵英储蓄所
三八广场储蓄所
朝阳储蓄所
白云储蓄所
五五路储蓄所
舰艇学院储蓄所
桃源分理处
一二九街分理处
长春路分理处
胜利桥分理处
中山路分理处
兴业分理处
石道街分理处
付家庄分理处
铁道学院分理处
长江路储蓄所
纪念街储蓄所
英华储蓄所
双兴储蓄所
伊茂沟储蓄所
白云新村储蓄所
更新储蓄所
建业储蓄所
大同储蓄所
胜利路储蓄所
市场分理处
香周路分理处
新街口分理处
西南路分理处
由家分理处
解放广场分理处
西安路分理处
五一路分理处
五一广场储蓄所
中华储蓄所
第一储蓄所
五一广场储蓄所
高尔基路储蓄所
长兴市场储蓄所
中山公园储蓄所
华北路储蓄所
兴工街储蓄所
成仁街储蓄所
师大前储蓄所
玉华储蓄所
家电城储蓄所
集贤街储蓄所
台四小区储蓄所
锦绣小区储蓄所
星海储蓄所
万岁街储蓄所
黑石礁储蓄所
大连商品交易所分量处
刘家桥分理处
辛寨子储蓄所

吉林分行

长春市
城建支行专柜
大经路支行专柜
人民广场支行专柜
宽城支行专柜
汽车厂支行专柜
朝阳支行专柜
二道支行专柜
科技支行专柜
西安大路支行专柜
开发区支行专柜
铁路支行专柜
宽城胜利大街分理处专柜
科技科贸储蓄所
崇智所
新安专柜
春城专柜
长春大街专柜
吉林大路专柜
西民主专柜
南昌所
吉林市
吉林市分行营业部会计部
营业部专柜
船营储蓄所
昌邑专柜
哈达专柜
高新所
重庆路所
江北所
磐石专柜
舒兰人民大路所
蛟河专柜
桦甸专柜
四平市
四平营业部会计科
大楼储蓄部
营业部储蓄专柜
营业部地直所
营业部中兴所
营业部城建专柜
营业部铁东支行专柜
营业部电厂储蓄部
营业部城区储蓄部
公主岭支行储蓄部
双辽支行大楼储蓄部
梨树支行五所
伊通支行伊通专柜
辽源市
建行辽源市中心支行
储蓄二部
储蓄一部
北寿路储蓄所
通化市
通化市建行营业部会计
通化市营业部专柜
通化市梅河专柜
通化市柳河建设所
通化市辉南专柜
通化市集安专柜
通化市通钢专柜
通化市站前专柜
通化市建设街专柜
通化市东昌专柜
通化市江西专柜
通化市广场专柜
通化市新利专柜
通化市快大专柜
通化市朝阳所
通化市建和所
通化市山上所
白山市
白山城区支行会计科
营业部专柜
东风桥储蓄专柜
电厂办储蓄专柜
江源行储蓄专柜
松江河行储蓄专柜
临江行储蓄专柜
露水河行储蓄专柜
泉阳行储蓄专柜
靖宇行储蓄专柜
抚松行储蓄专柜
长白行储蓄专柜
白城市
白城建行营业部会计部
白城市营业部专柜
白城市一所
白城市三所
白城市四所
白城市七所
白城市八所
白城市十一所
白城市十二所
白城市十五所
白城市十六所
白城市十八所
白城市二十一所
白城市二十二所
白城市二十四所
通榆中建所
洮南三所
镇赉五所
大安长白所
松源市
松原对公网点营业部会计部
松源市营业部专柜
江南储蓄专柜
宁江储蓄专柜
前炼储蓄专柜
油田储蓄专柜
延边州
延边行营业部会计部
延边州营业部专柜
延边州敦化储蓄专柜
延边州图们储蓄专柜
延边州和龙储蓄专柜
延边州珲春储蓄专柜
延边州龙井三所
延边州汪清储蓄专柜
延边州安图储蓄专柜
延边州二道储蓄专柜
延边州新源储蓄所

黑龙江分行

哈尔滨省行营业室储蓄专柜
哈尔滨省行营业室会计专柜
哈尔滨营业部储蓄专柜
哈尔滨红旗大街分理处储蓄
哈尔滨南直分理处储蓄专柜
省铁道支行储蓄专柜
哈尔滨直属行营业部会计柜
哈尔滨南岗支行储蓄专柜
哈尔滨南岗支行会计专柜
哈尔滨东大支行储蓄专柜
哈尔滨道外支行储蓄专柜
哈尔滨开发区支行储蓄专柜
哈尔滨开发支行储蓄专柜
哈尔滨工大支行储蓄专柜
哈尔滨工大支行会计专柜
哈尔滨平房支行储蓄专柜
哈尔滨平房支行会计专柜
哈尔滨动力支行储蓄专柜
哈尔滨动力支行会计专柜
哈尔滨道里支行储蓄专柜
哈尔滨新阳支行储蓄专柜
哈尔滨太平支行储蓄专柜
哈尔滨太平支行会计专柜
哈尔滨第二支行储蓄专柜
哈尔滨第二支行会计专柜
哈尔滨香坊支行储蓄专柜
哈尔滨香坊支行会计专柜
齐齐哈尔市行营业部会计柜台
龙沙行市行储蓄专柜
齐齐哈尔市富拉尔基行储蓄专柜
齐齐哈尔市富拉尔基会计柜台
齐齐哈尔市建华支行储蓄专柜
齐齐哈尔市龙沙支行储蓄专柜
齐齐哈尔市铁道支行储蓄专柜
牡丹江市行营业部会计专柜
牡丹江铁道支行储蓄专柜
牡丹江建华支行储蓄专柜
牡丹江三支行储蓄专柜
牡丹江二支行储蓄专柜
牡丹江铁道支行会计专柜
牡丹江市行营业部储蓄专柜
佳木斯营业部会计柜台
佳木斯营业部储蓄专柜
佳木斯铁道支行储蓄专柜
佳木斯东风营业部会计专柜
大庆市营业部会计
大庆市营业部储蓄专柜
大庆市让胡路会计
大庆市龙南会计
大庆市乘风庄建行会计
大庆市让胡路行储蓄专柜
大庆市龙南行储蓄专柜
大庆市杏五井储蓄专柜
大庆市乘风行储蓄专柜
鹤岗市建鹤储蓄所
鹤岗市鹤岗营业部会计专柜
七台河市行营业部会计柜台
七台河市储蓄中心
鸡西市营业部专柜
鸡西市储蓄专柜
绥化市营业部储蓄专柜
绥化市营业部会计
农场管理局红兴隆会计柜台
农场管理局连珠山支行会计专柜
农场管理局建三江支行会计柜台
农场管理局宝泉岭支行会计专柜
农场管理局宝泉岭支行储蓄专柜
农场管理局连珠山支行储蓄专柜
农场管理局建三江支行储蓄专柜
农场管理局红兴隆支行储蓄专柜
伊春市行营业部储蓄专柜
伊春市行第一储蓄所
伊春市行中心储蓄所
伊春市行营业部会计柜台
双鸭山市营业部会计柜台
双鸭山市行储蓄专柜
黑河营业部储蓄专柜
黑河营业部会计
加格达奇中心储蓄所
加格达奇会计专柜

上海分行

分行营业部营业室
浦东分行东方路支行
浦东分行浦东大道支行
浦东分行东昌路支行
浦东分行营业室
浦东分行张杨路支行
浦东分行金茂支行
金桥支行营业室
金桥支行金杨支行
金桥支行洋泾支行
六里支行营业室
六里支行塘桥支行
六里支行周家渡支行
六里支行三林支行
六里支行白莲泾支行
六里支行杨思分理处
张江支行本部
张江支行北蔡支行
张江支行花木支行
张江支行高科路支行
张江支行科园分理处
高桥支行营业室
高桥支行高化支行
高桥支行外高桥保税区支行
高桥支行顾路办事处
川沙支行营业室

川沙支行龙东大道支行
川沙支行妙境路支行
川沙支行合庆分理处
第一支行营业室
第二支行营业室
第三支行营业室
第四支行营业室
徐汇支行漕河泾支行
第五支行营业室
第六支行营业室
第六闸北支行中山路支行
闸北支行天目东路分理处
闸北支行共和新路支行
闸北支行临汾路分理处
第六闸北支行天潼路支行
宝钢宝山支行营业室
宝山支行团结路支行
宝山支行杨行支行
宝山支行罗店支行
宝钢宝山支行大场支行
宝钢宝山支行张庙支行
宝山支行月浦支行
宝钢宝山支行吴淞支行
金山石化支行营业室
金山石化支行隆安路分理处
金山石化支行漕泾支行
金山石化支行朱泾支行
金山石化支行北区办事处
金山石化支行张堰办事处
金山石化支行枫泾支行
金山石化支行亭林支行
金山石化山阳办事处
黄浦支行营业室
黄浦支行金陵路支行
黄浦支行河南中路支行
黄浦支行北京东路支行
黄浦支行南京西路办事处
黄浦支行福建路支行
静安支行营业室
静安支行威海路支行
静安支行江宁路支行
静安支行延安路支行
静安支行曹家渡支行
静安支行富民路支行
静安支行南京西路支行
静安支行石门路支行
静安支行新闸路支行
静安支行延平路支行
虹口支行营业室
虹口支行曲阳支行
虹口支行同心路支行
虹口支行三角地支行
虹口支行大柏树支行
虹口支行昆明路支行
虹口支行凉城支行
虹口支行四川路支行
虹口支行临平路支行
虹口支行江湾办事处

徐汇支行营业室
徐汇支行天钥桥路支行
徐汇支行田林支行
徐汇支行斜土路支行
徐汇支行大木桥路支行
徐汇支行襄阳路支行
徐汇支行龙华支行
徐汇支行高安路支行
徐汇支行康健支行
徐汇支行长桥支行
徐汇支行衡山路支行
长宁支行水城路支行
长宁支行北新泾支行
长宁支行愚园路支行
长宁支行番禺路支行
长宁支行遵义路支行
长宁支行虹桥路支行
长宁支行江苏路支行
长宁支行天山路支行
杨浦支行营业室
杨浦支行图门路支行
杨浦支行长阳路支行
杨浦支行五角场支行
杨浦支行中原支行
杨浦支行四平路支行
杨浦支行平凉路支行
杨浦支行江浦路支行
杨浦支行定海桥支行
杨浦支行营口路办事处
卢湾支行营业室
卢湾支行重庆南路支行
卢湾支行淮海中路支行
卢湾支行鲁班路支行
卢湾支行徐家汇路支行
卢湾支行打浦路支行
卢湾支行长乐路支行
卢湾支行复兴路支行
黄浦支行南外滩支行
黄浦支行豫园分理处
黄浦支行斜桥支行
普陀支行营业室
普陀支行管弄支行
普陀支行怒江支行
普陀支行曹杨路支行
普陀支行曹安路支行
普陀支行光新路办事处
普陀支行宜川路支行
普陀支行交通路支行
闵行支行营业室
闵行支行吴泾支行
闵行支行开发区支行
闵行支行鹤庆路支行
闵行支行谈家港分理处
闵行支行梅陇支行
闵行支行七宝支行
闵行支行北桥分理处
闵行支行诸翟分理处
闵行支行颛桥支行

闵行支行吴中路支行
闵行支行浦江支行
闵行支行曹行办事处
闵行支行虹漕支行
闵行支行航华支行
闵行支行莘中路支行
闵行支行莘庄工业区支行
嘉定支行营业室
嘉定支行南翔支行
嘉定支行安亭支行
嘉定支行封浜办事处
嘉定支行马陆支行
嘉定支行外岗办事处
嘉定支行江桥办支行
嘉定支行黄渡支行
嘉定支行南门办事处
嘉定支行真新办事处
嘉定支行博乐路支行
松江支行营业室
松江县支行佘山支行
松江县支行泗泾支行
松江支行荣乐支行
松江县支行仓桥支行
松江支行新桥支行
松江县支行东开支行
松江支行九亭支行
松江县支行车墩支行
松江县支行洞泾办事处
南汇县支行营业室
南汇支行周浦支行
南汇县支行新场支行
南汇支行大团支行
南汇县支行东海农场办事处
南汇支行航头支行
南汇县支行港城支行
南汇县支行康桥支行
南汇县支行六灶支行
南汇县支行祝桥支行
奉贤支行营业室
奉贤支行奉城支行
奉贤支行青村办事处
奉贤支行平安办事处
奉贤支行头桥办事处
奉贤支行星火支行
奉贤支行江海路支行
青浦支行营业室
青浦支行朱家角分理处
青浦支行徐泾支行
青浦县支行练塘办事处
青浦县支行白鹤办事处
青浦县支行纺织城办事处
青浦县支行华新办事处
青浦支行赵巷支行
青浦县支行城中路支行
崇明支行营业室
崇明支行堡镇支行
崇明支行新河办事处
崇明支行新海办事处

崇明支行长江办事处
崇明支行大柏树分理处

江苏分行

直属支行云南路分理处会计专柜
南京新街口支行会计专柜
南京大行宫支行分行会计专柜
南京城中支行会计专柜
南京中央门支行会计专柜
南京下关支行会计专柜
南京营业室会计专柜
南京中山支行会计专柜
南京新街口支行储蓄专柜
南京大行宫支行储蓄专柜
南京城中支行储蓄专柜
南京中央门支行储蓄专柜
南京下关支行储蓄专柜
南京樱驼花园储蓄所
南京中山支行储蓄专柜
南京营业室储蓄专柜
南京城南支行专柜
南京大厂支行专柜
南京梅山支行专柜
南京白下支行专柜
南京鼓楼支行专柜
南京城东支行专柜
南京江宁支行专柜
南京江浦县支行专柜
南京浦口支行专柜
南京六合县支行专柜
南京溧水县支行专柜
南京高淳县支行专柜
南京湖南路分理处
南京裴家桥分理处
南京长江大楼分理处
南京五龙桥分理处
南京北京西路分理处
南京汉中路分理处
南京淮海路分理处
无锡分行
分行营业部储蓄专柜
分行营业部会计专柜
城南支行专柜
曹张商业街储蓄所
城北支行专柜
梁溪支行专柜
飞鸿储蓄所
沁园储蓄所
高新技术开发区支行专柜
锡山支行专柜
宜兴支行营业部储蓄专柜
宜兴支行营业部会计专柜
江阴支行营业部储蓄专柜
江阴支行长江储蓄所
无锡江阴支行营业部会计专柜
滨湖支行会计专柜
度假区支行专柜
学前支行储蓄专柜

崇宁支行储蓄专柜
城东支行储蓄专柜
中山路分理处储蓄专柜
新刘潭储蓄所
通惠路分理处储蓄专柜
山北分理处储蓄专柜
无锡华庄分理处储蓄专柜
无锡惠山支行储蓄专柜
天安分理处储蓄
崇宁支行会计专柜
东亭分理处储蓄专柜
堰桥分理处储蓄专柜
河惠路储蓄所
徐州分行
徐州市分行营业部专柜
徐州市分行翟山分理处
徐州市复兴路支行会计专柜
徐州市复兴支行储蓄专柜
徐州市淮西支行营业部专柜
徐州市贾汪支行营业部
徐州市钟楼储蓄所
徐州市城中支行营业部专柜
徐州市永安支行营业部
徐州市永安支行彭城路分理处
徐州市永安支行储蓄专柜
徐州新沂支行营业部会计专柜
徐州新沂支行营业部储蓄专柜
徐州丰县支行储蓄专柜
徐州沛县支行营业部
徐州沛县支行储蓄专柜
徐州市城南支行营业部
徐州睢宁支行营业部
徐州邳州支行储蓄专柜
常州分行
常州分行营业部专柜
常州小河沿分理处储蓄
常州溧阳支行营业部会计专柜
常州溧阳支行营业部储蓄专柜
常州溧阳昆仑分理处
常州金坛支行营业部专柜
常州金坛虹桥分理处
武进支行湖塘分理处储蓄专柜
常州鸣凰分理处储蓄专柜
常州武进支行营业部专柜
常州城中支行专柜
常州延陵西路分理处储蓄专柜
常州红梅分理处储蓄专柜
常州城南支行专柜
常州勤业储蓄所
常州城西支行专柜
常州城西荆川分理处
常州城郊支行专柜
常州清潭分理处储蓄专柜
常州清凉新村分理处储蓄专柜
常州戚墅堰支行专柜
常州戚墅堰支行机厂分理处
武进博爱路分理处储蓄专柜
常州武进前黄分理处储蓄专柜

常州武进横林分理处储蓄专柜
常州武进洛阳分理处储蓄专柜
武进横山桥分理处储蓄专柜
常州武进东青分理处储蓄专柜
武进邹区老街分理处储蓄专柜
常州武进湟里分理处储蓄专柜
武进奔牛桥北分理处储蓄专柜
常州新区支行营业部专柜
常州新北河海储蓄所
常州兰陵分理处储蓄专柜
常州新堂路分理处储蓄专柜
常州翠竹分理处储蓄专柜
常州朝阳分理处
常澄路分理处储蓄专柜
常州金坛东门分理处储蓄专柜
连云港分行
连云港分行营业部专柜
连云港海州支行专柜
连云港西门储蓄所
连云港新浦支行储蓄专柜
连云港城中支行专柜
连云港赣榆县支行专柜
连云港文化路分理处储蓄柜
连云港东海县支行专柜
连云港牛山分理处储蓄柜
连云港灌云县支行专柜
连云港胜利西路分理处储蓄柜
连云港灌南县支行储蓄专柜
连云港开发区支行专柜
连云港港口支行专柜
连云港东街分理处储蓄柜
南通分行
南通分行营业部专柜
南通城东支行营业部储蓄专柜
南通开发区支行储蓄
南通如皋县支行营业部专柜
南通如皋县支行城中分理处
南通启东支行营业部储蓄专柜
南通海安县支行营业部专柜
海安县支行江海中路分理处
南通如东县支行营业部专柜
通州市支行营业部会计专柜
通州市三余分理处储蓄专柜
南通通州市支行储蓄专柜
海门市支行营业部会计柜台
南通海门市支行包场分理处
南通海门市支行悦来分理处
南通海门市支行刘浩分理处
解放东路分理处储蓄专柜
南通城南支行营业部专柜
城南支行任港路分理处储蓄专柜
南通八厂分理处储蓄专柜
南通学田新村分理处储蓄专柜
南通西寺路分理处
南通港闸支行营业部专柜
南通华能苑分理处储蓄专柜
南通城中支行营业部专柜
南通城北分理处储蓄专柜

南通唐闸支行营业部专柜
通州市开发区分理处储蓄专柜
如东北公路分理处储蓄专柜
如皋市北门分理处储蓄专柜
南通启东吕四分理处储蓄专柜
淮安市分行
淮安市分行营业部专柜
淮安市清浦支行专柜
淮安市华城分理处储蓄专柜
淮安市开发区支行营业大厅
淮安市健康支行储蓄专柜
淮安市楚州支行储蓄专柜
淮安市城北支行营业大厅
淮安涟水县支行储蓄专柜
淮安洪泽县支行储蓄专柜
淮安盱眙县支行储蓄专柜
金湖县支行营业部储蓄专柜
淮安市南方分理处
淮安市飞乐路储蓄所
宿迁市分行
宿迁市支行营业部储蓄专柜
宿迁沭阳县支行储蓄专柜
宿迁支行府前分理处储蓄专柜
宿迁支行新区分理处储蓄专柜
宿迁泗阳县支行营业部专柜
宿迁泗洪县支行营业部专柜
盐城市分行
盐城市分行营业部专柜
盐城市迎宾支行营业部会计柜
盐城市开发区分理处会计柜
盐城市响水支行营业部专柜
盐城市滨海支行营业部专柜
盐城市阜宁支行营业部专柜
盐城市建湖支行营业部专柜
盐城市大丰支行营业部专柜
盐城市城南支行营业部专柜
盐城城北支行营业部储蓄专柜
盐城市建军支行营业部专柜
盐城市民主桥分理处
盐城市利民储蓄所
盐城射阳支行营业部储蓄专柜
盐城东台支行营业部储蓄专柜
扬州分行
扬州分行营业部会计专柜
扬州分行营业部储蓄专柜
扬州城东支行营业部
扬州金三角分理处
扬州沙中储蓄所
扬州施井储蓄所
扬州城南支行会计专柜
扬州贾庄储蓄所
扬州曙光储蓄所
扬州新区支行营业部
扬州新区支行营业部专柜
扬州新区新城分理处
扬州开发区支行储蓄
扬州百合园储蓄所
扬州梅东储蓄所

扬州广陵支行营业部会计专柜
扬州广陵支行营业部储蓄专柜
扬州梅西储蓄所
扬州学苑储蓄所
扬州开发区油田分理处
扬州二电厂分理处储蓄
扬州琼花支行营业部
扬州高邮支行营业部会计专柜
扬州高邮支行营业部储蓄专柜
扬州高邮盂城分理处
扬州仪征支行营业部专柜
扬州仪征支行化纤分理处专柜
扬州宝应支行营业部专柜
扬州江都支行营业部会计专柜
扬州江都支行营业部储蓄专柜
扬州江都支行真武专柜
扬州文昌支行营业部专柜
扬州梅香苑储蓄所
扬州中兴储蓄所
扬州苏医储蓄专柜
扬州个园储蓄专柜
扬州城西储蓄专柜
扬州美食街储蓄专柜
扬州国庆分理处储蓄专柜
扬州城南储蓄专柜
扬州虹桥储蓄专柜
扬州长征储蓄专柜
扬州解放储蓄专柜
扬州城北储蓄专柜
扬州邗城储蓄专柜
扬州百祥储蓄专柜
扬州运河储蓄专柜
扬州杭集储蓄专柜
扬州瓜洲储蓄专柜
泰州分行
泰州分行营业部会计专柜
泰州分行营业部储蓄专柜
泰州分行营业部九龙储蓄专柜
泰州分行营业部斜桥储蓄所
泰州分行营业部春园储蓄所
泰州分行营业部莲花储蓄专柜
泰州高港支行营业部专柜
泰州兴化支行营业部专柜
泰州兴化戴南光明储蓄所
泰州姜堰支行城区分理处
泰州泰兴国庆西路分理处
泰州靖江骥江路分理处
泰州迎宾路储蓄所
泰州靖江市支行营业部专柜
泰州泰兴支行营业部专柜
泰州泰兴国庆储蓄所
泰州姜堰支行营业部储蓄专柜
镇江市分行
分行营业部会计专柜
分行营业部储蓄专柜
城西支行专柜
京润支行专柜
丹阳支行储蓄专柜

丹阳支行会计专柜
扬中支行储蓄专柜
城东支行储蓄专柜
城东支行会计专柜
谏壁支行专柜
句容支行储蓄专柜
镇江扬中市支行城东分理处专柜
镇江句容市京容分理处会计专柜
江滨分理处储蓄专柜
桃花坞分理处储蓄专柜
谷阳新村分理处储蓄专柜

苏州分行

苏州市营业部结算专柜
苏州市吴中支行新市路分理处
苏州市营业部百花洲储蓄所
苏州市营业部彩虹储蓄所
苏州市营业部城中储蓄所
苏州市营业部储蓄专柜
苏州市营业部东中市分理处
苏州市营业部烽火路储蓄所
苏州市营业部广济桥分理处
苏州市营业部虎丘分理处
苏州市营业部环秀储蓄所
苏州市营业部金门路储蓄所
苏州市营业部金阊分理处
苏州市营业部泰让桥储蓄所
苏州市营业部桐泾储蓄所
苏州市营业部新民桥储蓄所
苏州市营业部新庄分理处
苏州市营业部兴元分理处
苏州市营业部阊门储蓄所
苏州市营业部胥江分理处
苏州市城中支行营业部
苏州市城中支行观前分理处
苏州市城中支行乐桥分理处
苏州市城中支行桃坞分理处
苏州市城中支行相东分理处
苏州市城中支行储蓄专柜
苏州市新区支行营业部
苏州市新区支行何山储蓄所
苏州市新区支行储蓄专柜
苏州市园区支行营业部
苏州市园区支行跨塘分理处
苏州市园区支行娄门路储蓄所
苏州市园区支行胜浦分理处
苏州市园区支行苏安储蓄所
苏州市园区支行斜塘分理处
苏州市园区支行洋桥储蓄所
苏州市园区支行储蓄专柜
苏州市园区支行里杨储蓄所
常熟支行营业部
常熟北门储蓄所
常熟常福储蓄所
常熟城东分理处
常熟城南储蓄专柜
常熟城中储蓄专柜
常熟大义分理处
常熟电厂分理处

常熟东张分理处
常熟福山分理处
常熟古里分理处
常熟海虞分理处
常熟海虞南路储蓄所
常熟花溪储蓄所
常熟开发分理处
常熟菱北储蓄所
常熟梅李分理处
常熟梅李商场所
常熟平桥路储蓄所
常熟青莲路储蓄所
常熟吴市分理处
常熟县南街储蓄所
常熟辛庄分理处
常熟新港分理处
常熟虞山分理处
常熟元和储蓄所
常熟张桥分理处
常熟招商二所
常熟招商三所
常熟招商一所
常熟支塘分理处
常熟支行储蓄专柜
常熟治塘分理处
常熟漕泾储蓄所
张家港支行营业部
张家港港区分理处专柜
张家港南门储蓄专柜
张家港支行金洲所
昆山支行营业部
昆山柏芦路储蓄所
昆山人民路储蓄专柜
昆山亭林储蓄专柜
昆山支行储蓄专柜
太仓支行营业部
太仓北门街储蓄所
太仓北区储蓄所
太仓东区储蓄专柜
太仓南区分理处
太仓西区储蓄所
太仓新区分理处
太仓支行储蓄专柜
吴江支行营业部
吴江黎里分理处
吴江芦墟分理处
吴江平望分理处
吴江盛泽储蓄专柜
吴江震泽分理处
吴江支行储蓄专柜
吴中支行营业部
吴中东吴分理处
吴中相城营业部专柜
吴中支行储蓄专柜
吴中支行新市路分理处

浙江分行

宝石支行松木场储蓄所
宝石支行城西分理处

宝石支行东山弄储蓄所
宝石支行翠苑一区储蓄所
宝石支行马塍路储蓄所
吴山支行储蓄专柜
吴山支行解放路分理处
吴山支行梅花碑分理处
吴山支行惠民路储蓄所
吴山支行美政桥储蓄所
天水支行储蓄专柜
天水支行朝晖分理处
天水支行武林路储蓄所
天水支行昌化储蓄所
文晖支行储蓄专柜
文晖支行大关储蓄所
文晖支行仓基上储蓄所
文晖支行文华路储蓄所
秋涛支行储蓄专柜
秋涛支行城站分理处
秋涛支行景苑储蓄所
秋涛支行江城路储蓄所
高新支行储蓄专柜
高新支行文西分理处
高新支行三墩分理处
高新支行文华分理处
高新支行九莲储蓄所
高新支行康乐储蓄所
高新支行兰里储蓄所
经开支行储蓄专柜
经开支行彭埠分理处
经开支行九堡分理处
钱江支行储蓄专柜
钱江支行武林广场分理处
钱江支行景佳储蓄所
钱江支行望山分理处
钱江支行市场储蓄所
延安支行储蓄专柜
中山支行储蓄专柜
庆春支行储蓄专柜
庆春支行孩儿巷储蓄所
庆春支行建中储蓄所
武林支行储蓄专柜
西湖支行储蓄专柜
之江支行储蓄专柜
业务经营部储蓄专柜
萧山支行储蓄专柜
萧山支行城建储蓄专柜
萧山支行新世纪储蓄专柜
萧山支行瓜沥储蓄专柜
余杭支行储蓄专柜
余杭支行东方储蓄所
余杭支行闲林分理处
余杭支行乔司分理处
富阳支行金融大楼储蓄专柜
桐庐支行储蓄专柜
临安支行储蓄专柜
建德支行新新储蓄所
淳安支行储蓄专柜
吴山支行林业大楼储蓄所

吴山支行大学路储蓄所
业务经营部会计
宝石支行营业部会计
之江支行营业部会计
天水支行营业部会计
吴山支行营业部会计
余杭支行营业部会计
萧山支行营业部会计
富阳支行营业部会计
临安支行营业部会计
高新支行营业部会计
温州市分行
温州市分行营业部
温州瑞安市支行营业部
温州万松路分理处
温州塘下分理处
温州莘塍分理处
温州马屿分理处
温州瑞安支行虹桥分
温州平阳县支行营业部
温州鳌江分理处
温州水头分理处
温州苍南县支行营业部
温州苍南龙港分理处
温州苍南支行新城分
温州文成支行营业部
温州泰顺支行营业部
温州乐清市支行营业部
温州虹桥分理处
温州柳市分理处
温州北白象分理处
温州永嘉县支行营业部
温州江北街分理处
温州清水埠分理处
温州永嘉桥头分理处
温州洞头支行营业部
温州瓯海区支行营业部
温州梧延分理处
温州三溪分理处
温州瓯海支行新村分
温州瓯海支行中路所
温州开发区支行营业部
温州开发区双龙储蓄所
温州瓯江支行营业部
温州瓯江公园路分理处
温州鹿城支行营业部
温州鹿城支行铁道分
温州磐石支行营业部
温州龙湾支行营业部
温州龙湾支行罗东储蓄
温州翠薇支行营业部
温州新城支行营业部
温州温迪储蓄所
温州中山支行营业部
温州中山支行城南所
温州府前支行营业部
温州府前支行荷花分理
温州府南支行隔岸路分

温州小南支行营业部
嘉兴市分行
嘉兴市分行营业部专柜
嘉兴营业部中山路分
嘉兴海宁支行储蓄专柜
嘉兴海宁长埭路分理处
嘉兴海宁皮革城分理处
嘉兴南湖支行营业部
嘉兴南湖支行斜西街分
嘉兴南湖支行东门分理
嘉兴南湖支行建国中路
嘉兴南路支行大新路所
嘉兴南湖支行东升路分
嘉兴海盐支行储蓄专柜
嘉兴海盐虹桥储蓄所
嘉兴海盐支行南门分理
嘉兴桐乡支行储蓄专柜
嘉兴桐乡崇福分理处
嘉兴桐乡乌镇分理处
嘉兴平湖营业部专柜
嘉兴城东分理处专柜
嘉兴解放路分理处专柜
嘉兴平湖城南分理处
嘉兴平湖人民路分理处
嘉兴嘉善支行储蓄专柜
嘉兴嘉善马路口分理处
嘉兴嘉善玉兰分理处
嘉兴开发区支行营业部
嘉兴开发区王店分理处
嘉兴开发区洪合分理处
嘉兴开发区新塍储蓄所
嘉兴开发区支行越秀分
嘉兴开发区洪波路分
嘉兴秦山营业部
嘉兴秦山武原分理处
嘉兴秦山国光储蓄所
嘉兴乍浦支行储蓄专柜
嘉兴乍浦电厂分理处
湖州营业部储蓄专柜
湖州安吉支行天目路所
湖州安吉上郎储蓄专柜
湖州安吉路孝丰储蓄
湖州长兴支行储蓄专柜
湖州长兴城南储蓄专柜
湖州长兴雉城储蓄专柜
湖州德清支行储蓄专柜
湖州德清城关储蓄专柜
湖州德清新市储蓄专柜
湖州南浔区支行营业部
湖州南浔建材储蓄专柜
湖州开发区支行营业部
湖州青铜路储蓄专柜
湖州湖西储蓄专柜
湖州仪凤桥储蓄所
湖州东街分理处营业部
湖州骆驼桥储蓄专柜
湖州吉山三村储蓄所
湖州新华路储蓄所

湖州市陌路储蓄所
湖州菱湖区支行营业部
湖州织里分理处
湖州双林分理处营业部
湖州双林练市分理处
湖州城中支行营业部
绍兴市分行
绍兴市分行营业部
绍兴大通支行营业部专
绍兴大通支行人民路分
绍兴鉴湖支行营业部专
绍兴鉴湖支行龙山分理
绍兴诸暨支行营业部专
绍兴诸暨支行店口分
绍兴诸暨支行枫桥分
绍兴上虞支行
绍兴嵊州支行
绍兴新昌支行营业部专
绍兴开发区营业部专柜
绍兴开发区支行昌安分
绍兴县支行营业部
绍兴县支行第一分理处
绍兴县支行北区分理处
绍兴县支行万商分理处
绍兴县支行星火分理处
绍兴县支行钱清分理处
台州市分行
台州市分行营业部
台州临海支行专柜
台州临海杜桥分理处
台州椒江支行专柜
台州黄岩支行专柜
台州黄岩南城分理处
台州路桥支行专
台州分行路桥高城分
台州路桥金清分理处
台州温岭支行专柜
台州温岭泽国分理处
台州温岭新河分理处
台州温岭人民路分理处
台州玉环支行营业部
台州天台支行专柜
台州三门分理处
台州仙居支行营业部
台州仙居三角花园所
台州中山支行专柜
台州开发区营业部
金华分行
金华市分行营业部专柜
金华市兰溪支行专柜
金华兰溪城中分理处
金华兰溪延中分理处专
金华义乌支行专柜
金华义乌佛堂分理处
金华义乌朝阳分理处专
金华义乌兴业分理处
金华义乌之江分理处
金华义乌物资市场分理

金华义乌工人路分理处
金华义乌县前街分理处
金华义乌商贸分理处
金华义乌孝子祠分理处
金华义乌稠州路分理处
金华义乌新市场分理处
金华义乌江滨分理处
金华义乌五环分理处
金华义乌新世界分理处
金华义乌兴东分理处
金华义乌农贸分理处
金华义乌信达分理处专
金华东阳营业部专柜
金华东阳横店分理处
金华东阳巍山分理处
金华东阳开发区分理处
金华东阳车站储蓄所
金华东阳中心分理处
金华义乌乐园储蓄所
金华金东营业部专柜
金华金东孝顺分理处
金华市永康支行营业部
金华永康商城分理处
金华永康芝英分理处
金华永康江城分理处专
金华永康五金城分理处
金华武义营业部专柜
金华武义溪南分理处
金华武义开发区分理处
金华浦江营业部专
金华浦江中山路所
金华浦江塔山分理处
金华磐安分理处专柜
金华水电支行营业部
金华华光分理处专柜
金华婺城营业部专柜
金华婺城八一路分理处
金华婺城四牌楼分理处
金华市开发区支行专柜
金华开发区商城分理处
金华开发区双溪分理处
金华江北营业部专柜
金华江北五一路分理处
衢州分行
衢州分行理财中心
衢州分行会计结算中心
衢州南区支行营业部
衢州北区支行
衢州柯城支行
衢州分行荷花分理处
衢州荷花东区分理处
衢州车站分理处
衢州十字街分理处
衢州沈家分理处
衢州南街分理处
衢州江山支行专柜
衢州江山支行中山中路
衢州龙游银星储蓄所

衢州龙游支行专柜
衢州常山支行营业部
衢州开化支行营业部
衢州衢化支行营业部
衢州衢化昌苑储蓄所
丽水市分行
丽水市分行营业部
丽水市紫金分理处
丽水市中山支行专柜
丽水市阳光分理处
丽水市莲城支行专柜
丽水龙泉支行储蓄专柜
丽水青田支行储蓄专柜
丽水云和支行储蓄专柜
丽水庆元分理处
丽水缙云支行储蓄专柜
丽水市遂昌支行北街所
丽水松阳支行储蓄专柜
丽水景宁支行储蓄专柜
舟山市分行
舟山市分行储蓄专柜
舟山普陀支行储蓄专柜
舟山市定海支行储蓄
舟山市城关支行储蓄
舟山市普陀山支行专柜
舟山市岱山安澜路所
舟山市嵊泗支行储蓄
宁波市分行
宁波市分行营业部
营业部平安分储蓄专柜
营业部柳西储蓄所
营业部大沙储蓄所
营业部尹江岸储蓄所
营业部孝闻储蓄所
营业部云石储蓄所
营业部翠柏储蓄所
一支行
段塘支行
鼓楼支行
望京支行
药行支行
世贸支行
二支行营业部
二支行茗雅苑储蓄所
二支行西草所
二支行正大所
慈城支行
甬江支行
三支行营业部
三支行储蓄专柜
三支行民安储蓄所
三支行凤凰储蓄所
三支行孔雀储蓄所
三支行镇安储蓄所
三支行紫娟储蓄所
七彩支行
福明支行
宁燕支行

科技园区支行
鄞州支行营业部
鄞州支行储蓄专柜
鄞州支行石矸分理处
鄞州支行邱隘分理处
石化支行营业部
石化支行海田储蓄所
石化支行迎宾路储蓄所
石化支行储蓄专柜
石化支行康乐中路所
镇海支行储蓄专柜
镇海支行营业部
镇海支行城建分专柜
镇海支行车站储蓄所
镇海支行骆驼分理处
镇海支行鼓楼储蓄所
镇海支行后大街储蓄所
镇海支行总浦桥储蓄所
镇海支行庄市分理处
镇海支行贵驷分理处
镇海支行电厂分理处
镇海支行腈纶厂分理处
镇海支行茗园分理处
北仑支行储蓄专柜
北仑支行营业部
北仑支行新矸储蓄所
北仑支行华山路储蓄所
北仑支行保税区营业部
北仑大榭支行
北仑小港支行
北仑支行柴桥分理处
北仑支行亚浦分理处
北仑支行大矸分理处
北仑支行港务局分理处
北仑支行江南分理处
北仑支行大港分理处
北仑支行电厂分理处
北仑支行城建分理处
慈溪支行储蓄专柜
慈溪支行营业部
慈溪支行观城理处专柜
慈溪支行城建分储蓄专柜
慈溪支行范市分储蓄专柜
慈溪支行逍林分储蓄专柜
慈溪支行市场分储蓄专柜
慈溪支行文化宫分储蓄专柜
慈溪支行西门分储蓄专柜
慈溪支行周巷分储蓄专柜
慈溪支行团圈储蓄所
余姚支行营业部
余姚支行城关分储蓄专柜
余姚支行储蓄专柜
余姚支行姚北分理处
余姚支行肖东分理处
余姚支行江南新城分理处
余姚支行临山分理处
余姚支行低塘分理处
余姚支行城建分理处

奉化支行营业部
奉化大桥支行
奉化城建支行
奉化溪口支行
奉化中山分理处
奉化岳林分理处
奉化江口分理处
宁海支行营业部
宁海支行跃龙储蓄所
宁海支行中山储蓄所
宁海支行缑城储蓄所
象山支行营业部
象山支行储蓄专柜
象山支行石浦分专柜

安徽分行

城东支行建新储蓄所
城东支行钢北储蓄所
城东支行钢南储蓄所
城东支行长江东路支行
城南支行
城南支行望中分理处
城南支行绩溪路储蓄所
城南支行黄山路储蓄所
城南支行望东储蓄所
城西支行
城西支行农学院储蓄所
城西支行蜀东分理处
城西支行合作化北路储蓄所
城西支行龙河路储蓄所
庐阳支行濉溪路支行
庐阳支行阜阳北路储蓄所
庐阳支行舒城路储蓄所
庐阳支行含山路储蓄所
城西支行淮河路支行
城西支行花园街支行
城南支行姚公支行
城东支行
庐阳支行会计柜
庐阳支行储蓄柜
三孝口支行
庐阳支行肥东县支行
庐阳支行肥西县支行
钟楼支行会计柜
钟楼支行储蓄柜
城东支行胜利路支行
城南支行梅山路支行
庐阳支行
庐阳支行蒙城路支行
城西支行芜湖路支行
城南支行青年路支行
蚌埠分行营业部
蚌埠东风支行
蚌埠车站支行储蓄柜
蚌埠水利支行
蚌埠铁路支行
蚌埠淮光储蓄所
蚌埠胜利支行

蚌埠朝阳支行储蓄柜
蚌埠陶店支行
蚌埠涂山支行
怀远支行
五河支行
固镇分理处
蚌埠建龙支行储蓄柜
芜湖市分行营业部
北京路支行营业部
粤海分理处
九华山路支行营业部
长江路支行营业部
利民路支行营业部
赭山路支行营业部会计柜
芜湖四合山办事处储蓄柜
开发区支行营业部
中山路支行营业部
芜湖建汇办事处会计柜
繁昌县支行营业部会计柜
芜湖县支行营业部
南陵县支行营业部
芜湖黄山路办事处会计柜
芜湖赭山路支行储蓄柜
芜湖建汇办事处储蓄柜
繁昌县支行营业部储蓄柜
芜湖黄山路办事处储蓄柜
田家庵支行会计柜
淮南蔡家岗支行
淮南潘集支行
淮南凤台县支行会计柜
淮南营业部
田家庵支行储蓄柜
淮南凤台支行储蓄柜
淮南龙湖支行
淮北市分行营业部
淮北分行相城支行
淮北分行电厂分理处
淮北分行相山分理处
淮北东城支行营业部
安庆分行
安庆分行桐城支行会计柜
安庆分行枞阳县支行
安庆分行怀宁县支行
安庆分行潜山分理处
安庆分行岳西县支行
安庆分行太湖县支行
安庆分行望江分理处
安庆分行宿松县支行
安庆分行华中路支行
安庆分行城中支行会计柜
安庆分行双莲寺分理处
安庆分行菱湖路支行
安庆皖江女子分理处
安庆分行开发区支行
安庆分行集贤路支行
安庆分行蔡山路分理处
安庆分行石化专行会计柜
安庆桐城支行储蓄柜

安庆城中支行储蓄柜
安庆石化储蓄柜
铜陵分行营业部
铜陵建汇支行储蓄柜
铜陵长江路支行储蓄柜
铜陵住建支行储蓄柜
马鞍山分行营业部
马鞍山金家庄支行专柜
马鞍山金家庄分理处
马鞍山当涂县支行
马鞍山佳山支行
马鞍山珍珠园分理处
马鞍山冶金支行
马鞍山团结支行储蓄专柜
花山支行解放路储蓄所
黄山屯溪东分专柜
黄山西路支行
黄山风景区支行
黄山风景区汤口储蓄所
黄山西路支行上新储蓄所
黄山屯溪支行
黄山延分
黄山营业部昱东储蓄所
黄山徽城分理处
黄山支行
黟县分理处
黄山休宁支行
徽州支行下街储蓄所
黄山徽州支行
祁门支行兴华所
滁州分行营业部储蓄柜
滁州分行营业部会计柜
滁州建业办储蓄柜
滁州分行老城办会计柜
老城办二纺机储蓄所
滁州分行琅琊办
滁州凤凰办八一储蓄所
滁州天长支行
全椒支行金融广场分理处
滁州老城办储蓄柜
阜阳分行营业部
太和支行营业部
颍泉支行营业部
阜阳分行营业部古楼分理处
阜阳营业部文峰分理处
阜阳分行清颖分理处
阜阳颖州支行清河分理处
宿州分行营业部会计柜
宿州分行营业部储蓄柜
墉桥支行营业部会计柜
建龙支行营业部会计柜
宿州银沱办桥东分
建业支行营业部会计柜
灵璧支行营业部
煤专支行宿东分理处
宿州煤专支行营业部
泗县支行营业部
肖县支行营业部会计柜

宿县砀山支行老城分
埇桥支行储蓄柜
宿州建龙支行储蓄专柜
宿州桥东分理处储蓄专柜
宿州建业支行储蓄专柜
灵璧支行储蓄专柜
煤专支行储蓄专柜
宿州分行煤专储蓄专柜
泗县支行储蓄专柜
肖县支行储蓄柜
砀山老城分储蓄专柜
巢湖分行营业部
巢湖住建支行金元储蓄所
巢湖支行城北支行
巢城支行
宣城分行营业部会计柜
宣城市锦城支行储蓄专柜
宣城分行南门分理处
宣城市济川支行储蓄专柜
宣城分行状元路分理处
旌德分理处会计柜
宁国市支行锦苑分理处
宁国市支行营业部会计柜
绩溪县支行营业部会计柜
绩溪县支行南街分理处
泾县支行营业部
宣城分行广德分理处
郎溪县支行营业部会计柜
宣城分行鳌峰支行会计柜
泾县支行营业部储蓄专柜
宣城分行广德分理处储蓄柜
郎溪县支行储蓄专柜
池州翠微支行会计柜
池州分行杏村分理处会计柜
池州营业部储蓄柜
池州营业部会计柜
池州翠微支行储蓄柜
池州分行杏村分理处储蓄柜
六安分行营业部
六安分行直属办
六安皖西路支行
六安人民东路分理处
六安北外分理处
六安云路支行
六安七里站分理处
六安梅山路分理处
六安舒城支行
六安金寨分理处
六安六佛路分理处
六安寿县支行
六安霍邱县支行
六安建龙办事处
涡阳支行储蓄柜
蒙城支行
亳州卫生分理处
亳州营业部
利辛分理处储蓄柜

福建分行

福州城南支行会计营业厅
福州城南支行专柜
福州广安支行专柜
福州王庄分理处
福州达道分理处
福州建新分理处
福州福兴分理处
福州一化分理处
福州洪山分理处
福州福大储蓄所
福州康乐储蓄所
福州新港分理处
福州古街分理处
福州菊园储蓄所
福州广场储蓄所
福州六一储蓄所
福州宁化储蓄所
福州南公园储蓄所
福州亚峰储蓄所
福州鳌峰分理处
福州金祥储蓄所
福州工业路储蓄所
福州仓山支行专柜
福州康山里储蓄所
福州江南储蓄所
福州三叉街储蓄所
福州新建储蓄所
福州仓山储蓄所
福州阳光储蓄所
福州十锦储蓄所
福州城北营业科
福州鼓楼支行
福州城北专柜
福州营业部专柜
福州鼓楼专柜
福州晋安专柜
福州宏利专柜
福州永安专柜
福州五四专柜
福州茶园专柜
福州国大专柜
福州国贸专柜
福州天福专柜
福州融侨专柜
福州西门所
福州天峰所
福州温泉所
福州长冠所
福州龙腰所
福州琴亭所
福州鼓西所
福州金泉所
福州尚宾所
福州屏东所
福州坂中所
福州西湖所
福州左海所
福州屏西所
福州西洪所
福州思儿亭所
福州北大所
福州七星井所
福州铜盘所
福州城东支行专柜
福州城东支行会计柜台
福州六一支行专柜
福州福新专柜
福州茶会所
福州古田所
福州福新所
福州晋安专柜
福州岳峰所
福州五里亭所
福州沁园支行专柜
福州沁园支行会计柜台
福州三八所
福州东门所
福州东站专柜
福州火车站柜
福州洋下北所
福州华林所
福州斗门所
福州市马尾支行专柜
福州市沿山所
福州市青洲所
福州市前街所
福州市亭江专柜
福州市保税区行
广达支行会计结算部
南门支行会计科
杨桥支行储蓄专柜
南门支行储蓄专柜
广达支行乌山储蓄所
广达支行安泰储蓄所
天桥分理处储蓄专柜
广达支行仙塔储蓄所
广达支行茶亭储蓄所
广达支行河西分理处
广达支行小柳储蓄所
广达支行黎明分理处
广达支行西二环储蓄所
广达支行群众储蓄所
广达支行通湖储蓄所
五一支行储蓄专柜
广达支行储蓄专柜
广达支行广达储蓄所
广达支行华能分理处储蓄专柜
广达支行上海西储蓄所
广达支行交通分理处
广达支行加洋储蓄所
广达支行凤凰储蓄所
广达支行东街储蓄所
广达支行杨桥分理处
广达支行南后街储蓄所
广达支行八一七储蓄所
广达支行旗汛口分理处储蓄专柜
广达支行三坊七巷储蓄所
广达支行杨桥储蓄所
广达支行龙庭境储蓄所
广达支行东大分理处
广达支行储蓄二柜
延平支行会计科
延平支行支行专柜
延平支行分行专柜
延平支行建兴所
滨江支行黄岭所
滨江支行湖滨所
邵武支行专柜
邵武支行一所
建瓯支行储蓄专柜
建阳支行东桥所
顺昌支行储蓄专柜
武夷山城区分理处储蓄专柜
光泽支行储蓄专柜
浦城支行储蓄专柜
政和支行城区分理处专柜
松溪分理处储蓄专柜
莆田市分行
莆田市分行营业部会计
市分行储蓄专柜
莆田建荔支行会计
莆田秀屿支行会计
莆田仙游支行会计
莆田市分行涵江支行会计
南门储蓄专柜
建园储蓄所
建西储蓄所
古楼储蓄专柜
台湾街储蓄所
龙德井储蓄所
梅园储蓄专柜
仓后储蓄所
新华储蓄所
建桥储蓄所
城厢支行储蓄专柜
荔城储蓄专柜
黄石分理处储蓄专柜
梧塘分理处储蓄专柜
西天尾分理处储蓄专柜
涵江储蓄专柜
建铺储蓄所
建新储蓄所
鉴前储蓄所
建贸储蓄所
建涵储蓄所
涵西分理处储蓄专柜
江口分理处储蓄专柜
江口分理处建侨储蓄所
仙游储蓄专柜
建设储蓄所
建南储蓄所
建仙储蓄所
鲤城分理处储蓄专柜
枫亭分理处储蓄专柜
郊尾分理处储蓄专柜
秀屿港分理处储蓄专柜
东庄分理处储蓄专柜
忠门分理处储蓄专柜
秀屿储蓄专柜
湄洲储蓄专柜
泉州分行
市分行营业部专柜
市分行营业部会计
惠安新东街分理处专柜
德化支行储蓄专柜
安溪支行储蓄专柜
洛江支行储蓄专柜
丰泽支行东街分理处储蓄专柜
永春支行储蓄专柜
鲤城支行通淮桥所
鲤城支行九一所
泉港支行福炼分理处储蓄专柜
南安支行第一分理处储蓄专柜
南安支行大桥分理处储蓄专柜
南安支行官桥分理处储蓄专柜
南安支行水头分理处储蓄专柜
南安支行石井分理处储蓄专柜
南安支行丰州分理处储蓄专柜
南安支行洪濑分理处储蓄专柜
南安支行梅山分理处储蓄专柜
南安支行金淘分理处储蓄专柜
南安支行诗山分理处储蓄专柜
南安支行码头分理处储蓄专柜
南安支行仑仓分理处储蓄专柜
晋江支行储蓄专柜
晋江支行陈埭分理处储蓄专柜
晋江支行第一分理处储蓄专柜
晋江支行磁灶分理处储蓄专柜
晋江支行福埔分理处储蓄专柜
晋江支行安海分理处储蓄专柜
晋江支行东石分理处储蓄专柜
晋江支行晋南分理处储蓄专柜
晋江支行金井分理处储蓄专柜
晋江支行英林分理处储蓄专柜
晋江支行深沪分理处储蓄专柜
惠安支行储蓄专柜
滨城支行专柜
丰泽支行专柜
南安支行专柜
晋江青阳分理处专柜
鲤城支行专柜
石狮支行专柜
惠安支行会计
滨城支行会计
丰泽支行会计
南安支行会计
晋江会计
鲤城支行会计
石狮支行会计
滨城丰泽新村储蓄专柜

滨城田安分理处专柜
滨城宝洲分理处专柜
滨城东海分理处专柜
滨城新城分理处专柜
滨城东大所
滨城浦西专柜
滨城圣湖所
泉港支行储蓄专柜
丰泽支行温陵分理处专柜
丰泽西湖分理处专柜
永春支行大桥所
安溪支行大同所
安溪文明所
安溪码头所
安溪龙津所
安溪湖头分理处专柜
安溪官桥分理处专柜
安溪龙门分理处专柜
石狮支行九二路储蓄专柜
鲤城迎津储蓄所
鲤城凯伟储蓄所
鲤城新门街储蓄所
鲤城庄府巷储蓄所
鲤城金山储蓄所
鲤城浮桥储蓄所
鲤城王宫分理处储蓄专柜
鲤城海滨分理处储蓄专柜
鲤城清蒙分理处储蓄专柜
鲤城涂门分理处储蓄专柜
南安支行大霞美储蓄所
南安新华所
南安柳城所
南安防堤所
南安大盈所
南安洪濑所
南安洪十所
龙岩分行
龙岩分行营业部
龙岩分行储蓄专柜
第一支行储蓄专柜
第一支行南市场储蓄所
第一支行贮木场储蓄所
第一支行侨声储蓄所
第一支行街心储蓄所
第一支行登高分理处储蓄专柜
第一支行金凤储蓄所
第一支行北市场分理处专柜
新罗支行储蓄专柜
新罗支行兴发分理处储蓄专柜
新罗支行西安商场储蓄所
新罗支行西市场储蓄所
新罗支行龙建储蓄所
新罗支行大洋储蓄所
新罗支行龙津储蓄所
新罗支行韭菜园分理处储蓄专柜
新罗支行连发分理处储蓄专柜
新罗支行佳宝储蓄所
新罗支行交易城分理处储蓄专柜
长汀县支行储蓄专柜
长汀县支行南大街储蓄所
长汀县支行江边储蓄所
长汀县支行中心储蓄所
长汀县支行宏达分理处储蓄专柜
永定县支行坎市分理处储蓄专柜
永定县支行建设分理处储蓄专柜
永定县支行中街储蓄所
永定县支行凤城分理处储蓄专柜
永定县支行储蓄专柜
上杭县支行南门储蓄所
上杭县支行汀江储蓄所
上杭县支行北环储蓄所
上杭县支行储蓄专柜
武平县支行东门街储蓄所
武平县支行建川储蓄所
武平县支行储蓄专柜
漳平市支行九龙储蓄所
漳平市支行东桥储蓄所
漳平市支行储蓄专柜
漳平市支行铁路分理处储蓄专柜
漳平市支行建菁储蓄所
连城县支行第二储蓄所
支行西大路分理处储蓄专柜
连城县支行第一储蓄所
连城县支行储蓄专柜
宁德分行
蕉城支行会计柜台
宁德分行营业部储蓄专柜
蕉城支行车站储蓄所
蕉城支行署前路储蓄所
蕉城支行储蓄专柜
福安支行会计柜台
福安支行解放路储蓄所
福安支行储蓄专柜
福安支行莲池储蓄专柜
福鼎支行会计柜台
福鼎支行储蓄专柜
福鼎支行建兴储蓄所
霞浦支行第二储蓄所
霞浦支行储蓄专柜
古田支行第一储蓄所
古田支行第四储蓄所
古田支行储蓄专柜
屏南支行县府路所
寿宁分理处储蓄专柜
周宁支行第一储蓄所
周宁支行储蓄专柜
柘荣分理处六一五路储蓄所
柘荣分理处储蓄专柜
东侨支行储蓄专柜
三明市分行
三明市分行营业部会计
三明梅列支行会计
三明三元支行会计
三明永安支行会计
三明沙县支行会计
三明营业部储蓄专柜
梅列支行储蓄专柜
梅列支行徐碧储蓄专柜
梅列支行中心储蓄所
梅列支行列东储蓄所
梅列支行小山头专柜
三元支行储蓄专柜
三元支行长丰储蓄所
三元支行阳巷储蓄所
三元支行新泉专柜
永安支行储蓄专柜
永安支行铁办专柜
永安支行新西路所
永安支行燕中储蓄专柜
沙县支行储蓄专柜
沙县支行西山储蓄所
沙县支行青州专柜
大田支行储蓄专柜
大田支行白岩储蓄所
宁化支行储蓄专柜
将乐支行华山储蓄所
将乐支行三华储蓄所
尤溪支行储蓄专柜
明溪支行储蓄专柜
明溪支行第一储蓄所
清流支行储蓄专柜
泰宁支行储蓄专柜
建宁支行储蓄专柜
漳州市分行
市分行营业部
龙海会计柜台
漳州市圆圈所
漳州市湖内所
漳州市商厦所
漳州市新浦所
漳州市南河所
漳州市延北分理处
漳州市断蛙池所
漳州市南昌所
漳州市建昌所
漳州市侨村所
漳州市新华北分理处
漳州市宝珠园所
漳州市漳响所
漳州市新竹所
漳州市胜利东所
漳州市公园所
漳州市东山县支行专柜
漳州市东山北市专柜
漳州市东山铜陵专柜
东山文峰储蓄所
云霄储蓄专柜
云霄经堂口储蓄所
云霄东园储蓄所
云霄建云储蓄所
云霄宝城储蓄所
南靖县储蓄专柜
南靖县荆城储蓄所
南靖县延江储蓄所
南靖县靖城分理处
漳州市东城专柜
漳州市东岳专柜
漳州市火车站专柜
漳州市新元专柜
龙海储蓄专柜
龙海海澄南路储蓄所
龙海人民路储蓄所
龙海人民西储蓄所
龙海圆圈储蓄所
龙海角美开发区专柜
龙海港口区储蓄所
龙海锦江储蓄所
龙海港尾分理处专柜
龙海漳州开发区专柜
龙海角美分理处专柜
龙海后石分理处专柜
龙文支行专柜
龙文步文专柜
龙文郭坑专柜
长泰储蓄专柜
长泰人民路所
长泰城南所
营业部储蓄专柜
漳浦西园所
漳浦储蓄专柜
漳浦环城路所
漳浦古井头所
漳浦千秋楼所
平和专柜
平和官城所
平和新村所
平和利民所
诏安专柜
诏安西郊所
诏安县府路所
诏安诏安中山所
诏安商业城所
华安分理处储蓄专柜
芗城储蓄专柜
芗城瑞京园分理处
芗城石龟头分理处
福清市融城专柜
福清市一拂街所
福清市湖滨霞所
福清市小桥街所
福清市福清支行专柜
福清市福清支行会计柜台
福清市宏路专柜
福清市渔溪专柜
福清市龙田专柜
福清市高山专柜
福清市后埔街所
福清市东门所
福清市融升所
福清市融辉所
福清市向高街所
长乐市支行专柜
长乐市西关所
长乐市建设所
长乐市西洋所
长乐市市标所
长乐市金峰专柜
连江县支行专柜
连江县北门所
连江县凤城专柜
连江县车站所
连江县建设所
连江县建西所
连江县官头专柜
罗源县支行专柜
罗源县岐阳所
罗源县东风所
罗源县松山专柜
闽清县支行专柜
闽清县建兴所
闽清县建工所
闽清县建设所
闽清县分理处柜
闽清县坂东所
闽侯县支行专柜
闽侯县尚干专柜
闽侯县建闽所
闽侯县尚干所
闽侯县上街专柜
闽侯县荆溪所
闽侯县青口专柜
平潭县支行专柜
平潭县富豪所
平潭县东方所
平潭县江仔口所
永泰县支行专柜
永泰县龙峰所
永泰县青峰所
永泰县金园所
永泰县后埕所

厦门分行

厦门市分行
厦门分行营业部
厦门城市建设支行
厦门湖里支行
厦门湖滨支行
厦门江头支行
厦门思明支行
厦门开元支行
厦门同安支行
厦门杏林支行
厦门集美支行
厦门海沧支行
厦门象屿保税区支行
厦门厦大支行
厦门高科技支行
厦门鼓浪屿支行
厦门湖滨北支行
厦门东区支行
厦门百家村支行

厦门吕岭支行
厦门洪山柄支行
厦门中山支行
厦门华辉支行
厦门长青路支行
厦门税保支行
厦门禾祥支行
厦门鑫明支行
厦门祥东支行
厦门文灶支行
厦门槟榔支行
厦门机场支行
厦门东渡支行
厦门松柏支行
厦门翔安支行
厦门文园支行
厦门前埔支行
厦门岳阳支行
厦门梧村支行
厦门思东支行
厦门康乐支行
厦门金尚路支行
厦门莲坂支行
厦门厦港支行
厦门湖滨南支行
厦门洗墨池支行
厦门新阳支行
厦门分行滨中分理处
厦门分行故宫分理处
厦门分行滨东分理处
厦门分行胜天分理处
厦门分行高殿分理处
厦门分行南光分理处
厦门分行鹭江分理处
厦门杏林支行灌口分理处
厦门杏林支行杏西分理处
厦门杏林支行月台分理处
厦门集美支行集东分理处
厦门同安支行大同分理处
厦门同安支行马巷分理处
厦门分行未来海岸分理处
厦门分行禾山分理处
厦门分行鸿山分理处
厦门分行莲岳分理处
厦门分行湖滨分理处
厦门故宫储蓄所
厦门分行中山储蓄所
厦门同安支行城南储蓄所

江西分行

省分行营业室
南昌铁支会计科
南昌铁支储蓄专柜
南昌铁支老福山储蓄专柜
南昌铁支塔子桥储蓄所
南昌铁支城建储蓄专柜
南昌永叔会计科
南昌永叔路口储蓄所
南昌鑫源分理处
南昌群众储蓄所
南昌东湖分理处
南昌永叔中山桥储蓄专柜
南昌阳明会计科
南昌阳明大楼储蓄所
南昌阳明支行储蓄专柜
南昌阳明花园储蓄专柜
南昌阳明鑫鑫分理处储蓄专柜
南昌阳明党家巷储蓄所
南昌环湖专柜
南昌电厂专柜
南昌阳明支行二纬路所
南昌阳明八一公园储蓄专柜
南昌象山北路
南昌东方所
南昌状元桥
南昌昌北专柜
南昌阳明豫明分理处储蓄专柜
南昌新建专柜
南昌射步亭所
南昌高新会计科
南昌洪都支行会计科
南昌高新支行储蓄专柜
南昌洪都支行储蓄专柜
南昌洪都府新分理处储蓄专柜
南昌洪都洪城分理处储蓄专柜
南昌火炬分理处专柜
南昌洪都支行京西所
南昌青云支行会计科
南昌洪阳分理处储蓄专柜
南昌南铃分理处储蓄专柜
南昌青云支行储蓄专柜
南昌洪都储蓄所
南昌青云青云谱分理处储蓄专柜
南昌县支行府前分理处储蓄专柜
南昌进贤县支行储蓄专柜
南昌城建会计专柜
南昌城建支行储蓄专柜
南昌城建大院分理处储蓄专柜
南昌豫章分理处储蓄专柜
南昌洪龙支行储蓄专柜
景德镇建营分理处
景德镇蓝天分理处储蓄专柜
景德镇建鑫分理处储蓄专柜
景德镇建昌分理处储蓄专柜
景德镇御窑分理处储蓄专柜
乐平支行建设分理处储蓄专柜
景德镇建营储蓄专柜
景德镇群英储蓄所
萍乡市分行
市分行营业厅
湘东分理处储蓄专柜
城建分理处储蓄专柜
市分行储蓄专柜
胜利储蓄所
九江市分行
市分行会计经营科
金鸡坡支行会计科
金鸡坡支行虹桥分理处储蓄专柜
浔阳分理处储蓄专柜
肖家储蓄所
瑞昌支行城中所
庐山支行日照峰所
天外天储蓄所
九江县建行中心街储蓄所
武宁支行新宁所
修水支行桥北所
永修支行专柜
德安支行专柜
星子分理处街心所
都昌支行一分理处专柜
湖口县支行建设所
德安支行共青分理处专柜
石化分理处储蓄专柜
金鸡坡支行储蓄专柜
新余城北分理处
新余渝水区储蓄专柜
新余长青储蓄专柜
新余住房城建分理处储蓄专柜
鹰潭月湖分理处
鹰潭金秋储蓄所
鹰潭太岩所
赣州文清路分理处会计专柜
赣州章贡分理处储蓄专柜
赣州兴商分理处储蓄专柜
赣州文清路分理处储蓄专柜
赣州八一四分理处储蓄专柜
宜春丰城市支行会计科
宜春樟树市支行会计科
宜春高安市支行会计科
宜春奉新县支行会计科
宜春万载县支行会计科
宜春上高县支行会计科
宜丰县支行会计科
宜春袁洲分理处会计专柜
宜春丰城市支行营业部储蓄专柜
宜春樟树市支行储蓄专柜
樟树市支行药都分理处储蓄专柜
宜春高安市支行营业部储蓄专柜
宜春高安市支行大观楼储蓄所
宜春高安城建办分理处
宜春奉新县支行储蓄专柜
宜春万载县支行营业部储蓄专柜
宜春上高县支行营业部储蓄专柜
宜春上高建兴储蓄所
宜春宜丰营业部储蓄专柜
宜春黄颇分理处储蓄专柜
宜春袁洲分理处储蓄专柜
宜春本级魏家园分理处储蓄专柜
宜春本级中泉储蓄所
宜春袁山分理处储蓄专柜
上饶分行
上饶分行城中专柜
上饶余干会计柜台
上饶婺源会计柜台
上饶饶信分理处会计专柜
上饶中建所
上饶广丰县府前所
上饶玉山专柜
上饶铅山支行专柜
上饶横峰城中所
上饶弋阳胜利路所
上饶余干支行专柜
上饶鄱湖所
上饶万年县支行专柜
上饶山城所
上饶饶信分理处专柜
上饶西壕沿分理处专柜
吉安市分行
市分行大楼储蓄专柜
吉安市北门分理处
吉安市会计专柜
吉安市韶山办专柜
吉安市文山大市场储蓄专柜
吉安市广办专柜
吉安市河东分理处专柜
吉安市鸿雁办专柜
吉安市吉洲分理处专柜
抚州市建抚分理处会计专柜
抚州市新区分理处会计专柜
抚州市南城建行直属储蓄所
抚州市黎川建行储蓄专柜
抚州市南丰建行直属储蓄所
抚州市崇仁建行储蓄专柜
抚州市乐安建行芙蓉储蓄所
抚州市宜黄建行储蓄专柜
抚州市金溪分理处新街储蓄所
抚州市东乡建行储蓄专柜
抚州市抚北路储蓄所
抚州市九州分理处储蓄专柜
抚州市紫竹储蓄所
抚州市建抚分理处储蓄专柜
抚州市新区分理处储蓄专柜

山东分行

省行营业部储蓄专柜
省行营业部会计柜台
历下区支行会计柜台
历下区支行储蓄专柜
历下区支行舜井街分理处
历下区支行南仓分理处
历下区支行省中医学院专柜
历下区支行南门分理处
历下区支行青年东路所
历下区支行解放路储蓄专柜
历下区支行山大路分理处
历下区支行山师北路储蓄所
历下区支行燕子山西路储蓄所
历下区支行省科学院路储蓄所
济南市中支行营业室
济南市中支行大观分理处
济南市中支行大观分理处
济南市中支行储蓄专柜
济南市中支行玉函路分理处
济南市中支行经八路分理处
济南市中支行舜玉路分理处
济南市中支行客站分理处
济南市中支行八一分理处
济南市中支行林祥分理处
济南市中支行民生大街所
济南市中支行站前所
济南市中支行六里山分理处
济南市中支行体育中心分理处
济南市天桥支行专柜
济南市天桥支行煤炭局所
济南市天桥支行成丰桥所
济南市天桥支行师范路所
济南市天桥支行无影山所
济南市天桥支行洛分专柜
济南市天桥支行北园分理处
济南市天桥支行明湖专柜
槐荫区支行槐中分理处
槐荫区支行经三纬十分理处
槐荫区支行储蓄新专柜
槐荫区支行段店分理处
槐荫区支行山水分理处
槐荫区支行济微路分理处
槐荫区支行经七纬十二路储蓄所
槐荫区支行张庄路储蓄所
历城支行黄台北路分理处
历城支行兴华分理处
历城支行东关大街分理处
高新支行文东分理处
高新支行火炬分理处
高新支行和平路分理处
高新支行燕山办事处
高新支行师东所
高新支行荣医所
高新支行专柜
高新支行山大北路所
建行济南铁路分行营业室
珍珠泉支行
泉城支行营业室
东郊建行会计部
东郊建行济钢储蓄所
东郊建行化肥厂储蓄所
东郊建行王舍人镇储蓄所
东郊建行工业北路储蓄所
东郊建行炼油厂储蓄所
经三路支行营业室
经七路支行专柜
经七纬二分理处
解放路支行储蓄专柜
解放路支行会计柜台
东城支行会计柜台
黑西路支行会计柜台
黑西路支行储蓄柜台
舜耕支行营业室
长清支行商场东门储蓄所
长清支行营业厅
章丘支行储蓄专柜

章丘支行汇泉专柜
平阴县支行老城所
平阴县支行五岭所
商河支行会计柜台
商河支行储蓄专柜
济阳县支行营业部
济阳县前进储蓄所
淄博市分行
淄博市柳泉路储蓄所
淄博市淄博商厦分理处
淄博市凤阳大厦分理处
淄博市莲池分理处
淄博市王舍储蓄所
淄博市人民西路储蓄所
淄博市五里桥储蓄所
淄博市体坛小区储蓄所
淄博市西城办事处专柜
淄博市西山五街储蓄所
淄博市淄川支行会计营业室
淄博市淄川支行储蓄专柜
淄博市开发区支行会计营业室
淄博市开发区支行储蓄专柜
淄博市临淄支行储蓄新柜
淄博市临淄支行会计营业室
淄博市博山区支行储蓄专柜
淄博市博山区支行会计营业室
淄博市桓台县支行储蓄专柜
淄博市桓台县支行会计营业室
淄博市高青县支行会计营业室
淄博市高青县支行车站储蓄所
淄博市周村支行储蓄专柜
淄博市周村支行会计营业室
淄博市沂源县支行会计营业室
淄博市沂源县支行健康路储蓄所
齐鲁乙烯专业支行会计营业室
齐鲁乙烯专业支行石鼓分理处
淄博市建行柳泉路分理处
淄博市建行南定分理处
淄博市建行人民路分理处
淄博市建行共青团东路分理处
淄博市建行西七路分理处
枣庄市分行
枣庄市行营业部
枣庄市行解放路分理处
枣庄市中区支行青檀分理处一柜
枣庄市行光明分理处
枣庄市行文化中路办事处专柜
枣庄市滕州支行善南分理处
枣庄市山亭区支行营业室
枣庄市峄城区支行营业室
枣庄市矿区支行营业室
枣庄市薛城区支行营业室
枣庄市台儿庄支行营业室
东营市分行
东营市建行供水分理处
东营市建行公园分理处
东营市建行钻井分理处
东营市建行物探分理处
东营市建行驻地分理处
东营市建行利津支行营业室
东营市建行科技分理处
东营市建行孤岛分理处
东营市建行垦利支行驻地所
东营市建行河口支行营业室
东营市建行辽河路分理处
东营市建行西三路分理处
东营市建行西四路分理处
东营市胜华路办事处储蓄专柜
东营市建行胜东二区分理处
东营市建行北一路分理处
东营市建行现河分理处
东营市建行黄河路分理处
黄河路分理处东辛储蓄所
东营市建行东安分理处
烟台市分行
烟台市营业部营业室
烟台市营业部储蓄专柜
烟台市招远市支行营业室
烟台市招远市支行储蓄专柜
烟台市莱阳市支行营业室
烟台市栖霞市支行营业室
烟台市海阳市支行营业部
海阳市支行营业部储蓄专柜
烟台市莱州市支行营业室
烟台市莱州市支行储蓄专柜
烟台芝罘区海防营分理处营业室
烟台市福山区支行营业室
烟台市福山区支行县府街储蓄所
烟台市蓬莱市支行营业室
烟台市牟平区支行营业室
烟台市牟平区支行大楼储蓄柜
烟台经济技术开发区支行营业室
经济技术开发区支行储蓄专柜
烟台市龙口市支行营业部
烟台市莱山区支行营业室
潍坊市分行
寿光市支行营业室
寿光市支行羊口办事处
寿光市支行广场分理处
寿光市支行渤海路办事处
寿光市支行商城分理处
寿光市支行城东分理处
寿光市支行城建分理处
寿光市支行三里分理处
寿光市支行东关分理处
青州市支行营业室
青州市支行尧王山西路办事处
青州市支行范公亭西路分理处
青州市支行玲珑山南路分理处
青州市支行瓜市分理处
青州市支行义和街分理处
青州市支行偶园商场分理处
青州市支行青州南路分理处
安丘市支行营业室
安丘市支行景芝办事处
安丘市支行市中办事处
诸城市支行营业室
潍坊市诸城支行东关分理处
潍坊市诸城支行河西办事处
潍坊诸城支行大华中路分理处
高密市支行营业室
高密市支行立新街办事处
昌邑市支行营业室
昌邑市支行西关办事处
昌邑市支行柳疃办事处
昌乐县支行营业室
昌乐县支行利民分理处
潍坊分行临朐县支行营业室
临朐县支行文化路办事处
潍坊分行临朐县支行冶源办事处
海洋化工专业支行营业室
潍坊发电厂专业支行
潍城区支行营业室
潍城区支行向阳路分理处
潍城区支行月河路分理处
潍城区支行河滨分理处
潍城区支行爱国路分理处
潍城区支行建设街分理处
潍城区支行健康西分理处
坊子支行区四马路分理处
坊子区支行营业室
奎文区支行营业室
奎文区支行樱园分理处
奎文区支行福寿东街分理处
奎文区支行卧龙街分理处
高新技术产业开发区支行
寒亭支行营业室
寒亭支行民主西街分理处
新华办事处
潍坊奎文区支行东风街办事处
向阳路南分理处
青年路分理处
潍州路办事处
城东分理处
市府分理处
鸢飞路分理处
东风东街分理处
幸福街分理处
济宁市分行
济宁建行营业部营业室
济宁城区支行营业室
济宁任城支行营业室
济宁建行东郊办事处营业室
济宁建行阜桥办事处营业室
济宁建行共青团路办事处营业室
济宁建行古槐办事处营业室
济宁嘉祥支行营业室
济宁金乡支行营业室
济宁金乡支行储蓄专柜
济宁矿区支行营业室
济宁微山支行营业室
济宁建行西郊办事处
济宁邹城支行储蓄专柜
济宁梁山支行营业室
济宁兖州支行营业室
济宁泗水支行济河路分理处
济宁鱼台支行营业室
济宁邹城市电力支行营业室
济宁曲阜支行营业室
济宁汶上支行营业室
济宁高新办事处营业室
泰安市分行
营业部营业室会计柜台
分行营业部营业室储蓄专柜
泰山区支行营业室会计柜台
泰山区支行营业室储蓄专柜
泰安市分行唐庄分理处
泰山区支行虎东分理处
泰山区支行红门储蓄所
市中支行中心医院储蓄所
市中支行文化路西段储蓄所
市中支行七里储蓄所
市中支行龙潭路储蓄所
七里新村分理处
农大分理处
东岳办事处会计柜台
东岳办事处储蓄专柜
财东分理处
市中支行营业室会计柜台
市中支行营业室储蓄专柜
新汶支行营业室会计柜台
新汶支行储蓄专柜
新泰市支行营业室会计柜台
新泰市支行营业室储蓄专柜
新泰市府前街分理处专柜
宁阳支行营业室会计柜台
宁阳支行储蓄专柜
肥城市支行新城路办事处
肥城市支行石横电厂办事处
肥城市支行矿务局办事处
东平县支行营业室会计柜台
东平县支行营业室储蓄专柜
威海市分行
威海市乳山支行专柜
威海市乳山商业街分理处
威海市行营业部会计专柜
威海市行营业部储蓄专柜
威海市经区专柜
威海市经区海埠办事处
威海市经区蒿泊分理处
威海市经区青岛路所
威海市文登支行营业部
威海市秦桥路储蓄所
威海市崖头分理处
威海市高区支行专柜
威海市高区振兴路分理处
威海市高区高创分理处
威海市环翠区行海港办
威海市环翠区行营业部
威海市环翠区行新威路所
威海市环翠区行环翠楼所
日照分行
分行营业部营业室
分行营业部海纳商城分理处
新市区支行营业室
东港区支行营业室
东港区支行日照路分理处
莒县支行营业室
五莲县支行营业室
岚山支行营业室
望海路支行营业室
开发区支行营业室
分行汇银楼办事处
新市区支行大学科技园分理处
分行昭阳路分理处
铁路支行营业室
博兴县支行营业室
邹平县支行营业室
邹平县支行白云储蓄所
惠民县支行营业室
惠民县支行城北办事处
无棣县支行营业室
无棣县支行储蓄专柜
阳信县支行阳城三路储蓄所
沾化县支行储蓄专柜
沾化县支行会计结算柜台
滨城区支行建银楼储蓄所
滨城区支行黄河八路储蓄所
滨城区支行黄河三路储蓄所
滨城区支行渤海八路储蓄所
滨城区支行北中储蓄所
城区支行储蓄专柜
城区支行黄河二路所
城区支行华滨新村储蓄所
城区支行滨南采油厂储蓄所
滨州市分行
渤海七路办事处
黄河三路办事处
油区办事处
滨城办事处营业室
黄河六路分理处
渤海三路分理处
德州市分行
德州市德城区支行营业室
德州市德城区支行储蓄专柜
德州市电厂支行营业室
德州市电厂支行华兴储蓄所
德州市营业部
德州市解放北路办事处
德州市四新分理处
德州市远东储蓄所
德州市德兴储蓄所
德州市夏津支行营业室
德州市夏津支行建兴所
德州市武城支行营业室
德州市宁津支行营业室
德州市平原支行营业室
德州市平原支行影院所
德州市禹城支行营业室
德州市禹城支行行政街专柜

德州市陵县支行营业室
德州市庆云营业室
德州市齐河支行营业室
德州市齐河支行储蓄所
德州市临邑支行营业室
德州市临邑支行迎宾路分理处
德州市临邑支行临盘储蓄所
德州市乐陵市支行营业室
聊城市分行
聊城市铁路支行营业室
聊城市市中支行营业室
聊城市市中支行储蓄专柜
聊城市市中支行豆营分理处
聊城市市中支行柳园路储蓄所
聊城市市中支行何官屯分理处
聊城市莘县支行营业室
聊城市电厂支行营业室
聊城市市北支行营业室
聊城市东城支行营业室
聊城市阳谷县支行营业室
聊城市东阿县支行营业室
聊城市临清市支行营业室
聊城市高唐县支行营业室
聊城市文化路分理处
聊城市茌平县支行营业室
聊城市东昌府支行营业室
聊城东昌府支行东昌西路分理处
聊城市东昌府支行外贸分理处
聊城东昌府支行鲁西商厦分理处
临沂市分行
临沂市兰山支行储蓄专柜
临沂兰山支行市府大院分理处
临沂市营业部营业大厅
临沂市营业部临西路办事处
临沂市营业部铁路办事处
临沂市市行沂蒙路办事处专柜
临沂市市行城区办事处专柜
临沂市市行解放路办事处专柜
临沂市河东区支行专柜
临沂市罗庄区支行专柜
临沂市临沭县支行专柜
临沂市郯城县支行专柜
临沂市苍山县支行专柜
临沂市平邑县支行专柜
临沂市费县支行专柜
临沂市蒙阴县支行专柜
临沂市沂水县支行专柜
临沂市沂南县支行专柜
临沂市莒南建行营业室
菏泽市分行
菏泽市分行营业部
菏泽市直属经营中心市政府所
菏泽市牡丹区支行
菏泽市分行永丰办事处
菏泽市分行西城办事处
菏泽市电厂支行营业室
菏泽市牡丹区建行市中办事处
菏泽市市中办事处储蓄专柜
菏泽市郓城支行营业室
菏泽市郓城支行金河路西段所
菏泽市巨野支行营业部
菏泽市巨野支行储蓄专柜
菏泽市单县支行营业室
菏泽市东明支行营业部
菏泽市东明支行储蓄专柜
菏泽市成武支行营业室
菏泽市曹县支行营业室
菏泽市曹县支行储蓄专柜
菏泽市鄄城支行营业部
菏泽市鄄城支行储蓄专柜
莱芜市分行
莱芜市分行营业室
莱芜建行营业部凤城西所
莱芜建行凤城西大街办事处
莱芜建行莱城区办事处
莱芜建行花园办事处
莱芜建行莱钢支行营业室
莱芜建行莱钢友谊大街分理处

青岛分行

市分行营业厅会计
铁路支行储蓄专柜
中山路支行储蓄专柜
市南三支行储蓄专柜
市南支行香港西路储蓄
市南支行贵州路储蓄所
市南支行四川路储专柜
市南支行莱阳路储蓄所
市南支行登州路储蓄所
市南支行香港中路专柜
市南支行储蓄专柜
市南支行瞿塘峡路专柜
市南支行云霄路专柜
市南支行基隆路储蓄所
市南支行宁夏路储蓄所
市南支行漳州路储蓄所
市南支行上杭路储蓄所
市南支行闽江路储蓄所
市北支行市场二路专柜
市北支行乐陵路专柜
市北支行延安路专柜
市北支行长春路专柜
市北支行南京路专柜
市北支行宁夏路储蓄所
市北支行聚仙路储蓄所
市北支行台东一路储所
市北支行储蓄专柜
市北支行哈尔滨路专柜
市北支行延安三路专柜
市北支行延安二路专柜
市北支行延吉路专柜
四方支行储蓄专柜
四方支行山东路储蓄所
四方支行宁化路储蓄所
四方支行嘉善路储蓄所
四方支行杭州路储蓄所
四方支行伊春路储蓄所
四方支行商邱路储蓄所
四方支行人民路储蓄所
四方支行海伦路储蓄所
李沧支行储蓄专柜
李沧支行升平路第二所
李沧支行永安路储蓄所
李沧支行兴城路储蓄所
李沧支行书院专柜
李沧支行少山路储蓄所
李沧支行果园路储蓄所
李沧支行夏庄路储蓄所
高科园支行储蓄专柜
高科园支行青大专柜
高科园支行海尔专柜
高科园支行麦岛储蓄所
高科园支行金家岭储蓄
即墨支行城西桥专柜
即墨支行服装市场专柜
即墨支行储蓄专柜
胶州支行储蓄专柜
胶州支行郑州东路储蓄
胶州支行杭州路储蓄所
胶南支行新华路第一储蓄所
胶南支行人民路第三所
胶南支行商城街储蓄所
平度支行郑州路储蓄所
平度支行胜利路储蓄所
平度支行杭州路储蓄所
莱西支行储蓄专柜
莱西支行荷塘场储蓄所
莱西支行烟台路储蓄所
开发区支行崇明岛专柜
开发区支行前湾港专柜
开发区支行香江路储蓄
开发区支行储蓄专柜
开发区支行武夷山储蓄
城阳支行正阳街储蓄所
城阳支行流亭储蓄所
城阳支行城阳专柜
城阳支行储蓄专柜
城阳支行营业部会计

河南分行

郑州行政区支行会计
郑州行政区支行储蓄专柜
省建行直属支行会计
郑州黄河路支行会计
郑州黄河路支行储蓄专柜
郑州城东路支行会计
郑州城东路支行储蓄专柜
郑州郑花路支行会计
郑州郑花路支行储蓄专柜
郑州南阳路支行会计
郑州南阳路支行储蓄专柜
郑州建设路支行储蓄专柜
郑州二七路支行会计
郑州二七路支行储蓄专柜
荥阳市支行营业部
荥阳市支行营业部储蓄专柜
中牟县支行营业部会计
中牟县支行营业部储蓄专柜
新郑市支行营业部会计
新郑市支行营业部储蓄专柜
新密市支行营业部
新密市支行营业部储蓄专柜
登封市支行营业部会计
登封市支行营业部储蓄专柜
巩义市支行营业部会计
巩义市支行营业部储蓄专柜
郑州期货城支行会计
郑州期货城支行储蓄专柜
郑州纬五路支行会计
郑州纬五路支行储蓄专柜
郑州建设路支行会计
郑州金水营业部会计
郑州金水营业部储蓄专柜
郑州桐柏路支行会计
郑州桐柏路支行储蓄专柜
省建行直属支行储蓄专柜
京广路支行营业部会计
京广路支行营业部储蓄专柜
安阳分行
安阳分行永安街分理处储蓄专柜
安阳分行北关支行营业部
濮阳胜利路支行会计柜
濮阳胜利路支行储蓄专柜
鹤壁分行
鹤壁分行煤炭支行会计柜
鹤壁分行煤炭支行储蓄专柜
新乡分行
新乡分行市区支行
新乡分行市区支行储蓄专柜
新乡分行北干道支行
新乡北干道支行储蓄专柜
新乡分行北站支行
新乡分行北站支行储蓄专柜
新乡分行平原路支行
新乡平原支行中心储蓄专柜
新乡分行营业部会计
新乡分行营业部储蓄专柜
焦作分行
焦作分行焦东支行会计
焦作分行焦东支行储蓄专柜
济源支行中心分理处储蓄专柜
济源支行中心分理处
焦作分行营业部会计
焦作分行营业部储蓄专柜
商丘分行
商丘分行归德分理处
商丘分行归德分理处储蓄专柜
开封市分行
开封市分行营业部会计
开封分行营业部储蓄专柜
洛阳市分行
洛阳西工支行会计
洛阳西工支行储蓄专柜
洛阳王城路支行会计
洛阳王城路支行储蓄专柜
洛阳涧西支行会计
洛阳涧西支行储蓄专柜
洛阳华山路支行会计
洛阳华山支行储蓄专柜
洛阳老城支行会计
洛阳老城支行储蓄专柜
洛阳关林支行会计
洛阳关林支行北街储蓄所
洛阳吉利支行会计
洛阳吉利支行储蓄专柜
洛阳车站支行会计
洛阳车站支行储蓄专柜
洛阳营业部会计
洛阳营业部储蓄专柜
洛阳小浪底支行会计
洛阳小浪底支行储蓄专柜
三门峡分行
三门峡分行营业部会计
三门峡分行营业部储蓄专柜
周口分行
周口分行营业部会计
周口分行营业部储蓄专柜
许昌分行
许昌分行西湖支行会计
许昌分行西湖支行储蓄专柜
许昌分行营业部会计
许昌分行营业部储蓄专柜
平顶山建设路支行会计
平顶山建设路支行储蓄专柜
漯河分行
漯河分行营业部会计
漯河分行营业部储蓄专柜
驻马店分行营业部会计
驻马店分行营业部储蓄专柜
南阳市区支行兴达分理处会计
市区支行兴达分理处储蓄专柜
南阳分行
南阳分行营业部会计
南阳分行营业部储蓄专柜
信阳建行营业部会计营业室
信阳建行营业部储蓄专柜

湖北分行

营业部储蓄专柜
营业部香江储蓄专柜
营业部会计专柜
柏龙会计专柜
省直支行营业部储蓄专柜
省直电力储蓄专柜
省直世贸储蓄专柜
省直支行营业部会计专柜
东湖支行储蓄专柜
东湖支行水果湖储蓄专柜
东湖支行水果湖会计专柜
东湖中北储蓄专柜
胜利街储蓄所

香港路分理处储蓄专柜
长江惠济二路储蓄所
长江支行会计专柜
江岸支行储蓄专柜
惠济储蓄专柜
江岸解放公园储蓄专柜
江岸支行营业室
江汉唐家墩储蓄专柜
江汉电力储蓄专柜
江汉支行储蓄专柜
江汉支行营业室
石乔口支行储蓄专柜
石乔口公园储蓄专柜
桥口常青花园储蓄专柜
桥口支行会计专柜
汉阳支行储蓄专柜
汉阳钟家村储蓄专柜
汉阳十里储蓄专柜
汉阳支行会计专柜
武昌支行储蓄专柜
解放路分理处储蓄专柜
武昌杨园储蓄专柜
武昌支行会计专柜
洪山支行储蓄专柜
科技园储蓄专柜
丁字桥储蓄专柜
洪山支行会计专柜
洪山马房山储蓄专柜
洪山喻家山储蓄专柜
钢城武东储蓄专柜
钢城石化储蓄专柜
青山分理处储蓄专柜
建二储蓄专柜
钢城支行储蓄专柜
钢城支行会计专柜
东西湖支行储蓄专柜
东西湖支行营业室
开发区支行储蓄专柜
开发区支行会计专柜
蔡甸支行中心储蓄所
蔡甸支行会计结算部
江夏支行储蓄专柜
江夏支行会计专柜
黄陂支行储蓄专柜
黄陂支行营业室
新州支行储蓄专柜
新州支行营业室
黄石市分行
黄石胜阳港储蓄专柜
黄石营业部储蓄专柜
黄石环球营业室储蓄
黄石环球营业室
襄樊市分行
襄樊营业部储蓄专柜
襄樊二汽储蓄专柜
襄樊襄城储蓄专柜
襄樊樊城储蓄专柜
襄樊营业部会计专柜

襄樊二汽会计专柜
襄樊襄城会计专柜
荆州州分行
荆州沙市储蓄专柜
荆州古城储蓄专柜
荆州沙市会计专柜
荆州古城会计专柜
十偃市分行
十偃营业部储蓄专柜
十偃五偃储蓄专柜
十偃营业部会计专柜
十偃五偃会计专柜
孝感市分行
孝感营业部储蓄专柜
孝感营业部会计专柜
荆门市分行
荆门石化储蓄专柜
荆门石化会计专柜
黄冈市分行
黄冈十字街储蓄专柜
黄冈金桥储蓄专柜
黄冈胜利街储蓄专柜
黄冈十字街会计专柜
黄冈金桥会计专柜
鄂州市分行
鄂州营业部储蓄专柜
鄂州信用卡会计专柜
恩施市分行
恩施清江储蓄专柜
恩施清江会计专柜
咸宁市分行
咸宁营业部储蓄专柜
咸宁二桥储蓄专柜
咸宁二桥会计专柜
随州市分行
随州营业部储蓄专柜
随州曾都营业部会计

三峡分行

分行营业部储蓄专柜
分行营业部会计柜
葛洲坝支行专柜
葛洲坝支行会计柜
西陵支行专柜
西陵支行会计柜
西坝分理处专柜
西坝分理处会计柜
平湖分理处专柜
平湖分理处会计柜
星火路分理处专柜
星火分理处会计柜
伍家分理处专柜
伍家分理处会计柜
东山分理处专柜
东山分理处会计柜
镇江阁分理处
西楚分理处
长江分理处专柜
长江分理处会计柜

高峡分理处专柜
高峡分理处会计柜
镇镜山分理处
西陵二路分理处
东湖一路分理处
黄柏河分理处
三江桥分理处
三峡大学分理处
夜明珠分理处
港窑路分理处
中山路分理处
绿萝路分理处
胜利分理处
北山分理处
环北分理处
果园路分理处
军区分理处
顺达分理处
航空分理处专柜
航空分理处会计柜
五一分理处
中心医院分理处
万寿桥分理处
宝塔河分理处
用电分理处
便民储蓄所
少年宫储蓄所
建设路储蓄所
西陵一路储蓄所
大坝支行专柜
大坝支行会计柜
腾龙分理处会计柜
猇亭支行专柜
猇亭支行会计柜
猇亭支行宜化专柜
夷陵支行营业部
夷陵支行晓溪塔专柜
夷陵支行冯家湾专柜
夷陵支行彩云所
夷陵支行平云所
清江支行营业部
清江支行中心所
清江支行陆城专柜
清江支行东门所
清江支行枝城专柜
长阳支行营业部专柜
长阳支行龙舟坪专柜
枝江支行营业部
枝江支行红旗所
枝江支行五办专柜
枝江支行马家店专柜
当阳支行专柜
当阳支行会计柜
当阳支行玉阳专柜
当阳支行第一储蓄所
当阳支行第二储蓄所
当阳支行第三储蓄所
当阳支行第四储蓄所

当阳支行第五储蓄所
远安支行营业部
远安支行城关分理处
远安支行 066 分理处
兴山支行营业部
秭归支行营业部
秭归支行高峡分理处专柜
秭归支行茅坪分理处专柜

湖南分行

营业部本部会计柜
营业部本部专柜
营业部新世纪所
营业部湘蓉专柜
营业部复兴支行专柜
营业部曙光支行专柜
河西支行中南大学储蓄专柜
河西支行财院所
河西支行银桐所
河西支行师大所
河西支行中山所
河西支行黄兴所
望城支行专柜
工农路储蓄所
河西支行营业部
河西支行航天所
河西支行新民路储蓄专柜
河西支行府前路专柜
河西支行天顶储蓄所
河西支行湖大储蓄所
河西支行锌厂所
宁乡支行本部
龙潭湾储蓄所
沙河储蓄所
玉潭储蓄所
城北储蓄所
天心支行营业部专柜
天心支行左信所
天心支行长岭支行专柜
天心支行水电所
天心支行潇湘处专柜
天心支行迎宾处专柜
天心支行白沙处专柜
天心支行心安里处专柜
天心支行鸿园处专柜
天心支行袁家岭处专柜
天心支行神龙处专柜
天心支行中南院所
天心支行马王堆处专柜
天心支行营业部
铁银支行韭菜园支行专柜
铁银支行城北支行专柜
铁银支行迎宾分理处专柜
铁银支行新星分理处专柜
铁银支行新华支行专柜
铁银支行营业部专柜
铁银支行东塘办事处专柜
铁银支行韶山路办事处专柜

铁银支行赤新办事处专柜
铁银支行城南办事处专柜
铁银支行解放中路办事处专柜
铁银支行城东办事处专柜
铁银支行五一路办事处专柜
铁银支行新城办事处专柜
铁银支行营业部
铁银支行城北支行
铁银支行韭菜园支行
湘江支行本部专柜
湘江支行银龙专柜
湘江支行北大专柜
湘江支行兴汉专柜
湘江支行兴蓉所
浏阳支行本部专柜
湘江支行留芳专柜
湘江支行星沙专柜
湘江支行恒达专柜
湘江支行能源专柜
湘江支行银河专柜
湘江支行湘北专柜
湘江支行营业部
湘江支行银龙分理处
湘江支行北大分理处
湘江支行兴汉分理处
浏阳支行
湘江支行留芳分理处
湘江支行星沙分理处
湘江支行恒达分理处
湘江支行能源分理处
湘江支行银河分理处
湘江支行湘北分理处
芙蓉支行营业部储蓄专柜
芙蓉支行井湾子分理处储蓄专柜
芙蓉支行曙光分理处储蓄专柜
芙蓉支行树木岭分理处储蓄专柜
芙蓉支行解放路分理处储蓄专柜
芙蓉支行东瓜山分理处储蓄专柜
芙蓉支行大华分理处储蓄专柜
芙蓉支行东城支行储蓄专柜
芙蓉支行金盆岭分理处储蓄专柜
芙蓉支行营业部会计专柜
华兴支行站务储蓄所
华兴支行朝阳储蓄所
华兴支行杨家山储蓄所
华兴支行南湖所
华兴支行马王街所
华兴支行二里牌所
华兴支行营业部专柜
华兴支行友谊专柜
华兴支行清水塘处专柜
华兴支行东方处专柜
华兴支行八一西处专柜
华兴支行艺园处专柜
华兴支行金天处专柜
华兴支行左家塘处专柜
华兴支行道门口处专柜
华兴支行人民路处专柜

华兴支行五一路处专柜
华兴支行营业部
常德营业部储蓄专柜
常德营业部会计柜
常德武陵储蓄专柜
常德津市储蓄专柜
常德鼎城储蓄专柜
常德安乡储蓄专柜
常德汉寿十字街专柜
常德澧县北大路专柜
常德临澧储蓄专柜
常德桃源储蓄专柜
常德石门储蓄专柜
郴州分行
分行营业部人民路储蓄柜
分行营业部南塔处储蓄柜
分行营业部南大处储蓄柜
分行营业部郴南处储蓄柜
分行营业部苏仙路储蓄柜
分行营业部储蓄专柜
营业部会计柜
北湖支行储蓄专柜
北湖支行北苑处储蓄柜
北湖支行北街处储蓄柜
北湖支行万花冲所
北湖支行郴宜路储蓄柜
北湖支行西街储蓄所
北湖支行北湖市场所
北湖支行仙鹿处储蓄柜
北湖支行东风处储蓄柜
北湖支行工业区储蓄柜
苏仙支行储蓄柜
苏仙支行燕泉处储蓄柜
苏仙支行桔井处储蓄柜
苏仙支行人民路储蓄所
苏仙支行园丁储蓄所
铁道支行储蓄柜
铁道支行国庆南路储蓄柜
铁道支行苏虹储蓄所
资兴支行储蓄柜
桂阳支行储蓄柜
宜章支行储蓄柜
永兴支行储蓄柜
临武支行储蓄柜
嘉禾支行储蓄柜
汝城支行储蓄柜
桂东办事处储蓄柜
衡阳分行
分行营业部会计柜
分行营业部储蓄专柜
开发区支行储蓄专柜
西园支行储蓄专柜
西园支行建银处专柜
西园支行永峰处专柜
一支行银苑所
一支行蒸湘处专柜
一支行大桥处专柜
一支行建阳处专柜
一支行凌雁处专柜
一支行五一路处专柜
一支行储蓄专柜
一支行云雁所
一支行飞雁所
一支行双雁所
一支行白云所
一支行万联证券服务组
二支行储蓄专柜
二支行铁路所
二支行荷花所
二支行雁东所
二支行雁广所
二支行财源处专柜
二支行东阳渡处专柜
二支行冶铁处专柜
二支行铁道处专柜
二支行湖北路处专柜
三支行储蓄专柜
三支行学宫路所
三支行新春所
三支行风华处专柜
三支行君安代办所
三支行黄白路处专柜
三支行银雁处专柜
三支行雁翔处专柜
三支行回雁分理处专柜
耒阳支行储蓄专柜
衡阳支行营业部专柜
衡山支行营业部专柜
南岳支行储蓄专柜
衡东支行储蓄专柜
常宁支行储蓄专柜
祁东支行储蓄专柜
本部会计柜
本部储蓄专柜
太平桥分理处储蓄柜
迎东分理处储蓄专柜
铁道支行专柜
怀北分理处储蓄专柜
宝家山分理处储蓄专柜
迎丰分理处储蓄专柜
通道支行储蓄专柜
安江分理处储蓄专柜
黔城分理处储蓄专柜
兴隆储蓄专柜
洪江储蓄专柜
沅陵储蓄专柜
辰溪储蓄专柜
溆浦支行储蓄专柜
麻阳储蓄专柜
新晃储蓄专柜
芷江储蓄专柜
会同储蓄专柜
江口分理处储蓄专柜
长青支行专柜
娄星火车站分理处专柜
娄星支行专柜
涟钢支行专柜
涟源支行专柜
双峰支行专柜
冷水江支行专柜
新化支行专柜
资氮支行专柜
长青支行会计柜
支行储蓄专柜
营业部会计柜
宝中分理处储蓄柜
保宁办事处储蓄柜
二支行储蓄专柜
建设路储蓄所
昭陵办储蓄专柜
三支行储蓄专柜
酿溪分理处储蓄专柜
营业部储蓄专柜
大安街分理处储蓄专柜
邵东支行储蓄专柜
第一储蓄所
第五储蓄所
人民路分理处储蓄专柜
第七储蓄所
隆回支行储蓄专柜
邵阳县支行储蓄专柜
武冈支行储蓄专柜
洞口支行储蓄专柜
中心街储蓄所
城步支行储蓄专柜
新宁支行储蓄专柜
营业部本部会计柜储蓄专柜
营业部铁道分理处专柜
鹤岭分理处储蓄专柜
中心储蓄所
建北储蓄专柜
楠竹山储蓄专柜
潭州储蓄专柜
湘大储蓄专柜
岳塘支行储蓄专柜
友谊储蓄专柜
高新储蓄专柜
半边街储蓄专柜
板塘支行储蓄专柜
纺城储蓄专柜
岚园储蓄专柜
易俗河储蓄专柜
湘乡支行储蓄专柜
广场储蓄专柜
棋梓桥储蓄专柜
韶山分理处储蓄专柜
雨湖支行储蓄专柜
营业部专柜
营业部会计
永信处专柜
金汇处专柜
一支行储蓄专柜
一支行银龙处
二支行中山路所
二支行潇湘处
东安专柜
宁远专柜
兰山专柜
江永专柜
江华专柜
新田专柜
道县专柜
祁阳专柜
岳阳市分行
东茅岭支行营业部
东茅岭支行广场分理处
东茅岭支行建湘北路分理处
东茅岭支行花板桥分理处
云溪支行营业部
长岭支行营业部
城陵矶支行营业部
冷水铺支行营业部
冷水铺支行洞氮分理处
冷水铺支行巴陵东路分理处
金鄂支行营业部
金鄂支行南湖分理处
华容支行营业部
汨罗支行营业部
临湘支行营业部
平江支行营业部
湘阴江东分理处
荣家湾分理处
市分行营业部专柜
市分行营业部会计柜
张家界市分行
分行营业部紫舞路分理处
永定支行储蓄专柜
分行营业部
武陵源路分理处
永定支行回龙路分理处储蓄专柜
永定支行一中储蓄所
永定支行铁道分理处储蓄专柜
永定支行大桥分理处储蓄专柜
慈利支行东城储蓄所
慈利支行影院分理处储蓄专柜
营业部紫舞分理处储蓄专柜
分武陵源分理处储蓄专柜
桑植支行储蓄专柜
桑植支行中心分理处储蓄专柜
江垭支行储蓄专柜
永定支行
益阳分行
营业部会计专柜
益阳分行营业部专柜
益阳分行桃花仑处专柜
益阳分行铁道支行专柜
益阳分行铁道支行桥南处
益阳分行资阳支行专柜
益阳分行资阳支行五一路处
益阳分行资阳支行师专处
益阳分行金山支行专柜
益阳分行金山支行白鹿处
益阳分行金山支行朝阳处
益阳分行金山支行康富路处
益阳分行赫山支行专柜
益阳分行赫山支行赫山庙处
益阳分行赫山支行大海塘处
益阳分行桃江支行专柜
益阳分行桃江支行文化路处
益阳分行桃江支行灰山港处
益阳分行南县支行专柜
益阳分行南县支行茅草街处
益阳分行南县支行林荫路处
益阳分行安化支行专柜
益阳分行安化梅城处
益阳分行安化柘溪处
益阳分行沅江支行专柜
益阳分行沅江支行草尾处
益阳分行银星支行专柜
自治州分行
自治州分行人民路专柜
自治州分行边城分理处
自治州分行专柜
自治州分行银税分理处
自治州分行永顺支行专柜
自治州分行龙山支行专柜
自治州分行花垣处专柜
自治州分行泸溪处专柜
自治州分行凤凰南华路所
自治州分行营业部
株洲分行
株洲分行城东专柜
株洲分行三二〇专柜
株洲分彩虹专柜
株洲分行营业部专柜
株洲分行建南专柜
株洲分行天禄专柜
营业部会计柜
株洲分行城南专柜
株洲分行南华专柜
株洲分行电力专柜
株洲分行人民路专柜
株洲分行奔龙所
株洲分行建设路专柜
株洲分行湘江专柜
株洲分行城西支行营业部
株洲分行滨江所
株洲分行长江所
株洲分行金厦专柜
株洲分行醴陵专柜
株洲分行中心街专柜
株洲分行火车站专柜
株洲分行攸县专柜
株洲分行西亭专柜
株洲分行茶棱专柜
株洲分行炎陵专柜
株洲分行铁道支行专柜
株洲分行株北专柜
株洲分行铁支四三〇专柜
株洲分行桥东所

株洲分行城北专柜
株洲分行白石港专柜

广东分行

建银所
一支行营业科
署前办
铁路支行营业科
中山二路办事处
东风东路办事处
执信南路分理处
大沙头三马路办事处
二支行营业科
羊城支行
三支行营业科
中六办
盘福路支行
小北路支行
交易广场办事处
天河支行营业科
石牌办
建和支行营业科
东城支行
直属支行
天河路支行
龙口路支行
金海花园办事处
沙河支行
体育东路办事处
华景新城办事处
荔湾支行营业科
西城支行营业科
流花支行
西村支行
石路基办事处
人民中办事处
西华办事处
机场路支行
东环支行营业科
帝景大厦支行
白云支行营业科
登峰办
四支行营业科
江南新村分理处
新港路办事处
芳村支行营业科
开发区支行营业科
东圃办事处
建设路支行
黄埔支行
番禺支行营业科
花都支行营业科
建北办事处
建华办事处
增城支行营业科
增城新塘支行
从化支行营业科
东莞市分行
分行营业部
城区支行
虎门支行
长安支行
厚街支行
常平支行
石龙支行
万江分理处
中堂支行
运河支行
樟木头支行
东城支行
篁村支行
可园支行
寮步支行
石碣支行
塘厦支行
佛山市建卫分理处
锦华办事处
南海市支行营业部
开发区支行
敦厚支行
普君支行
南海桂城办
张槎支行
南海建强分理处
澜石支行办事处
汾江支行
黄岐办事处
三水支行营业部
高明支行营业部
石营支行
禅建支行
建石支行
西樵办事处
顺德市支行营业部
顺德大良办事处
中山市分行
分行营业部
小榄支行营业部
坦洲支行营业部
中山港支行营业部
城区松苑分理处
三乡支行营业部
城区支行富华道分理处
黄圃分理处
南头支行营业部
兴中道支行
东升分理处
石岐支行营业部
城区支行体育东路分理处
城区支行营业部
城区竹苑分理处
城区华柏分理处
古镇支行营业部
东凤支行营业部
南安分理处
悦来中分理处
珠海市分行
分行营业部
斗门支行
茂盛支行
前山支行
柠溪支行
吉大支行
香柠办
紫荆支行
香洲支行
拱北支行
江门市分行
分行营业部
城区支行
港口支行
鹤山第二营业部
台山台东办
开平支行营业部
新会中心办事处
江翠支行专柜
开平支行大兴办
新会支行圭峰办
港口支行江华办
惠州市分行南坛分理处
博罗支行石湾办事处
大亚湾支行营业部
博罗支行营业部
惠州市分行
分行营业部经营部
惠州市分行南坛办事处
惠东支行吉隆办事处
惠城支行营业部
惠州办事处
麦地办事处
南湖支行
铁路支行
惠阳支行陈江办事处
水东分理处
下角支行营业部
龙门支行营业部
文昌路分理处
下埔营业部
埔南办事处
惠阳支行淡水办事处
下埔办事处
惠东支行营业部
江城办事处
上排支行
汕头营业部
汕头国内业务部
潮阳支行
澄海支行
龙湖支行
安平支行
金砂支行
茂名市分行
分行营业部
宫渡分理处储蓄专柜
文明南分理处储蓄专柜
龙湖分理处储蓄专柜
河西支行储蓄专柜
高州市支行本部
化州市光明分理处储蓄专柜
信宜市支行储蓄专柜
电白县支行本部
分行营业部储蓄专柜
茂名市春晖分理处储蓄专柜
为民分理处储蓄专柜
迎宾分理处储蓄专柜
金山分理处储蓄专柜
金龙分理处储蓄专柜
湛江市分行
分行营业部储蓄专柜
霞山支行储蓄专柜
南油支行储蓄专柜
光复路分理处
百园分理处
海昌路分理处
南油二区储蓄所
麻章支行储蓄专柜
兴华分理处
海棠分理处
廉江支行储蓄专柜
遂溪县支行府前分理处
霞山支行海滨分理处
开发区支行储蓄专柜
二营储蓄专柜
雷州支行储蓄专柜
吴川支行储蓄专柜
清远分行
清远分行营业部
清远一支行天湖办
曙光路支行储蓄专柜
清新支行储蓄专柜
佛冈支行储蓄专柜
阳山县支行建业办
阳山县支行储蓄专柜
连州支行储蓄专柜
连南支行储蓄专柜
连山支行储蓄专柜
英德市支行专
英德市富强路办
揭阳市榕城支行沿江路办
普宁支行储蓄专柜
榕城支行北建分理处
揭西支行棉湖办事处
榕城支行
揭东支行
普宁支行城北分理处
开发区支行
揭西支行
惠来支行
华诚支行
揭阳分行
揭阳分行营业室
揭阳分行东城办事处
韶关市分行
北江支行西堤办
分行营业部营业厅
浈江支行营业厅
南郊支行梨园办事处
永通办事处
乐昌支行储蓄专柜
阳江市分行
阳春支行营业厅
分行营业部东区分理处
江城支行储蓄专柜
市分行营业部储蓄专柜
阳西支行营业厅
海陵支行营业厅
河源市新市办事处
源城办事处
龙川支行新街办事处
肇庆市端州支行储蓄专柜
工农路支行
城东支行储蓄专柜
四会支行储蓄专柜
潮州市分行营业部
饶平县支行营业部
潮安县支行营业部
湘桥支行营业部
梅州分行
梅州市梅江支行嘉应办
梅州市分行业务专柜
梅县支行华侨城办
梅县支行城东办事处
梅县支行西桥办事处
梅州市梅县支行专柜
梅州市营业部南区办事处
梅州市营业部南区分理处
梅州市营业部凌风西办
梅州市营业部龙坪办
梅江支行专柜
梅江支行彬芳办事处
梅州市分行黄塘办事处
梅州市分行储蓄专柜
梅州市分行槐岗办事处
梅县支行小花园办事处
梅县支行府前路办事处
梅江支行仲元路办事处
平远县支行储蓄专柜
兴宁市支行储蓄专柜
大埔县向东办事处
五华县支行车站办事处
蕉岭县支行桂岭办事处
丰顺县支行大东门办事处
梅州市分行铁路分理处
梅州市营业部学艺路办事处
梅州市营业部城区办事处
梅州市营业部火车办事处
梅州市营业部直属办事处
梅州市营业部东街办事处
梅县支行科技分理处
梅县支行江南办事处
梅县支行中央大道分理处

梅县支行锭子桥分理处
梅州市梅江支行西郊办事处
梅州市梅江支行虹桥办事处
云浮市天平分理处
汕尾市分行
汕尾市城区支行储蓄专柜
海丰支行储蓄专柜
陆丰支行储蓄专柜
陆河分理处储蓄专柜
汕尾分行营业部储蓄专柜

深圳分行

分行营业部
第二营业部
罗湖支行
宝安路支行
红桂路支行
老街支行
上步支行
福虹支行
航空大厦支行
福滨支行
南园支行
爱华支行
福祥支行
福田支行
金田路支行
福民支行
福田保税区支行
益民支行
益田支行
城东支行
侨城东支行
黄贝岭支行
凤凰支行
爱国路支行
田背支行
翠园支行
雅园支行
独树支行
笋岗支行
翠竹支行
人民北路支行
铁路支行
罗湖商业城支行
和平路支行
金丰城支行
东湖支行
布心支行
碧波支行
东乐支行
莲塘支行
住房城市建设支行
深南中路支行
滨河支行
八卦岭支行
园岭支行
振华支行
长城支行
建艺支行
嘉华支行
长盛支行
华富支行
振兴支行
莲花山支行
梅林支行
莲花北支行
美莲支行
梅景支行
彩田支行
国通支行
红荔支行
市政储蓄所
景田支行
新洲支行
景苑支行
泰然支行
华侨城支行
侨城西储蓄所
科苑支行
沙河支行
地铁支行
高新园支行
南山支行
南油支行
南山大道支行
鸿瑞支行
蛇口支行
太子支行
招商支行
海月支行
沙头角支行
盐田支行
梧桐山支行
宝安支行
新安支行
创业支行
西乡支行
前进支行
安乐支行
观澜支行
机场支行
松岗支行
沙井支行
福永支行
龙岗支行
龙城支行
大鹏支行
龙兴支行
横岗支行
大工业区支行
布吉支行
沙湾支行
南岭支行
平湖支行
龙华支行
荣超支行

广西区分行

区建行营业部
区分行营业部会计柜
新城支行营业部会计柜
民主支行园湖分理处会计柜
朝阳支行民乐分理处会计柜
江南支行营业部会计柜
桃源支行中山分理处会计柜
桃源支行邕州分理处会计柜
园湖支行营业部会计柜
园湖支行东宝路分理处会计柜
园湖支行新华分理处会计柜
园湖支行嘉宾路分理处会计柜
城北支行营业部会计柜
高新支行营业部会计柜
高新支行永新分理处会计柜
高新支行人民西路分理处会计柜
新城支行新竹中分理处储柜
新城支行思贤分理处储柜
新城支行东葛分理处储柜
新城支行营业部储柜
新城支行公园分理处储柜
新城支行新民分理处储柜
新城支行新民南分理处储柜
新城支行滨湖北分理处储柜
民主支行园湖分理处储柜
民主支行东葛东路分理处储柜
民主支行营业部储柜
朝阳支行民乐分理处储柜
朝阳支行朝阳路分理处储柜
朝阳支行华东路分理处储柜
桃源支行邕州分理处储柜
桃源支行中山分理处储柜
园湖支行营业部储柜
园湖支行东宝路分理处储柜
园湖支行新华分理处储柜
园湖支行嘉宾路分理处储柜
城北支行营业部储柜
城北支行明秀小区分理处储柜
城北支行铁道分理处储柜
高新支行营业部储柜
高新支行人民西路分理处储柜
高新支行永新分理处储柜
江南支行营业部储柜
江南支行江南分理处储柜
江南支行淡村分理处储柜
柳州分行
柳州分行营业部会计柜
柳州分行北站路第二储蓄所
柳州分行柳太路分理处储柜
柳州分行河西五菱分理处储柜
柳州分行南站分理处
柳州分行河东分理处
柳州分行屏山大道分理处
柳州分行谷埠路储蓄所
柳州分行雀儿山路第二储蓄所
柳州分行八一支行储柜
柳州分行友谊路分理处储柜
柳州分行南站分理处会计柜
柳州分行河东分理处会计柜
柳州分行柳南支行营业部会计柜
柳州分行柳北营业部会计柜
柳州分行八一支行营业部会计柜
桂林分行
桂林分行营业部储柜
桂林分行丽君路储蓄所
桂林分行高新支行储柜
桂林分行城南支行储柜
桂林分行建新分理处储柜
桂林分行中区分理处储柜
桂林分行城中支行储柜
桂林分行临桂城中分储柜
桂林分行临桂支行储柜
桂林象山支行储柜
桂林分行西城分理处储柜
桂林分行中区分理处会计柜
桂林分行营业部会计柜
梧州分行
梧州分行营业部
梧州分行万秀支行储柜
梧州分行龙骨路分理处储柜
梧州分行河西支行东风储柜
梧州分行新世纪昼夜分理处储柜
梧州分行贺州支行储柜
梧州分行营业部会计柜
北海分行
北海分行营业部
北海分行昼夜分理处储柜
北海分行合浦支行营业部储柜
北海分行营业部会计柜
玉林分行
玉林分行营业部储蓄专柜
玉林分行玉州支行储柜
玉林分行营业部会计柜
百色分行
百色分行营业部储柜
百色分行解放储蓄所
百色市支行储蓄专柜
钦州支行人民路分理处储柜
钦州支行营业部储柜
钦州支行营业部会计柜
百色分行营业部会计柜
河池分行
河池分行营业部储柜
河池分行营业厅储柜
河池分行城西分理处储柜
防城港支行营业部储柜
河池分行营业部会计柜
平果铝分行
平果铝分行新华储蓄所
平果铝分行营业部储柜
平果铝分行营业部会计柜
贵港支行新港储蓄所
贵港支行营业部储柜
贵港支行龙珠分理处储柜
贵港支行营业部会计柜
防城港支行营业部会计柜

海南分行

省建行营业部
省建行营业部
龙华支行营业部
海府支行营业部
珠江广场分理处
秀英支行营业部
城建支行营业部
南航支行营业部
金盘支行营业部
龙华支行营业部
海府支行营业部
金盘支行营业部
珠江广场分理处
秀英支行营业部
城建支行营业部
南航支行营业部

四川分行

省分行营业部支行会计科
四川省分行营业部储蓄专柜
新华支行储蓄专柜
南郊办事处储蓄专柜
太升南路分理处储蓄专柜
红星路分理处储蓄专柜
新华支行四川联大代办所
新华支行电子科大东院储蓄所
新华支行紫荆东路储蓄所
岷江支行民兴大厦储蓄专柜
蜀都分理处储蓄专柜
文庙街分处储蓄专柜
马鞍路分理处储蓄专柜
岷江支行玉沙路储蓄所
德盛路分理处储蓄专柜
岷江支行永陵路储蓄所
岷江支行致民路储蓄所
人民中路分理处储蓄专柜
东门大桥分理处储蓄专柜
青羊分理处储蓄专柜
铁道支行储蓄专柜
冠城广场分理处储蓄专柜
沙湾分理处储蓄专柜
火车北站分理处储蓄专柜
人民北路分理处储蓄专柜
西北桥分理处储蓄专柜
玉带桥分理处储蓄专柜
华兴分理处储蓄专柜
锦城支行储蓄专柜
新鸿路支行储蓄专柜
新鸿路支行小龙桥储蓄所
成都市第一支行储蓄专柜
一号桥分理处储蓄专柜
人民西路分理处储蓄专柜
第一支行少陵路储蓄所
西月城街分理处储蓄专柜
第一支行白云储蓄所
第一支行羊市街储蓄所

第一支行金河储蓄所
第二支行储蓄专柜
北大街分理处储蓄专柜
二支行后子门分理处专柜
二支行战旗小区储蓄所
第二支行李家沱储蓄所
第二支新华小区储蓄所
黄田坝分理处专柜
建设路分理处专柜
第二支棕北小区储蓄所
第二支川大文化路储蓄所
第三支行储蓄专柜
第三支行芳草街储蓄所
第三支行玉林储蓄所
南虹分理处储蓄专柜
第三支行燃灯寺储蓄所
第三支行北门大桥储蓄所
第四支行储蓄专柜
浆洗街分理处储蓄专柜
第四支行青羊储蓄专柜
第四支行大石西路储蓄所
第五支行储蓄专柜
抚琴西路分理处储蓄专柜
红庙子分理处储蓄专柜
春熙路分理处储蓄专柜
第六支行储蓄专柜
盐市口分理处专柜
第六支行金丝街储蓄所
第六支行康庄街储蓄所
第六支行双桥路储蓄所
第六支行新光路储蓄所
第六支行玉双路储蓄所
第六支行经华路储蓄所
第七支行储蓄专柜
领事馆分理处储蓄专柜
百花潭分理处专柜
磨子桥分理处专柜
白果林分理处储蓄专柜
第八支行金家坝储蓄所
第八支行金沙路储蓄所
第九支行储蓄专柜
泡桐树分理处专柜
金河支行储蓄专柜
南大街分理处储蓄专柜
十二桥分理处储蓄专柜
少城分理处储蓄专柜
金河支行西延商城储蓄所
金河支行武侯横街储蓄所
新华支行会计
南郊办事处
红星路分理处
太升南路分理处
新鸿路支行会计
第一支行会计柜台
第二支行会计柜台
第三支行会计柜台
第四支行会计柜台
第五支行会计柜台

第六支行会计柜台
第七支行会计柜台
第八支行会计柜台
第九支行会计柜台
金河支行会计柜台
岷江支行会计科
文庙分理处会计柜
玉沙分理处会计柜
锦城支行会计
玉带桥分理处会计柜
华兴分理处
铁道支行会计科
沙湾分理处会计柜台
火车北站分理处会计柜
冠城分理处会计柜台
东站分理处会计柜台
绵阳市分行
绵阳市分行营业部会计柜
绵阳市分行跃进路所
绵阳市分行普明南路所
绵阳市分行红星街所
绵阳市分行火车站分理处专柜
绵阳市分行富乐路所
绵阳市分行剑南路分理处专柜
绵阳市分行八街区所
临园分理处储蓄专柜
兴达广场分理处储蓄专柜
四川省科学城支行储蓄专柜
江油市支行纪念碑分理处专柜
内江市分行
分行营业部会计柜
上南街支行新光储蓄所
上南街支行新星储蓄所
营业部火分处储蓄专柜
营业部中央路储蓄所
营业部临江小区储蓄所
营业部邱家嘴分理处专柜
营业部明星储蓄所
上南街支行新民储蓄所
东兴区支行第一储蓄专柜
东兴区支行羊子市储蓄所
白马支行储蓄专柜
隆昌县支行储蓄专柜
资中县支行储蓄专柜
威远县支行储蓄专柜
资阳市支行储蓄专柜
简阳市支行内南街储蓄所
安岳县支行储蓄专柜
乐至县支行储蓄专柜
乐山市分行
直属支行半边街储蓄所
直属支行人民南路储蓄所
直属支行鼓楼街储蓄所
直属支行高北门储蓄所
直属支行会计柜台
城北支行城北储蓄所
峨眉山市支行名山路储蓄所
眉山县支行储蓄专柜

城北支行嘉定中路储蓄所
城北支行北门桥储蓄所
仁寿县支行新南街储蓄所
城北支行会计柜
眉山县支行会计柜台
峨眉山市支行名山路分理处

重庆分行

市分行营业部会计柜
渝中支行营业部储蓄专柜
渝中支行打铜街分理处储蓄专柜
渝中支行会计柜
渝中支行储蓄专柜
渝中支行邹容路分理处储蓄专柜
渝中支行上清寺分理处储蓄专柜
渝中支行大坪分理处储蓄专柜
渝中支行两路口专柜
沙坪坝支行会计柜
沙坪坝支行储蓄专柜
沙坪坝支行双碑专柜
沙坪坝支行陈家湾专柜
杨家坪支行会计柜
杨家坪支行储蓄专柜
中梁山分理处储蓄专柜
杨家坪支行西彭专柜
观音桥支行会计柜
观音桥支行储蓄专柜
观音桥支行阳光城储蓄所
观音桥支行大庙储蓄所
观音桥支行鲤鱼池专柜
观音桥支行大石坝专柜
南坪支行会计柜
南坪支行储蓄专柜
南坪支行万寿桥分理处储蓄专柜
南坪支行上新街分理处储蓄专柜
北碚支行会计柜
北碚支行储蓄专柜
北碚支行天生分理处储蓄专柜
北碚支行胜利路分理处储蓄专柜
渝北支行城南分理处储蓄专柜
渝北支行龙湖分理处
渝北支行支行专柜
渝北支行龙溪专柜
渝北支行石油专柜
高科技支行储蓄专柜
科园四路分理处储蓄专柜
高科技支行歇台子分理处
大渡口支行支行营业厅
大渡口支行专柜
荣昌支行专柜
綦江支行营业厅
綦江支行专柜
綦江支行打通分理处专柜
綦江支行万盛分理处会计柜
綦江支行万盛分理处专柜
铜梁支行专柜
合川支行营业厅
合川支行专柜
长寿支行营业厅

长寿支行专柜
长寿支行川维分理处
江津支行营业厅
江津支行五福街专柜
江津支行珞璜专柜
江津支行布市街所
永川支行营业厅
永川支行专柜
璧山支行专柜
万州分行
万州分行营业部会计柜
万州分行营业部储蓄专柜
万州分行建银办专柜
和平广场支行营业部专柜
和平广场支行白岩路分理处专柜
天城支行周家坝分理处专柜
万州分行五桥支行营业部专柜
五桥支行红星分理处专柜
万州分行龙宝支行沙龙路储蓄所
万州分行开县支行东渠河储蓄所
万州分行忠县支行营业部专柜
云阳支行杏家湾分理处专柜
万州分行奉节支行营业部专柜
涪陵分行
涪陵分行新星支行营业部会计柜
涪陵分行新星支行储蓄专柜
涪陵分行渝涪支行营业厅
涪陵分行渝涪支行专柜
涪陵分行营业部华中专柜
云南分行
省分行营业部
城西支行营业室
泰和分理处
环城西路支行
白马庙分理处
海安分理处
塘双路支行
篆塘分理处
西华园分理处
交林路分理处
西山区支行
西园路分理处
西坝路支行
安宁支行营业室
高新分理处
昆钢支行营业室
金方路分理处
百花东路分理处
温泉路支行
梁源储蓄所
虹山西路储蓄所
棕树营储蓄所
丰宁储蓄所
昆钢建设街储蓄所
昆钢湖光分理处
昆钢马宗塘分理处
昆钢朝阳山分理处
南站新村分理处

城南支行营业室
北京路支行
金星分理处
新迎分理处
人民东路分理处
金碧分理处
工人新村分理处
严家地分理处
世博园分理处
北京路分理处
冬青里储蓄所
新迎北区储蓄所
温泉花园储蓄所
穿金路储蓄所
青年路储蓄所
书林街中段储蓄所
东寺街储蓄所
颐园储蓄所
拓东路储蓄所
城东支行营业室
佳华广场分理处
和平支行
环东分理处
东风分理处
鸿城花园分理处
昆交会分理处
环南分理处
明通分理处
官渡支行
春城路支行
嵩明县支行
呈贡支行营业室
呈贡支行铝厂分理处
宜良支行营业室
宜良支行花园分理处
石林支行营业室
晋宁支行营业室
晋宁支行晋城分理处
双龙桥分理处
东站分理处
兴关分理处
曙光中路分理处
曙光东区分理处
呈贡支行城区分理处
宜良支行花桥分理处
宜良支行匡山街储蓄所
石林支行花园街储蓄所
城北支行营业室
正义路支行
护国路支行
凤翥分理处
长春路支行
金实分理处
圆通支行
白云路分理处
学府路分理处
茨坝分理处
寻甸县支行营业室

民院储蓄所
翠南储蓄所
江岸小区储蓄所
寻甸县支行南屏分理处
寻甸县支行仁德储蓄所
翠湖北路储蓄所
龙泉花园储蓄所
光华街储蓄所
滇龙营业室
建业支行营业室
青年路支行
新兴支行营业室
玉溪分行
玉溪行营业部
开发区服务点
兴铁分理处
建设办事处
巾帼分理处
玄坛分理处
康桥分理处
南宁西路分理处
南诏分理处
庆丰分理处
泰安分理处
东站分理处
宾川县支行营业室
鑫鑫储蓄所
红河州分行
州分行营业室
金湖东路分理处
金湖南路分理处
和平路分理处
锡都分理处
五一路分理处
红苑分理处
供电局分理处
梧桐分理处
蒙自支行营业室
开远支行营业室
东风路分理处
建水支行营业室
石屏支行营业室
弥勒支行营业室
泸西支行营业室
河口支行营业室
中山路储蓄所
金湖西路储蓄所
人民路储蓄所
版纳州分行
版纳州分行营业部
版纳打洛办事处
版纳勐海县支行
思茅分行
思茅分行营业部营业室
思茅思亭路分理处
思茅城区分理处
保山正阳专柜
保山城北分理处
保山腾冲县支行营业部
临沧营业部
临沧耿马县支行
临沧云县支行
文山州分行
文山州分行营业部
文山营业部文兴分理处
文山砚山县支行营业部
丽江分行
丽江分行营业部
丽江新大街分理处
丽江丽龙办事处
迪庆和平路分理处
迪庆长征路储蓄所
德宏州分行
德宏州分行营业部
德宏瑞丽市支行
德宏盈江县支行
楚雄营业部营业室
楚雄楚威分理处
楚雄雁塔储蓄所
昭通营业部营业室
昭通通龙办事处
昭通水富县支行营业室
怒江州分行
分行营业部
兰坪县支行
兰坪县支行金顶分理处

贵州分行

京瑞经营部专柜
北京路所
富水支行专柜
甲秀办专柜
纪念塔支行专柜
朝阳办专柜
沙分专柜
瑞南所
宅吉分理处专柜
红边门所
陕办专柜
乌当支行专柜
城北支行专柜
清镇支行专柜
八角岩所
城东支行专柜
武警大楼专柜
宝山分理处专柜
城东百大所
栖霞所
冠生园所
文昌所
延东分理处专柜
小河支行专柜
小河二福利储蓄所
浦江办事处专柜
黄河路储蓄所
盘江路分理处专柜
王武储蓄所
朝阳洞分理处专柜
清水江路储蓄所
皂角井分理处专柜
花溪支行专柜
花溪霞辉所
甘荫塘专柜
贵大所
西办专柜
农分处专柜
花溪百货大楼所
中山支行专柜
三桥办专柜
二戈寨专柜
中山支行火办专柜
黔灵支行专柜
瑞金中路分理处专柜
白云大道所
南办专柜
龚家寨所
修文专柜
开阳专柜
金阳金塘街所
河滨甲秀支行会计柜
河滨支行会计柜
金阳本部会计柜
京瑞经营部会计柜
城东本部会计柜
花溪支行本部
小河支行本部
城北本部会计柜
中山延西支行会计柜
遵义市分行
遵义市分行营业部
分行营业部专柜
天利分理处
中华路分理处专柜
医学院分理处专柜
航汽城分理处专柜
开放区分理处专柜
镇隆分理处专柜
群力分理处专柜
南门关分理处专柜
大兴支行专柜
万里路办事处专柜
开发区专柜
红花岗专柜
丁字口所
安顺分行
安顺分行营业部
安顺办事处储蓄专柜
安顺南华分理处专柜
安顺开发区办事处专柜
安顺平坝支行储蓄专柜
安顺镇宁支行储蓄专柜
安顺营业部专柜
安顺镇宁支行会计柜
安顺平坝支行会计柜
黔南州分行
黔南州分行营业部专柜
都匀大十字支行专柜
火车站办事处专柜
都匀大十字支行
毕节分行
毕节地区分行营业部
毕节分行营业部专柜
毕节市中山支行专柜
毕节市中山支行会计柜
黔东南州分行
黔东南州分行营业部
黔东南州分行营业部专柜
凯里大十字办事处专柜
凯里北京东路所
凯里洗马河所
凯里市支行专柜
凯里分理处会计柜
大十字办事处会计柜
火车站办事处会计柜
黔西南分行
黔西南州分行营业部
黔西南分行营业部专柜
文化路分理处专柜
盘江路所
六盘水市分行
六盘水市分行营业部
六盘水市分行专柜
铜仁地区分行
铜仁地区分行营业部
铜仁分行专柜

陕西分行

南大街支行会计柜台
南大街支行储蓄专柜
朱雀路支行会计柜台
朱雀路支行储蓄专柜
开发区分理处会计柜台
开发区分理处储蓄专柜
小寨办会计柜台
小寨办储蓄专柜
洪庆路支行会计柜台
洪庆路支行储蓄专柜
莲湖路支行会计柜台
莲湖路支行储蓄专柜
解放路办会计柜台
解放路办储蓄专柜
兴庆路支行会计柜台
兴庆路支行储蓄专柜
咸宁中路办会计柜台
咸宁中路办储蓄专柜
长乐路办会计柜台
长乐路办储蓄专柜
劳动路支行会计柜台
劳动路支行储蓄专柜
劳北办会计柜台
劳北办储蓄专柜
玉祥门办会计柜台
玉祥门办储蓄专柜
高新支行会计柜台
高新支行储蓄专柜
电子办会计柜台
电子办储蓄专柜
新城支行会计柜台
新城支行储蓄专柜
建国路支行会计柜台
建国路支行储蓄专柜
吉祥村办会计柜台
吉祥村办储蓄专柜
八里村办会计柜台
八里村办储蓄专柜
人民路办会计柜台
人民路办储蓄专柜
太华路办会计柜台
太华路办储蓄专柜
新民街储蓄所
沣镐路分理处储蓄专柜
大庆路分理处储蓄专柜
三桥分理处储蓄专柜
莲西办专柜
环东路所
解放路南段所
西大街专柜
东五路专柜
向阳三区储蓄所
纺建路分理处专柜
自强西路西段储蓄所
二府庄分理处储蓄专柜
陵园路北段所
建西街储蓄所
支行专柜
西后地储蓄所
文艺路储蓄所
太乙路专柜
友谊路专柜
延安路分理处专柜
青松路西段所
翠华路储蓄专柜
高新路储蓄所
沣镐储蓄所
金花路储蓄专柜
李家村分理处储蓄专柜
长庆所
胡家庙分理处储蓄专柜
经二路分理处储蓄专柜
铁路新村分理处储蓄专柜
雁北办专柜
祭台村储蓄所
青年街分理处专柜
中街储蓄所
宝鸡分行
宝鸡营业部储蓄专柜
宝鸡经二路储蓄专柜
宝鸡营业部会计科
宝鸡经二路支行会计科
渭南分行
渭南分行营业部储蓄专柜
渭南分行临渭区支行储蓄专柜

渭南分行临渭区支行会计柜台
渭南分行营业部会计柜台
咸阳分行
咸阳分行城区办事处储蓄专柜
咸阳分行西兰路办事处储蓄专柜
咸阳分行城区办事处会计柜台
咸阳分行西兰路办事处会计柜台

甘肃分行

省分行营业部储蓄专柜
省分行营业部会计柜台
兰州市营业部储蓄专柜
兰州市营业部会计柜台
兰州市专柜
兰州市钛白楼所
兰州市中心路所
兰州市核城所
兰州市会计营业室
城关支行营业部储蓄专柜
城关支行营业部会计柜台
城关办事处储蓄专柜
城关办事处会计柜台
草场街办事处储蓄专柜
草场街办事处储蓄专柜
开发区办事处储蓄专柜
开发区办事处会计柜台
武都路办事处储蓄专柜
武都路办事处会计柜台
铁支营业部储蓄专柜
铁支营业部会计柜台
铁支东岗办事处储蓄专柜
铁支东岗办事处会计柜台
铁支车站办事处储蓄专柜
铁支车站办事处会计柜台
铁支庆阳路办事处储蓄专柜
铁支庆阳路办事处会计柜台
铁支民主路办事处储蓄专柜
铁支民主路办事处会计柜台
铁支城建办事处储蓄专柜
铁支城建办事处会计柜台
西固办事处储蓄专柜
西固办事处会计柜台
安宁办事处储蓄专柜
安宁办事处会计柜台
七里河办事处储蓄专柜
七里河办事处会计柜台
城建办事处储蓄专柜
城建办事处会计柜台
城关办事处储蓄专柜
城关办事处会计柜台
河口办事处储蓄专柜
河口办事处会计柜台
红古办事处储蓄专柜
红古办事处会计柜台
南关支行储蓄专柜
南关支行会计柜台
城建支行储蓄专柜
城建支行会计柜台
广武支行储蓄专柜
广武支行会计柜台
金昌路分理处储蓄专柜
金昌路分理处会计柜台
闵家桥分理处储蓄专柜
东教场储蓄所
静宁路储蓄所
秦安路储蓄所
二号楼分理处储蓄专柜
武都路分理处储蓄专柜
武都路分理处会计柜台
白银路分理处储蓄专柜
白银路分理处会计柜台
民主西路分理处储蓄专柜
民主西路分理处会计柜台
正宁路储蓄所
永昌路分理处储蓄专柜
禄家巷分理处储蓄专柜
张掖路分理处储蓄专柜
张掖路分理处会计柜台
盐场堡储蓄所
砂坪分理处储蓄专柜
砂坪分理处会计柜台
草场街办事处李家湾储蓄所
兴科分理处储蓄专柜
兴科分理处会计柜台
南昌路分理处储蓄专柜
南昌路分理处会计柜台
农民巷分理处储蓄专柜
农民巷分理处会计柜台
一分处储蓄专柜
一分处会计柜台
高新区分理处储蓄柜台
高新区分理处会计柜台
拱星墩办事处储蓄专柜
拱星墩办事处会计柜台
东升分理处储蓄专柜
东升分理处会计柜台
处甸子街储蓄所
东岗西路分理处储蓄专柜
东岗西路分理处会计柜台
城建办事处储蓄专柜
城建办事处会计柜台
西关什字分理处储蓄专柜
中山林分理处储蓄专柜
嘉峪关路分理处储蓄专柜
庄浪路分理处储蓄专柜
敦煌路分理处储蓄专柜
永登县支行储蓄专柜
永登县支行会计柜台
民航办事处储蓄专柜
民航办事处会计柜台
西站办事处储蓄专柜
西站办事处会计柜台
白银市分行
市分行营业部专柜
市分行营业部会计股
白银区办事处专柜
白银区办事处会计股
大峡办事处储蓄专柜
大峡办事处会计柜台
靖电办事处储蓄专柜
靖电办事处会计柜台
西区办事处专柜
西区办事处会计股
平川区办事处专柜
平川区办事处大桥分理处专柜
平川区办事处会计股
靖远县支行会计股
靖远县支行钟鼓楼储蓄所
景泰县支行会计股
景泰县支行中泉路储蓄所
会宁县支行会计股
会宁县支行专柜
嘉峪关市分行
市分行营业部
营业部储蓄专柜
新华南路办事处
新华南路办事处储蓄专柜
城建办事处
城建办事处储蓄专柜
新华北路分理处
新华北路分理处储蓄专柜
胜利南路
胜利南路储蓄所
铁路分理处
铁路分理处储蓄专柜
迎宾西路分理处
迎宾西路分理处储蓄专柜
酒泉分行
酒泉分行营业部营业室
酒泉分行营业部储蓄专柜
安西县支行储蓄专柜
金塔县支行储蓄专柜
阿克塞县支行储蓄专柜
安西县支行营业室
金塔县支行营业室
阿克塞县支行营业室
玉门市支行储蓄专柜
玉门市玉门镇办事处储蓄专柜
玉门市支行营业室
玉门市玉门镇办事处营业室
敦煌市支行营业室
敦煌市七里镇办事处营业室
敦煌市支行储蓄专柜
敦煌市七里镇办事处储蓄专柜
临夏州分行
分行营业部会计专柜
分行营业部团分处会计专柜
分行营业部团分处专柜
分行营业部东门储蓄所
分行营业部西关储蓄所
分行营业部汽车西站储蓄所
分行营业部红园储蓄所
分行营业部解放路储蓄所
分行营业部崇文路储蓄所
分行营业部营业大厅专柜
分行营业部华寺街分理处专柜
临夏市住房城建办专柜
住房城建办红园路储蓄所
住房城建办红园新村储蓄所
住房城建办民主西路储蓄所
永靖县支行专柜
永靖县支行专柜
永靖县支行小川储蓄所
永靖县支行古城储蓄所
永靖县支行川中路储蓄所
永靖县支行营业厅专柜
永靖盐锅峡办事处专柜
永靖盐锅峡办事处专柜
陇南地区分行
地分行营业部专柜
地分行营业部城关所
地分行营业部教场所
地分行营业部北山所
地分行营业部人民路所
地分行营业部新市街所
成县建行会计股
成县支行专柜
成县支行东街所
成县支行新城办
成县支行南街所
西和县建行会计股
西和县支行专柜
徽县建行会计股
徽县支行专柜
礼县建行会计股
礼县支行专柜
文县建行会计股
文县支行专柜
陇南建行营业部会计股
东街办事处储蓄专柜
东街办事处会计柜台
西街办事处储蓄专柜
西街办事处会计柜台
城建分理处储蓄专柜
城建分理处会计柜台
泾川县支行储蓄专柜
泾川县支行会计柜台
灵台县支行储蓄专柜
灵台县支行会计柜台
华亭县支行储蓄专柜
华亭县支行会计柜台
庄浪县支行储蓄专柜
庄浪县支行会计柜台
静宁县支行储蓄专柜
静宁县支行会计柜台
地区分行营业部储蓄专柜
地区分行营业部会计柜台
天水市营业部会计股
营业部建兴分理处会计柜台
营业部青年北路分理处会计柜台
营业部建设路分理处会计柜台
北道办营业室会计
北道办革命路分理处会计柜台
北道办解放路分理处会计柜台
北道办花牛路分理处会计柜台
北道办社棠分理处会计柜台
天水岷山办七里墩分理处会计柜台
郡办会计柜台
郡办师院分理处会计柜台
民主路办事处会计柜台
秦安县会计柜台
武山县支行会计营业厅
甘谷县会计柜台
营业部储蓄专柜
营业部建兴分理处储蓄专柜
营业部解放路储蓄所
营业部青年北路分理处储蓄专柜
营业部建设路分理处储蓄专柜
北道办储蓄专柜
北道办革命路分理处储蓄专柜
北道办解放路分理处储蓄专柜
北道办花牛路分理处储蓄专柜
北道办社棠分理处储蓄专柜
天水岷山办迎宾路所
天水岷山办七里墩分理处储蓄专柜
郡办储蓄专柜
郡办师院分理处储蓄专柜
郡办精表路储蓄所
民主办储蓄专柜
秦安县储蓄专柜
甘谷县储蓄专柜
武山县储蓄专柜
武威市分行
市分行营业一室
市分行营业二室
分行城建办事处储蓄专柜
营业室北关西路分理处
营业室南关中路分理处
营业室东街分理处
营业室中心分理处
营业室新建路分理处
营业室胜利街储蓄所
营业室南关东路储蓄所
营业室北街储蓄所
营业室第一储蓄所
营业室第二储蓄所
营业室第三储蓄所
营业室南街储蓄所
武南支行营业室储蓄专柜
武南支行兴铁分理处储蓄专柜
武南支行二马路储蓄所
甘南州分行
甘南州分行营业部盘旋路储蓄所
甘南州分行营业部会计专柜
张掖地区分行
分行营业部会计柜
分行营业部储蓄专柜
南大街办事处会计柜
南大街办事处储蓄专柜
东大街分理处会计柜
东大街分理处储蓄专柜

西郊办事处会计柜
西郊办事处储蓄专柜
金昌分行
分行营业室
金川路专柜
天津路办事处会计
天津路办事处储蓄专柜
天津路办事处信用卡专柜
龙泉分理处会计
龙泉分理处储蓄专柜
金川路分理处会计
金川路分理处储蓄专柜
东区分理处会计
东区分理处储蓄专柜
北京路办事处会计
北京路办事处储蓄专柜
宝晶里储蓄所
建设路储蓄所
宝林里储蓄所
金凤里储蓄所
公园路储蓄所
昌荣里储蓄所
宝晶巷储蓄所
龙集里储蓄所
矿区储蓄所
龙岗里储蓄所
金谷里储蓄所
龙门里储蓄所
北京路储蓄所
住房城建办事处会计
住房城建办储蓄专柜
永昌县支行会计柜台
永昌县支行储蓄专柜
北街储蓄所
西街储蓄所
河办营业厅会计
河办营业厅储蓄专柜
河雅路分理处会计
河雅路分理处储蓄专柜
铁路分理处会计
铁路分理处储蓄专柜
河雅路储蓄所
北办会计专柜
北办储蓄专柜
北办城壕所
北办金象储蓄所
北办老城所
北办北一路所
北办九龙路所
营业部会计专柜
营业部储蓄专柜
营业部西二路所
营业部南郊所
营业部南街所
营业部南一路所
营业部中街会计专柜
营业部中街储蓄专柜
营业部东郊会计专柜
营业部东郊储蓄专柜
营业部南郊会计专柜
营业部南郊储蓄专柜
营业部肖金会计专柜
营业部肖金储蓄专柜
营业部会计专柜
育才路储蓄专柜
育才路会计专柜
阜城办储蓄专柜
阜城办会计专柜
马岭办储蓄专柜
马岭办会计专柜
城建办会计专柜
城建办储蓄专柜
城建办南部储蓄所
城建办西环路所
西办东大街所
西办东湖所
庆阳县会计专柜
庆阳县储蓄专柜
庆阳县南街所
庆阳县西街所
庆阳县北街所
庆阳县阜城所
庆阳人民路会计专柜
庆阳人民路储蓄专柜
庆阳化工厂会计专柜
庆阳化工厂储蓄专柜
镇原县会计专柜
镇原储蓄专柜
镇原中街所
镇原城区所
镇原县孟坝会计专柜
镇原县孟坝储蓄专柜
镇原县屯字会计专柜
镇原县屯字储蓄专柜
宁县会计专柜
宁县储蓄专柜
宁县城区专柜
宁县西关所
宁县和盛会计专柜
宁县和盛储蓄专柜
宁县早胜会计专柜
宁县早胜储蓄专柜
华池县会计专柜
华池县储蓄专柜
华池县中街所
华池县南关所
长办会计专柜
长办储蓄专柜
长办石校所
陇西县支行储蓄专柜
陇西县支行东街储蓄所
陇西县支行西郊分理处储蓄专柜
陇西县支行南大街办事处储蓄专柜
陇西县支行文峰办事处储蓄专柜
陇西县支行铁路新村储蓄所
陇西县支行西大街储蓄所
临洮县支行储蓄专柜
临洮县支行三甲分理处储蓄专柜
临洮县支行西关储蓄所
临洮县支行西街储蓄所
临洮县支行北街储蓄所
临洮县支行广场路储蓄所
岷县支行储蓄专柜
岷县支行东关储蓄所
岷县支行和平街储蓄所
定西地区分行
定西分行营业室
分行营业室储蓄专柜
分行小北街储蓄所
分行民主街分理处储蓄专柜
分行北门储蓄所
分行镇龙路储蓄所
分行西关储蓄所
分行中华路分理处储蓄专柜
分行交通路储蓄所
分行民主街分理处
分行中华路分理处
分行临洮县支行营业室
分行临洮县支行三甲分理处
分行陇西县支行营业室
分行陇西县支行文峰办事处
分行陇西县支行西郊办事处
分行岷县支行营业室
采二办炼厂分理处
采二办会计专柜
贺旗办储蓄专柜
贺旗办会计专柜
西峰办储蓄专柜
西峰办会计专柜

青海分行

省分行营业部储蓄专柜
省分行营业部会计科
西宁市支行营业部储蓄专柜
西宁市支行营业部会计科
西宁市东大街支行储蓄专柜
西宁市东大街支行会计科
青海省电力专业支行储蓄专柜
青海省电力专业支行会计科
格尔木分行
格尔木分行储蓄专柜
格尔木分行会计科

宁夏回族自治区分行

宁夏区分行营业部
区分行营业部专柜
西城支行红旗所
西城支行西桥专柜
西城支行解放东街专柜
西城支行北塔所
西城支行东二环专柜
西城支行新华专柜
西城支行石油专柜
西城支行鼓楼专柜
新市区支行中街专柜
新市区支行火车站专柜
新市区支行怀远专柜
新市区支行会计科
银川市西城支行会计科
银川市城区支行专柜
银川市火车站分理处
银川市新华街分理处
银川永宁街心所
银川贺兰胜利专柜
石嘴山市分行
石嘴山市分行营业部
石嘴山建设街所
石嘴山九泉路专柜
石嘴山建民专柜
石嘴山广场专柜
石嘴山区支行专柜
石嘴山惠农专柜
石嘴山石炭井专柜
石嘴山河滨街所
石嘴山平罗支行利民所
石嘴山平罗支行专柜
吴忠市分行
吴忠市分行营业部
利通区裕民东街专柜
吴忠分行营业部专柜
吴忠市城建专柜
吴忠分行青铜峡东街所
吴忠分行青铜峡专柜
吴忠分行铝厂办专柜
吴忠分行大坝专柜
吴忠分行九公里专柜
吴忠中宁支行专柜
吴忠分行中卫支行专柜
吴忠分行灵武专柜
固原分行
固原分行营业部专柜
固原分行营业部
固原分行海原支行专柜
固原分行西吉支行专柜
固原分行隆德支行专柜
固原分行彭阳支行专柜

新疆维吾尔自治区分行

区分行营业部直属营业室
人民路支行营业部
红山路支行营业部
黄河路支行营业部
河南路支行营业部
明园支行营业部
铁道支行营业部
钢铁支行营业部
石化支行营业部
新华南路支行营业部
中山路支行营业部
站前街分理处
高新开发区分理处
体育馆路分理处
外文书店分理处
民航局分理处
北京北路分理处
南湖路分理处
友好北路分理处
南昌路分理处
奇台路分理处
扬子江路分理处
黄河路分理处
温泉西路分理处
宁夏湾分理处
红雁池分理处
昌吉分行营业部
米泉市营业部
玛纳斯电厂分理处
石河子分行营业部
塔城分行营业部
伊犁分行营业部
伊犁奎屯支行营业部
阿勒泰分行营业部
哈密分行营业部
吐鲁番分行营业部
鄯善支行营业部
吐哈石油支行营业部
哈密石油支行营业部
阿克苏分行营业部
巴州分行营业部
巴州石油支行专柜
和田分行营业部
喀什分行营业部
博州分行营业部
石油分行营业部
独山子支行营业部
白碱滩办事处营业部
东油支行营业部
金龙镇办事处营业部
三坪镇办事处营业部

交通银行

上海分行

业务部
第一支行
金桥支行
闵行支行
宝山支行场中路分理处
宝山支行三门路储蓄所
虹口支行曲阳路分理处
虹口支行四川北路分理处
虹口支行武昌路分理处
虹口四平路分理处
虹口虬江路分理处
长宁支行茅台路分理处
长宁支行仙霞支行
长宁友谊商城分理处
长宁古北新区分理处
徐汇支行徐家汇分理处
徐汇支行宜山路分理处
闸北支行彭浦新村分理处
闸北支行专柜
闸北闻喜路支行
闸北大华支行
市西支行静安支行专柜
市西支行曹杨路分理处
市西支行石泉路分理处
杨浦支行许昌路分理处
杨浦支行鞍山分理处
杨浦开鲁路分理处
杨浦五角场分理处
宝山牡丹江路分理处
宝山长江西路分理处
斜土路支行
静安中山北路分理处
静安光新路分理处
静安华山路支行
市南南京西路分理处
市南大桥支行
市南支行制造局路分理处
市南支行瑞金南路支行
浦东分行东方路支行
浦东南浦分理处
浦东六里支行
金桥德平路支行
金桥金杨分理处
金桥高化分理处
闵行鹤庆支行
宝山支行
虹口支行
市西支行
杨浦支行
徐汇支行
浦东支行
市南支行
闸北支行
嘉定支行
松江支行
长宁支行

北京分行

北京分行(营业厅)
望京中环路支行
惠新支行
育惠东路支行
马甸分理处
海淀支行营业室
海淀支行农科院分理处
志新路支行
复兴路分理处
翠微路分理处
石景山支行
崇文门分理处
右安门内分理处
芳群园支行
羊坊店支行
朝外支行
顺源街分理处
东四南分理处
兴化路分理处
红庙分理处
惠新西街分理处
三元支行营业室
麦子店支行
车公庄西路分理处
阜成路支行
西直门北大街支行
北京经济技术开发区支行
海淀支行中关村分理处
上地支行
成府路支行
和平里东街分理处
和平里支行北太平庄分理处
和平里支行胜古园分理处
阜外支行平安大街分理处
阜外支行西便门分理处
阜外支行社会路分理处
阜外支行西直门分理处
木樨园支行
西单支行(营业厅)
海淀支行双榆树分理处
万寿寺支行
亚运村支行(营业厅)
亚运村支行安德里分理处
亚运村支行安翔里分理处
慧忠北里支行
望京西园支行
工体北路支行
阜外支行(营业厅)
阜外支行百万庄东街分理处
公主坟支行(营业厅)
北洼路支行
和平里支行(营业厅)
中轴路支行
和平里支行甜水园分理处
和平里支行团结湖东里分理处
天坛支行(营业厅)
天坛支行华威路分理处
松榆里支行
东单支行(营业厅)
东单支行春秀路分理处
东单北大街支行
东单支行永安里分理处
东单支行赛特支行
东单支行王府井支行
三元支行国安支行
三元支行芳草地支行
三元支行水椎子支行
西单支行南滨河支行
西单支行建国路支行
公主坟支行定惠寺支行
亚运村天通苑支行

天津分行

分行营业部
河西支行围堤道分理处
河北支行狮子林分理处
大港支行油田分理处
南开大学分理处
大直沽支行
南开支行
开发区支行塘沽办事处
南京路支行成都道分理处
金厦支行解放南路分理处

深圳分行

分行营业部
上步支行
华福支行
梅林支行
罗湖支行
金叶支行
深南中支行
笋岗支行
华侨城支行
红荔支行
文锦支行
沙头角支行
龙岗支行
宝安支行
南山支行
蛇口支行

成都分行

分行营业室
城西中心支行营业室
城西中心支行青羊支行
城西中心支行外西分理处
城西中心支行青羊宫分理处
城西中心支行新华西路分理处
锦城中心支行营业室
锦城中心支行人南支行
锦城中心支行盐市口支行
锦城中心支行盐道街分理处
锦城中心支行东大街分理处
磨字桥中心支行营业室
磨字桥中心支行领事馆分理处
磨字桥中心支行华西分理处
磨字桥中心支行南一环路分理处
磨字桥中心支行望江营业室
磨字桥中心支行城南营业室
磨子桥中心支行科分院支行
磨子桥中心支行南二环路支行
高新中心支行营业室
高新中心支行红牌楼支行
武侯中心支行营业室
武侯中心支行少城支行
武侯中心支行西安路分理处
武侯中心支行通惠门支行
武侯中心支行蜀汉支行
武侯中心支行东方支行
金牛中心支行营业室
金牛中心支行江汉路支行
金牛中心支行站北分理处
金牛中心支行交大路支行
金牛中心支行花圃路支行
红庙子支行八宝街分理处
红庙子支行商业街分理处
红庙子中心支行红星路支行
红庙子中心支行东门街支行
红庙子中心支行新华大道储蓄所
成华中心支行城东支行
双流支行营业室
都江堰支行营业室
锦城中心支行顺城支行
成华中心支行成华支行
成华中心支行牛市口支行
成华中心支行东站支行
成华中心支行东郊支行
双流支行华阳分理处
都江堰支行幸福路分理处
新都支行
温江支行
龙泉支行

常州分行

分行营业部
天宁支行
钟楼支行
新区支行
戚墅堰支行
延陵支行
城中支行
武进支行湖塘分理处
城南支行营业厅
朝阳支行
北大街支行
广化街支行
红梅西路分理处
清潭分理处
勤业分理处
花园新村分理处
武进支行营业厅

无锡分行

分行营业部
北门支行
南门支行
城西支行
河埒支行
太湖花园分理处
江阴支行
宜兴支行
锡山支行
惠山支行
开发区支行
中桥分理处
朝阳支行
东门支行

昆明分行

分行营业部
护国支行
正义支行
南区支行
玉溪支行

扬州分行

分行营业部
荷花支行
新区支行
曲江支行
琼花支行
竹西支行
新城支行
西门分理处
国门分理处
玉带分理处
徐凝门分理处
石塔西路分理处
开发区分理处
运河分理处
广陵路分理处
新民分理处
文峰分理处
仪征支行

长沙分行

分行营业部
潇湘支行
左家塘支行
朝阳支行
红旗区分理处
北大桥支行
湘雅路分理处
东风路分理处
五里牌分理处
望月湖分理处
湘湖支行
名城支行
定王台支行
白沙井分理处
名城支行跃进路储蓄所
芙蓉支行
五一支行

中山路分理处
省政府储蓄所
五一支行解放路储蓄所
芙蓉支行东茅街储蓄所
窑岭储蓄所
北大桥支行工大储蓄所
长沙分行高新支行
长沙分行三湘支行

海南分行

分行营业部
大同支行
海甸支行
琼山支行
龙昆南分理处
龙昆北分理处
中山分理处
海秀分理处
环岛分理处
文明东分理处
龙华支行
博爱支行
先烈分理处
国贸分理处
机场西分理处
机场东分理处
白龙南分理处
三亚支行
榆林分理处
河西分理处

石家庄分行

分行营业部
和平西路支行
友谊南大街支行
裕华西路支行
自强路支行
平安南大街支行
水源街支行
中山西路支行
红旗大街支行
十字街支行
汇通路支行
体育南大街支行
友谊北大街支行
新华路支行
胜利北街支行
体育北大街支行
建设南大街支行
工农路支行
槐北路支行
中山东路支行
新石北路支行
鹿泉支行
新华东路支行
和平东路支行

太原分行

分行营业部
分行电力支行
车站支行
建北分理处
高科技支行
平阳路支行
河西支行
三墙路支行
水西关分理处
迎泽支行
晋城新市街支行
晋城新市区分理处
晋城矿区分理处
晋城建设路支行
晋城南内环支行
府西支行
并州路支行
桃北支行
建南支行
城北支行
新民支行
兴华街支行
晋安分理处
并东分理处
菜园分理处
文源巷分理处
学府街分理处
上官巷分理处

南通分行

分行营业部
城西支行
唐闸支行
城东支行
开发区支行
台商支行
南大街支行
城中支行
城北支行
小石桥支行专柜
青年中路支行
桃坞路分理处
天南支行
港闸支行
易家桥分理处
虹桥支行
学田市场储蓄所
段家坝支行
海门支行
人民东路

大庆分行

营业部
龙岗支行
油田支行
龙凤支行
乘风支行
中心支行
东风支行
开发区支行
卧里屯支行
安达支行
大同支行
红岗支行
卡尔加里支行
让胡路支行
龙南支行
东海支行
萨尔图支行
东湖支行
会战支行
乐园分理处
远望分理处
通银分理处

长春分行

营业部
长春大街支行
一汽支行
汽车城支行
吉发分理处
自由广场支行储蓄专柜
东大桥支行储蓄专柜
长江路支行储蓄专柜
卫星广场支行储蓄专柜
高新开发区支行储蓄专柜
德惠路支行储蓄专柜
新曙光支行储蓄专柜
新发广场支行储蓄专柜
安全广场支行储蓄专柜
开发区支行储蓄专柜

乌鲁木齐分行

分行营业部
开发区支行
友好路支行

兰州分行

兰州分行营业部
七里河支行
西固支行
城关支行
第一支行
第二支行
第三支行
东岗支行
天水路支行
铁路小区支行
民主东路支行
安西路支行
西站支行
安宁支行
福东支行
天鹅湖支行
桥北支行
静宁路支行
永昌路支行
解放门支行
雁滩支行
嘉峪关支行
火车站支行

合肥分行

营业部
三孝口支行
寿春路桥支行
江淮支行
三牌楼支行
银河大厦分理处
南七支行
三里庵分理处
长江中路分理处
阜阳路桥分理处
黄山路支行
杏花支行
和裕路支行
马鞍山路支行
蜀山中路支行
琥珀南村分理处

苏州分行

苏州分行营业部
石路支行
新区支行
园区支行
吴中支行
平江支行
昆山支行
常熟支行
张家港支行
吴江支行
石路支行黄鹂坊桥分理处
石路支行浒关分理处
新区支行彩虹分理处
新区支行信新市路分理处
新区支行枫桥支行
新区支行菱塘浜分理处
中新支行分理处
中新支行竹辉分理处
中新支行东环分理处
吴中支行木渎分理处
吴中相城支行
吴中支行吴中商城分理处
吴中支行吴中东路支行
常熟支行元和路分理处
常熟支行城中分理处
常熟支行招商城分理处
常熟支行海虞分理处
吴江支行平望分理处
吴江盛泽分理处
石路支行西园路分理处
平江支行北园分理处
平江支行西北街分理处
平江支行北环东路分理处
常熟支行金谷分理处
常熟支行报慈分理处
昆山支行人民路储蓄所
昆山支行银燕储蓄所
昆山支行新区支行
昆山支行紫竹路分理处
张家港支行城北新村分理处
张家港支行西门分理处
张家港支行梁丰分理处
张家港支行东城分理处
张家港支行大新分理处
张家港支行人民路分理处
张家港支行暨阳分理处
张家港支行城中分理处
张家港支行保税区支行
张家港支行兆风分理处
张家港支行锦丰分理处

南宁分行

营业部
新兴支行
友爱支行
高新支行
东葛支行
桃源支行
古城支行
民生支行
民主支行
东葛西支行

遵义分行

分行营业部
中北支行营业部
开发区支行营业部
碧云支行解放路办事处
万里支行狮子桥分理处
海尔支行营业部
开发区支行大连路分理处
中北支行丁字口储蓄所
荀家井支行
荀大厦储蓄所
上海路分理处
茅草铺分理处
洗马滩支行
玉屏路分理处
舟水桥支行
碧云支行营业厅
万里支行营业厅

厦门分行

分行营业部
升平支行
莲花支行
中山分理处
海天分理处
长青分理处
开元支行
滨北支行
大唐支行
前埔支行

福州分行

分行营业部
三山支行
台江支行
杨桥支行
五四分理处
五一分理处
华林分理处
交通路支行

南门支行
晋安支行
王庄分理处
江滨支行
仓山分理处
首山分理处
冶山支行
东街分理处
屏东分理处
广达支行
北大支行
福清支行
福清西大所

宁波分行

营业部专柜
人民路支行专柜
兴宁支行
江东支行
慈溪支行
奉化支行
鄞中支行
药行支行
余姚支行

绍兴分行

分行储蓄专柜
大江桥支行储蓄专柜
延安路支行储蓄专柜
人民路分理处
中国轻纺城支行营业部
上虞支行营业部
诸暨支行营业部
嵊州支行营业部
新昌支行营业部
绍兴分行中兴路分理处
绍兴分行胜利路分理处
绍兴分行文锦苑分理处
绍兴分行城东分理处
新昌支行大通分理处
轻纺城支行港越路分理处
嵊州支行越州储蓄所
上虞支行曹娥分理处
诸暨支行暨阳分理处

嘉兴分行

嘉兴分行业务部
嘉兴分行禾城支行
嘉兴分行开发区支行
嘉兴分行秀城支行
嘉兴分行禾兴分理处
嘉兴分行越秀分理处
嘉兴分行建国中路分理处
海宁支行

贵阳分行

分行营业部
瑞北支行
纪念塔支行
解放路支行
沙冲路支行
小河支行
遵义路支行
延西支行
中北支行
花果园支行
相宝山支行
中山东路支行
太慈桥支行
西湖路支行
兴关支行
毓秀支行
盐务支行
次南门支行
宝山北路支行
乌当支行
贵工支行

温州分行

营业部储蓄专柜
鹿城支行储蓄专柜
学院支行储蓄专柜
黎明支行专柜
瓯海支行专柜
信河支行专柜
成东支行专柜
南浦支行专柜
中山支行专柜
龙湾支行专柜
水心支行专柜
民航路分理处
环球分理处
商贸成分理处
百里路分理处

济南分行

分行营业部
分行营业部储蓄专柜
市中支行
历下支行
天桥支行
槐荫办事处
文东支行
开发区支行
泺文路分理处
开元山庄储蓄所
山东大学分理处
东关大街储蓄所
北园分理处
无影山储蓄所
经十路储蓄所
解放桥支行
大观支行
舜玉支行
新市场储蓄所
天桥支行储蓄专柜
文东支行储蓄专柜
开发区支行储蓄专柜
建工大厦储蓄所
市中支行储蓄专柜
省府前街储蓄所
青龙后街储蓄所
佛山苑储蓄所
经二路西首储蓄所
甸柳二区储蓄所
甸新东路储蓄所
中山公园储蓄所
经六纬一储蓄所
经七纬七储蓄所
黄台储蓄所
经四纬一储蓄所
制锦市储蓄所
历下支行储蓄专柜
大观园支行
解放桥支行
槐荫办事处
舜玉花园支行

哈尔滨分行

分行营业部专柜
分行营业部奋斗路分理处
分行营业部站前分理处
南岗支行专柜
开发区支行专柜
阿城支行专柜
动力支行专柜
融通支行
亿通支行
道里支行
汇通支行
东大直支行
新兴支行
和平支行
南岗支行革新支行
南岗支行东直路分理处
南岗支行大直分理处
南岗支行花园分理处
南岗支行民益分理处
道里支行经纬支行
道里支行欣顺分理处
道里支行大安分理处
道里支行金华分理处
道里支行经纬分理处
融通支行道外分理处
融通支行北新分理处
融通支行中央大街分理处
融通支行尚志分理处
融通支行汇融分理处
亿通支行安乐分理处
亿通支行平房分理处
亿通支行通达分理处
亿通支行尚志支行
开发区支行第一分理处
开发区支行闽江分理处
开发区支行珠江分理处
开发区支行学府支行
开发区支行辽河支行

杭州分行

分行营业部
华浙广场支行
西湖支行
延安路分理处
武林支行
庆春路分理处
浣纱支行
城北支行
高新支行
萧山支行
余杭支行
富阳支行
建德支行
桐庐支行

南京分行

分行营业部
城中支行营业部
雨花支行营业部
下关支行营业部
江宁营业部
洪武北路分理处
汉中路分理处
城东分理处
金源分理处
孝陵卫分理处
天津新村分理处
浦口支行营业部
定淮门分理处
新街口支行
玄武支行
鼓楼支行
中央门支行
大厂支行
白下支行
夫子庙支行
城中支行
江浦支行
江宁支行
金源分理处
浦口支行专柜
渊声巷分理处
集庆路分理处
大光路分理处
游府西街分理处
汉中门分理处
大行宫分理处
雨花东路分理处

沈阳分行

分行营业部
滨湖支行泉园储蓄所
南湖支行荣达分理处
城内支行东顺分理处
城内支行桃仙分理处
铁西支行兴顺分理处
铁西支行肇南储蓄所
黄河支行长发分理处
黄河支行长泰分理处
大东支行小北分理处
和平支行西塔分理处
北站支行杏林储蓄所
新华支行储蓄专柜
五爱支行
铁西支行
城内支行
辽河支行
滨湖支行
黄河支行
南湖支行
和平支行
大东支行
北站支行
太阳城支行
假日支行
南塔支行
城内支行莲北分理处
城内支行珠林分理处
黄河支行九州分理处
南湖支行三好分理处
南湖支行南三经街储蓄所
新华支行南京南街分理处
新华支行爱客家分理处
大东支行东北大马路分理处
大东支行万寿储蓄所
五爱支行大西路分理处
五爱支行广昌分理处
五爱支行服装城支行
北站支行二经街分理处
和平支行南京街分理处
和平支行太原分理处
滨湖支行长青分理处
铁西支行齐贤贵和分理处
铁西支行贵和分理处
铁西支行贵和八路分理处
国外业务部金客分理处

重庆分行

分行营业部
民族路支行
学田湾支行
渝中支行
大坪支行
高新支行
双碑支行
步行街分理处
李家沱分理处
四公里分理处
后堡分理处
大庙支行
江北支行
红旗河沟
袁家岗支行
石坪桥分理处
西郊路分理处
杨家坪分理处
巴南支行
大渡口支行
江津支行
涪陵支行
长寿支行营业厅

沙坪坝支行营业厅
南坪支行营业厅
新牌坊分理处
观音桥支行
两路口支行
人民路支行
九龙坡支行营业厅
九龙坡支行科园路分理处
北碚支行营业厅
青年路分理处
汉渝路分理处
南城支行

武汉分行

分行营业部
武汉分行江汉支行
武汉分行江岸支行
武汉分行东亭支行
武汉分行东西湖支行
天安支行
江岸支行
汉阳支行
桥口支行
太平洋支行
武昌支行
青山支行
东湖支行
花桥支行

广州分行

分行营业部
顺德支行
芳村支行
东山中心支行
江南中心支行
天河中心支行
白云中心支行
黄埔中心支行
荔湾中心支行
开发区中心支行
五羊中心支行
越秀中心支行
南海支行
中环支行
机场路支行
科技园支行
番禺支行
天河北支行
先烈中支行
白云分理处
东湖分理处

西安分行

分行营业部
高新支行营业室
大雁塔支行营业室
太白路支行营业室
西五路支行营业室
城西支行营业室
城东支行
城南支行营业室
城北支行
开发区支行

郑州分行

分行营业部
铁道支行金海大道分理处
西大街支行商城路分理处
建文支行本部
工人路支行本部
黄河路支行本部
政二街支行本部
百花路支行
紫荆山支行
文化路支行
商交所支行

青岛分行

分行营业部
市南一支行
市南二支行
市北一支行
市北二支行
市北三支行
四方支行
李沧一支行
李沧二支行
城阳支行
高科园支行
经济技术开发区支行
延安三路分理处
云霄路储蓄所
北京路储蓄所
四川路储蓄所
东海一路储蓄所
云南路分理处
青铜峡路储蓄所
燕儿岛路分理处
逍遥一路分理处
辽宁路支行
大尧三路储蓄所
上清路储蓄所
富源一路储蓄所
延吉路储蓄所
铁山路分理处
宁夏路储蓄所
泰山路储蓄所
福州路储蓄所
佳木斯路储蓄所
登州路储蓄所
港务局分理处
镇江北路分理处
人民路分理处
遵化路分理处
鞍山路储蓄所
错埠岭三小区储蓄所
崇明岛路分理处
长江东路分理处
香港中路支行
夏庄路储蓄所
浮山路储蓄所
滨河路储蓄所
兴国路储蓄所
水清沟分理处
升平路分理处
洛阳路储蓄所
周口路储蓄所
娄山后分理处
南岭分理处
东海路支行
彰化路储蓄所
麦岛储蓄所
城阳分理处
流亭分理处

徐州分行

营业部会计柜
营业部储蓄柜
淮东支行储蓄柜
淮西支行储蓄柜

芜湖分行

镇江分行

分行营业部
丹阳支行营业部
中山西路支行
解放路支行

鞍山分行

铁东支行会计专柜
铁西支行会计专柜
立山支行会计专柜
环园支行通运分理处会计专柜
通运分理处储蓄专柜
银桥分理处储蓄专柜
太平洋储蓄所
民主储蓄所
五一路分理处储蓄专柜
汇城储蓄所
明达储蓄所
聚成储蓄所
太平洋分理处储蓄专柜
通泉储蓄所

延边分行

营业部专柜
河南储蓄专柜

宜昌分行

宜昌分行营业部
宜昌分行西陵分理处
宜昌分行红星分理处
宜昌分行车站分理处
宜昌分行葛洲坝分理处
宜昌分行西坝分理处
宜昌分行环东分理处
宜昌分行宜港分理处
宜昌分行伍家分理处

岳阳分行

岳阳分行营业部

潍坊分行

营业部储蓄专柜
和平路支行储蓄专柜
胜利东支行储蓄专柜
西关支行储蓄专柜
东风街支行储蓄专柜
鸢飞路支行储蓄专柜
新华路分理处储蓄专柜
开发区支行储蓄专柜
福新园分理处储蓄专柜
寒亭办事处储蓄专柜
坊子办事处储蓄专柜

烟台分行

威海分行

营业部储蓄专柜
环翠支行储蓄专柜
经区支行储蓄专柜
高区支行储蓄专柜
站前支行储蓄专柜
纪念路储蓄所
金谷商城储蓄所
大世界储蓄所
和平路储蓄所
电力大厦储蓄所
文化路储蓄所
塔山路储蓄所
商贸城储蓄所

济宁分行

东门储蓄所
建南储蓄所

泰安分行

泰安分行营业部储蓄专柜

唐山分行

分行营业部
朝阳道支行
华育支行
新华道支行
南新道支行
解放路支行
凤凰山储蓄所
大里路支行
渤海储蓄所
西城分理处
车站路支行
建南支行
银河路支行
新华东道分理处
新区支行
燕山路储蓄所
人民路支行

攀枝花分行

分行营业部
临江路分理处
华山分理处
东风分理处
清香坪分理处
向阳村储蓄所
河石坝储蓄所

南昌分行

分行营业部
东湖支行
丁公路支行
南莲支行

中国光大银行

北京分行

王府井支行
中轴路支行
翠微路支行
建国门支行
宣武支行
海淀支行
朝阳支行
和平门支行
中关村支行
天宁寺支行
新源支行
西城支行
安定门支行
东四支行
礼士路支行
亚运村支行
首体支行
花园路支行
阜成路支行
三里河支行
工体路支行
西单支行
西直门支行
方庄支行

上海分行

浦东支行
外高桥保税区支行
虹口支行
徐汇支行
宛平路分理处
静安支行
闸北支行
黄浦支行
淮海支行
南市支行
长宁支行
不夜城支行
市中支行
市南支行
市北支行
北外滩支行
浦东第二支行
金桥支行
市东支行
漕河泾开发区支行

张江支行
青浦支行
闵行支行
宝山支行
外滩支行
松江支行
嘉定支行
杨浦支行
市西支行

天津分行

和平支行
河东支行
解放路支行
南开支行
滨海支行
科技支行
保税区支行
广东路支行
荣业支行
河北支行
紫金山路支行

重庆分行

解放碑支行
渝中支行
沙坪坝支行
江北支行
九龙坡支行
南坪支行
两路口支行
高新技术开发区支行
中华路分理处
民生路支行
学府路支行
大坪支行

深圳分行

上步支行
园岭支行
西湖支行
宝安支行
深南支行
红荔路支行
罗湖支行
高新技术产业园支行
国通支行
福田支行
八卦岭支行
福强路支行
红岭支行
莲花路支行
玉泉路办事处
西乡办事处
华丽路支行
振兴路支行
工业大道支行
文锦支行
彩田支行
城东支行
振华路支行
宝城支行
南山支行
第二营业部

黑龙江分行

道里支行
索菲亚支行
道外支行
南岗支行
大直支行
红博支行
新阳支行
开发区支行
曼哈顿支行
宣化支行
红军街支行
建国街分理处
霁虹街分理处
奋斗支行
滨江支行
和平支行
阳光支行
大庆支行
龙南分理处
中区分理处
八百响分理处
乘南分理处
银浪分理处
龙新分理处
东湖分理处
让胡路分理处
齐齐哈尔支行

烟台支行

解放路分理处
凤凰台分理处
经济技术开发区分理处

大连分行

中山支行
高新技术产业园区支行
经济技术开发区支行
保税区支行
站前支行
青泥支行
友好支行
沙河口支行
春柳支行
港湾支行
宏远支行

长春分行

太阳城支行
红旗街支行
汽车厂支行
人民广场支行
重庆路支行
经济技术开发区支行

青岛分行

市南支行
市北支行
李沧支行
人民路支行
延安路支行
香港东路支行
河南路支行
兰山路支行
东海路支行
正阳路支行

海口支行

明珠支行
海府分理处
国贸分理处
三亚支行
东方分理处

广州分行

东山支行
五羊支行
海珠支行
较场西路支行
东环支行
小北路支行
恒福路支行
越秀支行
天河支行
番禺支行
执信支行
珠海支行
拱北分理处
香洲分理处
汕头支行
外马分理处
金砂分理处

昆明分行

城西支行
西园路支行
金碧路支行
环城南路支行
钱局街支行
白云路支行
北京路支行

武汉分行

武昌支行
紫阳支行
中南支行
江岸支行
江汉支行
汉口支行
桥口支行
新华支行
车站路支行
经济开发区支行

厦门支行

天鹭分理处
莲花分理处
湖里分理处
海沧支行
江头分理处

成都分行

八宝街支行
彩虹桥支行
玉双路支行
人民南路支行
小天竺支行
三洞桥支行
武侯支行
天府支行
冠城支行

福州分行

于山支行
南门支行
杨桥支行
古田支行
鼓楼支行
华林支行
台江支行
铜盘支行

苏州支行

观前分理处
工业园区分理处
相城分理处
人民路分理处
干将路分理处
昆山支行

沈阳分行

和平支行
沈河支行
金城支行
南湖科技开发区支行
皇姑支行
和顺支行
铁西支行
北站支行
大东支行

丹东支行

六道口分理处
工业街分理处
边境经济合作区分理处

南京分行

中山北路支行
新街口支行
白下支行
珠江路支行
太平南路支行
汉中路支行
北京西路支行
和燕路支行
江宁支行
长乐路支行

郑州分行

纬五路支行
经三路支行
京广路支行
纬二路支行
文化路支行
中原路支行
红专路支行
东风支行
荣华支行
丰产路支行
科技支行

杭州分行

武林支行
朝晖支行
西湖支行
解放路支行
庆春路支行
高新支行
钱江支行
萧山支行

济南分行

市中支行
泉景支行
黑虎泉路支行
和平路支行
舜耕支行
泉城支行
解放路支行
千佛山支行
槐荫支行

西安分行

东大街支行
高新技术开发区支行
东郊支行
南郊支行
友谊路支行
三桥支行
经济技术开发区支行
南大街支行

长沙支行

华升支行
华顺支行
华泰支行
华丰支行
新华支行
新星支行
新源支行
新胜支行

南宁支行

星湖支行
建政支行
桃源支行

新民支行
琅东支行
朝阳支行

石家庄支行

中山西路支行
仓安路支行
中山东路支行
平安支行
新华路支行

宁波支行

北仑分理处
江东分理处
兴宁分理处
联丰分理处
镇海分理处
鄞州支行

合肥支行

中市分理处
庐江路分理处
广玉兰分理处
长江西路分理处
马鞍山路分理处

太原分行

双塔西街分理处
南内环分理处
迎泽分理处
新建路分理处
北城支行

招商银行

北京

分行营业部
北京代表处
朝阳门支行
光华路支行
小关支行
东方广场支行
工体支行
王府井支行
宣武门支行
展览路支行
建国路支行
东三环支行
万寿路支行
长安街支行
崇文门支行
北三环支行
亚运村支行
中关村支行
西三环支行
双榆树支行
北四环支行
首体支行
大运村支行
万泉河支行
方庄支行
金融街支行
清华园支行

长沙

分行营业部
高桥支行
河西支行
芙蓉支行
松桂园支行
晓园支行
东塘支行
窑岭支行

成都

分行营业部
红照壁支行
西安北路支行
双楠支行
正府街支行
安顺桥支行
科华路支行
营门口支行
小天支行
玉双路支行
通锦桥支行
清江支行

上海

分行营业部
闵行支行
张杨支行
南西支行
淮海支行
外滩支行
新客站支行
延西支行
东大名支行
徐家汇支行
长阳支行
四平支行
东方支行
宝山支行
闻喜支行
兰溪支行
静安寺支行
江湾支行
曹家渡支行
金桥支行
天目支行
民生支行
川北支行
中山支行
建国支行
外高桥保税区支行
天山支行
漕宝支行
古北支行
大木桥支行
华灵支行
江宁支行

天津

分行营业部
新港支行
经济技术开发区支行
新技术产业园区支行
河北路支行
中山路支行
卫津南路支行
解放路支行
平山道支行
南门外支行

重庆

分行营业部
九龙坡支行
沙坪坝支行
大坪支行
上清寺支行
涪陵支行
渝中支行
高新区支行
江北支行
南岸支行
观音桥支行
较场口支行
渝北支行

深圳

深圳管理部
深南中路支行
八卦岭支行
上步支行
红岗支行
红岭支行
华强支行
华发支行
洪湖支行
新安支行
爱华支行
松岗支行
燕南支行
建安支行
宝安支行
赤湾支行
太子路支行
文锦渡支行
罗湖支行
人民南路支行
东园支行
皇岗支行
福田支行
福华支行
中电支行
振华支行
车公庙支行
百花支行
华侨城支行
振兴支行
红荔支行
蔡屋围支行
田贝支行
沙头角支行
凤凰路支行
怡景支行
南油支行
愉康支行
金丰城支行
中南支行
蛇口支行
新时代支行
福民支行
福中支行
南山支行
深南东支行
新洲支行
龙岗储蓄所
布吉支行
雅园支行
横岗支行
龙岗支行
高新园支行
景田支行
金色家园支行
梅林支行
笋岗支行
向西支行
新闻大厦支行
深纺大厦支行
东门支行
银湖支行
四海支行
龙城支行

广州

分行营业部
东风支行
白云路支行
番禺支行清河分理处
火车东站
人民中路支行
海珠支行
东山支行
流花支行
机场支行
五羊支行
越秀支行
广工代办站
番禺支行
环市东路支行
世贸大厦支行
天河支行
高新支行
珠江新城支行

大连

友好支行
开发区支行
胜利广场支行
高新园区支行
金州支行
甘井子支行
出口加工区支行

丹东

锦山分理处
丹东支行
东港分理处
六纬路分理处

福州

分行营业部
五一支行
福州分行
南门支行
江滨支行
五四支行

杭州

分行营业部
湖墅支行
萧山支行
武林支行
高新支行
余杭支行
城东支行
解放支行
保淑支行
凤起支行

合肥

分行营业部
大钟楼支行

湖北

黄石支行
黄石支行挹江分理处

济南

分行营业部
山大路支行
经七路支行
济大路支行
和平路支行
文东路支行
东门支行
经十路支行
槐荫支行

昆明

分行营业部
滇池路支行

兰州

西固支行
东岗支行
七里河支行

城东支行
分行营业部
中央广场支行
城关支行
雁滩支行

南 昌

分行营业部
福州路分理处
站前西路分理处
铁路分理处
北京西路分理处
阳明路分理处
叠山路分理处

南 京

分行营业部
鼓楼支行
城南支行
城西支行
城东支行
珠江路支行
湖南路支行
城北支行
迈皋桥支行
江宁支行

宁 波

分行营业部
江东分理处
北仑分理处
鄞州分理处

青 岛

分行营业部
中山路支行
威海路支行
香港中路支行
高新区支行
开发区支行
城阳支行
福州路支行
香港西路支行

沈 阳

分行营业部
南湖支行
北陵支行
南顺城支行
奉天支行
北市支行
兴顺支行
中山支行
长江支行
太原支行
北顺城支行

苏 州

分行营业部
观前街分理处
石路分理处
吴中分理处
工业园区分理处

温 州

分行营业部
大南分理处
温州支行营业部
温迪分理处
开发区分理处

乌鲁木齐

分行营业部
解放北路支行
友好北路支行

无 锡

支行营业部
锡惠分理处
新区分理处
城西分理处
城南分理处
城北分理处

武 汉

分行营业处
解放公园支行
武昌支行
首义支行
东湖支行
开发区支行
花桥支行
青山支行
水果湖支行
青岛路支行
循礼门支行
乔口支行

西 安

分行营业部
城南支行
雁塔路支行
钟楼支行
小寨支行
解放路支行
高新技术开发区支行
南大街支行
城东支行
城北支行
城西支行

宜 昌

支行营业部
宜昌支行西陵分理处
宜昌支行中山路分理处

中信实业银行

长沙分行

分行营业部
解放路支行
袁家岭支行
红旗区支行
芙蓉支行
先锋支行
阳光支行
东塘支行
荣麓支行

大连分行

分行营业部
三八广场支行
人民路分理处
贸易大世界储蓄所
中山支行
青泥分理处
天津街分理处
沙河口支行
西岗支行
香炉礁储蓄所
高新园区支行
华北路分理处
兴工街储蓄所
甘井子支行
千山路分理处
春柳分理处
旅顺支行
开发区分行
大窑湾分理处
保税区分理处
金州支行
金州站前分理处

葫芦岛支行

新华大街分理处
金三角储蓄所
龙港分理处
站前分理处
翠海分理处

抚顺支行

望花分理处
东一路分理处
东洲分理处
和平分理处

鞍山支行

鞍山支行
四隆分理处

福州分行

分行营业部
闽都支行
榕城支行
三山支行
华林支行
五一支行

厦门支行

厦门支行营业部
厦门支行富山分理处
厦门支行杏林分理处

广州分行

分行营业部
环市支行
天河支行
北秀支行
北京路支行
西湖路支行
海珠支行
东山支行
花园支行
流花支行
珠江新城支行
机场路支行
国际大厦支行
开发区支行
番禺支行

东莞支行

佛山支行

南京分行

城北支行
城南支行
城西支行
下关支行
江北支行
北京西路支行
江宁办事处
和燕路支行
湖南路支行
瑞金路支行
中山东路支行
广州路支行
珠江路分理处
太平南路分理处
浦口分理处
鼓楼支行
山西路分理处
龙江分理处
虎踞北路分理处
和燕路分理处
华电分理处
广东路储蓄所
碧树园储蓄所

扬州支行

支行营业部
国庆分理处
新区分理处
城南分理处
文昌路分理处
开发区分理处

江都支行

支行营业部
引江分理处
龙川桥分理处

仪征支行

支行营业部
鼓楼分理处
白沙分理处

常州分行

分行营业部
延陵支行
城中支行
武进支行
新区支行
城南支行
桃园分理处
西横街支行

无锡分行

分行营业部
新区支行
东门分理处
塘南分理处
清扬分理处
广瑞分理处
中山南路分理处
河埒分理处
中桥分理处
通惠分理处
惠山分理处

锡山支行

合肥支行

支行营业部
美屯分理处
南七分理处
邮电大厦分理处
长江路分理处
金寨路分理处

泰州支行

支行营业部
城西分理处
月城分理处
新区分理处

苏州分行

分行业务部
金门支行
城西支行
园区支行
新区支行
吴中支行
城中支行

昆山支行

人民路储蓄所

常熟支行

吴江支行

上海分行

分行营业部
浦东分行
淮海中路支行
启华支行
漕河泾支行
徐家汇支行
南京西路支行
虹桥支行

静安支行
四川北路支行
西藏南路支行
江宁路支行
外滩支行
金桥支行
武宁路支行
四平路支行
浦东国际机场支行
仙霞支行

深圳分行

分行营业部
罗湖支行
上步支行
滨河支行
红岭支行
笋岗支行
福南支行
翠竹支行
八卦岭支行
红荔支行
福田支行
华联支行
南山支行
后海支行
龙岗支行
东门支行
新洲支行
宝安支行
金山支行
布吉支行

武汉分行

分行营业部
东湖支行
水果湖支行
王家墩支行
经济技术开发区支行
青山支行
江汉路支行

郑州分行

分行营业部
郑州分行中青支行
郑州分行西区支行
郑州分行文化支行
郑州分行红旗路支行
郑州分行金水支行
郑州分行润华支行

绍兴分行

绍兴支行本级
上虞支行

嘉兴分行

嘉兴支行本级
海宁支行
平湖支行

宁波分行

宁波支行本级
余姚支行
慈溪支行

温州支行

杭州分行

分行营业部
天水支行
凤起支行
西湖支行
平海支行
解放支行
延安支行
钱塘支行
萧山支行本级
余杭支行本级
富阳支行

石家庄分行

分行营业部
石家庄裕华东路支行
石家庄中山西路支行

成都分行

分行营业部
成都分行西月城支行
成都分行高升支行
成都分行新时代支行
成都分行水碾河支行
成都分行东城根支行
成都分行浆洗街支行
成都分行走马街支行
成都分行人民南路支行

昆明分行

昆明分行营业部
昆明分行安康路支行
昆明分行国贸支行
昆明分行高新支行
昆明分行白塔路支行

青岛分行

分行营业部
市北一支行
辽宁路分理处
馆陶路分理处
市北二支行
市南一支行
香港中路分理处
瞿塘峡路分理处
市南二支行
四方支行
人民路分理处
高科园支行
李沧支行
开发区支行
崇明岛路分理处
长江路储蓄所

济南分行

分行营业部
市中支行
历下支行
槐荫支行
北园支行
经十路支行
解放路支行
英雄山支行
历山支行

威海分行

分行营业部
经济开发区支行
环翠支行
出口加工区支行
文登支行
荣成支行
火炬高技办事处
新威路分理处
昆明路分理处
孙家童分理处

烟台分行

分行营业部
芝罘支行
开发区支行
牟平支行
福山支行
莱山支行

淄博支行

支行营业部
临淄分理处
淄川分理处
辛店分理处
博山分理处
张店分理处
周村分理处

济宁支行

支行营业部
太白中路分理处
高技开发区分理处

沈阳分行

分行营业部
沈河支行
北市支行
南湖支行
皇姑支行
城中支行
北站支行
铁西支行
振兴支行
中山支行
大东支行
和平支行

天津分行

分行营业部
和平支行
滨海支行
华信支行
华津支行
华谊支行
华苑支行

西安分行

分行营业部
经济技术开发区支行
高新开发区支行

重庆分行

分行营业部
解放碑支行
南坪支行
杨家坪支行
涪陵支行
万州支行
江北支行
沙坪坝支行

北京总行

总行营业部
国际大厦支行
京城大厦支行
富华大厦支行
朝阳支行
魏公村支行
招商大厦支行
广安门支行
海淀支行
东大桥支行
知春路支行
京西支行
亚运村支行
阜成门支行
王府井支行
崇文支行
西单支行
东单支行
首体南路支行
中粮广场支行
金运大厦支行

上海浦东发展银行

北京分行

金融街支行
宣武支行
黄寺支行
中关村支行
翠微路支行
朝阳支行
建国路支行
安外支行
阜成支行
雅宝路支行
海淀园支行
首体支行
东三环支行
亚运村支行
知春路支行
安华桥支行

杭州分行

嘉兴支行
绍兴支行
西湖支行
清泰支行
高新支行
萧山支行
临安支行
保叔支行
余杭支行
中山支行
钱江支行
文晖支行
武林支行
乔司支行

南京分行

南通支行
人民西路分理处
青年西路分理处
工农路分理处
南大街分理处
开发区分理处
无锡支行
鼓楼支行
新街口支行
城中支行
北京西路支行
大厂支行
城东支行
城西支行
城北支行
湖南路支行
江阴支行营业部
虹桥分理处
中山路分理处
兴澄分理处
青果路分理处
人民路分理处

重庆分行

江北支行
渝中支行
高新区支行
沙坪坝支行
涪陵支行
九龙坡支行
南坪支行
渝北支行

广州分行

大都会支行
东山支行
机场支行
越秀支行
天河支行
五羊支行

锦城支行
天誉支行
东风支行
东湖支行

深圳分行

振华支行
罗湖支行
景田支行

郑州分行

健康路支行
大学路支行

大连分行

高新园区支行
开发区支行

温州支行

学院路分理处
民航路分理处
雪山路分理处
马鞍池分理处
南浦分理处十

宁波分行

鄞东支行
望湖支行
西门支行
北仑支行
解放路支行
余姚支行
兴宁支行
中兴支行
镇海支行
开发区支行
慈溪支行
科技园区支行
台州支行
黄岩分理处
路桥分理处
温岭支行

苏州分行

高新开发区支行
苏州工业园区支行
沧浪支行
三香支行
吴中支行
昆山支行

昆明分行

白龙路支行
吴井支行
人西支行
安康路支行
北京路支行

天津分行

浦诚支行
浦信支行
浦惠支行

上海总行第一营业部

宝山支行
吴淞支行
月浦支行
高境支行
长江西路支行
牡丹江路支行
大场支行
长宁支行
天山路支行
虹桥机场支行
淮海西路支行
仙霞路支行
延安西路支行
奉贤支行
南桥支行
虹口支行
四川北路支行
提篮桥支行
四平路支行
凉城路支行
三河路支行
黄浦支行
金陵支行
九江路支行
大光明支行
人民大厦支行
静安支行
江宁支行
北京西路支行
恒隆广场支行
嘉定支行
南翔支行
安亭支行
马陆支行
金桥支行
金杨支行
居家桥支行
民航大厦支行
金山支行
朱泾支行
纬零路分理处
金山卫分理处
漕泾分理处
空港支行
施湾支行
陆家嘴支行营业部
东方支行
浦东南路支行
浦东大道支行
商城路支行
证券大厦支行
张江支行
科技馆支行
钻交所支行
闵行支行
吴中支行
吴宝支行
江川支行
南汇支行
周浦支行
新川支行
东门分理处
北蔡支行
南市支行
小南门支行
豫园支行
西藏南路支行
衡山支行
佳业大厦支行
普陀支行
真如分理处
宜川支行
桃浦支行
国脉大厦分理处
武宁路支行
万里支行
青浦支行
徐泾支行
朱家角分理处
松江支行
通波支行
九亭支行
荣乐中路支行
人民北路分理处
松江出口加工区支行
外高桥支行
杨高北路支行
高桥支行
民生路支行
华高苑支行
徐汇支行
卢湾支行
漕宝支行
大众大厦分理处
医学院路分理处
期交所支行
肇嘉浜路支行
上图支行
龙华支行
零陵支行
新虹桥支行
虹桥商务广场支行
杨浦支行
五角场支行
控江支行
大连路支行
中原支行
闸北支行
中华新路支行
西藏北路支行
北站支行
彭浦支行

深圳发展银行

深圳地区支行

总行营业部
人民桥支行

罗湖支行

支行营业部
水贝支行
彩田支行
东乐支行
东门支行
俊园支行
南方苑支行

上步支行

支行营业部
东园支行
福星支行
岗厦支行
水围支行
石厦支行
皇岗支行
新沙支行

蛇口支行

支行营业部
东角头支行
南油分理处
华富路支行
赤湾分理处
海滨支行

南头支行

支行营业部
南新路支行
西丽支行
大冲支行
康乐支行
南头城支行
高新区支行

盐田支行

支行营业部
沙头角支行
嘉宾路支行
梅沙支行
盐田港分理处
莲塘支行

发展大厦支行

支行营业部
中保支行
人民南支行
站前支行

长城大厦支行

支行营业部
梅林支行
百花支行
泥岗支行
笋岗支行
景田支行

科技支行

支行营业部
深南东支行
黄贝岭支行
红宝支行
福华支行
爱国路支行

宝安支行

支行营业部
蔡屋围支行
福永支行
松岗支行
西乡支行

布吉支行

支行营业部
香密支行
平湖支行
解放路支行
龙珠支行

中电支行

支行营业部
爱华支行
佳和支行
清庆支行

华侨城支行

支行营业部
科技园支行
白石洲支行
沙头支行
华强南支行
泰然支行

福田支行

支行营业部
华强支行
春风路支行
宝城支行
红荔支行

龙华支行

支行营业部
富士康支行
振华支行
观澜支行

龙岗支行

支行营业部
横岗支行
坪山支行
湖润支行
福景支行
外经支行
银都支行
五洲支行

江苏大厦支行

北京分行

分行营业部
神华支行
安华支行
西三环支行
中关村支行
三元桥支行
朝阳门支行
官园支行
建国门支行

天津分行

分行营业部
河西支行
新华支行
新技术产业园区支行
滨海支行
和平支行

上海分行

分行营业部
外滩支行
南京西路支行
徐汇支行
长宁支行
虹口支行
普陀支行
卢湾支行
杨浦支行
淮海支行
陆家嘴支行
华山支行
黄浦支行
嘉定支行
松江支行
金桥支行
闵行支行

杭州分行

分行营业部
清泰支行
武林支行
城西支行
湖墅支行
宝善支行
萧山支行
高新支行
义乌支行

宁波分行

支行营业部
海曙支行
东江支行
北仑支行
鄞州支行
慈溪支行

温州支行

支行营业部
鹿城分理处
瓯海分理处
新城分理处

南京分行

分行营业部
城中支行
城南支行
城西支行
城北支行
城东支行

大连分行

分行营业部
西岗支行
中山支行
沙河口支行
开发区支行

重庆分行

分行营业部
上清寺支行
沙坪坝支行
江北支行
高新支行

广州分行

分行营业部
区庄支行
花园支行
流花支行
花都支行
天河支行
番禺支行
番禺支行北城分理处
东山支行
府前支行
中华广场支行
瑞兴支行
羊城支行
花城支行
越秀支行
越秀支行
江南支行
江南支行
信源支行

珠海支行

支行营业部
紫荆分理处
迎宾大道分理处
明珠分理处
康宁分理处
人民西路分理处

佛山分行

分行营业部
军桥分理处
普澜分理处
江湾分理处
华远分理处
张槎分理处
文沙分理处

海口分行

分行营业部
海甸办
新华办

济南分行

分行营业部
文东支行
解放路支行
市中支行

青岛分行

分行营业部

成都分行

分行营业部

兴业银行

福州分行

分行营业部
总行营业部
福州市华林支行
福州市五四支行
福州市福兴支行
福州市洋下支行
福州分行火车站支行
福州市湖前支行
福州市鼓楼支行
福州分行温泉支行
福州分行五一支行
福州市杨桥支行
福州分行西门支行
福州市屏山支行
福州市东街支行
福州市南门支行
福州市南街支行
福州市仓山支行
福州市晋安支行
福州市环球支行
福州市鼓山支行
福州市台江支行
福州市马江支行
马江支行马尾街分理处
马江支行罗星分理处
马江支行亭江分理处
长乐支行
福清支行
福清支行龙田分理处
福清支行田乾路分理处
福清支行高山分理处
福清支行环西路储蓄所
福清支行新市场储蓄所

北京分行

分行营业部
中轴路支行
朝外支行
广安门支行
亚运村支行
西单支行
中关村支行
东外支行
上地支行
西客站支行
东单支行
长安支行
国贸支行
安华支行
月坛支行

上海分行

分行本部
黄浦支行
浦东支行
徐汇支行
虹口支行
虹桥支行
静安支行
闸北支行
南市支行
外高桥支行
卢湾支行
闵行支行
人民广场支行
长宁支行
松江支行
华山支行
普陀支行
南外滩支行
淮海支行
庆余支行

深圳分行

分行营业部
罗湖支行
上步支行
科技支行
城东支行
宝安支行
福田支行
中心区支行
嘉宾支行
深南支行
香蜜湖支行
南山支行

厦门分行

分行营业部
文滨支行
湖里支行
鹭江支行
公园支行
江头支行
松柏支行
吕岭支行
东区支行
禾祥西支行
东芳支行
思明支行
莲花支行
新港支行
康乐支行
梧村支行
莲富支行
同安支行
马巷支行
海沧支行
杏林支行

宁德分行

福安支行
福鼎支行
霞浦支行
古田支行
蕉城支行

莆田分行

莆田分行营业部
莆田分行城厢龙门储蓄所
莆田分行荔城支行
莆田市涵江支行
莆田分行涵江商业城分理处

泉州分行

泉州分行营业部
鲤城支行营业部
东湖支行
西门分理处
浮桥分理处
南路支行
丰泽支行营业部
田安支行
钟楼支行
泉秀支行
石狮支行营业部
石狮支行九二路分理处
石狮支行蚶江分理处
石狮支行永宁分理处
石狮支行南环分理处
石狮支行华南分理处
石狮支行华仑分理处
石狮支行新华分理处
石狮支行鸳鸯池储蓄所
晋江支行营业部
晋江支行陈埭分理处
晋江支行安海分理处
晋江支行青阳分理处
南安支行营业部
南安支行诗山分理处
南安支行水头分理处
南安支行溪美分理处
惠安支行营业部
惠安支行螺城分理处
惠安支行洛阳分理处

漳州分行

分行营业部
芗城支行营业部

胜利东分理处
新华南分理处
龙文分理处
元光南支行
元光北支行
延安北支行
龙海支行营业部
招商局漳州开发区分理处
角美支行
龙岩分行
分行营业部
新罗支行
龙津支行
新兴支行
漳平支行
永定支行
龙岩分行

三明分行

分行营业部
三明分行三钢分理处
三元支行营业厅
永安支行营业厅
永安支行建福分理处
三明分行沙县支行营业厅
三明分行梅岭分理处

南平分行

南平分行营业部
南平市延平支行
南平市中山支行
中山支行东教分理处
邵武支行
顺昌支行
建瓯支行
武夷山支行

长沙分行

分行营业部
八一路支行
展览馆路支行
五一路支行
芙蓉路支行
韶山路支行
劳动路支行

杭州分行

分行营业部
西湖支行
清泰支行
武林支行
庆春支行
余杭支行
萧山支行
义乌支行
义乌江滨支行
义乌城中支行
义乌汇源分理处
义乌广源分理处
温州支行
温州永嘉支行
温州黄田分理处
温州江北分理处
湖墅支行
温州瓯海支行

广州分行

广州分行营业部
天河北支行
天河支行
五羊支行
东山支行

南京分行

分行营业部
鼓楼支行
洪武支行
城北支行
城东支行
城西支行
中央路支行

宁波分行

分行营业厅
海曙支行
北仑支行

重庆分行

分行营业部
高新支行
南岸支行
沙坪坝支行

济南分行

分行营业部
市中支行
高新支行
泉城支行
历山支行

武汉分行

分行营业部

沈阳分行

福建兴业银行沈阳分行营业厅

中国民生银行

北京管理部

北京管理部木樨地营业部
北京阜成门支行
北京建国门支行
北京中关村支行
北京西坝河支行
北京工体北路支行
北京安定门支行
北京万寿路支行
北京西客站支行
北京正义路支行
北京上地支行
北京国贸支行
北京首体支行
北京金融街支行
北京平安里支行
北京北太平庄支行
北京广安门支行
北京朝阳门支行
北京方庄支行
北京紫竹支行
北京魏公村支行
北京东单支行
北京亚运村支行
北京苏州街支行
北京西直门支行
北京和平里支行

上海分行

上海分行营业部
上海分行外滩支行
上海分行浦东支行
上海分行市西支行
上海分行市北支行
上海分行五角场支行
上海分行徐汇支行
上海分行黄浦支行
上海分行虹桥支行
上海分行市南支行
上海分行静安支行
上海分行嘉定支行
上海分行闽行支行
上海分行浦江支行
上海分行长宁支行
上海分行陆家嘴支行
上海分行外高桥支行
上海分行虹口支行
上海分行市中支行

广州分行

广州分行营业部
广州分行东城支行
广州分行东风支行
广州分行环市支行
广州分行越华支行
广州分行东山支行
广州分行白云支行
广州分行越秀支行
广州分行番禺支行
广州分行天河支行
广州分行新城支行
广州分行体育西支行

深圳分行

深圳分行营业部
深圳分行罗湖支行
深圳分行上步支行
深圳分行振业支行
深圳分行福田支行
深圳分行红岭支行
深圳分行宝安支行
深圳分行滨海支行
深圳分行南山支行
深圳分行深南支行
深圳分行龙岗支行
深圳分行蛇口支行
深圳分行彩田支行

武汉分行

武汉分行营业部
武汉分行东湖支行
武汉分行新华支行
武汉分行三阳支行
武汉分行中南支行
武汉分行桥口支行
武汉分行青山支行
武汉分行洪山支行
武汉分行花桥支行
武汉分行京汉分行支行
武汉分行水果湖支行
武汉分行光谷支行

大连分行

大连分行营业部
大连分行中山支行
大连分行高新园区支行
大连分行开发区支行
大连分行西岗支行

南京分行

南京分行营业部
南京分行北京西路支行
南京分行上海路支行
南京分行新街口支行
南京分行城东支行

杭州分行

杭州分行营业部
杭州分行凤起支行
杭州分行武林支行
杭州分行钱塘支行
杭州分行西湖支行
杭州分行余杭支行
杭州分行萧山支行

重庆分行

重庆分行营业部
重庆分行南坪支行
重庆分行高新支行
重庆分行江北支行

西安分行

西安分行营业部
西实分行南大街支行
西安分行高新开发区支行
西安分行和平路支行

福州分行

福州分行华林支行
福州分行东街支行
福州分行闽都支行

济南分行

济南分行营业部
济南分行经七路支行
济南分行泉城路支行
济南分行解放路支行
济南分行经十路支行

太原分行

太原分行营业部
太原分行双塔东街支行
太原分行迎泽街支行
太原分行府西街支行
太原分行大盘营支行
太原分行亲贤北街支行

成都分行

宁波分行

石家庄支行

石家庄支行营业部
石家庄支行裕华西路分理处
石家庄支行中山东路分理处
石家庄支行和平西路分理处
石家庄支行红旗大街分理处

汕头支行

汕头支行衡山分理处
汕头支行人民广场分理处
汕头支行汕樟分理处

济南分行

济南分行营业部
济南经七路支行
济南泉城路支行
济南解放路支行
济南经十路支行
济南历山路支行

证券公司基金营销网点

国泰君安证券股份有限公司

北 京
北京德外大街证券营业部
地址：北京市西城区德外3号

北京知春路证券营业部
地址：北京市海淀区知春路17号

北京西黄城根证券营业部
地址：北京市西黄城根北街21号

北京方庄路证券营业部
地址：北京市丰台区方庄路一号

天 津
天津六纬路证券营业部
地址：天津市河东区六纬路147号

天津塘沽上海道证券营业部
地址：天津市塘沽区上海道101号

天津环湖中路证券营业部
地址：河西区环湖中路华昌大厦A座

天津新兴路证券营业部
地址：天津市和平区新兴路28号

河 北
石家庄育才街证券营业部
地址：河北省石家庄市育才街285号

石家庄建华南大街证券营业部
地址：石家庄市建华南大街161号

山 西
山西太原并州北路证券营业部
地址：山西省太原市并州北路68号

内蒙古
呼和浩特北垣街证券营业部

辽 宁
沈阳黄河南大街证券营业部
地址：沈阳黄姑区黄河南大街48号

沈阳南三经街证券营业部
地址：沈阳市沈河区南三经街七号

沈阳新华路证券营业部
地址：沈阳市和平区新华路30号

沈阳热闹路证券营业部
地址：沈阳市沈河区热闹路22号

大连西安路证券营业部
地址：大连市沙河口区西安路66号

吉 林
长春大马路证券营业部
地址：吉林省长春市大马路91号

长春西安大路证券营业部
地址：吉林省长春市西安大路93号

吉林松江路证券营业部
地址：吉林省吉林市松江路83号

黑龙江
哈尔滨地段街证券营业部
地址：哈尔滨市南岗区通达街90号

哈尔滨西大直街证券营业部
地址：西大直街118号（哈特五楼）

齐齐哈尔证券营业部
地址：龙华路226号中联商厦4楼

深 圳
深圳蔡屋围证券营业部
地址：深圳罗湖区蔡屋围新十坊一号

深圳笋岗路证券营业部
地址：罗湖区笋岗路12号中民时代广场A座9层

深圳爱国路证券营业部
地址：罗湖区爱国路1001号万科俊园四楼

深圳观澜证券营业部
地址：观澜镇第一工业区信用社大楼

深圳红荔路证券营业部
地址：福田区红荔路1001号银盛大厦5、6楼

深圳华发证券营业部
地址：深南中路2070号电子科技大厦C座十五楼

深圳深南中路证券营业部
地址：深南中路2008号华联大厦二楼及十九楼

深圳人民南路证券营业部
地址：人民南路天安国际大厦五层C座十八层

深圳上步中路证券营业部
地址：福田区上步中路深勘大厦二、三楼

深圳桃园路证券营业部
地址：南山区桃园路171号发展银行大厦三、六楼

深圳松岗证券营业部
地址：深圳市松岗镇潭头村1号

深圳振华路证券营业部
地址：华强北路2001号深纺大厦十三层及B座底层

深圳振兴路证券营业部
地址：振兴路101号三、四、五层

广 东
广州东风中路证券营业部
地址：东风中路509号建银大厦三楼

广州黄埔大道证券营业部
地址：广州黄埔大道西191号广信牡丹阁二层

广州人民中路证券营业部
地址：人民中路555号美国银行中心三、十六楼

汕头金砂路证券营业部
地址：广东省汕头市金砂路46号

广州顺德东乐路营业部
地址：大良区东乐路2号广德业大厦2楼

海 南
海口滨海大道证券营业部
地址：海口滨海大道23号华凯大厦6层

海口金龙路证券营业部
地址：金龙路22号发展大厦二楼

福 建
福州华林（业务一部）证券营业部
地址：华林路84号福建日报大厦二楼

福州六一（业务二部）证券营业部
地址：五四路75号外贸中心展厅

厦门证券营业部
地址：嘉禾路170号嘉莲大厦二楼

泉州泉秀路证券营业部
地址：泉州市泉秀路农行大厦二楼

广 西
南宁桃园路证券营业部
地址：广西省南宁市桃源路3号

江 西
南昌站前路证券营业部
地址：江西省南昌市站前路109号

九江甘棠路证券营业部
地址：甘棠北路、裕华广场A座

鹰潭环城西路证券营业部
地址：鹰潭市交通路24号龙华大厦

宜春东风大街证券营业部
地址：宜春市东风大街188号三楼

抚州黄巢路证券营业部
地址：江西省抚州市黄巢路23号

上 海
上海北海路证券营业部
地址：上海市黄浦区北海路247号

上海打浦路证券营业部
地址：上海市打浦路92号

上海虹桥路证券营业部
地址：上海市虹桥路188号

上海江苏路证券营业部
地址：江苏路369号兆丰世贸大厦1楼、11楼、12楼

上海延安东路证券营业部
地址：上海市延安东路175号

上海陆家嘴东路证券营业部
地址：陆家嘴东路161号招商局大厦37–38层

上海牡丹江路证券营业部
地址：上海市牡丹江路1188号

上海牡丹江路第二证券营业部(盘古)
地址：上海市宝山区牡丹江路1784号

上海福山路证券营业部
地址：上海市福山路450号

上海商城路证券营业部
地址：上海市商城路618号良友大厦

上海四平路证券营业部
地址：上海市四平路1962号

上海凯旋路证券营业部
地址：上海市凯旋路3131号

上海水城路证券营业部
地址：上海市水城路382弄2号

上海延平路证券营业部
地址：上海市延平路135号

上海杨树浦路证券营业部
地址：上海市杨树浦路2525号

上海宜山路证券营业部
地址：上海市宜山路688号

江 苏
南京高楼门证券营业部
地址：江苏省南京市高楼门63号

南京太平南路证券营业部
地址：江苏省南京市太平南路371号

常州广化街证券营业部
地址：江苏省常州市广化街189号

无锡人民中路营业部
地址：人民中路97号佳福大厦12层

徐州解放路证券营业部
地址：江苏省徐州市解放南路97号

浙 江
杭州体育场路证券营业部
地址：浙江省杭州体育场路58号

宁波彩虹北路证券营业部
地址：浙江省宁波市彩虹北路97号

绍兴中兴中路证券营业部
地址：浙江省绍兴市中兴中路108号

衢州柯城证券营业部
地址：衢州市巨化花园证券大楼

台州临海证券营业部
地址：台州市临海市山中路59号

安 徽
合肥长江西路证券营业部
地址：安徽省合肥市长江西路130号

山 东
济南永庆街证券营业部
地址：山东省济南市永庆街2号

济南经二路证券营业部
地址：山东省济南市经二路575号

临沂沂蒙路证券营业部
地址：山东省临沂市沂蒙路228号

青岛南京路证券营业部
地址：青岛市南区南京路122号乙

河 南
郑州花园路证券营业部
地址：河南省郑州市黄河路16号

湖 北
武汉洞庭街证券营业部
地址：湖北省武汉汉口洞庭街48号

武汉解放大道证券营业部
地址：湖北省武汉市解放大道509号

武汉紫阳东路证券营业部
地址：武汉市武昌区紫阳东路77号

荆州北京中路证券营业部
地址：荆州市北京中路紫云小区1号

襄樊襄城北街证券营业部
地址：湖北省襄樊市襄城北街33号

宜昌云集证券营业部
地址：湖北省宜昌市云集路34号

宜昌珍珠路证券营业部
地址：湖北省宜昌市珍珠路78号

湖 南
长沙五一东路证券营业部
地址：湖南省长沙市五一东路101号

常德人民中路证券营业部
地址：湖南省常德市人民中路187号

衡阳雁城路证券营业部
地址：湖南省衡阳市雁城路1号

株州建设中路证券营业部
地址：株洲市建设中路40号（神农公园大门北侧）

四 川
成都北一环路证券营业部
地址：成都市一环路北一段134号

成都建设路证券营业部
地址：成都市成华区建设路2号

成都人民中路证券营业部
地址：人民中路一段16号省展览馆西南厅二楼

泸州三星街证券营业部
地址：泸州市三星街口证券大厦

贵 州
贵阳都司路证券营业部
地址：贵阳都司路会展中心2、4楼

云 南

昆明人民中路证券营业部
地址：人民中路 9－2 号金牛大厦

重 庆

重庆民族路证券营业部
地址：渝中区民族路新重庆广场四楼

重庆民生路证券营业部
地址：渝中区民生路 181 号民生商厦 5、9 楼

重庆万州太白岩证券营业部
地址：重庆市万州区太白岩 2 号

重庆中山三路证券营业部
地址：重庆市渝中区中山三路 168 号

陕 西

西安东关正街证券营业部
地址：东关正街 78 号招商局广场

西安环城南路证券营业部
地址：陕西省西安小南门外融汇大厦

甘 肃

兰州大众市场证券营业部
地址：甘肃省兰州市大众市场 44 号

兰州西固中路证券营业部
地址：甘肃省兰州市西固中路 87 号

兰州东岗西路证券营业部
地址：甘肃省兰州市东岗西路 561 号

新 疆

乌鲁木齐证券营业部
地址：新疆乌鲁木齐建设路 8 号

华夏证券股份有限公司

北 京

北京海淀南路营业部
地址：海淀区海淀南路海乾大厦

北京安立路证券营业部
地址：安立路 66 号安立花园 C 座

北京安立路证券营业部东高地服务部
地址：丰台区南大红门路 15 号

北京三里河路证券营业部
地址：北京市海淀区三里河路 39 号

北京东直门南大街证券营业部
地址：东城区东直门南大街 6 号

东直门南大街营业部燕山服务部
地址：北京市房山区燕山向阳路 38 号

上 海

上海新闸路营业部
地址：上海市新闸路 1716 号

上海青浦营业部
地址：上海市青松路 35 号

上海控江路营业部
地址：上海市控江路 1529 号

上海徐家汇路营业部
地址：上海市徐家汇路 550 号

上海福山路营业部
地址：上海市福山路 33 号

上海华灵路营业部
地址：上海市华灵路 849 号

上海南丹路营业部
地址：上海市南丹路 40 号

上海商城路营业部
地址：上海市商城路 800 号

上海高桥营业部
地址：上海市通园路 139 号

上海永嘉路营业部
地址：上海市永嘉路 698 号

上海营口路营业部
地址：上海市营口路 818 号

上海大木桥路营业部
地址：上海市大木桥路 425 号

上海哈密路营业部
地址：上海市哈密路 750 号

上海机构服务部
地址：徐家汇路 550 号宝鼎大厦

深 圳

深圳振华路营业部
地址：深圳市福田区振华路 62 号

深圳深南中路营业部
地址：深圳深南中路 3039 号国际大厦

深圳宝安新城创业路营业部
地址：深圳宝安区宝城 21 区

深圳华阳街营业部
地址：深圳福田区滨河大道鹏福楼

海 南

海口海府大道东湖营业部
地址：海口市海府大道 12 号

海口海府大道营业部
地址：海口市海府大道 73 号

广 东

广东南海市南桂东路营业部
地址：南海市南桂东路 38 号

广东南庄证券营业部
地址：南海市南庄大道 7 号

广州市黄埔大沙东路营业部
地址：黄埔区黄埔东路 193－203 号

广东清远营业部
地址：清远市先锋东路银河阁首层

广州中山二路营业部
地址：广州中山二路 48 号

广东潮州潮枫路证券营业部
地址：广东潮州潮枫路兰园附楼

广东揭阳站前路营业部
地址：揭阳市站前大道华夏证券

黑龙江

哈尔滨西二道营业部
地址：哈尔滨市道里区西二道街 9 号

哈尔滨阿城市服务部
地址：阿城市金京大厦 6 楼

辽 宁

沈阳中街路证券营业部
地址：沈阳市沈河区中街路 29 号

大连同兴街营业部
地址：中山区同兴街 10 号东亚银行 6 楼

鞍山人民路证券营业部
地址：铁西区人民路裕华商业城 81 号

锦州解放路证券营业部
地址：辽宁省锦州市解放路 5 段 26 号

吉 林

长春人民大街证券营业部
地址：长春市人民大街 68 号

长春大安市服务部
地址：大安市人民路老干部局 3 楼

湖 北

湖北十堰朝阳北路营业部
地址：湖北省十堰朝阳北路 2 号

湖北十堰营业部郧县服务部
地址：湖北省郧县城关东岭半坡路

荆州荆沙路营业部
地址：湖北省荆州荆沙路 4 号

武汉中北路营业部
地址：武汉市武昌区中北路 18 号

武汉中北路营业部新洲服务部
地址：武汉市新洲区邮政局招待所

武汉建设八路证券营业部
地址：武汉市青山区建设八路 19 号

武汉建设八路营业部江夏服务部
地址：江夏区纸坊街复江道 4 号

黄石市府路证券营业部
地址：湖北省黄石市府路 7 号

宜昌云集路证券营业部
地址：湖北省宜昌云集路 38 号

襄樊襄城鼓楼巷证券营业部
地址：湖北省襄樊襄城鼓楼巷 1 号

襄樊营业部老河口服务部
地址：湖北省老河口市中山路 67 号

湖 南

长沙芙蓉中路营业部
地址：长沙市芙蓉中路 167 号

长沙体育馆路营业部
地址：长沙体育馆路 17 号

长沙蔡锷中路证券营业部
地址：长沙市蔡锷中路 128 号

张家界陵园路营业部
地址：湖南省张家界市紫午东路

株洲建设中路证券营业部
地址：湖南省株洲市建设中路 1 号

郴州解放路证券营业部
地址：湖南省郴州市解放路 95 号

重 庆

重庆南坪北路证券营业部
地址：重庆市南岸区南坪北路 1 号

重庆石坪桥服务部
地址：九龙坡石坪桥正街 843 号 2 楼

重庆黔江服务部
地址：黔江区新华西路工行大楼 2 楼

重庆汉渝路证券营业部
地址：重庆市沙坪坝汉渝路 16－1 号

重庆合川服务部
地址：重庆合川柏树街 19 号 2 楼

重庆汉綦江服务部
地址：綦江县古南镇龙角路 128 号

重庆临江支路证券营业部
地址：重庆市渝中区临江支路 28 号

重庆涪陵服务部
地址：重庆涪陵区宏福大厦 3 楼

重庆万州白岩路证券营业部
地址：重庆市万州区白岩路 81 号

重庆万州营业部开县服务部
地址：重庆开县体育路 79 号

贵 州

贵阳合群路营业部
地址：贵阳合群路 1号龙泉大厦二楼

四 川

成都南一环路证券营业部
地址：成都市一环路南三段 25 号

成都邛崃服务部
地址：四川省邛崃市东星大道 188 号

成都马家花园证券营业部
地址：成都马家花园路特一号

成都简阳服务部
地址：四川省简阳市新民街 133 号

成都电子信息中心
地址：成都马家花园路特一号

广元利州东路证券营业部
地址：四川广元市利州东路 533 号

泸州滨江路证券营业部
地址：四川泸州滨江路 1 号 1 段佳乐广场 2 区 3 层

泸州营业部泸县服务部
地址：泸县东西干道县农机局营业厅

云 南

昆明环城南路证券营业部
地址：昆明市环城南路 39 号泰丽酒店

江 苏

南京淮海路证券营业部
地址：南京市淮海路 78 号

南京龙蟠中路证券营业部
地址：南京市龙蟠中路 158 号

南京江宁东山镇证券服务部
地址：江宁区东山镇大街东路 169 号

常州邮电路证券营业部
地址：常州市邮电路 2 号商贸中心

苏州东环路证券营业部
地址：苏州市东环路 129 号

连云港通灌北路证券营业部
地址：连云港市通灌北路 55 号

连云港东海牛山镇服务部
地址：东海牛山镇牛山南路 78 号

泰州青年路证券营业部
地址：泰州市青年路 26 号

泰州兴化丰收南路服务部
地址：江苏兴化市丰收南路 66 号

浙 江

宁波曙光路证券营业部
地址：宁波市江东区曙光路 8 号

杭州解放路证券营业部
地址：杭州市解放路 200 号

河 北

石家庄裕华东路证券营业部
地址：石家庄裕华东路 237 号

石家庄辛集证券服务部
地址：河北省辛集市文化宫广场北侧

保定向阳南路证券营业部
地址：保定向阳南路 89 号

山 东

济南泺源大街证券营业部
地址：济南市泺源大街 22 号

济南经四路证券营业部
地址：济南市经四路 267 号

济南济阳县证券服务部
地址：济阳县城供销社纬二路 25 号

青岛瞿塘峡路证券营业部
地址：青岛市南区瞿塘峡路 24 号

烟台大海阳路证券营业部
地址：烟台市大海阳路 145 号

淄博中心路证券营业部
地址：淄博张店区中心路 140 号

天 津

天津红旗南路证券营业部
地址：天津市南开区红旗南路 245 号

天津解放南路证券营业部
地址：天津市河西区解放南路 353 号

福 建

福州东街证券营业部
地址：福州市东街 33 号武夷中心三层

福州福清证券服务部
地址：福清元洪路国际商展中心二楼

厦门大同路证券营业部
地址：厦门市大同路 292－296 号

山 西

大同路营业部杏林服务部
地址：厦门市杏林区杏东路 27 号

厦门同新路证券营业部
地址：厦门市同安区大同同新路 47 号

江 西

江西南昌中山路证券营业部
地址：南昌市中山路 275 号

江西第一营业部
地址：南昌市象山北路 170 号

江西第二营业部
地址：南昌市北京西路 513 号

江西第四营业部
地址：南昌市青山南路 186 号

江西第五营业部
地址：南昌市井冈山大道 338 号

江西赣州健康路证券营业部
地址：江西省赣州市健康路 35 号

江西赣州瑞金市证券服务部
地址：江西省瑞金市中山路 88 号

江西赣州南康市证券服务部
地址：江西南康市商业大厦二楼

江西吉安韶山西路证券营业部
地址：江西省永新县粮贸街 80 号

江西吉安永新县证券服务部
地址：江西省吉安市井冈山大道 74 号

江西吉安泰和县证券服务部
地址：江西泰和县工农兵大道 341 号

陕 西

西安南大街证券营业部
地址：西安市南大街 56 号

甘 肃

兰州金昌路证券营业部
地址：兰州市城关区金昌路 8 号

兰州金昌市证券服务部
地址：甘肃省金昌市金川路 81 号

广发证券股份有限公司

投资银行总部
地址：天河北路 183 号大都会广场 38 楼

投资理财部
地址：天河北路 183 号大都会广场 38 楼

投资自营部
地址：天河北路 183 号大都会广场 38 楼

国际业务部
地址：天河北路 183 号大都会广场 38 楼

发展研究中心
地址：天河北路 183 号大都会广场 36 楼

经纪业务总部
地址：天河北路 183 号大都会广场 36 楼

广州业务总部
地址：广州市天河体育西路 189 号城建大厦 20 楼

广州农林下路证券营业部
地址：农林下路 83 号广发金融大厦 4 楼

广州环市东路证券营业部
地址：广州市环市东路 329 号粤新酒店副楼 1～4 层

广州沿江西路证券营业部
地址：广州市沿江西路 147 号 3 楼

广州黄埔大道证券营业部
地址：广州市天河黄埔大道西 201 号金泽大厦 3 楼

韶关文化街证券营业部
地址：文化街 7 号大哥大 1–4 楼

清远新城中心市场证券营业部
地址：清远市新城中心市场 D 座 3 楼

广州江湾证券营业部
地址：广州市沿江中路 296 号江湾新城中区 2、37 楼

广州江南西路证券营业部
地址：广州市海珠区江南西路 111 号中油大酒店三、四楼

广州洛溪新城证券营业部
地址：洛溪新城如意中心 B 座 2 楼

北京业务总部
地址：月坛北街 2 号月坛大厦 18 层

北京建华南路证券营业部
地址：朝阳区建外建华南路 11 号

北京朝阳门北大街证券营业部
地址：朝阳门北大街 6 号万泰北海大厦 3 层

北京阜成门南大街证券营业部
地址：北京西城区阜成门南大街甲 3 号

济 南

济南泺源大街证券营业部
地址：山东省济南市泺源大街 66 号

长 春

长春民康路证券营业部
地址：长春市民康路 54 号 1–4 层

郑 州

郑州花园路证券营业部
地址：花园路 19 号双丰饭店 1–3 楼

太 原

太原新建北路证券营业部
地址：新建北路 80 号润丰家电城

武 汉

武汉京汉大道证券营业部
地址：湖北省武汉市京汉大道 897 号

天 津

天津湖北路证券营业部
地址：天津市和平区湖北路 20 号

上 海

上海业务总部
地址：上海市浦东南路 528 号上海证券大厦北塔 17 楼

上海石泉路证券营业部
地址：上海市石泉路 49 弄 1 号

上海中山北二路证券营业部
地址：北二路 1515 号上海石油大厦

上海吴兴路证券营业部
地址：上海市徐汇区吴兴路 277 号

上海复兴中路证券营业部
地址：上海市复兴中路 1 号申能国际大厦 B 座 3 楼

上海斜土路证券营业部
地址：上海市卢湾区斜土路 110 号

南 京

南京洪武路证券营业部
地址：南京市洪武路 23 号隆盛大厦 1、13、14 楼

上海中山西路证券营业部(珠海国投)
地址：上海市中山西路 829 号丙

杭 州

杭州凤起路证券营业部
地址：浙江省杭州市凤起路 70 号

深 圳

深圳业务总部
地址：深南东路 5045 号深业中心 20 楼

深圳深南东路证券营业部
地址：深南东路 5045 号深业中心 20 楼

深圳红宝路证券营业部
地址：红宝路 145 号望族酒店 3～4 层

深圳蛇口兴华路证券营业部
地址：蛇口海滨商业中心一段 2～3 层

深圳南园路证券营业部(珠海国投)
地址：福田区南园路 68 号上步大厦 3 楼南

深圳中银大厦证券营业部
地址：彩田路中银大厦 B 座 15 楼

海 口

海口义龙路证券营业部
地址：海口义龙路 18 号钟山大厦 2 层

海口和平大道证券营业部
地址：海口市海甸岛和平大道 19 号蓝天大厦 3 层

珠海业务总部
地址：珠海市香洲区柠溪路 338 号国信大厦 7 楼

珠海柠溪路证券营业部(珠海国投)
地址：珠海市香洲区柠溪路 338 号国信大厦 5 楼

珠海凤凰北路证券营业部
地址：珠海市香洲凤凰北路农业银行大厦 14～15 楼

珠海吉大路证券营业部(珠海国投)
地址：珠海市吉大路 1 号

珠海胡湾里证券营业部(珠海特信)
地址：珠海市香洲胡湾里珠光花园 CD 座 2 楼

珠海拱北证券营业部
地址：拱北粤华路尖锋大厦 1～2 楼

珠海西区证券营业部
地址：珠海西区金海岸商业城 1～2 楼

东莞虎门证券营业部
地址：虎门镇人民路 64 号广源广场 6 楼

东莞中堂证券营业部
地址：中堂镇凌角街劳动大厦 4 楼

惠州下埔路证券营业部
地址：惠州市下埔路 3 号

佛山业务总部
地址：佛山季华路 5 号广发大厦 19 楼

佛山同济西路证券营业部
地址：同济西路 12 号永丰大厦 A 座 5 楼

佛山汾江南路证券营业部
地址：佛山市汾江南路 99 号

佛山季华路证券营业部
地址：佛山市季华五路 29 号广发大厦 1、2、10、11 楼

南海桂城证券营业部
地址：南海市桂城南兴三路 188 号广东发展银行南海分行大楼

佛山高明证券营业部
地址：佛山市高明荷城区文昌路 31～33 号物业广场二楼南

顺德龙江证券营业部
地址：龙江镇丰华北路华侨大厦三楼

中山市中山四路证券营业部
地址：中山市中山四路 33 号环球商业中心 1～2 层

中山市中山三路证券营业部
地址：中山三路 18 号中银大厦内

中山小榄证券营业部
地址：中山市小榄镇升平中路 56 号

开平曙光西路证券营业部
地址：长沙曙光西路 62～64 号 2 楼

江门胜利路证券营业部
地址：江门市胜利路 119 号

江门泰和广场证券营业部
地址：江华路泰和广场 1 号楼三楼

新会知政中路证券营业部
地址：会城镇知政中路 12 号粮食大厦 2～6 楼

台山桥湖路证券营业部
地址：台山市台城桥湖路 257 号

粤西业务总部
地址：肇庆市黄塘路 2 号

肇庆端州五路证券营业部
地址：端州五路九号皇朝酒店西侧

肇庆端州三路证券营业部
地址：肇庆市端州三路 32 号

云浮星岩路证券营业部
地址：云浮星岩路 34 号总工会二楼

湛江解放东路证券营业部
地址：湛江市霞山区解放东路 42 号

肇庆罗定大岗东路证券营业部
地址：罗定市大岗东路 3 号

肇庆德庆东豪东路证券营业部
地址：德庆县德城镇东豪东路 1 号

汕头业务总部
地址：汕头市海滨路 5 号

汕头海滨路证券营业部
地址：汕头市海滨路 5 号

汕头梅溪东路证券营业部
地址：汕头经济特区梅溪东路综合大楼首层北侧

汕头珠池路证券营业部
地址：汕头市珠池路中煤大厦 1–2 楼

梅州梅江二路证券营业部
地址：梅州市梅江二路 80 号

普宁流沙证券营业部
地址：流沙纺织品市场展销中心 3～6 楼

棉湖迎宾路证券营业部
地址：揭西棉湖镇迎宾路 2 号 2–4 楼

西部业务总部
地址：四川省成都市槐树街 35 号银杏大厦 4 楼

成都槐树街证券营业部
地址：成都市槐树街 35 号银杏大厦 2～3 楼

重庆科园一路证券营业部
地址：重庆市石桥铺科园一路 3 号渝高大厦 3～4 楼

昆明东风西路证券营业部
地址：昆明市东风西路 282～290 号东风百货大楼 3～4 楼

南宁星湖路证券营业部
地址：南宁市星湖路 44 号银湖花园大厦 1–3 楼

西安大保吉巷证券营业部
地址：西安市（朱雀门内）大保吉巷 24 号油脂大厦 1、4 楼

兰州酒泉路证券营业部
地址：兰州市城关区酒泉路 222 号甘肃石油大厦 2、3 层

福建业务总部
地址：福州市鼓楼区古田路 56 号建行大楼 6 楼

厦门湖滨南路证券营业部
地址：湖滨南路国贸大厦 3、4 层

泉州温陵路证券营业部
地址：泉州市温陵路天都广场 2 楼

福州古田路证券营业部
地址：福建省福州市鼓楼区古田路 56 号建行大厦附楼 2、3、4 楼

广发北方证券经纪有限责任公司
地址：大连市中山区人民路 71 号辽宁成大大厦 2 层、3 层

沈阳小西路证券营业部
地址：沈阳市沈河区小西路 82 号

大连成仁街证券营业部
地址：大连市沙河口区成仁街 185 号

锦州解放路证券营业部
地址：锦州凌河区解放路五段 11 号

锦州山西街证券营业部
地址：锦州市古塔区山西街 34 号

锦州南一里证券营业部
地址：锦州市古塔区南一里 17-1 号

上海玉兰路证券营业部
地址：上海市浦东花玉兰路 257 号

天津环湖中路证券营业部
地址：河西体院北环湖中路华昌大厦 C 座

辽阳民主路证券营业部
地址：辽宁省辽阳市民主路 25 号

锦州铁北证券营业部
地址：锦州凌河区人民街四段 33 号

上海复兴西路证券营业部
地址：上海市复兴西路 268 号

北京证券营业部
地址：北京中关村南大街甲 10 号

青岛证券营业部
地址：南区武胜关 19 号证券服务部

广州环市东路证券营业部
地址：从化市街口镇河滨南路 68 号

惠州下埔路证券营业部
博罗县证券服务部
地址：博罗城北门路 107 号二、三楼

台山桥湖路证券营业部
广海镇证券服务部
地址：台山广海镇海滨北路 9 号首层

江门胜利路证券营业部
外海镇证券服务部
地址：外海中华大道 1 号副楼 1-2 楼

梅州梅江二路证券营业部
大埔县证券服务部
地址：大埔县文化路总工会办公大楼

蕉岭县证券服务部
地址：蕉岭县桂岭大道塔牌集团大楼

清远新城中心市场证券营业部
连州市证券服务部
地址：连州市番禺路德富广场 2 楼

清远新城中心市场证券营业部
英德市证券服务部
地址：英德滨阳一路 48 号旧楼三楼

韶关文化街证券营业部
仁化县证券服务部
地址：仁化县城建设路 21 号

韶关文化街证券营业部南雄证券服务部
地址：南雄市新城林荫路 26 号二楼

湛江解放东路证券营业部
廉江市证券服务部
地址：廉江市廉江大道北 41 号

湛江解放东路证券营业部
遂溪县证券服务部
地址：遂溪县遂城镇湛川路 25 号

肇庆端州五路证券营业部
南岸镇证券服务部
地址：高要市南岸镇南兴二路 8 号

武汉京汉大道证券营业部
汉南证券服务部
地址：汉南区纱帽镇薇湖路 89 号

重庆科园一路证券营业部
丰都证券服务部
地址：丰都县名山镇中山路 18 号

韶关文化街证券营业部曲江证券服务部
地址：府前路广东发展银行曲江支行 4 楼

汕头海滨路证券营业部揭西证券服务部
地址：揭西县阿婆镇霖都大道 66 号 2 楼

南海南兴三路证券营业部
地址：西樵镇官山城区江浦西路 45 号

联合证券有限责任公司

深 圳

深圳深南东路证券营业部
地址：深圳深南东路 5047 号发展银行大厦附楼

深圳深南东路第二证券营业部
地址：深南东路 3038 号合作金融大厦

深圳华强北路证券营业部
地址：深圳华强北路盛庭苑大厦

深圳深南中路证券营业部
地址：深圳深南中路统建楼 3 栋

深圳振兴路第二证券营业部
地址：深圳振兴路赛格科技园四号楼

深圳建设路证券营业部
地址：深圳建设路 1008 号汇展阁

深圳红岭中路证券营业部
地址：红岭中路园岭花园大厦 B 区

深圳爱国路证券营业部
地址：深圳爱国路 2007 号

上 海

上海牡丹江路证券营业部
地址：上海宝山区牡丹江路 1512 号

上海大连路证券营业部
地址：上海大连路 1548 号莱克大厦

上海新闸路证券营业部
地址：上海新闸路 249 号

上海长江西路证券营业部
地址：上海长江西路 1507 号

上海中兴路证券营业部
地址：上海中兴路 653 号

上海厦门路证券营业部
地址：上海厦门路 180 号

上海威海路证券营业部
地址：威海路 511 号绅士汽车商城

北 京

北京西三环北路证券营业部
地址：西三环北路 72 号中经大厦

北京北三环东路证券营业部
地址：北京朝阳区曙光路 45 号楼

北京南草场街证券营业部
地址：西内大街南草场甲 11 号

吉 林

长春证券营业部
地址：长春市解放大路 64 号

黑龙江

哈尔滨西十六道街营业部
地址：哈尔滨西十六道街 15 号

哈尔滨新阳路营业部
地址：哈尔滨道里区新阳路 24 号

哈尔滨铁路街营业部
地址：哈尔滨南岗区铁路街 274 号

牡丹江证券营业部
地址：黑龙江牡丹江东平安街 7 号

辽 宁

沈阳南三经街证券营业部
地址：沈阳沈河区南三经街 31 号

山 东

济南堤口路证券营业部
地址：济南堤口路 135 号

江 苏

南京中山北路证券营业部
地址：南京中山北路 212 号

南京汉中路证券营业部
地址：汉中路 120 号青华大厦东 1、2 楼

南京户部街证券营业部
地址：南京户部街 15 号

江苏仪征证券营业部
地址：江苏仪征胥浦环南路 15 号

广 东

广州华乐路证券营业部
地址：广州华乐路 59 号华乐大厦

广州荔湾路证券营业部
地址：广州荔湾路 102 号

广州建设六马路证券营业部
地址：建设六马路 48 号万财大厦

广州天河路证券营业部
地址：广州天河路 603 号

四 川

成都浣花北路证券营业部
地址：成都青羊区浣花北路 2 号

成都南一环路证券营业部
地址：成都一环路南四段 12 号

成都人民中路证券营业部
地址：人民中路二段 27-31 号轻工大厦

江 西

南昌苏圃路证券营业部
地址：南昌苏圃路 111 号

湖 南

长沙证券营业部
地址：长沙劳动西路 175 号

湖 北

十堰公园路证券营业部
地址：十堰公园路 48 号张湾大厦

海 口

海口海秀路证券营业部
地址：海口海秀路 10 号 DC 商业城

中国银河证券有限责任公司

北 京

北京学院南路证券营业部
地址：北京市学院南路 34 号

北京黄寺大街证券营业部
地址：北京市黄寺大街 21 号

北京月坛证券营业部
地址：北京市月坛南街甲 1 号

北京虎坊路证券营业部
地址：虎坊桥 13 号(北京技术交流馆)

北京安外证券营业部
地址：北京市安外大街 66 号

北京西交民巷证券营业部
地址：北京市民巷 17 号

北京双榆树证券营业部
地址：北京双榆树科学院南路 44 号

北京天坛东路证券营业部
地址：北京市天坛东路 70 号

上 海

上海江苏北路证券营业部
地址：上海市江苏北路 30 号

上海新闸路证券营业部
地址：上海市新闸路 1884 号

上海中原路证券营业部
地址：上海市中原路 188 号

上海大连西路证券营业部
地址：上海市大连西路 555 号

上海复兴东路证券营业部
地址：上海市复兴东路 789 号

上海江宁路证券营业部
地址：上海市江宁路 428 号

上海平凉路证券营业部
地址：上海市平凉路 718 号

上海张杨路证券营业部
地址：上海市张杨路 1255 号

上海安业路证券营业部
地址：上海市安业路 124 号

上海红松路证券营业部
地址：上海市红松路 235 号

上海沪南路证券营业部
地址：上海市沪南路 917 号

上海靖宇东路证券营业部
地址：上海市靖宇东路 282 号

上海曲阳路证券营业部
地址：上海市曲阳路 612 号

上海上南路证券营业部
地址：上海市上南路 1316 号

上海共康路证券营业部
地址：上海市共康路 328 号

上海天潼路证券营业部
地址：上海市天潼路 477 号

上海五莲路证券营业部
地址：上海市五莲路 61-65 号

上海新昌路证券营业部
地址：上海市新昌路 518 号

上海大名路证券营业部
地址：上海市大名路 108 号

上海漕宝路证券营业部
地址：上海市漕宝路 3557 号

上海东方路证券营业部
地址：东方路 989 号中达广场二楼

上海肇嘉浜路证券营业部
地址：肇嘉浜路 212 号明珠大饭店七楼

上海浦东南路证券营业部
地址：浦东南路 855 号世界广场

上海中山北证券营业部
地址：中山北路 2438 号新建业中心

天 津

天津黑龙江路证券营业部
地址：天津市黑龙江路 2 号

天津云景证券营业部
地址：天津市琼州道 55 号

天津海河东路证券营业部
地址：天津市海河东路 41 号

重 庆

重庆大渡口证券营业部
地址：重庆市文体支路 18 号

重庆九龙坡证券营业部
地址：重庆市团结路 3 号

重庆民族路证券营业部
地址：重庆市民族路 104 号

重庆临江路证券营业部
地址：渝中区临江路 37 号邹容广场

重庆江北证券营业部
地址：重庆市建新北路 86 号

重庆阳光证券营业部
地址：重庆市沧白路 40 号

内蒙古

呼和浩特证券营业部
地址：呼和浩特市贝尔路 98 号

包头东河区证券营业部
地址：包头市巴彦塔拉大街 1 号

包头乌兰道证券营业部
地址：包头市昆区乌兰道19甲6号

河 北

石家庄红旗大街证券营业部
地址：石家庄市红旗大街98号

石家庄北站证券营业部
地址：石家庄市北站街1号

石家庄自强路证券营业部
地址：石家庄自强路127号河北会堂

秦皇岛证券营业部
地址：秦皇岛文化北路8号银都大厦

山 西

太原迎泽证券营业部
地址：迎泽大街248号南宫东前厅

太原迎泽西大街证券营业部
地址：迎泽西大街53号迎西大厦

临汾证券营业部
地址：临汾市鼓楼东大街75号

山西晋中证券营业部
地址：榆次市西顺城街20号

辽 宁

沈阳顺城证券营业部
地址：沈阳市南顺城路46号

沈阳南五马路证券营业部
地址：沈阳市南宁南街78号

沈阳南八马路证券营业部
地址：沈阳市南八马路91号

沈阳中华路证券营业部
地址：沈阳市中华路188号

沈阳和平北大街证券营业部
地址：沈阳市和平北大街77号

沈阳青年大街证券营业部
地址：沈阳市青年大街116号

沈阳中山路证券营业部
地址：沈阳市铁西区滑翔路15号

大连人民路证券营业部
地址：大连市职工街28号恒通大厦

大连胜利路证券营业部
地址：大连市胜利路100号槐花大厦

大连万岁街证券营业部
地址：大连市万岁街146号

大连黄河路证券营业部
地址：大连市西岗区黄河路269号

大连延安路证券营业部
地址：大连市延安路17号

营口证券营业部
地址：营口市体育馆南里1号

吉 林

长春西民主大街证券营业部
地址：长春市西民主街15-1号

长春重庆路证券营业部
地址：长春市清明街20号

长春长通路证券营业部
地址：长春市长通路2-8号

黑龙江

哈尔滨红军街证券营业部
地址：哈尔滨市红军街19号

哈尔滨西十道街证券营业部
地址：哈尔滨市西十道街19号

哈尔滨尚志大街证券营业部
地址：哈尔滨市尚志大街176号

江 苏

南京洪武路证券营业部
地址：南京洪武路396号

南京石鼓路证券营业部
地址：南京市石鼓路73号

南京上海路证券营业部
地址：南京市上海路145号二层

南京汉中路证券营业部
地址：南京汉中路159-16号

南京瑞金路证券营业部
地址：南京瑞金路48号瑞金大厦

安 徽

合肥桐城路证券营业部
地址：合肥市桐城路113号

合肥长江路证券营业部
地址：合肥长江路448号金穗大厦

合肥绿都证券营业部
地址：合肥市绿都商城五层EF区

合肥长江路证券营业部
地址：合肥市长江中路57号

马鞍山证券营业部
地址：马鞍山湖南路中岗一村18-1栋

山 东

青岛热河路证券营业部
地址：青岛市热河路57号辛

青岛香港中路证券营业部
地址：青岛市香港中路60号

青岛广西路证券营业部
地址：青岛市广西路16号

烟台证券营业部
地址：烟台市西南河路175号

浙 江

杭州解放路证券营业部
地址：杭州市解放路12号

杭州新华路证券营业部
地址：杭州新华路117号

杭州凯旋路证券营业部
地址：杭州市凯旋路445号

杭州湖墅南路证券营业部
地址：杭州市湖墅南路202号

杭州中山中路证券营业部
地址：杭州市中山中路400号

宁波解放南路证券营业部
地址：宁波市解放南路19号

宁波翠柏路证券营业部
地址：宁波市翠柏路406号

宁波和义路证券营业部
地址：宁波市和义路62号

宁波西河街证券营业部
地址：宁波市西河街42号

德清证券营业部
地址：德清市武康镇中兴南路251号

湖州证券营业部
地址：湖州市红旗路128号

嘉兴证券营业部
地址：嘉兴市勤俭东路363号

金华证券营业部
地址：金华市八一南路393号

兰溪证券营业部
地址：兰溪市三江路73号

丽水证券营业部
地址：丽水市大洋路375号

绍兴证券营业部
地址：绍兴市鲁迅中路146号

温州证券营业部
地址：温州市隔岸路133号

台州证券营业部
地址：台州市路桥区商城路1号

江 西

南昌广场南路证券营业部
地址：南昌市广场东路125号

南昌广场东路证券营业部
地址：南昌市广场东路123号

南昌井岗山大道证券营业部
地址：南昌市井岗山大道1116号

福 建

福州证券营业部
地址：福州市古田支路55号

福州华盛路证券营业部
地址：福州市六一北路528号

福州中山路证券营业部
地址：福州中山路23号商业大厦四楼

厦门虎园路证券营业部
地址：厦门市虎园路六号之四

厦门嘉禾路证券营业部
地址：嘉禾路108号香江花园三层

厦门美湖路证券营业部
地址：厦门市美湖路75-87号

湖 北

武汉建设大道证券营业部
地址：武汉市建设大道云林街25号

武汉司门口证券营业部
地址：武汉市自由路36号

武汉四唯路证券营业部
地址：武汉市四唯路39号

武汉汉阳证券营业部
地址：武汉市鹦鹉大道75号

武汉洪山证券营业部
地址：武汉市中南路61号

武汉民主路证券营业部
地址：武汉市新民主路454号

武汉花桥证券营业部
地址：解放公园路52-2号天晖大厦

武汉楚雄证券营业部
地址：武汉市雄楚大街48号

武汉澳门路证券营业部
地址：武汉市澳门路138号

武汉钟家村证券营业部
地址：武汉市汉阳钟家村西桥路4号

荆门证券营业部
地址：湖北省荆门市中天街47号

襄樊证券营业部
地址：襄樊市建设路3号

宜昌新世纪证券营业部
地址：宜昌市云集路21号

长沙芙蓉路证券营业部
地址：芙蓉路226号国贸大厦东群

长沙城南中路证券营业部
地址：长沙市南大路35号

长沙芙蓉中路证券营业部
地址：长沙市芙蓉中路489号

河 南

郑州南阳路证券营业部
地址：郑州市南阳路301号附11号

郑州山河证券营业部
地址：郑州市纬五路9号

郑州丰产路证券营业部
地址：郑州市丰产路101亚龙湾大厦

郑州经三路证券营业部
地址：郑州市经三路15号

郑州健康路证券营业部
地址：郑州市健康路168号

郑州陇海路证券营业部
地址：郑州市陇海路59号

郑州东明路证券营业部
地址：郑州市东明路7号商物大厦

广 东

广东大德路证券营业部
地址：广州市大德路238号1-3层

广州东川路证券营业部
地址：广州市东川路49号

广州东风路营业部
地址：广州东风西路国际金融大厦

广州建设大马路证券营业部
地址：广州建设大马路3号

广州天河证券营业部
地址：广州大道北118号天龙大酒店

广州五羊新城证券营业部
地址：广州寺右新马路南二街18号

汕头天山路营业部
地址：汕头市天山路华星大厦

汕头银座营业部
地址：汕头市榕江路银座

汕头韩江路证券营业部

汕头练江路证券营业部

深 圳

深圳宝安路证券营业部
地址：深圳市宝安路宝丽大厦

深圳碧波证券营业部
地址：深圳黄贝路碧波花园

深圳莲花证券营业部
地址：红荔西路莲花大厦一楼东侧

深圳罗湖证券营业部
地址：深圳东门中路2110号东方大厦

深圳深茂证券营业部
地址：深圳市新闻路59号深茂大厦

深圳商报东路证券营业部
地址：深圳市商报东路天一名居三楼

深圳滨河路营业部
地址：深圳滨河大道9023号国通大厦

深圳振兴营业部
地址：景田西路17号赛格景苑大厦

中山营业部
地址：中山市孙文东路52号

中山小榄证券营业部

佛山证券营业部
地址：佛山市人民西路2号

顺德证券营业部
地址：大良镇云良路信景花苑二楼

湛江证券营业部
地址：湛江市海淀路8号

廉江新兴路证券营业部

广 西

南宁证券营业部
地址：南宁市园湖南路12-2号

四 川

成都鼓楼证券营业部
地址：成都市鼓楼南街88号

成都人南证券营业部
地址：成都市新华大道双林路222号

成都北二环路证券营业部
地址：二环路北一段新明珠广场B座

成都同仁路证券营业部
地址：成都市上同仁路68号

成都提督街证券营业部
地址：提督街88号民兴金融大厦

云 南
昆明人民中路证券营业部
地址：昆明人民中路34号

昆明白塔路证券营业部
地址：昆明市白塔路393号

陕 西
西安友谊东路证券营业部
地址：友谊东路91号恒兴商务酒店

西安文艺北路证券营业部
地址：西安市文艺北路11号

西安和平路证券营业部
地址：西安市东木头市111号

甘 肃
兰州证券营业部
地址：小稍门外280号昌运大厦

青 海
西宁证券营业部
地址：西宁西大街49号三丰商厦4楼

西宁市西大街证券营业部

国信证券有限责任公司

深 圳
深圳红岭中路证券营业部
地址：深圳红岭中路1012号4F—10F

深圳振华路证券营业部
地址：深圳市振华路112号

深圳深南中路证券营业部
地址：深圳深南中路1099号商业大厦

深圳红荔路证券营业部
地址：红荔路38号群星广场A座33楼

深圳金地证券服务部
地址：福田沙嘴南路金地花园209—211

北 京
北京呼家楼证券营业部
地址：北京朝阳区呼家楼北街7号楼

北京三里河证券营业部
地址：三里河路13号中国建筑文化中心

上 海
上海北京东路证券营业部
地址：上海北京东路668号A座1楼

广 东
广州东风中路证券营业部
地址：广州市东风中路318号嘉业大厦3—5层

佛山体育路证券营业部
地址：体育路52号金马商城首层

四 川
成都太升北路证券营业部
地址：成都市太升北路10号

绵阳富乐路证券营业部
地址：四川绵阳市富乐路15号

黑龙江
哈尔滨田地街证券营业部
地址：道里区田地街副24—6号

辽 宁
大连花园广场证券营业部
地址：大连市西岗区花园广场2号

吉 林
长春解放大路证券营业部
地址：解放大路121号长春光大大厦16层

天 津
天津湘江道证券营业部
地址：河西区湘江道47号五矿大厦

湖 北
武汉京汉大道证券营业部
地址：京汉大道江汉路口大公大厦

湖 南
长沙五一大道证券营业部
地址：五一大道名汇达大厦四楼

陕 西
西安友谊东路证券营业部
地址：南关正街一号泛美大厦3楼

福 建
福州五一中路证券营业部
地址：福州市五一中路88号平安大厦

浙 江
杭州保俶路证券营业部
地址：保俶路2号京华科影大厦1，4，5楼

杭州萧然东路证券营业部
地址：萧然东路2号国信证券大厦

义乌稠州北路证券营业部
地址：义乌稠州北路505号4楼

江 苏
南京洪武路证券营业部
地址：洪武路239号新大都大厦四层

江阴虹桥南路证券营业部
地址：江阴市虹桥南路9号

山 东
烟台西南河路证券营业部
地址：芝罘区西南河路217号4楼

招商证券股份有限公司

深 圳
深圳振华路证券营业部
地址：振华路102号深纺大厦C座一楼

深圳南山南油大道证券营业部
地址：深圳南油大道新能源大厦

深圳福民路证券营业部
地址：福民路129号众孚大厦二楼

深圳笋岗路证券营业部
地址：深圳笋岗路1001号宝安大厦二楼

深圳东门南路证券营业部
地址：深圳东门南路广发大厦一楼

深圳建安路证券营业部
地址：深圳宝安六区建安路华南宾馆

深圳常兴路证券营业部
地址：深圳南头常兴南路田厦商住楼

深圳沙头角金融路证券营业部
地址：深圳沙头角深沙路海滨花园

深圳龙岗证券营业部
地址：深圳龙岗镇巫屋村美洲大厦

上 海
上海澳门路证券营业部
地址：上海市澳门路756号

上海翔殷路证券营业部
地址：翔殷路1128号金融大厦11、12层

上海世纪大道证券营业部
地址：上海市世纪大道1500号

上海肇嘉浜路证券营业部
地址：上海市徐汇区肇嘉浜路366号

广 东
广州天河北路证券营业部
地址：广州天河北路90号光华大厦

广州天河北路证券营业部陈村服务部
地址：顺德市陈村镇锦龙大道西

佛山季华路证券营业部
地址：季华五路商业银行大厦二层

珠海人民东路证券营业部
地址：珠海市香洲区人民东路127号

东莞证券营业部
地址：东莞市莞城东城西路226号城市花园A座

北 京
北京建国路证券营业部
地址：建国路118号招商局大厦8层

北京北三环东路证券营业部
地址：朝阳区北三环东路8号静安中心

四 川
成都三洞桥证券营业部
地址：三洞桥二号华业商业广场三楼

黑龙江
哈尔滨证券营业部
地址：哈尔滨市南岗区长江路65号

江 苏
南京证券营业部
地址：南京建邺路76号

无锡新生路证券营业部
地址：无锡市新生路107号

浙 江
杭州湖墅南路证券营业部
地址：杭州市拱墅区湖墅南路260号

云 南
昆明五一路证券营业部
地址：昆明市五一路国防大厦

广 西
南宁民主路证券营业部
地址：南宁市民主路8号斯壮大厦

江 苏
扬州汶河北路证券营业部
地址：扬州市汶河北路38号

湖 南
长沙芙蓉路证券营业部
地址：长沙市芙蓉中路188号

福 建
福州广达证券营业部
地址：福州市广达路141号恒宇大厦

安 徽
合肥六安路证券营业部
地址：合肥市六安路99号新华大厦

中信证券股份有限公司

北 京
北京安外大街证券营业部
地址：北京市安外大街甲57号

北京北三环中路证券营业部
地址：北三环中路40号莹虹商厦4层

北京白家庄东里证券营业部
地址：白家庄东里一号院建宏大厦

北京张自忠路证券营业部
地址：北京市东城区张自忠路7号

北京复外营业部
地址：复兴门外大街16号白云大厦三层

上 海
上海茅台路证券营业部
地址：上海市茅台路298号

上海东方路证券营业部
地址：上海市东方路3490号

上海辽源西路证券营业部
地址：上海市辽源西路111号

上海溧阳路证券营业部
地址：上海市溧阳路1088号二层

上海番禺路证券营业部
地址：上海市番禺路898号

上海昌平路证券营业部
地址：昌平路888号恒森广场底层

上海复兴中路营业部
地址：复兴中路593号民防大厦4楼

上海石化证券营业部
地址：金山区石化地区隆安路290号

上海沪闵路营业部
地址：上海市沪闵路7580弄32号

上海沪闵路证券营业部安亭服务部
地址：嘉定区安亭镇墨玉路172号

广 东
广州天河北路证券营业部
地址：广州市天河北路569号芳草园A1栋1、2层

深圳湖贝路证券营业部
地址：湖贝路1030号海龙王大厦三楼

深圳人民南路证券营业部
地址：人民南路国贸大厦A区六楼

辽 宁
沈阳大西路证券营业部
地址：沈河区大西路246—248号

大连中山广场证券营业部
地址：辽宁省大连市中山广场3号

天 津
天津友谊路证券营业部
地址：河西区友谊路7号增1号

天津大港证券营业部
地址：大港区油田三号院经贸大厦楼

山 东
青岛保定路证券营业部
地址：山东省青岛市保定路18号

青岛南京路证券营业部
地址：南京路9号联合大厦2层

淄博共青团西路证券营业部
地址：淄博张店区共青团西路48号

烟台南大街证券营业部
地址：烟台南大街118号工人文化宫

江 苏
南京高楼门证券营业部
地址：江苏省南京市高楼门5号

徐州证券营业部
地址：江苏省徐州市大马路179号

如皋证券营业部
地址：江苏省如皋环城南路229号

常州常武中路营业部
地址：常州市武进常武中路8号

苏州中新路证券营业部
地址：苏州市工业园区中新路58号

南通营业部
地址：江苏省南通市工农路69号

安 徽
合肥寿春路证券营业部
地址：寿春路93号戴梦得黄金珠宝大厦2—4层

浙 江
杭州庆春路证券营业部
地址：杭州市庆春路36号三瑞大厦

宁波江东北路证券营业部
地址：浙江省宁波市江东北路21号

湖 北
武汉解放大道证券营业部
地址：武汉市汉口解放大道1405号

陕 西
西安南二环路证券营业部
地址：南二环含光路十字蓝溪科技大厦

四 川
成都玉林北街证券营业部
地址：四川省成都市玉林北街3号

重 庆

重庆较场口证券营业部
地址：重庆市渝中区较场口得意世界B区4层

云 南

昆明丹霞路证券营业部
地址：丹霞路2号宏银大厦5−6楼

福 建

福州华林路证券营业部
地址：华林路201号华林大厦2、3层

海通证券股份有限公司

鞍山二道街海通证券营业部
地址：鞍山铁东区二道街90号

蚌埠南山路海通证券营业部
地址：蚌埠南山路88号

海通证券北京业务总部
地址：北京中关村南大街甲56号

北京光华路海通证券营业部
地址：北京光华路甲8号

北京柳芳北里海通证券营业部
地址：左家庄柳芳北里综合商业楼

北京中关村南大街海通证券营业部
地址：海淀区中关村南大街甲56号

长春大经路海通证券营业部
地址：长春大经路78号

长沙五一中路海通证券营业部
地址：长沙五一中路95号

常州健身路海通证券营业部
地址：常州健身路16号

成都人民西路海通证券营业部
地址：成都人民西路96号

大庆东风路海通证券营业部
地址：大庆萨尔图东风路热源街

大庆西二路海通证券营业部
地址：大庆让胡路区西二路18号

福州广达路海通证券营业部
地址：福州广达路76号

海通证券广州业务总部
地址：广州东风西路195号

广州东风西路海通证券营业部
地址：广州东风西路195号

广州江南西路海通证券营业部
地址：广州江南西路青葵大街13−6号二楼

贵阳山林路海通证券营业部
地址：贵阳山林路148号

哈尔滨和平路海通证券营业部
地址：哈尔滨和平路2号

海口龙昆北路海通证券营业部
地址：海口龙昆北路15号中航大厦

海通证券杭州业务总部
地址：杭州解放路138号

海通证券南京业务总部
地址：南京广州路188号16楼

山东

海通证券大连分公司
地址：大连中山区友好路52号

大连分公司友好路海通证券营业部
地址：大连中山区友好路52号

海通证券青岛业务总部
地址：青岛湛山一路25号

青岛杭州路海通证券营业部
地址：青岛杭州路20号

青岛宁夏路海通证券营业部
地址：青岛宁夏路168号

青岛湛山一路海通证券营业部
地址：青岛市南区湛山一路25号

泰安龙潭路海通证券营业部
地址：泰安龙潭路2号

海通证券武汉分公司
地址：武汉江岸区江大路163−169号

杭州环城西路海通证券营业部
地址：杭州环城西路46−2号

杭州解放路海通证券营业部
地址：杭州解放路138号

淮安淮海南路海通证券营业部
地址：淮安市淮海南路65号

吉林朝阳街海通证券营业部
地址：吉林朝阳街55号

济南黑虎泉西路海通证券营业部
地址：济南黑虎泉西路59号

昆明东风西路海通证券营业部
地址：昆明东风西路162号

辽源南康大街海通证券营业部
地址：辽源南康大街15号

南京常府街海通证券营业部
地址：南京常府街85−7号

南京广州路海通证券营业部
地址：南京广州路188号1−4楼

南通人民中路海通证券营业部
地址：南通人民中路88号

宁波百丈东路海通证券营业部
地址：宁波百丈东路787号

宁波解放北路海通证券营业部
地址：宁波解放北路136号

汕头中山中路海通证券营业部
地址：汕头中山中路205号富都大厦2−3楼

海通证券上海业务总部
地址：上海建国西路285号

上海本溪路海通证券营业部
地址：上海本溪路181号

上海合肥路海通证券营业部
地址：上海合肥路293号

上海建国西路海通证券营业部
地址：上海建国西路285号

上海江宁路海通证券营业部
地址：上海江宁路1318号

上海崂山东路海通证券营业部
地址：上海崂山东路151号

上海崂山西路海通证券营业部
地址：上海崂山西路1021号

上海临汾路海通证券营业部
地址：上海临汾路1040号

上海梅园路海通证券营业部
地址：上海梅园路330号

上海牡丹江路海通证券营业部
地址：上海牡丹江路265号

上海平武路海通证券营业部
地址：上海平武路38号

上海瑞金南路海通证券营业部
地址：上海瑞金南路65号

上海天平路海通证券营业部
地址：上海天平路137号

上海铜川路海通证券营业部
地址：上海普陀区铜川路1869号

上海香港路海通证券营业部
地址：上海香港路117号

上海新沪路海通证券营业部
地址：上海新沪路45号

上海新开河海通证券营业部
地址：上海新开河北路10号

上海延安西路海通证券营业部
地址：上海延安西路1590号

上海愚园路海通证券营业部
地址：上海愚园路1188号

上海玉田支路海通证券营业部
地址：上海玉田支路11号

上海岳阳路海通证券营业部
地址：上海岳阳路221号

上海周家嘴路海通证券营业部
地址：上海周家嘴路3255号

上海延长西路海通证券营业部
地址：上海延长西路338号

上虞百官镇海通证券营业部
地址：上虞百官镇凤山路49号

绍兴劳动路海通证券营业部
地址：绍兴劳动路158号

海通证券深圳分公司
地址：福田区景田南路瑞达苑群楼2楼

深圳红岭南路海通证券营业部
地址：福田区红岭南路红岭大厦4−5栋

深圳红岭中路海通证券营业部
地址：深圳福田区红岭中路2068号

深圳华富路海通证券营业部
地址：福田区华富路5号南光大厦5楼

深圳嘉宾路海通证券营业部
地址：深圳罗湖区嘉宾路23号

深圳景田南路海通证券营业部
地址：福田区景田南路瑞达苑群楼2−3楼

深圳蛇口太子路海通证券营业部
地址：深圳蛇口太子路59号

沈阳大西路海通证券营业部
地址：沈阳沈河区大西路364号

沈阳分公司黄河南大街海通证券营业部
地址：沈阳市黄河南大街7号甲

石家庄师范街海通证券营业部
地址：石家庄师范街2号

苏州竹辉路海通证券营业部
地址：苏州竹辉路180号

太原新建路海通证券营业部
地址：太原新建路252号

天津长江道海通证券营业部
地址：天津南开区长江道23号

威海高山街海通证券营业部
地址：威海高山街2号

无锡通运路海通证券营业部
地址：无锡通运路8号

武汉分公司江大路第二海通证券营业部
地址：武汉汉口江大路2号

武汉分公司江大路第一海通证券营业部
地址：武汉江岸区江大路163−169号

武汉分公司中北路海通证券营业部
地址：武汉武昌中北路154号

西安西新街海通证券营业部
地址：西新街11号海星智能广场

萧山文化路海通证券营业部
地址：萧山城厢镇文化路169号

新疆乌鲁木齐海通证券营业部
地址：友好北路6号昊泰明慧园D座

新余劳动南路海通证券营业部
地址：新余劳动南路银都大厦

烟台解放路海通证券营业部
地址：烟台市解放路164号

扬州汶河南路海通证券营业部
地址：扬州汶河南路69号

营口辽河大街海通证券营业部
地址：营口市站前区辽河广场9号

郑州经七路海通证券营业部
地址：郑州经七路16号

重庆加州花园海通证券营业部
地址：重庆渝北区加州花园A1栋

重庆中山三路海通证券营业部
地址：重庆渝中区中山三路158号

淄博石化海通证券营业部
地址：淄博临淄齐鲁化工商城69号

淄博通济街海通证券营业部
地址：淄博淄川区通济街140号

遵义中华南路海通证券营业部
地址：红花岗区中华南路龙井沟综合楼三楼

南宁人民东路海通证券营业部
地址：南宁市人民东路228号

申银万国证券股份有限公司

上海银城东路证券营业部
地址：银城东路139号华能联合大厦底楼

上海中华路证券营业部
地址：中华路1158号

上海三林路证券营业部
地址：三林路329号

上海陆家浜路证券营业部
陆家浜路1293号

上海浦三路证券营业部
地址：浦三路11号

上海南汇证券营业部
南汇城东路23号

上海浦建路证券营业部
地址：浦建路145号强生大厦1−3层

上海奉贤证券营业部
地址：奉贤人民路57号

上海齐河路证券营业部
地址：齐河路258号

上海上川路证券营业部
地址：川沙路4487号

上海商城路证券营业部
地址：商城路1088号

上海沪太路证券营业部
地址：沪太路549号和泰花园一、二楼

上海周浦证券营业部
地址：川周路4508号

上海瑞金二路证券营业部
地址：瑞金二路24号

上海斜土路证券营业部
地址：斜土路428号

上海新昌路证券营业部
地址：新昌路180号

上海天钥桥路证券营业部
地址：天钥桥路518号英雄大厦2、3楼

上海钦州路证券营业部
地址：钦州路828号

上海龙漕路证券营业部
地址：龙漕路1弄9号

上海上中西路证券营业部
地址：上中西路200号

上海玉屏南路证券营业部
地址：玉屏南路373号

上海嘉定证券营业部
地址：嘉定清河路10号

上海金山证券营业部
地址：金山朱泾镇公园路288号

上海石化证券营业部
地址：蒙山路279号

上海吴中路证券营业部
地址：吴中路2760号

上海莘庄证券营业部
地址：莘庄莘松路235号

上海兰坪路证券营业部
地址：闵行兰坪路92号

上海碧江路证券营业部
地址：闵行碧江路349号

上海广东路证券营业部
地址：广东路729号

上海黄兴路证券营业部
地址：黄兴路2001号二、三楼

上海中山北二路证券营业部
地址：中山北二路1800号

上海吉林路证券营业部
地址：吉林路60号

上海隆昌路证券营业部
地址：隆昌路615号

上海东体育会路证券营业部
地址：东体育会路1150号

上海武进路证券营业部
地址：武进路78号

上海海宁路证券营业部
地址：海宁路851号

上海延长中路证券营业部
地址：延长中路597号

上海洛川东路证券营业部
地址：洛川东路303号

上海同泰路证券营业部
地址：同泰路88号

上海福州路证券营业部
地址：福州路118号

上海东大名路证券营业部
地址：东大名路687号

上海哈密路证券营业部
地址：哈密路433号

上海陕西北路证券营业部
地址：陕西北路66号四楼

上海中山北路证券营业部
地址：中山北路2918号

上海兰溪路证券营业部
地址：兰溪路135号

上海余姚路证券营业部
地址：余姚路169号

上海虹古路证券营业部
地址：虹古路428号

上海松江证券营业部
地址：松江中山东路272号

上海昌化路证券营业部
地址：昌化路33号

上海青浦证券营业部
地址：青浦公园路222号

上海崇明证券营业部
地址：崇明城桥镇川心街1号

深圳红荔西路证券营业部
地址：上步工业区301栋上航大厦1楼

深圳百花四路证券营业部
地址：百花四路长安花园裙楼1—2楼

广州天河北路证券营业部
地址：天河北路金海花园金瀚阁1、2层

广州江南大道证券营业部
地址：广州江南大道中108号1—3层

珠海迎宾南路证券营业部
地址：拱北迎宾南路迎宾广场2、3楼

厦门厦禾路证券营业部
地址：福建省厦门市厦禾路842号

海口市龙昆南路证券营业部
地址：海口市龙昆南路1号华新商业大厦一层

福州鼓屏路证券营业部
地址：福州市鼓屏路192号山海大厦3楼

南宁古城路证券营业部
地址：南宁古城路22号银宇大厦二楼

南京华侨路证券营业部
地址：南京市华侨路29号

南京山西路证券营业部
地址：南京市山西路57号

无锡清扬路证券营业部
地址：无锡市清扬路24号

靖江骥江路证券营业部
地址：靖江市骥江路160号

镇江中山东路证券营业部
地址：镇江市中山东路28号

扬州扬子江北路证券营业部
地址：扬州市扬子江北路136号

南通南大街证券营业部
地址：南通市南大街218号

苏州东吴北路证券营业部
地址：吴县东吴北路158号

合肥阜南路证券营业部
地址：合肥市阜南路136号

杭州密渡桥路证券营业部
地址：杭州市密渡桥路3号

宁波大梁街证券营业部
地址：宁波市大梁街48号

宁波百丈路证券营业部
地址：宁波市百丈路158号

温州人民路证券营业部
地址：温州人民西路群艺大楼二楼

嘉兴禾兴北路证券营业部
地址：嘉兴市禾兴北路620号

桐乡振兴东路证券营业部
地址：梧桐镇振兴东路摩托车市场北区

金华人民东路证券营业部
地址：金华市人民东路28号

衢州狮桥街证券营业部
地址：衢州市狮桥街综合楼二楼

成都槐树街证券营业部
地址：槐树街2号申银万国证券大厦

成都人民北路证券营业部
地址：人民北路二段29号海发大厦二楼

成都人民中路证券营业部
地址：人民中路一段16号省展览馆北2楼

成都西一环路证券营业部
地址：一环路西一段嘉宇大厦二楼

泸州广凤路证券营业部
地址：泸州市广凤路4号

眉山东坡镇证券营业部
地址：眉山东坡区眉州大道寿险大厦

西安市长安北路证券营业部
地址：长安北路54号太平洋大厦

兰州东岗西路证券营业部
地址：兰州市城关区东岗西路393号

乌鲁木齐光明路证券营业部
地址：乌鲁木齐市光明路5号

武汉青年路证券营业部
地址：汉口青年路277号省教育出版社1—3楼

武汉中山路证券营业部
地址：武汉市武昌区中山路341号

宜昌西陵一路证券营业部
地址：宜昌市西陵一路72号

黄石黄石大道证券营业部
地址：黄石市黄石大道820号

襄樊人民广场证券营业部
地址：襄樊市人民广场文渊楼

长沙蔡锷中路证券营业部
地址：长沙市蔡锷中路24号

沈阳中山路证券营业部
地址：沈阳市和平区中山路193号

沈阳岐山中路证券营业部
地址：沈阳市皇姑区岐山中路60号

大连武汉街证券营业部
地址：大连市中山区武汉街36号

哈尔滨中山路证券营业部
地址：哈尔滨市中山路168号

哈尔滨南马路证券营业部
地址：哈尔滨市道外区南马路119号

北京劲松九区证券营业部
地址：北京市朝阳区劲松九区909楼

北京安定路证券营业部
地址：朝阳区安定路39号长新大厦

天津红星路证券营业部
地址：天津市红星路180号

天津佟楼宾馆路证券营业部
地址：天津市河西区佟楼宾馆路2号

青岛太平路证券营业部
地址：青岛市太平路37号(华能大厦)

重庆中山一路证券营业部
地址：中山一路181号抗建大厦2楼

重庆小新街证券营业部
地址：重庆沙坪坝区小新街85号恒鑫大厦四楼

重庆杨家坪正街证券营业部
地址：重庆九龙坡区杨家坪正街11号五环大厦5楼

南昌八一大道证券营业部
地址：南昌市八一大道362号

九江浔阳路证券营业部
地址：九江市浔阳路105号

上饶中山西路证券营业部
地址：上饶市中山西路20号

南昌洪都北大道证券营业部
地址：南昌市东湖区洪都北大道218号

华泰证券有限责任公司

南京止马营证券营业部
地址：南京市建邺西路止马营26号

南京长江路证券营业部
地址：南京长江路99号长江贸易大楼

南京中华路证券营业部
地址：南京市中华路255号

南京大桥南路证券营业部
地址：南京市大桥南路8号

南京中山北路证券营业部
地址：南京市中山北路262号

南京解放路证券营业部
地址：南京市解放路20号

南京中山北路第二证券营业部
地址：南京市中山北路223号

南京汉中路证券营业部
地址：南京市汉中路180号星汉大厦

苏州人民路证券营业部
地址：苏州市人民路648号

无锡解放西路证券营业部
地址：无锡市解放西路327号

常州和平南路证券营业部
地址：常州市和平南路100号

江阴虹桥北路证券营业部
地址：江阴市虹桥北路167号

张家港杨舍东街证券营业部
地址：张家港市区杨舍东街2号

泰州青年路证券营业部
地址：泰州市青年路西园14号

扬州文昌中路证券营业部
地址：扬州市文昌中路108号

淮安淮海北路证券营业部
地址：淮安市淮海北路55号

盐城建军东路证券营业部
地址：盐城市建军东路20号

徐州中山南路证券营业部
地址：徐州市中山南路56号交行二楼

镇江中山东路证券营业部
地址：镇江市中山东路4号

南通姚港路证券营业部
地址：南通市姚港路6号方天大厦

南通环城西路证券营业部
地址：南通市环城西路18号

南通人民中路证券营业部
地址：南通市人民中路28号

上海康定路证券营业部
地址：上海市康定路1437号裙楼5楼

武汉武珞路证券营业部
地址：武汉市武昌区武珞路288号

天津大沽南路证券营业部
地址：天津市河西区大沽南路387号

上海西藏南路证券营业部
地址：上海市西藏南路771号

深圳彩田路证券营业部
地址：彩田路2014—9号福源大厦

北京复兴路证券营业部
地址：北京市海淀区复兴路3号

沈阳小东路证券营业部
地址：沈阳市大东区小东路234号

泉州九一街证券营业部
地址：泉州市鲤城区九一街百源大厦

绍兴上大路证券营业部
地址：绍兴市上大路128号1–3层

无锡永乐路证券营业部
地址：无锡市永乐路水利大厦

广州机场路证券营业部
地址：广州市机场路137号

成都西一环路证券营业部
地址：成都市一环路西一段130号

兴业证券股份有限公司

兴业证券北京赵登禹路营业部
地址：北京市西城区赵登禹路277号

兴业证券上海金陵东路营业部
地址：上海市金陵东路368号

兴业证券上海天钥桥路路营业部
地址：上海市天钥桥路93号

兴业证券深圳笋岗路营业部
地址：北环大道7001号开元大厦13楼

兴业证券武汉建设大道营业部
地址：武汉市汉口建设大道558号

兴业证券杭州建国南路营业部
地址：杭州市建国南路280号红星文化大厦

兴业证券南京太平北路营业部
地址：南京太平北路37号

兴业证券成都红星路营业部
地址：成都市红星路1段39号新红苑办公楼415室

兴业证券西安解放路营业部
地址：西安解放路25号深业商城4层

兴业证券哈尔滨上游街营业部
地址：哈尔滨市上游街3号天通大厦

兴业证券济南山大路营业部
地址：济南市历下区山大路224号

兴业证券福州市湖东路营业部
地址：湖东路99号标力大厦2楼

兴业证券福州市五四北路营业部
地址：福州市五四路世界金龙大厦

兴业证券福州市五一南路营业部
地址：五一南路1号联信大楼4层

兴业证券福州市古田路营业部
地址：古田路101号邮政大厦2–4层

兴业证券厦门厦禾路营业部
地址：厦门厦禾路986号银河大厦

兴业证券厦门兴隆路营业部
地址：厦门市湖里光明信宏大厦

兴业证券漳州延安北路营业部
地址：漳州市延安北路体育馆

兴业证券泉州涂门街营业部
地址：泉州市涂门街凯伟大楼

兴业证券三明列东街营业部
地址：三明市梅列区列东街兴业大厦

兴业证券南平滨江中路营业部
地址：南平市滨江中路399号

兴业证券龙岩九一南路营业部
地址：龙岩市九一南路公交大厦

兴业证券广州东风中路营业部
地址：东风中路300之一金安大厦东侧3楼

长江证券有限责任公司

北京展览路证券营业部
地址：北京市展览路丙3号

哈尔滨龙江街证券营业部
地址：哈尔滨市龙江街22号

天津南门外大街证券营业部
地址：天津市南门外大街299号

上海汉口路证券营业部
地址：上海市汉口路130号

上海番禺路证券营业部
地址：上海市番禺路127号

上海东方路证券营业部
地址：上海市东方路428号

深圳燕南路证券营业部
地址：深圳燕南路2号东风大厦4楼

佛山普澜二路证券营业部
地址：佛山市普澜二路27号B座

福州东大路证券营业部
地址：东大路8号花开富贵A座16楼

武汉武珞路证券营业部
地址：武汉市武珞路288号

武汉沿港路证券营业部
地址：武汉市沿港路6号

武汉自治街证券营业部
地址：武汉市自治街219号

武汉彭刘杨路证券营业部
地址：武汉市彭刘杨路266号

武汉利济北路证券营业部
地址：武汉市利济北路80号

荆州屈原路证券营业部
地址：荆州市屈原路18号

荆门白庙路证券营业部
地址：荆门市白庙路14号

十堰人民北路证券营业部
地址：十堰市人民北路1号

黄石武汉路证券营业部
地址：黄石市武汉路26号

宜昌夷陵大道证券营业部
地址：宜昌市夷陵大道120号

仙桃仙桃大道证券营业部
地址：仙桃市仙桃大道中段47号

重庆建新北路证券营业部
地址：重庆市建新北路18号

成都人民南路证券营业部
地址：成都市人民南路四段30号

南京云南北路证券营业部
地址：南京市云南北路83号

西安太白北路证券营业部
地址：西安市太白北路103号

杭州庆春路证券营业部
地址：杭州市庆春路216号

湘财证券有限责任公司

北京北三环西路营业部
地址：北京市海淀区北三环西路68号

北京顺义府前西街营业部
地址：顺义区府前西街10号湘财大厦

北京朝外大街营业部
地址：北京朝外大街12号五层

北京惠新东街营业部
地址：北京市朝阳区惠新东街2号

广州黄埔大道营业部
地址：广州市黄埔大道西413号

广州恒福路营业部
地址：恒福路100号淘金花园商业中心2楼

海口国贸大道营业部
地址：海口市国贸大道景瑞大厦4楼

深圳深南大道营业部
地址：深南大道4009号投资大厦8楼

长沙韶山路营业部
地址：长沙市韶山北路86号

长沙新民路营业部
地址：长沙市岳麓区新民路华侨北村湘财证券大厦4楼

长沙劳动西路营业部
地址：长沙市劳动西路353号

岳阳南湖大道营业部
地址：南湖大道三辉大厦2、3楼

乌鲁木齐克拉玛依东路营业部
地址：克拉玛依东路9号中国城2、5楼

西安西华门营业部
地址：西华门一号凯爱大厦B座5层

成都锦里东路营业部
地址：锦里东路10号农资大厦1–4楼

昆明青年路营业部
地址：青年路397号邦克大厦1–3楼

上海泰兴路营业部
地址：上海泰兴路306号

上海金杨路营业部
地址：浦东新区金杨路628号三楼

上海枣阳路营业部
地址：上海市枣阳路242号

杭州天目山路营业部
地址：天目山路160号国际花园4楼

南京虎踞南路营业部
地址：南京市虎踞南路28号

沈阳绥化西街营业部
地址：沈阳路和平区绥化西街18号

武汉和平大道营业部
地址：余家头才盛街特1号柴林大厦1楼

福州五四路证券营业部
地址：五四路158号环球广场5楼

贵阳中华北路证券营业部
地址：中华北路67号华城大酒店六楼

哈尔滨赣水路证券营业部
地址：哈尔滨市香坊区赣水路10号

济南马鞍山路营业部
地址：南海盐步路口金海广场2、3楼

济南馆驿街证券营业部
地址：广州市白云区广州大道北2166–2168号

天津京津公路营业部
地址：广州市番禺区钟村镇雄峰商城内

上海共和新路证券营业部
地址：广州南岗黄埔东路3531号3楼

广州证券有限责任公司

广州先烈中路证券营业部
地址：先烈中路69号东山广场五楼

广州环市中路证券营业部
地址：北较场路19号金鹰大厦西座14楼

广州江南大道证券营业部
地址：江南大道中348号珀丽酒店B座2楼

广州丰乐中路证券营业部
地址：丰乐中路东侧黄埔建设大厦二楼

广州中山八路证券营业部
地址：中山八路23号富力商贸中心2–4层

广州东园横路证券营业部
地址：东园横路5号省总工会大厦二楼

广州西湖路证券营业部
地址：西湖路18–28号广百新翼1.14楼

花都建设路证券营业部
地址：新华镇建设路60号华美大厦A座

番禺富华西路证券营业部
地址：市桥镇富华西路35号华南大厦

增城荔城镇证券营业部
地址：荔城镇西园南路61、63号

北京三里河东路证券营业部
地址：三里河东路燕京大厦二层

杭州中山北路证券营业部
地址：中山北路366号中大广场6号楼

注：各家基金营销网点在不断的发展中。上述网点仅供参考。

中国证券投资基金年鉴
(2003)

编委风采

王连洲

全国人大财经委证券投资基金法起草工作组首任组长
中国人民大学信托与基金研究所 理事长

王连洲先生：山东冠县人，研究员，1964年毕业于山东财经学院财政金融专业，进入中国人民银行总行工作。1983年调任全国人大财经委员会，先后担任委员会办公室财金组组长、办公室副主任、经济法室副主任、研究室负责人、巡视员，是中国《证券法》、《信托法》以及投资基金法起草工作的主要组织者和参与者。其作品和谈话涉猎证券、信托和投资基金等方面，表达了具有独立个性的视点，为促进中国资本市场的规范发展做出了自己坚持不懈的努力，得到了社会比较广泛的认知。从原公务员岗位退休后，现任中国人民大学信托与基金研究所理事长、华夏基金管理公司独立董事、《中国证券投资基金年鉴》编委会主任等社会兼职。

沈 颢

《21世纪经济报道》报社 总编

沈颢先生：毕业于北京大学编辑专业。

1992年7月至1999年1月，担任《南方周末》报社新闻部主任、编委，参与报纸的策划和其他重大事项的决策；1999年1月～1999年6月，担任南方日报出版社一编室主任；1999年6月～2000年10月，担任《城市画报》社执行副主编，主持画报的日常运作；2000年10月～2002年底，担任《21世纪经济报道》报社主编。2003年初至今，担任21世纪报系发行人。

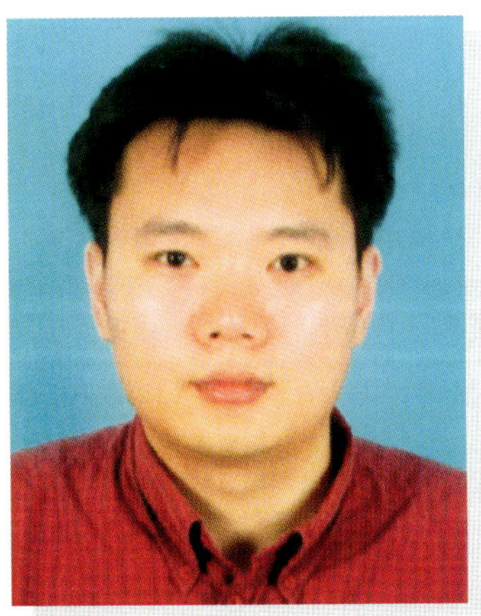

刘洲伟

《21世纪经济报道》报社 主编

刘洲伟先生：中共党员，毕业于中国人民大学新闻学。

1994年7月～1997年10月，担任《南方周末》记者；1997年10月～1999年4月，担任《南方周末》记者站副主任；1999年4月～2000年6月，担任《南方周末》北京记者站副站长；2000年6月～2000年10月，担任《南方周末》经济部主任；2000年10月～2001年12月，担任《21世纪经济报道》副主编；2001年12月～2002年12月，担任《21世纪经济报道》执行主编；2003年1月至今，担任《21世纪经济报道》主编。

于　华

大成基金管理有限公司　总经理

于华先生：工商管理硕士，金融博士，美国注册金融分析师（CFA）。1989年～1991年，担任英国里丁大学经济系金融财务讲师。1991年～1997年，担任加拿大魁北克大学管理学院金融终身教授。1997年～2000年，担任深圳证券交易所综合研究所所长。2000年～2004年1月，担任加拿大鲍尔集团亚太分公司基金与保险业务副总裁，加拿大伦敦人寿保险公司北京代表处首席代表，中国证券业协会基金业委员会顾问。2004年1月起任大成基金管理有限公司总经理。

万朝领

中融基金管理有限公司　总经理

万朝领先生：中共党员，高级经济师，经济学博士。曾任国信证券有限责任公司总裁助理（首席证券分析师），现任中融基金管理有限公司总经理。

马志刚

天同基金管理有限公司　总经理

马志刚先生：中共党员，经济学硕士。历任中国国际期货经纪有限公司主管、中国证券监督管理委员会助理调研员、南方基金管理有限公司副总经理等职。2002年至今任天同基金管理有限公司总经理。

王大伟

招商银行基金托管部 总经理

王大伟女士:博士,毕业于中国人民大学和中国人民银行金融研究所。1985~1992年,在中国人民银行总行工作。1993年至今,在招商银行工作,先后担任香港代表处首席代表、总行同业银行部总经理、总行基金托管部总经理。

王国斌

东方基金管理有限责任公司 总经理

王国斌先生:北京大学法学学士,北京大学光华管理学院经济学硕士。历任上海万国证券有限责任公司投资银行总部融资经理,中国经济开发信托投资公司交易部总经理助理,东方证券有限责任公司证券投资总部总经理,总裁助理。现任东方基金管理有限责任公司董事、总经理。

田仁灿

海富通基金管理有限公司 总经理

田仁灿先生:比利时籍,工商管理学硕士。历任法国金融租赁Euroequipement S.A.公司总裁助理、富通银行区域经理、大中华地区主管、富通基金管理亚洲有限公司投资经理、业务发展部总经理、首席执行官。2003年至今任海富通基金管理有限公司董事、总经理。

成保良

招商基金管理有限公司 总经理

成保良先生：中国国籍，经济学硕士，高级经济师。曾在北京经济学院任教；后就职于中国人民银行金融管理司；1993年起先后担任中国证券交易系统有限公司上市管理部副经理、经理；中国证监会发行部副处长、处长、稽查局处长；2000年9月起在招商证券股份有限公司担任顾问。现任招商基金管理有限公司总经理、董事。

吕　萍

天合基金管理有限公司 筹备组负责人

吕萍女士：汉族，吉林省九台市人。中共党员，经济学博士，中国注册会计师。先后在高校、机关、企业等多个部门工作。近年来主要从事金融、期货、证券研究和企业管理工作，并在国家和省级报刊上发表过多篇理论文章和调研报告，具有丰富的金融、证券工作经验和企业管理能力。历任吉发期货有限责任公司副总经理、中国人民银行吉林省分行副处级干部、吉林省信托投资公司副处长、东北证券有限责任公司副总裁、天一证券有限责任公司副总裁职务。现任天合基金管理有限公司筹备组负责人。

吕　涛

中信基金管理有限责任公司 总经理

吕涛先生：英国克拉费尔德大学（Granfield Universitiy）工商管理硕士。10年证券、金融从业经历。曾任中信兴业信托投资公司金融证券处外汇交易员、中信证券股份有限公司资产管理部副总经理、总经理。现任中信基金管理有限责任公司总经理。

朱 利

中国银河证券有限责任公司 总裁

朱利先生：中共党员，毕业于北京经济学院，18 年证券从业经历。1982年7月工作于国家经济体制改革委员会；1990年3月～1992年3月赴德国进修；1992年3月～1993年3月工作于国家经济体制改革委员会宏观司；1992年10月参与筹建中国证监会；1993年3月任中国证监会秘书长；1994年8月任中国证监会副主席；1995年12月任中国农业发展银行党组成员；1996年1月中国农业发展银行副行长；2000年2月任中国银河证券有限责任公司筹备组组长；2000年7月至今任中国银河证券有限责任公司党委书记、总裁。

朱卫国

中国农业银行个人业务部 总经理

朱卫国先生：中共党员，华中理工大学工商管理硕士。1991年至1995年在中国农业银行信用合作管理部担任副总经理；1995年至1998年在中国农业银行财务会计部担任副总经理；1998年至2003年在中国农业银行信用卡部担任总经理，2003年至今在中国农业银行个人业务部担任总经理。

先 江

国联安基金管理有限公司 总经理

先江先生：德国基尔大学企业管理硕士，历任德累斯登银行德国法兰克福总部机构投资银行部投资顾问，机构资产管理资深投资顾问，机构资产管理驻远东区代表，德累斯登银行德国法兰克福总部业务发展部资深经理，台湾德盛证券投资信托股份有限公司执行董事兼总经理。现任国联安基金管理有限公司总经理。

刘宝瑞

深圳发展银行 副行长

刘宝瑞先生：高级经济师，中共党员，研究生。1974年8月～1981年4月中国人民银行、中国农业银行宝坻支行任会计、信贷员、综合员；1981年5月～1987年12月中国农业银行天津分行人事处任干部、副处长；1988年1月～1997年3月中国农业银行天津分行国际业务部任副总经理、总经理，兼天津港保税区分行行长；1997年3月～1998年8月中国农业银行天津分行资金计划处任处长；1998年8月～2000年3月深圳发展银行总行行长室任总行行长助理、党委委员；2000年3月至今深圳发展银行总行行长室任总行副行长、党委委员。

主要社会兼职：南开大学硕士研究生导师、中国金融学会常务理事、中国银联监事会监事。

江先周

中国建设银行基金托管部 总经理

江先周先生：中国建设银行机构业务部总经理、基金托管部总经理（兼）。1986年加入建设银行，先后在行长办公室、国际业务部、基金托管部、机构业务部工作。1995年5月～1997年5月任办公室副主任。1997年5月～2000年8月任国际业务部副总经理。2000年8月～2004年2月任机构业务部、基金托管部副总经理（主持工作）。2004年3月任机构业务部、基金托管部总经理（兼）。

1982年毕业于辽宁财经学院，获经济学学士学位。1986年毕业于财政部财政科学研究所研究生部，获财政学硕士学位。1992年8月赴英国Heriot-Watt大学学习，1993年10月获国际金融学硕士学位。1999年9月～1999年11月参加哈佛商学院高级管理培训项目(PMD74)。在10余年银行工作实践中，江先周在中央级刊物发表专业论文数十篇、20余万字。合作编著、翻译业务专著近10部。

许　明

巨田基金管理有限公司 总经理

许明先生：博士，中南财经大学产业经济学。曾任海南省证券公司武汉业务部副总经理，湖北中太集团有限公司总经理，三峡证券有限责任公司总裁办公室主任、研究所所长、北京营业部总经理，巨田证券有限公司北京总部副总经理、研究所副所长兼投资部总经理、公司总经理助理、公司副总经理。现任巨田基金管理有限公司总经理。

许会斌

中国建设银行个人银行业务部 总经理

许会斌先生：中共党员。1983年7月毕业于辽宁财经学院基建财务与信用专业；1987年社科院货币银行学专业研究生毕业。从1983年起，先后在中国建设银行总行综合计划部、办公室、计划部、筹资储蓄部、零售业务部、个人银行部、营业部、个人银行部工作。从1986年起担任副处长、处长、副总经理、总经理职务；曾任第二届中国国债协会常务理事、哈尔滨高等投资学院客座教授；现任中国建设银行总行个人银行业务部总经理、中国银联董事、中国银行卡业务管理委员会委员、《西部论丛》特约研究员等。

孙煜扬

鹏华基金管理有限公司 总裁

孙煜扬先生：博士。历任深圳证券结算公司常务副总裁、深圳证券交易所首任行政总监、香港深业（集团）有限公司助理总经理、香港深业控股有限公司副总经理、中国高新技术产业投资管理有限公司董事长兼行政总裁，现任鹏华基金管理有限公司董事、总裁。

杜书明

中国银河证券公司基金研究评价中心 副主任

杜书明先生：高级经济师，硕士研究生导师。北京大学经济学硕士，中国人民银行总行研究生部金融学博士，曾任原淄博基金管理公司证券投资管理部经理。1992年开始从事基金实际运作与研究工作，曾参与我国第一家规范型基金——淄博基金从设计、设立到上市、运作的全程工作，对基金的研究与关注已有10年的历史。先后在《金融研究》、《经济社会体制比较》、《金融时报》、《中国证券报》等专业期刊、报纸上发表论文、文章40余篇，著有《基金绩效衡量：理论与实证研究》（中国社会科学出版社，2003年版），担任基金从业人员考试教材《证券投资基金》及《中国证券投资基金年鉴》(2003)执行主编。

李春平

国泰基金管理有限公司 总经理

李春平先生：硕士研究生、EMBA，11年证券从业经历。1993年起任国泰证券行政管理部经理、延平路证券营业部总经理，1999年任国泰君安证券股份有限公司总裁助理，1999年10月起任国泰基金管理有限公司总经理。

李建国

富国基金管理有限公司 总经理

李建国先生：中共党员，经济师，经济学博士。1963年出生，历任河南省证券公司总经理；海通证券有限公司副总经理。现任富国基金管理有限公司总经理。

吴若曼

中国光大银行基金托管部 总经理

吴若曼女士：1985年毕业于中国人民大学档案管理专业；1997年毕业于上海财经大学货币银行学专业研究生班。1990年～1992年历任深圳特区证券公司秘书，负责B股交易；1992年～1996年历任南方证券有限公司深圳分公司上海业务部总经理、深圳分公司副总经理、上海分公司副总经理；1996年～1997年任蔚深证券有限公司副总裁兼华东分部总经理；1997年～2000年在光大证券有限公司工作，历任经纪业务部副总经理、经纪业务部总经理、上海总部总经理、总裁助理兼基金业务部总经理；现任光大银行托管部总经理。

吴雄伟

博时基金管理有限公司 董事长

吴雄伟先生，理学博士。1994 年 2 月进入浙江金华市信托投资股份有限公司，先后担任金华市产权交易所总经理，金华市信托投资股份有限公司总经理助理兼总经理办公室主任、基金管理总部总经理、资产管理总部总经理、公司副总经理等职务。1998 年 7 月起任博时基金管理有限公司董事。2002 年 1 月 1 日起任博时基金管理有限公司董事长。

张广慧

山西证券有限责任公司 总裁

张广慧先生：中共党员，高级经济师。毕业于山西财经大学会计系、中国社会科学院研究生院工业经济系企业管理专业。曾先后担任太原市塑料工业公司副经理，山西省信托投资公司国际金融处处长、副总经理，太原万丰房地产发展有限公司董事长。现任山西省国信投资（集团）公司副总经理，山西证券有限责任公司党委书记、总裁，中国证券业协会理事、山西省证券业协会副理事长。

张军洲

中国农业银行基金托管部 总经理

张军洲先生：博士，高级经济师，曾任中国农业银行信托投资公司总经理助理、副总经理，农行总行法律事务部副总经理、总经理，现任中国农业银行基金托管部总经理。

陆冠虚

上海浦东发展银行金融机构部 总经理

陆冠虚先生：硕士研究生学历，经济师职称，现任上海浦东发展银行金融机构部总经理。1981 年加入中国银行上海分行工作，至今金融业从业经历已达 24 年；1987 年进入交通银行总行工作，历任交通银行纽约代表处和伦敦代表处代表、总行国际业务部代理行处处长、纽约分行总经理等职，期间共有七年的海外丰富工作经历；1997 年，进入上海浦东发展银行就职，在该行与台资莲花集团共同创办的我国第一家海峡两岸合资银行－华一银行中担任董事、高级副行长。自 2001 年 5 月起，先后出任上海浦东发展银行总行金融机构部副总经理、总经理。

陈　儒

中银国际基金管理有限公司 执行总裁

陈儒先生：南开大学经济学院理论经济学博士后、高级经济师、教授，国务院政府特殊津贴专家。1990 年曾参与过深圳证券交易所筹建；1992年主持创办了中国国内第一家专业化基金管理公司——深圳投资基金管理公司，曾任执行总裁、董事长等职；1998年调中国银行总行负责筹组总行基金托管部，曾任中国银行总行基金托管部总经理；2001 年调任中银国际控股有限公司董事总经理；2002 年任中银国际证券有限责任公司副执行总裁，兼中银国际基金管理有限公司筹备组组长等职。同时还兼任中银国际英国保诚资产管理公司董事、投资决策委员会委员、中国教育国际交流协会理事、中国金融学会投资基金研究会副会长等职。

陈永青

长信基金管理有限责任公司 总经理

陈永青先生：中共党员，硕士，工程师。曾任中国长城计算机集团武汉分公司总经理助理；湖北证券有限责任公司部门经理、总经理；三峡证券公司资产公司总经理；湖北证券有限责任公司资产管理事业部总经理；长江证券有限责任公司总裁助理兼资产管理事业部总经理；长江证券有限责任公司副总裁兼资产管理事业部总经理；长信基金管理有限责任公司筹备组组长。现任长信基金管理有限责任公司董事、总经理。

范勇宏

华夏基金管理有限公司 总经理

范勇宏先生：博士。曾任中国建设银行总行干部、华夏证券有限公司北京东四营业部总经理、华夏证券有限公司总裁助理、华北业务总监。现任华夏基金管理有限公司董事、总经理。

林伟萌

湘财荷银基金管理有限公司 总经理

林伟萌先生：毕业于厦门大学外文系，获美国斯坦福大学经济学硕士学位。曾在国家农业委员会、中共中央书记处农研室、国务院农村发展研究中心从事国际合作和政策研究工作。先后在美国GS Bullion & Forex(US)Inc担任高级研究员和市场经理；在美国新泽西州Prominence International Inc担任首席研究员；在美国《明报》担任副总编辑兼财经主任；2002年3月起任湘财证券有限责任公司首席投资策略师；2003年12月起任湘财荷银基金管理有限公司总经理。

林传辉

广发基金管理有限公司 总经理

林传辉先生：大学本科学历。曾任广发证券有限责任公司投资银行总部北京业务总部总经理、投资银行总部副总经理兼投资银行上海业务总部总经理、投资银行部常务副总经理。现任广发基金管理有限公司董事、总经理。

林金腾

金鹰基金管理有限公司 总经理

林金腾先生：1958年出生，金融学硕士，高级会计师。历任香港安永会计师事务所审计师、广东国际信托投资公司副总会计师、广信基金（现改名为科讯基金）法人代表兼总经理、中华商业基金管理公司董事、金鹰基金管理公司筹备组负责人。现任金鹰基金管理有限公司董事、总经理。

欧阳谦

中信实业银行 副行长

欧阳谦先生：1982年毕业于清华大学，获水轮发电机专业学士学位。1988年在英国曼彻斯特大学获得博士学位。1988年7月加入中国国际信托投资公司，在其下属的中信实业银行保险部工作；1989年1月任职于资金和外汇交易部；1989年9月开始从事证券组合投资管理；1991年负责银行内部风险控制系统的研究设计工作；1990年8月担任资金部副总经理。1994年4月担任资金部总经理。1995年10月担任中信实业银行副行长。1999年4月6日到12月4日主持中信实业银行深圳分行工作。目前，主要负责管理全行的资金运作，包括外汇交易，资本市场投资和资产管理以及全行的国际业务，且担任中信振华财务有限公司（中信实业银行和中信嘉华银行全资控股的香港财务公司）董事长兼总经理职务和《中国外汇管理》杂志社理事。

周月秋

中国工商银行资产托管部 总经理

周月秋先生：经济学博士。从事金融工作20年，其中金融教育7年，金融研究3年，银行服务10年。目前担任工商银行资产托管部总经理、工商银行年金理事会副主席、工商银行博士后工作站指导教师和中央财经大学硕士研究生指导教师。中国金融学会会员、中国证券业协会基金专业委员会委员。

1993年获得博士学位后加入工商银行，1994年在工商银行资金计划部任副处长，1997年任工商银行合肥市分行副行长，1998年任工商银行资金营运部处长，2000年任工商银行资金营运部副总经理，2002年任工商银行证券投资基金托管部副总经理（主持工作），2003年任工商银行资产托管部总经理。在20多年金融工作中，先后公开出版《资源配置与金融深化》、《货币流通管理综论》等学术著作7部，在《管理世界》、《金融研究》等全国性学术刊物发表学术论文逾百篇。

屈年增

天治基金管理有限公司 总经理

屈年增先生：清华大学在职博士生。历任广发证券有限公司北京业务总部总经理、广发证券有限公司上海业务总部总经理、广发基金管理公司筹备组负责人，现任天治基金管理有限公司董事、总经理。

赵大建

华夏证券有限公司 总裁

赵大建先生：经济学硕士。华夏证券有限公司党委副书记、总裁；中国金融学会常务理事、中国证券业协会理事、中国证券业协会证券经纪业委员会副主任委员、深圳证券交易所理事、上海证券交易所理事会会员管理委员会副主任委员、北京市文化发展基金会理事。

1983年8月～1994年1月曾先后任中国人民银行总行机关团委书记、党委宣传部副部长、组织部代部长、宣传部部长、机关党委副书记；1994年1月～1999年7月担任国泰证券有限公司执行董事、副总经理；1998年7月～1999年7月兼任国泰证券、君安证券合并工作联合委员会委员、国泰君安证券股份有限公司筹备委员会委员；1999年8月担任华夏证券有限公司负责人，2001年5月至今担任华夏证券有限公司党委副书记、总裁。

赵学军

嘉实基金管理有限公司 总经理

赵学军先生：中共党员，经济学博士。历任天津通信广播公司电视设计所助理工程师、外经贸部中国仪器进出口总公司经济师、北京商品交易所信息处长、天津纺织原材料交易所总裁和法定代表人、商鼎期货经纪有限公司副总经理。1998年进入证券业，先后任北京证券有限公司基金部总经理助理、大成基金管理有限公司副总经理。中国证券业证券投资基金业委员会委员、中国证券业协会监事、全国青联委员。2000年10月进入嘉实基金管理有限公司担任董事、总经理。

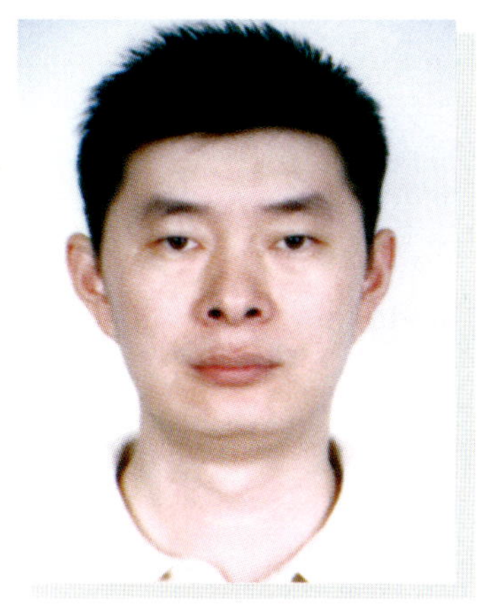

姜永凯

诺安基金管理有限公司 总经理

姜永凯先生：经济学硕士，经济师。曾任中国信息信托投资公司上海证券部总经理、上海新纪元实业投资有限公司副总经理、中国新纪元有限公司总裁助理。2002年10月任诺安基金管理有限公司筹备组负责人。现任诺安基金管理有限公司总经理。

徐建平

东吴基金管理有限公司 筹备组组长

徐建平先生：毕业于南京政治学院金融财会专业及东南大学经济学专业，研究生学历。一直在张家港市及苏州市从事财政金融方面的工作，长期担任金融机构领导职务，具有丰富的财经理论知识和实践经验。

1983年11月～1996年6月，在张家港市财政局工作，曾任农财科副科长、综合科科长，1995年8月～1996年12月兼任张家港市房改办副主任；1994年12月～2001年7月，苏州证券有限责任公司张家港杨舍营业部总经理；2001年7月～2002年4月，苏州证券有限责任公司副总裁；2002年4月至今任东吴证券有限责任公司副总裁；2003年6月至今任东吴基金管理有限公司筹备组组长。

高清海

泰信基金管理有限公司 总经理

高清海先生：北京大学经济学博士生、德国吉森大学访问学者。曾长期服务于山东省国际信托投资有限公司，历任该公司国际业务部高级经理、投资银行部经理，新加坡鲁信（亚洲）投资有限公司执行董事等；具有丰富的金融、证券从业经验。现任泰信基金管理有限公司总经理。

高良玉

南方基金管理有限公司 总经理

高良玉先生：经济学硕士，经济师。历任中国证监会发行部副处长、南方基金管理有限公司副总经理，现任南方基金管理有限公司总经理。

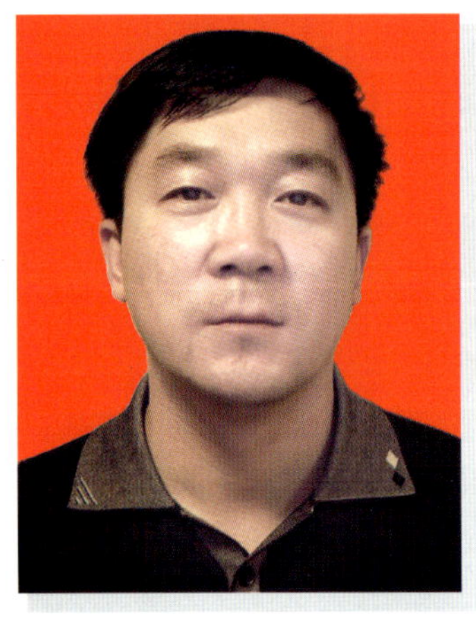

郭 伟

宝盈基金管理有限公司 董事长

郭伟先生：山西人，硕士研究生。1987年7月～1998年10月在中国人民银行总行工作。1998年2002年任厦门国际信托投资公司副总经理，2002年7月开始担任衡平信托投资有限责任公司董事长、董事。现任宝盈基金管理有限公司董事长

郭 超

中国工商银行个人金融业务部 副总经理

郭超先生：经济学学士、高级会计师，中国工商银行杭州金融研修学院、长春金融研修学院客座教授。毕业于陕西财经学院、中国书画函授大学。1982年至今，先后在中国人民银行储蓄司，中国工商银行储蓄部、零售业务部、个人金融业务部工作，历任总行副处长、二级分行副行长、直属分行副处长、总行处长和副总经理等职务，曾获中国人民银行颁发的"金融科技进步一等奖"、"中国银行业解决计算机2000年问题先进个人奖"、"银行科技发展三等奖"，中国工商银行颁发的"中国工商银行综合业务系统二期工程投产工作个人一等奖"、"中国工商银行全功能银行系统投产工作个人一等奖"等奖项。主持开发的理财金账户V1.0版本被评为人民银行科技发展二等奖、工商银行项目开发创新特等奖。先后为各级分行行长、处长、客户经理骨干及其他行业人员授课；编著了数本金融理论书刊，撰写发表了大量银行理论文章。

唐熹明

申万巴黎基金管理有限公司 总经理

唐熹明先生：毕业于英国伦敦大学。曾在法国巴黎资产管理公司担任亚太区市场推广总监。先后任职于标准渣打银行、东京JP摩根信托银行、东京花旗信托银行、美国雷曼兄弟、美国花旗银行等大型跨国金融机构。现任申万巴黎基金管理有限公司总经理。

唐棣华

中国银行基金托管部 总经理

唐棣华女士：金融学硕士。从事金融工作30年，曾任中国银行江西省分行行长、中国银行信托咨询公司总经理。中国银行巴西圣保罗代表处首席代表。唐棣华在中国银行先后从事过本外币信贷、国际结算、信托、证券基金业务，具有较丰富的金融从业经验。现任中国银行基金托管部总经理。

盛希泰

联合证券有限责任公司 总裁

盛希泰先生：毕业于南开大学会计学系研究生。1989年7月～1990年9月山东经济学院担任教师；1992年11月～1994年3月君安证券有限公司担任投资银行副经理；1994年3月～1996年5月山东省证券公司担任副总裁；1996年5月～1997年11月民生资产管理有限公司担任常务副总裁；1997年11月～2000年12月联合证券有限责任公司担任投资银行总经理；2000年12月～2003年8月联合证券有限责任公司担任副总裁；2003年9月～2004年2月广东证券股份有限公司担任候任总裁。2004年2月至今联合证券有限责任公司担任总裁。

符学东

国泰君安证券股份有限公司 副总裁

符学东先生：中共党员，硕士学历。1969年4月～1975年7月，工作于内蒙古生产建设兵团；1975年11月～1980年9月工作于北京无线电元件公司；1986年7月～1993年10月工作于国家经济体制改革委员会；1993年10月～1999年8月国泰证券有限公司担任总裁助理；1999年8月至今任国泰君安证券股份有限公司副总裁。

梁华栋

景顺长城基金管理有限公司 总经理

梁华栋先生：1975年毕业于台湾辅仁大学经济系（BA），获经济学学士学位，1999年获田纳西大学企业管理硕士（MBA）学位。1990年到1998年担任景泰资产管理亚洲公司（LGT Asset Management Asia Ltd.）首席代表及亚洲区董事，曾参与亚洲区有关基金及股票投资市场管理等决策事宜。1998年景顺集团（INVESCO）并购原景泰集团（LGT Asset Mangement），即担任景顺集团亚洲区董事兼台湾总经理。现任景顺长城基金管理有限公司总经理。

彭 越

银华基金管理有限公司 董事长

彭越先生：研究生学历。曾任职最高人民检察院，银华基金管理有限公司副总经理。现任银华基金管理有限公司董事长。

蒋月勤

长盛基金管理有限公司 总经理

蒋月勤先生：硕士。历任中信证券股份有限公司深圳管理总部副总经理、交易部副总经理、总经理、中信证券股份有限公司证券交易室首席交易员。现任长盛基金管理有限公司总经理。

韩方河

华安基金管理有限公司 总经理

韩方河先生：研究生学历，高级经济师。历任上海市物价局政策研究处处长，上海市物价研究所所长，上海国际信托投资公司证券投资信托部总经理，现任华安基金管理有限公司董事、总经理。

裴长江

华宝兴业基金管理有限公司 总经理

裴长江先生：经济学硕士。先后任申银万国营业部经理、浙江总部副总经理、经纪业务部副总经理；华宝信托投资有限责任公司投资总监；现任华宝兴业基金管理有限公司总经理。

谢红兵

交通银行基金托管部 总经理

谢红兵先生：中共党员，大学学历。1983年3月～1984年1月空四军司令部直属政治处任副主任；1984年1月～1992年9月空四军司令部直属政治处任主任；1992年9月～1992年12月交通银行上海分行杨浦办事处工作；1992年12月～1993年4月交通银行上海分行杨浦办事处任负责人；1993年4月～1993年12月交通银行上海分行杨浦办事处任副主任；1993年12月～1994年9月交通银行上海分行营业处任处长；1994年9月～1997年3月交通银行上海分行静安支行任行长；1997年3月～1998年5月交通银行上海分行杨浦支行任行长；1998年5月～1999年12月交通银行证券投资基金托管部任副总经理；1999年12月至今交通银行证券投资基金托管部任总经理。

雷建辉

国联基金管理有限公司 总经理

雷建辉先生：浙江大学硕士，十几年金融、证券从业经历。曾担任无锡国联发展（集团）有限公司董事局秘书、国联证券有限责任公司常务副总裁。在多个岗位工作并担任过领导职务，证券从业经验丰富；多次参加业务培训，具有相当丰富的经济、金融证券知识和管理、组织协调能力，开拓创新意识较强。现任国联基金管理有限公司总经理。

（以上按姓氏笔画排序）

中国证券投资基金年鉴

（2003）

会员单位风采

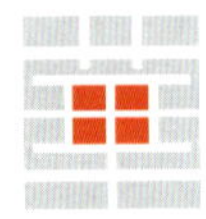

银华基金管理有限公司
YINHUA FUND MANAGEMENT CO., LTD.

鹏华基金管理有限公司
Penghua Fund Management Co.,Ltd.

天同基金管理有限公司
Tiantong Asset Management Co.,Ltd

深圳市赢时胜电子技术有限公司

（排名不分先后）

基金代销机构风采

中国工商银行山东省分行

中国工商银行山东省分行行长　杜宝起

2003年，中国工商银行山东省分行高度重视代销基金工作。把代销基金业务作为丰富个人理财产品，完善服务功能，增强个人金融业务竞争能力，增加个人中间业务收入的重要手段和途径来抓。

2003年，大部分时间股票市场低迷，相应给证券投资基金发行也增加了很大难度。工行山东省分行充分发扬敢打硬仗、善打胜仗的传统，充分利用网点优势和客户资源优势，上下联动，深挖潜力。省行周密布置，精心协调。各二级分行认真组织，深入发动，强化培训，一线网点加大宣传力度，不断创新营销方式，不仅圆满完成了总行的发行计划，而且在各只基金发行中连创佳绩。

2003年，工行山东省分行全年顺利完成了南方避险增值基金、国联安德盛稳健基金、融通通利系列基金、富国天利增长债券基金、广发聚富基金、华安现金富利基金等6只证券投资基金的代销工作，销售累计总额5.56亿元；其中，对个人客户销售4.27亿元，实现个人中间业务收入323万元，较2002年增长35.2%。同时，工行山东省分行通过基金营销进一步锻炼了营销队伍，提高了营销能力，也进一步确立了在同业开放式基金代理业务中的优势地位。

中国农业银行山西省分行

2003年，中国农业银行山西省分行先后代理中融融华债券基金、大成债券基金、银河银联系列基金（包括银河稳健和银河收益）、长盛中信全债指数增强型债券基金等4只基金产品的认购业务，并完成认购期销售额5880.48万元；代销了富国动态平衡、宝盈鸿利收益、大成价值增长、大成债券、长盛成长价值、银河银联系列（包括银河稳健和银河收益）等6只基金产品的申购业务，并完成申购期销售额413.12万元。

中国农业银行晋城市分行

中国农业银行晋城市分行的基金代销工作启动于2002年，首先代理了富国动态平衡基金的直销协办业务，2003年后该基金由直销转为代销。

2002年，农行晋城市分行先后代理销售了宝盈鸿利收益基金和大成价值增长基金的申购业务，分别完成销售额211万元和251万元。2003年，该行同时还代理销售了中融融华基金、大成债券、银河银联系列基金、长盛中信全债指数基金4只开放式基金的认购业务，累计认购金额734万元。其中中融融华基金4万元、大成债券投资基金404万元、银河银联基金241万元、长盛中信全债指数基金85万元。

2003年，农行晋城市分行基金代销量及计划完成率均居山西省前列。